LIVROS QUE
CONSTROEM

Biblioteca "ESTUDOS BRASILEIROS" — 17

Volumes publicados:

1.	*Ensaio Histórico Sobre a Independência*	Xavier Marques
2.	*Olinda Conquistada*	Pe. João Baers
3.	*Diário de um Soldado da Companhia das Índias Ocidentais*	A. Richhoffer
4.	*A Ordem de Cristo e o Brasil*	Tito Lívio Ferreira
5.	*Ouro Preto de meu Tempo*	M. Aracy Lessa
6.	*Tempo de Aprendiz (2 vols.)*	Gilberto Freyre
7.	*Várzea do Açu*	M. Rodrigues de Melo
8.	*Formação do Brasil e Unidade Nacional*	L. Toledo Machado
9.	*A Ilusão Americana*	Eduardo Prado
10.	*Retrato do Brasil*	Paulo Prado
11.	*A Idéia Revolucionária no Brasil*	J. C. de Oliveira Torres
12.	*Origem do Termo Samba*	Baptista Siqueira
13.	*Moto Perpétuo — Autobiografia do Maestro Souza Lima*	J. Souza Lima
14.	*Apontamentos Sobre os Indígenas Selvagens da Nação Coroados*	Pierre F. A. Booth Mabilde
15.	*As Bandeiras*	J. F. Almeida Prado
16.	*Rio Araguaia — Corpo e Alma*	Durval Rosa Borges
17.	*Dicionário das Batalhas Brasileiras*	Hernâni Donato
18.	*A Linguagem Popular do Futebol*	J. M. Capinussu
19.	*Gente & Fatos*	Honório de Sylos

DICIONÁRIO DAS BATALHAS BRASILEIRAS

Dados Internacionais de Catalogação na Publicação (CIP)
(Câmara Brasileira do Livro, SP, Brasil)

Donato, Hernâni, 1922-
D542d Dicionário das batalhas brasileiras / Hernâni Donato. — 2ª ed. ampl. — São Paulo : IBRASA, 1996.

1. Batalhas — Brasil I. Título. II. Série

96-1599 CDD-904.70981

Índices para catálogo sistemático:

1. Brasil : Batalhas : História 904.70981

HERNÂNI DONATO

DICIONÁRIO DAS BATALHAS BRASILEIRAS

- Prêmio Joaquim Nabuco 1988 (Academia Brasileira de Letras)
- Prêmio Clio 1987 (Academia Paulistana da História)
- Prêmio Especial 1987 (APCE — Associação Paulista de Críticos de Arte)
- Prêmio Penn-Center de São Paulo 1987

3ª edição revista, ampliada e atualizada

I B R A S A
INSTITUIÇÃO BRASILEIRA DE DIFUSÃO CULTURAL LTDA.
SÃO PAULO

Direitos desta edição
reservados à:

I B R A S A
INSTITUIÇÃO BRASILEIRA DE DIFUSÃO CULTURAL LTDA.
RUA 13 DE MAIO, 446 - TEL.: 3284-8382
01327-000 — SÃO PAULO — SP

Primeira edição
publicada em 1987

Capa:
Ilustração: "A Batalha dos Guararapes"
Tela de Victor Meirelles

Arte final de:
MAURÍCIUS M. MARTINO

Fotocomposição, paginação e filmes
FACTASH FOTOCOMPOSIÇÃO LTDA.

Publicado em 2009

IMPRESSO NO BRASIL — *PRINTED IN BRAZIL*

"Se erro encontrarem os professores, mais graça e mercê me farão de avisar e conhecerão, pela minha docilidade na emenda, a nenhuma presunção do autor".

ALMEIDA GARRET

"Entretanto que não apareça coisa melhor, serve-te da minha diligência, se-me indulgente, e vale!

ANTÔNIO DE MORAIS SILVA (*Diccionario*), 1813, viii

Para
Nelly Martha

— sempre uma presença de paz —
grato pela amável paciência com
que por mais de quinze anos
suportou que a pesquisa e o preparo
deste dicionário fizesse de nossa
casa um quase campo de batalhas.

H.

Tudo o que se repetiu
nos dez anos da pesquisa
e preparo da reedição.

H.

SUMÁRIO

Não, propriamente, uma História Militar. Sim, notícias a propósito de quem, onde, quando e com qual resultado julgou necessário o uso da arma para garantir o seu modo de pensar e de viver. Mesmo que isso significasse lutar contra o irmão.

Popularizou-se noção muito facilitada a respeito de como se formou este país. Até aceita-se que a independência tenha custado não mais do que um grito. Também é comum o afirmar que "Deus é brasileiro", o que teria predisposto o povo a resolver pendências antes pela ênfase da palavra do que pela contundência da força; que as conquistas nacionais, pequenas e grandes, são alcançadas por consenso, sem derramamento de sangue; que "somos gente cordial e pacífica", naturalmente inclinada a tornar as lutas civis menos cruas e ferozes do que as combatidas em outras terras.

Porém a História recolhida nua e simples, sem afeiçoamento, atavios ou adjetivos, desdobra painel muito diferente. Não foram anjos os que lutaram, justificando-se com razões e argumentos os mais diversos, de 1500 a 1996. Foram homens exaltados o suficiente para valorizar o ideal acima da vida e admitir a morte como preço bom para a vitória.

Dos 365 dias do ano, apenas dois (25 de fevereiro e 26 de março) deixam de lembrar batalhas.

Batalhas, mesmo? O rigorista observará que, militarmente considerando, as expressões batalha, combate, choque, confronto, entrevero, escaramuça referem-se a situações desiguais. E terá razão. O *Dicionário Lello* esmiúça: "*batalha* — peleja quase sempre decisiva entre dois poderosos exércitos, executada com várias evoluções, em que se manifesta o talento do general, a inteligência na arte da guerra dos oficiais que se movem às suas ordens, e o valor e a disciplina de suas tropas. *Combate* é uma ação particular, às vezes nem prevista nem disposta, e de menos importância que batalha''. O *Dicionário Melhoramentos* atualiza e populariza: ''*Batalha*, s.f. (1. battualia) 1. Combate entre exércitos ou armadas. 2. Combate, luta''. Aí está: batalha é luta, é combate. Batalhar por tal e qual causa: é como diz o povo. Nas páginas seguintes, portanto, a palavra batalha terá o sentido de choque armado de qualquer proporção ou valor militar em que homens desavindos tenham posto em risco a vida para defender uma idéia ou situação. Ou, nada incomum, para impô-las. Batalha, sinônimo de luta, desimportando a sua complexidade e o número de participantes.

A adoção de forma consagrada pelo público foi aplicada igualmente a alguns topônimos.' Salvador aparece como nome da cidade capital da Bahia, em acontecimentos ocorridos ainda em 1530. Para facilitar o entendimento. O mesmo no referente à flexão dos nomes de tribos. Há convenção recomendando se diga ''os caiuá'', no singular. Com a devida licença, o leitor que visualizamos entenderá melhor se ler ''os caiuás''. Igualmente se procede quanto a expressões designativas dos desencontros que resultaram em batalhas: revoluções, revoltas, levantes, insurreições, motins, quarteladas... A tendência brasileira foi definida claramente em 1905 por Gonzaga Duque (*Revoluções brasileiras*): ''... as guerras civis que, como guerras, são meios violentos de reação, e como insurreições alteram a ordem estabelecida, estão compreendidas neste termo (revolução) que é genérico e tem a sanção vulgar... no falar do povo ela representa a forma genérica de todas as perturbações intestinas...''

Claro, o dicionário não estará absolutamente completo nem miudamente preciso. No tocante a isso, pedindo e agradecendo indicações, faço coro com Felipe Nunes — o da *Arte da pintura:* ''emende e acrescente quem souber: aprenda quem não souber e todos dêem glória...''

H. D.
Fevereiro, 1986
Santa Martha do Capão Bonito
São Paulo, fevereiro, 1996

CRONOLOGIA DOS CONFLITOS

1500-1996 — Choques com indígenas
1500-1845 — Corsários, contrabandistas, piratas.
1500-1895 — Presença francesa.
1516-1526 — Expedições guarda-costas.
1534 — Guerra de Iguape, contra espanhóis, SP.
1542-1851 — Ataques e intrusões de ingleses.
1555-1567 — França Antártica, RJ.
1556-1558 — Campanha contra os índios caetés.
1558-1559 — Guerras de Mem de Sá contra indígenas, BA, ES.
1562 — Ataques de indígenas contra São Paulo, SP.
1575 — Ataques de franceses e de ingleses contra ES e RJ.
1575 — Guerra de Aperipê ou da conquista do Sergipe.
1579-1696 — Campanhas contra indígenas na conquista do Norte-Nordeste.
1584-1587 — Campanha de incorporação da Paraíba.
1585-1682 — Bandeiras de apresamento e dilatação do território.
1586-1589 — Campanha final da conquista do Sergipe.
1597 — Campanha do Potengi contra franceses e potiguares na conquista do Rio Grande do Norte.
1597 — Tomada de Cabedelo por franceses, PB.
1599-1680 — Holandeses: piratas, corsários, conquistadores.
1603-1604 — Campanha contra franceses e indígenas seus aliados, CE.
1611 — Campanha de consolidação da conquista do Ceará.
1628-1635 — Choques missioneiros.
1629 — Holandeses em Fernando de Noronha.
1630-1645 — Holandeses no Norte-Nordeste.
1638 — Holandeses na Bahia.
1640 — Holandeses no Espírito Santo.
1644-1648 — Reconquista de Angola aos holandeses. África.
1644 — Quilombos. Palmares, período holandês de repressão. AL.
1645 — Holandeses no Pará.
1646-1649 — Holandeses no Recôncavo Baiano.
1654-1686 — Palmares: período pernambucano de repressão, AL, PE.
1660-1661 — Revolta popular contra taxas e vexações. RJ.
1663-1664 — Campanha contra tribos amazônicas do Rio Urubu.
1665-1834 — Antilusitanismo.
1665 — Revolta do sal. BA.
1666 — Motim de Nosso Pai, Recife. PE.

1671 — Campanha contra índios anicuns, na conquista de Goiás.
1680 — Colônia do Sacramento, primeira campanha.
1683-1713 — Guerra dos Bárbaros ou do Açu ou da Confederação dos Cariris ou Guerra dos tapuias. RN, CE.
1684 — Revolta maranhense contra a Companhia de Comércio. Beckman.
1697 — Intrusão francesa no Amapá.
1700-1783 — Ingleses na Ilha da Trindade.
1704-1705 — Colônia do Sacramento, segunda campanha.
1708-1709 — Guerra dos emboabas, MG.
1709-1710 — Guerra amazônica contra espanhóis e índios cambebas.
1710-1714 — Guerra dos mascates, PE.
1710-1711 — Corsários franceses no Rio de Janeiro: Duclerc, Duguay-Trouin.
1711 — Motim contra o estanco do sal de Santos, SP.
1713-1715 — Rebelião de indígenas urbanizados, CE.
1715-1720 — Motins mineiros contra arrecadação de ouro, MG.
1720 — Revoltas contra o donatário, na Paraíba do Sul.
1723-1727 — Guerra de Ajuricaba, na Amazônia.
1725-1744 — Campanha contra os índios paiaguás, MT.
1735-1736 — Colônia do Sacramento, terceira campanha.
1736-1737 — Franceses em Fernando de Noronha.
1740-1741 — Campanha contra os índios caiapós e tapirapés. Conquista de Goiás.
1754-1756 — Guerra guaranítica, RS.
1762-1763 — Invasão espanhola do Rio Grande do Sul. Cevallos.
1763 — Colônia do Sacramento: ação naval luso-britânica.
1763-1766 — Reconquista do Guaporé aos espanhóis.
1772-1887 — Revoltas de escravos.
1773-1774 — Invasão espanhola do Rio Grande do Sul. Vertiz y Salcedo.
1775-1776 — Reconquista de parte do Rio Grande do Sul aos espanhóis.
1777 — Invasão espanhola da Ilha de Santa Catarina.
1777 — Fim do presídio de Iguatemi, MT.
1796 — Franceses contra Porto Seguro, BA.
1796-1991 — Incidentes fronteiriços.
1801 — Conquista das Missões Orientais, RS.
1801-1802 — Intrusão espanhola em MT. Nova Coimbra.
1808-1817 — Ocupação da Guiana Francesa.
1809-1849 — Revoltas de escravos aussás e nagôs.
1811-1812 — Campanha Pacificadora do Uruguai.
1816-1820 — Guerra com Artigas. Invasão uruguaia do Rio Grande do Sul.

1817-1818 — Revolta nativista, PE.
1820-1839 — Choques do Sebastianismo.
1821 — Pronunciamento pró-Constituição, PA, BA, RJ.
1821 — Motim do 1º Batalhão de Caçadores, Santos, SP.
1821 — Campanha nativista da Junta de Goiana, PE.
1821 — Revolta de escravos constitucionalistas de Argoim ou das Lavras ou do Fanado, MG.
1822 — Motins de Manoel Pedro, BA.
1822-1823 — Guerra da Independência, BA, PI, MA, Cisplatina.
1823 — Quarteladas de Belém, PA.
1823 — Agitação pré-cabanagem na Amazônia.
1824 — Confederação do Equador, PE, PB, RN, CE, PI.
1825-1828 — Guerra da Cisplatina. Independência do Uruguai.
1828 — Motim de mercenários, RJ.
1831-1832 — Levantes de "exaltados" ou restauradores radicais. RJ, CE, MG.
1832 — Setembrada, MA.
1831-1832 — Novembrada, Abrilada, PE.
1832-1833 — Revolta dos Guanais ou Federalistas Baianos, BA.
1832 — Sublevação do 10º Batalhão de Caçadores, Salvador,BA.
1832 — Insurreição restauradora no Crato, CE.
1832 — Revolta restauradora de Santo Antão, PE.
1832-1835 — Cabanada, PE, AL.
1833 — Levante restaurador de Ouro Preto, MG.
1833 — Levante do Forte do Mar, Salvador, BA.
1834-1835 — Carneiradas, PE.
1834 — Rusgas de Cuiabá ou do Antilusitanismo, MT.
1834-1840 — Cabanagem, PA, AM.
1835 — Revolta de escravos nagôs, males, tapas, BA.
1835-1845 — Guerra dos Farrapos ou Revolução Farroupilha, RS, SC.
1837-1838 — Sabinada, BA.
1838 — Anselmada da Franca, SP.
1838-1841 — Balaiada, MA, CE, PI.
1839 — Motim político na Paraíba.
1840 — Conflito do "fogo do 40", RN.
1840 — Levante de Sobral ou de Torres-Jacarandá, CE.
1842 — Revolta dos liberais, SP, MG.
1843-1850 — "Califórnias" de Chico Pedro, RS, Uruguai.
1844 — Revolta dos Lisos, AL.
1848-1850 — Insurreição Praieira, PE.

1848 — Motins do Fecha-fecha, do Mata-mata, da Carne sem Osso, PE, BA.
1849 — Revolta de escravos de Queimados, ES.
1850-1851 — Incidentes do Bill Aberdeen ou do tráfico de escravos, RJ, PR, SP.
1850 — Incidente fronteiriço com o Paraguai, Fecho dos Morros, MT.
1851 — Campanha de Pacificação do Uruguai. Oribe.
1851-1852 — Campanha na Argentina contra Rosas.
8152 — Levante dos Marimbondos ou de Pau-d'alho, PE.
1864-1894 — Intervenções navais norte-americanas.
1864-1865 — Campanha no Uruguai contra Aguirre
1864-1870 — Guerra do Paraguai.
1872-1874 — Insubmissão dos *mucker* ou Campanha do Morro do Ferrabrás, RS.
1874-1875 — Arruaças do Quebra-Quilo, AL, PB, PE.
1879-1938 — Campanha contra o cangaço. CE, RN, PB, PE, AL, SE, BA.
1880 — Motim do Vintém, RJ.
1889-1906 — Revoltas contra a República, SC, RJ, SP.
1892 — Levante deodorista da fortaleza de Santa Cruz.
1892 — República Transatlântica de Mato Grosso.
1892 — Bombardeio de Porto Alegre.
1893-1894 — Revolta na Armada, RJ, SP, PR, SC, RS.
1893-1895 — Revolta dos Federalistas, RS, SC, PR.
1895 — Intrusão de franceses no Amapá.
1895-1897 — Canudos, BA.
1896 — Levante do capitão Muzzi pela emancipação do sul de MT.
1900-1903 — Campanha do Acre.
1901 — Levante de Jango Mascarenhas no sul de MT.
1901 — Desordens de Dionísio, MT.
1904 — Incidente na fronteira peruana: Nuevo Iquitos, AC.
1904 — Arruaças contra a vacina obrigatória, RJ, BA.
1904-1930 — Correrias de "coronéis", NO-NE.
1906 — Revolta de Generoso Ponce, MT.
1907-1911 — Levante de Bento Xavier pela emancipação de MS.
1910-1912 — Movimentos autonomistas do Alto Purus/Alto Juruá.
1910 — Revolta da chibata ou dos marinheiros, RJ, CE.
1910 — Revolta do Batalhão Naval, RJ.
1911 — Movimento político contra os Accioli, CE.
1912-1915 — Campanha do Contestado ou Guerra dos fanáticos. PR, SC.
1912 — Efeito da aplicação da política de "Salvação Nacional".
1913-1914 — Revolta de Juazeiro ou dos Jagunços, CE.

1913 — Revolta político-popular contra o governo amazonense e a Manaos Improvements.
1915 — Motim militar por direitos políticos, RS.
1916-1917 — Revolta dos conservadores, MT.
1917-1918 — Primeira Guerra Mundial.
1918 — Levante de anarquistas, RJ.
1922 — Levante do Forte de Copacabana ou dos 18 do Forte, RJ.
1923 — Revolta dos Libertadores, RS.
1924-1925 — Revolta de São Paulo, ou dos Tenentes ou do General Isidoro, SP, PR, MT, GO.
1924 — Revoltas tenentistas, RS, AM, SE.
1924 — Revolta do couraçado *São Paulo,* RJ.
1925 — Assalto tenentista ao quartel do III/RI, RJ.
1925-1927 — Coluna Costa-Prestes, PR, MT, GO, MG, BA, MA, PI, CE, PE, PB.
1926-1927 — Revolta política no RS.
1926 — Levante do Batalhão de Caçadores de Aracaju, SE.
1930 — Levante de Princesa, PB.
1930 — Revolução Liberal Nacional.
1931 — Sublevação da Força Pública de São Paulo.
1931 — Sublevação do 21º BC, Recife, PE.
1932 — Revolução Constitucionalista, SP, MT, RS, BA, MG, PA.
1935 — Levante ou Intentona Comunista, RN, PE, RJ.
1936 — Guerrilha rural comunista no RN.
1938 — Extermínio de grupos messiânicos, CE, BA.
1938 — Levante Integralista.
1942-1945 — Segunda Guerra Mundial.
1955 — Saída do cruzador *Tamandaré,* RJ.
1956 — Levante de Jacareacanga, RJ, PA.
1957-1967 — Operação FENU — Batalhão Suez, África.
1959 — Levante de Aragarças, RJ, GO.
1963 — Levante de sargentos, DF.
1964 — Revolução de 31 de março.
1965-1966 — Operação FAIBRÁS na República Dominicana.
1965-1974 — Guerrilhas políticas, urbanas e rurais.
1981-1996 — Choques da reforma agrária.

EVENTOS CONHECIDOS POR MAIS DE UM NOME

Apa-Mi	Baiendê	8.5.1867
Apostoles	Icamaquã/São Borja	23.11.1801
Aquidaban	Aquidabanigüi/Cerro-Corá	1.3.1839
Aquila	Arbolito	4.9.1825
Armação	Niterói	9.2.1894
Arroio da Várzea	Arroio Grande	14.10.1836
Arroio dos ratos	Cachoeira	1.6.1836
Arroio Teixeira	Guamirim	20.11.1893
Baía Formosa	Potengi	17.1.1640
Bela Vista, Passo da	Nhandipá	11.5.1867
Boa Vista, Fortim	San Juan	1.1.1802
Boqueirão do Sauce	Boquerón Naró	16.7.1866
Cabeceira Alta	Invernada do Zeca Lopes	29.6.1927
Caçador	Aleixo	1.5.1915
Caguijuru	Caraguataí	18.8.1869
Campo Grande	Acosta-Ñhu/Nhu-guaçu	16.8.1869
Campo Osório	Rincão de Artigas	24.6.1842
Capilla del Rosario	Rosario del Meriñay	5.11.1826
Capivari	Montemor	22.5.1887
Carneiro	Imburanas	14.2.1926
Casa Forte	Engenho de Nassau	17.8.1645
Cerro do ouro	São Gabriel	27.8.1894
Coimbra	Presídio	6.1.1778
Coronel Manoel Joaquim	Guaxupé	21.7.1932
Córrego do Rosário	Passo do Rosário	15.9.1916
Coxipó do ouro	Capão da Mutuca	6.7.1906
Erval do oeste	Erval Novo/Herval	3(?).10.1930
Fecho dos morros	Pão de Açúcar/Nova Coimbra	14.10.1850
Forquilhas	Curitibanos/Capão da Mortandade	12.1.1840
Guaiabal	Rio Acará	25.10.1834
Guapitangui	Passo do Leão	14.11.1844
Herval do oeste	Erval novo	3(?).10.1930
Ibirapuitã	Ponte do Ibirapuitã—Alegrete	19.6.1923
Ibirapuitã	Santana—Passo das Pedras—Passo do Lageado	28.2.1895
Icamaquã	Apostoles	23.11.1801

Ilha Redenção	Cabrita — Itapiru	5.5.1866
Ilhéus	Batalha dos nadadores	?.8.1559
Inhanduí	Guaçu-Boi	8.11.1924
Ipeju	Japeju	21.9.1816
Itapiru	Itati	28.3.1866
Itapitanguá	Naranjaí	19.10.1869
Jaguari	Passo do Jaguari	17.6.1634
Jaguaribe	Cabedelo	4.12.1634
Lagoa Vermelha	Encruzilhada do Flamínio	18.9.1923
Laguna, Campos da	Arroyo Primero	6.5.1867
Laguna Sirena	Atajo	17.4.1866
Lomas Valentinas	(6º dia) Itá-Ivaté	27.12.1868
Marcos André, Engenho	Pasto dos Marcos	20.7.1646
Matão Grande	Bela Água	26.5.1840
Maturu	Porto de Moz	16.6.1623
Mbororé	Pinhais de Santa Tereza/Onze Voltas	11.3.1641
Merepe	Pindoba	15.5.1817
Mineiros	Rio Verdinho	27.6.1925
Monte Caseros	Santos Lugares	3.2.1852
Morro Agudo	Bom Jesus	22(?).11.1925
Muturu	Orange	30.5.1623
Naranjaí	Itapitanguá	18.10.1869
Nhandipá	Bela Vista	11.5.1867
Nhembucu	Vila del Pilar	20.9.1867
Niterói	Armação	9.2.1894
Nuevo Iquitos	Seringal do Costa	5.11.1904
Orange	Muturu	30.5.1623
Pão de Açúcar	Fecho dos Morros	14.10.1850
Passagem, combate da	Rio de Janeiro	14.11.1904
Parê Cuê	Isla Tali	3.10.1867
Passo da Guarda Velha/Piqueri	Ribeira do Piqueri	5.1.1774
Passo das Pedras	Lageado — Santana	28.2.1895
Passo do Camaquã	Passo do Mendonça — Mendonça	26.1.1842
Passo do Jaguari	Jaguari	17.6.1893
Passo do Leão	Guapitangui	14.11.1844
Passo do Mendonça	Passo do Camaquã	26.1.1842
Passo do Rosário	Ituzaingó	20.2.1827
Passo do Umbu	Umbu	15.2.1827
Passo do Vigário	Setembrina	24.11.1840

Passo Fundo	Estância do Melo — Pulador	27.6.1894
Patrimônio da União	Rio Panui	7.5.1925
Pedras Altas	Yerbal	25.5.1827
Pedras Negras	Ponta das Pedras Pretas	5.3.1634
Pilar, Vila del	Nhembucu	20.9.1867
Ponta das Pedras	Itamaracá	12.1.1640
Ramada	Rincão da guarita/Guarita	3.1.1925
Redenção	Banco de Itapiru	10.4.1866
Ribeira do Piqueri	Passo da Guarda Velha/Piqueri	5.1.1774
Rincão das Galinhas	Rincón de Aedo/Haedo	24.9.1825
Rincão de Artigas	Campo Osório	24.6.1842
Rio de Janeiro	Ilha do Governador	15.12.1893
Rio de Janeiro	Passagem	14.11.1904
Rio Negro	Quebrachinho	27.11.1893
Rufino	Camaquã-chico	23.4.1827
Sagrado Coração	Tachos	20.1.1926
Sanja Fernandes	Sanja Blanca	17.12.1868
Santa Bárbara	Botucaraí	2.1.1774
Santo Antônio	Brejo da Cruz	?.12.1879
Santo Cristo	Presépio — Belém	7.1.1619
Santos Lugares	Monte Caseros	3.2.1852
Santiago do Boqueirão	Povinho	18.1.1894
São Borja	Icamaquã — Apóstoles	23.11.1801
São Francisco	Pato Bravo	19.2.1925
São Lourenço	Caracará — Morro do Caracará	6.1.1865
Sergipe D'El Rei	Rio Real	23.12.1589
Seringal do Costa	Nuevo Iquitos	5.11.1904
Sete Cerros	Chiriguelo — Amambaí	5.3.1870
Tabuleirinho	Lagoa do Cipó	19.11.1897
Taji	Tayi	2.11.1897
Terra Nova	São Lourenço da Mata	22.8.1636
Tigipió	Engenho Santana	26.11.1935
Timbó	Tamanduá	16.5.1914
Tijucas	Ambrósios	12.1.1894
Tiririca do Açuruá	Tiririca dos bodes	27.3.1926
Torrego	Taurege	21.6.1629
Upamoroti	Restinga	12.5.1893
Uruçuí	Benedito Leite	7.12.1925
Vaza-Barris	Potiipeba	15.1.1590
Yataí	Jataí	17.8.1865

CHOQUES MENORES CITADOS EM VERBETES

	Evento	Verbete	Data
Acari	Fogo dos 40	Açu	?.12.1840
Água Clara	Tenentistas SP	Três Lagoas	17.8.1924
Alagoas do Carneiro	Balaiada MA		
Anajá	Balaiada MA	Veados	10.6.1840
Areias	Revolta emancipação MS		.1907
Bacaba	Balaiada	Veados	10.6.1840
Bagé	Libertadores RS		
Barbalha	Insurreição no Crato	Missão Velha	3.11.1832
Barro Vermelho	Balaiada	Veados	10.6.1840
Boa Vista	Balaiada	Veados	10.6.1840
Boa Vista	República Transatlântica MT	Rosário	30.3.1892
Boa Vista	Libertadores RS	Arroio do Gil	26.2.1923
Bom Jesus	Libertadores RS	Invernada Velha	8.5.1923
Boqueirão	Setembrada PE	São Luís	19.6.1831
Bozzano	Segunda Guerra Mundial, Itália	Massarosa	16.9.1944
Cachoeirinha	Insurreição no Crato	Missão Velha	3.11.1832
Caiuá	Tenentistas SP	Três Lagoas	17.8.1924
Cajueiro	Balaiada	Veados	10.6.1840
Candelária	Bandeirantes x Missões	Vila Real del Espiritu Santo	14.12.1676
Capão	Rev. Constitucionalista MT	Rio Verde	15.7.1932
Caroatá	Balaiada MA		
Chiesa	Segunda Guerra Mundial, Itália	Massarosa	16.9.1944
Córrego do Rosário	Conservadores MT		
Dourados			
Estância do Padre	Tenentista RS	Recreio	1.11.1924
Estrela			
Extremoz	Fogo dos 40 RN	Açu	?.12.1840
Fazenda Itá	Revolta emancipação MS		.1907
Fazenda Itaquaruçu	Revolta emancipação MS	Sepecuê-Ponta Porã	19(?).10.1901
Fazenda Jurema	Guerrilha comunista Mossoró	Sítio do Carmo	21.7.1936
Fazenda São Máximo	Revolta dos Conservadores	Córrego do Rosário	15.9.1916

Fazenda Três Lagoas	Rev. Constitucionalista MS	Rio Verde	18.7.1932
Formiga	Balaiada MA	Veados	10.6.1840
Formigueiro	Libertadores RS	Passo da Juliana	6.9.1923
Gavião	Princesa PB	Tavares	29.3.1930
Gunaré Grande	Balaiada MA	Veados	10.6.1840
Icó	Insurreição no Crato	Missão Velha	3.11.1832
Indiana	Tenentistas SP	Três Lagoas	17.8.1924
Inficionado	Revolta de Argoim MG	Arraial de Santa Bárbara	30.6.1821
Ilo Bica	Rev. Constitucionalista RS	São João	10.9.1932
Lagoa	Balaiada MA	Veados	10.6.1840
Lagoa	Federalistas SC	Tubarão/Laguna	3.3.1894
Lages	Federalistas SC	Tubarão/Laguna	3.3.1894
Laranjeiras	Federalistas SC	Tubarão/Laguna	3.3.1894
Macapá (Jati)	Insurreição no Crato	Missão Velha	3.11.1832
Maioridade	Fogo dos 40 RN	Açu	?.12.1840
Mandacaru	Balaiada MA	Veados	10.6.1840
Maracaju	Bandeirantes x Missões	Vila Rica del Espiritu Santo	14.12.1676
Maravilha	Balaiada MA	Veados	10.6.1840
Mirador	Balaiada MA	Veados	10.6.1840
Mocambo	Balaiada MA	Veados	10.6.1840
Morcego	Balaiada MA	Veados	10.6.1840
Morro Agudo	Libertadores RS	Rio das Contas	27.9.1923
Morro do Garcia	Libertadores RS	Arroio do Gil	26.2.1923
Morro dos Cavalos	Federalistas RS	Pinheira	27.9.1893
Morro Pelado	Libertadores RS	Arroio do Gil	26.2.1923
Muritiba	Balaiada MA	Veados	10.6.1840
Mutum	Balaiada MA	Veados	10.6.1840
Nazaré	Balaiada MA	Veados	10.6.1840
Paraguaçu	Tenentista SP	Três Lagoas	17.8.1924
Passagem Franca	Balaiada MA	Veados	10.6.1840
Passo da Cruz	Tenentista RS	Ijuí	1.1.1925
Passo das Carretas	Rev. Constitucionalista RS	São João	10.9.1932
Passo do Amanhã	Revolta emancipação MS		.1907
Passo do Manoel Leão	Libertadores RS	Rio das Contas	27.9.1923
Pastos Bons	Balaiada	Veados	10.6.1840
Pindoba	Balaiada	Veados	10.6.1840
Ponta Porã			
Quatá	Tenentista SP	Três Lagoas	17.8.1924

Queimados	Coluna Costa-Prestes	Araçás	19.12.1925
Quibacá	Escravos	Santo Amaro/ São Francisco do Conde	12.2.1816
Ribeira	Balaiada	Veados	10.6.1840
Rio Iguatemi	Rev. Constitucionalista MS	Rio Verde	15.7.1932
Rincão do Júlio	Revolta dos conservadores	Córrego do Rosário	15.9.1916
Rosário	Libertadores		
Salto Grande	Tenentistas SP	Três Lagoas	17.8.1924
Santo Anastácio	Tenentistas SP	Três Lagoas	17.8.1924
Santo André	Bandeirantes x Missões	Vila Rica del Espirito Santo	14.12.1676
São Francisco de Ibirapariara	Bandeirantes x Missões	Vila Rica del Espirito Santo	14.12.1676
São Gonçalo	Fogo dos 40	Açu	?.12.1840
São Joaquim	Federalistas	Tubarão-Laguna	3.3.1894
São José dos Matões	Balaiada	Veados	10.6.1840
São Luís	Libertadores		
São Pedro de Terecañi	Bandeirantes x Missões	Vila Real del Espiritu Santo	14.12.1676
Sítio do Cigano	Guerrilha Comunista	Mossoró	21.7.1936
Tabuleirinho	Guerrilha Comunista	Mossoró	21.7.1936
Três Vinténs	Guerrilha Comunista	Mossoró	21.7.1936
Seridó	Fogo dos 40	Açu	?.12.1840
Vacaria	Libertadores		
Vacaria	Federalistas		13.2.1894
Vargem Grande	Balaiada	Veados	10.6.1840

OS DIAS E AS BATALHAS

JANEIRO

1 - 1548 - Igaraçu
1589 - Mbaopeba
1645 - Altenar
1763 - Santa Bárbara
1802 - San Jose
1849 - Itamaracá
1865 - Feio
1865 - Desbarrancado
1865 - Paysandu
1915 - Reduto de São José
1917 - Manaus
1925 - Ijuí

2 - 1774 - Santa Bárbara
1849 - Rio de Janeiro/Ilha do Engenho
1865 - Paysandu
1870 - Rio Verde

3 - 1631 - Santo Antônio
1774 - Santa Bárbara
1817 - Arapeí
1817 - Santa Lúcia
1837 - Veleda
1849 - Aguiar
1870 - Cambaceguá
1898 - Terra dos Bastos
1904 - Fortaleza
1925 - Ramada

4 - 1809 - Recôncavo-Jaguaribe
1817 - Catalan
1828 - Buenos Aires
1828 - Lagoa Mirim
1828 - Rio da Prata
1837 - Candiota
1837 - Mendonça
1837 - Pedras Altas
1840 - Estanhado
1849 - Bezerros
1880 - Rio de Janeiro
1943 - Fortaleza
1996 - São Francisco/Baía da Traição

5 - 1637 - Sirinhaén
1648 - Guaraíras
1774 - Ribeira do Pequiri
1809 - Nazaré das Farinhas
1826 - Duran
1828 - Lagoa Mirim
1849 - Utinga
1849 - Mãe Catarina

6 - 1643 - São Luís
1685 - São Lourenço
1688 - Ipaneminha
1778 - Coimbra
1820 - Pereira
1837 - Santo Antônio do Camaquã
1838 - Campina
1996 - Cararau/Rio Itiri

7 - 1558 - Espírito Santo
1619 - Belém
1619 - Santo Cristo
1638 - São Nicolau
1809 - Caiena
1823 - Itaparica
1835 - Belém
1835 - São Martinho
1925 - Maria Preta/Burro morto

8 - 1840 - Areia
1867 - Curupaiti

9 - 1640 - Gurupá
1829 - Cabinda
1833 - Rio Grande
1925 - Passo Bormann

10 - 1587 - Araranguá
1633 - Porto do Francês
1837 - Rio Pardo
1849 - Barreiros
1865 - Porto do ,dourado
1912 - Salvador

11 - 1608 - Ubajara
1828 - Caballada
1849 - Camorim
1870 - Lomariguá
1894 - Paranaguá
1923 - Casca
1925 - Belarmino
1926 - Picos

12 - 1632 - Camaragibe
1637 - Fio Formoso
1640 - Ponta das pedras/ Itamaracá
1646 - Afogados
1840 - Forquilhas-Curitibanos
1867 - Acarajá
1894 - Lapa
1894 - Rio de Janeiro
1894 - Tijucas
1923 - Palmeira

13 - 1640 - Cabo Branco/Goiana
1849 - Camaragibe
1867 - Curupaiti
1943 - Rio Parnaíba

14 - 1640 - Paraíba
1644 - Forte do Ceará
1774 - Tabatingaí
1894 - Lapa
1926 - Valença
1938 - Pau-de-colher

15 - 1590 - Vaza-barris
1654 - Rego
1654 - Salinas
1828 - Parati
1828 - Ponta de Santiago
1895 - Montenegro
1917 - Garanhuns

16 - 1631 - Olaria
1643 - São Luís
1673 - Colônia do Sacramento
1834 - Recife
1879 - Boa Esperança
1894 - Lapa
1894 - Tijucas
1903 - Puerto Alonso
1915 - Reduto do Josefino

17 - 1636 - Mata redonda
1640 - Baía formosa
1644 - Palmares
1678 - São Miguel
1817 - São Fernando
1833 - Pacavira
1841 - Rincão da cruz
1849 - Exu
1894 - Lapa
1894 - Paranaguá
1894 - Rio de Janeiro/Ilha do Mocangue Grande
1894 - Urubu

18 - 1636 - Mata redonda
1640 - Traição
1827 - Santana

1894 - Santiago do boqueirão
1897 - Cambaio
1926 - Picos
1996 - Camaquã
1996 - Júlio de Castilhos

19 - 1604 - Jaguaribe
1817 - Concepción
1817 - Itaqui
1867 - Laguna Piri
1892 - Rio de Janeiro
1894 - Curitiba
1894 - São Borja
1894 - Bendegó-de-baixo
1897 - Tabuleirinho
1903 - Puerto Alonso
1925 - Lençóis
1926 - Aracaju

20 - 1567 - Rio de Janeiro/ Uruçu-mirim
1604 - Ibiapaba
1828 - Lagoa mirim
1828 - São Miguel
1829 - Cabinda
1892 - Rio de Janeiro
1938 - Casa Nova

21 - 1654 - Amélia
1654 - Emília
1654 - Recife
1835 - Alagoa de gatos
1835 - Boa Vista
1835 - Recife
1836 - Buenos Aires
1836 - Chapéu virado
1849 - Currais
1915 - Rio Grande
1921 - Formigas

22 - 1615 - Casqueiro
1646 - Barreta
1694 - Palmares
1820 - Taquarembó
1839 - Tutóia
1895 - Cacimbinhas
1912 - Fortaleza
1914 - Juazeiro
1926 - São Domingos

23 - 1694 - Palmares
1914 - Juazeiro

24 - 1583 - Santos
1835 - Salvador
1894 - Rio de Janeiro/Ilha de Bom Jesus
1914 - Crato
1914 - Juazeiro

25 - 1615 - Santos
1634 - Igaraçu
1735 - Enseada Barregan
1828 - Alcatrazes
1835 - Água dos meninos
1835 - Salvador
1925 - Iracema
1927 - Piúva

26 - 1643 - Outeiro da cruz
1646 - Guaju
1840 - Bananal
1840 - Monteiro
1842 - Passo do Camaquã
1850 - Água Preta
1894 - Lapa
1895 - Canguçu

27 - 1756 - San Agustin
1828 - Barregãn
1849 - Pasmado
1865 - Jaguarão

1894 - Jaguariaíva
1901 - Fazenda Pedreira/São João do Sabugi
1914 - Barbalha

28 - 1631 - Santo Amaro
1823 - Paraguaçu
1894 - Rio de Janeiro
1927 - Pantanal

29 - 1635 - Miritibi
1694 - Palmares,
1839 - Porto Alegre
1840 - Sanga da bananeira
1915 - Fazenda do guarda-mor
1927 - Fumaça

30 - 1629 - Ibiticaraíba
1823 - Fontes
1823 - Montevidéo
1838 - Viamão
1839 - Maranhão Grande
1915 - Reduto da traição

31 - 1531 - Boa Viagem
1828 - Rio de Janeiro
1839 - Contrato

? - 1565 - Rio de Janeiro
? - 1565 - São Vicente
? - 1644 - Palmares
? - 1709 - Cachoeira do campo
? - 1709 - Capão da traição
? - 1709 - Carmo
? - 1709 - Ponta do morro
? - 1720 - Rio São João/Pitangui
? - 1828 - Rio de Janeiro
? - 1832 - Jacuípe
? - 1836 - São Leopoldo

FEVEREIRO

1 - 1635 - Muçurepe
1705 - Colônia do Sacramento
1839 - Caí

2 - 1531 - Santo Agostinho
1839 - Feijó
1849 - Recife
1867 - Curupaiti
1895 - São João do Camaquã
1990 - Boa Vista

3 - 1631 - Waerdenburch
1756 - Mbatobi
1852 - Monte Caseros
1926 - Ladeira do Miuns

4 - 1648 - Itapecima
1823 - Ilha dos Frades
1838 - Salvador
1917 - Miranda
1923 - Sarandi
1926 - São Miguel

5 - 1915 - Santo Agostinho-Timbozinho

6 - 1694 - Palmares
1893 - Ana Correia

7 - 1633 - Palmares
1633 - Rio Formoso
1756 - Vacacaí
1894 - Lapa

8 - 1635 - Santa Ana
1826 - Cerro-Montevideo
1914 - Taquaruçu
1915 - Santa Maria
1926 - Boqueirão da Curema

9 - 1826 - Corales
1826 - Pantanoso
1827 - Juncal
1894 - Armação
1894 - Valinho-Umbu
1926 - Piancó

10 - 1756 - Caiboaté
1821 - Salvador
1836 - Vigia
1894 - Santa Cruz
1895 - Piratini

11 - 1813 - Santa Maria do Araguaia
1823 - Cabrito
1827 - Barbero-Montevideo
1849 - Goiana
1892 - Salsinho
1926 - Piancó

12 - 1592 - Ilha Grande
1615 - Jericoacoara
1632 - Santo Agostinho
1640 - Touros
1816 - Santo Amaro-São Francisco do Conde
1827 - Vacacaí
1840 - Sobradinho
1841 - Albernaz
1849 - Pau amarelo

13 - 1868 - Curupaiti
1894 - Antonina
1894 - Paranaguá

14 - 1676 - Villa Rica del Espiritu Santo
1840 - Sobradinho
1842 - Pirara
1894 - São Gabriel
1926 - Carneiro-Umburanas
1927 - Paracatu

15 - 1630 - Pau amarelo
1635 - Muribeca
1678 - São Miguel
1823 - Cruz do Cosme
1827 - Sanga Funda — Passo do Umbu
1926 - Betânia

16 - 1630 - Olinda
1630 - Rio Doce
1892 - Fortaleza
1895 - Serrilhada
1942 - Cabo Hateras

17 - 1600 - Itaparica
1635 - São Lourenço da Mata
1637 - Comandaituba
1647 - Itaparica
1828 - Barracas
1839 - Cajazeiras

18 - 1650 - Cabo
1822 - Salvador
1923 - Caí
1926 - Gravatá
1926 - Mulungu
1927 - Umburanas
1942 - Virgínia
1943 - Farol Garcia D'Avila

19 - 1630 - Recife
1636 - Mar da Bahia
1649 - Guararapes
1776 - Rio Grande
1822 - Salvador
1835 - Belém
1838 - Armações
1839 - Bagé
1840 - Boa Vista

1868 - Humaitá —
1925 - São Francisco

20 - 1630 - Recife
1630 - Forte São Jorge
1705 - Martin Garcia
1777 - Santa Catarina
1822 - Brotas
1827 - Passo do Rosário-Ituzaingó
1835 - Belém
1893 - Santana
1926 - Campo Alegre

21 - 1560 - Rio de Janeiro
1828 - Buenos Aires
1849 - Areias
1868 - Tebicuari
1945 - Monte Castelo
1956 - Santarém

22 - 1615 - Paraupava
1631 - São Francisco Xavier
1676 - Mundau
1754 - Jesus-Maria-José do Rio Pardo
1836 - Colares
1836 - Mirim
1839 - Dom Pedrito
1894 - Magé
1914 - Igatu
1925 - Serrote Preto
1926 - Cipó
1991 - Igarapé do Castanho

23 - 1777 - Morro de Ponta Grossa
1849 - Garanhuns
1893 - Jararaca
1894 - Rio de Janeiro
1945 - La Serra
1996 - Santo André/Campinápolis

24 - 1627 - Quilmes
1630 - Recife
1650 - Cabo
1832 - Cachoeira
1868 - Assunção
1925 - Maria Preta
1942 - Estados Unidos da América do Norte

26 - 1634 - Santo Antônio
1650 - Cabo
1826 - Colônia do Sacramento
1841 - Palmeira
1923 - Arroio do Gil

27 - 1509 - Ilha de São Sebastião
1827 - Rio Negro
1836 - Iruí
1868 - Laureles
1894 - Caneleiras

28 - 1634 - Paraíba
1640 - Goiana-Engenho Cavalcanti
1814 - Itapoã
1826 - Colônia do Sacramento
1893 - Itaroquém
1895 - Passo das pedras-Lajeado
1930 - Teixeira

29 - 1536 - Rio Grande do Norte
1640 - Casa Forte-Goiana

? - 1617 - Caju-Mortiguera
? - 1676 - San Pedro de Terecañi
? - 1839 - Barra do Longá
? - 1841 - Calabouço

MARÇO

1 - 1631 - Tucujus
1634 - Recife
1826 - Colônia do Sacramento
1870 - Aquidaban-Cerro Corá
1870 - Taquaras
1894 - Sarandi
1894 - Ibirapuitã
1923 - Camaquã

2 - 1630 - Recife
1823 - Casa da Torre de Brotas
1826 - Canapé
1868 - Humaitá
1868 - Tají
1897 - Canudos
1897 - Pitombas
1943 - Porto Seguro

3 - 1627 - Salvador
1868 - Curupaiti
1894 - Tubarão-Laguna
1897 - Alto do Mário-Canudos
1926 - Várzea da Ema
1945 - Cá del fabro
1945 - Santa Maria Villiana-Roncale
1991 - Serra da Traira

4 - 1637 - Porto Calvo
1637 - Santo Agostinho
1838 - Salvador - Humildes
1843 - São Pedro
1923 - Machadinho
1945 - Castelnuovo

5 - 1534 - Pedras negras-Ponta das pedras pretas
1826 - Rio Paraná
1870 - Sete Cerros
1945 - Castelnuovo di Vergato

6 - 1565 - Rio de Janeiro
1836 - Manaus

7 - 1568 - Cabo Frio
1576 - Rio Real
1817 - Brum-Recife
1840 - Taquari
1942 - Cabo Hateras

8 - 1914 - Perdizes-Caragoatá
1930 - Imaculada
1942 - New York

9 - 1827 - Villa del Carmen — Carmen de Patagones
1868 - Tecibuari
1894 - Cabo Frio
1925 - Passo Bormann

10 - 1565 - Rio de Janeiro
1826 - Colônia do Sacramento
1836 - Abaeté

11 - 1634 - Cabo
1641 - Mbororé-Onze voltas — Pinhais de Santa Teresa
1653 - Aguiar
1817 - San Tomé
1823 - Jacaré
1828 - Pirajá

12 - 1838 - Campina
1893 - Santa Rita do Passa Quatro

13 - 1531 - Salvador
1625 - Espírito Santo
1823 - Jenipapo

1824 - Monte Alegre
1838 - Salvador
1849 - Água Preta
1894 - Rio de Janeiro

14 - 1736 - Carandá
1817 - Centurión
1826 - Colônia do Sacramento
1838 - Salvador
1860 - Bom Jesus

15 - 1560 - Rio de Janeiro
1827 - Cabo Frio
1836 - Cajutuba
1838 - Salvador
1893 - Upacaraí
1895 - Estiva
1903 - Rivera

16 - 1560 - Rio de Janeiro
1844 - Serra da Palma
1893 - Caneleiras
1894 - Santo Ângelo

17 - 1532 - Rio Igaraçu
1585 - São Felipe
1644 - Camocim
1823 - Puntas de Toledo
1835 - Recife
1836 - Passo do Rosário - Santa Maria
1844 - Conceição

18 - 1633 - Afogados
1823 - Coqueiros-Brotas
1923 - Capão Bonito

19 - 1849 - São José dos Queimados
1893 - Alegrete

20 - 1629 - Jesus-Maria
1638 - Cururipe
1676 - Amambaí
1714 - Oceano Atlântico
1824 - Monte Alegre
1893 - Bagé

21 - 1560 - Rio de Janeiro
1827 - Montevideo
1835 - Goiana
1866 - Alto Paraná
1895 - Estiva — Ponche Verde

22 - 1827 - Cachoeira
1837 - Santarém
1868 - Rojas
1930 - Patos
1941 - Mediterrâneo Oriental

23 - 1629 - Ibituruna-São Miguel
1828 - Rio da Prata
1866 - Jaguari
1866 - Rio Paraná
1868 - Estabelecimiento

24 - 1633 - Arraial do Bom Jesus
1930 - Água Branca
1930 - Patos

25 - 1830 - Tabatingaí

27 - 1560 - Espírito Santo
1866 - Itapiru
1925 - Catanduvas
1926 - Tiririca do Açuruá
1965 - Leônidas Marques-São José

28 - 1640 - Rio Paraíba-Engenho Nossa Senhora do Rosário
1827 - Santa Catarina

1840 - Luséia-Maués
1866 - Itapiru
1926 - Barra do Mendes .
1930 - Tavares

29 - 1595 - Recife
1842 - Pelotas
1915 - Reduto Inácio de Lima
1930 - Tavares

30 - 1625 - Salvador
1634 - Arraial do Bom Jesus
1849 - Cabu
1866 - Itapiru
1892 - Rosário
1915 - Santa Maria
1923 - Uruguaiana
1926 - Água de rega

31 - 1595 - Recife
1818 - San Carlos

? - 1532 - Pernambuco
? - 1568 - Rio de Janeiro
? - 1629 - Caairu-Guaíra
? - 1637 - San Carlos de Caapi-Apostoles
? - 1711 - Lavras do médico
? - 1714 - Oceano Atlântico
? - 1795 - Quariterê
? - 1801 - Cananéia
? - 1833 - Cachoeira

ABRIL

1 - 1776 - Rio Grande
1915 - Caçador

2 - 1625 - Salvador
1818 - San Carlos
1833 - Altinho
1833 - Serra do Cafundó
1915 - Santa Maria
1925 - Mutum
1943 - Recifes Manoel Luís

3 - 1818 - San Carlos
1818 - Valentin
1915 - Santa Maria
1917 - Barfleur
1923 - Uruguaiana

4 - 1635 - Arraial do Bom Jesus
1832 - Icó
1870 - Miranda

5 - 1625 - Salvador
1866 - Redenção-Cabrita
1894 - Capão do boi preto

6 - 1625 - Salvador
1661 - Rio de Janeiro
1733 - Cuñapiru
1772 - Rio Gránde de São Pedro
1827 - Monte Santiago
1836 - Pelotas
1866 - Itapiru

7 - 1649 - Madalena
1649 - Salvador - Morro São Paulo
1818 - Apostoles
1818 - Guabiju
1836 - Passo dos negros - Rio São Gonçalo
1844 - Lagoa
1894 - Rio Grande
1923 - Palomas
1923 - Passo do Guedes

8 - 1595 - Olinda
1812 - Rio Negro
1836 - Negros
1837 - Caçapava
1870 - Bela Vista

9 - 1595 - Recife — Olinda
1836 - Torres

10 - 1830 - Salvador
1866 - Redenção-Cabrita
1868 - Humaitá
1899 - Cuiabá

11 - 1731 - Fecho dos morros
1812 - Daiman
1826 - Montevideo
1826 - Santa Lúcia - Rio da Prata
1843 - São Gabriel

12 - 1812 - Itapeti Grande
1823 - São Pedro
1827 - Colônia do Sacramento
1828 - Buenos Aires
1832 - Lajes-Barra
1836 - Porto Alegre
1869 - Inhanducá
1923 - Santa Maria

13 - 1775 - Rio Grande
1836 - Porto Alegre
1839 - Ijuí
1840 - Erval
1894 - Castro

14 - 1812 - Itapeti Grande
1817 - Porto de pedras
1823 - Belém
1832 - Bonito
1832 - Recife
1894 - Rio Iapó-Castro
1945 - Montese

15 - 1828 - Las Cañas
1837 - Capão do Leão
1923 - Bento Rengo
1925 - Guaira
1943 - Atol das Rocas
1945 - Montelo - Cota 927 - Cota 888

16 - 1636 - Engenho Velho
1638 - Salvador
1832 - Recife
1833 - Belém
1837 - Fragata
1838 - Salvador
1866 - Itapiru
1894 - Desterro

17 - 1638 - Salvador
1775 - Vila Maria-Cáceres
1826 - Martin Garcia
1828 - Cachoeira
1832 - Rio de Janeiro
1839 - Camaquã
1866 - Laguna Sirena
1930 - Sítio
1996 - Eldorado de Carajás

18 - 1584 - Paraíba
1630 - Cacimbas
1635 - Arraial do Bom Jesus
1648 - Barreta
1736 - Porto das Vacas
1839 - Angicos
1867 - Retiro
1903 - Puerto Rico
1923 - Osório
1930 - Sítio

19 - 1648 - Guararapes

1836 - Faxinal
1926 - Água Quente
1930 - Tavares

20 - 1776 - Ilha de Santa Catarina
1777 - Santa Catarina
1832 - São Miguel
1839 - Santa Maria
1867 - Machorra
1869 - Patinho-Cuê/Manduvirá
1869 - Rosário
1945 - Panaro
1945 - Pirondelli
1945 - Zocca

21 - 1587 - Salvador
1638 - Salvador
1821 - Rio de Janeiro
1828 - Ibicuí

22 - 1558 - Cricaré
1636 - Piratigi
1648 - Olinda
1828 - Salado
1836 - Mostardas
1840 - Ribeira
1843 - Rincão do inferno
1925 - Sororó
1926 - Serra Nova
1945 - San Benedetto

23 - 1636 - São José da Mata
1636 - Una
1827 - Rufino
1828 - São Luís
1945 - Marano di Panaro

24 - 1640 - Tejucopapo
1736 - Conceição
1839 - São Nicolau
1865 - Coxim

25 - 1635 - Ibiá-Tape
1777 - Laguna
1777 - Vila Nova
1823 - Repartição
1836 - Viseu

26 - 1637 - Candelária - Caaró
1833 - Salvador
1945 - Collecchio

27 - 1826 - Montevideo
1833 - Salvador
1894 - Pinheiro torto - Ribeiro pulador
1925 - Porto Mendes

28 - 1638 - Itapoã
1823 - São José dos Matões
1836 - Igarapé mirim
1844 - Estância de Antônio Fernandes
1931 - São Paulo
1945 - Fornovo

29 - 1640 - Engenho Cavalcanti - Recôncavo
1754 - Jesus-Maria-José do Rio Pardo
1869 - Guaraio
1893 - São Sebastião
1945 - Fornovo-Ponte Scodogna

30 - 1818 - Forte Reis Magos
1823 - Cotegipe
1838 - Rio Pardo

? - 1631 - Cumau
? - 1688 - Paraíba
? - 1673 - Palmares
? - 1838 - Bananeira
? - 1839 - Paraíba

? - 1916 - Pega
? - 1917 - Porto Grande - Ilha de São Vicente
? - 1921 - Olho d'água do Chicão

MAIO

1 - 1632 - Santa Cruz
1819 - Piratinin
1868 - Timbó-chico
1894 - Boqueirão
1942 - Trinidad

2 - 1817 - Utinga
1818 - Colônia do Sacramento
1823 - Conceição
1866 - Estero Bellaco
1868 - Araçá
1868 - Iasuí

3 - 1652 - Tigipió
1818 - Vera
1823 - Salvador
1826 - Ortiz-Rio da Prata
1840 - Taquari
1893 - Inhanduí

4 - 1823 - Salvador
1868 - Andaí
1868 - Estabelecimiento
1894 - Upamoroti
1902 - Pinheirinho - Encantado

5 - 1537 - Nazaré
1817 - Toledo
1840 - Calengue
1840 - Carnaubal

6 - 1647 - Bahia
1817 - Cordovez
1817 - Montevideo
1867 - Laguna
1892 - Cuiabá
1925 - Panchito

7 - 1697 - Macapá
1840 - Curumatá-Egito
1869 - Sapucaí
1894 - Carovi
1925 - Patrimônio da União
1926 - Mocugê

8 - 1835 - Burajuba
1836 - Guamá
1840 - Carnaubeiras
1867 - Apa-mi
1868 - Iasuí
1923 - Invernada Velha
1925 - Porto Carlos
1970 - Eldorado Paulista - Sete Barras

9 - 1624 - Salvador
1819 - São Nicolau
1827 - Cerro Largo
1833 - José Correia
1912 - Sepecuê/Ponta Porã

10 - 1624 - Salvador
1756 - Churiebí
1826 - Montevideo
1937 - Rasgão - Mata dos Cavalos

11 - 1599 - Rio de Janeiro
1631 - Forte do Rio Felipe — Forte North
1823 - Caravelas
1827 - São Sebastião
1867 - Bela Vista
1938 - Rio de Janeiro

12 - 1818 - Colônia do Sacramento
1835 - Belém
1893 - Upamoroti
1943 - Ponta Schulpfontein

13 - 1635 - Porto Calvo
1836 - Belém
1836 - Pedreira
1843 - Vacacaí
1925 - Rio Apa

14 - 1630 - Olinda
1630 - Santo Antônio
1836 - Trafaria
1839 - Pedra Bonita
1926 - Maxixe
1926 - Roça de dentro

15 - 1590 - Pirapitingui
1635 - Arraial do Bom Jesus
1637 - Santa Teresa
1817 - Merepe/Pindoba
1817 - Trapiche de Ipojuca
1818 - Paysandu
1818 - Perrucho Berna
1818 - Vuelta de San Jose
1832 - Bezerros
1836 - Taperuçu
1837 - Porto Alegre
1895 - Vila Amapá
1915 - Porteiras
1923 - Santa Maria Chico

16 - 1731 - Cumbe
1818 - Arroio China
1826 - Mangrulho
1827 - Maldonado
1914 - Timbó

17 - 1772 - São Tomé
1827 - Ilha Grande
1930 - Alagoa Nova
1930 - Boa Ventura
1930 - Manguenza

18 - 1635 - Nazaré/Forte do Cabo
1635 - Outeiro do Barbosa
1638 - Salvador
1823 - Las Piedras
1840 - Matões
1923 - Caçapava
1925 - Paraíso
1942 - Ceará
1943 - Alagoas

19 - 1801 - Santa Cruz
1840 - Ladeira

20 - 1840 - Tabatinga
1866 - Passo Cidra
1829 - Cabinda
1917 - Brest

21 - 1648 - Estância
1925 - Rio de Janeiro

22 - 1737 - Martín Garcia
1823 - Olaria
1869 - San Pedro/Jejuy
1887 - Capivari/Monte-Mor
1926 - Brejo da Brasa
1942 - Fernando de Noronha/ Rocas

23 - 1535 - Vitória
1625 - Mandiutuba
1926 - Barra

24 - 1625 - Tucujus
1630 - Forte Ernestus
1824 - Itabaiana
1827 - São Diogo
1828 - Salado

1840 - Pastos Bons
1866 - Tuiuti
1906 - Cáceres

25 - 1647 - Paraíba
1823 - Bom Fim
1823 - Manga do Igará
1823 - Vargem Grande
1827 - Pedras Altas/Yerbal
1865 - Corrientes
1867 - Miranda/Nioaque
1869 - Cerro León
1894 - Igará
1942 - Haiti

26 - 1555 - Porto Grande
1625 - Salvador
1818 - Canellones
1818 - Ponche Verde
1818 - San Juan
1833 - Ouro Preto
1840 - Matão Grande - Bela Água
1926 - Joá

27 - 1827 - Colônia do Sacramento
1869 - Paraguari
1926 - Limoeiro

28 - 1842 - Jaguaré
1866 - Laguna Tranquera
1895 - Santa Clara
1902 - Muçum/Encantado
1930 - Alagoa Nova

29 - 1736 - Fernando de Noronha
1767 - Rio Grande
1828 - Aregui
1840 - Miritiba
1867 - Curupaiti
1893 - Masseté
1922 - Recife
1930 - Alagoa Nova

30 - 1623 - Muturu
1777 - Colônia do Sacramento
1820 - Gualeguaichu
1869 - Tupium

31 - 1555 - Pirajá
1696 - Cumaú
1834 - Cuiabá
1835 - Japaranduba
1887 - Piracicaba
1894 - Pelotas
1925 - São Paulo
1926 - Brejo

? - 1556 - Tubarão
? - 1814 - Santo Amaro do Ipitanga
? - 1823 - Recife
? - 1838 - Ponta de Cristovam Pereira/Lagoa dos Patos

JUNHO

1 - 1565 - Rio de Janeiro
1836 - Arroio dos Patos
1923 - Santa Rosa
1942 - Antilhas/Santa Lúcia
1990 - Bom futuro

2 - 1635 - Nazaré/Forte do Cabo
1827 - Sego
1829 - Belém
1836 - Passo dos Negros - Rio São Gonçalo
1846 - Rincão do Jaguari
1865 - Riachuelo

3 - 1823 - Salvador
1842 - Silveiras

4 - 1865 - Riachuelo
1893 - Passo Fundo
1923 - Barretos
1932 - Campanário

5 - 1767 - São José do Norte
1827 - Moreno
1837 - Santa Bárbara
1843 - Alegrete
1923 - Aipo
1930 - Água Branca
1942 - Atlântico Norte
1989 - Pedro Canário

6 - 1819 - Itacorubi
1824 - Barra Grande

7 - 1559 - Itaipé
1823 - Muaná
1828 - Montevideo
1842 - Venda Grande
1868 - Iacaré-Passo Ovejas
1894 - Encruzilhada
1894 - Ponche Verde

8 - 1635 - Arraial do Bom Jesus
1824 - Tamandaré
1827 - Cabo-Santa Maria
1843 - Santa Maria Chico
1869 - Sapucaí
1906 - São Lourenço
1912 - Sena Madureira

9 - 1559 - Ilhéus
1587 - Recôncavo Baiano
1924 - Barca
1926 - Brejão

10 - 1823 - Itapicuru Mirim
1827 - Salado
1840 - Veados
1865 - São Borja
1906 - Pindaival
1926 - Canavieiras

11 - 1822 - Itaparica - Boa Vista
1826 - Los Pozos
1865 - Riachuelo

12 - 1812 - Laureles
1828 - Rio de Janeiro
1840 - Salso
1841 - São Borja
1865 - Riachuelo
1893 - Pitanga
1911 - Campo Grande
1924 - São Paulo

13 - 1587 - Baía Formosa/Cabo Frio
1643 - Maranhão
1819 - San Isidro
1819 - Santo Cristo
1832 - Cobra
1836 - Cajubá
1867 - Corumbá

14 - 1818 - Chapicoí
1823 - São Luís
1866 - Tuiuti
1924 - São Paulo

15 - 1646 - Porto dos Marcos
1730 - Rio Paraguai
1840 - Frecheiras
1894 - Chagus
1913 - Manaus
1925 - Capela
1965 - Santo Domingo

16 - 1623 - Maturu
1818 - Castillos
1827 - Montevideo
1828 - Punta de Lara

17 - 1623 - Nassau
1624 - Salvador
1645 - Ipojuca
1893 - Jaguari

18 - 1614 - Jericoacoara
1653 - Santa Isabel
1828 - Ilhéus-S'antana
1840 - Gaiola
1840 - Salgado
1841 - Inhatuim
1865 - Mercedes

19 - 1645 - Quicombo
1832 - São Luís
1840 - Vereda
1874 - Ferrabrás
1892 - Santana do Livramento
1923 - Ibirapuitã

20 - 1587 - Camamu
1818 - Santa Maria
1874 - Ferrabrás
1892 - Corumbá
1893 - Piraí
1943 - Juréia

21 - 1629 - Torrego
1632 - Nossa Senhora da Vitória
1827 - Aceguá
1844 - Jaguarão
1892 - Porto Alegre
1906 - Morro do gambá

22 - 1645 - Ipojuca/Tabatinga
1832 - Missão Velha
1840 - Cantinho
1841 - Inhatuim
1841 - São Borja
1842 - Tamanduá
1921 - Poço Branco/Espírito Santo

23 - 1827 - Ilha Grande
1842 - Boqueirão
1842 - Mendanha-Serro
1850 - Macaé
1893 - Serrilhada
1900 - Surrão
1923 - Erechim

24 - 1645 - Tabatinga
1842 - Areias
1892 - Porto Alegre
1895 - Campo Osório

25 - 1542 - Rio Tapajós
1631 - Perrexil
1827 - Rio da Prata
1842 - Presídio
1897 - Cocorobó
1897 - Rosário
1923 - Vacaria

26 - 1822 - Coqueiro/Salvador
1837 - Turi
1865 - Botuí
1897 - Macambira
1912 - Campo Grande
1923 - Capão do Mandiju
1926 - Campina
1942 - Antilhas

27 - 1633 - Araripe
1637 - Ilhéus
1711 - Recife

1842 - Registro de Paraibuna
1850 - Cabo Frio
1894 - Passo Fundo
1897 - Alto da Favela/Canudos
1897 - Umburanas
1904 - Crato
1925 - Mineiros

28 - 1629 - Torrego
1633 - Ilhéus
1697 - Cumaú
1821 - Santos
1822 - Cachoeira
1874 - Ferrabrás
1894 - Passo Fundo
1894 - São Martinho
1897 - Alto da Favela/Canudos
1897 - Umburanas

29 - 1646 - Tigipió
1821 - Santos
1869 - Juti
1906 - Cuiabá
1925 - Invernada Zeca Lopes

30 - 1615 - Santos
1821 - Arraial de Santa Bárbara
1828 - Camaquã Chico
1836 - Porto Alegre
1836 - Turi Mirim
1894 - Arroio Três Passos

? - 1555 - Engenho de Antônio Cardoso/Porta Grande
? - 1591 - Ilha Grande
? - 1714 - Paraíba
? - 1839 - Paraíba
? - 1840 - Paranaguá
? - 1911 - Areias

JULHO

1 - 1647 - Mariocaí
1818 - Pichinago
1829 - Belém
1840 - Serra Grande
1850 - Ilha do Mel/Paranaguá

2 - 1817 - Apostoles
1842 - Caeté

3 - 1627 - Espírito Santo
1841 - Cachoeira
1868 - Guaicuru
1943 - Rio de Janeiro

4 - 1625 - Mamanguape
1818 - Queguay Chico
1828 - Cabo Frio
1842 - Queluz
1897 - Alto da Favela/Canudos
1943 - Rio Pará

5 - 1819 - Rocha
1836 - Mazagão
1837 - Botuí
1868 - Lagoa Verá
1922 - Rio de Janeiro
1924 - São Paulo

6 - 1736 - Buenos Aires
1836 - Barcelos
1836 - Caraparu
1839 - Barra/Carniça
1847 - Serra do Couto
1906 - Coxipó do Ouro
1922 - Rio de Janeiro
1924 - São Paulo

7 - 1627 - Salvador
1648 - Fort Mols

1823 - Oceano Atlântico

8 - 1689 - Canasvieira
1718 - Rio Motuca/Cuiabá
1827 - São Sebastião
1893 - Rio Grande
1923 - Caçapava
1923 - Montenegro
1924 - São Paulo

9 - 1632 - Cumaú
1842 - Caeté
1842 - Rocinha da Negra
1868 - Taji
1926 - Ouricuri
1943 - Amapá

10 - 1562 - São Paulo
1633 - Araripe
1697 - Macapá
1840 - Buriti
1893 - São José do Norte
1930 - Almas/Pombal

11 - 1562 - São Paulo
1630 - Salinas
1714 - Rio das Velhas
1836 - São Gonçalo
1842 - Santa Bárbara
1867 - Alegre
1942 - Mar do Caribe

12 - 1635 - Porto Calvo
1831 - Rio de Janeiro
1836 - Campos Neutrais
1837 - Icuipiranga
1840 - Serra Grande
1842 - Silveiras
1867 - Tuiuti
1924 - Aracaju
1924 - São Paulo

1932 - Santos

13 - 1566 - Rio de Janeiro
1866 - Palmar
1893 - Rio Grande
1932 - Cachoeira Paulista
1932 - São José do Barreiro
1932 - Túnel

14 - 1591 - Traição
1632 - Cumaú
1836 - Almeirim
1852 - Pau-D'Alho
1924 - São Paulo
1930 - Sítio
1932 - Santa Maria
1932 - Coxim
1932 - Túnel

15 - 1633 - Várzea
1824 - Alhandra
1825 - Quinta do Rico-Colônia do Sacramento
1827 - Rosário
1839 - Aracati
1842 - Queluz
1868 - Passo Benitez
1932 - Rio Verde

16 - 1645 - Cunhau
1840 - Jurumenha
1840 - São José do Norte
1866 - Boqueirão do Sauce
1868 - Humaitá

17 - 1771 - Croará
1851 - São Vicente
1867 - Passo de Candelária
1893 - Tijucas
1923 - Osório
1923 - Santiago do Boqueirão

1924 - São Paulo
1932 - Bela Vista

18 - 1650 - Salinas
1822 - Salvador
1823 - Atoleiro
1823 - Itaparica
1828 - Montevideo
1840 - Carnaubal
1866 - Potrero Sauce
1868 - Acaiuasa
1897 - Canudos
1923 - Morro Partido
1923 - Pinhal

19 - 1533 - Boipeba/Ponta dos Castelhanos
1847 - Ferrabrás
1897 - Canudos
1932 - Bela Vista
1943 - Santa Catarina
1944 - Farol São Tomé

20 - 1604 - Salvador
1646 - Marcos André
1711 - Santo Amarinho-Recife
1818 - Las Cañas
1836 - Porto Alegre

21 - 1821 - Olinda
1839 - Laguna/Campo da Barra
1842 - Caeté
1868 - Humaitá
1868 - Timbó
1869 - Barê-Cuê
1874 - Ferrabrás
1924 - São Paulo
1932 - Coronel Manoel Joaquim/Guaxupé
1932 - Ribeira
1932 - Vacaria
1936 - Mossoró/Sítio do Cigano
1943 - Amapá

22 - 1711 - Barreta
1819 - Gualeguaichu
1835 - Vigia
1839 - Laguna
1894 - Tubarão
1897 - Canudos
1923 - Praia da Cidreira
1926 - Tranqueiras

23 - 1897 - Canudos
1924 - Manaus
1924 - São Paulo
1932 - Santos
1932 - Tererê
1943 - Cabo São Roque

24 - 1868 - Isla Fortin
1897 - Canudos
1925 - Anápolis
1943 - Oceano Atlântico

25 - 1604 - Recôncavo Baiano
1633 - Arraial do Bom Jesus
1824 - Porto de Pedras
1874 - Sapiranga
1924 - São Roque
1926 - Tanque Novo
1932 - Túnel
1942 - Tobago

26 - 1645 - Quicombo
1736 - Rio da Prata
1842 - Queluz
1865 - Toro-Passo
1868 - Isla Poi
1897 - Canudos
1924 - Pinhal
1932 - Buri
1942 - Ilha de Trinidad

27 - 1824 - Barra Grande
1897 - Canudos
1924 - Sousa
1926 - São José
1932 - Gomeira/Cristal

28 - 1836 - Cametá
1868 - Isla Poi
1925 - Santa Luzia
1838 - Angicos
1942 - Trinidad/Tobago

29 - 1800 - Porto Seguro
1819 - Santana
1823 - Funil
1826 - Buenos Aires
1932 - São José do Barreiro

30 - 1823 - Caxias
1826 - Lara Quilmes
1838 - Dores de Camaquã
1943 - Recife

31 - 1865 - Salto do Uruguai
1865 - Uruguaiana
1867 - Tuiu-Cuê
1868 - Lagoa Verá
1893 - Desterro
1924 - Botucatu
1926 - Uruçuí
1932 - Porto Esperança
1943 - Aracaju
1943 - Rio de Janeiro

? - 1527 - Baia de Todos os Santos
? - 1639 - Tape
? - 1713 - Aquiraz
? - 1713 - Rio Choró
? - 1731 - Cumbê
? - 1751 - Pitangui
? - 1779 - Galera/Quariterê
? - 1796 - Mondego/Iapepó
? - 1832 - Boqueirão
? - 1836 - Santo Amaro
? - 1839 - Barra Velha/Araranguá
? - 1919 - Pilão Arcado

AGOSTO

1 - 1624 - Itapagipe
1625 - Traição
1818 - Mercedes
1836 - Oeiras
1839 - Caxias
1867 - Lagoa Verá
1869 - Ascurra
1932 - Apiaí
1932 - Banhado Grande/Apiaí
1932 - Porto Esperança

2 - 1640 - Rio Real
1688 - Lagoa do Apodi
1828 - Punta Chaparro
1836 - Itapoã
1874 - Sapiranga
1924 - Aracaju
1932 - Belém
1932 - Salto

3 - 1645 - Tabocas
1839 - Azenha
1842 - Lagoa Santa
1867 - Penimbu/Arroyo Hondo
1924 - São Manoel
1932 - Túnel

4 - 1532 - Santo Aleixo
1699 - Madre de Deus
1923 - Vista Alegre
1932 - Batedor

5 - 1640 - Olinda

1865 - Uruguaiana
1868 - Lagoa Verá
1869 - Sapucaí
1932 - Engenheiro Bianor

6 - 1617 - Belém
1639 - Bocainas do Rio do Ouro
1645 - Serinhaém
1826 - Caraguatá
1826 - Quaraí
1826 - Toro-Passo
1837 - Autazes
1839 - Camaquã
1840 - Capivari
1867 - Curupaiti
1869 - Costapucu
1923 - Cerrito
1925 - Arraial Velho
1932 - Eleutério

7 - 1645 - Manguaba
1648 - Penedo
1680 - Colônia do Sacramento
1827 - Montevideo

8 - 1633 - Capibaribe
1648 - Porto Amboim
1801 - São João Mirim
1869 - Piraporaru
1932 - Itaporanga
1932 - São Roque
1990 - Porto Alegre

9 - 1616 - Belém
1711 - Santo Amarinho
1839 - Icatu
1865 - Uruguaiana
1995 - Corumbiara

10 - 1630 - Buraco de Santiago
1637 - Amoreiras
1801 - São Miguel das Missões
1836 - Fazenda Pernambuco - Rio Capim
1905 - Aracaju
1932 - Queluz
1932 - São Roque/Cruzeiro

11 - 1636 - Goiana
1645 - Penedo
1796 - Santa Cruz
1840 - Mombaba
1842 - Caju
1867 - Palmares
1894 - Carovi

12 - 1639 - Caasapaguaçu
1816 - Santa Teresa
1832 - São Mateus
1842 - Baependi
1842 - Sabará
1851 - Ramalho
1865 - Cuevas
1869 - Altos
1869 - Peribebuí
1932 - Jacu Queimado/Porto Taboado

13 - 1932 - Buri
1981 - São Geraldo do Araguaia

14 - 1630 - Santo Antônio
1819 - Carpinteria
1835 - Belém
1851 - San Nicolas
1888 - Paranapanema
1923 - Canguçu Velho
1932 - Porto Taboado

15 - 1648 - São Paulo de Loanda
1835 - Belém
1837 - Triunfo

1843 - Alegrete
1867 - Curupaiti
1894 - Igrejinhas
1897 - Rancho do Vigário
1932 - Buri
1932 - Vitorino Carmilo
1942 - Rio Real

16 - 1559 - Ilhéus
1835 - Belém
1868 - Timbó
1869 - Campo Grande/Acosta Ñu
1849 - Garruchos
1905 - Fazenda Campo Alegre
1932 - Grama

17 - 1574 - Cabo Frio
1645 - Casa Forte
1648 - São Miguel
1710 - Rio de Janeiro
1801 - Cananéia
1825 - Colônia do Sacramento
1835 - Belém
1865 - Yataí
1893 - Cerrito
1924 - Três Lagoas
1932 - Casa Branca
1932 - Cerrado
1942 - Cerrado
1942 - Morro São Paulo/ Salvador
1987 - Itarema

18 - 1648 - Estância
1711 - Sebiró
1736 - Barra do Rio Grande
1827 - Salado
1837 - São Luís das Missões
1869 - Caguijuru/Caraguataí
1924 - Três Lagoas
1926 - Vereda do Areial
1932 - Itacoatiara
1932 - Ladário

19 - 1827 - Punta del Este
1843 - Santa Ana do Uruguai
1932 - Ipajim
1932 - Morro Verde
1942 - Barra do Itariri

20 - 1623 - Cajari
1633 - Alagoa do Sul
1736 - Santa Catarina
1827 - Cabo Santa Maria
1836 - Oeiras
1840 - Detrás-da-Serra
1840 - Santa Maria
1842 - Araxá
1842 - Santa Luzia
1924 - Rio Amazonas
1932 - Cunha
1932 - Perdido

21 - 1711 - Belém
1827 - Montevideo
1836 - Junco
1842 - Paracatu
1869 - Potrero Recalde
1925 - Urucuia
1932 - Quitéria/Coxim

22 - 1636 - Terra Nova
1645 - Pontal de Nazaré
1825 - Mercedes
1835 - Belém
1894 - Serra de Caxambu
1932 - Salvador
1932 - São João
1932 - Vale do Paraíba

23 - 1711 - Goiana
1840 - Salobro

1932 - Guaratinguetá

24 - 1597 - Cabedelo
1624 - Salvador
1828 - Banco Chico
1839 - Lagoa Formosa
1894 - Timbaúba

25 - 1650 - Mendonça
1826 - Cachoeira
1902 - Santa Cruz
1924 - Óbidos

26 - 1532 - Ilha de Santo Aleixo
1736 - Maldonado
1823 - Atol das Rocas/ Açores
1833 - Barra Grande
1836 - Itapoã
1868 - Iacaré
1894 - Cruz Alta
1932 - Balsa
1942 - Santa Catarina

27 - 1532 - Itamaracá
1826 - Alto Alegre
1840 - Olho d'Água da Jurema
1893 - Cerro do Ouro

28 - 1822 - Itaparica
1824 - Recife
1840 - Curicaca
1868 - Passo Real del Tebicuari
1923 - Ponche Verde
1924 - Óbidos
1932 - Coxim
1932 - Salto Grande

29 - 1631 - Santo Antônio
1839 - Massiambu
1925 - Santa Maria de Taguatinga

30 - 1828 - Salado
1835 - Abaeté
1838 - Camaquã
1932 - Fundão

31 - 1836 - Manaus
1866 - Tebicuari
1894 - Campo Novo
1932 - Vila Queimada

? - 1575 - Cabo Frio
? - 1611 - Paranambu/Guaíra
? - 1616 - Ilha de São Domingos
? - 1671 - Jequiriçá
? - 1713 - Messejana
? - 1713 - Rio Choró
? - 1824 - Turiaçu

SETEMBRO

1 - 1531 - Rio Iguaçu
1811 - Paysandu
1822 - Saboeiro
1838 - Pitim
1866 - Curuzu
1932 - Prata

2 - 1824 - Tamandaré
1866 - Curuzu
1866 - Palmar
1892 - Registro/Barra de Baixo
1971 - Rio de Janeiro

3 - 1624 - Itaparica
1624 - Salvador
1646 - Santo Agostinho
1838 - Santo Antônio
1866 - Curuzu
1866 - Sauce
1932 - Lagoa
1932 - Passo da Rocha/Soledade

1932 - Porto Esperança
1932 - Silveiras

4 - 1811 - Santa Teresa
1825 - Aquila
1866 - Curupaiti
1923 - Santana
1932 - Mogi Mirim
1932 - Morro do Gravi/Itapira
1932 - Pelotas
1943 - Ilha da Trindade
1980 - São Luís do Curu

5 - 1658 - Tapuricê

6 - 1633 - Igaraçu
1822 - Itaparica
1836 - Cerca de Pedras
1867 - San Solano
1923 - Passo da Juliana
1926 - Arraias

7 - 1634 - Salvador
1710 - Ilha Grande
1711 - Garapu
1822 - São João
1864 - Paysandu
1866 - Tuiuti
1893 - Rio de Janeiro
1897 - Fazenda Velha
1910 - Alto Juruá
1914 - União da Vitória
1932 - Ipanema
1932 - Mandioca Assada

8 - 1558 - Vila Nova (Vitória)
1633 - Jaguari
1633 - Jangada
1647 - Taré

9 - 1645 - Tamandaré
1826 - Colônia do Sacramento
1827 - Recife
1824 - Porto Cinco de Julho/
Porto São João

10 - 1633 - Paraíba
1640 - Rio Real
1823 - Oceano Atlântico
1827 - Rio da Prata
1826 - Funchal
1836 - Seival
1893 - Travessão/Lageado
1932 - Porto Murtinho
1932 - São João

11 - 1645 - Tibagi
1711 - Rio de Janeiro
1754 - Japeju
1822 - Itaparica
1824 - Recife
1824 - Rio do Peixe
1833 - Porto Calvo
1836 - Couto
1939 - Ilha de Araçatuba
1839 - Santa Rita
1840 - Estanhado/Conceição
1840 - Frecheiras
1851 - Cerro Largo
1923 - Quaraí
1923 - Quatro Irmãos
1932 - Arapongas

12 - 1575 - Paraíba
1631 - Abrolhos
1711 - Rio de Janeiro
1801 - Baía Negra
1816 - São João Velho
1823 - Foz do Rio Tejo
1824 - São Miguel dos Campos
1827 - Abrantes
1963 - Brasília

13 - 1711 - Rio de Janeiro
1824 - Recife
1827 - Alcatrazes
1827 - Recife
1893 - Rio de Janeiro
1932 - Fão/Lajeado
1932 - Reizinho Macedo

14 - 1645 - Itamaracá
1711 - Rio de Janeiro
1817 - Lenguas
1823 - São Luís
1839 - Baixão
1914 - Ilha da Trindade
1924 - Guaíra

15 - 1817 - Belém
1831 - Recife
1916 - Córrego Rosário
1926 - Caldas
1944 - Vada/Ospedaletto

16 - 1801 - Nova Coimbra
1816 - Rincão da Cruz
1841 - Viamão
1923 - Rincão de Santana
1925 - Prata
1944 - Massarosa

17 - 1645 - Porto Calvo
1711 - Rio de Janeiro
1822 - São Mateus
1824 - Olinda
1824 - Recife
1875 - Campina Grande
1893 - Corisco
1923 - Barra do Ouro
1923 - Carajazinho
1989 - Palma Sola

18 - 1645 - Maurício/Penedo
1711 - Rio de Janeiro
1835 - Cachoeira
1893 - Venâncio Aires
1902 - Volta da Empresa
1916 - Água Amarela
1923 - Lagoa Vermelha
1923 - Passarinhos
1932 - Amparo
1932 - Campinas
1932 - Capão Bonito
1944 - Camaiore

19 - 1604 - Recife
1710 - Rio de Janeiro
1835 - Azenha/Porto Alegre
1836 - Oeiras
1838 - Arroio dos Ratos
1839 - Juca Leão
1839 - Mariquita
1893 - Santos
1923 - São Gabriel
1926 - Paraíso
1932 - Rio das Almas/Buri
1944 - Meschino/Cuoco

20 - 1645 - Itamaracá
1645 - Catuama
1645 - Maiacari
1711 - Rio de Janeiro
1820 - Loango
1867 - Nhembucu
1867 - Pilar
1969 - Caaguazu
1893 - Santos
1932 - Mogi Mirim
1932 - Serro Alegre

21 - 1645 - Schkoppe/Conceição de Itamaracá
1816 - Ipeju/Ibicuí
1816 - Santa Maria do Ibicuí
1816 - São Borja

1819 - Colla
1821 - Recife
1826 - Maldonado
1831 - Vitória
1835 - Rio Pardo
1840 - Chapadinha
1932 - Ingaçaba

22 - 1816 - Santana
1835 - Arroio do Telho/Jaguarão
1835 - Capela do Erval
1866 - Curupaiti
1923 - Passo da Lenheira

23 - 1630 - Salinas
1711 - Rio de Janeiro
1725 - Colônia do Sacramento
1822 - São João de Manguinhos
1823 - Rincão das Galinhas
1827 - Marau
1868 - Surubii
1893 - Rio de Janeiro
1932 - Santos

24 - 1639 - Orobó
1816 - Chafalote
1825 - Rincão das Galinhas
1867 - Estero Rojas
1902 - Bom Destino
1932 - Cruzeiro
1932 - Santos

25 - 1840 - Mostardas
1893 - Mariano Pinto
1893 - Rio de Janeiro
1897 - Cambaio/Canudos
1924 - Passo Conceição
1924 - Três Rios
1932 - Porto Esperança

26 - 1575 - Japuí-Guaçu
1633 - Guararapes
1914 - Curitibanos
1943 - Ponta Azeda/Maceió
1943 - Oceano Atlântico
1944 - Monte Prano

27 - 1816 - Ituparaí
1819 - La Mère
1835 - Serrito/Jaguarão
1893 - Ilha de Santa Catarina
1893 - Itaqui
1893 - Quaraí
1923 - Barro Preto
1923 - São Francisco
1923 - Rio das Contas
1943 - Rio Amazonas

28 - 1559 - Paraguaçu
1648 - Salvador
1816 - São Borja
1827 - Uruguai
1839 - Pinheira
1840 - Canoas
1932 - Itapeva
1942 - Guiana Francesa

29 - 1821 - Olinda
1839 - Desterro

30 - 1902 - Telheiro
1932 - Ladário
1944 - Capanne/Osteria
1944 - Fornovolasco

? - 1554 - Missão dos Carijós
? - 1585 - Oceano Atlântico
? - 1825 - Cachoeiro do Itapemirim
? - 1834 - Pedras Brancas

OUTUBRO

1 - 1642 - Calvário/Rio Itapicuru
1645 - Fernando Mendes
1645 - Potengi
1821 - Afogados
1822 - Manguinhos
1839 - Caí
1868 - Angostura
1868 - Piquisiri
1897 - Canudos
1926 - Tabocas
1932 - Salto/Angatuba
1995 - Laranjal

2 - 1827 - Enseñada
1843 - Coxilha de Fogo
1930 - Morungava/Sengés

3 - 1645 - Uruguaçu/Potengi
1734 - Bocaina
1735 - Colônia do Sacramento
1816 - São Borja
1836 - Fanfa
1867 - Parê-Cuê
1930 - Belo Horizonte
1930 - Porto Alegre
1930 - Santana

4 - 1677 - Aqualtune
1816 - Botuí
1832 - Panelas do Miranda
1836 - Fanfa
1844 - Maceió
1930 - Fragoso
1930 - João Pessoa
1930 - Recife
1930 - Souza
1932 - Campo Grande

5 - 1801 - Guarda da Lagoa
1868 - Angostura
1893 - São Sebastião
1893 - Rio de Janeiro/Gamboa
1897 - Canudos
1902 - Volta da Empresa
1930 - Belém

6 - 1633 - Guararapes
1831 - Rio de Janeiro
1832 - Icó
1926 - Ponta de Pedra

7 - 1623 - Mariocaí/Gurupá
1650 - Estância do Aguiar
1831 - Rio de Janeiro
1840 - Canoas
1864 - Salvador
1944 - Fornaci

8 - 1641 - Camamu
1819 - Paso de la Arena
1844 - Santana
1910 - Manaus
1924 - Três Lagoas
1930 - Belém
1930 - São Luís

9 - 1926 - Rio Bonito
1930 - Imbituba

10 - 1866 - Rio Javari
1868 - Angostura
1901 - Ponta Porã
1930 - Baumer
1930 - Delta
1930 - Erval do Oeste
1930 - São Bento

11 - 1645 - Inhobim
1926 - Curralinho
1930 - Sengés

12 - 1632 - Porto de Pedras
1825 - Sarandi
1826 - Rondeau
1893 - Estância Nova
1893 - Rio de Janeiro/Barra
1914 - Fazenda Corisco
1930 - Quatiguá

13 - 1822 - Itaparica
1926 - Bom Jardim
1930 - Itapetingüi
1933 - Lagoa do Lino

14 - 1630 - Salinas
1822 - Itaparica
1827 - San Blas
1835 - Arroio da Várzea/ Pelotas
1850 - Fecho dos Morros
1893 - Rio de Janeiro
1923 - Campo dos Marcelinos
1930 - Sengés

15 - 1565 - Rio de Janeiro
1709 - Pará
1817 - San Fernando
1822 - Maré
1823 - Belém
1868 - Angostura

16 - 1630 - Rio Doce
1636 - Engenho Espírito Santo
1640 - Camamu
1645 - Mazombos
1816 - Zapallar
1818 - Rabon
1829 - Cotegipe
1835 - Retiro
1930 - Capela
1930 - Imbituba

17 - 1674 - Juazeiro de São Francisco
1711 - Salvador
1801 - Perdiz
1820 - Bonito
1822 - Conceição
1823 - São Luís
1823 - Miguelete/Montevideo
1839 - Imbaú
1844 - Maceió
1868 - Piquisiri
1887 - Itu
1912 - São Sebastião
1924 - Morungava
1930 - Canal de Santa Catarina

18 - 1826 - Dona Rosalina
1827 - Los Pozos/Buenos Aires
1839 - Lajeado/Sampaio
1869 - Acapitigó
1893 - Mato Português
1917 - Biscaia

19 - 1632 - Tacaruna
1811 - Curuzu/Quatiá
1816 - Ibiraocaí
1832 - Pimenteiras
1835 - Conceição
1869 - Naranjal
1887 - Santo Amaro/São Paulo
1901 - Sepicuê/Ponta Porã
1930 - Passo do Cipriano

20 - 1633 - Santa Luzia da Alagoa
1735 - Colônia do Sacramento
1841 - São Gabriel
1868 - Angostura

21 - 1526 - São Francisco do Norte
1630 - Muribeca
1822 - Conceição

1823 - Montevideo
1867 - Tatijibá
1893 - Teutônia

22 - 1834 - Vila Nova
1901 - Tombador/Diamantino
1921 - Irani

23 - 1634 - Cunhau
1832 - Paraíba
1835 - Atalaia
1835 - Itapoã
1893 - Bom Jesus
1901 - Taquaruçu/Nioaque
1943 - Alcatrazes

24 - 1629 - Torrego
1636 - Rio Formoso
1647 - Penedo
1893 - Estrela
1930 - Sauípe

25 - 1632 - Porto do Francês
1777 - Iguatemi
1824 - Salvador
1834 - Guaiabal/Rio Acará
1840 - Baixa Fria
1843 - Canguçu
1844 - Quaraí

26 - 1629 - Mariocaí
1637 - Vila Velha
1642 - Cotim/São Luís
1648 - Salvador
1827 - Cabo Santa Maria
1835 - Passo do Retiro/Arroio Pelotas
1844 - Guaraí
1868 - Vuelta de Angostura
1914 - Salseiro
1926 - Jauru
1935 - Grossos/Mossoró

27 - 1633 - Paraíba/Formosa
1640 - Vitória
1777 - Iguatemi
1816 - Carumbê
1832 - Salvador
1838 - Franca
1867 - Ibarra
1869 - Curuguati
1894 - Rosário
1923 - Ibicuí da Armada
1923 - Olho d'Água
1924 - Mundo Novo
1930 - Cruzeiro
1936 - Casa da Farinha/ Catarina Paraguaçu

28 - 1629 - Torrego
1640 - Roças Velhas
1640 - Vitória
1819 - Arroio Grande
1831 - Campo Grande
1834 - Acará-açu
1839 - Cananéia
1869 - Abagiba
1926 - Boa Esperança

29 - 1867 - Potrero Obella
1869 - San Isidro de Curuguati/ Abagiba
1923 - Pelotas
1924 - Alegrete
1931 - Recife

30 - 1628 - Santo Agostinho
1640 - Vila Velha do Espírito Santo
1704 - Colônia do Sacramento
1762 - Colônia do Sacramento
1801 - Serro Largo
1826 - Rio Negro
1839 - Paranaguá/Morro das Conchas

1931 - Recife
1944 - Castelnuovo di Garfagnana
1944 - La Rochetta
1944 - Barga/Lama di Sotto/ Pradocelli

31 - 1615 - São Luís
1633 - Cunhau
1775 - São Martinho do Monte Grande
1824 - Santa Rosa
1837 - Espinilho/Cruz Alta
1837 - Vacaria
1839 - Paranaguá
1874 - Fagundes/Ingá
1944 - Lama di Sotto/ Colle/Monte San Quirico

? - 1825 - Portalegre
? - 1585 - Oceano Atlântico

NOVEMBRO

1 - 1651 - Mingau
1914 - Rio das Antas
1924 - Itaqui
1924 - Recreio
1926 - Nioaque

2 - 1614 - Guaxinduba
1640 - Vila Velha
1839 - Santa Catarina
1867 - Taji

3 - 1630 - Recife
1710 - Recife
1832 - Missão Velha
1839 - Encantada
1839 - Imbituba
1840 - Vila do Triunfo
1844 - Murici
1867 - Tuiuti
1893 - Rio de Janeiro/Ilha do Governador
1923 - Bento Gonçalves
1923 - Santa Maria
1924 - Alegrete
1936 - Serra da Onça
1942 - Cabo da Boa Esperança

4 - 1704 - Colônia do Sacramento
1710 - Santo Antão
1835 - Abaeté
1844 - Atalaia
1844 - Cati
1904 - Seringal Minas Gerais/Nuevo Iquitos
1922 - Rio de Janeiro/Forte de Copacabana
1924 - Rio de Janeiro

5 - 1637 - São Cristóvão
1826 - Capilla Rosario
1893 - Lajeado
1904 - Seringal Minas Gerais/Nuevo Iquitos

6 - 1647 - Recife
1648 - Mboimboi
1843 - Canguçu
1893 - Araranguá
1894 - Traíras
1944 - Bologna

7 - 1646 - Asseca

8 - 1677 - Sirinhaém
1822 - Pirajá
1837 - Salvador

1893 - Itajaí
1926 - Onça
1995 - Santa Isabel do Ivaí

9 - 1817 - Punta de Piedras
1839 - Imaruí
1914 - Fortaleza
1924 - Guaçu-Boi
1936 - Caldeirão

10 - 1645 - Mingau
1869 - Sanguina-Cuê
1902 - Igarapé da Baía
1918 - Gibraltar
1924 - Barro Vermelho
1924 - Cachoeira
1924 - Dom Carlos/Jacaré
1926 - Praia Rica

11 - 1614 - Santa Maria/ Guaxinduba
1754 - Jacuí
1822 - Pirajá
1848 - Maricota
1924 - Itaqui
1955 - Rio de Janeiro

12 - 1653 - Mingau
1677 - Amaro
1732 - Lagoa Dourada
1902 - Montevideo
1924 - Saicã

13 - 1848 - Nazaré

14 - 1709 - Arraial do Pilar
1844 - Guapitangui
1844 - Porongos
1848 - Muçupinho
1904 - Rio de Janeiro
1924 - Santa Maria

1926 - São Gabriel
1926 - Voadeira

15 - 1628 - Todos os Santos do Caaró
1708 - Sabará
1831 - Recife
1839 - Lages
1839 - Laguna
1848 - Panelas
1893 - Rio Conchas/Lages
1902 - Iquitos
1924 - Serra dos Medeiros

16 - 1827 - Salado
1840 - San Felipe
1944 - Boscacio
1989 - Surucucu

17 - 1628 - Assunção do Ijuí
1636 - Anatuba
1823 - Cametá
1827 - Salado
1848 - Cachoeira
1926 - Candeeiro

18 - 1837 - Itaparica
1848 - Pajeú de Flores
1869 - Guazu
1902 - Santa Rosa
1904 - Salvador
1918 - Rio de Janeiro
1924 - Cacequi
1944 - Monte Cavallaro

19 - 1614 - Guaxinduba
1816 - India Muerta
1826 - Palmas
1831 - Recife
1838 - Santo Amaro
1868 - Angostura

1868 - Piquisiri
1889 - Desterro
1893 - São Joaquim

20 - 1630 - Olinda
1836 - São Sebastião
1835 - Breves
1866 - Curuzu
1893 - Arroio Teixeira

21 - 1827 - São Tomé
1840 - São José
1893 - São Luís das Missões
1896 - Uauá
1942 - Atlântico Brasileiro

22 - 1801 - San Lucas
1811 - Arapeí Chico
1816 - San Fernando
1910 - Rio de Janeiro
1924 - Passo Cação
1925 - Bom Jesus/Morro Agudo
1926 - Rio Bonito
1934 - Rio Paraguai
1942 - Trinidad
1944 - Torre di Nerone

23 - 1645 - Cunhau
1704 - Colônia do Sacramento
1801 - Camaquã
1801 - Apóstoles
1835 - Itaquá
1840 - Viamão/Setembrina
1893 - Rio de Janeiro
1935 - Natal

24 - 1641 - São Luís
1822 - Camarugipe
1840 - Passo do Vigário/Setembrina
1924 - Belarmino
1924 - Rocinha
1935 - Olinda
1935 - Recife
1944 - Monte Castello

25 - 1631 - Olinda
1808 - Rio Pardo
1841 - Rincão Bonito
1848 - Una
1893 - Itajaí
1910 - Rio de Janeiro
1935 - Serra Caiada
1944 - Bombiana
1944 - Monte Castello
1944 - Porreta-Terme

26 - 1835 - Tigipió
1844 - Arroio Grande
1868 - Angostura
1900 - Papiri
1935 - Panelas

27 - 1843 - Piratini
1893 - Corvo
1893 - Bagé
1893 - Rio Negro
1924 - Camaquã
1926 - Rio Claro
1926 - Seival
1935 - Rio de Janeiro

28 - 1824 - Juiz
1826 - Santa Catarina
1844 - Arroio Grande
1848 - Nazaré
1848 - Una
1911 - Recife
1914 - Taquaritinga
1926 - Guarda-Mor
1926 - Pilões

29 - 1628 - Candelária do Ijuí
1944 - Monte Castello

30 - 1822 - Bom Jesus
1922 - Brotas
1848 - Maricota
1864 - Salto
1893 - Rio de Janeiro
1943 - Rio de Janeiro

? - 1529 - Pernambuco
? - 1593 - Moji-Mirim
? - 1614 - Cumã
? - 1693 - Jaguaribe
? - 1916 - Poconé

DEZEMBRO

1 - 1816 - Casupá
1848 - Monteiros
1867 - Caimboca
1893 - Costão
1893 - Rio de Janeiro
1926 - Sertãozinho

2 - 1636 - Jesus-Maria-José do Jequi
1711 - Salvador
1926 - Joaquim Gregório
1926 - São Lourenço

3 - 1822 - Conceição/Itapoã
1864 - Fazenda Gaecá
1924 - Tupanciretã
1944 - Guanella

4 - 1632 - Orange
1634 - Jaguaribe/Cabedelo
1677 - Sirinhaém
1816 - Pablo Paes
1837 - Itapagipe
1843 - Encruzilhada
1868 - Capilla Nimbi
1868 - Itororó

5 - 1631 - Cabedelo
1826 - Cabo Frio
1864 - Paysandu
1925 - São Félix

6 - 1634 - Apipucos
1864 - Paysandu
1900 - Cajazeiras
1926 - Itiquira
1944 - Monte Castello

7 - 1634 - Cabedelo
1796 - Orobó/Andaraí
1825 - Conventos
1827 - Punta de Lara
1864 - Paysandu
1902 - Costa Rica
1924 - Arroio Irapuá/Passo Caldeirão
1925 - Uruçuí
1926 - Bom Jesus

8 - 1631 - Cabedelo
1633 - Forte Reis Magos
1816 - Mataojos
1822 - Cotegipe
1839 - Areias
1843 - Vacacaí
1849 - Camocim
1864 - Paysandu
1893 - Itajaí
1924 - Carretas
1925 - Almeida

9 - 1631 - Santa Catarina
1634 - Restinga
1843 - Upamoroti

1868 - Angostura
1893 - Rio de Janeiro
1910 - Rio de Janeiro
1910 - Rio de Janeiro
1944 - Porreta-Terme

10 - 1631 - Cabedelo
1634 - Santa Catarina
1735 - Colônia do Sacramento
1825 - Araranguá
1848 - Jenipapo
1893 - Rio de Janeiro
1925 - Nova Iorque

11 - 1631 - Cabedelo
1838 - Rio de Janeiro
1838 - Rio de Janeiro/Santa Catarina
1868 - Avaí
1879 - Santo Antônio/Brejo da Cruz
1924 - Galpões
1926 - Arnica
1926 - Guarapuava

12 - 1633 - Forte Reis Magos
1637 - Rio Formoso
1900 - Riozinho
1926 - Campos Novos
1944 - Monte Castello

13 - 1838 - Manga do Igará
1848 - Goiana
1848 - Ipojuca

14 - 1640 - Cabedelo
1819 - Ibirapuitã Chico
1819 - Santa Maria
1835 - Arroio da Várzea
1839 - Passo de Santa Vitória
1840 - Sobral

15 - 1635 - São Joaquim
1646 - Urambu
1650 - Salinas
1808 - Aprouage/Colégio
1869 - Iguaçu-Guá
1893 - Rio de Janeiro

16 - 1826 - Maldonado
1868 - Angostura
1926 - São Joaquim
1995 - Cinqüentinha

17 - 1819 - Passo do Rosário
1826 - Urubu/Cajazeira
1834 - Capoeiras/Bonito
1836 - Arroio Grande
1851 - Tonelero
1868 - Sanja Blanca/Sanja Fernandes
1889 - Rio de Janeiro
1926 - São Joaquim
1926 - Pelotas
1928 - Curralinho

18 - 1995 - Inhacopi/São Valério do Sul

19 - 1628 - Pirapó
1634 - Cabedelo
1843 - Jaguarão
1868 - Angostura
1894 - Queluz
1926 - Garças

20 - 1637 - Ceará
1653 - Olinda
1848 - Cruanji
1848 - Pereira
1893 - Passo da Cruz
1893 - Umbu
1913 - Juazeiro

1926 - Sagrado Coração
1944 - Mazzancana

21 - 1827 - Bahia
1866 - Caraiá
1868 - Lomas Valentinas

22 - 1675 - Palmares
1848 - Almêcega
1868 - Lomas Valentinas
1893 - Água Amarela

23 - 1589 - Rio Real
1599 - Salvador
1634 - Santo Antônio
1637 - Santa Teresa
1675 - Palmares
1808 - Buenos Aires
1808 - Oiapoque/Aprouage
1822 - Itaparica
1866 - Curupaiti
1868 - Lomas Valentinas
1897 - Colônia Nova Petrópolis/Caí
1926 - Sangradouro

24 - 1832 - Engenho Prainha
1832 - Jacuípe
1900 - Puerto Alonso
1926 - Capim Branco
1972 - Xambioá

25 - 1562 - Santos
1636 - São Cristóvão
1637 - Bahia
1825 - Morretes
1868 - Lomas Valentinas
1900 - Caquetá
1911 - Maceió
1926 - Santa Bárbara

26 - 1634 - Campina do Brito
1843 - Santa Rosa
1867 - Passo Poi
1868 - Lomas Valentinas

27 - 1819 - Itaquatiá
1868 - Lomas Valentinas/ Itá-ivaté
1924 - São Luís

28 - 1640 - Alagoas
1837 - Inhanduí
1864 - Nova Coimbra
1869 - Iguatemi
1913 - Taquaruçu
1914 - Piedade
1925 - Flores
1925 - Teresina
1926 - Manso Pequeno/Mortes

29 - 1628 - Pirapó
1822 - Salvador
1826 - Jaguari
1839 - Conceição
1844 - Cuaró
1864 - Dourados
1864 - Paysandu
1866 - Curupaiti
1911 - Fortaleza
1924 - Porto das Barcas

30 - 1614 - Guandu
1827 - Madalena
1848 - Gaipió
1848 - Dois Irmãos
1868 - Angostura
1924 - Conceição

31 - 1825 - Santa Teresa
1825 - Chuí
1843 - Cavajuretã

1864 - Feio
1864 - Paysandu

? - 1530 - Igaraçu
? - 1572 - Ibiaçá
? - 1629 - Fernando de Noronha
? - 1638 - Caazapamirim/Tape
? - 1840 - Açu
? - 1879 - Santo Antônio/Riacho dos Porcos

EVENTOS DOS QUAIS SOMENTE O ANO É CONHECIDO

1503 - Feitoria/Cabo
1525 - Rio São Francisco
1549 - Chachalpoyas
1576 - Ararouê
1582 - Paraíba
1583 - Paraíba
1595 - Ilhéus
1595 - Rio Real
1599 - Cabo Frio
1669 - Cairu
1670 - Palmares
1671 - Guanicuns
1671 - Palmares
1672 - Palmares
1677 - Campo Aberto
1691 - Chiquitos/Rio Jacuí
1746 - Samambaia/Araxá
1758 - Ambrósio
1774 - Nossa Senhora dos Prazeres
1823 - Cachoeira das Três Barras

GLOSSÁRIO

Abatis — defesa acessória de entrincheiramento, feita com árvores derrubadas para o lado do atacante, tendo os galhos aguçados ou os ramos entrelaçados.

Balandra — embarcação de fundo chato, um mastro, coberta, empregada preferencialmente em canais.

Barbete — plataforma de onde a artilharia dispara por cima do parapeito.

Brigue — embarcação pequena, dois mastros, velas quadrangulares.

Brulote — jangada carregada com lenha encharcada com material inflamável. Incendiada em situação de vento favorável ou correnteza, era endereçada contra navios inimigos, de madeira.

Camalote — ilha flutuante, formada por troncos, plantas aquáticas e material diverso; abandonada ao sabor da corrente. Artifício de guerra que imita os aguapés.

Caronada — peça de artilharia naval antiga, curta, grosso calibre.

Chalana — embarcação de fundo liso, comum nas bacias dos rios Paraguai e Paraná.

Charrua — navio de transporte, grande, vagaroso.

Chata — afirmou o Visconde de Ouro Preto tratar-se de ''invento paraguaio. Embarcação rasa, de madeira, movendo-se com a correnteza. Prendia-se à terra ou a um navio, por meio de cabos. Girava um rodízio de 68 capaz de bater em cheio os grandes navios inimigos. Difícil de ser identificada e mais ainda de ser combatida''.

Chavequim — pequena embarcação de três mastros, velas latinas, podendo também navegar a remos.

Chuço — vara forte, armada com aguilhão.

Corveta — navio de guerra, a vela, de três mastros, menor que a fragata.

Escuna — embarcação pequena, veloz, dois mastros, vela latina.

Falcão-falconete — peça de artilharia dos séculos XVI e XVII.

Fragata — navio de guerra. Os antigos, a vela, de três mastros. Inferior à nau e superior à corveta.

Guarani — paraguaio.

Guarda Nacional — criada por lei de 18.8.1831, organismo permanente tendo por missão, no resumo de Max Fleiuss: ''defender a Constituição, a liberdade, a independência e a integridade da Nação''. Operava ''dentro e fora do município, em destacamentos à disposição dos juízes de paz, criminais, presidentes das províncias e ministro da Justiça. Seu serviço era pessoal e obrigatório para todos os homens maiores de 18 anos" (...) "fornecia destacamentos para fora dos municípios em defesa das praças, costas e fronteiras, como auxiliar do Exército. No caso de insuficiência da tropa de linha, ou da polícia, dava o número necessário de homens para a escolta das remessas de dinheiro ou de quaisquer efeitos pertencentes à Nação; condução de presos ou condenados; socorro aos municípios conflagrados ou em caso de incursão de malfeitores". No entender de Américo Jacobina Lacombe, "foi a arma salvadora da unidade nacional, ameaçada com as lutas da Regência (...) foi com essa força que o governo venceu a tormenta da desagregação e da anarquia". A GN, muito presente na vida municipal, lutou em todas as revoluções e distinguiu-se na guerra do Paraguai.

Guarda Policial — Lei Geral de 7.10.1833 criou a GP, que incorporava jovens de mais 18 anos desprovidos de renda que os habilitasse à Guarda Nacional. Desenvolvia atuação municipal encarregando-se de atacar quilombos, combater salteadores, resgatar escravos fugidos, agindo sob ordens da autoridade judiciária.

Iate — barco pequeno, leve e rápido, dois mastros, sem vergas, pano latino, pequena lotação.

Jagunço — originalmente, espécie de chuço, vara armada com ponta de ferro aguçada. Arma popular nos sertões da BA, AL e PE. Com essa acepção está registrada a palavra por Franklin Távora (*O matuto,* 1878). No fim do século, o Visc. de Beaurepaire Rohan afirmava ser jagunço o homem que se utilizava de tal arma, pondo-se ao serviço do poderoso local. Seria o "guarda-costas de políticos, fazendeiros e senhores de engenho". A campanha de Canudos popularizou o termo, até então de uso restrito à BA como sinônimo de valente, decidido, fanático. Teve uso na revolta de Juazeiro, nos movimentos dos coronéis, no fenômeno do cangaceirismo e, em parte, no conflito do Contestado. Também se explicou o sentido da palavra como derivando de jugo, canga, em razão do modo de conduzir a carabina sobre o pescoço, como se sujeitando o homem ao jugo da mesma.

Ladino — negro, escravo ou forro, que dominava arte ou ofício; por extensão, elite e liderança, especialmente na BA.

Lazarina — espingarda rústica, cano longo e fino, de carregar pela boca; o mesmo que espingarda pica-pau.

Lugre — barco mercante, dois ou três mastros.

Milícia, milicianos municipais — lei de 6.6.1831 organizou as milícias municipais, com o objetivo, segundo o Visconde do Uruguai, de "manter a segurança pública e castigar os culpados em crimes de polícia''. Freqüentemente convocados para enfrentar perturbações na ordem, com o que comparecem a muitos conflitos.

Oriental — nome pelo qual apreciavam fazer-se e faziam-se chamar os uruguaios. Provém do nome original do país: Banda Oriental del Uruguay, ou seja, terra ao oriente do Rio Uruguai.

Palhabote — barco de dois mastros próximos, vela triangular.

Patacho — embarcação veloz, dois mastros, vergas redondas e mastaréu de joanete na proa.

Pinaça — barco pequeno e estreito.

Pique — lança rudimentar, ponta aguçada.

Provisórios — combatentes civis, partidários de Borges de Medeiros principalmente, que seguiam e apoiavam a ação do Exército ou da polícia do RS durante algumas revoltas.

Quintal — antiga medida de peso, igual a quatro arrobas.

Rodela — escudo redondo, usado por unidades de infantaria. Rodeleiro, o soldado que atacava protegido pela rodela.

Rodízio — antiga peça de artilharia.

Roqueira — canhão antigo, de ferro, que atirava pedra como projétil.

Setia — embarcação pequena, origem asiática.

Sumaca — embarcação de dois mastros, especialmente apreciada na América do Sul.

Terço — corpo de tropa, regimento em certos países, principalmente na Espanha.

Vau — lugar menos fundo no sentido da largura do rio, permitindo a travessia.

Voluntários da Pátria — iniciada a guerra do Paraguai em dezembro de 1864, o Brasil contava com apenas 16.000 soldados para enfrentar os 64.000 do adversário. A 7.1.1865, criou ''corpos para os serviços de guerra em circunstâncias extraordinárias, com a denominação de voluntários da pátria''. Todas as províncias forneceram batalhões de VP. Nem sempre realmente voluntários, sendo também usados métodos coercitivos, vinganças políticas, substituição de filhos de gente importante por rapazes humildes e mesmo escravos. Numerosos os negros, às mais das vezes levados às fileiras por imposição dos senhores. Mas no conjunto da guerra os batalhões VP sustentaram-na com bravura, eficiência e generosíssimo derramamento de sangue.

ABREVIATURAS MILITARES

Alferes — Alf.
Almirante — Alm.
Anspeçada — Ansp.
Aspirante — Asp.
Batalhão de Artilharia — BA
Batalhão de Caçadores — BC
Batalhão de Infantaria — BI
Brigadeiro — Brg.
Cabo — Cb.
Cadete — Cad.
Capitão — Cap.
Capitão-de-corveta — CC
Capitão-de-fragata — CF
Capitão-de-mar-e-guerra — CMG
Capitão-mor — Cap-mor
Capitão-tenente — CT
Comandante — Cmte.
Contra-almirante — C. Alm.
Coronel — Cel.
Corpo de Exército — C. Ex.
Divisão de Cavalaria — DC
Divisão de Infantaria — DI
Exército Nacional — EN
Feridos — f
Força Aérea Brasileira — FAB
Força Armada Interamericana-Destacamento Brasileiro — FAIBRÁS
Força de Emergência das Nações Unidas — FENU
Força Expedicionária Brasileira — FEB
Furriel — Fur
General — Gen.
General-de-brigada — Gen. Bda.
General-de-divisão — Gen. Div.
General-de-exército — Gen. Ex.
Guarda-marinha — G. M.
Guarda Nacional — GN
Major — Maj.
Marechal — Mar.
Mortos — m
Sargento — Srg.
Sargento-mor — Srg-mor
Tenente — Ten.
Tenente-coronel — Ten.-Cel.
Tenente-general — Ten.-Gen.
Vice-almirante — V. Alm.
Voluntário da Pátria — VP

(Fonte principal: *História do Exército Brasileiro*, Ed. E/M do Exército, 1972).

ABREVIATURA DE TÍTULOS DE NOBREZA

Barão = Bar   Conde = Cd   Visconde = Visc   Marquês = Mq
Duque = Dq

Correspondência hierárquica das forças de terra, na Colônia, no Império e na República

Colônia	Império	República
Anspeçada	Anspeçada	Anspeçada (até 1907)
Cabo-de-esquadra	Cabo-de-esquadra	Cabo
Furriel	Furriel	Furriel (depois, 3.º sargento)
2.º sargento	2.º sargento	2.º sargento
1.º sargento	1.º sargento	1.º sargento
1.º e 2.º cadetes	1.º e 2.º cadetes	Aspirante
Alferes	Alferes	Alferes (depois, 2.º tenente)
Tenente	Tenente	Tenente (depos, 1.º tenente)
Capitão	Capitão	Capitão
Sargento-mor	Major	Major
Mestre-de-campo	Tenente-coronel	Tenente-coronel
—	Coronel	Coronel
Brigadeiro	Brigadeiro	General-de-brigada
Marechal-de-campo	Marechal-de-campo	General-de-divisão
Tenente-general	Tenente-general	General-de-exército
Marechal-de-exército	Marechal-de-exército	Marechal

(Fonte: Gustavo Barroso, *História militar do Brasil*).

Correspondência hierárquica das forças navais, na Colônia, no Império e na República

Colônia	Império	República
Cabo-de-armas	Cabo	Cabo
Quartel-mestre	Quartel-mestre	—
1.º e 2.º sargentos	1.º e 2.º sargentos	1.º e 2.º sargentos
Praticante	Aspirante	Aspirante
Guarda-marinha	Guarda-marinha	Guarda-marinha
2.º tenente	2.º tenente	Tenente
1.º tenente	1.º tenente	Capitão-Tenente
Capitão-tenente	Capitão-tenente	Capitão-de-Corveta
Capitão-de-fragata	Capitão-de-fragata	Capitão-de-Fragata
Capitão-de-mar-e-guerra	Capitão-de-mar-e-guerra	Capitão-de-Mar-e-Guerra
Chefe-de-divisão	Chefe-de-divisão	Contra-Almirante
Chefe-de-esquadra	Chefe-de-esquadra	Vice-Almirante
Vice-almirante	Vice-Almirante	—
Almirante	Almirante	Almirante

(Fonte: Gustavo Barroso, *História militar do Brasil*).

Siglas das Unidades da Federação

Acre — AC
Alagoas — AL
Amapá — AP
Amazonas — AM
Bahia — BA
Ceará — CE
Distrito Federal — DF
Espírito Santo — ES
Goiás — GO
Maranhão — MA
Mato Grosso
Mato Grosso do Sul
Minas Gerais

Pará — PA
Paraíba — PB
Paraná — PR
Pernambuco — PE
Piauí — PI
Rio de Janeiro — RJ
Rio Grande do Norte — RN
Rio Grande do Sul — RS
Rondônia — RO
Roraima — RR
Santa Catarina — SC
São Paulo — SP
Sergipe — SE
Tocantins — TO

Abreviaturas geográficas

Este — E
Nordeste — NE
Norte — N

Oeste — O
Sul — S

CONFLITOS QUE PROVOCARAM BATALHAS

1503—1996 — CHOQUES COM INDÍGENAS. Pouco durou a fraternização descrita por Pero Vaz de Caminha, no primeiro encontro entre o europeu e o natural do país "descoberto". A dano deste e na maior parte das vezes por iniciativa daquele. A dilatação da posse lusitana, salientada a atividade do bandeirante, é a relação das nações indígenas exterminadas. Com freqüência esse destruir foi efetivado pelo próprio nativo tornado obediente ao dominador e induzido a odiar e a combater outro nativo. Não foram muitas nem bem-sucedidas as alianças, federações, pactos entre nações e tribos, pensadas para enfrentar o colonizador. As mais expressivas dessas coligações recebem tratamento destacado nestas notícias de campanhas. O ânimo dos dominadores, sinceramente devotados à propagação da sua fé religiosa e aos serviços do seu rei, está exemplificado por Tomé de Sousa, despedaçando chefes de tribos na boca de canhões a fim de impor a *pax* lusitana; por Álvaro da Costa (1555), aniquilando aldeias em Pirajá e Itapoã; por Mem de Sá (1558), conduzindo três guerras contra as tabas da Bahia e do Espírito Santo; pelo rei decretando pena de escravidão perpétua contra todo indivíduo caeté; pelos bandeirantes, apressando talvez 500 mil indígenas; por Morais Navarro convidando uma tribo para festa de confraternização e matando-a à traição; pelo Anhangüera do qual se diz ter levado o terror mediante o fogo posto a um pires com álcool. Verdade que o atacado, sempre que podia, atacou. Destruiu a Vila da Rainha, a de Bertioga, tentou fazer o mesmo com a de São Paulo, devorou a comitiva de Pereira Coutinho, a do bispo Sardinha, a do donatário Cardoso de Barros, os 100 náufragos da nau *Nossa Senhora da Ajuda,* dizimou bandeiras, exterminou monções, aliou-se e combateu em favor de ingleses, franceses, espanhóis, holandeses. Em 1870, quando Floriano Peixoto vivia em Manaus, "... nos altos rios... os guerreiros atacavam... como os Parintintins, no Madeira, os Uamiris no Pauparu afluente do Rio Negro e seguiam agredindo Ayrão, Moura, Paupeassu. Era a resistência heróica ao domínio, ao sacrifício e à quase escravidão", segundo escreveu Robério Braga. Salvo a vocação dos religiosos e exceções pessoais, foi necessário esperar por Cândido Mariano Rondon para que o congraçamento testemunhado pelo escrivão da armada cabralina voltasse a ser considerado. Nesse meio tempo, pelos menos dois milhões de indígenas desapareceram e no ano de 1996, decorridos quase cinco séculos do Descobrimento, brancos e índios matam-se ainda em terras brasileiras.

?.?.1503 - Feitoria/Cabo Frio
13.3.1531 - Salvador
1.9.1531 - Rio Iguaçu
19.7.1533 - Boipeba/Ponta dos Castelhanos
23.5.1535 - Vitória
?.2.1536 - Rio Grande do Norte
?.5(?).1537 - Nazaré
25.6.1542 - Rio Tapajós
?.?.1547 - Bertioga
1.1.1548 - Igaraçu
?.?.1549 - Chachalpoyas
?.9.1554 - Missão dos índios
26.6.1555 - Porto Grande
31.5.1555 - Pirajá
?.6.1555 - Engenho de Antônio Cardoso/Porto Grande
?.5.1556 - Tubarão
7.1.1558 - Espírito Santo
22.4.1558 - Cricaré
8.9.1558 - Vila Nova
7.6.1559 - Itaipé
9.6.1559 - Ilhéus
28.9.1559 - Paraguaçu
3.7.1562 - São Paulo
10.7.1562 - São Paulo
11.7.1562 - São Paulo
?.1.1565 - São Vicente
6.3.1565 - Rio de Janeiro
10.3.1565 - Rio de Janeiro
1.6.1565 - Rio de Janeiro
13.7.1565 - Rio de Janeiro
15.10.1565 - Rio de Janeiro
?.12.1572 - Ibiaçá
17.8.1575 - Cabo Frio
12.9.1575 - Paraíba
26.9.1575 - Japuí Guaçu
7.3.1576 - Rio Real
7.3.1585 - São Felipe
1.1.1589 - Mbaopeba
23.12.1589 - Rio Real
15.1.1590 - Vaza-Barris
15.5.1590 - Pirapitingui
14.7.1591 - Traição
?.11.1593 - Mogi-Mirim
11.1.1608 - Ubajara
?.2.1617 - Caju-Mortiguera
7.1.1619 - Santo Cristo/ Presépio
?.5.1631 - Cumaú
6.8.1639 - Bocainas do Rio do Ouro
24.9.1639 - Orobó
14.1.1644 - Forte do Ceará
5.9.1658 - Tapuricê
?.?.1669 - Cairu
?.8.1671 - Jequiriçá
?.?.1671 - Guanicuns
17.10.1674 - Juazeiro de São Francisco
6.1.1688 - Ipaneminha
?.?.1691 - Chiquitos/Rio Jacuí
4.8.1699 - Madre de Deus
?.3.1711 - Lavras do Médico
?.7.1711 - Aquiraz
?.8.1713 - Messejana
?.8.1713 - Rio Choró
?.6.1714 - Paraíba
7.7(?).1718 - Rio Motuca/ Cuiabá
15.6.1730 - Rio Paraguai
11.4.1731 - Fecho dos Morros
12.11.1732 - Lagoa Dourada
3.10.1734 - Bocaina
14.3.1736 - Carandá
17.7.1771 - Croará
?.?.1774 - Nossa Senhora dos Prazeres
17(?).4(?).1775 - Vila Maria/ Cáceres
6.1.1778 - Coimbra

11.2.1813 - Santa Maria do Araguaia
?.9.1825 - Cachoeiro do Itapemirim
?.10.1825 - Portalegre
?.9.1834 - Pedras Brancas
14.8.1888 - Paranapanema
2.9.1892 - Registro/Barra de Baixo

16.11.1989 - Surucucu
2.2.1990 - Boa Vista
4.1.1996 - São Francisco/Baía da Traição
6.1.1996 - Cararau/Rio Iriri
23.2.1996 - Santo André/ Campinápolis

Ver também os choques listados sob os eventos 1558-1682: Bandeiras de apresamento; 1628-1635: Choques missioneiros.

1500-1845 — CORSÁRIOS, CONTRABANDISTAS, PIRATAS. Contrabandistas de pau-brasil e outros produtos teriam atuado no Brasil mesmo antes de 1500. Que agiam, em 1504, está documentado. Faziam-se amigos de tribos, lutavam, agrediam. Os piratas, sem lei nem bandeira, incursionaram onde houve riqueza a ser tomada. Os corsários agiam a coberto de carta de corso ou "de marca", fornecida por um rei ou governo. Dois os períodos de maior agressividade corsária. De 1500 a aproximadamente 1650, incentivado pela cobiça comercial e por motivações políticas e mesmo religiosas. Unidas as coroas de Lisboa e de Madri, os inimigos da Espanha, ingleses, franceses, holandeses, deram-se por autorizados a hostilizar os ibéricos em suas colônias americanas. Até entrado o século XIX, atuaram piratas e corsários, destacando-se nomes e feitos: Edward Fenton, contra Santos, 1583; Withrington e Lister, em Salvador, 1587; Cavendish, incendiando Santos em 1591; Lancaster, Wenner e Noyer, francês e ingleses associados para atacar pontos do Nordeste; Olivier van Noort, no RJ, 1599; Hartman e Broer, holandeses, no Recôncavo Baiano, 1599; Paulus van Caarden, também no Recôncavo, 1604. Apesar da trégua de doze anos (a partir de 1609) entre Holanda e Espanha (Portugal era então governado pelo rei espanhol), corsários e piratas holandeses continuaram a assolar o Nordeste e a Amazônia, onde também ingleses se faziam notar. O segundo período, na primeira metade do século XIX, teve inspiração patriótica. Durante conflitos no Prata, navios e marujos americanos, franceses e ingleses principalmente, sob bandeira argentina ou uruguaia, obrigaram o Brasil a manter numerosos barcos vigiando a costa imensa, longe do estuário platino — verdadeiro centro das operações de guerra. Fora desses períodos, a freqüente movimentação de corsários e piratas foi registrada em toda a extensão do litoral, particularmente do Nordeste, "país do açúcar". Durante a revolução farroupilha (1835-1845), os republicanos armaram pequenos corsários que, atrevidamente, subiram até as latitudes entre Santos e Rio de Janeiro.

?.?.1525 - Rio São Francisco
21.10.1526 - São Francisco do Norte
?.7.1527 - Todos os Santos
?.12.1530 - Igaraçu
31.1.1531 - Boa Viagem
4.8.1532 - Santo Aleixo
?.1.1565 - Rio de Janeiro
?.?.1576 - Ararouê
?.?.1579 - Recife
?.?.1582 - Paraíba
?.?.1583 - Paraíba
24.1.1583 - Santos
18.4.1584 - Paraíba
?.9.1585 - Oceano Atlântico
10.1.1587 - Araranguá
13.6.1587 - Baía Formosa/Cabo Frio
?.?.1587 - Recôncavo
21.4.1587 - Salvador
?.6.1591 - Ilha Grande
25.12.1591 - Santos
?.?.1592 - Santos
12.2.1592 - Ilha Grande
?.?.1595 - Ilhéus
8.5.1595 - Olinda
9.4.1595 - Recife — Olinda
?.?.1595 - Rio de Janeiro
15.8.1597 - Cabedelo
?.?.1599 - Cabo Frio
27.2.1599 - Ilha de São Sebastião
11.5.1599 - Rio de Janeiro
23.12.1599 - Salvador
20.7.1604 - Salvador
25.7.1604 - Recôncavo
19.9.1604 - Paraíba
19.9.1604 - Recife
30.12.1614 - Marambaia
23.1.1615 - Casqueiro — Santos
25.1.1615 - Santos
31.1.1615 - Santos
12.2.1615 - Jericoacoara
31.6.1615 - Santos
?.8(?).1616 - Ilha de São Domingos, Caribe
3(?).7.1627 - Espírito Santo
30.10.1628 - Santo Agostinho
?.?.1688 - Nossa Senhora do Desterro da Ilha de Santa Catarina
8.7.1689 - Canasvieiras
17.8.1710 - Rio de Janeiro
19.9.1710 - Rio de Janeiro
11.9.1711 - Rio de Janeiro
13.9.1711 - Rio de Janeiro
14.9.1711 - Rio de Janeiro
17.9.1711 - Rio de Janeiro
18.9.1711 - Rio de Janeiro
20.9.1711 - Rio de Janeiro
23.9.1711 - Rio de Janeiro
?.3.1714 - Oceano Atlântico
11.8.1796 - Santa Cruz
29.7.1800 - Porto Alegre
?.3.1801 - Cananéia
19.5.1801 - Santa Cruz
17.8.1801 - Cananéia
19.11.1826 - Palmas — Ilha Grande
17.5.1827 - Ilha Grande
20.1.1829 - Cabinda

1500-1895 — PRESENÇA FRANCESA. Tão atuantes os franceses em águas e costas brasileiras desde o Descobrimento, que Capistrano de Abreu pôde escrever: ''Durante anos ficou indeciso se o Brasil ficaria pertencendo aos *peró* (portugueses segundo a denominação indígena) ou aos *mair* (franceses). E Pandiá Calógeras observou: ''Tão longe foram que por 1530 seria motivo de hesitação responder se o Brasil se tornaria francês ou permaneceria lusitano, tão forte era a pressão exercida pelo primeiro sobre o segundo''. Ao longo de quase quatro séculos disputaram o mar, a terra, as riquezas, os territórios. Negando validade ao Tratado de Tordesilhas (1494), que dividira o Novo Mundo entre a Espanha e Portugal, a França estimulou a ação de seus empreendedores, comerciantes e corsários contra a colônia lusitana. A história da progressão da conquista portuguesa sobre o Leste, o Norte, o Nordeste e mesmo a Amazônia é igualmente a crônica do enfrentamento com soldados, corsários, aventureiros e mercadores franceses. Do Rio de Janeiro ao Pará, aliaram-se aos indígenas, negociaram, atacaram, defenderam-se. Logo em 1511 Portugal reclamava os seus 222 navios tomados ou destruídos nesse confronto. Para conter os franceses, principalmente, é que Lisboa organizou as expedições guarda-costas. Em 1532, Pero Lopes de Sousa ocupou-se com o destruir fortim e posto comercial francês em Itamaracá. Duas as principais tentativas francesas de fixação e domínio territorial: a França Antártica (1555-1567), no RJ; e a França Equinocial (1612-1615), no MA. Em 1612 e 1736, ocuparam e, na segunda ocasião, tentaram colonizar Fernando de Noronha. O mesmo idearam realizar junto de rios amazônicos, amparados por reivindicação territorial sobre parte do AP. Em 1698 arrasaram fortes portugueses no Macapá e no Paru. A cidade do Rio de Janeiro foi alvo (1710 e 1711) de ataques e vítima de saque pelas frotas corsárias de Du Clerc e Duguay-Trouin. Ainda no avançado 1895 promoveram ação de guerra no AP, ativando questão de limites somente dirimida (1.12.1900) pelo laudo arbitral do presidente da Suíça. Datas e objetivos principais, excetuadas ações de corsários e piratas, assinalam a atração e a atividade de franceses em relação ao Brasil: 1532, Itamaracá; 1555-1567, França Antártica; 1594, MA; 1597, Cabedelo, Ilhéus; 1612, Fernando de Noronha; 1612-1615, França Equinocial, MA; 1697, Amazônia; 1736, Fernando de Noronha; 1796, Porto Seguro; 1895, AP. A 6.7.1828, 11 navios de guerra franceses surpreenderam a Guanabara, intimando a devolução de barcos apreendidos no bloqueio imperial aos portos do Prata e exigindo pesadas indenizações. No seu comando, o alm. brg. de Roussin, Albino Reine. O pronto atendimento dado por Pedro I constituiu-se em causa de sua impopularidade e abdicação.

?.7(?).1527 - Bahia de Todos os Santos
?.11.1529 - Pernambuco
31.1.1531 - Boa Viagem
2.2.1531 - Santo Agostinho
17.3.1532 - Pernambuco-Rio Igaraçu
27.8.1532 - Itamaracá
?.8.1553 - Maniçoba
21.2.1560 - Rio de Janeiro

15.3.1560 - Rio de Janeiro	19.11.1614 - Guaxinduba
17.3.1560 - Rio de Janeiro	?.11.1614 - Cumá
27.3.1560 - Espírito Santo	12.2.1615 - Jericoacoara
?.1.1565 - Rio de Janeiro	31.10.1615 - São Luís
10.3.1565 - Rio de Janeiro	28.2.1697 - Cumaú
1.6.1565 - Rio de Janeiro	7.5.1697 - Macapá
15.10.1565 - Rio de Janeiro	31.5.1697 - Cumaú
13.7.1566 - Rio de Janeiro	10.7.1697 - Macapá
20.1.1567 - Rio de Janeiro	18.7.1710 - Rio de Janeiro
?.3.1568 - Rio de Janeiro	17.8.1710 - Rio de Janeiro
?.8.1575 - Cabo Frio	7.9.1710 - Ilha Grande
12.9.1575 - Paraíba	19.9.1710 - Rio de Janeiro
26.9.1575 - Japuí Guaçu	13.9.1711 - Rio de Janeiro
7.3.1576 - Rio Real	14.9.1711 - Rio de Janeiro
14.7.1591 - Traição	17.9.1711 - Rio de Janeiro
24.8.1597 - Cabedelo	18.9.1711 - Rio de Janeiro
19.1.1604 - Jaguaribe	20.9.1711 - Rio de Janeiro
20.1.1604 - Ibiapaba	23.9.1711 - Rio de Janeiro
?.?.1611 - Jaguaribe	29.5.1736 - Fernando de Noronha
18.6.1614 - Jericoacoara	11.8.1796 - Santa Cruz
2.11.1614 - Guaxinduba	19.5.1801 - Santa Cruz
11.11.1614 - Santa Maria — Guaxinduba	15.5.1895 - Amapá

1516-1526 — EXPEDIÇÕES GUARDA-COSTAS. Por inúteis os protestos do rei português contra a atuação de corsários e mercadores franceses, foram enviadas vigorosas expedições de patrulhamento costeiro, as quais combateram os intrusos até mesmo com violência excessiva, caso daquela de 1526 comandada por Cristóvão Jacques.

?.2.1527 - Paraguaçu	?.7.1527 - Todos os Santos
?.7.1527 - Pernambuco	2.2.1531 - Santo Agostinho

1534-1536 — GUERRA DE IGUAPE. Espanhóis e buenairenses seguidores de Ruy Garcia de Moschera instalaram-se na região de Iguape-São Vicente, SP, que consideravam pertencente à coroa espanhola, dentro da raia do meridiano de Tordesilhas. Fundaram a vila I-Caa-Para, aliaram-se a índios carijós dominantes na região, atacaram e venceram piratas franceses, enfrentaram e derrotaram contingente luso-brasileiro enviado para desalojá-los pelo loco-tenente do donatário, Gonçalo Monteiro. Em revide, ocuparam e saquearam São Vicente. Retiraram-se para a Ilha de Santa Catarina, de onde, pouco depois, para Buenos Aires.

?.?.1534 - Iguape
?.?.1534 - Juréia-I-Caa-Para
?.?.1534 - São Vicente

1542-1851 — ATAQUES E INTRUSÕES DE INGLESES. Piratas (Fenton, Lester, Withrington, Cavendish) agiram ao longo da costa. Intrusos ensaiaram instalar-se na Ilha da Trindade, em margens de rios amazônicos, onde até ergueram fortins. Documentos da corte do Almirantado, em Londres, revelam que em 1524 funcionava na Baía de Todos os Santos estabelecimento inglês, fortificado, erguido por Pudsey, proveniente de Plymouth. Elementos do governo britânico intervieram a viva força em portos nacionais (RJ na Questão Christie; Paranaguá e São Vicente, nos incidentes provocados pela aplicação do Bill Aberdeen). Na Amazônia, onde a tentativa de fixação foi mais persistente e ostensiva, a reação luso-brasileira somente em 1637 expurgou o último posto comercial com seu fortim ao lado, ao término da campanha conduzida por Pedro Teixeira.

24.1.1583 - Santos
21.4.1587 - Salvador
9.6.1587 - Recôncavo
20.6.1587 - Camamu
25.12.1591 - Santos
?.?.1592 - Santos
9.4.1595 - Recife
20.8.1623 - Cajari
24.5.1625 - Tucujus
24.10.1629 - Torrego
26.10.1629 - Mariocaí
28.10.1629 - Torrego
1.3.1631 - Tucujus
11.5.1631 - Forte do Rio Felipe
9.7.1632 - Cumaú
14.7.1632 - Cumaú
15.4.1700 - Ilha da Trindade
14.2.1842 - Pirara
1.7.1850 - Ilha do Mel — Paranaguá
17.7.1851 - São Vicente

1556-1558 — CAMPANHA CONTRA OS CAETÉS, ALAGOAS. Durante largo tempo, portugueses e caetés mais se hostilizaram do que conviveram, na região das Alagoas. Mas os índios foram votados ao extermínio quando prenderam e devoraram, um a um, mais de centena de náufragos de navio lusitano. Jerônimo de Albuquerque assumiu a direção da tropa que varreu a tiro e a fogo o território caeté, desde o Rio São Francisco até o cabo de Santo Agostinho. Os indígenas que não morreram fugiram na direção da PB, condenados, todos, por edito real, à escravidão.

1558-1559 — GUERRAS DE MEM DE SÁ CONTRA NAÇÕES INDÍGENAS DA BAHIA E DO ESPÍRITO SANTO. Chegando ao Brasil nos últimos dias de 1557, o enérgico Governador Geral, Mem de Sá, entendeu ser parte importante do seu trabalho consolidar o domínio português onde fosse contestado por nações indígenas. Moveu contra elas três ríspidas campanhas. Entre janeiro e abril de 1558, a chamada Empresa do Espírito Santo; entre junho e julho de 1559, a Guerra de Ilhéus contra os tupiniquins, e entre agosto e setembro do mesmo ano a Guerra do Paraguaçu, quando, pela primeira vez na colônia, um combate foi decidido mediante o emprego de cavalaria.

?.6.1559 - Itaipé
9.6.1559 - Ilhéus
28.9.1559 - Paraguaçu

1562 — ATAQUES INDÍGENAS CONTRA A VILA DE SÃO PAULO. No quadro da permanente hostilidade dos tamoios contra as vilas portuguesas, forte coligação de tupis, guaianás e carijós — segundo Taunay (*São Paulo no Século XVI*, p. 57), investiram contra a vila de São Paulo, centro do povoamento do planalto e onde se concentrava também um núcleo de índios convertidos. O cacique Jagoanharo (''Cão bravo'') chefiou os ataques, o mais vigoroso dos quais no dia 10.7, querendo alguns que haja sido no dia 9. A defesa foi conduzida por Tibiriçá (''Maioral'' ou ''Vigilância da terra''), líder dos naturais agrupados em torno dos jesuítas, figura importantíssima entre os indígenas tupis e guaianás. Além de Tibiriçá e de Jagoanharo e o pai deste, também atuante nos ataques de julho de 1562, destacaram-se os chefes Piquerobi e Caiubi, irmãos de Tibiriçá, e sua filha, Bartira, mulher de João Ramalho. Na batalha de 10.7 (ou 9.7) Tibiriçá brandia a bandeira lusa e uma espada de pau pintada e enfeitada com diversas cores, indicativa da autoridade que os portugueses e os jesuítas conferiram ao cacique.

10.7.1562 - São Paulo

1575 — GUERRA DE APERIPÊ OU DA CONQUISTA DE SERGIPE. Principal chefe indígena no Sergipe d'El-Rei, Aperipê fora catequizado por jesuítas e por estes dissuadido de hostilizar os portugueses. Mas algumas expedições escravagistas fizeram mudar a disposição do cacique e de seus comandados. Ele reuniu tribos e conduziu-as contra a força do governador Luiz de Brito de Almeida. Apesar de contar com os reforços levados pelos caciques Tipitã e Surubi, ao fim da campanha Aperipê estava derrotado. Nas tabas arruinadas foram arrecadados apenas 1.200

indivíduos, levados a ferros para a BA onde em sua quase totalidade faleceram vitimados pela varíola e pelo sarampo. Esta guerra impiedosa atrasou a incorporação do SE, cuja conquista defintiva foi retomada em 1586 e ultimada três anos depois, tendo o cacique Mbaopeba sucedido a Aperipê na chefia da resistência.

1584-1587 — INCORPORAÇÃO DA PARAÍBA. Goiana, na capitania de Itamaracá, era o último povoado sob domínio luso. A Paraíba permanecia território controlado pelos índios potiguares aliados dos franceses, ao lado dos quais haviam inviabilizado a penetração de Frutuoso Barbosa, em 1579. Em 1584, Teles Barreto, governador, reuniu espanhóis, portugueses, pernambucanos em ofensiva contra as instalações de franceses, defendidas também pelos potiguares, na foz do Rio Paraíba, onde os vitoriosos ergueram o Forte São Felipe e São Tiago. Logo, franceses e índios retornaram e dominaram. Apenas em 1587, como resultado dos esforços de Martim Leitão e ajuda do chefe indígena Zorobate, foi que os portugueses suplantaram os franceses. Fundaram, então, Filipéia de Nossa Senhora das Neves, mais tarde cidade da Paraíba, e depois João Pessoa. Em 1594, Riffault, com 4 navios, tentou reimplantar a supremacia francesa. Três anos depois, houve outra tentativa, com 13 barcos, arrasando e incendiando o forte e a povoação de Cabedelo. A conquista do interior foi concluída em 1590, com o sucesso da campanha de Nunes Correa, La Cueva e chefe Piragibe.

1585-1682 — BANDEIRAS DE APRESAMENTO E DILATAÇÃO DO TERRITÓRIO. Em 1.9.1585, a câmara de São Paulo justificou, em carta ao capitão-mor, a sua disposição para assaltar carijós: precisava de escravos, sem os quais a terra e a gente seriam sempre pobres. Viveriam, então, ao lado do Tietê, em 300 aldeias, 30.000 tupiniquins, segundo o relato de Techo. Seis anos decorridos, inexistiam todas aquelas aldeias. Em 1599 haviam sido apresados ou exterminados os indígenas de Jeticaí (Rio Grande). O século XVIII encontrou bandeiras caçando índios nas alturas de Sabará, MG. Poucos decênios passados faziam-no no Paraupava (Alto Araguaia). O apresamento em larga escala, empresarial, é de 1606, com a bandeira de Diogo Quadros e Manoel Preto. Em seguida, a concentração de guaranis nas reduções organizadas pelos jesuítas (Paraná, Paraguai, Rio Grande do Sul) excitou a empreitada bandeirista. Admite-se hajam sido retirados das reduções centenas de milhares de prisioneiros. Nem sempre o apresamento foi empreitada fácil. O indígena, armado e treinado por espanhóis e jesuítas, saiu vencedor em pelo menos dois combates decisivos contra bandeiras: Caasapaguaçu (1639) e Mbororé

(1641). Principal conseqüência política das ações bandeirantistas foi o cancelamento do meridiano de Tordesilhas, com a incorporação ao Brasil de quase metade do seu território. Pois o Brasil se estendeu até onde o bandeirante chegou.

?.8.1611	- Paranambu	23.12.1637	- Santa Teresa
22.2.1615	- Paraupava	7.1.1638	- São Nicolau
30.1.1629	- Ibiticaraíba	?.12.1638	- Caasapa Mirim — Tape
20.3.1629	- Jesus-Maria	?.7.1639	- Tape
23.3.1629	- Ibituruna - São Miguel	12.8.1639	- Caasapaguaçu
?.3.1629	- Caairu-Guairá	11.3.1641	- Mbororé
22.2.1631	- São Francisco Xavier	8.9.1647	- Taré
2.12.1636	- Jesus-Maria do Jequi	6.11.1648	- Mboimboi
15.12.1636	- São Joaquim	?.2.1676	- San Pedro de Terecañi
25.12.1636	- São Cristóvão-Santana	14.2.1676	- Villa Rica del Espiritu Santo
?.3.1637	- São Carlos de Caapi-Apostoles de Caasapaguaçu	20.3.1676	- Amambai
26.4.1637	- Candelária-Caaró		

1586-1589 — CAMPANHA FINAL DA CONQUISTA DE SERGIPE. O cacique Mbaopeba substituíra Aperipê, vencido em 1575, na resistência aos portugueses. Em 1586 Mbaopeba e seus aliados franceses destruíram por completo expedição enviada contra eles. O fato ensejou aos portugueses a declaração de "guerra justa", eufemismo para campanha de extermínio. No ano seguinte, Cristóvão de Barros partiu da Bahia à testa de exército punitivo que dizimou os indígenas e afastou os franceses. A dominação do território foi confirmada mediante a fundação da vila de São Cristóvão do Rio de Sergipe.

1597 — CAMPANHA DO POTENGI CONTRA FRANCESES E POTIGUARES NA CONQUISTA DO RIO GRANDE DO NORTE. Gradativamente expulsos de Sergipe, das Alagoas e da Paraíba, os franceses fortificaram-se na foz do Rio Potengi, apoiando-se nos índios potiguares. Contra uns e outros, Feliciano Coelho conduziu 800 indígenas e 178 mamelucos, negros e brancos, enquanto Francisco de Barros Rego atacava pelo mar. Venceram. No local ergueram forte que veio a ser, reforçado e ampliado, o dos Reis Magos. A povoação vizinha chamou-se Natal (1599).

1597 — TOMADA DE CABEDELO POR FRANCESES. Em agosto, 13 navios atacaram Cabedelo pelo mar, ao passo que potiguares e franceses o fizeram por terra. Queimaram o forte e arrasaram a povoação, vingando a expulsão que anos antes lhes impusera Martim de Carvalho e Pero Lopes. Em 1594, Riffault, com quatro barcos, tentara, sem alcançá-la, essa desforra.

1599-1680 — HOLANDESES: PIRATAS, CORSÁRIOS, CONQUISTADORES. Feito rei também de Portugal, o espanhol Felipe II fechou o porto de Lisboa aos comerciantes holandeses que ali se abasteciam principalmente de açúcar brasileiro. Os prejudicados reagiram criando a Companhia das Índias Ocidentais, autorizada a atacar, conquistar e administrar terras que julgasse interessantes. A primeira delas, no entender da Companhia, o Nordeste do Brasil, conhecido pelos holandeses como "o país do açúcar", que, então, pertencia à coroa inimiga, Espanha, justificativa maior para um ataque. Em 1624 a frota da Companhia apoderou-se da cidade da Bahia, onde porém não pôde se sustentar por mais de ano. Durante algum tempo os flamengos hostilizaram cidades e rotas brasileiras mediante o emprego de corsários. Em dezembro de 1629, o almirante Corneliszoon Jol apoderou-se de Fernando de Noronha. Mas a grande ofensiva da Companhia foi desfechada no ano seguinte. Em dois dias seus soldados e marujos apoderaram-se da costa, embora o domínio formal sobre Pernambuco — "a terra do açúcar" — somente viesse a ser completado em 1635 com a tomada do Arraial do Bom Jesus. Dominadores, apesar de contestados e combatidos, mas obtendo apoio e aliados em certos meios e áreas, permaneceram por quase 25 anos, estendendo seu poder desde o Rio Real ao Maranhão. E irradiando-o, de Pernambuco a Angola (África) e Ilha de São Tomé, igualmente possessões portuguesas. A insurreição contra eles rompeu em junho de 1645 e vitoriou-se em definitivo a 26.1.1654. Hélio Vianna anotou vantagem particular ao fim da guerra de expulsão: "os descendentes de portugueses, aliados a negros e indígenas, já iam formando uma pátria". Durante sua permanência, os holandeses tentaram fixar-se ou apoderar-se de riquezas comerciais desferindo golpes sobre a Bahia (1632 e 1638), Pará (1645 e 1648), Recôncavo Baiano (1648 e 1649).

23.12.1599 - Salvador
11.5.1599 - Rio de Janeiro
17.2.1600 - Itaparica
20.7.1604 - Salvador
30.12.1614 - Guandu
9.8.1616 - Belém-Presépio
6.8.1617 - Belém
30.5.1623 - Muturu
20.8.1623 - Cajari
7.10.1623 - Mariocaí-Gurupá
?.?.1623 - Jenipapo do Rio Paru
17.6.1623 - Nassau
?.?.1623 - Morro do Velho Pobre-Almeirim
9.5.1624 - Salvador
17.6.1624 - Salvador
1.8.1624 - Itapagipe

24.8.1624 - Salvador
3.9.1624 - Itaparica
3.9.1624 - Salvador
19.9.1624 - Paraíba
1.10.1624 - Calvário
13.3.1625 - Espírito Santo
30.3.1625 - Salvador
2.4.1625 - Salvador
5.4.1625 - Salvador
6.4.1625 - Salvador
23.5.1625 - Mandiutuba
26.5.1625 - Salvador
4.7.1625 - Maman'guape
1.8.1625 - Traição
3.3.1627 - Salvador
12.6.1627 - Pitanga
13.2.1628 - Santo Agostinho
4.3.1628 - Santo Agostinho
30.10.1628 - Santo Agostinho
28.6.1629 - Torrego
?.12.1269 - Fernando de Noronha
15.2.1630 - Pau Amarelo
16.2.1630 - Rio Doce
16.2.1630 - Olinda
19.2.1630 - Recife
20.2.1630 - Forte São Jorge
24.2.1630 - Recife
2.3.1630 - Recife
14.3.1630 - Arraial do Bom Jesus
18.4.1630 - Cacimbas
14.5.1630 - Olinda
24.5.1630 - Forte Ernestus
24.5.1630 - Santo Antônio
11.7.1630 - Salinas
18.7.1630 - Salinas
10.8.1630 - Buraco de Santiago
14.8.1630 - Santo Antônio
23.9.1630 - Salinas
14.10.1630 - Salinas
16.10.1630 - Rio Doce
21.10.1630 - Muribeca
3.11.1630 - Recife
20.11.1630 - Olinda
16.12.1630 - Olinda
3.1.1631 - Santo Antônio
16.1.1631 - Olaria
28.1.1631 - Santo Amaro
3.2.1631 - Waerdenburch
25.6.1631 - Perrexil
29.8.1631 - Santo Antônio
12.9.1631 - Abrolhos
25.11.1631 - Olinda
5.12.1631 - Cabedelo
8.12.1631 - Cabedelo
9.12.1631 - Santa Catarina
10.12.1631 - Cabedelo
11.12.1631 - Cabedelo
12.1.1632 - Camaragibe
13.2.1632 - Santo Agostinho
1.5.1632 - Santa Cruz
21.6.1632 - Nossa Senhora da Vitória
9.7.1632 - Salvador
12.10.1632 - Porto de Pedras
19.10.1632 - Tacaruna
25.10.1632 - Porto do francês
4.12.1632 - Orange
10.1.1633 - Porto do francês
7.2.1633 - Rio Formoso
18.3.1633 - Afogados
24.3.1633 - Arraial do Bom Jesus
27.6.1633 - Araripe
10.7.1633 - Araripe
15.7.1633 - Várzea
25.7.1633 - Arraial do Bom Jesus
8.8.1633 - Capibaribe
28.8.1633 - Alagoa do Sul
22.8.1633 - Terra Nova
6.9.1633 - Igaraçu
8.9.1633 - Jangada
8.9.1633 - Jaguari
10.9.1633 - Paraíba

26.9.1633 - Guararapes
6.10.1633 - Guararapes
20.10.1633 - Santa Luzia
27.10.1633 - Paraíba-Formosa
31.10.1633 - Cunhau
8.12.1633 - Forte Reis Magos
12.12.1633 - Forte Reis Magos
25.1.1634 - Igaraçu
26.2.1634 - Santo Antônio
28.2.1634 - Paraíba
1.3.1634 - Recife
5.3.1634 - Pedras Negras
11.3.1634 - Cabo
30.3.1634 - Arraial do Bom Jesus
7.9.1634 - Salvador
23.10.1634 - Cunhau
4.12.1634 - Jaguaribe-Cabedelo
6.12.1634 - Apipucos
7.12.1634 - Cabedelo
9.12.1634 - Restinga
10.12.1634 - Santa Catarina
19.12.1634 - Cabedelo
23.12.1634 - Santo Antônio
26.12.1634 - Campina do Brito
29.1.1635 - Miritibi
1.2.1635 - Mucurepe
8.2.1635 - Santa Ana
15.2.1635 - Muribeca
17.2.1635 - São Lourenço da Mata
4.4.1635 - Arraial do Bom Jesus
11.4.1635 - Engenho da Palma
18.4.1635 - Arraial do Bom Jesus
13.5.1635 - Porto Calvo
15.5.1635 - Arraial do Bom Jesus
18.5.1635 - Nazaré-Forte do Cabo
18.5.1635 - Outeiro do Barbosa
2.6.1635 - Nazaré-Forte do Cabo
8.6.1635 - Arraial do Bom Jesus
12.7.1635 - Porto Calvo
17.1.1636 - Mata Redonda
18.1.1636 - Mata Redonda
19.2.1636 - Mar da Bahia
16.4.1636 - Engenho Velho
22.4.1636 - Piratigi
23.4.1636 - São Lourenço da Mata
23.4.1636 - Una
11.8.1636 - Goiana
22.8.1636 - Terra Nova
16.10.1636 - Engenho Espírito Santo
24.10.1636 - Rio Formoso
17.11.1636 - Anatuba
15.12.1636 - São Cristóvão
5.1.1637 - Sirinhaém
12.1.1637 - Rio Formoso
17.2.1637 - Comandaituba
4.3.1637 - Porto Calvo
4.3.1637 - Santo Agostinho
27.6.1637 - Ilhéus
26.10.1637 - Vila Velha
5.11.1637 - São Cristóvão
20.12.1637 - Ceará
25.12.1637 - Bahia
20.3.1638 - Cururipe
16.4.1638 - Salvador
17.4.1638 - Salvador
21.4.1638 - Salvador
28.4.1638 - Itapoã
18.5.1638 - Salvador
9.1.1640 - Gurupa
12.1.1640 - Ponta das Pedras/ Itamaracá
13.1.1640 - Cabo Branco/Goiana
14.1.1640 - Paraíba
17.1.1640 - Baía Formosa
18.1.1640 - Traição
28.2.1640 - Goiana/Engenho Cavalcanti
29.2.1640 - Casa Forte/Goiana

28.3.1640 - Rio Paraíba/ Engenho Nossa Senhora do Rosário
29.4.1640 - Salvador
2.8.1640 - Rio Real
10.9.1640 - Rio Real
16.10.1640 - Camamu
26.10.1640 - Vila Velha
27.10.1640 - Vitória
28.10.1640 - Roças Velhas
28.10.1640 - Vitória
30.10.1640 - Vila Velha do Espírito Santo
2.11.1640 - Vila Velha
28.12.1640 - Alagoas
8.10.1641 - Camamu
24.11.1641 - São Luís
1.9.1642 - São Luís
30.9.1642 - Calvário/Rio Itapicuru
26.10.1642 - Cotim/São Luís
6.1.1643 - São Luís
16.1.1643 - São Luís
26.1.1643 - Outeiro da Cruz
13.6.1643 - Maranhão
14.1.(?).1644 - Forte do Ceará
17.3.1644 - Camocim
19.1.1645 - Altenar
23.1.1645 - Recife/Mauritstadt
17.6.1645 - Ipojuca
24.6.1645 - Tabatinga
16.7.1645 - Cunhau
3.8.1645 - Tabocas
6.8.1645 - Sirinhaém
6.8.1645 - Mangaúba
7.8.1645 - Penedo
11.8.1645 - Penedo
17.8.1645 - Casa Forte
22.8.1645 - Pontal de Nazaré
9.9.1645 - Tamandaré
11.9.1645 - Inhobim
11.9.1645 - Tibagi
12.9.1645 - Maurício
14.9.1645 - Itamaracá
17.9.1645 - Porto Calvo
20.9.1645 - Catuama/Itamaracá
20.9.1645 - Maiacari
21.9.1645 - Schkoppe — Conceição de Itamaracá
1.10.1645 - Fernando de Noronha
1.10.1645 - Potengi
3.10.1645 - Uruguaçu/Potengi
11.10.1645 - Inhobim
16.10.1645 - Mazombos
10.11.1645 - Mingau
23.11.1645 - Cunhau
12.1.1646 - Afogados
22.1.1646 - Afogados
22.1.1646 - Barreto
26.1.1646 - Guaju
24.4.1646 - Tejucopapo
15.6.1646 - Porto dos Marcos
29.6.1646 - Tigipió
20.7.1646 - Marcos André
5.8.1646 - Olinda
3.9.1646 - Santo Agostinho
3.11.1646 - Asseca
15.12.1646 - Urambu
25.4.1647 - Paraíba
6.5.1647 - Bahia
1.7.1647 - Mariocaí
10.8.1647 - Amoreiras
24.10.1647 - Penedo
6.11.1647 - Recife
17.12.1647 - Itaparica
5.1.1648 - Guaraíras
4.2.1648 - Itapecima
18.4.1648 - Barreta
19.4.1648 - Guararapes
22.4.1648 - Olinda
21.5.1648 - Estância

17.6.1648 - Camamu	7.10.1650 - Estância do Aguiar
7.8.1648 - Penedo	15.12.1650 - Salinas
18.8.1648 - Estância	1.11.1651 - Mingau
28.9.1648 - Salvador	3.5.1562 - Tigipió
26.10.1648 - Salvador	11.3.1563 - Aguiar
19.2.1649 - Guararapes	18.6.1563 - Santa Isabel
7.4.1649 - Madalena	12.11.1653 - Mingau
7.4.1649 - Salvador/Morro São Paulo	20.12.1653 - Olinda
	15.1.1654 - Rego
18.2.1650 - Cabo	15.1.1654 - Salinas/Sout Pannen
24.2.1650 - Cabo	19.1.1654 - Altenar
26.2.1650 - Cabo	21.1.1654 - Amélia
28.8.1650 - Mendonça	21.1.1654 - Emília
2.9.1650 - Barra de Nazaré/Suape	23.1.1654 - Recife

1603-1604 — CAMPANHA CONTRA FRANCESES E INDÍGENAS SEUS ALIADOS, CE. Baseados na Serra do Ibiapaba, franceses chefiados pelo piloto Mont Bille e apoiados por tribos obedientes ao cacique principal Mel Redondo dominavam comercial e militarmente vasta região. Para eliminá-los foram enviados: por mar, com dois navios, Diogo de Campos Moreno; por terra, à frente de 65 soldados e 200 flecheiros indígenas auxiliares, Pedro Coelho de Souza. Enfrentaram e bateram os franceses e seus aliados nativos. Expulsos os europeus, destruída a sua feitoria, os portugueses propuseram aliança ao cacique Jacaúna, passo decisivo para o seu definitivo estabelecimento na área, o que foi concretizado em 1611.

1628-1635 — CHOQUES MISSIONEIROS. O trabalho dos padres jesuítas com o propósito de reunir os guaranis em reduções (missões), sofreu contestação, até mesmo armada, dos *encomenderos* espanhóis e dos bandeirantes paulistas. Mas, também, de indígenas não cristianizados, induzidos por seus pajés. Esta resistência, basicamente de cunho religioso e defesa de predomínio espiritual sobre as tribos, culminou em ataques de retaliações, na morte de padres e de pajés, na devastação de vilas cristãs e de aldeias guaraníticas.

15.11.1628 - Todos os Santos do Caaró
17.11.1628 - Assunção de Ijuí
29.11.1628 - Candelária do Ijuí
19.12.1628 - Pirapó
25.4.1635 - Ibiá-Tape

1644-1648 — RECONQUISTA DE ANGOLA AOS HOLANDESES. Mesmo tendo os seus súditos brasileiros empenhados na eliminação da presença da Companhia das Índias no Norte-Nordeste brasileiro, o rei de Portugal lhes impôs a missão de retomar as possessões africanas de Angola e da Ilha de São Tomé, ocupadas pelo mesmo invasor quando sob comando e inspiração de Maurício de Nassau. Uma primeira expedição aportou em Quicombo a tempo de salvar os últimos defensores de Massangano, única praça em poder dos lusos. Uma segunda força brasileira, responsabilidade de Salvador de Sá e Benevides partiu do Rio de Janeiro a 12.5.1648, financiada por pesado *empréstimo* solicitado pelo rei à colônia americana. No porto de Quicombo, perdeu 300 homens, afundados com um navio, porém venceu holandeses e aliados africanos, devolvendo Angola ao domínio do rei lisboeta.

19.6.1645 - Quicombo
7(?).7.1648 - Fort Mols
15.8.1648 - São Paulo de Loanda
17.8.1648 - São Miguel

1644-1694 — QUILOMBOS. PALMARES. Onde houve escravo, houve escravo fugido. Um texto real definiu o quilombo: mais de seis escravos escapos ao senhor, vivendo juntos e revéis à lei. Foram dezenas os quilombos, em todo o Brasil. O primeiro do qual se tem notícia é baiano e de 1575 quando Cristóvão de Aguiar Altero morreu defendendo o seu engenho de Água dos Meninos. Afora o de Palmares, cuja história é preciso contar em separado, foram mais conhecidos:

17.1.1678 - São Miguel
11(?).7.1714 - Rio das Velhas
16(?).5(?).1731 - Cumbê
?.?.1747 - Samambaia/Araxá
?.7(?).1751 - Pitangui
?.?.1758 - Ambrósio
?.3.1795 - Quariterê
7(?).12.1796 - Orobó/Andaraí
17.12.1826 - Urubu/Cajazeira
12(?).9.1827 - Abrantes
9.1.1833 - Rio Grande
11.12.1838 - Santa Catarina/Rio de Janeiro
?.7.1847 - Serra do Couto
19.12.1884 - Queluz

1654-1694 — PALMARES. PERÍODOS PERNAMBUCANO E VICENTINO DE REPRESSÃO. Na história dos quilombos, Palmares merece capítulo particular. Foi mais do que um quilombo, foi quase nação; não perturbou apenas a ordem e a economia escravocratas, mas a unidade e a estabilidade do império português-americano. Na descrição de Rocha Pombo, ocupava "vasta zona de florestas, quase paralela ao litoral e à distância de 20 ou 30 léguas da costa, entre o São Francisco e o cabo de Santo Agostinho''. Em 1644 reuniria mais de 10.000 habitantes e, qual Estado soberano, legislava, comerciava com vizinhos, estruturava sociedade onde também havia escravos e mobilizava força militar defensiva-ofensiva. Os holandeses, quando dominando a região, tentaram erradicar o ''reino negro de Palmares''. Sem o conseguir. Restaurado o poder lusitano (1654), teve início o ''período pernambucano'' da repressão, com o envio de cerca de trinta expedições, menores e maiores. Nenhuma conseguiu impor-se decisivamente. O terceiro e final período da guerra foi o denominado ''vicentino'', por haver sido confiado à experiência de sertanistas liderados por Domingos Jorge Velho. Atacando com veteranos aguerridos e destacamentos pernambucano, alagoano e de auxiliares indígenas, Domingos conseguiu (1694) arrasar as principais defesas e desbaratar as melhores formações palmarinas. O ''rei'' Zumbi, contrariamente à lenda, sobreviveu ao combate final e lutou mais um ano, para terminar atraiçoado por um lugar-tenente e morto. A crônica de estabelecimento, defesa, dispersão e destruição de quilombos repete-se por muito tempo e por todo o Brasl. O quilombo recebeu, agasalhou e mereceu os serviços, inclusive na guerra, também de indígenas e de brancos pobres.

17.1.1644 - Palmares	8.11.1677 - Sirinhaém
?.?.1670 - Palmares	12.11.1677 - Amaro
?.?.1671 - Palmares	4.12.1677 - Amaro
?.?.1672 - Palmares	17.1.1678 - São Miguel
?.4.1673 - Palmares	15.2.1678 - São Miguel
22.12.1675 - Palmares	22.12.1678 - Mundau
23.12.1675 - Palmares	23.1.1694 - Palmares
4.10.1677 - Aqualtune	28.1.1694 - Palmares
7.11.1677 - Campo Aberto	6.2.1694 - Palmares

1660-1661 — REVOLTA POPULAR CONTRA TAXAS EXORBITANTES E OUTRAS VEXAÇÕES. Charles R. Boxer (*Salvador de Sá...*), dos poucos a estudar esta rebelião, tem-na como das primeiras manifestações a todo risco e custo, da vontade popular oprimida por ''muitas taxas, impostos e tiranias com que ele (o governador Salvador Correia de Sá) aterroriza este extenuado povo''. A 2.11.1660, esse povo, conduzido por Jerônimo Barbalho saiu à rua, armas à mão, e impôs uma desordenada e indefinida vontade. Esta prevaleceu até 6.4.1661, quando Salvador, um seu filho, servidores, índios, escravos negros, surpreenderam os levantados postos entre dois fogos devido à ajuda que o gen. Manuel Freire de Andrade prestou a Salvador fazendo avançar, pela praia, um destacamento de marinheiros. Ao fim da jornada o herói popular Barbalho foi decapitado à vista do povo.

2.11.1660 - Rio de Janeiro
6.4.1661 - Rio de Janeiro

1663-1664 — CAMPANHA CONTRA TRIBOS AMAZÔNICAS DO RIO URUBU. A penetração do poder lusitano no vale amazônico, empregando métodos escravagistas disfarçados nas "expedições de resgate", sugeriu aos indígenas coligações defensivas de que foi exemplo aquela integrada por caboquenas, buruburus e guanavenas. Começaram operações atacando a expedição do srg-mor Antônio Arnau de Vilela, o qual morreu, com boa parte dos seus homens, na foz do Rio Urubu, junto da Missão do Saracá. A reação partiu do alf. João Rodrigues Palheta, guarnecendo a própria missão, o qual praticamente dizimou os caboquenas. Tropa especialmente forte, ao mando de Pedro da Costa Favela, saída de Belém a 6.9.1663, com grande efetivo e 34 canoas, chegou em novembro ao Rio Urubu, dando início à eliminação dos coligados.

1665-1834 — ANTILUSITANISMO. O dominado, revolta-se. Logo nos primeiros dias de Brasil, a sujeição colonial levara à insurreição alguns caciques. Depois, dera razão às insubordinações "do sal" em 1665 e 1711; aos motins populares como o de "Nosso Pai", em 1666; à atuação de Beckmann, 1684; à guerra dos emboabas, 1708; aos levantes dos mineradores, 1715 e 1720; à destruição, pelos paiaguás, em 1732, da bandeira paulista de Antunes Maciel enfraquecida pela discriminação dos nativos na composição da oficialidade das forças armadas. Capistrano de Abreu, ao tratar, na obra *Capítulos de História Colonial*, da formação do povo brasileiro, anotou que "cinco grupos étnicos amalgamavam-se (...) cheios de transbordante entusiasmo pelas riquezas da terra, sentindo aversão ou desprezo pelos portugueses..." O almirante Max Justo Guedes (A Marinha e a Revolução Pernambucana de 1817 — *História Naval Brasileira*, 2º vol., tomo II) sugere buscar explicação em 1710, "quando já encontraríamos os antagonismos entre o grupo de mercadores bem-sucedidos do Recife e a aristocracia rural de Olinda, que degeneraram na prosaica Guerra dos Mascates, deixando latentes sentimentos antilusitanos que não mais refluíram" (pág. 425). Em conseqüência, "ao eclodir a Revolução Nativista, os portugueses, que já eram alcunhados de *marinheiros* pelos naturais da terra, foram perseguidos e vários deles assassinados pela turba enfurecida aos gritos de "*mata* marinheiro" (pág. 428). Não apenas no nordeste. José Mendonça Teles (*D. O. Leitura*, SP, dezembro de 1991) registrou que os goianos, feita a Independência, "puseram-se à caça dos europeus, como eram chamados os portugueses, para vingarem-se dos terríveis anos de perseguições. É claro que houve muitas mortes..." Em junho de 1848, o povo pernambucano concentrou-se diante da Assembléia, enfatizando que 26 anos depois da Independência "o estrangeiro continuou e continua ainda em seu predomínio feroz, em sua conquista bárbara". Reclamava "o direito de serem (os brasileiros) caixeiros, e o exercício dos diferentes ramos da indústria brasileira dentro da Província". Exigiu o embarque, em 15 dias, "de todos os portugueses solteiros". Autores há que incluem entre as causas provocadoras do movimento farroupilha, 1835, o desgosto nativo contra a manutenção do prestígio e dos interesses lusos no oficialismo e na economia, situação, ali e então chamada galegalidade. Tal indisposição, exacerbada por motivos econômicos e políticos (a ação dos Restauradores, adeptos do retorno de Pedro I ao poder), resultaram em expansões ferozes, das quais, as mais trágicas, a Setembrada, MA, 1832 e a das Rusgas de Cuiabá, maio de 1834.

1665-1711 — REVOLTA DO SAL. Talvez o primeiro impulso público de revolta do nativo reprimido contra o europeu. Naquele ano Lisboa proibira a extração do sal em território da colônia. Essa atividade mostrara-se florescente na região do São Francisco, em razão da pecuária ali praticada. Havia salinas funcionando pelo litoral do RJ ao MA. A metrópole impunha o produto de Alverca, Figueira e Setúbal, obrigação que resultou em forte agravo à economia popular colonial e grande dificuldade para os criadores de gado. Consumidores e pecuaristas, desesperados, provocaram motins, desobediências, aos quais não faltou acento nativista. Mais conhecido resultou ser o protesto-motim de 17.10.1665, na BA. Um líder popular levou os descontentes a se apoderarem do estoque do produto, incendiar as casas dos contratadores. A repressão foi correspondentemente severa. A situação não terá melhorado para o povo, porquanto revolta pelo mesmo motivo foi registrada em São Paulo, partindo do Vale do Paraíba (Jacareí) e tomando os depósitos salineiros de Santos, em 1711.

1666 — MOTIM DE NOSSO PAI. Canalizando clamor popular contra a opressão fiscal e exigindo reformas administrativas que levassem a posições de destaque e de mando alguns elementos nativos, o líder popular André de Barros Rego promoveu conspiração e motim (9.1.1666) que ganhou o seu nome de guerra. Chegou a depor o governador pernambucano, Jerônimo de Mendonça Furtado.

9.1.1666 - Recife

1671 — CAMPANHA CONTRA ÍNDIOS ANICUNS, NA CONQUISTA DE GOIÁS. Desde o começo do século XVII, a região goiana era percorrida por bandeirantes vicentinos interessados na caça ao índio e, mais tarde, na localização de minas de metais e de pedras preciosas. Castanho de Almeida preocupou-se, atendendo à determinação governamental, de eliminar a resistência mais ou menos organizada dos anicuns, o que alcançou ao término de severa campanha. Seu êxito possibilitou a incorporação de parte de Goiás ao Brasil português.

1680-1828 — CAMPANHAS DA COLÔNIA DO SACRAMENTO — Em 1678, Lisboa ordenou a Manuel Lobo, governador do RJ, que fundasse e fortificasse posição avançada no interior do Rio da Prata. Alargaria a conquista territorial, neutralizaria a ação espanhola irradiada de Buenos Aires, tornaria viável o projeto de atingir as riquezas fabulosas do Peru. A 20.1.1680, nas proximidades da Ilha de São Gabriel, atual costa uruguaia, resultou fundada a Nova Colônia do Santíssimo Sacramento. Os espanhóis protestaram e investiram a fundação, tomando-a a 7.8. Pelo Tratado de Lisboa (7.5.1681), a colônia voltou ao domínio luso. Em 1705, agindo em conseqüência da Guerra de Sucessão da Espanha, que pusera em campos adversos os reinos ibéricos, os buenairenses voltaram a apoderar-se da colônia. Outro documento diplomático, o Tratado de Utrecht (6.2.1715) entregou-a a Portugal. A paz durou pouco. De outubro de 1735 a setembro de 1737 a colônia suportou sítio espanhol. O Tratado de Madri (1750) confirmou a soberania lusitana sobre aquela praça a despeito do que, em 1762, Pedro Cevallos, governador de Buenos Aires, julgou-se no dever de eliminar o enclave português. Atacou e venceu, instalando-se. No janeiro seguinte, esquadra luso-britânica tentou, sem êxito, a retomada. Os acordos diplomáticos de Fontainebleau e de Paris atribuíram a colônia à Espanha, porém o tratado seguinte, o de Paris (1763), devolveu-a a Portugal. Logo em seguida, o de Santo Ildefonso (1.10.1777) definiu a exclusividade espanhola nas margens do Prata. Durante a guerra da Cisplatina (1825-1828), a Colônia do Sacramento esteve ocupada por brasileiros mas disputada e cercada pelos uruguaios durante todo o tempo.

7.8.1680 - Colônia do Sacramento
30.10.1704 - Colônia do Sacramento
4.11.1704 - Colônia do Sacramento
5.11.1704 - Colônia do Sacramento
23.11.1704 - Colônia do Sacramento
1.2.1705 - Colônia do Sacramento
20.2.1705 - Martin Garcia

25.1.1735 - Enseada Barregan
3.10.1735 - Colônia do Sacramento
20.10.1735 - Colônia do Sacramento
10.12.1735 - Colônia do Sacramento
18.4.1736 - Porto das Vacas
24.4.1736 - Conceição
6.7.1736 - Buenos Aires

26.7.1736 - Rio da Prata	17.8.1825 - Colônia do Sacramento
18.8.1736 - Santa Catarina	23.9.1825 - Colônia do Sacramento
20.8.1736 - Barra do Rio Grande	26.2.1826 - Colônia do Sacramento
26.8.1736 - Maldonado	28.2.1826 - Colônia do Sacramento
22.5.1737 - Martin Garcia	1.3.1826 - Colônia do Sacramento
30.10.1762 - Colônia do Sacramento	10.3.1826 - Colônia do Sacramento
6.1.1763 - Colônia do Sacramento	14.3.1826 - Colônia do Sacramento
30.5.1777 - Colônia do Sacramento	9.9.1826 - Colônia do Sacramento
2.5.1818 - Colônia do Sacramento	12.4.1827 - Colônia do Sacramento
12.5.1818 - Colônia do Sacramento	27.5.1827 - Colônia do Sacramento

1683-1715 — GUERRA DOS BÁRBAROS OU CONFEDERAÇÃO DO AÇU OU DOS CARIRIS OU GUERRA DOS TAPUIAS. Episódio, também, do Bandeirismo de Contrato. Nomes com que se identifica o trintênio de choques, deslocamentos, acordos e desacordos, assaltos, saques e imenso morticínio sucedidos pelo NE, particularmente nos estados do RN e do CE. Uniram-se contra a autoridade colonial os indígenas janduis, cariris, paiacus, caripus, caratius e icós, atuando quase sempre em separado, unidos algumas ocasiões. No começo de 1688 eram senhores absolutos do Açu e do Apodi. Ao fim de cinco anos de tentativas locais de ''pacificação'', o governo chamou bandeirantes vicentinos que levaram àquele sertão sua pugnacidade, dureza e experiência. Em 1692, premidos, os ''confederados'' pediram e obtiveram a paz, rompida esta, por ambos os lados menos de dois anos depois. Passou a vigorar a ordem do governador Santos Maior para que fossem degolados todos os rebeldes. Matias Cardoso, novamente à frente das tropas, com os capitães Morais Navarro e Bernardo Vieira de Melo (veterano dos Palmares) cumpriu o contrato por tal modo que em 1704 o RN foi considerado ''pacificado''. Em 1713, nova revolta, extensão da primeira. No entanto, dessa vez, de índios urbanizados. Lutaram até 1715.

1684 — REVOLTA MARANHENSE CONTRA A COMPANHIA DE COMÉRCIO. BECKMAN. A 24.2.1684, polarizando o descontentamento do povo e do comércio, o rico homem de negócios e líder prestigioso, Manuel Beckman, o Bequimão, efetivou a revolta maranhense contra os privilégios e a atuação da Companhia de Comércio do Estado do Maranhão. Depôs o governador e declarou extinto o monopólio. Mas não recebeu apoio que o sustentasse nem alcançou a compreensão de Lisboa. À chegada do governador e repressor Freire de Andrade, fugiu para o interior. Denunciado e preso, foi enforcado, ao lado de outro cabeça da revolta, Jorge Sampaio. O mesmo Freire de Andrade arrematou em hasta pública os bens do executado e os devolveu à viúva. Em seguida, pediu e obteve a extinção da Companhia.

1697 — INTRUSÃO FRANCESA NO AMAPÁ. A partir das bases instaladas na Guiana Francesa, comerciantes e aventureiros franceses tentaram instalar-se no AP, tido por eles como território do seu país. A reação luso-brasileira nasceu em Cumaú (depois chamada Santo Antônio do Macapá). O Tratado de Utrecht (1713) fixou o Rio Oiapoque como fronteira entre a Guiana Francesa e os domínios portugueses.

1700-1783 — INGLESES NA ILHA DA TRINDADE. Pela sua posição estratégica, a ilha atraiu o interesse de potências marítimas imperialistas. A 15.4.1700 foi ocupada por ingleses às ordens do capitão Edmond Halley. Em 1724, a Companhia Inglesa da Guiné instalou ali entreposto para o comércio de escravos e, por fim, em 1781 Trindade foi transformada em base naval confiada ao comodoro Johnston. Foi quando Portugal reagiu. Inúteis as gestões diplomáticas, enviou (10.1.1783) o CMG José de Melo com 150 soldados, artilharia e o barco *Nossa Senhora dos Prazeres*. Os ingleses haviam abandonado a Trindade.

1708-1709 — GUERRA DOS EMBOABAS. Os vicentinos (paulistas), descobridores das minas de ouro das Gerais, reclamavam, pelo descobrimento e por estarem em seu território, privilégios que, contudo, eram tomados pelos portugueses e mineradores procedentes de outras capitanias. As comunidades atritaram-se, isolaram-se, hostilizaram-se. Os paulistas apelidavam emboabas aos contrários, significando estrangeiro, forasteiro ou gente que por medo doentio às cobras usavam permanentemente botas altas (m'buab / aves com penas nas pernas). Em 1707 o assassinato de dois chefes paulistas no Arraial Novo acirrou ânimos. Foi argutamente difundido o boato de que os ofendidos, com reforços numerosos chegados de São Paulo, moveriam campanha de extermínio contra portugueses. O lusitano Manoel Nunes Viana foi aclamado ditador para a missão de "acabar de vez com a insolência dos paulistas". Por todas essas razões quer-se ver na guerra dos emboabas um conflito de profundas raízes nativistas, o primeiro em que, claramente, filhos da terra tomaram armas contra o europeu dominador. Viana, chefe capaz, mobilizou ao redor de 3.000 homens — portugueses, mamelucos, baianos, negros escravos — e tomou a iniciativa. Cercou e incendiou Sabará; mesmo ferido duas vezes tomou Cachoeira do Campo, promovendo massacre entre os defensores; investiu embora com menos felicidade no Carmo e em Guarapiranga; viu os seus resistirem bem em Ponta do Morro; permitiu a vergonha do Capão da Traição onde foram trucidados aproximadamente cinqüenta índios e mamelucos aliados dos paulistas. O somatório de tais acontecimentos levou a gente de São Paulo a decidir pela desforra e retomada de arraiais e minas posseadas pelos portugueses. Amador Bueno da Veiga foi investido no comando de mais ou menos 1.300 combatentes, com os quais, em novembro de 1709, cercou quase 800 lusitanos e partidários, nas proximidades da atual São João del Rei. A discórdia entre os principais chefes paulistas e a aproximação de duas forças em socorro dos assediados levaram os atacantes piratininganos a suspenderem o cerco. A criação (1709) da Capitania de São Paulo e Minas de Ouro, separada daquela do Rio de Janeiro, tendo por governador o habilidoso Antônio de Albuquerque, contribuiu para a pacificação. Conseqüência positiva do conflito, no ajuizamento de Odilon Nogueira de Matos, foi a de que ''os reveses dos paulistas incitaram-nos a procurar novos rumos para sua expansão (...) Dentro de alguns anos, novos veios auríferos serão revelados, em Cuiabá e Goiás, incorporando essas vastas regiões''. Foram encontros desse conflito:

15.12.1708 - Sabará
?.1.1709 - Cachoeira do Campo
?.1.1709 - Capão da Traição
?.1.1709 - Carmo
?.1.1709 - Ponta do Morro
14.11.1709 - Arraial do Pilar
?.1.1720 - Rio São João - Pitangui

1709-1710 — CAMPANHA AMAZÔNICA CONTRA ESPANHÓIS E ÍNDIOS CAMBEBAS. Desde 1637 franciscanos provenientes de Quito catequizavam a área, considerada por eles possessão espanhola. Em 1689, o padre Samuel Fritz (que em 1707 levantaria o primeiro mapa da Amazônia) estabeleceu missões à margem do Rio Solimões e de afluentes, as quais viriam a ser fundamentos de Tefé, Coari, Fonte Boa, São Paulo de Olivença etc. Os portugueses, acorrendo, expulsaram o padre Fritz e confinaram seus aliados índios, entregando as missões aos cuidados de carmelitas lusitanos. Seguiu-se expedição militar enviada de Quito e que destruiu uma das aldeias então portuguesas, aprisionou a guarnição e estabeleceu-se no sítio. O revide aconteceu com o emprego de força paraense conduzida por Antunes da Fonseca. Expulsos os espanhóis, uma rápida campanha exterminou os cambebas, índios que lhes haviam dado apoio.

1710-1714 — GUERRA DOS MASCATES. Conflito entre Olinda e Recife ou entre a aristocracia rural sediada na primeira daquelas vilas e a ascendente classe dos artesãos e comerciantes, reinóis, atuantes no povoado do Recife. Este, a 4.3.1710, fora elevado à categoria de vila, com o que teve fim o primado olindense. Não só de Olinda mas de tudo o que ela representava. Daí que, no momento de demarcar os termos das duas vilas, os senhores de engenho ocuparam o Recife à mão armada, destruíram o pelourinho, símbolo de autonomia administrativa, obrigando os chefes "mascates" — tratamento menosprezadamente dado aos comerciantes portugueses — a fugirem para a Bahia. O bispo Álvares, escolhido governador, enviou a Lisboa documento explicativo da insólita atitude. Reclamava anulação do ato beneficiador do Recife, tabelamento do preço de escravos, autorização para que anualmente um navio inglês e outro francês negociassem livremente o açúcar com os produtores, a não-hipoteca de terras agrícolas em função de dívidas dos engenhos para com os "mascates". O governo real confirmou Recife na categoria de vila, aprisionou e fez morrer em masmorra o enviado do bispo e um seu filho sob a acusação de pretenderem instalar em Pernambuco república do tipo daquela de Veneza. Outros líderes olindenses foram deportados para a Índia. Os que ficaram não se acomodaram. Abriram guerra. Sucederam-se combates com variado resultado, suspensos apenas em obediência à incisiva ordem real de 7.4.1714. No ano seguinte, novo governador firmou controle sobre Pernambuco, prestigiou os recifenses, burguesia comercial solidamente estabelecida e toda ela portuguesa, em detrimento dos olindenses, nativos e senhores de engenho.

3.11.1710 - Recife
27.6.1711 - Recife
20.7.1711 - Recife
20.7.1711 - Santo Amarinho
22.7.1711 - Barreta
9.8.1711 - Santo Amarinho
18.8.1711 - Sebiró
21.8.1711 - Goiana
7.9.1711 - Garapu

1710-1711 — CORSÁRIOS FRANCESES NO RIO DE JANEIRO.

Mais do que hostilizar o inimigo português, os franceses viram na expedição do corsário Duclerc contra o Rio de Janeiro empresa comercial prometedora de alta rentabilidade, porquanto cogitava de arrecadar ouro e açúcar. Jean François Duclerc aproou seis navios e mil homens sobre a cidade, mas esta, prevenida e decidida, reagiu e o venceu. Aprisionou o corsário que pouco depois foi encontrado morto em uma rua. A título de vingá-lo mas na verdade atraído pelas promessas de elevado butim, em 1711 apresentou-se René Duguay-Trouin, o mais experimentado, ousado e feliz dos corsários franceses. Apoderou-se da cidade do Rio de Janeiro, que pôs a saque, retirando-se com tudo quanto valesse a pena carregar, além de polpudo resgate.

17.8.1710 - Rio de Janeiro	17.9.1711 - Rio de Janeiro
19.9.1710 - Rio de Janeiro	18.9.1711 - Rio de Janeiro
11.9.1711 - Rio de Janeiro	20.9.1711 - Rio de Janeiro
13.9.1711 - Rio de Janeiro	23.9.1711 - Rio de Janeiro
14.9.1711 - Rio de Janeiro	

1711 — MOTIM CONTRA O ESTANCO DE SAL DE SANTOS. Repetição do ocorrido em 1665 na BA, na chamda Revolta do Sal. Em 1710, o régulo de Jacareí, Bartolomeu Fernandes Faria, também juiz de órfãos, irritado contra o oprimente monopólio, armou tropa, desceu a Santos, abriu o armazém, tomou o sal de que necessitava e mandou vender o resto a quem o desejasse, por preço justo. Voltou para casa à espera do castigo. A 28.4.1711 foi emitida ordem régia para a sua prisão. O destacamento policial que a foi cumprir recuou, afugentado por nutrida fuzilaria. A ordem foi executada oito anos depois, estando Bartolomeu com 80 anos e gravemente doente. Levado a presídio na BA, ali morreu, vitimado por bexigas.

1711 — MOTINS DO MANETA. Explosões populares que tiveram lugar na BA durante o início do governo do terceiro Conde de Castelo Melhor. Alvo principal: a dureza fiscal instaurada. Recentemente, o sal tivera o seu preço aumentado de 480 para 720 réis; os tecidos (importados), taxados em 10% e cada escravo trazido de Angola ou da Costa da Mina pagaria de 6 a 10 cruzados. A indignação popular levou ao incêndio e à destruição das casas dos contratadores de sal Manoel Dias Figueiredo e Manuel Gomes Lisboa. Segundo Abreu e Lima, instigadores foram portugueses abonados, chefiados pelo juiz do povo. Por esta razão, aliás, a Câmara da BA requereu a extinção do cargo, eliminação ocorrida a 25.2.1713. Os motins, que tomaram o nome do líder popular, foram rápida e duramente reprimidos. A data 17.10 é apontada por Djacir Menezes em *O outro nordeste*.

19.10.1711 - Salvador
2.12.1711 - Salvador

1713-1715 — REBELIÃO DE INDÍGENAS URBANIZADOS. CE. De certo modo reflexo e continuidade da Guerra dos Bárbaros, ou do Açú ou dos Tapuias. Porém, contrariamente àquela, teve lugar entre os índios aldeados, urbanizados, missionados, vivendo entre os colonizadores. O jesuíta João Antônio Andreoni (carta de 15.6.1714) explicou a revolta como fruto da exploração, do engano da humilhação. E "longe de lhes darem alguma recompensa ou de lhes pagarem o soldo desprezavam-nos e zombavam deles''. Lutaram até meados de 1715, recebendo apoio dos remanescentes das tribos destroçadas na revolta anterior. Carlos Studardt Filho escreveu que ''nenhuma sublevação de gentios seria conduzida, entre nós, com tanto destemor, e teria, no âmbito restrito onde se feriu, maiores repercussões sociais e políticas''.

?.7.1713 - Aquiraz
?.7.1713 - Rio Choró
?.6.1714 - Paraíba

1715-1720 — MOTINS MINEIROS CONTRA A ARRECADAÇÃO DE OURO OU DE FELIPE DOS SANTOS. A fixação de 30 arrobas de ouro anuais como direitos da coroa sobre a produção das minas desesperou os líderes daquela atividade. Houve motins. Em 1715, no Morro Vermelho, em Vila Nova da Rainha (Caeté) e em Sabará. Em 1718, em Pitangui. O governo lisboeta reagiu e precatou-se, estabelecendo a Casa de Fundição para quintar (fixar a parte que cabia ao rei), o metal, evitando extravios. Para assegurar-se o domínio da área militar, prevendo a possibilidade de revoltas, dissolveu milícias de filhos da terra, reforçando os corpos de dragões, tropa formada por lusitanos fiéis. A 28/29.6.1720 ergueram-se mineradores de Vila Rica, congregados em torno de Felipe dos Santos, português e não dependente do negócio de minas de ouro. Os amotinados marcharam sobre o Carmo, impuseram condições que o governador, Conde Assumar, fingiu aceitar para, a 16.7, recuperar o controle da situação. Fez prender os reclamantes mais notórios, enforcar Felipe dos Santos sem mesmo arremedo de processo e, uma vez morto, esquartejá-lo. Outros conhecidos amotinados, todos portugueses, foram remetidos a Lisboa. Ao protesto, de nítido cunho fiscal, usa-se emprestar colorido nativista. Mas Capistrano escreveu que ''não o inspirou o espírito do nativismo. A sua importância é meramente provincial''. Feu de Carvalho foi mais categórico: ''briga de portugueses provocada por questão fiscal''.

1720-1748 — REVOLTAS CONTRA O DONATÁRIO NA PARAÍBA DO SUL. Há quem identifique em tais movimentos pruridos nativistas. A gente da capitania da Paraíba do Sul ou dos Campos de Goitacás levantou-se contra os procuradores dos donatários. A insurgência de 1720, dirigida por Bartolomeu Bueno, requereu tropa enviada do Rio de Janeiro para ser sufocada. Os levantados reclamavam menores tributos, liberdades comunais. Aquela de 1748, visando a impedir a posse do procurador do donatário, recebeu a participação de mulheres conduzidas por Benta Per, notabilizada pela fúria com que, a cavalo, perseguiu autoridades. Foram necessários 300 soldados, remetidos por Gomes Freire, ao mando de mestre-de-campo João de Almeida, para "pacificar" a região. As revoltas surtiram efeito: o donatário desistiu da capitania.

1723-1727 — GUERRA DE AJURICABA, NA AMAZÔNIA. O avanço da colonização portuguesa na Amazônia fazia-se preceder por "expedições de resgate" de atuação principalmente no apresamento de indígenas para o trabalho escravo. Contra o que aliaram-se os manaus e maiapenas, sob o comando de Ajuricaba. Rapidamente retomaram e mantiveram o domínio dos vales dos rios Negro e Branco, sob acusação lusitana de que agiam instruídos e ajudados pelos holandeses na vizinha Guiana. A tropa de repressão, chefiada por João Pais do Amaral e Belchior Mendes de Morais, agiu energicamente. Na batalha final, Ajuricaba mostrou-se mais pai do que chefe, deixando-se aprisionar na tentativa de resgatar o corpo do filho morto. Posto a ferros, na foz do Rio Negro tentou amotinar a guarnição da canoa. Não o conseguindo, saltou para o rio e desapareceu.

1725-1744 — CAMPANHA CONTRA OS ÍNDIOS PAIAGUÁS. A poderosa nação de índios canoeiros, freqüentemente aliada à dos cavaleiros guaicurus, hostilizava e mesmo impedia a navegação entre São Paulo e as minas de Cuiabá, como sucedeu nos anos de 1725 a 1727. Em 1730 exterminou a grande monção do ouvidor Lanhas Peixoto. De posse de ouro em quantidade, iam os paiaguás vendê-lo em Assunção, em detrimento dos cofres do rei português, o qual determinou fossem combatidos. A primeira expedição contra eles partiu em 1731, conduzida pelo bandeirante Gabriel Antunes Maciel; no ano seguinte, a de Antônio de Almeida Lara; em 1733-1734, a de Manoel Rodrigues de Carvalho. Tal empenho no cumprimento da ordem real levou os paiaguás à quase extinção, embora ainda se fizessem desorganizadamente presentes e agressivos em 1740 e por último em 1744.

15.6.1730 - Rio Paraguai
11.4.1731 - Fecho dos Morros
3.10.1734 - Bocaina
14.3.1736 - Carandá

1736-1737 — FRANCESES EM FERNANDO DE NORONHA. De viagem para a aventura da França Equinocial (Maranhão), La Ravardière estacionou por 15 dias na ilha. Terá dado notícias dela. Em 1736 a Companhia das Índias Orientais Francesas despachou o cap. Lesquelin com tropa e recursos destinados a ocupar e colonizar o arquipélago.

Contra eles saiu do Recife (6.10.1737) o cel. João Lobo de Lacerda à frente de 250 homens. O suficiente para desalojar os intrusos.

1740-1741 — CAMPANHA CONTRA OS ÍNDIOS CAIAPÓS E TAPIRAPÉS. CONQUISTA DE GOIÁS. Com a justificava de que os caiapós ameaçavam as comunicações entre São Paulo e Goiás, o governador Luís de Mascarenhas convocou em Cuiabá o bandeirante Antônio Pires de Campos. Mandou-o, sob contrato, bater os índios, tranqüilizar o caminho. Missão realizada em breve e ríspida campanha, mobilizando, inclusive, 500 guerreiros bororos. Os tapirapés tiveram sorte igual à dos caiapós, batidos por João de Godói. Em 1741 foi a vez de João de Sampaio acometer aldeamentos na área de Natividade. Nesses dois anos foi assegurada a conquista do vasto território de Goiás.

1754-1756 — GUERRA GUARANÍTICA. A 13.1.1750 Portugal e Espanha firmaram o Tratado de Madri, delimitando os seus domínios sul-americanos. Portugal recebia o território das Missões e cedia a Colônia do Sacramento. Comissão binacional procurou traçar as novas fronteiras. Os indígenas missioneiros opuseram-se: não eram bens permutáveis segundo caprichos de monarcas europeus; viviam em terras que lhes haviam sido reservadas por Deus, por intermédio de São Miguel. Hostilizando a comissão, deram pretexto para a ação armada. Até tomaram a iniciativa de atacar posições portuguesas, ao longo de 1754. Mas o tardar do mover-se dos espanhóis contra São Borja imobilizou os portugueses. A falsa paz estabeleceu algum comércio entre missioneiros e luso-brasileiros e até armistício (14.11.1754). Mas Lisboa e Madri reclamaram ação. Em janeiro de 1756, 1.600 portugueses rebocando 10 canhões e sob ordens de Gomes Freire de Andrade e 1.700 espanhóis ao mando de José de Andonaégui, governador de Buenos Aires, investiram contra as Missões. Foi-lhes fácil massacrar a disposta porém mal armada (canhões de bambu envoltos em couro) e desorganizada multidão guarani. Em Caiboaté, momento culminante da guerra, os missioneiros morreram às muitas centenas contra poucas baixas nos exércitos invasores.

22.2.1754 - Jesus-Maria-José do Rio Pardo
29.4.1754 - Jesus-Maria-José do Rio Pardo
11.9(?).1754 - Japeju
11.11.1754 - Jacuí
27(?).1.1754 - San Agustin
3.2.1756 - Mtabobi
7.2.1756 - Vacacai
10.2.1756 - Caiboaté
23.3.1756 - Churiebi
10.5.1756 - Boca do Monte

1762-1763 — INVASÃO ESPANHOLA NO RS. CEVALLOS. Na Europa, os estados regidos por soberanos da dinastia Bourbon celebraram o Pacto de Família: Espanha, França e Nápoles propunham-se a deter o expansionismo inglês. Portugal, solicitado à participação, firmou-se na tradicional neutralidade. Com o que se tornou, mais uma vez, inimigo da Espanha. As colônias americanas seguiram as metrópoles, guerreando-se. De Buenos Aires, Pedro Cevallos tomou a iniciativa, atacando a sitiada e debilitada Colônia do Sacramento. Ocupou-a em 29.10.1762. Em março do ano seguinte, à testa de quase 6.000 homens apoiados por 20 canhões e quatro morteiros, invadiu o RS, defrontando o fortim de Santa Teresa, entre Maldonado e a vila do Rio Grande. O defensor, o veterano e provado cel. Tomás Osório, afetado por deserções e carências, rendeu-se, pelo que seria julgado e enforcado em Portugal. Cevallos prosseguiu a ofensiva, tomando o Forte de São Miguel (23.4) e enviando coluna de 500 soldados contra Rio Grande, posseada no dia seguinte. Aprestava-se para maiores conquistas quando lhe chegou ordem (8.5) para devolver aos portugueses as praças ocupadas e retornar a Buenos Aires. A 10.2 fora estabelecida a paz entre os reinos ibéricos. A 6.8 Cevallos firmou convenção de trégua com autoridades rio-grandenses, mas não lhes restituiu a vila do Rio Grande, chave para o controle do vasto interior. Por isso, também os lusos não se dispuseram a respeitar a convenção. Ignorando Lisboa, tratariam da reconquista.

1763-1766 — RECONQUISTA DO GUAPORÉ AOS ESPANHÓIS. Tendo o acordo de El Pardo (1761) anulado os efeitos do Tratado de Madri (1750), espanhóis do Peru avançaram sobre o Guaporé, reassumindo a posse dos territórios da antigas missões jesuíticas de Santa Rosa e de Iturez de Moxos. O governador português, Antônio Rolim de Moura, iniciou em 1763 a ofensiva pela retomada, concluída em 1766 no governo de João Pedro da Câmara.

1772-1887 — REVOLTAS DE ESCRAVOS. Ademais dos vários processos adotados para manifestar sua repulsa à escravidão, inúmeras vezes os escravos negros passaram à revolta aberta, atacando, resistindo. O primeiro levante organizado de que se tem notícia seria o de 1772 quando, conduzindo aliados índios, puseram cerco, inútil, à vila de São Tomé, MA. A última, em São Paulo, às vésperas da Abolição — 1887. O temor às revoltas de escravos e medidas para obstá-las e vencê-las, é constante na história oficial e marcou influência nas atitudes, leis, ações até mesmo em eventos como o preparo e o desfecho do processo da Independência. O quadro das revoltas de escravos será melhor conhecido com a leitura das notícias dos eventos especialmente tratados: 1644-1694, Quilombos; 1644-1694 — Palmares; 1809-1849, revoltas dos aussás e nagôs; revolta dos escravos constitucionalistas de Argoim ou das Lavras ou do Fanado; 1835, de nagôs, males e tapas; 1849, de Queimados. Os levantes relacionados a seguir foram locais, sem articulação maior.

17(?).5.1772 - São Tomé
?.5(?).1823 - Recife
25.12.1825 - Morretes
15.7.1839 - Aracati
3.12.1864 - Fazenda Gaecá/São Sebastião
22.5.1887 - Capivari/Monte Mor
31.5.1887 - Piracicaba
17.10.1887 - Itu
19.10.1887 - Santo Amaro/São Paulo

1773-1774 — INVASÃO ESPANHOLA DO RS. VERTIZ Y SALCEDO. Em novembro de 1773, toda a força portuguesa disponível no RS somava 712 homens (387 em São José do Norte, 298 no Rio Pardo, 27 em Porto Alegre). Contra ela investiu Juan José de Vertiz y Salcedo, governador de Buenos Aires, sob o pretexto de regular a presença lusa à beira do Rio Camaquã, margem norte do canal do Rio Grande. Ordenou concentração diante do Rio Pardo, que era na verdade seu objetivo, do ten.-cel. Molina, comandante da vila do Rio Grande; de Bruno de Zavalla, procedente de Corrientes; de Antonio Gomez, vindo das Missões. Na confluência do Rio Negro com o Piraí, Salcedo ergueu o fortim de Santa Tecla, o qual viria a ser de larga atuação nas campanhas futuras. A reação luso-brasileira foi ativa e vitoriosa. A surpresa de Santa Bárbara eliminou a Coluna Gomez; o combate de Pântano suprimiu a de Zavalla; os choques de Piqueri e Tabatingaí sustaram a marcha do destacamento do próprio Salcedo. Sem qualquer sucesso, em fins de janeiro de 1774, ele abandonou o RS para onde levara quase 3.000 homens. Em contrapartida, despertara brios e atenção. Ao término daquele ano, havia já no Sul 6.787 combatentes, sendo 1.967 portugueses, 791 fluminenses, 554 lagunenses, 1.885 paulistas e 1.590 rio-grandenses.

6.4.1772 - Rio Grande de São Pedro
3.1.1774 - Santa Bárbara
5.1.1774 - Ribeira do Piqueri
14.1.1774 - Tabatingaí

1775-1776 — RECONQUISTA DE PARTE DO RIO GRANDE DO SUL. Além de tropas numerosas, Portugal enviou para o RS o hábil general João Henrique Böhm. Tendo preparado bem suas forças, atacou em momento e direção oportunos. Em duas frentes: Missões e fronteira da Coxilha Grande (forte de Santa Tecla), obtendo êxito. A ocupação da vila de Rio Grande (1.4.1776) coroou a campanha. Madri reagiu criando (8.8.1776) o vice-reinado do Prata, confiando-o à belicosidade de Pedro de Cevallos, o qual, imediatamente, elaborou plano de guerra ao Brasil português.

29.5.1767 - Rio Grande
5.6.1767 - São José do Norte
13.4.1775 - Rio Grande
31.10.1775 - São Martinho do Monte Grande
19.2.1776 - Rio Grande
1.4.1776 - Rio Grande
31.10.1776 - São Martinho

1777 — INVASÃO ESPANHOLA DA ILHA DE SANTA CATARINA. Em fevereiro, o vice-rei do Prata submeteu a ilha com surpreendente facilidade. Em seguida, expediu forças contra o RS. Mas na Europa, a morte do rei português D. José e a exoneração do ministro Marquês de Pombal fizeram mudar a orientação política do reino. A 1.10, o Tratado de Santo Ildefonso levou a Espanha a restituir a Portugal a Ilha de Santa Catarina.

20.4.1776 - Ilha de Santa Catarina
20.2.1777 - Santa Catarina
23.2.1777 - Morro de Ponta Grossa
20.4.1777 - Santa Catarina
25.4.1777 - Laguna
25.4.1777 - Vila Nova

1777 — FIM DO PRESÍDIO DE IGUATEMI. Instalado em 1767, o presídio era enclave português em terras tidas por espanholas. Daí o ter sido sempre hostilizado. Durante os 10 anos de sua manutenção, custou a morte de milhares de pessoas, donde o ser chamado "cemitério de paulistas". A 25.10, o capitão-general do Paraguai, com 2.500 a 3.000 homens, atacou e no dia 27.10 superou a resistência dos combalidos 100 defensores.

25.10.1777 - Iguatemi
27.10.1777 - Iguatemi

1796-1991 — INCIDENTES FRONTEIRIÇOS. Comuns entre nações que se vizinham ao longo de fronteiras terrestres, foram quase sempre resolvidos pelo Brasil conforme os usos diplomáticos.

2.7.1796 - Mondego/Iapepó (Paraguai)
14.10.1850 - Fecho dos Morros (Paraguai)
10.10.1866 - Rio Javari (Peru)

4.11.1904 - Seringal Minas Gerais-Nuevo Iquitos (Peru)
5.11.1904 - Seringal Minas Gerais-Nuevo Iquitos (Peru)
22(?).11.1934 - Rio Paraguai (Bolívia)
22.2.1991 - Igarapé do Castanho (Colômbia)
3.3.1991 - Serra da Traíra (Colômbia)

1801 — CONQUISTA DAS MISSÕES ORIENTAIS. O Tratado de Santo Ildefonso (1.10.1777) atribuíra a região ao rei espanhol. Em 1801, junho, conhecido o estado de guerra entre Espanha e Portugal, rio-grandenses resolveram completar a obra de conquista. Tomaram a faixa fronteiriça, vitoriando-se em Santa Tecla, Serro Largo, Batovi, Taquarembó. E alinhando aventureiros, desertores, veteranos dispensados das fileiras, venceram guarnições e rechaçaram contra-ataques, incorporando a mesopotâmia Ibicuí-Quaraí e os campos entre os rios Piratini e Jaguarão, definindo o Rio Uruguai como linde entre os países sucessores dos colonizadores ibéricos.

8.8.1801 - São João Mirim
10.8.1801 - São Miguel das Missões
5.10.1801 - Guarda da Lagoa
17.10.1801 - Perdiz-Jaguarão
22.11.1801 - San Lucas
23.11.1801 - Camaquã
23.11.1801 - Apostoles

1801-1802 — INTRUSÃO ESPANHOLA EM MATO GROSSO. NOVA COIMBRA. A guerra européia que dera razão à conquista do território das Missões Orientais ensejou igualmente aos espanhóis do oeste uma avançada sobre MT. Objetivo: dominar a vastidão limitada pelos rios Paraná, Paraguai, Branco e Ivinheima. Não conseguindo superar a resistência do forte de Nova Coimbra, os atacantes retornaram a Assunção. Em represália, no ano seguinte (1802), gente de Nova Coimbra arrasou o fortim espanhol de San Jose, na margem sul do Rio Apa.

12.9.1801 - Baía Negra
16.9.1801 - Nova Coimbra
1.1.1802 - San Jose

1808-1817 — OCUPAÇÃO DA GUIANA FRANCESA. Metade do Amapá fora retirado de Portugal e entregue à França pelo Tratado de Amiens (27.3.1802), que Lisboa não subscreveu. Emigrando para o Brasil, o governo português trazia boas razões para buscar desforra, além do fato desconfortável de haver sido desalojado pelo exército de Napoleão. Enviou contra a Guiana Francesa força integrada por ingleses e brasileiros, estes sob o comando de oficiais lusitanos. A conquista de Caiena completou a vitória. A linha de limites foi traçada acima do Rio Araguari, indicado em Amiens. A Guiana permaneceu portuguesa até 1817, dando como resultados mais ponderáveis a introdução no Brasil do abacateiro, da fruta-pão, de certas palmeiras e da variedade de cana-de-açúcar denominada Caiana, do nome Caienne, da capital guianense.

15.12.1808 - Aprouage/Colégio
23.12.1808 - Oiapoque/Aprouage
7.1.1809 - Caiena

1809-1849 — REVOLTAS DE ESCRAVOS. AUSSÁS E NAGÔS. Negros islamizados, os aussás mantiveram-se arredios tanto em relação aos brancos quanto a outras nações africanas levadas à BA. Belicosos, permaneceram em estado de rebelião latente desde motins limitados de 1807. Em 1809 receberam a adesão dos nagôs, gente ioruba de cultura própria e da qual fazia parte sociedade secreta — Ogboni — destinada a recrutar e instruir adeptos para a luta contra a servidão. Reprimidos, em 1813 com especial severidade, os aussás foram dispersados e paulatinamente exterminados. Várias outras revoltas em diferentes lugares e ao longo do tempo da escravidão juntaram sua história à dos movimentos dos baianos aussás e nagôs:

4.1.1809 - Recôncavo
28.2.1813 - Itapoã
?.5.1814 - Santo Amaro do Ipitanga
12.2.1816 - Santo Amaro — São Francisco do Conde
30.6.1821 - Arraial de Santa Bárbara
11.6.1822 - Itaparica — Boa Vista
17.9.1822 - São Mateus
25.8.1826 - Cachoeira
22.3.1827 - Cachoeira
11.3.1828 - Pirajá
18.6.1828 - Ilhéus — Engenho Santana
17.4.1829 - Cachoeira
16.10.1829 - Cotegipe
10.4.1830 - Salvador
24.1.1835 - Salvador
25.1.1835 - Salvador
15.7.1839 - Aracati
19.3.1849 - São José dos Queimados

1811-1812 — CAMPANHA PACIFICADORA DO URUGUAI. Francisco Javier Elio, designado vice-rei do Prata, não teve sua autoridade reconhecida pela Junta Governativa de Buenos Aires. Pediu ajuda a D. João, regente do Brasil, o qual propôs à Junta tornar-se mediador de uma tripartição do poder no Prata. A Junta recusou. D. João agiu. Um Exército de Observação, ao mando de Diogo de Sousa, entrou (23.7) em território uruguaio, venceu em Paysandu, Arapeí, Alcorta, Daimán, Japeju, Laureles, mas em marcha batida sobre Montevideo foi sustado pela notícia do armistício celebrado sem audiência portuguesa entre Elio e seus contestadores. Argumentou-se com forte pressão inglesa para que tal sucedesse e Portugal não chegasse ao Prata. Ainda que desagradado e observando o crescer do líder uruguaio Jose Gervasio Artigas, o futuro grande adversário do Brasil, o Exército Pacificador regressou ao RS.

1.9.1811 - Paysandu	8.4.1812 - Rio Negro
4.9.1811 - Santa Teresa	11.4.1812 - Daiman
19.10.1811 - Curuzu Cuatiá	12.4.1812 - Itapeti Grande
22.11.1811 - Arapei Chico	12.6.1812 - Laureles

1816-1820 — GUERRA COM ARTIGAS. No Prata, atritavam-se o ideal uruguaio de pátria livre, o projeto argentino de reconstituição territorial do vice-reinado e a ambição expansionista da dinastia de Bragança, instalada no Rio de Janeiro. De envolta, manejos da diplomacia britânica afirmando influência política e comercial. À presença agressiva de tropas luso-brasileiras, o líder uruguaio Jose Gervasio Artigas respondeu com uma contra-ofensiva, invadindo o RS, avanço detido pela obstinada resistência de São Borja. Na frente do litoral, os sucessivos combates terminaram a favor dos brasilusos. Artigas, pessoalmente, amargou a dura derrota de Carumbé. A 20.2.1817, Montevideo foi ocupada. Artigas passou a hostilizar os ocupantes da sua pátria mediante feroz campanha de corsários e com esforço reuniu novos contingentes. Transformando em arma a fraqueza destes, expediu destacamento contra os argentinos, que também ameaçavam o seu sonho de emancipação. Outro destacamento, mais forte, foi destinado à segunda invasão do Rio Grande. A batalha de Taquarembó (22.1.1820), sangrenta e decisiva, esmagou a invasão e fez apagar a estrela de Artigas, obrigado a buscar refúgio no Paraguai, onde faleceu, muitos anos mais tarde. A 31.7.1821, a Banda Oriental del Uruguay foi incorporada ao Brasil com o nome de Província Cisplatina. Assim foi conservada até 1828.

12.8.1816 - Santa Teresa	22.9.1816 - Santana
12.9.1816 - São João Velho	24.9.1816 - Chafalote
16.9.1816 - Rincão da Cruz	27.9.1816 - Ituparaí
21.9.1816 - Ipeju — Ibicuí	28.9.1816 - São Borja
21.9.1816 - Santa Maria do Ibicuí	3.10.1816 - São Borja
21.9.1816 - São Borja	4.10.1816 - Botuí

16.10.1816 - Zapallar
19.10.1816 - Ibiraocaí
27.10.1816 - Carumbé
19.11.1816 - India Muerta
22.11.1816 - San Fernando
1.12.1816 - Casupá
4.12.1816 - Pablo Paes-Taquarembó
8.12.1816 - Mataojos
3.1.1817 - Arapeí
3.1.1817 - Santa Lucia
4.1.1817 - Catalan
17.1.1817 - San Fernando
19.1.1817 - Concepción
19.1.1817 - Itaqui
19.1.1817 - Aguapeí
11(?).3.1817 - San Tomé
14.3.1817 - Centurión
5.5.1817 - Toledo
6.5.1817 - Montevideo
2.7.1817 - Apostoles
14.9.1817 - Lenguas
15.9.1817 - Belen
15.10.1817 - San Fernando
9.11.1817 - Punta de Piedras
31.3.1818 - San Carlos
2.4.1818 - San Carlos
3.4.1818 - Valentin
3.4.1818 - San Carlos
7.4.1818 - Apostoles
7.4.1818 - Guabiju
2.5.1818 - Colônia do Sacramento
3.5.1818 - Vera
12.5.1818 - Colônia do Sacramento
14.5.1818 - Vuelta de San Jose
15.5.1818 - Paysandú
15.5.1818 - Perucho Berna
16.6.1818 - Arroyo China
26.5.1818 - Canellones
26.5.1818 - San Juan
14.6.1818 - Chapicoí
16.6.1818 - Castillos
20.6.1818 - Santa Maria
1.7.1818 - Pichinago
4.7.1818 - Queguay Chico
20.7.1818 - Las Cañas
1.8.1818 - Mercedes
16.10.1818 - Rabon
1.5.1819 - Piratinin
6.5.1819 - Cordovez
9.5.1819 - São Nicolau
3.6.1819 - Santo Cristo
6.6.1819 - Itacorubi
13.6.1819 - San Isidro
5.7.1819 - Rocha
22.7.1819 - Gualeguaichu
29.7.1819 - Santana
14.8.1819 - Carpinteria
21.9.1819 - Colla
27.9.1819 - La Mère
8.10.1819 - Paso de la Arena
28.10.1819 - Arroio Grande
14.12.1819 - Santa Maria
14.12.1819 - Ibirapuitã Chico
17.12.1819 - Passo do Rosário
27.12.1819 - Itaquatiá
6.1.1820 - Pereira — Rio Olimar Grande
22.1.1820 - Taquarembó
30.5.1820 - Gualeguaichu
20.9.1820 - Loango/Cabinda

1817-1818 — REVOLTA NATIVISTA EM PERNAMBUCO. Menos de dez anos depois da chegada da família real portuguesa, tal era o sentimento nativista que, em banquetes de filhos da terra, a farinha de trigo e o vinho, lusitanos, estavam substituídos pela farinha de mandioca e aguardente, nativas. Sociedades secretas de ideário republicano agitavam projetos libertários. A situação agravou-se com o deperecimento da economia pernambucana em conseqüência da seca e da crise na atividade açucareira. Em maio, 1817, o governo teve notícias de uma conspiração nativista. Mandou prender os líderes mencionados. Um deles, militar, o cap. Barros Lima, resistiu à ordem de prisão, matando o oficial português que fora efetivá-la. A revolução começou aí e empolgou Recife. A república foi proclamada, elaborada uma Lei Orgânica estabelecendo direitos e liberdades conforme os princípios da Revolução Francesa. A revolução procurou obter adesões nas províncias vizinhas. Politicamente, recusou-se a incorporar negros em suas forças armadas, por estarem seus dirigentes divididos quanto à questão servil; militarmente, a república padeceu sucessivas derrotas, sendo os últimos tiros disparados a 19.5. A feroz repressão chegou a condenações à morte e registrou comovedora coragem de alguns dos condenados. RN e PB aderiram no tempo devido e instalaram governos republicanos, extintos ainda antes que o do Recife. No dizer de Oliveira Lima terá sido esta "a mais espontânea, a menos desorganizada e a mais simpática das nossas numerosas revoluções".

7.3.1817 - Brum
14.4.1817 - Porto de Pedras
30.4.1817 - Forte Reis Magos
2.5.1817 - Utinga
15.5.1817 - Merepe/Pindoba
15.5.1817 - Trapiche de Ipojuca

1820-1839 — CHOQUES DO SEBASTIANISMO. O fenômeno da fervorosa espera de um grande líder desaparecido em circunstâncias misteriosas, provocou, no Brasil, eventos dramáticos. Herança portuguesa, identificou o seu Esperado na figura do rei dom Sebastião, esvaecido durante a batalha de Alcácar-Quebir (1578), norte da África. Visitantes observadores registraram sebastianismo, ainda no século dezenove. John Luccok percebeu-o na província fluminense, em 1816; von Martius, no guarda-mor da serra do Caraça, MG. Gregório de Matos viu-o tão crescido na Bahia que fustigou-o com estes versos: "Oh quem a um Bastianista perguntara,/ Com que razão ou fundamento espera/ Um rei, que em terras d'África acabara.// E se com Deus me dá, eu lhe dissera:/ Se o quis restituir, não o matara;/ E se o não quis matar, não o escondera". Dois sanguinosos acontecimentos principais marcaram tragicamente o sebastianismo popular brasileiro.

17(?).10.1820 - Bonito
14.5.1839 - Pedra Bonita

1821 — PRONUNCIAMENTOS PRÓ-CONSTITUIÇÃO, NO PARÁ, NA BAHIA, NO RIO DE JANEIRO. Os acontecimentos registrados na cidade portuguesa do Porto (24.8.1820) e em Lisboa (15.9.1820), impondo ao rei a convocação de Corte e a elaboração de Carta Constitucional, foram divulgados no Brasil em outubro, provocando viva comoção. Em seguida, soube-se da adesão da Madeira e das ilhas dos Açores àquela verdadeira revolução. Os constitucionalistas brasileiros sentiram-se fortes, elos de cadeia que empolgava o mundo português. A 1.1.1821, a capitania do Grão-Pará fez o seu pronunciamento, galvanizada pelo estudante de Coimbra, Filipe Alberto Patroni Martins Maciel Parente, o qual obteve apoio da tropa e a formação de novo governo. A 10.2.1821, foi a vez da BA, onde a adesão ao convocar de cortes constitucionais exigiu combate contra força leal ao governo absolutista, provocando ferimentos e mortes entre soldados e civis. A 26.2, no Rio de Janeiro, o Largo do Rossio (depois da Constituição, Praça Tiradentes) centralizou o pronunciamento da tropa chefiada pelo brg. Francisco Joaquim Carretti. D. João VI aceitou todas as imposições da tropa e do povo e, em seguida, aprovou, por antecipação, a Constituição.

10.2.1821 - Salvador

1821 — MOTIM DO 1º BATALHÃO DE CAÇADORES DE SANTOS. A inquietação nativista que sacudia o Brasil, apontando as diferenças entre o soldado reinol e o colonial, mais o atraso no soldo miserável, a permanência de condições difíceis para a vida no quartel e fora dele, levaram o batalhão ao motim que também foi chamado "da fome". Alguns tiroteios, inclusive contra um navio de guerra, desmandos e violências por parte dos levantados e severa repressão.

28.6.1821 - Santos
6.7.1821 - Santos

1821 — CAMPANHA NATIVISTA DA JUNTA DE GOIANA. A 5.10.1821, retirando-se para Lisboa, o governador Luiz do Rego assinou a Convenção do Beberibe. Ela dividia o governo entre a Junta do Recife (compreendendo Recife e Olinda) e a Junta de Goiana, com jurisdição sobre o mais do território pernambucano. Já era de franca rebelião nativista o clima político-social dominante. Até mesmo esperavam para entrar em ação batalhões patrióticos de formação e nomes significativos: Monta-Brechas, o de negros; Bravos da Pátria, o de mulatos; Intrépidos, o de brancos. A 1.6.1822, pronunciamento popular aclamou o príncipe regente,

D. Pedro, monarca brasileiro. A Junta de Goiana galvanizou o entusiasmo nativista e moveu guerra de independência. Nos combates, quase sempre, a vitória preferiu os reinóis.

21.7.1821 - Olinda	29.9.1821 - Recife
21.9.1821 - Olinda	1.10.1821 - Afogados — Recife

1821 — REVOLTA DE ESCRAVOS CONSTITUCIONALISTAS DE ARGOIM OU DAS LAVRAS OU DO FANADO. Em seu *Estratificação social no Brasil,* João Camillo de Oliveira Torres (p. 41 e 42) trata da revolta, baseado em documento de época, datando este movimento constitucionalista inspirado pela revolta do Porto (24.8.1820) do mesmo ano em que ela ocorreu, 1820, mês de junho. Mas a notícia dos sucessos do Porto e de Lisboa somente em outubro chegou ao Brasil e repercutiu conseqüentemente em janeiro e fevereiro do ano seguinte, o qual deve ser o dos fatos ocorridos nas minas. Pois os escravos da região aurífera, que vinham de longa embora malsucedida tradição conspiratória, ganharam a liderança de um negro rico, ativo, líder prestigioso, dono de terras e de veios: Argoim. Lançou proclamação, afirmando: ''Em Portugal proclamou a Constituição que nos iguala aos brancos: esta mesma Constituição jurou-se aqui no Brasil. Morte ou Constituição decretemos contra os pretos e brancos: morte aos que nos oprimiram — pretos miseráveis! Vede a nossa escravidão: já sois livres. No campo da honra derramai a última gota de sangue pela Constituição que fizeram os nossos irmãos em Portugal''. Levaram à risca a ameaça de morte, principalmente contra negros que não aderissem: ''matavam sem compaixão os que, sendo negros, não os seguiam. Muitas centenas deles acharam-se mortos na serra das Esmeraldas, na estrada da Cruz da Chapada e nos campos da paróquia da Água Suja''. Teria conseguido reunir 15.000 levantados na região de Ouro Preto, 5.000 em São João do Morro e obtido a adesão valiosa de parte de dois regimentos da Cavalaria Auxiliar do Serro Frio. ''Ostentavam distintivos nas roupas, possuíam bandeira e falavam orgulhosos em liberdades de direitos.'' Em Paracatu, 1.000 negros unidos aos habitantes fizeram regozijo público. A repressão convocou milicianos, soldados e voluntários de todas as vilas mineiras e deu combate aos insurretos, desbaratando-os de vez. Clovis Moura, porém, diz terem ocorrido combates em Diamantina e em Mariana e que guerrilhando até o final de 1822 os ''argoins'' julgaram-se vitoriosos com a Independência, dispersando-se.

30.6.1821 - Arraial de Santa Bárbara — Inficionado

1822 — MOTINS DE MANOEL PEDRO. Começado o ano, os nativistas baianos puderam perceber que os resultados da revolta constitucionalista do ano anterior, com a derrota imposta ao Conde da Palma, a Caldeira Brant e a outros absolutistas, resultara em nenhum proveito para o elemento pobre nacional. Os reinóis haviam obtido reforço para as suas posições de domínio político, militar, econômico, social. Desavenças aprofundaram-se. Não contribuiu para minorá-las o brg. Inácio Luís Madeira de Melo, nomeado Governador das Armas. A cisão entrou pelos quartéis dividindo os militares em dois partidos: o português, sob a liderança do Madeira, e o brasileiro, amparado pelo brg. Manoel Pedro de Freitas Guimarães. Militantes de ambas as facções extremaram-se em recíprocas desconsiderações que deslizaram para o conflito pessoal e de grupos. A esses atritos se rotulou, genericamente, *motins de Manoel Pedro*, supondo que a inspirá-los ou a procurar entendê-los esteve sempre o brigadeiro nativista. Salientes, no período: os choques, praticamente combates, do Rosário, do Trem (Aflitos), de São Pedro, do Passeio Público e o sacrifício da abadessa Sóror Joana Angélica, tidos por precursores da guerra da independência. Custaram, aproximadamente, 200 vítimas entre mortos e feridos, e terminaram com a prisão e remessa a Lisboa, de Freitas Guimarães. É crença que, se em lugar de recolher-se e trancar-se no forte de São Pedro, tivesse ele ido à batalha das ruas, conclamando e emocionalizando o participante povo baiano e os militares nacionalistas, a história da Independência e sua guerra necessária teria sido bem outra.

18.2.1822 - Salvador
19.2.1822 - Salvador
20.2.1822 - Brotas

1822-1823 — GUERRA DA INDEPENDÊNCIA. Mesmo depois da coroação de Pedro I (1.12.1822) Imperador do Brasil, núcleos de resistência portuguesa mantiveram-se ativos em diferentes pontos do país. Na Bahia sustentava-se o brigadeiro Inácio Madeira de Melo. Forças patrióticas formadas por contingentes de fluminenses, pernambucanos e baianos alcançaram a vitória de Pirajá, resistiram na Ilha de Itaparica e terminaram por entrar triunfalmente na cidade da Bahia. No Piauí a Independência fora aclamada a 19.10.1822 na vila de São João do Parnaíba, a qual, por isso, vira-se investida pela tropa lusitana do major João José da Cunha Fidié. Não obstante a nítida vitória registrada em Jenipapo pelos lusos sobre os cearenses acorridos em ajuda aos piauienses, Fidié terminou sitiado em Caxias, MA, capitulando (30.7.1823) depois de bravia resistência. Na Cisplatina (Uruguai), a fidelidade a Portugal continuava sustentada pelo comandante da praça de Montevideo, Álvaro da Costa de Souza Macedo. Contra ele posicionara-se o tenente-general Carlos Frederico Lecor, que desde junho de 1822 afirmara-se brasileiro. Em janeiro de 1823, Lecor dispôs de forças suficientes para sitiar a cidade por terra. Mas somente em outubro chegaram do Rio de Janeiro navios bastantes para o bloqueio marítimo. Batalha naval provocada, em desespero, pelos sitiados, terminou com a retirada dos portugueses. Reconhecendo a inviabilidade da continuação da resistência — última posição lusitana no corpo do Brasil independizado —, Souza Macedo aceitou discutir as condições para regresso da sua tropa à Europa. No Prata, mais de ano após o Grito do Ipiranga, é que terminou a guerra pela consolidação da Independência do Brasil.

26.6.1822 - Coqueiro/Salvador
28.6.1822 - Cachoeira
18.7.1822 - Cachoeira
29.7.1822 - Funil
1.9.1822 - Saboeiro
6.9.1822 - Itaparica
7.9.1822 - São João
10.9.1822 - Oceano Atlântico
11.9.1822 - Itaparica
23.9.1822 - São João de Manguinhos
1.10.1822 - Manguinhos
13.10.1822 - Itaparica
14.10.1822 - Itaparica
15.10.1822 - Maré
17.10.1822 - Conceição
21.10.1822 - Conceição
8.11.1822 - Pirajá
24.11.1822 - Camarugipe
30.11.1822 - Bom Jesus
30.11.1822 - Brotas — Graça
3.12.1822 - Conceição-Itapoã
8.12.1822 - Cotegipe
11.12.1822 - Pirajá
23.12.1822 - Itaparica
29.12.1822 - Salvador
7.1.1823 - Itaparica
28.1.1823 - Paraguaçu
30.1.1823 - Fontes
30.1.1823 - Montevideo
4.2.1823 - Ilhas dos Frades
11.2.1823 - Cabrito
15.2.1823 - Cruz do Cosme
2.3.1823 - Casa da Torre de Brotas
11.3.1823 - Jacaré
13.3.1823 - Jenipapo
17.3.1823 - Puntas de Toledo
18.3.1823 - Coqueiros — Brotas
12.4.1823 - São Pedro
14.4.1823 - Belém
24.4.1823 - Repartição
28.4.1823 - São José dos Matões
30.4.1823 - Cotegipe
2.5.1823 - Conceição
3.5.1823 - Salvador
4.5.1823 - Salvador
11.5.1823 - Caravelas
18.5.1823 - Las Piedras
22.5.1823 - Olaria
25.5.1823 - Bom Fim
22.5.1823 - Manga do Igará
25.5.1823 - Vargem Grande
28.5.1823 - Três Barras
3.6.1823 - Salvador
7.6.1823 - Muaná

10.6.1823 - Itapicuru Mirim	12.9.1823 - Foz do Rio Tejo
14.6.1823 - São Luís	14.9.1823 - São Luís
7.7.1823 - Oceano Atlântico	17.10.1823 - São Luís
18.7.1823 - Atoleiro	17(?).10.1823 - Miguelete/ Montevideo
18.7.1823 - Itaparica	21.10.1823 - Montevideo
30.7.1823 - Caxias	?.?.1823 - Cachoeira das Três Barras
26.8.1823 - Atol das Rocas/ Açores	

1823-1829 — QUARTELADAS DE BELÉM. Com um vago elenco de reivindicações lastreadas por crescente sentimento antiportuguês, dado o predomínio dos lusos no comércio, na sociedade e nos postos militares superiores, parte da tropa depôs o presidente da Junta de Governo, saqueou e assassinou durante dois dias. A 16.10, marinheiros e voluntários reimplantaram a ordem, prendendo, fuzilando seis dos rebelados e dissolvendo unidades suspeitas. Em 1829, Belém foi palco de outras quarteladas sem motivação ideológica.

15.10.1823 - Belém
2.6.1829 - Belém
1.7.1829 - Belém

1823-1824 — AGITAÇÃO PRÉ-CABANAGEM NA AMAZÔNIA. Reflexo dos acontecimentos verificados em Belém e agitação antiga de caráter regional animaram a eclosão de motins e quarteladas em praças da Amazônia oriental, todas rapidamente dominadas.

17.11.1823 - Cametá	13.3.1823 - Monte Alegre
?.12.1823 - São Caetano de Odivelas	20.3.1823 - Monte Alegre

1824 — CONFEDERAÇÃO DO EQUADOR. Movimento republicano separatista eclodido em PE e irradiado para províncias vizinhas: PB, RN, CE, PI. Causa atribuída: o menosprezo imperial pela vontade dos povos, patenteado com a dissolução da Assembléia Constituinte. Mas Varnhagen, Hélio Vianna e outros historiadores entendem haver sido a razão fundamental a manutenção, no governo local, de Manuel de Carvalho Pais de Andrade, presidente da Junta Governativa. Com a adesão de províncias vizinhas e a ausência da força naval, chamada ao RJ para conjurar boatos de reação portuguesa à Independência, Pais de Andrade proclamou a Confederação, separou-a do Brasil, adotou a constituição vigente na Colômbia e preparou-se para guerrear o Império. D. Pedro expediu sobre a Federação o Exército Cooperador da Boa Ordem, comandado pelo brg. Francisco de Lima e Silva. A esquadra, sob o alm. Cochrane, voltou e bloqueou o porto do Recife. Rápida campanha levou à debandada dos confederados, à fuga dos principais chefes, inclusive a do Andrade, e à execução de outros, o mais notável dos quais, frei Caneca.

24.5.1824 - Itabaiana
6.6.1824 - Barra Grande
8.6.1824 - Tamandaré
15.7.1824 - Alhandra
25.7.1824 - Porto de Pedras
27.7.1824 - Barra Grande
28.8.1824 - Recife
2.9.1824 - Tamandaré
11.9.1824 - Recife
11.9.1824 - Rio do Peixe
12.9.1824 - São Miguel dos Campos
13.9.1824 - Recife
15.9.1824 - Missão Velha
17.9.1824 - Olinda
17.9.1824 - Recife
31.10.1824 - Santa Rosa
28.11.1824 - Juiz

1825-1828 — GUERRA DA CISPLATINA. Incorporada ao Império (31.7.1821) com o nome de Província Cisplatina, a antiga Banda Oriental del Uruguay jamais aceitou tal situação. Mesmo no Brasil, conforme testemunha Rocha Pombo, não havia entusiasmo pela anexação: "a fictícia incorporação fizera-se contra os sentimentos dos brasileiros. Só D. Pedro, cada vez mais dominado das suas impulsões, é que entendeu que devia manter pela força aquela absurda conquista". A 19.4.1825, o patriota uruguaio Juan Antonio Lavalleja desembarcou em La Agraciada — episódio dos 33 libertadores —, dando início à guerra pela independência do seu país. Auxiliado pela Argentina, organizou Governo Provisório em Florida, onde uma Assembléia Constituinte proclamou "írritos, nulos, disueltos y de ningun valor para siempre, todos los actos de incorporación, aclamaciones y juramentos arrancados a los pueblos de la Provincia Oriental por los intrusos poderes de Portugal y del Brasil". A Argentina enviou exército em apoio dos insurgentes, logo após haver o Brasil declarado (dezembro, 1825) o estado de guerra entre os dois países. O conflito prolongou-se, com alternância de resultados. Embora a esquadra imperial (quase 100 navios) mantivesse o controle das águas, especialmente depois da vitória de Monte Santiago (7.4.1827), ocorreram insucessos como o da expedição anfíbia à Patagônia, o do combate do Juncal (9.2.1827), em que foi destruída uma inteira divisão naval brasileira, e a ação enfática de corsários sob bandeiras uruguaia e argentina ao longo de toda a costa imperial. Entre o final de outubro e dezembro, 1826, o alm. Brown, com três barcos, incursionou corsariamente até a altura de 23° 15'S, apresando 15 navios brasileiros. Os resultados terrestres registraram vitórias e derrotas, destas sendo mais contundentes as do Passo do Rosário, a de Sarandi e a do Rincão das Galinhas. Tanto Brasil quanto seus adversários sentiam graves os efeitos do conflito exaustivo. A D. Pedro foram mostrados sinais de outro perigo. Assinala Wiedersphan que, tendo Frutuoso Rivera invadido as Missões brasileiras, "o ambiente francamente subversivo e de tendências antimonárquicas de grande parte dos moradores brasileiros fez daquela invasão uma quase marcha triunfal". Tudo recomendava o fim da guerra. A 27.8.1828, pela Convenção Preliminar assinada no RJ, Brasil e Argentina reconheciam e garantiam a independência do Uruguai.

15.7.1825 - Quinta do Rico — Colônia do Sacramento
18.7.1825 - Montevideo
17.8.1825 - Colônia do Sacramento
22.8.1825 - Mercedes
4.9.1825 - Aquila
23.9.1825 - Colônia do Sacramento
24.9.1825 - Rincão das Galinhas
25.9.1825 - Rincão das Galinhas
12.10.1825 - Sarandi
7.12.1825 - Conventos
10.12.1825 - Araranguá
31.12.1825 - Santa Teresa
31.12.1825 - Chuí
5.1.1826 - Duran
20.1.1826 - São Miguel
21.1.1826 - Buenos Aires
8.2.1826 - Cerro-Montevideo
9.2.1826 - Corales
9.2.1826 - Pantanoso
26.2.1826 - Colônia do Sacramento
28.2.1826 - Colônia do Sacramento
1.3.1826 - Colônia do Sacramento
5.3.1826 - Rio Paraná
10.3.1826 - Colônia do Sacramento
14.3.1826 - Colônia do Sacramento
11.4.1826 - Montevideo
11.4.1826 - Santa Lúcia — Rio da Prata
17(?).4.1826 - Martin Garcia
27.4.1826 - Montevideo
3.5.1826 - Ortiz — Rio da Prata
10.5.1826 - Montevideo
16.5.1826 - Mangrulho
11.6.1826 - Los Pozos
29.7.1826 - Buenos Aires
30.7.1826 - Lara-Quilmes
6.8.1826 - Caraguatá
6.8.1826 - Quaraí
6.8.1826 - Toro Paso
9.9.1826 - Colônia do Sacramento
21.9.1826 - Maldonado
12.10.1826 - Rondeau
30.10.1826 - Rio Negro
5.11.1826 - Rosario del Meriñay
19.11.1826 - Palmas
20.11.1826 - São Sebastião
28.11.1826 - Santa Catarina
5.12.1826 - Cabo Frio
16.12.1826 - Maldonado
29.12.1826 - Jaguari
18.1.1827 - Santana
9.2.1827 - Juncal
11.2.1827 - Barbero-Montevideo
13.2.1827 - Vacacaí
15.2.1827 - Sanga Funda
20.2.1827 - Passo do Rosário

24.2.1827 - Quilmes
27.2.1827 - Rio Negro
9.3.1827 - Villa del Carmen
15.3.1827 - Cabo Frio
28.3.1827 - Santa Catarina
6.4.1827 - Cuñapiru
6.4.1827 - Monte Santiago
12.4.1827 - Colônia do Sacramento
23.4.1827 - Rufino
9.5.1827 - Cerro Largo
11.5.1827 - São Sebastião
16.5.1827 - Maldonado
17.5.1827 - Ilha Grande
24.4.1827 - São Diogo
25.5.1827 - Pedras Altas
27.5.1827 - Colônia do Sacramento
2.6.1827 - Sego
5.6.1827 - Moreno
8.6.1827 - Cabo Santa Maria
10.6.1827 - Salado
16.6.1827 - Montevideo
21.6.1827 - Aceguá
23.6.1827 - Ilha Grande
25.6.1827 - Rio da Prata
26.6.1827 - Castillos
8.7.1827 - São Sebastião
15.7.1827 - Rosario
7.8.1827 - Montevideo
18.8.1827 - Salado
19.8.1827 - Punta del Leste
20.8.1827 - Cabo Santa Maria
21.8.1827 - Montevideo
9.9.1827 - Recife
10.9.1827 - Rio da Prata
13.9.1827 - Alcatrazes
23.9.1827 - Marau
28.9.1827 - Uruguai
2.10.1827 - Enseñada
14.10.1827 - San Blas
18.10.1827 - Los Pozos
26.10.1827 - Cabo Santa Maria
16.11.1827 - Salado
17.11.1827 - Salado
21.11.1827 - São Tomé
7.12.1827 - Punta de Lara
21.12.1827 - Bahia
30.12.1827 - Madalena
4.1.1828 - Buenos Aires
4.1.1828 - Lagoa Mirim
4.1.1828 - Rio da Prata
5.1.1828 - Lagoa Mirim
5.1.1828 - Parati
11.1.1828 - Caballada
15.1.1828 - Ponta de Santiago
20.1.1828 - São Miguel
20.1.1828 - Lagoa Mirim
25.1.1828 - Alcatrazes
27.1.1828 - Barregan
31.1.1828 - Rio de Janeiro
17.2.1828 - Barracas
21.2.1828 - Buenos Aires
29.2.1828 - Uruguai
29.2.1828 - Rio de Janeiro
23.3.1828 - Rio da Prata
12.4.1828 - Buenos Aires
15.4.1828 - Las Cañas
21.4.1828 - Ibicuí
22.4.1828 - Salado
23.4.1828 - São Luís
25.5.1828 - Salado
29.5.1828 - Aregui
7.6.1828 - Montevideo
16.6.1828 - Punta de Lara
30.6.1828 - Camaquã Chico
4.7.1828 - Cabo Frio
2.8.1828 - Punta Chaparro
24.8.1828 - Banco Chico
30.8.1828 - Salado
20.1.1829 - Cabinda

1828 — MOTIM DE MERCENÁRIOS. O aliciamento de mercenários europeus — irlandeses, alemães, húngaros — constituiu recurso com que D. Pedro I supriu necessidades iniciais de tropas experientes para a guerra da Independência e os conflitos no Sul. Gustavo Barroso descreveu-os: "... na maioria recrutada na Alemanha, entre nobres decaídos, criminosos, refugos de velhas tropas e aldeões enganados, era profundamente ignóbil, provocando continuamente a animosidade do Exército e da população. Quando estalou a guerra com a Argentina, em 1827, o comandante Crotter foi à Irlanda e de lá trouxe 2.000 mercenários, uns engabelados e todos no mais lastimável estado". Em junho de 1828, o 2º batalhão de granadeiros, composto por mercenários, amotinou-se, aterrorizando a cidade do Rio de Janeiro. Foi submetido ao fim de horas de combate. Aprisionados, foram confinados em navios-presídios e os irlandeses levados para o Canadá. Em 1830 os corpos mercenários foram dissolvidos.

12.6.1828 - Rio de Janeiro

1831-1832 — LEVANTES DE "EXALTADOS", RESTAURADORES RADICAIS. Nos dois primeiros anos da Regência Trina Permanente, o atrito entre os restauradores exaltados e os moderados resultou em motins. Ministro da Justiça, o padre Diogo Antônio Feijó agiu com energia na repressão do excesso de paixão partidária que levou tropa e políticos a golpes e levantes. Primeiro, o do 26º BI, do Morro de São Bento (12.6), dominado pelos Guardas Municipais Permanentes e outras forças. De 13 para 15, os exaltados conseguiram levantar o Batalhão de Polícia. No dia 15, magotes de populares reunidos no Campo da Honra (Praça da República). A 28.9, o motim conhecido pela designação de "Os Tiros do Teatro", por seu início no recinto do Teatro Constitucional Fluminense. A 7.10.1831 ergueu-se o Batalhão de Artilharia da Marinha, na Ilha das Cobras. Em 1832, a seqüência de perturbações prosseguiu. A 3.4, nas fortalezas de Villegaignon e Santa Cruz, trabalhadas pelo major Miguel de Frias e Vasconcelos. A 17.4, novo golpe dos restauradores conduzidos militarmente pelo mercenário coronel Augusto Hugo de Hoiser, que se dizia Barão de Bülow. Tais levantes encontraram, além da energia da autoridade, a decisão do Batalhão Sagrado, integrado somente por oficiais devotados à manutenção da ordem, destacando-se entre eles o futuro Duque de Caxias. A partir desse movimento de abril de 1832, os restauradores exaltados ganharam o apelido de *caramurus*, do nome do jornal seu porta-voz.

14.7.1831 - Rio de Janeiro	13.6.1832 - Cobra
7.10.1831 - Rio de Janeiro	22.6.1832 - Missão Velha
3.4.1832 - Rio de Janeiro	12.8.1832 - São Mateus — Crato
4.4.1832 - Icó	16.4.1833 - Belém
14.4.1832 - Bonito	9.6.1833 - José Correia
17.4.1832 - São Miguel — Crato	26.5.1833 - Ouro Preto

1831-1832 — SETEMBRADA, MA, PE. Como a Novembrada, explodida em PE, a Setembrada manifestou em desregramento de rua o ânimo antilusitano. No MA, os amotinados ganharam as praças em 13.12.1831 reclamando o cumprimento de medidas limitadoras da atuação de portugueses no comércio, no latifúndio, nas finanças, nas forças armadas. A 19.6.1832, novo levante com as mesmas exigências. Rápida ação do governo sufocou o protesto. Um popular, Antônio João Damasceno, assumiu o comando dos descontentes, levou-os para fora das cidades, deu ao movimento um contexto social e menos étnico, manobrando em guerrilhas até ser enfrentado e morto no Boqueirão.

19.6.1832 - São Luís
(?).7.1832 - Boqueirão

1831-1832 — NOVEMBRADA, ABRILADA. Recebendo denominação segundo o mês em que eclodiram, esses movimentos que agitaram Pernambuco ao tempo da Regência Trina Permanente giraram em torno da abdicação. Para muitos, a renúncia de Pedro I significava a independência definitiva em relação aos portugueses que continuavam dominando o comércio, o latifúndio, a sociedade. A Novembrada, também em 1831, teve caráter mais fortemente nacionalista, exigindo a expulsão dos lusos comerciantes. Rompeu na fortaleza das Cinco Pontas, mas foi facilmente subjugada pela tropa do cel. Francisco Jacinto. A Abrilada (14.4.1832), contudo, foi promovida pelos restauradores, teve ramificação no interior da província e apagou-se rapidamente.

15.9.1831 - Recife	14.4.1832 - Recife
15.11.1831 - Recife	16.4.1832 - Recife
19.11.1831 - Recife	19.6.1832 - São Luís

1832-1833 — REVOLTA DOS GUANAIS OU FEDERALISTAS BAIANOS. Agitando programa de reformas políticas com a implantação de sistema federal de governo, a revolta tirou seu nome do inspirador e chefe — Bernardo Miguel Guanais Mineiro. Dominou Cachoeira onde resistiu a uma semana de cerco e ataque. Guanais, levado prisioneiro ao Forte do Mar, em Salvador, conseguiu rebelar aquela unidade e por quatro dias enfrentar o assalto governamental. Também se liga ao quadro da revolta dos federalistas baianos a investida ao quartel dos Permanentes Municipais da vila de São Félix, em março de 1833.

28.10.1831 - Campo Grande
24.2.1832 - Cachoeira
?.3.1833 - São Félix — Cachoeira
26.4.1833 - Salvador — Forte do Mar
27.4.1833 - Salvador — Forte do Mar

1832 — SUBLEVAÇÃO DO 10º BATALHÃO DE CAÇADORES DA BAHIA. O próprio comandante, reclamando melhorias no tratamento dispensado à unidade e à tropa e acenando com vagas reivindicações políticas, sublevou sua unidade, sem demora submetida, desarmada, dissolvida.

1832 — INSURREIÇÃO RESTAURADORA NO CRATO. Os *caramurus* cearenses, instigados pelo seu combativo chefe, cel. Joaquim Pinto Madeira, declararam nula a abdicação de Pedro I. Ocuparam a cidade do Crato, instalando ali um governo provisório para a região do Cariri. O gen. Pedro Labatut não teve grandes dificuldades em fazê-los debandar. Mas Pinto Madeira entregue a inimigos políticos foi por eles sumariamente julgado e fuzilado. Combates principais:

6.10.1832 - Icó
3.11.1832 - Missão Velha

1832 — REVOLTA RESTAURADORA DE SANTO ANTÃO. O chefe restaurador Torres Galindo convocou para a localidade de Bonito os *caramurus* pernambucanos. Exigiram o retorno de Pedro I ao trono brasileiro e marcharam sobre Santo Antão. A meio caminho foram interceptados e debandados.

15.5.1832 - Bezerros

1832-1835 — CABANADA. Politicamente, prolongamento dos levantes restauradores. Os chefes iniciais, Vicente Ferreira de Paula, Manuel Afonso de Melo, Antônio Timóteo, João Batista de Araújo, Alexandre Gomes de Oliveira, desiludidos do apoio das camadas urbanas politizadas, privilegiaram o enfoque social atraindo com isso o escravo homiziado na mata e por essa razão apelidado papa-mel e índios confinados em Jacuípe. Uns e outros, moradores de habitações as mais humildes — cabanas, de onde o nome, aplicado pejorativamente, da revolta: cabanada. O sul de PE e o norte de AL estiveram convulsionados por três anos pelas guerrilhas dos cabanos, conduzidas principalmente por negros e índios, com forte apoio e influência de brancos empobrecidos, fixados na periferia das vilas. Difundida a notícia da morte do ex-imperador, o que invalidaria o propósito primeiro do movimento, a guerra prosseguiu por estar esquecida aquela motivação e exacerbada a social. Somente em 1835, exaurida a capacidade dos cabanos em mobilizar gente e recursos, a mediação do bispo João da Purificação Marques Perdigão obteve o fim do confronto. Poucos anos decorridos, com leve modificação, outro movimento, com o nome cabano, também de cunho sócio-político xenófobo, agitaria o PA: a Cabanagem.

?.1.1832 - Jacuípe	2.4.1833 - Serra do Cafundó
4.10.1832 - Panela do Miranda	26.8.1833 - Barra Grande
19.10.1832 - Pimenteiras	11(?).9.1833 - Porto Calvo
24.12.1832 - Engenho da Prainha	22.10.1833 - Vila Nova
24.12.1832 - Jacuípe	25.10.1833 - Guaiabal
17(?).1.1833 - Pacavira	17.12.1834 - Capoeiras/Bonito
2.4.1833 - Altinho	31.5.1835 - Japaranduba

1833 — LEVANTE RESTAURADOR DE OURO PRETO. Capital da capitania de MG, Ouro Preto tornou-se cabeça de levante dominado pelos restauradores (caramurus) mas engrossado por variados descontentamentos, tais como preterições em postos militares, novos impostos sobre a aguardente, proibição de enterramentos em igrejas. O governo reuniu em São João del Rei efetivos militares necessários à operação retomada. Com 6.000 homens investiu no dia 23.5, ocupando a cidade sem luta. O mesmo ocorreu com Caeté e Mariana, igualmente levantadas.

9.5.1833 - José Correia

1833 — LEVANTE DO FORTE DO MAR, SALVADOR. Ao forte fora recolhido o derrotado chefe *caramuru* Bernardo Miguel Guanais Mineiro. Líder carismático, dotado de bom poder de aliciamento, a 26.4 motivou o forte para a revolta. A resistência chegou até o dia 29.4, sob ataques governamentais por mar e terra.

26.4.1833 - Salvador
29.4.1833 - Salvador

1834-1835 — CARNEIRADAS. PE. Escudando-se em programa que acenava com reformas liberais, os irmãos Antônio e Francisco Carneiro Machado Rios promoveram três motins que não alcançaram repercussão maior nem entre políticos nem entre o povo: 16.1.1834 e em março de 1835. De Goiana pretenderam tomar o Recife, sendo enfrentados e debandados.

16.1.1834 - Recife	22.1.1835 - Boa Vista
21.1.1835 - Recife	17.3.1835 - Recife

1834 — RUSGAS DE CUIABÁ OU DO ANTILUSITANISMO. Conseqüência, embora remota e indireta, dos dissabores semeados pelos restauradores exaltados, estas *rusgas* constituíram-se em explosão irracional contra tudo o que fosse de origem portuguesa ou tivesse que ver com eventual retorno de Pedro I ao trono. No dia 31.5, residências e casas comerciais de portugueses, em Cuiabá, foram assaltadas. À matança seguiu-se queima de cadáveres, violação generalizada de mulheres, saques, incêndios. Em todo o MT, os mortos somaram mais de uma centena.

31.5.1834 - Cuiabá

1834-1840 — CABANAGEM. Os fermentos que produziram a revolução paraense, considerada a mais radical e violenta do período regencial, atuavam já antes da Independência, nas desavenças entre nativos e as autoridades, comerciantes, financistas, a camada influente, sempre portugueses. Inspirados pelo cônego Batista Campos, os patriotas tiveram negadas as suas reivindicações. Discriminados, afastados da vida pública, concentraram-se em fazendas e cidades do interior, encontrando apoio de populações igualmente marginalizadas — negros, índios, mestiços, brancos miseráveis. Esta adesão aos acenos de independência e igualdade foi tão extensa que ao global do movimento se deu o nome de *cabanagem* — alusão à condição de vida dos postulantes e em referência a movimento semelhante vivenciado em AL e PE pouco tempo antes. A repressão e o recrutamento forçado para as fileiras, utilizados também como processo de eliminação de opositores e de elementos incômodos, de reclamantes e de desafetos do presidente provincial Bernardo Lobo de Souza, provocaram a explosão. A 7.1.1835, multidão de seguidores de Francisco Pedro Vinagre ocupou Belém, executou, na rua, Lobo de Souza, o comandante das armas da província, Joaquim Silva Santiago, o cap. James Inglis; entregou o poder ao líder cabano Félix Antônio Clemente Malcher, que governaria até a maioridade do jovem Pedro, futuro imperador Pedro II, príncipe nascido no Brasil. A origem dos cabanos, as diferenças, a exaltação impediram harmonia que preservasse o conjunto e a vitória obtida. Desavieram-se pronta e rudemente. Divididos em facções, viram morrer Clemente Malcher; submeteram a capital ao novo presidente designado pela regência, marechal-de-campo Manoel Jorge Rodrigues, logo mais reocuparam Belém (14.8) depois de nove dias de combates tanto ferozes quanto sangrentos. Obedeciam então a uma revelação de chefe combatente, Eduardo Francisco Nogueira Angelim, 23 anos de idade. Em abril de 1836, exército regencial comandado pelo brg. Francisco José de Sousa Soares de Andréia voltou a predominar, impondo pacificação que em outubro levou à cadeia o chefe Eduardo Angelim. Nas selvas, porém, a resistência guerrilheira dos cabanos demandaria quatro anos de lutas, estendidas ao Baixo Tocantins, Santarém, Óbidos, até o coração do atual estado do Amazonas. Foi só a 25.3.1840 que se rendeu o último cabecilha cabano, Gonçalo Jorge de Magalhães. Em cinco anos de combates, a Cabanagem consumira dois terços — 40.000 homens — da população masculina paraense.

22.10.1834 - Vila Nova
25.10.1834 - Guaiabal
28.10.1834 - Acorá-açu
7.1.1835 - São Martinho
7.1.1835 - Belém
19.2.1835 - Belém
20.2.1835 - Belém
8.5.1835 - Burajuba
12.5.1835 - Belém
22.7.1835 - Vigia
14.8.1835 - Belém
15.8.1835 - Belém
16.8.1835 - Belém
17.8.1835 - Belém
22.8.1835 - Belém
30.8.1835 - Abaeté
18.9.1835 - Cachoeira
18.10.1835 - Conceição
23.10.1835 - Itapoã
4.11.1835 - Abaeté
20.11.1835 - Breves
23.11.1835 - Itaguã
10.2.1836 - Vigia
22.2.1836 - Colares
6.3.1836 - Manaus
10.3.1836 - Abaeté
15.3.1836 - Cajutuba
25.4.1836 - Viseu
28.4.1836 - Igarapé Mirim
8.5.1836 - Guamá
13.5.1836 - Belém
13.5.1836 - Pedreira
14.5.1836 - Trafaria
15.5.1836 - Taperuçu
21.6.1836 - Chapéu Virado
30.6.1836 - Turi Mirim
5.7.1836 - Mazagão
6.7.1836 - Caraparu
14.7.1836 - Almeirim
28.7.1836 - Cametá
1.8.1836 - Oeiras
10.8.1836 - Fazenda Pernambuco — Rio Capim
20.8.1836 - Oeiras
31.8.1836 - Manaus
19.9.1836 - Oeiras

22.3.1837 - Santarém	22.5.1840 - Ribeira
26.6.1837 - Turi	29.5.1840 - Miritiba
12.7.1837 - Icuipiranga	?.6.1840 - Paranaguá
6.8.1837 - Autases	18.6.1840 - Gaiola
9.8.1837 - Icatu	1.7.1840 - Serra Grande
4.1.1840 - Estanhado	12.7.1840 - Serra Grande
26.1.1840 - Monteiro	18.7.1840 - Carnaubal
13.2.1840 - Sobradinho	11.8.1840 - Mombaba
14.2.1840 - Sobradinho	23.8.1840 - Salobro
28.3.1840 - Luséia-Maués	

1835 — REVOLTA DE ESCRAVOS NAGÔS, MALES, TAPAS. A melhor organizada dentre as revoltas de escravos baianos parece ter sido acionada pelo nagôs, tendo recebido a adesão de males e tapas. Dos nagôs, gente de cultura ioruba bem desenvolvida, se afirmava serem mantenedores de uma entidade secreta — ogboni — permanentemente voltada para disciplinar elementos capazes de atuarem em atividades de preparação, aliciamento, treinamento e combate. O programa da revolta de 1835 clamava, entre outras reivindicações, a abolição da propriedade e do catolicismo como religião oficial. Teria sido preparada pela ogboni durante no mínimo três anos. Porém, eclodindo a 24.1, não foi além de alguns encontros sangrentos e resultou em severa repressão, com cinco fuzilamentos e dezenas de condenações ao açoite.

24.1.1835 - Salvador

1835-1845 — GUERRA DOS FARRAPOS OU REVOLUÇÃO FARROUPILHA. A mais longa das revoluções brasileiras. Assim como a maioria delas, apresentou por justificativa protesto contra discriminações do poder centralizador da Corte. Havia, também, no campo rio-grandense, acentuados ressentimentos face à oligarquia urbana e lusitana. E, mais discretamente, em pequenos círculos cultos e politizados, o vago ideal da implantação de forma federal de governo. Pandiá Calógeras observou que "federalistas, muito mais do que separatistas, os farrapos pelejavam pelas liberdades locais". Influências estrangeiras também figuraram na gênese do movimento pelo exemplo de nações vizinhas independizadas sob regime republicano e em decorrência de certa teorização libertária trazida da Europa por imigrantes políticos, particularmente italianos. Mas foi o fator econômico que preponderou quando a palavra guerra começou a ecoar. A importação, para o nordeste do Império, do charque platino mais barato do que o rio-grandense e a pesada taxação sobre o sal necessário às charqueadas foram duros golpes desferidos pelo governo contra o poder e a economia dos estancieiros. Seriam eles o cerne da revolução e os principais republicanos em 1836. A decisão do rompimento tomou vigor com nomeação do governo provincial e da sua burocracia, desatendendo às peculiaridades do Sul. Da sistemática oposição na Assembléia, os descontentes passaram à ação armada (18.9.1835). Mas a República Rio-grandense somente foi proclamada um ano depois e com a ressalva de provisoriedade, devendo vigorar até que o Brasil se tornasse república federativa. Nem a anistia decretada quando da Maioridade desarmou os farrapos. Em 1843, em Assembléia convocada para Alegrete, os 36 deputados republicanos votaram Constituição inspirada pelas Cartas da Revolução Francesa e dos Estados Unidos. No final do mesmo ano, a pacificação foi confiada a Caxias. Agindo politicamente, atraiu próceres republicanos moderados ou cansados da guerra; aos patriotas brasileiros apontou ameaças estrangeiras avultando ao sul e ao oeste, e atuando com eficiência no terreno militar mudou a sorte do conflito. Inclusive, vencendo cinco batalhas importantes: Poncho Verde, Piratini, Canguçu, Porongos e Arroio Grande. A pacificação foi selada em Poncho Verde, a 28.2.1845. As perdas, em vidas, 47.829.

18.9.1835 - Azenha — Porto Alegre
21.9.1835 - Rio Pardo
22.9.1835 - Arroio do Telho — Jaguarão
22.9.1835 - Capela do Erval
27.9.1835 - Serrito — Jaguarão
14.10.1835 - Arroio da Várzea — Pelotas
16.10.1835 - Retiro
23.10.1835 - Atalaia
26.10.1835 - Passo do Retiro — Arroio Pelotas
?.1.1836 - São Leopoldo
22.2.1836 - Lagoa Mirim
27.2.1836 - Iruí
2.3.1836 - Canapé
17.3.1836 - Passo do Rosário — Santa Maria
6.4.1836 - Pelotas
7.4.1836 - Passo dos Negros — Rio São Gonçalo
8.4.1836 - Negros
9.4.1836 - Torres
12.4.1836 - Porto Alegre
13.4.1836 - Porto Alegre
19.4.1836 - Faxinal
22.4.1836 - Mostardas
1.6.1836 - Arroio dos Ratos
2.6.1836 - Passo dos Negros — Rio São Gonçalo
13.6.1836 - Cajubá
30.6.1836 - Porto Alegre
11.7.1836 - São Gonçalo
12.7.1836 - Campos Neutrais
20.7.1836 - Porto Alegre
23.8.1836 - Junco
26.8.1836 - Itapoã
6.9.1836 - Barcelos
6.9.1836 - Cerca de Pedras
10.9.1836 - Funchal
10.9.1836 - Seival
11.9.1836 - Cerca de Pedras
11.9.1836 - Couto

3.10.1836 - Fanfa
4.10.1836 - Fanfa
17.12.1836 - Arroio Grande
3.1.1837 - Veleda
4.1.1837 - Candiota
4.1.1837 - Mendonça
4.1.1837 - Pedras Altas
6.1.1837 - Santo Antônio do Camaquã
10.1.1837 - Rio Pardo
8.4.1837 - Caçapava
15.4.1837 - Capão do Leão
16.4.1837 - Fragata
15.5.1837 - Porto Alegre
5.6.1837 - Santa Bárbara
5.7.1837 - Botuí
15.8.1837 - Triunfo
18.8.1837 - São Luís das Missões
31.10.1837 - Espinilho/Cruz Alta
31.10.1837 - Vacaria
28.12.1837 - Inhanduí
30.1.1838 - Viamão
30.4.1838 - Rio Pardo
?.5.1838 - Ponta de Cristovam Pereira/Lagoa dos Patos
30.7.1838 - Dores de Camaquã
30.8.1838 - Camaquã
1.9.1838 - Pitim
19.9.1838 - Juca Leão
19.11.1838 - Santo Amaro
25.11.1838 - Rio Pardo
29.1.1839 - Porto Alegre
31.1.1839 - Contrato
1.2.1839 - Caí
2.2.1839 - Feijó
13.4.1839 - Ijuí
17.4.1839 - Camaquã
20.4.1839 - Santa Maria
24.4.1839 - São Nicolau
6.7.1839 - Barra/Carniça
8.7.1839 - Barra Velha/Araranguá
21.7.1839 - Laguna/Campo da Barra
22.7.1839 - Laguna
22.7.1839 - Tubarão
3.8.1839 - Azenha
7.8.1839 - Camaquã
24.8.1839 - Lagoa Formosa
29.8.1839 - Massiambu
11.9.1839 - Ilha de Araçatuba
28.9.1839 - Pinheira
1.10.1839 - Caí
17.10.1839 - Imbau
20.10.1839 - Cananéia
30.10.1839 - Paranaguá/Morro das Conchas
31.10.1839 - Paranaguá
2.11.1839 - Santa Catarina
3.11.1839 - Encantada
3.11.1839 - Imbituba
9.11.1839 - Imaruí
15.11.1839 - Laguna
14.12.1839 - Passo de Santa Vitória
8.1.1840 - Areia
12.1.1840 - Forquilhas/Curitibanos
29.1.1840 - Sanga da Bananeira
7.3.1840 - Taquari
25.3.1840 - Tabatingaí
13.4.1840 - Erval
3.5.1840 - Taquari
24.5.1840 - Pastos Bons
12.6.1840 - Salso
18.6.1840 - Salgado
16.7.1840 - São José do Norte
6.8.1840 - Capivari
25.9.1840 - Mostardas
28.9.1840 - Canoas
7.10.1840 - Canoas
3.11.1840 - Vila do Triunfo
16.11.1840 - São Felipe
21.11.1840 - São José

23.11.1840 - Viamão
24.11.1840 - Passo do Vigário
21.12.1840 - São Borja
17.1.1841 - Rincão da Cruz
13.2.1841 - Albernaz
26.2.1841 - Palmeira
12.6.1841 - São Borja
18.6.1841 - Inhatuim
22.6.1841 - Inhatuim
22.6.1841 - São Borja
3.7.1841 - Cachoeira
16.9.1841 - Viamão
28.10.1841 - São Gabriel
25.11.1841 - Rincão Bonito
26.1.1842 - Passo do Camaquã
29.3.1842 - Pelotas
23.6.1842 - Boqueirão
12.10.1842 - Estância Nova
4.3.1843 - São Pedro
11.4.1843 - São Gabriel
12.4.1843 - Rincão do Inferno
13.5.1843 - Vacacaí
26.5.1843 - Poncho Verde
3.6.1843 - Rincão do Jaguari
5.6.1843 - Alegrete
8.6.1843 - Santa Maria Chico
15.8.1843 - Alegrete
19.8.1843 - Santa Ana do Uruguai
2.10.1843 - Coxilha do Fogo
25.10.1843 - Canguçu
6.11.1843 - Canguçu
27.11.1843 - Piratini
4.12.1843 - Encruzilhada
8.12.1843 - Vacacaí
9.12.1843 - Upamoroti
19.12.1843 - Jaguarão
26.12.1843 - Santa Rosa
31.12.1843 - Cavajuretã
16.3.1844 - Serra da Palma
17.3.1844 - Conceição
7.4.1844 - Lagoa
26.4.1844 - São Gabriel
28.4.1844 - Estância de Antônio Fernandes
21.6.1844 - Jaguarão
8.10.1844 - Santana
25.10.1844 - Quaraí
26.10.1844 - Quaraí
26.10.1844 - Guaraí
4.11.1844 - Catim
14.11.1844 - Porongos
14.11.1844 - Guapitangui
26.11.1844 - Arroio Grande
29.12.1844 - Cuaró

1837-1838 — SABINADA. A 7.11.1837, Francisco Sabino Álvares da Rocha Vieira, à frente de partidários exaltados, proclamou a Bahia desligada do Império "enquanto persistisse a menoridade do Imperador D. Pedro II". Organizou governo e forças armadas que o sustentassem. Estas, porém, nada puderam diante do exército regencial ao mando do marechal-de-campo João Crisóstomo Calado. Os chefes republicanos condenados à morte foram depressa anistiados. O próprio Sabino terminou seus dias, muito depois, em ameno exílio em Mato Grosso.

8.11.1837 - Salvador
18.11.1837 - Itaparica
4.12.1837 - Itapagipe
6.1.1838 - Campina
4.2.1838 - Salvador
17.2.1838 - Cajazeiras

19.2.1838 - Armações	13.3.1838 - Salvador
4.3.1838 - Salvador - Humildes	14.3.1838 - Salvador
12.3.1838 - Campina	15.3.1838 - Salvador

1838 — ANSELMADA DA FRANCA. Tropelia do régulo francano Anselmo Ferreira de Barcellos, contra autoridades e políticos liberais. Alguns mortos, feridos, fugas. Um ano depois, júri benevolente absolveu os amotinados.

27.10.1838 - Franca

1838-1841 — BALAIADA. Movimento definido por Capistrano de Abreu: "só teve alguma coisa de política no Piauí, onde encarnou sérios esforços para sacudir o jugo de ferro do Barão de Parnaíba. No Maranhão, foi obra social ou, se a palavra parecer muito ambiciosa, etnográfica. Era um protesto contra o recrutamento bárbaro, começando desde a guerra Cisplatina de 25, contra as prisões arbitrárias, contra os ricos prepotentes, contra todas as violências que caíam sobre os pobres desamparados negros, índios, brancos miseráveis". Hélio Vianna precisou: "o colorido político era mero pretexto para demonstrações do mais desenfreado banditismo sertanejo". "Investindo contra fazendas e propriedades, tomou o caráter de vingança de pretos e mulatos, os chamados *bodes,* aliados a índios e cafuzos, desprovidos de terras e direitos, contra os portugueses e seus descendentes não mesclados, que integravam a classe dos poderosos." Chefiados por Manuel Francisco dos Anjos Ferreira, vulgo *balaio* em razão do seu ofício de cesteiro e do qual o nome genérico da revolta, pelo vaqueiro Raimundo Gomes Vieira Jutaí, o Cara-Preta, e ainda pelo ex-escravo Cosme, os balaios tomaram a cidade de Caxias (1.8.1839), ali instalando conselho militar e junta provisória que preparou condições de paz a serem levadas ao governo central. A dureza da guerra estendeu-se até 1841, quando o exaurimento dos recursos balaios e a habilidade militar e política de Luís Alves de Lima e Silva contribuíram para a pacificação. O título do futuro duque, Caxias, lembra o seu êxito no pacificar o Maranhão.

3.9.1838 - Santo Antônio	11.9.1839 - Santa Rita
19.9.1838 - Mariquita	14.9.1839 - Baixão
13.12.1838 - Manga do Igará	29.11.1839 - Conceição
22.1.1839 - Tutóia	8.12.1839 - Areias/Vila do Brejo
?.2.1839 - Barra do Longá	26.1.1840 - Bananal
18.4.1839 - Angicos	19.2.1840 - Boa Vista
1.8.1839 - Caxias	5.5.1840 - Calengue

5.5.1840 - Carnaubal	10.7.1840 - Buriti
7.5.1840 - Curumatá-Egito	16.7.1840 - Jurumenha
8.5.1840 - Carnaubeiras	20.8.1840 - Detrás-da-Serra
18.5.1840 - Matões	25.8.1840 - Olho d'Água da Jurema
20.5.1840 - Ladeira	28.8.1840 - Curicaca
20.5.1840 - Tabatinga	28.8.1840 - Santa Maria
26.5.1840 - Matão Grande	11.9.1840 - Estanhado — Conceição
10.6.1840 - Veados	1.9.1840 - Frecheiras
15.6.1840 - Frecheiras	21.9.1840 - Chapadinha
19.6.1840 - Vereda	
22.6.1840 - Cantinho	

1839 — MOTIM POLÍTICO NA PARAÍBA. Choque entre partidários de chefes importantes da política provincial. Mero interesse de facção, ultimado em confronto na praça.

?.4.1839 - Paraíba

1840 — CONFLITO DO "FOGO DO 40", RN. A conjunção de severos efeitos da miséria geral, agravada pela seca e pelo exasperar de querelas entre "coronéis" sertanejos, armou e liberou bandos de predadores e de desesperados. Foram eles estimulados a saquear e a matar adversários ou simplesmente gente abonada oportunisticamente classificada como inimiga do chefe protetor. Tais correrias aconteceram de modo mais dramático nas regiões de Aú, Acari, Caicó, Estremoz e São Gonçalo. A severa repressão militar-policial foi conduzida pelo presidente provincial, Assis Mascarenhas.

1840 — LEVANTE DE SOBRAL OU DE TORRES-JACARANDÁ. Movimento provincial, fruto da exacerbação política de facções. Um mal dirigido ataque à residência do presidente provincial, padre senador José Martiniano de Alencar, levou ao fracasso o plano geral que pretendia convulsionar a província.

14.12.1840 - Sobral

1842 — REVOLTA DOS LIBERAIS. Rocha Pombo rotulou-a "simples questão de partidos, sem nenhum ideal político". Exacerbação, até o apelo às armas, de tradicionais animosidades entre próceres conservadores e liberais. Dissolvida a Câmara dos Deputados, restaurado o Conselho de Estado, reformado o Código Penal, os liberais levantaram-se em Minas

Gerais e em São Paulo. Os paulistas chefiados pelo ex-regente do Império, padre Feijó, Rafael Tobias de Aguiar e pelo senador Nicolau Pereira de Campos Vergueiro. Os mineiros, principalmente, por Teófilo Otoni. Em ambas as províncias os liberais foram batidos pelas forças ao mando do Barão de Caxias. Justiça desejosa mais de apaziguar do que de punir logo absolveu a maior parte dos chefes revoltosos. Pedro II não tardou a conceder anistia aos demais. Já em 1844 os liberais estavam no poder.

28.5.1842 - Jaguaré
3.6.1842 - Silveiras
7.6.1842 - Venda Grande
22.6.1842 - Tamanduá
23.6.1842 - Mendanha
24.6.1842 - Areias
25.6.1842 - Presídio
27.6.1842 - Registro de Paraibuna
2.7.1842 - Caeté
4.7.1842 - Queluz
7.7.1842 - Caeté
9.7.1842 - Rocinha da Negra
11(?).7.1842 - Santa Bárbara
12.7.1842 - Silveiras
15.7.1842 - Queluz
21.7.1842 - Caeté
26.7.1842 - Queluz
4.8.1842 - Lagoa Santa
11.8.1842 - Caju
12.8.1842 - Baependi
12.8.1842 - Sabará
19.8.1842 - Ribeirão
20.8.1842 - Araxá
20.8.1842 - Santa Luzia
21.8.1842 - Paracatu

1843-1850 — "CALIFÓRNIAS" DE CHICO PEDRO. Chico Pedro, nome afetivo, respeitoso e de campanha do gen. Francisco Pedro de Abreu, Barão de Jacuí. As "califórnias", incursões de guerrilheiros e predadores gaúchos, estancieiros ou armados por estes, em território uruguaio. Seus promotores e executores pretendiam justificá-las dizendo-as represálias necessárias às correrias desse tipo, praticadas por uruguaios em solo rio-grandense. Pelo lado oriental, foram intensificadas quando Manoel Oribe assumiu o poder (1843) em seu país e consentiu, se não incentivou, tal atividade. De ambos os lados da fronteira, desassossego e sofrimento para as populações, assalto a estâncias com incêndio e arrebanhamento de gado, saques, mortes. Atos de uma guerra não declarada entre dois países, mas sistemática e braviamente conduzida por seus nacionais. Para os brasileiros, ela esmoreceu e terminou sob o governo provincial de Antônio José Pimenta Bueno, futuro Marquês de São Vicente, o qual, a partir de 1850, desenvolveu gestões que deram segurança e ordem à fronteira.

1844 — REVOLTA DOS LISOS. Movimento de âmbito regional, restrito à província das Alagoas, pelos fins de 1844. Alegando haver se tornado insuportável a parcialidade do governo de Bernardo de Sousa Franco em favor do partido dos *cabeludos* ou *progressistas* ou liberais chefiados por João Lins Vieira Cansanção de Sinimbu, a facção dos *lisos* ou *históricos* ou conservadores, liderada por José Tavares Bastos, apelou para as armas. Duas vezes os lisos ocuparam Maceió, obrigando o presidente da província a buscar refúgio em navio ancorado no porto. Perdendo o importante combate da Atalaia, os revoltados acabaram dispersados pela força governamental posta sob ordens do brg. Antônio Correia Seara. Os últimos atos da revolta foram desenrolados já no governo provincial de Caetano Maria Lopes Gama, futuro Visconde de Maranguape.

4.10.1844 - Maceió
17.10.1844 - Maceió
3.11.1844 - Murici
4.11.1844 - Atalaia

1848-1840 — INSURREIÇÃO PRAIEIRA. Joaquim Nabuco (*Um estadista do Império*) registrou que "a praia era a maioria, era quase o povo pernambucano todo... O povo acreditava ter dois inimigos que o impediam de ganhar a vida e adquirir algum bem-estar: esses inimigos eram os portugueses, que monopolizavam o comércio das cidades, e os senhores de engenho, que monopolizavam a terra no interior. A guerra dos praieiros era feita a esses dois elementos — o estrangeiro e o territorial; mais que um movimento político era, assim, um movimento social". Os nomes *praia,* para o partido, e *praieiro* dos militantes, tiveram origem no nome Rua da Praia, na qual tinha endereço o *Diário Novo,* porta-voz da agremiação — Partido Liberal de Pernambuco. Para a luta teriam a solidariedade dos elementos republicanos liderados por Borges da Fonseca. Rompidas as hostilidades, novembro de 1848, os praieiros concentrados em Água Preta marcharam sobre o Recife, sendo detidos e dispersados pela força fiel ao presidente provincial. Perdido o chefe mais eminente, membro do Partido Republicano, Nunes Machado, os liberais reagruparam-se sob orientação dos líderes Bernardo Câmara e João Ignácio Ribeiro Roma e a chefia militar do cap. Pedro Ivo Veloso da Silveira. A guerra de guerrilhas tornou-se a forma possível de os praieiros continuarem lutando. A 1.1.1849, Borges da Fonseca lançou manifesto "ao mundo", erguendo-o sobre posições liberais avançadas, influência dos movimentos que haviam agitado a Europa no ano anterior, culminando com a derrocada ruidosa da monarquia francesa. Mas o governo houve-se melhor. Borges foi preso, Pedro Ivo resistiu dois meses, entregou-se, aceitando anistia a 3.2. Porém, foi levado, prisioneiro, para a fortaleza da Lage, no RJ, da qual fugiu, auxiliado por elementos liberais e movimentos secretos. Faleceu viajando para a Europa. O último combate da insurreição foi o de Água Preta, travado em 26.1.1850. Praieiros destacados purgaram exílio em Fernando de Noronha. O perdão imperial lhes foi concedido em 1852.

13.11.1848 - Nazaré	3.1.1849 - Aguiar
14.11.1848 - Muçupinho	4.1.1849 - Bezerros
15.11.1848 - Panela	5.1.1849 - Utinga
17.11.1848 - Cachoeira	5.1.1849 - Mãe Catarina
18.11.1848 - Pajeú de Flores	10.1.1849 - Barreiros
25.11.1848 - Una	11.1.1849 - Camorim
28.11.1848 - Una	13.1.1849 - Camaragibe
28.11.1848 - Nazaré	17.1.1849 - Exu
30.11.1848 - Maricota	21.1.1849 - Currais
1.12.1848 - Monteiros	27.1.1849 - Pasmado
10.12.1848 - Jenipapo	2.2.1849 - Recife
13.12.1848 - Ipojuca	12.2.1849 - Goiana
13.12.1848 - Goiana	13.2.1849 - Pau Amarelo
20.12.1848 - Cruanji	23.2.1849 - Garanhuns
20.12.1848 - Pereira	13.3.1849 - Água Preta
22.12.1848 - Almêcega	30.3.1849 - Cabu
30.12.1848 - Gaipió	21.4.1849 - Areias
30.12.1848 - Dois Irmãos	8.12.1849 - Camorim
1.1.1849 - Itamaracá	26.1.1850 - Água Preta

1848 — MOTINS DO FECHA-FECHA, DO MATA-MATA, DA CARNE SEM OSSO. Em si, pouco mais do que irrupções de protestos radicalizados na face aparentemente tranqüila do conservadorismo nacional. O ano de 1848 assistiu, na Europa, a revoluções que já não reclamavam somente mudanças políticas, mas também e principalmente sociais. Seus ecos comoveram vastas camadas brasileiras. Nabuco pôde afirmar que "a proclamação da república em França havia agitado o nosso mundo político em suas profundezas"... "todas as nossas revoluções foram, dir-se-ia, ondulações começadas em Paris". O curioso intelectual e agitador político Cousin Fusco (Antônio Pedro de Figueiredo) ousou gritar: "Que são as reformas políticas sem as reformas sociais? Uma máscara e nada mais!" Esse novo ânimo preparou as convulsões que eclodiram, em seguida, em PE e na BA. Começaram em setembro de 1844, com o motim Fecha-Fecha em Recife, repetido em setembro de 1848. Em dezembro de 1847 e junho de 1848 foi a vez dos motins do Mata-Mata. Se os primeiros foram basicamente políticos, os outros guardaram bem maior conteúdo social, prenunciando a Sabinada. Ainda que dura e feroz, esta revolta não atenuou a fermentação popular. Ela ainda saiu à rua, reclamando e provocando desordens, com o motim da Carne Sem Osso, em Salvador, em 1858. Os nomes dos motins reivindicativos de reformas sociais expressam apenas a ira e o descontentamento. O seu conteúdo é que requer consideração.

1849 — REVOLTA DE ESCRAVOS DE QUEIMADOS. A 19.3, insurgiram-se escravos do distrito de São José dos Queimados, Serra, ES. Com disposição para a luta, porém sem nenhuma organização, entregaram-se a desmandos. Batidos em um único encontro com a força policial, dispersaram-se. Os líderes, condenados à morte.

19.3.1849 - Queimados

1850-1851 — INCIDENTES DO BILL ABERDEEN OU DO TRÁFICO DE ESCRAVOS. (Bill / projeto de lei no parlamento inglês; Aberdeen, nome do parlamentar que o apresentou). O Bill Aberdeen, votado em 1.8.1845, transformou-se em lei revogada em 1869. Ela outorgava a navios de guerra britânicos autoridade para forçar a entrada em águas e portos brasileiros a fim de capturar barcos que transportassem escravos. Entre março e abril de 1850, o cruzador inglês *Cormorant* atuando entre o Rio de Janeiro e Santos, capturou os mercantes brasileiros *Paquete de Santos* e *São Sebastião* e afundou o *Santa Cruz;* violou o porto de Paranaguá, PR, fazendo três presas: os barcos *Leônidas* e *Sereia,* logo incendiados e o *Lucy Ann,* remetido à Ilha de Santa Helena. Jovens daquela cidade, embora condenando o tráfico negreiro, decidiram reagir à intrusão inglesa. Correram ao velho forte da vizinha Ilha do Mel, tentando, ainda que sem possibilidades, fustigar o cruzador. No RJ, o embaixador inglês, James Hudson, advertiu o governo brasileiro: evitasse, sob pena de represálias, ''que fortalezas de terra atirassem sobre navios de guerra ingleses''. Ainda a 17.7.1851, foi apresado por britânicos, ao largo de São Vicente, SP, barco nacional.

23.6.1850 - Macaé
27.6.1850 - Cabo Frio
1.7.1850 - Ilha do Mel/Paranaguá
17.7.1850 - São Vicente

1850 — INCIDENTE FRONTEIRIÇO COM O PARAGUAI. FECHO DOS MORROS. Presídio com o nome de Fecho dos Morros, fora instalado 11 léguas abaixo da foz do Rio Mondego, a 13.9.1775. Finalidade: assegurar a exploração dos terrenos diamantíferos do Alto Paraguai. Considerando-o vigilância e intromissão, paraguaios incursionaram contra ele, pretendendo arrasá-lo. Explicações diplomáticas encerraram o incidente.

14.10.1850 - Fecho dos Morros

1851 — CAMPANHA DE PACIFICAÇÃO DO URUGUAI. ORIBE. Em novembro de 1847, Andrés Lama aportou ao RJ com o encargo de solicitar a intervenção brasileira nos assuntos, então mais convulsionados do que usualmente, no Rio da Prata. Oribe governava o Uruguai, aliado a Rosas, ditador em Buenos Aires. A França sitiava e alternadamente negociava com a Argentina. A Inglaterra pretendia a tudo supervisionar, apoiada em navios de guerra estacionados em todos os países e em polpudos empréstimos que vinculava a Londres os países jovens e endividados. O Paraguai, potência vigorosamente emergente, reclamava ser ouvido e considerado nos acertos referentes ao estuário. Adversários de Juan Manuel Rosas, capitaneados por Justo Jose de Urquiza, governador do proclamado Estado Livre de Entre-Rios (província argentina), lançaram (1.5.1851), em Concepción del Uruguay, manifesto exigindo mudança política somente viável com a supressão de Rosas. E de Oribe, no Uruguai. Equivalia a uma formal declaração de guerra. A 29.5., uruguaios, entrerrianos e brasileiros celebraram tratado de aliança ofensiva-defensiva, principalmente dirigida contra aqueles dois governantes. Rivera resultou indicado o novo chefe dos orientais. Em julho, uruguaios e argentinos de Corrientes e de Entre-Rios começaram a campanha. Logo o Brasil também marchou, sob ordens de Caxias. Na frente militar ocorreu apenas uma escaramuça em Cerro Largo (11.9). Logo a 12.10, renderam-se os defensores de Oribe. Um pacto político apressara a mudança de situação, abreviando a estada do exército imperial em solo uruguaio.

11.9.1851 - Cerro Largo

1851-1852 — CAMPANHA NA ARGENTINA CONTRA ROSAS. Deposto Oribe, no Uruguai, o gen. Justo Jose de Urquiza, comandante do contingente argentino que atuou na campanha, obteve o apoio de seus aliados uruguaios e brasileiros para a guerra que movia contra Juan Manuel Rosas, exercendo o poder supremo em Buenos Aires. Não obstante o desagrado manifestado pela política inglesa atuante no Prata, o tratado de aliança foi assinado a 17.12.1851. Operações militares prontamente iniciadas, com destaque para a Passagem de Tonelero, quando navios brasileiros transportaram o exército aliado sob o fogo das mais importantes baterias rosistas. A 3.2.1852, argentinos de Urquiza, ao lado de uruguaios e brasileiros, venceram o exército de Juan Manuel na batalha de Monte Caseros ou dos Santos Lugares, diante de Buenos Aires. Rosas partiu para o exílio a ser cumprido em Londres, Urquiza formou seu governo para a Argentina e os brasileiros, sem reivindicações ou compensações, retornaram ao seu país.

12.8.1851 - Ramalho — Rio Paraná	17.12.1851 - Tonelero
14.8.1851 - San Nicolas	3.2.1851 - Monte Caseros

1852 — LEVANTE DOS MARIMBONDOS OU DE PAU-D'ALHO. A lei do censo geral do Império, mandada aplicar sem preparo e inexplicada para o povo sertanejo, provocou inquietação que deslizou para revolta. O líder camponês pernambucano João dos Remédios capitalizou essa postura popular, reuniu aproximadamente 400 seguidores, ocupou Pau-d'Alho, vila logo transformada em sede da revolta contra o censo, no qual apontavam fórmula disfarçada de aumento de impostos. Resultando ineficaz a tentativa de dissuasão conduzida por frei Caetano da Messina, bispo de Olinda, o governo enviou sobre Pau-d'Alho a força repressora do ten.-cel. Higino José Coelho, a qual rapidamente fez debandar os *marimbondos,* sem choques de maior envergadura.

1864-1865 — CAMPANHA NO URUGUAI CONTRA AGUIRRE. O presidente Aguirre teria recebido do seu colega paraguaio, Solano Lopez, garantias de apoio no caso de enfrentamento com outra potência do Prata. O Paraguai avançava rapidamente para tornar-se a principal potência militar sul-americana, reclamando voz de decisão nos assuntos regionais. Quando o Brasil pediu providências para sustar correrias predatórias de caudilhos orientais em território rio-grandense, Aguirre negou tais medidas e as indenizações pleiteadas. Não terá sido essa a razão fundamental para a intervenção. Foi porém a anunciada quando o Império entendeu-se com o líder da oposição uruguaia, o gen. Venâncio Flores, e passou à ação armada. A ocupação (2.1.1865) de Paysandu ao fim de bravia resistência, definiu o conflito. Uma brevíssima invasão do RS nada mudou no quadro das operações. Aguirre deixou o governo e seu sucessor, Tomás Villalba, atendeu às reclamações brasileiras. Já então Argentina, Brasil, Uruguai preparavam a Tríplice Aliança para enfrentar o Paraguai.

7.9.1864 - Paysandu	8.12.1864 - Paysandu
30.11.1864 - Salto	29.12.1864 - Paysandu
5.12.1864 - Paysandu	1.1.1865 - Paysandu
6.12.1864 - Paysandu	2.1.1865 - Paysandu
7.12.1864 - Paysandu	27.1.1865 - Jaguarão

1864-1894 — INTERVENÇÕES NAVAIS NORTE-AMERICANAS. Fazendo valer o seu maior poder de fogo, no local e no momento, força naval norte-americana impôs a sua vontade em portos brasileiros. Em

Salvador (1864), aprisionando navio confederado (sul dos EUA) da Guerra de Secessão; em 1894, na baía da Guanabara, impedindo a ação de barco brasileiro da esquadra revoltada.

7.10.1864 - Salvador
29.1.1894 - Rio de Janeiro

1864-1870 — GUERRA DO PARAGUAI. Mesmo havendo sido o primeiro país a reconhecer a independência do Paraguai e prestado auxílio militar e apoio diplomático contra ambições argentinas prejudiciais ao novo Estado, o Brasil anotava o crescer da animosidade paraguaia, cultivada a partir de causas remotas: a opressão do isolamento mediterrâneo; a herança do antagonismo luso-espanhol transplantado para o chão americano, agravado pelos choques entre, de um lado, os bandeirantes escravistas e, de outro, os jesuítas e as autoridades espanholas; a afirmação de que parte do território paraguaio fora tomada por argentinos e por brasileiros; desconfiança quanto aos planos da dinastia bragantina na bacia do Prata; e outras. O Paraguai conhecera singular progresso material sob forte governo unitário que de Francia passara aos Lopez, tornando-se, no campo militar, a primeira força sul-americana. Situação que pretendeu fazer valer ao se opor à atuação brasileira no Uruguai contra Aguirre, denunciando-a "atentatória ao equilíbrio dos Estados do Prata, que interessava à República do Paraguai como garantia de sua segurança, paz e prosperidade". Argentina, Brasil e Uruguai entenderam-se secretamente, estruturando aliança destinada a enfrentar Solano Lopez. Este, passando dos protestos aos atos, fez apresar (12.11.1864) navio brasileiro em trânsito para Mato Grosso. A declaração de guerra, do Paraguai ao Brasil, foi tornada pública a 13 de dezembro. A Argentina considerou-se também agredida pela tomada de um seu barco surto no porto de Assunção. E pela entrada em seu território da coluna do exército paraguaio endereçada à invasão do Rio Grande do Sul. Outro destacamento guarani invadiu (26.12.1864) Mato Grosso. Foi a 1.5.1865 que, em Buenos Aires, a Tríplice Aliança teve formalização. A força militar dos países integrantes somava 27.000 homens (18.000 brasileiros, 8.000 argentinos, 1.000 uruguaios) a serem opostos aos 64.000 paraguaios mobilizados, milhares dos quais ocupando territórios da Argentina e do Brasil (Mato Grosso e Rio Grande do Sul). Em abril de 1866, perdido o ímpeto inicial e reduzido a 45.000 combatentes, o exército paraguaio passou à defensiva, recebendo a guerra em solo nacional. Já então os aliados contavam 66.000 soldados (38.000 brasileiros, 25.000 argentinos, 3.000 uruguaios). Desse total, 33.000 receberam ferimentos ou morreram ao redor de Humaitá, posição-chave da defesa lopista, ocupada pelos aliados em agosto de 1868. Caxias, feito generalíssimo, impôs série de batalhas campais, vencendo-a e terminando o ano de 1869 tendo assegurada a vitória final. A esquadra paraguaia fora destruída ainda no começo da guerra (11.6.1865) na batalha do Riachuelo. Solano Lopez recuou para o norte do país, convocou o restante da população masculina, veteranos feridos, velhos, meninos e, contando com a indesmentida valentia dos seus patrícios, entregou os 13.000 derradeiros homens assim reunidos ao gen. Bernardino Caballero, para uma batalha decisiva. Esta foi a de Campo Grande (Nhu-Guaçu ou Acosta Ñu para os paraguaios), lutada (16.8.1869) contra os brasileiros que a venceram já comandados pelo generalíssimo Conde d'Eu. Depois, a 1.3.1870, em Cerro-Corá ou Aquidabanagui, espada na mão, sucumbiu Francisco Solano Lopez, concluindo a guerra. Dos 144.000 brasileiros a ela enviados, aproximadamente 33.000 não regressaram. A campanha solidificou o sentimento nacional, reforçando coesão e homogeneidade, acelerou o questionamento de costumes e de instituições, tudo isso ao custo do exaurimento das finanças com acréscimo significativo da dívida externa, além daquele dos milhares de vidas. Do vencido, nos acordos subseqüentes, o Brasil não exigiu mais do que o reivindicado antes do conflito.

27.12.1864 - Coimbra	9.8.1865 - Uruguaiana
28.12.1864 - Coimbra	12.8.1865 - Cuevas
29.12.1864 - Dourados	17.8.1865 - Yataí
31.12.1864 - Feio	21.3.1866 - Alto Paraná
1.1.1865 - Desbarrancado	23.3.1866 - Jaguari
6.1.1865 - São Lourenço	23.3.1866 - Rio Paraná
10.1.1865 - Porto do Dourado	27.3.1866 - Itapiru
24.4.1865 - Coxim	28.3.1866 - Itapiru
25.5.1865 - Corrientes	30.3.1866 - Itapiru
2.6.1865 - Riachuelo	5.4.1866 - Redenção
4.6.1865 - Riachuelo	6.4.1866 - Itapiru
10.6.1865 - São Borja	10.4.1866 - Redenção
11.6.1865 - Riachuelo	16.4.1866 - Itapiru
12.6.1865 - Riachuelo	17.4.1866 - Laguna Sirena
18.6.1865 - Mercedes	2.5.1866 - Estero Bellaco
26.6.1865 - Botuí	20.5.1866 - Passo Cidra
26.7.1865 - Toro-Passo	24.5.1866 - Tuiuti
31.7.1865 - Salto-Uruguai	28.5.1866 - Tuiuti
31.7.1865 - Uruguaiana	14.6.1866 - Tuiuti
1.8.1865 - Uruguaiana	13.7.1866 - Palmar
5.8.1865 - Uruguaiana	16.7.1866 - Boqueirão do Sauce

18.7.1866 - Potrero Sauce
31.8.1866 - Tebicuari
1.9.1866 - Curuzu
2.9.1866 - Curuzu
2.9.1866 - Palmar
3.9.1866 - Curuzu
3.9.1866 - Sauce
4.9.1866 - Curupaiti
7.9.1866 - Tuiuti
22.9.1866 - Curupaiti
20.11.1866 - Curuzu
21.12.1866 - Caraiá
23.12.1866 - Curupaiti
29.12.1866 - Curupaiti
8.1.1867 - Curupaiti
12.1.1867 - Acarajá
13.1.1867 - Curupaiti
19.1.1867 - Laguna Piri
2.2.1867 - Curupaiti
18.4.1867 - Retiro
20.4.1867 - Machorra
6.4.1867 - Laguna
8.5.1867 - Apa-Mi
11.5.1867 - Bela Vista — Nhandipá
12.5.1867 - José Carlos
25(?).5.1867 - Miranda/Nioaque
29.5.1867 - Curupaiti
13.6.1867 - Corumbá
11.7.1867 - Alegre
12.7.1867 - Tuiuti
17.7.1867 - Passo de Candelária
31.7.1867 - Tuiu-Cuê
3.8.1867 - Penimbu — Arroyo Hondo
6.8.1867 - Curupaiti
11.8.1867 - Palmares — Estero Rojas
15.8.1867 - Curupaiti
6.9.1867 - San Solano
20.9.1867 - Pilar
24.9.1867 - Estero Rojas
3.10.1867 - Parê-Cuê
21.10.1867 - Tatijibá
27.10.1867 - Ibarra
29.10.1867 - Potrero Obella
2.11.1867 - Taji
3.11.1867 - Tuiuti
1.12.1867 - Caimbocá
26.12.1867 - Passo Poi
13.2.1868 - Curupaiti
19.2.1868 - Humaitá
21.2.1868 - Tebicuari
24.2.1868 - Assunção
27.2.1868 - Laureles
2.3.1868 - Humaitá
2.3.1868 - Taji
3.3.1868 - Curupaiti
9.3.1868 - Tebicuari
22.3.1868 - Rojas
23.3.1868 - Estabelecimiento
10.4.1868 - Humaitá
1.5.1868 - Timbó Chico
2.5.1868 - Araçá
2.5.1868 - Iasuíí
4.5.1868 - Andaraí
4.5.1868 - Estabelecimiento
8.5.1868 - Iasuii
7.6.1868 - Iacaré — Passo Ovejas
3.7.1868 - Guaicuru
9.7.1868 - Taji
15.7.1868 - Passo Benitez
16.7.1868 - Humaitá
18.7.1868 - Acaiuasa
21.7.1868 - Timbó
24.7.1868 - Isla Fortin
26.7.1868 - Isla Poi
27.7.1868 - Humaitá
28.7.1868 - Isla Poi
31.7.1868 - Lagoa Verá
1.8.1868 - Lagoa Verá
5.8.1868 - Lagoa Verá

16.8.1868 - Timbó
26.8.1868 - Iacaré
28.8.1868 - Passo Real del Tebicuari
23.9.1868 - Surubíí
1.10.1868 - Angostura
1.10.1868 - Piquisiri
5.10.1868 - Angostura
10.10.1868 - Angostura
15.10.1868 - Angostura
17.10.1868 - Piquisiri
26.10.1868 - Vuelta de Angostura
28.10.1868 - Angostura
28.10.1868 - Abagiba
19.11.1868 - Angostura
19.11.1868 - Piquisiri
26.11.1868 - Angostura
4.12.1868 - Itororó
4.12.1868 - Capella Nimbi
9.12.1868 - Angostura
11.12.1868 - Avaí
16.12.1868 - Angostura
17.12.1868 - Sanja Blanca
19.12.1868 - Angostura
21.12.1868 - Lomas Valentinas
22.12.1868 - Lomas Valentinas
23.12.1868 - Lomas Valentinas
25.12.1868 - Lomas Valentinas
27.12.1868 - Lomas Valentinas/ Itá-Ivaté
30.12.1868 - Lomas Valentinas
30.12.1868 - Angostura
12.4.1869 - Inhanduí
20.4.1869 - Rosario
20.4.1869 - Patinho-Cuê/ Manduvirá
29.4.1869 - Guaraio
7(?).5.1869 - Sapucaí
22.5.1869 - San Pedro/Jejuy
25.5.1869 - Cerro León
27.5.1869 - Paraguari
30.5.1869 - Tupium
8.6.1869 - Sapucaí
29.6.1869 - Juti
8.7.1869 - Piraporaru
21.7.1869 - Barê-Cuê
1.8.1869 - Ascurra
5.8.1869 - Sapucaí
6.8.1869 - Costa-Pucu
12.8.1869 - Altos
12.8.1869 - Peribebuí
16.8.1869 - Campo Grande — Acosta Ñu
18.8.1869 - Caguijuru
21.8.1869 - Potrero Recalde
20.9.1869 - Caaguazu
18.10.1869 - Acapitigó
19.10.1869 - Naranjaí
27.10.1869 - Curuguati
28.10.1869 - Abagiba
29.10.1869 - San Isidro de Curuguati
10.11.1869 - Sanguina-Cuê
18.11.1869 - Guazu
15.12.1869 - Iguaçu-Guá
18.12.1869 - Iguatemi
2.1.1870 - Rio Verde
3.1.1870 - Cambaceguá
11.1.1870 - Lomaruguá
1.3.1870 - Aquibadan — Cerro-Corá
5.3.1870 - Sete Cerros
1.3.1870 - Taquaras
4(?).4.1870 - Miranda
8.4.1870 - Bela Vista

1872-1874 — INSUBMISSÃO DOS MUCKER OU CAMPANHA DO MORRO DO FERRABRÁS. Na região de São Leopoldo, RS, entre numerosos imigrantes alemães e seus descendentes, o casal de confissão anabatista João Jorge e Jacobina Maurer destacou-se por firme liderança. Os seguidores do casal, concentrados na área adjacente ao Morro do Ferrabrás, tornaram-se conhecidos pelo modo de vida singular, norteado por severas práticas de fanatismo religioso. Discriminando, resultaram discriminados. Atritaram fortemente com a vizinhança. Seguiram-se ataques, incêndios, agressões mútuas. A polícia foi enfrentada e afastada pelos então denominados *mucker*, ou seja, santarrões. O cel. Genuíno Olímpio Sampaio, com 100 praças, não conseguiu (28.6.1873) fazer debandar a multidão de fanáticos. Sucederam-se verdadeiras expedições de guerra e combates até 2.8.1874, quando o cap. Francisco Clementino de Santiago Dantas eliminou o último reduto *mucker*. Os sobreviventes, condenados a penas entre oito e trinta anos de prisão, foram anistiados em 1883. Regressaram ao Morro do Ferrabrás e às práticas religiosas, inassimiláveis como antes, até serem, os derradeiros deles, exterminados em rixas com a vizinhança, em 1898.

19.6.1874 - Ferrabrás
20.6.1874 - Ferrabrás
28.6.1874 - Ferrabrás
19.7.1874 - Ferrabrás
21.7.1874 - Ferrabrás
25.7.1874 - Sapiranga
2.8.1874 - Sapiranga
23.12.1897 - Colônia Nova Petrópolis
3.1.1898 - Terra dos Bastos — Caí

1874-1875 — ARRUAÇAS DO QUEBRA-QUILOS. A implantação do Sistema Métrico Decimal, sem preparo e sem explicações inteligíveis para o público do sertão, fez crer tratar-se na verdade de formas disfarçadas de novos e maiores impostos. A lei era de 1872, porém mandada executar em 1874, ano particularmente desfavorável para a agricultura nordestina. A agitação contra o SMD, iniciada em Campina Grande, PB, estendeu-se a PE e AL. Em bandos de cem e duzentos indivíduos, os "quebra-quilos" invadiam feiras e mercados, ocupavam vilarejos inutilizando pesos e medidas, sendo inevitáveis outros e piores excessos. Em Campina Grande, o líder Manoel do Carmo levou à rua parte dos escravos e transformou o protesto em movimento libertário. Tomaram reféns, apoderaram-se dos livros de registros de escravos, recusaram a parlamentação do vigário Calixto Correa Nóbrega, perambularam desnorteados, terminando por debandar pelos matos vizinhos. Esse comportamento fez endurecer a repressão aos *quebra-quilos*. No Rio de Janeiro ocorreram manifestações pela mesma razão: o Sistema Métrico Decimal. Sobre tal repressão nos deixou notícia José Américo de Almeida, citando discurso de um deputado paraibano, em 1879: "Quando chegou esta força (federal) à província, estava quase extinto o movimento popular, não obstante (...) fizeram-se prisões em massa, velhos e moços, solteirões, casados e viúvos, todos acorrentados, e alguns metidos em coletes de couros, eram remetidos para a capital. Alguns desses infelizes, cruelmente comprimidos, e quase asfixiados, caíam sem sentido pelas estradas, deitando sangue pela boca''. Os remanescentes dispersaram-se e, destes, alguns vieram a tornar-se dos primeiros cangaceiros. As arruaças do ''quebra-quilos'' tiveram pelo menos dois momentos e situações de verdadeira guerra civil.

31.10.1874 - Fagundes — Ingá
17.9.1875 - Campina Grande

1879-1940 — CAMPANHA CONTRA O CANGAÇO. CE, PB, RN, PE, AL, BA, SE. São de 1870 as primeiras notícias a respeito da manifestação organizada de protesto e de violência denominada *cangaço*, fenômeno complexo, oriundo de causas sociológicas, econômicas e políticas emocionalizadas por valores da tradição. De muitas vertentes alimentouse o cangaço. Na origem, em muito, as reminiscências idealizadas dos motins de fundo social a exemplo daqueles do Quebra-Quilo, da Balaiada, da Cabanada. Em comentário inserto na *História das Revoluções Brasileiras*, de Glauco Carneiro, Oswaldo T. Galvão observou que ''da dispersão dos jagunços de Floro Bartolomeu nascem os diversos grupos de cangaceiros que vão atuar'' por todo o Nordeste. Nos anos setenta e oitenta do século dezenove, chamam-se *calangos* e são ferozes. Aos poucos, na mente popular, humanizam-se. Galvão explica: ''É a gênese dos heróis e bandidos do sertão, das volantes, dos cabras (cangaceiros) e dos ''macacos'' (soldados das polícias estaduais), empenhadas cada uma em hostilizar a outra, usando para isso de todas as armas e todos os requintes de barbaridade, dos fuzilamentos sumários seguidos da decapitação dos adversários até as mutilações, estupros e outras violências inomináveis...'' Misturando clamor ante desajustes sociais, generosidade na distribuição do butim e mero banditismo predador, o cangaço notabilizou alguns nomes: Jesuíno Brilhante, João Calango, Antônio Silvino. Porém, cristalizou-se, pelos feitos e pelo interesse dos meios de comunicação e pela entrada no populário, no de Virgulino Ferreira — o Lampião. Morreu em ataque de volante policial ao seu reduto (28.7.1938). O último cangaceiro de renome, Corisco, foi abatido, também por volante policial, em 1940, ano convencionado como o do término da era dos bandos cangaceiros. Rui Facó registrou: ''Na década de 20, não há exagero em afirmar-se que estavam em armas, pelos sertões do Nordeste, alguns milhares de cangaceiros (...) atuavam na vasta zona compreendida desde o Maranhão até a

Bahia''. O mesmo autor nos dá notícia da ferocidade da repressão, não menos violenta que a própria ação do cangaceiro: ''... as tropas da polícia agiram muitas vezes contra as populações rurais com maior ferocidade do que os cangaceiros e as intimidavam ainda mais do que aqueles''... ''Os fuzilamentos de cangaceiros, ainda que pegados vivos, a prática de cortar-lhes a cabeça (...) constituíam uma advertência''. Segundo Optatos Gueiros, famoso perseguidor de cangaceiros, citado por Facó, ''somente em Pernambuco, foram mortos e presos mais de mil cangaceiros...''

11(?).12.1879 - Santo Antônio/ Brejo da Cruz
23.6.1900 - Surrão
27.1.1901 - Fazenda Pedreira/ São João do Sabugi
17.10.1912 - São Sebastião
28.11.1914 - Taquaritinga
?.4.1921 - Olho d'Água do Chicão
22.6.1921 - Poço Branco/ Espírito Santo
27.7.1924 - Sousa
22.2.1925 - Serrote Preto
13.6.1927 - Mossoró
17.12.1928 - Curralinho/ Massacará
16.10.1930 - Capela
28.7.1938 - Angicos

1880 — MOTIM DO VINTÉM. A criação do imposto de vinte réis sobre passagens de bondes e trens (Lei do Orçamento, 31.10.1879) suscitou protestos populares no RJ, nos dias entre 1 e 4 de janeiro. Ocorreram depredações, enfrentamentos entre manifestantes e autoridades, policiais e marinheiros. Craveiro da Costa (*O Visconde de Sinimbu*) observou que ''senadores e deputados reuniram-se a conhecidos agitadores e em pouco tempo a desordem dominava...''. A 1.3, o Parlamento suspendeu o imposto.

4.1.1880 - Rio de Janeiro

1889-1906 — REVOLTAS CONTRA A REPÚBLICA. Instalado o regime, permaneceu entre os seus dirigentes a ansiedade quanto às esperadas reações de monarquistas. Alguns eventos propiciaram aos governos Deodoro da Fonseca e Floriano Peixoto justificativa para medidas drásticas contra políticos, jornalistas, militares, financistas, ligados ao trono derruído. Em nenhum dos casos, repercussões, desdobramentos ou conseqüências que pusessem em risco a estabilidade republicana. Em Taquaritinga, SP, 1906, houve pronunciamento pró-restauração, sem que ocorresse confronto armado.

19.11.1889 - Desterro (Florianópolis)
18.12.1889 - Rio de Janeiro
12.3.1893 - Santa Rita do Passa Quatro
1906 - Taquaritinga

1892 — LEVANTE DEODORISTA DA FORTALEZA DE SANTA CRUZ. Ali estavam recolhidos marinheiros sublevados (13.12.1891) no barco *Primeiro de Março*. Seu líder, srg. Silvino Honório de Macedo, incorporou mensagem política ao protesto dos presos e alcançou levantar a fortaleza, exigindo a renúncia de Floriano e o retorno de Deodoro à Presidência da República (19.1). Levante dominado a 20.1.

19.1.1892 - Rio de Janeiro
20.1.1892 - Rio de Janeiro

1892 — REPÚBLICA TRANSATLÂNTICA DE MATO GROSSO. Retirado da presidência do estado por ato do mar. Deodoro, o gen. Antônio Maria Coelho decidiu retomar o poder tão logo conheceu a renúncia do presidente da República. Obteve o apoio do 7º RC Ligeira, de Nioaque e fez ocupar Cuiabá (1.2.1892) pela tropa ao mando do seu sobrinho, maj. Anibal da Mota. Em Corumbá, o cel. João da Silva Barbosa, partidário do general Coelho, ganhou o apoio de 200 soldados e da flotilha de Ladário, menos um barco. A 31.3., os levantados buscaram emprestar dignidade ao seu movimento proclamando a República Transatlântica de Mato Grosso. A reação foi iniciada pelo vice-presidente estadual, Generoso Ponce, organizador da Legião Floriano Peixoto, com a qual combateu vitoriosamente em Rosário e Boa Vista e foi pôr (7.5) sítio a Cuiabá, ocupando-a a 13 e governando até 20.7 quando reassumiu o presidente legal, Murtinho. No sul, os *federais* retomaram sem dificuldades Miranda e Nioaque. Corumbá fora desertada, antes, pelos insurgentes.

30.3.1892 - Rosário
6.5.1892 - Cuiabá
20.6.1892 - Corumbá

1892 — BOMBARDEIO DE PORTO ALEGRE. RS. No dia 17 de junho, Júlio de Castilhos havia sido empossado na presidência do estado, não sem muitos protestos dos opositores. Refletindo esse exaltado espírito de contestação, o CT Cândido Lara, comandante da canhoneira *Marajó*, fez disparar contra a cidade nos dias 21 e 24.6. Acabou preso e o navio dominado por forças do governo no porto do Rio Grande.

21.6.1892 - Porto Alegre
24.6.1892 - Porto Alegre

1893-1894 — REVOLTA NA ARMADA. Havendo o mar. Deodoro da Fonseca renunciado (23.11.1891) à Presidência da República, principalmente face à clara oposição da Armada ao fechamento do Congresso, assumiu a chefia do governo o mar. Floriano Peixoto. Contrariamente ao estipulado no artigo 42 da Constituição, o empossado patenteou seu propósito de permanecer no exercício da presidência até o fim do mandato a que concorrera, como vice, na chapa contrária à do renunciatário. Não haveria, portanto, eleição para sucessor imediato de Deodoro. Tal atitude provocou agitação e protestos em vários centros políticos. Já no RS lutava-se a guerra civil do movimento federalista. Partes do Exército e do Congresso, reaberto, apoiaram Floriano. A Armada via com especial simpatia a candidatura do alm. Custódio de Melo, o qual, para mantê-la, deixara o ministério da Marinha. A intransigência continuísta levou à revolta, instalada no navio *Aquidabã*. Além dos navios de guerra, vários mercantes foram artilhados. A luta restringiu-se, quase, a duelos de artilharia entre os barcos, a fortaleza de Villegaignon e os outros fortes e as baterias que Floriano dispusera nos morros de São Bento e do Castelo. Aliando-se aos federalistas, inimigos do presidente, os revoltados ocuparam a cidade de Desterro (atual Florianópolis), ali instalando governo provisório sob a chefia do CMG Frederico Guilherme de Lorena. O próprio Custódio de Melo dirigiu-se ao RS, deixando a esquadra sob o comando do CMG Eliézer Tavares. Floriano reagira adquirindo barcos no exterior, confiados ao almirante reformado Jerônimo Gonçalves. A 26.11 esses navios chegaram ao Brasil, tocando o porto do Recife. A 7.12, aderiu à revolta o alm. Saldanha da Gama, diretor da Escola Naval. Com a popularidade e o entusiasmo também levou à revolta a suspeita de intenções de restauração da monarquia. Animado e assumindo o comando, Saldanha tomou as ilhas do Governador e de Paquetá, mas viu frustrado o ataque a Niterói. A Armada estava confinada na Guanabara, grassando o beribéri nos navios e nas ilhas ocupadas, crescendo a ameaça da esquadra governamental. A luta em terra, SC e PR, evoluía em favor dos florianistas. Durante a noite de 12 para 13.3.1894, 525 marinheiros e os chefes tomaram asilo a bordo de dois barcos portugueses. Logo mais, entrava na baía a esquadra do alm. Jerônimo Gonçalves, bombardeando as ilhas e os navios abandonados. Os barcos lusos pretenderam levar os asilados a Buenos Aires, onde não foram aceitos, pois segundo o Direito Internacional somente poderiam ir para Portugal. A maioria abandonou os barcos, menos 170. Saldanha da Gama, que foi à Europa para defender aqueles camaradas, não pôde entrar em Portugal. Retornou ao Brasil, juntou-se aos federalistas e com dezenas de marinheiros encontrou a morte durante um ataque de cavalaria governista no Campo dos Osórios

(24.6.1895). O CMG Frederico de Lorena, chefe do governo provisório do Desterro, foi uma das vítimas da feroz repressão que se seguiu à derrota de marujos e de federalistas.

7.9.1893 - Rio de Janeiro
13.9.1893 - Rio de Janeiro
19.9.1893 - Santos
20.9.1893 - Santos
23.9.1893 - Ilha Grande
25.9.1893 - Rio de Janeiro
27.9.1893 - Ilha de Santa Catarina
29.9.1893 - Desterro
5.10.1893 - Rio de Janeiro/Gamboa
5.10.1893 - São Sebastião
12.10.1893 - Rio de Janeiro/Barra
14.10.1893 - Rio de Janeiro
3.11.1893 - Rio de Janeiro/Ilha do Governador
23.11.1893 - Rio de Janeiro
30.11.1893 - Rio de Janeiro
4.12.1893 - Rio de Janeiro
9.12.1893 - Rio de Janeiro
10.12.1893 - Rio de Janeiro
14.12.1893 - Araranguá
15.12.1893 - Rio de Janeiro/Ilha do Governador
2.1.1894 - Rio de Janeiro
11.1.1894 - Paranaguá
12.1.1894 - Rio de Janeiro
17.1.1894 - Paranaguá
16.1.1894 - Rio de Janeiro/Ilha do Mocangue Grande
24.1.1894 - Rio de Janeiro/Ilha do Bom Jesus
28.1.1894 - Rio de Janeiro
9.2.1894 - Armação/Niterói
13.2.1894 - Antonina
22.2.1894 - Magé
23.2.1894 - Rio de Janeiro
13.3.1894 - Rio de Janeiro
16.4.1894 - Desterro

1893-1895 — REVOLTA DOS FEDERALISTAS. Poucos anos decorridos da implantação da república e os liberais rio-grandenses voltaram à inquietação diante dos rumos dados ao governo estadual pelo centralismo extremado de Júlio de Castilhos. A ele opôs-se o parlamentarismo republicano de Silveira Martins. A eleição de 1892, fosse qual fosse o resultado, faria explodir os rancores. Tendo Castilho resignado, em harmonia com a renúncia de Deodoro, os federalistas aclamaram presidente do estado seu chefe Silva Tavares. O próprio Júlio indicou para o cargo Vitorino Monteiro. A dualidade de presidentes, a irredutibilidade das posições, levou à guerra. Em fevereiro de 1893, da sua concentração no Uruguai, os federalistas invadiram o RS. Ostentando fitas vermelhas, ganharam o apelido depreciativo de *maragatos*. Os republicanos ou castilhistas usavam lenços brancos e ficaram sendo os *pica-paus*. O imprevisto da arrancada fez com que as primeiras vitórias até Inhanduí fossem federalistas. Seguindo plano não de todo definido passaram SC, entraram pelo PR. Talvez projetassem marchar até o RJ, entendidos com os marinheiros da armada em revolta na Guanabara. A feroz resistência oposta na cidade da Lapa pelo cel. Gomes Carneiro deu tempo a que o governo Floriano preparasse a resistência na divisa entre PR e SP. Dali não passaram os federalistas. Refluíram para o sul, perderam em escaramuça preparatória de batalha o seu líder principal, Gumercindo Saraiva, receberam a adesão de aproximadamente 100 marujos chefiados pelo alm. Saldanha da Gama. Este vai morrer com dezenas dos seus comandados, em Campo Osório (24.6.1895). Já estando Prudente de Morais na Presidência da República, a paz foi acordada (9.7.1895), permanecendo Castilhos na chefia do governo estadual. A mais longa das guerras civis da Primeira República teve a enaltecê-la gestos de heroísmo e a denegri-la episódios de extrema crueldade, tais como as degolas de 700 prisioneiros acontecidas depois dos combates de Rio Negro e Boi Preto, responsabilidades de ambos os contendores. Das 10.000 vítimas da revolução, 1.000 foram prisioneiros degolados.

7.2.1893 - Ana Correa
11.2.1893 - Salsinho
19.2.1893 - Bagé
20.2.1893 - Santana
22.2.1893 - Dom Pedrito
23.2.1893 - Jararaca
15.3.1893 - Upacaraí
16.3.1893 - Caneleiras
19.3.1893 - Alegrete
20.3.1893 - Bagé
29.4.1893 - São Sebastião
3.5.1893 - Inhanduí
4.5.1893 - Upamoroti
12.5.1893 - Upamoroti
4.6.1893 - Passo Fundo
17.6.1893 - Jaguari
19.6.1893 - Santana do Livramento
20.6.1893 - Piraí
23.6.1893 - Serrilhada
8.7.1893 - Rio Grande
13.7.1893 - Rio Grande
17.8.1893 - Cerrito
27.8.1893 - Cerro do Ouro
10.9.1893 - Travessão/Lajeado
11.9.1893 - Arroio Sampaio/ Lajeado
17.9.1893 - Corixo
18.9.1893 - Venâncio Aires
25.9.1893 - Mariano Pinto
27.9.1893 - Itaqui
27.9.1893 - Quaraí
18.10.1893 - Lajeado/Sampaio
21.10.1893 - Teutônia
23.10.1893 - Bom Jesus
24.10.1893 - Estrela
5.11.1893 - Lajeado
6.11.1893 - Araranguá
8.11.1893 - Itajaí
15.11.1893 - Rio Canoas/Lages
19.11.1893 - São Joaquim
20.11.1893 - Arroio Teixeira
20.11.1893 - São Luís das Missões
27.11.1893 - Bagé
27.11.1893 - Corvo
27.11.1893 - Rio Negro
1.11.1893 - Costão
8.12.1893 - Itajaí
20.12.1893 - Passo da Cruz
22.12.1893 - Água Amarela
6.1.1894 - Traíras
12.1.1894 - Tijucas
12.1.1894 - Lapa

14.1.1894 - Lapa	7.6.1894 - Ponche Verde
16.1.1894 - Lapa	7.6.1894 - Encruzilhada
16.1.1894 - Tijucas	15.6.1894 - Chagus
17.1.1894 - Lapa	27.6.1894 - Passo Fundo
17.1.1894 - Umbu/Passo Fundo	28.6.1894 - São Martinho
18.1.1894 - Santiago do Boqueirão	30.6.1894 - Arroio Três Passos
19.1.1894 - Curitiba	10.8.1894 - Carovi
19.1.1894 - Tijucas	15.8.1894 - Igrejinhas
19.1.1894 - São Borja	16.8.1894 - Garruchos
22.1.1894 - Valinho/Passo Fundo	22.8.1894 - Serra de Caxambu
26.1.1894 - Lapa	24.8.1894 - Timbaúba
27.1.1894 - Jaguariaíva	26.8.1894 - Cruz Alta
7.2.1894 - Lapa	31.8.1894 - Campo Novo
9.2.1894 - Valinho/Umbu	6.11.1894 - Traíras
10.2.1894 - Santa Cruz	27.10.1894 - Rosário
14.2.1894 - São Gabriel	22.11.1894 - Bagé
27.2.1894 - Caneleiras	15.1.1894 - Montenegro
1.3.1894 - Sarandi	23.1.1895 - Cacimbinhas
1.3.1894 - Ibirapuitã	26.1.1895 - Canguçu
3.3.1894 - Tubarão/Laguna	2.2.1895 - São João do Camaquã
16.3.1894 - Santo Ângelo	10.2.1895 - Piratini
5.4.1894 - Capão do Boi Preto	16.2.1895 - Serrilhada
7.4.1894 - Rio Grande	28.2.1895 - Passo das Pedras/ Lageado
13.4.1894 - Castro	15.3.1895 - Estiva
27.4.1894 - Pinheiro Torto	28.5.1895 - Santa Clara
1.5.1894 - Boqueirão	24.6.1895 - Campo Osório
7.5.1894 - Carovi	15.3.1903 - Rivera
25.5.1894 - Igará	
31.5.1894 - Pelotas	

1895 — INTRUSÃO DE FRANCESES NO AMAPÁ. Dando interpretação que lhe convinha a alguns artigos do Tratado de Utrecht, o governo francês persistiu em disputar ao Brasil largo trecho do Amapá. Em 1895, interesses parisienses inspirados em modelo de intervenção praticada na África e na Ásia fizeram criar e instalar na margem brasileira do Rio Oiapoque a República de Cunani. Deram-lhe por presidente Jules Gross. Por insustentável, Cunani foi extinta dois anos depois. Mas, em seguida, notícias do encontro de fartos veios de ouro na região reacenderam o entusiasmo de autoridades e de financistas franceses, levando ao estabelecimento, Amapá adentro, de um sistema de postos de presença, fixação e defesa armada. A canhoneira *Bengali* desembarcou 300 soldados às ordens do cap. Luné com a missão de garantir aqueles postos. Praticamente, ocupação territorial. Antes mesmo que o governo brasileiro pudesse agir por vias diplomáticas, os moradores da área tomaram providências. Convocados e comandados por Francisco Xavier da Veiga Cabral, atacaram o posto principal, sob o mando do cap. Luné, que morreu, no combate, com 33 dos seus comandados. A questão dos limites do Amapá somente teve solução em 1900, resultado das gestões do Barão do Rio Branco e laudo arbitral do presidente da Suíça. O Brasil incorporou, em definitivo, 260.000 km^2.

15.5.1895 — Amapá

1895-1897 — CANUDOS. Impraticável, por injusta e sempre imprecisa, uma definição do episódio Canudos e de quem realmente foi Antônio Vicente Mendes Maciel. Sertanejo razoavelmente instruído, comerciante, merecedor do apelido-título de Conselheiro devido à autoridade que soubera impor, Vicente decidiu destacar-se do convívio das cidades nas quais identificava predominância de males gerados pelo advento da República. Localizou no local chamado Canudos, junto ao Rio Vaza-Barris, interior da Bahia, o sítio ideal para a nova pátria dos que pensassem como ele. A princípio tolerado pelos vizinhos, passou a ser hostilizado quando o número de moradores, suas necessidades, seus deslocamentos, suas práticas provocaram incômodos, desinteligências, atritos. Inabilidade de parte a parte provocou o primeiro choque em Uauá (21.11.1896). Seguiram-se confrontamentos; fracassou uma tentativa religiosa de dispersão do aglomerado. A autoridade interveio. Sua representante, a força policial, foi rechaçada. A segunda, 600 homens — número assombroso para o tempo e o lugar, ao mando do maj. Febrônio de Brito, repelida. O país enraiveceu contra Canudos e o Conselheiro. Acreditou no que lhe foi dito como explicação para o crescimento do povoado, a pertinácia dos conselheiristas e a inépcia do governo: tratava-se de núcleo da restauração monárquica, instruído por militares europeus, sustentado e financiado por dinheiro e armas da Inglaterra. Terceira expedição, 1.300 soldados chefiados pelo cel. Antônio Moreira César, servida por artilharia. Penetrou o povoado para recuar em desordem, com a perda, inclusive, do comandante. Dentro de Canudos, somente povo, o carisma do líder, a energia e a inventividade de alguns cabecilhas. A quarta expedição, mobilizando 6.000 combatentes, foi confiada ao gen. Artur Oscar de Andrade Guimarães. Progrediu sobre Canudos em duas colunas conduzidas pelos generais João da Silva Barbosa e Cláudio do Amaral Savaget. Esse exército, após violenta campanha, alcançou arrasar Canudos, exterminando os defensores e sem aprisionar o Conselheiro, morto pouco tempo antes, mas cujo corpo foi exumado para laudo pericial, tendo, então, a cabeça decepada. Os vitoriosos queimaram os poucos casebres encontrados em pé, cobrando as aproximadamente 4.500 baixas sofridas. Euclides da Cunha sintetizou: caso único na História, Canudos não se rendeu, lutou até o derradeiro combatente, perdendo, calcula-se, 15.000 defensores. Tão grandes sacrifícios, de soldados e de sertanejos, não deixaram lições aproveitadas, do ponto de vista social e humano. Poucos decênios depois, 1936-1938, em menores proporções, o problema religioso e a pretensa solução novamente traumatizaram o país, nos episódios de Caldeirão, Rasgão e Pau-de-Colher.

29(?).5.1893 - Masseté
21.11.1896 - Uauá
18.1.1897 - Cambaio
19.1.1897 - Bendegó-de-Baixo
19.1.1897 - Tabuleirinho — Lagoa do Cipó
2.3.1897 - Canudos
2.3.1897 - Pitombas
3.3.1897 - Alto do Mário
25.6.1897 - Cocorobó
25.6.1897 - Rosário
26.6.1897 - Macambira
27.6.1897 - Alto da Favela
27.6.1897 - Umburanas
28.6.1897 - Alto da Favela
28.6.1897 - Umburanas
29.6.1897 - Canudos
4.7.1897 - Alto da Favela
18.7.1897 - Canudos
19.7.1897 - Canudos
22.7.1897 - Canudos
23.7.1897 - Canudos
24.7.1897 - Canudos
15.8.1897 - Rancho do Vigário
7.9.1897 - Fazenda Velha
25.9.1897 - Cambaio
26.9.1897 - Canudos
27.9.1897 - Canudos
1.10.1897 - Canudos
5.10.1897 - Canudos

1896 — LEVANTE DO CAPITÃO MUZZI PELA EMANCIPAÇÃO DO SUL DE MT. Veterano da guerra do Paraguai, pecuarista e líder político do porto de Santa Rosa (região do Rio Brilhante) onde fundara o Partido Autonomista, o Capitão (GN) João Caetano Teixeira Muzzi levantou-se reclamando a emancipação do sul mato-grossense. Vencido, refugiou-se no Paraguai, onde faleceu. Seu vencedor, Jango Mascarenhas, seria seu sucessor na condução do ideal separatista.

1900-1903 — CAMPANHA DO ACRE. No final do século XIX, a vertiginosa elevação dos preços da borracha atraiu para a fronteira brasileiro-boliviana trabalhadores e aventureiros de várias partes do mundo. Um destes, o espanhol Luiz Galvez Rodriguez de Arias, acolitado por seringueiros e patriotas brasileiros, proclamou o Acre um Estado Independente (março, 1900), discretamente apoiado pelo oficialismo amazonense desejoso de estender sua autoridade sobre terras que o Tratado de Ayacucho (1867) confiara à Bolívia. O governo brasileiro, em vez de reconhecer o novo Estado, enviou contra ele flotilha de guerra que prendeu Galvez, dissolveu organização e plano e restituiu a região à soberania boliviana. Contudo, a situação local teve aumentada a sua explosividade. Uma singular "Expedição dos Poetas" repetiu o intento de Galvez de Arias com resultado ainda mais negativo. Com o Brasil insistindo em fazer valer o Tratado de Ayacucho, mesmo enfrentando animosidade de parte dos nacionais radicados na área, a Bolívia deslocou o problema para nível internacional ao arrendar o Acre (11.6.1901) ao The Bolivian Syndicate of New York City. Entidade multinacional, tinha como expoentes principais o rei dos belgas e um familiar do presidente dos Estados Unidos. Ela receberia direitos de soberania sobre o território e a população. Além de explorar os seringais, comandaria a navegação, a alfândega, as estradas, o comércio. Governaria o Acre. Protestos veementes foram levantados no Peru e no Brasil, denunciando em tais concessões e na presença do The Syndicate intromissão colonialista do tipo "chartered company", que infelicitara países africanos e asiáticos. Os acreanos brasileiros, principais ameaçados, dispuseram-se a impedir a instalação de tal empresa. Encontraram chefe à altura na pessoa de José Plácido de Castro e, com ele à frente, em Xapuri, a 6.8.1902, proclamaram independente o Acre. Organizaram um Estado, formaram um exército com o qual triunfaram sobre tropas enviadas pela Bolívia. Mas foram desautorados e debandados com energia pelo governo brasileiro, fiel, sempre, à letra do Tratado de 1867. Somente um tratado aboliria outro, cancelando suas conseqüências. Por isso, depois de gestões conduzidas pelo Barão do Rio Branco, foi celebrado com a Bolívia (17.11.1903) o Tratado de Petrópolis. O Brasil adquiria o Acre por dois milhões de libras esterlinas e a cessão de alguns pequenos trechos de território fronteiriço, mais ao sul. Comprometia-se também a construir a ferrovia Madeira-Mamoré, facilitando o acesso boliviano ao tráfego internacional, e assumia o encargo de indenizar, para apaziguá-lo e afastá-lo, o Syndicate. A 25.2.1904 o Acre tornou-se território federal e, em 1962, estado.

26.11.1900 - Papiri
6.12.1900 - Cajueiro
12.12.1900 - Riozinho
24.12.1900 - Puerto Alonso
25.12.1900 - Caquetá
25.8.1902 - Santa Cruz
18.9.1902 - Volta da Empresa
24.9.1902 - Bom Destino
30.9.1902 - Telheiro
5.10.1902 - Volta da Empresa
10.11.1902 - Igarapé da Bahia
12.11.1902 - Montevidéu
15.11.1902 - Iquitos
18.11.1902 - Santa Rosa

7.12.1902 - Costa Rica	19.1.1903 - Puerto Alonso
16.1.1903 - Puerto Alonso	18.4.1903 - Puerto Rico

1901 — LEVANTE DE JANGO MASCARENHAS PRÓ-EMANCIPAÇÃO DO MS. Episódio entre os vários — 1892, 1896, 1901, 1907, 1911, 1912 — que levaram à luta armada pleiteando a criação do estado do Mato Grosso do Sul. João Ferreira Mascarenhas, o coronel Jango, gaúcho afazendado junto ao rio Taquaruçu, lutara em 1896 contra o separatista Muzzi, defendendo o partido unitário. Em 1901, sendo vice-presidente estadual, hostilizado pelo presidente e chocado com o tratamento dispensado à sua região, levantou-se à frente de talvez 350 combatentes. Proclamou instalado o novo estado, com Nioaque por capital. Vencido no confronto de Ponta-Porã (16(?).9), retirou-se para a sua fazenda. Cercado, combatido, morreu dos ferimentos então recebidos.

16(?).9.1901 - Ponta Porã
23.10.1901 - Taquaruçu-Nioaque

1901 — DESORDENS DE DIONISIO. MS. Disputas de terras entre criadores de gado e chefes políticos, e reclamos de autonomia administrativa puseram armas em mãos de mercenários e de alguns dependentes dos caudilhos José Faustino e José Marques Garcia. O argentino Dionisio Benitez, a serviço de Faustino, dispersou o bando organizado por Garcia, expulsou para Goiás o contingente policial e durante um ano governou a região de Santana. Prendeu, matou, expulsou centenas de famílias. Uma segunda vez repetiu a proeza de invadir a vila. Lutara com Jango Mascarenhas na campanha emancipacionista de 1901. Passou-se, posteriormente, para o estado de São Paulo, sendo morto, misteriosamente, na cidade de Rio Preto.

1902-1938 — EXTERMÍNIO DE GRUPOS MESSIÂNICOS. As condições que levedaram o episódio de Canudos não se extinguiram com o Conselheiro, nem mesmo com o século que testemunhou o drama do Vaza-Barris. Elas viriam a animar grupos de beatos e de cangaceiros. Aqueles, contemplativos, preocupados em preparar o homem para o céu. Os cangaceiros, decididos a alcançar, pela força e a violência, a parte a que julgavam ter direito na sociedade terrena. Uns e outros receberam tratamento igual: extermínio. São dos nossos anos trinta os massacres executados por ordem e com força governamental, dos bandos de rezadores de Araripe, Caldeirão, e Pau-de-Colher. Igual tratamento e resultado, a crônica registra no extremo sul do país, em 1902, em relação aos "monges" messiânicos da região gaúcha do Encantado.

4.5.1902 - Pinheirinho/ Encantado	10.5.1937 - Rasgão — Mata dos Cavalos
28(?).5.1902 - Muçum/Encantado	14.1.1938 - Pau-de-Colher
9.11.1936 - Caldeirão	20.1.1938 - Casa Nova

1904 — INCIDENTE NA FRONTEIRA PERUANA. NUEVO IQUITOS. Agentes fiscais peruanos, com apoio militar, fixaram-se na região brasileira do Rio Amonea, dizendo-a peruana e sob a denominação de Nuevo Iquitos. A reação de militares e de habitantes brasileiros tornou de curta duração aquela presença, tendo os intrusos, depois de combater e sofrer algumas baixas, capitulado a 5.11.

4.11.1904 - Seringal Minas Gerais — Nuevo Iquitos
5.11.1904 - Seringal Minas Gerais — Nuevo Iquitos

1904 — ARRUAÇAS CONTRA A VACINA OBRIGATÓRIA. Grassando na cidade do Rio de Janeiro epidemia de varíola provocadora de mais de 4.000 casos fatais, o governo impôs a vacinação. A medida foi explorada por alguns políticos oposicionistas que souberam aproveitar a falta de informação prévia e a natural resistência popular a tratamento inédito e compulsório. O emprego de policiais e mesmo de elementos do Exército, garantindo os vacinadores, exacerbou os ânimos. Além de choques entre a polícia e agitadores ou populares irritados, ocorreu o levante (15.11) da Escola Militar do Realengo, minimizado em suas conseqüências pela energia do comandante, gen. Hermes da Fonseca. Na Escola Militar do Brasil, o comando foi assumido pelo gen. Silvestre Travassos com os alunos revoltados, passou por um primeiro choque em Botafogo, mas foi batido e ferido. Morreria no dia 25. Entre os alunos igualmente feridos, Eurico Gaspar Dutra. Gente do povo e políticos concentraram-se em fantasioso reduto denominado Porto Artur, por influência de episódio heróico muito divulgado relacionado com a guerra russo-japonesa, reduto prontamente abandonado quando se tornou alvo dos canhões do navio *Deodoro*. Em Salvador, BA, ex-aluno da Escola Militar do Brasil amotinou o 9º BI, no qual servia, em solidariedade ao levante do RJ. Morreu combatendo.

14.11.1904 - Rio de Janeiro
18.11.1904 - Salvador

1904-1930 — CORRERIAS DE "CORONÉIS". A patente e o título mesmo sem aquela procediam da Guarda Nacional. Mas o poder que significavam foi efetivamente exercido. Mandando e desmandando, elegendo e depondo, nomeando e fazendo demitir, os "coronéis" deram feição e ritmo à vida das suas cidades, às quais eram profundamente devotados. Progresso e decadência dos municípios interioranos freqüentemente dependeram mais deles do que dos governadores de estado. A fim de manter esse poder chegaram a recrutar e armar verdadeiros corpos de tropa e fazê-los combater contra rivais, contra o governo estadual ou contra inimigos deste e da ordem vigente, a exemplo da feroz campanha movida por alguns dos coronéis, com o emprego de centenas de jagunços, desde o sertão baiano à fronteira boliviana, em teimosa e aguerrida perseguição à Coluna Prestes. Desenvolveram um "espírito de classe". A 4.10.1911 celebraram o Pacto de Juazeiro, tendo como árbitro o padre Cícero Romão Batista. Finalidade principal: "que se estabelecesse definitivamente uma solidariedade política entre todos, a bem da organização do partido (Partido Republicano Conservador) os adversários se reconciliassem, e ao mesmo tempo lavrassem um pacto de harmonia política". Mas o núcleo central do Pacto estava no artigo 2º: "Nenhum chefe procurará depor outro chefe, seja qual for a hipótese". Assinaram-no 17 coronéis. Mas não eram gente de paz. Os coronéis Rodrigues Coelho (Militão) e Horácio de Matos e aliados enfrentaram-se durante cinco meses, combatendo-se em território de dez municípios, com mais de 500 lutadores de cada lado. Em 1919-1920, Horácio, com 1.000 aliciados, ocupou Lençóis sem que a polícia pudesse impedi-lo. Em 1920, paixões exacerbadas pelos resultados das eleições estaduais de 29.12.1919, induziram homens do nível de Rui Barbosa, Otávio Mangabeira, Luiz Viana e outros com receio de fraudes eleitorais, a aceitar a ajuda de coronéis como Horácio, Anfilólio Castelo Branco, Abílio Rodrigues de Araújo, Marcionílio Antônio de Souza. Os coronéis, depois de ousadas proclamações-desafios, bateram força policial estadual, ocuparam cidades, ameaçaram a capital, fazendo alto apenas diante de tropa do Exército e acomodando-se com a intervenção federal decretada pelo presidente Epitácio Pessoa em 23.2.1920. Juazeiro esteve sob perigo de invasão pelos 1.000 jagunços dos coronéis liderados por Castelo Branco. Nazaré padeceu igual receio defrontada pelos 500 *cabras* do cel. Marcionílio. Horácio impôs ao governo federal condições pesadas para consentir na "pacificação" da sua zona. José Américo de Almeida (*O Ano do Nego*) relatou: "No tempo do coronel Rego Barros (...) os homens de Santa Cruz de Franklin Dantas atacaram Patos, Soledade, São Mamede, Taperoá e São João sem maior oposição. Se não fosse a intervenção do exército (...) teria levado tudo de vencida". Homens afeitos ao poder discricionário, sempre ligados à fonte do poder, os coronéis permaneceram ao lado do governo Washington Luís, inabilitados que estavam a compreender e aceitar os clamores de renovação política nacional. Assim, constituíram-se em alvo preferencial dos *tenentes* vitoriosos em 1930 e, de modo geral, feitos governadores dos estados onde, principalmente, pontificavam os coronéis. Foram progressivamente cerceados, isolados, desarmados, até mesmo humilhados. Quatro combates de envergadura assinalam o apogeu do seu poderio guerreiro:

27.6.1904 - Crato
15.5.1915 - Porteiras
15.1.1917 - Garanhuns
?.7.1918 - Pilão Arcado
19.1.1925 - Lençóis

1906 — REVOLTA DE GENEROSO PONCE. Polarizando sentimentos generalizados na região sob sua liderança, Generoso Ponce organizou Divisão Revolucionária (duas brigadas de infantaria e uma de cavalaria) e endereçou-a contra Cuiabá. Visava depor o governo do cel. Antônio Paes de Barros, o qual inculpava de despotismo. Foi a respeito dessa revolta que Rui Barbosa, no Senado, defendeu o direito de insurreição "onde quer que falte a justiça".

16.5.1906 - Corumbá
24.5.1906 - Cáceres
8.6.1906 - São Lourenço
10.6.1906 - Pindaival
21.6.1906 - Morro do Gambá/ Cuiabá
29.6.1906 - Cuiabá
6.7.1906 - Coxipó do Ouro

1907-1911 — LEVANTES DE BENTO XAVIER PELA EMANCIPAÇÃO DE MS. O reclamo de um estado emancipado no sul de MT motivara os levantes de 1892 (Muzzi) e de 1901 (Jango Mascarenhas). Ambos, reprimidos com o apoio armado do fazendeiro e líder unionista Bento Xavier da Silva. Em 1907, porém, é este quem se insurgiu, defendendo o objetivo que antes combatera. Triunfou nos choques do Passo do Amanhã e da Fazenda Itá mas, pesadamente vencido em Dourados, refugiou-se no Paraguai. Dali, por quatro anos, incursionou e combateu em chãos do Mato Grosso. Até ousou atacar Campo Grande. Falto de adesões, perseguido, vendo o antigo prestígio comprometido por abusos dos seus mercenários, exilou-se em definitivo no interior do país vizinho.

12.6.1911 - Campo Grande
?.6.1911 - Areias
9.5.1912 - Sepecuê — Ponta Porã

1910-1912 — MOVIMENTOS AUTONOMISTAS DO ALTO PURUS/ ALTO JURUÁ. A região, particularmente acometida pela crise econômica resultante da queda dos preços da borracha, entendeu-se esquecida pelas autoridades regionais e federais. Seus líderes viram na autonomia, o caminho da recuperação. As rebeliões resultaram, basicamente, da insolvência financeira. O primeiro movimento autonomista do Alto Purus ocorreu em julho de 1909, limitado, com a prisão de oito implicados. No ano seguinte, a tentativa incorporou descontentes do Alto Juruá e pregou a elevação do Acre à categoria de estado. No mesmo ano, em setembro, novo pronunciamento e combates, no Alto Juruá. Em 1912, em Sena Madureira, rebelião geral com a proclamação do Estado Livre do Acre, futura Acreânia, que existiu entre 7 de maio e 8 de junho, extinta depois de pesados combates, incêndios, mortes.

7.9.1910 - Alto Juruá
8.6.1912 - Sena Madureira

1910 — REVOLTA DA CHIBATA OU DOS MARINHEIROS. Terceira maior e a mais moderna esquadra do mundo, a armada brasileira ainda previa, em 1910, entre punições, o uso da chibata. Vinte e cinco delas, aplicadas no marujo Marcelino Rodrigues, levaram à explosão o estado de ânimo vigente entre as tripulações. Mais de uma vez, como em Fortaleza (3.1.1904), o desagrado contra a dureza dos castigos fora manifestado. Durante a noite de 21.11, a revolta. Sob a liderança de João Cândido, os marinheiros tomaram os couraçados *Minas Gerais, São Paulo* e *Deodoro* e o cruzador *Bahia.* Oficiais morreram defendendo seus navios. Ao presidente da República foi enviado ultimato: uso da força dos navios se a chibata não fosse abolida na prática (por lei já o fora) e concedidas melhorias e direitos, além da anistia. A Câmara aprovou o atendimento, em atitude negativamente comentada nos jornais do exterior. Os barcos foram entregues pelos marinheiros em perfeita ordem depois de terem sido retirados da baía para evitar confrontos que pudessem ocasionar avarias e mortes.

3.1.1904 - Fortaleza
22.11.1910 - Rio de Janeiro
25.11.1910 - Rio de Janeiro

1910 — REVOLTA DO BATALHÃO NAVAL. Seqüela do levante dos couraçados ou da chibata ou dos marinheiros, o Batalhão Naval (mais tarde Corpo de Fuzileiros Navais) revoltou-se a 9.12. O governo, sem hesitação, ordenou bombardeio e ataque à Ilha das Cobras, sede da unidade. Ao ser ocupado, o quartel contava, vivos, 60 dos habituais 600 ocupantes. Foram os couraçados, rebeldes no mês anterior, a causar os maiores estragos no quartel e entre os revoltados do Batalhão Naval.

9.12.1910 - Rio de Janeiro

1911 — MOVIMENTO POLÍTICO CONTRA OS ACIOLI. CE. Políticos, gente do povo, civis e militares, insurgiram-se e tomaram armas em conflitos de rua, reclamando a deposição do presidente estadual Nogueira Acioli. Ao fim de alguns dias de distúrbios, combatendo a polícia estadual e batalhões "patrióticos" recrutados no interior, Acioli renunciou.

9.11.1911 - Fortaleza
29.12.1911 - Fortaleza

1912-1915 — CAMPANHA DO CONTESTADO OU GUERRA DOS FANÁTICOS. A região era reclamada pelos estados do Paraná e de Santa Catarina. A questão veio a ser solucionada no governo Wenceslau Braz (12.10.1916), solenizado pela troca do nome de Campos de Irani pelo de Concórdia. A guerra travada na área pouco ou nada teve que a relacionasse com a disputa entre os estados, embora o vazio deixado pela pendência houvesse contribuído para o clima propício ao conflito. Resultou de fermentação mística, messianismo, sebastianismo, tudo isso lastreado por miséria, abandono, doença, ignorância — situação em que vivia o povo local. Tal ambiente, já de si predisponente, foi agravado pela suspensão (1906) das obras de construção da ferrovia São Paulo-Rio Grande, cuja concessionária (Southern Brazil Lumber and Colonization) obtivera e não aproveitara grandes vantagens territoriais ao longo do traçado, expelindo os moradores. No bolso de sertanejo morto em combate havia papel no qual justificava para alguém ou para si a posição assumida: "... nóis não tem direito de terras, tudo é para as gentes das Oropa". O messianismo onipresente entre aquele povo humilde condensou-se, ao redor de 1896, em torno do eremita Anastas Marcof, francês, porém conhecido e estimado sob o nome de *monge* João Maria de Jesus. Pregava, curava, congregava, andarilhando por lonjuras. Desaparecido, um esperto ex-soldado do Exército e desertor da polícia paranaense, Miguel Lucena de Boaventura, proclamou-se, em 1912, "monge" José Maria de Santo Agostinho, sobrinho e sucessor de João Maria de Jesus. Empolgou. À mensagem religiosa, juntou a política: para que houvesse felicidade no Contestado urgia a restauração da monarquia. A república era a fonte de todos os males. Tendo lido *A história do imperador Carlos Magno,* organizou seu "Estado" à semelhança: os "nobres" chamavam-se "Os doze pares de França", espécie de escolta pessoal. Dominando gente e terras, ganhou a antipatia dos fazendeiros e a suspeita dos governos dos estados disputantes: PR e SC julgavam-no agente do outro estado na vanguarda da posse do território. SC convenceu o monge-imperador a que fosse operar além Rio do Peixe, convulsionando área junto ao PR. O PR viu em José Maria o invasor catarinense cumprindo plano de criar o clima de *uti possidetis* em favor de SC. Mandou atacá-lo pela sua polícia. Expedição rechaçada. Seguiu o comandante do Regimento de Segurança do Paraná, cap. João Gualberto Gomes de Sá Filho. Em combate que resultou em massacre, matou o monge e morreu, retalhado (22.10.1912), em Irani. Foi o começo da guerra. O desastre de Irani emocionou o país. Gualberto foi comparado com Moreira César morrendo em Canudos. Não faltou os que vislumbraram no Contestado a influência estrangeira e monárquica duramente reprimida em Canudos. *Delenda* Contestado! Afirma o historiador militar cel. Moreira Bento que 20.000 jagunços em armas controlaram uma área de 28.000 km. Repelidas as polícias, enviou-se o Exército. O gen. Carlos de Mesquita entrou na região com 1.500 soldados para ser igualmente rechaçado. Por fim, a tropa do gen. Fernando Setembrino de Carvalho triunfou sobre os sertanejos, ocupando o reduto de Santa Maria (3.4.1915). Remanescentes reagrupados instalaram pontos de resistência, Pedras Brancas e São Pedro, escaramuçando até o fim do ano. Ao Contestado sobrou drama e heroísmo. Faltou Euclides. Entre as primazias da campanha, a da utilização do aeroplano para observação do inimigo.

22.10.1912	- Irani	29.1.1915	- Fazenda do Guarda Mor
28.12.1913	- Taquaruçu	30.1.1915	- Reduto da Traição
8.2.1914	- Taquaruçu	5.2.1915	- Santo Antônio/ Timbozinho
8.3.1914	- Perdizes — Caragoatá	8.2.1915	- Santa Maria
16.5.1914	- Timbó	29(?).3.1915	- Reduto Inácio de Lima
7.9.1914	- União da Vitória	30.3.1915	- Santa Maria
26.9.1914	- Curitibanos	1.14.1915	- Caçador
12.10.1914	- Fazenda Corisco	2.4.1915	- Doze Pares de França
26.10.1914	- Salseiro	2.4.1915	- Santa Maria
2.11.1914	- Rio das Antas	3.4.1915	- Santa Maria
28.12.1914	- Piedade		
1.1.1915	- Reduto de São José		
17.1.1915	- Reduto do Josefino		

1912 — EFEITOS DA APLICAÇÃO DA POLÍTICA DE "SALVAÇÃO NACIONAL" DO PRESIDENTE HERMES DA FONSECA. BA, AM, PE, AL, SE, ES, RJ, DF. Empossado a 15.11.1910, o marechal presidente enfrentou, dias depois, revoltas de marinheiros, do Batalhão Naval, oposições fortes em estados importantes. Decidiu implantar uma ''Política de Salvação Nacional'' que mudaria a fisionomia governamental nos estados. Usando a força mais do que a habilidade, deporia as velhas autarquias estaduais, substituindo políticos por militares. Agiu de modo a provocar reação e violência em Salvador, Manaus, Recife e outras capitais. Mais dramático foi o bombardeio da Bahia.

10.1.1912 - Salvador

1913-1914 — REVOLTA DE JUAZEIRO OU DOS JAGUNÇOS. Envolveu e tendeu a beneficiar, em âmbito nacional, interesses políticos de mandatários como o mar. Hermes da Fonseca e o senador Pinheiro Machado. No cenário da luta, embora a articulação e o comando pertencessem ao deputado Floro Bartolomeu, a figura predominante foi a do padre Cícero Romão Batista, carismático, senhor da veneração de sertanejos de vários estados. Em essência, guerra civil de cunho político-regional, temperada com resíduos civilistas. Objetivo imediato: a deposição do presidente cearense, Franco Rabelo, eleito em seguida à renúncia forçada do ''pinheirista'' Nogueira Accioly. Medidas de Franco Rabelo desgostaram líderes e grupos aos quais forneceu excelente justificativa para a revolta ao destituir o padre Cícero do cargo de prefeito de Juazeiro — meca de milhares de romeiros. A cidade, um exército de voluntários misticamente entusiasmados e rede política bem urdida fizeram de Juazeiro — sob a tutela espiritual do padre — reduto imune ao assalto e ao cerco de força policial. Moral elevado, os jagunços passaram à ofensiva, chegando a Fortaleza. Ocorreu a esperada intervenção federal (14.3.1914), acordo com o padre Cícero e retorno triunfal dos jagunços-romeiros.

20.12.1913 - Juazeiro
23.1.1914 - Juazeiro
24.1.1914 - Crato
27.1.1914 - Barbalha
22.2.1914 - Igatu

1913 — REVOLTA POLÍTICO-POPULAR CONTRA O GOVERNO AMAZONENSE E A MANAOS IMPROVEMENTS. AM. Uma alta súbita e exagerada nas taxas de água e esgoto cobradas pela concessionária Manaos Improvements encontrou o povo manaora ainda trabalhado por desavenças político-partidárias devido à existência, desde 15.12.1912 de duas Câmaras. A 22.12 o chefe do governo, Bittencourt, foi deposto por oficiais da Força Pública que lhe deram Jônatas Pedrosa por substituto. A mesma Força Pública foi mandada invadir residências e cortar o abastecimento de água dos usuários inadimplentes. A 15.6.1913 os policiais recusaram-se a tal serviço e juntaram-se ao povo no depredar a sede da Manaos

Improvements. Mas logo, o movimento popular derivou para escoadouro de ódios políticos com empastelamento de jornais e outras violências. O presidente acolheu-se ao quartel federal, a população entrou em pânico. O cel. Belo Brandão, à frente da reação fez bombardear pelo 19º Grupo de Artilharia e atacar pelo 46º B.I., o quartel policial. Segundo Hélio Silva (*História da República Brasileira*), tomado este quartel foram prontamente fuzilados todos os praças rebelados. Inglaterra e Estados Unidos exigiram forte indenização pelos estragos na empresa Manaos Improvements, sendo atendidos. O povo retornaria às barricadas e aos combates de rua, politicamente motivado a 1.1.1917.

15.6.1913 - Manaus
1.1.1917 - Manaus

1915 — MOTIM MILITAR POR DIREITOS POLÍTICOS. RS. Considerado pelos governos estadual e federal como simples "ato de indisciplina", o motim de janeiro de 1915 foi o mais sério e melhor organizado de vários que vieram a seguir reclamando para a tropa melhores soldos e direitos políticos.

22.1.1915 - Rio Grande

1916-1917 — REVOLTA DOS CONSERVADORES DE MT. Eleito presidente estadual pelo Partido Republicano Conservador, o gen. Caetano de Faria e Albuquerque rompeu com essa agremiação e atritou com a Assembléia. Os conservadores tomaram armas dominando Bela Vista, onde o major Antônio Gomes Ferreira da Silva comandava unidade de cavalaria da polícia. Ele ganhou o choque de Água Amarela. Ocorreram combates em Poconé, Arica, Itaici com vitória do governo. No Córrego do Rosário, triunfaram os revoltados, os quais, contudo, foram eliminados como força combatente em Miranda (8.2.1917). Mas o Presidente da República, intervindo, deu aos rebeldes a vitória que não haviam alcançado no campo. A pacificação completa somente foi alcançada em 1918 com a eleição para a presidência estadual, de dom Aquino Correia, arcebispo de Cuiabá.

15.9.1916 - Córrego Rosário
18.9.1916 - Água Amarela
8.2.1917 - Miranda

1817-1918 — PRIMEIRA GUERRA MUNDIAL. Iniciada na Europa em 1914, recebeu do Brasil estrita neutralidade. Porém, submarinos alemães, em campanha sistemática contra todas as bandeiras marítimas, afundaram barcos nacionais: *Paraná, Tijuca, Lapa, Macau, Guaíba*. Em decorrência, a 26.10.1917, o país declarou guerra contra os agressores. Força naval brasileira passou a patrulhar o Atlântico sul. No fim do ano estava constituída a Divisão Naval em Operações — D.N.O.G. —, confiada ao C.-Alm. Pedro Max de Frontim, integrada por cruzadores, contratorpedeiros e rebocador. No porto africano de Dacar, a D.N.O.G. foi acometida por epidemia de "gripe espanhola" que ocasionou 156 baixas. Em missão, navegou 15.694 milhas. Foi dissolvida a 25.6.1919. Além da Divisão, grupo de pilotos navais esteve à disposição da RAF — Royal Air Force — inglesa e a Missão Médica Militar Brasileira permaneceu às ordens do Alto Comando Aliado. O Exército esteve presente ao conflito graças à Comissão de Estudos das Operações de Guerra, integrada por 24 oficiais atuantes entre as forças francesas, a ponto de oito deles terem sido promovido por atos de bravura. O general Felipe Aché comandou a Comissão e a Missão Médica.

14.9.1914 - Ilha da Trindade
?.4.1917 - Porto Grande — Ilha de São Vicente
3.4.1917 - Barfleur
20.5.1917 - Brest
18.10.1917 - Biscaia
10.11.1917 - Gibraltar

1918 — LEVANTE DE ANARQUISTAS. A 18.11, anarquistas do Rio de Janeiro, mobilizando metalúrgicos, tecelões e participantes de outras categorias de trabalhadores, tentaram ocupar o palácio presidencial, a Câmara, o Senado, arsenais e quartéis. Começaram por atacar delegacia distrital de polícia, cuja guarnição resistiu o tempo necessário para que o alarme fosse dado e o reforço de infantaria e cavalaria fizesse debandar os anarquistas.

18.11.1918 - Rio de Janeiro

1922 — LEVANTE DO FORTE DE COPACABANA OU DOS 18 DO FORTE. INÍCIO DOS LEVANTES TENENTISTAS. Primeiro episódio do ciclo de levantes ditos tenentistas e que culminaria em 1930, o Levante do Forte ganhou relevo graças à atuação de militares e de um civil que se dispuseram a lutar e morrer, em público, enfrentando desesperançadamente forças muito superiores. A 5.7 os fortes da Vigia e de Copacabana mostraram-se revoltados contra o governo de Epitácio Pessoa e a crise econômico-política que gravava a vida nacional. Isolados, o Forte da Vigia disparou um tiro, o de Copacabana foi intimado à rendição. Alguns obstinados da guarnição, inflamados pela pregação e pelo exemplo de Siqueira Campos, mais um civil, Octávio Correia, que se incorporou ao grupo já na marcha suicida pela Avenida Copacabana, enfrentaram centenas de soldados governistas. Discute-se quantos foram na realidade. Eduardo Gomes referiu-se a onze. Fala-se em quinze. Porém, o mito consagrou dezoito. A quase totalidade morreu ou ficou seriamente ferida, documentando ao país a exaltação em que se encontrava a jovem ala militar denominada tenentista. Quem eram e o que era o tenentismo? "O fenômeno do tenentismo ainda não foi bem estudado, devendo ser correlacionado aos problemas da classe média. Num país em que as oportunidades de vida eram difíceis e os estudos e carreiras liberais representavam um peso monetário, o Exército continuava a ser o refúgio de uma classe sem recursos. É assim que os nossos oficiais são de origem simples, de pais comerciantes, funcionários e pequenos fazendeiros, conquistando democraticamente os postos pela capacidade e não pela posição social. Além do mais, o seu recrutamento era feito em todo o Brasil, dando oportunidade de comparar a situação e a corrupção geral. (...) Partiu do próprio Exército esta ânsia renovadora. Numa nova geração militar, que refletia os angustiantes problemas da Primeira Grande Guerra e do superamento de uma estrutura econômica, política e social, surge a consciência da necessidade de mudança do poder e não mais, como em anteriores tentativas militares, a aspiração ao poder. Os tenentes, com suas incertezas, sem programa definido e sem consciência de classe, vão desviar para a política toda a sua atividade e fazer da revolução a arma para alcançar seus ideais" (Edgar Carone). "... não tinham um programa, não possuíam uma doutrina, não tinham organização alguma e, a uni-los, havia apenas o desejo de derrubar o governo", segundo Agildo Barata Ribeiro. "... apesar das deficiências que possam ser argüidas aos seus principais dirigentes, o tenentismo representou um elevado papel. Foi ele o incontestável remexedor de idéias, o preparador da revolução espiritual que se seguiu à revolução armada. Graças à agitação por ele provocada no nosso marasmo partidário, o homem brasileiro sentiu a necessidade de uma política mais grandiosa e sem o tacanhismo e a miopia facciosa do passado", registrou Virgínio Santa Rosa.

5.7.1922 - Rio de Janeiro
6.7.1922 - Rio de Janeiro

1923 — REVOLTA DOS LIBERTADORES. Em 1922, pela quinta vez, Borges de Medeiros fizera-se eleger presidente do RS. A Aliança Liberal, oposição, que votara em Assis Brasil, impugnou o resultado, afinal validado pelo Tribunal Arbitral. Os libertadores, inconformados e polarizando variada gama de descontentamento regional, passaram do protesto às armas. Ao fazê-lo, basicamente, tentavam criar condições para uma intervenção federal de vez que reconheciam distante a possibilidade de vitória militar que desalojasse Borges e os seus. Os combates sucederam-se até agosto, quando a paz foi acordada em Pedras Altas.

11.1.19123 - Casca — Campo do Meio
12.11923 - Palmeira
4.2.1923 - Sarandi
12.2.1923 - Caí
26.2.1923 - Arroio do Gil
1.3.1923 - Camaquã
4.3.1923 - Machadinho
18.3.1923 - Capão Bonito
30.3.1923 - Uruguaiana
3.4.1923 - Uruguaiana
7.4.1923 - Palomas
7.4.1923 - Passo do Guedes
12.4.1923 - Santa Maria
15.4.1923 - Bento Rengo
18.4.1923 - Osório
8.5.1923 - Invernada Velha
15.5.1923 - Santa Maria Chico
19.6.1923 - Ibirapuitã
17.9.1923 - Barra do Ouro
27.9.1923 - Rio das Contas
14.10.1923 - Campo dos Marcelinos
27.10.1923 - Olhos d'Água
27.10.1923 - Ibicuí da Armada
29.10.1923 - Pelotas
3.11.1923 - Bento Gonçalves
3.11.1923 - Santa Maria

1924-1925 — REVOLTA DE SÃO PAULO OU DOS TENENTES OU DO GENERAL ISIDORO. Em São Paulo, centro politizado e em acelerado proceso de urbanização e de industrialização, e contudo ainda centro da cafeicultura e da política agrária tradicional, o tenentismo identificou ambiente para continuar a contestação armada ao imobilismo sócio-político vigente. Confiou a chefia ostensiva ao prestigioso gen. Isidoro Dias Lopes, secundado pelo ativismo revolucionário do maj. Miguel Costa, influente especialmente na Força Pública do estado. A 5.7, os revoltados dispararam os primeiros tiros e a 8 dominavam 'a cidade dentro da qual, contudo, ficaram circunscritos, sem haver obtido adesões do proletariado e sem conquistar a simpatia da classe média. Somando, no máximo, 3.500 combatentes, viram-se diante de 14.000 governistas apoiados por copiosa artilharia. À medida que estes canhões batiam indiscriminadamente a cidade, fazendo centenas e centenas de vítimas civis e causando danos vultosos, o alheamento inicial da população foi se tornando animosidade em relação aos revoltosos. Tal situação, somada à constatação da inviabilidade de vitória e ao perigo militar de envolvimento e asfixia, aconselharam o abandono da cidade, a luta no interior, a criação de uma república de espírito tenentista em algum lugar do oeste brasileiro. Partiram, em busca do MT, porém a tomada de posição pró-governo da guarnição daquele estado fez com que os comboios revolucionários mudassem de ferrovia, atingindo MT, porém ao sul. Depois de combates pouco felizes, tomaram outro rumo, ingressando no PR, onde desenvolveram longa e dura campanha à espera dos camaradas revoltados no RS e em marcha para a junção, que se daria no oeste paranaense fazendo nascer a Coluna Costa-Prestes ou, mais propriamente, Coluna Prestes.

1924 — REVOLTA TENENTISTA NA AMAZÔNIA. Motivado pelo levante de São Paulo, o ten. Alfredo Augusto Ribeiro Júnior promoveu revolta dirigida declaradamente contra a "oligarquia dos Rego Monteiro". Vitorioso no golpe, instalou Conselho Governativo de militares e um governo de avanços que causaram estupefação: criou o Tributo de Redenção — pesados impostos sobre os abastados para socorrer os pobres, extinguiu casas de jogos, prendeu atacadistas de gêneros alimentícios, expropriou o matadouro — propriedade de capitalistas ingleses — entregando sua exploração à Comuna de Manaus. Esse governo durou trinta dias; tentou expandir-se pela Amazônia, havendo feito ligação com os revoltados do forte de Óbidos, onde atuou o próprio líder Ribeiro Júnior. Óbidos suportou bombardeio e ataque por todas as forças que pôde reunir o comandante da Circunscrição Militar, João de Deus Mena Barreto. Tomou o forte a 20.8 e ocupou a militarmente abandonada Manaus.

1924 — REVOLTA TENENTISTA NO RIO GRANDE DO SUL. De 28 para 29 de outubro, Luís Carlos Prestes obteve que se levantasse parte das guarnições de Uruguaiana e Santo Ângelo. Em São Borja, o trabalho de aliciamento e revolta foi desenvolvido por Siqueira Campos e João Francisco Honório Lemes. Impossibilitados de sustentarem operações no RS, rumaram para o oeste do PR visando junção com os tenentistas saídos da capital de São Paulo e fixados entre Guaíra, Foz do Iguaçu, Santa Helena, Serra dos Medeiros. Os gaúchos somavam aproximadamente 800 combatentes conduzidos por Prestes e os tenentes-coronéis João Alberto Lins e Barros, Antônio Siqueira Campos, Osvaldo Cordeiro de Farias; majores Paulo Kruger, Manoel Alves de Lira; cap. Ari Salgado Freire, entre outros. Durante a marcha, o gen. Isidoro promoveu Prestes a coronel.

1924 — REVOLTA TENENTISTA EM SERGIPE. No dia 12 de julho, o cap. Eurípedes Esteves de Lima e os tenentes Augusto Mainard Gomes e Luís Freire, com apoio de sargentos, em nome dos ideais tenentistas naquele momento defendidos em ferozes combates na capital de São Paulo, revoltaram o Batalhão de Caçadores de Aracaju. Instalaram governo que durou quase 20 dias, tomaram medidas militares de defesa, mas foram subjugados por tropas provenientes de AL.

1924-1925 — REVOLTAS TENENTISTAS NO AMAZONAS, RIO GRANDE DO SUL, SÃO PAULO, SERGIPE

4.6.1924 - Barretos
9.6.1924 - Barca
5.7.1924 - São Paulo
6.7.1924 - São Paulo
8.7.1924 - São Paulo
12.7.1924 - São Paulo
12.7.1924 - Aracaju
14.7.1924 - São Paulo
17.7.1924 - São Paulo
21.7.1924 - São Paulo
23.7.1924 - São Paulo
23.7.1924 - Manaus
25.7.1924 - São Roque
26.7.1924 - Pinhal
31.7.1924 - Botucatu
2.8.1924 - Aracaju
3.8.1924 - São Manoel
17.8.1924 - Três Lagoas
20.8.1924 - Rio Amazonas
25.8.1924 - Óbidos
9.9.1924 - Porto Cinco de Julho/ Porto São João
14.9.1924 - Guaíra
25.9.1924 - Passo Conceição
25.9.1924 - Três Rios
27.10.1924 - Mundo Novo
31.10.1924 - Alegrete
1.11.1924 - Itaqui
1.11.1924 - Recreio
3.11.1924 - Alegrete
10.11.1924 - Barro Vermelho
10.11.1924 - Cachoeira
10.11.1924 - Dom Carlos/Jacaré
11.11.1924 - Itaqui
14.11.1924 - Santa Maria
15.11.1924 - Serra dos Medeiros
16.11.1924 - Saicã
17.11.1924 - Guaçu-Boi
18.11.1924 - Cacequi
22.11.1924 - Passo Cação
24.11.1924 - Belarmino
24.11.1924 - Rocinha
27.11.1924 - Camaquã
27.11.1924 - Seival
3.12.1924 - Tupancerità
7.12.1924 - Arroio Irapuá/Passo Caldeirão
8.12.1924 - Carretas
11.12.1924 - Galpões
27.12.1924 - São Luís
29.12.1924 - Porto das Barcas
30.12.1924 - Conceição
1.1.1925 - Ijuí
3.1.1925 - Ramada
6.1.1925 - Campos Novos
7.1.1925 - Maria Preta
9.1.1925 - Passo Bormann
11.1.1925 - Belarmino
21.1.1925 - Formigas
25.1.1925 - Iracema
19.2.1925 - São Francisco
24.2.1925 - Maria Preta
27.3.1925 - Catanduvas
2.4.1925 - Mutum
15.4.1925 - Guaíra
22.4.1925 - Sororó
27.4.1925 - Porto Mendes
21.5.1925 - Rio de Janeiro
31.5.1925 - São Paulo
16.9.1925 - Prata

22.11.1925 - Bom Jesus/Morro Agudo	11.12.1926 - Guarapuava
19.11.1926 - Aracaju	17.12.1926 - São Joaquim
4.11.1926 - São Gabriel	17.12.1926 - Pelotas

1924 — REVOLTA TENENTISTA DO COURAÇADO *SÃO PAULO*. Vasta conjura político-militar cogitava de inflamar a capital da República mediante a insurreição de unidades combatentes, fortalezas e a esquadra. A polícia liquidou a conspirata na véspera da sua eclosão. O couraçado *São Paulo* fez cumprir o tratado: revoltou-se e, levando consigo o *Goiás*, tentou sair a barra, de vez que o plano geral fracassara. O *Goiás* ficou e rendeu-se ao *Minas Gerais*. O *São Paulo* foi até Montevideo, onde entregou-se à autoridade local.

4.1.1924 - Rio de Janeiro

1925 — ASSALTO TENENTISTA AO QUARTEL DO III/RI. Episódio exemplificativo da exaltação tenentista, na seqüência de levantes e motins que abalaram política e militarmente o decênio para concluir com a participação dos "tenentes" na revolução liberal de 1930. Grupo revolucionário desfechou golpe-de-mão sobre o quartel, na Praia Vermelha, Rio de Janeiro. Tentativa repelida ao fim de curto tiroteio, o qual provocou algumas baixas, sendo mais notável a do ten. Jansen de Melo.

21.5.1925 - Rio de Janeiro

1925-1927 — COLUNA COSTA-PRESTES OU COLUNA PRESTES. Em Benjamim, oeste do PR, depois de meses de marchas e lutas singularmente duras, encontraram-se as duas Divisões: de São Paulo e do Rio Grande. A primeira, sob chefia nominal do gen. Isidoro Dias Lopes. A Divisão chegada do sul, conduzida por Luís Carlos Prestes. Em seguida à derrota sofrida em Catanduvas, o gen. Isidoro entendeu chegada ao término a luta formal e liberou os diversos subchefes para que tomassem decisão coerente com seus propósitos e a situação militar. Entendimentos e dissensões levaram alguns dos revolucionários gaúchos e paulistas à emigração. Outros, no máximo 1.200, de ambas as origens, fundiram-se numa Divisão e sob o comando superior do gen. Miguel Costa, tendo como chefe do E/M a Luís Carlos Prestes, decidiram continuar a luta contra o regime e contra o presidente Artur Bernardes, onde possível e a todo custo. Diz a oficial *História do Exército Brasileiro:* "... assumiria Miguel Costa a chefia da coluna... À frente do seu estado-maior, Prestes —

aquele que lhe daria o nome...''. Pressionados por volumosas forças governamentais, não havendo como romper tal cerco, os tenentistas enviaram na direção de Foz do Iguaçu tropa de despistamento chefiada por Deusdedit Loiola e, partindo dos portos Mendes e Artaza (27/28.4.1925), saltaram no porto paraguaio de Adela. Cruzaram 26 léguas de território guarani, reentrando (30.4.1925) no Brasil pelo Porto Lindo sobre o Rio Iguatemi. Começavam marcha de quase 25 mil quilômetros, combatida incessantemente por forças regulares, policiais, jagunços, cangaceiros e políticos civis, sem nunca haver sofrido derrota significativa. A Coluna Prestes percorreu e lutou em Mato Grosso, Goiás, Minas Gerais, Piauí, Ceará, Rio Grande do Norte, Paraíba, Pernambuco, Bahia, Minas Gerais, Bahia, Pernambuco, Piauí, Goiás e Mato Grosso, indo e vindo. Concluído o período presidencial de Artur Bernardes, assumindo Washington Luís, que acenava com anistia e reformas, a Coluna considerou cumprida sua tarefa e penetrou na Bolívia (3.2.1927), levando 600 homens, metade, aproximadamente, do efetivo inicial. Deixando à retaguarda, para desviar a perseguição, o destacamento Siqueira Campos proporcionou a este a oportunidade para realizar o que foi tido por ''epopéia dentro da epopéia''. Siqueira traçou circunferência de mais de 1.500 quilômetros de raio em MT e MG, na velocidade média de 20 léguas por dia, cobrindo 9.000 quilômetros em cinco meses. Ignorando que o grosso da Coluna passara a fronteira boliviana, continuou a evoluir, atraindo tropas do governo, combatendo-as como se estivesse dando proteção ao corpo principal dos revolucionários. Sobre a Coluna, Hélio Silva (*1926 — A Grande Marcha*) escreveu: ''não representa apenas um feito militar extraordinário, classificado pelo Pentágono como um dos mais expressivos da guerra de guerrilhas da História Contemporânea. Seu valor maior reside, justamente, nas conseqüências político-sociais que se desenrolaram de forma admirável, após a sua caminhada vitoriosa''.

6.5.1925 - Panchita
7.5.1925 - Patrimônio da União
8.5.1925 - Porto Carlos
13.5.1925 - Rio Apa
18.5.1925 - Paraíso
15.6.1925 - Capela
27.6.1925 - Mineiros
29.6.1925 - Invernada Zeca Lopes
24.7.1925 - Anápolis
28.7.1925 - Santa Luzia
6.8.1925 - Arraial Velho
21.8.1925 - Urucuia
29.8.1925 - Santa Maria do Taguatinga
5.12.1925 - São Felix
7.12.1925 - Uruçuí
8.12.1925 - Almeida
10.12.1925 - Nova Iorque
19.12.1925 - Araças
28.12.1925 - Flores
28.12.1925 - Teresina
14.1.1926 - Valença

16.1.1926 - Picos
18.1.1926 - Picos
23.1.1926 - São Domingos
3.2.1926 - Ladeira do Miuns
4.6.1926 - São Miguel
8.2.1926 - Boqueirão da Curema
9.2.1926 - Piancó
11.2.1926 - Piancó
14.2.1926 - Carneiro
15.2.1926 - Betânia
18.2.1926 - Gravatá
18.1.1926 - Mulungu
20.2.1926 - Campo Alegre
22.2.1926 - Cipó
3.3.1926 - Várzea da Ema
27.3.1926 - Tiririca do Açuruá
28.3.1926 - Barra do Mendes
30.3.1926 - Água de Rega
19.4.1926 - Água Quente
22.4.1926 - Serra Nova
7.5.1926 - Mocugê
13.5.1926 - Canabrava do Gonçalo
14.5.1926 - Maxixe
22.5.1926 - Brejo da Brasa
23.5.1926 - Barra
27.5.1926 - Limoeiro
26.5.1926 - Joá
31.5.1926 - Brejo
9.6.1926 - Brejão
10.6.1926 - Canavieiras
26.6.1926 - Campina
9.7.1926 - Ouricuri
22.7.1926 - Tranqueiras
25.7.1926 - Tanque Novo
27.7.1926 - São José
31.7.1926 - Uruçuí
18.8.1926 - Vereda do Arraial
27.8.1926 - Alto Alegre
15.9.1296 - Caldas
19.9.1926 - Paraíso
1.10.1926 - Taboca
6.10.1926 - Ponte de Pedra
9.10.1926 - Rio Bonito
11.10.1926 - Curralinho
13.10.1926 - Bom Jardim
18.10.1926 - Dona Rosalina
26.10.1926 - Jauru
28.10.1926 - Boa Esperança
1.11.1926 - Nioaque
8.11.1926 - Onça — Santa Rita do Araguaia
10.11.1926 - Praia Rica
14.11.1926 - Voadeira
17.11.1926 - Candieiro
22.11.1926 - Rio Bonito
27.11.1926 - Rio Claro
28.11.1926 - Guarda-Mor
28.11.1926 - Pilões
1.12.1926 - Sertãozinho
2.12.1926 - Joaquim Gregório
2.12.1926 - São Lourenço
6.12.1926 - Itiquira
7.12.1926 - Bom Jesus
11.12.1926 - Arnica
19.12.1926 - Garças
20.12.1926 - Sagrado Coração
23.12.1926 - Sangradouro
24.12.1926 - Capim Branco
28.12.1926 - Manso Pequeno
25.1.1927 - Piúva
28.1.1927 - Pantanal
29.1.1927 - Fumaça
14.2.1927 - Paracatu
18.2.1927 - Imburanas

1926-1927 — REVOLTA NO RIO GRANDE DO SUL. De formação complexa quanto a seus elementos, mas de nítida sintonia com o ideário e a agitação nacional tenentista, recebeu suporte do Partido Libertador e orientação e prestígio militar do gen. Isidoro Dias Lopes. Estrategicamente, contava fazer com que fossem destinadas àquele estado parte da crescente força governamental que pressionava a Coluna Prestes então em marcha pelo Centro-Norte-Nordeste do país. Grupos de insurgentes, com a adesão de marinheiros do couraçado *São Paulo* (revoltado na Guanabara em novembro de 1924 e entregue às autoridades em Montevideo), invadiram o RS tendo entre os chefes operacionais os *tenentes* Estilac Leal, Amaral Peixoto, Stênio Caio de Albuquerque. Apesar do esforço despendido, em janeiro de 1927 o governo estadual pôde garantir que dominava a situação.

14.11.1926 - São Gabriel
16.11.1926 - Santa Maria
27.11.1926 - Seival
16.12.1926 - São Joaquim
25.12.1926 - Santa Bárbara

1926 — LEVANTE DO BATALHÃO DE CAÇADORES DE ARACAJU. SE. A inquietação tenentista difundida pelo país tinha em Aracaju líderes militares capazes e insistentes: o cap. Eurípedes Esteves, os tenentes Augusto Mainard Gomes, João S. de Melo e Manuel de Mendonça. Em julho de 1924, com outros oficiais e sargentos, sublevaram a unidade, chegando a proclamar instalado por vinte dias um governo de inclinação tenentista. Vencida a revolta, não se deixaram prender. Em 1926 o mesmo BC foi novamente amotinado, tentando repetir a façanha de dois anos antes, porém sendo derrotado por completo ao fim de quatro horas de combate.

19.1.1926

1930 — LEVANTE DE PRINCESA. PB. João Pessoa presidia o estado e figurava na chapa liberal de Getúlio Vargas para as eleições do ano, disputando a vice-presidência da República. Internamente, não alcançava superar dificuldades no entendimento com a oposição. Esta passara a contar com a simpatia do governo central de Washington Luís à medida que Pessoa se envolvia na política federal. Certas medidas forneceram argumentos para seus opositores enrijecerem posições: agravos fiscais; discriminação dos centros interioranos de irradiação comercial para favorecer o porto; listas de candidatos a cargos eletivos privilegiando políticos da capital. Os opositores foram às armas liderados pelo coronel José Pereira Lima, chefe da região de Princesa, cidade proclamada centro de um Estado Livre cuja existência justificaria uma logo solicitada intervenção federal. Princesa armou 2.000 homens para enfrentar os aproximadamente 800 policiais e venceu a maior parte dos combates. Mobilizou grupos volantes para inquietar todo o estado e pulverizar o efetivo policial e os parcos recursos de guerra do governo. O assassinato de João Pessoa, ocorrido no Recife e por razões pessoais, fez mudar a situação e, praticamente, cessar a luta. Em fins de outubro, vitoriosa a revolução nacional, as posições mudavam na PB, passando o coronel Pereira Lima à condição de foragido.

28.2.1930 - Teixeira
8.3.1930 - Imaculada
22.3.1930 - Patos
24.3.1930 - Água Branca
24.3.1930 - Patos
28.3.1930 - Tavares
29.3.1930 - Tavares
17.4.1930 - Alagoa Nova
17.4.1930 - Sítio
18.4.1930 - Sítio
19.4.1930 - Tavares
17.5.1930 - Manguenza
17.5.1930 - Boa Ventura
28.5.1930 - Alagoa Nova
29.5.1930 - Alagoa Nova
5.6.1930 - Água Branca
10.7.1930 - Almas — Pombal

1930 — REVOLUÇÃO LIBERAL NACIONAL. A inalterável fisionomia política vigente desde 1889 conseguira, ao longo dos anos 20, assimilar alguns agravos. Movimentos de protesto, militares e civis, não abalaram a sistemática regida pelo Partido Republicano. A crise econômica mundial aberta em 1929 pela quebra da Bolsa de Nova York agudizou a crise brasileira. O país evoluíra, sustentado pelo café, animado pelo surto industrial que seguira a Primeira Guerra Mundial. Mas não o suficiente para atender aos reclamos gerais por mudanças rápidas e abrangentes. Ao fim da década, o Brasil febricitava: choque entre idéias liberalizantes e o rígido esquema do partido no poder; entre o capitalismo em organização e os reclamos trabalhistas expressados por greves e agitações de rua; entre o industrialismo em ascensão e a arraigada estrutura agrária. Mas o presidente Washington Luís entendeu necessária à saúde financeira do país, em momento de pânico econômico mundial, a firme continuidade de governo. Decidiu fazer seu sucessor alguém que o seguisse: Júlio Prestes, paulista. Vitoriou-se na convenção, porém viu estruturar-se contra o ungido oficial oposição como jamais houve na política republicana. Concentrada no RS e na PB ganhara a adesão das MG agastadas com a brusca interrupção da tradicional gangorra sucessória que, pelo calendário, indicaria um mineiro para a Presidência. A oposição fez campanha eleitoral com a disposição de não reconhecer derrota. Esta significaria apelo às armas. Tal propósito recebeu o substancial reforço ideológico e técnico-profissional dos tenentistas desiludidos quanto a obter reformas para o país e anistia para os implicados em vários golpes e revoltas desde 1922. As eleições deram vitória ao governo. A oposição articulou o levante. O assassinato de João Pessoa, candidato a vice na chapa vencida, ainda que por razões pessoais, habilmente explorado e denunciado como crime governamental, empolgara a nação. A 3.10, o país explodiu. Norte e Nordeste rapidamente dominados, avultando a atividade de Juarez Távora. Salvo focos heróicos de resistência como em Porto Alegre, Belo Horizonte, Sousa-PB, todo o sistema militar do governo ruiu. A guerra teria decisão militar na divisa entre SP e PR. A "batalha de Itararé", preparada para ser a mais importante travada no continente, não aconteceu. Pois a 24.10 Washington Luís foi retirado do poder, logo assumido por Junta Militar, a qual, depois de algum tergiversar, o transferiu a Getúlio Vargas, líder nacional da revolução.

2.10.1930 - Aimorés
3.10.1930 - Belo Horizonte
3.10.1930 - Porto Alegre
3.10.1930 - Santana
4.10.1930 - Fragoso
4.10.1930 - João Pessoa
4.10.1930 - Recife
4.10.1930 - Sousa
5.10.1930 - Belém
8.10.1930 - Belém
8.10.1930 - São Luís
9.10.1930 - Imbituba
10.10.1930 - Baumer
10.10.1930 - Erval do Oeste
10.10.1930 - São Bento
11.10.1930 - Sengés
12.10.1930 - Delta
12.10.1930 - Quatiguá
14.10.1930 - Sengés
16.10.1930 - Imbituba
17.10.1930 - Canal de Santa Catarina
17.10.1930 - Morungava
19.10.1930 - Passo do Cipriano
23.10.1930 - Itapetingüi
24.10.1930 - Sauípe
27.10.1930 - Cruzeiro

1931 — SUBLEVAÇÃO DA FORÇA PÚBLICA DE SÃO PAULO. Antecedendo a revolução do ano seguinte, o braço militar dos paulistas descontentes com o governo Vargas vê frustrado o seu levante.

28.4.1931 - São Paulo

1931 — SUBLEVAÇÃO DO 21º BC DO RECIFE. Mesclando reivindicações específicas e vago descontentamento contra a política ditatorial de Vargas o BC levanta-se, domina parte da cidade, luta e rende-se ante a aproximação do cruzador *Bahia* e de aviões navais de bombardeio.

29.10.1931 - Recife
30.10.1931 - Recife

1932 — REVOLUÇÃO CONSTITUCIONALISTA. Os que a fizeram justificaram-na com a necessidade de fazer retornar o país à normalidade constitucional, tachando de absolutamente ditatorial, unipessoal e unívoco o governo dito Provisório instaurado pelos tenentistas e os liberais de 1930. Os que a condenam dizem-na revanchista, destinada a restaurar no poder as oligarquias derrubadas em 1930. O gen. Espírito Santo Cardoso, ministro da Guerra, afirmou: "... o povo de São Paulo está sendo iludido e explorado pelas sereias da politicagem..." O mar. Cordeiro de Farias viu o movimento assim: "Não foi um encontro ideológico. Foi uma luta essencialmente política... O confronto era de natureza política e não ideológica entre o Brasil e São Paulo... não éramos inimigos mas adversários". Juscelino Kubitschek, oficial médico atuante contra a revolução, viu-a mais tarde por ótica especial: "Foi uma daquelas causas pelas quais os homens podem viver com dignidade e morrer com grandeza". O gen. Góis Monteiro, comandante governista na frente norte, preferiu ser incisivo em ordem do dia: "... obra demolidora de políticos facciosos, ambiciosos e inescrupulosos". O historiador das revoluções brasileiras, Glauco Carneiro, viu-a "a mais bela das revoluções republicanas brasileiras, pelo que representou de mobilização de forças, dedicação à causa comum, tenacidade e resistência". Mas Alzira Vargas, auxiliar eficaz do pai na tarefa de comandar a repressão, entendeu de outra maneira: "A Revolução Constitucionalista não era nem uma nem outra coisa. Não era uma revolução. Era uma represália. Não era constitucionalista, pois apenas contribuiu para perturbar a constitucionalização do país". Da solidariedade mantida entre o povo paulista dá notícias o gen. Klinger: "... os ricos entregam o seu ouro, com discrição britânica e bravura romana; as senhoras despojam-se de suas jóias; os bispos entregam o ouro das igrejas e as suas próprias cruzes pastorais; os casais pobres levam à coleta suas alianças; os advogados, os médicos, os seus anéis...". No terreno militar cabe a referência encontratada na *História do Exército Brasileiro:* "O nosso maior movimento armado. O valor e a capacidade do homem, do brasileiro em face da adversidade, superaram todas as expectativas, não só no campo material, das improvisações e imaginação, mas, também, no campo da elevação moral e espiritual, diante da causa e motivação para a defesa das suas convicções". Seria obra da Frente Única, devendo irromper em vários estados. Mas somente cumpriram o combinado São Paulo e a parte sul de Mato Grosso, embora ocorressem pequenos levantes no RS, no PA e em MG e pronunciamentos no AM e na BA. Em SP uniram-se os dois partidos políticos — Republicano e Democrático — com adesão popular total consagrada pela ida aos postos de alistamento de 38.000 voluntários e a oferta de 170.000 homens e mulheres para trabalhos auxiliares. A mobilização da técnica e da economia permitiram o repentino invento e fabrico de armas, munições, bombas, minas, tanques de guerra, trens blindados, morteiros, granadas, lança-chamas. Porém, tudo isso e um exército à base de voluntários bisonhos estruturados ao redor de unidades do Exécito e da Força Pública não bastaram para enfrentar o maior e mais poderoso complexo militar até ali mobilizado no país. O bloqueio do litoral, principalmente do porto de Santos, impediu contato dos revolucionários com o exterior e frustrou as poucas tentativas de fornecimento bélico. Iniciada a 9.7, a revolução resistiu até 2.10.

12.7.1932 - Santos
13.7.1932 - Cachoeira Paulista
13.7.1932 - São José do Barreiro
13.7.1932 - Túnel/Cruzeiro
14.7.1932 - Santa Maria
14.7.1932 - Túnel
14.7.1932 - Coxim
15.7.1932 - Rio Verde
17.7.1932 - Bela Vista
19.7.1932 - Cunha
21.7.1932 - Coronel Manoel Joaquim/Guaxupé
21.7.1932 - Cunha
21.7.1932 - Ribeira
21.7.1932 - Vacaria
23.7.1932 - Santos
23.7.1932 - Tererê
25.7.1932 - Túnel
26.7.1932 - Buri
27.7.1932 - Gomeira/Cristal
1.8.1932 - Apiaí
1.8.1932 - Banhado Grande
2.8.1932 - Belém
2.8.1932 - Salto/Queluz
2.8.1932 - São Roque
3.8.1932 - Túnel
4.8.1932 - Batedor
5.8.1932 - Engenheiro Bianor
6.8.1932 - Eleutério
8.8.1932 - Itaporanga
10.8.1932 - Queluz
10.8.1932 - São Roque/Cruzeiro
12.8.1932 - Jacu Queimado/Porto Taboado
13.8.1932 - Buri
14.8.1932 - Porto Taboado
15.8.1932 - Buri
16.8.1932 - Grama
16.8.1932 - Vitorino Carmilo
17.8.1932 - Casa Branca
17.8.1932 - Cerrado
18.8.1932 - Itacoatiara
18.8.1932 - Ladário
19.8.1932 - Ipajim
19.8.1932 - Morro Grande
20.8.1932 - Cunha
20.8.1932 - Perdido/Porto Murtinho
21.8.1932 - Quitéria/Coxim
22.8.1932 - Salvador
22.8.1932 - São João
22.8.1932 - Vale do Paraíba
23.8.1932 - Divino Mestre/Cunha
23.8.1932 - Guarantinguetá
26.8.1932 - Balsa
28.8.1932 - Coxim
30.8.1932 - Fundão
31.8.1932 - Vila Queimada
1.9.1932 - Prata
3.9.1932 - Lagoa/Casa Branca
3.9.1932 - Passo da Rocha/ Soledade
3.9.1932 - Porto Esperança
3.9.1932 - Silveiras

4.9.1932 - Mogi Mirim	18.9.1932 - Capão Bonito
4.9.1932 - Morro do Gravi/Itapira	19.9.1932 - Rio das Almas
4.9.1932 - Pelotas	20.9.1932 - Mogi Mirim
7.9.1932 - Mandioca Assada	20.9.1932 - Serro Alegre
7.9.1932 - Ipanema	21.9.1932 - Ingaçaba
10.9.1932 - Porto Murtinho	24.9.1932 - Cruzeiro
10.9.1932 - São João/São Gabriel/ Santa Maria	24.9.1932 - Santos
13.9.1932 - Fão/Lajeado	25.9.1932 - Porto Esperança
13.9.1932 - Reizinho Macedo/ Caçapava	28.9.1932 - Itapeva
18.9.1932 - Amparo	28.9.1932 - Salto Grande
18.9.1932 - Campinas	30.9.1932 - Ladário
	1.10.1932 - Salto/Angatuba
	4.10.1932 - Campo Grande

1935 — LEVANTE COMUNISTA notorizado oficialmente como **INTENTONA COMUNISTA.** (*Intentona / s.f. 1. Pop. Plano insensato, intento insano. 2. Conluio de motim ou revolta.* Do *Dicionário Melhoramentos da Língua Portuguesa*). Em março, uma frente de socialistas, comunistas, tenentistas de esquerda e liberais organizou a Aliança Libertadora Nacional, que se propunha a dar "combate ao imperialismo anglo-americano e ao fascismo, pelas liberdades". No Informe ao IV Congresso do Partido Comunista, Luís Carlos Prestes afirmou: "nosso Partido tomou a iniciativa de organizar a Aliança Libertadora Nacional — frente única revolucionária antiimperialista e antifeudal". Eleito seu presidente de honra, confirmou, em discurso (5.7.1935): "Tomamos pelo único caminho que nos poderá realmente levar ao poder soviético e ao socialismo". Diante de tudo isso, a 11.7, o governo dissolveu a ALN, outras organizações esquerdistas de apoio e passou a acossar o PCB, o qual — segredo repartido com todos os interessados —, assistido por conselheiros estrangeiros, preparava revolução marxista de âmbito nacional. Articulado para ser desenvolvido em pontos estratégicos diversos, o plano combinava tática insurrecional tenentista da década anterior com assalto às sedes de governo e a técnica soviética da chegada ao poder à frente de massas adequadamente preparadas. Antecipada (22.11) no RN, a revolta implantou ali, por quatro dias, um governo comunista. Vencido em Natal, o levante rompeu a 24 no Recife, tendo fulcro no batalhão de caçadores e apoio na atividade de grupos de militantes civis. Foi debelada no dia seguinte. Mesmo conhecendo tais fracassos, a direção nacional do PC ordenou ação no RJ. Projetada para vários locais, inclusive navios de guerra, aconteceu apenas (27.11) no III/RI e na Escola de Aviação, ambos os focos dominados em seis horas de luta. Houve rescaldos de que foi exemplo o ocorrido no posto indígena Catarina Paraguaçu, BA, já em 1936.

26.10.1935 - Grossos/Mossoró	26.11.1935 - Tigipió
23.11.1935 - Natal	27.11.1935 - Rio de Janeiro
24.11.1935 - Olinda	21.7.1936 - Mossoró/Sítio do Cigano
24.11.1935 - Recife	27.10.1936 - Catarina Paraguaçu
25.11.1935 - Serra Caiada	3.11.1936 - Serra da Onça
26.11.1935 - Panelas	

1938 — LEVANTE INTEGRALISTA. A 11.5, elementos da então extinta Ação Integralista Brasileira e militares a ela filiados, comandados por liberais antigetulistas, atacaram o Palácio Guanabara, residência do presidente da República, e ocuparam o edifício sede do Ministério da Marinha. No palácio, dominada a guarda externa, os policiais do interior do palácio e membros da família Vargas resistiram até a chegada de tropa legalista. No Ministério, a resistência dos levantados, prontamente cercados, foi debelada ao amanhecer. Sobre a origem e preparo do levante, diz Glauco Carneiro (*História das revoluções brasileiras,* vol. 2, pág. 437): "o movimento revolucionário de 11 de maio de 1938 originou-se de uma ampla conspiração de liberais, a que alguns 'camisas verdes' só aderiram quando viram fechada a Ação Integralista Brasileira, em conseqüência do mesmo Estado Novo para cuja implantação eles haviam concordado". Diz Plínio de Abreu Ramos (*Os partidos paulistas e o Estado Novo,* pág. 208): "... do levante de 11 de maio de 1938, participaram todos os principais próceres da União Democrática Brasileira. Nas reuniões conspirativas com o chefe integralista, eram notadas as presenças de Otávio Mangabeira e Euclides Figueiredo, de emissários do ex-governador Flores da Cunha e de porta-vozes autorizados de Vicente Rao e Valdemar Ferreira". O livro de Euclides Figueiredo, *Contribuição para a História da Revolução Constitucionalista de 1932,* 3ª edição, pág. 47, lembra que Euclides "em 1938 aquiesceu juntamente com Armando de Salles Oliveira, Octávio Mangabeira e outros, em apoiar a tentativa de deposição de Getúlio Vargas, promovida por dissidentes do Integralismo e adversários democráticos do Estado Novo". Os partidos políticos haviam sido dissolvidos por Vargas no dia 2.12.1937.

11.5.1938 - Rio de Janeiro

1942-1945 — SEGUNDA GUERRA MUNDIAL. O conflito tivera início em 1939, na Europa, para estender-se à Ásia. No ano anterior, em Lima (Peru), o Brasil adotara os princípios da política de Boa Vizinhança Pan-americana, mas anunciava propósito de manter-se neutro. O ataque japonês à base norte-americana de Pearl Harbour fez que fosse invocado o atendimento do tratado de Lima. Depois de haver perdido 769 cidadãos, civis e militares, no afundamento de navios mercantes nacionais, e fiel à política pan-americana, o Brasil rompeu (28.1.1942) relações diplomáticas com as potências do Eixo: Alemanha, Itália, Japão. Outros navios nacionais foram afundados, ocasionando mais 225 vítimas. Em decorrência, a 22.8.1944 foi proclamado o estado de guerra contra aquelas nações. A Força Expedicionária Brasileira — FEB — sob o comando do gen. João Batista Mascarenhas de Morais seguiu para a Itália em cinco escalões, entre os dias 2.7.1944 e 8.1.1945. Incorporada ao V Exército dos Estados Unidos, a FEB lutou 239 dias enfrentando 10 divisões alemãs e três italianas. Sua atuação desenvolveu-se em quatro períodos. No primeiro, começado a 15.9.1944, conduzido pelo gen. Zenóbio da Costa, foram alcançadas as vitórias de Camaiore, Monte Prano, Fornaci, Galliano, Berga. No segundo, mês de novembro, os nacionais avançaram a oeste de Porreta-Terme, ao longo do Rio Reno. O terceiro período, a partir de fins de novembro, com a ativa participação da Força Aérea Brasileira — FAB — levou à conquista de Monte Castello e Castelnuovo. O último período, abril de 1945, foi o do apossamento de Montese, Zocca, Marano sul Panaro, Collecchio, culminando com o aprisionamento da 148ª Divisão alemã e de remanescentes da italiana Divisão Itália. Ocupando Casela, Solero, Salvatore e Castelato, e evoluindo sobre Alessandria e Turim, a FEB realizou junção com o exército francês. Nos céus da Itália operou a FEB, efetivando tal número de missões que mereceu receber distinções do comando aliado da arma. Aviação e marinha exerceram patrulhamento marítimo, provocando o afundamento de submarinos inimigos. Artur Oscar Saldanha da Gama, em *A Marinha do Brasil na Segunda Guerra Mundial* informa a perda de 10 navios de guerra, 477 oficiais e marinheiros, mais 15 marujos mortos nos 32 barcos mercantes destruídos pelo adversário. O informativo "Nomar" nº 491 do Ministério da Marinha registrou a proteção dada a "446 comboios, dos quais 195 unicamente sob escolta de seus navios. Foram percorridas cerca de 392.270 milhas (...) e escoltados 2.901 navios..." Perdas da Força Expedicionária Brasileira durante a campanha italiana: 454 mortos, 2.722 feridos ou acidentados, 35 aprisionados pelo inimigo, 23 extraviados, 1 suicida. Os mortos, recolhidos primeiramente ao cemitério de Pistóia, desde 5.10.1960 repousam em monumento nacional erguido no Aterro da Glória, RJ.

22.3.1941 - Mediterrâneo Oriental
2.2.1942 - Mar do Caribe
14.2.1942 - Estados Unidos da América
16.2.1942 - Cabo Hateras
18.2.1942 - Virginia/EUA
7.3.1942 - Cabo Hateras/Carolina do Norte/EUA

8.3.1942 - New York, EUA
18.5.1942 - Ceará
22.5.1942 - Fernando de Noronha/ Rocas
24.5.1942 - Haiti
1.6.1942 - Antilhas/Santa Lúcia
5.6.1942 - Atlântico Norte
26.6.1942 - Antilhas
11.7.1942 - Mar do Caribe
25.7.1942 - Tobago
26.7.1942 - Trinidad
28.7.1942 - Trinidad/Tobago
28.7.1942 - Tobago
15.8.1942 - Rio Real
16.8.1942 - Rio Real
17.8.1942 - Morro São Paulo/ Salvador
19.8.1942 - Barra do Itariri
26.8.1942 - Santa Catarina
28.6.1942 - Guiana Francesa
3.11.1942 - Cabo da Boa Esperança
21.11.1942 - Atlântico Brasileiro
22.11.1942 - Trinidad
4.1.1943 - Fortaleza
13.1.1943 - Rio Parnaíba
18.2.1943 - Farol Garcia D'Avila
2.3.1943 - Porto Seguro
2.4.1943 - Recifes Manoel Luís
15.4.1943 - Atol das Rocas
12.4.1943 - Ponta Schulpfontein
18.5.1943 - Alagoas
16.6.1943 - Cabo Frio
20.6.1943 - Juréia
3.7.1943 - Rio de Janeiro
4.7.1943 - Rio Pará
9.7.1943 - Santa Catarina
21.7.1943 - Amapá
22.7.1943 - Oceano Atlântico
23.7.1943 - Cabo São Roque
30.7.1943 - Recife

31.7.1943 - Rio de Janeiro
4.9.1943 - Ilha da Trindade
26.9.1943 - Ponta Azeda/Maceió
27.9.1943 - Rio Amazonas
23.10.1943 - Alcatrazes
30.10.1943 - Rio de Janeiro
3.11.1943 - Cabo da Boa Esperança
19.7.1944 - Farol São Tomé
15.9.1944 - Vada/Ospedaletto
16.9.1944 - Massarosa
18.9.1944 - Camaiore
19.9.1944 - Meschino/Cuoco
26.9.1944 - Monte Prano
30.9.1944 - Capanne/Osteria
30.9.1944 - Fornovolasco
7.10.1944 - Fornaci
30.10.1944 - Barga-Lama di Sotto-Pradocelli
30.10.1944 - Castelnuovo di Garfagnana
30.10.1944 - La Rochetta
31.10.1944 - Lama de Sotto-Monte San Quirico
6.11.1944 - Bologna
6.11.1944 - Boscaccio
16.11.1944 - Monte Cavallaro
22.11.1944 - Torre di Nerone
24.11.1944 - Monte Castello
25.11.1944 - Bombiana-Guanella
25.11.1944 - Monte Castello
25.11.1944 - Porreta/Terme
29.11.1944 - Monte Castello
3.12.1944 - Guanella
9.12.1944 - Porreta/Terme
12.12.1944 - Monte Castello
20.12.1944 - Mazzancana
21.2.1945 - Monte Castello
23.2.1945 - La Serra
3.3.1945 - Cá del Fabbro-Cá di Giansimoni-Narecchie-Rocca Pitigliana

3.3.1945 - Santa Maria Villiana-Roncale	20.4.1945 - Pirondelli
4.3.1945 - Castelnuovo	20.4.1945 - Zocca
5.3.1945 - Castelnuovo di Vergato	22.4.1945 - San Benedetto
14.4.1945 - Montese	23.4.1945 - Marano di Panaro
15.4.1945 - Montelo-Cota 927 — Cota 888	26.4.1945 - Collecchio
20.4.1945 - Panaro	28.4.1945 - Fornovo
	29.4.1945 - Fornovo-Ponte Scodogna

1955 — SAÍDA DO CRUZADOR *TAMANDARÉ*. Na interinidade do presidente Carlos Luz ocorreu crise militar polarizada em torno do chamado "caso Mamede". Durante a noite de 10 para 11 de novembro, tropas acionadas pelo ex-ministro da Guerra, gen. Henrique Duffles Teixeira Lott, ocuparam os pontos estratégicos da cidade. Carlos Luz fora declarado, pelo Parlamento, impedido de ocupar a Presidência. Com 16 ministros e personalidades do governo foi para bordo do cruzador *Tamandaré,* projetando demandar Santos, subir a São Paulo e ali instalar a Presidência. À saída da barra, durante 22 minutos o navio foi alvejado pelos fortes Duque de Caxias e Copacabana, sem responder. Horas depois o barco retornava e Luz renunciaria.

11.11.1955 - Rio de Janeiro

1956 — LEVANTE DE JACAREACANGA. "A sólida oficialidade da FAB contava com setores extremados, que à toda força se opunham aos dirigentes da nação empossados a 31 de janeiro de 1956, os quais, no seu entender, representavam a volta de tudo o que aparentemente fora expurgado a 24 de agosto de 1954" — resumiu Glauco Carneiro. Desses oficiais, o maj. Haroldo Coimbra Veloso e o cap. José Lameirão, opositores do presidente Juscelino Kubitschek, ao qual imputavam desmandos e inspiração getulista, ocuparam aviões e transportaram-se (11.2.1956) para a base aérea de Jacareacanga-PA. A base, criação do maj. Veloso, era "clareira em forma de fita, aberta na selva, a algumas horas (a pé) da margem do Rio Tapajós e situada a 300 km de Manaus e 480 km de Cachimbo". "Ali improvisou a resistência, armando batalhões de índios mundurucus e seringueiros". Uma semana depois receberam a adesão do maj. Paulo Victor da Silva, com um Douglas C-47, avião com o qual ocuparam Itaituba e Santarém, onde foram disparados os únicos tiros do levante. Em Jacareacanga os índios fincaram estacas na pista para impedir o salto de pára-quedas. A 29, aviões B-25 do governo fizeram vôos rasantes que puseram em fuga os caboclos e os índios, ficando somente

12 deles. Veloso foi detido por uma patrulha. Paulo Victor e o srg. João Gunther voaram no Douglas para Santa Cruz de la Sierra, na Bolívia. Acabara-se o levante.

21.2.1956 - Jacareacanga

1957-1967 — OPERAÇÃO FENU-BATALHÃO SUEZ. Dez países-membros da Organização das Nações Unidas — ONU foram solicitados a formar a FENU — Força de Emergência (UNE F-1-United Nations Emergency Force 1) para custodiar a paz precariamente vigente na região do Canal de Suez, teatro de recente conflito entre Egito, França, Inglaterra e Israel. A 2.12.1957 desembarcou na área a tropa identificada como Batalhão Suez integrado por 45 oficiais e 441 soldados. Teve sede em Rafah e por 10 anos, com substituição de homens a cada seis meses, cumpriu a missão confiada à FENU. Registrou baixas por efeito de balas perdidas, principalmente quando recrudesceu a guerra entre Egito e Israel. O retorno do Batalhão Suez ao Brasil começou em 5.6.1967. Um soldado, Carlos Adalberto de Macedo, foi morto, em Gaza.

1959 — LEVANTE DE ARAGARÇAS. Anunciando o propósito de frustrar iminente revolta comunista, denunciando corrupção em altos escalões governamentais e exigindo a decretação do estado de sítio para obviar tais males, militares da força aérea, liderados pelo ten.-cel. João Paulo Moreira Burnier, proclamaram-se revoltados. A 2.12, tripulando três aviões militares, um aparelho particular e outro comercial seqüestrado em vôo, posicionaram-se em Aragarças, GO. Sem receber adesões e na iminência de serem atacados por força governamental, deram por findo o protesto, dirigindo-se, com os mesmos aviões, para a Argentina e a Bolívia.

4.12.1959 - Aragarças

1963 — LEVANTE DOS SARGENTOS. Tendo por instigação imediata o haver o Supremo Tribunal Federal negado elegibilidade aos sargentos das forças armadas, mas também reivindicando reformas e melhorias, numerosos graduados, particularmente da Aeronáutica, tomaram armas em 12.9 na capital federal. No mesmo dia, com algumas baixas, foi dominado o levante.

12.9.1963 - Brasília

1964 — REVOLUÇÃO DE 31 DE MARÇO. Com a renúncia do presidente Jânio Quadros, o governo fora assumido pelo vice, João Belchior

Goulart, *Jango,* sob forte oposição de elementos das áreas política, militar e econômica. Acenando com programa reformista, Goulart exacerbou aquela oposição. De modo especial inamistou-se com segmentos conservadores quando a 13.3 criou a SUPRA, órgão destinado a promover a reforma agrária, e encampou refinarias de petróleo pertencentes à iniciativa privada. A oposição, mobilizando-se contra o que afirmava ser o início da socialização comunizante do país, promoveu em São Paulo e grandes cidades gigantescas manifestações públicas. Sustentadores de Goulart responderam concentrando-se na Associação dos Marinheiros e Fuzileiros Navais, do que resultaram reivindicações não apenas funcionais mas também político-sociais, incluindo a exoneração do ministro da Marinha. Detidos alguns manifestantes, em segunda reunião, no Sindicato dos Metalúrgicos (25.3), os marujos exigiram a libertação dos camaradas presos e a referida exoneração. Goulart atendeu-os, provocando o estremecimento das estruturas militares. Conspiradores aceleraram entendimentos. Marcada a eclosão do movimento revolucionário para 2.4, foi ela antecipada pelo discurso pronunciado pelo presidente (30.3) no Automóvel Clube. Dirigindo-se a suboficiais e sargentos da Polícia Militar, assegurou-lhes e à nação a continuidade da sua política. A 31, os generais Olympio Mourão Filho e Carlos Luiz Guedes, da IV RM e da IV ID, em Minas Gerais, deflagraram a revolução, marchando sobre o Rio de Janeiro. Com a adesão do II Exército, SP, de elevado número de guarnições e da Escola Militar, não restou ao presidente João Goulart senão voar do RJ para Brasília e da capital federal para Porto Alegre, onde elementos fiéis cogitavam de organizar resistência armada. Desvanecida tal possibilidade, Goulart passou-se para o Uruguai. Pela noite de 1.4, o presidente do Senado, Auro de Moura Andrade, declarou vaga a Presidência, nela empossando Ranieri Mazzilli, presidente da Câmara dos Deputados. A 11.4 o Congresso elegeu presidente da República o gen. Humberto de Alencar Castelo Branco.

1.4.1964 — Rio de Janeiro

1965-1966 — OPERAÇÃO FAIBRÁS NA REPÚBLICA DOMINICANA. Desaparecido Rafael Trujillo, que por 31 anos governara o país, a República Dominicana foi presa de violenta disputa pelo poder, degenerada em guerra civil. A Junta Militar governante solicitou a intervenção dos Estados Unidos para a manutenção da paz, sendo o pedido transferido para a OEA — Organização dos Estados Americanos. Convocado por esse organismo para cumprir missão humanitária, o Brasil enviou à região o que seria o Destacamento Brasil integrante da Força Armada Interamericana — FAIBRÁS. Compuseram o destacamento: o I Batalhão do Regimento Escola de Infantaria e uma companhia de Fuzileiros Navais. A 28.5, sob o comando do cel. Carlos de Meira Matos, ocuparam posições visando a "cooperar na restauração da normalidade; manter a segurança dos habitantes e a inviolabilidade dos Direitos Humanos; e estabelecer atmosfera de paz e conciliação que permitisse o funcionamento das instituições democráticas". A força somou 1.096 homens e foi dissolvida a 25.9.1966. Sem entrar em combate, foi tiroteada nos dias:

15.6.1965 - Santo Domingo
16.6.1965 - Santo Domingo
19.8.1965 - Santo Domingo

1965-1974 — GUERRILHAS POLÍTICAS URBANAS E RURAIS. O regime de governo resultante da revolução de 1964 aboliu e reprimiu todo tipo de atuação de opositores, extintos os partidos, censurada a imprensa e os espetáculos, fechadas as organizações de classes, estudantis etc. Silenciada, a oposição, especialmente a juventude, recorreu ao protesto violento, adotando métodos de guerrilha e terrorismo, então comuns a diferentes partes do mundo. Nas cidades, os contestadores usaram panfletagem, imprensa clandestina, mensagens murais, bombas, seqüestros de diplomatas estrangeiros, assaltos a agências bancárias, estabelecimentos oficiais, casas de jóias e de armas, morte de elementos tidos por ligados aos organismos da repressão. Na área rural o sistema de guerrilha foi mais ambicioso. Teve início com sortida, no sudoeste do Paraná, tentando alcançar o presidente Castelo Branco visitando Foz do Iguaçu; tentativa (1967), do Movimento Nacionalista Revolucionário — MNR, de estabelecer núcleo combatente na Serra do Caparaó, entre o ES e MG; ativação de uma "escola de guerrilhas", no Vale do Ribeira, SP; abertura, por militantes do Partido Comunista do Brasil, de uma frente de luta (1972-1974), na região do Araguaia, GO, entre a Serra dos Carajás e o Rio Tocantins.

27.3.1965 - Leônidas Marques
20.8.1968 - São Paulo
8.5.1970 - El Dorado Paulista
8.5.1970 - Sete Barras
4(?).9.1970 - São Luís do Curu
2.9.1971 - Rio de Janeiro
24.12.1972 - Xambioá

1981-1996 — CHOQUES DA REFORMA AGRÁRIA. Um reclamo permanente — o do acesso à posse fundiária — tornou-se clamoroso e obsessivo nos primeiros dos anos 60. A "bandeira" da reforma, levantada pelas correntes ideológicas ditas de esquerda e assumidas pela Igreja tida por Progressista, teve o reforço do protesto e da movimentação de massas de "sem-terra" que nos anos 90 passaram à tática extremada das ocupações de fazendas particulares e de áreas governamentais. Institutos oficiais foram criados para equacionar o problema: INDA, IBRA, CETAT, INCRA, todos atropelados na sua necessária burocracia desapropriatória pelo avolumar-se e o agudizar-se do problema. A 15.11.1961, em Belo Horizonte, durante o Congresso Camponês, ouviram-se apelos pela radicalização. A 6.10.1963, 30.000 "sem-terra" chocaram-se, nas ruas, com tropas federais. A promessa de atender aos radicais das ruas, do Congresso, do clero, teria sido uma das razões que levaram à deposição do presidente João Goulart.

Esse reclamo de terras e o método empregado para obtê-las levou a choques que se tornaram notícias por terem chegado ao uso de armas e a provocar ferimentos, mortes, destruição:

13.8.1987 - São Geraldo do Araguaia
17.8.1987 - Itarema
5.6.1989 - Pedro Canário
17(?).9.1929 - Palma Sola
1.6.1990 - Bom Futuro
8.8.1990 - Porto Alegre
9.8.1995 - Corumbiara
1.10.1995 - Laranjal
16.12.1995 - Cinqüentinha
18.12.1995 - Inhacopi/São Valério do Sul
18.1.1996 - Camaquã
18.1.1996 - Júlio de Castilho
17.4.1996 - Eldorado de Carajás

AS BATALHAS

A

30.8.1835 — ABAETÉ. PA. Cabanagem. Destacamento da GN apoiado por voluntários atacou e expulsou os cabanos. Em novembro, por três dias tentarão retomá-la. (Abaeté, nome popular de Abaeté do Tocantins, na foz do Rio Tocantins, passou a se chamar Abaetetuba.)

4.11.1835 — ABAETÉ. PA. Cabanagem. Primeiro de três dias de ataque cabano. Perdendo a localidade a 30.8, buscam recuperá-la. Vantagem para a defesa comandada pelo cap. Luís José de Araújo, da GN, e tenente de caçadores João Luís de Castro. A escuna *Bela Maria,* do ten. Joaquim Manuel de Oliveira Figueiredo, apoiou o dispositivo governamental. No dia 6, tendo sofrido elevadas perdas, os cabanos desistem. Voltariam ao ataque em 10.3.1836, igualmente sem conseguir retomarem Abaeté.

10.3.1836 — ABAETÉ. PA. Cabanagem. Repelidos em novembro, os cabanos voltaram ao ataque, com 300 homens transportados em um iate, três batelões e embarcações menores. A defesa, reforçada e com o apoio dos fogos da canhoneira *Independência,* do iate *Boa Fé* e de um lanchão, provoca perdas pesadas entre os atacantes que, afinal, recuam deixando em mãos dos governamentais o iate, armado com oito peças.

28.10.1869 — ABAGIBA/SAN IZIDRO DE CURUGUATI. Guerra do Paraguai. Estas localidades situam-se na Serra San Joachim, Caaguati. O cel. Fidélis Paes da Silva alcançou duas vitórias na jornada. Em Abagiba, dispersou a tropa do cap. Rios e em San Izidro bateu a coluna do maj. Francisco Adorno. Causou ao inimigo 89 baixas, sendo seis de oficiais. Fez 168 prisioneiros e tomou três bandeiras.

12(?).9.1827 — ABRANTES, BA. Combate a quilombos. Talvez, repercussão da revolta ocorrida em março na Cachoeira. Ataques relâmpagos e saques generalizados, praticados pelos quilombolas. Essa tática dificultou a repressão da polícia e de milicianos.

12.9.1631 — ABROLHOS. BA. Holandeses no NE. Às 9 h, em águas do Arquipélago dos Abrolhos, chocaram-se as esquadras luso-espanholas, dita a Armada do General Dom Antônio de Oquendo, Almirante do Mar Oceano, e a holandesa, do almirante Adriaen Janszoon Pater. A força de Oquendo: doze galeões espanhóis e cinco portugueses, uma urca e dois patachos, espanhóis, totalizando 439 canhões. Em conserva, 24 barcos carregados com açúcar destinado à Europa e 12 transportes de tropas levando 1.200 soldados espanhóis e napolitanos às ordens do Conde de Bagnuoli, enviados a reforçar os insurgentes da PB e de PE. A força de Pater: treze naus e três patachos, montando 472 canhões. Oquendo saíra da Bahia no dia 3, porém fortes ventos contrários empurraram seus navios para o sul. Na manhã de 12, a oito léguas dos Abrolhos, pelo paralelo de 18°, a formação holandesa surgiu por barlavento. Iniciou-se a mais sangrenta batalha travada em águas brasileiras. Disputada durante todo o dia. Ao escurecer, os holandeses retiraram-se, tendo ao comando o alm. Martin Thijszoon, pois Adriaen Pater morrera no mar. Tendo repelido o ataque e ficado senhor de seus movimentos, Oquendo reclamou a vitória, embora seus barcos registrassem tantos danos quanto os do adversário. Perdas holandesas: a nau capitânia, *Prinz Willen* e a *Provintie van Uytrecht,* seus dois melhores navios, com 84 peças no total; 750 mortos, 350 feridos e alguns prisioneiros. Feridos e presos foram recolhidos, na maioria ao mar, pelos navios espanhóis. A baixa mais sensível, a de Pater, que orgulhosamente ter-se-ia recusado a ser socorrido pelo inimigo. Anton Thysio, historiador de batalhas navais holandesas, escreveu que "abandonado o almirante perfidamente pelos seus, sucumbiu em meio das ondas, juntamente com quase um milhar dos seus homens". Perdas dos luso-espanhóis: o barco *Santo Antonio de Pádua,* espanhol, e o *Prazeres Menores,* português, postos a pique; o espanhol *San Buena Ventura,* capturado, somando, os três, 66 canhões; 800 mortos e 400 feridos ou prisioneiros. O almirante espanhol Valezilla afundou com o *Santo Antonio de Pádua,* o qual, com suas 700 toneladas e 28 peças, sustentara combate desigual contra a nau *Vereenidge Provintien,* do alm. Thijszoon, de 800 toneladas e 50 peças, e o *Provintie van Uytrecht,* de 600 toneladas e 38 peças. Também desigual o confronto do *Santiago do Leste,* com 900 toneladas e 44 peças, batendo o pavilhão de Oquendo, diante da *Prinz Willen,* nau de 1.000 toneladas e 46 canhões, e mais a *Walcheren,* 560 toneladas e 34 canhões. O galeão português *Prazeres Menores,* 305 toneladas, teve comportamento brioso e sorte fatal. Montando 18 peças, abordou a *Walcheren* e, repelido, ficou à matroca, indo a pique ao atravessar a proa da *Santiago,* da *Prinz Willen* e a *Walcheren.* Resultado estratégico: Oquendo pôde desembarcar na Barra Grande a tropa de Bagnuoli, a qual, marchando 200 quilômetros, entrou no Arraial do Bom Jesus a 12.11.

18.7.1868 — ACAIUASA. Chaco, Paraguai, Guerra do Paraguai. Os batalhões brasileiros, 3º e 8º de linha, ao mando dos tenentes-coronéis Oliveira e Bacelar, apoiavam em força o reconhecimento que o batalhão argentino Rioja (ten.-cel. Gaspar Campos) executava sobre o reduto Corá. Comandante geral da operação o cel. Martinez de Hoz, que fixou os brasileiros junto a uma ponte, próxima de Andari, e prosseguiu com os argentinos. Em Acaiuasa, os paraguaios do gen. Caballero acometeram e dispersaram os incursores, aprisionando-lhes os dois chefes. O batalhão Rioja refluiu e confundiu-se com os dois batalhões brasileiros. Estes firmaram-se no terreno e sustentaram o combate até a chegada de substanciais reforços aliados conduzidos pelo gen. Rivas e incluindo o batalhão brasileiro nº 14 de linha. No aceso da luta os brasileiros somaram 1.200 soldados, dos quais 67 morreram, 221 sofreram ferimentos e dois se extraviaram. Os argentinos perderam 65 mortos, tiveram 15 feridos e deixaram 35 prisioneiros em mãos dos paraguaios afinal repelidos, sofrendo 260 baixas.

18.10.1869 — ACAPITIGÓ. Paraguai. Guerra do Paraguai. O cel. João Nunes da Silva Tavares, futuro brigadeiro e Barão de Itaqui, comandou ataque para desalojar a guarnição paraguaia do passo de Acapitigó. Isso conseguido, avançou sobre o passo de Naranjaí, onde no dia seguinte derrotou parte da divisão do cel. Canhete. Tavares fazia a vanguarda do gen. Câmara.

28.10.1834 — ACARÁ-AÇU, fazenda. PA. Cabanagem. Ocupando as margens do rio Acará-açu, os cabanos cobriram com forte tirotear a flotilha governamental: cinco barcos e 300 soldados, enviada para desalojá-los. Confrontados, deixaram as posições, sofrendo perdas não conhecidas e tendo dado morte ao comandante, ten. João Walsh e ferido diversas praças da escuna *Bela Maria*.

12.1.1867 — ACARAJÁ. Paraguai. Guerra do Paraguai. A canhoneira *Henrique Martins* bombardeou a posição, compelindo os defensores paraguaios a buscarem refúgio na mata circundante. Desceram do barco 40 marinheiros, que incendiaram o acampamento guarani. Adiantando-se na perseguição, foram cercados por cavaleiros inimigos, tendo na ação de volta ao navio seis mortos e um ferido. O arroio Acarajá era chamado Acaray pelos paraguaios. Afluente do Rio Paraná, província de Alto Paraná.

21.6.1827 — ACEGUÁ. Uruguai. Guerra da Cisplatina. O ten. José Teodoro da Silva — o Juca Teodoro, aureolado por sua atuação nos episódios de Cerro Largo e Pedras Altas, atacou e dispersou pequeno grupo inimigo ao qual infligiu dezesseis baixas entre mortos e feridos. Por três prisioneiros feitos ficou sabendo que havia combatido a escolta do comandante-chefe argentino, gen. Alvear, então a caminho do seu quartel de inverno. O arroio de Aceguá, afluente do Rio Negro pela margem esquerda, corta a província uruguaia de Cerro Largo, paralelamente ao Rio Jaguarão, fronteira uruguaio-brasileira.

?.12.1840 — AÇU. RN. Conflito do "Fogo do 40". Resultado da radicalização política entre os partidos conservador e liberal. Chocando-se, as facções produziram verdadeira chacina entre militantes. Para contê-los, fez-se necessária intervenção enérgica da tropa enviada pelo presidente provincial Assis Mascarenhas. Este, em seguida, foi solicitado a serenar os ânimos que levaram aos motins — menos políticos e mais conseqüência da seca e da miséria — estalados em Maioridade (depois chamada Martins), Seridó (depois Caicó), Acari, Estremoz e São Gonçalo.

18.3.1633 — AFOGADOS, PE. Holandeses. Invasão de PE. Na várzea do Capibaribe a trincheira mantida pelos lusos-brasileiros era importante na ligação entre o Arraial do Bom Jesus e o Cabo de Santo Agostinho. Defendida por 140 homens ao mando de Francisco Gomes de Melo foi atacada e dominada pelos holandeses em grande superioridade numérica. No local, os batavos ergueram o forte Prinz Wilhelm.

12.1.1646 — AFOGADOS. Arredores do Recife, PE. Holandeses no NE. Henrique Dias conduziu sua gente ao ataque e à dispersão dos holandeses que construíam reduto no aterro entre as fortalezas de Frederick Hendrick (que veio a ser a das Cinco Pontas) e Prinz Willen (mais tarde, Afogados).

22.1.1646 — AFOGADOS. Arredores do Recife. PE. Holandeses no NE. Henrique Dias, à frente dos seus pretos, enfrentou numerosa força holandesa. O encontro decidiu-se vitoriosamente quando Fernandes Vieira levou ao campo numeroso reforço.

1.10.1821 — AFOGADOS. Recife. PE. Campanha nativista da Junta de Goiana.

Cumprindo ambicioso plano de conquistar militarmente o Recife, a Junta enviou aproximadamente 400 aderentes, sob o comando dos majores Manoel de Azevedo do Nascimento e Manoel do Nascimento Monteiro, para ocupar, fortificar e manter a localidade de Afogados. Guarneceram trincheiras e pontos estratégicos, porém cederam ao ataque de tropa lusitana acrescida do corpo de auxiliares baiano, conduzida pelo gen. Luís do Rego Barreto. Os nativistas abandonaram material, arquivo e bandeira, embrenhando-se na mata.

22.12.1893 — ÁGUA AMARELA. Lapa, PR. Revolta dos federalistas. O alf. Teodoro de Melo supera tenaz resistência e expele da trincheira sobre o Rio Negro os federalistas comandados pelo 1º ten. naval Pio Torelly, mas logo deixa o sítio em razão de ferimentos recebidos.

18.9.1916 — ÁGUA AMARELA, MS. Pronunciamento do major Ferreira. O maj. Antônio Gomes Ferreira da Silva, comandante da unidade de cavalaria sediada em Bela Vista, declara-se com o Partido Conservador, revoltado, contra a entrega do governo do estado ao gen. Albuquerque. Em Água Amarela depois de breve encontro, dispersou força estadual enviada para contê-lo. Mas a 4.2.1917, seria definitivamente batido em Miranda. Dados de Campestrini e Guimarães.

24.3.1930 — ÁGUA BRANCA. PB. Revolta de Princesa. O destacamento de policiais fiéis ao governo de João Pessoa, encabeçado pelo ten. João Costa, avançando vitoriosamente desde Areia, ocupou o povoado de Água Branca, vencendo forte resistência dos pereiristas. Prosseguiu rumo a Tavares.

5.6.1930 — ÁGUA BRANCA. PB. Revolta de Princesa. A Coluna da Vitória, na qual o governo de João Pessoa punha esperanças totais de esmagamento dos revoltosos, foi emboscada pelos princesenses. Sob o mando do ten. Genésio, a Coluna alinhava 220 policiais, 12 caminhões carregados com víveres e munições e uma ambulância. A um quilômetro de Água Branca esperavam por ela 90 guerrilheiros pereiristas liderados por Marcolino Diniz. Sob a mira dos revoltosos explodem munições e dinamite, provocando tal desordem que os policiais passam a alvejar-se no meio do fogo e do fumo, somando a perda de setenta mortos, sessenta feridos, cinco caminhões incendiados e quatro refugiados em PE, 72 fuzis e 20.000 cartuchos. Os atacantes declararam haver perdido um ferido e dois desaparecidos. Os dados são os de Joaquim Inojosa. Inês Caminha Lopes Rodrigues menciona 80 princesenses sob Antônio Paulino e Gavião, 180 policiais na Coluna em 9 caminhões precedidos por um benzedor que "fechava o corpo" dos combatentes, mas que o fazia tão mal a ponto de ser o primeiro a morrer. E faz ascender para mais de 100 o número de baixas governamentais.

30.3.1926 — ÁGUA DE REGA. BA. Coluna Prestes. Civis capitaneados por Francisco de Matos e Zeca Bento opuseram-se ao destacamento Siqueira Campos, vanguardeiro da Coluna. Paralisada a progressão de Siqueira, avançou a reforçá-lo o destacamento João Alberto. Adquirida superioridade em homens e poder de fogo, a Coluna superou os defensores e ocupou a vila, na serra do mesmo nome, Chapada Diamantina, oeste do município de Rui Barbosa.

19.1.1817 — AGUAPEÍ. Missões, Argentina. Guerra com Artigas. Dando execução ao plano de contrabater a ofensiva artiguista sobre o Rio Grande do Sul, o gen. Chagas Santos atravessou o Rio Uruguai e bateu de forma completa as forças que Andresito Artigas reunira junto do Aguapeí para a invasão projetada. O Aguapeí corre pela parte oriental da província argentina de Corrientes.

Corsários de Artigas

"Para a luta marítima contra Portugal, Artigas adotou a guerra corsária, outorgando cartas de corso a marinheiros de várias nacionalidades. Essa tática apresenta grandes vantagens especialmente para nações pequenas. Em represália, Portugal, nação poderosa, autorizou o corso contra barcos uruguaios.

Ingleses e norte-americanos, especialmente estes, foram os que proporcionaram a Artigas a maior quantidade de barcos corsários por intermédio do cônsul Thomas Halsey, que o visitou em Purificação em fins de agosto de 1817, auxiliando por tal forma o caudilho uruguaio que pôs em perigo a neutralidade do seu país."

(Historia del Uruguay — *M. Schurmann Pacheco, M. L. Cooligham Sanguinetti.)*

13.3.1849 — ÁGUA PRETA. PE. Insurreição Praieira. A divisão praieira comandada por Pedro Ivo dirigiu-se ao Engenho Verde, enquanto a de Caetano Alves retraiu-se no rumo do Riachão. Pelo vácuo aberto entre as colunas dos liberais pôde entrar a coluna governamental do ten.-cel. Antônio Maria, procedente das Alagoas. com apenas um frouxo tirotear contra a retaguarda dos praieiros, ocupou Água Preta.

26.1.1850 — ÁGUA PRETA. PE. Insurreição Praieira. Na fase final da campanha, a da "guerra das matas", o gen. José Joaquim Coelho surpreende e desbarata os últimos grupos guerrilheiros reunidos por Pedro Ivo, o mais atuante dos chefes praieiros do período.

19.4.1926 — ÁGUA QUENTE. MG. Coluna Prestes. Procedente da BA, a Coluna reentra em MG. O destacamento Cordeiro, cobrindo a retaguarda, sustentou prolongado combate contra forças governamentais.

11.3.1653 — AGUIAR, PE. Holandeses no NE. Destacamento flamengo tomou posição diante do posto nativista da estrada do Aguiar e passou a executar trabalhos de faxina, preparatórios para ataque àquela posição. Os nativistas sortiram do posto, conduzidos pelo capitão Afonso de Albuquerque, assaltaram e dispersaram o inimigo.

3.1.1849 — AGUIAR. PE. Insurreição Praieira. O engenho Aguiar, na região de Ipojuca, sofre violenta incursão de bandos praieiros comandados pelos chefes Alecrim e Antônio Luís.

5.6.1923 — AIPO. Quaraí, RS. Revolução dos libertadores. Na picada do Aipo, a força governista do intendente Flores da Cunha vitoria-se em combate de horas de duração sobre a Divisão Santana dos revolucionários, comandada pelo cel. Francisco Venceslau Pereira. Esta força dos libertadores inquietava a faixa fronteiriça entre Quaraí e Livramento.

20.8.1633 — ALAGOA DO SUL, AL. Holandeses. Após breve e desordenada resistência, a povoação de Santa Maria Madalena da Alagoa do Sul (mais tarde Alagoa, capital da província) foi ocupada por coluna de holandeses em operação de recolha de víveres. Os moradores principais, à frente o alcaide-mor Gabriel Soares, foram supliciados para revelarem o esconderijo de bens e de alimentos. A maior parte das casas e a igreja, queimadas. Imposto vultoso tributo de guerra.

21.1.1835 — ALAGOA DE GATOS. PE. Motim militar. Reclamando contra o excessivo esforço exigido e a diminuta remuneração recebida para conduzirem a campanha contra os cabanos, amotiramse os soldados daquela vila. Fracamente sustentados pela população, tiveram porém a simpatia dos elementos que pouco depois iriam deflagrar a terceira fase da *carneirada,* revolta que se alastrou pelo interior da província até se esgotar em Goiana, Catucá e Beberibe.

8(?).3.1930 — ALAGOA NOVA. PB. Revolta de Princesa. As forças policiais fiéis ao governo João Pessoa haviam sido divididas em três colunas: do norte, do oeste, do leste. A do oeste, comandada pelo ten. Ascendino Feitosa, ocupou Alagoa Nova. Logo em seguida, 50 princesenses conduzidos por Cícero Bezerra atacaram e cercaram o povoado, tiroteando-o continuamente. Durante a noite os policiais deixaram o local, levando número não sabido de feridos. José Américo de Almeida (*O ano do Négo*) referiu o épico dessa retirada que se estendeu por 138 quilômetros. Entre os revoltosos, três baixas. Posteriormente, Alagoa Nova passou a se chamar Manaíra.

28.5.1930 — ALAGOA NOVA. PB. Revolta de Princesa. O maior contingente policial que o governo estadual pôde reunir foi expedido contra o baluarte princesense de Alagoa Nova, já ocupado e perdido no início da campanha. O cap. Emerson Benjamim fez a vanguarda e alcançou ocupar as primeiras ruas do povoado. Lançado ao contra-ataque, reforço chegado da vizinha Princesa permitiu aos pereiristas retomar aquelas ruas e casas. Durante a noite, violentos ataques de uma e outra parte. Às 7.30 h do dia 29, Antônio Pereira, irmão do chefe maior dos revoltosos, conduziu assalto temerário. Os governistas, divididos nas colunas dos capitães Emerson Benjamim e Manuel Benício, investiram, cercaram e bateram o adversário, ocupando em definitivo Alagoa Nova. Foi esta a principal das poucas vitórias obtidas pelo governo durante a campanha.

28(?).12.1640 — ALAGOAS. AL. Holandeses. O barco *Nossa Senhora da Oliveira*, tendo por capitão Jorge Pires, alongando-se da frota que trouxera o Socorro das Ilhas, ao aproximar-se da costa foi atacado pelos navios batavos *Schkoppe*, *Samson* e *Leeuweck* da força do bloqueio. Batido por artilharia e abordado, a embarcação portuguesa foi apresada.

18.5.1943 — ALAGOAS. AL. Segunda Guerra Mundial. No litoral do estado, o submarino alemão *U-128* tenta penetrar em comboio escoltado por barcos brasileiros. Atacado pelo caça-submarino *Jaguaribe* resultou obrigado a navegar na superfície. Pela manhã do dia 18, aviões e barcos norte-americanos — os CT *Moffet* e *Jouett* destruíram o *U-128* a tiros de canhão. Recolhidos 51 sobreviventes dos quais quatro abatidos pelos americanos porque teriam reagido ao aprisionamento.

13.2.1841 — ALBERNAZ. RS. Guerra dos farrapos. Próximo dessa localidade, município de São Gabriel, o chefe farrapo Jacinto Guedes da Luz dispersou pelotão de imperiais comandados por Joca Cipriano.

13.9.1827 — ALCATRAZES. SP. Guerra da Cisplatina. À vista dessas ilhas do litoral paulista, a SO da Ilha de São Sebastião, combate noturno entre o brigue nacional *Pampeiro*, 26 canhões, comando de Pedro Ferreira de Oliveira, e a escuna corsária *Triunfo Argentino*, 10 peças e mando do francês Villiard, com tripulação também francesa com 110 homens. Muito danificado, o corsário aproveitou a neblina para escapar à força de remos.

25.1.1828 — ALCATRAZES. SP. Guerra da Cisplatina, ação de corsários. O americano John Coe, comandando o barco argentino *Niger*, atacou a corveta brasileira *Maria Isabel*, de Feliciano Inácio Maia. Este escoltava doze embarcações mercantes entre Santos e Rio de Janeiro. O *Niger* abordou por três vezes a *Maria Isabel*. Repelido, desistiu, afastou-se. Mais tarde soube-se haver sido bastante danificado e perdido cinqüenta dos tripulantes. Permaneceu na área para, no dia 31, a nove léguas ao mar da Ilha Rasa, aprisionar o correio imperial *Sete de Janeiro*. Mas a 23 de março foi por sua vez tomado, com toda a tripulação, comandante inclusive, pelo brigue *Caboclo*, do CF James Inglis.

23.10.1943 — ALCATRAZES. SP. Segunda Guerra Mundial. A cinco milhas ao sul da ilha, entre Santos e Rio de Janeiro, 20 milhas ao mar, o mercante *Campos*, do cap. Mário do Amaral Gama, foi torpedeado pelo germânico *U-170*, ao mando do CT Guenther Pfeffer. Morreram oito dos 57 tripulantes, e seis passageiros. Várias destas mortes por haverem as baleeiras carregadas com o pessoal sido atingidas pelas hélices do navio. O cel. Cláudio Moreira Bento alude a 14 baixas entre 106 ocupantes.

11.7.1867 — ALEGRE. MT, proximidades de Corumbá. Guerra do Paraguai. O veloz navio paraguaio *Salto de Guaíra*, do cmte. Romualdo Nuñez, abordou o pequeno vapor brasileiro *Jauru* e duelou com o destacamento de atiradores da GN sob a chefia do ten.-cel. Antônio José da Costa. Entrou em ação o vapor *Antônio João*, do cmte. Balduíno de Aguiar, já notorizado por sua atuação no Forte de Coimbra. Obrigou à retirada o *Salto de Guaira*, cujo comandante recebeu ferimentos, e retomou, por abordagem, o *Jauru*, então tripulado por trinta paraguaios que tiveram seu chefe morto no encontro. Perdas brasileiras: vinte marinheiros e treze GNs mortos e feridos. O *Jauru*, por irrecuperável, afundado.

5.6.1843 — ALEGRETE. RS. Guerra dos farrapos. Primeiro dos cinco dias de cerco e combate que os mil farrapos de David Canabaro levaram à praça defendida por 700 imperiais chefiados pelo cel. Francisco de Arruda Câmara. A defesa predominou.

15.8.1843 — ALEGRETE. RS. Guerra dos farrapos. O chefe republicano Bernardino Pinto dispersou força imperial do mando do cel. José Ribeiro de Almeida (irmão de Bento Manoel Ribeiro). Morreu em ação o chefe farroupilha.

19.3.1893 — ALEGRETE. RS. Revolta dos federalistas. Pequena força governamental cedeu a praça sob assalto de formação federalista conduzida pelo cel. Marcelino Pina.

31.10.1924 — ALEGRETE. RS. Revolta tenentista. A guarnição e civis armados rechaçaram o ataque desfechado por 180 revoltosos, 50 dos quais permaneceram montando guarda ao trem que os conduzira. Estes foram reforçados por vinte artilheiros sublevados pelo ten. João Alberto Lins e Barros. Manejando canhão, o tenente derrubou as torres das igrejas católica e presbiteriana. Avançando em duas colunas os levantados atingiram a rua principal, porém uma ordem erroneamente transmitida para uma das colunas provocou a retirada de ambas. Desordens e muitas mortes ao término de três horas de combate. Das mais clamorosas derrotas sofridas pelos insurgentes.

3.11.1924 — ALEGRETE. RS. Revolta tenentista. Rechaçados a 31.10, os revoltosos voltaram à tentativa de ocupar Alegrete. Na data, comandados por Juarez Távora. A guarnição e civis armados impuseram-se novamente, em favor do governo.

15.7.1824 — ALHANDRA PARAÍBA, PB. Confederação do Equador. Os revolucionários provenientes de PE, agindo em nome da Confederação, não conseguiram chegar à capital, batidos no distrito de Alhandra pela força governamental do cap. Meira Lima.

10.7.1930 — ALMAS-POMBAL. AL. Revolta de Princesa. As volantes dos tenentes José Guedes e Marques Filho tirotearam um dos bandos guerrilheiros expedidos de Princesa para inquietarem o interior do estado mediante o uso de técnica de luta de cangaço. Morreu um dos atacados e o bando se dispersou deixando animais e material.

22.12.1848 — ALMÊCEGA. PE. Insurreição Praieira. Os 200 índios recrutados e armados pelos praieiros nas aldeias de Jacuípe e Água Preta foram repelidos no seu ataque ao Engenho Almêcega, pela defesa organizada pelo cap. Francisco Cavalcanti de Albuquerque Melo.

8.12.1925 — ALMEIDA-SETE LAGOAS. MG. Coluna Prestes. Vanguardeando a Coluna, o Destacamento Siqueira Campos atacou e capturou a vila, abrindo trânsito para o grosso da tropa. Tomou prisioneiros.

14.7.1836 — ALMEIRIM. PA. Cabanagem. As forças da regência desalojaram os cabanos que defendiam Almeirim e ocuparam a posição.

19.1.1654 — ALTENAR. PE. Holandeses no NE. À esquerda do Capibaribe, entre Santo Amaro e Boa Vista, o Forte Altenar, comandado pelo maj. Berghen e atacado desde o dia 17, rende-se a Barreto de Menezes. Presa: 185 homens, dez canhões, três bandeiras. A 15, o Forte do Rego entregara-se a Fernandes Vieira; a 21, o Reduto Amélia seria ocupado por vidal de Negreiros. Esboroava-se o sistema defensivo dos holandeses, ao redor do Recife.

2.4.1833 — ALTINHO. PE. Cabanada. Mais de 300 revoltosos assaltaram Altinho, defendida por menos de 100 legais. A desorganização com que o ataque foi lançado frustrou-o. Os cabanos retiraram-se, contando 50 baixas entre as quais o seu comandante, capitão Corapeba.

27.8.1926 — ALTO ALEGRE. GO. Coluna Prestes. Tendo à frente o próprio comandante-chefe, gen. Miguel Costa, a Coluna executou operação de voltar-se contra o perseguidor. Preparou emboscada para força de 60 soldados bernardistas. Estes, porém, mesmo surpreendidos e perdendo logo de início oito mortos, opuseram tenaz resistência ferindo Miguel Costa, outro oficial, seis soldados e matando cinco da Coluna.

27.6.1897 — ALTO DA FAVELA. BA. Canudos. Enquanto alguns batalhões disputavam aos sertanejos o Morro das Umburanas, a testa da coluna da Expedição Artur Oscar alcançava o Alto da Favela. Compunha-se do resto da 2.ª brigada, da 3.ª brigada, de uma bateria de canhões Krupp, tendo à retaguarda a 1.ª brigada e o grosso da expedição. A tropa distendeu-se em linha, podendo toda ser alvejada pelos conselheiristas. Estes, durante mais de uma hora, concentraram fogos sobre a formação do 25.º BI. Contabilizando 20 mortos e 55 feridos em suas fileiras, a coluna julgou-se vitoriosa por haver podido despejar 21 tiros de canhão sobre o povoado de Canudos. O acontecimento foi celebrado, inclusive, com a banda de música da 3.ª brigada executando dobrados marciais.

28.6.1897 — ALTO DA FAVELA. BA. Canudos. A tropa de vanguarda da Expedição Artur Oscar e grupos de canudenses atravessaram a noite muito próximos, vigiando-se. Pela manhã, um disparo de canhão contra o povoado teve por resposta tiroteio geral disparado pelos conselheiristas. A guarnição das peças foi dizimada. O 7.º batalhão, no flanco esquerdo da linha, por sua conta, moveu-se rumo à Fazenda Velha, logo seguido pelo 9.º. Progressão debaixo de fogo, resultando em que, decorridos trinta minutos, o 7.º contou as perdas de 114 soldados e nove oficiais mortos ou feridos. A artilharia, silenciada, perdera metade da oficialidade. O 14.º passou a ser comandado por um tenente, mortos os oficiais de patente superior a essa. Esgotada a munição, o piquete de cavalaria encarregado de buscá-la não pôde atravessar o fogo dos sertanejos. Duas léguas para trás, o próprio comboio de munições e víveres, escoltado pelo 5.º de polícia, estava sob tiros. Baixas da jornada, segundo Euclides da Cunha: 524.

4.7.1897 — ALTO DA FAVELA. BA. Canudos. Ataque suicida de grupo conselheirista contra a artilharia que bombardeava seguidamente o povoado. Enquanto tiroteio geral mantinha o acampamento governista em estado de alerta, onze homens seguiram o caudilho Joaquim Macambira na tentativa de destruir um canhão Withworth, arma que pelo pânico levado com seus tiros ao interior de Canudos merecera dos sertanejos o apelido de Matadeira. Dos onze, um escapou à morte.

3.3.1897 — ALTO DO MÁRIO-CANUDOS. BA. Canudos. A expedição do cel. Antônio Moreira César, que na véspera lutara dentro de Canudos, iniciou às 6:45 h a retirada na direção de Rosário. Marchou três quilômetros, a infantaria fazendo alto para não deixar atrasada a artilharia, objetivo preferencial dos canudenses. Às 8 h, multidão de combatentes sertanejos atirou-se sobre os flancos e a retaguarda da artilharia, mandada por um subalterno, e naquele instante fracamente protegida pela infantaria. A formação resistiu ao primeiro ataque, prosseguiu na marcha, porém sucumbiu ao segundo e mais vigoroso assalto. Acorreu e morreu, em defesa das peças, o comandante, cap. Salomão da Rocha. Também morreram os artilheiros e os serventes, a guarda de infantaria. Canhões foram conduzidos triunfalmente pelos canudenses. A tropa da expedição confundiu-se, debandou e só foi deter-se em Rosário, perseguida de perto pelos conselheiristas. Morreu o cel. Tamarindo e condutores de feridos foram vistos abandonando-os ao sacrifício.

7.9.1910 — ALTO JURUÁ. Segundo Movimento Autonomista. O dia passou em combates entre os partidários da autonomia regional, chefiados por Francisco Freire de Carvalho e Francisco Riquet e a tropa governista da Companhia Regional. No dia seguintes os autonomistas debandaram para os seringais.

21.3.1866 — ALTO PARANÁ. Paraguai. Guerra do Paraguai. Sob vigoroso bombardeio a partir do Forte de Itapiru e de algumas chatas artilhadas, o CMG Alvim reconhece o Passo do Alto Paraná. Operação preparatória para o desembarque aliado em solo paraguaio.

12.8.1869 — ALTOS, Subida de. Paraguai. Guerra do Paraguai. Vanguardeando os generais Mitre e Auto Guimarães, o cel. Camilo Mércio Pereira forçou a Subida de Altos, desalojando a defesa mandada pelo cmte. Cespedes, o qual morreu defendendo sua posição. Tomaram parte no ataque um batalhão e um esquadrão de cavalaria brasileiros e elementos argentinos. Perdas: dos brasileiros, 14 mortos e 31 feridos; dos argentinos, 10; dos paraguaios, 45.

20.3.1676 — AMAMBAÍ. Fronteira Brasil-Paraguai. Bandeiras. A bandeira preadora de Pedro Xavier, 180 mamelucos e 500 índios tupis, em marcha de regresso a São Paulo com numerosos prisioneiros, foi atacada por 400 brancos e 600 guaranis comandados pelo ex-governador do Paraguai, Juan Diaz de Andino. Entrincheirando-se, os bandeirantes resistiram a vários assaltos durante toda a jornada. Num dos ataques, Andino teve morto o cavalo que montava. Terminada a munição, os atacantes retiraram-se, permitindo aos bandeirantes reencetar viagem.

9.7.1943 — AMAPÁ. PA. Segunda Guerra Mundial. Sob o comando do 1º ten. Werner Kruer, o submarino alemão *U-590* afundara no dia 4, na barra de Belém, o mercante *Pelotasloide*. Passou a ser procurado na área. Localizado na superfície foi atacado por avião Catalina ao qual revidou com sua metralhadora, matando o comandante. O aparelho voltou a Belém. Outro avião Catalina alcançou e alvejou com bombas o *U-590*, afundando-o.

21.7.1943 — AMAPÁ. AP. Segunda Guerra Mundial. O submarino germânico

U-662, do cap. Muller, tentou infiltrar-se no comboio TF-2 de navios mercantes aliados. Localizado pela escolta aérea combateu com vantagem um primeiro avião. Porém foi alvejado e afundado pelas bombas de um Catalina. Salvaram-se o comandante e três marinheiros.

?.11.1677 — AMARO. PE. Palmares. Sob o mando dos capitães Estevão Gonçalves e Manoel da Silveira Candoro, destacamento expedido por Fernão Carrilho do Arraial de Bom Jesus-e-a-Cruz (ex-Aqualtune dos palmarinos) atacou o Mocambo do Amaro, nove léguas distante de Sirinhaém. Mataram e feriram muitos negros, aprisionaram 47 homens, duas mulheres forras e uma jovem que se disse raptada em Sirinhaém pelos quilombolas. Entre os prisioneiros, Acajuba, chefe de guerra, com dois filhos do rei, chamados Zambi e Acainene, mais 20 parentes do rei e Pacassa, capitão da guarda real. O próprio rei escapou a custo, deixando para os atacantes a espada e a pistola, douradas. Constou estar ferido por flecha. Os dados são de um documento recolhido à Torre do Tombo, Lisboa.

4(?).12.1677 — AMARO.PE. Palmares. Os grupos de caça a quilombolas, chefiados por José de Brito, Gonçalo de Siqueira, Domingo de Brito e Gonçalo Reis de Araújo, destacados da tropa do preador Fernão Carrilho, vasculham a região do Mocambo do Amaro, assaltado no mês anterior por outros capitães-de-mato. Procuram o rei Gangazuma, a quem supunham ferido naquele combate. Surpreendem ajuntamento de quilombolas, matam número não precisado deles, entre os quais o notório capitão Gone. Aprisionam 36 dos surpreendidos.

?.?.1758 — AMBRÓSIO. MG. Ataques a quilombos. No sertão de Piumbi (Piuí?), avultou o quilombo dito do Ambrósio, nome do seu "rei". A ponto de motivar expedições visando à sua destruição. Diogo Bueno da Fonseca recebeu autoridade e auxílio para combater o quilombo, o que fez durante o ano de 1758, convulsionando a área das cabeceiras do Rio São Francisco.

21.1.1654 — AMÉLIA, reduto. PE. Holandeses no NE. O reduto, acesso ao Forte das Cinco Pontas, arredores do Recife, foi tomado aos holandeses pela gente de Vidal de Negreiros. O episódio culminou a ofensiva daquele mês, durante o qual foram ocupados também o Forte Rego no dia 15, por Fernandes Vieira, e o Forte Altenar, no dia 19, por Barreto de Menezes.

10.8.1647 — AMOREIRAS. BA. Holandeses na BA. O forte das Amoreiras defendia a Ilha de Itaparica, juntamente com os fortes Pisto e Beaumont. Na ocasião, sob o comando de Segismund van Schkoppe. Os insurgentes deram ataque contra o Amoreiras, cogitando de em seguida atacar os demais. O resultado, um dos mais duros reveses da guerra contra os holandeses. Foram ao assalto 1.200 homens dos três terços da BA, sob o mestre-de-campo Francisco Rebelo, João de Araújo e o holandês a serviço de Portugal, Hoogstraeten. A derrota custou 150 mortos e feridos, sendo especialmente lamentada a morte de Rebelo.

18.9.1932 — AMPARO. SP. Revolução Constitucionista. Os revolucionários tentaram seu último movimento à frente, no setor norte. O maj. Vergílio dos Santos, conduzindo o 1º BC da Força Pública e os voluntários da Patrulha Prudente de Morais, tentou envolver posições federais. Os governistas, comandados pelo cel. Eurico Gaspar Dutra e tendo por coronel honorário Benjamim Vargas, irmão do presidente Getúlio, fizeram bom uso da superioridade numérica frustrando o movimento paulista. Passando ao ataque, contornaram e aprisionaram metade do dispositivo revolucionário.

6.2.1893 — ANA CORREIA. Fronteira Brasil-Uruguai. RS. Revolta federalista. Dando início ao movimento armado, Gumercindo Saraiva cruza a fronteira e acampa no potreiro de Ana Correia. Lança patrulhas, uma das quais choca-se com destacamento das forças do cel. Mena Barreto. Os federalistas recuam, sofrendo baixas.

24.7.1925 — ANÁPOLIS. GO. Coluna Prestes. Um dos mais tenazes perseguidores da Coluna, o maj. Bertoldo Klinger, ataca de surpresa a vanguarda que progredia da mata ao redor da cidade para atingir a rodovia. Iniciado pelas 11 h, o combate terminou depois das 16 h, quando os destacamentos revolucionários de Cordeiro de Farias e de J. Albuquerque juntaram seus efetivos e pressionaram os governistas em manobra envolvente. A Coluna aprisionou o médico dos adversários, cinco automóveis e dois soldados. Perdeu um morto e dois feridos.

17.11.1636 — ANATUBA. PE. Holandeses no NE. O cel. Arciszewsky, buscando revidar a derrota sofrida pelos holandeses a 16.10 no Espírito Santo, posta-se junto do riacho Anatuba, entre o Tapacurá e o Engenho Santo Antônio. Ataca, com forças muito superiores, a gente dos comandos de Henrique Dias, Francisco Rebelo e Sebastião do Couto, em marcha para Porto Calvo. Ao custo de 37 baixas e causando mais de 70 aos holandeses, os insurgentes cruzam a formação inimiga e continuam a marcha.

4.5.1868 — ANDAÍ. Chaco paraguaio. Guerra do Paraguai. Conduzidos pelo cel. Manoel Montiel, 3.000 paraguaios assaltam a posição ocupada pelos brasileiros do mando do cel. Barros Falcão. O assalto, rechaçado, custou aos atacados 26 mortos e feridos; aos atacantes, 356 mortos, calculados em 600 os feridos, muitos dos quais conduzidos para o Forte do Timbó.

18.4.1839 — ANGICOS. MA. Balaiada. Em boa fase da guerra, os balaios lutam em Mutuns, Mocambo e Laranjeiras e seguem para Angicos, onde defrontam seu implacável perseguidor, cap. Pedro Alexandrino de Andrade, que lhes infligira sério revés em Tutóia, a 22.1. Reconhecendo a derrota, Alexandrino entrega-se, mas os revoltosos, deslustrando a vitória, deram-lhe morte.

28.7.1938 — ANGICOS, fazenda. SE. Campanha contra o cangaço. A fazenda situava-se nas proximidades de Porto-da-Folha. Ao fim da madrugada, a força volante do cap. João Bezerra surpreende o acampamento do mais notório dos cangaceiros — Virgulino Ferreira da Silva, o Lampião. Morrem 11 dos surpreendidos, entre eles o mesmo Lampião e sua companheira Maria Bonita, cujas cabeças permaneceram durante anos expostas no Instituto Nina Rodrigues, Salvador, BA. Depõe Câmara Cascudo no *Dicionário do Folclore Brasileiro:* "Ao contrário dos antigos cangaceiros, que tinham momentos de generosidade e de cavalheirismo, Lampião celebrizou-se pela brutalidade orgulhosa, estupidez e malvadez contínuas...", "... deixou a fama horrível de um rastro de sangue e de ruínas". Lampião originou muitos livretos de cordel narrando proezas, salientando a coragem, a sorte sobrenatural com que se livrava dos cercos policiais. Com este combate e estas mortes terminou, praticamente, a campanha contra o cangaço.

1.10.1868 — ANGOSTURA. Paraguai. Guerra do Paraguai. Às 4 h, a posição, defendida pelas baterias de Angostura, resultou forçada pelo Chefe de Divisão Delfim de Carvalho, depois Barão da Passagem. Levava os couraçados *Tamandaré, Bahia, Silvado* e *Barroso.* Ao abrir o dia, as baterias de Angostura e a linha fortificada do Piquisiri foram bombardeadas por outros navios brasileiros, do mando do cap. Mamede Simões. O alm. Inhaúma, a bordo da canhoneira *Belmonte,* adiantou-se para orientar o fogo dos barcos, dando cobertura ao reconhecimento que o Exército fazia sobre a linha fortificada. Simultaneamente, em terra, o gen. Osório tomava contato com a direita da posição paraguaia, enquanto os generais José Guimarães e Andrade Neves fazim o mesmo pelo centro.

5.10.1868 — ANGOSTURA. Paraguai. Guerra do Paraguai. O couraçado brasileiro *Colombo*, do comando de Marques Guimarães, procede ao reconhecimento agressivo das posições paraguaias que defendem a passagem.

10.10.1868 — ANGOSTURA. Paraguai. Guerra do Paraguai. O couraçado *Brasil*, do comandante Salgado, depois Barão de Corumbá, e o monitor *Alagoas*, forçam a passagem enfrentando o fogo das baterias e sobem o Rio Paraguai.

15.10.1868 — ANGOSTURA. Paraguai. Guerra do Paraguai. A passagem foi forçada, sob rigoroso fogo das baterias defensivas, pelos couraçados brasileiros *Silvado*, do comando do futuro Barão de Ladário, e *Lima Barros*, do CF Joaquim Francisco de Abreu, e pelo monitor *Rio Grande do Norte*. Subindo o rio, esses barcos reuniram-se à divisão sob ordens do Barão da Passagem.

28.10.1868 — ANGOSTURA. Paraguai. Guerra do Paraguai. O couraçado brasileiro *Cabral* e o monitor *Piauí* bombardeiam longamente as baterias paraguaias que defendiam a passagem de Angostura.

19.11.1868 — ANGOSTURA. Paraguai. Guerra do Paraguai. A posição, com suas baterias defensivas, foi submetida a forte bombardeio efetuado pelos couraçados brasileiros *Erval*, *Mariz e Barros*, *Cabral*, *Colombo*, e pelo monitor *Piauí*, sendo o fogo dirigido pelo cap. Mamede Simões.

26.11.1868 — ANGOSTURA. Paraguai. Guerra do Paraguai. A forte posição impeditiva do trânsito do rio, defendida por George Thompson, foi rompida pelos couraçados *Brasil* e *Cabral*, monitor *Piauí*, vapor *Triunfo* e uma lancha a vapor. Os navios subiram de Palmas, indo reunir-se aos couraçados já fundeados acima de Angostura. O cmte. Salgado, do *Brasil*, futuro Barão de Corumbá, recebeu ferimentos.

9.12.1868 — ANGOSTURA. Paraguai. Guerra do Paraguai. No relato de J. R. Garcez Palha, o couraçado *Mariz e Barros*, do comando do CF Augusto Neto de Mendonça, reconhecendo as baterias a montante da fortaleza, torna-se alvo de copioso fogo de artilharia. Morre o capitão, ficam feridos três oficiais e nove marinheiros. O ten. José Cândido Guilhobel, imediato, leva o navio a salvo.

16.12.1868 — ANGOSTURA. Paraguai. Guerra do Paraguai. Descendo o rio, que havia subido dias antes forçando a passagem e as baterias de Angostura, os couraçados *Silvado*, sob o cmte. Costa Azevedo, futuro Barão de Ladário, e *Mariz e Barros*, do mando de J. F. de Abreu, batem-se com as baterias de defesa, alcançando o seu intento.

19.12.1868 — ANGOSTURA. Paraguai. Guerra do Paraguai. Os couraçados *Silvado*, do cmte. Costa Azevedo, e *Mariz e Barros*, de J. f. de Abreu, forçam mais uma vez a passagem de Angostura, subindo o rio. No dia 16, os barcos haviam feito a mesma passagem, descendo.

30.12.1868 — ANGOSTURA. Paraguai. Guerra do Paraguai. Rendem-se os 1.904 paraguaios que defendiam as baterias e os redutos da passagem de Angostura sobre o Rio Paraguai. No dia 28, seus comandantes, tenentes-coronéis Lucas Carrillo e George Thompson haviam enviado ofício a Solano Lopez: "Con la licencia de V.E., queremos defender esta posición hasta el ultimo momento, y haremos todo esfuerzo para hacerlo; se nos ataca el enemigo, sera infaliblemente rechazado''. A artilharia de Angostura dispunha de 31 canhões, sendo o de nome El Criollo famoso entre os combatentes pelo seu calibre 150. Dos defensores, 421 renderam-se feridos, 13 deles oficiais.

1.6.1942 — ANTILHAS/SANTA LÚCIA. Segunda Guerra Mundial. O navio *Alegrete* foi torpedeado no Mar das Antilhas, pelo submarino alemão *U-156*, do cap. Hortenstein. O *Alegrete* era o ex-alemão *Salamanca* apresado em porto nacional quando da entrada do Brasil na Primeira Guerra Mundial. No curso desse conflito, no Atlântico Norte, a serviço dos americanos mas com tripulação brasileira, sendo intimado a parar por submarino germânico, reagira a tiros de canhão, salvando-se.

26.6.1942 — ANTILHAS. Segunda Guerra Mundial. Na posição latitude 23°0' Norte, longitude 62°6' 0, o submarino alemão *U-203*, do CT Rolf Mutzelburg torpedeou o mercante brasileiro *Pedrinhas*, em rota para Nova Iorque. Pereceram quatro dos 48 tripulantes. Os sobreviventes, recolhidos depois de vogarem dois dias em baleeiras.

13.2.1894 — ANTONINA, PR. Revolta na Armada. O porto e a cidade, a exemplo de Paranaguá, sofreram bombardeio executado por navios da esquadra rebelada. O ataque foi montado para assegurar a autoridade do governo instalado em Desterro (Florianópolis) e preparar a junção dos marujos e da vanguarda dos federalistas gaúchos em operações na área.

8.5.1867 — APA-MT. Paraguai. Guerra do Paraguai. Local e combate chamado Baiendê pelos paraguaios. Retirando-se da Laguna em direção de Nioaque, o corpo de caçadores a cavalo do comando do cap. José Rufino foi atraído para o campo aberto e envolvido pela cavalaria paraguaia chefiada pelo cap. Crescêncio Medina e pelo ten. Solio Almada sob o mando geral do maj. Martin Urbieta. Formando quadrado, os brasileiros disparam e movem-se, manobra repetida até receberem o apoio de infantaria e de um canhão, podendo, com isso, mudar a situação. Na jornada a coluna brasileira perdeu 14 homens, entre mortos e feridos. Segundo *El Semanario*, jornal oficial de Lopez, as tropas guaranis da jornada foram os 21º e 22º de cavalaria, o 31º regimento e os batalhões 12º e 18º de infantaria. Perderam 39 soldados.

1.8.1932 — APIAÍ. SP. Revolução Constitucionalista. A 6 km da cidade, a defesa paulista, sob o cap. Heliodoro Rocha Marques, enfrentou o ataque dos 1.600 homens da força governamental do cel. Airton Plaisant. O combate era o batismo de fogo de batalhões de voluntários civis. O primeiro assalto foi repelido, ficando três atacantes prisioneiros. No segundo momento, as alas do dispositivo de defesa, em Fazendinha (60 homens) e Banhado Grande (80), foram envolvidas, Apiaí superada pela coluna do cel. Boanerges, a qual, somada ao destacamento Plaisant elevou o efetivo de ataque para mais de 2.000 combatentes: (5º RAM, 2 baterias com 8 peças; 13º RI, um batalhão; 7º RI, um batalhão; 13º BC; 5º RCD, três pelotões; 2º BC; 1ª Cia. da Brigada gaúcha). Um destacamento de 130 homens, retirado das trincheiras para retomar o Banhado Grande, foi emboscado na estrada e recuou. O cel. Boanerges intimou a rendição incondicional. 600 paulistas sitiados, ao mando do maj. Tenório de Brito, romperam a Serra de Paranapiacaba e embora perseguidos ganharam o litoral, Santos, São Paulo e de novo as trincheiras da frente sul.

6.12.1634 — APIPUCOS/RECIFE. PE. Holandeses no NE. Procedentes do Arraial do Bom Jesus, 200 homens ao mando do capitão de emboscadas Pedro de Almeida Cabral atacam e fazem debandar aproximadamente 400 holandeses. Distinguiu-se, particularmente, Henrique Dias. Tão violento foi o combate que entre as baixas dos insurgentes inscreveram-se as de três capitães.

23.11.1801 — APOSTOLES. Redução jesuítica junto ao Passo de São Marcos entre São Borja, RS, e San Tomé, Corrientes, Argentina. Campanha de conquista das Missões Orientais. Forte contingente espanhol prepara-se para cruzar o passo. Na defesa do mesmo, 110 homens do mando do ten. Gabriel Ribeiro. No amanhecer, 215 castelhanos e guaranis, sob ordens do cap. Rubio Dulce, desembarcaram na barra do riacho Icamaquã, instalando cabeça-de-ponte para o grosso da tropa espanhola, ainda na margem argentina. Atacada pela gente de Ribeiro, a tropa de Rubio não pôde reembarcar nem ser reforçada. Na tentativa de atravessar o riacho perdeu 60 mortos, deixando 70 prisioneiros. Os vencedores tiveram três mortos e quatro feridos. O combate também é registrado sob os nomes Icamaquã e São Borja.

2.7.1817 — APOSTOLES. Missões além Rio Uruguai. Corrientes, Argentina. Guerra com Artigas. Avançando sobre a povoação que era centro abastecedor da Artigas, o gen. Chagas Santos desbarata a defesa exterior mas não consegue eliminar os grupos posicionados na igreja e no colégio, comandados pelo cel. Aranda. Aproximando-se esquadrões correntinos do cel. Andrés Artigas, em auxílio de Aranda, o gen. Chagas Santos destacou parte da sua força, às ordens do maj. José Maria da Gama, futuro Barão de Saican, para enfrentar Artigas. Esta missão foi bem-sucedida, mas na redução, assim desfalcado, Chagas não pôde superar a defesa. Pelas 11 h da manhã do dia três, ferido, ordenou o retraimento. Ele tomaria e queimaria a povoação, a 7.4.1818.

7.4.1818 — APOSTOLES. Missões além Rio Uruguai. Corrientes, Argentina. Guerra com Artigas. O gen. Chagas Santos ocupa e destrói a povoação, cumprindo a campanha planejada para privar o exército artiguenho das principais fontes de abastecimento.

15(?).12.1808 — APROUAGE/COLÉGIO. Guiana Francesa. As duas posições, defrontando-se, defendiam a foz do rio Aprouage (Approak). O inglês James Lucas Yeo, com 32 marinheiros embarcados em cúteres e o CT Luís da Cunha Moreira, com 18 marujos luso-brasileiros atacaram o fortim Aprouage, dominando-o e aprisionando um sargento e 10 soldados. Cruzaram o rio e igualmente superaram o fortim Colégio provocando mortes e fuga entre os defensores. Tomaram um canhão e incendiaram instalações. Simultaneamente, na embocadura do rio, os barcos da expedição deram caça e apresaram duas escunas francesas, rebatizadas *Dom Carlos* e *Sidney Smith*. Este o nome do almirante inglês, tio de Yeo e comandante da frota que comboiara a viagem da família real portuguesa para o Brasil.

4.10.1677 — AQUALTUNE-PALMARES. AL. Campanha de Palmares. Fernão Carrillo conduz 185 mamelucos, índios do chefe Camarão e soldados brancos ao ataque do primeiro posto da defesa palmarina, também chamado Acainene, e, ainda, conforme Rocha Pombo, Arutirene. Depois de rápido combate perecem quase todos os defensores, sendo aprisionados 10. Carrillo instalou o seu centro de operações naquele local, mudando-lhe o nome para o de Bom Jesus-e-a-Cruz.

1.3.1870 — AQUIDABAM-CERRO-CORÁ. Paraguai. Guerra do Paraguai. Na travessia do Rio Aquidabam, Francisco Solano Lopez e seus derradeiros seguidores foram alcançados quando seguiam o caminho de Chiriguelo ao Cerro-Corá. A tropa brasileira: a Brigada Mista do mando do cel. Antônio da Silva Paranhos; o 9º BI do maj. Floriano Vieira Peixoto; e o corpo de cavalaria do cel.

João Nunes da Silva Tavares. No comando geral, o brg. Antônio Correa da Câmara, destacado para aquela missão pelo Conde d'Eu. Após rápido combate o cel. Tavares carrega sobre o grupo, sendo Lopez ferido por golpe da lança do ordenança daquele coronel, o cabo José Francisco Lacerda, por apelido o Chico Diabo. Lopez teve perfurados a bexiga e o peritônio. Tentando afastar-se na direção do arroio Aquidabam-Mirim, apoiado em um barranco, foi alcançado e intimado à rendição pelo brg. Câmara. Respondeu, com voz clara e ativa: "Morro por minha pátria e com a espada na mão". Com a espada atirou um golpe contra o brigadeiro, sendo então alvejado com um tiro desfechado pelo cap. João Pedro Nunes, ajudante do cel. Silva Tavares, e por coronhada aplicada por um soldado. Mergulhou no arroio, foi retirado e faleceu segundo depois. Terminava a guerra. Rio Branco dá ao acontecimento a localização e o nome de Cerro-Corá, que é como preferem os paraguaios. Também se diz Aquidabanigui.

4.9.1825 — AQUILA. Uruguai. Guerra da Cisplatina. À frente de 600 combatentes, o cel. Bento Manoel Ribeiro foi expedido por José de Abreu para enfrentar Frutuoso Rivera. Este, seguindo plano elaborado por Lavalleja, marchava com a intenção de investir contra o flanco de Abreu na área de Mercedes. À margem do arroio Aquila, Bento Manoel intercepta a cavalgada de Rivera, impõe-lhe a retirada e as baixas de 28 soldados e três oficiais, segundo os números de Tasso Fragoso. Informado desse resultado, Lavalleja levanta o cerco em que mantinha a Colônia do Sacramento. O encontro de Aquila também é referido pelo nome Arbolito.

?.7.1713 — AQUIRAZ. CE. Rebelião de indígenas. Reforçados por guerreiros anacês e juagaribanos, os revoltados atacaram a vila de Aquiraz. Em socorro da povoação acorreu a tropa conduzida pelo cap. Francisco Duarte de Vasconcelos. Incapaz de enfrentá-la, os levantados recuaram para as margens do rio Chocó onde, emboscados, já os esperavam os repressores. O choque resultou em mortandade entre os índios.

2.5.1868 — ARAÇÁ. Margem esquerda do Rio Paraguai, Paraguai. Guerra do Paraguai. Avançadas e tranqueiras intentam impedir o desembarque de cinco batalhões de infantaria, uma bateria de artilharia e contingente de engenheiros cuja missão é a de cortar as comunicações da fortaleza de Humaitá com o interior paraguaio. Os couraçados *Bahia, Barroso* e *Tamandaré* e os monitores *Pará* e *Rio Grande,* empenhados na operação de transportar os incursores, silenciam com forte bombardeio a oposição da tropa inimiga.

10.8.1905 — ARACAJU. SE. Sublevação policial. Grupo de policiais sublevados, reclamando direitos, ataca o palácio do governo do estado.

12.7.1924 — ARACAJU. SE. Revolta tenentista. Atuando em consonância com a movimentação tenentista que planejara revoltas militares em diversos pontos do país, o cap. Eurípedes Esteves de Lima e os tenentes Augusto Maynard Gomes e Luís Freire, com apoio de vários sargentos, sublevaram o Batalhão de Caçadores de Aracaju. Dominaram a polícia estadual, venceram a diminuta guarda do palácio, consideraram deposto o presidente Graco Cardoso e instituíram governo segundo princípios tenentistas. Destacamentos engrossados por voluntários civis demandaram localidades vizinhas. Mainard Gomes preparou Aracaju para resistir ao governo central. Obstruiu o canal, apagou o farol, minou o acesso ao porto, impedindo, assim, qualquer ação naval. Contra forças de terra ergueu um reduto, a "Trincheira dos Carvões", dotando-a de dois canhões coloniais recuperados. Os revoltados seriam senhores de Aracaju até 2.8, quando foram desalojados por tropa federal procedente de AL. Em 1926, Maynard voltaria a sublevar o mesmo BC em nome dos mesmos princípios. Dessa vez seria derrotado em quatro horas de combate.

2.8.1924 — ARACAJU, SE. Revolta tenentista. O BC revoltado e combatendo defensivamente desde 13.7 rendeu-se ao maj. Vitalino de Almeida, comandante das tropas governamentais provenientes de Alagoas. A rendição ocorreu uma vez conhecida a tomada do reduto do Carvão pelos legais.

19.1.1926 — ARACAJU, SE. Levante tenentista. O ten. Augusto Maynard Gomes, que em 1924 sublevara e combatera semanas com o BC de Aracaju, põe-se à frente de 400 homens e ataca a residência do presidente do estado e o quartel da polícia. Repelido, combateu quatro horas, ao fim das quais, ferido, foi aprisionado.

31.7.1943 — ARACAJU, SE. Segunda Guerra Mundial. O mercante *Bagé*, 8.235 tons., com 107 tripulantes e 27 passageiros, viajando de Recife para Salvador, foi mandado deixar o comboio de que fazia parte, devido a fumegar demasiadamente. Às 21 horas recebeu um torpedo e uma granada incendiária, disparados pelo submarino alemão *U-185* do CT August Mans. Pereceram 20 tripulantes no afundamento. O submersível seria destruído a 24.8, por ação de navio de guerra estadunidense.

19.12.1925 — ARAÇÁS. Divisa entre MA e PI. Coluna Prestes. No porto dos Araçás, Rio Paraíba, comboio fluvial de tropas foi emboscado e fortemente alvejado pelo destacamento Siqueira Campos. Desembarcando em Queimados, parte da força governamental acometeu o esquadrão da Coluna, que ao mando de Jorge Danton guarnecia o flanco. O esquadrão escapou do completo desbarato por haver Siqueira Campos acorrido em sua ajuda. Os governamentais reembarcaram, prosseguindo viagem para Teresina.

15/17.7.1839 — ARACATI, CE. Revolta de escravos. Nas proximidades de Aracati, destacamento policial emboscou os 23 escravos, marinheiros da barca *Laura segunda*, da qual se haviam apoderado quando em curso, saída de Fortaleza. Haviam lançado ao mar os homens brancos, menos um, também rebelado. Encalharam o barco e internaram-se. No choque de Aracati, resistiram até ver tombar, ferido, o seu chefe, Constantino. Este e mais cinco amotinados foram enforcados, em Fortaleza, no outubro seguinte.

4.12.1959 — ARAGARÇAS, GO. Às 4 h, os promotores da "revolta de Aragarças" deram por encerrado o protesto iniciado no dia 2 contra a situação política do país e preparam-se para deixá-lo. Um avião Lockhead-Constellation, L-49, matrícula PP-PCR, dirigiu-se para Buenos Aires; um Beechcraft levou para Roboré, Bolívia, o ten.-cel. Geraldo Labarthe Lebre, o ten.-cel. João Paulo Moreira Burnier, o maj. Washington Amud Mascarenhas e Fernando Wanderley. A base de Aragarças ficou em poder de oficiais aprisionados pelos retirantes: tenentes Edson e Castelo Branco, da Aeronáutica, e Quinn, do Exército. Às 9:30 h aterrissaram aviões conduzindo pára-quedistas ao mando do maj. Franca, da FAB. Logo depois aproximou-se o avião revoltoso C-47, que regressava de missão humanitária cumprida em Santarém pilotado pelo cap. Leuzinger Marques Lima. Desceu normalmente, ignorando a partida dos companheiros e ainda com os motores em movimento recebeu voz de prisão. Fechou a porta e tentou decolar desviando o aparelho de tambores de gasolina rolados para a pista. O avião capotou e explodiu, atingido por rajadas de metralhadoras e armas leves. Foram os únicos tiros do movimento que durou 72 horas, porém traumatizou a nação às vésperas de importante pleito eleitoral.

3.1.1817 — ARAPEÍ. Uruguai. Guerra com Artigas. O potreiro Arapeí foi o local designado por José Gervásio Artigas para a reunião da força sob seu comando direto com as de Latorre. O propósito, preparar 800 dos seus melhores combatentes e lançá-los contra a vanguarda, já próxima, do exército do Marquês de Alegrete. Mas na frígida madrugada de 3, o acampamento artiguista foi surpreendido pelo ataque avassalador de 640 gaúchos e paulistas conduzidos pelo ten.-cel. José de Abreu, futuro general e Barão de Serro Largo. Artigas escapou com reduzido séquito.

22.11.1811 — ARAPEÍ-CHICO. Uruguai. Campanha Pacificadora do Uruguai. A posição, guarnecida por 150 cavalarianos ao mando do sargento-mor Manoel dos Santos Pedroso, foi atacada por 952 uruguaios e índios chefiados pelo artiguista sul-rio-grandense ten.-cel. Pinto Carneiro. Com perda de gente e combatendo, Pedroso retira-se.

11(?).9.1932 — ARAPONGAS, MG. Revolução Constitucionalista. Tropas expedidas do Rio de Janeiro e de Juiz de Fora convergem para o arraial de Arapongas, região de Viçosa, onde, sob o tenente Canabarro concentravam-se os últimos dos 800 aderentes à proclamação de Artur Bernardes em favor da revolução. Cinco horas de confronto terminam com a dispersão dos levantados. Dezenas de prisioneiros, vários mortos de ambos os lados.

O Brasil declara guerra à Argentina

A 25.10.1825, a Argentina proclamou a anexação do Uruguai ao seu território. O Uruguai, para o Brasil, era a sua Província Cisplatina. Vale dizer: a Argentina anexava uma província brasileira. Valia por uma declaração de guerra. O Império contestou:

"Havendo o governo das Províncias Unidas do Rio da Prata praticado atos de hostilidade contra este império, sem provocação e sem preceder declaração expressa de guerra, prescindindo das formas praticadas entre nações civilizadas, convém à dignidade da nação brasileira, e à ordem que deve ocupar entre às potências, que Eu, tendo ouvido meu conselho de Estado, declare, como declaro, a guerra contra as ditas Províncias e seu governo: Portanto, ordeno que por mar e por terra se lhes façam todas as possíveis hostilidades, autorizando o corso e armamento a que os meus súditos queiram propor-se contra aquela nação; declarando que todas as tomadias e presas, qualquer que seja sua qualidade, serão completamente dos apresadores, sem ducção alguma em benefício do tesouro público.

O Supremo conselho militar o tenha entendido e o faça publicar, remetendo este por cópia às estações competentes e afixando-o por editais. Palácio do Rio de Janeiro em 10 de dezembro de 1825, 4º da Independência e do Império. — Com a rubrica do S.M.I. — Visconde de Santo Amaro".

Com a declaração, o governo imperial divulgou minucioso Manifesto ou Exposição Fundada e Justificada do Procedimento da Corte do Brasil a Respeito do Governo das Províncias Unidas do Rio da Prata e dos Motivos que a Obrigaram a Declarar a Guerra ao Referido Governo.

A 3.1.1826, Las Heras, chefe do governo argentino, convocava seus concidadãos para a guerra, concluindo com o dizer-lhes: "Um rei, nascido no outro lado do Atlântico inquieta a vossa paz, a honra e a glória de vossos filhos. Às armas, cidadãos! Às armas!"

10.1.1587 — ARARANGUÁ, SC. Corsários e piratas. Na altura de Araranguá, a flotilha do corsário Robert Withrington, formada pelos barcos *Red Dragon, Clifford, Roe* e *Dorothic*, armada pelo Duque de Cumberland, apresou navio proveniente da Bahia, consignado ao bispo de Tucumán, Argentina. Conduzia frades e utilidades. No dia seguinte, outro barco foi tomado. A 21 os ingleses atacaram a cidade da Bahia.

10.12.1825 — ARARANGUÁ. RS. Guerra da Cisplatina. Na barra do arroio Araranguá, o cel. Bento Manoel Ribeiro enfrenta e vence grupo de reconhecimento uruguaio chefiado pelo maj. Jose Maria Raña.

14.12.1893 — ARARANGUÁ. SC. Revolta da Armada. O cel. Artur Oscar vence forte resistência dos marinheiros desembarcados de navio revoltado, o *Itapemirim*, aos quais se haviam reunido 42 soldados navais sob o 1º ten. Felipe Perry. Este e 10 companheiros receberam ferimentos.

27.6.1633 — ARARIPE. BA. Holandeses. Diante da Ilha de Itamaracá, os capitães Fernando de la Riba Aguero e Antônio de Figueiredo Vasconcelos repelem a tentativa de desembarque holandês proveniente da ilha. A 10.7 os holandeses insistem na operação, com o mesmo resultado.

10.7.1633 — ARARIPE. BA. Holandeses na BA. Holandeses da guarnição de Itamaracá levam ataque à posição que resiste vitoriosamente sob o mando dos capitães Riba Aguero, Figueiredo Vasconcelos, Rebelo de França e Babilon de Sousa. A 27.6, os atacantes haviam feito tentativa idêntida, também rechaçada.

?.?.1576 — ARAROUÊ. RJ. Corsários. O vilarejo de Ararouê foi ocupado por marujos do navio *La Salamandre*, capitaneado por Jean de Coquigny e financiado por Felipe Strozzi, primo da rainha francesa Catarina de Médicis. Acredita-se que se o plano de firmar-se a presença francesa resultasse bem, Catarina faria do seu primo o vice-rei da França Antártica. A ocupação de Ararouê durou três meses, sendo os intrusos acossados todo esse tempo pela gente da terra.

20.8.1842 — ARAXÁ. MG. Revolta dos liberais. O juiz Manuel Joaquim de Ávila mobiliza e arma populares com os quais resiste à tentativa de ocupação da vila por uma tropa liberal. O mais notório dos vários mortos entre os defensores foi o ten. Antônio do Amaral Terreiro. Albino de Almeida dá o dia 20.7.

29.5.1828 — AREGUI-CABO DE SANTO ANTÔNIO. Estuário do Prata. Guerra da Cisplatina. O comandante argentino Tomas Espora, considerado pelo alm. Brown como "uma das espadas mais valentes da América do Sul", regressava de cruzeiro pelo litoral rio-grandense a bordo do brigue-escuna *Ocho de Febrero* (ex-brasileiro *Dona Januária*), tendo sua passagem denunciada pelo súbito levantar do nevoeiro que cobria o estuário. Perseguido pelas escunas *Bela Maria, Constança* e *Grenfell* e pela canhoneira *26 de Fevereiro*, buscou a proteção dos bancos e da pouca água de Aregui, tendo encalhado. Cercado pelos brasileiros, resistiu. Destacou-se da linha imperial a escuna *Bela Maria*, do comando do ten. Joaquim Marquês Lisboa, e durante 10 horas, sem interrupção, os navios dos dois mais prometedores oficiais de duas jovens marinhas pelejaram duramente. Relatórios argentinos informam que Espora fez disparar mais de 900 tiros. Tendo um morto e três feridos, Espora aproveitou a noite para mandar à terra parte da tripulação. Ao amanhecer, com o brigue encalhado e danificado, entregou sua espada ao futuro Marquês de Tamandaré.

8.1.1840 — AREIA. RS. Guerra dos farrapos. No Passo da Areia, proximidades de Porto Alegre, o maj. José Joaquim de Andrade Neves fez sortida contra agrupamento farrapo, arrebanhando 51 cavalos e

90 bois. Voltou à base tiroteado vivamente pela partida farroupilha que buscava recuperar aqueles animais.

24.6.1842 — AREIAS, SP. Revolta dos liberais. Desde o dia 21, teimosamente, os liberais conduzidos por Anacleto Ferreira Pinto acossaram o destacamento governista de 200 soldados que investia sobre Areias. Destes, 120 do Corpo de Permanentes da Corte e 50 do Batalhão Defesa do Trono. No dia 24, com hábil manobra, o cel. Pedro Paulo Moraes Rego salvou os Permanentes de uma derrota certa e ganhou o combate pela posse da vila.

21.2.1849 — AREIAS, PE. Insurreição Praieira. Enfraquecida no seu sistema militar por dissensões e abandonos, a revolução confia a Peixoto de Brito a defesa de Areias, atacada pela força governamental. O combate, de seis horas, registou alternativas, porém culminou com a retirada, muito criticada, de Peixoto de Brito, deixando oito mortos e 30 homens para serem aprisionados. Os atacantes tiveram cinco mortos e 37 feridos.

?.6.1911 — AREIAS, MT. Movimentos pró-emancipação do sul de MT. O caudilho emancipacionista Bento Xavier voltou à luta, conduzindo 60 homens, a maioria recrutada no Paraguai. Em Areias, defrontado e batido pelos unionistas ao mando do maj. Gomes. A pé, com 11 remanescentes, Bento retornou ao Paraguai.

8.12.1839 — AREIAS-VILA DO BREJO, MA. Balaiada. Ao fim de três horas de combate, a força governamental de 480 soldados envolve e supera as trincheiras dos insurgentes balaios, ocupando a posição que lhe abriu caminho para a vila próxima.

9.2.1894 — ARMAÇÃO-NITERÓI, RJ. Revolta da Armada. A Ponta da Armação transformou-se no sítio do mais sangrento e disputado encontro da revolta. Necessitando de ponto de apoio em terra, os revoltados decidem a ocupação de Niterói. Na Ilha da Conceição, o alm. Saldanha da Gama formou quatro colunas de ataque, sob o comando geral do 1º ten. Antão Correa da Silva. A primeira coluna, confiada ao 1º ten. Moura Rangel; a segunda, ao 1º ten. Alípio Colonna; a terceira; integrada também por voluntários e prisioneiros, ao 2º ten. Artur Tompson; a quarta, ao guarda-marinha Pinna Júnior. Total: 430 homens. O desembarque: coluna Moura Rangel, nos frigoríficos, destinada a tomar a bateria da Mangueira, enquanto a segunda, Alípio, ocuparia o Laboratório Pirotécnico. A terceira, Tompson, abicando na Ponta da Areia, eliminaria as trincheiras governistas e pelo Toque-Toque avançaria sobre a Armação. Seria seguida de perto e contaria com o apoio da coluna Pinna Júnior. A fim de cobrir com fogos navais aqueles avanços, tomaram posição os navios: entre as Ilhas do Caju e Mocanguê da Armação o *Liberdade;* o *Aquidaban* diante do Laboratório; o *Tamandaré* e o *Júpiter* em posições que lhes permitissem bater os governistas conforme o andamento do combate. A área estava guarnecida por aproximadamente 3.000 governistas: os batalhões patrióticos (civis) Acadêmico, do mando do cmte. Gomes de Castro; 23 de Novembro, de Rego Barros; Benjamim Constant, do chefe Pantoja; Tiradentes, de Alfredo Martins; os batalhões da Guarda Nacional: 1º da reserva, 2º da Capital Federal; 9º também da Capital; 34º de Niterói; batalhões 44 e 49 da polícia; a Brigada da Capital Federal e o Batalhão de Niterói. Mais as tropas de linha: 1º, 24º BI, 1º de Engenheiros, sapadores do Batalhão 15 de Novembro. Às 3 h a artilharia naval rompeu o fogo, seguida por fuzilaria das ondas de desembarque. Aos tiros e gritos os revoltosos anularam o fator surpresa, sendo combatidos aos primeiros passos em terra. Ainda nos escaleres sofreram perdas. Até a Ponta da Armação o avanço cumpriu o planejado. Canhões foram tomados a peito descoberto, com as peças disparando à queima-roupa. A guarnição de uma delas deixou-se matar a golpes de machado mas não a entregou. Porém o crescente afluxo de governamentais e fogos dos morros paralisou na Armação as terceira e quarta colunas. As primeiras, passando por Mangueira, foram atacar o Laboratório. Ao clarear o dia, bandeiras brancas dos revoltados flutuavam em quase todos os pontos previstos no plano de combate, salvo o Forte de Gragoatá, que respondia vivamente aos disparos que lhe faziam das ilhas de Villegaignon e das Cobras e dos navios *Tamandaré* e *Aquidaban*. O alm. Saldanha desceu para a faixa ocupada em terra, seguido apenas por ordenança e corneteiro. A segunda coluna, depois de atingir quase o centro de Niterói, refluiu para a Armação face ao avanço de numerosa força policial. Às 9 horas, a posição dos marujos — reduzidos à metade do efetivo desembarcado — mostrava-se insustentável. Às 11, Saldanha ordena retirada com a inutilização dos canhões tomados e daqueles desembarcados. Todos os mortos, os feridos e os 36 prisioneiros, conduzidos para bordo. Saldanha, em terra, recebeu ferimento no pescoço. No escaler, outro, no braço direito. Às 12:45, já com os governistas dominando praias e embarcadouros e fazendo fogo vivo sobre os retirantes, o *Luci*, último barco dos revoltados, desatracou. Na luta de mais de oito horas, quase sempre à curta distância ou no corpo-a-corpo, os revoltados perderam 200 homens, mortos e feridos. A força governamental teria sofrido 700 baixas. No comando da artilharia ela tivera o gen. Manoel José Pereira, no da infantaria que evitara a queda de Niterói e fora carregar os marinheiros senhores da Armação, o cel. Fonseca Ramos.

19.2.1838 — ARMAÇÕES. BA. Sabinada. Tropa governamental ao mando do maj. Manoel da Rocha Galvão desaloja os levantados, ocupando o porto das Armações, arredores da capital baiana.

11.12.1926 — ARNICA. Garça, MT. Coluna Prestes. O Morro da Arnica, na zona do garimpo Caçununga, região do Garça, era o centro da defesa que a força policial mato-grossense opunha ao trânsito da Coluna. A vanguarda dos revolucionários, chefiada pelo cap. Philogônio Antônio Theodoro, atacou o morro, rompeu a defesa e abriu caminho para a Coluna, apoderando-se de munições, um fuzil-metralhadora e sete cavalos.

30.6.1821 — ARRAIAL DE SANTA BÁRBARA. MG. Revolta de escravos, também chamada das Lavras ou do Fanado. A mais ampla e melhor organizada revolta de escravos nas lavras mineiras. Foi seu mentor e chefe Argoim, negro rico, fazendeiro e minerador. Teria chegado a mobilizar 15.000 escravos na região de Ouro Preto e 5.000 em São João do Morro, tendo apoio de elementos de dois regimentos de cavalaria auxiliar, do Serro Frio. Sua principal reivindicação: vigorasse nas minas a Constituição recém-jurada em Portugal, a qual tornaria iguais brancos e negros, senhores e escravos. Houve combates no Arraial de Santa Bárbara e no Inficionado, sendo os escravos vencidos e submetidos.

14.3.1630 — ARRAIAL DO BOM JESUS. PE. Holandeses no NE. Inicia-se a ofensiva holandesa contra a posição-chave dos resistentes. O ten.-cel. Steyn Callenfels comanda o ataque e Matias de Albuquerque a defesa do Arraial. Este contou, na jornada, 16 mortos e feridos e os atacantes quatro mortos e 20 feridos, entre os quais Domingos Calabar. O melhor do armamento da defesa consistia em quatro peças de ferro retiradas a navio flamengo afundado junto das barretas dos Currais e dos Afogados. A posição resistiria até 8.6.1635.

24.3.1633 — ARRAIAL DO BOM JESUS. PE. Holandeses no NE. O novo governador holandês, cel. van Rembach, guiado por Calabar, dirige 1.200 soldados contra o Arraial, tomando bom partido do fator surpresa. Apesar do que, os defensores chefiados por Luís Barbalho resistem e saem em sortida provocando ferimentos e posterior morte ao próprio van Rembach.

25.7.1633 — ARRAIAL DO BOM JESUS. PE. Holandeses no NE. Coluna holandesa que procedia a reconhecimento ao longo do caminho de acesso ao Arraial foi atacada por destacamento de insurgentes comandado pelos capitães Antônio André, Estêvão de Távora e Manuel Antônio Correia.

30.3.1634 — ARRAIAL DO BOM JESUS. PE. Holandeses no NE. Repelido com nítida vantagem para a defesa um pesado ataque holandês.

4.4.1635 — ARRAIAL DO BOM JESUS. PE. Holandeses no NE. As Companhias de Emboscadas dos capitães Gaspar André e Antônio Gomes realizam sortida contra os sitiantes holandeses. O próprio chefe dos flamengos, Arciszewsky, recebeu ferimento.

18.4.1635 — ARRAIAL DO BOM JESUS. PE. Holandeses no NE. Aperta-se o cerco holandês. Cobertos por pesado bombardeio da artilharia, os sitiantes entulham o fosso e tentam sua escalada. Protegidos por redutos fortificados, os 1.200 atacantes pressionam os 547 defensores comandados por André Marin. A rendição ocorreria a 8.6.

15.5.1635 — ARRAIAL DO BOM JESUS. PE. Holandeses no NE. Grupo de sitiados conduzido por João Arias de Macedo sai em sortida contra os assediantes. Servindo-se de arma branca tomam uma trincheira dando morte aos seus ocupantes. Esse feito aliviou pouco a premente situação do Arraial.

8.6.1635 — ARRAIAL DO BOM JESUS. PE. Holandeses no NE. Capitula o Arraial, objeto desde 1630 de ataques holandeses. O cerco final arrastara-se por três meses e 12 dias. Seus 547 combatentes e certo número de moradores suportaram a partir de 19.4 bombardeio diário por artilharia de grosso calibre e freqüentes assaltos desferidos pelos 1.200 holandeses. Lopes Santiago, contemporâneo, relata que durante o cerco de mais de cem dias, os sitiados apenas comeram 13 cavalos, couros salgados de boi e ervas do alagadiço próximo. Seu comandante: o cel. André Marin.

14.11.1709 — ARRAIAL DO PILAR. MG. Guerra dos emboabas. O "exército vingador dos paulistas", 1.300 homens aproximadamente, ao mando de Amador Bueno da Veiga e tendo como lugar-tenente a Luís Pedroso de Barros, mal chegado ao Arraial, abre fogo contra os 260 brancos e 500 pretos ali recolhidos sob ordens de Ambrósio Caldeira Brandt. O cerco durou quatro dias e noites de combates, com três sortidas dos sitiados, repelidas. Os paulistas dividiram-se azedamente, seguindo os pareceres opostos de Amador e Luís Pedroso. Este exigia o ataque final. O comandante-chefe decidira retirar-se ante a obstinação dos defensores e a informação de que se aproximavam duas forças de apoio àqueles: 1.200 portugueses reunidos em Ouro Preto e duas companhias de dragões do RJ chefiados por Gregório de Castro Moraes. Na manhã de 19, sábado, saindo toda a guarnição portuguesa para sortida desesperada, não encontrou os paulistas. Três dias depois chegaram os emboabas de Ouro Preto. Os paulistas informaram 45 baixas, entre mortos e feridos; os portugueses, 80. Praticamente, aí e assim, terminou a guerra.

6.8.1925 — ARRAIAL VELHO. GO. Coluna Prestes. Na Fazenda do Brejinho, vizinha ao Arraial Velho, força estadual surpreendeu com pesado ataque o flanco guarda da Coluna em marcha. O Destacamento

Siqueira Campos enfrentou os policiais durante duas horas, tempo requerido pelo grosso da Coluna para esgueirar-se no caminho, em marcha para o norte do país.

6.9.1926 — ARRAIAS,GO. Coluna Costa-Prestes. Desde agosto, 2.400 homens da Força Pública de São Paulo, sob o cel. Pedro Dias de Campos, concentrados em Vianópolis, organizavam linhas de espera para interceptar a marcha da Coluna. Dispunham de infantaria, cavalaria, aviação, sapadores. Na data, o choque. Operando em desbordamento, os revoltosos suportaram o fogo e esgueiraram-se no rumo da Serra do Cafezal, por onde penetraram no estado de MT.

16.5.1818 — ARROIO CHINA. Uruguai. Guerra com Artigas. Bento Manoel Ribeiro ocupou a povoação apossando-se de barcos e dos depósitos de víveres e de munição ali estabelecidos por Ramirez, a mando de Artigas. Acorre o próprio Ramirez, com o resultado descrito pelo Barão do Rio Branco nas *Efemérides:* "... com 560 homens conseguiu Bento Manuel derrotar 1.300 entrerrianos... Ficaram prisioneiros 366 homens, entre os quais o cel. Gregório Aguiar e outros chefes e oficiais. Foram destruídas as três baterias da Galera de Barquim, Perucho Berna e Passo de Vera, tomados 8 canhões, 500 espingardas, um estandarte, 13 embarcações, várias carretas com armamento e munições e muitos outros despojos de guerra". Arroio China veio a chamar-se Concepción del Uruguay.

14.10.1835 — ARROIO DA VÁRZEA. Pelotas, RS. Guerra dos farrapos. Tendo feito junção de suas forças o gen. Silva Tavares, procedente de Jaguarão, e o maj. Manuel Marques de Souza, podem enfrentar e derrotar, junto do arroio, o destacamento farroupilha do cap. Manuel Antunes da Porciúncula, cunhado de Bento Gonçalves. Souza Docca, em sua *História do Rio Grande,* atribui 22 baixas aos vencidos, a metade por morte. Henrique Oscar Wiederspahn, na biografia do gen. Lima e Silva, anota: "Vitória obtida (...) em termos pouco bonificadores e que ainda hoje merecem suspeitas..." em razão de mortes pós-combate. Afastada a ameaça de domínio farrapo na área de Pelotas, Marques de Souza dirigiu-se para a cidade do Rio Grande.

26.2.1923 — ARROIO DO GIL. RS. Região do Vale do Taquari. O chefe libertador Higino Pereira, que ocupara e perdera a cidade do Triunfo, foi alcançado no arroio por tropas da Brigada Militar. Batido, perdeu muitos homens, dirigindo-se para Taquari, onde se reabasteceu e foi escaramuçar os borgistas em Morro Pelado, Boa Vista e Morro do Garcia.

1.6.1836 — ARROIO DOS RATOS. São Jerônimo, RS. Guerra dos farrapos. Nas proximidades do arroio, entrevero entre a vanguarda do exército de Bento Gonçalves e a força regencial de Bento Manoel Ribeiro. Batidos, os governamentais foram perseguidos até o arroio Irapuá, direção O. Os poetas farroupilhas glosaram o fato de haver Bento Manoel deixado uma bota no campo de combate. A relativa importância do confronto, no local em que se feriu, tornou-se grande na estratégia da guerra: impôs ao derrotado o abandono do plano de avançar sobre Caçapava e Pelotas, com o retorno para a região de Alegrete. Wiederspahn preferiu chamar Cachoeira a este choque.

19.9.1838 — ARROIO DOS RATOS. RS. Guerra dos farrapos. O chefe imperial Francisco Pedro de Abreu, Barão de Jacuí, surpreende e desbarata a tropa farroupilha ao mando do cel. José Manoel de Leão, o qual morre tentando organizar a sua gente dispersa.

22.9.1835 — ARROIO DO TELHO. Jaguarão, RS. Guerra dos farrapos. Combate inicial do decênio farroupilha, não sendo propriamente combate o entrevero da ponte da Azenha. O ten.-cel. João da Silva Tavares (futuro Visconde de Serro Alegre), fiel ao governo provincial, partiu de sua estância com aproximadamente 35 parentes e agregados. Foi defrontar o uruguaio cel. Rafael Berdun, que à frente de 30 patrícios e insurgentes rio-grandenses aderia ao movimento farroupilha. Chocaram-se nas pontas do arroio, em luta corpo-a-corpo e à lança e espada, concluindo com o desbarato dos revolucionários. Tavares contou entre os seus um morto e sete feridos. Os derrotados deixaram no campo cinco feridos e treze mortos, entre os quais Rafael Berdun, os majores Tomás Rolim, brasileiro, e Raña, uruguaio, mais o cap. Echeveste, francês. Algumas fontes registram 21 baixas para os farrapos.

28.10.1819 — ARROIO GRANDE. Uruguai. Guerra com Artigas. O arroio é afluente, pela margem direita, do Rio Negro. Destacado das forças do gen. Curado para incursionar pelo Rincón, Bento Manoel Ribeiro levou 600 dragões, homens do regimento de milícias do Rio Pardo e da Legião de São Paulo. Defrontou 688 orientais de Frutuoso Rivera. Lançando-se ao assalto, rompeu a linha da coluna adversária, provocando 108 mortos e 96 prisioneiros. Sofreu sete baixas.

17.12.1836 — ARROIO GRANDE, RS. Guerra dos farrapos. David Canabarro surpreende o chefe regencial João da Silva Tavares, que se rende mediante a garantia de vida para seus companheiros.

26.11.1844 — ARROIO GRANDE. RS. Guerra dos farrapos. O combate concluiu com a derrota dos 100 farroupilhas da chefia de Joaquim Teixeira Nunes, que morreu lanceado pelo alf. Manduca Rodrigues e degolado por Eliseu de Freitas. Seu relógio, com um cordão de ouro, vendido por cinco onças ao cap. Carneiro. O cavalo, encilhado, ao cabo Mariano. Usanças do tempo! Vitorioso, Francisco Pedro de Abreu, o Moringue, que dispusera de 600 cavaleiros. Os detalhes figuram no livro *Cronologia de Giusepe e Anita,* de Wolfgang L. Rau.

7.12.1924 — ARROIO IRAPUÃ-PASSO CALDEIRÃO. RS. Levante tenentista. Carregando à frente do 11º Corpo de Provisório, o ten.-cel. Júlio Rafael de Aragão Bozzano varreu o acampamento dos revoltados obedientes aos veteranos caudilhos Honório Lemes e Zeca Neto. Os tenentistas foram posicionar-se no Passo das Carretas para resistir, em posição dominante, ao ataque do seu implacável perseguidor, Bozzano.

11.9.1893 — ARROIO SAMPAIO-LAJEADO. RS. Revolta dos federalistas. O governista cel. Santos Filho, que na véspera acossara bandos irregulares maragatos recrutados nas colônias alemãs e italianas, dispersa-os por completo na embocadura do Arroio, Picada dos Moinhos. Esses grupos não voltaram a se reunir.

20.11.1893 — ARROIO TEIXEIRA. RS. Revolta dos federalistas. No meio de mato fechado, os revoltados sob comando de Veríssimo da Veiga derrotam a força governista do maj. Felisberto Anes, uma das muitas baixas fatais sofridas pelos legalistas, dos quais morreu também o cap. João Crescêncio. Choque também chamado Guamirim.

30(?).6.1894 — ARROIO TRÊS PASSOS, RS. Revolta dos Federalistas. Do Passo do Jacuizinho, estrada de Soledade, a vanguarda governista da tropa do gen. Rodrigues Limas, ao mando do cel. Antônio Caminha, partiu em perseguição aos federalistas do cel. Prestes Guimarães. Estes, emboscaram e surpreenderam os legais que teriam perdido 150 mortos e dezenas de feridos. Os maragatos aceitaram ter perdido, no choque, 13 mortos e 17 feridos. O gen. Lima contramarchou para Cruz Alta.

1.8.1859 — ASCURRA. Paraguai. Guerra do Paraguai. A posição foi reconhecida, em força, pelo Conde d'Eu. Simultaneamente, o cel. Neri investiu por Cabanas e os argentinos pelo caminho Pedrosa.

7.11.1646 — ASSECA-RECIFE. PE. Holandeses no NE. O Forte Asseca, nas vizinhanças do Recife, foi levantado, surpreendentemente, pelo trabalho discreto, durante 23 noites, de combatentes e civis, os quais não admitiram a ajuda de mãos de escravos. Ao abrir do dia 7, com gritos, toques de trombetas e fogo de canhões, o Asseca provocou pânico entre os holandeses do Recife. Até o final do ano, o forte hostilizou os navios do inimigo que entrassem ou saíssem e dificultou movimentos holandeses dentro da cidade. Van Schkoppe foi chamado a Itaparica para destruir o forte. Atacou mas não conseguiu cumprir tal ordem. Porém, no virar do ano, a falta de munição levou ao abandono do Asseca pelos insurgentes.

24.2.1868 — ASSUNÇÃO. Paraguai. Guerra do Paraguai. A capital foi bombardeada pelos encouraçados brasileiros *Bahia* e *Tamandaré* e monitores *Alagoas* e *Rio Grande*. No comando, o Barão da Passagem. A data vem na *História do Exército Brasileiro*. Os nomes dos navios, nas Efémerides, de Rio Branco.

17.11.1628 — ASSUNÇÃO DO IJUÍ. RS. Choques missioneiros. No curso da campanha liderada pelo pajé Nheçu contra as pessoas dos jesuítas diretores de missões cristãs, os seus seguidores atacaram a redução de Assunção do Ijuí. Aprisionaram e martirizaram o padre Juan del Castillo. A 15, haviam assaltado a redução de Todos os Santos do Caaró, matando os padres Roque Gonzalez e Afonso Rodrigues. No dia 29 investiram Candelário do Ijuí onde, repelidos, começaram a ser perseguidos.

4.11.1844 — ATALAIA. AL. Revolta dos Lisos. Decisiva vitória dos governamentais chefiados pelo gen. Antônio Correia Seara. O combate liquidou a estrutura guerreira dos insurgentes. O mesmo sucedeu em Murici, onde os lisos sofreram perdas muito sensíveis.

23.10.1835 — ATALAIA-BARRA DO RIO GRANDE. RS. Guerra dos farrapos. Cavaleiros e infantes da tropa farroupilha de Onofre Pires, galopando e correndo ao longo da barra, devolvem com tiros de pistola e espingarda as bombas dos canhões da flotilha que leva para o RJ o presidente provincial Fernandes Braga e membros do seu governo. O embarque somente fora possível durante a noite, porque os governistas, em atrevido golpe de mão, haviam tomado aos farrapos as catraias de serviço.

21.11.1942 — ATLÂNTICO BRASILEIRO. Ao largo do mar de Pernambuco. Segunda Guerra Mundial. O mercante *Annelise Essemberg* (cap. Johann Pramm) tentava chegar ao porto alemão com 5.000 toneladas de borracha embarcadas no Japão. Sob ameaça de apresamento por barcos da 4ª Esquadra dos E.U.A. operando desde bases brasileiras, auto-afundou-se. Sua tripulação, do Recife passou ao campo de concentração de prisioneiros de Pouso Alegre, MG, onde permaneceu por 18 meses. Consta, tenha sido levada, em seguida aos Estados Unidos.

5.6.1942 — ATLÂNTICO NORTE. Segunda Guerra Mundial. O mercante nacional *Paracuri*, navegando para Nova York foi torpedeado pelo submarino alemão *U-159*.

26.8.1823 — ATOL DAS ROCAS/AÇORES. Oceano Atlântico. Guerra da Independência. Reide da fragata *Niterói*. Entre aquelas duas referências oceânicas, o navio brasileiro fez várias presas entre os navios portugueses que da Bahia regressavam a Lisboa. No dia 26.8, tomou o iate *Alegre,* enviado, dali, ao Maranhão, à disposição de Lord Cochrane. A 30, além das Rocas, apresou o iate *Correio de São Miguel,* despachado para o Rio de Janeiro. A 8.9, ao mesmo tempo, e à vista de três corvetas e duas charruas lusitanas, apresou a galera *Prazeres* e um iate posto a pique por não haver como lhe dar nova tripulação confiável. A *Niterói* prosseguiria na perseguição até próximo da costa lisboeta.

15.4.1943 — ATOL DAS ROCAS. Segunda Guerra Mundial. Aviões americanos dos VPs 83 e 84 afundaram o submarino italiano *Archimede,* do CT Guido Saccardo. Um sobrevivente foi recolhido, 28 dias mais tarde, na altura do Amapá. A *História Naval Brasileira* (5º volume, tomo II, página 319) confirma o nome do barco porém dá o comando ao cap. Gianfranco Priarogia e o local como águas de Fernando de Noronha.

18.7.1823 — ATOLEIRO-CAXIAS. MA. Guerra da Independência. O arraial do Atoleiro atuava como chave do cerco de Caxias, mantido pelas tropas portuguesas. Depois de preparação de artilharia, o próprio Fidié, único chefe militar português ainda resistindo pelo norte do Brasil, investe contra Atoleiro conduzindo 400 soldados. Ao escurecer do dia 19, recua, com a perda de 16 mortos e 60 feridos, e desistindo de tomar o arraial diante da oportuna chegada de reforços brasileiros conduzidos pelo cel. João de Araújo Chaves auxiliado por João Gomes Caminho e outros líderes. O resultado do combate de Atoleiro contribuiu para a rendição de Fidié, ocorrida no dia 30.

6.8.1837 — AUTAZES, AM. Cabanagem. Os cabanos emboscaram o destacamento comandado por Ambrósio Alves, o Bararoá, odiado por eles em razão da sua persistência no persegui-los e da rudeza com que tratava os prisioneiros. A cilada resultou. A morte daquele chefe governamental teria desorganizado os legais, permitindo o prosseguimento da luta.

11.12.1868 — AVAÍ. Paraguai. Guerra do Paraguai. Avaí é arroio afluente do Rio Paraguai, pela margem esquerda, acima de Vileta. No curso da série de batalhas da Dezembrada, o gen. Bernardino Caballero recebeu ordens precisas de Lopez para embargar a todo custo o avanço brasileiro. Entre pequenas colinas apoiadas no Avaí, dispôs 5.000 homens e 18 canhões. O Marquês de Caxias apresenta-se com 18.963 combatentes (13.939 infantes, 4.100 cavaleiros, 428 artilheiros, 466 engenheiros e pontoneiros) e 26 canhões. Posicionou no centro da sua linha o Corpo de Exército do ten.-gen. Manuel Luís Osório; à esquerda, o Barão do Triunfo à testa da sua cavalaria; à direita, a divisão do gen. João Manuel Mena Barreto. Sob forte chuva, o gen. Osório começou a batalha fazendo avançar para além do arroio as divisões dos coronéis José Guimarães e Pedra, somando 5.704 homens, a cavalaria do gen. Câmara e 1.000 elementos das brigadas Silva Tavares e Severino Ribeiro. Flanqueando o inimigo, progrediram pela esquerda 600 cavalarianos do gen. Mena Barreto. Vigorosa carga da cavalaria paraguaia provocou alguma confusão nesse dispositivo do ataque brasileiro, obrigando Osório a mandar à ação as suas reservas. Com essa providência está por conseguir reencetar a marcha para a frente quando recebeu ferimento no rosto. Sua retirada do campo provocou movimento para trás do 3º Corpo, Caxias, do cômoro onde se postara, ordena o avanço do 2º Corpo, em carga que termina com a ocupação do morro e a conquista de canhões e de bandeiras. Ao primeiro movimento paraguaio de indecisão, o caminho de retirada foi cerrado pelas alas de Mena Barreto, tendo na vanguarda a brigada Oliveira Bueno, e pelas divisões Niederauer e Vasco Alves, do comando de Andrade Neves.

Caxias forçou a decisão expedindo para carga à baioneta a divisão de 4.275 infantes do cel. Olivério Neri. O gen. Câmara secunda esse ataque, lançando carga sobre o centro paraguaio que cedeu, esfacelando a resistência. Diz Rio Branco ser "preciso reconhecer que nunca soldados cumpriram mais heroicamente o seu dever do que os paraguaios, nesse dia, em que pelejaram sem o abrigo de trincheiras, defendendo sucessivamente duas posições, retirando-se em quadrado e resistindo, até que foram inteiramente exterminados". Apenas Caballero, ferido no braço, o gen. Valois Rivarola, também ferido, e pouco mais de 100 oficiais e soldados puderam voltar ao campo de Lopez. Nas colinas do Avaí deixaram 3.600 mortos e 1.400 prisioneiros, dos quais 600 feridos, toda a artilharia e 11 bandeiras. Perdas brasileiras: 1.728, sendo 297 mortos (31 oficiais), 1.164 feridos (96 oficiais), 202 contusos (38 oficiais) e 60 extraviados. Resultado principal: praticamente a abertura das portas de Assunção ao exército brasileiro.

19.9.1835 — AZENHA. Porto Alegre. RS. Guerra dos farrapos. Primeira ação, embora limitada, do decênio farroupilha. Cerca de 200 revoltados, sob o mando de Onofre Pires, concentram-se próximos da ponte que dá acesso à capital e sobre as elevações vizinhas. O presidente Fernandes Braga envia, em observação armada, 17 homens, GN e oficiais, confiados ao Visconde de Camamu. O oficial farroupilha encarregado de custodiar a ponte, Gomes Jardim, embosca 30 cavaleiros chefiados por Manuel Vieira da Rocha (Cabo Rocha). Três ou quatro outros posicionam-se sobre o piso da ponte. Às 23 h chega Camamu, tendo partido do centro de Porto Alegre às 20. À distância, os seus disparam afoitamente contra os homens avistados sobre a ponte. Estes, montados, lança em punho, a meia rédea, carregam sobre os chegadiços, os quais recuam e se dispersam. A galopada dos fugitivos e perseguidores chega bem próxima da cidade. Morreram dois dos governistas, feridos outros cinco, inclusive o Visconde que, para salvar-se, abandonou espada, montaria e barretina. O resultado, levando estupor e desânimo ao governo provincial, marcou o início guerreiro do protesto farroupilha.

3.8.1839 — AZENHA. Porto Alegre. RS. Guerra dos farrapos. Comandando o 8º BC e o esquadrão de cavalaria de Andrade Neves, o cel. Felipe Neri de Oliveira resiste ao ataque de 2.000 farroupilhas de infantaria e cavalaria. Mesmo ferido, Neri dirige o combate até chegarem dois batalhões de caçadores, reforço que decidiu a sorte do encontro.

B

12.8.1842 — BAEPENDI. MG. Revolta dos liberais. A passagem do Rio Baependi, guardada por um pelotão de liberais, foi o alvo dos 900 homens da GN reunidos pelo cel. Julião Florêncio Meier em Pouso Alegre, Pouso Alto e Carmo. Provocando três mortes entre os revoltados, os atacantes dominam o vau e preparam ofensiva sobre as cidades ainda ocupadas pelo insurgentes. Os combatentes desta jornada voltaram a defrontar-se a 19, na Fazenda Ribeirão.

19.2.1893 — BAGÉ. RS. Revolta federalista. Coluna de revoltados, somando 400 homens, marchando na direção de Santana do Livramento, foi interceptada e tiroteada por destacamento do 6º RC de Dom Pedrito.

20.3.1893 — BAGÉ. RS. Revolta federalista. Gumercindo Saraiva, com a sua brigada, investe destacamento do 28º BC, porém não consegue impedir que essa força vá reforçar as defesas de Bagé.

27.11.1893 — BAGÉ. RS. Revolta federalista. No decorrer da segunda invasão federalista do RS, o gen. Tavares, procedente do Uruguai, faz junção com a Divisão de Santana, sob os coronéis Rafael Cabeda e Ulisses Reverbel. Reunindo aproximadamente 5.000 combatentes, atacou Bagé sem conseguir superar os 600 defensores comandados pelo cel. Carlos Teles. A data é a citada por Carone, Sousa Ferreira, fixa no dia 22. Reverbel, no 24.

25.12.1637 — BAHIA. Holandeses. O navio do cap. Francisco de Vila Gomes, aproximando-se da cidade com reforço enviado por Lisboa, foi perseguido e alvejado por navios holandeses bloqueadores. Deu à costa e foi incendiado pela tripulação.

6.5.1647 — BAHIA. BA. Holandeses. Trinta léguas ao mar, duas fragatas holandesas superiormente armadas investiram os patachos em que chegavam ao Brasil o Mestre-de-campo-General Francisco Barreto e seu Tenente-General Filipe Bandeira de Melo. O patacho *São Francisco Xavier* foi posto a pique. O *Nossa Senhora da Piedade*, apresado. Combatendo ou afogados, pereceram 400 portugueses, sendo outros 250 aprisionados, juntamente com farto material de guerra.

21.12.1827 — BAHIA. BA. Guerra da Cisplatina, ação de corsários. Nas costas da Bahia, o pequeno navio correio *Doze de Outubro*, do mando do 2º ten. Francisco Fortunato Pereira da Silva, levando por defesa um rodízio, sustentou combate com barco argentino corsário, forte de cinco canhões.

?.7(?).1527 — BAHIA DE TODOS OS SANTOS. Corsários e contrabandistas. Três barcos da frota guarda-costa de Cristóvão Jacques combatem três franceses acrescidos de caravela pouco antes tomada a portugueses. Sabe-se do evento graças à troca de cartas entre os reis francês e lusitano. Daquela de D. João III: "houve peleja de que os meus receberam muita perda e mortes de homens". O soberano francês, em carta de 6.9.1528, protestou, alegando ter o combate durado todo o dia, morrendo os pilotos e muitos tripulantes, indo a pique os barcos, salvo o de nome *Leynon de Saint Pol*, levado pelos portugueses vitoriosos a Pernambuco.

13.6.1587 — BAÍA FORMOSA/CABO FRIO. RJ. Contrabandistas. A patrulha de 12 homens enviada pelo governador Salvador Correia de Sá para vigiar naus francesas traficantes de pau-brasil, foi emboscada por europeus e indígenas. Morreu o alemão a serviço dos portugueses, Heliodoro Ebanos. Reagindo, os patrulheiros mataram seis dos contrabandistas, aprisionando um sétimo. Consta que no momento do combate, distante 23 léguas, o padre Anchieta descreveu o evento, referiu as baixas e, ainda que indiretamente, informou sobre a morte de Ebanos.

17.1.1640 — BAÍA FORMOSA. PE. Holandeses no NE. Diante da baía, próximo da foz do Rio Potengi, nome este pelo qual o encontro é também conhecido. Quarto e último dia de combates entre a frota holandesa e a luso-espanhola do Conde da Torre. Os primeiros choques ocorreram a 12, 13 e 14 do mês. Os holandeses retornaram ao Recife sem resultados marcantes e havendo perdido um almirante e três navios somando 90 canhões. "Mais porfiada e sangrenta que as três primeiras, durou das 9 da manhã até a noite." Nassau fez enforcar vários comandantes acusando-os de frouxidão. O Conde da Torre perdera um barco com 23 peças, porém não alcançara o objetivo de proceder ao desembarque das tropas a bordo. Foi preso e recolhido à fortaleza de Lisboa, somente recobrando a liberdade quando da restauração de Portugal.

12(?).9.1801 — BAÍA NEGRA, MT. Intrusão espanhola. Duas canoas expedidas de Nova Coimbra para vigiar a subida da flotilha de 24 barcos de Lázaro Ribera, destinada ao ataque daquele forte, foram emboscadas por espanhóis e guaranis. Mesmo tendo perdido parte das tripulações, os canoeiros voltaram com os informes desejados, prevenindo o assalto iminente.

25.8.1840 — BAIXA FRIA. PI. Balaiada. Esmagadora derrota imposta por destacamento da GN a numeroso contingente balaio.

14.9.1839 — BAIXÃO. MA. Balaiada. Proximidades do Morro Agudo. O maj. Manoel Clementino de Sousa Martins, à frente de tropas do PI, derrota de forma completa uma partida de balaios. No final do encontro recebe ferimentos em razão dos quais morre dias depois, deixando o comando da coluna ao cap. Antônio de Sousa Mendes.

26.8.1932 — BALSA. SP. Revolução Constitucionalista. Depois de bombardeios iniciados no dia 20, o exército do gen. Valdomiro Castilho de Lima desfechou ofensiva destinada a quebrar a linha defensiva dos constitucionalistas, os quais se retiram para o Fundão. Durante a jornada, atuação vigorosa do trem blindado, com tripulação de três homens ao mando do cap. Negrão.

26.1.1840 — BANANAL. PI. Balaiada. Nas proximidades de Parnaíba, os balaios do caudilho Valério tiveram seu ataque repelido pelo cap. Antônio José da Silva e Sousa. Pesadas perdas entre os revoltosos.

?.4.1838 — BANANEIRA. PB. Motim político-social. Insurgiram-se políticos e parcela do povo por aqueles instrumentada, reclamando alterações nos quadros administrativos da província. Insurbordinação facilmente reprimida.

29.1.1840 — BANANEIRA. Porto Alegre, RS. Guerra dos farrapos. Na Sanga das Bananeiras, os tenentes-coronéis Francisco Pedro de Abreu e Andrade Neves surpreendem e destroçam coluna farroupilha, causando 53 baixas entre mortos e prisioneiros e tendo sofrido um morto e três feridos. A jornada foi notorizada pela atuação do espadachim farrapo Manduca Carvalho.

24.8.1828 — BANCO CHICO. Estuário do Prata. Guerra da Cisplatina, ação de corsários. Último choque naval do conflito. Os corsários argentinos corveta *Dorrego*, brigue *General Rondeau* e escuna *Argentina* deixaram o ancoradouro para realizar cruzeiro de corso pela costa brasileira. Barcos imperiais saíram a interceptá-la. A *Dorrego* rendeu-se à corveta *Bertioga*, os outros regressaram à base. Três dias depois terminou a guerra.

1.8.1932 — BANHADO GRANDE. Apiaí. SP. Revolução Constitucionalista. Das trincheiras de Apiaí foram retirados 130 voluntários civis então recebendo o batismo de fogo e conduzidos para montar contra-ataque destinado à reconquista do Banhado Grande ocupado horas antes pela tropa governista do cel. Boanerges. Na estrada da Fazendinha, os seis caminhões e um automóvel em que viajavam os voluntários foram emboscados pelo ditatoriais, atuando inclusive com artilharia em tiro direto. A coluna resiste 20 minutos e retrai, abrindo o caminho para o cel.

Boanerges envolver Apiaí, rumo de Buri, centro de defesa na frente sul.

27.1.1914 — BARBALHA. CE. Revolta de Juazeiro. Os jagunços do comando superior do deputado Floro Bartolomeu ocuparam a localidade, próxima de Juazeiro, e para a qual havia-se retirado a tropa estadual, vencida no dia 21 diante de Juazeiro. No entusiasmo da perseguição ao inimigo em franco retraimento, os revoltosos ultrapassaram Barbalha e em seqüência foramse apoderando das cidades do Crato, Miguel Calmon, Senador Pompeu, Quixeramobim, Quixadá e, por fim, Fortaleza.

11.2.1827 — BARBERO. Montevideo, Uruguai. Guerra da Cisplatina. Na vizinhança do Posto do Barbero, o ten.-cel. Manoel da Fonseca Lima, depois general e Barão de Suruí, ataca e dispersa a guarnição argentino-uruguaia de 250 homens e ocupa a posição, importante para o avanço sobre a capital.

9.6.1924 — BARCA. RS. Revolta tenentista. Os 2.000 revoltosos em marcha de São Luís das Missões e visando atingir o oeste do PR, encontram o caminho barrado pelos situacionistas chefiados por Júlio Bozzano. Este e 10 dos seus morrem defendendo o porto da Barca, logo ocupado por Luís Carlos Prestes ao preço de seis baixas fatais.

6.9.1836 — BARCELOS. Porto Alegre, RS. Guerra dos farrapos. Bento Manoel Ribeiro, então militando nas fileiras do governo regencial, tenta romper o cerco mantido por Bento Gonçalves sobre a capital provincial, mas é repelido pelo forte dispositivo farroupilha.

21.7.1869 — BARÊ-CUÊ. Tebicuari, Paraguai. Guerra do Paraguai. Na véspera, fora ocupado o Passo-Xará, possibilitando que nesta jornada o gen. Portinho atirasse a sua força contra a divisão paraguaia do cel. Vernal. Perdendo 67 homens mortos e feridos e provocando 140 baixas na formação adversária, Portinho conquista Barê-Cuê.

3.4.1917 — BARFLEUR-CHERBOURG. França. Primeira Guerra Mundial. Às 23:30 h, a dez milhas do porto de Barfleur, costa NE de Contentin, extremidade norte-ocidental da Baía do Sena, foi torpedeado o mercante brasileiro *Paraná*, 6.000 toneladas, comando do cap. José da Silva Peixe. Transportava 94.000 sacas de café para o porto do Havre. Navegava com luzes acesas, velocidade reduzida, bem assinalada a palavra Brasil. Já afundando, recebeu do submarino alemão que o torpedeara cinco tiros de canhão. Morreram um maquinista e dois foguistas.

30.10.1944 — BARGA-LAMA DI SOTTO-PRADOCELLI. Itália. Segunda Guerra Mundial. Atingida a cidade de Barga pelo III/6º RI (maj. Silvino), deveriam ser conquistadas as elevações de Lama di Sotto (1.000 m) e Pradocelli (1.200 m), dominantes sobre o nó rodoferroviário de Castelnuovo di Garfagnana. Tarefa confiada ao I/6º RI. A segunda e a primeira companhias, avançando dentro de neblina, chegaram a seus objetivos fazendo 78 prisioneiros. A terceira começou seu deslocamento às 15 h, ultimando a missão às 18 h. Mas às 21 h, os alemães, com tropas frescas, contra-atacaram, conseguindo desalojar a terceira companhia, provocando muitas baixas, chegando a capturar toda uma seção de metralhadoras. No amanhecer do dia 31, o inimigo atacou a primeira companhia, a qual resistiu até o término de sua munição, abandonando o local. A segunda, nas alturas de Lama di Sotto e de Pradocelli, agüentou-se até ser ameaçada de envolvimento, esgueirandose, então, sem baixas, para Somacolonia. Os alemães fortificaram-se naquelas alturas, onde permaneceriam até a rendição final, a 2.5.1945.

6.7.1839 — BARRA/CARNIÇA, SC. Guerra dos farrapos. Nesses lugares, arredores de Laguna, os farrapos foram desalojados por ataque de tropa da GN apoiado pelos tiros da escuna *Itaparica* e de lanchas armadas.

23.5.1926 — BARRA. BA. Coluna Prestes. Com a margem esquerda do Rio Jacaré ocupada por atiradores governistas, a Coluna fez a cavalaria atravessar o rio a montante e também diante do inimigo, sob fogo. A carga desalojou os atiradores mas significou a perda de vários homens, entre os quais o ten. Breves, comandante da guarda da retaguarda.

17.2.1828 — BARRACAS. Prata. Guerra da Cisplatina. Proximidades de Buenos Aires, entre La Boca e Quilmes. O navio americano *Sicilly* tenta furar o bloqueio. Percebido e perseguido por barcos brasileiros, encalhou diante de Barracas. Sobem a bordo marujos brasileiros para retirar o pessoal e recolher a documentação. Acorrem barcos argentinos ao mando do grego Nicolas George: escunas *18 de Enero, 29 de Diciembre, Uruguay, Guanaco, 11 de Junio* e *30 de Julio*, e canhoneiras de números *1, 7, 8, 10, 11* e *12*. Cercando o barco encalhado, aprisionam dois marinheiros imperiais. Aproxima-se esquadrilha brasileira chefiada por James Norton: brigues *Caboclo*, do cmte. James Inglis, *29 de Agosto*, de José Lamego Costa; brigue-escuna *9 de Janeiro*, de J. Williams; escunas *Paula*, de Thomas Read, e *Providência*, de Antônio Leocádio do Couto; bombardeira *15 de Outubro*, de Augusto Leverger; canhoneira *Grenfell*, de Isidoro Nery, e *1º de Dezembro*, de Bernardino José de Almeida. Às 9 h o *Caboclo* abriu fogo. O *29 de Agosto* encalhou, logo cercado por inimigos. A *Grenfell* posicionou-se junto à popa do brigue e auxiliou-o a repelir os atacantes. A fim de evitar outros encalhes, Norton afastou os brigues e prosseguiu combatendo com as escunas, passando seu pavilhão para bordo da *Paula*. Às 13:30 h, a escuna *29 de Diciembre* retirou-se devido a rombo na linha dágua. A canhoneira número *11* e a escuna *Guanaco* encalharam. Ao entardecer Norton suspendeu o canhoneio, fundeando diante de Quilmes à espera de maré favorável. Pelas 22 h os argentinos incendiaram o *Sicilly*, abandonaram a canhoneira *11* e regressaram a Buenos Aires. Pela manhã os brasileiros subiram à canhoneira encalhada e apesar de hostilizados pela fuzilaria disparada da praia, retiraram um canhão, uma flâmula e puseram fogo no barco. Perdas brasileiras: dois mortos, três feridos graves e sete leves.

2.9.1650 — BARRA DE NAZARÉ/SUAPE. BA. Holandeses. Oito navios mercantes, formando comboio do "assento de Pernambuco", à vista do ancoradouro de Suape — Barra de Nazaré dispersou-se sob ataque da esquadrilha holandesa de Hauthain. A capitânia dos três barcos franceses incorporados ao comboio rendeu-se, os outros dois e um barco luso arrebentaram-se nos arrecifes com grande mortandade entre o pessoal. Somente uma caravela e um patacho salvaram-se, atingindo o Porto das Galinhas. O resultado da jornada — seis navios e sua preciosa carga, perdidos — comprometeu seriamente a economia e o abastecimento do nordeste, já enfraquecido pela impossibilidade de exportar açúcar.

19.8.1942 — BARRA DO ITARIRI. BA. Segunda Guerra Mundial. Dez milhas ao mar ao sul de Salvador, carga de detonação colocada por marujos do submarino alemão *U-507*, do comandante Harro Schacht, pôs a pique a barcaça *Jacira*, do meste Norberto Hilário dos Santos. Salvos os seis tripulantes.

(?). 2.1839 — BARRA DO LONGÁ. PI. Balaiada. O caudilho balaio Raimundo Gomes, repelido em combate junto à divisa MA-PI, atravessou o Rio Parnaíba, avançando em direção de Barra do Longá. Saiu a enfrentá-lo e derrotá-lo o prefeito de Parnaíba, cap. Miranda Osório. Ainda com quase 200 homens, Raimundo retornou ao MA.

28.3.1926 — BARRA DO MENDES, BA. Coluna Prestes. O Destacamento Dutra, fazendo a vanguarda da Coluna, vence forte resistência dos jagunços mobilizados pelo "coronel" Horácio de Matos e ocupa esse distrito de Brotas de Macaúbas.

17.9.1923 — BARRA DO OURO. RS. Revolta dos libertadores. Parte da campanha da frente do litoral. Francisco Vaz Ferreira, Chico Marinho, que conduzira a campanha com tática de movimentos e escaramuças, viu-se compelido a passar às encostas da Serra Geral. Começou ocupando a vila da Barra do Ouro, sendo imediatamente acometido e expulso por destacamento da Brigada Militar. Passou-se com todos os seguidores para a margem catarinense do Mampituba.

20.8.1736 — BARRA DO RIO GRANDE. Campanhas da Colônia do Sacramento. A esquadra de Abreu Prego, em navegação para o Prata, constata pela segunda vez estar sendo acompanhado por duas fragatas espanholas. Expede contra elas a nau *Nossa Senhora da Vitória*. Os três barcos trocam fogo de artilharia e manobram das oito horas até o anoitecer, separando-se para reparar graves danos em todos eles.

6.6.1824 — BARRA GRANDE. AL. Confederação do Equador. Coluna de confederados, às ordens do cel. José Antônio Ferreira, ataca o entrincheiramento governamental comandado pelos majores Lamenha Lins e Seara e apoiado pelos canhões do brigue *Bahia*. Também nos dois dias seguintes renovam ataques e são rechaçados. Barra Grande era distrito de Maragogi.

27.7.1824 — BARRA GRANDE. AL. Confederação do Equador. Republicanos provenientes de PE, em marcha de apoio aos confederados alagoanos, acamparam na Barra, chefiados pelo ten.-cel. José Antônio Ferreira. Atacados de surpresa pelos governistas comandados pelo maj. Francisco José Martins, foram batidos e em bandos dispersos retornaram à sua província.

26.8.1833 — BARRA GRANDE, AL. Cabanada. Dando crédito à carta circulante entre os Restauradores com o anúncio da volta de Pedro I, o líder Vicente Ferreira da Silva decidiu ocupar o porto da Barra Grande a fim de acolher dignamente o monarca. Na mesma jornada os governistas retomaram a posição, rechaçando, dias mais tarde, nova e desesperada tentativa restauradora de controlar o porto.

8(?).7.1839 — BARRA VELHA/ARARANGUÁ. SC. Guerra dos Farrapos/República Juliana. O farroupilha Filipe José de Souza Leão, o "Capote", com aderentes de Vacaria, desceu ao litoral de Araranguá, atacou e dominou a guarnição da Barra Velha. Esse êxito fez debandar os defensores dos postos do Camacho e da Carniça. Abriu-se, com ele, o caminho de Santa Catarina para tropa farroupilha de Davi Canabarro.

27.1.1828 — BARREGAN. Estuário do Prata, Argentina. Guerra da Cisplatina. Os brigues *Maranhão*, *Caboclo* e *Pirajá* e a escuna *Constança* perseguem, fazem encalhar, tomam e incendeiam os navios corsários argentinos *El-Bravo* e *Federal-Argentino*.

10.1.1849 — BARREIROS. PE. Insurreição Praieira. O chefe liberal Peixoto de Brito sai do engenho Tentugal com 400 a 500 aderentes reforçados por grupo da Água Preta e ataca Barreiros, defendido pelo ten. Manoel Cavalcanti de Albuquerque. Com três horas de combate, os legalistas abandonam Barretos em pânico, muitos deles morrendo afogados no Rio Una, então em cheia.

22.1.1646 — BARRETA. Recife, PE. Holandeses no NE. A tropa de Vidal de Negreiros, tiroteando desde a véspera fortim holandês, retira-se diante da acorrência de numeroso reforço para os atacados.

18.4.1648 — BARRETA. Montes Guararapes. PE. Holandeses no NE. Na véspera da primeira batalha dos Guararapes, Barreto de Meneses destacou o cap. Bartolomeu Soares da Cunha, com 46 homens, para hostilizar e atrair os holandeses desembarcados na Barreta. Estes, porém, haviam feito emboscar ali 300 índios que cercaram e dispersaram os insurgentes, degolando os aprisionados. O cap. Cunha salvou-se a golpes de espada e pela manhã, com apenas alguns dos seus, juntou-se à tropa de Vidal de Negreiros. Começava a batalha.

22.7.1711 — BARRETA. Recife, PE. Guerra dos Mascates. Os mascates, sitiados no Recife, tentam desembarque energicamente rechaçado pelos olindenses ao mando do capitão-mor Pedro Correia Barreto.

4.6.1925 — BARRETOS. SP. Revolta tenentista. Philogônio Theodoro de Carvalho, destacado da Coluna Prestes, declarando seguir ordens diretas do gen. Isidoro Dias Lopes, ocupa Barretos, isola a cidade, inutiliza instalações telegráficas e telefônicas. Procede a requisições e sai de Barretos em um trem, tendo obrigado ferroviários ao arrancamento de trilhos de forma a impossibilitar a pronta perseguição. Quilômetros à frente, interceptado por oito policiais e trinta civis, abandona o trem, marchando para o norte. No dia 4, cercado pela polícias mineira e paulista, o grupo tenentista de Philogônio foi batido e aprisionado. Ele, porém, escapou.

27.9.1923 — BARRO PRETO. RS. Revolta dos libertadores. A coluna rebelde ao comando de Luís Gomes é alcançada por contingente da Brigada Militar e abre caminho à custa de mortos e feridos. O mesmo haveria de suceder, logo depois em Pedreira, Capão das Caturitas, Casa da Praia e Ronda.

10.11.1924 — BARRO VERMELHO. RS. Revolta tenentista. Marchando sobre Caçapava, os levantados do 2º Batalhão de Engenharia foram interceptados e vencidos pelo 1º RI da Brigada Militar estadual.

4.8.1932 — BATEDOR. SP. Revolução Constitucionalista. Na fazenda Batedor, Vale do Paraíba, desenvolveu-se um dos mais cruentos combates da campanha. Empregou-se a arma branca, o corpo-a-corpo, a granada de mão durante toda a noite. O resultado, indefinido. Um segundo confronto, com a mesma dureza, teve lugar no dia 12. Logo depois, os constitucionalistas cederam a posição, comprometendo todo o sistema defensivo do Túnel.

10.10.1930 — BAUMER. SC. Revolução liberal nacional. Disputando o entroncamento ferroviário próximo a Joinville, o revolucionário 13º BC impõe-se a destacamento governamental formado por fuzileiros navais e destacamento policial. Os situacionistas recuam para Joinville, deixando livre o caminho dos sulistas em revolta, rumo a SP e RJ.

24.11.1924 — BELARMINO. PR. Revolta tenentista. Na Serra dos Medeiros, oeste do PR, o contingente legal do gen. Paes Leme, que no dia 15 resistira ao ataque dos revolucionários, toma a iniciativa. Belarmino, posição-chave dos revoltosos, é submetida a forte bombardeio da artilharia. A partir do dia 24 e até o 26, os governistas atacam por três frentes. Os defensores, ao mando dos majores Nelson de Mello, Olynto Tolentino, Castro Afilhado e Virgílio Ribeiro dos Santos, resistem com vantagem. Os bernardistas desistem, retornando para a base de Catanduvas. Ocupariam Belarmino em 11.5.1925.

11.1.1925 — BELARMINO, PR. Revolta tenentista. Os governistas, repelidos nos ataques de 24 a 26 de novembro, voltaram ao assalto de Belarmino, reforçados pelo 13º RI de Ponta Grossa e por copiosa artilharia. Comandava-os, o gen. Cândido Mariano da Silva Rondon. Superaram a obstinada defesa dos tenentistas, ocupando a posição. A perda de Belarmino comprometeu todo o sistema defensivo montado pelos revoltosos no sudoeste do Paraná. Recuaram para o perímetro Foz de Iguaçu-Santa Helena-Porto Mendes.

11.5.1867 — BELA VISTA. Entre Laguna e Apa, Paraguai. Guerra do Paraguai. Passo chamado Nhandipá, pelos paraguaios. No dizer do Visconde de Taunay, o mais importante combate da Campanha da Laguna, tomando parte 3.000 combatentes. Pelas 11 h, corpo de infantaria paraguaia irrompeu da escarpa a cavaleiro do caminho, atravessou a linha de atiradores brasileiros e lançou-se sobre o 17º VP. Esta unidade hesitou em disparar suas armas, receando atingir os homens da linha de atiradores que já estava sendo envolvida por uma carga da cavalaria inimiga. O entrevero foi completo. A artilharia bateu a grota onde se concentrava tropa adversária. O canhoneio fez estourar a boiada conduzida pela coluna. Os animais, em disparada, abriram brecha no quadrado defensivo, a qual foi aproveitada pelo inimigo que fez penetrar duas colunas de cavaleiros. Reconstituídas as linhas, os atiradores tiveram sob mira e por bom tempo os cavaleiros guaranis abatendo numerosos deles, com o que o combate foi decidido. O chefe atacante, maj. Martin Urbieta, em cruz de madeira ali deixada, registrou suas baixas: 184 mortos. As brasileiras: 18 mortos e 23 feridos. Desastrosa, também para a expedição, a perda da boiada.

8.4.1870 — BELA VISTA. MS. Guerra do Paraguai. O maj. Francisco Marques Xavier obtém a rendição do gen. Bernardino Caballero. Este, com seus últimos 54 homens, ainda resistia, levando incursão ao território brasileiro e ignorante da morte de Lopez. Foi o conhecimento de que ela ocorrera que o levou a depor as armas.

17.7.1932 — BELA VISTA, MT. Revolução Constitucionalista. Civis leais ao governo Vargas atacaram o quartel do 10º RC em cujo meio contavam simpatizantes mas que no todo se inclinava para a revolução. Os atacantes perderam na luta um dos seus chefes e vários combatentes, porém dominaram a unidade. Parte dos oficiais e muitos soldados passaram-se para o território paraguaio à espera dos reforços enviados de Campo Grande. Eles chegaram no dia 19. Esforços somados, aconteceu a retomada do quartel e a integração da cidade ao proclamado estado de Maracaju ou do Mato Grosso do Sul.

6(?).8.1617 — BELÉM. PA. Holandeses na Amazônia. O cap-mor Caldeira Castelo Branco, fundador de Nossa Senhora de Belém, reforçado por 40 arcabuzeiros e centenas de índios frecheiros mandados do MA por Custódio Valente e por navios de Manoel de Souza de Sá chegados a 28.7, ataca a feitoria erguida pelos holandeses. Embora defendida energicamente por 300 combatentes, as instalações foram tomadas ao fim do dia.

7.1.1619 — BELÉM. PA. Campanha contra Guaimiaba. Os índios do chefe Guaimiaba ("cabelo de velha") atacam. Não podendo tomar a vila, põem-na sob cerco. Permanecem ali apesar da aproximação de reforços levados por Jerônimo de Albuquerque, Bento Manoel Parente e quatro navios. Os atacantes foram por sua vez cercados e batidos minuciosamente. Entre os mortos, o cacique.

14.4.1823 — BELÉM. PA. Guerra da Independência. As eleições realizadas a 27.2, para o novo governo municipal, vitoriaram apenas brasileiros, nenhum português. A 1º.3, a guarnição, de lusitanos, depôs Câmara e Junta, empossando autoridades simpáticas a Portugal. Os patriotas reuniram-se em conspiração na casa e sob influência do liberal emigrado italiano João Baptista Balbi. A 14.4. a revola nativista: parte do 2º RI atacou e dominou o quartel de artilharia. Mas no 3º RI o levante foi dominado. Os lusos reuniram as tropas confiáveis sob o comando do ten.-cel. José Antônio Nunes e sufocaram o 2º RI, tendo o Nunes falecido na ação. Dos prisioneiros, 217 militares e 51 civis, inicialmente condenados à morte, foram degredados para Portugal. Remanescentes nativistas passaram para a Ilha de Marajó, proclamando ali a Independência.

15.10.1823 — BELÉM. PA. Rebelião militar. Levantada contra seus oficiais, manobrada por influentes políticos, parte da tropa da guarnição depôs o presidente da Junta de Governo, Geraldo José de Abreu. Em seu lugar, aclamou o cônego Gonçalves Campos. A cidade mergulhou em saques e assassinatos, prolongando-se a desordem por todo o dia seguinte. Ao anoitecer de 16, o CT John Pascoe Grenfell desembarcou um corpo de marinheiros, reuniu voluntários civis, milicianos, e restaurou a ordem, fazendo fuzilar cinco dos mais notórios saqueadores e assassinos. Dissolveu três regimentos, um corpo de cavalaria e outro de artilharia, comprometidos com a rebelião.

2.6.1829 — BELÉM. PA. Quartelada do 24º BC. Levantado, o BC exigiu, para baixar armas: deposição de autoridades, pagamento de soldos e anistia prévia e por escrito. Com menos de dez minutos, a reação armada do presidente da província, Pereira de Burgos, e do comandante das armas, Soares de Andréia, liquidou a quartelada.

1.7.1829 — BELÉM. PA. Quartelada do 25º BC. Manobrados por velhos políticos desejosos de apear do poder o presidente provincial Barão de Magé, 90 praças do batalhão revoltaram-se, chefiados por dois cabos e pelo soldado Vicente Ferreira. Atacaram, sem dominá-lo, o arsenal da praça. Repelidos, foram também envolvidos e aprisionados — já então eram apenas 70 os sublevados — pela tropa do 24º BC.

16.4.1833 — BELÉM. PA. Conflito restaurador entre "caramurus" restauradores e nativistas ou entre partidários dos presidentes Mariani e Machado de Oliveira. Depois de semanas de agravamento constante do clima político desenvolvido em torno da substituição de presidente provincial, a GN, a Guarda Municipal de Belém e a de Acará chocaram-se com o partido dito filantrópico. O chefe restaurador, comerciante português por nome Joaquim Afonso Jales, conduziu sua gente e morreu no combate que custou 95 vidas. Os caramurus restauradores perderam, debandaram, refugiando-se em navios surtos no porto, dirigindo-se para o MA e até para Lisboa. Mariani, novo presidente nomeado, desistiu de tomar posse.

7.1.1835 — BELÉM. PA. Cabanagem. Às duas horas, grupos de rebelados saídos dos matos do Cacoalinho invadiram a cidade, divididos em duas colunas. Morrem, nas ruas, o presidente provincial Bernardo Lobo de Sousa, o comandante das armas, Joaquim José da Silva Santiago, e o chefe da força naval, James Inglis. Antônio Vinagre, chefe cabano, ataca o quartel do BC e da artilharia, apoderando-se de armas e munições, executando oficiais que resistiram. Em seguida recebe a adesão de guardas municipais que lhe franquearam os cárceres onde haviam sido recolhidos prisioneiros e suspeitos de cabanagem. A segunda coluna progrediu direta sobre o palácio do governo, perseguiu e na rua da Aljuba abateu a pancadas o líder Silva Santiago. Dominada Belém, assumiu a presidência Félix Antônio Clemente Malcher, enquanto Francisco Pedro Vinagre tornava-se o comandante das armas. Tal união duraria pouco, dissolvendo-se em sangrento conflito entre facções de cabanos.

19.2.1835 — BELÉM. PA. Cabanagem. Francisco Pedro Vinagre, comandante das armas indicado pelos cabanos, e o presidente da província, Félix Antônio Clemente Malcher, desentendem-se. Malcher manda chamar ao Forte do Castelo 300 homens ao mando do ten. João Pedro Gonçalves para atacar o Arsenal de Guerra, ocupado por seguidores de Vinagre. O combate durou das 12 às 15 h, recuando a tropa do presidente, encalçada pela do Vinagre. A força naval, à frente da cidade, impediu com fogo de atiradores e de canhões que os derrotados fossem lançados ao mar. Pressionados pelo crescente contingente atacante, os vencidos pediram reforços ao presidente então recolhido a bordo do navio *Bela Maria*. Desembarcaram marinheiros, marujos mercantes, inclusive estrangeiros, conduzindo dois canhões retirados à corveta *Defensora*. A luta em terra, violenta, continuou durante a noite e prosseguiria até o dia 20. Malcher, aprisionado pelos cabanos poucos dias mais tarde, seria assassinado em plena rua ao ser conduzido para a cadeia da cidade.

20.2.1835 — BELÉM. PA. Cabanagem. À noite, prossegue na orla o violento combate entre os fiéis ao presidente da província Malcher, chefiados pelo ten. Antônio da Costa Cabeda, e os seguidores de Francisco Pedro Vinagre. Os navios de guerra às ordens do comandante do porto, Wandenkolk, disparam contra o seminário, a residência do bispo, o arsenal de guerra, locais fortificados pelos cabanos. Iniciado às 12 h, o bombardeio prosseguiu até a madrugada. Ao clarear o dia, suspendeu-se o fogo para a retirada dos moradores da área atingida. Pela tarde os cabanos de Vinagre atacam a cabeça de praia, rompendo a linha mantida pelo ten. Cabeda. Muitos tentam chegar aos navios, afogando-se. Entre eles o próprio Cabeda.

12.5.1835 — BELÉM. PA. Cabanagem. Tropas do exército, marinhagem da força naval e voluntários civis, sob o maj. João Roberto Aires Carneiro, desembarcam sob tiroteio. Objetivo: ocupar Belém e dar posse ao presidente designado para a província, Ângelo Custódio Correia. Depois de duelo entre os navios e os cabanos, a força deixou a fragata *Imperatriz*, os brigues *Constança* e *Cacique*, tomando terra na ponta da Alfândega. Destacamento da GN, marinheiros e artilheiros da marinha dispersaram ou mataram as guarnições dos canhões cabanos postados nas embocaduras das ruas. A tropa desembarcada prosseguiu o avanço a despeito de vivamente alvejada pelos atiradores contrários. Próxima do palácio do governo sofreu a defecção de numerosos civis que se passaram para os cabanos, mas também recebendo oportunos reforços. Violentos combates travados na Praça das Mercês, travessa de São Mateus e Rua do Açougue. Soando o toque de retirada, o que sucedeu foi debandada. As lanchas desatracaram deixando numerosos marujos em terra, todos prontamente fuzilados pelos insurgentes. A força naval levantou ferros e foi dar fundo a quatro milhas abaixo da idade. O maj. Aires foi submetido a conselho de guerra. As perdas dos desembarcados: 50, sendo sete de oficiais.

14.8.1835 — BELÉM. PA. Cabanagem. Recusando-se a aceitar Ângelo Custódio Correia, deputado mais votado, como presidente provincial, Antônio Vinagre, chefe cabano, reabre hostilidade. Entrando na cidade pela estrada de Nazaré, os insurgentes cortaram as comunicações entre o palácio do governo e o arsenal, pontos ocupados por tropas governamentais, que totalizavam 1.000 praças, 400 civis armados e marinheiros ingleses e portugueses. O combate durou até o anoitecer. Retomado na manhã seguinte, estendeu-se até 23, quando Ângelo Custódio abandonou Belém dirigindo-se à Baía de Santo Antônio.

15.8.1835 — BELÉM. PA. Cabanagem. Prossegue o combate entre cabanos e governamentais pela posse da cidade. os revoltados mantêm a iniciativa ocupando e às vezes perdendo posições, forçando o flanco esquerdo da defesa e nisto pondo conotação nacionalista por ser aquele o ponto onde lutam os marinheiros ingleses da corveta *Race Horse*. O destacamento português da corveta *Elisa* volta para bordo uma vez esgotada a munição com que desceu à terra.

16.8.1835 — BELÉM. PA. Cabanagem. Terceiro dia da defesa da cidade contra o avanço de três colunas de cabanos ao mando de Antônio Vinagre. Pela manhã convergem sobre o arsenal de guerra. Os navios *Campista* e *Regeneração* e a corveta inglesa *Race Horse* postam-se no flanco esquerdo e metralham os cabanos, enquanto a fragata *Imperatriz* e a corveta portuguesa *Elisa*, no lado direito, varrem as concentrações de cabanos no Largo das Mercês e na rua do Açougue. Ao fim do dia, as posições estavam mantidas com vantagem para os governamentais, que puderam restabelecer as comunicações terra-mar.

17.8.1835 — BELÉM. PA. Cabanagem. Quarto dia dos combates provocados pela invasão dos cabanos. Na jornada, perdem o seu chefe, Antônio Vinagre. O substituto, Eduardo Angelim, cearense de 23 anos, faz crescer a violência da luta. No fim do dia, os governamentais contaram 250 mortos em suas fileiras. As perdas dos cabanos terão sido mais elevadas, porém permaneceram desconhecidas também porque prontamente cobertas por contínuo afluir de reforços. O chefe da força naval, Taylor, procurou aproveitar-se da confusão produzida pela troca de mando entre os cabanos. Desceu à terra conduzindo 100 homens mas foi obrigado a reembarcar. À noite os chefes militares propuseram ao presidente provincial designado, Ângelo Custódio Correia, passar para bordo de um dos navios de guerra.

22.8.1835 — BELÉM. PA. Cabanagem. Nono e último dia de combates entre os cabanos e os governamentais. Estes, confinados no palácio e na zona portuária, decidiram pelo abandono da praça, passando-se para os navios. O chefe Taylor e o comandante da corveta inglesa *Race Horse* dirigem o embarque ao tempo em que soldados e marinheiros repelem três ataques cabanos ao arsenal. Às três da madrugada do dia 23 a operação foi concluída, tendo sido destruído o material impossível de transportar, salvo seis canhões posicionados no palácio. Baixas entre os defensores do governo, nos nove dias de luta e incluindo marinheiros ingleses e portugueses: entre 400 e 500. As dos cabanos, calculadas em três vezes mais. Na manhã do dia 23, o novo chefe cabano, Eduardo Angelim, apoderou-se do palácio e dominou a cidade e a província até 13.5.1836. Enquanto ele assumia em Belém, na Baía de Santo Antônio, o mar. Manuel Jorge Rodrigues instalava o governo legal, sendo presidente Ângelo Custódio Correia.

13.5.1836 — BELÉM. PA. Cabanagem. Arrastando-se as negociações de paz, o brg. Soares Andréa, comandante das armas, e o CF Frederico Mariath, comandante da força naval, decidem a ocupação da capital mediante o emprego de tropa. Os cabanos anteciparam-se, atacando na madrugada de 13, a partir da Pedreira. Contingentes das escunas *Rio da Prata, Bela Maria, Pelotas* e do patacho *Januária*, desembarcados, bateram e fizeram debandar os contrários. Às 15 h, aproveitando-se de tempestade violenta, os cabanos embarcaram conforme lhes foi possível, buscando refúgio na foz do Rio Bojuru, sem que os navios bloqueadores pudessem incomodá-los. Belém voltava ao governo legal.

5.10.1930 — BELÉM. PA. Revolução liberal nacional. A força policial e o destacamento naval sob o CT Jaime Barreto, liderados pelo presidente estadual Eurico Vale enfrentam e repelem o ataque do revoltado 26º B.C. ao comando do ten. Ismaelino de Castro, ao Q.G. da Região Militar. Os vencidos deixam a cidade, rumando para Vizeu, no MA. Eurico Vale controlou a situação no Pará até o dia 24 quando Washington Luís foi deposto na Capital Federal.

2.8.1932 — BELÉM. PA. Revolução Constitucionalista. À noite, estudantes secundaristas e alguns alunos de direito e de medicina declararam-se revoltados contra o governo ditatorial de Getúlio Vargas, solidários com o movimento deflagrado a 9.7 em São Paulo. Tomando 12 fuzis do Tiro de Guerra, ocuparam os quartéis dos bombeiros e da polícia e controlaram parte da cidade então desguarnecida em virtude do envio para a luta no Sul das tropas federais e estaduais. A reação foi organizada pelo interventor Magalhães Barata, empregando civis, policiais e bombeiros. Um aluno do 4º ano ginasial, Paulo Cícero Teixeira, manejando metralhadora pesada, resistiu durante toda a noite no quartel de polícia. Foi morto às 9 h do dia 3, por atirador emérito postado em telhado vizinho. Elementos do arsenal de marinha liquidaram os demais pontos de atuação dos estudantes constitucionalistas.

9.8.1616 — BELÉM-PRESÉPIO. PA. Intrusos holandeses no AM. O Forte do Presépio fora começado a construir em janeiro daquele ano, para assegurar o domínio português sobre a região do baixo Amazonas, área à qual o fundador Francisco Caldeira de Castelo Branco chamou de Feliz Lusitânia. Em agosto, o primeiro choque com intrusos: patacho holandês combate o forte, este sob o comando de Pedro Teixeira e Gaspar de Freitas de Macedo. O navio holandês foi posto fora de combate. Seu equipamento, custosamente salvo, reforçou as instalações do Presépio. Pedro Teixeira recebeu três ferimentos.

15.9.1817 — BELÉN. Uruguai. Guerra com Artigas. Bento Manoel Ribeiro, destacado do campo de Quaraim onde se encontrava o gen. Curado, surpreende com seus 90 homens os 300 entrerrianos do cel. José Antonio Berdun. Supondo tratar-se do grosso do exército de Curado, Berdun rendeu-se. Não podendo conservar tão elevado número de prisioneiros, Bento libertou os soldados sob palavra de não mais tomarem armas contra Portugal e conduziu até o seu chefe apenas o cel. Berdun, o ten.-cel. Pedro Mosquera, sete capitães, subalternos e os 80 soldados que lhe pareceram de melhor postura.

3.10.1930 — BELO HORIZONTE. MG. Revolução liberal nacional. Inicia-se a resistência de 385 soldados do 12º RI contra o ataque e o assédio movido por tropa policial e civis armados. Detido fora do quartel o seu comandante, assume a chefia da resistência o cap. Josué Freire. Durante cinco dias e noites, sem água, víveres e comunicações, a defesa manteve-se. Rendeu-se, por exaustão dos recursos, ao fim do quinto dia. Terá sido com o de Sousa-PB e o empenho do presidente estadual do Pará e o de São Paulo dos poucos episódios de fidelidade ao governo Washington Luís.

19.1.1897 — BENDEGÓ-DE-BAIXO. BA. Canudos. Nas proximidades de Canudos, local denominado Bendegó-de-Baixo, fez alto para recomposição e descanso a expedição do maj. Febrônio de Brito, em plena retirada. Ali sofreu assalto dos sertanejos que tinham os canhões como alvo preferencial. Atacando a descoberto, tornaram-se alvos fáceis para as três metralhadoras. Recuaram deixando 20 mortos e sem causar baixa entre os soldados.

3.11.1923 — BENTO GONÇALVES. RS. Revolta dos libertadores. O ten.-cel.

Elisário Paim Neto conduz a 4ª Brigada de Provisórios a obter nítida vitória sobre o corpo de revolucionários ao mando de Mariano Pedroso.

15.4.1923 — BENTO RENGO. RS. Revolta dos libertadores. Força revolucionária transitava pela picada do Bento Rengo, junto ao Rio Santa Maria Chico, buscando junção com o gen. Zeca Neto. A meio da picada foi surpreendida e dispersada por destacamento da borgista Brigada Leste, comandada pelos coronéis Nepomuceno Saraiva e Sinhô Cunha. Parte dos dispersos internou-se no Uruguai.

?.?.1547 — BERTIOGA. SP. Conflitos com indígenas. Tripulando 70 canoas, tamoios atacaram a vila de Bertioga. Superando a defesa sustentada pelo forte (onde lutavam cinco filhos de Diogo de Braga, dois dos quais posteriormente devorados pelos mesmos tamoios), por colonos e tupiniquins, apoderaram-se da Bertioga, à qual puseram saque e fogo. Depois de haverem comido prisioneiros brancos e indígenas, retiraram-se, conforme registrou J. J. Machado D'Oliveira, "vitoriosos, com o espólio da colônia derrotada".

15.2.1926 — BETÂNIA. PE. Coluna Prestes. Na vanguarda da Coluna, o Destacamento Siqueira Campos vence resistência limitada e ocupa a vila, distrito de Custódia.

15.5.1832 — BEZERROS, PE. Restauradores. A força de 21 homens expedida para prender o chefe restaurador Domingos Lourenço Torres Galindo foi surpreendida e se entregou depois de rápido combate, sendo levada prisioneira para Bonito, onde seria libertada uma vez fracassado o movimento.

4.1.1849 — BEZERROS. PE. Insurreição Praieira. Cem insurgentes conduzidos por Antônio Correia Pessoa de Melo atacam a povoação defendida por voluntários civis comandados pelo cap. Cândido José da Silveira. Sem tentar qualquer outra tática senão o fogo frontal, os liberais tirotearam nove horas, retirando-se para Uruçu.

18.10.1917 — BISCAIA. Primeira Guerra Mundial. Ao largo do Golfo de Biscaia, na posição 46°05'N e 10°45'W, entre a França e a Espanha, o navio brasileiro *Macau* (ex-alemão *Palatia,* apresado em porto nacional quando da declaração de guerra) foi detido e torpedeado pelo submarino alemão *U-93* do cap. Gerlach. Foram levados para bordo do atacante o capitão do *Macau,* Saturnino Furtado de Mendonça, e seu despenseiro, Arlindo Dias dos Santos, dos quais nunca se teve notícias. O mercante transportava café e cereais para a França. Além de torpedeado foi atingido por tiros de canhão.

16.1.1879 — BOA ESPERANÇA. CE. Campanha contra o cangaço. A data é a do relatório do presidente da província no qual se lê que "forças combinadas desta Província e da Paraíba conseguiram sitiar o grupo dos Viriatos, por ventura o mais audaz e poderoso daqueles bandidos na povoação de Boa Esperança da qual se tinham apoderado, e aí travou-se o combate em que morreram doze salteadores e um soldado, tendo-se dado de parte a parte muitos ferimentos. Vigorosamente atacado e batido, o grosso da quadrilha pôde todavia evadir-se; mas ficaram treze prisioneiros, mais de cem cavalgaduras..."

28.10.1926 — BOA ESPERANÇA. MT. Coluna Prestes. Na fazenda Boa Esperança à margem do Rio Taquari, duas léguas ao N do porto de Cachoeiras, flanco-guarda protegendo a marcha da Coluna empenha o piquete do 2º ten. Agrícola Baptista e ao preço de três baixas rompe a formação governista que se opunha à passagem dos revolucionários.

17.5.1930 — BOA VENTURA. PB. Revolta de Princesa. A localidade, ocupada por 70 princesenses, foi atacada pelos policiais chefiados pelos tenentes Manuel Benício e José Guedes. Desalojados, os revoltosos passam a cercá-la e tiroteá-la. No dia seguinte, reforçados e conduzidos por José Fausto de Figueiredo e a 19 por José Joca e João Paulino, atacaram sem conseguir a retomada.

31.1.1531 — BOA VIAGEM. PE. Corsários, contrabandistas, piratas. No *Diário de Navegação* de Pero Lopes de Sousa, o pontal da Boa Viagem é chamado Cabo Percaauri. Alguns cronistas preferem reconhecer nele a ponta de Olinda. Gabriel Soares chamou-o Cabo de Pero Cavarim. João Teixeira, seguido por Pimentel, preferiu a denominação Cabo de Pero Cabarigo. Desde os apontamentos do Barão do Rio Branco aceita-se como teatro do evento o pontal da Boa Viagem, entre o Cabo de Santo Agostinho e o Recife, na posição 8º8'33''S conforme Vital de Oliveira. Na data, a esquadrilha de Martim Afonso de Sousa, saída de Lisboa a 3.12.1530, avista a costa, dá caça e apresa dois barcos de entrelopos franceses. O primeiro, junto ao pontal; o outro, ao largo do Cabo de Santo Agostinho.

21.8.1711 — BOA VISTA. PE. Guerra dos mascates. Os olindenses repelem o ataque de mascates (portugueses) saídos do Recife em 14 lanchas. Boa Vista estava a meia distância entre Olinda e Recife.

22.1.1835 — BOA VISTA. PE. Carneiradas. Último tiroteio entre os rebeldes conduzidos por Francisco Carneiro Machado Rios e os governistas obedientes ao presidente provincial Manoel de Carvalho Paes de Andrade. Os insurgentes foram completamente vencidos.

19.2.1840 — BOA VISTA. MA. Balaiada. Violento ataque balaio ao povoado à margem do Rio Parnaíba foi rechaçado pelos defensores comandados pelos tenentes Frederico Guilherme Buttner e José Luís de Queirós.

2.2.1990 — BOA VISTA, RR. Conflitos com indígenas. O Ministro da Justiça, Saulo Ramos, na cidade para acompanhar a operação Selva Limpa que retirava 45.000 garimpeiros trabalhando dentro da reserva ianomâmi, assistiu a 500 daqueles intrusos promover protestos e saques em lojas. Com a intervenção policial resultaram ferimentos em 30 manifestantes.

3.10.1734 — BOCAINA. MT. Campanha contra os paiaguás. Nos primeiros minutos do dia, o acampamento indígena da Bocaina, à margem do Rio Paraguai, foi investido, de surpresa, pela expedição de Manoel Rodrigues de Carvalho. Enviado pelo governo da capitania, comandava 842 brancos, índios e pretos transportados em três balsas, 28 canoas e 80 barcos bagageiros. Morrem 40 dos paiaguás, ficando um deles prisioneiro. Os que fugiram marcaram encontro em sítio próximo, revelado pelo prisioneiro. Carvalho vai surpreendê-los de novo, empregando 200 mosquetes, artilharia, flechas e lanças. Perdendo três dos seus, provoca aproximadamente 600 baixas entre os canoeiros, os quais, desde então, perderam a belicosidade tradicional, permitindo mais tranqüila navegação para Cuiabá.

6.8.1639 — BOCAINAS DO RIO DO OURO, AM. Conflitos com indígenas. Enquanto Pedro Teixeira conduzia sua afortunada expedição exploratória até Quito, Equador, seu tenente Pedro da Costa Favela, postado na Amazônia Oriental, rompia o bom trato com os silvícolas das tribos dos *encabellados* (nome que lhes davam os espanhóis) e praticamente os exterminava. Os últimos assaltos tiveram lugar em 6 de agosto e com auxílio dos homens de Pedro Teixeira, já no tornaviagem. Este feliz aventureiro, pôde, então, no dia 16, diante das Bocainas do Rio do Ouro, declarar posse do rei português aquelas terras chamadas, no ato, *franciscanas*. Tratava-se de milhões de léguas de chão que os lusos não haviam penetrado, para além do rio Tapajós.

19(?).7.1533 — BOIPEBA/PONTA DOS CASTELHANOS, ES. Conflitos com indígenas. Tupinambás da aldeia local atacaram de surpresa o acampamento dos remanescentes da frota que Simão de Alcaçovas levara ao Estreito de Magalhães. Assassinado este chefe, um dos navios retornou mas na altura de Boipeba nova revolta fez encalhar o barco no local que por isso ganhou o nome de Ponta dos Castelhanos. Bem recebidos pelos índios, os sobreviventes confiaram-se aos mesmos. No ataque, morreram 90 dos asilados. Os derradeiros 17, feridos, recuperaram uma chalupa e alcançaram a aldeia governada pelo Caramuru.

6.11.1944 — BOLOGNA. Itália. Segunda Guerra Mundial. Os pilotos tenentes Fernandes Correa da Rocha e John Richardson Cordeiro e Silva, integrando o 345º Esquadrão do 350º Regimento, bombardeam em picada objetivos alemães ao norte de Bologna. Depois, em vôo rasante, metralharam pontos fortificados junto da cidade. O avião de Richardson, atingido por fogo antiaéreo, explodiu quando o aviador buscava pouso de emergência.

25.11.1944 — BOMBIANA-GUANELLA. Itália. Segunda Guerra Mundial. A linha Bombiana-Guanella, nos Apeninos, guarnecida por tropa da FEB, sofre o primeiro de três ataques alemães. O último, no dia 30. Todos rechaçados.

A Força Aérea Brasileira na guerra na Itália

De outubro de 1944 a 2 de maio de 1945, a Força Aérea Brasileira — FAB — lutou na Itália, ao lado da Força Expedicionária Brasileira — FEB, no conjunto dos exércitos aliados. O seu esforço esteve concentrado no 1º Grupo de Caça, criado pelo decreto-lei nº 6.123, de 18.12.1943. Outro decreto, de 27 daquele mês, designou comandante o major-aviador Nero Moura em seguida promovido a tenente-coronel. Seguiram para a Itália 48 oficiais, 12 deles civis convocados. Foram incorporados ao 350º Regimento de Caça norte-americano, integrado na 62ª Brigada de Caça, subordinada ao 22º Comando Aéreo Tático da Força Aérea Tática aliada. Manobraram aviões P-47 Thunderbolt, os quais receberam o toque *de abrasileiramento consistindo na pintura, na fuselagem, de avestruz usando o boné da FAB, tendo por fundo as estrelas do Cruzeiro do Sul, tudo formando escudo azul sobre uma nuvem. Por lema, o desafio e voz de comando: "Senta a Pua". Os "pracinhas do ar" cumpriram 2.546 missões durante 5.465,5 horas de vôo, com o despejo de 1.010 toneladas de bombas e as seguintes perdas infligidas ao inimigo: dois navios alemães, 1.034 locomotivas, 250 vagões e tanques de combustíveis, 25 pontes, oito carros blindados, 144 edifícios ocupados, 85 posições de artilharia, seis fábricas, 31 depósitos, cinco usinas elétricas, 19 embarcações diversas. O 22 de abril de 1945 foi o dia de maior atividade do Grupo: 22 pilotos cumpriram 11 missões com 44 saídas. Na jornada, foi abatido o avião do ten. Marcos Eduardo Coelho de Magalhães, aprisionado pelos alemães, que o mantiveram em hospital até o fim da guerra. O Grupo sofreu 22 baixas, cinco de aviadores mortos em ação, enquanto outros oito salvaram-se de pára-quedas quando seus aviões foram abatidos, seis deixaram a ativa por esgotamento físico e três faleceram vítimas de acidentes. O piloto a executar maior número de missões — 99 delas — foi o 2º ten. da reserva convocado Alberto Martins Torres. Os brasileiros mereceram citações elogiosas do comando de caça dos aliados e no dia 22.4.1986 — Dia da Aviação de Caça — receberam do governo dos Estados Unidos a condecoração Presidencial Unit Citation.*

24.9.1902 — BOM DESTINO. AC. Campanha do Acre. O boliviano cel. Manoel Canseco, com 120 soldados, surpreende o acampamento do exército acreano de Plácido de Castro, no seringal Bom Destino. A guarnição, 96 homens sob o maj. Ladislau Ferreira da Silva, reage e repele o ataque.

25.5.1823 — BOM FIM. MA. Guerra da Independência. Em posição defensiva, nas proximidades de Caxias, o chefe português Fidié vence os nativistas liderados por João da Costa, o Alecrim. Atacando precipitada e desordenadamente, Alecrim só não perdeu todos os seus 400 seguidores por haver sido socorrido pelo mar. Manoel Clementino de Sousa Martins, capaz de estabilizar o combate e organizar a retirada. Perdas brasileiras: 23 mortos, vários prisioneiros e 40 armas. Dos portugueses: 6 mortos, sendo um oficial. Por essa demonstração de incapacidade, durante a qual abandonou a sua gente sob fogo, o Alecrim perdeu comando e posto.

1.6.1990 — BOM FUTURO, SC. Conflitos da reforma agrária. A fazenda Carrapatinho foi invadida por sem-terras. No tiroteio com os proprietários, morreu Marco Staedelle, filho do dono das terras.

13.10.1926 — BOM JARDIM. Jataí, GO. Coluna Prestes. Transitando pela fazenda Bom Jardim, o flanco da Coluna foi vivamente fustigado por tropa da Força Pública do Estado de São Paulo. Esta impediu a marcha dos tenentistas, fazendo fogo entre 11:45 e 14 h, quando entrou em ação o Destacamento Dutra, em manobra de envolvimento que impôs aos policiais o rompimento de contato. A Coluna sofreu uma baixa.

30.11.1822 — BOM JESUS, BA. Guerra da Independência. Prolongado tiroteio entre a tripulação de duas canhoneiras portuguesas e os ocupantes de trincheira dos brasileiros mandados por Antônio Maria da Silva Torres.

23.10.1893 — BOM JESUS. RS. Revolta dos federalistas. A vanguarda governista ao mando do cel. Salvador Pinheiro, avançando 200 quilômetros em cinco dias, alcança e combate a retaguarda federalista chefiada pelo ten.-cel. Isidoro Dias Lopes. A vila do Bom Jesus também era então chamada Aparados da Serra.

22(?).11.1925 — BOM JESUS/MORRO AGUDO, RS. Revolta tenentista. O chefe revoltoso Leonel Rocha, entrosado com outros líderes que promoviam levantes no estado, saiu a campo com reduzido destacamento. Na jornada, foi batido por força governamental, em dois encontros: Bom Jesus e Morro Agudo. Ao fim do dia já não comandava uma tropa combativa.

7.12.1926 — BOM JESUS. MT. Coluna Prestes. Atravessando o garimpo do Bom Jesus, região vizinha ao Rio Araguaia, a vanguarda ao mando do cap. Philogônio Theodoro repele emboscada e ataque de sertanejos mobilizados por chefes políticos. A Coluna sofre três baixas por morte e uma por ferimento e faz seis prisioneiros, tomando armas e munições.

17(?).10.1820 — BONITO, PE. Sebastianismo. O povo humilde da Serra do Rodeador aceitou que da boca de uma imagem talhada em pedra saíssem ordens para que toda obediência fosse prestada a Silvestre José dos Santos, o Mestre Quiou, mensageiro do rei português dom Sebastião. Este, reaparecendo afinal do misterioso desaparecimento em Alcacer-Quibir (1578) faria de Bonito a Cidade do Paraíso Terrestre, repartindo tesouros entre os fiéis. Mestre Quiou instituiu hierarquia, cerimonial e corpo de guarda. Durante 1819, aumentado para cerca de 400 o número de sebastianistas, foi preciso, para alimentá-los, confiscar em nome do rei, bens e alimentos das fazendas vizinhas. Os protestos dos prejudicados moveram o governador Luís do Rego que expediu o mal. Luís Antônio Salazar Moscoso contra os fanáticos da serra. Em meados de outubro o arraial foi atacado, os homens trucidados, em número não sabido, as mulheres e as crianças levadas para o Recife.

14.4.1832 — BONITO. PE. Revolta de Santo Antão. O líder restaurador Torres Galindo surpreende e derrota piquete de 20 guardas municipais da guarnição da vila de Bonito. Marchou prontamente para Santo Antão a fim de proclamar restaurado no trono o imperador Pedro I. O movimento terminou, dias depois, pela dispersão dos restauradores.

?.7.1832 — BOQUEIRÃO. MA. Setembrada, repercussão. Cercado e batido, o caudilho Antônio João Damasceno que assumira o comando substituindo os chefes políticos que se retiraram depois de vencidos em São Luís. Damasceno conduzira os levantados, já então empenhados mais em protesto de caráter social do que político, numa seqüência de marchas e de lutas. No Boqueirão viu debandarem os últimos seguidores e recebeu ferimentos que o levaram à morte.

1.5.1894 — BOQUEIRÃO, RS. Revolta dos federalistas. Cerca de 500 maragatos conduzidos pelos coronéis Silvestre Correa, José Nunes de Miranda, Tico-Dede e Dalíbio de Barros, dispersaram piquete de 50 governistas, destacado da força do cel. Tito Escobar. Na mesma área, horas mais tarde, impuseram-se a outro destacamento legalista, este de 200 combatentes e que perdeu 60 homens, 70 cavalos e material de guerra. Os dados são os constantes da parte do vencedor.

23.6.1842 — BOQUEIRÃO. RS. Guerra dos farrapos. No boqueirão da margem direita do Rio Camaquã, o comandante republicano Manoel Lucas de Oliveira vitoria-se sobre o destacamento imperial de Francisco Pedro de Abreu. Boqueirão, distrito de São Lourenço do Sul.

8.2.1926 — BOQUEIRÃO DA CUREMA. PB. Coluna Prestes. Guarnecida por jagunços mobilizados por "coronéis" e políticos regionais, a vila opôs-se à marcha da Coluna em trânsito para PE. O destacamento Ary Freire faz marcha envolvente, desaloja os "patriotas" e libera a estrada que atravessa o povoado.

16.7.1866 — BOQUEIRÃO DO SAUCE. Paraguai. Guerra do Paraguai. Evento também conhecido pelo nome de combate Boquerón-Naró. Ao abrir do dia o gen. Polidoro Jordão expediu os 3.000 homens da divisão do gen. Guilherme de Sousa para a tomada de duas trincheiras fortificadas dentro da mata entre Potrero-Sauce e Potrero-Piris. Uma, no boqueirão do Sauce, e outra em Punta-Carapá. Tomadas, prontamente guarnecidas e preparadas para resistir ao violento contra-ataque conduzido pelo cel. Aquino. Este, ferido, morre três dias depois, promovido a general. Simultaneamente, desenvolvia-se pela esquerda assalto comandado pelo gen. Mena Barreto. A tropa do gen. Guilherme de Sousa perdera tanta gente na tomada e na sustentação das trincheiras que necessitou ser substituída por batalhões às ordens do gen. Argolo. Às 23 h, sob fogo, estes também foram substituídos pela divisão do gen. Vitorino Monteiro e pela brigada argentina do cel. Coneza. Durante a tarde, quatro ataques paraguaios montados pelo cel. Jimenez foram repelidos, fazendo suas perdas subirem para 2.500 entre 7.000 combatentes, sob a chefia suprema do gen. Diaz. Os argentinos perderam 61 homens e os brasileiros 1.899 entre mortos e feridos. Nos dias seguintes a luta deslocou-se para o Potrero-Sauce, atingindo violência máxima a 18.

16.11.1944 — BOSCACCIO. Itália. Segunda Guerra Mundial. O destacamento da FEB ao mando do gen. Nelson de Mello ataca e conquista as alturas de Boscaccio, apoderando-se em seguida de Il Sasso e de Monte Cavallaro. A 18 e 19, os alemães tentaram inutilmente retomar esta última posição. Essas conquistas davam seguimento ao plano de neutralização do baluarte de Monte Castello.

31.7.1924 — BOTUCATU. SP. Revolta tenentista. A divisão do gen. Isidoro Dias Lopes, passando da ferrovia Paulista para a Sorocabana, rumo ao MT, expede o maj. Juarez Távora para operação de retardamento na cidade de Botucatu e na sua crista de serra. Enquanto isso, vários trens carregando o exército revolucionário transitariam pela estação de Rubião Júnior, seis quilômetros distante. Com 800 soldados, entre os quais veteranos alemães e húngaros da Primeira Guerra Mundial, Juarez resistiu a 3.000 homens do gen. João Azevedo Costa. Este general comandava destacamento do Exército, da Brigada Militar do RS e da polícia do PR. A luta incluiu artilharia governamental e cessou a 2.8, quando a divisão revolucionária ultimou a sua transferência para a linha-tronco da Sorocabana, rumo do MT. Os legais fizeram 54 prisioneiros, metade dos quais alemães.

4.10.1816 — BOTUÍ. São Borja, RS. Guerra com Artigas. À frente de 230 combatentes, o cap. Paula Prestes destroça, na barra do Botuí, parte da coluna de 700 homens de Andrés Artigas, em movimento de retirada depois da derrota sofrida na véspera diante de São Borja. Os vencidos de Botuí cruzam o rio em completa desordem.

5.7.1837 — BOTUÍ. São Borja, RS. Guerra dos farrapos. O general republicano João Manuel de Lima e Silva, mandando um corpo de farroupilhas acrescido de 260 uruguaios partidários de Frutuoso Rivera, peseguiu desde o Rincão da Cruz a força regencial do cel. Manuel dos Santos Loureiro. Alcançados e batidos no Botuí, os governamentais recuam para Itaquera, onde são novamente fustigados. Debandando, os remanescentes transpõem o Rio Uruguai, refugiando-se na Argentina. Dividem os combatentes que lhes restam em dois grupos guerrilheiros de 20 homens que voltam ao RS para hostilizar os farrapos, culminando por matar o general que os vencera no Botuí.

26.6.1865 — BOTUÍ. RS. Guerra do Paraguai. O cel. Fernandes Lima conduz sua brigada de GN contra a vanguarda da divisão paraguaia que invadira o RS e partira de São Borja no dia 19. O comandante invasor, maj. José Lopez, retrocede em busca de melhor posição. Chega ao campo a brigada GN do cel. Sezefredo de Mesquita, dando aos brasileiros superioridade numérica suficiente para manobra envolvente, a qual confinou o inimigo em um pantanal onde lutou bravamente mas foi sendo inexoravelmente dizimado. Ao fim da jornada havia perdido 116 mortos e 120 feridos ou extraviados e duas bandeiras. Baixas brasileiras: 29 mortos e 86 feridos. Os remanescentes da brigada José Lopez conseguiram reunir-se, dois dias depois, ao grosso da divisão invasora sob a chefia de Estigarribia.

12.9.1963 — BRASÍLIA. DF. Levante dos sargentos. Aos primeiros minutos do dia, sargentos da Força Aérea e da Marinha ocuparam o Ministério da Marinha, o Departamento Federal de Segurança Pública, a Estação Central de Rádio Patrulha e os serviços telefônicos. Justificativa pública para o levante: protesto dos suboficiais ante a decisão do Supremo Tribunal Federal negando-lhes participação político-eleitoral. Oficiais foram detidos em suas residências e levados à Base Aérea, centro do movimento. O mesmo sucedeu ao presidente da Câmara dos Deputados. De 4:30 às 4:50 h, cerrado tiroteio entre levantados instalados no Ministério da Marinha e oficiais e praças postados nos edifícios dos ministérios da Guerra e da Aeronáutica que flanquevam o prédio ocupado. Às 6:32, últimos tiros e logo a rendição dos sargentos. Presos: 60 sargentos da Aeronáutica, 40 fuzileiros navais e 15 marinheiros. Os que se haviam apoderado da Base Aérea renderam-se pouco mais tarde. Às 15:30 a normalidade voltara à capital do país, com a detenção do chefe do levante, srg. Antônio Prestes de Paula, da Aeronáutica. Perdas: dois mortos, sendo um fuzileiro e um motorista civil, e dois fuzileiros feridos.

9.6.1926 — BREJÃO. BA. Coluna Prestes. A retaguarda da Coluna, responsabilidade de J. Albuquerque, repele ataque de destacamento governista.

11.8.1840 — BREJINHO. CE. Cabanagem. Choque de proporções reduzidas, terminando com debandada de grupo de cabanos. Brejinho, distrito do município de Araripe.

31.5.1926 — BREJO. BA. Coluna Prestes. Atravessando a fazenda do Brejo, à margem do Rio São Francisco, o destacamento Djalma Dutra, à retaguarda da Coluna, manteve troca de tiros das 4 às 9 h, com numerosa força do governo Arthur Bernardes. Protegido por essa cobertura, o grosso da Coluna pôde afastar-se.

22.5.1926 — BREJO DA BRASA. BA. Coluna Prestes. Simples arruado sertanejo, pelo qual a Coluna foi obrigada a transitar sob fogo cruzado de jagunços e cangaceiros mobilizados pelo governo. Perdeu, na travessia do povoado, um sargento e um soldado.

20.5.1917 — BREST. França. Primeira Guerra Mundial. Submarino alemão afunda o *Tijuca,* barco mercante brasileiro. Antes, na costa francesa, havia sido torpedeado o barco *Paraná.* Depois o seriam o *Acari* e o *Guaíba.* Tais afundamentos decidiram a entrada do Brasil na guerra contra os impérios centrais.

20.11.1835 — BREVES. PA. Cabanagem. Ataque cabano repelido pela guarnição comandada pelo cap. Pantoja, ferido no combate. A defesa foi auxiliada pelos tiros da escuna *Leal Cametaense* e do iate *Mundurucu,* barcos do mando do ten. Felipe José Pereira Leal.

20.2.1822 — BROTAS. BA. Motins de Manoel Pedro. Os remanescentes da tropa chefiada pelo gen. Freitas Guimarães, batida na véspera pelos portugueses do gen. Madeira, foram abrigar-se no Forte de São Pedro. Durante a noite, saíram, aos grupos, procurando reunir-se fora da cidade. Mas em Brotas de Macaúbas foram surpreendidos e tiroteados pelo 2º batalhão da Legião Constitucional Lusitana. Nova dispersão dos elementos nacionalistas, ficando 80 deles aprisionados.

30.11.1822 — BROTAS-GRAÇA-VITÓRIA. Salvador, BA. Guerra da Independência. Incursionando pelos subúrbios da sitiada cidade da Bahia, onde os portugueses do brg. Madeira resistiam, os brasileiros vencem pequenos choques em Brotas, Graça, Vitória, Casa da Torre. Chegam até os muros de São Pedro.

7.3.1817 — BRUM. Recife, PE. Revolta nativista. Revolucionários atacam e conseguem a rendição do governador, que é remetido para o Rio de Janeiro a bordo de sumaca. À chegada, foi recolhido preso a uma das fortalezas da barra.

6.7.1736 — BUENOS AIRES. Rio da Prata. Campanhas da Colônia do Sacramento. A seis ou sete léguas do porto de Buenos Aires, na direção da Colônia, um navio aviso espanhol, ao mando do cap. Juan Antonio de la Colina y Racines, foi atacado por bergantim português de 12 canhões que o abordou provocando sete baixas. O Comandante espanhol, levado prisioneiro para o Rio de Janeiro, viu morrer na luta a bordo, um irmão e um sobrinho.

21.1.1826 — BUENOS AIRES. Argentina. Guerra da Cisplatina. A barca *Araçatuba*, procedente da Ilha de Martín Garcia, chegando durante a noite, fundeia demasiado próxima do grosso da esquadra argentina. Ao amanhecer foi apresada e incorporada à força naval do alm. Brown, tendo um novo nome: *Rio de La Plata*.

29.7.1826 — BUENOS AIRES. Argentina. Guerra da Cisplatina. James Norton, a serviço do Brasil, levando a bordo sua esposa (Elisa Bland), fundeia os navios de seu mando junto às balizas exteriores do porto de Buenos Aires. À tardinha, a esquadra argentina do alm. Brown deixa o porto, rumo ao oceano. Às 22:30 h, a *25 de Mayo* (capitânia argentina) abalroa a escuna brasileira *Dona Paula*, que vigiava o canal do porto. As duas formações romperam fogo, mantido até que o escuro da noite adiou o prosseguimento da ação. Esta seria chamada combate de Lara-Quilmes, tendo ocupado toda a manhã do dia 30.

4.1.1828 — BUENOS AIRES. Argentina. Guerra da Cisplatina. Pela manhã, o alm. Brown, manobrando com 11 escunas e canhoneiras, apresa a baleeira corsária brasileira *Mosquito*, ao mando de Antônio Joaquim da Silva e tripulada por 10 homens. Continuando sua atividade, apresou também uma balandra. Surgindo a divisão brasileira de João das Botas, trava-se combate pela recuperação das presas e de suas tripulações, o que foi conseguido, salvo a bandeira da baleeira levada e apresentada em Buenos Aires como troféu.

21.2.1828 — BUENOS AIRES. Argentina. Guerra da Cisplatina. Ao amanhecer, o chefe de divisão James Norton avista as escunas argentinas *Ocho de Febrero*, batendo o pavilhão do alm. Brown, *Nueve de Febrero* e *Maldonado*. Vai em perseguição e tiroteia à distância, mas não alcança posição de combate.

12.4.1828 — BUENOS AIRES. Argentina. Guerra da Cisplatina. Diante do porto, combate sem resultado definido entre três navios brasileiros ao mando de James Inglis e três argentinos sob o alm. Brown.

10.8.1630 — BURACO DE SANTIAGO. Recife. PE. Holandeses no NE. Estando Luís Barbalho empenhado na construção de posição fortificada, na margem do Rio Beberibe, os holandeses saíram para dispersá-lo, impedindo a construção. Estavam por alcançar o seu propósito quando chegaram reforços destacados das tropas de Matias de Albuquerque induzindo os flamengos à retirada.

8.5.1835 — BURAJUBA. PA. Cabanagem. Indicado presidente da província o deputado mais votado nas eleições de 22.4, Ângelo Custódio Correia. Os cabanos opuseram-se à sua chegada e posse. Correia seguiu pelo rio em uma comitiva de 10 canoas e 250 homens desarmados, contando porém com a proteção de uma lancha e de um escaler da corveta *Defensora*, ao mando do 2º ten. Elisiário Antônio dos Santos, que viria a ser Barão de Angra. Os cabanos atacaram o cortejo, comandados por Manoel Nogueira e empregando um lanchão armado com caronada e uma montaria. Na luta levaram a melhor os marinheiros de Elisiário, que tomaram os barcos atacantes e permitiram a Ângelo Custódio atingir a capital. Elisiário recebeu ferimentos.

26.7.1932 — BURI. SP. Revolução Constitucionalista. A defesa que o chefe revolucionário cel. Taborda opunha ao avanço dos federais do gen. Valdomiro de Castilho Lima atinge seu ponto crítico. Frustrada a marcha de flanco pretendida, os constitucionalistas recuam para Vitorino Carmilo. Na jornada, o trem blindado fez sua apresentação no setor, atuando eficazmente em apoio à defesa.

13.8.1932 — BURI. SP. Revolução Constitucionalista. Os revolucionários tentam reconquistar Buri, perdida a 16.7. O plano prevê ataque pelo flanco sul do batalhão do maj. Arlindo e da cavalaria do cap. Feijó, combinado com pressão a partir de Vitorino Carmilo realizada pelo destacamento Klingelhoefer e com diversão ao N e o apoio de artilharia, secção Mascarenhas. Mas a ação resumiu-se em razoável êxito do movimento ao norte e do empenho lateral da cavalaria. Buri permaneceu em mãos dos getulistas.

15.8.1932 — BURI. SP. Revolução Constitucionalista. Segundo combate desse nome e local. Decidindo abrir caminho na direção N — rumo de Capão Bonito, o gen. Valdomiro Lima lança 6.000 governistas contra a posição constitucionalista defendida principalmente pelo 6º BC da Reserva, sob o comando do cel. Christiano Klingelhoefer. Depois de 1.200 tiros de artilharia, disparados por 32 peças, às 6:50 h avançaram o 8º RI, de Passo Fundo, o 13º BC, de Ponta Grossa e o 16º BC, de Santa Catarina, apoiados por atividade aérea. Carga a baioneta dos catarinenses rompeu a linha defensiva paulista diante do 6º BC da Reserva. Ao fim da jornada, todo o dispositivo revolucionário estava em retirada.

10.7.1840 — BURITI. Piracuruca, PI. Balaiada. A fazenda Buriti, um dos pontos fortes dos balaios, rodeada por trincheiras, foi atacada e ocupada pela tropa legal do maj. João da Rocha Moreira.

C

20.9.1869 — CAAGUAZU. Paraguai. Guerra do Paraguai. O íngreme serro de Caaguazu constituía chave para o domínio da cordilheira desse nome. A vanguarda aliada, batalhão de argentinos, viu-se surpreendida e imobilizada na base do forte aclive. Os defensores paraguaios, além de metralha, despejavam pedras sobre os que pretendiam escalar o serro. Impossível o flanqueamento, o maj. José Antônio Alves mandou que o 6º BI, mesmo rompendo formatura, escalasse o Caaguazu. Morreram dois soldados e dez receberam ferimentos. Tomado o serro, ocorreu o ocupação de San Joaquin, abrindo caminho para o avanço do exército do Conde d'Eu. Nas *Efemérides*, Rio Branco atribuiu a vitória de Caaguazu ao cel. Hermes da Fonseca, ao qual respondia o 6º BI.

?.3.1629 — CAAIRU-GUAIRÁ. Bandeiras. A grande bandeira de apresamento levada à região por Manoel Preto e Raposo Tavares dividiu-se em vários destacamentos a fim de mais rapidamente aprisionar os indígenas missioneiros. Os grupos comandados por Brás Leme e Antônio Pedroso de Barros decidiram incursionar por área não sujeita à catequese jesuítica e conheceram pesados reveses.

A destruição do Guairá

"O Guairá propriamente dito era dividido em duas secções com a interposição do rio Tibagi, afluente oriental do Paraná, e formado de quatorze reduções... Enquanto se edificavam as reduções do Guairá aquém do Paraná e para aí corriam em multidão os índios do Paraguai... cresciam numericamente e robusteciam-se os

mamelucos de Piratininga sem freio nem religião, aventurando seus serviços indistintamente... e em 1628 já se achavam afrontando as primeiras povoações... e em 1631 já estava consumada a obra do arrasamento do Guairá, fazendo-se horrorosa mão-baixa nos índios que tentaram defender suas famílias, aprisionando-se todos quantos escaparam à matança, e entregando-se ao incêndio as povoações acometidas. ... a tomada do Guairá pelos ñamelucos deu índios não só para abastecimento das colônias da capitania de São Vicente, como para que, havendo deles um excedente de sessenta mil indivíduos, fossem distribuídos por outras capitanias, mediante o mercado que deles se fez em Piratininga.

Dos cem mil índios de que, segundo Charlevoix, formava-se o fundo da população do Guairá, escaparam apenas doze mil...''

(*J. J. Machado D'Oliveira* — Quadro Histórico da Província de São Paulo — *Edição Governo do Estado de São Paulo — Secretaria de Cultura, Coleção Paulística, 1978.*)

12.(?).8.1639 — CAASAPAGUAÇU, RS. Bandeiras. A bandeira de Pascoal Leite Paes (irmão de Fernão Dias Paes), com 300 brancos e 2.00 índios tupis, foi destroçada pela gente do cacique Nicolau Nheenguiru. O comandante dos indígenas a iniciar o combate foi o jesuíta padre Alfaro. Investindo, a cavalo, contra o centro da bandeira, morreu de um tiro que o atingiu no olho direito. Nheenguiru assumiu a direção dos seus e fazendo valer o número e o ímpeto dispersou a bandeira, parte da qual se rendeu ao ver o chefe ferido por tiro de escopeta disparado pelo irmão Domingo de Torres. Ficaram prisioneiros 17 bandeirantes, levados para Assunção, tendo a cidade por menagem.

?.12.1638 — CAASAPAMIRIM-TAPE. RS. Bandeiras. André Fernandes, parnaibano, foi o terceiro comandante da bandeira que tivera por cabo a Francisco e depois a Jerônimo Bueno. Reduzida em gente e em meios, a tropa sofreu, na jornada, severa derrota ao procurar tomar a redução de Caasapamirim. Desbaratada, pequenos grupos de bandeirantes passaram a vaguear pelo Tape. André Fernandes, doente e ferido, praticamente carregado pelo filho natural Jorge, conseguiu cumprir a longa viagem de retorno chegando a São Paulo em março de 1639.

11.1.1828 — CABALLADA-COLÔNIA DO SACRAMENTO. Uruguai. Guerra da Cisplatina. Destacamento formado por 230 infantes e cavaleiros saídos do recinto de Colônia sob ordens do cel. Vasco Antunes Maciel repelem ataque da cavalaria uruguaia. Mas também os uruguaios consideram a jornada de Caballada como vitória de suas armas.

29.6.1925 — CABECEIRA ALTA. GO. Coluna Prestes. O combate é conhecido também pelo nome de Invernada Zeca Lopes. Os destacamentos João Alberto e Siqueira Campos emboscam a tropa do seu implacável perseguidor, maj. Bertoldo Klinger. Este, dando-se conta daquele propósito da Coluna e movendo-se rapidamente com sua frota de caminhões, surpreende os emboscados, intimando-os à rendição. O combate estende-se das 11 h ao anoitecer, terminando com os situacionistas na defensiva depois de terem perdido — os dados são dos revolucionários — nove mortos, vinte feridos e doze extraviados. No dia 30, combate desde a manhã até às 20 h, retirando-se os revoltosos para a sede da fazenda, quatro léguas distante. Sofreram, nos dois dias de luta, a perda de 30 homens, mortos. Entre estes, cinco oficiais.

15.8.1597 — CABEDELO. PB. Corsários. Treze navios franceses, do comando do cap. Miffaut bombardearam durante sete dias o forte que protegia Cabedelo. Repelido no assalto, Miffaut seguiu para saquear Honduras, deixando seu camarada La Villedoré encarregado de estabelecer entreposto na PB. A defesa de Cabedelo atacada de 15 a 18 pelos franceses corsários foi comandada pelo cap. João de Matos Cardoso, com apenas vinte homens e cinco peças. Morreram o capitão e dois soldados. Os informes, de fonte francesa, são devidos a La Roncière.

5.12.1631 — CABEDELO. PB. Holandeses no NE. O ten.-cel. Steyn-Callenfels, tendo saído do Recife no dia 2 dando início à campanha de conquista da PB para os holandeses, posta-se diante do Forte de Cabedelo, com seus 1.600 soldados. No desembarque, sob fogo da defesa, perdeu 40 homens, porém conseguiu montar bateria para bater o forte. No dia seguinte a sua trincheira foi rijamente atacada por André da Rocha, Jerônimo Albuquerque e suas companhias de emboscadas.

8.12.1631 — CABEDELO. PB. Holandeses no NE. Em socorro dos sitiados no forte pela tropa de Steyn-Callenfels, consegue penetrar na posição o cap. Juan de Xereda, conduzindo quatro companhias da infantaria espanhola. Imediatamente montou assalto e tomou a primeira das trincheiras do sítio holandês, perdendo-a no contra-ataque e recolhendo-se ao forte.

10.12.1631 — CABEDELO. PB. Holandeses no NE. Sexto dia de cerco e fogo dos holandeses do ten.-cel. Steyn-Callenfels. Durante a noite os sitiados haviam construído trincheira avançada onde dispuseram uma companhia de infantaria espanhola e três de luso-brasileiros. Foi contra essa trincheira que Callenfels dirigiu o esforço do dia sem conseguir apossar-se da mesma.

11.12.1631 — CABEDELO. PB. Holandeses no NE. Sétimo e último dia da defesa do forte de Cabedelo contra os holandeses comandados pelo ten.-cel. Steyn-Callenfels. A trincheira avançada do forte estava por cair quando chegou reforço do governador da PB, Antônio de Albuquerque Maranhão. Durante a noite os holandeses abandonaram a área, tendo sofrido 200 baixas entre mortos e feridos. Na jornada, receberam ferimentos os capitães Juan Xereda e Aleixo de Azuza, espanhóis; Belchior e Valadares, lusobrasileiros e o franciscano descalço, frei Manoel da Piedade.

7.12.1634 — CABEDELO. PB. Holandeses no NE. Continuação do ataque holandês que iria prolongar-se até 19 quando a posição, já desmantelada sob o fogo inimigo, se rendeu. Estava sob ordens do velho cap. João de Matos Cardoso. Por terra atacaram os coronéis van Schkoppe e Arciszewsky e por mar a frota do alm. Lichthardt.

19.12.1634 — CABEDELO. PB. Holandeses na Paraíba. No décimo sexto dia de cerco e combate, por terra e mar, estando morto o comandante cap. Jerônimo Pereira e ferido o cap. Perez de Soto, eliminada a ajuda atrevida dos barcos dos irmãos Calhau, o forte de Santa Catarina capitulou. Os 460 defensores saíram com honras de armas, raramente concedidas pelos flamengos. Estes tomaram 22 canhões, encontraram os muros derruídos e 82 mortos e 113 feridos (números estes, de Rio Branco). Em conseqüência, no dia 22 rendeu-se igualmente o forte Santo Antônio, o que obrigou ao abandono, pelos luso-espanhóis, da cidade da Paraíba, à qual os batavos deram a denominação de Fredericstaadt e de Margarita ao forte Santa Catarina, reconstruído. Com o domínio da Paraíba, alargaram amplamente a sua conquista.

20.1.1829 — CABINDA, Angola. África. Guerra da Cisplatina. O brigue *Duquesa de Goiás*, 14 canhões, sob o 2º Ten. Carlos Watson, enfrentou durante toda a manhã um corsário argentino do mando do ten. César Fournier, também com 14 peças. Pelo meio-dia, sob aguaceiro, o corsário desligou-se do combate. No barco brasileiro, dois mortos e dois feridos. Cabinda acolhia, então, base naval brasileira. A 27.8.1828, a guerra terminara, mas os contendores daquela data ainda não sabiam disso. Fournier passou a vida, atacando e com sucesso, a navegação brasileira. Para Rio Branco o evento ocorreu no dia 9.

11.3.1634 — CABO. RN. Holandeses no NE. Animados pela conquista do Forte dos Três Reis Magos (12.12.1633), os holandeses iniciam campanha destinada a estender seu domínio na região. Preparam três divisões. A primeira, com 14 navios e 1.200 homens; a segunda, 11 barcos e 1.100 combatentes; a terceira, em lanchas e 1.000 seguidores de Domingos Calabar, sob a chefia do mesmo. O ataque principal foi repelido por Matias de Albuquerque e várias companhias de emboscadas.

18(?).2.1650 — CABO. PE. Holandeses. A esquadrilha holandesa de Govertz Cop descobre, navegando solitária, a fragata *Santa Luzia*, tendo por capitão Ramires Esquivel, vanguarda da frota do conde de Castel Melhor. Tentou apresá-la. Defendendo-se e contando sete mortos, oito feridos e avarias sérias, a fragata atingiu o cabo, festejada pelos luso-brasileiros que da praia seguiram o combate.

26(?).2.1650 — CABO. PE. Holandeses. A fragata *Nossa Senhora da Graça*, do capitão Jaques Bruel, da frota da Companhia Geral de Comércio ou do conde de Castel Melhor, navegando isolada foi envolvida e atacada pela esquadrilha flamenga de Govertz Cop. Defendendo-se braviamente, escapou.

24.2.1650 — CABO. PE. Holandeses. O galeão *São Pedro de Lisboa*, sob o cap. Vitório Zagalo Preto, atrasado em mais de um mês à navegação da frota do conde de Castel Melhor para o Brasil, à vista do Cabo foi acometido por quatro barcos flamengos. Defendeu-se com seus 34 canhões e estando sob risco de abordagem foi socorrido e salvo por dois poderosos barcos portugueses.

13.1.1640 — CABO BRANCO. GOIANA. PE. Holandeses no NE. Entre o cabo e o mar de Goiana, segundo dia de enfrentamento entre as frotas luso-espanhola do Conde da Torre e a holandesa, já sob o alm. Jacob Huygens devido à morte, na véspera, de Corneliszoon Loos. Na jornada, o encontro foi renhido e equilibrado, tendo os holandeses perdido a nau *Geele Sone*, 28 canhões, perecendo quase toda a tripulação com seu comandante, cap. Mortamer. Os luso-espanhóis perderam o navio de Luís Fernandes.

3.11.1942 — CABO DA BOA ESPERANÇA, África do Sul. Segunda Guerra Mundial. O navio *Porto Alegre*, 5187 tons., do cap. José Francisco Pinto de Medeiros, viajando de Capetown para Durban, foi torpedeado pelo submarino alemão *U-504*, do CT Fritz Poske, na posição 35°27' latitude S e 28°02' longitude E, às 18:30 h. A bordo, 47 tripulantes e 11 náufragos de embarcação inglesa. As baleeiras deram à praia junto de Port Elisabeth, no dia 5. Morreu, numa baleeira, o imediato.

?.3.1568 — CABO FRIO. RJ. França Antártica. Quatro navios chegados da Europa com reforços encontram extinta a França Antártica. Iniciam o retorno perseguidos por força naval portuguesa. Na altura do Cabo Frio fazem junção com um quinto barco francês, fortemente artilhado. Os franceses aceitam batalha da qual os portugueses saem vencedores. Segundo Charles de La Roncière, o quinto navio teve morto o seu capitão e aprisionada a tripulação, enforcada pelos vitoriosos.

?.8.1575 — CABO FRIO. RJ. Conflitos com indígenas e franceses. Reunindo 400 brancos e 700 aliados índios, compreendendo contingentes do RJ, do ES e de São Vicente, o governador Antônio de Salema investe contra franceses e índios estabelecidos na região de Cabo Frio. Em vários choques, com numerosas mortes de lado a lado, a decisão deixou de ser alcançada. Salema pôs cerco fechado aos contrários. Os franceses propuseram acordo para a rendição: poderem retirar-se. Salema exigiu a entrega dos três diretores dadefesa, um inglês e dois franceses, sumariamente enforcados. Depois, quis demolido o fortim, operação cumprida sem tardança. E os franceses partiram. Mas os tamoios foram entregues aos seus inimigos, índios aliados dos portugueses e chacinados. Calcula-se em 2.000 os que morreram assim. Outros 4.000, na maior parte moradores das vizinhanças, escravizados.

?.?.1599 — CABO FRIO. RJ. Corsários. O barco do cap. Postell, proveniente de Dieppe, França, foi assaltado e tomado por quatro caravelões e sete barcos portugueses.

5.12.1826 — CABO FRIO. RJ. Guerra da Cisplatina, ação de corsários. O brigue-transporte *Ururao*, do ten. Joaquim Leão da Silva Machado, montando seis canhões, combate e repele o brigue corsário *Oriental-Argentino*, de 13 peças, sob o mando do aventureiro francês Pierre D'Autant.

15.3.1827 — CABO FRIO. RJ. Guerra da Cisplatina. Ação de corsários. A fragata *Isabel*, do mando do CF Theodoro Beaurepaire investiu e aprisionou o corsário *Pampero*, argentino porém a comando do inglês John Chase. Aprisionados 15 oficiais e 72 marujos.

9.3.1894 — CABO FRIO. RJ. Revolta na Armada. O CT *Gustavo Sampaio* (ex-*Aurora*), comando do cap. Altino Arantes, da esquadra governista ou florianista, abalroou e pôs a pique a também governista torpedeira *Silva Jardim*, do comandante Silvinato de Moura.

27.6.1850 — CABO FRIO. RJ. Incidentes do Bill Aberdeen. Os navios ingleses surtos no Rio de Janeiro começaram a cumprir ordens londrinas para apresar barcos negreiros rumo ao Brasil ou de brasileiros. A 23, violaram o porto de Macaé. A 27 o porto de Cabo Frio, incendiando o barco *Rival* numa ação do cruzador *Cormorant* que iria, mais tarde investir o porto de Paranaguá.

16(?).6.1943 — CABO FRIO. RJ. Segunda Guerra Mundial. O petroleiro americano *Eagle* foi torpedeado por submarino alemão. Manteve-se à tona, recolhendo-se ao Rio de Janeiro sob escolta da corveta *Cananéia*.

16.2.1942 — CABO HATERAS. Segunda Guerra Mundial. Latitude 36°13' N; Longitude 74°58' O. Aos 45 minutos desse dia, o submarino alemão *U-432*, ao mando do CT Heinz-Otto Schultzer, torpedeou o mercante *Buarque*, em rota para Nova Iorque. Numa das baleeiras morreu um homem, vítima de ataque cardíaco. O Brasil rompera relação com os países do Eixo, 15 dias antes.

7.3.1942 — CABO HATERAS. CAROLINA DO NORTE. E.U.A. Segunda Guerra Mundial. Na posição Latitude 35°15' N, Longitude 73°50' W, o mercante brasileiro *Arabutã*, (ex-italiano *Caprera*), 7874 tons., foi afundado, por torpedos, pelo submarino alemão *U-155* do CT Adolf Cornelius Piening. Dos 50 tripulantes faleceu um, já náufrago de torpedeamento anterior.

8.6.1827 — CABO SANTA MARIA. Uruguai. Guerra da Cisplatina, ação de corsários. Ao largo do cabo, a fragata *Isabel*, de Theodoro Beaurepaire, combateu e apresou o corsário argentino *Hijo de Julio*, comandado pelo inglês James Harris.

20.8.1827 — CABA SANTA MARIA. Uruguai. Guerra da Cisplatina, ação de corsários. A canhoneira *Grenfell*, construída em Santos, dirigia-se ao Estuário do Prata onde seria incorporada à esquadra de bloqueio. Ao largo do cabo, avistou, perseguiu, atacou e apoderou-se da escuna corsária argentina *Estrella del Sur*, do cmte. Andrea. Francisco Xavier de Brun era o capitão da *Grenfell*, na que foi considerada uma das mais auspiciosas estréias de navio brasileiro.

26.10.1827 — CABO SANTA MARIA. Uruguai. Guerra da Cisplatina, ação de corsários. Pelas 16 h, nas alturas do cabo o brigue-transporte *Ururao* e a galera *Santista*, em viagem para Montevideo, foram atacados pela escuna corsária argentina *Presidente*. O *Ururao* levava 49 homens, dois canhões, quatro caronadas, pilotado por Manoel João; a *Santista*, 16 homens, O *Presidente*, 70 corsários ingleses e americanos, oito canhões. Com hora e meia de combate a curta distância, o *Ururao* foi tomado, provocando a morte de oito corsários e sofrendo 24 entre os seus homens. Sobre o piloto Manoel João, o registro do navio corsário anotou: "The captain a Bazilian, killed by the boarders was a very brave man". Morreu também o imediato do brigue. Os dois barcos apresados viriam a ser incendiados por outros brasileiros na incursão ao Rio Salado, Patagônia, em 17.11.1827.

23.7.1943 — CABO SÃO ROQUE. RN. Segunda Guerra Mundial. Esquadrilha de aviões Liberator, usando pela primeira vez as bombas Fido que procuravam o seu alvo, atacaram o submarino alemão *U-598*, do mando do CT Gothfried Hortof, apenas chegado à área. Salvaram-se dois marujos alemães. Os aviões voaram tão próximos do objetivo que a mesma bomba que inutilizou o barco, matou 12 tripulantes do Liberator.

11.2.1823 — CABRITO. BA. Guerra da Independência. Canhoneiras portuguesas bombardearam as trincheiras brasileiras na posição do Cabrito. O duelo ocupou metade da jornada.

30.3.1849 — CABU-TRÊS LADEIRAS. PE. Insurreição Praieira. O acampamento praieiro das matas do Cabu, comandado por Borges da Fonseca — o *Repúblico* — deixa-se surpreender durante a madrugada pelos governamentais do cap. Soledade, vanguarda do cel. Amorim Bezerra. Os liberais debandaram abandonando o arquivo, oito mortos, muitos feridos e 36 armas. Três Ladeiras passou mais tarde a distrito de Igaraçu.

1.4.1915 — CAÇADORA. SC. Campanha do Contestado. A coluna governista procedente do N, sob o cap. Tertuliano Potiguara, atravessa o Rio Caçador debaixo de tirotear dos rebeldes. Ocupa o reduto do mesmo nome, recolhendo farto material e encontrando muitos cadáveres. Incendiando 902 cabanas, a coluna prosseguiu o avanço até ocupar, no fim do dia, o reduto de Maria Rosa. A jornada de Caçador também é chamada Combate do Aleixo.

8.4.1837 — CAÇAPAVA. RS. Guerra dos farrapos. Ao fim de sete dias de cerco, o general republicano Sousa Neto obriga à rendição os imperiais comandados pelo cel. João Crisóstomo da Silva. Foram contados 540 prisioneiros e arrecadados 15 canhões.

18.5.1923 — CAÇAPAVA. RS. Revolta dos libertadores. Depois da grave derrota sofrida em Santa Maria Chico, o general libertador Estácio Azambuja acampou em terras do município de Caçapava. No dia 18, foi acometê-lo uma forte patrulha da Brigada do Oeste. Estácio mudou de acampamento.

8.7.1923 — CAÇAPAVA. RS. Revolta dos libertadores. O general libertador Estácio Azambuja enviou seu imediato, cel. Toribio Gomes Soares, à conquista de Caçapava. O coronel ocupou os velhos fortes da praça, cercando a cidade que dispunha de reduzida guarnição. Ao fim de uma hora de luta, Caçapava foi tomada. Baixas: dos borgistas, um morto e três feridos; dos assisistas ou libertadores, dois feridos.

18.11.1924 — CACEQUI. RS. Revolta tenentista. Sucesso dos revoltosos comandados por Luís Carlos Prestes em ataque contra a ponte ferroviária sobre o Rio Santa Maria. O domínio da ponte era vital para o movimento de tropas de um e outro contendor.

24.4.1906 — CÁCERES, MT. Revolta de Generoso Ponce. Os levantados contra o governo Paes de Barros que tinham por despótico, sob o comando local de Clementino Paraná, assaltaram e tomaram o quartel do 19º BI. O butim fortaleceu os revoltosos com 400 carabinas novas, 100.000 cartuchos, fardamento.

28.6.1822 — CACHOEIRA. BA. Guerra da Independência. A 25, a população e as autoridades da vila de Cachoeira aclamaram D. Pedro o Regente Constitucional e Defensor Perpétuo do Brasil. A escuna portuguesa surta no porto ao mando do cap. Duplaquet desembarcou parte da tripulação que, armada de sabre e pistola, cometeu desatinos em represália enquanto a artilharia do barco disparava contra a cidade causando danos e a morte do tambor oficial, o soldado Soledade. Partidários reinóis agruparam-se e pretenderam impor-se à vila enquanto patriotas resistiam vitoriando-se sobre os portugueses às 20 h do dia. Outra parte dos nacionalistas cercou e tiroteou a escuna, inclusive com dois tiros da única peça disponível na praça. O barco foi apresado com toda a tripulação, composta de 28 marujos.

25.8.1826 — CACHOEIRA. BA. Revolta de escravos. Milicianos e policiais de Cachoeira enfrentaram e domaram revolta de algumas dezenas de escravos. A "rainha" dos revoltados soube morrer, lutando. O "rei", aprisionado, foi conduzido à cadeia envolto no manto vermelho símbolo da sua realeza entre os sublevados.

22.3.1827 — CACHOEIRA. BA. Revolta de escravos. Pelas 21 h, revoltaram-se escravos do engenho Vitória, recebendo a adesão daqueles de três outros engenhos do mesmo proprietário. Mataram o feitor e um familiar deste. Pouco depois, infantaria e cavalaria das milícias de Cachoeira liquidaram a revolta, fazendo 30 prisioneiros.

17.4.1828 — CACHOEIRA. BA. Revolta de escravos. Número não precisado de escravos levantou-se em plantações e engenhos da zona de Cachoeira. Durante quatro dias, em bandos, praticaram depredações. A 21, depois de escaramuças, foram cercados, acometidos, dispersados em maioria, aprisionados alguns.

24.2.1832 — CACHOEIRA. BA. Revolta dos guanais. Vencendo débil resistência, entram em Cachoeira soldados governamentais pondo fim à rebelião liderada pelo cap. Bernardo Miguel Guanais Ribeiro, de coloração federalista. Sem adesões, o governo e o programa federalista solenemente proclamado pelo Guanai ficaram confinados a Cachoeira, logo sitiada por terra e mar. A sedição dura uma semana e custou 17 mortos e 13 prisioneiros, entre estes, os chefes.

18.9.1835 — CACHOEIRA. Ilha de Marajó. PA. Cabanagem. Os majores Lobo D'Anvers e Antônio de Lacerda Chermont comandam as forças que repeliram ataque de grupo cabano. Chermont, da GN, receberá mais tarde o título de Visconde de Arari.

3.7.1841 — CACHOEIRA. RS. Guerra dos farrapos. O comandante republicano

Manduca Carvalho acomete e dispersa partida de cavaleiros imperiais.

17.11.1848 — CACHOEIRA. PE. Insurreição Praieira. No engenho Cachoeira, arredores de Sirinhaém, o cel. Inácio de Siqueira Leão e Silva, com seus 150 homens da GN, ataca e desaloja os insurretos praieiros conduzidos por Barros Wanderley.

?.?.1823 — CACHOEIRA DAS TRÊS BARRAS. MA. Guerra da Independência. O comandante geral do distrito de Pastos Bons, Francisco de Paula Ribeiro, lutando por manter o domínio lusitano na área, foi vencido e aprisionado por grupo nacionalista reunido e conduzido pelo lavrador José Dias de Matos. Deste se disse que manchou a vitória fazendo matar o Ribeiro no lugar chamado Fazendinha, Rio das Balsas, a fim de apoderar-se de 18 mil cruzados.

?.1.1709 — CACHOEIRA DO CAMPO. MG. Guerra dos emboabas. Os mineradores paulistas que abandonavam sob pressão de emboabas Sabará, Caeté, vales dos rios das Velhas e das Mortes reuniram-se no estratégico arraial da Cachoeira. Contra essa reunião marchou o chefe português Nunes Viana, dispondo de superioridade na proporção de dez contra um. Os atacados resistiram, tendo o próprio Viana recebido ferimento. Posto sítio, ao fim de dois dias chega coluna reinol enviada de Ouro Preto, sob chefia de Carlos Leitão. Novo ataque consegue brecha na linha defensiva do Jardim e a luta, no interior do arraial, se fez corpo-a-corpo e arma branca, métodos em que os paulistas se houveram melhor, repelindo o assalto e causando segundo ferimento em Nunes Viana. Substituiu-o no comando dos emboabas o frade Francisco de Menezes, que ordenou tocar cessar-fogo e repouso. Iludidos pelo toque os paulistas descansaram, mas o frade e os seus atacaram provocando mortandade entre os surpreendidos e vencidos. A movimentada descrição da "batalha" surgiu no texto de Diogo de Vasconcelos *(História antiga das Minas Gerais)*.

10.11.1924 — CACHOEIRA, RS. Revolta tenentista. Sob a liderança de Juarez Távora levanta-se o 2º Batalhão de Engenharia. Os tenentistas planejavam seguir a rota de Luís Carlos Prestes que pouco antes deixara o RS ao encontro dos rebeldes paulistas à sua espera no sudoeste paranaense. Mas os sublevados de Cachoeira foram prontamente dominados por contingente da governista Brigada Auxiliar.

13.7.1932 — CACHOEIRA PAULISTA. SP. Revolução Constitucionalista. Esquadrilha de aviões governamentais bombardeou posições ocupadas pelo revolucionário 4º RI de Quitaúna.

?.9.1825 — CACHOEIRA DO ITAPEMIRIM. ES. Conflitos com indígenas. Regulamento baixado em 28.1.1824 determinava o aldeamento dos índios botocudos. A instrução não foi completamente acatada. Sucederam-se atritos entre colonos e índios. O mais grave foi este de setembro de 1825, "com muitos mortos e feridos".

18.4.1630 — CACIMBAS-ILHA DE SANTO ANTÔNIO. PE. Holandeses no NE. O cap. Francisco Gomes de Melo surpreende e desbarata destacamento holandês que se dirigia às cacimbas da ilha.

23.1.1895 — CACIMBINHAS. RS. Revolta dos federalistas. No lugar Cacimbinhas, entre Pelotas e Santa Isabel, os federalistas chefiados pelo gen. José Maria Guerreiro Victória, que invadiram o RS a 22.12.1894, foram enfrentados pelos governistas dos generais Pantaleão Telles e Carlos Telles. Os dois lados reclamaram melhores resultados porém os situacionistas deixaram o campo evoluindo na direção de Bagé. Cacimbinhas passou a chamar-se Pinheiro Machado.

3.3.1945 — CÁ DEL FABRO. Itália. Segunda Guerra Mundial. Cumprindo o Plano Encore, dos exércitos aliados, o Batalhão Ramagem — II/2º RI — progrediu em ação diversória, como apoio ao avanço previsto para a 10ª Divisão de Montanha norte-americana. Progredindo em terreno minado e sob fogo da defesa alemã, o batalhão tomou de assalto Cá del Fabro e sem se deter foi ocupar, no fim do dia, a linha Cá di Giansimoni-Narechie-Rocca Pitigliana. Esta linha fora alvo do avanço do Batalhão Silvino, do 6º RI, fortemente empenhado em Santa Maria Villiana e Roncale.

2.7.1842 — CAETÉ. MG. Revolta dos liberais. Os insurgentes do mando de Manoel Joaquim Lemos iniciam ataque à vila, defendida pela GN do comando do cel. João Mota Teixeira. A luta prossegue até a madrugada de 7, quando os governamentais deixam a vila.

7.7.1842 — CAETÉ. MG. Revolta dos liberais. Ao fim de cinco dias de resistência, os governistas posicionados apenas na matriz e nas principais residências foram sobrepujados pelos liberais provenientes de Santa Bárbara. A 21, reforçados, os situacionistas reocupariam Caeté.

21.7.1842 — CAETÉ. MG. Revolução dos liberais. Os governamentais, que haviam perdido a praça no dia 9, reagruparam-se e, reforçados com guardas nacionais recrutados no próprio município — segundo informe do Ministério da Justiça —, atacaram e superaram os liberais. Lutou-se acirradamente até na porta da matriz.

18.8.1869 — CAGUIJURU-CARAGUATAÍ. Paraguai. Guerra do Paraguai. Entre um pequeno campo, a mata de Caguijuru e o povoado de Caraguataí emboscaram-se os 2.000 soldados paraguaios do ten.-cel. Vernal. Contra Caguijuru avançava a tropa brasileira do gen. Vitorino Monteiro, tendo na vanguarda a DI do gen. Resin, que transpôs as tranqueiras e se apoderou da mata, fazendo 260 mortes — entre as quais a do ten.-cel. Vernal —, 530 prisioneiros e tomando 12 canhões e uma bandeira. No outro extremo da linha, o gen. Câmara assaltou Caraguataí com quatro corpos da 2ª DC, desbaratando os 200 cavaleiros que se opuseram ao seu avanço, perseguindo-os até o Manduvirá-Ihu ou Tobatiri. Perdas brasileiras na mata e na povoação: 13 mortos, 143 feridos e 31 contusos. Rio Branco observou que a aproximação do gen. Câmara do Manduvirá levou os lopistas a destruírem com cargas explosivas os seus últimos navios: *Iporá, Salto de Guairá, Rio-Apa, Pirabebe, Anhambaí* e *Paraná*.

1.2.1839 — CAÍ. RS. Guerra dos farrapos. Militando entre os farroupilhas, Bento Manoel Ribeiro surpreende a guarda do Passo do Rio Caí às quatro horas da madrugada. Apodera-se de duas canhoneiras e de um lanchão. Esse sucesso abre caminho para as forças republicanas que cercam Porto Alegre. Bento enviou ao presidente da província o corpo do 1º ten. Antônio Dias dos Santos Bélico, morto ao defender bravamente a sua canhoneira, para que "tivesse enterro pomposo e digno de oficial de valor". Devolveu às fileiras imperiais o comandante da outra canhoneira que se entregara sem luta, esclarecendo não querer gente sem valor nem mesmo entre os prisioneiros.

1.10.1839 — CAÍ. RS. Guerra dos farrapos. Em ação de surpresa, o comandante imperial Francisco Pedro, famoso pelo apelido de Moringue, bate o destacamento republicano de Duarte Canabarro, o qual figura entre os prisioneiros.

18.2.1923 — CAÍ. RS. Região do Vale do Taquari. Revolta dos libertadores. O caudilho libertador Higino Pereira ocupou Caí, sendo logo em seguida expelido da mesma por destacamento da Brigada Militar enviado de Porto Alegre.

10.2.1756 — CAIBOATE. RS. Guerra guaranítica. Dramático e sangrento episódio da guerra movida pelos espanhóis e os portugueses contra os índios das Missões. Ao comando geral do espanhol Andonaegui, 3.000 homens e 20 canhões, dos quais 10 portugueses, acometem 2.000 missioneiros reunidos pelo cacique Nhanguiru. Este, que depositava confiança de vitória nos 20 engenhos de guerra imitando canhões, construídos em taquaruçu, formou a sua gente em meia-lua, no alto do cerro. Os europeus dispuseram diante do adversário a massa de infantaria (dois terços de infantes de cada país aliado), artilharia no centro, cavalaria nas alas. Os portugueses à esquerda, comandados por Gomes Freire. O ataque, geral e violento, terminou com duplo envolvimento e massacre dos indígenas que deixaram no campo 1.511 mortos e 154 prisioneiros. Os luso-espanhóis tiveram 44 baixas, 31 delas portuguesas. A mais notada, a do ten.-cel. Tomás Luís Osório. Conseqüência: o fim das missões orientais e o início do confronto entre Espanha e Portugal pela posse daquele território, oficialmente atribuído a Portugal pelo Tratado de Madri.

7.1.1809 — CAIENA. Guiana Francesa. Ocupação da Guiana. Às três horas, o comandante inglês James Lucas Yeo e o maj. Joaquim Melo Pinto desembarcaram no Mahuri, ponto estratégico da costa oriental da Guiana. Yeo, conduzindo 80 brasileiros e 80 ingleses, apodera-se da bateria do Diamant, armada com três canhões e cujo comandante, cap. Chevreuil, morreu combatendo. Simultaneamente, Melo Pinto, à frente de 140 brasileiros, tomou a bateria de Degras-des-Cannes, de dois canhões. Silenciadas as baterias, desembarcaram 350 brasileiros do comando do ten.-cel. Manuel Marques d'Elvas. Seguiu-se o ataque à bateria Trio, de duas peças, entrando em ação o cuter *Vingança*, a chalupa *Leão*, a escuna *Invencível Meneses* e as barcas números *1* e *2*. Às 18 h os atacantes dominaram a bateria defensora da Crique-Fouillée e a que dominava o canal Torcy, também de duas peças. Às 19 h o grosso dos franceses, dirigido pelo governador da Guiana, Victor Hughes, contra-atacou em Degras-de-Cannes, mas foi repelido por Marques d'Elvas. Concentram-se os defensores no canal Torcy, onde resistem até o fim do dia seguinte, superados por Yeo e seus 100 brasileiros e 10 ingleses. Estava conquistada a Guiana, embora Victor Hughes apenas a 12 viesse a capitular.

1.12.1867 — CAIMBOCÁ. Paraguai. Guerra do Paraguai. Caimbocá é arroio e mata, entre os rios Taji e Laurel. Nas proximidades, o comandante do 26º VP, seu estado-maior e sua escolta foram emboscados por forte contingente inimigo. Morrem o comandante, maj. Sebastião Tamborim, dois oficiais e quatro soldados. Feridos, um oficial e um soldado. Aprisionados cinco praças.

?.?.1669 — CAIRU. BA. Conflitos com indígenas. Autoridades e povo ouviam missa na igreja local quando indígenas atacaram. O cap-mor Manoel Barbosa de Mesquita saiu do templo com alguns soldados, os quais logo o abandonaram pretextando ir convocar socorro nas localidades vizinhas. O capitão atacou, com sete soldados, morrendo na primeira troca de golpes. Mas o seu gesto terá impressionado os atacantes, que se retiraram. Outros ataques, a Cairu e pontos diversos da área, levaram o governo a confiar a repressão a bandeirantes convocados em São Paulo. Estes, em 1671, deram a região como pacificada.

20.8.1623 — CAJARI. AM. Holandeses na Amazônia. Avançadas de Bento Maciel Parente localizaram nau de Pieter Adriaansz, de 100 tonéis, 80 homens e boa artilharia. Bento foi ao ataque com nove canoas, cinco das quais destruídas pelo fogo de artilharia e de mosquetaria da nau. Três outras canoas recuaram. Mas aquela em que ia o próprio Bento encostou-se à proa do barco e ali, por quatro horas, defendeu-se e atacou. Aproximando-se reforço luso-brasileiro, os holandeses incendiaram o navio e dispersaram-se. Bento fez matar todos os que aprisionou. Mas vários dos intrusos, conduzidos pelo Adriaansz, alcançaram fortim inglês vizinho que lhes deu proteção. A localização da nau e os detalhes da operação figuram no relato de James A. Williamson, *English colonies in Guiana and the Amazon, 1604-1688,* Oxford, Clarendon Press, 1923.

17.2.1838 — CAJAZEIRAS. BA. Sabinada. Os revoltosos, saídos da cidade da Bahia, atacam pela segunda vez as defesas de Cajazeiras. Assalto desesperado que lhes custa 300 baixas entre mortos e feridos. Conduzidos pelo líder Sérgio Veloso, foram rechaçados pela defesa comandada pelo ten.-cel. Alexandre Gomes de Argolo Ferrão e integrada pelos batalhões provisórios números 1, 2 e 4 da GN e por voluntários. A defesa perdeu 80 homens, entre eles dois capitães e um alferes.

?.2.1617 — CAJU. Mortiguera, PA. Conflitos com indígenas na conquista da Amazônia. Depois de um período de observação e cautelosa convivência desavieram-se os tupinambás, maioria na região, e os luso-brasileiros do Forte do Presépio, presença dominadora naquela área. Em fevereiro, vários confrontos, sempre a dano dos indígenas, que tiveram suas aldeias principais de Caju e de Mortiguera destruídas pelos homens do srg-mor Diogo Botelho e do cap. Gaspar de Freitas. Os tupinambás e outros nativos prepararam-se para empreitada maior e a 7.1.1619 atacaram o Presépio, quando foram duramente derrotados.

11.8.1842 — CAJU. MG. Revolta liberal. Com trinta homens, o cel. Narciso Ferreira de Oliveira guarnece o povoado entre Tamanduá e Oliveira. Em relatório afirma haver repelido, na data, força liberal que montaria a 500 combatentes e que deixou alguns mortos.

13.6.1836 — CAJUBÁ. RS. Guerra dos farrapos. Nas proximidades da lagoa de Cajubá, os 200 farroupilhas do chefe Domingos Crescêncio de Carvalho expeliram da posição defensiva os 400 soldados regenciais de João da Silva Tavares.

6.12.1900 — CAJUEIRO. AC. Campanha do Acre. Insurgentes acreanos emboscados na floresta interceptaram e obrigaram ao recuo para Puerto Acre a tropa boliviana enviada pelo vice-presidente da República, Lucio Pereza Velasco, para atacar a posição central dos acreanos no seringal do Bagaço.

15.3.1836 — CAJUTUBA. PA. Cabanagem. Diante da vila de Abaeté, junto ao Rio Cajutuba, desenrolou-se combate ao fim do qual os cabanos foram destroçados pela força governamental.

?.2.1841 — CALABOUÇO, MA. Balaiada. Após a derrota-dispersão sofrida pelos balaios em Laguinho, nos Campos do Mearim, a campanha transformou-se em perseguição aos bandos de negros refugiados entre os índios do Alto Grajaú. Cercados no Calabouço, os últimos seguidores do cabecilha negro Cosme Bento das Chagas, sofreram muitas baixas, oferecendo resistência desesperada. Cosme, aprisionado, seria julgado em São Luís e enforcado em Itapicuru Mirim num dia entre 19 e 25.9.1842.

15.9.1926 — CALDAS. GO. Coluna Prestes. Na fazenda Caldas, junto do rio de igual nome, vizinhanças de São Domingos, o pelotão do ten. Saraiva, retaguarda da Coluna, atrasou a marcha e foi cercado por tropas policiais. Abriu caminho tiroteando e perdendo um soldado, ferido. No fim da jornada juntou-se ao grosso da sua força.

9.11.1936 — CALDEIRÃO. CE. Extermínio de grupos messiânicos. O sítio do Caldeirão ou dos Caldeirões, na Chapada do Araripe, município do Crato, porém próximo de Juazeiro, fora propriedade do padre Cícero Batista, que o confiara a um saliente romeiro, o beato negro Zé Lourenço. Ao fim do episódio do Caldeirão, Lourenço, apontado como digno sucessor do padre, foi descrito (J. C. de Campos Barros, *Ordem dos Penitentes*), aos 68 anos, como sendo ''robusto e forte, inteligente e enérgico'', e que ''os ritos fetichistas, meio bárbaros, o acompanharam sempre''. A comunidade, genericamente chamada *dos penitentes*, se bastava em tudo e crescia. Autoridades estaduais e federais, incomodamente lembradas de Canudos e do Contestado, decidiram a pronta extinção do arraial do Caldeirão. Na data, enviaram para lá uma companhia de fuzileiros e uma seção de metralhadoras leves, da polícia cearense, sob ordens do chefe da Segurança Pública do Estado, capitão do EN, Cordeiro Neto. Devendo aplicar a ordem de debandar, o capitão procedeu a levantamento que indicou serem do CE apenas 5% dos penitentes, sendo 75% do RN e de PE, AL, PB, MA e do PI os outros 20%, números que dificultavam sobremaneira a decisão de expedi-los às cidades de origem. Ainda assim, o comando foi dado, depois de vasculhadas as casas, sem que uma só arma fosse encontrada. Os solteiros teriam três dias, os casados sete, para abandonarem o local, devendo ser queimados os casebres à medida em que abandonados. Para cumprir tais determinações ficaram em Caldeirão os fuzileiros ao mando do cap. José Bezerra e do ten. Alfredo Dias. À noite, repentina e planejadamente, arderam as 400 habitações do povoado, ainda ocupadas. Os soldados acusaram os penitentes de incendiários. Estes, disseram-se únicos prejudicados e portanto inocentes. Perderam-se bois, cavalos, porcos, lavouras, depósitos e até criação de aves raras. Não havendo mais casas nem o que fazer nem o de que comer, ocorreu a dispersão. Grupo de 150 a 180 famílias seguiu Zé Lourenço para outro local da mesma Chapada, o Rasgão ou Mata dos Cavalos. Ali ergueram outro arraial, cuja destruição (10.5.1937) seria mais dramática embora menos sangrenta do que o terceiro assalto contra a comunidade dos penitentes, o de Pau-de-Colher, a 14(?).1.1938.

5.5.1840 — CALENGUE. MA. Balaiada. Primeiro dia da resistência que 110 soldados legais do cap. Francisco Afonso Xavier de Bastos opuseram a 450 insurgentes assediantes. No dia 6, o reforço conduzido pelo ten.-cel. Francisco Dias Carneiro fez debandarem os balaios.

1.10.1642 — CALVÁRIO/RIO ITAPICURU. MA. Holandeses no NO. Iniciando a sublevação maranhense contra os ocupantes holandeses, Antônio Muniz Barreiros aprisiona o comandante do Forte do Calvário, sobre o Rio Itapicuru. Sem o seu chefe, Maximiano Schade, que dormia fora, o Calvário foi dominado, de surpresa, ao abrir o dia. Os insurretos correram a investir a capital, São Luís.

18.9.1944 — CAMAIORE. Itália. Segunda Guerra Mundial. Grupamento misto especial da Força Expedicionária Brasileira, ao mando do cap. Ernani Ayrosa, do 6º RI, supera fogo de morteiros e artilharia alemães e ocupa Camaiore. Culminava o batismo vitorioso da FEB, pois somente no dia 15 tomara posição de combate substituindo tropa norte-americana. O primeiro escalão aportara na Itália a 16.7.

FORÇA EXPEDICIONÁRIA BRASILEIRA — FEB

Estrutura fixada pela Portaria Ministerial 47/44, de 8.9.1943:
Comandante: General João Baptista Mascarenhas de Moraes
1ª DIE — 1ª Divisão de Infantaria Expedicionária:
Comandante: General-de-Divisão
Quartel-General: composto do Estado-Maior Geral, Estado-Maior Especial e Tropa Especial
Infantaria Divisionária: Comandante, General-de-Brigada e três Regimentos de Infantaria — 1º, 6º e 11º RI
Artilharia Divisionária: Comandante, General-de-Brigada e quatro Grupos de Artilharia — I e II Grupos do 1º Regimento de Obuzes Auto-Rebocadoe e I Grupo do 1º Regimento de Artilharia Pesada Curta
Esquadrilha de Ligação e Observação
Batalhão de Engenharia — 9º BE
Batalhão de Saúde — 1º BS
Esquadrão de Reconhecimento Mecanizado — Cavalaria
Companhia de Comunicações (na época denominada de Transmissões)
Elemento de Tropa Especial
Efetivo aproximado, em operações: 25.000 homens, contando 4 generais e 1.535 oficiais.

* * *

DESLOCAMENTO PARA O TEATRO DE OPERAÇÕES:

1º escalão: embarque a 2.7.1944, navio americano *General Mann*. Comando do gen. Euclides Zenóbio da Costa. A bordo, o gen. Mascarenhas de Moraes. 6º RI, 5.075 homens, sendo 304 oficiais. Chegada: 16.7.
2º escalão: 22.9.1944, navios americanos *General Mann* e *General Meighs*. Comando do gen. Oswaldo Cordeiro de Farias. 1º e 11º RI, total 10.375 homens, sendo 686 oficiais. Chegada: 6.10.
3º escalão: 23.11.1944, navio americano *General Meighs*. Comando do cel. Mário Travassos. 4.691 homens, sendo 385 oficiais. Chegada: 7.12.
4º escalão: 8.2.1945, navio americano *General Meighs*. Comando do ten.-cel. Ibá Jobim Meirelles. 5.082 homens, sendo 247 oficiais. Chegada: 22.2.
Por via aérea: rota Rio-Natal-Dacar-Nápoles: 111 elementos, particularmente médicos e enfermeiras.

20.(?).6.1587 — CAMAMU. BA. Piratas ingleses. Sem poder dominar a cidade da Bahia, bravamente defendida pelo bispo dom Antônio e pelo provedor-mor da Fazenda, Cristóvão de Barros, e depois de semanas de tentativas rechaçadas de abicar em algum ponto para tomada de víveres e de água, os ingleses decidiram-se a tomar Camamu. Repelidos, contando em suas fileiras muitos mortos e feridos, os piratas fizeram-se definitivamente ao mar.

8(?).10.1641 — CAMAMU, BA. Holandeses. Nassau. Decidido a "dar trabalho ao inimigo em seu próprio território", Nassau enviou o cel. Koin, com 15 navios e força de desembarque, assolar as regiões onde os luso-espanhóis obtinham recursos. Depois de incursionar pelo Rio Real, Koin atacou Camamu. Vencendo a resistência possível aos moradores, incendiou a povoação, afundou uma barca e uma caravela e retirou-se com um butim sofrível.

17.6.1648 — CAMAMU. BA. Holandeses, fase posterior à primeira batalha dos Guararapes. Expedido da frota de De With, o comandante Cornelis Teunisz, com três navios e 80 homens de desembarque tentou dominar Camamu, em busca de suprimentos. Repelido, morreu na ação, juntamente com 14 dos seus comandados.

23.11.1801 — CAMAQUÃ. RS. Conquista das Missões Orientais. Na barra do Rio Camaquã, os dois mais notórios chefes da campanha, Borges do Canto e Ribeiro de Almeida, juntam suas forças e mediante manobra envolvente alcançam vitória decisiva sobre força espanhola que tentava a reconquista do território.

30.8.1838 — CAMAQUÃ. RS. Guerra dos farrapos. O chefe imperial Francisco Pedro de Abreu enfrentou e foi derrotado pelo republicano ten.-cel. Rafael Fortunato de Abreu.

17.4.1839 — CAMAQUÃ. RS. Guerra dos farrapos. Na barra do Camaquã, proximidades da Lagoa dos Patos, o então maj. Francisco Pedro de Abreu, por apelido Moringue, depois Barão de Jacuí, ataca o estaleiro onde Garibaldi construía dois lanchões para a frota corsária farroupilha. O ataque foi repelido, sendo ferido o próprio Abreu.

7(?).8.1839 — CAMAQUÃ, RS. Guerra dos farrapos. Assumindo o comando naval da província, Grenfell decidiu destruir a única base e estaleiro dos republicanos, em Camaquã, Lagoa Formosa. Partiu com a barca *Águia*, três canhoneiras, quatro lanchões e 200 infantes. Garibaldi, comandante em Camaquã, realizava então a tarefa de conduzir, por terra, a Tramandaí, dois barcos farroupilhas. No estaleiro, sob a responsabilidade de Zeferino Dutra, prosseguia a construção de três lanchões e de duas lanchas. Ao fim de breve combate os regenciais apoderaram-se do local, destruindo-o. No seu relatório Grenfell anotou haver dado morte a seis estrangeiros e aprisionado outros dois.

1.3.1923 — CAMAQUÃ. RS. Região Sul. Revolta dos libertadores. Decidindo-se a tomar parte na revolta, o veterano combatente gen. José Antônio Neto, Zeca Neto, começa por tomar a sua cidade depois de breve resistência oposta por elementos republicanos ou ximangos.

27.11.1924 — CAMAQUÃ. RS. Revolta tenentista. Sob fogo dos governistas, unem-se as colunas revolucionárias dos generais Zeca Neto e Honório Lemes, mais os remanescentes do 5º RC. Decidem pela emigração, dirigindo-se à fronteira do Aceguá, por onde entram no Uruguai. Sempre perseguidos de perto pela tropa do cel. Hipólito Ribeiro Filho.

18.1.1996 — CAMAQUÃ. RS. Choques da reforma agrária. O proprietário da fazenda invadida por elementos do Movimento dos Sem-Terra e um seu empregado — Dauri Coutinho Neto e Paulo Rogério Borges, recebem ferimentos em tiroteio com os ocupantes da gleba.

30.6.1828 — CAMAQUÃ CHICO. RS. Guerra da Cisplatina. No último choque da guerra, destacamento argentino que fazia campanha de inquietação e apresamento em território rio-grandense foi atropelado pela força do ten. Joaquim Teixeira Nunes. Recuperados 3.000 bois e cavalhada que o inimigo havia arrebanhado. Rio Branco, nas *Efemérides*, situa o evento em território uruguaio.

12(?).1.1632 — CAMARAGIBE. AL. Holandeses. Ocupação de PE. O barco flamengo *Swol*, de 28 canhões e 65 marujos atacou navio chegando da Madeira com 70 soldados, ao mando do cap. Francisco Bittencourt de Sá. Segundo os portugueses, contaram-se no navio 8 mortos e 17 feridos enquanto os batavos teriam perdido 30 homens. Consta que os atacantes iam perdendo o ânimo quando o menino de nove anos, filho de Francisco de Sá, perdendo um braço, teria gritado: "Senhor, isto não me embaraça de ajudar Vossa Mercê na defesa deste navio, pois aqui me fica o braço direito". Refeitos, os defensores repeliram o assaltante.

13.1.1849 — CAMARAGIBE. PE. Insurreição Praieira. Pelo meio-dia, chegam ao engenho Camaragibe a força liberal que se retirava depois da derrota de Mãe Catarina e a tropa governista que a perseguia sob o mando do cel. João Rego Barros. O efetivo de ambos os contendores, igualado, cerca de 600 homens. Pelo engenho combatem duas horas e meia, ficando nele os legais que perderam 7 praças. Os liberais meteram-se pelos matos vizinhos onde não foram perseguidos.

24.11.1822 — CAMARUGIPE. BA. Guerra da Independência. Força brasileira do cerco à Bahia avançou pela estrada de Brotas na direção de Pituba, levando de vencida o adversário português que recuou até junto dos muros da cidade sitiada.

3.1.1870 — CAMBACEGUÁ. Paraguai. Guerra do Paraguai. O 14º BI brasileiro, às ordens de Joaquim José de Magalhães, do Corpo de Exército do gen. Câmara toma o reduto de Cambaceguá. Entre os prisioneiros, o comandante da posição, cap. Terencio Nuñez.

18.1.1897 — CAMBAIO. BA. Canudos. A seis quilômetros de Canudos, a defesa dos conselheiristas estava baseada nas trincheiras da Serra do Cambaio. Na jornada, atacadas por 100 praças e oito oficiais de linha e 100 praças e três oficiais da polícia estadual; três metralhadoras Nordenfeldt, dois canhões Krupp de campanha, mais 150 praças do 33º BC de Maceió e 100 do 26º BC de Aracaju; 100 soldados recém-chegados de Salvador e agregados em Monte Santo. Total: 550 soldados, 14 oficiais, três médicos. Subindo o Cambaio, a vanguarda esboçou movimento de recuo, sendo batida pelo fogo dos sertanejos. O maj. Febrônio de Brito, comandante-chefe da expedição, adiantou-se e firmou a linha atacante. Entrou em ação, pela primeira vez, a artilharia, obtendo a dispersão dos canudenses postados nas alturas dominantes. O 33º alagoano progrediu, tendo à direita o 9º BI e à esquerda o 26º da polícia baiana. Ao fim de quatro horas de combate as elevações foram conquistadas. Pagaram por elas 11 mortos e 22 feridos. Dos canudenses, 115 mortos na ação e 40 esmagados por um penhasco deslocado por tiro de canhão.

25.9.1897 — CAMBAIO. BA. Canudos. O 37º BC e dois batalhões paraenses tomam a iniciativa de atacar, na direção do Cambaio, comandados pelos coronéis Sotero de Meneses e Firmino Rego. Tiveram cobertura da artilharia do gen. Olympio da Silveira. Repelidos pelo fogo dos canudenses, contaram 80 baixas. Entre os feridos o cel. Sotero.

17.11.1823 — CAMETÁ. PA. Durante as agitações que precederam a Cabanagem e apresentavam colorido antilusitano, conheceu-se em Belém que os nativistas radicais de Cametá recusavam obediência à Junta. Grenfell expediu seu imediato, ten. Victor James Subrá, com dois barcos de guerra e um parlamentar da Junta, cap. Fernando Ferreira Ribeiro, para obter a submissão dos levantados. Os navios, longe de entendimentos, buscaram amedrontamento: bombardearam Cametá. Em terra travou-se luta entre conservadores e portugueses de um lado e aproximadamente 2.000 nativistas, saindo estes vitoriosos. Este sucesso garantiu a adesão de Oeiras, Portel, Melgaço, Baião, Anapu,

Igarapé-Mirim, Moju, Conde, Beja e Marajó, do que resultou acordo político-militar para "salvar a Província".

28.7.1836 — CAMETÁ. PA. Cabanagem. Primeiro de três dias de violentos mas inúteis ataques dos cabanos visando a tomada da cidade. A defesa, vitoriosa, foi organizada pelo juiz de paz, padre Prudêncio das Mercês Tavares.

17(?).3.1644 — CAMOCIM, CE. Holandeses. Batidos por Antônio Teixeira de Melo nos campos do Maranhão, refluíram para território cearense. Junto ao Camocim, abandonaram os seus aliados indígenas. Estes, irados, sob o cacique Ticuna atacaram os fortins batavos de Camocim e Jericoacoara, matando-lhes as reduzidas guarnições. Depois do que foram apresentar-se a Teixeira de Melo o qual, prontamente, mandou ocupar aqueles baluartes.

11.1.1849 — CAMORIM. PE. Insurreição Praieira. O dono do engenho, ten.-cel. Francisco Alves Cavalcanti Camboim, reuniu contingentes para atacar os liberais nas matas de Água Preta. O líder praieiro tomou a iniciativa atacando o engenho Camorim. O fogo durou das 16 h de 11 até o dia 13, quando os atacantes fingiram retirar-se, os legalista repousaram e os praieiros voltaram com ímpeto, tomando a posição precipitadamente abandonada.

8.12.1849 — CAMORIM. PE. Insurreição Praieira. Na fase final da campanha liberal, dita da "guerra das matas" e por alguns considerada episódio extra-Praia, quando somente atuavam guerrilhas do cap. Pedro Ivo Veloso da Silveira, um desses grupos foi desbaratado nas terras do Camorim, pelos GNs do maj. Inácio de Siqueira Leão Silva e Cruz, conforme os dados de Rio Branco.

4/6(?).6.1932 — CAMPANÁRIO. MT. Revolta de Moura Carneiro. Vencido o movimento na área de Campo Grande, o caudilho paraguaio Sindulfo Garcia convulsionava a região da Mate Laranjeira. Hostilizava o governo estadual em ponto sensível: a receita fiscal. Um esquadrão do 10º RC, sob o sgto. Ramos, rastreando aquela zona, foi emboscado por Sindulfo, teve homens feridos, perdeu armas e munições. Sindulfo, assustado com a própria ousadia, entrou pelo Paraguai, dissolvendo o seu bando guerrilheiro.

6.1.1838 — CAMPINA. Salvador, BA. Sabinada. Nas proximidades da capital, os situacionistas confiados ao cel. Antônio Correia Seara venceram a defesa dos revoltados ocupando a praça. O cel. Seara recebeu ferimento. Os vencidos mantiveram-se ao redor de Campina, tiroteando os novos ocupantes até o dia 8.

12.3.1838 — CAMPINA. BA. Sabinada. À testa da brigada pernambucana, o ten.-cel. José Joaquim Coelho assaltou e dominou o entrincheiramento dos insurgentes. Coelho veio a ser general e Barão da Vitória.

26.6.1926 — CAMPINA. Tucano, BA. Coluna Prestes. Em terras da fazenda Campina, proximidades de Tucano, a força policial baiana posta em perseguição à Coluna lançou vigoroso ataque contra a retaguarda da mesma. Respondendo ao fogo os tenentistas prosseguiram a marcha.

26.12.1634 — CAMPINA DO BRITO. PE. Holandeses no NE. Sete companhias de emboscadas,saídas do Arraial do Bom Jesus ao mando de Henrique Dias, Luís de Avelar e Antônio Bezerra, surpreendem e destroçam destacamento holandês que transitava pela Campina do Brito, na várzea do Rio Beberibe, proximidades do Recife. Os três capitães citados receberam ferimentos. Henrique Dias, pela quarta vez.

17(?).9.1875 — CAMPINA GRANDE. PB. Arruaças do Quebra-Quilo. Na jornada, o mais grave dos choques entre força policial e grupos de seguidores das arengas de João Carga d'Água. A agitação tomara por justificativa a oposição à Lei 1.157, de 26.2.1862, que introduzira no país o Sistema Métrico Decimal.

18.9.1932 — CAMPINAS. SP. Revolução Constitucionalista. Incursão de aviões governistas — os temidos "vermelhinhos" — sobre o entroncamento ferroviário campineiro, o qual articulava a movimentação das tropas revolucionárias da frente norte. Bombas de 45 quilos atingiram uma residência, o pátio de manobras de trens e o Largo da Estação por onde transitava um bonde. No veículo, ficaram feridos alguns passageiros. Morreu o menino Aldo Chiorato, 10 anos, tornado "herói símbolo da mocidade paulista".

7(?).11.1677 — CAMPO ABERTO-SIRINHAEMPE. PE. Palmares. De sua base de operações na localidade de Bom Jesus-e-a-Cruz — ex-Aqualtune dos quilombolas — o cap. Fernão Carrilho envia 50 mateiros, encabeçados pelos capitães Gonçalo Pereira da Costa, Matias Fernandes e Estêvão Gonçalves, para bater a região entre seu posto de comando e o quilombo do Amaro. No local conhecido como "campo aberto" pelos atacantes e de Serinhaempe (da vizinha Sirinhaém) pelos atacados, aquela tropa surpreendeu concentração de negros. Matou vários deles, entre os quais os capitães Gaspar, da guarda do rei, João Tapuia e Ambrósio, e prendeu 56. No meio destes o Gangamuiza ou mestre-de-campo. Obtendo informações dos prisioneiros, no dia 12 os mateiros atingiram o reduto do Amaro.

20.2.1926 — CAMPO ALEGRE. PE. Coluna Prestes. Emboscados na fazenda Campo Alegre, policiais de PE e Provisórios do RS surpreendem o Destacamento Siqueira Campos e lhe impõem perdas sensíveis em homens e material. Somente depois de cinco horas de combate, a Coluna conseguiu desfazer contato com os atacantes.

14.10.1923 — CAMPO DOS MARCELINOS. RS. Região Sul. Revolta dos libertadores. O campo ficava na Serra do Veleda. Novamente com o efetivo de 400 homens (saíra do combate infeliz de Canguçu-Velho com apenas 200), o general libertador Zeca Neto resistiu, protegido por cerca de pedras, ao ataque de parte da 3ª Brigada. Tiroteio, perdas de vidas. Neto ordenou a retirada.

28.10.1831 — CAMPO GRANDE. Salvador, BA. Motim militar antiportuguês. Marcando o início do que viria a ser a "crise federalista 1832-1833" e dando vaza ao pronunciado antilusitanismo vigente, sublevou-se batalhão de linha, provocando de imediato levante de populares no bairro de Santo Antônio. Guardas municipais e voluntários civis opuseram-se aos rebelados. Em Campo Grande o choque mais sério da jornada, culminando com a dispersão dos insurretos.

16.8.1869 — CAMPO GRANDE. Paraguai. Guerra do Paraguai. O evento também conhecido como de Acosta-Nhu ou de Nhu-Guaçu. Derradeiro esforço paraguaio de batalha campal, confiado ao comando do gen. Bernardino Caballero que, com ela, perdeu 2.000 mortos, 1.200 prisioneiros e 100 dispersos (quase todos estes apresentando-se mais tarde aos brasileiros), 23 canhões e seis bandeiras. Perdas brasileiras: 451, sendo 62 mortos e 389 feridos. Os imperiais tiveram no comando em chefe o Conde d'Eu. A ação foi iniciada pelo gen. Vasco Alves e uma brigada de cavalaria da GN. Em seguida, o gen. José Luís Mena Barreto com a 3ª DI do gen. Pedra, a artilharia do cel. Mallet. Pelo flanco mais vulnerável do inimigo investiu o gen. Vitorino Monteiro com as divisões de cavalaria do gen. Câmara e do cel. Oliveira Bueno, mais três batalhões de infantaria da divisão do gen. Resin. A crônica paraguaia diz que o grosso de suas forças, na jornada, estava integrado por meninos, velhos, feridos. Depois dela, não houve mais exército paraguaio em atividade.

12.6.1911 — CAMPO GRANDE. MT. Movimento pela emancipação do sul de MT. Bento Xavier da Silva, líder do movimento, ataca a vila desamparada da força policial. Repelido por civis armados e chefiados pelo político Armando de Oliveira.

4.10.1932 — CAMPO GRANDE, MT. Revolução Constitucionalista. A cidade foi a capital do Mato Grosso do Sul ou Estado de Maracaju, aderido à causa constitucionalista. Sabedores da dissolução do exército revolucionário nas várias frentes paulistas, os partidários do governo Vargas passaram à ação. O major Ramiro Noronha, chefe revoltoso, perdeu o controle da guarnição, da qual uma parte se levantou no Q.G. e ao fim de breve tiroteio anunciou obediência ao cel. Horta Barbosa e ao poder do Rio de Janeiro. Acabava a revolução também no MT.

31.8.1894 — CAMPO NOVO, RS. Revolta dos federalistas. A fim de possibilitar a travessia do Rio Uruguai pela sua vanguarda em retirada, Aparício Saraiva emboscou os republicanos na picada que de Campo Novo conduzia à Colônia Alto Uruguai. Os federalistas perderam seis homens e os governistas 31, sendo nove os mortos. Aparício pôde cruzar a fronteira com liberdade de movimento.

24.6.1895 — CAMPO OSÓRIO. RS. Revolta dos federalistas. O local, também conhecido pelos nomes de Campo dos Osórios ou Rincão de Artigas, junto da fronteira do Quaraí. Ali foi travado o último encontro da revolta. O alm. Saldanha da Gama, sob pressão do governo uruguaio, à testa de federalistas e de marinheiros veteranos da revolta da Armada, cruzou a fronteira, invadindo o RS, solidário com os federalistas em armas. Dos seus aproximadamente 400 comandados, mais de 100 eram marinheiros desafeitos à marcha e à luta no campo. Foram atacados por 1.300 cavaleiros do gen. Hipólito Ribeiro. O alm. Saldanha combateu até morrer, lanceado por duas vezes. A vanguarda governista esteve confiada ao cel. Cândido Azambuja e o grupo civil liderado pelo coronel honorário João Francisco Pereira de Souza, ao qual coube conduzir a carga. Mortandade entre os vencidos, principalmente quanto aos marinheiros. Impraticável definir o número dos mortos em combate, pois com certeza muitas das vítimas foram executadas depois das 14 h, término da ação. Outros pereceram afogados, buscando salvação na retirada. Os governistas teriam sofrido ao redor de 200 baixas.

A repressão aos federalistas em Santa Catarina

"Os prisioneiros eram encarcerados na fortaleza de Santa Cruz de Anhatomirim. .. Segundo Lucas A. Boiteux, mestre da história catarinense, nunca se ficou sabendo o número exato daqueles que, recolhidos àquela fortaleza, terminaram sendo fuzilados. Fala-se em 185 pessoas, todas figuras de certo destaque e muitas destacadíssimas, como o idoso marechal de campo Manoel de Almeida Lobo d'Eça, Barão de Batovi e herói da Guerra do Paraguai. Oswaldo R. Cabral, depois de relatar as circunstâncias em que foi preso e encaminhado ao local de fuzilamento o velho marechal, acrescenta este detalhes (absolutamente verdadeiro) ao episódio: "No instante da execução, um filho do Barão abraça-se ao pai, numa longa e dolorosa despedida (o filho não estava preso, fora visitar o pai, acrescente-se). Como demorasse aquele último amplexo, o comandante da escolta, impaciente, volta-se para ela e ordena: "Façam fogo nesses sujeitos". E assim foram friamente sacrificados o Barão de Batovi e seu filho, dr. Alfredo da Gama d'Eça". "Além do Barão de Batovi, fo-

ram fuzilados na fortaleza... 29 oficiais do Exército e da Marinha e dezenas de civis...'' (Carlos Reverbel, Maragatos e pica-paus, *p. 93).*

5.6.1923 — CAMPO OSÓRIO. RS. Revolta dos libertadores. O cel. comissionado Flores da Cunha, à frente de destacamento da Brigada Oeste vence a força revolucionária do cel. Chiquinote Pereira. Muitos dos vencidos na jornada internaram-se no Uruguai.

12.7.1836 — CAMPOS NEUTRAIS. RS. Guerra dos farrapos. O farroupilha Antônio Neto bate tão completamente os governamentais do mando de Silva Tavares e de Calderon que os remanescentes devem internar-se no Uruguai.

6.1.1925 — CAMPOS NOVOS. SC. Tenentismo. Elementos do revoltado 3º RC, do maj. João Pedro Gay e aderentes conduzidos por Siqueira Campos atacam e ocupam o porto sem sofrer baixas. Abriam caminho para a coluna sul que sob a liderança de Luís Carlos Prestes dirigia-se a Porto Mendes, PR, para reunir-se à coluna paulista dos revoltosos tenentistas.

12.2.1926 — CAMPOS NOVOS. SC. Revolta tenentista. O revolucionário Leonel Rocha, entrando pela fronteira argentina, avança sobre a cidade. Tendo no seu encalço a força governista do cel. Eliziário Paim, prefere não insistir sobre a forte defesa da praça. Tiroteado, sofrendo perdas de material e baixas entre seus seguidores, prossegue marcha no rumo de São Joaquim.

13.5.1926 — CANABRAVA DO GONÇALO. BA. Coluna Prestes. Duro combate em que toda a Coluna foi empenhada para abrir caminho entre bandos de civis armados e de jagunços alinhados pelos coronéis. Canabrava foi tomada e perdida várias vezes. Maior violência teve lugar no sítio Olho d'Água, distante uma légua. Para desfazer contato com os perseguidores, os homens dos destacamentos Dutra e Albuquerque incendiaram o sítio.

17.10.1930 — CANAL DE SANTA CATARINA. SC. Revolução liberal nacional. De 17 a 23, duelo de artilharia entre os navios CT *Maranhão, Santa Catarina, Para* e *Paraíba* e a revoltosa Divisão do Litoral enviada para ocupar Florianópolis. O *Maranhão* e o *Santa Catarina,* visando as localidades de Palhoça; o *Pará* e o *Paraíba,* mais ao norte, alvejando Estreito e São Tomé. Foram sendo progressivamente atingidos Biguaçu, Sapé, Rio Comprido, Barreiros. Florianópolis ficou sem luz. Com a deposição de Washington Luis, a 24.10, os navios foram chamados ao Rio de Janeiro.

?.3.1801 — CANANÉIA. SP. Corsários e piratas. A 6 de junho, autoridade de Paranaguá oficiou ao governador de São Paulo dando conta de que nos primeiros de março, balandra espanhola aportara a Cananéia perseguida desde Santa Catarina por escuna pirata. Junto a Cananéia, reagindo, os espanhóis voltaram-se contra o barco perseguidor, matando-lhe o chefe e ferindo e aprisionando o piloto. A escuna fugira, acobertada pelo mau tempo. Mas fora possível identificar numerosos negros entre os tripulantes da escuna.

17.8.1801 — CANANÉIA. SP. Corsários e piratas. No mar de Cananéia, a sumaca *Ilha Raza* foi abordada e tomada por corsários do barco *Galinho* ou *Saramambí,* ex-português passado ao poder de espanhóis.

28.10.1839 — CANANÉIA. SP. Guerra dos farrapos. Corsários. Os barcos republicanos *Rio Pardo,* às ordens de Garibaldi e *Seival,* sob o cap. Valerigni (estando extraviado o *Caçapava,* de John Griggs), totalizando três pequenos canhões porém aproveitando bem as águas rasas, bateram-se e escaparam, pelo segundo dia, à corveta imperial *Regeneração,* do CF Joaquim Leal Ferreira. Os farrapos ocultaram-se por trás da ilha do Bom Abrigo. Ali fizeram duas presas, as sumacas *Bizzara* e *Elvira*, carregadas com arroz. Empreenderam o retorno a Laguna. Rio Branco diz que a *Elvira* foi apresada nas águas de Paranaguá. Lindolfo Collor afirma tratar-se, nestas águas, de terceira presa, a sumaca *Formiga*.

2.3.1836 — CANAPÉ. RS. Guerra dos farrapos. Junto ao passo do Lajeado, o farroupilha João Manoel de Lima, dispondo de 1.100 combatentes, surpreende os 240 comandados de Bento Manoel Ribeiro, então combatendo com os imperiais. Os vencidos foram perseguidos até a Capelinha.

8.7.(?).1689 — CANASVIEIRAS, SC. Piratas e corsários. O cap. Dias Velho, à frente de familiares e de índios, investiu o navio do pirata inglês Thomas Frins, que fazia reparos. Apoderou-se do barco, de farto butim e de prisioneiros, tudo o que foi entregar às autoridades. Tempos depois, tomando vingança, Frins surpreenderia a vila, aprisionando e maltratando a família Dias Velho cujo titular foi friamente assassinado.

10.6.1926 — CANAVIEIRAS. BA. Coluna Prestes. Ocupando a cidade, o destacamento Siqueira Campos organizou-se para repelir ataques noturnos de elementos governistas. Dava proteção ao grosso da Coluna, em trânsito.

29.11.1628 — CANDELÁRIA DO IJUÍ, RS. Choques missioneiros, campanha do pajé Nheçu. O prestigioso pajé pregara a destruição das reduções cristãs pela morte dos jesuítas que as regiam. A 15, seus aderentes haviam destruído a redução de Todos os Santos do Caaró, matando dois padres. A 17, a redução de Assunção do Ijuí, martirizando outro sacerdote. A 29, investindo Candelária visavam a matar o padre Romero. Os meninos defenderam o padre até a chegada dos missioneiros chamados pelo sino de alarme. Teve pronto início a repressão ao pajé, a qual culminou no dia 19.12 com a tomada da aldeia de Pirapó, reduto de Nheçu. Candelária do Ijuí viria a ser destruída, pelo fogo, em 1633, às mãos de bandeirantes paulistas.

26(?).4.1637 — CANDELÁRIA-CAARÓ. RS. Bandeiras. A tropa conduzida por Francisco Bueno à região do Rio Taquari ficara sem chefe quando Bueno morreu combatendo na tomada de Apostoles de Caasapaguaçu. Substituindo-o, Jerônimo Bueno, irmão e imediato, avançou contra as reduções de Candelária e Caaró. A conseqüência das correrias da bandeira foi a migração dos jesuítas e indígenas para a outra margem do Rio Uruguai, salvo poucas aldeias sobre o Rio Ibicuí.

17.11.1926 — CANDIEIRO. GO. Coluna Prestes. Tentando a travessia do Araguaia, meia légua adiante do Porto da Barca, no lugar chamado Candieiro, a Coluna combateu a noite inteira contra os jagunços mobilizados pelo "coronel" Franklin de Albquerque e no encalço dos revoltosos desde o Nordeste.

4.1.1837 — CANDIOTA. RS. Guerra dos farrapos. Na véspera batidos na Veleda, os farroupilhas retiraram-se para o sítio Cacimbinhas, no lugar Candiota. Posicionaram-se, sob as ordens de Sousa Neto, para resistir ao ataque dos imperiais de Bento Manoel Ribeiro. Este vence novamente e persegue os farrapos até o Passo do Salto no Rio Jaguarão, por onde os republicanos refugiaram-se no Uruguai.

16.3.1893 — CANELEIRAS-SANTANA. RS. Revolta dos federalistas. O cel. Francisco Portugal, vanguardeando a força do gen. João Teles, rompe a formação dos revoltosos e vai levantar o cerco que os mesmos impunham a Santana desde o dia 20.2.

27.2.1894 — CANELEIRAS. RS. Revolta federalista. O destacamento de revoltados conduzido pelo cel. Davi Martins foi surpreendido, quando acampado, pelo situacionista gen. Hipólito. Depois de fraca resistência, recua para o Passo do Sarandi, onde procura organizar-se. Mas carga da cavalaria do gen. Hipólito provocou a debandada e o massacre dos federalistas, ficando no campo 200 mortos, elevado número de feridos e 150 prisioneiros.

26.5.1818 — CANELLONES. Uruguai. Guerra da Cisplatina. Manoel Marques de Sousa, então coronel, surpreende e desbarata a formação uruguaia do cel. Manuel Artigas.

25.10. 1843 — CANGUÇU. RS. Guerra dos farrapos. Primeiro combate desse nome. O ten.-cel. Francisco Pedro de Abreu, chefiando esquadrão de cavalaria da GN e 250 caçadores de Francisco Félix da Fonseca, desfaz a coluna farroupilha de 400 homens sob o mando dos melhores generais republicanos, Bento Gonçalves e Antônio Neto. Muitas armas, cavalos e estandartes constituíram o butim dos vencedores. O segundo combate de Canguçu, entre os mesmos disputantes, foi travado a 6.11.1843.

6.11.1843 — CANGUÇU. RS. Guerra dos farrapos. Segundo combate desse nome, tendo o primeiro sido travado a 25.10. Os chefes republicanos Bento Gonçalves, Antônio Neto e Camilo dos Santos Campelo reúnem suas forças para dar cerco e ataque aos adversários comandados por Francisco Pedro de Abreu. Antônio Neto inicia o combate carregando com 600 homens das três armas para recuar, repelido e com a perda de 90 deles. A obstinada resistência dos imperiais e a aproximação de reforços induziram os republicanos à retirada. Os vencedores dispunham de 300 soldados do 8º BI do ten.-cel. Francisco Félix da Fonseca Pereira Pinto e da cavalaria da GN.

26.1.1895 — CANGUÇU. RS. Revolta federalista. Vitorioso em Cacimbinhas, no dia 23, o general federalista Guerreiro Victória atacou Canguçu com 1.800 homens. A defesa mantém-se firme e no dia seguinte os maragatos de Guerreiro vadeiam o Passo da Guarda. Haviam entrado no Brasil a 22.12.1894, como sendo o 3º Corpo do Exército de invasão federalista.

14.8.1923 — CANGUÇU-VELHO. RS. Região Sul. Revolta dos libertadores. O general Zeca Neto acampava considerando-se em segurança. Mas o destacamento de seu lugar-tenente Adolfo Brockman, perseguido pela tropa borgista de Hipólito Ribeiro, com parte da 3ª Brigada de Provisórios do cel. Juvêncio de Lemos, levou o inimigo ao campo do general. O combate que se travou então resultou na maior derrota sofrida por Zeca Neto. Perdeu cinco oficiais mortos e oito feridos, além de dezenas de praças. Saiu de Canguçu-Velho com apenas 200 homens.

28.9.1840 — CANOAS. SC. Guerra dos farrapos. Farroupilhas às ordens de Joaquim Mariano Aranha repelem a tropa imperial do cap. Taborda, integrada por elementos de GN e enviada pelo comando geral da área, cel. Antônio Manoel de Melo e Albuquerque, com o propósito de impedir a marcha dos republicanos para o norte. Os farroupilhas progridem, atravessando sob tiros o Rio Canoas.

7.10.1840 — CANOAS. SC. Guerra dos farrapos. O cap. Taborda, expedido das forças do cel. Melo e Albuquerque para obstar a travessia do Rio Canoas por destacamentos farroupilhas, impediu, na jornada, a passagem da tropa do cmte. Portinho. Este pretendia reforçar o contingente de invasão de SC seguindo na esteira da coluna de Joaquim Mariano Aranha que cruzara o rio a 28.9 mesmo sob a oposição das armas do Taborda.

22.6.1840 — CANTINHO. MA. Balaiada.

Destacamento governista ao mando do ten. Antônio de Sampaio bateu-se contra o agrupamento de Raimundo Gomes, principal entre os chefes balaios. Choque de resultado indefinido.

2.3.1897 — CANUDOS. BA. Atingindo Canudos às 11:30 h, o cel. Antônio Moreira César ordenou o imediato ataque de toda a sua força: 1.281 homens. O 7º BI do Exército, pela esquerda, ao lado do 16º e do 9º; enquanto 200 policiais baianos progrediram pelo flanco da cidadela batida durante duas horas por fogo metódico da artilharia. A cavalaria fechou a estrada para Jeremoabo, visando a impedir a chegada de reforços e a fuga de canudenses. O 7º começou o avanço, seguido pelo 16º. O maj. Cunha Mattos dirigiu o 6º em direção a uma das igrejas do povoado e chegou a ocupar 11 casas. O 9º progrediu também, convergindo para as torres, ocupando e incendiando casebres. Porém logo perdeu-se nos meandros, ficou sem munição e seu chefe, cel. Tamarindo, decidiu pelo recuo. Pelas 15 h o Cunha Mattos recebeu tiro no ventre ficando fora de combate. A situação tornou-se insustentável dentro e próximo de Canudos. Às 17 h toda a tropa foi retirada para 600 metros do limite canudense. Começou a ser discutida a retirada geral.

29.6.1897 — CANUDOS. BA. Durante a jornada os conselheiristas desfecharam três ataques contra o acampamento da coluna Artur Oscar. Todos repelidos com pesadas baixas entre os atacantes.

18.7.1897 — CANUDOS. BA. Cinco brigadas, o grosso da tropa do gen. Andrade Guimarães, somando 3.349 soldados, iniciam ataque sobre Canudos ao nascer o dia. À frente, o gen. Barbosa, seguido pela cavalaria e dois canhões Krupp 7 1/2, tendo a retaguarda protegida pela segunda coluna. À direita, sobre a Fazenda Velha, o destacamento reduzido do ten.-cel. Siqueira de Meneses procedia à operação diversiva. Os canudenses abriam fogo defensivo às 7 h, alvejando a linha de avanço do 30º batalhão, na vanguarda, e que não parou até que a maior parte da 1ª brigada e quatro batalhões da 3ª, ou seja, a vanguarda de ataque, atravessassem o Rio Vaza-Barris. Com a aproximação da segunda coluna, a linha estendeu-se para a direita, mediante movimento dos 4º e 5º batalhões. A artilharia, da Favela, cobria o avanço, sendo os Krupp deslocados até posição sobranceira à igreja velha. Ao anoitecer, a quinta parte do arraial de Canudos estava ocupada pelos soldados. Havia elementos atacantes dentro da praça. Baixas durante o dia de combate entre os soldados: 947 mortos e feridos. Destes, três comandantes de brigada.

19.7.1897 — CANUDOS. BA. A fuzilaria entre soldados e canudenses começou às 5 h, terminando apenas com o escurecer. A artilharia bombardeou o arraial. Ao toque de recolher os conselheiristas atacaram iniciando combate que se prolongou até às 21:30 h. Os soldados contaram doze praças e dois oficiais postos fora de combate. Também o dia seguinte seria de fuzilaria e canhoneio, embora os governistas registrassem uma única baixa: um soldado morto.

22.7.1897 — CANUDOS. BA. A artilharia bateu a cidadela, desde a madrugada. Às 9 h, os sertanejos surpreenderam lançando ataque sobre as cabeças-de-ponte que desde o dia 18 os governamentais haviam introduzido na povoação. Os soldados somaram entre os seus 25 baixas.

23.7.1897 — CANUDOS. BA. Às 6 h, os canudenses atacaram a retaguarda governista. Repelidos pelo 34º batalhão, deixaram no campo 15 mortos e uma prisioneira. Os dois canhões Krupp levados para dentro da cunha que os soldados haviam introduzido na cidadela no dia 18 só puderam disparar nove tiros, faltos de munição.

24.7.1897 — CANUDOS. BA. Com o sol, canhoneio intenso sobre a cidade. Às 8 h, o cabecilha sertanejo Pajeú conduziu desesperado ataque visando a artilharia posicionada na ala direita do dispositivo de ataque. Repelidos depois de meia-hora de luta corpo-a-corpo, os conselheiristas insistiram com duas tentativas, perdendo muita gente e causando aproximadamente 30 baixas entre os governamentais.

26.9.1897 — CANUDOS. BA. A tropa, guarnecendo a periferia da cidade, rechaça durante a noite quatro ataques conselheiristas.

27.9.1897 — CANUDOS. BA. Durante a noite, os canudenses lançaram 18 ataques às posições governistas incrustadas em Canudos, todas repelidas com perdas bastante elevadas para os assaltantes.

1.10.1897 — CANUDOS. BA. Depois de 40 minutos de bombardeio com artilharia, todo o dispositivo governamental parte para o assalto da cidadela de Canudos. À frente, as 3ª e 6ª brigadas, conduzidas pelos coronéis Dantas, Barreto e César Sampaio. Furiosa resistência canudense imobiliza os batalhões 4º, 29º e 39º. Mas a igreja nova, símbolo da cidade, foi tomada. O 5º batalhão baiano, formado por sertanejos, atacou a baioneta mas não conseguiu sobrepujar os principais focos de defesa. Com isso, fracassava o plano de empurrar os defensores contra o grosso da tropa. Então foram mandados ao assalto os batalhões 34, 40, 30 e 31. Durante três horas, mais de 5.000 homens estiveram empenhados no ataque durante o qual foram lançadas 90 bombas de dinamite contra os redutos conselheiristas. Às 14 h cessou o fogo que desgastou a força atacante em 567 baixas.

5.10.1897 — CANUDOS. BA. Desde o dia 2, quando Antônio Beatinho aplicara o ardil de oferecer rendição e fazer sair de Canudos 300 doentes, velhos e crianças, reservando alimentos e água para os derradeiros combatentes, a situação do arraial era insustentável. Tiros esparsos, dentre ruínas e fogo. No dia 5, os soldados invadiram o último reduto canudense. Encontraram quatro sobreviventes que haviam jurado morrer lutando. Disse Euclides: "Canudos não se rendeu. Exemplo único em toda a história, resistiu até o esgotamento completo. Expugnado palmo a palmo, na precisão integral do termo, caiu no dia 5, ao entardecer, quando caíram os seus últimos defensores, que todos morreram. Eram quatro apenas: um velho, dois homens feitos e uma criança, na frente dos quais rugiam raivosamente cinco mil soldados". Durante quase um ano Canudos resistira a mais de 12.000 homens das três armas, ocasionara cerca de 5.000 baixas e perdera aproximadamente 15.000 defensores. A Ordem do Dia do comando vitorioso observava e homenageava: "É para lamentar que o inimigo fosse tão valente na defesa de causas tão abomináveis".

30.9.1944 — CAPANNE-OSTERIA. *Itália*. Segunda Guerra Mundial. Sofrendo na jornada oito baixas, o III/6º RI, Batalhão Silvino, investe posições alemãs no circuito de defesa do vale do Rio Serchio.

18.3.1923 — CAPÃO BONITO. RS. Revolta dos libertadores. Os dois lados em luta ambicionavam dominar Lagoa Vermelha por seus largos recursos em gado e víveres. O gen. Paim Filho, borgista, chegou e se fixou no dia 18, no local Capão Bonito. A 19, pelas 7 h, aproximou-se a vanguarda libertadora do gen. Felipe Portinho, ao mando de Salustiano de Pádua. Repelida depois de frouxo tirotear, aguardou o general. Este compareceu pelas 11 e julgou estar com efetivo superior. Porém o gen. Paim fora reforçado pelo 2º RC da Brigada do cel. Januário Correa. Depois de duas horas de combate, Portinho refluiu para Erechim, tendo perdido dois mortos, três prisioneiros e o cavalo de sua montada. Paim Filho teve em suas fileiras um morto e cinco feridos. Arthur Ferreira Filho data este combate a 19.

18.9.1932 — CAPÃO BONITO. SP. Revolução Constitucionalista. Combate aéreo entre dois velhos aviões Potez-Toe 212 e um Potez e dois Waco, estes, governamentais. O Boletim número 53 do Comando Sul dos revoltados elogiou os pilotos Lysias Rodrigues e Mário Machado Bittencourt pela sua atuação: abaterem um Waco e, sem munição, por três vezes tentaram chocar-se contra os outros contendores. Bittencourt, promovido a tenente.

?.1.1709 — CAPÃO DA TRAIÇÃO. MG. Guerra dos emboabas. Mineradores paulistas expulsos de suas minas, retirando-se da região do Rio das Mortes, reúnem-se e tentam desforço contra os emboabas concentrados na Ponta do Morro. Porém, informados da aproximação de elevado contingente reinol às ordens do temível Bento do Amaral Coutinho, levantaram cerco e dispersaram-se. Um grupo deles, provavelmente 50 homens, acolheu-se a capão de mato beirante o rio que corta a campina junto da Ponta do Morro. Ali foi cercado pelos emboabas da coluna vanguardeira do cap. Gonçalo Corço. Há dúvidas sobre se teriam oferecido resistência. A partir dos escritos de Diogo de Vasconcelos é de uso mencionar que mesmo na proporção de um contra quatro teriam lutado durante o dia e a noite, provocando entre os assediantes baixas que os teriam exasperado a ponto de predispô-los à crueldade. Certo é que propuseram rendição uma vez a vida assegurada. Gonçalo Corço transferiu a decisão para Bento Coutinho, chegado ao local e que concedeu a garantia requerida. Tão pronto os sitiados entregaram suas armas e deixaram o capão de mato, Coutinho ordenou a morte de todos. Nenhum teria escapado à degola. O massacre estarreceu a capitania. A data em que ocorreu, bem como os detalhes, tudo é incerto. Basílio de Magalhães, apoiado no inventário de uma das vítimas, adota o dia 15.2.1709. Taunay aponta para os "fins de 1708 ou nos primeiros dias de janeiro de 1709". Ainda Taunay, com Carvalho Franco e outros historiadores, crêem não haveria propriamente paulistas ou apenas uns poucos, entre os mortos: "devem ter sido os degolados os humildes bastardos, carijós e tapanhunos, escravos e administrados do chefe da pequena manga apanhada". Gabriel de Góis, ao que parece, o chefe referido. Com certeza documental apenas um paulista, Bento Pires. Taunay discute também o número de sacrificados, 300 conforme Vasconcelos: "se os paulistas cercados e mortos fossem trezentos, os seus sitiadores deveriam ser, pelo menos, mais de mil. Ora, Álvares de Oliveira, testemunha presencial, afirma que a tropa comandada por Bento do Amaral andava por duzentos homens". Diz o padre Manuel da Fonseca que "tanta tirania impondo àquele lugar o infame título de 'Capão da Traição'".

5.4.1894 — CAPÃO DO BOI PRETO. RS. Revolta dos federalistas. Carlos Reverbel (*Maragatos e pica-paus*, p. 57) escreveu: "Havia um caudilho republicano, cuja crueldade não tinha limites, nada ficando a dever aos piores do pampa platino, que aguardava o momento para, a título de represália, apresentar uma sessão de degola das proporções da empreendida em Rio Negro, senão ainda maior, como seria de seus naturais instintos e pendores". Refere-se ao cel. Firmino de Paula. Continua: "Este momento não tardaria a apresentar-se. A 5 de abril de 1894, o coronel Firmino de Paula, comandante da 5ª Brigada da Divisão do Norte, apartou-se do grosso da coluna, em Passo Fundo, dirigindo-se em missão para o município de Palmeira. No caminho, depois de aprisionar e mandar degolar os homens do piquete de reconhecimento de força federalista, comandada pelo coronel Ubaldino

Machado, descobriu o local onde esta estava acampada, o Capão do Boi Preto, já no município de Palmeira, surpreendendo-a, cercando-a e aprisionando-a. Foram feitos cerca de 400 prisioneiros, havendo por volta de 300 degolamentos''.

15.4.1837 — CAPÃO DO LEÃO. RS. Guerra dos farrapos. O farroupilha cel. Crescêncio de Carvalho surpreende e desmancha formação imperial em trânsito.

26.6.1923 — CAPÃO DO MANDIJU. RS. Região das Missões. Revolta dos libertadores. O cel. Aníbal Padão, chefe assisista em São Borjá, atacou, com forças inadequadas, o Corpo de Provisórios ao mando do ten.-cel. Dioclécio Mota, unidade que fora do comando de Getúlio Vargas. Padão perdeu o combate e a vida, com muitos outros dos seus.

15.6.1925 — CAPELA. MT. Coluna Prestes. O local denominado Capela vizinhava a ponte sobre o Rio Sucuriú. Defendendo a ponte, a força governista do maj. Bertoldo Klinger resiste a vários ataques do 3º Destacamento da Coluna, conduzido por Siqueira Campos. Ao meio-dia de 19, completando operação envolvente, o 4º Destacamento, sob Djalma Dutra, cerca os legais, surgindo pela retaguarda. Duas tentativas de Klinger para romper o cerco resultaram inúteis. A 21, pela madruada, toda a Coluna cruzou a ponte, internando-se em GO.

16.10.1930 — CAPELA. SE. Campanha contra o cangaço. Virgulino Ferreira, Lampião, que um ano antes dominara por dois dias a cidade, tenta ocupá-la. Aproveitava a confusão resultante do choque entre Exército revoltado contra o governo Washington Luís, em marcha do Nordeste para o RJ, e a polícia, geralmente fiel à situação estadual. Apresentou-se escudado em reféns tomados nos engenhos próximos. Mas o povo, armado previamente pelo governo, apresentou decidida resistência, alvejando os cangaceiros a partir da torre da matriz. O tiroteio durou 40 minutos, retirando-se os atacantes, com perdas. Na parede do bar principal ficou mensagem ofensiva ao oficial de polícia que por primeiro ali entrasse.

22.9.1835 — CAPELA DO ERVAL. RS. Guerra dos farrapos. O ten.-cel. Silva Tavares, mais tarde Visconde de Serro Alegre, chefiando destacamento da GN, enfrenta e supera a força do cel. Rafael Verdun que tomara a iniciativa do ataque com uruguaios militando entre os farroupilhas segundo as *Efemérides* de Rio Branco.

8.8.1633 — CAPIBARIBE. PE. Holandeses no NE. Durante a madrugada, comboio holandês formado pelo patacho *Exeter* e três lanchões subiam o Rio Capibaribe, sob as ordens de Jacob Huickhens, conduzindo reforços para o cel. van Schkoppe, que desde o dia 4 sitiava o Arraial do Bom Jesus. Das margens, passaram a hostilizar os barcos, as companhias de emboscadas dos capitães Paes de Melo, Luís Barbalho e Pino. Reconhecendo a importância do combate, Matias de Albuquerque envia ajuda substancial. Elementos mais hábeis da companhia do cap. Domingos Dias Bezerra abordam e tomam o patacho, com o que as tripulações dos lanchões atiram-se à água deixando os barcos para serem incendiados pelos nativistas. Estes retornaram ao Arraial, levando em triunfo onze canhões e três bandeiras. O insucesso motivou Schkoppe a levantar o sítio.

4.12.1868 — CAPILLA NIMBI. Paraguai. Guerra do Paraguai. Em sua marcha destinada a contornar e envolver a defesa paraguaia da ponte do Itororó, o gen. Osório faz atacar por sua vanguarda, ao mando do cel. Luís Alves Pereira de Carvalho, o destacamento da divisão Caminos que lhe barrava a passagem. O objetivo foi conseguido custando aos brasileiros três mortos, 25 feridos e cinco contusos.

5.11.1826 — CAPILLA ROSARIO. Argentina. Guerra da Cisplatina. A Capilla, província de Corrientes, era também conhecida como Rosario del Meriñay. Percorrendo em marchas forçadas mais de 60 léguas em quatro dias, Bento Manoel Ribeiro levou sua Brigada Ligeira, reforçada por 700 homens, à perseguição da tropa do cel. Pedro Gomes Toribio, o qual regressava de incursão pelas Missões brasileiras saqueando e arrebanhando gado. Surpreendido, Toribio alinha 800 combatentes contra os recém-chegados e luta tenazmente morrendo no combate com mais de 300 dos seus. Bento prosseguiu, cruzou o arroio Meriñay e muitas léguas além dele venceu a força enviada para contê-lo pelo cel. Felix Aguirre, governador de Misiones. O gen. Pedro Ferré, governador de Corrientes, acampado em Curuzu-Quatiá à espera de Aguirre para juntarem forças em mais uma invasão do RS, desistiu da operação ao tomar conhecimento do combate de Capilla Rosario e da sorte do segundo destacamento. Ribeiro retornou ao RS com três canhões tomados ao inimigo e 1.000 cabeças de gado recuperadas. Deixou além fronteira cinco mortos e conduziu consigo 32 feridos.

24.12.1926 — CAPIM BRANCO. MT. Coluna Prestes. Nos arredores da Colônia Sangradouro, a força governamental batida na véspera recebe reforços e bloqueia o caminho da Coluna. Esta realiza ataque frontal com os destacamentos Cordeiro e Ari enquanto o destacamento João Alberto, apoiado por cavalarianos, flanqueia o Capim Branco e rompe a oposição do inimigo, continuando a marcha ao custo de quatro mortos e 10 feridos, entre os quais dois capitães, quatro tenentes, um sargento. Os governistas perderam, segundo os dados dos vencedores, 32 mortos, 46 prisioneiros, sendo 8 deles feridos, 75 fuzis, 15.000 tiros, 2 caminhões, 12 cavalos, um automóvel. O comando da Coluna registrou haver sido esse um dos encontros em que mais empenhadamente se bateram os governistas, destacando os capitães Olímpio Ribeiro e Acioli e tenentes Brito, Moreira e Neteslau, tendo este sido encontrado morto agarrado à sua metralhadora.

6.8.1840 — CAPIVARI. RS. Guerra dos farrapos. Francisco Pedro de Abreu faz debandar destacamento farroupilha, aprisionando um dos chefes, imediato de José Garibaldi.

22.5.1887 — CAPIVARI/MONTE-MOR. SP. Revoltas de escravos. As polícias das duas cidades reuniram-se para enfrentar "grande leva dos negros oriundos dessas e de localidades vizinhas" que "avança na direção da capital" — no dizer de Aureliano Leite. Depois do choque, deixando numerosos feridos, os revoltados encaminharam-se para a serra de Santos e o Cubatão. Esta marcha, engrossada por elementos de várias cidades e combatido também em Santo Amaro junto à capital provincial, teria inspirado a Vicente de Carvalho o poema "Fugindo ao cativeiro".

17(?).12.1834 — CAPOEIRAS/BONITO. PE. Cabanada. No engenho de Capoeiras, o último e o maior dos chefes cabanos, Vicente Ferreira de Paula, erguera arraial, bem guarnecido e o fizera a capital dos insurgentes. Força armada governista mandada para expurgar a posição foi totalmente derrotada.

25.12.1900 — CAQUETÁ. AC. Campanha do Acre. Os remanescentes da Expedição Floriano Peixoto ou Expedição dos Poetas, que atacara desastradamente a posição boliviana de Puerto Alonso, são atacados pelos jagunços do "coronel" Manoel Felício. Foram salvos do massacre pela intervenção do vapor *Rio Aquiri*, do cte. Melo Cardoso, que os recolheu. Os jagunços ambicionavam apoderar-se das armas dos expedicionários.

6.8.1826 — CARAGUATÁ. RS. Guerra da Cisplatina. O capitão uruguaio Claudio Verdum, destacado da força do coronel argentino José Maria Paz para hostilizar as posições brasileiras, foi derrotado por destacamento do maj. Antônio de Medeiros Costa, ficando inabilitado para qualquer ação ofensiva. Embora de pequena monta, o encontro de Caraguatá teve conseqüências segundo o historiador argentino Baldrich (*Guerra del Brasil*, p. 159): "Este contraste, aunque glorioso, debelando a los ojos de Bento Gonçalves la empresa de Paz, la malograba de hecho. En consequencia, el Regimento 2, de ordem del General Rodriguez, se reincorporó al ejercito, en el acampamento del Yi". Verdun foi um dos 128 mortos uruguaios. Houve também 22 prisioneiros.

21.12.1866 — CARAIÁ. Paraguai. Guerra do Paraguai. A canhoneira *Henrique Martins*, da flotilha destinada a evitar o trânsito de material de guerra ao longo do rio, penetra no arroio Caraiá, ataca e apodera-se de várias chalanas e de armas e incendeia acampamento paraguaio diante de Itati.

6.1.1865 — CARACARÁ, ver SÃO LOURENÇO

17.9.1923 — CARAJAZINHO. Município de Santo Ângelo. RS. Revolta dos libertadores. Durante a incursão de Honório Lemes à região missioneira, seu perseguidor insistente, Flores da Cunha, à testa de sua brigada avança sobre a retaguarda dos maragatos. A baixa mais importante da jornada foi a do ten.-cel. Democrátino Silveira, que morreu dos ferimentos ali recebidos. Honório deixou o campo aproveitando-se da noite e cruzando o Rio Jaguari.

14.3.1736 — CARANDÁ. MT. Campanha contra os paiaguás. Os índios canoeiros atacam monção de paulistas que demandavam Cuiabá seguindo Pedro de Moraes de Siqueira. Ao fim de hora de luta os paiaguás recuam levando seus mortos mas abrindo muitos claros entre os bandeirantes, sendo baixas principais as do próprio Pedro de Moraes e do frei Antônio Nascentes.

6.7.1836 — CARAPARU. PA. Cabanagem. Prosseguindo na limpeza da área ainda percorrida por bandos de cabanos, o 2º ten. Fernando Lázaro de Lima cerca e dizima grupo de insurgentes acolhidos ao lugar Caraparu, margem direita do Rio Guamá.

6.1.1996 — CARARAU/RIO IRIRI. PA. Choques com indígenas. Oito pescadores brancos, subindo o rio aproximaram-se da aldeia Cararau. Dez guerreiros caiapós confrontaram os intrusos. No choque morreram os pescadores Antônio Domingos Braga Maia e Sebastião Moreira Maia. Os demais internaram-se na mata, chegando três dias depois a Altamira.

11.5.1823 — CARAVELAS. BA. Guerra da Independência. Escuna portuguesa arvorando bandeira dos Estados Unidos da América entrou no porto no dia 10, declarando proceder da PB. Segundo Garcez Palha ao citar o *Diário do Governo*, o ardil foi descoberto pelo coronel comandante militar da vila ao visitar oficialmente o navio. Descendo à terra, tocou a rebate, armou o povo e no dia 11 atacou com infantaria improvisada a escuna que contava com quatro canhões e mantinha seqüestrados seis brasileiros. Bergantim nacional posicionado convenientemente deu cobertura ao assalto. Ao fim de três horas de combate a escuna foi abordada, morrendo na defesa o seu comandante, o piloto e dois marujos.

?.1.1709 — CARMO. MG. Guerra dos emboabas. O povoado do Carmo, região mineira, agrupava paulistas dirigidos pelo srg-mor Pedro Frazão de Brito, que os comandou no rechaçar pesado ataque desfechado pelos portugueses. Na resistência, Frazão empregou habilmente a capacidade especial dos escravos no lutarem com arma branca. Passando à ofensiva perseguiu os emboabas, que se refugiaram nas matas existentes entre o Carmo e as serras, matas que passaram a ser conhecidas como Floresta dos Emboabas.

5.5.1840 — CARNAUBAL. MA. Balaiada. Vitória governamental sobre grupo de insurgentes seguidores do chefe de bando Fernando Antônio Carneiro.

18.7.1840 — CARNAUBAL. MA. Cabanagem. O caudilho Raimundo Gomes, rijamente batido pelo maj. Ernesto Emiliano de Medeiros, retira-se deixando atrás a sua guarda e a sua bandeira, segundo os informes de Rio Branco nas *Efemérides*.

8.5.1840 — CARNAUBEIRAS. MA. Balaiada. Tropa do cap. Inásio de Almeida e os fogos da canhoneira *Legalidade* defendem a posição contra assalto dos balaios. Almeida recebe ferimento grave.

14.2.1926 — CARNEIRO. PE. Coluna Prestes. O local e o evento também são registrados como Imburanas. A tropa motorizada — caminhões e um automóvel — do cel. João Nunes, da polícia estadual, cerra a rodovia Custódia-Flores, impedindo a passagem do Destacamento Dutra, vanguarda da Coluna. O Destacamento João Alberto envolve os 150 policiais, provocando 15 mortes entre eles, os quais também perdem 15 aprisionados. Cinco dos caminhões e o automóvel foram incendiados pelos revolucionários cuja baixas foram: três oficiais e três praças, todos feridos.

7.5.1894 — CAROVI, RS. Revolta dos federalistas. O chefe maragato Dinarte Dorneles investiu a força governista de 800 homens do cel. Firmino de Freitas e triunfou sobre a mesma, impondo (números do vencedor) mais de cem baixas. Os batidos recuaram para Cruz Alta.

10.8.1894 — CAROVI. RS. Revolta dos federalistas. Os governistas da Divisão Norte alcançavam os revoltosos em sua marcha rumo da fronteira. Ambas as forças preparavam para o dia seguinte batalha na qual jogariam tudo o de que dispunham. Carovi, na verdade, foi a disputa do campo, especialmente de uma coxilha, que significaria melhor posicionamento para a jornada de luta. Pelos governistas, bateram-se em Carovi elementos da brigada Bento Porto. Pelos federalistas, os lanceiros de Dinarte Dorneles e de Aparício Saraiva. Durante a ação chegou ao campo a tropa legal de Fabrício Pilar, com efetivo de regimento. Três cargas dos lanceiros, rechaçadas. Gumercindo sai em reconhecimento do terreno. Num capão de mato, Bento Porto e atiradores reconhecem o general inimigo graças à indiscrição admirativa de um prisioneiro. Porto manda atirar "Fogo de pontaria!". Gumercindo Saraiva recebeu dois tiros no peito. O exército federalista não deu batalha no outro dia. Repartiu-se, buscou rumos diferentes. Com Gumercindo morria a revolução. Os inimigos desenterraram o cadáver, cortaram-lhe a cabeça e a enviaram ao seu chefe, em Porto Alegre.

Telegrama ao marechal presidente Floriano Peixoto, expedido de cidade argentina vizinha de São Borja: "Ministro Brasileiro em Buenos Aires. Saúdo-vos e peço-vos transmitir Marechal o seguinte telegrama: Iniciamos marcha Tupanciretã dia 6. Encontradas avançadas Dinarte (ilegível). Lagoa Vermelha dia 7. Perseguimo-lo até Carovi, onde realizou dia 10 junção Gumercindo. Dia 10 este tentou resistir nossa vanguarda, composta de dois regimentos Brigada Militar, comandados tenentes-coronéis Pilar e Bento Porto. Foram heroicamente rechaçadas três cargas sucessivas. Gumercindo, que se achava atrás linha atiradores, ferido dois balaços peito, expirou logo após. Toda Divisão Norte viu seu cadáver alto coxilha

Santo Antônio, entre Itacorovi e Camaquã. General Lima alcançou-nos dia 11. Federais dividiram-se. Parte, resto, Castelhano, 500, seguiram rumo Ibicuí, perseguidos Lima, que destroçou retaguarda no Itu. Devem estar liquidados. Nós seguimos encalço Dinarte Prestes, outros caudilhetes. Vinham 1.500 homens direção Uruguai. Coronel Salvador Pinheiro surpreendeu-os madrugada 16, entre Iguariaça e Camaquã. Batidos próprio acampamento, fugiram. Tenazmente perseguidos, dissolveram-se entre Camaquã e Piratini. Quando grupo 400 vinha direção esse passo, foi madrugada 17 cercado referido coronel, desbaratando-os completamente. Região missioneira livre infames bandidos. Apenas restam grupos serão dizimados... Pinheiro Machado''.

14.8.1819 — CARPINTERIA. Uruguai. Guerra com Artigas. O ten. Albano de Oliveira, chefiando grupo guerrilheiro, dispersa o destacamento oriental do cmte. Santander.

8.12.1924 — CARRETAS. RS. Revolta tenentista. Os revolucionários Zeca Neto e Honório Lemes, em posição dominante no Passo das Carretas, margem direita do Rio Camaquã, são atacados pelo 11º de Provisórios conduzido pelo ten.-cel. Júlio Rafael de Aragão Bozzano. Vencendo a resistência e forte fogo de metralhadoras, os Provisórios carregam e perseguem os adversários por légua e meia, provocando 26 mortes em suas fileiras e tomando-lhes 300 cavalos e 28 armas. Perdas dos governamentais: um morto e dois feridos.

27.10.1816 — CARUMBÉ. Uruguai. Guerra com Artigas. O brigadeiro Joaquim de Oliveira Álvares, destacado pelo gen. Curado para investir o grosso do exército de Artigas, foi surpreendido estando em marcha, nos cerros de Carumbé, região do Quaraim. Levava dois canhões confiados a Bento José de Moraes, dragões de Lunarejo ao mando de Sebastião Barreto, lanceiros do Rio Pardo, chefiados por Francisco Pereira Pinto, e infantes da Legião de São Paulo comandados por Silva Brandão. De seu lado, exercendo o único comando pessoal da guerra, Artigas formou 500 infantes de Toribio Fernandes e 1.110 cavalarianos de Andrés Latorre, Baltazar Ojeda, Inazio Gatelli e Domingos Manduré. O brigadeiro Álvares dispôs a infantaria no centro, a artilharia nos flancos e a cavalaria nos extremos das alas. Artigas avançou em semicírculos, buscando envolvimento pela ala esquerda, empregando ali as cavalarias correntina e entrerriana. A artilharia e os atiradores paulistas e as guerrilhas de João Paes e Alexandre Luiz de Queirós rechaçaram a carga. Artigas ordenou o avanço, em marche-marche da infantaria de Toribio. Álvares carregou com a direita, envolveu o adversário com os dragões e os lanceiros. O flanco da formação oriental cedeu, ficando o campo coberto de cadáveres uruguaios em uma das mais sangrentas jornadas da guerra. Artigas escapou a cavalo na só companhia do índio Manduré, comandante dos lanceiros negros e do frade Monteroso, seu secretário.

17.8.1932 — CASA BRANCA. SP. Revolução Constitucionalista. Fuzilaria de infantes constitucionalistas abateu o avião governista H. L., ''vermelhinho'', pilotado pelo 2º ten. Lauro Aguirre Horta Barbosa, que bombardeara a cidade.

2.3.1823 — CASA DA TORRE DE BROTAS. BA. Guerra da Independência. Portugueses saem em sortida da linha do cerco e atacam a Casa da Torre, sendo rechaçados.

29(?).2.1640 — CASA FORTE/GOIANA. PE. Holandeses. Marcha de Luís Barbalho. Próximo de Goiana, onde ganhara completamente a jornada de 28 no Engenho Cavalcanti, Barbalho não obteve sucesso ao atacar uma casa forte defendida por holandeses e indígenas. Os luso-brasileiros contaram mais de 100 baixas, entre elas as de 15 oficiais. Devendo marchar e rapidamente, tiveram que abandonar os feridos, prontamente degolados pelos inimigos.

17.8.1645 — CASA FORTE. PE. Holandeses no NE. Os holandeses chamavam Engenho de Nassau à casa forte existente junto ao Rio Capibaribe. As forças de Vidal de Negreiros e de Fernandes Vieira cruzaram o rio e cercaram a Casa, indo Camarão fechar a estrada para o Recife, evitando a chegada de auxílio holandês e a retirada dos ocupantes da posição. A resistência durou horas. Estando os insurretos a ponto de incendiar a casa, os ocupantes propuseram capitulação uma vez assegurada a vida de todos. Vidal aceitou, garantindo a ida dos que se rendessem para Ipojuca ou Cabo, de onde partiriam para a Holanda. Concedeu aos oficiais o conservarem a espada, assinando sob "palavra de cristão". Renderam-se 322 soldados, entre estes 100 auxiliares índios que, a despeito do esforço dos chefes, resultaram massacrados pelos índios aliados dos portugueses. Entre os oficiais que se renderam, o cel. Hendrick van Hauss, comandante geral holandês; Johan Listry, comandante dos índios; Blaer e outros 10. Perdas na jornada: 37 holandeses, um tenente entre eles; 18 mortos e 35 feridos dos insurgentes.

29(?).1.1938 — CASA NOVA. BA. Movimentos messiânicos. Depois dos episódios de Caldeirão, Rasgão ou Mata dos Cavalos (CE), dividira-se a multidão de místicos. Os "penitentes" mais belicosos aceitaram o mando de Severino Tavares, seguindo-o até Pau de Colher, no médio São Francisco, BA. Ali seriam acometidos e dispersados por força governamental a 14(?).1.1938. Os "pacíficos", que desde o Rasgão seguiam o beato Zé Lourenço foram alcançados e cercados no lugar denominado Casa Nova, BA, por destacamentos policiais de vários estados. Segundo a *Folha de S. Paulo* de 25.1.1938, 150 dos peregrinos resultaram feridos, entre eles Zé Lourenço que, porém, escapou. Ignorado, o número de mortos. Pouco antes, o grupo de Severino cindira-se por sua vez, separando-se o bando radical do líder Quinzeiro. Em duas jornadas a polícia acometeu ambos os ajuntamentos, fazendo-os debandar mas deixando centenas de mortos e feridos.

11.1.1923 — CASCA/CAMPO DO MEIO. RS. Revolta dos libertadores. Dos primeiros choques da luta civil, com ambos os lados reclamando a vitória.

23.1.1615 — CASQUEIRO. SP. Corsários. Na foz do Rio Casqueiro, junto a São Vicente, colonos e índios emboscam os homens descidos dos navios do corsário holandês Joris van Spilbergen. Apesar de hostilizados, os intrusos avançaram até a capela das Neves e o engenho de Schetz, cidadão holandês de Amsterdão. Nesse dia, retiraram-se. Mas voltando a desembarcar e investir no dia 29, incendiaram o engenho do seu patrício.

4.3.1945 — CASTELNUOVO. Itália. Segunda Guerra Mundial. A 1ª companhia I/6º RI, do cap. Alberto Tavares, realiza conhecimento agressivo a fim de acertar os tiros de morteiros dos I e II batalhões sobre os pontos fortes alemães do Soprasso. A 1ª Cia. pôde ocupar, depois da ação dos morteiros, a cota 702 que no dia seguinte seria o ponto de partida para a tomada de Castelnuovo.

30.10.1944 — CASTELNUOVO DI GARFAGNANA. Itália. Segunda Guerra Mundial. Sob duras condições atmosféricas, destacamento da FEB ocupa a linha de alturas de onde partiria o ataque contra o ponto-chave das comunicações alemãs. Contra-ataque germânico surpreende os brasileiros que retornam ao ponto de partida. Encerrou-se, no dia, a fase de sucessos iniciada a 16.9 com o resultado geral de 40 quilômetros avançados, 208 prisioneiros tomados, várias cidades ocupadas. Isso, ao preço de 290 baixas entre mortos, feridos, contusos e desaparecidos.

5.3.1945 — CASTELNUOVO DI VERGATO. Itália. Segunda Guerra Mundial. Às 5 h foram ao ataque o I/6º RI e o II/11º RI, tendo como objetivo a conquista de Soprasasso e as cotas 720 de leste e de oeste. O domínio destas cotas serviria para o próximo ataque a Castelnuvo di Vergato. Especialmente difícil a progressão do II/11º RI, que se defrontou com sucessivos campos de minas. Às 14:30 h, o maj. Grosso, do I/6º RI, foi à linha de frente animar as companhias de primeiro escalão momentaneamente retidas por obstinada resistência do adversário. Ao entardecer as cotas 720 estavam dominadas. O gen. Ernani Ayrosa da Silva (*Memórias de um soldado*) refere que o cel. Nelson de Mello, comandante do 6º RI, avaliando o elevado moral da sua tropa, ordenou que apesar da chegada da noite e do consumo de munições, o avanço fosse estendido até Castelnuovo, o de Vergato. A esse tempo, o II/11º RI (Bat Ramagem) havia ultrapassado Montecavallaro e Boscaccio, pressionando o inimigo em Castelnuovo. Afirma Ayrosa da Silva que a entrada nesta praça ocorreu sob luzes de quatro holofotes que fizera apontar sobre a cidade, estando à frente a terceira companhia (cap. Aldenor Maia) do I/6º RI, prêmio por ser a que mais havia sofrido na jornada de Barga.

16.6.1818 — CASTILLOS. Uruguai. Guerra com Artigas. O brasileiro maj. Antero José Ferreira de Brito vence e aprisiona o chefe artiguista Andrés Latorre.

26.6.1827 — CASTILLLOS. Uruguai. Guerra da Cisplatina, ação de corsários. À altura do mar de Castillos, a escuna *Isabel*, do 1º ten. Vioget, dispondo de um rodízio, sustenta combate com o corsário argentino *General Brandzen*, do cmte. De Kay, montando oito canhões. A escuna foi apresada.

13.4.1894 — CASTRO. PR. Revolta federalista. A Brigada Cel. Braz Abranches, acossando os federalistas em retirada, tendo à vanguarda o Batalhão Campineiro, escaramuçou junto do rio Iapó. Ocupou a cidade, perdendo 1 soldado morto e 4 feridos.

1.12.1816 — CASUPÁ. Uruguai. Guerra com Artigas. O gen. Bernardo da Silveira, do exército de Carlos Frederico Lecor, encontra e vence as forças conjuntas de Otorgues e Rivera, abrindo às tropas lusitanas o caminho para a ocupação da área de Minas.

4.1.1817 — CATALAN. Uruguai. Guerra com Artigas. Junto ao arroio Catalan, margem esquerda do Quaraim, o Marquês de Alegrete, marchando com 1.200 paulistas das três armas e 1.200 cavalarianos rio-grandenses, foi atacado por 3.400 uruguaios e argentinos de Entrerrios e Corrientes. Tratava-se do corpo principal do exército artiguista, sob o comando de Andrés Latorre. Este, desconhecendo que Artigas fora batido em Arapeí e se encontrava em retirada, dispunha-se a cumprir a parte a ele confiada no plano geral de hostilização ao exército de Curado. Os luso-brasileiros apoiaram no arroio Catalan a sua ala esquerda, com cavalaria e três canhões; na ala direita dispuseram os dragões e no centro a infantaria da Legião de São Paulo, com dois canhões. Latorre enviou quatro cargas seguidas contra o centro adversário que resistiu e desgastou o atacante. Já ao anoitecer, as alas fecharam-se sobre os orientais. Nesse momento regressando do vitorioso encontro do Arapeí, chegou ao Catalan José de Abreu. Colheu desprevenida e destroçou a ala esquerda de Latorre. Os uruguaios assim colhidos refugiaram-se em um bosque e ofereceram desesperada resistência, principalmente com arma branca, aos infantes e cavalarianos que os foram enfrentar. Aí morreram, tentando penetrar o arvoredo, o cmte. Antônio José do Rosário, do 2º de São Paulo, e os capitães Vitoriano Centeno, José Prestes e Corte Real. Foi apenas já noite alta que a divisão brasileira, a baioneta, expugnou e limpou o bosque. Ao cronista da campanha, Diogo Arouche de Moraes Lara, coube receber a rendição dos sobreviventes. Sua descrição: "Novecentos mortos, inclusive 20 oficiais. 290 prisioneiros, dentre os quais sete oficiais, dois canhões, uma bandeira, sete caixas de guerra e outros instrumentos de música marcial, 6.000 cavalos, 600 bois, muitas espingardas, lanças, espadas, arreios de montar e munições, foi a perda do inimigo nessa batalha, certamente a maior e a mais sanguinolenta até então travada nessa campanha". Perdas dos vencedores: 79 mortos, sendo cinco oficiais; 164 feridos, dos quais 12 oficiais.

27.3.1925 — CATANDUVAS. PR. Revolta tenentista. Posição-chave do quadrilátero mantido pelos revolucionários saídos de São Paulo sob a chefia do gen. Isidoro Dias Lopes. Foi a mais longa resistência dos revoltosos e o seu maior revés. Aproximadamente 500 deles, sob Nelson de Melo, Tolentino de Freitas Marques e Luiz Cordeiro de Castro Afilhado, resistiram a mais ou menos 4.000 governistas comandados pelo gen. Azeredo Coutinho. Na jornada, longa preparação de artilharia. Entre as 7 e 13 h, 1.200 granadas caíram sobre as posições defensivas. Seguiu-se ataque frontal e geral. No dia 30 renderam-se 404 dos revoltosos, encurralados e sem víveres desde muitas semanas. Passaram também para os governistas, dois canhões 75 mm, 385 fuzis, oito metralhadoras. Conseguiram escapar para Santa Helena, o ten.-cel. Newton Estillac Leal, o cap. Felinto Muller, o cap. Philogônio Antônio Theodoro com parte da sua companhia e o ten. Deusdedit Loyola e elementos do seu esquadrão de cavalaria.

27.10.1936 — CATARINA PARAGUAÇU. BA. Levante comunista. Preparado desde o ano anterior para secundar o movimento revolucionário a eclodir em diferentes pontos, a célula comunista do posto indígena Catarina Paraguaçu decidiu-se pela guerrilha rural. Movida pelo seu chefe Telesforo Martins Fontes, a célula consegue aprisionar 20 policiais do destacamento local, incluso seu comandante, 2º ten. radiotelegrafista Efigênio Matos e Silva. Da capital seguiram contra o posto 183 praças fuzileiros e uma Seção de Metralhadoras, reforçada em caminho por soldados de Itambé, Conquista, Canavieiras e Ilhéus. Informes dos moradores atribuíram 400 homens aos guerrilheiros vermelhos. Repelido convite à dispersão, o cmte. PM Liberato de Carvalho ordenou o ataque ao posto, afinal ocupado sem oferecer resistência. No dia 27 são os comunistas que atacam em número de 30, na Casa da Farinha. A 3.11, o confronto se dá na Serra da Onça. Com estes dois pequenos choques dissolve-se o contingente revoltoso, com os remanescentes transpondo o Rio Pardo e homiziando-se em MG.

4.11.1844 — CATIM. RS. Guerra dos farrapos. O cel. João Propício Mena Barreto, futuro general e Barão de São Gabriel, desbarata 300 farroupilhas obedientes à Jacinto Guedes da Luz, junto do Arroio Catim, região do Quaraim. Atravessando este rio, os vencidos refugiam-se no Uruguai. Autores como Souza Docca datam o choque do Catim no dia 5.

20.9.1645 — CATUAMA. ITAMARACÁ. PE. Holandeses no NE. Pretendendo passar sua gente para a Ilha de Itamaracá, Fernandes Vieira e Vidal de Negreiros precisam ter limpas de inimigo a barra do Catuama e o mar diante da ilha. Incumbem da tarefa o cap. Simão Mendes. Com 100 homens em duas pequenas embarcações, Mendes combate o patacho holandês que patrulha a área. Termina pela abordagem e tomada do barco, dando sossego completo às tropas insurgentes que desembarcam na parte norte da ilha.

31.12.1843 — CAVAJURETÃ. RS. Guerra dos farrapos. No picada São Xavier, o major GN Agostinho Gomes Jardim morre ao comandar o seu esquadrão de cavalaria ao ataque dos farrapos do gen. João Antônio da Silveira. Mas a vitória terminou favorecendo os imperiais que contaram no campo 15 mortos farroupilhas, entre eles o renomado caudilho cap. Serafim Bravo. No final da ação, faltando o maj. Jardim, os vitoriosos tiveram o comando do cap. Manoel José de Albernaz.

30.7.1823 — CAXIAS. MA. Guerra da Independência. Choque final na resistência do último chefe militar português a contestar a independência na parte norte do Brasil, o maj. João José da Cunha Fidié. Batido na sua desesperada ofensiva sobre o Arraial do Atoleiro, nos dias 18 e 19 do mês, e sabendo que o cerco fora reforçado pela gente do cel. João de Araújo Chaves, o maj. Fidié capitulou.

1.8.1839 — CAXIAS. MA. Balaiada. João Paulo Dias Carneiro reuniu o povo no Largo dos Remédios e expôs a situação: os balaios dos bandos de Raimundo Gomes, Lívio, Pedro Moura, Miloni, Mulungueta e do Balaio aproximavam-se: "Tudo destruíam, tudo saqueavam em ações isoladas e sem coordenação." A cidade, em pânico, confiou sua defesa ao cap. Ricardo Leão Sabino, veterano da campanha de Portugal. Organizou um "corpo de exército" de mais de mil homens, divididos em oito companhias, com um esquadrão de cavalaria e um de artilharia. O povo ergueu entrincheiramento, as mulheres gerenciaram a produção do cartuchame. Os balaios, numerosos, acostaram-se à cidade à qual puseram cerco em 15.6. Ao fim de 46 dias, tudo esgotado no perímetro da defesa, o cap. Sabino carregou com a última metralha o último canhão, abriu trincheiras, chamou o magote de balaios e quando os teve próximos deu um viva à Sua Majestade e disparou o canhão. A desordem entre os sitiantes permitiu aos sitiados uma retirada em ordem razoável. Por vingança, 200 moradores da ocupada Caxias foram mortos pelos balaios. Ali ficaram, desentenderam-se, separaram-se abandonando Caxias que tentariam, mais tarde, reocupar mas sem sucesso.

20.12.1637 — CEARÁ. CE. Holandeses no NE. Holandeses e duzentos dos seus aliados indígenas do cacique Maniu, sob a chefia geral de Joris Gartsman, tomam o Forte do Ceará. A defesa, liderada por Bartolomeu de Brito, chegou ao extremo das possibilidades. À sua entrada, o vencedor encontrou mortos ou feridos todos os membros da guarnição. Com este sucesso e a posse da margem norte do Rio São Francisco, os flamengos praticamente dominaram metade do Estado do Brasil.

18.5.1942 — CEARÁ. CE. Segunda Guerra Mundial. Na posição lat. 2°59' S e long. 34°17' O, o submarino italiano *Barbarigo*, do capitão Enzo Grossi, torpedeou o mercante *Comandante Lira*, carregado com 79.442 sacas de café e tendo 48 marujos e quatro soldados artilheiros do canhão de bordo. O navio pôde ser rebocado para Fortaleza, registrando a perda de dois marinheiros.

14.3.1817 — CENTURIÓN. Uruguai. Guerra com Artigas. No passo Centurión, o maj. Hipólito do Couto Brandão emboscou e derrotou corpo de cavalaria uruguaia.

6.9.1836 — CERCA DE PEDRAS. Guerra dos farrapos. O comandante farroupilha David Canabarro venceu o cap. Albernaz das forças imperiais. No dia 11 novo combate no local.

11.9.1836 — CERCA DE PEDRAS. RS. Guerra dos farrapos. Nesse local, cabeceiras do Ibicuí-Mirim, os comandantes republicanos David Canabarro, João Antônio da Silveira e Jacinto Guedes da Luz juntam suas forças e desbaratam os 300 soldados imperiais ao mando do maj. José Loureiro. No dia 6 do mês, Canabarro dispersara, no mesmo local, a tropa do cap. Albernaz.

17.8.1932 — CERRADO. SP. Revolução Constitucionalista. Lançando na ofensiva 17.000 homens das três armas, o gen. Valdomiro Lima inicia a batalha do Cerrado. O 8º RI e o 1º de Cavalaria Independente movem a penetração principal no setor Serraria dos Americanos, fazendo recuar toda a linha de resistência constitucionalista. A batalha do Cerrado foi dada por concluída durante a noite de 20 para 21 quando os federais atingiram o Rio Paranapanema.

17.8.1893 — CERRITO. RS. Revolta dos federalistas. Iniciando a segunda invasão maragata, o gen. Salgado entra pela Coxilha Aedo, avança até Caçapava e Encruzilhada e no Cerrito desbarata a coluna de voluntários civis a mando do cel. Francisco Portugal. Toma o rumo de Alegrete. Os republicanos tiveram grandes baixas a lamentar.

6.8.1923 — CERRITO. RS. Região das Missões. Revolta dos libertadores. Choque entre patrulhas reforçadas do libertador gen. Honório Lemes, que incursionava pelas Missões, e de Flores da Cunha, comandando a vanguarda dos perseguidores republicanos.

8.2.1826 — CERRO-MONTEVIDÉU. Uruguai. Guerra da Cisplatina. As forças sitiantes do cel. Manuel Oribe foram repelidas no ataque movido contra aquela posição-chave da defesa brasileira.

1.3.1870 — CERRO-CORÁ. Paraguai. Guerra do Paraguai. Ver Aquidabanigüi.

27.8.1894 — CERRO DO OURO. RS. Revolta dos federalistas. Evento chamado também combate de São Gabriel. Cerca de 2.000 revoltosos liderados por Gumercindo Saraiva, incluindo corpo ao mando do futuro Mar. Isidoro Dias Lopes, impôs massacrante derrota ao efetivo de 900 governamentais conduzidos pelo gen. Portugal. Estes, em maior parte civis alistados em São Gabriel e Santa Maria, acometidos pelos lanceiros federalistas debandaram em pânico, perseguidos por quase cinco léguas. Contra 12 baixas havidas entre os atacantes, os derrotados deixaram entre o Cerro e São Gabriel, de 300 a 400 mortos. Somente no desfiladeiro Apertado, perderam a vida 127 retirantes. Saraiva, que executou excelente manobra de despistamento, aproximação e ataque, pôs em fuga o general, seu E.-M., políticos regionais; apresou centenas de armas, 125.000 tiros, carretas, provisões, até mulheres. Estranha-se o pequeno número de prisioneiros. O resultado deu aos federalistas ânimo e material para cogitar da invasão de SC e do PR. Talvez, rumo à capital do país.

9.5.1827 — CERRO LARGO. Uruguai. Guerra da Cisplatina. Dias depois da batalha do Passo do Rosário ou de Ituzaingó, o guerrilheiro uruguaio Bonifácio Isás Calderón, lutando pelo Brasil, à testa de parte do 39º de milícias gaúchas e elementos do guerrilheiro João Teodoro, surpreendeu e cercou, na vila de Cerro Largo o Cuerpo de Dragones Libertadores del Uruguay, do cel. Ignazio Oribe. Depois de hora de combate os orientais concentraram-se na casa forte que servia de quartel. Recusada a rendição, o ten. Teodoro da Silva (Juca Teodoro) subiu ao telhado e ateou fogo à casa. Renderam-se os que ainda resistiam, entregando três carretas com fardamento e equipamento, 600 cavalos. Também, um coronel, um major, três capitães, sete alferes e 100 soldados. Este sucesso teria livrado Calderón de conselho de guerra por haver deixado, sem ordens, o campo de batalha do Passo do Rosário. A data é a que figura na *História do Exército Brasileiro*. Rio Branco atribui aos brasileiros a perda de um alferes e de nove soldados.

11.9.1851 — CERRO LARGO. Uruguai. Campanha de Pacificação do Uruguai. A três quilômetros da povoação, Francisco Pedro de Abreu dispersa a divisão do cel. Dionísio, destacado das forças de Oribe.

25.5.1869 — CERRO-LEON. Paraguai. Guerra do Paraguai. O cel. GN Manoel Cipriano de Moraes surpreende acampamento inimigo impondo aos paraguaios 60 baixas entre mortos e prisioneiros. Entre estes, Cirilo Rivarola, que viria a integrar o primeiro governo pós-Lopes.

?.?.1549 — CHACHAPOYAS. Peru. Conflitos com indígenas. São batidos e aprisionados os cerca de 300 últimos dos aproximadamente 14.000 tupis saídos do litoral brasileiro em busca da terra da imortalidade e de todo o bem. Guiados a princípio por dois portugueses indianizados, um deles por nome Mateus e que se dizia filho de Deus, e pelo cacique Uirá-açu (Águia grande), a multidão foi se adelgaçando em lutas com tribos dos territórios atravessados e trágicas vicissitudes na calha do Amazonas. Morto o guia espiritual Mateus, o cacique os conduziu durante tempo que alguns historiadores, a exemplo de Gandavo, orçam em quatro anos e outros até em dez. De Chachapoyas, província peruna de Motilones, Uirá-açu e cinco de seus principais auxiliares foram levados a Lima, ante o vice-rei ao qual descreveram a peregrinação. A narrativa teria despertado naquela autoridade a ambição de conquistar o vale amazônico. Em 1550, quando Pedro de Urzua partiu para a Jornada Omagua y Dorado, tomou por guias homens da leva de Uirá-Açu. Este cacique foi chamado por certos estudiosos (Roquete Pinto, *Ensaios brasilianos*) "o bandeirante desconhecido" pela sua tarefa devassadora.

24.9.1816 — CHAFALOTE. Uruguai. Guerra com Artigas. Junto ao arroio Chafalote, afluente da Lagoa de Castillos, o maj. Manoel Marques de Sousa — o segundo desse nome — conduz 80 homens da Legião de São Paulo e milicianos sul-rio-grandenses ao ataque contra a vanguarda do gen. Rivera, comandada na jornada pelo cap. Julian Muniz. Segundo Rivera, Julian tinha sob ordens 200 homens, conforme Rio Branco, 300. Perdas: dos brasileiros, três mortos e 10 feridos; dos uruguaios, 19 mortos e 24 prisioneiros.

15.6.1894 — CHAGUS. PR. Revolta dos federalistas. Contingente florianista do cel. Braz Arantes, perseguindo desde Ponta Grossa a Coluna Oeste dos federalistas em refluxo para o Rio Grande, acometeu a retaguarda inimiga. Entre os muitos mortos maragatos o cel. Júlio César de Castilhos e Souza, comandante da artilharia. Os vencidos perderam também homens aprisionados. Tão completa a derrota que a tropa do legendário Juca Tigre — José Serafim de Castilhos, debandou, rumo da fronteira argentina.

21.9.1840 — CHAPADINHA. MA. Balaiada. Furioso ataque dos revoltosos, a custo repelido pela defesa.

21.1.1836 — CHAPÉU-VIRADO. PA. Cabanagem. Iniciando a ofensiva contra o terceiro governo cabano, as forças imperiais, apoiadas pela barca-canhoneira *Independência*, atacam o sítio do Chapéu-Virado dispersando partida de revoltosos.

14.6.1818 — CHAPICOÍ. Uruguai. Guerra com Artigas. A coluna de cavalaria de Frutuoso Rivera expede grupo destinado a arrebatar parte da cavalhada conduzida pelo exército em marcha do gen. Curado. Essa partida foi repelida pela força de cobertura ao mando de Bento Manoel Ribeiro. Souza Docca preferiu a grafia Chapecuí.

?.?.1691 — CHIQUITOS/RIO JACUÍ. Bolívia. Conflitos com indígenas. Bandeiras paulistas. Avançando sobre Santa Cruz de la Sierra, foi assinalada na área das missões dos Chiquitos. Seriam 150 homens ao mando de Antonio Ferraz de Araújo e Manuel de Frias Taveira, segundo Taunay. Sobre ela saíram 130 espanhóis e 500 flecheiros chiquitos, destroçando-a. Só não morreram três feridos e aprisionados e três fugitivos que alcançaram reunir-se a outro bando de paulistas, talvez os comandados por Manoel de Campos Bicudo.

31.12.1825 — CHUÍ. RS. Guerra da Cisplatina. O destacamento de cobertura ao mando do maj. Inácio José Cabral da Costa foi surpreendido e dominado pelo contingente uruguaio conduzido pelo cel. Leonardo de Oliveira (brasileiro de nascimento). Horas antes, Oliveira obtivera idêntico sucesso contra o posto de observação de Santa Teresa.

10.5.1756 — CHURIEBI. RS. Guerra guaranítica. Vencedor em Guacacaí e Caiboaté, o exército aliado luso-espanhol escala a serra de São Martinho, rumo da vila missioneira de São Miguel. À margem do arroio Churiebi, cinco trincheiras e duas peças retovadas de couro tentam obstar a progressão, porém foram facilmente varridas pela artilharia dos europeus. Os indígenas defensores das trincheiras abandonaram a posição indo incendiar São Miguel, cujas ruínas os aliados ocuparam no dia 18.

16.12.1995 — CINQÜENTINHA/CARUTAPERA. MA. Choques da reforma agrária. Na gleba Cinqüentinha, fazenda Fé, município de Carutapera, enfrentaram-se posseiros e empregados da fazenda mandados para eliminara a posse. Morreram três dos empregados (tidos por jagunços pelos atacados) e dois posseiros. O policial Armando Celso Saraiva, a serviço do fazendeiro recebeu 30 tiros e teve quebradas ambas as pernas.

22.2.1926 — CIPÓ. PE. Coluna Prestes. Forças do Exército, da polícia estadual e civis armados obrigam o Destacamento Cordeiro de Farias a empenhar-se em um dos mais violentos combates travados pela Coluna. Dando cobertura à posição ocupada pelo grosso da tropa, empenharam-se também os destacamentos Siqueira Campos e Dutra. Pesadas baixas para ambos os contendores.

13.6.1832 — COBRA. CE. Insurreição restauradora. O caudilho Queirós, militando entre os insurretos de Pinto Madeira, foi completamente derrotado pelos chefes governamentais Manoel de Araújo Cortez e José do Vale.

25.6.1897 — COCOROBÓ. BA. Canudos. Sertanejos canudenses entrincheirados nos morros e sobre casas ao lado da estrada tentaram impedir a marcha da coluna do gen. Cláudio do Amaral Savaget, forte de 2.350 soldados e dois canhões Krupp. A vanguarda, 800 homens dirigidos pelo cel. Serra Martins, buscou desalojar os atacantes mas sofreu tantas perdas que não pôde cumprir a tarefa. Durante duas horas, oito batalhões e dois canhões permaneceram imobilizados e expostos ao tiroteio. Resultando inútil o bombardeio dos morros, pela artilharia, carregaram, baioneta calada, a 5ª brigada pela esquerda e o leito do rio, a 4ª pela direita e o esquadrão de lanceiros pelo centro. Limparam a linha de montes, as casas e portanto abriram a estrada, ao preço de 148 baixas, das quais 40 mortos, entre estes oito oficiais. O gen. Savaget figurava entre os feridos.

6.1.1778 — COIMBRA. MT. Conflitos com indígenas. Chamada então Presídio e estando sob o comando do srg-mor Marcelino Roiz Camponês, a posição (futuro Forte de Coimbra) foi procurada por guaicurus, que ofereciam à venda carneiros, aves e peles. Metade da guarnição saiu a negociar sob a proteção de 12 soldados armados e chefiados pelo ajudante Francisco Rodrigues Tavares. Conquistada a confiança dos soldados, a metade dos que saíram do presídio foi morta pelos guaicurus a porretadas e facadas. O ajudante recuou quarenta passos, defendendo-se com a espada, mas foi cercado e também morto.

27.12.1864 — COIMBRA. MS. Guerra do Paraguai. A guarnição de 115 soldados comandados pelo ten.-cel. Hermenegildo Porto-Carrero, auxiliada por 40 voluntários, guardas aduaneiros, soldados presos e índios, rechaça a intimação à rendição e enfrenta o primeiro ataque da esquadrilha e da força de desembarque paraguaias. Às ordens do CF Meza, a expedição fundeara na véspera ao sul do forte. Estava integrada por 3.200 infantes, 12 canhões e 1.000 cavaleiros obedientes ao cel. Vicente Barrios. O combate da jornada, com emprego de artilharia e infantaria, foi suspenso ao cair da noite, tendo o forte disparado 9.500 do seu total de 12.000 cartuchos. Os atacantes refluíram para junto dos seus barcos.

28.12.1864 — COIMBRA. MS. Guerra do Paraguai. Atacada na véspera pelos 12 canhões, 3.200 infantes e 1.000 cavaleiros do cel. Barrios e do CF Meza, a guarnição ficara quase sem munições. Durante a noite as mulheres refizeram o cartuchame. Pela manhã Meza e Barrios renovaram o bombardeio e o tiroteio, que se prolongaram até às 14 h, quando a infantaria montou quatro ataques, alcançando o parapeito. Somente oito atacantes penetraram o forte. Sete morreram. O oitavo, peso, relatou a constituição das forças atacantes. Durante a noite o conselho de oficiais decidiu o abandono da posição, movimento realizado no escuro, à insabida do sitiante. Ao amanhecer de 29 os paraguaios ocuparam o forte enquanto o vapor *Amambaí*, já distante, conduzia a guarnição e os civis. O barco foi apresado, dias mais tarde, nas proximidades de Corumbá.

22.2.1836 — COLARES. PA. Cabanagem. A expedição que ocupara a vila de Vigia (10.2), reforçada por 210 praças e duas canhoneiras, atacou a vila de Colares, em poder dos cabanos. O desembarque custou para os governamentais quatro mortos e vinte feridos. Os cabanos, desalojados, em número de aproximadamente 500, internaram-se nas matas.

21.9.1819 — COLLA. Uruguai. Guerra com Artigas. O cel. Vasco Antunes Maciel, em sortida da Colônia do Sacramento, derrota a tropa do comandante uruguaio Marcelino Casco, aprisionando-o e a mais 49 homens.

26.4.1945 — COLLECCHIO. Itália. Segunda Guerra Mundial. A localidade, na região de Parma, era ponto referencial na linha defensiva alemã. Pela tarde do dia 26, o Esquadrão Pitaluga — 1º Esquadrão de Reconhecimento — defrontou força inimiga superior. Travou combate e recebeu como reforço parte da 5ª Cia. do II/11º RI do maj. Orlando Ramagem e o pelotão de metralhadoras da C.P.P. II/11º RI e, no final da jornada, o grosso do II batalhão, enquanto o cap. Aldevio de Lemos dirigia-se também para Collecchio com a 8ª Cia. do III/6º RI. Anoiteceu em terreno de colinas e bosques, mas os brasileiros sustentaram o avanço. A luta prosseguiu até o anoitecer do dia 27, dando como resultado a posse da região colinosa e o aprisionamento de 588 alemães, canhões, cantina ambulante e 100 cavalos.

7.8.1680 — COLÔNIA DO SACRAMENTO. Campanhas da Colônia. Fundada a 22.1, por Manoel Lobo, governador do RJ, a Colônia do Sacramento estava fracamente defendida, considerada a proximidade de Buenos Aires. Dispunha de quadrilátero de estacas fortalecido do lado de terra por dois baluartes e um fosso. A artilharia compunha-se de dois meios-canhões, seis pedreiros e 18 canhões, tendo por guarnição apenas 200 homens procedentes do RJ e de SP. A energia de Manoel Lobo repeliu todas as intimações à rendição apresentadas durante meses pelo chefe sitiante, cel. Antonio de Vera Mujica, enviado de José Garro, governador de Buenos Aires. Mujica contava com 3.560 combatentes, sendo 250 espanhóis recrutados em Buenos Aires, Corrientes e Santa Fé, e 3.300 índios guaranis com seus caciques, o srg-mor Inácio Amandaú e os mestres-de-campo Cristobal Capí e Francisco Curitu. Os missioneiros foram os primeiros a atacar. Repelidos, renovaram o assalto empregando todo o seu efetivo, conseguindo penetrar no quadrilátero para serem expulsos mediante contra-ataque. Na terceira tentativa da jornada, insistindo durante duas horas, puseram fora de combate a maior parte dos defensores, afinal dominados quando 112 dos 200 estavam mortos, e feridos quase todos os demais. Dos capitães, um somente não morreu, embora ferido. Manoel Lobo foi levado, em sua cama de doente, para falecer em Buenos Aires. A conquista exigiu dos atacantes 36 mortos e 96 feridos. A crônica espanhola e logo a européia festejaram o sucesso mas também celebraram o valor dos capitães, destacadamente o paulista Simão Farto e o fluminense Manoel Galvão. Principalmente, falou-se da esposa deste Galvão, Joana, notorizada por seu amor, dedicação e valentia. No texto de Xarque ela é assim referida: "la mujer que a su lado jugaba el acero tan ligera que parecia um rayo: y viendo muerto el marido, la convidaban con la vida los Castellanos, porque merecia su varonil animo coronarse con prolongados siglos: peró la matrona intrepida tuvo por descredito de su lealtad al Rey y amor a su esposo salir viva de la batalla, donde avia este rendido el alma, por lo que no cesó de pelear, hasta que imitó con gloriosa muerte a su consorte". A lenda desta amorosa lutadora foi levada às Missões pelos guaranis que ajudaram na conquista da Colônia. Pelos informes dos jesuítas chegou aos escritos de Charlevoix: "Ce brave homme avait pour épouse une heroïne, qui, l'epée à la main, combattit à ses cotés tant qu'il vécut. Dès qu'il fut mort, les Espagnols, pleins d'admiration pour sa vertu, lui crièrent de se rendre; mais, uniquement occupée du desir de venger son mari, elle se jetta au milieu de la melée et y trouva la mort qu'elle semblit chercher". Rio Branco informa, nas *Efemérides*, que em 1828 foi dado nome de *Dona Joana Galvão* a pequeno barco corsário armado na Colônia, quando esta, em virtude do tratado luso-espanhol de 7.5.1681, foi restituída a Portugal em 1683.

30.10.1704 — COLÔNIA DO SACRAMENTO. Uruguai. Campanhas da Colônia. Sumaca expedida do RJ com alimentos e munições para os sitiados tenta atravessar o bloqueio espanhol. Perseguida por cinco barcos causa-lhes elevadas avarias e perdas, porém termina por ser apresada pelos sitiantes.

4.11.1704 — COLÔNIA DO SACRAMENTO. Uruguai. Segunda campanha. Defendida por Sebastião Xavier da Veiga Cabral, a praça foi atacada pelo srg-mor Baltazar Garcia Rosa a mando do governador buenairense Valdez Inclan. O assalto principiou no dia 4 e foi repetido nos dias 6 e 14, prosseguindo, em terra e na água, durante seis meses. Cabral, que pedira reforços, recebeu do RJ ordem para retirar-se. Rompendo o bloqueio, atingiu o oceano conduzindo até mesmo as imagens dos altares e as alfaias.

5.11.1704 — COLÔNIA DO SACRAMENTO. Uruguai. Segunda campanha. O cap. Manoel Vaz Moreno sai em sortida da praça sitiada. Levando 40 fuzileiros e rodeleiros, aproveita-se da madrugada escura e surpreende batalhão espanhol, tomando-lhe sete canhões e numerosos prisioneiros, entre os quais um capitão de cavalaria.

23.11.1704 — COLÔNIA DO SACRAMENTO. Uruguai. Segunda campanha. No quarto assalto levado contra a praça, os espanhóis de Baltazar Garcia Rós foram repelidos pelos sitiados sob mando do gen. Sebastião da Veiga Cabral. Os assaltantes perdem 30 mortos e mais de 100 feridos. Durante a defesa distinguiu-se a gente do navio *Popa Verde*, armado em guerra com 12 canhões. Abordado pela nau espanhola *Nuestra Señora del Rosario*, de 36 canhões, uma sumaca, uma lancha e dois botes — todos sob as ordens do cap. Ibara Lescano —, defendeu-se até perder 55 tripulantes, sendo apresado. Dos 33 prisioneiros caídos em mãos dos vencedores, a maioria foi de feridos e queimados.

1.2.1705 — COLÔNIA DO SACRAMENTO. Uruguai. Segunda campanha. O governador de Buenos Aires, Valdez Inclan, assumiu pessoalmente o comando do sítio. Na jornada, desfechou prolongado bombardeio por terra e mar. Intima à rendição. Sebastião da Veiga Cabral, comandando a defesa e na praça desde 1699, responde com exigências inaceitáveis e exorta os seus: "não busqueis a salvação da vida na rendição (...) temos pelejado como homens, resta que nos defendamos como feras..." A 14.3, sob fogo do inimigo, todos os homens, os feridos inclusive, levando armas e quanto houvesse de valor, embarcaram na frota enviada para retirá-los. A Colônia estava sendo abandonada, pela segunda vez, às mãos de espanhóis.

3.10.1735 — COLÔNIA DO SACRAMENTO. Uruguai. Terceira campanha. Primeiro combate do terceiro assédio. Defendida pelo brg. Antônio Pedro de Vasconcellos e auxiliada por reforços enviados pelo capitão general Gomes Freire de Andrade, resistiu até 2.9.1737, quando capitulou passando pela terceira vez ao poder da Espanha.

20.10.1735 — COLÔNIA DO SACRAMENTO. Uruguai. Terceira campanha. A guarda avançada da Colônia, sob o cap. Inácio Pereira da Silva, enfrenta com 160 cavaleiros a vanguarda do exército com que o general espanhol Salcedo vai pôr cerco à praça. Inácio hostiliza os espanhóis até a noite, quando pôs-se a salvo na Colônia.

10.12.1735 — COLÔNIA DO SACRAMENTO. Uruguai. Terceira campanha. O atacante, governador de Buenos Aires, Salcedo, consegue com sua artilharia abrir brecha no muro da praça sitiada, lançando contra ele 2.440 tiros e 60 bombas. Recusada a segunda intimação à rendição, ataca ao anoitecer. Repelido, contenta-se com tornar mais rígido o cerco.

30.10.1762 — COLÔNIA DO SACRAMENTO. Campanhas da Colônia. Pedro Cevallos, governador das Províncias do Rio da Prata, cercava e investia a praça desde o dia 6. A 28, intimou a rendição. Ante a recusa do comandante Vicente da Silva da Fonseca, ocupou a jornada de 29 com o disparar sobre a Colônia 863 tiros de canhão, quase dois por minuto do tempo útil para a artilharia. A 30, a rendição. Colônia voltaria diplomaticamente aos portugueses em decorrência dos Tratados de Paris e de Fontainebleau. A data da entrega da praça é de Southey e da *História Naval Brasileira*.

Forças em oposição da Colônia do Sacramento — 1734

Defesa (luso-brasileiros):

Guarnição da praça: 400 homens
Reforços recebidos do Rio de Janeiro:
1 navio com 50 canhões
1 navio com 20 canhões
4 navios-transporte
440 soldados sob o srg-mor Tomás Gomes da Silva

Ataque (espanhol): Juan Jose de Vertiz y Salcedo:

Tropa:

1.300 soldados
3.000 auxiliares indígenas

Armas:

14 canhões
4 morteiros
800 espingardas
4.000 lanças
8.000 tiros de artilharia
500 bombas de artilharia

Frota:

1 navio com 34 canhões
1 navio com 18 canhões
5 lanchas artilhadas
10 navios-transporte

(Ten.-cel. Souza Ferreira — *História militar do Brasil*).

6.1.1763 — COLÔNIA DO SACRAMENTO. Uruguai. Campanhas da Colônia. A praça fora ocupada pelos espanhóis ao mando de Cevallos, a 1.10.1762. Dois meses passados, flotilha luso-britânica tentara sem êxito a reconquista (fragata portuguesa *Glória,* 38 canhões e as inglesas *Lord Clive,* 64, e *Ambuscade,* 40). Nas *Efemérides brasileiras* (1891) o Barão do Rio Branco descreveu: "Tinham partido do Rio de Janeiro a 20 de novembro, quando ainda se ignorava a capitulação da praça. O combate começou meia hora depois dos meio-dia. Às 4 da tarde já era muito frouxo o fogo da artilharia espanhola, quando a *Lord Clive* começou a arder rapidamente, ficando de todo destruída. De 340 homens que havia a bordo, apenas 78 se salvaram. MacNamara (comandante) morreu afogado, sendo dos últimos a deixar o navio. A *Ambuscade* tinha 40 balas no costado e fazia muita água. A bordo deste navio foi ferido o poeta Tomas Penrose, então tenente. Entre as suas poesias, encontram-se duas escritas antes e depois do combate, e dedicadas à sua noiva".

Forças na Colônia do Sacramento em 1762	
Regimento de Milícias	393 homens
Companhia de Artilharia	32 homens
Companhia de Dragões	50 homens
Companhia de Paisanos	200 homens
Companhia de Estudantes	50 homens
	725 homens
Frota: 1 falua	
3 sumacas	
2 corvetas	
1 iate	

30.5.1777 — COLÔNIA DO SACRAMENTO. Uruguai. Campanhas da Colônia. Partindo de Montevideo a 20.5, Pedro Cevallos concentrou-se no Arroio de los Molinos, a um quilômetro da fortaleza da Colônia. A 25 venceu a resistência, ocupando e arrasando a praça.

2.5.1818 — COLÔNIA DO SACRAMENTO. Uruguai. Guerra com Artigas. Com ousado golpe-de-mão noturno, o caudilho gaúcho Vasco Antunes Maciel, liderando grupo de populares, prende o governador designado por Artigas e parte da guarnição. Assume o poder na fortaleza, logo reforçada por destacamento naval enviado pela divisão bloqueadora e ao mando do CF Diogo Jorge de Brito. Até 3.12.1828 a Colônia permaneceria brasileira.

12.5.1818 — COLÔNIA DO SACRAMENTO. Uruguai. Guerra com Artigas. O corpo de cavalaria composto por voluntários ao mando de Vasco Antunes Maciel e o destacamento de marinheiros sob o CF Diogo Jorge de Brito repelem ataque desfechado por força artiguista conduzida pelo chefe Encarnación.

17.8.1825 — COLÔNIA DO SACRAMENTO. Uruguai. Guerra da Cisplatina. O cel. Juan Ramos, uruguaio ao serviço do Brasil, chefiando 300 soldados imperiais, repele ataque desfechado por 400 uruguaios ao mando de Lavalleja. Os atacantes retiram-se sofrendo perdas não conhecidas. As dos brasileiros: 24 mortos e feridos.

23.9.1825 — COLÔNIA DO SACRAMENTO. Uruguai. Guerra da Cisplatina. O maj. Cepeda, uruguaio ao serviço do Brasil, levou 100 soldados ao ataque noturno contra o acampamento do cel. Arena, a duas léguas dos muros da Colônia. A força uruguaia dispersou-se, deixando 26 mortos.

26.2.1826 — COLÔNIA DO SACRAMENTO. Uruguai. Guerra da Cisplatina. O alm. Brown, a serviço da Argentina, desfechara às 20:30 h da véspera ataque por terra e mar. A defesa, chefiada pelo mar. Jorge Rodrigues, rechaçou os desembarques e o assalto. Pela manhã de 26 Brown fez desfilar seus navios diante da Colônia, duelando com os fortes. Na ponta São Gabriel, o brigue *Belgrano* encalhou, batido pela artilharia de terra. O comandante morreu e a maruja abandonou o navio. À noite, a escuna brasileira *Conceição* tentou abordar e incendiar o *Belgrano* evitando que fosse recuperado. Pressentida e duramente hostilizada, desistiu da operação incêndio mas rompeu o bloqueio argentino e dirigiu-se para Montevideo levando a notícia do ataque.

28.2.1826 — COLÔNIA DO SACRAMENTO. Uruguai. Guerra da Cisplatina. O alm. Brown que levara parte da esquadra argentina contra a Colônia desde o dia 25 concentra-se nas Ilhas de Hornos, onde não poderia ser hostilizado pelos barcos brasileiros de maior calado. E envia destacamento para incendiar ou tomar três pequenas escunas que sob o mando de Frederico Mariath davam eficiente apoio à defesa da Colônia. O ataque às escunas foi repelido pela artilharia dos barcos e de terra.

1.3.1826 — COLÔNIA DO SACRAMENTO. Uruguai. Guerra da Cisplatina. A frota argentina sitiadora da Colônia ocupada por brasileiros recebe o reforço de uma escuna e seis canhoneiras, com o que o alm. Brown projetou ataque decisivo para a noite entre 1 e 2 de março. O assalto foi repelido ao custo de 19 mortos e 10 feridos brasileiros e da perda do brigue *Real Pedro,* incendiado. Desconhecidas as perdas argentinas em terra, mas no estuário foram de três canhoneiras apresadas, uma afundada e 200 mortos, entre os quais vários oficiais e dois comandantes de navio.

10.3.1826 — COLÔNIA DO SACRAMENTO. Uruguai. Guerra da Cisplatina. Insistindo na tomada da praça que sitiava desde 25.2, o almirante argentino Brown planejou duplo golpe contra as defesas brasileiras. A maruja desembarcaria sob o fogo dos canhões de bordo enquanto os muros do lado de terra seriam assaltados pela força uruguaia de Lavalleja chegada a propósito. A defesa comandada pelo brg. Rodrigues repeliu o duplo assalto.

14.3.1826 — COLÔNIA DO SACRAMENTO. Uruguai. Guerra da Cisplatina. O alm. Brown insiste em mais um assalto contra a praça sitiada desde 25.2. Segundo Rio Branco (*Efemérides*), o insucesso custou aos argentinos 300 baixas além de avarias em todos os navios que se aproximaram para apoiar a operação. Perdas brasileiras: 32 mortos e 52 feridos.

9.9.1826 — COLÔNIA DO SACRAMENTO. Uruguai. Guerra da Cisplatina. A escuna *Leal Paulistana,* liderando outros barcos da terceira divisão brasileira, persegue e aprisiona a escuna corsária argentina *Profeta Bandarra.* A tripulação abandonou o barco e salvou-se em botes, comandada pelo francês César Fournier. No dia 21 esse corsário vingou-se, abordando e apresando a *Leal Paulistana.*

12.4.1827 — COLÔNIA DO SACRAMENTO. Uruguai. Guerra da Cisplatina. O coronel de milícias João Ramos, da guarnição sitiada na Colônia, realiza às 5 h sortida vitoriosa abrindo caminho para a entrada de fornecimentos. Ferido na ação, Ramos falece às 14 h.

27.5.1827 — COLÔNIA DO SACRAMENTO. Uruguai. Guerra da Cisplatina. O comandante da praça sitiada, cel. Vasco Antunes Maciel, realizou uma das sortidas que lhe deram vitórias e fama. Dispersou parte dos sitiantes, queimando o seu acampamento e conduzindo para o recinto da praça vários prisioneiros e quanta utilidade pôde transportar.

23(?).12.1897 — COLÔNIA NOVA PETRÓPOLIS/CAÍ. RS. Insubmissão dos *mucker.* Os sobreviventes da campanha do Ferrabrás, anistiados em 1883 e absolvidos no júri de São Leopoldo dividiram-se. Alguns instalaram-se na Terra dos Bastos, à margem do Arroio Forqueta; outros, na Fazenda Pirajá, Colônia Nova Petrópolis, município do Caí. Na data, cerca de 100 moradores da área emboscaram os *mucker,* matando três dos seus líderes. No final do ano seguinte, já não havia *santarrões* por ali, bem como na Terra dos Bastos.

17.2.1637 — COMANDAITUBA. AL. Holandeses no NE. Chamada pelos holandeses Batalha de Porto Calvo. Nassau, cronistas e Frans Post datam o sucedido no dia 18. Abandonando as margens do riacho Comandaituba, proximidades de Porto Calvo, o conde Bagnuoli encarrega Alonso Ximenes de Almirón de sustar o avanço do grosso do dispositivo holandês sob Nassau. Com 350 índios de Camarão, 80 pretos de Henrique Dias e 400 regulares, Almirón posta-se à margem sul do riacho, protegendo o flanco com trincheiras. Durante a noite, os holandeses ocuparam elevações dominantes, cruzaram o Comandaituba acima e abaixo da posição de modo a atacá-la, com o dia, em manobra envolvente. Estava ali todo o exército de Nassau: 3.000 soldados, 800 marinheiros, 600 índios, somando 4.400 homens com os melhores comandantes, os coronéis Arciszewsky e van Schkoppe. A superioridade numérica invalidou o esforço dos defensores, que perderam a posição e 60 mortos, entre os quais seis oficiais. Entre os 50 feridos, Lopes Barbalho e Henrique Dias, que teve amputado o braço esquerdo. Perdas holandesas: seis mortos e 45 feridos. Conseqüências: o abandono de Porto Calvo pelos luso-espanhóis.

Maurício de Nassau

O príncipe Maurício, conde Nassau-Siegen, nomeado governador civil e militar do Brasil holandês, chegou ao Recife no dia 23.1.1637. Dele disse Robert Southey na História do Brasil: *"Um só momento não perdeu Nassau à sua chegada. Era que em verdade não havia tempo que perder; tanta audácia havia a fortuna inspirado às partidas dos portugueses, que nem a estrada entre Olinda e o Recife era já segura, e ou se havia de pôr pronto cobro a estas devastações, ou os estabelecimentos de fabrico de açúcar, cujos dízimos eram tão importantes, que por 280.000 florins se arrematavam, tinham de cessar. Distribuiu 2.600 homens pelas diferentes guarnições, formou um exército de quase 3.000 homens e pôs de parte 600 para a guerra de depredações. Depois olhou pelo estado dos seus depósitos. As assoladoras correrias de Camarão e Souto durante todo o ano anterior haviam produzido a escassez, e mal era possível abastecer as guarnições e achar provisões às tropas para uma expedição de dois meses. Tudo suportaram os holandeses com paciência, exceto rações curtas, acostumados como andam a trazer sempre repleto o estômago; prorrompiam em alaridos os soldados e toda a autoridade e belas promessas dos oficiais eram poucas para apaziguá-los. Proclamou-se que todo o mundo poderia trazer ao campo holandês comestíveis à venda; isto porém se fazia, não fosse o inimigo saber do apuro que reinava e também para iludir as tropas com a esperança de suprimentos. (...) Preparado tudo, mandou Nassau fazer preces públicas e pôs-se em marcha em busca do inimigo, indo adiante por água as tropas bisonhas, que ele julgou prudente poupar quanto possível".*

24.4.1736 — CONCEIÇÃO. Uruguai. Campanhas da Colônia do Sacramento. Os capitães Teodorico Gonçalves Negrão e Inácio Pereira da Silva vencem força adversária sob o srg-mor Francisco Neto, que morreu combatendo.

17.10.1822 — CONCEIÇÃO. BA. Guerra da Independência. Ao redor do engenho Conceição, cercanias da cidade da Bahia, combate de cavalaria ao fim do qual o esquadrão nativista do alf. Manoel Alves do Nascimento impõe a retirada da força portuguesa de reconhecimento.

21.10.1822 — CONCEIÇÃO. BA. Guerra da Independência. Destacamento português foi mandado para incendiar o engenho Conceição — ponto de observação dos nativistas. A defesa, sob o cap. Pedro Ribeiro, repeliu os atacantes. No dia seguinte, reforçados, os lusos cumpriram o planejado.

3.12.1822 — CONCEIÇÃO-ITAPOÃ. BA. Guerra da Independência. Pesado confronto em quase toda a linha de cerco da cidade da Bahia. Junto de Itapoã, a pressão brasileira foi conduzida pelo cel. Felisberto Caldeira Brant, sem perdas brasileiras e sete dos lusos. Na esquerda da linha, junto do que restara do engenho Conceição, os brasileiros sofreram as baixas de 11 mortos e 20 feridos contra 23 mortos, sendo dois deles oficiais e muitos feridos entre os portugueses.

2.5.1823 — CONCEIÇÃO. BA. Guerra da Independência. Uma companhia do exército português em exploração sobre o antigo engenho da Conceição foi enfrentada e posta em recuo por uma unidade do Batalhão de Libertos do exército nativista brasileiro.

18.10.1835 — CONCEIÇÃO. PA. Cabanagem. A expedição governamental integrada pelo iate *Mundurucu* e várias embarcações menores desembarca furtivamente sua força de combate na Ilha Conceição. Atacando, pelo madrugada, ela dispersou a guarnição dos cabanos e destruiu as obras de fortificação ali erigidas pelos revoltosos.

29.11.1839 — CONCEIÇÃO. PI. Balaiada. A trincheira da Conceição, aberta na margem direita do Rio Paraíba, foi disputada em dois combates. Pela manhã os balaios atacaram e ocuparam a trincheira expelindo a tropa às ordens do ten.-cel. Tomé Mendes Vieira. À tarde, os legais contra-atacaram, tomaram e se instalaram definitivamente na posição.

17.3.1844 — CONCEIÇÃO. RS. Guerra dos Farrapos. Junto ao passo da Conceição sobre o arroio Candiotinha, o farrapo cel. Camilo dos Santos Campelo supera a coluna imperial de Fidélis Paz.

30.12.1924 — CONCEIÇÃO. RS. Revolta tenentista. Junto do arroio, no município do Ijuí, a Divisão Rio Grande, chefiada por Luís Carlos Prestes, atravessou o arroio Conceição sob intenso fogo de numerosa tropa governista. Os tenentistas em armas abriam caminho para o oeste do PR, onde eram esperados pela Divisão São Paulo do gen. Isidoro Dias Lopes.

19.1.1817 — CONCEPCIÓN. Argentina. Guerra com Artigas. O cap. Elias de Oliveira, cumprindo ordens do brg. Chagas Santos, e tendo cruzado o Rio Uruguai diante de San Fernando, que ocupara a 17, no dia 19 tomou e incendiou Concepción. A operação fazia parte da campanha de Chagas Santos, planejada para inutilizar os centros argentinos abastecedores de Artigas. Principalmente nas províncias de Corrientes e Misiones.

Modo feroz de fazer guerra

Nos primeiros dias de 1817, o Marquês de Alegrete, comandante-chefe português na guerra contra Artigas, ordenou ao brg. Francisco das Chagas Santos "que com os do seu mando fizesse possíveis hostilidades aos povos da margem oriental do rio Uruguai a fim de tirar ao inimigo todos os meios de repetir a invasão no território português de Missões".

A 17 de janeiro, Chagas saiu de São Borja com 550 soldados, cinco canhões, nove carretas e 11 canoas e cruzou o rio. Quando o reatravessou, havia feito o seguinte, conforme a descrição do cronista da campanha, cap. Diogo Arouche de Morais Lara:

"Depois de saqueadas e demolidas as sete povoações de Japeju, da Cruz, São Tomé, Santa Maria, São Xavier, Mártires e Conceição, sitas à margem direita do Uruguai, e somente saqueados os povos de São José, Apostoles e São Carlos; saqueada e talada toda a campanha na dis-

tância de mais de oitenta léguas, de que resultou a rica presa de sessenta arrobas de prata, muitos e riquíssimos ornamentos das Igrejas, muitos sinos, 6.000 cavalos e éguas e outros gêneros, importando tudo, pelos valores ínfimos, em cinqüenta contos de réis; e, finalmente, depois de estabelecidos os necessários postos que deviam conservar-se na margem direita do Uruguai em observação para participarem sobre os movimentos do inimigo, o brigadeiro Chagas repassou aquele rio no dia 13 de março do mesmo ano de 1817, com as suas tropas tão cobertas de glória, como de despojos do inimigo, a que fizeram as maiores hostilidades, que é possível fazerem-se, sem que recebessem outro prejuízo mais que o ferimento de um homem, como fica dito".

(*General A. Tasso Fragoso* — A batalha do Passo do Rosário, *2ª ed., RJ, Biblioteca do Exército, 1951.*)

31.1.1839 — CONTRATO. RS. Guerra dos farrapos. Duas canhoneiras imperiais posicionadas no Passo do Contrato foram surpreendidas e tomadas por contingente de farrapos.

7.12.1825 — CONVENTOS. Uruguai. Guerra da Cisplatina. Junto ao arroio Conventos, vizinhança de Cerro Largo, o cel. Bento Gonçalves incorporando a gente do ten.-cel. Bonifácio Isás Calderón, oriental ao serviço do Brasil, surpreende e destroça o agrupamento do ten.-cel. Inácio Oribe. Este perdeu 40 dos seus seguidores, entre mortos e prisioneiros. E um estandarte.

26(?).6.1822 — COQUEIRO/SALVADOR. BA. Preparo da Independência. Separatistas animados pelo espírito belicoso da Junta de Cachoeira ousaram resistir à tropa enviada desde a cidade da Bahia para aprisioná-los. Dos primeiros atritos da guerra da Independência.

18.3.1823 — COQUEIROS-BROTAS. BA. Guerra da Independência. Fortes ataques do exército brasileiro contra a linha defensiva portuguesa estendida em torno da cidade da Bahia. Os lusitanos mantiveram posições.

9.2.1826 — CORALES-BUENOS AIRES. Argentina. Rio da Prata. Guerra da Cisplatina. Garcez Palha, nas *Efemérides navais*, descreveu a batalha da jornada: "Raiava o dia com branda aragem de E.N.E. — segundo consta no livro de quartos da corveta *Liberal*. Às 6 horas, a esquadrilha brasileira, fundeada em balizas exteriores no porto de Buenos Aires, avistou a força argentina que deixava os poços, formada em linha de fila, tendo como testa de coluna a corveta *Veinte y Cinco de Mayo* e impossibilitada de aceitar combate no lugar em que se achava, onde o pouco fundo não permitia o movimento dos navios, suspendeu-se às 6 horas e 45 minutos, com proa à Ponta de Lara, atraindo após si o inimigo, ao mesmo tempo que procurava ganhar-lhe barlavento. Duas vezes se empenhou a ação que podia ter sido esplêndida se houvesse de parte a parte mais desejo de bater-se. Às 2 3/4 horas da tarde trocaram-se os primeiros tiros, navegando nossos navios em gáveas, joanetes e papafigos; as embarcações pequenas de William Brown ficaram desde então sotaventeadas, o *Congreso*, o *Belgrano*, o *Republica* e a *Sarandy*, assevera o Memorandum das Campanhas Navais da República Argentina, se afastaram, colocando-se fora do alcance de artilharia inimiga; mas em toda nossa força apenas três embarcações se empenharam na luta. Brown, na *Veinte y Cinco de Mayo*, responde com bravura ao fogo desses navios, mas, reconhecendo o sacrifício inglório a que expunha sua gente, fez sinal de retirada". A *Liberal* e o *29 de Agosto* ainda castigaram a capitânia buenairense por hora e meia. Jornais de Buenos Aires noticiaram seis mortos e 15 feridos em seus navios. Entre os brasileiros, morreu o comandante do *29 de Agosto*, havendo mais um morto e dois feridos nos outros barcos. A *Historia del Uruguay*, de Schurmann Pacheco-Coolinghan Sanguinetti, dá ao encontro o nome de Punta de Lara e o considera vitória argentina.

A estratégia naval e as esquadras de 1825 no estuário do Rio da Prata.

"Nós tentamos" — escreveu o gen. Tasso Fragoso, p. 186 de A batalha do Passo do Rosário — *"criar um círculo de fero em torno de Buenos Aires, estorvando-lhe o comércio e a navegação, insulando-a do resto do mundo e dificultando-lhe levar à Cisplatina o contingente de homens e material de que necessita. As Províncias Unidas do Prata forcejam para rompê-lo."*

"Ao explodir a guerra de 1825, tinha o Brasil no Rio da Prata uma esquadra numerosa. Segundo Teotônio Meireles da Silva, compunha-se da fragata Tétis, *corveta* Liberal, *brigues* Real João *e* Real Pedro, *barca* Dom Sebastião, *escunas* Leopoldina, Maria Teresa, Oriental, Camões, Reino Unido, Isabel Maria, Dom Álvaro, Seis de Fevereiro, Ilha das Flores, Dona de Jesus, Manuelina *e* Maria Isabel, *além de oito lanchões armados e artilhados. Foi reforçada sem demora pelas fragatas* Imperatriz *e* Paula, *corvetas* Itaparica *e* Maceió, *brigue* Vinte e Nove de Agosto *e outras pequenas embarcações. O vice-almirante Rodrigo José Ferreira Lobo tomou-lhe o comando...*

"A Argentina encontrava-se em condições muito inferiores ao Brasil no tocante a recursos navais. Lembrou-se, por isso, de colocar à testa de sua esquadra Guilherme Brown, bravo marinheiro irlandês que já a tinha ajudado na guerra da independência.

"Essa esquadra era um nome, uma sombra, escreve Baldrich (...) constava de dezesseis barquinhos: os bergantins General Belgrano *(16 canhões) e* General Balcarce *(14 canhões), uma pequena corveta, um* queche *e doze lanchas-canhoneiras, armadas cada uma com uma peça à popa, o que perfaz um total de 44 canhões de todos os tipos e calibres. e, se a artilharia era pobre e má, ainda mais pobres e piores eram os barcos, construídos para comércio e não para guerra. A tripulação bisonha e cosmopolita: argentinos, franceses, norte-americanos e ingleses" (Baldrich,* Guerra del Brasil, *p. 189,* apud *Tasso Fragoso). "Sem embargo" — observa o gen. Fragoso — "o principal teatro das operações navais, isto é, o estuário do Prata, favoreceu imenso as evoluções de Brown, pois não era possível às grandes embarcações do Império manobrarem com facilidade, movidas à vela, resguardando-se de vários bancos". "Os navios argentinos" — descreve Teotônio Meireles — "eram inquestionavelmente mais veleiros e fáceis de manobrar que os da esquadra brasileira, e por isso, não só o combate de 9 de fevereiro como em todos os encontros e combates, escaparam-se sempre a bom correr."*

"O primeiro ato naval do Império foi a declaração do bloqueio de "todos os portos e costas da Província de Buenos Aires e todos os que, na margem oriental, estivessem ocupados por tropas dessa República". Barcos neutrais tinham um prazo de 14 dias para sair. Contra esse bloqueio levantaram protesto os Estados Unidos, salientando-lhe a ilegalidade decorrente do fato de não poder tornar-se efetivo."

6.5.1819 — CORDOVEZ. Uruguai. Guerra com Artigas. Nas proximidades do arroio Cordovez, o cel. Bento Gonçalves dispersou a tropa artiguista do cel. Fernando Otorgues.

16(?).9.1893 — CORISCO. RS. Revolta dos federalistas. Acampados no sítio Corisco, os maragatos do ten.-cel. José

Borges Vieira e do caudilhete Palmeira, embora surpreendidos, conseguiram repelir ataque ordenado pelo cel. José Tavares da Silva e pelo ten.-cel. Martiniano França. Estes dois chefes foram os primeiros a cair, provocando confusão entre os seus comandados que recuaram, tendo sofrido 19 baixas. Entre os federalistas, um morto.

21.7.1932 — CORONEL MANOEL JOAQUIM/GUAXUPÉ. MG. Revolução Constitucionalista. Atuando em território mineiro, o 1º Batalhão Paulista da Milícia Civil, ao mando do cap. Romão Gomes, defronta na estação Coronel Manoel Joaquim, proximidades de Guaxupé, o 11º BI da Força Pública de MG, chefiado pelo maj. João Lemos da Silva. A peleja terminou com troca de prisioneiros, quatro mineiros e um paulista mortos e um acordo político: os paulistas regressaram a seu território.

15.9.1916 — CORREGO ROSÁRIO. MT. Revolta dos conservadores. A força mandada pelo major Antônio Gomes bateu a governista Coluna Ponta Porã, conduzida por Antônio Machado Salgueiro. Confronto chamado também de Passo do Rosário. O chefe Antônio Machado obteria triunfo sobre os conservadores de Marcelino Lima no choque da Fazenda São Máximo, região de Ponta Porã. No Rincão de Júlio, ocorreu igualmente um atrito de pelotões com o desbarato do grupo combatente de Quincas Nogueira.

25.5.1865 — CORRIENTES. Argentina. Guerra do Paraguai. Ocupada desde 14.4 por 1.500 paraguaios às ordens do maj. Martinez, Corrientes foi atacada pelos aliados. Às 11 h a divisão naval brasileira abriu fogo, dando cobertura ao desembarque dos 1.200 argentinos da divisão Paunero e de 346 brasileiros, 307 dos quais do 9º BI sob o cap. Pedro Afonso Ferreira, que logo mais seria morto no Riachuelo. Os outros 39, com dois canhões, pertenciam ao 1º BA, comandados na jornada pelo 1º ten. Tibúrcio de Sousa. Francisco Manoel Barroso, comandante da divisão naval, que se apresentara sem sua capitânia, a *Amazonas*, encalhada rio abaixo, hasteara seu pavilhão na *Beberibe* e estendeu seus navios em duas linhas diante da cidade. Eram contestados por dois barcos paraguaios e atiradores acobertados pelas casas beirantes a margem do rio. Luta violentíssima, tendo o QG paraguaio sido expugnado a baioneta. Pela noite adentro os últimos ocupantes foram combatidos fora da cidade. Os aliados perderam 160 mortos e feridos, sendo 16 brasileiros. Os paraguaios, 203 mortos e feridos, 80 prisioneiros, três canhões, uma bandeira. Conseqüência: sem Corrientes, o exército paraguaio de Robles, que demandava o oceano, não pôde ir à frente. O rumo da guerra fora mudado.

13.6.1867 — CORUMBÁ. MT. Guerra do Paraguai. Ocupada pelos paraguaios a 2.2, tinha por guarnição 313 soldados ao mando do ten.-cel. Hermógenes Cabral e o respaldo dos marinheiros e canhões dos barcos *Amambaí* e *Rio Apa*. Na jornada, foi reconquistada pelos brasileiros conduzidos pelo ten.-cel. Antônio Maria Coelho, futuro general e Barão de Amambaí. A força de ataque somava 2.000 combatentes em terra e 1.200 na esquadrilha fluvial. Os dois barcos guaranis resistiram pouco e afastaram-se. Em terra os invasores perderam 152 mortos, feridos e 27 prisioneiros, seis canhões e uma bandeira. Entre os mortos, o cmte. Cabral. Perdas brasileiras: 30 mortos e feridos. Havia na praça 500 brasileiros aprisionados em fevereiro e prontamente libertados. No dia 23 chegou a Corumbá o presidente da província, Couto de Magalhães, que ordenou o abandono da cidade ante a presença da varíola e o alarme da aproximação de numerosa força paraguaia.

20(?).6.1892 — CORUMBÁ. MT. República Transatlântica de MT. O cel. João da Silva Barbosa e vários oficiais proclamadores da República Transatlântica já se haviam retirado no rumo de Asunción, Paraguai. Em Corumbá, o que restava do revoltado 2º BC, sob a liderança do soldado apelidado General, disparou seus canhões e ameaçou arrasar a cidade. Abandonou porém a posição, passando-se para território boliviano à aproximação de força governamental brasileira.

16.5.1906 — CORUMBÁ. Revolta de Generoso Ponce. Partidários de Ponce, liderados pelo ten. Clementino Paraná — veterano do cerco da Lapa em 1893 —, atacaram e dominaram a polícia local, na primeira ação da Legião Libertadora do Mato Grosso criada por Generoso. Em seguida prenderam o comandante situacionista, cel. Mariano Rostey, recebendo adesão da tropa federal.

9.8.1995 — CORUMBIARA, RO. Conflitos da reforma agrária. Escudados em ordem judicial de reintegração de posse, 187 policiais estaduais durante a madrugada investiram o acampamento de ocupantes ilegais da Fazenda Santa Elina. O choque e tiroteio resultantes provocou a morte de 13 pessoas, entre as quais menina de sete anos e 2 policiais. Registraram-se 53 feridos graves, dos quais três, soldados. Efetuadas 354 prisões.

27.11.1893 — CORVO. RS. Revolta dos federalistas. A retaguarda dos federalistas em retirada desde Lajeado (5.11) viu-se obrigada a travar desvantajoso combate de retardamento contra os governistas dos coronéis Santos Filho e Lautert.

1.12.1893 — COSTÃO. RS. Revolta dos federalistas. Desalojados de Lajeado a 5.11, os federalistas recuaram, perseguidos de perto pelas colunas governistas dos coronéis Lautert e Santos Filho. Tendo combatido defensivamente no Corvo (27.11), os revoltosos são obrigados a combater, com resultado desfavorável, no Costão, ainda região do Lajeado.

6.8.1869 — COSTAPUCU. Paraguai. Guerra do Paraguai. Destacamento tendo à testa o cel. Vanderlei Lins ocupou a picada-desfiladeiro do Costapucu, acesso para a subida de Valenzuela.

7.12.1902 — COSTA RICA. Bolívia. Campanha do Acre. Visando a dispersar tropas e recursos concentrados para hostilizar o Estado do Acre Independente, Plácido de Castro penetrou na posição-chave do patriota boliviano Nicolas Suarez. Vencendo o entrincheiramento do cap. Frederico Roman, sobre o Rio Tahuamanu, tomou Costa Rica e destruiu o que não pôde transportar.

8.12.1822 — COTEGIPE. BA. Guerra da Independência. O ten. João Francisco de Oliveira Botas, encarregado de escoltar comboio de 18 barcos conduzindo víveres para as tropas brasileiras do sítio da cidade da Bahia, tem comando na canhoneira *Pedro I*. À altura da foz do Rio Cotegipe foi atacado por dois brigues, uma escuna e várias canhoneiras portuguesas. Bateu-se contra essa força superior, empregando manobras de velocidade e ousadia, e levou a destino o seu comboio.

30.4.1823 — COTEGIPE. BA. Guerra da Independência. Reforços e recursos levantados nas regiões de Boipeba e Valença foram entregues ao 1º ten. João Francisco de Oliveira Botas, para que os levasse às forças brasileiras diante da cidade da Bahia. Teve à disposição a canhoneira capitânia *25 de Junho*, mais a *Pedro I*, do 2º ten. José Antônio Gonçalves, a *Vila de São Francisco* e a *Leopoldina*, esta do mando do 2º ten. André Avelino Pereira. No regresso, na barra do Cotegipe, as canhoneiras foram atacadas por uma escuna e oito canhoneiras portuguesas. Abriram passagem combatendo para chegar a Itaparica pelas 20 h, tendo lutado desde as 13. Sofrendo ligeiras avarias puseram a pique duas canhoneiras contrárias, conforme as anotações de Rio Branco nas *Efemérides*.

16.10.1829 — COTEGIPE. BA. Revolta de escravos. A seis léguas de Salvador, escravos de três engenhos do coronel de milícias José Maria de Pina e Melo revoltaram-se. Mataram três pessoas e incendiaram o engenho. Praticaram desordens e saque nas vizinhanças atés serem contidos por milicianos e civis armados.

26.10.1642 — COTIM/SÃO LUÍS. MA. Holandeses. Revolta restauradora. Com a chegada, do Recife, dos reforços (7 navios, 300 europeus e 200 índios cearenses) conduzidos pelo cel. Henderson, os insurgentes viram-se ,postos em situação precária, embora tivessem repelido o ataque de 17 no porto de Antônio Muniz o qual morreu combatendo. A 24, o novo chefe, Antônio Teixeira de Melo retirou sua gente para as cabeceiras do rio Cotim. A 26 os flamengos atacaram sofrendo duríssima derrota. Mas os luso-brasileiros recuariam ainda para Tapuitapera (Alcântara) até que, por sua vez reforçados, retomaram a ofensiva e triunfaram em definitivo a 2.8.1644.

11.9.1836 — COUTO. RS. Guerra dos farrapos. No Passo do Couto, município de Rio Pardo, o chefe farroupilha Antônio Joaquim da siva, apelidado Menino do Diabo, português radicado na província, foi derrotado com seus 270 seguidores pelos 300 combatentes regenciais do ten.-cel. Antônio de Medeiros Costa.

2.10.1843 — COXILHA DO FOGO. RS. Guerra dos farrapos. Na coxilha, município de Canguçu, choque de resultado impreciso entre pequenos bandos de imperiais e de republicanos.

24.4.1865 — COXIM. MT. Guerra do Paraguai. De Miranda, onde se fixara, o cel. Izidoro Resquin, um dos comandantes da invasão paraguaia, destacou 300 soldados e alguns canhões para ocupar a vila de Coxim. Na defesa, sete praças sob o capitão reformado Antônio Pedro dos Santos. Depois de alguma resistência, retirada no rumo de Cuiabá. A 30, os invasores incendiaram e deixaram Coxim, retornando a Miranda.

14(?).7.1932 — COXIM. MT. Revolução Constitucionalista. No dia 11, em Campo Grande, fora proclamado o estado de Maracaju, alinhado política e militarmente com os constitucionalistas de São Paulo. Em situação contrária, apoiando o governo Vargas, postou-se o estado de Mato Grosso. O primeiro choque da guerra estadual ocorreu em Coxim, onde o Batalhão Garimpeiro, sulista, precariamente formado, enfrentou e repeliu destacamento policial e de civis voluntários. Os vencedores contaram sete feridos. Reforços procedentes de Campo Grande — capital do Maracaju —, garantiram aquela que seria, até o final da campanha, a divisa entre os estados.

28.8.1932 — COXIM. MT. Revolução Constitucionalista. O Batalhão Visconde de Taunay, formado por voluntários do sul de Mato Grosso, e parte do 18º BC lutando pela revolução, atacou e com 16 tiros de canhão dispersou destacamento que o interventor federal no estado, Leônidas de Matos, expedira de Cuiabá para ocupar Campo Grande.

6.7.1906 — COXIPÓ DO OURO. MT. Revolta de Generoso Ponce. Derrotado, o presidente provincial cel. Antônio Paes de Barros deixou Cuiabá com reduzido grupo de seguidores, sendo alcançado no Coxipó pela tropa do cel. Joaquim Caldas, partidário do vitorioso Generoso Ponce. Oferecendo resistência, morreu o cel. Barros com vários dos seus. Ferido, o cel. Caldas. Combate também chamado do Capão da Mutuca.

27.6.1904 — CRATO. CE. Correrias de coronéis. Pelo domínio da região do Crato, combateram durante três dias os coronéis José Belém de Figueiredo e Antônio Luís Alves, cada qual dispondo de aproximadamente 300 jagunços. O latifundiário e pecuarista Figueiredo foi, ao final, derrotado pelo comerciante Alves e "exilado" para a vizinha localidade de Milagres. Mais tarde, reuniu 800 homens, intentando recuperar o mando regional mas desistindo da luta ao saber que o rival mobilizara 1.000 "cabras". O governador entendeu intervir, determinando, por telegrama, ao cel. Alves a dispersão dos seus sequazes. Do contrário enviaria a polícia para fazê-lo. O coronel respondeu também por telegrama, declarando que a polícia seria recebida como o desafeto: à bala. E a polícia não seguiu.

24.1.1914 — CRATO. CE. Revolta de Juazeiro. Os revoltosos seguidores do padre Cícero Romão Batista e do deputado Floro Bartolomeu, depois de haverem resistido em Juazeiro à ofensiva da polícia estadual, passaram ao ataque. No Crato, bravia resistência do destacamento policial, 60 praças lutando durante 20 horas contínuas. Ocupada a cidade, verificou-se saque geral.

22.4.1558 — CRICARÉ. ES. Guerras de Mem de Sá contra indígenas. O Rio Cricaré, depois chamado de São Mateus, desemboca ao sul de Conceição da Barra. Episódio da guerra também chamada Empresa do Espírito Santo. A chefia da tropa foi dada a Fernão de Sá, filho do governador. Sobrepujando dois primeiros redutos, Fernão foi vitimado diante do terceiro. Desamparado pelos companheiros em recuo, tendo consigo apenas cinco combatentes, entrou em luta corporal tão decidida que fez pasmar o adversário. Mereceu de Anchieta (*De Gestis Mendi de Saa*) os exaltados versos de 361 a 553. A imprecisão das datas resulta das contradições dos documentos. Mas Fernandes Coutinho, o próprio Mem e o soldado Braz Alcoforado situam-na entre janeiro e abril; Simão de Vasconcelos, em 1562; Rio Branco a quis em 22 de maio de 1558.

17.7(?).1771 — CROARÁ. MT. Conflitos com indígenas. A localidade foi devastada por ataque de índios guaicurus. Os moradores sobreviventes internaram-se no mato.

20.12.1848 — CRUANJI. PE. Insurreição Praieira. Ocupado pelo Exército Liberal, o povoado, cercado por vales, morros e pedras, era ideal para a defesa. Mas os 1.000 praieiros ocupantes não elaboraram plano eficaz para enfrentar o gen. José Joaquim Coelho à testa do 5º batalhão de fuzileiros, do 1º e 6º BC e de um canhão. Dividindo essa força em duas colunas, Coelho avançou mas sem que chegasse a segunda coluna, cel. Veiga Pessoa, limitou-se a tirotear os praieiros das 12 às 20 h. Mais de 2.500 homens, alvejando-se durante oito horas, fizeram nove baixas de cada lado, conforme os números de Edison Carneiro, sendo de 34 legais e de 83 liberais conforme Rio Branco, que sobe o efetivo destes para 1.200 homens. Durante a noite os praieiros abandonaram Cruanji, divididos em grupos aprazados para concentração em Igaraçu.

26.8.1894 — CRUZ ALTA. RS. Revolta dos federalistas. À frente do que restara do exército federalista após a morte de Gumercindo Saraiva, o chefe Aparício Saraiva atacou Cruz Alta. A defesa, sob o cel. José Gabriel da Silva Lima, perdeu 15 mortos e 25 feridos e foi levada a concentrar-se no prédio da Intendência. Aparício, sofrendo 40 baixas entre os seus, ocupou a cidade, requisitou provisões e partiu, já perseguido pelo grosso das forças governistas.

15.2.1823 — CRUZ DO COSME-CONCEIÇÃO. BA. Guerra da Independência. Confronto nas linhas externas que opunham os brasileiros sob o gen. Labatut e os portugueses sob o gen. Madeira. Na Cruz do Cosme, a brigada brasileira de Gomes Caldeira chegou a ocupar uma trincheira e ao voltar para as posições de partida levou consigo um canhão. Este retorno permitiu ao gen. Madeira anotar na sua parte dos combates: "insurgentes desalojados das posições que ocupavam e obrigados a recuar em desordem". Na Conceição, a brigada Gomes Falcão progrediu até Soledade. Baixas na Cruz do Cosme e na Conceição: brasileiras, três mortos, 14 feridos e um extraviado; portuguesas, 54 mortos, sendo quatro oficiais. Entre os feridos lusos, o maj. Dordaz, segundo anotações de Rio Branco.

27.10.1930 — CRUZEIRO. SP. Revolução liberal nacional. Choque entre destacamento da Força Pública do estado e forças revolucionárias. Enquanto os governamentais recebiam reforço do Exército, os revoltosos eram engrossados por numeroso efetivo procedente de MG. Os liberais ficaram senhores do campo.

24.9.1932 — CRUZEIRO. SP. Revolução Constitucionalista. Sobre a área de guerra, o maj. aviador Lísias Rodrigues, com avião constitucionalista, trava duelo e abate avião governamental, conforme depõe em seu livro *Gaviões de penacho.*

29.12.1844 — CUARÓ. Uruguai. Guerra dos farrapos. O último encontro sangrento do decênio farroupilha teve lugar em território uruguaio, à margem direita do Quaraí. Assinalou a completa vitória do maj. Vasco Alves, depois general e barão, sobre a coluna republicana do cel. Bernardino Pinto, que saiu do combate ferido e prisioneiro.

12.8.1865 — CUEVAS. Paraguai. Guerra do Paraguai. Tendo Tamandaré ordenado a Barroso que deixasse o Chimboral (ver Mercedes, 18.6.1865), para fundear abaixo de Cuevas, próximo de Bela Vista, a esquadra moveu-se suportando fogo de 30 canhões, baterias a congreve e de três mil atiradores paraguaios. Os navios escoltavam o vapor *Apa* com um batalhão de voluntários, o transporte à vela *Peperiguaçu* e a barca *Quaraim;* um barco carregado com gado em pé destinado à alimentação das forças; a canhoneira argentina *Guardia Nacional,* tendo a bordo o alm. Muratori. A entrada no Passo de Las Cuevas deu-se na seguinte ordem: canhoneiras *Ivaí* e *Itajaí,* corveta *Beberibe,* com a insígnia do chefe da terceira divisão; canhoneira *Araguari,* fragata *Amazonas,* com a insígnia de Barroso, canhoneira *Iguatemi;* corveta *Parnaíba,* vapor argentino *Guardia Nacional;* transporte *Apa;* canhoneira *Mearim;* corveta *Belmonte; canhoneira Magé,* com a insígnia do chefe da segunda divisão e canhoneira *Ipiranga.* Cada barco defrontou durante 20 minutos o fogo adversário. Nenhum deles recebeu menos de 15 projéteis de artilharia. A *Ipiranga,* fechando a fila, acusou mais de trinta impactos que lhe abriram rombos à linha d'agua. A *Amazonas* foi alvejada 40 vezes, chegando uma bala até às máquinas.O leme da *Itajaí* ficou inutilizado. A *Magé* e a *Guardia Nacional* foram varadas na linha de flutuação. Costados, escaleres, mastreação, amuradas de todos os barcos sofreram danos consideráveis. As perdas humanas paraguaias não foram conhecidas. As brasileiras: 21 mortos e 38 feridos; argentinas: dois mortos e cinco feridos. A esquadra fundeou em Rincon del Soto, tudo conforme a descrição do alm. Prado Maia.

31.5.1834 — CUIABÁ. MT. Rusgas de Cuiabá. Durante a madrugada, aos gritos de "Mata bicudo!", grupos de populares exaltados trucidaram residentes portugueses, mesmo os "adotivos", isto é, naturalizados. Rio Branco referiu, nas *Efemérides brasileiras:* "A cidade ficou em poder dos bandidos que executaram essa espécie de Saint-Barthélemy, aconselhada pelo deputado Antônio Luís Patrício da Silva Manso. À noite, todas as casas foram obrigadas a pôr luminárias, festejando esta covarde matança de homens desarmados. Um dos assassinados era o Capitão

José Antônio de Azevedo, cuja viúva vendo ameaçada pela plebe a sua vida e a de seus filhos viu-se forçada a iluminar também a casa''. J. A. Teixeira de Melo, nas *Efemérides nacionais*, completa: ''Este estado de coisas prolongou-se até 5 de julho; neste último dia o coronel João Popino Caldas conseguiu dominar a anarquia, que já havia, entretanto, feito grande número de vítimas, dentre as quais muitas das mais importantes pessoas da província''. As mortes subiram acima de uma centena, segundo Taunay. A 33, conforme o Barão de Melgaço. Os chefes da matança foram presos a 4 de setembro.

6/7.5.1892 — CUIABÁ. MT. República Transatlântica do MT. Seis brigadas comandadas por Generoso Ponce puseram cerco às tropas ''republicanas'' do gen. Antônio Maria Coelho. O quartel do 21º BI repeliu o ataque, impondo muitas baixas ao adversário. Combates ocorreram até o dia 13.5, quando os homens de Ponce dominaram a capital.

10.4.1899 — CUIABÁ. MT. Defendida pelos grupos ''patrióticos'' de Generoso Ponce, a capital começa a ser bombardeada pelos assediantes comandados pelo cel. Antônio Paes de Barros — Totó Paes. Os combates e o bombardeio prosseguem até o dia 15, quando intervém o gen. Câmara, representante do governo federal, comandante do Distrito Militar. A anulação das eleições de 1.3 estabelece paz que, contudo, seria de curta duração.

29.6.1906 — CUIABÁ. MT. Revolta do Generoso Ponce. Sitiados desde o dia 19, os defensores do presidente estadual Antônio Paes de Barros, foram alvo do ataque final do Exército Libertador, conduzido por Generoso Ponce. A 26, fora isolada a Escola de Aprendizes Marinheiros e desbaratada uma brigada governista; a 27, vadeado o Rio Coxipó e desobstruída a ponte metálica. Tentativa de rompimento do cerco, efetivada no dia 29 contra o 3º batalhão de revoltados, foi repelida. A 30 o presidente abandonou a capital. (Seria perseguido e morto em sua fazenda do Coxipó do Ouro.) A 1.7, vencendo a última resistência dos governamentais, Generoso entrou na cidade.

?.11.(?).1614 — CUMÃ. MA. Franceses no MA. Conflitos com indígenas. A guarnição, 30 homens, foi subjugada por índios do cacique Amaro. Este, embora catequizado por jesuítas portugueses, optara por servir aos franceses. Postado em Cumã tentou organizar insurreição geral dos indígenas. Vencido por Jerônimo de Albuquerque e Francisco Caldeira de Castelo Branco, viu dispersados os tupinambás e queimadas as suas aldeias. Cumã é hoje a cidade de Guimarães.

?.5.1631 — CUMAÚ. AP. Conflitos com indígenas aliados a ingleses na Amazônia. Em seguida à tomada e destruição do Fort North, sustentado por ingleses no litoral do Macapá, o cap. Feliciano Coelho assaltou e fez debandar de forma completa os indígenas nheengaíbas que haviam dado apoio aos ingleses e combatido ao lado dos mesmos.

9.7.1632 — CUMAÚ. AP. Ingleses na Amazônia. O posto-fortim financiado pela empresa inglesa liderada pelo Conde de Berkshire fora instalado em maio de 1631 pelo cap. Roger Fry, contando com 40 homens, boa artilharia e alojamentos permanentes. Estava no sul da atual São José de Macapá, proximidades da foz do Rio Matapi. Ausente o cap. Fry, a posição inglesa foi atacada e dominada depois de quatro horas de combate pelos 5.000 índios e 240 soldados transportados em 127 canoas ao mando de Feliciano Coelho de Carvalho.

14.7.1632 — CUMAÚ. AP. Ingleses na Amazônia. A 7, a força de Feliciano Coelho de Carvalho tomara o posto-fortim dos ingleses. Pelos prisioneiros foi conhecida a aproximação de reforços conduzidos pelo cap. Roger Fry, comandante de Cumaú e ausente no dia em que os luso-brasileiros tomaram a posição. No dia 14 Fry aproximou-se, com um patacho, sendo atacado pelas canoas de indígenas ao mando de Baião de Abreu, destacado por Aires de Sousa Chichorro. Apesar da resistência o patacho foi tomado, morrendo Roger Fry e numerosos ingleses. Com esse acontecimento tiveram fim as tentativas de ingleses de tomarem pé na Amazônia brasileira. Para tanto fora organizada em Londres a The Governor and Company of Noblemen and Gentlemen of England for the Plantation of Guiana, tendo por expoentes o Duque de Buckingham e 55 nobres.

31.5.1697 — CUMAÚ. AP. Franceses na Amazônia. Em plena vigência da paz, o Marquês de Ferrolles, governador da Guiana Francesa, alegando obedecer a ordens do rei Luís XIV, apoderou-se do forte de Cumaú, deu-lhe guarnição de 43 homens e numeroso destacamento de índios. Em seguida foi tomar e desmantelar o forte português do Paru. O Cumaú foi retomado e os franceses expulsos a 28.6.

28.6.1697 — CUMAÚ. AP. Franceses na Amazônia. À frente de 160 soldados e 150 índios enviados pelo governador Antônio de Albuquerque, o cap. Francisco de Sousa Fundão retoma o forte que os franceses comandados pelo Marquês de Ferrolles, governador da Guiana Francesa, haviam ocupado a 31.5.

?.7.(?).1731 — CUMBÊ. PB. Combate aos quilombos. Os negros e índios aquilombados no local, mereceram o alarme de uma Carta Régia em razão das suas incursões contra povoados e engenhos. O mateiro Jerônimo Tovar de Macedo e seus 40 homens nada conseguiram contra eles. Ao contrário, as incursões dos quilombolas recrudesceram. Em julho de 1731, João Tavares de Castro, com maior contingente e disposição, arrasou o quilombo, matando ao redor de 30 moradores e aprisionando 25. No local foi erguida, tempos depois, a Usina Santa Rita.

6.4.1827 — CUÑAPIRU. Uruguai. Guerra da Cisplatina. O ten.-cel. Bonifácio Isas Calderón, uruguaio a serviço do Brasil, à frente de 100 cavalarianos derrota partida argentina.

20.8.1932 — CUNHA. SP. Revolução Constitucionalista. Deu-se o rótulo de Batalha de Cunha, à série de movimentações de tropas e de choques ocorridos entre 14.8 e 13.9, jogando a decisão militar do levante. Atuaram infantes, artilheiros, aviadores, marinheiros, brancos, negros, índios, militares da ativa, voluntários civis (nos dois lados), policiais. Sob vários aspectos o mais importante confronto da Campanha. Aos paulistas resultava forçoso manter a área sob pena de ter os governamentais irrompendo à retaguarda do seu exército principal, no vale do rio Paraíba. A 14.8, oficial do E.N. e oito marujos subidos de Parati ocuparam a cidade desguarnecida, retomada uma hora depois por civis armados que fizeram dois prisioneiros. Cientes da importância do sítio, os contendores apelaram por reforços, subindo, afinal, os efetivos para entre 4.500 e 5.000 homens. A 15, os paulistas atacaram, ferindo dois e aprisionando oito marinheiros. A 17, o resultado mostrou-se o inverso. No dia 20, após dois dias de vôos de reconhecimento e cortinas de artilharia, os federais investiram a cidade, sendo repelidos e sofrendo duas baixas fatais, as de dois feridos e de três aspirantes que se passaram para os constitucionalistas. Barragem de metralhadoras e emprego de arma branca deram a vitória aos defensores. Elementos navais e formações policiais de três estados, puseram cerco à cidade. Os revolucionários incorporaram, lado a lado, três Companhias da Legião Negra, um Batalhão da Liga de Defesa Paulista formado por intelectuais e estudantes, um batalhão de sapadores e um canhão 75 mm. Suas posições foram, por duas vezes, bombardeadas e metralhadas pela aviação federal. Contínuo fogo de artilharia, tendo como referência a torre da matriz provocando morte, ferimentos e danos materiais. A população deixou a cidade, permanecendo os doentes e feridos. Choques seguidos entre pelotões, sendo o mais violento aquele da fazenda Pedra Branca. A 18.8, o segundo ataque dos federais, com larga preparação artilheira e o avanço de 1.200 homens. Na defesa, 800 soldados, um destacamento dos quais retomou aos fuzileiros navais, a usina hidrelétrica. Uma companhia de voluntários cariocas aumentou o efetivo federal. A jornada de 20 registrou a maior se não a única vitória ofensiva dos paulistas em toda essa guerra. Reforçados por 710 combatentes (110 do 4º BC; 250 do Bat. Arquidiocesano; 250 da Liga de Defesa Paulista), passaram ao ataque em toda a linha. Segundo a *História Naval Brasileira* ''os policiais recuaram e os marujos teriam sido mortos ou aprisionados se os constitucionalistas não houvessem suspenso o ataque depois de haverem se apoderado do espigão Divino Mestre que lhes dava o domínio sobre a subida de Parati''. O butim constou de 150.000 cartuchos, armas diversas, cavalos, muares, equipamento, material médico, uma bandeira. Conforme Paulo Nogueira Filho, os revoltosos contaram no campo 70 mortos adversários e perderam um homem morto e quatro feridos. Na ala esquerda do dispositivo federal, os fuzileiros navais resistiram até 22, retraindo-se para posição onde no dia seguinte seriam atacados com bombas e metralhamento por cinco aviões. Lysias Rodrigues, comandante do raide, em seu livro *Gaviões de Penacho*, anotou 80 baixas entre os atacados. O CT Cunha e Souza, (revista *O Anfíbio*) afirma a respeito: ''sem baixas. O efeito moral, porém, foi desastroso. Inúmeros voluntários pediram exclusão''. Pela noite seguinte, os paulistas avançaram sobre os fuzileiros, não alcançando superá-los. Estes, a 26 recuaram para o Taboão, ali atacados novamente a 3.9 e novamente resistindo. A frente estabilizou-se. A 13.9, quando, no vale, a cidade de Cruzeiro foi tomada pelos federais e a linha constitucionalista retraiu para Engenheiro Neiva, Cunha foi deixada para o controle dos governistas.

31(?).10.1633 — CUNHAU. Holandeses. Caravelões e barcos pequenos conduziam homens e materiais salvados da derrota naval da esquadrilha de Francisco de Vasconcelos (28.10.1633 — Paraíba) frente a dois barcos holandeses. Pelo rio Cunhau pretendiam chegar a território dominado por Matias de Albuquerque. Ao sair para o mar foram atacados por Lichthardt nos iates *Ceulen* e *Spieringh*. Na iminência de serem apresados (um caravelão o foi), a flotilha inverteu o rumo e incendiou os barcos, menos um.

23.10.1634 — CUNHAU. RN. Holandeses no NE. O reduto erguido na barra do Cunhau e defendido por 22 homens e quatro canhões sob ordens do cap. Álvaro Fragoso de Albuquerque foi atacado ao romper o dia por 228 holandeses e muitos índios da chefia geral do cel. Arciszewsky. Repelidos, voltaram ao assalto pelo meio da manhã, ocupando o reduto, onde encontraram mortos 11 dos defensores e os demais feridos. Entre estes, o capitão.

16.7.1645 — CUNHAU. RN. Holandeses no NE. Índios tapuias auxiliares dos holandeses e chefiados por Jacob Rabi fazem matança entre a população.

23.11.1645 — CUNHAU. RN. Holandeses no NE. Os capitães Diogo Pinheiro, Felipe Camarão e João Barbosa Pinto com suas companhias em dispositivo defensivo no Cunhau repelem ataque de 360 holandeses enviados sob as ordens de Bergé, das guarnições dos fortes do Rio Grande e da Paraíba. Avultadas as perdas dos atacantes.

28.8.1840 — CURICACA. PI. Balaiada. Na fazenda Curicaca, região do Gilboez, os balaios foram duramente batidos e perseguidos por força governamental.

19.1.1894 — CURITIBA. PR. Revolta dos federalistas. A infantaria naval em revolta ocupa a cidade vencendo resistência tão débil e desorganizada que o comandante da praça foi levado a Conselho de Guerra.

26.9.1914 — CURITIBANOS. SC. Campanha do Contestado. Sertanejos seguidores dos caudilhos Agostinho Saraiva Perez (Castelhano) Chico Ventura e Paulinho Vieira, assaltaram e tomaram a cidade, sendo logo em seguida desalojados pelo 54º BC em operação na área.

21.2.1849 — CURRAIS-BONITO. PE. Insurreição Praieira. Tríplice linha de trincheiras a que chamavam paliçadas fortificava a posição dos liberais. Nas proximidades, emboscaram os 200 GN do chefe José Pedro. Reagindo, este vai avançando e dominando as linhas defensivas, estando a terceira nos currais do engenho. À meia-noite, ocupando a sede da propriedade, expeliu dela todos os liberais.

11.10.1926 — CURRALINHO. GO. Coluna Prestes. Às 11 h, a vanguarda da Coluna, ao mando do ten. Saraiva, enfrenta e supera emboscada de sertanejos reunidos por Franklin de Albuquerque, montada no sítio Curralinho, município de Rio Bonito. Os atacantes perderam três mortos e três prisioneiros. A Coluna registrou uma baixa.

17(?).12.1928 — CURRALINHO-MASSACARÁ. BA. Campanha contra o cangaço. Força volante a cargo do srg. José Joaquim de Miranda trava o primeiro dos confrontos entre policiais baianos e o bando de Virgulino Ferreira, o Lampião. Este, com apenas seis homens, retira-se fracamente perseguido.

27.10.1869 — CURUGUATI. Paraguai. Guerra do Paraguai. Destacamento da Cavalaria brasileira, sob o cel. Fidélis Paes da Silva, marchando para o norte no encalço de Solano Lopez, ultrapassou posição de Curuguati, preparada para retardar avanços naquela direção. Dos 100 homens da defesa, foram aprisionados os que não morreram ou sofreram ferimentos.

7.5.1840 — CURUMATÁ-EGITO. PI. Balaiada. Atacando de surpresa e com muito ímpeto, a força do cel. Feliciano de Moraes Cid leva de roldão seis acampamentos entrincheirados mantidos pelos balaios nas matas vizinhantes de Curumatá e Egito. Raimundo Gomes chefiava os insurretos, que perderam 500 homens entre mortos, feridos, prisioneiros e debandados. O cel. Moraes Cid recebeu ferimento.

4.9.1866 — CURUPAITI. Paraguai. Guerra do Paraguai. Durante horas o forte de Curupaiti foi bombardeado pelos couraçados brasileiros *Lima Barros, Brasil* e *Barroso;* canhoneiras *Belmonte, Parnaíba* e *Greenhalgh;* bombardeiras *Pedro Afonso* e *Forte de Coimbra* e chatas números *1, 2* e *3.*

22.9.1866 — CURUPAITI. Paraguai. Guerra do Paraguai. Às 7 h, os couraçados *Brasil, Barroso* e *Tamandaré;* as canhoneiras *Ipiranga, Belmonte* e *Parnaíba;* as bombardeiras *Pedro Afonso* e *Forte de Coimbra* e as chatas números *1, 2* e *3* começam o bombardeio do forte de Curupaiti, objetivo para o próximo ataque do Exército brasileiro. Às 8:30, os couraçados *Lima Barros* e *Bahia* avançaram até descobrir a barranca sobre a qual erguia-se o forte, rompendo fogo à distância de duas amarras. A esse tempo, as canhoneiras *Mearim, Araguaia, Ivaí, Iguatemi* e *Araguari* tomaram posição abaixo da ponta de Curupaiti, varrendo à metralha o forte e a trincheira que o seguia e da qual os ocupantes mandavam nutrido fogo sobre os primeiros movimentos do Exército.

Ao meio-dia, sempre debaixo de tiro inimigo, o *Brasil*, o *Barroso* e o *Tamandaré* romperam a estacada e fundearam à medida de amarra das baterias paraguaias, cobrindo-se com metralha. De seu lado, o *Bahia*, o *Lima Barros* e a *Parnaíba* (então com a insígnia do almirante) foram postar-se junto à estacada do lado do Chaco. Seguiram-nos de perto a *Beberibe*, tendo a bordo o chefe do EM da esquadra, e a *Magé*. Da *Beberibe* subiu para o Exército o sinal convencionado para o ataque. O duelo com o forte prosseguiu e da sua violência dão conta os impactos contados sobre os barcos: o *Brasil* recebeu 50 balas de 68 esféricas e 84 oblongas; o *Tamandaré*, 11; o *Barroso*, 13; o *Lima Barros*, 15; o *Bahia*, 19 e a *Parnaíba* três balas e muita metralha. Entrementes, as forças de terra enfrentavam o complexo defensivo de Curupaiti, onde sob ordens do gen. Diaz lutavam 6.000 soldados e 90 canhões. Destes, 32 batendo o rio e 58 voltados para o lado de terra. Essa força estava disposta ao abrigo de duas linhas de trincheiras paralelas, uma de vigilância e outra de resistência, aptas a flanquearem com seus fogos as colunas atacantes. A primeira linha apoiada em fosso de 12 palmos de largura e 10 de profundidade, com o parapeito correspondente. A segunda, idealizada pelo engenheiro Wisner von Moorgenstern (o mesmo que construíra a linha defensiva dos liberais de Minas Gerais em 1843, quando fora aprisionado por Caxias em Santa Luzia), situava-se em plano mais elevado, acompanhando a escarpa estendida entre o rio e a lagoa Mendez ou Lopez. Media o fosso 27 palmos de largo e 18 profundidade. Contra esse sistema defensivo, às 12:30 h atirou-se o Exército, em quatro colunas, cobertas pela artilharia. Os brasileiros, dirigidos pelo gen. Albino de Carvalho e o cel. Augusto Caldas pela margem do rio, semicobertos pelo mato, avançando contra o flanco direito do adversário; os argentinos, com os generais Emílio Mitre e Paunero, sobre flanco esquerdo paraguaio. As duas colunas interiores deveriam imobilizar o centro, enquanto as exteriores fariam o desbordamento. Mas estas não atingiram seus objetivos e as do centro encontraram-se submersas por rigoroso tiroteio no terreno plano, coberto por lama profunda. Atingiram o segundo fosso da linha e 40 homens entraram no recinto principal alcançando tomar quatro canhões. Mas foram, em seguida, exterminados. Às 14:30 h Mitre ordenou a retirada argentina. Meia hora depois começou a dos brasileiros. O jornal de Assunção, *El Semanario*, explicou: "En la derecha se sostuvieron mas tiempo con el apoyo de la esquadra". Perdas: brasileiras, 360 mortos, 1.390 feridos incluso 35 dos navios; argentinas, 2.082 mortos e feridos, entre eles cinco comandantes; paraguaias, 250, dos quais 54 mortos.

23.12.1866 — CURUPAITI. Paraguai. Guerra do Paraguai. Prolongado duelo de artilharia entre a fortaleza de Curupaiti, suas baterias e os fogos de Curuzu e os navios brasileiros *Brasil, Barroso, Tamandaré e* Iguatemi.

29.12.1866 — CURUPAITI. Paraguai. Guerra do Paraguai. Repetindo a operação do dia 23, os couraçados brasileiros *Brasil, Barroso* e *Tamandaré*, as bombardeiras *Pedro Afonso* e *Forte de Coimbra* e a canhoneira *Iguatemi* duelam com o forte de Curupaiti.

8.1.1867 — CURUPAITI. Paraguai. Guerra do Paraguai. A bordo da canhoneira *Magé*, o v.-alm. Joaquim José Ignácio, depois Visconde de Inhaúma, reconhece as baterias do forte enquanto elas eram fustigadas, de perto, pelos canhões dos couraçados *Bahia, Tamandaré, Barroso* e *Colombo*, que integravam a divisão do CMG Rodrigues da Costa. Da mata ao redor, o 48º VP também fazia fogo sobre as posições paraguaias.

13.1.1867 — CURUPAITI. Paraguai.

Guerra do Paraguai. As baterias de Curuzu ao mando do gen. Argolo juntam-se aos canhões da esquadra do alm. Joaquim José Ignácio para bombardear longamente a fortaleza de Curupaiti.

2.2.1867 — CURUPAITI. Paraguai. Guerra do Paraguai. Às ordens do v.-alm. Joaquim José Ignácio, os couraçados *Bahia, Colombo, Herval, Barroso, Mariz e Barros, Silvado, Cabral* e *Tamandaré;* as corvetas *Parnaíba* e *Beberibe;* a bombardeira *Forte de Coimbra* e duas chatas artilhadas bombardeiam a fortaleza de Curupaiti. A bateria de Curuzu, guarnecida por brasileiros, e os atiradores do 48º VP postados na margem do Chaco reforçaram o fogo dos navios sobre a posição paraguaia. Simultaneamente, o chefe Elisiário dos Santos, com as canhoneiras *Araguari* e *Iguatemi,* a bombardeira *Pedro Afonso,* o vapor *Lindóia,* a chata *Mercedes* e o lanchão *João das Botas,* penetrava a Lagoa Piri, de onde iria alvejar em boas condições o conjunto de Curupaiti com 292 bombas. A força do rio disparou outras 582. A defesa da fortaleza causou 14 baixas nos navios, sendo a mais importante a morte do comandante do couraçado *Silvado.* Do lado paraguaio, entre as baixas muito elevadas, a do gen. Diaz, comandante geral de Curupaiti, gravemente ferido.

29.5.1867 — CURUPAITI. Paraguai. Guerra do Paraguai. A esquadra brasileira, ao mando do v.-alm. Joaquim José Ignácio, bombardeia longamente a fortaleza.

6.8.1867 — CURUPAITI. Paraguai. Guerra do Paraguai. Reconhecimento e bombardeio da fortaleza pelo couraçado *Barroso,* do mando de Silveira da Mota.

15.8.1867 — CURUPAITI. Paraguai. Guerra do Paraguai. Concluído o plano de ofensiva terrestre-fluvial elaborado por Caxias, Mitre e o alm. Ignácio; a esquadra brasileira iniciou às 6.40 h o forçamento da passagem. O pavilhão do almirante, arvorado no couraçado *Brasil,* e a terceira divisão precedendo a primeira. Além dos couraçados, subiram: o aviso *Lindóia* atracado ao costado de bombordo do *Brasil* e a chata *Riachuelo* a reboque do *Colombo.* O chefe de divisão Elisiário dos Santos, mais tarde almirante e Barão de Angra, com seis canhoneiras e duas bombardeiras aproximou-se de Curupaiti e abriu fogo sobre as defesas. Estas estavam completadas, na água, por duas estacadas de madeira, vários batelões afundados, dez torpedos posicionados entre o banco e o Chaco. Em terra, 29 canhões de calibres variados e os fogos de 300 artilheiros, 800 infantes e ação de um esquadrão de cavalaria pronto para enfrentar desembarques e para liquidar atacantes porventura caídos no rio. Para surpresa dos defensores, os couraçados não buscaram o canal mas cruzaram a tiro de pistola da barranca fortificada, desafiando o pouco fundo do rio. Evitando os torpedos receberam de curta distância em tiro quase direto o fogo dos canhões. Acusaram sérias avarias no costado e nas obras mortas, produzidas por 256 bombas guaranis. Mas o *Colombo* atravessou, logo ao iniciar a subida, e largou a chata *Riachuelo,* a qual, levada pela correnteza, chocou-se com os navios de madeira. O *Tamandaré* recebeu avaria na máquina e ficou imóvel debaixo da bateria inimiga até ser rebocado pelo *Silvado.* A passagem de toda a esquadra demorou quase duas horas e custou 25 homens fora de combate, três dos quais mortos. Entre os feridos, o cap.-ten. Elisiário Barbosa, comandante do *Tamandaré,* que perdeu o braço esquerdo. A 27.9.1867, o almirante tornou-se Barão de Inhaúma. A 3.3.1868, pelo forçamento de Humaitá receberia o título de visconde, com as honras de grandeza.

Passagem de Curupaiti — 15.8.1867

Formação da esquadra
Comandante-chefe: V.-Alm. Joaquim José Ignácio

3ª divisão:
Comandante: CF Joaquim Rodrigues da Costa

Couraçados
Brasil: Cmte. CT João Mendes Salgado
Mariz e Barros: Cmte. CT Augusto de Mendonça
Tamandaré: Cmte. CT Elisiário José Barbosa
Colombo: Cmte. CT Bernardino José Queirós
Bahia: Cmte. CT Guilherme José Pereira dos Santos
(com a insígnia da divisão)

1ª divisão:
Comandante: CMG Francisco Cordeiro Torres e Alvim

Couraçados
Cabral: Cmte. CT Jerônimo Francisco Gonçalves
Barroso: Cmte. CT Artur Silveira da Mota
Herval: Cmte. CT Mamedes Simões da Silva
Silvado: Cmte. CT Justino José de Macedo Coimbra
Lima Barros: Cmte. CT Aurélio Gracindo Fernandes de Sá
(com a insígnia da divisão)

O aviso *Lindóia* atracado no *Brasil.* A chata *Riachuelo* iniciou a travessia rebocada pelo *Colombo.* A chata *Cuevas* rebocada pelo *Cabral.* As corvetas *Recife, Beberibe* e *Parnaíba;* as canhoneiras *Iguatemi, Ipiranga* e *Magé;* as bombardeiras *Forte de Coimbra* e *Pedro Afonso* — todos navios com casco de madeira, sob o chefe-de-divisão Elisiário Antônio dos Santos, postaram-se a modo de fustigar a defesa paraguaia.

Defesa de Curupaiti:
Comandante-chefe: cel. Paulino Alen
Imediato: cel. Hermosa

Bateria:
29 canhões: 1 de 80 chamado El Cristiano, 28 de 68 e 32

Guarnição:
300 artilheiros
4º batalhão = 800 homens
1 esquadrão de cavalaria

13.2.1868 — CURUPAITI. Paraguai. Guerra do Paraguai. Os recém-incorporados monitores *Pará*, do 1º ten. Custódio José de Melo; *Alagoas*, do 1º ten. Joaquim Antônio Cordovil Mauriti; *Rio Grande*, do ten. Antônio Joaquim; sob o comando superior do CMG Delfim Carlos de Carvalho, forçam a passagem para reunirem-se aos couraçados fundeados entre as baterias de Curupaiti e as de Humaitá. Às 8:30 h começou a travessia sob o fogo de todos os canhões paraguaios. Às 9:30, o *Alagoas* deu fundo junto ao navio almirante da esquadra. Logo depois, o *Pará*. Só às 11 h o *Rio Grande*, que se viu obrigado a destruir, a machadadas, um grande camalote atravessado à proa.

3.3.1868 — CURUPAITI. Paraguai. Guerra do Paraguai. As canhoneiras de madeira *Beberibe* e *Magé*, respectivamente comandadas pelo CT Francisco José Coelho Neto e CT Inácio Joaquim da Fonseca, sob o comando superior do CMG Antônio Afonso de Lima, forçam a passagem, desafiando as baterias paraguaias. A *Beberibe* nada sofreu e a *Magé* foi atingida por três balas e teve um marinheiro ferido. Os navios reuniram-se à segunda divisão, fundeada entre Curupaiti e Humaitá.

20.3.1638 — CURURIPE. Holandeses. O capitão de emboscadas Sebastião de Souto, operando em território ocupado pelos flamengos, surpreendeu, prendeu, interrogou e degolou marinheiros descidos de dois navios que faziam aguada. Com um dos presos, capitão de navio, encontrou notícias e planos no iminente ataque de Nassau à cidade da Bahia. O alerta de Souto favoreceu a defesa.

1.9.1866 — CURUZU. Paraguai. Guerra do Paraguai. Às 7:30 h a esquadra brasileira aproximou-se da posição paraguaia. Na vanguarda os couraçados *Bahia*, *Brasil*, *Barroso*, *Lima Barros* (capitânia do chefe Elisiário Antônio dos Santos), *Rio de Janeiro* e *Tamandaré*. Em frente à Ilha do Palmar postaram-se a canhoneira *Magé* (com a insígnia do almirante) e os navios de madeira *Beberibe*, *Belmonte*, *Araguaia*, *Araguari*, *Ipiranga*, *Parnaíba*, *Ivaí* e *Greenhalgh*. Durante quatro horas os couraçados e os 13 canhões e as 2.800 espingardas do forte duelaram provocando danos mútuos. O *Rio de Janeiro* teve a couraça atravessada por duas balas; outra bala de canhão destruiu uma peça de 68 e penetrou na casamata, ferindo de morte a um oficial e cinco praças. Enquanto os couraçados faziam fogo, os navios de madeira levaram 800 soldados para a margem do Chaco a fim de destruírem as bases de onde os paraguaios lançavam brulotes e torpedos contra a esquadra. Somente com a noite o bombardeio foi suspenso.

2.9.1866 — CURUZU. Paraguai. Guerra do Paraguai. Às 14 h, o couraçado *Rio de Janeiro*, procurando reunir-se à vanguarda da esquadra que bombardeava o forte, foi vitimado por explosões de torpedos à popa e logo depois à proa. Foi a pique, provocando a morte do seu comandante Américo Brasílio Silvado, do ten. Joaquim Alves Coelho da Silva, do guarda-marinha Raimundo Antônio da Silva, do escrivão Aristides Armênio de Azevedo Albuquerque, de todos os maquinistas e de 47 praças. Às 15 h, abaixo do local denominado Guardia del Palmar, haviam desembarcado os 4.141 infantes, 3.354 cavalarianos e os 710 artilheiros e pontoneiros (no total, 8.385 homens) às ordens do gen. Barão de Porto Alegre. Acometida prontamente pelo inimigo, essa gente pôde rechaçar o ataque, apoderando-se do Palmar ao custo de 70 mortos e feridos. A tropa organizou para a manhã seguinte o ataque terrestre a Curuzu.

3.9.1866 — CURUZU. Paraguai. Guerra do Paraguai. O general Barão de Porto Alegre, desembarcado na véspera na Guardia del Palmar com 8.385 soldados do 2º

C.Ex., dirigiu o ataque ao Curuzu. A posição era defendida por 2.830 homens e 13 peças, ao mando do cel. Jimenez, que depositava especial confiança na vantagem proporcionada pelo terreno ao redor que era de lagunas, espinheiros e pântano. Depois da preparação da artilharia, os brasileiros avançaram: uma divisão de infantaria pela esquerda, outra pela direita e a divisão de cavalaria a pé, na reserva. A cavalaria guardava os flancos das colunas em marcha. Curuzu foi tomada de assalto e seus defensores perseguidos até as proximidades de Curupaiti, dois quilômetros além, tendo perdido na jornada 832 mortos, feridos e prisioneiros, toda a artilharia do forte e três bandeiras. O Brasil pagou pela vitória 160 mortos, 628 feridos (infantaria, 641; cavalaria, 133, artilharia e pontoneiros; 14). Nos dias de preparação para o ataque, Curuzu exigiu do Brasil um couraçado (o *Rio de Janeiro*) e 941 vidas.

20.11.1866 — CURUZU. Paraguai. Guerra do Paraguai. Caxias, então, marquês, apresentou-se ao Segundo Exército e à esquadra, assumindo o comando em chefe. Dada a salva de estilo, os paraguaios romperam fogo de artilharia contra o local da solenidade, fazendo um morto e dois feridos. Os navios brasileiros mais próximos responderam, travando-se violento duelo de artilharia.

19.10.1811 — CURUZU CUATIÁ. Uruguai. Campanha Pacificadora. Os 73 brasileiros cercados em Curuzu Cuatiá por 700 argentinos que operavam solidários com os uruguaios rompem o cerco e reúnem-se ao grosso do exército português.

D

11.4.1812 — DAIMAN. Uruguai. Campanha Pacificadora. O cap. Adolfo Charrão defronta e supera destacamento de cavalaria oriental.

12.10.1930 — DELTA. MG. Revolução liberal nacional. O cel. Salvador de Moya, à frente de 100 praças da Força Pública de São Paulo, fiéis ao governo de Washington Luís, planeja cruzar o Rio Grande e atacar o flanco de força revolucionária operando na região de Delta-Uberaba, no Triângulo Mineiro. Polícia Mineira e civis armados haviam guarnecido a ponte. Dois mortos de cada lado, com os governistas tomando a ponte e fazendo cinco prisioneiros entre os policiais e 12 entre os voluntários civis. Os dados são do cel. Moya.

1.1.1865 — DESBARRANCADO. MT. Guerra do Paraguai. Retirando-se com 130 cavalarianos diante dos 2.000 paraguaios do cel. Resquin, o cel. Dias da Silva resolve destruir a ponte sobre o Rio Desbarrancado a fim de dificultar a progressão do invasor. O corte é feito sob vivo tiroteio retirando-se o inimigo para as margens do Rio Feio, enquanto os brasileiros contam suas perdas; oito mortos e treze prisioneiros.

19.11.1889 — DESTERRO (FLORIANÓPOLIS). Revoltas contra a República. Na descrição do alm. Lucas A. Boiteux praças do 25º BI, com música à frente, arvoraram a bandeira imperial e saíram "à rua erguendo vivas ao regime decaído e 'morras' à nova forma de governo''. Depois de rápido confronto com a resultante de feridos e mortos, o maj. Firmino Lopes Rego subjugou os amotinados. Estes, foram logo condenados à morte e também prontamente indultados pelo presidente marechal Deodoro da Fonseca.

31.7.1893 — DESTERRO (FLORIANÓPOLIS). SC. Manifestação florianista. Hercílio Luz, conduzindo 120 homens (que adversários seus disseram tratar-se de mercenários alemães e/ou poloneses) invadiu Desterro exigindo a renúncia do presidente estadual Eliseu Guilherme. No ataque ao palácio, morte de alguns defensores do mesmo e de dois médicos do Exército, atingidos acidentalmente na praça fronteira. Floriano desautorou o ato e impôs a retirada de Hercílio para Blumenau.

29.9.1893 — DESTERRO. SC. Revolta da Armada. Os barcos revoltados *República*, *Marcílio Dias* e *Palas* desembarcam forças federalistas. Navios e tropas sob o mando do CMG Frederico Guilherme Lorena. Vencida a resistência governista em Canasvieiras, rende-se aos atacantes todo o 25.º BC, com o seu comandante cel. Julião Augusto de Serra Martins. Lorena estabeleceu na cidade um governo provisório sob a sua chefia.

16.4.1894 — DESTERRO. SC. Revolta da Armada. Às 3 h, sob chuva forte, as torpedeiras *Gustavo Sampaio*, *Pedro Afonso* e *Silvado*, da recém-formada esquadra governista ou florianista, aproximam-se do couraçado *Aquidaban*. Este, o principal dos navios revoltados que não se haviam entregue ao governo na Guanabara, estava fundeado na barra do norte de SC, perto das Caieiras, sob o comando do CF Alexandre Faria de Alencar. As duas primeiras torpedeiras recuam debaixo do fogo do couraçado, porém a *Gustavo Sampaio*, do 1.º ten. Altino Correia, lançou torpedo a 100 jardas. O *Aquidaban*, atingido, ficou inutilizado, mas toda a tripulação passou-se para terra sem ser hostilizada pelos navios governistas e dirigiu-se em sua maior parte ao RS para juntar-se aos federalistas ainda em luta contra Floriano Peixoto. Desterro passou a chamar-se Florianópolis.

20.8.1840 — DETRÁS-DA-SERRA. MA. Balaiada. O ten.-cel. Diogo Lopes de Araújo Sales dirige a tropa que toma de assalto as trincheiras defendidas por 1.200 balaios. Os revoltados perdem preciosa quantidade de armas e munições, 78 mortos e 28 aprisionados. Baixas entre os governistas: 75 mortos e feridos. Os vencidos em Detrás-da-Serra recuaram para Salobro, onde no dia 23 foram alcançados e novamente vencidos pelo mesmo Araújo Sales.

30.12.1848 — DOIS IRMÃOS. PE. Insurreição Praieira. Parte do 6.º BC, ao mando de João Guilherme Bruce, de vigilância no engenho Dois Irmãos, proximidades de Apipucos, repele com nítida vantagem um assalto dos praieiros, que depois de uma hora de tiroteio se retiraram deixando três dos seus, mortos.

10.11.1924 — DOM CARLOS-JACARÉ. PR. Revolta dos tenentes. Os portos Dom Carlos e Jacaré, sobre o Rio Paraná, guarnecidos por revolucionários e destinados a manter livre o acesso para Guaírá, são atacados pelos governistas ao mando do cel. Péricles de Albuquerque. Assalto repelido.

22.2.1893 — DOM PEDRITO. RS. Revolta dos federalistas. Ao amanhecer, de 2.500 a 3.000 federalistas do gen. Joca Tavares atacam as defesas guarnecidas por 200 soldados governistas do 6.º RC comandados pelo ten.-cel. Alfredo Barbosa, auxiliados por 100 civis reunidos por Jeca Pinto. Decorridas duas horas de fogo, o combate deu lugar a negociações que não chegaram a bom termo. Reiniciada a luta, conduzida principalmente por 200 revoltosos ao mando direto de Gumercindo Saraiva. Na manhã seguinte a cidade rendeu-se. Baixas: um morto de cada lado e três feridos.

18.10.1926 — DONA ROSALINA. MT. Coluna Prestes. A guarda da retaguarda da Coluna bivacava na fazenda Dona Rosalina, seis léguas ao sul da ponte sobre o Rio Araguaia, norte de MT, quando foi surpreendida por contingente governamental. os revolucionários debandam, perdendo 10 mortos, feridos ou aprisionados.

30.7.1838 — DORES DE CAMAQUÃ. RS. Guerra dos Farrapos. O farroupilha Amaral Serrador impõe derrota à tropa governista de Francisco Pedro de Abreu.

29.12.1864 — DOURADOS. MT. Guerra do Paraguai. O ten. Antônio João, comandando a guarnição de 15 soldados, repele a intimação para render-se que lhe faz o paraguaio cel. Isidoro Resquin à frente de 3.500 soldados. Recusando-se, morreu na defesa de Dourados com todos os seus comandados. Na sua parte do combate, o maj. Manoel Martinez Urbieta, segundo comandante da invasão, relatou que, intimado, "o comandante brasileiro respondeu que, se lhe apresentássemos ordem do governo imperial, se renderia, mas sem ela não o faria de modo algum". A partir de escritos do Visconde de Taunay, sem documentação, divulgou-se que a resposta de Antônio João fora: "Sei que morro, mas o meu sangue e de meus camaradas servirá de protesto contra a invasão do solo de minha pátria".

2.4.1915 — DOZE PARES DE FRANÇA. SC. Campanha do Contestado. A coluna repressora que na véspera ocupara Caçador avança durante toda a manhã sob tiroteio dos defensores do reduto. Por volta do meio-dia, com assalto a baioneta, os soldados ocupam a posição.

5.1.1826 — DURAN. Uruguai. Guerra da Cisplatina. O saladeiro de Duran estava sob cerco. Em sua ajuda, saiu do Forte do Cerro, Montevideo, o cel. Pita, com esquadrão de cavalaria. Levanta o assédio e persegue o inimigo por mais de légua.

E

8.5.1970 — EL DORADO PAULISTA-SETE BARRAS. SP. Guerrilhas. Na jornada, dois choques entre elementos da Polícia Militar do estado de São Paulo e oito guerrilheiros da VPR — Vanguarda Popular Revolucionária em deslocamento para escapar ao cerco. Na primeira ação, à entrada da localidade de El Dorado, os guerrilheiros, orientados por Carlos Lamarca, tirotearam seis policiais do destacamento local, comandados pelo soldado José Arantes. Melhor armados, os vanguardistas provocaram ferimentos em três dos policiais, apoderaram-se de caminhão e dirigiram-se para Sete Barras, levando ferido um dos seis. Na estrada defrontaram duas viaturas da PM com 28 homens, sob o ten. Alberto Mendes Júnior. Novamente, a superioridade das armas decide o confronto, com os guerrilheiros provocando oito baixas e aprisionando os demais contrários. O tenente, conduzido como refém, logo depois seria morto a coronhadas. Quatro dos guerrilheiros romperam o cerco, sendo os demais aprisionados.

17.4.1996 — ELDORADO DE CARAJÁS. PA. Conflitos da reforma agrária. Cerca de 1.500 participantes do Movimento dos Sem-Terra, bloqueavam a rodovia PA-150 chamando a atenção nacional para os seus reclamos. Policiais militares do estado, em número de 150, atuaram no sentido de abrir a estrada. Estabelecido conflito ao fim do qual estavam mortos 19 manifestantes e outros 44 feridos. Dos policiais, seis feridos, um deles gravemente.

6.8.1932 — ELEUTÉRIO. SP. Revolução Constitucionalista. O batalhão revolucionário Pietscher ataca a posição situacionista guarnecida pelo 29º BC, de Natal, RN. Os atacantes fizeram oito prisioneiros, entre os quais o primeiro correspondente de guerra apresado no Brasil, o do jornal *A Noite* do RJ. A 26, a queda de Eleutério provocaria o retraimento de toda a linha constitucionalista para o Rio do Peixe.

21.1.1654 — EMÍLIA. PE. Holandeses no NE. Emília era reduto junto da fortaleza das Cinco Pontas, circuito defensivo do Recife. Na jornada, a posição, comandada pelo cap. Brinck, foi assaltada e ocupada por companhia do mando de Vidal de Negreiros.

3.11.1839 — ENCANTADA. SC. Guerra dos Farrapos. O ten.-cel. José Fernandes dos Santos Pereira ataca e desbarata a vanguarda farroupilha do cel. Joaquim Teixeira Nunes. Este resultado enfraqueceu a posição dos farrapos em seu apoio à República Juliana, instalada no território de SC.

4.12.1843 — ENCRUZILHADA. RS. Guerra dos Farrapos. À frente de poucos seguidores, o chefe imperial Joaquim Lacerda aproveita-se das festas celebradas em honra da padroeira de Encruzilhada e de surpresa investe contra a cidade. No choque, morre o chefe local dos farrapos, Agostinho Melo.

7.6.1894 — ENCRUZILHADA. RS. Revolta dos federalistas. Os adversários que dois meses antes (7.4) haviam pelejado em Ponche Verde, o governista gen. Hipólito e o federalista cel. Marcelino Pina batem-se em Encruzilhada. Vitória completa dos comandados do gen. Hipólito.

5.8.1932 — ENGENHEIRO BIANOR. SP. Revolução Constitucionalista. Ao fim de ataque com artilharia e infantaria, os situacionistas tomam a posição, comprometendo o sistema revolucionário naquela parte da frente do Vale do Paraíba.

29.4.1640 — ENGENHO CAVALCANTI/RECÔNCAVO. BA. Holandeses. O alm. Lichthardt comandou 28 embarcações e 2.500 soldados de desembarque, estes sob o cap. Charles Toulon, enviados por Nassau à tentativa de ocupar Salvador. Impedidos de baixar à terra, assim no Rio Vermelho quanto em Montesserate e no Engenho Muniz, os incursores venceram a resistência no Engenho Cavalcanti. Até o dia 30 assolaram o Recôncavo incendiando vilas, 26 dos 42 engenhos, canaviais, degolando cerca de 100 prisioneiros, capturando centenas de escravos. Retornaram ao Recife.

11.4.1635 — ENGENHO DA PALMA. PE. Holandeses no NE. Rechaçados a 18.3, os flamengos atacam levando a campo sensível superioridade de forças, compelindo a reduzida guarnição a abandonar o engenho. Tendo acudido Matias de Albuquerque, renovou-se o combate nas margens do Sirinhaém, mudando a sorte da jornada com o holandês batido e em retirada.

?.6.1555 — ENGENHO DE ANTONIO CARDOSO/PORTA GRANDE. Proximidades da cidade da Bahia. Conflitos com indígenas. O engenho foi assaltado por 50 índios que em seguida investiram a aldeia de Porta Grande flechando um homem e seus três escravos. Tudo segundo carta de Duarte da Costa ao rei, datada de 10.6.1555.

16.10.1636 — ENGENHO ESPÍRITO SANTO. PB. Holandeses no NE. O estratégico engenho situado à margem direita do Rio Samuraguai, defendido pelos holandeses com muito empenho, lhes foi tomado de assalto pela companhia do cap. Francisco Rabelo. Lutando entre os defensores, morreu o conselheiro Ippo Eyssens, governador da PB, membro do Supremo Conselho do Recife.

24.12.1832 — ENGENHO PRAINHA-JACUÍPE. PE. A posição do engenho funcionava como avançada do ponto forte de Jacuípe, arraial sede dos revoltosos. Na manhã de 24, foi atacada e tomada pela coluna de 130 soldados chefiados pelo cel. Aleixo José de Oliveira, destacado pela força do brg. Joaquim José da Silva Santiago, comandante das armas de PE. Horas depois o cel. Aleixo ocupava também Jacuípe, com o que a revolta esvaiu-se.

16.4.1636 — ENGENHO VELHO. PE. Holandeses no NE. O capitão de emboscadas Francisco Rabelo leva sua companhia a apoderar-se do engenho, junto ao Rio Pirapama.

25.1.1735 — ENSEADA BARREGAN. Estuário do Prata. Campanhas da Colônia do Sacramento. Desafiando baterias em terra, quatro barcos portugueses penetram a enseada procurando destruir ou apresar navios espanhóis ali refugiados desde o dia 3. O duelo de artilharia e o movimento dos contendores estendeu-se entre as nove e as 21 horas. Sem resultados para os portugueses.

2.10.1827 — ENSEÑADA. Argentina. Guerra da Cisplatina. Na Enseñada, diante do porto de Buenos Aires, o brigue norte-americano *Brutus*, que forçara o bloqueio imposto pela esquadra brasileira, foi capturado e incendiado por elementos despachados dos barcos imperiais. As baterias argentinas tentaram proteger, sem o conseguir, a entrada do barco.

23.6.1923 — ERECHIM. RS. Revolta dos libertadores. O chefe governista Firmino de Paula supera a defesa oposta pela força do comandante Felipe Portinho e ocupa a cidade.

13.4.1840 — ERVAL. RS. Guerra dos farrapos. Partida de combatentes imperiais comandada por Silva Tavares triunfa de forma completa sobre contingente farroupilha de Félix Vieira.

31.10.1837 — ESPINILHO-CRUZ ALTA. RS. Guerra dos farrapos. O cel. Manuel dos Santos Loureira, tendo reorganizado as forças imperiais da zona das Missões, passa a inquietar os republicanos da fronteira com ações de guerrilha. Contra ele foi enviado o cel. David Canabarro, assistido por Bento Manuel Ribeiro. Alcançado na Serra das Furnas, o cel. Loureira foi compelido a combater no Espinilho. Após duro confronto, deixa 20 mortos no campo, 19 prisioneiros, entre 500 e 600 cavalos, e retira-se para a Argentina. Os republicanos anotaram como perdas 2 mortos e 12 feridos e alguns contusos. Prenderam e prontamente fuzilaram o guerrilheiro cabo Roque Faustino, que a 18.8 havia emboscado, aprisionado e assassinado o general farrapo João Manuel Lima e Silva.

7(?).1.1558 — ESPÍRITO SANTO. ES. Conflitos com indígenas. Aimorés, perseguidos pela bandeira de Fernão de Sá, agrupam-se, voltam-se contra ela e a destroem.

27(?).3.1560 — ESPÍRITO SANTO. ES. França Antártica. Em algum ponto da costa do ES, Belchior de Azevedo e o jesuíta

Bras Lourenço comandam a ação de atiradores e de um canhão com os quais impedem o desembarque de franceses descidos de dois navios que conduziam para a Europa os expulsos da Guanabara dias antes.

13.3.1625 — ESPÍRITO SANTO. ES. Holandeses no ES. O governador do RJ, Salvador de Sá, que levara ajuda à Bahia atacada por holandeses, regressava à sua sede à frente de 200 homens, em duas caravelas e algumas canoas. Encontrou grupo holandês procurando fixar-se na costa do ES. Deu-lhes combate, eliminando-os na maior parte e pondo em fuga os sobreviventes. Tratava-se de Piet Heyn com quatro navios tentando desembarcar. Perdeu 45 homens. No dia 14, perdendo outros 40, desistiu. Souza Ferreira situa o evento no dia 22. Decisivos nos combates, os índios flecheiros do Rio de Janeiro e de São Vicente.

3(?).7.1627 — ESPÍRITO SANTO. ES. Corsários. No mar do ES, o alm. holandês Piet Heyn atacou galeões da frota de Juan de Benevides, procedente do Peru. Capturou barcos e riqueza no valor aproximado de nove milhões de ducados — fortuna imensa, ao tempo.

23.3.1868 — ESTABELECIMIENTO. Paraguai. Guerra do Paraguai. Os navios *Bahia* e *Pará* desafiaram na véspera bateria montada do lado do Chaco, perseguiram os últimos vapores de guerra paraguaios, o *Igureí* e o *Taquari*. Este refugiou-se junto às baterias e correntes de Humaitá e aquele acolheu-se a um arroio de pouca água. No dia 23, o *Bahia* e o *Pará* deram caça ao *Taquari* e o afundaram no tortuoso riacho Guaicuru. Um pouco mais abaixo, o *Igureí* foi também posto a pique pelos canhões do *Barroso* e do *Rio Grande*. O Forte do Timbó, agindo em socorro do *Igureí*, foi alvejado pelo *Bahia*, tendo o paiol explodido e instalações incendiadas.

4.5.1868 — ESTABELECIMIENTO. Paraguai. Guerra do Paraguai. Desta bateria saiu força paraguaia destinada a combater batalhões da infantaria brasileira em posição de isolar Humaitá. O couraçado *Bahia* e o monitor *Pará* inutilizam essa força com metralha e artilharia despejadas de bem próximo à margem.

14.2.1942 — ESTADOS UNIDOS DA AMÉRICA. Costa Oriental. Segunda Guerra Mundial. Devido ao intenso tráfego para e dos portos orientais americanos, a área foi ativamente freqüentada pelos submarinos alemães. Na data, um deles afundou o mercante brasileiro *Cabedelo*. Os torpedeamentos de navios nacionais prosseguiriam, naquela parte do Atlântico, na seguinte ordem: a 16.2, o *Buarque*, próximo da Ilha de Curaçao; dia 18, o *Olinda* (ex-alemão *Kamnnmerland*, tomado pelos ingleses em 1918 e vendido ao Brasil), alvejado pelo *U-432* junto da Ilha de Santa Lúcia, nas Antilhas; 7.3, o *Arabutã*, na costa da Carolina do Norte; a 9.3, o *Cairu*, entre Norfolk e New York, vitimado pelo *U-94*; a 1.5, o *Paraíba*, a leste da Ilha da Trindade; a 24.5, ao sul do Haiti, o *Gonçalves Dias*; a 7.6, o *Alegrete*, ao sul da Ilha de Santa Lúcia; a 26.6, o *Pedrinhas*, pelo *U-203*, vizinhanças de Porto Rico; a 26.7, ao leste do Port of Spain, o *Tamandaré*; a 28, também ao redor de Port of Spain, dois navios, o petroleiro *Piave* e o *Barbacena*, ambos pelo *U-66*. A 22.11 o *Apaloide*, atacado pelo *U-163*. Ocorreram também afundamentos no mar brasileiro (ver: 15.8.1942-Rio Real). Eles levaram à declaração de rompimento de relações diplomáticas do Brasil com os países do Eixo (Alemanha, Itália, Japão) e, em seguida, ao estado de guerra. Para melhor conhecimento cada um desses eventos mereceu um verbete neste livro.

21.5.1648 — ESTÂNCIA. PE. Holandeses no NE. A companhia de Henrique Dias repele ataque da força holandesa do cel. Brinck. Com o mesmo resultado esses contendores voltariam a se bater em 18.8.

18.8.1648 — ESTÂNCIA. PE. Holandeses no NE. Henrique Dias repele ataque do cel. Brinck e sua tropa de holandeses. A 21.5 ocorrera o primeiro choque entre esses contendores, com o mesmo resultado.

28.4.1844 — ESTÂNCIA DE ANTÔNIO FERNANDES. RS. Guerra dos farrapos. Em terras da estância, município de São Gabriel, o farrapo Manduca Carvalho impõe-se aos 200 soldados imperiais de Andrade Neves.

7.10.1650 — ESTÂNCIA DO AGUIAR. PE. Nas proximidades do Forte de Afogados, Recife, coluna de holandeses saída do forte durante a noite assalta a estância defendida pelo capitão de emboscadas Manoel de Aguiar e sua tropa baiana. O ataque foi repelido com perdas para os assaltantes. Rio Branco insiste em ser enganosa a fixação do evento em 1649 como fazem alguns cronistas.

12.10.1842 — ESTÂNCIA NOVA. RS. Guerra dos farrapos. Escaramuça em que o farrapo Manduca Carvalho dispersa partida governista.

4.1.1840 — ESTANHADO. MA. Cabanagem. Os cabanos que desde 18.12.1839 mantinham sob cerco a posição guarnecida pelo maj. Antônio de Sousa Mendes, foram por sua vez atacados de surpresa pela tropa de socorro conduzida de Piracuruca pelo ten.-cel. Roberto Vieira Passos. Derrota completa dos revoltados.

11.9.1840 — ESTANHADO-CONCEIÇÃO. MA. Cabanagem. As duas tranqueiras, vizinhas e ligadas pelo dispositivo de defesa chefiado pelo ten.-cel. João Rabelo Cardoso, foram atacadas por aproximadamente 400 cabanos dos bandos dos caudilhos Gavião, Coco, Tempestade e outros. A aproximação de reforços governamentais conduzidos pelo maj. Sousa Mendes pôs em fuga os atacantes.

2.5.1866 — ESTERO BELLACO. Paraguai. Guerra do Paraguai. Ao mando do cel. José E. Diaz, 6.000 paraguaios assaltaram a posição ocupada pelos aliados. No primeiro momento tomaram trincheiras avançadas, quatro canhões brasileiros e uma bandeira uruguaia. Refeitos da surpresa, os assaltados organizaram a resistência e logo passaram ao contra-ataque liderados por Osório, Flores e Paunero, este comandando o Corpo de Exército Argentino. Da retomada das trincheiras, os aliados passaram à perseguição do inimigo que se retirava, finda a qual contaram em suas fileiras 1.560 baixas, sendo 1.103 brasileiras, 408 uruguaias e 49 argentinas. Segundo Rio Branco os paraguaios deixaram no campo 2.500 mortos, feridos, contusos e prisioneiros, duas bandeiras, uma delas em mãos brasileiras, que também tomaram quatro canhões. Gustavo Barroso, na *História militar do Brasil,* dá ao sítio o nome de Estero Velhaco.

24.9.1867 — ESTERO ROJAS. Paraguai. Guerra da Paraguai. Comboio brasileiro em marcha de Tuiuti para Tuju-Cuê foi atacado por seis batalhões da infantaria paraguaia, três regimentos de cavalaria, quatro canhões e uma estativa de foguetes, tudo comandado pelo ten.-cel. Vallois Rivarola. O transporte imperial estava protegido pela brigada do cel. Caldas — quatro batalhões de VP somando 1.600 infantes —, a brigada do cel. Vasco Alves — um corpo de caçadores a cavalo e dois da GN —, totalizando 704 cavalarianos e duas peças. O mando superior dessa força coube ao gen. Albino de Carvalho. Inferiorizados em número, ela contentou-se com o impedir aos atacantes de atingirem o comboio até que chegasse ao local do combate o socorro de quatro batalhões de infantaria ao mando do general Visconde de Porto Alegre, o qual assumiu o comando e repeliu o inimigo em decidido contra-ataque. Os paraguaios deixaram o campo. Perdas brasileiras: 38 mortos, 283 feridos e 140 extraviados. Rio Branco, que consultou os arquivos referentes, aceita mais 110 mortos nacionais.

15.3.1895 — ESTIVA. RS. Revolta dos federalistas. Nas proximidades de Ponche Verde, o hábil caudilho federalista Aparício Saraiva tentou surpreender a tropa governista de Elias Amaro, mas foi acometido por ataque vigoroso do destacamento do gen. Carlos Teles. Evitando enfrentá-lo, retirou-se. Amaro, foi um dos feridos. A *Enciclopédia Rio-Grandense* fixa este encontro no dia 21.

24.10.1893 — ESTRELA. RS. Revolta dos federalistas. No curso da ofensiva outubro-novembro na região colonial, o chefe revoltado José Altenhofen, voltando das encostas da serra, ataca e obtém a capitulação da cidade de Estrela.

17.1.1849 — EXU. PE. Insurreição Praieira. Os liberais da vila do Exu, comarca de Boa Vista, assumiram os postos das autoridades. Na jornada foram atacados por 380 praças de linha pernambucanos e 80 enviados do Crato, CE. Os praieiros cedem a vila depois de ligeira escaramuça, ficando ferido o ten. Jataí, dos cearenses. Dispersão dos insurretos na direção da PB e do PI.

F

31.10.1874 — FAGUNDES-INGÁ. PB. Motim do Quebra-Quilos. Lutando contra o diminuto destacamento policial da vila, comarca de Ingá, massa popular indiferente ao número de feridos e contusos que provocava destruiu os sinais e as determinações do decreto imperial implantador do Sistema Decimal de Pesos e Medidas.

3.10.1836 — FANFA. RS. Guerra dos farrapos. Morro e ilha fronteiros, no Rio Jacuí. Na véspera, pressionado pela força de 1.000 homens de Bento Manoel Ribeiro; o chefe farroupilha Bento Gonçalves à frente de 1.100 combatentes ocupou aquelas posições, pretendendo passar-se para a margem direita do rio. Apresentou-se porém a esquadrilha de John Pascoe Grenfell, composta do vapor *Liberal*, canhoneiras números *3*, *5*, *6* e *7*, posicionando-se de modo a impedir a travessia dos farrapos. No dia 3, primeiro da batalha do Fanfa, troca de tiros entre os canhões dos barcos e os dos farroupilhas instalados no morro e na ilha. No dia seguinte, vitória completa dos imperiais.

4.10.1836 — FANFA. RS. Guerra dos farrapos. Terceiro dia de operações no local, morro e ilha do Rio Jacuí. Enquanto a esquadrilha de John Pascoe Grenfell impedia o cruzamento do rio pelos farroupilhas de Bento Gonçalves e duelava com a artilharia republicana, Bento Manoel Ribeiro, o chefe imperial em ação, dispôs sua tropa para o ataque. O cel. Gabriel Gomes Lisboa, da GN, avançou subindo o morro ao tempo em que o cel. Francisco Xavier da Cunha levava sua gente para a ilha. O morro foi logo tomado, porém a resistência na ilha terminou somente à tarde, com a capitulação total dos farrapos. Entregaram-se aproximadamente 900 deles, entre os quais o seu chefe máximo,

Bento Gonçalves da Silva, o cmte. Onofre Canto e o italiano conde Lívio Zambecari, liberal avançado e espécie de ideólogo da revolução. Ao todo, no morro e na ilha, os farrapos perderam 16 canhões.

13.9.1932 — FÃO-LAJEADO. RS. Revolução Constitucionalista. Junto ao Passo da Barca, próximo da embocadura do Rio Duduia, na serrania da região do Lajeado e Arroio do Meio, a força insurreta constitucionalista, levantada em apoio ao movimento de São Paulo, evolui sob o comando de Cândido Carneiro Júnior — o Candoca. No local, foi atacada por esquadrão do Regimento Presidencial (mais tarde 4º Regimento da Polícia Montada). Ao final de aproximadamente seis horas de combates os constitucionalistas retiraram-se cruzando o Duduia e internando-se nos matos. O cronista do combate, Jorge A. de Paulo, atribui aos revoltados quatro mortos e oito feridos e aos governistas perdas acima de 200 entre mortos e feridos. O relato da Brigada Militar, autoria do cel. Hélio Molo Mariante, afirma terem perecido dois tenentes, um cabo e dois soldados, contando-se ainda oito feridos. Foi este o mais disputado choque da Revolução Constitucionalista no RS.

19.7.1944 — FAROL DE SÃO TOMÉ. Segunda Guerra Mundial. O submarino alemão *U-861*, do CC Jurgen Oester, às 23:55 h, à vista do farol, torpedeou o navio transporte brasileiro *Vital de Oliveira*. Morreram 99 dos 275 homens a bordo.

18.2.1943 — FAROL GARCIA D'ÁVILA. BA. Segunda Guerra Mundial. Às 2:05 h, o *Brasiloide* (ex-alemão *Bollwerk*), do cap. Eurico Gomes de Sousa foi atingido por torpedo disparado pelo *U-518*, sob o CT Friedrich Wilhelm Wisman. Salvos, os 46 tripulantes e quatro passageiros. O cap. Sousa padecera infortúnio igual quando comandava o *Alegrete*.

16-8(?)-1905 — FAZENDA CAMPO ALEGRE. MT. Conflitos partidários no município de Santana do Paranaíba. Olímpio Ribeiro, chefe regional da facção Totó Paes venceu em combate o rival Garcia da Silveira. Temeroso de reação inimiga, fechou-se em sua fazenda Campo Alegre com aderentes civis e homens armados. Rechaçou o ataque de 100 seguidores de Alfredo Justino de Souza.

12.10.1914 — FAZENDA CORISCO. SC. Campanha do Contestado. Preparando-se para enfrentar a ofensiva dos 3.000 soldados do gen. Setembrino de Carvalho, o cabecilha jagunço Chico Alonso atacou a fazenda fortificada Corisco, rica em suprimentos. A defesa prevaleceu repelindo os atacantes que deixaram acima de 20 mortos.

29(?).1.1915 — FAZENDA DO GUARDA-MOR. SC. Campanha do Contestado. O caudilhete Adeodato Manoel Ramos, apelidado "Flagelo de Deus", à frente de 100 cavaleiros tentou superar o cerco dos governistas. Perdendo a quase totalidade dos acompanhantes e frustrado no intento, retornou ao vale do Santa Maria para ali resistir e morrer.

3.12.1864 — FAZENDA GAECÁ/SÃO SEBASTIÃO. SP. Revoltas de escravos. A fazenda, também chamada Guaicá, propriedade do convento do Carmo, contava 84 escravos. Revoltaram-se, matando o administrador Teixeira Andorinha e ferindo um camarada. O prior, frei Manoel de São Vicente Ferrer, internou-se na mata sendo resgatado pela força policial que logo aprisionou os revoltosos.

27.1.1901 — FAZENDA PEDREIRA/SÃO JOÃO DO SABUGI. RN. Campanha contra o cangaço. Na sua primeira incursão ao RN, Antônio Silvino (Manuel Batista de Morais no registro civil), levou seu bando ao ataque da fazenda do "coronel" Janúncio. Surpreendido pela defesa, tiroteou em retirada, perdendo seis "cabras'' mortos e três ''desaparecidos'' (Pimenta, Macambira, Paciente) ou seja, aprisionados e degolados no local.

10.8.1836 — FAZENDA PERNAMBUCO-RIO CAPIM. PA. Cabanagem. Na fazenda, margeante do rio, os cabanos emboscaram e destroçaram destacamento governista integrado por marinheiros, soldados regulares e voluntários, tendo à testa o 2º ten. Fernando Gomes Ferreira da Veiga, morto na ação.

7.9.1897 — FAZENDA VELHA. BA. Canudos. A trincheira guarnecida pelos sertanejos na Fazenda Velha enfiava com tiros certeiros o acampamento governista. Decidido a eliminá-la, o comando geral enviou contra ela o cel. Olympio da Silveira, à frente do 27º BI, contingente do 4º BI do 2º RI, outro contingente do 5º RI, tendo na vanguarda e na retaguarda ex-alunos de escolas militares. O assalto à trincheira contou com fogo de metralhadoras pelo centro e 300 baionetas pelos flancos. Surpreendeu totalmente os canudenses, que depois de cinco minutos de resistência retiraram-se para a cidade. Perdas governistas: duas praças. A tropa melhorou a trincheira e abriu uma segunda, chamada ''7 de setembro'', para, de ambas, fustigar Canudos.

19.4.1836 — FAXINAL. RS. Guerra dos farrapos. Na localidade, município de Viamão, republicanos conduzidos por Lima e Silva sobrepujaram formação regencial comandada por Juca Ourives.

11(?).4.1731 — FECHO DOS MORROS. MT. Campanha contra os paiaguás. A expedição de Antônio de Almeida Lara, depois de escaramuças, localiza e surpreende o grosso da frota de canoas dos paiaguás. Atacando-as com artilharia e mosquetaria, põe no fundo a maior parte dos barcos. A disparada dizimou os índios canoeiros que tentavam fugir por terra. Os remanescentes cruzaram a fronteira com o Paraguai. Foi este o maior revés dos paiaguás, os mesmos que no ano anterior haviam destroçado a monção do ouvidor Lanhas Peixoto.

14.10.1850 — FECHO DOS MORROS. MT. Incidente fronteiriço. Os 25 praças de guarnição, com o seu comandante, ten. Bueno da Silva, retiram-se, tiroteados por 800 incursores paraguaios. Perderam três dos seus, provocando nove baixas entre os agressores. Dias depois, em represália, reforçados pela tropa do cap. José Joaquim de Carvalho e pelos guaicurus dos caciques Lixagota e Lapagate, os retirantes do presídio passaram a fronteira ocupando o fortim paraguaio Olimpo ou Bourbon. Enquanto isso, o cacique Quidauani cruzava a linha pelo Rio Apa e capturava muito gado. Na troca de notas diplomáticas o Brasil aceitou as explicações do presidente paraguaio Carlos Lopez e contentou-se com as represálias tomadas. Rio Branco (*Efemérides*) dá ao local o nome de Pão de Açúcar. Teixeira de Mello assegura ser indevido esse e também o nome de Fecho dos Morros, aceitando apenas o de Nova Coimbra.

2.2.1839 — FEIJÓ. RS. Guerra dos farrapos. Perseguido pelo então general farroupilha Bento Manoel Ribeiro, o presidente da província e sua escolta são encurralados no Passo do Feijó. Lutam até a chegada do reforço levado pelo ten.-cel. João Propício Mena Barreto, livrando-se o presidente de ser aprisionado pelos farrapos.

31.12.1864 — FEIO. MT. Guerra do Paraguai. O ten.-cel. Dias da Silva, à frente de 130 cavalarianos, enfrenta a vanguarda invasora paraguaia comandada pelo cel. Isidoro Resquin, junto ao Rio Feio. Intimado por escrito a render-se, recusou e sempre combatendo recuou na direção da ponte sobre o Rio Desbarrancado, de onde, para Nioaque. Em sua parte Resquin anotou ter imposto aos brasileiros 57 mortes e tomado 13 prisioneiros. Dias da Silva anotou a perda de dois cabos, dois soldados e de um civil. No Camapuá tinha 10 oficiais e 27 praças.

?.?.1503 — FEITORIA-CABO FRIO. ES. Conflitos com indígenas. O cronista espanhol Alonso de Santa Cruz registra que nesse ano, o da instalação, os índios atacaram e mataram os 24 homens que Américo Vespucci deixara na feitoria por ele estabelecida a 10 léguas de Cabo Frio, para servir ao armazenamento de pau-brasil. Alguns querem-na no Rio de Janeiro. Afirmou o Alonso que "... los mataran los yndios por los muchos desordenes y parcialidades que entre ellos ovo".

?.12.1629 — FERNANDO DE NORONHA. Holandeses no NE. O alm. Corneliszoon Jol, enviado pela Companhia das Índias Ocidentais Holandesas, dispondo dos navios *Otter* e *Hawick*, desembarca na ilha principal. Informado, Matias de Albuquerque expediu contra os intrusos flotilha de sete caravelões com gente confiada a Rui Calaza Borges e Pedro Teixeira. Surpreenderam e afastaram os holandeses que voltariam à ilha em 1646.

29.5.1736 — FERNANDO DE NORONHA. O capitão Lasquelin, com 15 homens, proclamara a soberania da Companhia das Índias Orientais Francesas sobre o arquipélago. Instalaram-se na ilha principal, batizada por eles Delphine. Na jornada, desembarcou de navio português o cel. João Lobo de Lacerda, com 250 soldados. Prendeu e expulsou os intrusos. O incidente foi narrado em carta régia datada de 26.5.1737.

22.5.1942 — FERNANDO DE NORONHA-ROCAS. Segunda Guerra Mundial. Entre essas posições, às 14 h, um B-25 Mitchell do Agrupamento de Aviões baseado em Fortaleza, fazendo vôo de patrulha na área, surpreendeu submarino navegando na superfície. Procedeu a reconhecimento, sendo alvejado pelas armas antiaéreas do barco. Embora não havendo estado de guerra, uma vez atacado, o avião colocou suas bombas ao redor do submersível. Sem mais bombas e diante do violento fogo disparado pelo barco, o B-25 retornou à base. A 27 ocorreram dois encontros similares.

1.10.1645 — FERNANDO MENDES. RN. Holandeses no NE. Na casa de Fernando Mendes, proximidades da mais tarde vila de São Gonçalo, no Potengi, 50 sobreviventes da matança de Cunhaú (16.7) ergueram sua defesa. Amparados nela repeliram ataque do feroz Jacob Rabi, chefe europeu dos índios aliados aos holandeses. Nesse dia 1 de outubro, famintos, sem munição, capitularam.

19.6.1874 — FERRABRÁS. RS. Insubmissão dos Mucker. No morro do Ferrabrás, proximidades de São Leopoldo, a cidadela dos fanáticos mucker (santarrões) foi assaltada, tomada e incendiada pela força de repressão. A residência do casal João José e Jacobina Maurer, chefes ostensivos da seita, centralizou a resistência. A ação terminou com a fuga dos insubmissos para a mata vizinha.

20.6.1874 — FERRABRÁS. RS. Insubmissão dos Mucker. Os últimos fanáticos mucker, expulsos do seu reduto no dia 19, tiroteiam a força governista, disparando da mata onde se haviam refugiado. O cel. Genuíno Sampaio, comandante da tropa de 600 homens, segundo Sousa Docca recebe ferimento em uma perna e morre por falta de tratamento.

28.6.1874 — FERRABRÁS. RS. Insubmissão dos Mucker. Depois de um dia de marcha e sem se dar descanso, 600 soldados atacam o reduto dos mucker (santarrões ou beatos), no morro do Ferrabrás, vizinhanças de São Leopoldo. A tropa estava composta por 100 praças do 12º BI, sob o cap. Nicolau Inácio Carneiro da

Fontoura; corpo de cavalaria do ten.-cel. Fraga; duas peças de artilharia. As duas colunas em que essa tropa foi desenvolvida para o ataque embolaram-se, passaram a ser longa e facilmente alvejadas pelos fanáticos, os canhões arrebentaram-se aos primeiros disparos. Contando quatro mortos e 41 feridos, entre estes três oficiais, a tropa retirou-se para Campo Bom. Perdas dos mucker: seis feridos, um dos quais faleceu no dia seguinte.

19.7.1874 — FERRABRÁS. RS. Insubmissão dos Mucker. Segundo combate da insubmissão. A tropa que conhecera insucesso no ataque de 28.6 volta ao assalto do reduto mucker. Progridem: todo o 21º BI, o 3º BI, 100 praças do XIV Corpo da GN a cavalo e 300 civis armados. Pelo Rio dos Sinos, as canhoneiras *Martins* e *Juriti* tomaram posição para dar cobertura de metralha ao avanço da tropa. Quatro colunas, com apoio de artilharia, escalaram o morro, ocupando parte do reduto mandado incendiar pelo comando. A maior parte dos beatos conseguiu fugir. Deixaram, segundo a parte oficial, 20 mortos. Os soldados contaram em suas fileiras cinco mortos e 31 feridos.

21.7.1874 — FERRABRÁS. RS. Insubmissão dos Mucker. O novo chefe da tropa, cel. César Augusto, substituindo o falecido cel. Genuíno Olympio de Sampaio, enviou 50 soldados e um guia ao ataque do último ponto fortificado dos fanáticos do morro do Ferrabrás, proximidades de São Leopoldo. Os mucker, emboscados na mata, resistiram e fizeram cinco mortos e sete feridos entre os praças que avançavam, obrigando-os a voltar para Campo Bom.

28.12.1925 — FLORES. PI. Coluna Prestes. A guarnição e civis armados resistem durante três dias aos ataques desfechados pela Coluna. O próprio Luís Carlos Prestes dirigiu a operação, que cessou quando, em outra frente da marcha da tropa revolucionária, Juarez Távora suspendeu o assédio que mantinha sobre Teresina.

30.1.1823 — FONTES-SALVADOR. BA. Guerra da Independência. Saindo de Itaparica com cinco das suas canhoneiras, o ten. João Francisco de Oliveira Botas tenta apresar duas naus portuguesas que se haviam afastado da frota. Em socorro das atacadas acorrem o brigue *Audaz* e outros barcos, elevando para 13 o número dos que enfrentaram Botas. Este manobra para deixar a área mas a sua capitânia, a *25 de Junho,* de cinco canhões, encalha junto da Ilha das Fontes. As outras canhoneiras juntam-se à encalhada e por duas horas resistem ao canhoneio dos 13 barcos lusitanos. Uma vez safa, a *25 de Junho* lidera o rompimento do cerco e o acolhimento à proteção das baterias da Ilha de Itaparica. Além da capitânia tomaram parte na ação as canhoneiras *Pedro I,* do 2º ten. Antônio Gonçalves, armada com 1 rodízio; *Dona Leopoldina,* do 2º ten. André Avelino Pereira, cinco canhões; *Dona Januária,* do 1º ten. Boisson, cinco canhões, e *Vila de São Francisco,* sob Felipe Álvares de Oliveira, um rodízio.

21.1.1925 — FORMIGAS. PR. Revolta tenentista. Buscando aliviar a pressão governamental sobre a posição-chave tenentista de Catanduvas, João Cabanas conduziu 200 homens da sua Coluna da Morte na abertura de picada de 30 quilômetros. Ao amanhecer, surpreendeu o dispositivo inimigo de Formigas com assalto envolvente de 4 frações de 50 homens cada, apoiados por rajadas de metralhadoras. O assalto final, com o uso de machete, redundou em degolamentos. Cabanas (*A Coluna da morte*, página 254) aceitou que os seus hajam praticado a degola, embora insistindo em que tal prática ocorreu de parte a parte. A Coluna apoderou-se de fuzis, munições, roupas e calçados de que andavam carecidos todos os revoltosos, de cavalos e muares. Só no dia 1º.2 ela reentrou no Q.G. revoltoso, em Santa Cruz, onde Cabanas foi elevado ao posto de major. O maior resultado da surpresa foi a mudança dos planos governistas, com recuos e adoção da mentalidade defensiva embora temporária.

7.10.1944 — FORNACI. Itália. Segunda Guerra Mundial. A posição, ocupada na véspera pela Força Expedicionária Brasileira, foi atacada por destacamento alemão especializado em destruição. A defesa, a cargo do 3.º batalhão do 6.º RI, comandado pelo maj. Silvino, repeliu o assalto, recolhendo quatro mortos e um ferido inimigos.

28.4.1945 — FORNOVO. Itália. Segunda Guerra Mundial. À margem do Rio Pó concentravam-se fortes colunas alemãs em retraimento. A fim de impedir que completassem a travessia, o 6.º RI, da Força Expedicionária Brasileira, do comando do cel. Nelson de Melo, buscou a ação naquela localidade. Contou com apoio de elementos blindados do 760.º batalhão de tanques americanos, bateria de obuses e uma bateria do III Grupo de Artilharia. O ataque foi iniciado às 13 h pelo batalhão Gross, o I/6.º RI, sob fogo de metralhadoras e de artilharia do inimigo. Ao fim da jornada a tropa atacante situou-se a 6 quilômetros de Fornovo, sobre a linha Gaiano-Segalora-Talignano. Pelas 21 h, os alemães lançaram furioso contra-ataque sobre Segalora, procurando abrir caminho para a cidade de Parma, onde se concentrava o grosso do seu exército. Repelidos pela terceira companhia do I/6.º RI, repetiram a tentativa no começo da madrugada de 29, instante em que o II/6.º RI, do maj. Oest, com a ajuda de tanques americanos, avançava na direção de San Vitale de Baganza-Fornovo. Durante a jornada de 28, na outra margem do Rio Taro, a localidade de Felegara fora ocupada pelo terceiro batalhão do 6.º RI, batalhão Silvino, e pelo 1.º Esquadrão de Reconhecimento — esquadrão Pitaluga. Com Felegara dominada, completou-se o fechamento da região de Fornovo, para cujo centro recuaram os germânicos. Cercados, deram começo à parlamentação que se concluiria com a rendição da 148.ª Divisão de Infantaria alemã e remanescentes da Divisão Bersaglieri Italia e dos da 90.ª Divisão Panzer Grenadier.

29.4.1945 — FORNOVO-PONTE SCODOGNA. Itália. Segunda Guerra Mundial. Na localidade, ao sul de Collecchio, situava-se o Posto de Comando do I/6.º RI. Presente o gen. Mascarenhas de Moraes, apresentaram-se parlamentários alemães para tratar da rendição da 148.ª Divisão de Infantaria, do gen. Otto Fretter Pico. Falavam também pelos remanescentes da 90.ª Divisão Panzer Grenadier, alemã, e pela Divisão Bersaglieri Italia, de italianos. Pelo lado brasileiro, dirigiu as negociações o cel. Floriano de Lima Brayner. Às 13 h entregaram-se à Força Expedicionária Brasileira treze ambulâncias com feridos imediatamente removidos para os veículos do Batalhão de Saúde brasileiro e que os conduziram ao hospital de Modena. Hora e meia mais tarde chegaram mais oito ambulâncias. A primeira unidade combatente a render-se foi o 36.º Regimento da 9.ª Divisão Motorizada. Após a deposição das armas pessoais ao longo da estrada Collecchio-Fornovo-Berceto, foram consignados canhões de infantaria, canhões anticarros 50 mm, morteiros de 75 e 150, todos auto-rebocados, carros de reconhecimento, colunas de artilharia com obuses de 105 longo, canhões antiaéreos de 88 mm, puxados por carros de meia lagarta, num total de 80 peças. Durante 20 horas renderam-se 14.779 homens, a maioria alemães. Foram recolhidos também 4.000 cavalos e mais de 2.500 viaturas, das quais 1.000 motorizadas, além de munição. Por último entregou-se o gen. Otto Fretter Pico, comandante da Divisão, acompanhado pelo seu estado-maior. Antes destes se apresentara o gen. italiano Mário Carloni. Expressão do gen. Mark Clark, general americano, comandante aliado da área: "Foi magnífico final de atuação magnífica".

30.9.1944 — FORNOVOLASCO. Itália. Segunda Guerra Mundial. Na região do Rio Serchio, a 1.711 metros de altitude, o 2º batalhão do 6º RI, da Força Expedicionária Brasileira, choca-se com forças alemãs. Nos dois combates da jornada, a FEB perdeu oito homens.

12.1.1840 — FORQUILHAS-CURITIBANOS/MAROMBAS. SC. Guerra dos farrapos — República Juliana. Local e encontro noturno também chamado Marombas ou do Capão da Mortandade. Nas proximidades de Curitibanos, junto do Rio Marombas. Nítida vitória dos 400 GN e voluntários civis imperiais liderados pelo cel. Anônio de Melo Albuquerque sobre os 450 republicanos do cel. Teixeira Nunes, cuja infantaria foi comandada por José Garibaldi. Anita Garibaldi, depois do combate, procurou pelo campo o corpo de José, cuja morte lhe fora anunciada. Não o encontrando, convencida de que vivia, fugiu aos captores, cruzou a nado o Rio Canoas e a 80 quilômetros dali, em Lages, reuniu-se aos remanescentes da tropa de Teixeira Nunes, entre os quais estava Garibaldi.

16.2.1892 — FORTALEZA. CE. Levante político-militar. Ativistas políticos e alunos da Escola Militar, com armamento que incluía canhões retirados ao parque da Escola, investiram contra o palácio do governo estadual, defendido pela polícia. Ao término de 13 horas de combate, conhecidas várias mortes e muitas vítimas de ferimentos, o gen. Clarindo de Queiroz, cuja presença no poder era impugnada pelos levantados, renunciou.

3.1.1904 — FORTALEZA. CE. Revolta da chibata — pródromos. Edmar Morel considera este evento revelador da situação que preparou e justificou a "revolta dos marinheiros ou da chibata". Conforme os costumes do tempo, fazia-se embarcar 72 "voluntários" ou "sorteados" para compor as guarnições dos navios de guerra daquela que se preparava para ser a terceira esquadra do mundo. Eram homens inadaptados para o serviço, pais de "sete, oito, até dez filhos". Revoltaram-se, no porto. A violência conseqüente fez dezenas de vítimas, tendo muitos dos "candidatos" a marujo perdido braços e pernas.

29.12.1911 — FORTALEZA. CE. Movimento contra os Acioli. Choques de rua entre partidários do presidente estadual Nogueira Acioli, apoiados pela força policial e manifestantes simpáticos à situação. Diversos mortos e feridos. O incidente repetiu-se em meses seguintes, culminando com a renúncia de Acioli.

22.1.1912 — FORTALEZA. CE. A oposição, de fundo civilista, exasperada diante da manobra eleitoral executada pelo presidente estadual Antônio Nogueira Accioly, indicando candidato à sua sucessão a fim de manter a hegemonia política vigorante deste 1877, ataca o Palácio da Luz, sede do governo. Diz Glauco Carneiro que parte dos atacantes era de militares vestindo roupas de camponeses. Diante da neutralidade da tropa federal, só a polícia defendeu o palácio e o presidente. Durante a noite interveio o bispo dom Joaquim Vieira e pela manhã de 23 Accioly renunciou. O movimento fez germinar a "guerra do padre Cícero" ou revolta de Juazeiro, eclodida naquele mesmo ano, a 9.12.

9.11.1914 — FORTALEZA. CE. Movimento contra os Acioli. Políticos da oposição estadual armaram "batalhões patrióticos" para lutar nas ruas da capital contra partidários do presidente. Diante da Assembléia, os populares enfrentaram soldados do Exército destacados para a proteção do prédio. Nos bairros, os "patriotas" atearam fogo a residências, fábricas, edifícios públicos. Jornais, empastelados.

Políticos apontados como aciolistas buscaram refúgio no Arsenal da Marinha.

4.1.1943 — FORTALEZA. CE. Segunda Guerra Mundial. A 80 milhas ao NE de Fortaleza, aviões norte-americanos do VP-83, baseados naquela cidade, afundam o submarino alemão *U-164,* do comandante CT Fachner.

7(?).7.1648 — FORT MOLS. Angola. África. Reconquista de Angola. Da expedição de Salvador de Sá e Benevides (saída do RJ a 12.5.), então navegando rumo de Luanda, foi destacada na foz do rio Massangano, força destinada a avançar por terra recolhendo colonos portugueses e aliados nativos. Essa formação foi atacada e aprisionada por homens da tribo jaga, aliada dos holandeses e entregue a estes no Fort Mols, foz do rio Kwanga. Pelos despachos tomados e pelas declarações dos prisioneiros, os flamengos tiveram conhecimento dos planos de Salvador de Sá e puderam bloquear os caminhos, dando aviso a Luanda sobre o próximo ataque.

14.1.(?).1644 — FORTE DO CEARÁ. CE. Holandeses. Indígenas, até aquele momento bons amigos e servidores dos holandeses, constataram que estes transferiam suas melhores tropas para a luta contra os insurgentes. Reclamando paga superior e maior renda na extração do sal, rebelaram-se, atacando as instalações e matando os flamengos presentes, incluso o comandante Gedion Morris Jonge. Dias depois aportaram dois iates dos quais desceram o cap. Lubert Dircks e 12 soldados. Investidos, morreram o capitão e sete dos desembarcados. Os três sobreviventes nadaram até os barcos, estes atacados à sua vez porém conseguindo repelir a abordagem.

11(?).5.1631 — FORTE DO RIO FELIPE OU FORTE NORTH OU FORTE PATTACUE. AM. Ingleses na Amazônia. O estabelecimento, misto de posto de comércio e de fortim, fora instalado próximo da Ilha de Santana pelos 200 ingleses chegados tardiamente para reforçar o Forte Torrego, em outubro de 1629. Dispunha de quatro peças grossas e várias roqueiras, alojamento para mais de 500 colonos esperados da Inglaterra. Contra essa posição foram expedidas 36 canoas ao mando do srg-mor Manuel Pires Freire, sendo capitão dos soldados e dos índios Sousa Chichorro. Depois de forte resistência, dezenas de ingleses procuraram escapar em uma lancha grande e em duas canoas, perecendo 50 deles às mãos dos índios de Chichorro. Dos que permaneceram no forte, 13 renderam-se, entre eles o comandante, William Clovell. Outros cinco refugiaram-se em aldeias de índios amigos de onde, pouco mais tarde, foram recolhidos pelo navio inglês *Marmaduke.*

24.5.1630 — FORTE ERNESTUS-ILHA DE SANTO ANTÔNIO. Recife, PE. Holandeses no NE. Cumprindo determinação de Matias de Albuquerque, o cap. Antônio Ribeiro Lacerda assaltou e tomou, em plena madrugada, o Forte Ernestus. Luís Barbalho comandou uma das companhias atacantes. Antônio Ribeiro da França, a segunda. Quase todos os oficiais flamengos da guarnição foram mortos e feridos. Entres estes, o ten.-gen. van der Elst e o engenheiro Comersteyn. Destruídas as partes essenciais, desmontadas as peças e atiradas as suas partes do alto das trincheiras, os atacantes deixaram a Ilha de Santo Antônio. Surpreso com esse feito ousado, o cmte. Waenderburch diria em ofício aos superiores estarem os holandeses combatendo um povo "valoroso e ágil".

20.2.1630 — FORTE SÃO JORGE. Recife, PE. Holandeses no NE. Repelidos nos dois dias anteriores, os holandeses alinham, em terra, 600 soldados ao mando do ten.-cel. Hartmann Godfrid van Steyn-Callenfels. Os 37 soldados defensores do forte estão sob a chefia do velho cap. Antônio de Lima. Perdendo cinco mortos e oito feridos, resistiram durante duas horas, quando os atacantes suspenderam o combate, carregando 20 mortos e 50 feridos. Southey anotou que os holandeses sofreram ali "mortandade considerável". O forte teve, na data, o apoio de bateria de quatro peças montada na entrada da povoação e comandada por Lourenço Vaz Cerveira. Em anotações, Duarte de Albuquerque fixa em 1.500 o número de atacantes e em 300 o de suas baixas entre mortos e feridos. Somente no dia 1.3, por terra e mar, os intrusos haveriam de voltar a fustigar o forte, sendo novamente rechaçados. A 3.3, falto de tudo, o São Jorge rendeu-se.

1.3.1630 — FORTE SÃO JORGE. Recife, PE. Holandeses no NE. Insistindo na conquista do forte que barrava o caminho para Recife e do qual haviam sido repelidos no longo e sanguinolento combate do dia 20.2, os holandeses investem com profusão de artilharia e infantes, por terra e mar. Na jornada, não conseguem dominar o forte. Prepararam o ataque final para o dia seguinte.

2.3.1630 — FORTE SÃO JORGE. Recife, PE. Holandeses no NE. Os holandeses recomeçam, por terra e mar, o bombardeio do forte, operação que haviam realizado durante quase todo o dia anterior. Depois de horas de fogo, estando os muros derruídos, os canhões desmontados, a maior parte da guarnição morta ou ferida, rendeu-se o capitão comandante Antônio de Lima. Ao sair das ruínas do São Jorge, com apenas seis soldados, mereceu a estupefação do atacante que alinhava acima de 600 homens. No dia 3, Recife foi ocupada. Os holandeses dominavam as entradas estratégicas de Pernambuco.

17.5.1943 — FOZ DO RIO SÃO FRANCISCO. Segunda Guerra Mundial. O submarino alemão *U-128* posicionou-se ao largo da foz, em preparativo para atacar o comboio TB-13 que navegava escoltado pelos barcos *Cabedelo, Gurupi* e *Jaguaribe.* Na madrugada, o *Jaguaribe* localizou pelo sonar o submersível e atacou, lançando bombas que obrigaram o *U-128* a vir à superfície 14 milhas à retaguarda do comboio para ser afundado, no decorrer do dia, por dois contratorpedeiros americanos, o *Moffer* e o *Jouett.*

12.9.1823 — FOZ DO RIO TEJO. Portugal. Guerra da Independência/Reide da *Niterói.* Tendo perseguido o núcleo principal da frota portuguesa em retorno para Lisboa após a rendição de Salvador, e de ter feito mais de dez presas, a fragata *Niterói,* do mando de John Taylor, chegou à vista do litoral lusitano. Com um tiro de intimidação, apresou o barco *Paquete de Setúbal.* Passou-lhe os prisioneiros que trazia, mantimentos e a ordem de desembarque em Figueira da Foz. De volta ao Brasil, na rota das últimas embarcações reinóis, ainda tomou entre Açores e Roca, os iates *Santo Antônio do Triunfo* e *Harmonia* e a escuna *Emília.* Nas proximidades das Canárias, o bergantim *São Manoel Augusto.* No dia 16.10, na posição 7°N 26°O, uma sumaca que de Cabo Verde levava reforços aos lusos ainda resistindo no Maranhão.

16.4.1836 — FRAGATA. RS. Guerra dos farrapos. O cel. João da Silva Tavares, das forças imperiais, conduzindo 530 homens, foi enfrentado e vencido por 320 republicanos.

4.10.1930 — FRAGOSO. PE. Revolução nacional liberal. O "tenente" Agildo Barata que da cidade da Paraíba conduz reforços para ultimar o domínio dos revoltosos sobre o Recife, enfrenta a resistência de um dispositivo da polícia estadual. Supera essa oposição e no dia 5 entra na Paraíba (atual João Pessoa) secundado pelo destacamento do "tenente" Paulo Cordeiro.

27.10.1838 — FRANCA. SP. Anselmada. Em episódio de origens ainda em discussão, Anselmo Ferreira de Barcellos, ordenando 75 homens armados, invadiu a cidade da Franca do Imperador, depôs autoridades, libertou presos, fez cantar *Te Deum* por sua vitória contra os liberais que dominavam a câmara municipal. Os liberais fugiram, contando, entre os seus, dois mortos e feridos. O juiz de paz apareceu assassinado, fora da cidade. Bem mais tarde, um júri brando absolveu os anselmistas.

15.6.1840 — FRECHEIRAS. PI. Balaiada. Depois do sucesso de Matões, onde trucidaram toda a guarnição legal e receberam numerosas adesões, os seguidores balaios de Domingos Ferreira de Veras evoluíram sobre Frecheiras. Mas ali estavam concentradas forças provenientes do CE e do MA, além do contingente piauiense. No comando, os tenentes-coronéis Francisco Xavier Torres e Manuel Antônio da Silva. Ocorreu uma verdadeira batalha de Frecheiras, encerrada apenas no dia 19 com sonante vitória dos legais.

11.9.1840 — FRECHEIRAS. MA. Balaiada. O maj. Damásio Pinto da Veiga repele ataque do chefe balaio Ferreira de Veras. Desafogada esta posição estratégica do município de Araioses, o major conduz a sua gente a socorrer o posto do Rodeio atacado por 300 seguidores do caudilho negro Cosme. No dia seguinte os atacantes do Cosme debandaram, perseguidos até a mata do Mutum.

29.1.1927 — FUMAÇA. MT. Coluna Prestes. Em marcha para internar-se na Bolívia, a Coluna disparou seus últimos tiros contra os incansáveis sertanejos recrutados pelo "coronel" Franklin de Albuquerque, os quais a perseguiam desde a BA. Nos dois dias de tiroteios, permanecendo os contendores em margens opostas do fronteiriço Rio Jauru, não se registraram baixas.

10.9.1836 — FUNCHAL. RS. Guerra dos farrapos. Jacinto Guedes da Luz, dos principais entre os chefes republicanos, dispersa a escolta comandada pelo maj. Terêncio e se apodera dos 800 cavalos comprados no Uruguai para as forças imperiais.

30.8.1932 — FUNDÃO. SP. Revolução Constitucionalista. Avançanco no sul do estado de São Paulo, o gen. Valdomiro Castilho de Lima ataca, com forças das três armas, o dispositivo constitucionalista. Rompendo o flanco na Ponte da Manteiga, impôs a retirada dos 100 soldados do Batalhão Pirassununga. Envolvendo o flanco esquerdo, repele contra-ataque improvisado e leva toda a frente revolucionária a refluir para Capão Bonito. A aviação paulista tentou três sortidas sobre os atacantes, usando metralhadoras e granadas de mão.

29.7.1822 — FUNIL-ITAPARICA. BA. Guerra da Independência. No curso da campanha visando a recuperação da Ilha de Itaparica, os portugueses enviam o cap. Taborda, com três canhoneiras, pelo Rio Jaguaribe acima, forçando o Passo do Funil. Após cinco horas de combate, despejando fogo de canhão e mosquetaria, os lusos recuam sofrendo perdas elevadas de homens e danos no material.

G

18.6.1840 — GAIOLA. MA. Cabanagem. Encarregado pelo cel. Alves de Lima — futuro Duque de Caxias —, de custodiar o local Gaiola, margem esquerda e travessia do Rio Monim, o ten. Fortunato José da Costa toma posição. Durante 18 horas, com apenas 40 praças resiste ao ataque de 300 cabanos chefiados por Raimundo Gomes.

30.12.1848 — GAIPIÓ. PE. Insurreição Praieira. No engenho Gaipió, nas proximidades de Ipojuca, guarnecido pelos insurgentes praieiros do mando de Miguel Afonso Ferreira, estes foram desalojados das suas trincheiras pela tropa governamental dirigida pelo ten.-cel. Joaquim Manoel do Rego Barreto.

?.7.1779 — GALERA-QUARITERÊ. MT. Ataques contra quilombos. Galera constituía reduto da primeira defesa do conjunto de quilombos genericamente designados Quariterê. Recolhia mineradores tornados miseráveis pela exaustão dos veios auríferos de São Vicente Ferrer, índios, escravos fugidos, brancos pobres. O reduto Galera foi atacado e destruído pela tropa conduzida por Luís Pinto de Souza Coutinho, terceiro governador do MT. Os quilombolas escapos foram reunir-se ao núcleo central, Quariterê.

11(?).12.1924 — GALPÕES. RS. Revolta tenentista. Enfrentando os governistas e nitidamente batido no local Galpões, proximidades de Santana do Livramento, o revolucionário Júlio Barros interna-se no Uruguai.

23.2.1894 — GARANHUNS. PE. Insurreição Praieira. Legais procedentes de Pesqueira despendem apenas meia hora de fogo para desalojar os liberais praieiros confiados a João Teota e que haviam ocupado a praça na véspera.

15.1.1917 — GARANHUNS. PE. Correrias de "coronéis". Na véspera, no Recife, um oposicionista assassinara o coronel deputado Júlio Brasileiro. Em Garanhuns, familiares e seguidores do falecido prepararam vingança, mobilizando 400 cangaceiros do Brejão. Os oito principais ameaçados refugiaram-se na delegacia de polícia. Ali, com cinco soldados defenderam-se durante longo combate causador de mais de 30 mortes.

7.9.1711 — GARAPU. PE. Guerra dos mascates. Episódio final do conflito. Francisco Gil Ribeiro conduz olindenses ao ataque dos recifenses do mando de Sebastião Pinheiro Camarão posicionados junto da Lagoa Garapu. Os mascates, atacados, retiram-se cruzando a lagoa, a nado. Recife continuou cercada pelos olindenses até 8.10, quando os bandos depuseram armas diante do novo governador.

19.12.1926 — GARÇAS. MT. Coluna Prestes. A três quilômetros do Porto Salu, sobre o Rio das Garças, policiais do estado e sertanejos mobilizados pelo político "coronel" Franklin de Albuquerque emboscam a vanguarda da Coluna, Destacamento João Alberto. A ameaça de envolvimento, com o avanço de outros destacamentos revolucionários, induziu os governistas à retirada, perdendo dois prisioneiros e 22 cavalos. Baixas da Coluna: um major, morto; feridos, um major e um soldado.

16.8.1894 — GARRUCHOS. RS. Revolta dos federalistas. Os remanescentes revolucionários, 1.500 combatentes que seguiam os chefes Felipe Portinho, Dinarte e Prestes, retirando-se depois da derrota de Igrejinhas (15.8), foram alcançados e dizimados pela tropa governista do cel. Salvador Pinheiro, da Divisão Norte. Foi este o penúltimo combate da revolta federalista. Os que escaparam de Igrejinhas e Garruchos internaram-se no Uruguai.

10.11.1918 — GIBRALTAR. Europa. Primeira Guerra Mundial. O CT *Piauí*, sob ordens do Cap. Alfredo de Andrade Dodsworth, integrante da DNOG — Divisão Naval em Operações de Guerra, saído de Dacar e navegando para Gibraltar alvejou o caça-submarino estadunidense número 190, supondo-o alemão. Um dia antes, na área, submergível germânico torpedeara o couraçado inglês *Britania* provocando o alerta originador do incidente do dia 10.

11.8.1636 — GOIANA. PE. Holandeses no NE. Antônio Felipe Camarão assalta e toma o reduto holandês de Goiana.

28.2.1640 — GOIANA/ENGENHO CAVALCANTI. PE. Holandeses. A Marcha de Luís Barbalho. Desembarcada da frota do Conde da Torre no Porto dos Touros, a tropa de Luís Barbalho Bezerra abria caminho em território dominado pelos flamengos, rumo do rio São Francisco. Perto de Goiana, informado da concentração, no Engenho Cavalcanti, de 840 holandeses e 650 indígenas destinados a cortar-lhe o caminho, Barbalho vai ao ataque, durante a madrugada. Ele próprio relatou: "Degolei 530, entre estes os sargento-mor e Governador Picardo (Picard) e quatro capitães". Vitória completa dos retirantes.

23.8.1711 — GOIANA. PE. Guerra dos mascates. Choque terminado com a vitória dos olindenses capitaneados por Francisco Gil Ribeiro.

21.3.1835 — GOIANA. PE. Carneiradas. No decurso da terceira revolta da série das *Carneiradas*, os levantados atacaram e depois de duas horas de combate apoderaram-se de Goiana. Pouco depois, no entanto, deixaram a praça evoluindo na direção do Recife. Enfrentados por forças superiores refugiaram-se nas matas do Catucá, de onde se dirigiram para Beberibe. Ali, no dia 28, se dispersaram.

13.12.1848 — GOIANA. PE. Insurreição Praieira. Tendo abandonado momentaneamente o seu refúgio nas matas do Catucá, o Exército Liberal marcha para o norte. Um destacamento de 800 homens vai atacar Goiana, defendida pela polícia e tropa da PB. Ao custo de doze mortos e nove horas de combate, os liberais dominam Goiana para abandoná-la no dia seguinte, continuando sua progressão rumo da PB.

11.2.1849 — GOIANA. PE. Insurreição Praieira. Em seguida ao insucesso do chefe praieiro Peixoto de Brito no Recife, os revoltosos atacam Goiana com 600 homens. Os legais, sob ordens do cel. Cipriano José de Almeida, concentraram-se no Convento do Carmo, onde resistiram toda a noite. Os praieiros conseguiram fazer explodir um barril de pólvora em uma dependência do andar térreo, provocando a rendição dos defensores com a entrega de farto material de guerra, conforme a observação de Edison Carneiro.

27.7.1932 — GOMEIRA-CRISTAL-ITAGUARÉ-GOMEIRINHA-TÍUNEL-CRUZEIRO. SP. Revolução Constitucionalista. Situados em altitude acima daquela do túnel da Estrada de Ferro Central do Brasil, trecho RJ-SP, aqueles picos da Serra da Mantiqueira sustentavam a linha constitucionalista no setor principal da luta. Atacada pelos governistas de Vargas desde o dia 10, com maior ímpeto a 16 e 22; envolvida no dia 27, a linha de picos foi abandonada pelos defensores, sob fogo adversário.

16.8.1932 — GRAMA. SP. Revolução Constitucionalista. Às 16 h, o 2º BE revolucionário, levado pelo ten. Gumercindo da Fonseca e apoiado pelo batalhão do cap. Elpídio Silveira, atacou à arma branca a trincheira situacionista, fazendo dez prisioneiros, mas não permanecendo nela diante de forte contra-ataque.

18.2.1926 — GRAVATÁ. PE. Coluna Prestes. Anunciada a aproximação da Coluna, os entusiastas dos ideais tenentistas erguem-se, sob a chefia de Cleto Campelo e Valdemar de Paula Lima. Tentaram, sem êxito, sublevar o 21º BC, em Recife. Repelidos, ocupando um trem dirigem-se para Jaboatão, dominando estações, dinamitando pontes e derrubando linhas telegráficas. No assalto ao quartel de Gravatá morre Cleto Campelo. Os demais recuam, perturbam-se, sendo aprisionados no dia 22.

26.10.1935 — GROSSOS/MOSSORÓ. RN. Intentona comunista: guerrilha rural. O grupo guerrilheiro Bandoleiros Vermelhos, preparando-se desde maio para agir na região salineira de Mossoró, entrou em ação. Sob a chefia de Miguel Moreira, Sebastião Caldeira, José Mariano e José Canário, atacou a então vila de Grossos. Prendeu autoridades, recolheu armamento à venda no comércio, porém não pôde superar a resistência oposta pelos policiais — sargento e quatro praças. Depois de forte tiroteio, o grupo recolheu-se à mata de Areia Branca de onde, por quase um ano, sairia para incursões e combates.

7.4.1818 — GUABIJU. Uruguai. Guerra com Artigas. O gen. João de Deus Mena Barreto destroça a força de infantaria do ten.-cel. Pablo Castro, que perde 430 homens entre mortos, feridos e prisioneiros, um canhão, uma bandeira. Em conseqüência, Artigas retira-se para o Queguai, obrigado a alterar todo o plano de campanha devido à derrota de Guabiju.

17(?).11.1924 — GUAÇU-BOI. RS. Revolta tenentista. Coluna revoltosa sob Juarez Távora e Honório Lemes composta por civis e militares, mal armada e sem entrosamento, penetra território brasileiro pela fronteira do Quaraí, para ser incontinente batida por força situacionista comandada por Flores da Cunha. Os vencidos vão reorganizar-se em Uruguaiana.

25.10.1834 — GUAIABAL DO RIO ACARÁ. PA. Cabanagem. O brigue *Cacique*, a escuna *Bela Maria* e três lanchões armados, do comando do CF James Inglis, subindo o Rio Acará, afluente do Tocantins, conduzem 300 soldados de infantaria às ordens do cel. Manoel Sebastião Marinho Falcão. No município de Acará estavam concentrados os cabanos obedientes aos chefes irmãos Angelim e Vinagre. Um primeiro contingente legal havia sido repelido. Após um dia de viagem a esquadrilha foi vigorosamente tiroteada pelos cabanos ocultos nas matas. Morrem o cel. Melo Marinho Falcão e dois soldados, ficando feridos outros 10. A 28.10, pouco antes de aportar na Fazenda Acará-Açu, nova disparada de tiros cobriu os barcos, matando o ten. João Walsh, do brigue, e ferindo três marinheiros da escuna.

3.7.1868 — GUAICURU. Paraguai. Guerra do Paraguai. Procedendo a reconhecimento avançado sobre o reduto Guaicuru, no Chaco, o ten.-cel. Tibúrcio de Souza avança com o 14º BI e uma ala do 1º BI. Combatendo contra a defesa do reduto, perde 37 dos seus soldados, mortos e feridos.

14.9.1924 — GUAÍRA. PR. Revolta tenentista de SP. Confiada a defesa ao cap. Dilermando Cândido de Assis, a cidade foi ocupada por 30 revolucionários comandados pelo cap. Otávio Garcia Feijó e pelo ten. Orlando Alves Prado. Houve resistência apenas na Ilha do Pacu e no vapor *Dom Pancho,* chaves do sistema defensivo. Os atacantes aproximaram-se da ilha e do barco em balsas disfarçadas de camalotes. Dominados esses dois núcleos da defesa, os governistas reunidos em Guaíra retiraram-se por via férrea em direção a Porto Mendes, perseguidos e tiroteados por outra composição ocupada por revoltosos. O combate entre os dois trens prosseguiu até a estação de Sororó, onde o maquinista fugiu com a locomotiva, abandonando os vagões ocupados pelos governistas. A tropa do cap. Dilermando dispersou-se pela mata, sofrendo muitas baixas e deixando 20 prisioneiros. Apenas o capitão e três oficiais atingiram Porto Mendes, de onde, em navio, prosseguiram viagem.

15.5.1925 — GUAÍRA. Coluna Costa-Prestes. Os revoltosos tentaram retomar Guaíra, por eles abandonada meses antes. Seu domínio permitiria a travessia tranqüila do Rio Paraná, rumo ao MT. Chegaram a nove quilômetros do centro da cidade. Ali, foram detidos. Refluíram para Porto Mendes de onde, nos dias 27 a 29, fariam o salto sobre o rio.

26.1.1646 — GUAJU. Divisa entre RN e PB. Holandeses no NE. Felipe Camarão entrincheira à margem do Rio Guaju seus 650 comandados e triunfa sobre seis ataques levados à sua linha pelos 1.000 holandeses e índios chefiados pelo cmte. Reinberg, com assistência do conselheiro Bass.

22.7.1819 — GUALEGUAICHU. Argentina. Guerra com Artigas. O comandante da esquadrilha portuguesa do Rio Uruguai, Jacinto Roque de Sena Pereira, conduz quatro lanchões pelo arroio Gualeguaichu, província de Santa Fé. Seu objetivo: destruir a flotilha provincial que presta apoio e leva fornecimentos a Artigas. Entrando pelo arroio apresa um lanchão e incendeia outro, em construção. Na volta, foi hostilizado por nutrido tiroteio partido da costa de Entrerios. Três dos marinheiros ficaram feridos.

30.5.1820 — GUALEGUAICHU. Argentina. Guerra com Artigas. A escuna *Olana*, do comando do 1º ten. Francisco Pedro Limpo, da esquadrilha do Rio Uruguai, apoiada logo no início da ação pela escuna *Luís de Camões*, combate durante três horas a guarda do arroio, em terras da província de Santa Fé. Dominada a bateria, as escunas silenciam também a defesa da tropa do caudilho Ramirez e desembarcam marinheiros que tomam duas balandras.

8.5.1836 — GUAMÁ. MA. Balaiada. Coluna governista desaloja grupo de balaios, ocupando a disputada posição do engenho Guamá.

3.12.1944 — GUANELA-GAMBIANA. Itália. Segunda Guerra Mundial. "... depois de uma finta de patrulha na região de Gambiana, o inimigo se lançou em forte golpe-de-mão contra as posições da 1ª Cia. do 1º Batl/I RI. A ação, iniciada às 23 h do dia 2, prolongou-se por 5 h, depois do que houve o pânico na 1ª Cia., que se generalizou a quase todo o Batl". Conseqüências somente psicológicas, porque o terreno abandonado foi prontamente reocupado pelo 2º/6º RI, na informação do gen. Octávio Costa, pág. 74, vol. 119 da *Revista Militar Brasileira.*

?.?.1671 — GUANICUNS. GO. Choques com indígenas. Bandeirantismo. Os índios "administrados" de Luís Castanho de Almeida e incorporados por ele à bandeira endereçada a Goiás, mataram-no, culminando feroz revolta. Os quatro filhos do chefe, embora sitiados, resistiram enquanto submetiam o cadáver do pai ao embalsamento do sertão. No vigésimo dia de cerco, levando os ossos paternos, fugiram. Pouco adiante encontraram a bandeira de Antônio Soares Paes com a qual, astuciosamente, voltaram ao ribeiro Guanicuns, local da revolta e do cerco. Investiram os índios distraídos, fazendo mortandade entre os mesmos. A 15 de setembro, 1672, sepultaram os restos do seu pai, na matriz de Parnaíba, SP.

14.11.1844 — GUAPITANGUI. RS. Guerra dos farrapos. No mesmo dia em que sofriam a derrota de Porongos, os farroupilhas foram batidos no Guapitangui, região do Quaraim. O cel. GN João Propício Mena Barreto vitoriou-se sobre o destacamento republicano de Jacinto Guedes da Luz. Perseguidos até o Passo do Leão, no Quaraim, os farrapos entraram em território uruguaio. O encontro do Guapitangui também é conhecido como do Passo do Leão.

26.10.1844 — GUARAI. RS. Guerra dos farrapos. A coluna farroupilha de Bernardino Pinto foi dominada pela partida imperial do maj. Antônio Fernandes, perdendo também os 2.000 cavalos que escoltava para remonta do exército republicano.

29.4.1869 — GUARAIO. Paraguai. Guerra do Paraguai. O porto Guarayó, no rio Manduvirá fora preparado com vigas, correntes, pedras, árvores, canhões e dois torpedos, tudo isso flanqueado por trincheiras ocupadas por 1.100 atiradores. Deveria obstar a descida da flotilha brasileira composta pelos monitores *Santa Catarina, Ceará* e *Piauí* e lanchas *Couto* e *João das Botas*. A flotilha subira o rio em exploração. O *Ceará* rompeu os cabos e o bloqueio enquanto as demais unidades desembarcavam gente para o combate em terra. Morreu o comandante paraguaio Lopes. Feridos o subcomandante e vários soldados. Elevado o número de prisioneiros. A flotilha seguiu sua rota.

5.1.1648 — GUARAÍRAS. PE. Holandeses no NE. Henrique Dias inicia o ataque ao Forte de Guaraíras, na ilha do mesmo nome. Tomou-o no dia seguinte.

11(?).12.1926 — GUARAPUAVA. RS. Revolta tenentista. A Coluna de revoltosos reunidos para invadir o sul ao mando conjunto de Leonel Rocha e Fidêncio de Melo e dos "tenentes" Simas Enéas e Deusdedit de Loiola, tendo conseguido pequenos sucessos, tenta ganhar Guarapuava. Foi tão completamente batida que os chefes resolveram regressar à Argentina e dispersar a tropa. Terminava a campanha diversiva planejada para aliviar a pressão governamental contra a Coluna Etchegoyen que buscava unir-se a Luiz Carlos Prestes em marcha para o oeste do PR.

26.9.1633 — GUARARAPES. PE. Holandeses no NE. A casa abandonada que os insurgentes haviam ocupado e adaptado para servir como posto de observação sobre os movimentos dos holandeses abaixo dos Montes Guararapes foi cercada. O destacamento de cinco homens ao mando do srg-mor Rui Calaza Borges morreu lutando.

6.10.1633 — GUARARAPES. PE. Holandeses no NE. Os capitães de emboscadas Antônio Cardoso e Domingos Correia, conduzindo 90 homens, desfazem coluna holandesa em marcha ao sopé dos montes.

19.4.1648 — GUARARAPES. PE. Holandeses no NE. Primeira das duas batalhas travadas nos Montes Guararapes, proximidades do Recife. A situação da guerra, naquele momento: luso-brasileiros, aproximadamente 3.000 combatentes; holandeses, 5.000 com o apoio de considerável esquadra. Regressando ao Recife, da Ilha de Itaparica, onde permanecera praticamente todo o ano anterior, o gen. van Schkoppe decidiu romper o cerco imposto à capital holandesa pelos insurgentes. A 18, com 4.500 dos seus melhores soldados, deixou Recife rumo sul. A esse tempo o chefe insurgente Barreto de Menezes, recém-fugido à prisão flamenga, correra a apresentar-se (13.4) no renovado Arraial do Bom Jesus. Assumindo o comando e informado da saída de Schkoppe, entendeu chegado o momento de enfrentar o dominador em batalha campal. Partiu do Arraial à frente de 2.200 homens divididos em três terços. Pela tarde de 18 ocupou os Montes Guararapes, escolhendo o desfiladeiro a leste como sítio ideal para o confronto. Ordenou a destruição da ponte do Muribeca e expediu o cap. Bartolomeu Soares da Cunha para, na Barreta, tomar contato e atrair o inimigo. Dispôs a sua tropa: vanguarda, responsabilidade de Vidal de Negreiros, sobre a linha de marcha do adversário, entre o brejo e o monte do norte; na direita, Felipe Camarão, disposto na baixada; no sopé do monte escolhido, Henrique Dias; Fernandes Vieira, com a reserva, ao sul do riacho que desce dos montes, entre as elevações central e sul, o esquadrão de cavalaria de Antônio Silva, cobrindo a retaguarda da gente comandada por Henrique Dias. Ao escurecer o exército pôde ouvir que Bartolomeu Cunha lutava na Barreta. Pelas oito horas do dia 19, o cap. Cardoso, dos postos avançados, recuou diante do inimigo, canalizando para o desfiladeiro o principal avanço holandês. A vanguarda, alinhando dois regimentos ordenados pelo cel. Elst, investiu incontinente sobre as posições ocupadas por Vidal de Negreiros. Foi escalando o monte, repelindo Henrique Dias e assestando artilharia na altura que conseguira conquistar. Barreto de Menezes atirou-se contra Elst, acionando a cavalaria e parte da reserva. Socorreu a posição de Henrique Dias e recuperou as elevações, tomando a artilharia dos flamengos. Schkoppe lançou em ajuda de Elst os regimentos de Hauss e Brinke, cujos homens retomaram a artilharia, acometendo mais agudamente o dispositivo de Henrique Dias. Foi o momento grave da batalha. Schkoppe decidiu jogar tudo e com os regimentos Brande e Houtain investiu as formações de Camarão e de Vidal, os quais recuaram para o meio do brejo onde a quase nudez e a habilidade dos índios levou a melhor sobre o pesado e incômodo equipamento e a inexperiência do inimigo naquele terreno. Barreto, aceitando também ser necessário tentar o possível, enviou o que ainda dispunha da reserva para reforçar Camarão e Vidal entregando a este a condução do ataque. A onda de assalto obteve resultados. O srg. Afonso Rodrigues apoderou-se do estandarte-insígnia de comando superior holandês. O sucesso do combate corpo-a-corpo no brejo comprometeu o flanco adversário. Vendo-se repelido no desfiladeiro e sem saída no brejo onde sofria perdas substantivas, os holandeses iniciaram movimento de retração. Estava ganha a primeira batalha dos Guararapes. Significou para os insurgentes 84 mortos e aproximadamente 400 feridos, incluídos os massacrados na véspera, na Barreta. Chuva torrencial impediu a perseguição ao inimigo em cujas fileiras, na jornada, lutaram, além de holandeses e índios aliados, mercenários poloneses, franceses, alemães, húngaros, ingleses e suecos. Fileiras diminuídas ao fim do dia em 513 mortes, 523 feridos. Entre os feridos, Schkoppe, os coronéis Houthain e Elst. Mortos, os coronéis Keerweer e Hauss. Recolhidos no campo de batalha, dois canhões, 33 bandeiras.

Baixas holandesa na 1ª batalha dos Guararapes

	Oficiais		Praças		Totais	
	Mortos	Feridos	*M*	*F*	*M*	*F*
1º Regto. — S. van Schkoppe	11	3	122	96	133	99
2º Regto. — Cel. H. Hauss	10	5	82	80	92	85
3º Regto. — Cel. Brinck	1	2	30	52	31	54
4º Regto. — Cel. van der Brande	2	4	25	53	27	57
5º Regto. — Cel. Martyn van Elst	14	3	143	101	157	104
6º Regto. — Cel. Villen Houthain	1	7	13	66	14	73
Regto. — Keerweer	5	4	54	47	59	51
					513	523

19.2.1649 — GUARARAPES. PE. Holandeses no NE. Segunda batalha desse nome. Situação anterior: os holandeses reuniam 6.000 combatentes na cidade do Recife, sitiada. Os insurgentes receberam para reforçar o cerco o regimento baiano do srg-mor Jerônimo Inojosa. Lamentavam porém a morte de Camarão. Informado de que os flamengos tentavam romper o assédio marchando para o sul, Barreto de Menezes fez abrir trincheiras junto dos Montes Guararapes, onde colhera marcante vitória a 19.4.1648. Também mandou guarnecer posições em Barrachos, no Engenho Novo, e a ponte de São Bartolomeu. A 18, pela tarde, postou-se ao norte dos Guararapes, à hora mesma em que numeroso destacamento deixava o Arraial do Bom Jesus e tomando por atalho N-S, em marcha dificultosa, atingia, pelas 20 h, as encostas ocidentais do Morro do Oitizeiro. Surpreendidos, os holandeses cavaram trincheiras. Durante a noite, Barreto posicionou tropa no morro do sul (Nossa Senhora dos Prazeres), na baixada dos Guararapes, e reforçou as trincheiras abertas pelos capitães Francisco Barreiros e Felipe Ferreira. Pelas 10 h, Barreto ordenou ao cap. França que, com 80 homens, picasse as avançadas holandesas visando a conhecer as forças que tinha à frente. Com o mesmo fim despachou patrulhas de cavalaria, recebidas e repelidas a canhonaços. Ambos os movimentos e a presença de insurgentes em vários montes revelaram aos batavos a impossibilidade de atingir Muribeca, alvo da sua incursão. Optaram pelo retorno ao Recife. Às 13 h começaram a descida das alturas ocupadas, movendo-se na vanguarda os regimentos Carpenter e Westerwoort. A formação e a marcha da coluna teria a proteção dos regimentos Elst e Brande, os quais desceriam apenas quando os primeiros estivessem em movimento. À ordem de Barreto para o ataque geral, Vidal de Negreiros e Figueiroa lançaram seus terços contra o flanco direito inimigo; Vieira, Henrique Dias e Diogo Pinheiro Camarão fizeram o mesmo contra o eixo de marcha do adversário, isto é, pela baixada; as duas companhias de cavalaria, dos capitães Antônio Dias e Manoel de Araújo Miranda, sobre o centro, às ordens de Menezes. O comando holandês recuou os regimentos Carpenter e Westerwoort para dar cobertura aos de Brande e Elst. Observando esse movimento, realizado com alguma confusão, Barreto enviou a cavalaria para varrer a área entre o morro e a estrada, separando as forças do inimigo. Devido ao emaranhado dos grupos em movimento e luta, pouca atividade foi possível às seis peças holandesas, duas na baixada e quatro ainda nos altos dos montes. O ímpeto do avanço de Vieira, Dias e Diogo Camarão levou-os a cortar as linhas adversárias, tendo o Diogo ido além da esquerda dos flamengos. Levados de roldão na baixada e ameaçados nas alturas, estando morto o comandante-chefe e vários oficiais superiores, pelas 17 h os holandeses iniciaram franco movimento de abandono do campo. Entre os seus mortos, além dos coronéis Brinck e Westerwoort, quatro tenentes-coronéis, quatro majores, 35 capitães, 59 tenentes. Os insurretos sofreram as baixas de 107 mortos, entre os quais o cap. Araújo Miranda, e de 457 feridos. Toda a artilharia holandesa passou para os vencedores, desde então senhores incontrastados da região recifense. *Forças em campo na segunda batalha dos Guararapes: Insurgentes,* 2.750 homens. *Infantes:* 2.600, em cinco terços às ordens dos mestres-de-campo Vidal de Negreiros, Fernandes Vieira, Francisco de Figueiroa, cap-mor. Diogo Pinheiro Camarão e do governador dos pretos, Henrique Dias. *Cavalarianos:* 150, em dois esquadrões chefiados pelos capitães Antônio da Silva e Manoel de Araújo Miranda. Comandante-chefe: gen. Barreto de Menezes. *Holandeses:* 4.200 homens. *Infantes:* 3.510, em regimentos comandados pelos coronéis van den Branden e Willen

Houthain e ten.-cel. Klaus Klaeszoon; *marinheiros:* 300, dirigidos pelo v.-alm. Gielissen; índios e pretos: 400, obedientes a Pero Poti (sobrinho de Felipe Camarão); *artilharia:* 6 peças, confiadas ao alm. Gielissen. Comandante-chefe: cel. van den Brinck.

Baixas na 2ª batalha dos Guararapes

Insurretos luso-brasileiros:

	Mortos	Feridos
Brancos	47	207
Índios e pretos	60	250
	107	457

Maior patente perdida por morte: cap. Araújo Miranda. (Fonte: Rio Branco, *Efemérides brasileiras*)

Holandesas

	Mortos e feridos			Prisioneiros	Total
	Oficiais	*Sargentos*	*Praças*		
Regimento Hauss	14	11	124		149
Regimento Carpenter	20	12	202		234
Regimento Brinck	18	8	125		151
Regimento Brande	21	7	225		253
Regimento Elst	15	9	154		178
Regimento Houthain	8	2	63		73
Outros				89	8

Maiores patentes perdidas: mortos: cel. van den Brinck, comandante-chefe; v.-alm. Gielissen; ferido, cel. Houthain; aprisionado, Pero Poti, governador dos índios.

(Fonte: Ten.-cel. Souza Ferreira, *História militar do Brasil*)

Baixas nas duas batalhas dos Guararapes

	Primeira batalha 19.4.1648			Segunda batalha 19.2.1649				Total Geral
	Mortos	*Feridos*	*Total*	*Mortos*	*Feridos*	*Prisioneiros*	*Total*	
Insurgentes	80	400	480	107	457		564	1.044
Holandeses	513	523	1.036		957	89	1.046	2.082

Nas perdas holandesas da segunda batalha, acrescentar 89 aprisionados. 957 é o total de mortos e feridos holandeses na batalha de 19.2.1649.

O jeitinho brasileiro de guerrear

Depoimento de um participante do combate de Guaxinduba (1613) contra os franceses da França Equinocial. Os luso-brasileiros lutavam no mangue, dentro do barro e da água e ''saltavam pelo lado como gamos, sendo que os inimigos como traziam meias e sapatos, e calções de pato tozado de vinte côvados de pano, em se metendo no lodo, nele ficavam pegados e nele lhes quebravam os nossos índios as cabeças com paus...'' Do holandês Michiel van Goch participante da segunda batalha dos Guararapes (19.2.1649), referindo-se aos mamelucos, índios e negros do exército vencedor, disse que estes formavam tropas ''ligeiras e ágeis por natureza... de modo que atravessam e cruzam os matos e brejos, sobem os morros tão numerosos aqui e descem-nos, tudo isso com uma rapidez e agilidades verdadeiramente notáveis''.

23.8.1932 — GUARATINGUETÁ. SP. Revolução Constitucionalista. A aviação governista atacou, com bombas e metralha, a base aérea dos revolucionários, destruindo um dos poucos aviões paulistas, o TOE A-116.

5.10.1801 — GUARDA DA LAGOA. RS. Uruguai. Conquista das Missões Orientais. O cap. Antônio Rodrigues Barbosa transpõe o Rio Jaguarão e faz debandar o destacamento contrário que ali constituíra posto de guarda.

28.11.1926 — GUARDA-MOR. GO. Coluna Prestes. No povoado da Guarda-Mor, zona do Rio Claro, piquete do 1º Destacamento da coluna enfrenta força governista liderada por Tibúrcio de Souza Moraes, ao qual superara na véspera. Também na jornada, o resultado favorece os revolucionários que podem prosseguir na sua marcha.

18.11.1869 — GUAZU. Paraguai. Guerra do Paraguai. O ten.-cel. José Joaquim Teixeira de Melo derrota os destacamentos dos majores paraguaios Franco e Urbieta, junto ao arroio Guazu, afluente do Aquidaban.

2.11.1613 — GUAXINDUBA. MA. França Equinocial. A frota de Jerônimo de Albuquerque — dois navios redondos, uma caravela, cinco caravelões — chega ao lugar de Guaxinduba, fronteando a aldeia indígena de Itapari. Estes índios, amestrados pelos franceses de Monsieur de la Ravardière, procuram distrair os portugueses e ganhar tempo. Os lusos, contudo, passam a construir, aceleram a edificação do fortim de Santa Maria, na terra firme. No dia 2.11, duas lanchas francesas com soldados e observadores atiram contra as obras do fortim. Mas principalmente, procedem ao levantamento de Guaxinduba, interessando-se especialmente pelos oito barcos ali ancorados, decidem-se a dar um assalto aos mesmos, o que vão realizar no dia 11.

Expedição enviada ao Maranhão para expulsar intrusos franceses

Partida: 24.8.1614
Comandante: Jerônimo de Albuquerque, cap-mor.
Formação: 1 caravela — 2 patachos — 5 caravelões
Na caravela, Jerônimo, seu filho Antônio, capitão de 50 arcabuzeiros.
No 1º patacho: srg-mor Diogo de Campos Moreno, com 40 homens.
No 2º patacho: cap. Gregório Fragoso de Albuquerque, com 50 arcabuzeiros.
No 1º caravelão: Martins Callado, com 25 homens.
No 2º caravelão: um sargento, com 12 homens.
No 3º caravelão: Luís Machado, com 15 homens.
No 4º caravelão: Luís de Andrade, com 12 homens.
No 5º caravelão: Manoel Vaz de Oliveira, com 12 homens.

Distribuídos por todos os barcos, 250 índios escolhidos por Jerônimo nas aldeias amigas da PB.

19.11.1614 — GUAXINDUBA. MA. França Equinocial. Jerônimo de Albuquerque, chegado 23 dias antes, com 300 brancos e mestiços e 200 índios, ergueu o campo entrincheirado de Santa Maria do Guaxinduba, na baía de São José. Pela manhã de 19.11, o chefe francês La Ravardière chega com cinco navios e 50 canoas, dos quais descem 200 europeus e 1.500 índios, ordenados por De Pésieux e De Pratz. Os chegadiços põem-se a cavar trincheiras. Jerônimo toma 70 mosqueteiros e 40 arqueiros; confiou força idêntica a Diogo de Campos e a reserva, de igual monta, a seu sobrinho Gregório Fragoso de Albuquerque. Diogo inverteu a ordem de combate, atacando a tranqueira dos franceses. Tomou-a e quando os inimigos reunidos na colina próxima desceram para socorrer os companheiros da baixada, encontraram-se vulnerados por Gregório e Jerônimo. Somente a maré alta, pela noite, salvou alguns dos franceses que retornaram à ilha, deixando 115 mortos e 9 prisioneiros. Entre os mortos, fidalgos como De Pésieux, parente de Margarida de Montmorency, princesa de Condé; De Chabannes, primo de La Ravardière; De Rochefort, De Longeville, De Saint-Gilles. Os vitoriosos perderam 11 mortos e 18 feridos. Na jornada de Guaxinduba expirou o domínio francês no Maranhão. O local integra o município de Icatu. Rio Branco reproduz depoimento de De Lastre, jovem cirurgião mandado ao campo luso-brasileiro tratar dos feridos. Disse ele: "Jamais je n'ai vu de si honnêtes gens, et si entiers comme ils sont; mais ils avaient bien besoin de moi. M. de la Ravardière les a bien obligés de préférer leurs blessés, aux siens, mais la France ne sera jamais san courtoisie".

9.1.1640 — GURUPÁ. PA. Holandeses no NO. O comandante do forte de Gurupá, João Pereira de Cáceres, aborda com algumas canoas um patacho holandês armado em guerra e faz a sua apreensão.

28.9.1942 — GUIANA FRANCESA. No mar da Guiana. Segunda Guerra Mundial. O navio *Antônico* (ex-francês *Tourneur*), do cap. Américo de Moura Neves, perdeu 16 dos 40 tripulantes, ao ser afundado a tiros de canhão pelo submarino alemão *U-516* do mando do CT Gerhard Wieb.

H

24.5.1942 — HAITI. Mar das Antilhas. Segunda Guerra Mundial. Na posição lat. 16º9' N, long. 70º00' O, o mercante brasileiro *Gonçalves Dias* recebeu dois torpedos disparados pelo submarino alemão *U-502*, do CT Jurgen von Rosenstiel. Morreram seis dos 52 tripulantes, sendo quatro dos que integravam a guarnição do canhão. Duas baleeiras, com náufragos, vogaram trinta horas antes de serem recolhidas.

10(?).10.1930 — HERVAL D'OESTE. SC. Revolução liberal nacional. Os 80 comandados do cap. Anísio Cardoso, destacados em Marcelino Ramos da força do gen. Miguel Costa, atacaram e ocuparam o quartel da Força Pública catarinense, defendido pelo efetivo de uma companhia. O local, chamado também Erval Novo.

19.2.1868 — HUMAITÁ. Paraguai.

Guerra do Paraguai. Situação e importância do baluarte: numa curva do Rio Paraguai, em forma de *U*, o leito alargava-se entre 600 e 800 metros. As fortificações paraguaias estendiam-se por sete mil metros. No centro do *U*, a sete metros de altura, duas baterias: a Londres, casamatada, com 16 canhões de grosso calibre; e a Cadena, à barbeta, com 18. De ambos os lados, sucessão de baterias somando 75 peças, na seguinte ordem: a montante: Abere, 10 peças; Concha, 14; Humaitá, duas; Maestrança, uma; Taquari, seis; Coimbra, três; Comandancia, cinco; Octava, 11; Carbona, 12. Do lado de terra: División del Sur, 36; División de Leste, 44. Total das peças voltadas para o rio: 109; para a terra, 80. Entre as baterias, linhas de abatises. Quase toda essa linha podia convergir tiros para qualquer ponto do rio, cortado por tríplice cadeia apoiada em chatas e flanqueada por torpedos fixos. Para enfrentar esse conjunto, o Barão de Inhaúma reformulou a terceira divisão da esquadra, confiando-a a Delfim Carlos de Carvalho, futuro Barão da Passagem. A divisão compreendeu os couraçados *Bahia*, *Barroso* e *Tamandaré* e os monitores *Alagoas*, *Pará* e *Rio Grande*. Pouco depois da meia-noite, os barcos suspenderam, em três grupos, cada couraçado levando um monitor atracado a bombordo. Os demais couraçados, Inhaúma no comando, posicionaram-se de modo a bater Humaitá com a sua artilharia. Às 3:35 os canhões paraguaios abriram fogo sobre os navios em movimento. Prontamente, a esquadra e as peças do exército acampado na vizinhança cobriam Humaitá com suas bombas. Fogueiras acesas na margem chaquenha iluminavam o canal do rio, visando a facilitar a pontaria dos artilheiros da fortaleza. Às 4 h um foguete subiu anunciando que o primeiro navio cruzara os sete perigosos mil metros. Porém o *Alagoas*, separado do *Bahia*, que o rebocava por efeito dos tiros do inimigo, rodou rio abaixo. Inhaúma ordenou que fundeasse, mas seu comandante decidiu refazer, sozinho, a travessia. E tendo sobre si toda a artilharia adversária, cumpriu a passagem de Humaitá. Atacado por 40 canoas com tropa de abordagem, afundou a metade delas, fez recuar as demais e reuniu-se à sua divisão já acima do baluarte. Para a esquadra, a jornada fora de vitória sem maiores perdas. Para o Exército, dia de vitória com pesadas perdas. Partindo na madrugada para marcha de aproximação de cinco quilômetros, os primeiros batalhões foram surpreendidos quando marchando em coluna cerrada, por metralha de força postada dentro de valo aberto a trezentos metros do parapeito da trincheira. "As vítimas da metralha mostravam-se em montões enormes... sem ninguém haver transposto, nem sequer a linha de abatises anteposta ao fosso fundo, da largura de 5 ou 6 metros, numerosas as perdas, a brigada recuou dizimada, ao despejar da artilharia, aumentando o prejuízo de nossa gente de modo assustador". Avançou então Andrade Neves à frente do 4º corpo de caçadores a cavalo, precedido de esquadrões de clavineiros a meia rédea superando trincheiras e conquistando o terrapleno. O alf. Vieira Rodrigues cravou na crista do entrincheiramento o estandarte da vitória e caiu morto sobre o mesmo. Foi como viu essa batalha o participante, J. L. Rodrigues da Silva (*Recordações da Campanha do Paraguai*).

Forçamento de Humaitá

19.2.1868

Comandante-chefe: CMG Delfim Carlos de Carvalho

Couraçado	Comandante	Monitor a reboque	Comandante
Bahia	CF Guilherme José Pereira dos Santos	*Alagoas*	1º ten. Joaquim Antônio Cordovil Mauriti
Barroso	CT Artur Silveira da Mota	*Rio Grande*	1º ten. Antônio Joaquim
Tamandaré	CT Augusto Cesar Pires de Miranda	*Pará*	1º ten. Custódio José de Mello

2.3.1868 — HUMAITÁ. Paraguai. Guerra do Paraguai. Pelas 2 h, em meio ao escuro e à neblina, quase dois mil paraguaios descendo o rio em chalanas disfarçadas em camalotes abordaram com 400 homens o couraçado *Lima Barros*, enquanto outros 370 acostavam-se ao couraçado *Cabral*, outros tantos no *Herval* e no *Silvado*. Este navio repeliu a abordagem antes que os atacantes atingissem distância de combate, largou amarras e situando-se entre os outros couraçados varreu com metralha as chalanas e vagas de assaltantes que haviam atingido os conveses. Acorreram o *Brasil* e o *Mariz e Barros*. Ao clarear o dia, os últimos inimigos foram dominados. Nos navios abordados foram mortos, entre os brasileiros, dois oficiais e oito praças, além de 52 feridos. Desconhecidas as baixas entre os atacantes.

10.4.1868 — HUMAITÁ. Paraguai. Guerra do Paraguai. À ordem do chefe Alvim, os couraçados *Brasil, Cabral, Herval, Lima Barros, Silvado, Mariz e Barros* e as bombardeiras *Forte de Coimbra* e *Pedro Afonso* batem demoradamente o baluarte de Humaitá, preparando o ataque geral.

16.7.1868 — HUMAITÁ. Paraguai. Guerra do Paraguai. Caxias ordenou o reconhecimento agressivo da fortaleza. A Osório incumbiu operar sobre a esquerda da linha, com o 3º C. Ex.; ao gen. Argolo, a direita, com o 2º C. Ex.; e aos argentinos do gen. Gelly y Obes, o centro. O 3º Corpo chegou até a contra-escarpa do fosso, porém uma ordem, ao que parece mal transmitida e aceita como tendo por origem o QG de Caxias, determinou a retirada. Nesse movimento de retração, o 3º Corpo sofreu a maior parte das baixas da jornada, que somaram, no total, 1.010 mortos e feridos. O recuo do 3º impôs o dos demais destacamentos. O 2º, de Argolo, padeceu 12 baixas; os argentinos, a de um ferido. Total das perdas brasileiras no dia: 1.031, aí incluídas as nove ocorridas nos navios que duelaram com as baterias de Humaitá. Os paraguaios, tendo por comandante o cel. Martínez, anotaram em suas fileiras 300 mortos e feridos. Oito dias mais tarde abandonariam Humaitá.

21.7.1868 — HUMAITÁ. Paraguai. Guerra do Paraguai. Pela madrugada, protegidas por fogos dos couraçados *Brasil, Colombo, Herval, Lima Barros* e *Mariz e Barros*, os também couraçados *Cabral* e *Silvado* forçaram a passagem de Humaitá, levando no costado do segundo deles o monitor *Piauí*. Dias depois, a posição seria abandonada pelos paraguaios.

I

26.8.1868 — IACARÉ. Paraguai. Guerra do Paraguai. O esquadrão do cel. João Niederauer abre caminho no passo sobre o arroio Iacaré, lutando contra coluna de 400 cavaleiros paraguaios.

7.6.1868 — IACARÉ-PASSO OVEJAS. Paraguai. Guerra do Paraguai. Debaixo de fogo cerrado do inimigo, o gen. João Manoel Mena Barreto procede a reconhecimento dos vaus dos passos Posta e Estância, sobre o arroio Iacaré. Simultaneamente, pouco adiante, no Passo Ovejas, o cel. Vasco Alves Pereira derrotou força inimiga que intentava surpreender pelo flanco o destacamento Barreto.

2.5.1868 — IASUIÍ. Paraguai. Guerra do Paraguai. Primeiro combate nesse local. O cel. Barros Falcão, guarnecendo aquele ponto do Chaco à frente de 2.500 homens, repele ataque inimigo. Este deixa 105 mortos e feridos. Perdas brasileiras: 137.

8.5.1868 — IASUIÍ. Paraguai. Guerra do Paraguai. Segundo combate no local. O ten.-cel. Genuíno de Sampaio repele dois ataques paraguaios, ao custo de 93 baixas. Diante das posições brasileiras, o atacante deixou 111 mortos, feridos e prisioneiros. O primeiro combate de Iasuií ocorreu no dia 2.

27.10.1867 — IBARRA. Paraguai. Guerra do Paraguai. O cel. Camilo Mércio Pereira, da GN do RS, derrota a força paraguaia do cmte. Salinas.

?.12.1572 — IBIAÇÁ. SC. Conflitos com indígenas. Pedro Ortiz de Zárate, que com dois navios seguia para Buenos Aires, desembarcou em busca de mantimentos, na ilha de Santa Catarina. Para obtê-los, assaltou e arrasou a aldeia indígena de Ibiaçá. A agressão revoltou os nativos contra todos os europeus. Zárate permaneceu na ilha durante seis meses, mantendo-se mediante o uso de violência, fazendo mesmo enforcar seguidores que se lhe opuseram. Continuando viagem abandonou no local os enfermos, as mulheres, as crianças.

20.1.1604 — IBIAPABA. CE. A expedição conquistadora de Pero Coelho de Sousa — 65 soldados, 200 índios auxiliares, tendo feito alto na foz do Camocim, principia a tomada da Serra de Ibiapaba. Junto das primeiras elevações foi atacada de surpresa por tapuias e franceses da companhia de Monsieur de Mombille. A maior parte destes franceses, deixara-se ficar no local desde os dias de Jacques Riffault. Desde 1590 traficavam e conviviam com os tapuias. O combate durou até a noite, tendo havido breve interrupção, a pedido dos franceses, para discutir um acordo. Pelos lusitanos falou um língua por apelido Tuim Mirim, francês de nascimento. Inútil a tentativa, a luta prosseguiu. Ao amanhecer, os tapuias e aliados haviam subido para entrincheiramento preparado à meia encosta. Os portugueses foram prontamente ao ataque, sendo repelidos com perdas muito sérias. Fileiras reorganizadas insistiram no assalto pela manhã seguinte, vencendo, tomando armas, víveres e tendo como prisioneiros dez franceses e dezenas de indígenas.

25.4.1635 — IBIÁ-TAPE. RS. Choques missioneiros. O pe. Cristovam de Mendoza, planejando a defesa das reduções do Tape, posicionara nos campos de caça de Ibiá, uma sólida guarda avançada. Na data, índios aversos ao cristianismo, arrasaram a posição, martirizando o sacerdote. Sem o posto de vigilância, no ano seguinte, passariam livremente pelo Ibiá as bandeiras de André Fernandes, de Fernão Dias

Paes e de Raposo Tavares, destruidoras das missões sulinas.

21.4.1828 — IBICUÍ-PASSO DO MARIANO PINTO. RS. Guerra da Cisplatina. Frutuoso Rivera inicia a invasão das Missões brasileiras, cruzando o Ibicuí no Passo. Relatório publicado por Tasso Fragoso e pertencente ao Arquivo Público do RJ narra: "... tinha um homem no Passo de sentinela e canoa. Chegou o inimigo e falando português, disse que lhe levassem a canoa, pois eram portugueses. Este inocente levou a canoa e, sendo surpreendido, passaram logo gente e armamento, e foram à casa do Mariano, onde este estava e logo pegou nas armas. Os inimigos lhe gritaram não fizesse fogo, porém muito longe dos seus sentimentos, eles próprios foram os primeiros a fazê-lo. Caíram em cima matando o Mariano e mais seis homens seus companheiros, e logo se puseram senhores do Rincão da Cruz". Relatório enviado ao mar. Sebastião Barreto, datado de Campestre, 28 de abril. Rio Branco disse serem 40 os companheiros de Mariano, mortos em sua maioria.

27.10.1923 — IBICUÍ DA ARMADA. RS. Revolta dos libertadores. Vencedores no combate travado pela manhã em Olhos D'água governistas enfrentam força revoltosa que cobria o vau do Ibicuí. Somente ao fim da tarde, mediante movimento de flancos pôde vencer a oposição e reencetar a perseguição a Honório Lemes, o derrotado no primeiro choque da jornada.

19.10.1816 — IBIRAOCAÍ. RS. Guerra com Artigas. Enfrentam-se a tropa do gen. João de Deus Mena Barreto, liderando a vanguarda do exército do gen. Curado, e a força ao mando do oriental cel. José Antônio Berdun, dos mais conceituados entre os oficiais artiguistas. Os luso-brasileiros: 510 soldados, dos quais 320 milicianos e voluntários rio-grandenses à ordem do ten.-cel. Antônio Pinto da Fontoura e do maj. Francisco Barreto Pereira Pinto; 150 granadeiros de SC, chefiados pelo maj. Camilo Machado Bitencourt; 40 artilheiros de SP, comandados pelo ten. Bento José de Moraes. Os artiguistas: 800 combatentes, sendo 500 cavaleiros entrerrianos e 300 infantes. Vitória dos luso-brasileiros, com a perda de 24 mortos e feridos, entre estes o próprio Mena Barreto. O adversário perdeu 262 mortos, feridos e prisioneiros. Esta vitória, mais a obtida por Abreu sobre Sotelo, invalidaram o plano de Artigas de invadir o RS e atacar Lecor pela retaguarda. A esta ação os uruguaios chamam Combate da Capela de Nancay.

19.6.1923 — IBIRAPUITÃ. RS. Revolta dos libertadores. Encontro chamado também de combate de Alegrete. A governista Brigada Oeste, conduzida pelo cel. Flores da Cunha, investe a ponte ocupada pelos seguidores de Honório Lemes, entrincheirados e disparando das casas, taipas e mata adjacentes. Afinal desalojados, os libertadores dividiram-se. Perdas elevadas para ambos os contendores. Entre os feridos: Flores da Cunha, Osvaldo Aranha, ten.-cel. Oscar Souza, maj. Laurindo Ramos, cap. Artur Mendes. A perda de posição tida como necessária e segura debilitou o moral da tropa revoltada.

14.12.1819 — IBIRAPUITÃ-CHICO. RS. Guerra com Artigas. Episódio da terceira invasão do RS. Enfrentando 2.500 uruguaios ao mando de Andrés Latorre, o gen. José de Abreu defende-se com 404 cavalarianos. Perdendo 100 deles, retira-se para o Passo do Rosário, buscando junto de Santa Maria junção com o gen. Bento Correia da Câmara. No mesmo dia e a 17 e a 27 rechaçaram ataques. Resistiram até 21.1.1820 quando chega o Conde de Figueira com forte dispositivo.

1.3.1894 — IBIRAPUITÃ. RS. Revolta federalista. Proximidades de Santana do Livramento. A vanguarda da Divisão Oeste, sob o gen. Hipólito Pinto Rodrigues, acometeu a retaguarda dos federalistas em retirada. A parte emitida pelo general assinala duas baixas entre os seus e 50 para o adversário. Apossou-se de armamento e de carretas. À tarde, atacou de novo junto ao arroio Sarandi, obtendo resultados ainda mais significativos.

30.1.1629 — IBITICARAÍBA. PR. Bandeiras. Destacamento da grande bandeira de Raposo Tavares, comandado por Simão Álvares Martins, ataca a redução de Santo Antônio, no Guairá Jesuítico, região chamada também Sertão de Assungui ou Ibiagi, pelos indígenas, e Tibagi pelos brancos. Pretexto para o ataque: haver o padre Mola, superior, recusado a entrega do índio Tautorana. Parte dos guaranis tentou fugir pelo Rio Tibagi, utilizando jangadas e sendo impedidos pelos frecheiros tupis que Simão Álvares havia disposto pelas margens. Ocorreu heróica porém limitada resistência na paliçada e, depois, na igreja. Como resultado, o apresamento de 2.000 índios. Poucos dos padres da redução conseguiram chegar à vizinha São Miguel. Esta mesma foi investida a 23.3 pela gente do Simão.

23.3.1629 — IBITURUNA. PR. Bandeiras. Deixando o campo fortificado que Antônio Raposo Tavares mantinha no Tibagi como centro de ação de sua grande bandeira, Antônio Bicudo de Mendonça ataca e apodera-se da redução de Ibituruna ou de São Miguel, no sertão do Rio Assungui ou Tibagi, no chamado Guairá Jesuítico. Durante a permanência da hoste raposina no sertão do Guairá, Bicudo de Mendonça arrasou e apresou também as reduções de Encarnación, San Pablo, Arcanjos e San Tomé. A ação de Ibituruna também é chamada Imbituranas ou São Miguel.

9.8.1839 — ICATU. MA. Cabanagem. O porto de Icatu, proximidades de Areias, dominado pelos cabanos, teve a sua recuperação pelos legais confiada ao maj. Feliciano Antônio Falcão. Repelido no primeiro assalto, reorganiza sua tropa e ao preço de 60 mortos e de mais de 100 feridos supera a defesa dos revoltosos, alcançando o objetivo.

4.4.1832 — ICÓ. CE. Insurreição restauradora. Ao cabo de sangrento combate de seis horas, o maj. Francisco Xavier Torres derrota completamente a força restauradora que o coronel de milícias Pinto Madeira levara à revolta em protesto contra o movimento de 7.4.1831 e exigindo o retorno de Pedro I ao trono imperial.

6(?).10.1832 — ICÓ. CE. Insurreição restauradora no Crato. Força legalista julgando surpreender, atacou bando de levantados. Estes, em maior número levaram a melhor depois de horas de combate corpo a corpo. Perdas elevadas para ambos os lados.

12.7.1837 — ICUIPIRANGA. AM. Cabanagem. Os cabanos foram expelidos desse campo entrincheirado por forças regulares e civis armados, todos ao mando do padre Antônio Manoel Sanches de Brito.

25.5.1894 — IGARA. PR. Revolta dos federalistas. A 1ª Brigada da divisão legalista, chefiada pelo cel. Pires Ferreira, inflige pesada derrota à coluna federalista de Juca Tigre. Foi elogiada pelo comando vitorioso a atuação do Batalhão Patriótico Frei Caneca.

?.12.1530 — IGARAÇU. PE. Corsários. Franceses baixados do navio *La Pelèrine* destroem a feitoria estabelecida na foz do Rio Igaraçu, parte sul do braço de mar que separa o continente e Itamaracá. O feitor, Diogo Dias, escapou em caravela que seguia para a africana Sofala. Os dados constam do diário de Pero Lopes de Sousa. No local, os atacantes levantaram fortim que seria destruído, à sua vez, pelos portugueses em agosto de 1532.

1(?).1.1548 — IGARAÇU. PE. Conflitos com indígenas. Carijós atacaram a vila, próxima de Olinda. A defesa vitoriou-se por contar — detalhe ignorado pelos atacantes — com as armas de 40 espingardeiros de navio guarda-costa entrado na véspera. Entre eles, Hans Staden.

6.9.1633 — IGARAÇU. PE. Holandeses no NE. Acometido por gente ao mando de Felipe Camarão e dos capitães Antônio André e Estêvão Álvares, o ten.-cel. Byma bate em retirada e refugia-se na vila de Igaraçu, tendo sofrido, no campo e na marcha, perdas elevadas em homens e material.

25.1.1634 — IGARAÇU. PE. Holandeses no NE. Os holandeses da Ilha de Itamaracá enviaram destacamento visando a ocupação de Igaraçu. Essa força foi repelida e sensivelmente batida pelas companhias de Camarão e de Martins Soares Moreno.

10.11.1902 — IGARAPÉ DA BAÍA. AC-Bolívia. A posição, situada em indefinida faixa fronteiriça, estava ocupada por 50 homens de exército do Estado Independente do Acre. Perderam 48 deles e a posição, enfrentando o contingente de irregulares bolivianos recrutados e motivados pelo seringalista Nicolas Suarez.

22.2.1991 — IGARAPÉ DO CASTANHO. AM. Incidente fronteiriço. Posto do exército brasileiro no igarapé da Serra da Traíra foi atacado presumivelmente por militantes da FARC — Forças Armadas Revolucionárias Colombianas. Estariam eles interessados em recolher armas e suprimentos e em provocar incidente internacional. Três brasileiros morreram, ficando nove outros feridos. A 3.3, na área porém em território colombiano, outro choque deu morte a sete militantes. Ação diplomática evitou o agravamento do incidente. (Ver Serra da Traíra.)

28.4.1836 — IGARAPÉ-MIRIM. PA. Cabanagem. Iniciado o ataque por terra e mar contra os cabanos, de Cametá seguiram 300 soldados do mando do ten. Castro Gama, embarcados na canhoneira *Independência*. O barco era seguido por lanchões e canoas com 100 praças do Batalhão de Pernambuco, conduzida pelo futuro Barão do Amazonas — Francisco Manuel Barroso. Os revoltosos pediram suspensão das hostilidades a fim de estudar termos de rendição, porém, à meia-noite atacaram a retaguarda dos governamentais. Reiniciado o combate, os cabanos foram inteiramente batidos. A vitória deu às autoridades o controle das bocas dos rios Acará e Moju, enclausurando os últimos contingentes cabanos.

22.2.1914 — IGATU. CE. Revolta de Juazeiro. As colunas revoltosas de Floro Bartolomeu e padre Cícero Romão Baptista, marchando sobre Fortaleza, enfrentam na estação de Miguel Calmon a dedicada resistência de 228 policiais sob o cap. José da Penha Alves de Souza. Esta primeira vitória do oficialismo sobre os jagunços levou entusiasmo à capital do estado, que festejava o Carnaval. Poderia significar mudança completa no destino da campanha. Porém o cap. Souza, temerariamente, arriscou-se em reconhecimento e foi cercado e morto no quilômetro 337 da ferrovia. Do cadáver, os matadores retiraram crucifixo, carteira, aliança, pistola. A tropa, caindo em desânimo, abandonou Igatu retornando à Fortaleza.

15.8.1894 — IGREJINHAS. RS. Revolta dos federalistas. As raleadas colunas dos revoltosos de Dinarte e outros chefes foram alcançadas e batidas pela Divisão do Norte, ao mando de Pinheiro Machado. Os federalistas buscaram o Passo dos Garruchos a fim de se internarem no Uruguai. No Passo, à espera, tropa governista que os investiu duramente.

15.12.1869 — IGUAÇU-GUÁ. Paraguai. Guerra do Paraguai. Com 60 cavalarianos da GN, o maj. Francisco Antônio Martins surpreende e dispersa o acampamento do cel. Cañete, aprisionando-o e a mais 40 soldados.

?.?.1534 — IGUAPE. SP. Guerra de Iguape. Oitenta portugueses e índios conduzidos por Pero de Góis e Rui Pinto atacam, confiada e desordenadamente, o reduto do espanhol Ruy Garcia de Moschera. Estabelecido na região havia já dois anos, com gente subida de Buenos Aires, erguera povoação e ativara comércio e amizade com índios vizinhos. Aventureiro e soldado experiente, Moschera previu o ataque dos portugueses. Armou cilada, surpreendeu e desbaratou os inexpertos vicentinos. Pero de Góis recebeu ferimentos, muitos dos que o seguiam foram aprisionados e a maioria debandou deixando às mãos dos buenairenses até os barcos em que haviam sido conduzidos. Nestes barcos e em nau francesa apresada em Cananéia, o Moschera levou a sua gente para saquear a desguarnecida São Vicente. As fontes de informações são argentinas ou espanholas e não detalham os acontecimentos nem fixam as datas. Moschera, mais tarde, passou-se com todos os seus para a Ilha de Santa Catarina e, dela, para Buenos Aires.

25.10.1777 — IGUATEMI. MT. Era calamitosa a situação do Presídio de Nossa Senhora dos Prazeres, fundado em 1767 nas cabeceiras do Rio Iguatemi, sob a jurisdição de São Paulo. Sem provisões, sem pagamento, sem munição, contava apenas 100 homens válidos entre os 1.000 habitantes. Na jornada, apresentou-se o capitão-general do Paraguai, Agostin Fernandez de Pinedo. Tinha a apoiá-lo 2.500 brancos e índios. Os postos avançados tirotearam enquanto houve munição e com tal bravura que a 27, quando os espanhóis ocuparam a praça, seu comandante distinguiu os vencidos com honras militares, especialmente o chefe do forte, cap. José Rodrigues da Silva. Mas a autoridade portuguesa entendeu diferentemente e os principais responsáveis pelo Iguatemi foram presos por longo período, em fortaleza da barra de Santos, acusados de abandono de posição.

28.12.1869 — IGUATEMI. Paraguai. Guerra do Paraguai. O cel. honorário Fidélis Paes da Silva desbaratou no Jejuí-Guaçu a guarda avançada paraguaia, que marchava comandada pelo ten.-cel. Quintana, depois do que avançou sobre a vila de Iguatemi. Na ponte de Jejuí-Mi, apoderou-se de dois canhões. Ocupada Iguatemi, o cel. Fidélis expediu 300 soldados para a tomada da fábrica de pólvora da Itañera. Dispersada a guarnição de 100 homens, um grupo de demolidores, dirigidos pelo engenheiro Guilherme Luís Lassance, destruiu a fábrica. Perdas brasileiras nessa operação: dois mortos e 17 feridos.

13.4.1839 — IJUÍ. RS. Guerra dos farrapos. O comandante farroupilha Bernardino Ponto aniquila pequena partida de soldados imperiais.

1.1.1925 — IJUÍ. RS. Revolta tenentista. O 11º Corpo de Provisórios, comandado pelo ten.-cel. Júlio Rafael Bozzano, intendente de Santa Maria, bloqueou o deslocamento para o norte da Divisão Rio Grande, chefiada por Luís Carlos Prestes. O 3º Destacamento da Divisão, oriundo em sua maior parte do 3º RC, evolui sob orientação de João Pedro Gay e Siqueira Campos. Sucedem-se violentos confrontos, Bozzano morre em entrevero ocorrido no Passo da Cruz sobre o arroio Conceição. Sem o seu líder, os Provisórios cederam terreno, deixando transitar os tenentistas, rumo de SC e PR.

14.9.1914 — ILHA DA TRINDADE. Primeira Guerra Mundial. Talvez, o mais estranho confronto naval. Declarada a guerra, o transatlântico alemão *Cap. Trafalgar*, no Prata, decidiu transformar-se em barco inglês para fugir ao bloqueio. Escolheu o perfil e o nome do inglês *Carmania*. Na Trindade, recebeu de cruzador germânico, dois canhões de 10,5 cm com seis mil metros de alcance e seis metralhadoras. O verdadeiro *Carmania*, mandado ao mar da Trindade, mudado em cruzador auxiliar com canhões de 120 mm e alcance de oito mil metros, adotou o nome e o perfil do *Cap. Trafalgar*, a fim de melhor aproximar-se dos mercantes procurados. Diante da ilha, o falso *Carmania* combateu o falso *Cap. Trafalgar* e o verdadeiro *Carmania* graças ao maior alcance dos canhões, afundou o verdadeiro *Cap. Trafalgar*. Baixas: 15 mortos alemães, inclusive o capitão Julius Wirth; 9 mortos e 26 feridos ingleses. Estes tiveram na chefia, os capitães Noel Grant e James C. Barr.

4.9.1943 — ILHA DA TRINDADE. Segunda Guerra Mundial. O submarino alemão *U-604*, do CT Holtring procedia ao reabastecimento do *U-185* quando foram descobertos por avião norte-americano da base de Natal, comandado pelo CC Bert Pruher. Os fogos dos barcos abateram o avião, porém os danos provocados por este no *U-604* levaram a que fosse destruído por sua tripulação mediante o uso de cargas demolidoras.

11.9.1839 — ILHA DE ARAÇATUBA. SC. Guerra dos farrapos — República Juliana. O Forte de Nossa Senhora dos Naufragados ou da Conceição de Araçatuba ou ainda dos Papagaios vigiava a barra do sul da Ilha de Santa Catarina. Na data, a vanguarda dos farroupilhas, sob Joaquim Teixeira Nunes, aproximou-se e obteve a adesão da maior parte da guarnição, integrada por nordestinos, influenciados — no dizer de Wolfgang Ludwig Rau — pela Sabinada no ano anterior. Aderiu também o comandante. O subcomandante, porém, morreu comandando a fraca resistência. Quando os farrapos deixaram a área, o pessoal do forte os acompanhou. Lucas Boiteux esclarece que dois anos mais tarde "os cabeças da insurreição, sendo colhidos em combate no sul como prisioneiros pelas forças legais, foram punidos na cidade do Desterro por sentença do Conselho de Guerra, dois no patíbulo e dois menos culpados à prisão perpétua".

20.4.1776 — ILHA DE SANTA CATARINA. SC. Invasão espanhola. No mar, ao sul da ilha. A nau *San Agustin*, escoltando comboio de suprimentos foi surpreendida pela nau portuguesa *Santo Antônio*, cap. José da Silva Pimentel e tendo a bordo o coronel-do-mar Robert Mac Douall. O combate durou meia hora, provocando quatro mortes e avarias no barco atacado que se rendeu. Reparado, foi incorporado à esquadra lusitana.

27.9.1893 — ILHA DE SANTA CATARINA. SC. Revolta na Armada. O forte Santana disparou contra os barcos rebelados *República* e *Palas*, tentando impedir a sua entrada na barra. Depois de rápido duelo os navios fundearam diante da cidade do Desterro.

26.8.1532 — ILHA DE SANTO ALEIXO. Pero Lopes, com dois barcos investiu grande navio francês dedicado ao tráfico de pau-brasil e um segundo, menor, transportando munições para o fortim instalado em Pernambuco. Apoderou-se de ambos.

?.8(?). 1616 — ILHA DE SÃO DOMINGOS. Mar do Caribe. Piratas. Ao largo o pirata francês Fleury atacou o velho e mal armado navio em que Martim Soares Moreno, recém-nomeado "capitão das terras de Cumá" entre CE e MA, viajava para a Europa. Doente, Martim bateu-se no bombadilho, recebendo ferimentos. Temporais haviam levado o barco das águas do MA para as daquela ilha. Prisioneiro na França, ocupou 10 meses em negociar a sua libertação.

27.2.1599 — ILHA DE SÃO SEBASTIÃO. SP. Corsários e piratas. A esquadra do holandês Olivier van Noort, que abandonara a Guanabara no dia 9, enviou à ilha um bote de reconhecimento. Atacada por uma patrulha de índios a serviço dos portugueses, a guarnição do bote sofreu baixas de dois mortos e quatro feridos.

1.7.1850 — ILHA DO MEL. Paranaguá. PR. Incidentes do Bill Aberdeen. Numa das incursões realizadas em mares e portos brasileiros por navios de guerra ingleses que aplicavam a letra do Bill Aberdeen na repressão ao tráfico de escravos, o cruzador *Cormorant* entrou em Paranaguá. Apresou, no porto, uma galera e dois bergantins. Não pôde fazer o mesmo com o brigue *Astro*, porque o comandante deste barco preferiu afundá-lo, com a carga humana. Jovens da cidade, embora reprovando o procedimento do capitão do *Astro*, reagiram à intrusão do *Cormorant*. Cruzaram o mar para a Ilha do Mel e convenceram a guarnição da fortaleza ali existente a usar a antiquada artilharia contra o cruzador. Durante trinta minutos os canhões do forte visaram o navio que, contudo, chegou ao mar levando suas presas. O CC Sérgio Porto da Luz *(Revista do Clube Naval*, nº 268) informa a morte de dois tripulantes do cruzador. Rocha Pombo, na *História do Paraná*, informa que o comandante do *Cormorant*, ao voltar à Inglaterra foi processado e afastado da marinha.

4.2.1823 — ILHAS DOS FRADES. BA. Guerra da Independência. Compelida a buscar fontes de alimentos e desejosa de localizar pontos menos fortes na linha de cerco do exército brasileiro, esquadrilha naval portuguesa desenvolveu entre os dias 4 e 9 fustigamento e reconhecimento de pontos como as Ilhas dos Frades, das Vacas, de Santônio e Maré, Ponta dos Cavalos, Barra do Paraguaçu, Saubará, Passé, Matoim e São Tomé, Olaria, Pombal, Itacaranha. Em todos esses pontos, a defesa brasileira repeliu o desembarque lusitano.

?.6.1591 — ILHA GRANDE. SP. Corsários e piratas. Os navios de Thomas Cavendish (ou Candish) of Trimley tomam barca portuguesa, aprisionando a tripulação. Esta, logo mais, no dia 5, foi abandonada na Ilha Grande então saqueada pelos ingleses.

12.2.1592 — ILHA GRANDE. SP. Corsários e piratas. Moradores brancos, índios e negros atacam a nau *Desire*, flotilha de Thomas Cavendish of Trimley, que desde o dia 9 descansava junto da ilha. Vários ingleses foram mortos, mas só a 17 o barco retomou a viagem para a Inglaterra. As datas observam o Calendário Gregoriano, enquanto os ingleses dataram esses acontecimentos pelo Juliano.

7.9.1710 — ILHA GRANDE. RJ. Corsários. O cap. João Gonçalves Vieira mobiliza recursos e consegue impedir o desembarque de corsários de François du Clerc. Em represália, os barcos corsários bombardeiam a povoação que viria a ser Angra dos Reis, até o dia seguinte. Entre os feridos franceses, o fidalgo Saint-Amande.

17.5.1827 — ILHA GRANDE. SP. Guerra da Cisplatina. Ação de corsários. O navio corsário argentino *Vencedor de Ituzaingó* envia três lanchas com gente para saquear a fazenda Dois Rios. Os predadores foram enfrentados pelo fazendeiro e seus escravos, um dos quais morreu combatendo. Os corsários voltaram para bordo sem obter resultados e tendo perdido 14 homens, aprisionados, e uma lancha.

23.6.1827 — ILHA GRANDE. SP. Guerra da Cisplatina. Ação de corsários. Destacamento desembarcado do corsário argentino *Presidente*, com o fito de saquear e abastecer-se nas fazendas da ilha, foi enfrentado na Ponta dos Castelhanos e obrigado a embarcar. Bento José Gomes chefiou a resistência dos ilhéus.

23.9.1893 — ILHA GRANDE. RJ. Revolta na Armada. A torpedeira *Marcílio Dias,* da força expedida ao Sul sob o mando do CMG Lorena, aproximou-se da ilha, dominou a pequena resistência e inutilizou a estação telegráfica governamental.

9(?).6.1559 — ILHÉUS. BA. Guerras de Mem de Sá contra indígenas. Mem de Sá e Simão de Vasconcelos disseram que após a vitoriosa surpresa noturna de Itaipé, presumivelmente no dia 7, "... vim queimando e destruindo todas as aldeias que ficaram atrás" (M. de S.). "... descansaram, tornaram em busca das praias os vitoriosos soldados" — no dizer de S.V. Precavidamente, Mem de Sá coloca em dispositivo de contracilada a tropa de Vasco Rodrigues de Caldas. Os tupiniquins acossam os lusos, já na praia. Vasco cai-lhes à retaguarda e joga-os para o mar. Mem de Sá manda para a água os seus auxiliares índios. Trava-se, entre a areia e a água, a "batalha dos nadadores". O governador relatou-a pela forma seguinte: "Lá no mar pelejaram, de maneira que nenhum Tupiniquim ficou vivo e todos os trouxeram à terra e os puseram ao longo da praia por ordem; que tomaram os corpos perto de uma légua". Luiz da Costa, soldado e testemunha, contribui: "... muito longe pelo mar quase que os não viam, e lá no mar... espedaçados de feridas e as cabeças quebradas os trouxeram todos à terra..." E o padre Nóbrega *(Carta do Brasil,* p. 215): "... mas os nossos... mostraram muito esforço e mataram lá alguns e outros trouxeram mal feridos, que na praia acabaram de matar".

?.?.1595 — ILHÉUS. BA. Corsários e contrabandistas. Três naus e dez navios pequenos, franceses, desembarcaram tropas, fazendo o povo fugir. Cristóvão Vaz Leal e alguns poucos homens fazem trincheiras da ermida de Nossa Senhora das Neves e repelem o ataque francês. Por 27 dias os corsários permaneceram na região, saqueando, mas fustigados todo o tempo pelos 22 guerrilheiros do mameluco Antônio Fernandes, o Catucadas.

27.6.1637 — ILHÉUS. BA. Holandeses. Nassau. Aproveitando a retirada geral dos adversários na direção do Rio São Francisco, o holandês alm. Lichthardt, com 18 navios, assaltou a povoação. Desguarnecida, Ilhéus ofereceu apenas a resistência desordenada dos seus habitantes provocando ferimento na perna do almirante. Os atacantes incendiaram navio mercante encontrado no porto.

18.6.1828 — ILHÉUS-ENGENHO SANTANA. BA. Revolta de escravos. Durante quatro anos, escravos do engenho, propriedade do Marquês de Barbacena, permaneceram em estado de revolta. Em magotes, deslocando-se hábil e sistematicamente pelas proximidades e dentro da vastidão de terras do Santana, guerrilhavam feitores e capitães-de-mato. Na data, depois de manobra oportunista dos repressores, foram tangidos, envolvidos e batidos.

8.3.1930 — IMACULADA. PB. Revolta de Princesa. Em ofensiva sobre a cidade de Princesa, os 150 policiais chefiados pelos capitães João Costa e José Guedes, progredindo de Areia na direção de Teixeira, ocupam Imaculada depois de quatro horas de combate. Vinte praças ficarão guarnecendo a localidade, avançando as demais, com os capitães, na direção de Água Branca.

9.11.1839 — IMARUÍ. SC. Guerra dos farrapos. República Juliana. Em Imaruí reuniram-se os catarinenses que se opunham aos republicanos farrapos. Canabarro, comandante militar da República Juliana, expediu Garibaldi para dispersar aquela concentração. O ataque foi conduzido por João Fernandes Indalício, o Mendengue. Garibaldi, nas *Memórias*, referiu o horror que lhe causaram os excessos dos seus comandados escapos à disciplina, os quais reprimiu com rigor.

Os farrapos tiveram um morto, sargento alemão.

17.10.1839 — IMBAÚ. SC. Guerra dos farrapos — República Juliana. Na foz do arroio Imbaú, proximidades de Massiambu, movimento envolvente terra-mar dos imperiais resulta no aniquilamento do dispositivo farroupilha de apoio à república implantada em SC. O CMG Frederico Mariath, com a canhoneira *Dois Irmãos* e os lanchões números *1, 2* e *4,* ajusta seu fogo ao avanço das tropas de terra ao mando do ten.-cel. José Fernandes dos Santos Pereira. A campanha, na área, tivera início a 29.8, com o combate de Massiambu, cujo resultado somado ao de Imbaú obrigou os farroupilhas e aliados catarinenses a desistirem do plano de invasão da Ilha de Santa Catarina.

3.11.1839 — IMBITUBA. SC. Guerra dos farrapos — República Juliana. A flotilha corsária farroupilha ao mando de José Garibaldi, regressando de viagem de inquietação ao longo da costa paulista, fora atacada, no dia 2, na altura da Ilha de Santa Catarina, pelo patacho *Andorinha* que retomou duas das presas. Aproando à ponta de Imbituba, a escuna farroupilha *Rio Pardo* ou *Libertadora,* mais o palhabote *Seival* e a única presa restante, a escuna *Bizarria,* aprontaram-se para resistir aos imperiais. Esse dispositivo de defesa tinha o apoio de 200 atiradores em terra, para onde Garibaldi transferiu o canhão maior do Seival. Os navios imperiais: patacho *Andorinha,* 54 marujos e 2 canhões; patacho *Patagônia,* 62 homens, um canhão e quatro caronadas; escuna *Bela Americana,* 38 homens, um canhão, duas caronadas. Comandante: CT Francisco Romano da Silva, tendo às suas ordens os tenentes Jorge Benedito Ottoni e João Custódio d'Houddan. Das 12:10 às 16:45 h, durou o combate. Os navios imperiais afastaram-se, fundeando diante da enseada. A *Bela Americana* foi despachada à Ilha de Santa Catarina, reclamando reforço de fuzileiros que se opusessem aos atiradores farrapos e de pequenas canhoneiras que não corressem o risco de encalhar na aproximação aos barcos atacados. No dia 4, nova troca de tiros. À noite de 4 para 5, Garibaldi fez incendiar a *Bizarria* e na confusão assim levantada conseguiu furtar-se ao bloqueio levando os outros barcos. Essa evadida levou a conselho de guerra o CT George Broom. Os barcos republicanos *Rio Pardo* e *Seival* entraram no porto de Laguna, onde, a 15, sustentariam e perderiam a batalha que marcou o fim da República Juliana.

9.10.1930 — IMBITUBA. SC. Revolução liberal nacional. Cerca de 400 soldados do Exército, conduzidos pelo navio *Paraná,* desembarcaram com destacamento de fuzileiros navais. Objetivo: sustar a progressão da revoltosa Coluna do Litoral ou Divisão Ptolomeu Assis Brasil no rumo norte. Os soldados aderiram aos revoltosos, colocando os navais entre fogos. Estes regressaram ao barco, tendo perdido entre 12 e 45 (os dados são confusos) mortos, feridos e prisioneiros. Evento chamado também São Francisco.

19.11.1816 — ÍNDIA MUERTA. Uruguai. Guerra com Artigas. O sítio Índia Muerta localizava-se entre o Puesto de la Paloma e o Paso de la Coronilla. A vanguarda do exército do gen. Lecor, avançando por Santa Teresa e Cerro Largo, era feita pelo gen. Sebastião Pinto de Araújo Correia, com 957 homens. Destes, 722 infantes e artilheiros portugueses, conduzindo um obus; 129 cavaleiros dos Voluntários Reais de Portugal; 106 milicianos brasileiros de cavalaria. O gen. uruguaio Frutuoso Rivera defendia a passagem, dispondo de 1.700 infantes e cavaleiros e de um canhão. Disposto a abrir caminho, Araújo Correia situou no centro da sua linha de ataque e sob suas ordens imediatas os caçadores e granadeiros; no flanco esquerdo, dois esquadrões, gaúcho e paulista, ao mando do maj. Manoel Marques de Sousa; no flanco direito, dois esquadrões portugueses, responsabilidades do ten.-cel. João Vieira Tovar. O combate durou quase cinco horas e terminou pelo desbarato do inimigo que deixou no campo mais de 300 mortos e prisioneiros, o canhão e muitas armas. Rivera retirou-se escoltado por 100 cavaleiros. Perdas dos vencedores: 29 mortos e 66 feridos. Com esse resultado abria-se para Lecor o caminho de Montevideo.

21.9.1932 — INGAÇABA. SP. Revolução Constitucionalista. Destacamento da Cia. de Metralhadoras do 3º B.C.P., da Força Pública de São Paulo, sob o ten.-cel. João Ferreira Leal, falto de munição e contando muitas baixas, abandona a posição defensiva ao avanço dos governamentais.

18.12.1995 — INHACOPI/SÃO VALÉRIO DO SUL. RS. Choques da reforma agrária. Na região do Alto Uruguai, 450 quilômetros de Porto Alegre, atrito em terras de reserva indígena. Posseiros ferem a 10 índios e matam o chefe dos mesmos, Ângelo Miguel.

12.4.1869 — INHANDUCÁ. Paraguai. Guerra do Paraguai. O ten.-cel. Manoel José de Menezes, conduzindo o 11º BI e 160 cavaleiros, derrota força inimiga.

28.12.1838 — INHANDUÍ. RS. Guerra dos farrapos. Bento Manoel Ribeiro, em tempo de militância entre os farroupilhas, impõe tão clamorosa derrota aos soldados da Regência ao mando do cel. José Rodrigues Barbosa que os remanescentes desta tropa devem internar-se no Uruguai. Por esse feito, no dia seguinte Bento Manoel foi promovido a General da República.

3.5.1893 — INHANDUÍ. RS. Revolta dos federalistas. A situacionista Divisão do Norte, 4.500 combatentes divididos em cinco brigadas mistas e sob o mando do gen. Frederico Rodrigues Lima e do político Pinheiro Machado, aproxima-se da estância vizinha ao arroio Inhanduí, onde está o exército federalista sob os chefes Salgado, Tavares, os irmãos Saraiva, Prestes Guimarães, Vasco Alves, Timóteo Paim, Manoel Machado, Castilhos (Juca Tigre), Torquato Pina, Nogueira da Gama. Obrigados a combater, os maragatos federalistas empregaram ardil usual, porém mais uma vez eficiente: atraíram e envolveram a vanguarda do inimigo, no caso comandada pelo ten.-cel. Antônio Fernandes dos Santos, e quase a destroçaram, salvando-se grupos de legalistas empenhados em luta corpo-a-corpo. Mas chegou ao campo o grosso da Divisão recebendo pela frente e pelos flancos vivo tirotear federalista. O gen. Lima recuou, preparando contra-ataques, mas também foi envolvido, disparando seus canhões à queima-roupa sobre as ondas da cavalaria federalista do cel. Vasco Alves. A luta individual, à arma branca, generalizou-se, o combate ocupou seis horas de matança raivosa. Foi resolvido a favor dos governistas pela chegada da divisão do gen. Hipólito Ribeiro, aportando contingente numeroso e descansado e abundância de armas. Com o anoitecer os revoltosos puderam deixar o campo prosseguindo seu plano de marcha. A rigor não terá havido vencedor do combate, porém Inhanduí provou que toda a mobilização federalista era ineficiente para obter a vitória no terreno militar. Depois, a 13, reunidos os chefes, o gen. Salgado opinou pela desmobilização e a emigração. Alguns discordaram. Entre eles, Gumercindo Saraiva, que reuniu entre 700 e 800 homens e com eles guerreou em campanha aberta durante todo o inverno. Inhanduí foi dos mais violentos combates dessa guerra civil.

18.6.1841 — INHATUIM. RS. Guerra dos farrapos. A coluna imperial do gen. João Paulo dos Santos Barreto repele o assalto dos farroupilhas, graças, particularmente, ao empenho dos comandantes

João Propício Mena Barreto, Francisco Pedro de Abreu e Arruda Câmara.

11.9.1645 — INHOBIM. PB. Holandeses no NE. Chefiando tropas de PE e voluntários paraibanos, Francisco Gomes de Melo derrotou o governador holandês da PB, Paulo de Linge, o qual deixou no campo do Inhobim 77 mortos e feridos. O mapa de Marcgrave, referido por Rio Branco, mostra o Inhobim, afluente do Paraíba pela margem esquerda. Com o resultado do encontro, a população, que abandonara a cidade, retornou festivamente.

8.5.1923 — INVERNADA VELHA. RS. Revolta dos libertadores. A invernada situava-se à margem do Rio Pelotas. O chefe libertador Fabrício Vieira, que ocupara Bom Jesus arrebanhando gado, deixa a cidade quando da aproximação do 4º Corpo Provisório, governista. Perseguido, na Invernada Velha travou combate de retardamento, passando em seguida para SC.

29.6.1925 — INVERNADA ZECA LOPES. GO. Coluna Prestes. Incomodada com a implacável perseguição movida pelo maj. Bertoldo Klinger, a Coluna decidiu enfrentá-lo. A 27, a retaguarda fora duramente fustigada pelo tenaz adversário na travessia do Rio Verdinho. Aguardou-o na Invernada Zeca Lopes, vizinhança da cidade goiana de Mineiros. Avançando rapidamente com seus 15 caminhões, Klinger viu-se emboscado, na estrada, pela fulizaria do Destacamento Siqueira Campos. Desembarca a tropa, abandona os caminhões, mas rompe o cerco mediante o emprego de fogo cerrado de armas automáticas. A noite suspendeu a ação. Pela manhã de 29, a Coluna manda ao ataque a 4ª Cia. do Terceiro Destacamento, conduzida pelo cap. Lafayette Cruz, porém ela foi quase dizimada pelos governamentais que, no escuro, haviam mudado de posição. No fim do dia a Coluna marcha para a sede da fazenda Cabeceira Alta, quatro léguas à frente. Perderam trinta homens, baixa das mais elevadas nos três anos de campanha. As perdas da tropa de Klinger foram iguais às do adversário.

19.8.1932 — IPAJIM. MT. Revolução Constitucionalista. Os constitucionalistas mato-grossenses ao mando do maj. Luiz Silvestre Gomes Coelho tentam ocupar a base naval de Ladário, região de Porto Murtinho. Atacam: contingente do 18º BC de Campo Grande, conduzido pelos tenentes Moreira e Tourinho; esquadrão do 10º RCI, com o cap. Alcides Alves da Silva, numerosos civis armados. A defesa: fuzileiros navais, elementos do 17º BC de Corumbá, unidade da brigada policial do RS, civis rio-grandenses e o monitor *Pernambucano*. Na jornada, os constitucionalistas progrediram na direção do perímetro da base.

7.9.1932 — IPANEMA. MG. Região de Viçosa. Revolução Constitucionalista. Força policial de Minas Gerais atacou a concentração dos insurgentes na fazenda Ipanema de parente e seguidor de Artur Bernardes. Fez oito prisioneiros e se apoderou do plano para a campanha de guerrilha constitucionalista mineira. As informações foram usadas dias depois para o ataque a Arapongas, principal centro dos revoltados.

6.1.1688 — IPANEMINHA. Conflitos com indígenas. Nas proximidades do vau sobre o Rio Ipaneminha, a tropa do srg-mor Pedro de Albuquerque Câmara enfrenta a reunião de várias tribos janduís. Vencedor, perseguiu os índios até a lagoa Apodi, onde fez grande carnagem, mandando até degolar os chefes de tribos.

21.9.1816 — IPEJU-IBICUÍ. Guerra com Artigas. Vau sobre o Rio Uruguai. Episódio da segunda campanha contra Artigas. O cel. Pantaleón Sotelo tomara 1.000 cavaleiros e partindo de Corrientes cogitava atravessar o Rio Uruguai no vau de Ipeju, levando reforços para o ataque movido por André Artigas contra São Borja. Informado, o brg. Tomaz Costa Rabelo e Silva, guarnecendo a região do Quaraim, destacou o cel. José de Abreu com ordens para interceptar a marcha de Pantaleón. Emboscado à beira do Ipeju, Abreu surpreendeu a travessia de Sotelo quando metade da força correntina estava na água. A maior parte das perdas ocorreu por afogamento, em razão do retorno precipitado para a margem de saída. Sotelo reuniu os remanescentes e foi tentar a passagem mais ao norte, junto à embocadura do Ibicuí, onde contou com o apoio de duas escunas-canhoneiras e vários lanchões, barcos às ordens de Justo Yegros. Mas também ali não conseguiu atravessar o rio e cumprir a sua missão. Essa segunda parte dos combates da jornada também é conhecida por Santa Maria do Ibicuí.

17.6.1645 — IPOJUCA. PE. Holandeses no NE. Primeiro encontro da guerra de restauração de PE. O Visconde de Porto Seguro data-o a 19; Rio Branco, citando documentação, a 17, e descarta a presença de Jacob Fleming, o qual figura nos apontamentos do visconde, e que teria acorrido ao local somente no dia seguinte. Amaro de Araújo, cap-mor, senhor do engenho de Tabatinga, e o guia mulato Domingos Fagundes (nomeado capitão por este feito), atacaram a força flamenga destacada em Ipojuca, no momento em que a mesma embarcava para o Recife. Apresados, todos os soldados holandeses e os dois barcos prontos para o transporte. Acorreu o ten.-cel. Hauss, bateu os insurgentes e libertou seus compatriotas. Por sua vez, anunciada a aproximação de forças nativistas do Rio Real, regressou ao Recife.

13.12.1848 — IPOJUCA. PE. Insurreição Praieira. Em represália ao ataque levado pela polícia da vila ao engenho praieiro de Benfica, os revolucionários chefiados por João Felix, Miguel Afonso e Bernardo Câmara assaltaram Ipojuca, defendida por apenas 36 policiais. Fortificados no antigo convento de São Francisco, estes resistem a 150 praieiros, que se retiram depois de três horas de tiroteio.

15.11.1902 — IQUITOS. Bolívia. Campanha do Acre. Com incêndio na floresta por um flanco e ataque à arma branca pelo outro, Plácido de Castro, à frente do exército do Estado Independente do Acre, detém o avanço da coluna boliviana destinada a socorrer os sitiados em Puerto Acre.

25.1.1925 — IRACEMA. RS. Revolta tenentista. A coluna Cordeiro da Divisão Rio Grande vence forte oposição dos governamentais e avança rumo do oeste paranaense, onde a espera a Divisão São Paulo do comando do gen. Isidoro Dias Lopes.

22.10.1912 — IRANI. SC. Campanha do Contestado. Avançando pela mata, o cel. João Gualberto Gomes de Sá Filho, à frente do Regimento de Segurança do Paraná, foi cercado e acometido por 200 homens a pé e 50 montados, seguidores do "monge" José Maria. Os sertanejos portavam facas, foices, machados e algumas armas de fogo. Os dois chefes escolheram-se para adversários, no corpo-a-corpo estabelecido. O cel. Gualberto matou o "monge" a tiros de revólver para ser, de imediato, trucidado a machadadas. O combate terminou com a debandada dos soldados, o que contribuiu grandemente para aumentar o entusiasmo dos sertanejos, seguros de que José Maria haveria de ressuscitar e voltar a comandá-los. Metralhadora, 40 fuzis, 300 tiros passaram às mãos dos sertanejos.

27.2.1836 — IRUÍ. RS. Guerra dos farrapos. Durante vários dias, a força governamental de Bento Manoel Ribeiro negaceava e perseguia destacamento farrapo. Na jornada, o comando deste contingente foi assumido pelo maj. João Manuel de Lima e Silva, que toma a iniciativa do ataque, destroçando os imperiais. Bento

Manoel retira-se para a Cachoeira e em seguida para Irapuá. Iria desforrar-se a 17.3 no Passo do Rosário.

24.7.1868 — ISLA FORTIN. Paraguai. Guerra do Paraguai. A passagem de Isla Fortin, protegida por baterias, foi ultrapassada pelos couraçados *Bahia* e *Silvado* e monitor *Alagoas*, comandados pelo Barão da Passagem. Simultaneamente, o *Barroso*, o *Piauí* e o *Rio Grande*, a jusante, castigavam as baterias e o acampamento de San Francisco, onde estava reunido o exército de Solano Lopez. A fortaleza de Humaitá hostilizou os navios e os acampamentos brasileiros. Mas à noite, a guarnição da Isla Fortin, conduzida pelo cel. Martinez, principiou a sua transferência para a ponta Acaunguazu e para o entrincheiramento de Isla Poi.

26.6.1868 — ISLA POI. Paraguai. Guerra do Paraguai. A chamada Isla era, na verdade, língua de terra coberta de mata e esteiros, entre a ponta de Acaunguazu e a Lagoa Verá, diante de Humaitá. Ali posicionou-se parte da guarnição paraguaia que deixara Humaitá e Isla Fortin. Contra ela foi bater-se a flotilha argentino-brasileira especialmente organizada. Compunha-se de duas lanchas e quatro escaleres guarnecidos por marinheiros e de 25 canoas e dois pontões tripulados por infantes. Cinco das canoas levavam combatentes argentinos, liderados pelo maj. Inácio Bueno. A eles fora confiado o setor entre Puerto Batel até o centro da linha entregue à atuação da Marinha brasileira. Deste ponto à margem setentrional corria a área de responsabilidade dos barcos com soldados do Exército, à ordem do CT. Stepple. Até a rendição do adversário, os brasileiros perderam nos inúmeros encontros ocorridos ao redor de Isla Poi 37 oficiais e marinheiros e 40 oficiais e soldados do Exército, no total de 77 baixas. Os argentinos deixaram ali 19 mortos.

28.7.1868 — ISLA POI. Paraguai. Guerra do Paraguai. A mata de onde forte guarnição inimiga fustigava posições brasileiras foi mandada atacar na jornada pelo 5º BI e os 50º e 55º VP, os quais viram-se compelidos a progredir ao longo de estreito desfiladeiro. Comandou-os o cel. Pedra. Diz Rio Branco, nas *Efemérides*, terem sido elevadas as perdas, embora nunca oficialmente divulgadas. Baseado em correspondência do comando da frota, o barão menciona 300 baixas. Da violência do confronto dão idéia os detalhes seguintes: morto o ten.-cel. Antônio Carlos de Magalhães; feridos o ten.-cel. Albuquerque Melo e o maj. Pedro Alves de Alencar. Na Lagoa Verá, junto à Isla Poi, os ferozes combates entre flotilhas de escaleres e de canoas prosseguiram diariamente.

24.5.1824 — ITABAIANA. PB. Confederação do Equador. Os governistas do cel. Estêvão José Carneiro da Cunha apoderaram-se da praça, tomando-a ao destacamento confederado chefiado pelo ten.-cel. Albuquerque Melo Montenegro.

24.8.1932 — ITACOATIARA. AM. Revolução Constitucionalista. Sustentando o mesmo ideal que desde 9 de julho levantara os paulistas e os sul-mato-grossenses, revoltaram-se os artilheiros do Forte de Óbidos, no Rio Amazonas. Decididos a estender o movimento pelo norte, ocuparam dois navios, o *Andirá* e o *Jaguaribe* armando este último com canhão 75 mm e partiram rumo a Manaus. A Capitania dos Portos do Amazonas mobilizou os dois maiores navios navegando na região, os ex-alemães *Ingá* e *Baependi* e as embarcações menores *Rio Arapuanã*, *Rio Curuçá* e *Rio Javari*. Embarcou neles destacamento do Exército que dispunha de fuzis e de metralhadoras e da Guarda Civil de Manaus. O encontro entre as flotilhas ocorreu a 20 milhas acima de Itacoatiara. O *Jaguaribe* alvejou o *Ingá* com sete tiros de canhão, atingindo-o na linha dágua mas não impedindo o ser abalroado e afundado pelo navio maior. As metralhadoras e fuzis do *Baependi* cobriram o *Andirá* de forma a provocar 50 baixas, depois do que, arietado, o constitucionalista soçobrou. A ação decorreu em 40 minutos segundo relatório do interventor federal no estado, Magalhães Barata. Segundo a *História Naval Brasileira*, que situa o evento no dia 24 os náufragos foram socorridos. Conforme depoimento do coronel senador Jarbas Passarinho, metralhados.

6.6.1819 — ITACORUBI. RS. Guerra com Artigas. O exército correntino do cel. Andrés Artigas, operando conforme o plano de invasão do RS, perde 430 mortos e prisioneiros, além de sua única peça de artilharia, ao defrontar a força do ten.-cel. José de Abreu, futuro barão e general de Serro Largo. Andrés — popularmente chamado Andrésito —, ferido, foi aprisionado 18 dias mais tarde. Seu imediato, ten.-cel. Pedro Sanchez, ficou prisioneiro no campo de Itacorubi. A derrota impôs aos invasores artiguistas o abandono do distrito brasileiro das Missões.

23.11.1835 — ITAGUÃ. PA. Cabanagem. Passando-se para a Ilha de Marajó, o maj. João da Gama Lobo d'Anvers, contando com o apoio dos fogos de bordo e com gente de desembarque da barca *Independência*, leva ataque à forte posição dos cabanos em Itaguã. O assalto foi repelido com fortes perdas para os legais. O próprio major comandante expira ao entardecer em razão dos ferimentos recebidos.

7(?).6.1559 — ITAIPÉ. BA. Guerras de Mem de Sá contra indígenas. A taba principal dos tupiniquins localizava-se próxima da lagoa Itaipé, região de Ilhéus, entre floresta e montanha, acessível apenas por longa e estreita ponte que somava três mil passos, na descrição de José de Anchieta, nos versos de 1.389 a 1.497 do poema "De Gestis Mendi de Saa". Guiada pelo governador, a tropa venceu o obstáculo à noite, surpreendendo a aldeia e arrasando-a, bem como a três outras subseqüentes. Já na retirada o exército português foi acometido pelos índios sobreviventes, do que resultou o episódio da "batalha dos nadadores" ou de Ilhéus, por haver sido travada dentro do mar, corpo-a-corpo entre tupiniquins e índios aliados dos lusitanos. Vasconcelos menciona como inimigos não os tupiniquins, mas os aimorés. Porém estes indígenas somente se aproximaram do litoral quando aqueles, vencidos e aldeados compulsoriamente, lhes abriram espaço.

27.12.1868 — ITÁ-IVATÉ. (Ver Lomas Valentinas, 6º dia da batalha.)

25.11.1893 — ITAJAÍ. SC. Revolta da Armada. O destacamento federalista de Gumercindo Saraiva recebe dezenas de marinheiros da armada revoltada, desejosos de continuar a luta contra Floriano Peixoto. Em Itajaí, maragatos e marujos resistem por três dias aos ataques dos governistas rio-grandenses da Divisão Norte, dirigida pelo político Pinheiro Machado. Na jornada, embarcam em navios revoltados e regressam a Paranaguá.

8.12.1893 — ITAJAÍ. SC. Revolta dos federalistas. Fase do apoio dos marujos da parte revoltada na Armada. Ocupada por 300 revoltosos às ordens do gen. Guerreiro Vitória, a praça resistiu durante três dias aos 1.500 atacantes da governista Divisão do Norte, vanguarda sob o ten.-cel. Tupi Caldas reforçada pela brigada de Antônio Carminha. Do lado federalista, Aparício Saraiva, no cruzador *Meteoro* deu apoio de artilharia aos sitiados que contaram igualmente com os fogos do cruzador *Urano*. Durante a noite de 10 para 11, os maragatos embarcaram naqueles navios, rumo a São Francisco e Desterro (Florianópolis). Nas Jornadas de Itajaí perderam 8 soldados mortos e 11 feridos. Os governamentais, 6 mortos e 15 feridos. A data está em *Apontamentos...*, de W. Escobar. Cyro Silva, *Flo-*

riano Peixoto, situa o evento no dia 25.11.1893.

27.8.1532 — ITAMARACÁ. PE. Corsários e contrabandistas. Supõe-se haver sido nessa data que Pero Lopes de Sousa, ao fim de 18 dias de assédio, tomou o fortim francês construído por Jean du Péret, capitão do navio *La Pelèrine*. A iniciativa da instalação de entreposto comercial e militar francês na região fora do Barão de Saint-Blanchard, general das galeras francesas do Mediterrâneo. O fortim de Itamaracá estava sob o comando do cap. De la Motte. O comandante do local, depois de assumido pelos portugueses, Paulo Nunes. Capistrano de Abreu, na sua *História colonial*, acrescenta que parte da guarnição francesa do fortim-entreposto foi enforcada, sendo a outra parte levada para calabouços do Algarve. Menos pelo fortim, mais pelo entreposto.

12.1.1640 — ITAMARACÁ. (Ver PONTA DAS PEDRAS.)

14.9.1645 — ITAMARACÁ. PE. Holandeses no NE. Navio holandês fundeado no canal de Itamaracá dificultava a travessia das tropas que André Vidal, Fernandes Vieira e mais chefes da Insurreição haviam reunido em Igaraçu, planejando utilizá-las na incursão à ilha. Simão Mendes recebeu o comando de 100 homens e a missão de tomar ou destruir o barco. Rechaçados no primeiro assalto, investiram com dobrado empenho e tomaram o navio depois de luta violenta, ao ponto de dar morte aos holandeses de bordo, menos a 16.

1.1.1849 — ITAMARACÁ. PE. Insurreição Praieira. Com uma frota de canoas e o comando de Borges da Fonseca, praieiros incursionaram pela ilha, pondo em liberdade seus partidários destinados às prisões do Recife. No dia seguinte, tropas regulares e maruja, com apoio do brigue *Pirajá*, desalojam os liberais e destroem o engenho São João, propriedade do dirigente insurreto Bezerra de Menezes, ex-vice-presidente da província.

4.12.1837 — ITAPAGIPE. BA. Sabinada. A força policial destacada para sitiar a Plataforma desfechou bem-sucedido ataque contra os revoltosos ocupantes de Itapagipe. A Ordem do Dia datada de 7.12 registrou "baixas consideráveis nas forças inimigas".

17(?).2.1600 — ITAPARICA. BA. Corsários e piratas. Numerosa tropa corsária da esquadra de Hartman e Broer, sem poder dominar a Bahia e acossada no Recôncavo pelos 300 combatentes guerrilheiros de André Fernandes Mugalho, incendeia o engenho de Bernardo Pimentel de Almeida e tenta apoderar-se da Ilha de Itaparica. Saqueia e põe fogo no engenho do holandês radicado Duarte Osquier. Foi acometida pela gente reunida por capitães como o Fernandes e Álvaro Rodrigues. Perdendo na ilha mais de 50 homens, os holandeses desistem e se retiram depois de permanecer saqueando o Recôncavo por 55 dias.

3.9.1624 — ITAPARICA. BA. Holandeses na BA. Os capitães Afonso Rodrigues Adorno e Pero de Campos abordam e tomam duas lanchas holandesas armadas com cinco roqueiras.

17.2.1647 — ITAPARICA. BA. Holandeses da BA. Emboscada de companhia baiana passada para a ilha de Itaparica surpreende e desbarata a coluna holandesa do cap. Munster.

?.5.1822 — ITAPARICA-BOA VISTA. BA. Revolta de escravos. A partir do engenho Boa Vista, escravos de engenhos e lavouras revoltaram-se, chegando a reunir, no mais agudo do movimento, 250 lutadores. Foram cercados, batidos e aprisionados por tropa regular e voluntários civis.

28.8.1822 — ITAPARICA. BA. Guerra da Independência. Duelando contra flotilha de canhoneiras portuguesas, o forte da Ilha de Itaparica põe ao fundo um dos barcos inimigos. Parte da tripulação perece no mar.

6.9.1822 — ITAPARICA. BA. Guerra da Independência. As baterias do forte da Ilha de Itaparica repelem ataque de canhoneiras e lanchões portugueses. Um dos barcos atacantes perdeu o mastro.

11.9.1822 — ITAPARICA. BA. Guerra da Independência. À frente de 50 atiradores recrutados na ilha, o patriota Antônio de Sousa Lima repeliu a tentativa de desembarque de soldados portugueses transportados em 11 lanchões desde a cidade da Bahia.

13.10.1822 — ITAPARICA. BA. Guerra da Independência. Os barcos portugueses: brigue *Audaz*, barca *Constituição*, 11 canhoneiras e três lanchões fazem reconhecimento agressivo de pontos fortificados sustentando fogo contra a defesa comandada por Antônio de Sousa Lima. A operação foi repetida em outro local da Ilha de Itaparica, no dia seguinte.

14.10.1822 — ITAPARICA. BA. Guerra da Independência. Quatro canhoneiras portuguesas bombardearam as trincheiras brasileiras de Manguinhos e do Porto dos Santos. A artilharia e a fuzilaria da defesa obedeceram ao srg-mor José Joaquim Salustiano Ferreira. Os barcos retiraram-se ao fim de cinco horas de combate.

23.12.1822 — ITAPARICA. BA. Guerra da Independência. Garcez Palha registra nas *Efemérides navais* que João Francisco de Oliveira Botas — o famoso João das Botas —, "entusiasmado pelos aplausos que recebera no dia 8 intenta em um só navio bater-se com a força lusitana", de 13 navios. Cercado por 11 destes, combate durante três horas, recolhendo-se por fim ao abrigo de baterias amigas. Primeira sortida vitoriosa da esquadrilha patriótica de João das Botas contra barcos e dispositivos militares portugueses. No máximo do seu poderio, a esquadrilha somou 700 homens, que tripulavam uma escuna, uma canhoneira e nove baleeiras, montando peças e empregando munições fundidas por seus peritos na fábrica do Cabrito. Quando da entrada triunfal dos brasileiros na Bahia, a esquadrilha, acrescida de duas bombardeiras e 12 balseiras, estava sob o comando do CMG Tristão Pio dos Santos.

7.1.1823 — ITAPARICA. BA. Guerra da Independência. Forças portuguesas do comando do CT Joaquim José da Cunha desfecham golpe-de-mão visando a tomada do Forte de São Lourenço e suas trincheiras. Às 8 h, divisão lusitana conduzida em 14 lanchões desembarcou para assaltar as trincheiras da Ponta das Amoreiras, da praia das Amoreiras, das Amoreiras Pequenas, do Isidoro, de São Pedro e o próprio forte. Davam cobertura aos ataques os brigues *Audaz* e *Prontidão*, várias canhoneiras e as barcas *Constituição* e *Conceição*. Repelidos nas três vagas de assalto, os atacantes sofreram aproximadamente 200 baixas. Os brasileiros, sob o comando de Antônio de Souza Lima e Luiz Correia de Moraes, receberam o apoio dos barcos de João das Botas.

18.7.1823 — ITAPARICA. BA. Guerra da Independência. Soldados portugueses saídos da cidade da Bahia desembarcaram na ilha e, superando a resistência dos nativistas, encravaram a artilharia do Forte de São Lourenço. Retornaram prontamente à sua base.

18.11.1837 — ITAPARICA. BA. Sabinada. O forte da ilha, comandado pelo cel. Antônio de Sousa Lima, repeliu ataque de insurgentes baianos.

4.2.1648 — ITAPECIMA. PE. Holandeses no NE. No local que viria a ser Itapeçuma, Porto do Marcos, o holandês van Schkoppe com 800 homens dirige ataque que culmina com a tomada do fortim mantido pelos patriotas. Dotado de quatro peças, fora levantado pelos luso-brasileiros dois anos antes. Vigoroso contra-ataque dos insurgentes foi repelido.

12.4.1812 — ITAPETI GRANDE. RS. Campanha Pacificadora do Uruguai. Em seu acampamento, o cel. Tomás Costa foi surpreendido, porém conseguiu repelir a força oriental do cel. Miguel Estanislau Soler.

23.10.1930 — ITAPETINGUI. SP. Revolução liberal nacional. Nas proximidades de Cananéia, o ten.-cel. Pedro Arbues Xavier, reformado da Força Pública estadual e voluntariamente retornando ao serviço aos 61 anos, assumiu comando de destacamento da região, no total 10 policiais e 50 civis. Cercado por contingente revolucionário, resistiu até o exaurimento da munição. Dos seus 10 homens, sete estavam mortos e os outros três feridos. Intimado a render-se, pois nada mais poderia fazer, sozinho e sem meios de defesa, atirou a arma contra o inimigo, gritando: "Um soldado da Força morre mas não se rende". O vencedor fez desfilar a tropa diante do bravo e dos seus dez camaradas: oito mortos, três feridos.

28.9.1932 — ITAPEVA. SP. Revolução Constitucionalista. Pilotando um Potez 212, os pilotos constitucionalistas maj. Gomes Pinheiro e Mota Lima, este observador-metralhador, atacam a pista de pouso da cidade então chamada Faxina e recém-ocupada pelas forças do governo Vargas. Destruídos um ninho de metralhadoras e inabilitado para vôo o único aparelho ali pousado, o Potez T. O. E. A-117. A ação foi descrita pelo cel. Lysias Rodrigues em seu livro *Gaviões de penacho*.

10.6.1823 — ITAPICURU-MIRIM. BA. Guerra da Independência. Ataque brasileiro, com cavalaria e infantaria, sob o mando de Salvador Cardoso de Oliveira, às posições portuguesas mantidas pelo ten.-cel. Coelho. Durante cinco horas hostilizaram-se as duas forças, sofrendo perdas. Os lusos retiraram-se para a vila de Itapicuru, os brasileiros para o Sítio do Juca. Mas o assédio à região de Itapicuru foi mantido. A 17, o ten.-cel. José Félix Pereira de Burgos passou-se para os nativistas com todos os seus comandados. Convencido da impossibilidade da continuação da resistência, o ten.-cel. José Coelho entregou-se à discrição, levando também nove canhões.

27.3.1866 — ITAPIRU. Paraguai. Guerra do Paraguai. Os couraçados brasileiros *Bahia* e *Tamandaré* duelaram com o forte desde as 10 até as 14 h. O primeiro dos barcos retornava à sua linha na esquadra, quando projétil de chata oculta junto à barranca penetrou na casamata. Morreram, por efeito desse tiro: o imediato do navio, ten. Francisco Antônio de Vassimon, o comissário Carlos Acioli de Vasconcelos, o escrivão Augusto de Barros Alpoim e dez praças. Feridos mortalmente: o comandante, Antônio Carlos de Mariz e Barros, o ten. José Inácio da Silveira; gravemente, os tenentes José Vitor de Lamare e Dionísio Manhães Barreto, o g.-m. Luís de Paula Mascarenhas, o alf. Manuel Gonçalves Tourinho, o mestre do navio e 17 praças. Dos feridos, nove faleceram, entre eles Mariz e Barros e Inácio da Silveira. O ten. Manhães Barreto, apesar de ferido, assumiu o comando do navio e o levou ao ancoradouro.

28.3.1866 — ITAPIRU. Paraguai. Guerra do Paraguai. Os couraçados *Bahia, Barroso* e *Brasil* bombardearam o Forte de Itapiru e uma chata que apoiava a defesa da posição. O *Bahia*, mais próximo do inimigo, recebeu 39 impactos de calibre 68; o *Barroso*, 20, perdendo 11 homens por ferimento, entre os quais o chefe Alvim.

30.3.1866 — ITAPIRU. Paraguai. Guerra do Paraguai. As canhoneiras *Araguari, Ivaí* e *Mearim* e escaleres da *Magé* interceptaram e aprisionaram chata paraguaia que pretendia alcançar o forte levando fornecimentos.

6.4.1866 — ITAPIRU. Paraguai. Guerra do Paraguai. Começou na data a série de violentos duelos de artilharia entre as baterias brasileiras assestadas no banco de Itapiru e as peças do forte do mesmo nome.

16.4.1866 — ITAPIRU. Paraguai. Guerra do Paraguai. Desde o dia 4 batido pela artilharia da esquadra brasileira e pelas baterias assestadas no banco vizinho, Itapiru era a chave para a penetração aliada em solo paraguaio. Nesta jornada, fixada para a transposição do Passo da Pátria, o forte sofreu o peso de todos os canhões brasileiros a partir das 9 h. Enquanto os defensores reagiram supondo que a frota fosse desfilar pela frente da posição, desde às 8 :30 h os navios cortavam obliquamente o Rio Paraná, em direção à embocadura do Rio Paraguai. Osório, com poucos homens de sua escolta, seria o primeiro a saltar em território do inimigo.

A invasão do Paraguai (16.4.1866):

Transportes presentes: *Brasileiros:* navios *Isabel, Presidente, Marcílio Dias, Duque de Saxe, Riachuelo, Galgo, White-Inch, Wiper, Suzan Bearn, Berenice, Uruguai, Voluntários da Pátria* e *General Osório.* Argentinos: *Guardia Nacional, Libertad, Chacabuco, Buenos Aires, Pavon.*

Escalões transportados: 1º) Comando: gen. Sampaio, 4.060 soldados, nos barcos *Wiper, White-Inch* e *Suzan Bearn;* 2º) Comando: gen. Argolo, 4.414 soldados, nos barcos *Marcílio Dias, Presidente, Riachuelo, Duque de Saxe* e *Berenice;* 3º) A 12ª brigada, do cel. Pecegueiro; a 1ª Divisão argentina, do gen. Paunero; o exército uruguaio, nos barcos argentinos e nos transportes cedidos pelos comerciantes fornecedores do exército: *Aliado* e *Provedor* e nos navios fretados pelo governo imperial *Isabel* e *White-Inch,* este fazendo uma segunda viagem.

Material transportado: artilharia, cavalhada, munições e ferramentas, usando as chatas *Rio-Grandense, Cearense, Pernambucana* e *Monitor* e diversas canoas rebocadas.

Tarefa naval de embarque e desembarque: responsabilidade do CMG Torres e Alvim.

Obs.: os barcos *Wiper, White-Inch, Suzan Bearn, Riachuelo, Presidente, Galgo* e *Duque de Saxe* estavam fretados pelo Governo brasileiro.

28.4.1638 — ITAPOÃ. BA. Holandeses na BA. O capitão de emboscadas Francisco Rebelo destroça força holandesa que surpreendera em marcha.

28.2.1814 — ITAPOÃ. BA. Revolta de escravos. As instalações pesqueiras de Itapoã, propriedade de Manoel Ignácio da Cunha, empregavam número respeitável de escravos. Estes, acredita-se, teriam sido alvo de doutrinação e preparo de parte de negros ladinos, politizados, de Salvador. Revoltaram-se a 28.2, tendo na chefia ostensiva o "rei" Francisco. Mataram o feitor e toda a sua família, queimaram as instalações do Manoel da Cunha e outras, vizinhas; trucidaram 13 brancos e número não precisado de escravos que se recusaram a participar do levante. Encorajados, marcharam para o Recôncavo, sendo enfrentados e vencidos na travessia do Rio Joanes, onde morreram 56 deles. Dos líderes, quatro foram enforcados, vários deportados para colônias penais portuguesas na África.

23.10.1835 — ITAPOÃ. PA. Cabanagem. A Ilha de Marajó fornecia os melhores recursos que chegavam aos revoltosos, enviados pelo porto da fazenda Itapoã. Tropas governamentais desembarcaram, enfrentando 12 horas de resistência, afinal vencida pelas armas da barca-canhoneira *Independência*. Nos últimos dias do mês os cabanos voltaram a dominar a fazenda e ali se fortificaram o suficiente para repelirem outro ataque levado pelos legais em novembro.

26.8.1836 — ITAPOÃ. RS. Guerra dos farrapos. O forte de Itapoã, com o do Junco, guardava para os farroupilhas a embocadura do Rio Guaíba. Alinhava cinco peças de calibre 12, sob o comando de Simeão Gomes Barreto. Em agosto, o governo decidiu abrir o caminho para Porto Alegre, tomando aqueles dois fortes. A esquadrilha do CT Guilherme Parker foi reforçada para a missão, recebendo também 315 praças de desembarque, chefiados pelo cel. Francisco Xavier da Cunha. A 23, enquanto o grosso da força imperial atacava o forte do Junco, as canhoneiras números *3* e *6* batiam o de Itapoã. Caído o Junco, o Itapoã foi abandonado no dia 26 e ocupado pelos infantes do cel. Xavier no dia seguinte.

8.8.1932 — ITAPORANGA. SP. Revolução Constitucionalista. Encarregado de barrar o avanço governamental na frente sul, o 9º B.C.P. constitucionalista, depois de meio dia de resistência cedeu a posição.

27.12.1819 — ITAQUATIÁ. RS. Guerra com Artigas. Conduzidas pelos generais José de Abreu e Bento Correia da Câmara, tropas brasileiras dispersaram 800 cavalarianos correntinos e uruguaios a serviço do gen. José Artigas.

19.1.1817 — ITAQUI. Guerra com Artigas. Próximo da atual cidade argentina de Alvear, margem direita do Rio Uruguai, junto do Passo do Itaqui, o maj. Gama, futuro general e Barão de Saican, conduzindo ao combate sua companhia de granadeiros de SC e cavalarianos de Luís Carvalho, impõe-se decisivamente sobre o destacamento do cap. Vicente Tapirapé, do exército de Artigas.

27.9.1893 — ITAQUI. RS. Revolta dos federalistas. Dias depois de começar a ser perseguida pela Divisão do Norte, estando em Cerro do Vacaguá, Gumercindo recebeu a notícia da revolta da esquadra, no RJ. Animado, julgou que todas as unidades da armada se transformassem de pronto em aliadas dos federalistas. Procurou o primeiro contato, atravessando o Ibicuí no Passo da Liberdade e atacando Itaqui, idealizando junção com a Flotilha do Alto Uruguai. Mas os barcos acolheram os integrantes da pequena guarnição governista local, autora de bonito ato de resistência antes de buscar o refúgio dos navios. Gumercindo retomou a marcha para o norte.

1.11.1924 — ITAQUI. RS. Revolta tenentista. Defendida pelo 4º Grupo de Artilharia a Cavalo e por 400 civis reunidos por Osvaldo Aranha, Itaqui constituía ameaça para os revoltosos ocupantes de Santo Ângelo, São Luís, São Borja e Uruguaiana. Siqueira Campos saiu de São

Borja com 140 homens para reforçar o sítio de Itaqui. Para os assediados seguiu o socorro do 7º Corpo Auxiliar da Brigada e Provisórios de Lucas de Oliveira, todos sob o ten.-cel. Deoclécio Mota. Para obstar esta substancial ajuda aos cercados, Siqueira deixou 70 dos seus, chefiados por Aníbal Benevolo, na ligação ferroviária de Recreio. De São Luís, os revoltados receberam a 1ª Cia. do Batalhão Ferroviário, do ten. Mário Portela Fagundes. Mas rompido o obstáculo de Recreio, onde morreu Benevolo, os governistas da tropa de socorro atingiram Itaqui. Recuam os tenentistas, bombardeados e atacados fortemente. O cmte. Portela abriu a marcha em retirada, seguido pelo destacamento Siqueira, rumo da ponte do Ibicuí.

11.11.1924 — ITAQUI. RS. Revolta tenentista. Em marcha para o norte, rumo do PR, a Divisão Rio Grande, ao mando de Prestes, deve enfrentar e romper a formação governista que tentava obstruir aquele movimento. Os revoltados contavam aproximadamente 2.000 homens, do 2º e do 3º RC, do 1º BFV e de civis.

17.8.1987 — ITAREMA. CE. Conflitos da reforma agrária. Duzentos camponeses que reclamavam assentamento em terras agricultáveis chocaram-se com policiais, morrendo o líder dos manifestantes.

28.2.1893 — ITAROQUÉM. RS. Revolta dos federalistas. O cap. Jacques de Simone, chefe dos levantados da região do Alto Uruguai, procedente de Corrientes (Argentina), invadiu o RS pelo Passo de São Marcos. A 28, conduzindo 120 homens, foi batido e morto nos campos de Itaroquém pela força de 600 combatentes do gen. Francisco Rodrigues de Lima e dos chefes políticos José Gomes Pinheiro Machado e Salvador Pinheiro Machado. Morreram outros três federalistas, tendo os demais debandado.

6.12.1926 — ITIQUIRA. MT. Coluna Prestes. A guarda da retaguarda, Destacamento Cordeiro, protegendo o deslocamento da Coluna, empurra até o Rio Itiquira grupos de sertanejos baianos do mando do "coronel" Franklin de Albuquerque. Na operação, a perda de um sargento, morto.

4.12.1868 — ITORORÓ. Paraguai. Guerra do Paraguai. Na véspera, chegaram à área 20.657 brasileiros (18.999 infantes, 926 cavalarianos, 742 artilheiros e pontoneiros). Levavam ordens de Caxias para a ocupação imediata da ponte de Itororó, arroio afluente do Rio Paraguai pela margem direita. O domínio da ponte resultava essencial para a progressão dos aliados. Porém, esse controle só foi buscado às 4 h do dia 4, quando já a ponte estava defendida por aproximadamente 5.000 paraguaios apoiados por duas baterias de seis peças, ao mando do gen. Bernardino Caballero. Comandava a infantaria o cel. Valois Rivarola; a artilharia, o maj. Moreno. Do lado brasileiro, Caxias expedira o gen. Osório, com o vaqueano Cespedes, por uma picada estragégica aberta entre Santo Amaro e Nimbi e Ipené. Com eles, 500 soldados das três armas. Surgiram além da ponte, colocando o adversário entre dois fogos. Mas sem aguardar o 3º Corpo, o de Osório, a divisão de infantaria do gen. Salustiano dos Reis (3.300 homens), tendo à frente a brigada Fernando Machado, iniciou o ataque à ponte de Itororó. Repeliu os elementos paraguaios avançados e o seu primeiro batalhão, baioneta calada, atirou-se contra a ponte. O inimigo contra-atacou, recalcando a brigada Machado. A esse tempo, o 2º regimento de artilharia, ordenado pelo gen. Argolo, contrabatia a adversária, e duas picadas flanqueadoras começaram a ser abertas. A brigada Machado recompôs-se e renovou assalto a baioneta, cruzou a ponte e foi novamente rechaçada. Pela terceira vez e então com apoio da cavalaria, os infantes cruzam a ponte, aproximam-se dos canhões adversos. Morre Fernando

Machado e sua tropa recuou, à vista do que, o gen. Gurjão lançou-se com toda a sua infantaria em socorro dos que refluem. Logo, ferido, ele próprio é retirado do meio da refrega, para morrer. Os paraguaios voltam a dominar a ponte. Avança então o gen. Argolo, que também tomba, ferido. A esse ponto estava esfacelado o 2º Corpo de Exército. Caxias ordena o avanço do 1º Corpo, sob o gen. Jacinto Machado. A tropa cruza a ponte mas não se firma no outro lado diante de vigorosa resposta do adversário. O flanco brasileiro expõe-se a rompimento e desordem. Caixas desembainha a espada, chama para si a brigada de reserva e gritando "Sigam-me os que forem brasileiros!" atira-se à ponte. A esse exemplo, não apenas a brigada porém a tropa inteira, inclusive os remanescentes semidispersos das brigadas vencidas e a divisão do gen. Neri (4.500 homens), apoderam-se definitivamente do objetivo: a ponte. A vitória foi paga pelos brasileiros com a morte de 285 soldados, dentre os quais 45 oficiais; com 1.356 feridos, sendo 790 oficiais; com 128 contusos, dois deles oficiais; e 95 extraviados. Total das baixas: 1.864. Os paraguaios, segundo cifras incluídas por Resquin em suas anotações, deixaram junto da ponte de Itororó 1.600 mortos, feridos e prisioneiros, uma bandeira e seis canhões.

17.10.1887 — ITU. SP. Revolta de escravos. Talvez 60 escravos em fuga no rumo do Cubatão, enfrentaram nove praças da polícia local, ferindo-as todas. Algumas, gravemente. Seguiram para a capital. Constituíam multidão ao atingir a localidade de Santo Amaro e serem novamente contestados pela polícia. Acredita-se ter sido esta marcha a inspirar ao poeta Vicente de Carvalho o poema "Fugindo ao cativeiro".

27.9.1916 — ITUPARAÍ. RS. Guerra com Artigas. Ocorrida a invasão artiguista do RS iniciada pela província argentina de Entre-Rios, José de Abreu foi enviado para socorrer o brig. Chagas, sitiado em São Borja por forças de Andrés Artigas. Em marcha, atravessando o arroio Ituparaí, Abreu fez dispersar partida de 200 homens do chefe oriental Sotelo, que recolhia gado e cavalos. O propósito deste comandante uruguaio era o do levar reforços a Andrés Artigas.

20.2.1827 — ITUZAINGÓ. Ver Passo do Rosário.

J

11.3.1823 — JACARÉ. MA. Guerra da Independência. O maj. João José da Cunha Fidié, governador das armas do PI português, em marcha para reconquistar Oeiras, desbarata na Lagoa do Jacaré piquete de 40 brasileiros. Posicionados junto da lagoa, aqueles nativistas pretendiam barrar o avanço de Fidié, o qual continuou caminho na direção de Piracuruca.

12.8.1932 — JACU QUEIMADO/PORTO TABOADO. SP. Revolução Constitucionalista. Na embocadura do córrego Jacu Queimado, no rio Paraná, paulistas liderados pelo cap. José Teixeira Pinto foram supreendidos e dispersados por destacamento norte-matogrossense e goiano. Pesadas perdas entre os atacados. A 14, contingente revoltoso retomou a área, voltando os contrários para a margem oposta do rio. (Ver Porto Taboado.)

11.11.1754 — JACUÍ. RS. Guerra guaranítica. Na única iniciativa dos indígenas durante a guerra, o cacique Nicolau Nhanguiru apoderou-se de algumas canoas do aprovisionamento do exército português. Prontamente, o comandante-chefe, gen. Gomes Freire de Andrade, ordenou ao ten. Vasco Alpoim atacar os guaranis. A ordem foi cumprida, resultando em pesadas perdas para os missioneiros e na recuperação das canoas.

?.1.1832 — JACUÍPE. AL. Cabanada. O presidente provincial Manoel Lobo de Miranda Henriques ordenou o recrutamento forçado dos índios de Jacuípe, sobre os quais pesava a suspeita de simpatias para com a agitação que desaguaria na Sabinada. Tal recrutamento foi realizado de forma brutal. Como se se tratasse de aprisionar inimigos. O cacique principal, Hipólito, defendendo os seus, foi morto a golpes de arma branca. Seus comandados rebelaram-se e viriam a engrossar a terrível cabanada alagoana. Jacuípe em AL e Panelas do Miranda em PE foram os mais ativos e combativos focos daquela rebeldia.

24.12.1832 — JACUÍPE. PE. Cabanada. Joaquim José da Silva Santiago, comandante das armas de PE, divide suas tropas em três colunas para o ataque ao principal núcleo da atividade rebelde: o arraial de Jacuípe. Duas colunas atrasaram-se, mas aquela formada por 130 praças conduzidas pelo cel. Aleixo José de Oliveira, perdendo quatro mortos e 11 feridos depois de meia hora de combate, ocupa Jacuípe. Ao meio-dia chegavam as outras duas colunas. Com esse resultado, a revolta sucumbiu.

19.12.1843 — JAGUARÃO. RS. Guerra dos farrapos. A guarnição e civis armados, auxiliados pelos fogos e destacamento da escuna *Gravataí,* repelem ataque farroupilha chefiado por Joaquim Teixeira Nunes.

21.6.1844 — JAGUARÃO. RS. Guerra dos farrapos. Um esquadrão da GN conduzido pelo cap. Francisco Balbino de Sousa, marinheiros da escuna *Ibicuí* ao mando do 1º ten. Antônio Afonso de Lima e civis armados rechaçam ataque farroupilha dirigido pelo cel. Antônio do Amaral, o qual morre durante o combate. A defesa foi apoiada pelos tiros de bordo da escuna *Ibicuí* e dos lanchões *Torres* e *Gaivota.*

27.1.1865 — JAGUARÃO. RS. Campanha do Uruguai contra Aguirre. O Exército de Vanguarda da República Oriental, forte de 1.500 cavaleiros ao mando do gen. Basílio Muñoz, tendo por subcomandante o cel. Timóteo Aparício, invade o Brasil, atacando Jaguarão. A defesa, a cargo do cel. GN Manoel Pereira Vargas, somava 494 homens, sendo 94 regulares e os demais guardas dos corpos provisórios de cavalaria números 15 e 28. O choque ocorreu pelas 15 h, sendo a incursão repelida. Baixas: dois mortos e quatro feridos entre os brasileiros; seis mortos e 20 feridos para os uruguaios. Durante a noite, os invasores desfizeram o contato e no dia seguinte retornaram ao seu país. A invasão ocorreu por conta de ordem de Aguirre visando tomar desforra pela ocupação brasileira de Paysandu. Foi cumprida sob inspiração dos "blancos", políticos inimigos dos "colorados" então apoiados pelas tropas brasileiras. Muñoz fez proclamação afirmando que daria "liberdade aos desgraçados homens de cor que gemem debaixo do jugo da escravidão".

28.5.1842 — JAGUARÉ. SP. Revolta dos liberais. As duas léguas da cidade de São Paulo, a vanguarda da tropa do Barão de Caxias, subida de Santos, foi levemente tiroteada por elementos avançados dos liberais. O grosso da força revoltosa retira-se para Sorocaba sem aceitar combate.

8.9.1633 — JAGUARI. PE. Holandeses no NE. Nas proximidades de Igaraçu, em sítio também conhecido por Maria Farinha, o cap. Francisco de Almeida Mascarenhas levou ataque ao dispositivo do cel. van Schkoppe, o qual, superado, retira-se, sendo perseguido até junto de Igaraçu. A perseguição foi suspensa pela morte do cap. Mascarenhas, pelos ferimentos recebidos por Henrique Dias e pelo cair da noite, durante a qual os holandeses passaram para a Ilha de Itamaracá.

29.12.1826 — JAGUARI. Guerra da Cisplatina, na foz do Rio Negro, estuário do Prata. Visando impedir que a Terceira Divisão, a de menor poderio bélico da esquadra brasileira, subisse o Rio Uruguai em apoio à força de terra, o almirante argentino Brown decidiu atacá-la, saindo de Buenos Aires no dia 26. Comandava os barcos: brigue *Balcarce*, escunas *Guanaco*, *Maldonado*, *Pepa*, *Union*, sumaca *Uruguai* e oito canhoneiras. A 29, surpreendeu, fundeada, a divisão brasileira que tinha o mando de Sena Ferreira. Travou-se combate, interrompido por uma borrasca. Reiniciado sem o mesmo ânimo no dia seguinte, concluiu-se com o retorno dos argentinos ao ancoradouro de Buenos Aires. Durante o torna-viagem, esses navios foram atacados pela esquadrilha do CT Frederico Mariath, enviada para cerrar os platinos entre dois fogos, o que não se realizou por haverem eles antecipado a retirada.

23.3.1866 — JAGUARI. Guerra do Paraguai. Pelas 11 h, o alm. Tamandaré, os generais Osório, Mitre e Flores — comandantes das forças brasileira, argentina e uruguaia — e o plenipotenciário imperial Francisco Otaviano de Almeida Rosa, a bordo do vapor *Cisne*, escoltado pelo couraçado *Tamandaré* e pelas canhoneiras *Beberibe* e *Henrique Martins*, procederam a reconhecimento do Rio Paraná até a foz do Jaguari. Nesse ponto, o barco paraguaio *Gualeguai* e uma chata rebocada alvejaram aqueles barcos, sem causar-lhes danos. Mas o *Tamandaré* encalhou diante da ponta de Itapiru, safando-se apenas no dia seguinte. O reconhecimento viria a ser de utilidade para a determinação do local adequado ao desembarque aliado em território paraguaio.

17.6.1893 — JAGUARI. RS. Revolta dos federalistas. O exército federalista apressava sua marcha em direção à fronteira do Uruguai, para internar-se, deixando a campanha. À notícia da rápida aproximação da Divisão do Norte, governista e implacável perseguidora dos maragatos, Gumercindo Saraiva posicionou-se no Passo do Jaguari, município de Lavras. Ali combateu, em operação de retardamento, até que fosse ultimada a passagem dos federalistas para o país vizinho. Por isso, o encontro é também chamado de Passo do Jaguari. Seis baixas para cada lado.

27.1.1894 — JAGUARIAÍVA. PR. Revolta dos federalistas. A vanguarda dos 2º e 4º batalhões da Força Pública do Estado de São Paulo, uma ala do batalhão 108 da GN e outra do Batalhão Patriótico Frei Caneca, em marcha para levar socorro à Lapa, sitiada pelos federalistas, choca-se com destacamento revoltoso. Ao fim do combate, os governamentais começam movimento de retorno na direção de Itararé. E os federalistas, desistindo de prosseguir rumo à divisa de SP, tomam a rota para o Sul.

19.1.1604 — JAGUARIBE. CE. Franceses no NE. Centenas de índios chefiados por sete franceses atacaram junto à foz do Rio Jaguaribe a expedição composta por 65 brancos e 200 indígenas comandada por Pero Coelho e endereçada à ocupação do litoral cearense. A este ataque seguiram-se outros nos dias seguintes, sendo decisivo o de 20/21 na Serra do Ibiapaba. Com isso, a tentativa portuguesa de 1604 de conquistar o Ceará não alcançou resultado.

?.?.1611 — JAGUARIBE. CE. Franceses no NO. Martim Soares Moreno, montando guarda na foz do Rio Jaguaribe, dirige ação de brancos e de índios na tomada de patacho francês e sua lancha. Os tripulantes foram, todos, executados em seguida. Dois anos depois, Moreno tomará igual atitude em relação a duas embarcações holandesas. Na Relação de Serviços por ele enviada ao rei Felipe III, afirmou haver degolado "mais de 200 franceses e flamengos e lhes tomou 3 embarcações".

4.12.1634 — JAGUARIBE/CABEDELO. PB. Holandeses no NO. O governador da PB, Antônio de Albuquerque Maranhão, com 500 homens reunidos à pressa, tentou opor-se ao desembarque dos holandeses que pela segunda vez intentavam dominar a região. Os invasores, saídos do Recife no dia 25.11, com 29 navios, 500 canhões e 2.354 homens, fundearam diante do Cabo Branco. O alm. Corneliszoon Lichthard comandou os barcos, o cel. Siegmund van Schkoppe, as forças de desembarque. Os defensores perdem 38 mortos e muitos feridos no primeiro choque, recuando para o Forte de Cabedelo, imediatamente batido pelos canhões de Lichthardt e por duas baterias montadas em terra por Schkoppe. O forte dispunha de seis peças de bronze e 75 de ferro. Guardava a entrada do rio, tendo o apoio de Forte de Santo Antônio na margem esquerda, dotado de cinco peças de bronze e 19 de ferro, ao mando do cap. Fernando de Barros. Também a bateria da Ilha da Restinga atuava em acordo com os fortes. Cabedelo, animado pelo exemplo do ancião João de Matos Cardoso, deveria resistir aos holandeses até o dia 19.

?.11.1693 — JAGUARIBE. CE. Revolta indígena. Matias Cardoso, internandose ao longo da ribeira do Jaguaribe em perseguição aos tapuias, subitamente foi enfrentado pelos mesmos, crescidos em número. Em duas jornadas de luta, Matias recebeu ferimento e perdeu um filho, suspendendo momentaneamente a perseguição.

8.9.1633 — JANGADA. PE. Holandeses no NE. O cap. João Paes de Melo repele tentativa de desembarque holandês.

31.5.1835 — JAPARANDUBA. PE. Cabanada. Força governista surpreendeu o acampamento do principal e último chefe cabano, Vicente Ferreira de Paula. Seguido por 50 ou 60 derradeiros combatentes, todos negros, Vicente rompeu o cerco para homiziar-se em Riacho do Mato, limite entre AL e PE. Dali sairia somente em 1844 para, aderindo à revolta dos Lisos, ocupar Maceió.

11(?).9.1754 — JAPEJU. RS. Guerra guaranítica. O exército espanhol de Andonaegui teve sua vanguarda acometida por 300 guaranis que mataram 10 soldados e tomaram 400 cavalos. Entretidos em aumentar o butim, os missioneiros acabaram envolvidos por 400 espanhóis. Estes, perdendo quatro mortos e 24 feridos causaram 230 baixas entre os índios, fazendo ainda 72 prisioneiros. Ao general, que os exprobrou pelo ataque, os presos explicaram: "Defendemos as terras que Deus nos deu".

26.9.1575 — JAPUÍ-GUAÇU. RJ. Corsários e contrabandistas. Incursões de ingleses e franceses. Gente do ES e do RJ conduzida por Cristóvão de Barros reúnese àquela proveniente de São Vicente sob a chefia de Jerônimo Leitão. Cumprindo plano do governador Antônio de Salema, passam a destruir os entrepostos de franceses, ingleses e seus aliados indígenas. Os repressores somavam 400 brancos e 1.700 índios. Sob ameaça de destruição das aldeias, chefes locais entregam-lhes dois franceses e um inglês, imediatamente enforcados. Mas não aceitando os mesmos chefes a proibição portuguesa de negociar com outros mercadores europeus além dos lusos, tiveram suas aldeias atacadas, incendiadas, destruídas em campanha iniciada no dia 26.9 e, ao fim da qual, já na altura de Macaé, haviam perecido 2.000 índios, ficando 4.000 deles prisioneiros-escravizados.

23.2.1893 — JARARACA. RS. Revolta dos federalistas. Reunidas na região de Alegrete, as colunas revoltosas do cel. Marcelino Pina e do cel. Prestes Guimarães sentiram-se fortes para atacar os governistas confiados ao cel. Joaquim Tomás dos Santos Filho. Este, que partira de Cacequi visando retomar Alegrete, surpreendido em caminho, entrincheira-se nas casas de pedra do povoado da Jararaca e resiste por bom tempo. Retira-se, ferozmente perseguido e sofrendo muitas baixas, inclusive a do próprio cel. Santos Filho, ferido.

26.10.1926 — JAURU. MT. Coluna Prestes. A vanguarda luta das 10:30 às 17 h contra a força policial que impedia o acesso à ponte sobre o Rio Jauru. No começo da noite a Coluna inicia a passagem, protegida pelo destacamento João Alberto, o qual, tendo cruzado o Jauru por um vau próximo, carregara sobre a retaguarda do inimigo fazendo-o recuar. Os revoltosos perderam na jornada um morto e dois feridos.

13.3.1823 — JENIPAPO. PI. Guerra da Independência. O mais sangrento dos combates da guerra. Começou às 9 h, quando o governador das armas do PI, maj. João José da Cunha Fidié, fez os primeiros dos seus 1.000 soldados atravessarem o leito seco do Rio Jenipapo. Prentendia atacar Oeiras, em poder dos partidários da Independência. Entre o arvoredo das margens estavam ocultos aproximadamente 2.000 patriotas brasileiros, mal armados e nada organizados. Seus chefes, o cel. Luís Rodrigues Chaves e o caudilho Alecrim. Fidié, experiente veterano das guerras peninsulares contra Napoleão, fez avançar lateralmente a cavalaria, descobrindo assim a emboscada. Dividiu a tropa e colheu pela retaguarda os dois grupos de brasileiros. Estes procuraram impor-se pela superioridade numérica, separando e envolvendo os portugueses. Atacaram duas vezes, repelidos em ambas. Depois de cinco horas de luta, os lusitanos, vitoriosos, aprisionaram 542 brasileiros, enquanto outros 80 receberam ferimento e 600 cearenses e piauienses morreram. Os demais debandaram pela caatinga. Os números constam da parte oficial de Fidié.

10.12.1848 — JENIPAPO. PE. Insurreição Praieira. A trincheira do Jenipapo guardava as posições dos praieiros nas matas de Catucá, sob a chefia de João Inácio Ribeiro Roma. Na data, foi assaltada e tomada pela força legal do gen. Joaquim Coelho, mais tarde Barão da Vitória. As duas horas de luta custaram aos liberais a perda do entrincheiramento, de oito mortos, armas, víveres e arquivo.

?.?.1623 — JENIPAPO DO RIO PARU. AM. Holandeses na Amazônia. Os mil indígenas e os 70 brancos que às ordens de Bento Maciel Parente atacavam e destruíam os postos comerciais estabelecidos por ingleses, franceses e holandeses assaltam o entreposto fortificado holandês do Jenipapo, sobre o Rio Paru. Nos *Anais Históricos do Estado do Maranhão*, Bernardo Pereira de Berredo afirma que o Jenipapo era um conglomerado comercial daquelas três nacionalidades e um centro de atração das tribos de vasta área amazônica.

?.8.1671 — JEQUIRIÇÁ. BA. Conflitos com indígenas. Junto ao Rio Jequiriçá, o cap. Estêvão Ricardo Baião Parente surpreende e arrasa a última taba dos maracás. Consta que os homens lutaram e morreram dando tempo para que suas mulheres, cruzando o rio, carregando as crianças, pudessem reconstruir a taba e a tribo em algum lugar.

18.6.1614 — JERICOACOARA ou FORTE DO ROSÁRIO. CE. França Equinocial. O cap. Du Prats, que em dezembro de 1612 deixara São Luís para buscar reforço na França, voltando ao estabelecimento que organizara na Amazônia, teve o seu avanço impedido pelo fortim português erguido durante sua ausência. Decidido a forçar a passagem, divide o comando do ataque com os guardas-marinhas; La Bastille e Longueville. No forte, Jerônimo de Albuquerque e seus 40 comandados resistem bem ao ataque da jornada e ao do dia seguinte. A 19, a defesa é auxiliada por Manuel de Sousa d'Eça, comandante da área desde o dia 9 do mês. Ele decidiu-se pela tomada da iniciativa e, embora com menos gente, investiu contra os 200 franceses e os venceu. Entre os mortos dos intrusos, um fidalgo escocês. No dia 20 faleceu outro ferido francês. Os demais partiram em definitivo para a Europa.

12.2.1615 — JERICOACOARA. CE. Corsários e contrabandistas. Franceses na Amazônia. O patacho que servia de correio a Jerônimo de Albuquerque, navegando na área do Buraco da Tartaruga, foz do Rio Itapicuru, foi acometido por corsário francês, para o qual perdeu os alimentos e o piloto. Este era francês, cedido por Daniel de la Touche, senhor de La Ravardière, fundador de São Luís. O patacho deu à costa e foi incendiado. A mensagem de Jerônimo, levada por terra, chegou ao Recife no mês de maio.

20.3.1629 — JESUS-MARIA. PR. Bandeiras. O bandeirante Manoel Morato, capitaneando 900 brancos e 2.200 auxiliares tupis, ataca a redução situada a 80 km do campo entrincheirado que Raposo Tavares erguera no Tibagi. Segundo as crônicas, a área da redução de Jesus-Maria forneceu aos escravistas mais de 20.000 peças. Estava situada junto às nascentes do Rio Taquari, afluente formador do Tibagi, região de Guairá. Recusando-se a abandonar seus aldeados, o jesuíta padre Mazzetta acompanhou-os e atendeu-os até São Paulo, percorrendo em 47 dias a distância de 750 km.

Tentativa de explicação: Por que os bandeirantes apresavam indígenas e o que faziam com as presas.

''*Como os ambientes geográfico, econômico, social, etc., não tinham outorgado ao Planalto possibilidades de grandes riquezas, tais como a do pau-brasil, ou o açúcar, os quais faziam a prosperidade de outras colônias lusas, os habitantes do Planalto buscaram um meio de viver. O apresamento foi, assim, uma tábua de salvação, uma questão de* ''salus populi''..., *em que não havia outro meio. Eles não escolheram! O problema lhes foi imposto'' (pág. 37). ''Nesse tempo era a Metrópole que servia de mercado comprador para o pouco que era apresado em S. Vicente. Depois, foi o Nordeste que se avolumou como mercado comprador de escravos ameríndios de S. Vicente, porque aí se desenvolveu importantíssimo centro de trabalho, com o plantio da cana e o progressivo fabrico do açúcar. O escravo africano, muito melhor, mas muitíssimo mais caro, não podia, por si só, suprir as necessidades braçais dessa indústria-agrícola açucareira...'' (pág. 88). ''. .. os nordestinos foram obrigados a comprar escravos ameríndios apresados pelo planaltinos...'' (pág. 58). (Alfredo Ellis Júnior,* Raposo Tavares e sua época.)

2.12.1636 — JESUS-MARIA DO JEQUI. RS. Bandeiras. Com 160 mamelucos e 1.000 auxiliares tupis, o bandeirante Antônio Raposo Tavares enfrenta e ao fim de seis horas supera a resistência, ocupando a redução onde aprisiona 10.000 índios. Feridos, os dois jesuítas que comandavam a defesa, padre Mola e irmão Bernal. A redução situava-se na margem esquerda do Rio Jacuí, proximidades da atual cidade do Rio Pardo.

22.2.1754 — JESUS-MARIA-JOSÉ DO RIO PARDO. RS. Guerra guaranítica. O Forte Jesus-Maria-José, sobre o Rio Jacuí, fora levantado em terras das missões de São Luís e São João para impedir correrias de indígenas até Viamão e defender os depósitos do porto de Jacuí. Na data, as avançadas do forte foram atacadas por cerca de 100 missioneiros conduzidos ao que diz Alcides Cruz por um padre jesuíta. A guarnição, 60 "aventureiros", com a perda de dois deles e ferimento por flecha no braço esquerdo do cmte. Francisco Pinto Bandeira, repeliu o assalto, provocando 19 baixas entre os indígenas. Souza Doca afirma que os atacantes perderam 18 feridos e 22 mortos. Foi esse o primeiro choque da guerra. Alertou o comandante do sul, Gomes Freire, que enviou para o forte o contingente chefiado pelo ten.-cel. Tomás Luís Osório. A 29.4, os guaranis voltaram a atacar e a serem repelidos.

29.4.1754 — JESUS-MARIA-JOSÉ DO RIO PARDO. RS. Guerra guaranítica. Os missioneiros, repelidos em 22.2, voltaram ao ataque, na jornada, sob a chefia do cacique Alessandro Mouarari. Atuaram com três esquadrões de cavalaria e infantaria apoiados por dois canhões de calibre dois e outro de calibre um. Avançaram sobre três dos lados do forte cuja artilharia conteve as ondas de assalto, matando seis dos missioneiros. Sustado o ímpeto atacante, saiu em sortida o ten. Pinto Bandeira, que bateu, perseguiu e aprisionou 53 dos guaranis, o cacique Sepé entre eles. Levados para a vila do Rio Grande, 38 foram chacinados pelos condutores, na região da Lagoa dos Patos. Os demais, também Sepé Tiaraju, libertados pelo cel. Tomás Luís Osório.

26.5.1926 — JOÁ. BA. Coluna Prestes. Marchando para Sento Sé, a Coluna viu-se obrigada a fixar na fazenda Joá, margem do Rio São Francisco, o destacamento de retaguarda, sob Siqueira Campos. Ele deveria conter, até a travessia da tropa, forte ataque envolvente desfechado por tropa regular e sertanejos recrutados por "coronéis" da região.

4.10.1930 — JOÃO PESSOA. PB. Revolução liberal nacional. Ao tempo, a cidade chamava-se Paraíba. À uma hora do dia, os tenentes Agildo Barata e Juracy Magalhães, apoiados por civis armados, assaltaram o quartel do 22º BC. Na luta desenvolvida no interior do mesmo, morreram vários oficiais, inclusive o comandante, gen. Alberto Lavanère Wanderley.

2.12.1926 — JOAQUIM GREGÓRIO. MT. Coluna Prestes. Devendo atravessar o Rio Caiapó pelo porto do Joaquim Gregório, a Coluna expede na vanguarda o pelotão do ten. Nicácio Costa. Irrompendo no porto, essa força fez debandar a guarda ali postada, apreendendo animais e armas e recolhendo diversos feridos. Garantiu, assim, a tranqüila travessia de toda a Coluna.

12.5.1867 — JOSÉ CARLOS. MT. Guerra do Paraguai. O córrego José Carlos, próximo da fronteira, oferece a aguada de que necessitam homens e animais integrantes da coluna que faz a Retirada da Laguna. Para conseguir água, a tropa foi obrigada a tirotear e afastar esquadrão da cavalaria paraguaia que se apossara dos bebedouros.

9.5.1833 — JOSÉ CORREIA. MG. Revolta restauradora de Ouro Preto. Tropas regenciais, avançando para recuperar a capital provincial, encontram, envolvem e batem grupo de revoltosos no sítio José Correia. Os restauradores, em menor número e em posição desvantajosa no terreno, perderam 14 mortos, causando quatro baixas entre os governistas.

20.12.1913 — JUAZEIRO. CE. Revolta de Juazeiro. Os seguidores do padre Cícero Romão Batista, chefiados pelos deputados Floro Bartolomeu, José de Borba e Silvino de Alencar, resistem superiormente ao ataque e à carga a baioneta de 500 soldados do Batalhão de Segurança do Estado, comandado pelo cel. Alípio de Lima Barros. Às 17 h, depois de vivo combate, a força policial retirou-se na direção do Crato. As trincheiras dos jagunços estendiam-se ao longo de nove quilômetros. Além dos postos de atiradores, as valas de 12 palmos de largura por 10 de profundidade continham, no fundo, puas aguçadas. Os defensores tomavam posição além da berma levantada com a terra retirada aos valos, e não dentro destes. Assim, os atacantes deveriam atravessar o valo e galgar a elevação atrás da qual o jagunço ''dormia'' na pontaria.

23.1.1914 — JUAZEIRO. CE. Revolta de Juazeiro. A força policial do estado volta ao ataque da cidade rebelde. Com novo chefe, o capitão comissionado em major Ladislau Lourenço de Souza, o Batalhão de Segurança prepara 600 praças para o assalto às trincheiras de Juazeiro. Mas, na descrição de Glauco Carneiro, ''a tropa apresentava lamentável aspecto: soldados, guardas e populares, sem fardamento uniforme, sem unidade, marchavam indisciplinadamente, 'temperados', de quando em vez, por doses maciças de cachaça''. Atacaram sem plano, sem propósito, cada soldado por si. O canhão especial, levado para atirar cargas de dinamite, explodiu ao primeiro disparo. Os homens deitam-se e dormem no chão, ao relento, em desordem, sem dispor sentinelas. Durante a noite, jagunços e populares cavam trincheiras em torno dos adormecidos. Ao amanhecer a linha dos revoltados explode em fogo cerrado que dura até a tarde. O maj. Ladislau ordenou a retirada para o lugar Macacos e dali para Barbalhos, onde dispersou a tropa, abandonando o canhão e libertando prisioneiros. Este resultado comprovou, para os sertanejos, ser o padre Cícero abençoado pelos céus e selou a sorte do governo Franco Rebelo.

17(?).10.1674 — JUAZEIRO DO SÃO FRANCISCO. BA. Conflitos com indígenas. Coligação de índios gurguéias, tapuias, acroás, em maior número, e a liderança dos gualachos assola a região são-franciscana de Juazeiro. Domingos Rodrigues de Carvalho e Domingos Afonso Sertão reúnem os homens brancos possíveis e enfrentam os coligados, batendo-os em vários encontros. Sua missão: limpar de índios quarenta léguas de campo da margem direita do rio, a partir de Juazeiro. Essa campanha deixou conseqüências sensíveis para o povoamento regional: os gurguéias, subindo o Rio Verde, refugiaram-se no baixo PI, os tapuias correram para o litoral atlântico, os acroás emigraram para o oeste.

19.9.1838 — JUCA LEÃO.RS. Guerra dos farrapos. A charqueada do Juca Leão, no distrito de São Jerônimo, fornecia largamente as forças republicanas. Procurando eliminar os meios de suprimento dos farrapos. Francisco Pedro de Abreu foi enviado para destruir a charqueada. Seu proprietário, o republicano cel. José Manoel de Leão, e seu irmão Francisco morreram defendendo a sua indústria e a casa.

28.11.1824 — JUIZ. RN. Confederação do Equador. Os últimos combatentes da Confederação concentraram-se na Fazenda do Juiz. Antes que se estruturassem como força combativa, foram alcançados e dispersados pela tropa governista do maj. Lamenha.

18.1.1996 — JÚLIO DE CASTILHOS/ FAZENDA SANTO ANTÃO. RS. Choques da reforma agrária. Invasores da fazenda e proprietários da mesma tirotearam. Feridos, a ocupante Maria Madalena Rodrigues e o fazendeiro Vandré Teixeira.

9.2.1827 — JUNCAL. Guerra da Cisplatina. O local vizinha as Ilhas Duas Irmãs, no Rio Uruguai. A terceira divisão da esquadra brasileira, do comando de Sena Pereira, descia o rio para reparos e aprovisionamento em Montevideo. Estava formada, no dizer de Prado Maia, por "pequenos iates ou saveiros transformados em canhoneiras", próprias para operar nas águas rasas do alto Rio Uruguai. Defrontou-se com o grosso da frota argentina, tendo o alm. Brown no comando. Afirmou Tasso Fragoso haver sido o resultado um "revés para o Império Brasileiro; envolvera uma porção diminuta de sua esquadra, mas dera grande prestígio moral ao adversário". A capitânia, escuna *Oriental*, obrigada a encalhar, foi incendiada por sua tripulação; as escunas *Januária* e *Brocotó*, encalhando foram abordadas, tendo suas guarnições mortas ou aprisionadas; as escunas *Liberdade do Sul*, *7 de Março* e *Itapoã*, incendiadas e sua maruja apresada. Os barcos menores, *Dona Paula* e *Vitória da Colônia*, refugiaram-se na pouca água do arroio Guaçu. Sena Pereira, ferido na cabeça, prisioneiro. Dos navios argentinos, o mais castigado foi a capitânia *Sarandi*, levada a remos para a Ilha de Martín Garcia.

23.8.1836 — JUNCO. RS. Guerra dos farrapos. O forte do Junco, na embocadura do Rio Guaíba, apoiava o exército farroupilha no cerco a Porto Alegre, recuperada para o governo imperial. O comando governista decide abrir caminho para a capital. O CT Guilherme Parker recebe essa incumbência. Sua flotilha constava do brigue-escuna *Leopoldina*, capitânia; patacho *Vênus* e seis canhoneiras. Leva consigo infantes ao mando do cel. Francisco Xavier da Cunha, os quais começam a ação tomando as instalações farroupilhas a cargo de Davi Alves Xavier. O forte do Junco, de quatro canhões, tem o apoio do vizinho forte de Itapoã, de 12 peças, e ainda de 315 atiradores e dos fogos do brigue *Bento Gonçalves* e do patacho *20 de Setembro*. Os imperiais atacaram o Junco por água e terra e, perdendo três mortos e alguns feridos, ocuparam-no às 14:30 h. Os farrapos sofreram a morte de 19 dos seus, inclusive do comandante, Simeão Barreto. Deixaram os quatro canhões e um lanchão armado com caronada. Ficaram abertas as comunicações com Porto Alegre, as quais foram definitivamente franqueadas com a ocupação, no dia 28, do forte de Itapoã, abandonado pelos republicanos.

20.6.1943 — JURÉIA. SP. Segunda Guerra Mundial. Ao sul da Ponta da Juréia, o barco *Tutóia*, do mando do cap. Acácio de Araújo Faria, navegando de Paranaguá para Santos, foi torpedeado pelo submarino *U-513*, sob o CC Friedrich Guggenberger. Este oficial era dos heróis da força alemã de submergíveis por ter afundado em 1941, o porta-aviões inglês *Ark Royal*. Do *Tutóia*, pereceram sete tripulantes.

?.?.1534 — JURÉIA-CAA-PARA. SP. Guerra de Iguape. Os espanhóis que, fugindo à ameaça dos índios do Rio da Prata haviam-se estabelecido entre os da região de Iguape, ao mando de Ruy Garcia de Moschera, tiveram a sua povoação I-Caa-Para procurada por nau de corsários franceses. À noite, com a ajuda de índios os espanhóis tomaram o navio, com o qual, pouco tempo depois, iriam saquear São Vicente. Os mortos franceses e espanhóis foram enterrados ao redor da capela dedicada a Nossa Senhora de Guadalupe, fundamento da vila espanhola de I-Caa-Para, na hoje Ilha Comprida. Nessa vila, Moschera e os seus viveram por dois anos até regressarem ao Prata.

16.7.1840 — JURUMENHA. MA. Balaiada. Segundo dia de ataque dos revoltosos contra a vila, sendo esta hábil e decididamente defendida. Ao fim do dia, os atacantes desistem.

29.6.1869 — JUTI. Paraguai. Guerra do Paraguai. A resistência inimiga foi vencida pelo assalto da tropa do gen. Portinho, abrindo-se o caminho para a marcha do grosso do Exército brasileiro.

L

18.8.1932 — LADÁRIO. MT. Revolução Constitucionalista. Atacados pelo insurgente 6º BC e por grupos de civis aderidos ao recém-proclamado Estado de Maracaju ou do Mato Grosso do Sul, os governistas fecharam-se no recinto da base naval de Ladário. Protegidos por artilharia, mantiveram a posição até o final do conflito com o excelente resultado estratégico de impedir contatos constitucionalistas com o exterior.

30.9.1932 — LADÁRIO. MT. Revolução Constitucionalista. Três aviões civis dos revoltados sobrevoaram a base naval lançando manualmente quatro bombas que causaram danos reduzidos e uma única baixa. Os aviões operaram sob reação de fuzilaria e metralhamento dos defensores de Ladário. Um dos atacantes perseguiu e alvejou o barco *Voluntário.*

20.5.1840 — LADEIRA. MA. Balaiada. Força governamental conduzida pelo maj. Pedro Paula de Moraes Rego atacou e ocupou trincheiras mantidas pelos balaios. Segundo Rio Branco *(Efemérides),* na mesma jornada e no embalo do sucesso de Ladeira, o maj. Rego alcançou outra vitória sobre os rebeldes, em Tabatinga.

3.2.1926 — LADEIRA DO MIUNS. RN. Coluna Prestes. Passando para o estado do RN, pela Serra do Pereiro, a Coluna escalou a Ladeira do Miuns a um de fundo. No alto, 60 policiais visavam tranqüilamente esse desfile de revolucionários escalando a serra. Depois de meia hora de fogo, recuam, deixando oito mortos e vários prisioneiros, permitindo ao destacamento João Alberto a chegada ao cimo da ladeira. O cronista da marcha da Coluna pelo território norte-rio-grandense, Raimundo Nonato, afirma que a entrada deu-se por São Miguel e a saída, por Miuns, contrariando o secretário da Coluna, L. Moreira Lima.

15.11.1893 — LAGES. SC. Revolta dos federalistas. A Governista Divisão do Norte, ao mando do gen. Arthur Oscar e do político Pinheiro Machado, acometeu a praça ocupada desde o dia 11 pelos federalistas do mando de Gumercindo Saraiva. Tomando-a, sem detença continuou a perseguir o adversário em retirada sobre Blumenau e Itajaí.

7.4.1844 — LAGOA. RS. Guerra dos farrapos. Junto ao Passo da Lagoa, sobre o Rio Quaraí, o chefe republicano Jacinto Guedes da Luz triunfa sobre os imperiais do comando do maj. Vasco Alves Pereira, futuro general e Barão do Jaguarão.

3.9.1932 — LAGOA. SP. Revolução Constitucionalista. Avançando na direção da cidade paulista de Casa Branca, os batalhões da Força Pública de MG foram contra-atacados pelo 1º Batalhão da Milícia Civil paulista apoiado pelo trem blindado. Este, depois de provocar baixas no adversário, perdeu, morto, o foguista, tão a fundo penetrou nas linhas contrárias. Os federais recuaram deixando 13 prisioneiros e material.

2.8.1688 — LAGOA DO APODI. RN. Guerra dos bárbaros ou da Confederação dos Cariris ou Guerra dos tapuias. A data é a da carta na qual Domingos Jorge Velho relata ao governador o combate de quatro dias e quatro noites contra os talvez dez mil índios rebelados. Matou centenas deles, tomou-lhes milhares de reses, sofrendo cerca de cem baixas entre os paulistas e os auxiliares indígenas. O evento foi decisivo para o andamento da campanha e provou que os tapuias possuíam e sabiam manejar armas de fogo.

13.10.1933 — LAGOA DO LINO-JACOBINA. BA. Campanha contra o cangaço. A força volante do ten. José Rufino ataca bando de cangaceiros, provocando a morte daqueles de apelidos Zabelê, Cangica, Azulão e da mulher Dora. Ignoradas as perdas policiais. Um dos últimos choques da campanha.

12.11.1732 — LAGOA DOURADA. BA. Conflito com indígenas aimorés. A data não é a do choque mas a da instrução oficial para que Domingos Carneiro Baracho levasse ajuda armada ao cel. André da Rocha Pinto, assediado por aimorés que se haviam aglomerado ao redor da lagoa, erguendo paliçadas. À vista do reforço, os indígenas promoveram sortida contra os recém-chegados, chegando a matar o cel. Rocha Pinto. Em seguida foram batidos e afastados.

24.8.1839 — LAGOA FORMOSA. RS. Guerra dos farrapos. A esquadrilha imperial ao mando de Grenfell apodera-se, na Lagoa Formosa, barra do Camaquã, dos lanchões republicanos *Independência, Rio Pardo* e *Setembrina*. Ao partir para a expedição a SC, José Garibaldi deixara esses barcos a cargo de Zeferino Dutra.

4.1.1828 — LAGOA MIRIM. RS. Guerra da Cisplatina. O iate-canhoneira *19 de Outubro* foi atacado por lanchões corsários argentinos da flotilha de Gerônimo Soriano, o conhecido guerrilheiro Chantopé. A guarnição da canhoneira, 24 homens, teve cinco mortos tentando repelir a abordagem que, afinal, foi consumada. O barco seria retomado três meses depois. No dia 5, novo ataque do corsário e nova presa, na Lagoa Mirim, ação na qual tomou parte, do lado dos argentinos, o então ex-*19 de Outubro.*

5.1.1828 — LAGOA MIRIM. RS. Guerra da Cisplatina. Flotilha de lanchões corsários argentinos, sob o comando de Gerônimo Soriano, o Chantopé, ataca a canhoneira *Catalão*, do comando de Souza Junqueira. Enquanto combatia a canhoneira, outros lanchões apresaram dois iates mercantes que levavam provisões, sob escolta da *Catalão*. Um dos apresadores foi o iate-canhoneira *19 de Outubro*, ex-brasileiro, tomado na véspera pelos corsários. No dia 20, a *Catalão* foi visada outra vez pelo Chantopé. A tripulação, não a querendo em mãos inimigas, incendiou-a.

20.1.1828 — LAGOA MIRIM. RS. Guerra da Cisplatina. O iate-canhoneira *Catalão*, do comando do ten. Souza Junqueira, foi abordado por cinco lanchões corsários. Ao fim de luta desesperançada, o comandante ordenou o desembarque da tripulação e a queima do barco.

22(?).2.1836 — LAGOA MIRIM. RS. Guerra dos farrapos. O iate *Oceano*, do ten. Manuel Joaquim de Souza Junqueira, íntima à rendição o cúter farroupilha *Minuano*. Seguiu-se combate, indo a pique o cúter, com o seu comandante Tobias dos Santos Robalo e 18 marinheiros enquanto outros 24 foram aprisionados. Lindolfo Collor (*Garibaldi e a guerra dos farrapos*) acrescenta que o Robalo ateou fogo ao paiol do barco, tendo ao lado a esposa Isabel Inácia de Jesus e os filhos. Prado Maia refere-se ao encontro, não ao gesto heróico.

4.8.1842 — LAGOA SANTA. MG. Revolta dos liberais. Êxito parcial e nada conseqüente dos revoltosos saídos de Queluz. Em Lagoa Santa se dissolveu, segundo Aluísio de Almeida, a coluna insurgente originária de Curvelo.

31.7.1868 — LAGOA VERÁ. Paraguai. Guerra do Paraguai. Na seqüência dos inúmeros e duros combates entre flotilhas de canoas aliadas e paraguaias, na Lagoa Verá, junto da Isla Poi, 20 barcos guaranis partiram da margem direita visando a romper a linha brasileira de escaleres e canoas. Cinco foram postos a pique e cinco tomados. Os 10 que chegaram a Isla Poi resultaram destruídos em ação levada a efeito durante a noite seguinte. Perdas brasileiras: 13 mortos e feridos.

1.8.1868 — LAGOA VERÁ. Paraguai. Guerra do Paraguai. Repete-se combate entre flotilhas. À noite, 10 canoas paraguaias tentaram cruzar a lagoa, de Isla Poi para a margem ocidental. Canoas brasileiras e argentinas, respectivamente comandadas pelo CT Stepple e maj. Bueno, acometeram os incursores. Afundaram uma das canoas, obrigaram outra a retroceder e apoderaram-se de oito. Baixas: 14 brasileiros e 10 argentinos mortos. Desconhecido o número de perdas dos paraguaios, além da centena de prisioneiros tomados pelos aliados. No dia seguinte a tentativa de travessia foi repetida com 14 canoas, 13 das quais acabaram apresadas pelos brasileiros.

5.8.1868 — LAGOA VERÁ. Paraguai. Guerra do Paraguai. Termina neste dia a série de combates iniciada a 26.7 entre a esquadrilha de escaleres e de canoas brasileiras do CT. Francisco Romano Stepler da Silva e flotilhas paraguaias. Estas defendiam e aprovisionavam o remanescente da guarnição dexiada na mata depois do abandono da fortaleza de Humaitá, protegida pelos canhões e a fuzilaria do vizinho Forte do Timbó. Desse combate praticamente ininterrupto durante 10 dias e noites, e no qual os paraguaios perderam acima de 1.000 soldados e os brasileiros aproximadamente 500, disse o Barão de Cotegipe haver sido "no seu gênero, o que de mais notável se conhece nesta guerra".

18.9.1923 — LAGOA VERMELHA. RS. Revolta dos libertadores. Depois do combate de Quatro Irmãos (11.9), o general libertador Felipe Portinho levara seus 1.200 soldados para a Lagoa Vermelha. O veterano ten.-cel. Feijó, mandado pelo governo borgista guarnecer a vila de Extrema com a incumbência de vigiar e somente escaramuçar o Portinho, decidiu-se a atacá-lo frontalmente. Levou para tanto apenas 300 homens em sua quase totalidade sem experiência de luta. Foi duramente derrotado, em apenas 50 minutos de fogo, debandando parte da sua tropa. Perdeu 15 mortos, 35 feridos e 18 extraviados, recebendo, ele próprio, ferimentos.

25.4.1777 — LAGUNA. SC. Invasão espanhola. O cap. Cipriano Cardoso, da força de Raphael Pinto Bandeira, parte do exército do mar. Bohm, conduzindo 16 guerrilheiros, surpreende espanhóis provenientes da ocupada Ilha de Santa Catarina. Haviam convocado a população da Laguna, da qual pretendiam obter ato de submissão. Os intrusos, atacados pelos homens de Cipriano Cardoso, retiraram-se para navio que após despejar bordada de artilharia contra a vila aproou para a Ilha.

21.7.1839 — LAGUNA/CAMPO DA BARRA. SC. Guerra dos farrapos — Revolução Juliana. Setenta infantes transportados pela escuna *Itaparica* apoiados pelo lanchão *Lagunense* subiram o rio Tubarão e com apoio de artilharia desalojaram os republicanos ali postados a fim de garantir o trânsito da força gaúcha de David Canabarro em marcha para a instalação da República Juliana na cidade de Laguna. Os desalojados foram posicionar-se em Campo Bom.

22/23.7.1839 — LAGUNA. SC. Guerra dos farrapos — República Juliana. Os farroupilhas atacam por terra chefiados por Davi Canabarro e por mar, com José Garibaldi, comandante da flotilha republicana, diminuída desde a partida do RS pelo naufrágio do *Rio Pardo* na barra do Araranguá. A bordo do Seival, Garibaldi apresou o lanchão *Lagunense* que subia o Rio Tubarão e no local chamado Carniça atacou o *Imperial Catarinense,* posicionado para defender a foz do rio. Sob ameaça de abordagem, a tripulação incendiou o lanchão e passou para terra. O comandante imperial da região, cel. Vicente de Paula de Oliveira Vilas Boas, decidindo abandonar a praça durante a noite, ordenou aos demais barcos saírem barra afora. A escuna *Itaparica,* do 2º ten. Ernesto Alves Branco Muniz Barreto, e o lanchão *Santana,* do 2º ten. honorário Manuel José de Bessa, encalharam durante a manobra. Pela manhã de 23, atacados por Garibaldi, renderam-se. Com eles, os farrapos tomaram 14 barcos mercantes. Somente a escuna *Cometa,* ao mando do g.-m. João Manuel de Moraes e Vale, conseguiu deixar Laguna. A 24 completou-se a ocupação e Laguna seria proclamada capital da República Juliana, extensão catarinense da república farroupilha.

15.11.1839 — LAGUNA. SC. Guerra dos farrapos — República Juliana. Desde 23.7, Laguna é a sede da República Juliana e o ponto forte das tropas farrroupilhas operantes em SC. Davi Canabarro comanda 1.200 combatentes e Garibaldi a esquadrilha, tripulada em grande número por italianos, segundo relato de Rio Branco. O forte da barra, dispondo de nove canhões, sob o cap. Felipe Capote, protegia a flotilha, disposta à sua frente em semicírculo e assim composta: escunas *Itaparica,* de cinco peças, cmte. Ragusa; *Rio Pardo* ou *Libertadora,* um rodízio de nove, Garibaldi; *Caçapava,* um rodízio de 12, sob o norte-americano John Griggs; canhoneira *Lagunense,* um rodízio de seis, confiada a Manoel Rodrigues; cinco barcos tripulados por atiradores; palhabote *Seival,* um rodízio de nove, cmte. Lorenzo Valerigni; lanchão *Santana,* um rodízio de nove, de Inácio Bilbao. Pelas 16 h, surgiu, forçando a barra, a esquadra imperial comandada pelo CMG Frederico Mariath: canhoneira *14,* cmte. Moreira da Silva, dois canhões; lanchões números *1, 2, 3* e *4,* dos comandantes A. J. Pereira Leal, Rodrigues da Costa, J. M. da Silveira e Bernardo de Souza, cada um deles com uma peça; canhoneira *6,* de Gama Rosa; canhoneira *13,* de Francisco Pereira Pinto, futuro Barão de Ivinheima, duas peças cada; patacho *São José,* de J. de Jesus, cinco canhões, brigue-escuna *Eolo,* capitânia, sob ordens do cmte. Paixão, dotado de duas peças; brigue-escuna *Cometa,* mando de Sena e Araújo, seis canhões; escuna *Bela Americana,* de d'Houddan; patacho *Desterro,* mando de Marcos Evangelista, dois canhões; canhoneira *Bélico,* de M. J. Vieira, um canhão; canhoneira *16,* sob João M. Vandenkolk, uma peça. No total, 14 barcos, 379 homens, 31 canhões. A esse tempo, por terra, avançava sobre Laguna o destacamento do ten.-cel. José Fernandes dos Santos, composto pela brigada do 2º RI, um batalhão da GN da Serra, a cavalaria GN de Imbaú e do Desterro (Florianópolis atual) e contingente de infantaria. Reconhecendo a decisiva superioridade desta força, Canabarro deixou a vila, rumo sul, quando o combate naval principiava. Durou menos de hora, perecendo em seus postos os comandantes dos navios republicanos, exceto Garibaldi, o qual, no registro de Rio Branco, "combateu como sempre intrepidamente". A escuna *Caçapava* foi a pique, a *Lagunense*, o *Seival* e o *Santana* capturados pela *Bela Americana* e pelos lanchões *1* e *3;* a *Rio Pardo* e a *Itaparica,* incendiadas pelo próprio Garibaldi. Não se conheceu o total das perdas humanas dos vencidos. Retirando-se para terra e partindo para o encontro com Canabarro, levaram feridos. Dos vencedores, constou fossem de 17 mortos e 38 feridos, porém Mariath, mais tarde, em relatos sobre o combate, registrou cifras bem maiores. Na Laguna, acabou-se a expressão naval farroupilha. Nas memórias ditadas a Dumas, Garibaldi descreveu minuciosamente a ferocidade desse encontro, para o qual não encontrava paralelo. A jovem Anita combateu ao seu lado, manejando canhão, movendo-se entre destroços humanos e do barco. E fora a sua estréia guerreira. Wolfgang Ludwing Rau anotou que Garibaldi fundeou seus barcos "em linha curva no prolongamento da encosta da mesma fortaleza, colocando também, ao longo do canal da barra, acompanhando os contornos dos morros, numa extensão de 600 a 800 metros, uns 1.200 homens de infantaria. Muito rente a eles, percorrendo a sinuosidade do canal, inevitavelmente teria de passar a esquadrilha legalista de Mariath". E sendo assim, prossegue esse cronista do feito, "Mariath, no *Eolo* que trazia o seu pavilhão, bravamente conservou-se em ponto muito visível, em pé, sobre a retranca, expondo-se a todos os perigos". Gama Rosa (*A República Catarinense*) descreveu a batalha: "... foi mais do que um combate: foi um sopro de destruição, os navios avançaram com velocidade regular, tocados pelo vento e a maré, através de uma tempestade de balas, nesse espaço de 400 braças, onde se achavam concentrados os fogos de 1.200 homens de fuzilaria e a metralha de grande número de canhões jogados à queima-roupa, a 3 ou 4 braças de distância, a peito descoberto, sobre navios sem borda. Assim foi que, em quinze minutos apenas de fogo, que tanto duraria a passagem de cada navio, perdeu a esquadrilha legalista, entre mortos e feridos, cerca de um terço (69 homens) de sua tripulação". Desorientados, alguns práticos causaram o encalhe de três embarcações legais, "chegando as restantes ao porto da Laguna desmanteladas, com os aparelhos rotos e grandes avarias no casco. As forças republicanas, por sua vez, haviam sido quase literalmente destruídas nesse apocalíptico desfile". Mas o depoimento mais tocante sobre o episódio é o de Garibaldi, nas *Memórias* ditadas a Alexandre Dumas, pai: "o combate foi terrível e mais mortífero do que se podia crer. Não perdemos muita gente porque mais da metade da guarnição estava em terra; entretanto, dos seis oficiais existentes nos três navios eu fui o único que sobreviveu. Todas as nossas peças foram desmontadas; mas ainda depois de desmontadas as peças o combate continuou à espingarda e não cessamos de atirar durante todo o tempo em que passou diante de nós o inimigo. Era um verdadeiro açougue de carne humana; pisava-se sobre bustos separados dos corpos; a cada passo tropeçava-se em membros dispersos. O comandante do *Itaparica,* João Henrique, da Laguna, achava-se deitado, no meio de dois terços de sua equipagem, com uma bala que lhe fazia, no meio do peito, um buraco capaz de deixar passar um braço. O pobre João Griggs ficara com o corpo cortado em dois por um tiro de metralha, recebido à queima-roupa".

6.5.1867 — LAGUNA. Paraguai. Guerra do Paraguai. Parte do exército brasileiro acampava no Córrego da Invernada, norte do Paraguai. A uma légua, no Campo da Invernada, situava-se concentração adversária. O maj. José Torres Gonçalves recebeu ordens de ataque, dispondo do 21º de linha, do corpo de caçadores a cavalo mas então a pé por falta de montadas, ao mando do cap. Pedro José Rufino, somando 577 soldados e 30 auxiliares, índios terenos. Às 17 h, o assalto, o rompimento da linha defensiva e a ocupação do acampamento. Logo, o contra-ataque, empregando 700 cavaleiros, 80 infantes e dois canhões. Os brasileiros retiraram-se, levando quanto pôde ser transportado. Perdas, segundo a parte oficial: um brasileiro, 80 adversários. A este confronto os paraguaios chamaram combate do Arroyo Primero.

19.1.1867 — LAGUNA-PIRI. Paraguai. Guerra do Paragaui. A trincheira fortemente defendida e destinada a obstruir a estrada ao longo da lagoa foi assaltada e ocupada pela tropa do mando do gen. Jacinto Machado Bittencourt.

17.4.1866 — LAGUNA SIRENA. Paraguai. Guerra do Paraguai. A laguna estende-se nas proximidades do Passo da Pátria, entre as confluências dos rios Paraná e Paraguai. Na véspera, com apenas 11 acompanhantes, o gen. Osório quisera ser o primeiro aliado a pisar território do inimigo. Depois dele, saltaram os soldados do 2º VP e do 11º de linha. Mais tarde, a vanguarda da Divisão Argolo, com artilharia. Ao fim do dia, cerca de 2.000 paraguaios, a pé e a cavalo, apresentaram-se, porém foram atacados e afastados. Na madrugada de 17, voltaram, estando o cel. Basílio Benitez no comando de aproximadamente 3.200 soldados lançados contra a vanguarda brasileira. Osório havia disposto a 1ª Divisão para enfrentar esse ataque previsto. Aos primeiros tiros, expediu o cel. Jacinto Machado, com dois batalhões, sobre o flanco atacante, o qual, então, mudou de frente. Disso aproveitou-se Osório para ordenar assalto geral a baioneta. Os atacantes recuaram, desfeitos, perdendo ao redor de 500 mortos e feridos, uma bandeira e dois canhões. Baixas brasileiras: 337. Conseqüências: moral elevado pela primeira vitória em solo do adversário e desembarque tranqüilo do exército aliado. Esse combate é também conhecido como do Atajo.

28.5.1866 — LAGUNA-TRANQUEIRA. Paraguai. Guerra do Paraguai. Pequeno combate ao término do qual a tropa do gen. Vitorino Monteiro repeliu ataque paraguaio à posição brasileira junto à laguna, região de Tuiuti.

18.10.1893 — LAJEADO-SAMPAIO. RS. Revolta dos federalistas. Comandando 200 recrutas de Cachoeira e alguns de Taquari, o cel. Santos Filho barrou a passagem dos federalistas do cel. Pedro Jungblut, reforçados por bandos de José Altenhofen, Pedro Huber e Manoel Batista, que vinham da conquista de Venâncio Aires e Lajeado, na região colonial. Com a impossibilidade de ultrapassar os Passos do Lajeado e do Sampaio, esse grupos '"maragatos'' retiraram-se para as encostas da região serrana.

5.11.1893 — LAJEADO. RS. Revolta dos federalistas. Pela segunda vez ocupada pelos federalistas, Lajeado ficou sob ataque da força governamental chefiada pelo cel. Santos Filho, que expele os revoltosos depois de violento combate. Os vencidos, com várias baixas, retiraram-se para Forqueta, acometidos durante o deslocamento pelos soldados do cel. Lautert, que marchava buscando ligação com Santos Filho.

12.4.1832 — LAJES-BARRA (MANAUS). AM. Quartelada. Em decorrência da exaltação de ânimos, do atraso dos soldos, a agitação política em torno da transformação em província da capitania de São José do Rio Negro, levantou-se a guarnição do povoado da Barra (mais tarde Manaus). O mais ilustre dos mortos, o cel. Joaquim Filipe dos Reis, notorizado por sua hostilidade em relação ao liberalismo amazônico. O governo do PA, com jurisdição sobre o AM, enviou força repressora sob o ten.-cel. Domingos Simões da Cunha Baiana, que enfrentou os rebeldes em Lajes, junto de Manaus, venceu-os e ocupou a capital.

31.10.1944 — LAMA DI SOTTO-COLE MONTE SAN QUIRICO. Itália. Segunda Guerra Mundial. Relata o gen. Octávio Costa, na conferência '"O capitão na FEB'', publicada na *Revista Militar Brasileira*, nº 1, vol. 119: "O 1º Btl do 6º RI conquistou na noite anterior, sob chuva, no vale do Serchio, a linha de alturas Lama de Sotto (2ª Cia.), Cota 906 (1ª Cia.), Pian del Rio (3ª Cia.) e Colle-Monte San Quirico (7ª Cia.). Era uma fraca dosagem de tropa (4 Cias.), que se estendiam por 3,5 km de frente. Às 2 da madrugada de 31.10 os alemães usam tropa especial de choque, para atacar violentamente, em corpo-a-corpo e abundância de metralhadora (lourdinhas). O Btl recuou para as posições de partida da véspera''. Foi "o primeiro revés'' da Força Expedicionária Brasileira.

27.9.1819 — LA MÈRE. Guiana Francesa. Guerra com Artigas. Ação de corsário. A escuna *Correio do Pará*, do mando do 1º ten. Francisco Rebelo da Gama, levando 45 tripulantes e sete canhões, foi atacada pelo corsário argentino *Congreso*, de 140 marujos mercenários franceses e norte-americanos e armado com 14 canhões. Depois de bravia resistência a escuna foi abordada e logo abandonada por aparentar que afundava. Alcançou o porto de Caiena, levando mortos 30 dos tripulantes. Entre os feridos, o comandante, atingido por tiro de pistola e golpes de espada. La Mère é ilha, em águas guianenses.

12.1.1894 — LAPA. PR. Revolta dos federalistas. O cel. Antônio Ernesto Gomes Carneiro, à frente de reduzido piquete, vai ao encontro de avançada federalista e a desbarata, ao sul da Lapa. Ação preliminar do cerco da cidade, momento épico da revolta e da resistência.

14.1.1894 — LAPA. PR. Revolta dos federalistas. Os chefes "maragatos'' Torquato Severo e Juca Tigre iniciam operações contra a cidade que o cel. Antônio Ernesto Gomes Carneiro transformara em praça de guerra disposto a impedir, a qualquer custo, que os federalistas prosseguissem em sua marcha, visando a fazer contato com marujos da armada depois de atingir São Paulo e Rio de Janeiro.

16.1.1894 — LAPA. PR. Revolta dos federalistas. Canhoneio dos federalistas investindo contra a praça que lhes barrava o caminho para o norte. As patrulhas governistas do Alto do Monge, Boqueirão e Capivari foram recalcadas para o circuito interno da defesa.

17.1.1894 — LAPA. PR. Revolta dos federalistas. Ataque em massa dos federalistas. O perímetro defensivo foi reconhecido em vários setores, com esforço particular na orla do mato do Engenho e junto ao cemitério. Este ponto, entregue ao destacamento de artilheiros comandados por Argolo Mendes, rechaçou o ataque, resultando dele 10 mortos '"maragatos''. O dia seguinte foi empregado pela artilharia federalista para bater as duas posições mencionadas.

26.1.1894 — LAPA. PR. Revolta dos federalistas. Os revoltosos conseguem dois importantes avanços no rumo do centro da cidade. Desalojaram os resistentes legalistas da Rua das Tropas e do Alto da Lapa. Nesses locais, instalaram metralhadoras com que puderam varrer indiscriminadamente as ruas. Em outro local fizeram debandar e aprisionaram a maior parte da cavalhada dos sitiados, 600 a 700 animais. Ficaram os florianistas privados de meios para transportar munição, alimentos e peças.

7.2.1894 — LAPA. PR. Revolta dos federalistas. Ataque geral federalista em movimento de pinça contra o centro da cidade já castigado pelo cerco prolongado. O comandante da praça, cel. Gomes Carneiro, recebeu grave ferimento na rua então denominada da Boa Vista, quando socorria a posição defendida pelos artilheiros e em risco de ser dominada. Retirado o coronel, assumiu o comando da área o civil Joaquim Lacerda e à frente da Segunda Brigada repeliu o ataque. Esse insucesso esmoreceu o ímpeto ''maragato'', depois de 10 horas de fogo que lhes custara 54 mortos. Do lado florianista as mortes mais lamentadas foram as do cel. Cândido Dulcídio Pereira, comandante do Regimento de Segurança do Paraná, e do ten.-cel. Amintas de Barros, comandante do Batalhão Floriano Peixoto. Gomes Carneiro morreria no dia 9, recomendando a continuação da resistência.

1.10.1995 — LARANJAL. PR. Choques da reforma agrária. Grupo de manifestantes sem-terra, acampado na fazenda Vale do Cantu, tiroteou com elementos tidos por empregados da propriedade. Acusações mútuas quanto à iniciativa do tiroteio.

30.7.1826 — LARA-QUILMES. Argentina. Guerra da Cisplatina. Havendo trocado tiros na véspera, as esquadras argentina e brasileira amanhecem próximas. Junto a Punta de Lara, a imperial: fragata *Niterói*, corvetas *Itaparica*, *Maria da Glória* e *Maceió;* brigues *Caboclo*, *Pirajá* e *29 de Agosto*, e escuna *Leal Paulistana*, tendo se aproximado às primeiras luzes a corveta *Liberal*. Outros barcos, a sotavento, distanciados. A barlavento, quase em linha reta, os argentinos: fragata *25 de Mayo;* brigue-barca *Congreso*, *Independencia*, *Republica*, *Balcarce;* corsário *Oriental-Argentino;* escunas *Sarandi*, *Rio*, *Pepa;* e nove canhoneiras. O *Pirajá*, postado entre as duas linhas, abriu o fogo. A força argentina virou em roda e orçou estibordo. A brasileira virou por avante e o *Caboclo* e a *Niterói*, à frente, cortaram a linha inimiga, ganhando barlavento e aproximando-se bastante da *25 de Mayo*, que meteu em cheio e conduziu os demais em retirada, à força de vela. Estabelecida a perseguição, a *25 de Mayo*, isolada, viu-se coberta a barlavento pelos fogos da *Niterói* e do *Caboclo* e a sotavento pelos da *Maria da Glória* e da *Leal Paulistana*, que a fustigava pela popa com tiros do seu rodízio de proa. Mas o *Caboclo* teve o braço grande cortado pelas balas do brigue adversário, atravessada a gávea, ferido o comandante, em razão do que, atrasou-se. Pelas 10:30 h, a capitânia platina, quase desmantelada, arribou até receber vento pela alheta, ocasião em que a *Niterói* também arribou e tocou o fundo. Já a *Maria da Glória* deixara a linha, por falta de água. A *Liberal*, que ficara para trás, não podia alcançar os inimigos, o mesmo ocorrendo com o *Pirajá*, enquanto a *Itaparica* mostrava o mastaréu do velacho desarvorado. Somente o *28 de Agosto*, a *Leal Paulistana* e a *Maceió* sustentavam a caça. Aliviada, a *25 de Mayo* foi encalhar no banco de La Ciudad, onde, aos poucos, foram ter os outros barcos. Às 11 h o alm. Brown passou-se da capitânia encalhada para o *Republica* e retornou a Buenos Aires, vendo alguns dos seus navios seguros pelo banco de Camarones. Perdas brasileiras: seis mortos e 24 feridos, entre eles o CF Grenfell. As baixas argentinas não foram divulgadas. A principal perda material foi a da *25 de Mayo*, que não mais pôde atuar. Baldrich *(Guerra del Brasil*, pág. 285), historiador dos feitos navais portenhos, descreveu Lara-Quilmes: ''Fué aquel un terrible canoneo. En los barcos republicanos se introdujo immediatamente un tremendo desorden. El 'Balcarce', el 'Independencia' y un bergatin corsario al mando de un señor Dotan, hicieron rumbo al refugio de los Pozos; el 'Republica' y la barca Congreso, a Punta de Lara, sin orden unos y otros, y sin causas ni avarias que paliaran esta fuga que arrojava otra sombra sobre la luminosa tradición de la armada nacional! Sobre las aguas y en aquel infierno de fuego, el 25 de Mayo, solo, animado por el alma acerada de Brown, se batia, herido y roto, contra los centenares de canones imperiales. Ya no gobernaba, cortadas cuatro veces sus *brazas*. La cubierta etaba obstruída por los heridos, los muertos y los restos de aparejos, y en los puentes y las baterias, la sangre lo purpuraba todo, roja y humeante...''

Os navios que combateram em Lara-Quilmes (30.7.1826)

Brasileiros:

Comandante: James Norton.

Navio	Comandante	Canhões
Niterói	Parker	38
Maria da Glória	Theodoro de Beaurepaire	30
Itaparica	Eyre	20
Maceió	J. I. Maia	20
Liberal	B. Hayden	22
Caboclo	Grenfell	18
29 de Agosto	Rafael de Carvalho	18
Pirajá	Carter	18
Conceição	Thompson	4
Dona Paula	Leocádio de Oliveira	4
Itaparica	Petra Bittencourt	1
Leal Paulistana	Antônio Carlos Ferreira	8
9 de Janeiro	Germano Aranha	2
12 de Outubro	Roberto Steel	2
7 de Março	F. de Paula Osório	3

Argentinos:

Comandante: Almirante W. Brown

Navio	Comandante	Canhões
25 de Mayo	Espora	36
Congreso	Fisher	18
Independencia	Bathust	22
Republica	Clarck	16
Balcarce	N. George	14
Oriental-Argentino	P. Dautant	13
Sarandi	Pinedo	8
Rio	Rosali	1
Pepa	Dandreys	1
9 canhoneiras		1 canhão cada

30.10.1944 — LA ROCHETTA. Itália. Segunda Guerra Mundial. Região de Castelnuovo di Garfagnana. A 2ª Cia. do II Btl/6º RI ocupou a posição durante a manhã. Pelo meio-dia entrou na localidade de Lama di Sotto. Ao anoitecer apoderou-se de Lama di Sopra e de Pradoscello. Ao seu lado, a 1ª Cia., atuando em terreno desfavorável, desbaratou núcleos da resistência alemã, firmando-se na disputada Cota 906.

20.7.1818 — LAS CAÑAS. Uruguai. Guerra com Artigas. O comandante de guerrilhas Bento Gonçalves da Silva surpreendeu e desbaratou a força oriental do cmte. Francisco Antônio Delgado, o qual foi tomado prisioneiro juntamente com vários oficiais e muitos soldados. Horas depois, Bento repeliu o ataque de outra força, ao mando de Tomas Latorre. Este, incorporando os dispersos do primeiro encontro, tentou libertar os compatriotas apresados. Rechaçado, foi perseguido e perdeu mais gente.

15.4.1828 — LAS CAÑAS. Uruguai. Guerra da Cisplatina. O gen. Gustavo Brown, chefe do EM de Barbacena, por ordem deste, levando três batalhões de infantaria e uma brigada de cavalaria, procedia à operação de limpeza nas margens do Rio Jaguarão, inquietadas por correrias de partidas adversárias. Vadeando o rio, atacou de surpresa a concentração promovida pelos comandantes Latorre e Laguna. Sofrendo apenas a baixa de um ferido, Brown faz debandar o inimigo que deixa no campo cinco mortos, 20 prisioneiros e 2.000 cavalos.

18.5.1823 — LAS PIEDRAS. Uruguai. Guerra da Independência. Forças leais ao governador português Álvaro de Macedo tentam impedir a marcha sobre Montevideo, do contingente do gen. Lecor, sob a bandeira do Brasil independente. O recuo dos portugueses para o perímetro de Montevideo leva ao cerco da cidade pelos brasileiros. Este sucesso e o de Puntas de Toledo (17.3) foram os principais da luta terrestre pela independência, no território da Banda Oriental.

23.2.1945 — LA SERRA. Itália. Segunda Guerra Mundial. Às 21:00 h, a 6ª Cia. do Btl Syzeno (II/1º RI), conduzida pelo cap. Wolfango de Mendonça, atravessando campos minados e debaixo de cortina da artilharia alemã, conquista a Cota 958 — La Serra, fixando-se ali por volta das 23 h. Durante as sete horas seguintes, reforçada por alguns pelotões e com apoio de artilharia, repeliu três conta-ataques germânicos. No dia seguinte, tentativas inimigas para recuperar a cota puderam ser igualmente rechaçadas.

12.6.1812 — LAURELES. Uruguai. Campanha Pacificadora. Em combate de quatro horas de duração, o ten.-cel. Inácio dos Santos Abreu derrotou a formação inimiga integrada por índios charruas e minuanos. Estes perderam 80 mortos e 66 prisioneiros, dos quais 23 mulheres, 22 meninos e 21 meninas.

27.2.1868 — LAURELES. Paraguai. Guerra do Paraguai. Com a divisão avançada, a esquadra bombardeia a fortificação de Laureles enquanto progredia contra ela formação do exército ao mando do gen. Vitorino José Carneiro Monteiro, que a ocupou.

?.3(?).1711 — LAVRAS DO MÉDICO. MT. Conflito com indígenas. A tropa de José Rodrigues de Almeida, tendo por oficiais José Luís Francisco e Francisco de Campos, foi destroçada pelos paiguás, também conhecidos como índios canoeiros.

19.1.1925 — LENÇÓIS. BA. Correrias de coronéis. Entestando 328 policiais, o maj. João da Mota Coelho pretende desalojar da cidade os jagunços do coronel e chefe regional Horácio de Matos, ex-senador estadual. Horácio tomava a si defender o prestígio dos "coronéis" diante do esforço do governador Calmon para recuperar a autoridade do executivo e que ordenara a operação sobre Lençóis. Frustrado o ataque, os policiais receberam o reforço de 100 praças provenientes do Mundo Novo, com o ten. Macedo, e de outros 60, chegados de Rui Barbosa, com o ten. Alexandre. Sucederam-se combates, sortidas de parte a parte, mantendo-se os jagunços em suas posições. Em março, comandando bravamente assalto desesperado com que pensava resolver o impasse, recebeu ferimento grave o maj. Mota Coelho. O desprestígio em que caía o governo estadual e a aproximação da Coluna Prestes induziu Calmon a procurar acordo que soou como vitória para Horácio de Matos. Os jagunços triunfantes de Lençóis foram lançados contra a Coluna Prestes e a perseguiram até a fronteira com a Bolívia.

14.9.1817 — LENGUAS. Uruguai. Guerra com Artigas. Destacado do grosso da tropa do gen. Curado, Bento Manoel Ribeiro avança em exploração pela estrada de Montevideo. Enfrentado, derrota de forma completa os homens do comando do chefe oriental Pascual Morera.

27.3.1965 — LEÔNIDAS MARQUES-SÃO JOSÉ. PR. Guerrilhas políticas. Choque limitado, entre forças do Exército e guerrilheiros chefiados pelo cel. (desligado do EN) Jefferson Cardim Osório e pelo srg. (da Brigada Militar do RS) Albery Vieira dos Santos. A 26.3 haviam ocupado, sem luta, a localidade de Três Passos, norte do RS. Em seguida, Tenente Portela e Santo Antônio do Sudoeste, no PR. Depois de breve tiroteio nos arredores de Leônidas Marques, os guerrilheiros debandaram, deixando morto o srg. Argemiro Camargo. O cel. Jefferson seria aprisionado no dia seguinte. O grupo demandava Foz do Iguaçu, fronteira com o Paraguai, onde pretendia encontrar oportunidade para atacar o Presidente da República, gen. Castello Branco, em reunião com o presidente do Paraguai, gen. Stroessner.

27.5.1926 — LIMOEIRO. BA. Coluna Prestes. Avançando ao longo do Rio São Francisco, na direção de Sento Sé, a Coluna expediu o destacamento do cap. Manoel Mendes de Moraes para atacar Limoeiro, dois quilômetros à margem do itinerário. A manobra destinava-se a fixar em Limoeiro parte da força governista operando na área, permitindo assim o trânsito do grosso dos revolucionários.

20.9.1820 — LOANGO. Baía de Cabinda. Angola. África. Guerra com Artigas. A escuna *Maria Teresa* e a fragata *União (Piranga* depois da Independência), da estação Naval de Angola, atacaram e capturaram brigue corsário artiguista, de 20 canhões.

11.1.1870 — LOMARUGUÁ. Paraguai. Guerra do Paraguai. No penúltimo combate da guerra, ao norte de Jejuí, o gen. Câmara destroçou o destacamento do cel. Inácio Genes, que deixa no campo muito armamento e 154 prisioneiros. Entre esses, o próprio Genes.

21.12.1868 — LOMAS VALENTINAS. Paraguai. Guerra do Paraguai. Primeiro dia da batalha desse nome. Depois de Avaí e de Itororó, o exército de Lopez ficara reduzido a 13.000 soldados. Destes, 700, com os coronéis Thompson George e Lucas Carillo, guarneciam as trincheiras e fortificações de Angostura; cerca de 2.500, sob o cel. Hermosa, mantinham a linha do Piquisiri. Os demais, 9.800 ou 10.000, postaram-se nas Lomas, às ordens do próprio Solano, que comandava por intermédio dos generais Resquin e Caballero. Duas colinas — Loma de Acosta, ao sul, e Loma de Itá-Ivaté, sediando o QG lopista —, ligavam-se por trincheiras à seção oriental do Piquisiri. A cada face de tais defesas fora dado um nome: trincheira de Tacuriti a nordeste; de Acosta à do norte;

Quartel da Reserva ou do Auxílio, à do oeste. As faces sul e sudeste encontravam-se desamparadas, circunstância mantida oculta pelo denso matagal à exploração da cavalaria de Andrade Neves e Vasco Alves, cujos elementos, pela manhã, romperam a linha do Potrero-Marmol. Às 9 h, a artilharia brasileira, na Lombada de Cumbariti, começou a bombardear as Lomas, apoiando o reconhecimento procedido ao sul do Piquisiri. Entravam em ação 19.415 combatentes brasileiros, com apoio de 26 canhões (14.690 infantes, 4.011 cavalarianos, 408 artilheiros, 306 pontoneiros). O sinal de avançar foi dado às 15 h. O gen. João Manuel Mena Barreto impeliu três corpos de cavalaria (700 homens) e duas brigadas de infantaria (2.000 soldados) pela parte oriental da linha do Piquisiri, levando de roldão a defesa a cargo do cel. Hermosa, tomando 32 canhões e três bandeiras, operação concluída ao anoitecer. Ocupadas também as seções de trincheiras das Lomas Valentinas, lado ocidental. Três dos canhões ali tomados foram enviados como homenagem da tropa ao generalíssimo Caxias. Contra-ataque paraguaio concluiu com a retomada das trincheiras. Avanços brasileiros sobre as mesmas foram repelidos com pesadas perdas, retraindo-se os imperiais para a colina fronteira quando a noite fechou. Lutaram nesse trecho das Lomas, 5.900 infantes da divisão Auto Guimarães e um corpo de cavalaria. Pelo lado norte, trincheira de Acosta, atacaram os 6.786 infantes do gen. Jacinto Machado Bittencourt e os 1.400 cavalarianos de Andrade Neves, com os de Vasco Alves na reserva, à extrema direita. Tendo Caxias ordenado a manutenção das posições, a luta prosseguiu durante a noite e o dia seguinte. Batendo-se bravamente, os paraguaios perderam praticamente todo o batalhão de elite dos Rifleros e os regimentos Acaverá e Acaraiá, da guarda presidencial, o regimento Acomoroti e outros corpos. Não conseguindo retomar a trincheira, submeteram-na a fogo contínuo, a partir da mata de Itá-Ivaté. Essa foi a posição dos exércitos durante o dia 22. Nas duas primeiras jornadas da batalha das Lomas Valentinas, os paraguaios perderam, segundo os apontamentos deixados pelo gen. Resquin nas *Memórias* que ofereceu a Caxias, 8.000 homens, 58 canhões, oito bandeiras. Entre os seus mortos, os coronéis Rivarola, Toledo, os tenentes-coronéis Cabrera e Roa e muitos outros dos melhores comandantes.

22.12.1868 — LOMAS VALENTINAS. Paraguai. Guerra do Paraguai. Segundo dia da batalha. Caxias, que passara a noite a cavalo, ocupa a primeira parte da jornada em animar os soldados do gen. Jacinto Machado Bittencourt, aos quais incumbiu de manter a trincheira Acosta contra ferozes ataques dos paraguaios desalojados dela no dia anterior. Durante a inteira jornada, fogo trocado entre os brasileiros posicionados em Angostura e os paraguaios em Itá-Ivaté. Pela trincheira ocupada do Piquisiri entraram no campo de batalha 4.300 argentinos levados pelo gen. Gelly y Obes, a divisão do gen. Enrique Castro, os 400 uruguaios do cel. Paranhos e a artilharia brasileira do cel. Mallet.

23.12.1868 — LOMAS VALENTINAS. Paraguai. Guerra do Paraguai. Terceiro dia da batalha. Prosseguiu o tirotear entre os brasileiros postados na Loma Acosta e os paraguaios em Itá-Ivaté. Às 18 h, a tropa do gen. Jacinto Machado Bittencourt, que tomara a posição e a sustentara desde o dia 21 contra continuados ataques do inimigo, foi substituída pelos uruguaios. Os argentinos mantiveram-se em observações sobre a esquerda do adversário. Os brasileiros cuidaram do centro e da direita. Durante a tarde Caxias estudou a face oriental da posição defendida pelo inimigo. Rio Branco relacionou as perdas brasileiras do início da batalha até o entardecer do dia 23: 702 mortos (53 oficiais), 4.049 feridos (268 oficiais), 481 contusos

(119 oficiais) e 547 extraviados (60 oficiais), dando o total de 5.805 homens. Perdas distribuídas pelas armas: 5.165 da infantaria, 569 da cavalaria, incluindo-se cinco do piquete do general-em-chefe, 69 da artilharia e de pontoneiros.

25.12.1868 — LOMAS VALENTINAS. Paraguai. Guerra do Paraguai. Quarto dia da batalha. Das 6 às 8 h, 46 canhões brasileiros lançaram 3.000 bombas sobre as posições paraguaias de Itá-Ivaté, centro da resistência. Depois do que, a infantaria do gen. Jacinto Machado Bittencourt, com apoio da cavalaria, avançou e manteve viva refrega com o adversário emboscado na mata. O principal acontecimento da tarde foi um choque da cavalaria do cel. Vasco Alves com 400 cavaleiros paraguaios entre Peguahó e as Lomas. O adversário retirou-se deixando 230 mortos.

26.12.1868 — LOMAS VALENTINAS. Paraguai. Guerra do Paraguai. Quinto dia da batalha, passado em duelos de artilharia, tiroteio de infantaria e choques de pequenos destacamentos em torno das posições paraguaias de Itá-Ivaté, posição que deu nome ao feroz combate do dia seguinte, o sexto e último do confronto nas Lomas.

27.12.1868 — LOMAS VALENTINAS-ITÁ-IVATÉ. Paraguai. Guerra do Paraguai. Sexto dia e final da batalha, mais apropriadamente denominada, nesta jornada, combate de Itá-Ivaté, com referência à última das Lomas defendidas pelo exército de Lopez. Durante os dias 24 e 25, de menor atividade, os antagonistas se reforçaram. Os paraguaios elevaram seu desfalcado efetivo para 7.600 soldados, chamando ao campo três regimentos de cavalaria e vários batalhões de infantaria, chegados de Cerro León, Caacupé e Ipoá. Para os brasileiros, elementos que fizeram subir seu contingente a 15.954 combatentes (11.096 infantes, 3.120 cavaleiros, 1.738 artilheiros e pontoneiros). Ao amanhecer a artilharia aliada cobriu com profusão de bombas a mata de Itá-Ivaté. Partiram as colunas de assalto, endereçadas por Caxias para a direita e retaguarda do inimigo: 2.413 cavaleiros (divisões de Vasco Alves e Caetano Gonçalves sobre a direita e João Manoel Mena Barreto para envolver a retaguarda); os 2.400 infantes do gen. Rivas, 4.739 infantes da divisão do gen. Auto Guimarães e 1.500 da artilharia do gen. Mallet. O general argentino Gelly y Obes conduziu contra o centro inimigo os 1.252 infantes brasileiros do gen. Salustiano Reis, os 600 uruguaios do gen. Enrique Castro e os 1.105 brasileiros do gen. Paranhos. Sobre a direita, os 2.426 argentinos do cel. Augero. Entravam, pois, na batalha: 15.716 brasileiros, 4.826 argentinos e 600 uruguaios. O impacto dessa força fez ruir a defesa paraguaia, de modo tão completo que Solano Lopez deixou o campo pelo Passo do Jequiti em direção de Cerro León, onde chegou à noite na companhia de apenas 60 oficiais e soldados. Não foi levantado com exatidão o montante das vidas ali perdidas. As brasileiras, em números aproximados e incluindo os combates dos dias 24 a 27, foram: 678, sendo 81 mortos, 480 feridos, 11 contusos e 6 extraviados. Entre os dias 6 e 27, elas terão sido: 1.366 mortos (134 oficiais), 7.075 feridos (467 oficiais), muitos deles falecendo mais tarde, 927 contusos (201 oficiais), 740 extraviados (7 oficiais). Total, na batalha das Lomas Valentinas: 10.108. Segundo o Barão do Rio Branco, o exame comparativo das forças prontas nos dias 6 e 31 de dezembro indica que as baixas brasileiras aproximaram-se mais exatamente de 11.500, havendo sido 25.000 os soldados enviados ao campo. Para os argentinos e uruguaios que deram o total de 4.700 participantes e atuando apenas nos dias 22 e 27, as baixas foram relativamente menores, ressentindo-se os argentinos, particularmente, da perda de um coronel morto e de cinco oficiais feridos, além de uma bandeira, no Potrero Marmol. Quanto aos paraguaios, havendo somado 24.400 combatentes no auge da batalha, perderam-nos todos. Escaparam, talvez, pouco mais de milhar de feridos e dispersos. Rio Branco relaciona nas *Efemérides* a copiosa colheita de troféus do que foi a última operação comandada por Caxias: 127 canhões (83 tomados pelos brasileiros e 45 pelos seus aliados) entre as jornadas de 27 e 30; 29 bandeiras tomadas à força (23 delas, pelos brasileiros) e outras três entregues quando da rendição de Angostura.

11.6.1826 — LOS POZOS. Argentina. Guerra da Cisplatina. Com 31 navios, o CMG James Norton saiu de Quilmes em direção ao ancoradouro de Los Pozos, vizinhança de Buenos Aires. Ali fundeava a esquadra argentina, sob o alm. W. Brown. A maior parte dos navios de Norton, escunas e canhoneiras, por sua marcha lenta, atrasaram-se. Os barcos maiores, em razão do calado, não puderam chegar a alcance do tiro. Os buenairenses dispunham, nos Pozos, de 11 navios, logo reforçados por outros seis chegados por cima do banco das Palmas. Canhoneando-se à distância — toda a largura do banco entre o canal das balizas exteriores e o interior do ancoradouro, o encontro não teria ido além, no dizer de Rio Branco de *maumachia,* "na qual, sem nenhum resultado, foram consumidas, de parte a parte, munições de guerra..." Ao fim da jornada, entre os argentinos, um morto; nenhum, entre os brasileiros. Mas os argentinos celebraram a jornada como de vitória sonante.

18.10.1827 — LOS POZOS. Argentina. Guerra da Cisplatina. Tentando furar o bloqueio imposto a Buenos Aires pela esquadra brasileira, o brigue de bandeira sarda *Assunta* foi apresado pelas escunas *Bela Maria, Paula* e *Rio.* Do ancoradouro de Los Pozos saíram em defesa do brigue três barcos de guerra argentinos *Sarandi,* batendo o pavilhão do alm. Brown, a escuna *Juncal* e o corsário *Presidente.* O fogo de artilharia entre os argentinos e brasileiros durou das 10 às 12 h.

28.3.1840 — LUSÉIA-MAUÉS. PA. Cabanagem. Envolvidos e assaltados por força governamental, renderam-se os cabanos ocupantes da vila.

M

23.6.1850 — MACAÉ. RJ. Incidentes do Bill Aberdeen. Primeira ação dos cruzadores ingleses contra navios negreiros em águas brasileiras. O *Sharpshoots* adentrou o porto, investiu e capturou o bergantim *Polka.*

26.6.1897 — MACAMBIRA. BA. Canudos. A 6ª Brigada, abrindo a vanguarda da coluna do gen. Savaget, e o 33º BI atingiram os primeiros casebres de Canudos, embora alvejados de todas as direções. De pouco proveito a carga a baioneta dada pelos batalhões 26, 33 e 39. Outra carga foi conduzida com o reforço dos batalhões 12, 31, 35 e 40, somando os atacantes 1.000 homens, aproximadamente. Os sertanejos de Canudos cederam terreno disputando cada colina e casas e obrigando o estender-se da linha atacante para mais de três quilômetros. A noite encerrou o combate. Perdas dos atacantes: 148, sendo 40 por morte. Seis oficiais morreram e oito receberam ferimentos.

7(?).5.1697 — MACAPÁ. AP. Franceses na Amazônia. Elènor De La Ville, Seigneur de Ferolles, governador da Guiana Francesa, faz atacar por 60 europeus e muitos auxiliares índios a fortificação erigida por Mota Falcão em Macapá. Apodera-se também dos fortes do Paru e do Toeré, arrasando-os. Obtém a capitulação do Forte de Santo Antônio do Macapá, onde instalou guarnição ao mando do cap. La Forée, feito o que, retornou a Caiena. Repetia operação tentada sem tais resultados em junho de 1685, sob a alegação de que Mota Falcão e os seus ocupavam terras do rei francês. Dois meses depois, La Forée seria batido e ferido por forças luso-brasileiras.

10.7.1697 — MACAPÁ. AP. Franceses na Amazônia. As forças enviadas pelo governador Antônio de Albuquerque para expulsar os franceses ocupantes do Forte de Santo Antônio (desde o mês de maio) atacam a posição. Francisco de Souza Fundão e João Moniz de Mendonça, na chefia. Ferido o comandante francês, cap. La Forée, ocorreu a tomada da praça, com algumas baixas entre os ocupantes.

4.10.1844 — MACEIÓ. AL. Revolta dos Lisos. Primeira ocupação da capital provincial pelos "lisos" ou "históricos" revoltados contra o governo de Bernardo de Souza Franco, protetor da facção dos "cabeludos". Os lisos, partindo de Bebedouro, obrigam o presidente a refugiar-se em navio surto no porto. O segundo ataque a Maceió ocorreria no dia 17.

17(?).10.1844 — MACEIÓ. AL. Revolta dos Lisos. Segundo ataque dos revoltosos à capital. A fama torva do seu chefe neste ataque, Vicente de Paula, temido desde a cabanada, enrijeceu a defesa. Depois de seis horas de lutas nas ruas, com mais de 100 mortos e feridos, os atacantes se retiraram. O primeiro assalto ocorrera a 4.10.

25.12.1911 — MACEIÓ. AL. Conflito decorrente da política hermista de "salvação nacional". Entre partidos desavindos, os comícios se transformaram em lutas. Populares e polícia combatem nas ruas durante os dias 25 e 26. No 27, ataque contra o palácio do governo. Este assalto viria a ser repetido a 10.3.1912, ao que parece provocado por rajadas disparadas do palácio, provocando morte de muitos elementos da oposição que empregou, para o evento, a classificação de massacre. Renunciou, no dia 12, o chefe do governo, Euclides Malta.

4.3.1923 — MACHADINHO. RS. Revolta dos libertadores. Episódio da campanha da região nordeste do estado. O general libertador Felipe Portinho, procedente de SC, atravessou o Rio Uruguai no passo da Prainha, ocupando Machadinho depois de vencer enérgica resistência. Morreu a esposa do sub-intendente, o que — no dizer de Arthur Ferreira Filho, historiador da revolta — "aborreceu o caudilho 'maragato', entre outras razões, disse ele, por ser de mau agouro começar uma revolução matando mulher".

20.4.1867 — MACHORRA. Guerra do Paraguai. Na fronteira, a 10 quilômetros de Bela Vista, junto ao Córrego de José Carlos, margem direita do Rio Apa, local também chamado Fazenda Marechal Lopes. Na jornada, foram disparados ali os primeiros tiros da campanha que viria a ser a da Retirada da Laguna. Os paraguaios haviam ocupado a localidade e feito roças. À aproximação da coluna, apenas opuseram fogo com linha de atiradores enquanto incendiavam as roças, algumas das oito casas, e tangiam o gado. A ocupação ficou a cargo do 17º VP do ten.-cel. Enéias Galvão. O encontro também é conhecido pelo nome de combate do Rio Apa.

7.4.1649 — MADALENA. PE. Holandeses no NE. Na periferia do Recife, a passagem da Madalena dava acesso ao interior pela propriedade de João de Mendonça. Os holandeses tentaram apoderar-se da passagem, sendo obstados pela companhia do cap. Antônio Borges de Uchoa.

30.12.1827 — MADALENA. Argentina. Guerra da Cisplatina. Ao largo da costa da Madalena, proximidades de Buenos Aires, a escuna *Rio*, vigiando sobre o porto argentino, perseguiu, fez encalhar, apoderou-se, vistoriou e incendiou o navio corsário argentino *General Mancilla*, armado com seis canhões e comandado pelo cap. Henderson.

4.8.1699 — MADRE DE DEUS. CE. Revolta indígena. O mestre-de-campo Manuel Alvarez de Morais Navarro atrai ao seu acampamento na ribeira do Jaguaribe, toda a gente da aldeia do cacique Jenipapoaçu. Tendo-a distraída com festejos, cercou-a com 130 brancos e 200 aliados indígenas janduís. Atacando, fez dar morte a mais de 400 surpreendidos, entre estes o cacique, ao qual agrediu pessoalmente. Justificando-se ao governador, explicou buscar solução rápida para a campanha rivalizando com o Jenipapo em astúcia.

5.1.1849 — MÃE CATARINA. PE. Insurreição Praieira. Os liberais protegeram o local chamado Mãe Catarina, com duas linhas de trincheiras. Ao entardecer, força legal do maj. Bruce carregou vigorosamente tomando a primeira linha, de dez metros de comprimento, protegida apenas por um mato ralo. O fogo praieiro enviado da segunda linha de trincheira obrigou os governistas ao recuo de 50 passos, considerado vitória pelos defensores. Toda a noite e o dia seguinte o tiroteio prosseguiu, fazendo entre os atacantes imobilizados cinco mortos e 27 feridos. A iminente chegada do gen. Coelho com tropa numerosa aconselhou os liberais ao abandono da posição.

22.2.1894 — MAGÉ. RJ. Revolta na Armada. O local, no interior da Guanabara, recolhia provisões para os navios revoltados. O comando florianista resolveu eliminar esse ponto de apoio dos levantados. Destacamento formado pelo 10º BC, o 1º RC e policiais do estado do RJ, obedecendo ao cel. Goldophin, foram ao ataque. Na defesa 37 marujos, dois canhões, metralhadora. Mortos dez dos revoltados, feridos outros seis, alguns aprisionados, os demais abandonaram a posição, retornando aos navios.

20.9.1645 — MAIACARI. PA. Holandeses no NO. Sebastião Lucena de Azevedo, chegado de Gurupá, ataca e depois de violento combate expulsa os holandeses de Maiacari, onde haviam construído forte posto sob o comando de van der Goes.

26.8.1736 — MALDONADO. Uruguai. Campanhas da Colônia do Sacramento. Viagem da esquadra de Luís de Abreu Prego. As fragatas espanholas *Hermione* e *San Esteban*, dos capitães José Araña e Jorge Echeverria, que já nos dias 18 e 20 haviam tentado cortar a marcha da esquadra de reforço à Colônia ainda em mãos portuguesas, apresentaram-se na altura de Maldonado. Atacaram a fragata *Nossa Senhora da Lampadosa* e o ronceiro navio *Cortanabos* lotado com soldados embarcados na Bahia. A *Lampadosa* defendeu-se e deu proteção ao *Cortanabos*, durante esse dia e nos dois seguintes, até receber ajuda da esquadra.

21.9.1826 — MALDONADO. Uruguai. Guerra da Cisplatina. O corsário francês César Fournier, a serviço dos argentinos, guarnece três lanchas com 27 franceses, ingleses e americanos. Na madrugada, aborda a escuna-canhoneira *Leal Paulistana*, de 66 tripulantes, dois rodízios e seis caronadas. O comandante, 1º ten. Antônio Carlos Ferreira, e dois marujos ficaram feridos. Apresada, a escuna foi levada a Buenos Aires, vendida ao governo local e rebatizada *Maldonado*. Diz Rio Branco haver sido esse o "único navio brasileiro jamais tomado por abordagem" estando fundeado.

16.12.1826 — MALDONADO. Uruguai. Guerra da Cisplatina. Pelas três horas, oito baleeiras e um lanchão, tripulados por cerca de 200 corsários obedientes ao francês César Fournier, tentaram abordar o brigue brasileiro *Rio da Prata*, fundeado no porto de Maldonado, a NO da ilha de Gorriti. A tripulação, despertada em silêncio e ocupando postos de combate, repeliu com súbita descarga todos os barcos menos aquele em que estava Fournier. Os comandados por este alcançaram a meia nau em luta corpo-a-corpo, mas acabaram empurrados para fora do navio depois de quase uma hora de confronto. No lanchão, aprisionado, ainda vivia um único corsário, norte-americano. O brigue largou a amarra por mão e velejou perseguindo as baleeiras fugitivas, pondo várias delas ao fundo. Fournier salvou-se a nado, deixando no tombadilho do brigue e nas águas de Maldonado 120 dos seus mercenários. As perdas do *Rio da Prata*: dois mortos, três feridos graves que morreram mais tarde e 12 feridos. A 21.9 do mesmo ano, Fournier fora feliz ao abordar e tomar, no mesmo local, a escuna *Leal Paulistana*.

16.5.1827 — MALDONADO. Uruguai. Guerra da Cisplatina. Ocupando a vizinha Punta de Leste, o ten.-cel. Salustiano Severino dos Reis toma conhecimento de concentração de forças inimigas em Maldonado. Saindo de sua posição ataca e dispersa o ajuntamento, aprisionando o chefe do mesmo, o ten.-cel. Escobar. Duas bandeiras ali apreendidas foram enviadas para o Rio de Janeiro. Perdas brasileiras: um morto e um ferido.

4.7.1725 — MAMANGUAPE. PE. Holandeses. Invasão da Bahia. O reforço naval flamengo chegado tarde para evitar a capitulação da Bahia permaneceu na costa. Expediu 300 soldados e marinheiros com 50 auxiliares indígenas, em 10 batéis, varrer o litoral, destruindo instalações e recolhendo alimentos. O cap. Swart comandava os soldados, estando os marujos obedientes ao alm. van Dijcke. Foram enfrentados por quatro companhias sob ordens de Francisco Coelho de Carvalho, alguns brancos e 300 indígenas. Sofrendo baixas os flamengos voltaram aos navios.

6.3.1836 — MANAUS. AM. Cabanagem. Contingente cabano dirigido por Bernardo de Sena ocupa a capital de onde seriam desalojados somente a 21.8. Dias depois tentariam recuperá-la, sendo repelidos.

31.8.1836 — MANAUS. AM. Cabanagem. Gregório Nazianzeno da Costa e João Inácio Rodrigues do Carmo, este capitão da GN, comandam voluntários e guardas nacionais na expulsão dos bandos cabanos que dominavam Manaus desde 6.3.

8.10.1910 — MANAUS. AM. Partidários exaltados do vice-presidente estadual, Sá Peixoto, tendo à testa o CC Costa Mendes e o cel. Pantaleão Teles, promovem o cerco e o bombardeio da capital. Visavam a renúncia do chefe do governo, Antônio Clemente Ribeiro Bitencourt. A polícia estadual resiste até que Bitencourt deixe a cidade, para a qual no entanto retornou, reempossado, no dia 31. Seriamente atingidos os setores comercial e residencial de Manaus.

15.6.1913 — MANAUS. AM. Revolta político-popular contra a Manaos Improvements. Parte do corpo policial e populares, juntando ressentimentos políticos antigos e descontentamento pelo súbito e forte aumento de taxas dos serviços de água e esgoto, depredaram a sede da empresa concessionária, a Manaos Improvements. A reação, a partir de unidades militares federais — 46º B.I. e 19º Grupo de Artilharia, sob o comando do cel. Belo Brandão — fez bombardear e tomar o quartel da Força Pública. Com isso, terminou essa fase da revolta. Hélio Silva e Antônio Loureiro afirmam que dominado o quartel da polícia, todos os amotinados presentes foram fuzilados. Em janeiro de 1917 a oposição voltou às ruas e às barricadas contra o governo. Pesada indenização foi paga durante anos pelo Estado do Amazonas, pelos estragos de 15 de junho nas instalações da Manaos Improvements.

1.1.1917 — MANAUS. AM. Conflito político. Ao custo de 14 mortos e 13 feridos, forças federais e estaduais desalojaram os oposicionistas das barricadas para onde haviam confluído depois de repelidos nos ataques aos palácios do Governo e da Justiça e ao quartel da Força Pública. A oposição aclamara governo paralelo contra aquele resultante de eleições gerais.

23.7.1924 — MANAUS. AM. Revolta tenentista. O ten. Alfredo Augusto Ribeiro Júnior, liderando oficiais igualmente de inclinação tenentista, subleva o 27º BC e governa o estado por um mês até a retomada de Óbidos por forças governamentais. Óbidos revolucionada estava comandada pelo ten. Joaquim Magalhães Barata.

7.9.1932 — MANDIOCA ASSADA. MT. Revolução Constitucionalista. Os revolucionários mato-grossenses ocupam o pouso da Mandioca Assada, tomando dois canhões. Prosseguem seu avanço na direção da vizinha Porto Murtinho.

23.5.1625 — MANDIUTUBA. PA. Holandeses na Amazônia. No local, vizinhanças de Veiros e da foz do Maxipana, afluente pela margem esquerda do Xingu, os holandeses ergueram fortim e entreposto comercial confiado ao cap. Oudaen. Pedro Teixeira, Jerônimo de Albuquerque e Pedro da Costa Favela, com 50 soldados e 300 auxiliares indígenas, atacaram os intrusos, pelo rio e por terra. Houve luta durante todo o dia e parte da noite. Desabando temporal, os holandeses aproveitaram-se para a retirada, indo concentrar-se na Ilha de Tucujus. No Mandiutuba os vitoriosos contaram 40 corpos de defensores. No dia 25, Pedro Teixeira também expulsou a gente recolhida em Tucujus.

25.5.1823 — MANGA DO IGARÁ. MA. Guerra da Independência. A localidade foi atacada, dominada e saqueada de forma sangrenta pelos seguidores do capitão-de-mato João Ferreira do Couto. Episódio sinistro e confuso da campanha da Independência, não encontrou justificação.

13.12.1838 — MANGA DO IGARÁ. MA. Balaiada. O vaqueiro Raimundo Gomes e seguidores ocuparam a vila, assaltaram a cadeia e libertaram presos, cuidando preferencialmente daqueles cujo crime era o de hostilizarem o recrutamento. Com esses libertos, Raimundo dirigiu-se para a Chapadinha e organizou a primeira força de combate da Balaiada.

16.5.1826 — MANGRULHO. Uruguai. Guerra da Cisplatina. Os 800 cavaleiros de Rivera, saídos do acampamento de San José para "varrer de brasileiros o vale do Quaraí", cercam e aprisionam elementos avançados de Bento Manoel Ribeiro, em guarda junto ao Passo do Mangrulho, sobre o Rio Arapeí.

6.8.1645 — MANGABA. AL. Holandeses no NE. Servindo-se de canoas e de nadadores, a companhia de Cristóvão Lins abordou e tomou caravelão holandês navegando pelo Rio Manguaba.

17.5.1930 — MANGUENZA. PB. Revolta de Princesa. Tendo imposto o recuo a 150 policiais que se encontravam nas proximidades de Canoa, o chefe princesense Zeca Ferreira persegue os governistas até Manguenza, acometendo as casas nas quais o adversário se aboletara. Mas, perdendo dois mortos e dois feridos, desiste de ocupar Manguenza, retornando para Canoa.

1.10.1822 — MANGUINHO. BA. Guerra da Independência. Pronta a 26.9, a trincheira mantida pelos brasileiros em Manguinho, na Ilha de Itaparica, faz disparar pela primeira vez a sua arma de maior alcance, um canhão de 12. Danifica a canhoneira portuguesa *Dez de Fevereiro*, integrante da flotilha que hostilizava as trincheiras nativistas.

28.12.1926 — MANSO PEQUENO ou MORTES. MT. Coluna Prestes. A três léguas da Estação Capim Branco, local de violento combate no dia 24, a Coluna faz atacar pelo seu 2º Destacamento a ponte sobre o Rio Manso Pequeno ou Mortes. A ponte estava defendida por força destacada do 16º BC, a qual se retirou, abrindo a passagem e deixando para os revolucionários dois prisioneiros, barracas e 3.000 tiros.

30.12.1614 — MARAMBAIA-RIO GUANDU. RJ. Corsários e contrabandistas. Informado da presença nas águas próximas dos navios de Joris van Spilbergen, Martim de Sá mobiliza 300 homens em seu Engenho da Tijuca e os distribui em postos de vigilância ao longo da costa. Na data, emboscou a tripulação de cinco lanchas holandesas, abicadas em busca de água. Três da lanchas foram apresadas, com 10 marinheiros, tendo morrido outros 22 ou 23. Entre os feridos aprisionados, o oficial François du Chesne.

13.6.1643 — MARANHÃO. MA. Holandeses. Lancha dos invasores, com dois canhões, foi abordada e apresada por duas lanchas portuguesas comandadas pelo alf. João da Paz.

30.1.1839 — MARANHÃO GRANDE. AM. Cabanagem. A expedição chefiada pelo 1º ten. naval Lourenço da Silva Araújo Amazonas esmagou grupo de insurgentes reunidos em Maranhão Grande, região do Tapajós, na então chamada Comarca do Rio Negro.

23.4.1945 — MARANO DI PANARO. Itália. Segunda Guerra Mundial. Expelindo a guarnição alemã, a FEB conquistou a povoação, recebida com alegria pela população. Na jornada, entrou em Vignola, principal entre as cidades à margem direita do Rio Panaro.

23.9.1827 — MARAU. BA. Guerra da Cisplatina. Ação de corsários. À altura da barra do Rio Marau, o brigue argentino *Patagones*, montando seis canhões, do mando de George Lewis, abordou a apresou o transporte *Pojuca*, dois canhões, comandado por um piloto, José Lourenço da Silva. Horas depois, o brigue *Imperial Pedro*, com 16 canhões, capitaneado pelo ten. Joaquim Leal Ferreira, alcançou corsário e presa. Atacou e apoderou-se do *Patagones*, cujo comandante morreu durante o combate. Mas o *Pojuca*, com tripulação argentina, chegou a Buenos Aires, onde foi armado em guerra, com o nome *Honor*. Alternâncias da guerra: a 22.4.1828, o *Honor — ex-Pojuca* — voltou a ser brasileiro, apresado pelo lugre *Príncipe Imperial*, do cmte. Carlos Rosé.

20.7.1646 — MARCOS ANDRÉ. PE. Holandeses no NE. Os capitães de emboscadas Francisco Lisboa, Antônio Borges da Rocha e Francisco Berenguer desbaratam corpo de holandeses em encontro nas terras do engenho de Marcos André, margem direita do Rio Capibaribe, proximidades do Recife. Alguns cronistas, baseados em textos de Rafael de Jesus, localizam esse choque no Posto dos Marcos, canal de Itamaracá.

19.2.1636 — MAR DA BAHIA. Holandeses. Cerca de 12 léguas da costa, na posição 12°30' S, os três navios *(La Concepción, San Lucas, Jesus y Maria)* somando 160 canhões, sob o mando de Lope de Hoces defrontaram oito barcos flamengos *(Salmander, Fame, Overijssel, Hollandschen Thuyn, Thertholen, Walcheren, Oudt-Vlissinghen, Maeght van Dordrecht)*, totalizando 250 canhões mas sem comando único. Alvejaram-se nesse dia e no seguinte, retirando-se os holandeses para o Recife onde os capitães foram punidos. Vários dos barcos exibiam sérias avarias e contavam mortos e feridos entre a tripulação.

2.2.1942 — MAR DO CARIBE. Segunda Guerra Mundial. O navio *Cabedelo*, saído de Filadélfia com um carregamento de carvão, despareceu sem dar sinais. Considerado perdido por ação do inimigo. Nenhum sobrevivente, nenhuma notícia.

11(?).7.1942 — MAR DO CARIBE. Segunda Guerra Mundial. O mercante brasileiro *Rio Branco*, armado com um canhão, recebeu intimação de submarino navegando na superfície para fazer alto e deixar-se abordar. Abriu fogo afastando o interpelante.

15.10.1822 — MARÉ. BA. Guerra da Independência. A defesa brasileira, dirigida pelo cap. Antônio Dias de Oliveira e Andrade, resistiu ao primeiro de vários ataques da flotilha de canhoneiras portuguesas. Nos dias 16 e 22, os barcos repetiram a tentativa de desalojar os nativistas. A 22, a ação foi estendida ao Porto de São Brás, também na Ilha da Maré, defendido pelo cap. Pedro Ribeiro.

24.2.1925 — MARIA PRETA. PR. Revolta tenentista. Na foz do Maria Preta, os tenentistas abriram trincheira no flanco das posições defensivas em que se abrigavam, no extremo oeste paranaense. Guarnecida por 70 praças do 1º Btl FV, estava sob o comando de Cordeiro de Farias. Cabia-lhe impedir progresso governista pela estrada Barracão-Clevelândia. Na jornada, foi assaltada e ocupada pelo destamento bernardista do cel. Claudino Nunes.

7.9(?).1925 — MARIA PRETA. SC. Revolta tenentista. Em rápida movimentação, o destacamento legal do cel. Claudino Pereira, lançado na perseguição da Divisão Rio Grande que se dirige para o oeste do PR, alcança e desfaz a retaguarda tenentista. Os revoltosos foram obrigados a desviar o rumo da marcha para a direção de Barracão, desistindo do melhor caminho, o de Guarapuava. O local do choque também leva o nome de Burro Morto.

25.9.1893 — MARIANO PINTO. RS. Revolta dos federalistas. Ao transpor o Passo do Mariano Pinto, sobre o Rio Ibicuí, a coluna federalista do gen. Luís Salgado teve a sua retaguarda cortada pelo repentino ataque da Divisão Norte legalista, ao mando do Pinheiro Machado.

10.11.1848 — MARICOTA. PE. Insurreição Praieira. Primeira escaramuça da campanha. Seu efeito principal foi demonstrar a disposição dos liberais.

30.11.1848 — MARICOTA (Abreu e Lima). PE. Insurreição Praieira. A vanguarda do cel. Amorim Bezerra, implacável perseguidor dos liberais, comandada pelo ten.-cel. Favila e incorporando força cearense, avançava pela estrada de Igaraçu. Em Maricota foi tão vivamente alvejada, que recuou esperando pelo grosso da tropa. Bezerra mandou ao assalto 300 homens, que tomaram as trincheiras liberais da Maricota, porém não puderam entrar nas matas de onde partia fogo muito vivo. Ao anoitecer, os governistas recuaram levando 30 feridos e deixando 15 mortos. De seu lado os praieiros voltaram para Catucá, deixando 20 mortos e levando 45 feridos.

7.10.1623 — MARIOCAÍ-GURUPÁ. PA. Holandeses na Amazônia. O fortim instalado por ordens de Bento Maciel Parente e defendido por 50 homens foi ocupado pelos holandeses liderados por Pieter Jansa, com apoio da artilharia de um barco e de atiradores ingleses e indígenas aliados dos flamengos. A posse de Mariocaí reabriu aos holandeses a penetração na área xinguana, concretizada em 1625 com a fundação do posto comercial fortificado de Mandiutuba.

26.10.1629 — MARIOCAÍ. PA. Ingleses na Amazônia. O cap. Pedro Teixeira, que a 24 havia destruído em Torrego ou Taurege o fortim inglês do mesmo nome, na viagem de retorno surpreendeu intrusos reunidos e comandados pelo cap. North, fortificando a posição estratégica de Mariocaí. Contavam com dois navios grandes, um patacho e duas lanchas. Expelido, o cap. North retira-se para a Ponta de Macapá, onde ergue o fortim de Cumaú, entrando em comércio e amizade com indígenas da região. Seria atacado e expulso a 9.6.1632, pelo cap. Pedro de Abreu. Mariocaí veio a ser Gurupá.

1.7.1647 — MARIOCAÍ. PA. Holandeses na Amazônia. Segundo Rio Branco, nas *Efemérides*, data em que o cap-mor Sebastião de Lucena Azevedo venceu e expulsou os holandeses ali estabelecidos sob a chefia de van der Goes.

19.9.1838 — MARIQUITA. MA. Balaiada. Choque entre legais e bando de balaios, sendo este dispersado.

20.2.1705 — MARTÍN GARCIA. Argentina. Junto da costa uruguaia. Segunda campanha da Colônia do Sacramento. Necessitado de aprovisionamento, o gen. Veiga Cabral, da Colônia, expediu para a Ilha de Martín Garcia, junto à costa uruguaia, dois lanchões tripulados por 25 homens sob o comando de Leonel Gama e Luís Tenório de Molina. Surpreendem a guarda dos depósitos espanhóis, matando alguns homens, aprisionando a maioria. Os poucos que puderam fugir correram a alertar o comando da ilha. Carregados de gêneros, os lanchões regressam à Colônia, sendo atacados por dois navios. Um dos lanchões foi a pique. O segundo recolheu a tripulação daquele destruído, apresou um dos barcos atacantes, pôs o segundo em fuga e chegou ao porto de destino.

22.5.1737 — MARTÍN GARCIA. Argentina. Junto da costa uruguaia. Terceira campanha da Colônia do Sacramento. Enviada do Rio de Janeiro para socorrer a Colônia sitiada, a flotilha de Álvaro de Brito do Rego foi interceptada nas proximidades da Ilha de Martín Garcia, pela frota espanhola de Juan de Bonete. Com intervalos, combateram durante os dias 22 e 23. Duas corvetas espanholas, bastante maltratadas, salvaram-se, encalhando na ilha. Brito do Rego chegou a destino.

17(?).4.1826 — MARTÍN GARCIA. Argentina. Guerra da Cisplatina. Desprotegidas, as fortificações da ilha de Martín Garcia foram dominadas, à noite, por destacamento argentino. Essa perda custou ao alm. Rodrigo Lobo o ser retirado (12.5.1826) do comando da área e levado a Conselho de Guerra.

16.9.1944 — MASSAROSA. Itália. Segunda Guerra Mundial. Pela madrugada, elementos do 6º RI da FEB fazem penetração de cinco quilômetros sob fogo da artilharia e de armas automáticas alemãs. Ocupada Massarosa pela 2ª Cia. I/6º RI ao mando do cap. Alberto Tavares da Silva. Ocupadas na jornada, também, as localidades de Bozzano e Chiesa.

29(?).5.1893 — MASSETÉ. BA. Canudos (pródromos). O mês, o ano e a caracterização do local, baseados em José Calazans (''Canudos não euclidiano'', em *Canudos — subsídios para a sua reavaliação história)*. Masseté, localidade e riacho entre Tucano e Cumbé (atual Euclides da Cunha). Ali ocorreu choque preliminar da campanha de Canudos. Destacamento policial — querem alguns, de 30 praças e outros de 80 —, sob o cap. Virgílio Pereira de Almeida, buscava deter os seguidores do pregador Antônio Maciel, por destruição ostensiva de editais afixados à porta de repartição pública. Os seguidores do Conselheiro, entre 85 e 200, conforme diferentes registros, reagiram e fizeram debandar os policiais, infligindo-lhes perdas, segundo Rui Facó. Artigo publicado em maio de 1894 no jornal *A Pátria*, de São Félix do Paraguaçu, e reproduzido por Euclides, afirma que os governamentais seriam 80 e os conselheiristas "85 homens mal armados e mal municiados". Conseqüências: o Conselheiro, então acompanhado por não mais de 200 pessoas, homens, mulheres e crianças, teria decidido fazer-se forte e fixar-se em algum sítio e seus sequazes mais ardorosos deram-se conta de que poderiam vencer representantes do governo.

29.8.1839 — MASSIAMBU. SC. Guerra dos farrapos — República Juliana. Na foz do Rio Massiambu, revolucionários rio-grandenses e catarinenses reuniram meios para a invasão da Ilha de Santa Catarina. O comando imperial antecipou e evitou a operação. Na véspera, dia 28, expediu por terra o ten.-cel. José Fernandes dos Santos Pereira, com quatro companhias de infantaria e esquadrão de cavalaria. Ao abrir da manhã, Frederico Mariath surgiu na foz do Massiambu com a escuna *Cometa*, a canhoneira *Dois Irmãos* e os lanchões números *1* e *2*. A esse tempo, o ten. Antônio Fernandes Pereira investia a concentração farroupilha na Ponta do Pinheiro, levando a escuna *Primeiro de Abril*, o patacho *Camaração* e um lanchão. Matou três dos defensores e apresou as seis grandes canoas que transportariam as tropas. Pelas 11 h, a força do cel. Santos Pereira rompeu a guarda dos farrapos e destruiu a força republicana, tomando 26 embarcações pequenas e afundando uma das maiores. Os farrapos reorganizaram-se e tentaram reocupar Massiambu nos dias 28.9 e 17.10, sendo repelidos em ambas as ocasiões. Frustrou-se o seu plano de ocupar a ilha de SC.

26.5.1840 — MATÃO GRANDE. MA. Balaiada. O cap. Joaquim Pereira Chaves Gralhada resistiu das 19 h do dia 26 às 3 da madrugada seguinte aos ataques dos insurgentes. Estes, afinal, se retiram. Gralhada recebeu ferimento grave. Choque dito também da Bela Água.

8.12.1816 — MATAOJOS. Uruguai. Guerra com Artigas. Partida de 101 cavaleiros ao mando do cap. português José Maria Cerqueira foi surpreendida e destroçada por 200 orientais do cap. Venancio Gutierrez. Entre os 68 mortos, o cap. Juan Mendoza, comandante da guerrilha de 28 homens a serviço de Portugal. Dos 101 vencidos, 51 eram lusitanos, 60 brasileiros. Caíram prisioneiros 24, salvando-se nove.

17.1.1636 — MATA REDONDA-PORTO CALVO. AL. Holandeses no NE. Choque entre as vanguardas das forças do general espanhol Rojas y Borja e do holandês cel. Arciszewsky. Supõe-se que informes exageradamente otimistas levados a Rojas depois deste encontro induziram-no ao desastrado ataque do dia seguinte.

18.1.1636 — MATA REDONDA-PORTO CALVO. AL. Holandeses no NE. O espanhol gen. Luiz de Rojas y Borja, sucessor de Matias de Albuquerque no comando do exército insurgente, enfrentou, com 1.100 soldados, os 1.300 do polonês Arciszewsky, a serviço dos holandeses. Rojas morreu na ação e sua tropa retirou-se para Porto Calvo, tendo perdido ainda 40 mortos, sendo 4 capitães; 40 feridos, sendo 3 capitães; 10 prisioneiros, inclusive Ettore de la Calce, sargento-mor dos napolitanos. No total, 200 baixas. Os holandeses contaram 40 mortos seus, três deles oficiais, e 85 feridos. Embora senhores do campo, retiraram-se para Peripueira. Robert Southey descreveu: "Apeou-se o general, e tomando um pique, meteu-se entre os lanceiros, que ainda não tinham sido rotos, e procurou sustentar a batalha; mas os portugueses debandaram e não pôde retê-los. Uma bala de mosquete feriu Rojas numa perna; no cavalo que ele teria então montado, fugira covardemente um dos seus oficiais. Tinha a face voltada para o inimigo quando recebeu nas costas outra bala que o derribou logo. Dentre a sua própria tropa partira o pelouro (...) Não podia o tiro deixar de ser acidental".

18(?).5.1840 — MATÕES. PI. Balaiada. Tendo incorporado boas adesões depois do insucesso de Frecheiras, os balaios empregaram-nas no assalto a Matões. O ímpeto do ataque e a obstinação dos defensores levou a que estes fossem mortos quando os insurretos dominaram a povoação.

18.10.1893 — MATO PORTUGUÊS. RS. Revolta dos federalistas. Nas proximidades da Lagoa Vermelha, junto do mato, coluna federalista em trânsito de Cruz Alta para Passo Fundo viu-se acometida pela força governamental do cap. Chachá Pereira, o qual cedeu a passagem depois de luta prolongada. Conseguira porém o propósito a que fora enviado: deter a retaguarda dos revoltosos até colocá-la ao alcance da tropa do cel. Salvador Pinheiro.

16.6.1623 — MATURU. AM. Holandeses. O fortim holandês do Porto de Moz, junto ao Rio Maturu, foi tomado e incendiado. Aprisionados, 14 holandeses, aliados indígenas e escravos negros. Tomada a artilharia. De um maior núcleo flamengo, a montante, partiram cinco canoas tripuladas por índios, a fim de reconhecer as razões do tiroteio ouvido. Atacadas, duas das canoas foram afundadas, mortos os tripulantes menos um, deixado livre para levar aos outros holandeses da área as duras notícias sobre o Porto de Moz.

18.9.1645 — MAURÍCIO. AL. Holandeses no NE. Cercados desde o dia 12.8 e tiroteados durante toda a manhã, os 266 holandeses chefiados por Samuel van Koyn renderam-se ao cap. Nicolau Aranha Pacheco, que se apodera do Forte Maurício, depois chamado Penedo. Perdas flamengas nos seis dias de combate: 77 homens.

14.5.1926 — MAXIXE. BA. Coluna Prestes. À saída do povoado, o Destacamento Dutra, fazendo a vanguarda, foi interceptado por trinta sertanejos ocupando trincheira transversal à estrada. Bateram-se com empenho tal que mereceram a admiração dos revolucionários. Em movimento envolvente o Destacamento João Alberto desalojou os oponentes e abriu caminho para a Coluna, ao fim de três horas de fogo. Ação chamada também de Roça de Dentro.

5.7.1836 — MAZAGÃO. PA. Cabanagem. Saindo com sua tropa da concentração do Engenho de Pernambuco, o 2º ten. Fernando Lázaro de Lima dispersou cabanos concentrados à beira do Rio Guamá.

16.10.1645 — MAZOMBOS. PE. Holandeses no NE. Na carreira dos Mazombos, depois chamada Arrombados, entre Boa Vista e Olinda, coluna holandesa em movimento foi destroçada por ataques envolventes. Os assaltantes: as companhias de emboscadas dos capitães Antônio Gonçalves, Antônio Borges Uchoa, Domingos Fagundes, Francisco Ramos, João Soares de Albuquerque, João Barbosa, Paulo Veloso e Paulo da Cunha Souto Maior.

20.12.1944 — MAZZANCANA. Itália. Segunda Guerra Mundial. A FAB — Força Aérea Brasileira — empenha-se em ação de bombardeio e aniquilamento de parte da defesa alemã na região de Mazzancana, entre Gorgolesco e Monte Castello. O bom resultado facilita para a 10ª Divisão de Montanha, americana, a ocupação da área.

1.1.1589 — MBAOPEBA. SE. Conflitos com indígenas. A aldeia que levava o nome do cacique principal da região do SE protegia-se com tríplice ordem de defesa. E, segundo as crônicas, guarnecia-se com 20.000 guerreiros. No curso da campanha portuguesa de conquista da região, foi atacada por Cristóvão de Barros e Sebastião de Farias. Na primeira linha defensiva, pereceram 300 índios de Mbaopeba. No dia seguinte, o cacique tentou alcançar vitória usando da sensível superioridade numérica. Buscou o corpo-a-corpo. Mas 60 cavaleiros portugueses levaram o pânico às linhas dos indígenas, atirando seus animais contra elas. Mbaopeba escapou mas no campo ficaram mortos 1.000 dos seus e 400 aprisionados.

3.2.1756 — MBATOBI. RS. Guerra guaranítica. Bem sucedido a 27(?).1. em San Agustin contra a vanguarda do exército luso-espanhol, o líder guarani Sepe Tiaraju prosseguiu na campanha de hostilização e retardamento dos colonialistas. Com 350 companheiros infligiu 12 baixas aos europeus. Foi este o último êxito dos índios insubmissos às coroas ibéricas. A 7.2. em Vacacai, os nativos foram varridos do campo, e no dia 10, já sem o Tiaraju, absolutamente esmagados em Caiboaté.

6(?).11.1648 — MBOIMBOI. MS. Bandeiras. Dirigindo 200 brancos e mamelucos e 1.000 tupis frecheiros, Antônio Raposo Tavares assaltou a redução de Mboimboi, região do Itatim, enquanto seu lugar-tenente André Fernandes realizava ataque diversivo na área de Maracaju e Terecañi. O padre Cristóvão de Arenas, superior de Mboimboi, montou inútil contra-ataque, durante o qual foi morto. Caindo a redução, Raposo Tavares obteve acima de mil prisioneiros.

11.3.1641 — MBORORÉ ou ONZE VOLTAS. Argentina, Corrientes. Bandeiras. Maior derrota militar do bandeirismo, Mbororé ou Onze Voltas ou Pinhais de Santa Teresa limitou a penetração seiscentista para o sul e o sudoeste. O Mbororé é tributário do Rio Uruguai pela margem direita. A bandeira de Domingos Barbosa Calheiros, tendo como segundo comandante Brás Rodrigues de Arzão, foi localizada pelos vigias missioneiros, em avanço sobre a populosa redução de Nossa Senhora da Assunção, no Mbororé. Segundo o padre Rodero *(Lettres Édifiants)*, saíra de São Paulo com 900 canoas, 800 mamelucos e 6.000 tupis; todos armados com espingardas, flechas, lança e funda. O padre Ruyer registra 130 canoas, 300 brancos e 600 tupis mais as guarnições de remadores. Taunay aceita estes números, elevando para quase 300 o de canoas. Contra eles, os guaranis, chefiados no campo pelo cacique Inácio Abiaru, somavam 4.000, 300 dos quais dotados de espingardas. O padre Ruyer anota para a batalha fluvial 70 canoas e 300 combatantes missioneiros. O grosso dos defensores da redução foi disposto nas matas ao longo do rio. Abiaru avançou com seis canoas pelo Rio Acaraí, interpelando e admoestando os escravagistas. Enganados pela frágil apresentação e pelos lamuriosos apelos do cacique, os bandeirantes continuaram o avanço, para serem, na confluência do Mbororé com o Uruguai, surpreendidos e envolvidos pela flotilha dos neófitos. Às 14 h, Abiaru, em uma ''balsa fuerte y bien acomodada con sus parapetos'', iniciou o combate fazendo disparar um canhão de taquaruçu. O tiro, de metralha e rasante, avariou barcos e matou muitos brancos e tupis das três primeiras canoas. Jerônimo Pedroso desembarcou uma coluna de espingadeiros e frecheiros visando a envolver os guaranis, porém deparou com boa defesa organizada e comandada pelo irmão Domingos Torre. Da paliçada guarani os tiros desciam sobre os bandeirantes "como granizos". Ao cair da noite, contando elevadas baixas entre mamelucos e índios, tendo perdido 14 canoas, o estandarte com a efígie de Santo Antônio, armas e munições, os paulistas refugiaram-se em platô vizinho, erguendo cerca prontamente posta em assédio pelos missioneiros que também levantaram contracerca. No dia imediato, 12, a flotilha guarani bloqueou o acesso ao Rio Uruguai. Três sortidas dos bandeirantes, durante cinco dias, foram rechaçadas, pois 3.000 índios comprimiam-se ao redor da cerca, revela Taunay. Sitiados, com seus tupis desertando aos magotes, os bandeirantes tentaram destruir 250 canoas restantes, cifra de Taunay. Dessa intenção resultou segundo combate fluvial, sendo propósito dos guaranis o apresamento dos barcos. Ocorreu a debandada dos sitiados, em mísera situação e sob apertada perseguição dos vencedores. C. Lugon, baseado em documentos jesuíticos, atribui aos missioneiros seis mortos e 40 feridos. O padre Rodero afirma que menos de 300 dos saídos de São Paulo para ali voltaram. Conseqüência: as derrotas de Mbororé e Caasapaguaçu (12(?).8.1639) desviaram a corrente bandeirista para o oeste. Em Mbororé parou a fronteira da América portuguesa. A localização geográfica do Mbororé é a do ten.-cel. Souza Docca.

22.3.1941 — MEDITERRÂNEO ORIENTAL. Segunda Guerra Mundial. Na lat. 32°43' N e long. 30°51' O, o mercante *Taubaté,* navegando de Chipre para Alexandria, foi bombardeado e metralhado por avião germânico, embora ostentasse a bandeira nacional pintada em ambos os bordos. O ataque provocou 13 feridos e um morto, o conferente José Francisco Fraga.

23.6.1842 — MENDANHA-SERRO. MG. Revolta dos liberais. Dias antes, grupo liberal ocupara o povoado de Mendanha e guarnecera a ponte que lhe dava acesso. Governamentais reunidos no Serro, sede do distrito, e em Diamantina, atacaram durante a noite de 23, aproveitando a distração levada aos revoltosos pelos festejos de São João. Reocuparam Mendanha, perdendo no ataque três mortos e muitos feridos.

25.8.1650 — MENDONÇA. PE. Holandeses no NE. Na estância do Mendonça, arredores do Recife, forte ataque holandês foi repelido pela companhia de emboscadas do cap. Antônio Borges Uchoa.

4.1.1837 — MENDONÇA. RS. Guerra dos farrapos. Em fase de apoio ao governo imperial, Bento Manoel Ribeiro, que vencera os farroupilhas em Candiota, luta pela segunda vez na jornada. No Passo do Mendonça, sobre o Rio Camaquã, atacou os republicanos encabeçados por Agostinho de Melo, então em retirada. Os farrapos deixam 10 mortos na difícil travessia do Passo.

1.8.1818 — MERCEDES. Uruguai. Guerra com Artigas. A escuna *Maria Isabel,* do 2º ten. Valadim, e duas lanchas artilhadas bombardeiam a posição artiguista sobre o Rio Negro. Apresaram duas balandras e puseram em retirada a guarnição inimiga, 200 soldados.

22.8.1825 — MERCEDES. Uruguai. Guerra da Cisplatina. Informado de que o gen. Abreu avançava à testa de 1.200 milicianos, o uruguaio Frutuoso Rivera planejou enfrentar o brasileiro quando da travessia do Rio Negro. Para tanto, deveria ocupar Mercedes, defendida pela guarnição ao mando do ten.-cel. Francisco de Paula Avela Cabriga e do ten. Cipriano José Pires. Rivera atacou à frente de 500 homens sem lograr vencer a resistência de Mercedes, que teve a apoiá-la a canhoneira *Dom Sebastião.* Frutuoso Rivera retrocedeu para o arroio Aquila onde, a 4.9, seria desbaratado pela força chefiada por Bento Manoel Ribeiro.

18.6.1865 — MERCEDES. Paraguai. Guerra do Paraguai. Duas léguas abaixo do Riachuelo, junto à barra do Empedrado, o gen. Robles ergueu fortificação com que esperava reparar o desastre da batalha do Riachuelo, obstando os movimentos da esquadra brasileira. Mercedes dispunha de 36 canhões apoiados por extensa linha de atiradores dos batalhões números 20, 21 e 23. Sob a barranca encalhara o casco do ex-brasileiro *Marquês de Olinda,* arietado a 11.6. Indo incendiá-lo, gente do navio *Araguari* percebeu as obras em construção pelo inimigo. Barroso, prontamente, decidiu pela descida da esquadra que passava a correr o risco de ficar imobilizada e de encalhar rio acima, diante da baixa das águas. Pela manhã de 18, os barcos que haviam tomado parte na batalha do Riachuelo, menos a *Jequitinhonha* e a *Itajaí,* desfilaram diante de Mercedes, duelando com as forças de terra, desmontando várias peças e causando perdas humanas não conhecidas. Ao fundear no Chimboral, 15 léguas abaixo de Corrientes, a esquadra avaliou avarias nas obras vivas e perdas em homens: 14, mortos e feridos. Entre eles, o CT Bonifácio Joaquim de Santana, comandante da *Beberibe,* falecido no dia 20, por efeito de ferimentos recebidos a 18.

15.5.1817 — MEREPE/PINDOBA. PE. Revolta nativista. O cap. Antônio José dos Santos, das milícias de Penedo, atravessou o Rio Merepe com seus quase 300 homens e surpreendeu de forma completa o destacamento republicano de Domingos José Martins, membro do governo revolucionário instalado no Recife, o qual foi aprisionado. Santos levava duas companhias de infantaria, duas de pardos de Penedo e uma de caboclos de Atalaia. Também se dá a esta surpresa o nome de Pindoba, relativo ao engenho próximo.

19.9.1944 — MESCHINO—CUOCO. Itália. Segunda Guerra Mundial. O 2º Btl do 6º RI, do maj. Abílio Pontes, domina as alturas, cerrando sobre as avançadas da Linha Gótica, principal esforço defensivo alemão contra a progressão aliada rumo ao norte italiano.

?.8(?).1713 — MESSEJANA. CE. Choques com indígenas. Desesperados ante a dureza da guerra que lhes movera o mestre-de-campo Moraes Navarro, os índios paiacus juntaram-se aos anacês e aos jaguaribaras. A população da vila de Aquiraz abandonou-a em pânico ante a aproximação dos magotes de guerreiros. Estes alcançaram os fugitivos na localidade de Messejana, matando cerca de duzentas pessoas. Foi a mais dura agressão praticada pelos paiacus, senhores de tradição de belicosidade desde 1666 quando assaltaram Pucabura, junto de Messejana; 1671, ano em que investiram Porangaba; 1695 quando se amotinaram contra a decisão de aldeá-los em Araré.

17(?).10.1823 — MIGUELETE/MONTEVIDEO. Uruguai. Guerra da Independência. Junto de Montevideo, o arroio Miguelete separava as forças brasileira e portuguesa disputando a capital e com ela a sorte da guerra. Os brasileiros, sitiantes, repeliram cavalarianos portugueses lançados à tentativa de romper o assédio. Batismo de fogo de Manoel Luís Osório, alistado na Legião de São Paulo.

27.6.1925 — MINEIROS. GO. Coluna Prestes. Às margens do Rio Verdinho, o destacamento governista às ordens do maj. Bertoldo Klinger, reforçado por policiais mineiros, alcançou e tiroteou a retaguarda da Coluna. Duas horas de fogo, perdendo os tenentistas um morto e vários feridos. Klinger lutava desde o dia 17, quando fora cercado pelo mesmo adversário do dia 27. Apenas levantado o cerco, requisitara veículos, automóveis e conseguira alcançar o adversário. Combate também chamado do Rio Verdinho.

10.11.1645 — MINGAU. PE. Holandeses no NE. Vidal de Negreiros e Fernandes Vieira comandam a defesa do engenho Mingau, no Jiquiá, arredores do Recife. Os holandeses atacam sob a chefia do comandante geral, cel. Joris Garstman. A vitoriosa jornada foi fixada por alguns historiadores no dia 9, porém o Barão do Rio Branco mantém o 10 baseado em boa documentação.

1.11.1651 — MINGAU. PE. Holandeses no NE. O cap. Aguiar, com sua companhia de emboscadas, surpreende coluna holandesa marchando entre o engenho Mingau e o Forte Prinz Willen.

12.11.1653 — MINGAU. PE. Holandeses no NE. Nas vizinhanças do engenho Mingau, estância do Aguiar, o cap. Francisco Pereira Guimarães investiu e fez debandar grupo de holandeses que se dirigiam ao Forte de Afogados. Quatro dias mais tarde repetiria a operação com igual sucesso.

25(?).5.1867 — MIRANDA/NIOAQUE. MT. Guerra do Paraguai. Retirada da Laguna. O comboio de mais ou menos 20 carretas (38 disseram os paraguaios) com víveres, remédios, fardamento e munições, que de Miranda retornava a Nioaque uma vez informado da retirada da coluna do cel. Camisão, foi atacado e destroçado pelos invasores. Graves reflexos na tropa a que deveria ter socorrido.

4.4.1870 — MIRANDA. MT. Guerra do Paraguai. A coluna do cel. Bento Martins, destacada das forças do gen. Câmara para fechar o cerco sobre Solano Lopez, entrou em território brasileiro pela fronteira do Apa. Na região atuava o general paraguaio Bernardino Caballero com seus derradeiros cem comandados. Quase todos desmontados, procuravam provisões para El Supremo. O cel. Martins acometeu Caballero em terras da fazenda Cândido Oliveira. Caballero deixou o campo tendo ali perdido a sua espada. No dia 8, próximo de Bela Vista, convencido da morte de Lopez, rendeu-se, com 54 soldados, ao maj. Francisco Xavier Marques. Em *Cartas da Campanha*, capítulo XXI, Taunay situa o combate de Miranda no dia 28.2.

4.2.1916 — MIRANDA. MT. Pronunciamento do major Ferreira. Força estadual ao mando do cel. José Alves Ribeiro Filho (coronel Zélito) derrotou de forma definitiva os seguidores do major Antônio Gomes Ferreira da Silva que em Bela Vista havia se declarado em revolta contra a posse do general Albuquerque na chefia do executivo mato-grossense. Data e nomes apontados por Silvestrini e Guimarães.

29.5.1840 — MIRITIBA. MA. Cabanagem. O cap. Domiciano José Aires, a cargo da defesa de Miritiba, resiste vitoriosamente a ataque de cabanos.

29.1.1635 — MIRITIBI. PE. Holandeses no NE. Conduzindo forte destacamento de holandeses e índios auxiliares, o cel. Arciszewsky avança na direção do Monte Miritibi. O cap. Martim Soares Moreno escaramuça e retira-se, indo reunir-se ao destacamento principal de Matias de Albuquerque. Para os holandeses, jornada vitoriosa.

15.9.1824 — MISSÃO VELHA. CE. Confederação do Equador. Derrota que, somada à sofrida junto do Rio do Peixe, fez desaparecer a força militar da Confederação naquela província. Em decorrência, a comissão militar chefiada pelo ten.-cel. Conrado Jacob de Niemeyer instalou-se na capital para julgar os chefes confederados.

22.6.1832 — MISSÃO VELHA. CE. Insurreição restauradora. O presidente da província, José Mariano de Albuquerque Cavalcanti, derrota o cel. Pinto Madeira, cabeça da insurreição eclodida no Crato.

3.11.1832 — MISSÃO VELHA. CE. Insurreição restauradora do Crato. José Machado do Nascimento, último cabecilha à frente de revoltados, levou ataque à vila, dispersando a tropa ali estacionada. Êxito esvaziado no conjunto da campanha pela capitulação geral dos políticos e combatentes restauradores. Combates também em Macapá (depois Jati), Barbalha, Icó, Cachoeirinha.

?.9.1554 — MISSÃO DOS CARIJÓS. SC. Choques com indígenas. Carijós e tupis assaltaram a missão estabelecida um mês antes pelos jesuítas. Foram ostensivamente mortos os padres Pedro Correia e João de Souza e o leigo Fabiano.

7.5.1926 — MOCUGÊ. MG. Coluna Prestes. Com 50 homens e fazendo a vanguarda, o maj. Ary Freire foi atacado pelos flancos e pela frente por aproximadamente 400 sertanejos mandados pelo chefe político Doca Medrado. O combate durou das 9 h até a noite. Djalma Dutra levou ao combate seus 250 soldados, o ten. Celestino Ferreira ocupou o morro dominante e Ary Freire pôde retirar o seu contingente, levando seis feridos. A perseguição dos sertanejos prosseguiu, com forte tirotear, por duas léguas de caminho.

?.11.1593 — MOGI-MIRIM. SP. Choques com indígenas — Bandeiras. A bandeira de Domingos Luiz Grou e Antônio de Macedo (filho de João Ramalho), regressando a São Paulo depois de quatro anos no sertão do rio São Francisco, foi acometida pelos índios *bongi* ou *mongi*, morrendo quase todos os integrantes, incluso os dois chefes. Local: proximidades da confluência no atual rio Piracicaba (então Jaguari) e do Tietê (à época, Anhembi).

4.9.1932 — MOGI-MIRIM. SP. Revolução Constitucionalista. Num dos últimos movimentos ofensivos dos governistas no setor norte, a força federal rompeu as linhas defensivas e ocupou a cidade fazendo prisioneiros e tomando farto material.

20.9.1932 — MOGI-MIRIM. SP. Revolução Constitucionalista. Esquadrão aéreo revolucionário denominado ''Gaviões de Penacho'', pilotos Lysias Rodrigues, Gomes Ribeiro e Mota Lima, empregando bombas e rajadas de metralhadoras, destruíram cinco aviões ''vermelhinhos'' dos governistas que se encontravam pousados. Causaram 36 baixas entre o pessoal de serviço. O relato é de Lysias no livro que leva o nome do esquadrão.

11.8.1840 — MOMBABA. CE. Cabanagem. Grupo de cabanos operando na Serra do Mombaba foi surpreendido e batido pela força do maj. Inácio Pinto de Almeida Castro.

?.7.1796 — MONDEGO/IAPEPÓ. MT. Conflitos de fronteiras. Em 1791, ato do governo de MT decidira serem cidadãos brasileiros os indígenas guaiás e mbaiás ou guaranis de áreas reclamadas pelas autoridades de Asunción. Estas, em resposta, enviaram soldados e índios auxiliares para destruir os aldeamentos, expulsando seus habitantes. Esta ofensiva seria repetida em 1897 contra os guaranis retornados à região.

1.8.1624 — MONSERRATE. PE. Holandeses no NE. O capitão de emboscadas Manuel Gonçalves atacou e venceu destacamento holandês que escoltava o comandante do Forte de São Felipe de Itapagipe, gen. Lol.

13.3.1823 — MONTE ALEGRE. PA. Cabanagem. Bando de revoltados atacaram pela madrugada, dominando e saqueando tão ferozmente a vila que chegaram a aprisionar três das personalidades locais, matá-las, retalhar seus corpos e ligá-los a caudas de cavalos que os arrastaram pelas ruas.

20.3.1823 — MONTE ALEGRE. PA. Cabanagem. Ocupada e saqueada desde

13, foi alvo de tentativa de recuperação por forças saídas de Santarém e Óbidos. Chegando à vila por volta de três horas da madrugada, a tropa decidiu aguardar o dia. Descansou, sendo surpreendida por violento assalto daqueles a quem iria assaltar. Perdeu vários homens, entre os quais um tenente, muitas armas e 30 feridos. O governo convocou reforços, enviou-os e também artilharia e três escunas, além de novo comandante, o ten.-cel. José Coelho de Miranda Leão. Este preferiu parlamentar e chegou a acordo com os rebeldes em relação ao domínio da vila.

3.2.1852 — MONTE CASEROS. Argentina. Campanha contra Rosas. Também chamada Batalha da Quinta dos Santos Lugares, periferia de Buenos Aires. Episódio principal e final da campanha contra Rosas. Este alinhara seu exército de 10.000 infantes, 15.000 cavaleiros, 1.000 artilheiros com 60 canhões e três estativas de foguetes, à frente dos aliados seus adversários: 20.000 argentinos de Corrientes e Entre-Rios, 4.000 brasileiros e 1.700 uruguaios, o chamado Grande Exército Libertador da América do Sul, sustentado também por 50 canhões. Os rosistas, na descrição de Gustavo Barroso, "formaram extensa linha em ângulo obtuso com o arroio Morón, apoiada em Caseros e nos Santos Lugares. Artilharia protegida por parapeitos, atiradores escolhidos dispostos nos edifícios. Na reserva, duas divisões de cavalaria. Os aliados também estenderam-se em linha, na lomba fronteira: à direita, os uruguaios, no centro os brasileiros, à esquerda os entrerrianos e correntinos reforçados pelos brasileiros do 2º de cavalaria, de Osório. Desejoso de combater segundo um plano e não aos azares de uma carga ao sistema gaúcho, Marques de Souza reuniu conselho de oficiais, participando, além dele, Pirán, Galán, Sarmiento e Mitre. Os rosistas iniciaram a batalha, pelas seis horas, com uma chuva de balas rasas. Urquiza carregou sobre o flanco esquerdo da defesa já castigado pelas baterias de Chilavert e atiradores. Mas o uruguaio Cesar Dias susteve o seu avanço, pois a infantaria de Galán tardava a mover-se. Coube ao "Boi de Botas", o 1º de artilharia a cavalo, levado por Gonçalves fontes, bater a artilharia, o entrincheiramento e as paliçadas rosistas. Sob a sua proteção avançou uma companhia de mercenários atiradores alemães com fuzis de agulha modelo prussiano Dreise 1841. Com eles progrediram os batalhões de caçadores brasileiros que, a baioneta, expulsaram os atiradores, tomaram as casas de sotéia e o pombal fortificados. Os uruguaios de Cesar Dias e os argentinos de Galán atacaram. Às 11 h o centro rosista foi rompido e a esquerda recuou. Osório lançou a sua carga, arrebatando a única bandeira conquistada no dia. A batalha terminou. Foram tomados pelos brasileiros 40 canhões, 2 das estativas, 2.000 prisioneiros e 3.000 cavalos. Rosas dirigiu-se ao porto de Buenos Aires, subiu a um navio e viajou para Londres.

24.11.1944 — MONTE CASTELLO. Itália. Segunda Guerra Mundial. Os aliados, IV C. Ex. americano, atacaram a linha defensiva alemã estendida sobre os Apeninos. O gen. Paul Rutledge fez avançar a sua Task Force 45, integrada por unidades americanas e inglesas de artilharia antiaérea e pela 92ª DI estadunidense formada por soldados negros, brasileiros, "partiggiani" italianos. Brasileiros nessa formação: um batalhão do 6º RI e esquadrão de recolhimento mecanizado. A artilharia divisionária deu cobertura à operação. A TF 45 ocupou a povoação de Corona, encosta do Monte Belvedere, que perderia durante a noite de 28, comprometendo com isso o assalto brasileiro ao Monte Castello.

25.11.1944 — MONTE CASTELLO. Itália. Segunda Guerra Mundial. A Task Force 45, sob a chefia do gen. Paul Rutledge, repetiu a tentativa feita na véspera de expelir os alemães dos Montes Apeninos: Belvedere, Castello, Torracia. Atuaram elementos de infantaria, reconhecimento e artilharia da Força Expedicionária Brasileira, sofrendo pesadas baixas.

29.11.1944 — MONTE CASTELLO. Itália. Segunda Guerra Mundial. Às 7 h, sob chuva que impediu o apoio aéreo e em terreno lamacento o bastante para inviabilizar o emprego de carros blindados, precedida por viva preparação de artilharia cumprida por dois grupos, a FEB atacou o Monte. À testa, pelo oeste, o 1º/I RI, Uzeda; a este ou direita, o 3º/11º RI, Cândido e os 3º/6º RI, Silvino. Enfrentaram barragem de morteiros e canhões alemães. Até às 12 h o avanço foi promissor, porém a atuação da artilharia inimiga e contra-ataque em Abetaia obrigaram o batalhão Uzeda e refluir para o ponto de partida, fazendo regressar também o outro batalhão. Relato do adversário refere que seus canhões fizeram 6.400 disparos sobre os brasileiros. Baixas da FEB: 190. Os registros alemães anotaram, de sua parte, a perda de três mortos e nove feridos. Depois dos insucessos dos ataques de 24 e 25, o assalto de 29 foi responsabilidade da 1ª DIE, comando do gen. Zenóbio da Costa, desfechado apesar do inconveniente de haverem os alemães reconquistado aos norte-americanos, durante a noite de 28, o vizinho Monte Belvedere, dali vulnerando o flanco do atacante.

6.12.1944 — MONTE CASTELLO. Itália. Segunda Guerra Mundial. A elevação — ponto 101/19 nas cartas alemãs relativas aos Montes Apeninos — atuava como posição avançada do bastião principal que era o Monte Torracia, sendo o também vizinho Monte Belvedere o dominante e centro do sistema defensivo germânico. O Monte Castello estava guarnecido por elementos do II/RI 1043, da 232ª Divisão do XIV exército alemão. Na jornada, a artilharia brasileira bombardeou aquelas posições, conseguindo impactos e destruindo pontos de apoio da defesa, particularmente a casamata Vitellina. A tomada daqueles montes era necessária para o avanço em direção a Bologna, do IV C. Ex. americano do gen. Mark Clark.

12.12.1944 — MONTE CASTELLO. Itália. Segunda Guerra Mundial. Depois dos insucessos de 24, 25 e 29 de novembro, a FEB montou outro assalto ao Monte Castello, na linha de posições montanhosas que sustentavam a defesa alemã dos Apeninos contra IV C. Ex. americano na sua ofensiva sobre Bologna. Às 6 h, o 1º/I RI, batalhão Franklin, partiu, com céu fechado, impedindo a ação da aeronáutica, sobre terreno lamacento e visibilidade de 50 metros. Meia hora depois, alcançou a linha La Roncole-Casa Guanella. Pelas 7 h, quando a artilharia alemã ajustou seus fogos sobre a onda atacante, começou a progressão do Batalhão Syzeno. Pouco mais tarde seguiram duas companhias, a 4ª e a 6ª do 2º/I RI, batidas desde logo por fogos de morteiros, devendo ceder o terreno já coberto. Pelas 7:20 h, metralhadoras acionadas em Abetaia passaram a castigar a 4ª companhia enquanto barragem de morteiros fixou o 2º/II RI na baixada Casa Guanella-La Cá-Vitellina. O 1º/2º RI ocupava Falfore e o comandante do Grupamento de Ataque, verificando a crítica situação do Batalhão Syzeno, enviou à frente o batalhão reserva. Mesmo percebendo paralisados os vizinhos, o batalhão Franklin superou a zona de barragem e passou à escalada do Castello. Alguns soldados conseguiram atingir o cimo e ali morreram fulminados pela defesa. (Dois meses mais tarde, quando da conquista do topo [21.2.1945], seus corpos foram encontrados, insepultos.) Atingido por fogos frontais de curta distância e por tiros de revés disparados de Mazzancana e Fornaci, o batalhão Franklin recuou. Por sua vez o batalhão reserva não conseguira avanço suficiente para alterar a situação. Foi dada ordem de retirada ao Regimento Sampaio, depois de cinco horas de luta. O dia custou à FEB 140 baixas. Os alemães anunciaram terem feito 8 prisioneiros, entre os quais um oficial. As suas baixas: seis mortos e seis feridos.

21.2.1945 — MONTE CASTELLO. Itália. Segunda Guerra Mundial. Às 5:30 h teve início o ataque do Regimento Sampaio, com a 1ª Cia. do 9º Btl e dois pelotões de tanques americanos. O batalhão Franklin, do I RI, em ataque frontal, e o Uzeda — experiente da jornada de 29.11.1944, em progressão flanqueante. Como o avanço decorresse satisfatório, às 9 h o cel. Caiado de Castro enviou na esteira das primeiras tropas a 5ª Cia. do I RI, conduzida pelo cap. Valdir Sampaio. Os batalhões recebiam, alternadamente, o apoio da artilharia dirigida pelo gen. Cordeiro de Farias. A 10ª Divisão de Montanha americana, que deveria fazer marcha envolvente visando Belvedere e Torracia, enfrentou fortíssimo fogo defensivo alemão e progrediu menos. Às 14:30 o batalhão Uzeda atingiu as cotas 930 e 875, ultrapassando o baluarte alemão de Congé. A esse tempo, o 3º/I RI venceu o ponto fortificado de Fornelle. Foi quando cel. Caiado empenhou o 2º/I RI, menos a 5ª Cia., com o que reforçou a pressão sobre o sudoeste do Castello. Pelas 17:20, a defesa alemã desordenou-se e os primeiros homens do Regimento Sampaio instalaram-se no topo do Monte, afinal conquistado. O comando da FEB montou para a jornada as seguintes manobras, além da ofensiva direta a cargo do Regimento Sampaio e do cel. Aguinaldo Caiado de Castro: ação secundária, limitada, desenvolvida pelo 2º/11º RI, batalhão Ramagem; postura defensiva prevendo a manutenção de posições não envolvidas na ofensiva principal. O 9º batalhão de engenharia, cel. José Machado Lopes, responsabilizou-se pela limpeza dos campos de minas e pela conservação e estabelecimento das estradas. A vitória do Monte Castello cobrou, no dia 21, 87 baixas e impôs 23 aos alemães, que tiveram 23 dos seus capturados.

18.11.1944 — MONTE CAVALLARO. Itália. Segunda Guerra Mundial. O destacamento Nelson de Mello, que a 16 ocupara o Monte e mais a posição de Affrico, defendeu-as nos dias 18 e 19 contra golpes-de-mão dos germânicos.

3.8.1645 — MONTE DAS TABOCAS. PE. Holandeses no NE. Chegou aos insurgentes a informação de que o ten.-cel. Hendrick van Hauss saíra do Recife com numeroso contingente. O cap. Antônio Dias Cardoso passou com sua gente de Maciape para o Monte das Tabocas disposto a investir contra os neerlandeses. Repartiu 1.000 homens em quatro companhias, emboscadas pelos tabuleiros entre a vegetação. O cap. Fagundes levou pequeno contingente até o Rio Tapacurá com o propósito de espicaçar, fingir resistência e recuar atraindo o inimigo para o cenário da emboscada. João Fernandes Vieira, com a reserva, postou-se na colina. Fagundes fez sua parte, fustigou flanco e frente do inimigo e deixou parecer que recuava quando Hauss lançou mais tropa contra ele. Hauss passou pela primeira linha de emboscadas e percebeu o que ocorria ao defrontar-se com a segunda. Mudou de orientação, promovendo ataque pelo flanco. Assim, conseguiu tomar pé no monte. Foi quando Fernandes Vieira desceu e meteu o holandês entre dois fogos. O combate tornou-se corpo-a-corpo, terminando ao anoitecer com a vitória completa dos nativistas, tendo os derrotados se retirado para São Lourenço da Mata. Primeira vitória expressiva da insurreição, deu grande moral aos insurretos. Baixas: segundo Sousa Ferreira, os vitoriosos teriam perdido 60 homens, incluindo os capitães João Paes Cardoso, Mateus Ricardo e alf. João de Matos. Aos derrotados atribuiu 350 baixas. Rio Branco dá 28 mortos e 37 feridos para os locais. Quanto às dos flamengos menciona o *Journael*, de Arnheim, edição de dois anos mais tarde, que menciona 30 a 40 mortos e 163 feridos.

26.1.1840 — MONTEIRO. PI. Balaiada. Nas vizinhanças de Paranaíba, sítio do Monteiro, o caudilho Ruivo teve seu bando fustigado e debandado pelo chefe legalista Francisco Dias Carneiro.

1.12.1848 — MONTEIROS. PE. Insurreição Praieira. Os revoltados atacam, sem sucesso, a estratégica posição defendida pelos governamentais do cap. João dos Passos Nepomuceno.

15.4.1945 — MONTELO-COTA 927-COTA 888. Itália. Segunda Guerra Mundial. Distendendo o esforço ofensivo que na véspera resultara na conquista de Montese, destacamento brasileiro avança contra o triângulo Cota 927-Montelo-Cota 888. O Batalhão Cândido, muito empenhado na dura jornada anterior, solicitou permanecer à frente, cancelada a sua substituição, honra que lhe foi concedida. Às 9:45 h, o ataque desferido pela FEB foi contestado pelo inimigo, com maior determinação do que na véspera. Os batalhões Syzeno e Lisboa atuaram pelos flancos do batalhão Cândido. Lutou-se até bem depois do anoitecer, sem a obtenção de progresso significativo. Durante a noite, depois de sofrer cerca de 100 baixas devidas à artilharia alemã, o batalhão Cândido foi substituído pelo Silvino. Essa área de combate recebia mais tiros germânicos do que toda a frente do IV Exército. A ação alongou-se até o dia 17.

8.7.1923 — MONTENEGRO. RS. Região do Vale do Taquari. Nas proximidades, o chefe libertador Higino Pereira foi atacado por contingente da Brigada Militar. Resultado indeciso, ambos os lados dizendo-se vitorioso e apontando baixas elevadas para o adversário. Mas Higino abandonou a campanha, não mais combatendo até o armistício.

26.9.1944 — MONTE PRANO. Itália. Segunda Guerra Mundial. A artilharia da Força Expedicionária Brasileira termina a destruição, iniciada a 21, das fortificações alemãs daquele monte, ocupado na jornada pelo 6º RI. Larga repercussão nos círculos aliados. Monte Prano fica entre o Mar Tirreno e o Vale do Rio Serchio.

6.4.1827 — MONTE SANTIAGO. Estuário do Prata, costa argentina. Guerra da Cisplatina. Pressionado a contestar o cerrado bloqueio imposto pela esquadra brasileira, o alm. Brown, comandante chefe da frota argentina, planejou reunir alguns dos seus barcos aos navios corsários baseados na Patagônia. Em seguida, hostilizar com esse enxame a imensa costa brasileira, atraindo, necessariamente, para combatê-los, muitos dos que bloqueavam Buenos Aires. À noite deixou o fundeadouro com o *Republica*, o *Independencia*, o *Congreso*, a *Sarandi*. A corveta-vigia brasileira, *Maceió*, alertou a esquadra usando canhão e sinais luminosos. Prontamente moveram-se a *Liberal* e os brigues da segunda divisão, fundeados a oito milhas do canal exterior do porto. Os argentinos largaram todas as velas buscando o oceano. Às duas da madrugada os imperiais abriram fogo, esforçando-se por meter os perseguidos entre a fila de brigues e a costa emparcelada. A *Maceió* ocupou-se com o *Congreso*, que deixou a linha dos seus metendo-se entre os bancos e procurando refúgio na Enseñada. O *Independencia* e o *Republica*, infletindo pelo mesmo rumo, encalharam entre as pontas de Palo Blanco e Confisco. A *Sarandi*, valentemente, postou-se ao lado daqueles, para juntar seus fogos à sua defesa. O duelo de artilharia e as manobras de salvamento e destruição duraram horas. Pela tarde do dia 7, surgiu a esquadra do alm. Pinto Guedes, mas de todos os seus poderosos barcos somente o *Pirajá*, de João das Botas, e o *Independência ou Morte*, por serem de menor calado, puderam aproximar-se do inimigo. Durante a noite o vento mudou, empurrando da Colônia do Sacramento seis pequenas escunas capazes de navegar sobre os bancos. Com o chefe Norton a bordo de uma delas, foi preparado o ataque final aos adversários encalhados, enquanto os navios de alto bordo fechavam a rota de fuga. As escunas voltearam os argentinos, batendo-os com artilharia até às 14 h, quando passaram à abordagem. O *Independencia* arriou a bandeira, o *Republica* defendeu-se bem mais foi dominado. O alm. Brown, com ferimento em uma coxa, passou-se para a *Sarandi* e regressou a Buenos Aires. Os barcos encalhados, pela impossibilidade de recuperação, acabaram incendiados. A conseqüência maior desta batalha, que praticamente liquidou a esquadra platina, foi haver dado ao Brasil, durante um século, a supremacia naval na América do Sul. Baldrich, na sua *Guerra del Brasil,* escreveu: "El movimiento de Brown fué observado por los bloqueadores, que esa misma noche se pusieron en franquia para cerrarle el paso con 18 naves (entre ellas las fragatas *Imperatriz y Paula)* preparando asi el desigual y reñido combate de Monte Santiago, que, por una serie de incidentes fatales y la enorme desproporción de fuerzas, resultó un desastre aun que glorioso para la escuadrilha argentina".

14.4.1945 — MONTESE. Itália. Segunda Guerra Mundial. Pelotões reforçados por turmas de mineiros e com apoio de artilharia iniciaram a conquista de Montese, às 10:15 h. A reação alemã não impediu a tomada de Possessione por um pelotão da 6ª Cia. do 2º/I RI. Em seguida, caíram Creda e Paravento. O ataque real ocorreu às 13:30, em seguida a compacta preparação artilheira e contando com apoio de blindados e de elementos fumígenos de companhia americana de Morteiros Químicos. O 2º RI progrediu levando em primeiro escalão os batalhões 1º e 3º. Este, incumbido do esforço principal, sob o maj. Cândido Alves da Silva, atacou Casone-Cemitero La Torre-Costa 927. O batalhão 1º/II RI, maj. Lisboa, atuou sobre o eixo Montaurigola-Montese-Doccia e o 2º/I RI, na direção Possessione-Cá di Bertolino. O II RI e o batalhão Syzeno marcharam sobre Serretto, sustentados por tanques e artilharia do gen. Cordeiro de Farias. Pelas 15 h o batalhão Lisboa penetrou em Montese, desorganizando o dispositivo alemão. Meia hora depois, o II RI apossava-se de Serretto e aproximava-se de Paravento. A infantaria brasileira e os blindados americanos superavam as vertentes meridionais do Montebuffone quase às 18 h. O avanço aprofundou-se com o batalhão Cândido, do II RI, fixando-se no ponto cotado 831, quilômetro a nordeste de Montese. Para esta vitória contribuíram as vidas de 34 soldados e os ferimentos em outros 382, havendo também 10 extraviados. Foram aprisionados 107 adversários, dos quais quatro oficiais. No depoimento do mar. Mascarenhas de Moraes, o primeiro pelotão a entrar em Montese foi o do ten. Itapoan Nunes de Oliveira da Companhia do cap. Sidney Álvares. Durante a noite e nos dias 15 e 16, canhões e morteiros alemães, cobriram com seus tiros as novas posições brasileiras. Foram esses os dias mais difíceis para a FEB. A região de Montese recebeu mais fogos inimigos do que toda a frente do IV Corpo de Exército. Somente no dia 15, as baixas subiram a 100. Palavras do gen. americano Crittemberger diante de oficiais do seu EM, na manhã do dia 15: "Na jornada de ontem, só os brasileiros mereceram as minhas irrestritas congratulações; com o brilho de seu feito e seu espírito ofensivo, a divisão brasileira está em condições de ensinar às outras como se conquista uma cidade".

6.5.1817 — MONTEVIDEO. Uruguai. Guerra com Artigas. Transitando de Toledo para Montevideo, a coluna do gen. Bernardo da Silva enfrenta ataque da cavalaria de Frutuoso Rivera. O cel. Saldanha estendeu seus atiradores e repeliu a carga dos contrários. Herói da jornada, veio a ser marechal e duque em Portugal.

30.1.1823 — MONTEVIDEO. Uruguai. Guerra da Independência do Brasil. A tripulação da escuna brasileira *Maria Teresa,* navegando de Maldonado para a Colônia do Sacramento sob o CT Francisco de Assis Cabral e Teive, sublevou-se liderada pelo ten. Procópio Lourenço de Andrade e dominou os partidários da independência. O barco foi levado a Montevideo, acompanhado pelos transportes a que dava escolta *Conde dos Arcos, General Lecor* e *Fausto.* Montevideo estava em mãos de resistentes portugueses. Os quatro navios levados pelo ten. Procópio se constituíram em núcleo da esquadra portuguesa que contribuiu para manter o governador lusitano até o combate naval de 21.10.1823.

21.10.1823 — MONTEVIDEO. Uruguai, então sob governo português. Guerra da Independência do Brasil. Episódio da guerra naval pela Independência. Necessitado de romper o bloqueio a que fora circunscrito por terra e mar, o chefe português Álvaro de Macedo decidiu-se a enfrentar a improvisada esquadra brasileira que lhe fazia frente. Ao amanhecer, o confronto. Os navios batendo bandeira portuguesa: corvetas *Conde dos Arcos,* 26 canhões; *Restauradora* (ex-*General Lecor,* apresada pelos lusos a 30.1), 14 canhões; brigue *Liguri,* 16; escuna *Maria Teresa,* 14. Os brasileiros: corveta *Liberal,* capitânia, 24 canhões; brigues *Cacique,* 18; *Guarani,* 16; *Real Pedro,* 14; escunas *Leopoldina,* 12; *Seis de Fevereiro,* 1 rodízio. Aos primeiros disparos as esquadras romperam linhas, cada navio ocupando-se com o adversário mais próximo. O *Real Pedro* dirigiu-se contra a *Conde dos Arcos,* mas foi obrigado a bater-se também contra a *Restauradora* e o *Liguri.* A *Liberal* teve desarvorado o mastro da gata e o *Seis de Fevereiro* o paiol inundado. Os outros navios sustentaram o fogo até às 16 h, quando os portugueses regressaram ao ancoradouro levando mortos e feridos. Tornado então mais rigoroso, o bloqueio terminou com as esperanças dos lusitanos. O nome *Liguri* para um dos brigues portugueses figura em Prado Maia. Nas *Efemérides* de Rio Branco, o nome do navio era *Fausto.* Esse barco, de fato, fora desviado de comboio brasileiro para a portuguesa Montevideo, recebendo o nome *Liguri.*

Província Cisplatina — O Uruguai passa de Portugal para o Brasil

"Com os sucessos da Independência do Brasil, separaram-se na Banda Oriental as tropas brasileiras das portuguesas. O gen. Lecór, à frente do Exército Brasileiro, sitiou Montevideo, onde se achavam os portugueses comandados pelo general d. Álvaro de Macedo. Uma divisão naval às ordens do vice-almirante Pedro Antônio Nunes partiu do Rio de Janeiro para bloquear Montevidéu e repeliu a 23 de outubro de 1823 uma esquadrilha portuguesa. Por terra houve pequenas escaramuças. Apertado por terra e por água pelas forças imperiais, d. Álvaro de Macedo resolveu entrar em convenção no dia 18 de novembro, embarcando com suas tropas para Portugal. O gen. Lecór, à testa de um exército, fez sua entrada em Montevidéu a 14 de fevereiro de 1824. D. Pedro já tinha sido aclamado imperador pelos povos da campanha, e desde então ficou a Banda Oriental formando uma das 19 províncias do novo Império do Brasil, sob a denominação de Província Cisplatina". (Barão do Rio Branco, Efemérides brasileiras.)

18.7.1825 — MONTEVIDEO. Uruguai. Guerra da Cisplatina. O caudilho oriental Llerena, a serviço do Brasil, repeliu assalto noturno dirigido por Manoel Oribe. Este, aprisionado ao fim da ação, foi remetido para uma fortaleza do Rio de Janeiro, onde permaneceria até 1827.

11.4.1826 — MONTEVIDEO. Uruguai. Guerra da Cisplatina. Um veleiro de comércio, rumando para o porto, passou a ser perseguido por navio de bandeira francesa. A fragata *Niterói* percebeu que o pretenso francês era a *25 de Mayo*, capitânia da esquadra argentina, tendo a bordo o alm. Brown. Caçando-a desde 12:30 h, somente às 15 alcançou distância de tiro. Surgiu o brigue buenairense *Republica* em auxílio do almirante. Despejou bordada sobre a *Niterói*, e virou de bordo, seguindo a *25 de Mayo*. Anoitecendo, a *Niterói* perdeu os perseguidos em meio às trevas. A fragata brasileira portava 38 canhões; a *25 de Mayo*, 26, e o *Republica*, 18.

27.4.1826 — MONTEVIDEO. Uruguai. Guerra da Cisplatina. Perto das 24 h, os barcos argentinos fragata *25 de Mayo*, capitânia; brigues *Independencia*, *Republica*, *Balcarce* e *Congreso* e escuna *Sarandi* aproximaram-se da fragata *Imperatriz*, fundeada mais à terra da esquadra brasileira. O próprio alm. Brown, comandante-chefe da esquadra argentina, perguntou, em inglês, onde se encontrava a *Niterói*, que, na verdade, pretendia abordar. Um marujo brasileiro, respondendo em inglês, indicou a corveta inglesa *Tweed*, vizinha. Descoberto o engano a que fora levado, Brown voltou sobre a *Imperatriz*, descarregando canhões e enfiando o gurupés do seu navio pela popa da fragata brasileira e com tal ímpeto que esmagou um escaler. Atingido por tiro no peito, morreu o comandante da *Imperatriz*, Barroso Pereira. O combate durou mais de hora e meia, encostados os dois barcos. O canhoneio e os tiros atraíram outros barcos brasileiros fazendo com que os atacantes, separando-se da *Imperatriz*, retornassem a Buenos Aires.

19.5.1826 — MONTEVIDEO. Uruguai. Guerra da Cisplatina. A escuna *Isabel Maria* foi apresada pelo alm. Brown, comandante-chefe da esquadra argentina, que cruzava em operação de corso, batendo bandeira francesa em seu barco, o *25 de Mayo*. Durante a noite seguinte ao combate de Los Pozos, burlando a vigilância da esquadra argentina, a *Isabel Maria* suspendeu e dois dias mais tarde apresentou-se em Montevideo.

16.6.1827 — MONTEVIDEO. Uruguai. Guerra da Cisplatina. No Buceo, golpe de mão do maj. Luís Alves de Lima e Silva contra lanchão armado uruguaio que com insistência e ousadia hostilizava a navegação brasileira no Rio da Prata. O lanchão foi tomado e os 20 tripulantes mortos ou aprisionados.

7.8.1827 — MONTEVIDEO. Uruguai. Guerra da Cisplatina. O maj. Luís Alves de Lima e Silva saiu em sortida, surpreendendo e dispersando magote de inimigos que perturbavam a área, sob o mando de Pancho Oribe.

21.8.1827 — MONTEVIDEO. Uruguai. Guerra da Cisplatina. Diante da praça, escaramuça entre partidas de cavalaria, com vitória dos brasileiros ao mando do ten. Antônio Cardoso de Soveral.

7.6.1828 — MONTEVIDEO. Uruguai. Guerra da Cisplatina. O maj. Luís Alves de Lima e Silva sai em sortida surpreendendo destacamentos orientais que cercavam a posição. Voltou conduzindo prisioneiros.

12.11.1902 — MONTEVIDÉU. AC. Campanha do Acre. No povoado e seringal Montevidéu, fronteira entre o Acre e a Bolívia, o chefe andino Nicolas Suarez, com um grupo de bolivianos por ele armado, venceu insurgentes acreanos chefiados por Manoel Alves.

5.6.1827 — MORENO. Uruguai. Guerra da Cisplatina. Vizinhanças de Montevideo. O maj. Luís Alves de Lima e Silva, comandando companhia do Batalhão do Imperador, embosca e destroça corpo de cavalaria dos orientais.

25.12.1825 — MORRETES. PR. Revolta de escravos. Aproveitando os festejos natalinos aos quais se entregavam os seus senhores, levantaram-se escravos de Morretes e Antonina. Os choques e a perseguição aos revoltados apenas terminaram no dia 31 sendo os prisioneiros castigados com açoites.

23.2.1777 — MORRO DE PONTA GROSSA/ILHA DE SANTA CATARINA. SC. Invasão espanhola. Completando a ocupação dos postos defensivos do porto de Santa Catarina, soldados de Cevallos sobem ao pico do morro de Ponta Grossa, atacando o forte local. A guarnição pouco se opôs, ainda porque dada a primeira salva com os seus seis canhões, explodiu o paiol do forte. Ela se retira, deixando um morto.

21.6.1906 — MORRO DO GAMBÁ. MT. Revolta de Generoso Ponte. Junto de Cuiabá, o morro era disputado pelos revoltosos obedientes a Ponce e forças estaduais seguidoras do presidente do estado, utilizando canhões Krupp. Perdas de ambos os lados. Na jornada o Morro do Gambá permaneceu em poder dos revoltosos, que apertavam o cerco sobre a capital.

4.9.1932. MORRO DA GRAVI/ITAPIRA. SP. Revolução Constitucionalista. Máximo esforço defensivo da revolução, que ali empregara as melhores tropas do setor: os batalhões 9 de Julho, Voluntários de Piratininga e da Força Pública. Recuaram deixando 300 prisioneiros e tendo sofrido 36 baixas. A retirada abriu aos governamentais o acesso a Campinas. A revolução entrava, militarmente, em seus momentos finais.

?.?.1623 — MORRO DO VELHO POBRE-ALMEIRIM. PA. Holandeses na Amazônia. Relato do cel. Scott, com base nos informes do alm. Ruiter, revela que na data o posto fundado por Pieter Adriaansz foi atacado e destruído pelos portugueses. Provavelmente a força atacante fosse a de Bento Maciel Parente. Esclarece o depoimento que "muitos ingleses e holandeses foram mortos e feridos; vindo dois navios em 1623, todos embarcaram com seus pertences, de volta para a Zelândia..."

18.7.1923 — MORRO PARTIDO. RS. Região Sul. Revolta dos libertadores. O general libertador Zeca Neto, em marcha na direção do Camaquã, foi atacado pela tropa de Francelizio Meireles, republicano. A vitória foi reclamada pelos dois lados.

17.8.1942 — MORRO SÃO PAULO/SALVADOR. BA. Segunda Guerra Mundial. Na altura do Farol do Morro, o submarino alemão *U-507*, do capitão Harro Schacht, às 10:45 horas, torpedeou o mercante *Itagiba*, comandado pelo cap. José Ricardo Nunes. O navio conduzia 121 soldados do 7º Grupo de Artilharia de Dorso e 60 tripulantes. Pereceram 26 soldados e 10 marujos. Minutos depois o *U-507* pôs a pique o barco *Arara*, do cap. José Coelho Gomes, que suspendera a navegação para recolher náufragos do primeiro torpedeamento. Nessa noite, naquela área, morreram 56 brasileiros.

19.8.1932 — MORRO VERDE. SP. Revolução Constitucionalista. Em seguida a pesada preparação que contou com artilharia e aviação, o governista Exército de Leste atacou as posições revolucionárias dos morros Pedreira, do Meio e Verde, maciço da Serra do Mar, dominante do complexo rodoferroviário São Paulo-Rio de Janeiro. Os dois primeiros dos morros citados foram logo conquistados. No Morro Verde, esgotada a munição, o grosso dos defensores abandonou a trincheira. Menos o ten. Antônio Oliveira Mello, com cinco homens, 4 fuzis-metralhadoras e 100 cartuchos. Resistiram ao ataque envolvente de parte do 3º/I RI pela frente; de uma Cia. do 22º BC e de outra Cia. de polícia de PE pelos flancos, provocando baixas que o boletim governista reconheceu "pesadíssimas". Em meio ao combate, seis voluntários civis regressaram à trincheira, dando exemplo logo seguido por outros. Mais alguns dias o Morro Verde permaneceu em mãos dos revoltados.

2.10.1930 — MORUNGAVA-SENGÉS. PR. Revolução liberal nacional. Dos mais importantes combates da campanha. A fazenda Morungava estendia-se entre Sengés-PR e Itararé-SP. O cel. Paes de Andrade, do Exército Nacional, preparando o que seria a Batalha de Itararé, destinada a conter a avançada militar da revolução, procurou ganhar tempo. Foi tirotear em Sengés, regressou à fazenda onde posicionou-se e durante 15 dias resistiria ao exército revolucionário que até ali subira do sul em clima de desfile. Paes de Andrade dispunha de 6.200 soldados (1.600 do EN, 3.600 da FP, 1.000 civis) e de quatro canhões. O também cel. da mesma FP paulista, Miguel Costa, comandante revoltoso, alinhava 7.800 homens e 18 canhões bem mais potentes. Na madrugada de 2, o revoltoso Airton Plaisant realizou ação de reconhecimento ofensivo sobre Morungava. Firmado o dia, ataque geral: destacamento Quim César pela esquerda; o 1º/8º RI ao centro e outro BI pela direita, ficando o 15º BC formado quase todo por curitibanos, na reserva, sobre o Morro Cafezal. Os governistas, favorecidos pelo terreno, tendo bem posicionado os fuzileiros da Força Pública, não cederam e ao preço de três mortos e 12 feridos e fazendo 72 prisioneiros — entre os quais quatro oficiais — compeliram os atacantes a regressar ao ponto de partida. Morungava, batida continuamente pelos fogos de infantaria e artilharia dos revoltosos, foi evacuada a 17. Forneceu aos sulinos excelente posição de tiro para o fustigamento das defesas estabelecidas na vizinha Itararé.

13.6.1927 — MOSSORÓ. RN. Cangaço. Virgulino Ferreira, o Lampião, procede ao maior dos assaltos de sua carreira: tenta ocupar a cidade. Provavelmente tenha levado consigo pouco mais de 50 homens, entre os quais cangaceiros temidos: Sabino, Chumbinho, Colchete, Jararaca, Quidu, Ás de Ouro, Trovão, Pinga-Fogo, Lua Branca. Na cidade, apenas 22 soldados, três oficiais, o delegado de polícia Laurentino, o ten. Abdon Nunes e o tenente de cavalaria João Antunes. Juntaram-se a eles pelo menos um terço dos homens validos, ocupando trincheira e pontos fortificados. Metade da população deixou Mossoró. Pelas 15 h, Lampião atacou: uma coluna pelo leito da ferrovia, liderada por Colchete e apontando para a casa do cel. Rodolfo Fernandes, transformada em fortim; segundo grupo, rumo da Av. Maranhão, direta contra a trincheira defendida pelos funcionários da firma comercial Fernandes & Cia. Lampião avançava entre as duas colunas, ordenando-as. Pelo começo da noite, não vencendo a resistência, tendo perdido homens mortos e feridos, Lampião libertou reféns e recuou para Limoeiro.

21.7.1936 — MOSSORÓ/SÍTIO DO CIGANO. RN. Guerrilha rural comunista. O resto do grupo guerrilheiro autodenominado Bandoleiros Vermelhos, atuante na área de Mossoró desde o outubro anterior foi cercado pelos policiais do sgto. Francisco Felício. Morreu o chefe vermelho José de Alencar (Alemão), comissário enviado do Rio de Janeiro. O grupo dissolveu-se, enfraquecido que vinha pelos recentes combates da Fazenda Jurema onde perdera Sebastião Cadeira, dos mais tenazes entre os subchefes; de Três Vinténs, arrabalde de Mossoró, quando provocara baixa entre os policiais, devendo porém embrenhar-se na mata vizinha, e do Taboleirinho (18.7) evento que custara a morte do rábula, mentor intelectual e ideológico da guerrilha, Miguel Moreira, destroçado por cartucho de dinamite conduzido junto ao peito. Informes de Lauro da Escóssia no boletim mossoroense *Movimento Comunista de 1935*. Coleção Mossorense, Série "B", nº 1087, 1991.

22.4.1836 — MOSTARDAS. RS. Guerra dos farrapos. O chefe guerrilheiro imperial José Inácio da Silva Ourives (Juca Ourives) e o cap. Pinto Bandeira conduziram 430 combatentes e dois canhões para levantar o cerco posto pelos farroupilhas sobre a vila de São José do Norte. Onofre Pires, comandante farrapo na área, retirou da linha de assédio entre 150 e 200 dos seus e enfrentou os governistas nas proximidades de Mostardas, obtendo vitória. Entre mais de 30 mortos imperiais encontrava-se o cap. Pinto Bandeira, tendo Juca Ourives escapado a nado cruzando a lagoa vizinha. Onofre mencionou em sua parte haver feito 250 prisioneiros e sofrido a perda de quatro mortos e de três feridos graves. Souza Docca afirma *(História do Rio Grande)* que Pinto Bandeira não encontrou a morte no combate mas sim assassinado depois de finda a luta.

25.9.1840 — MOSTARDAS. RS. Guerra dos farrapos. O comandante imperial Francisco Pedro de Abreu, o "Moringue", obtém sucesso no ataque com que surpreende o acampamento farroupilha de Mostardas. Ali, nove dias antes, Anita Garibaldi dera à luz o filho Domingos Menotti. No meio do combate, toma o menino nos braços e foge montando cavalo em pêlo.

7.6.1823 — MUANÁ-MARAJÓ. PA. Guerra da Independência. A 14.4, paraenses de Belém, vencidos pela reação portuguesa à proclamação da Independência do Brasil, passaram-se para a Ilha. Dominaram a vila de Muaná, onde criaram governo nativista. As autoridades pró-portugueses de Belém prepararam a retomada de Muaná, o que conseguiram com o combate de 7.6.

28(?).5.1902 — MUÇUM/ENCANTADO. RS. Movimentos messiânicos. Os autodenominados *monges*, expulsos no dia 4 do local Pinheirinho, reagruparam-se, ainda nas margens do rio Taquari, entre o Muçum e o Encantado, sob a chefia do líder Chico ou João Maria. Ali foi acometê-los a Brigada Militar do Estado. Morreram 24 *monges*. Muitos outros feridos foram aprisionados. Os ilesos, debandaram, extinguindo-se o seu movimento.

14.11.1848 — MUÇUPINHO. PE. Insurreição Praieira. No mais importante dos combates da guerra dos praieiros, estes, comandados pelo cel. José Joaquim de Almeida, foram completamente batidos pelos GN e policiais conduzidos pelo cel. José Vicente de Amorim Bezerra. Os vencedores tiveram em suas fileiras 23 mortos e 67 feridos. Os liberais, 43 mortos, 100 feridos e 56 aprisionados. Estando em armas somente desde o dia 7, o resultado de Muçupinho foi desanimador para muitos eventuais aderentes à causa praieira.

1.2.1635 — MUÇUREPE. PE. Holandeses no NE. Os capitães de emboscadas Martim Soares Moreno e Francisco Rebelo, chefiando 200 combatentes, puseram em debandada, nas matas do engenho Muçurepe, os 80 holandeses que sob ordens do ten. Merling compunham a vanguarda exploradora dos fortes contingentes dos coronéis van Schkoppe e Arciszewsky. Estes aproximaram-se tentando cercar os nativistas, os quais se retiraram levando seus feridos, entre eles o cap. Rebelo.

18.2.1926 — MULUNGU. PE. Coluna Prestes. O destacamento Siqueira Campos viu-se emboscado por contingente da polícia pernambucana. Pôde prosseguir deixando dois mortos, levando oito feridos e lutando duramente.

?.1.1678 — MUNDAU. AL. Ataque a quilombos. O cap. Francisco Alves Camelo, que por sua conta combatia quilombos apresando negros, foi emboscado, com seus 20 acompanhantes, na travessia do Rio Mundau. Perdeu 10 dos comandados, matou oito atacantes, os quais deixaram o local depois de quatro horas de tiroteio. Seguindo seus rastros, no dia seguinte Camelo encontrou mocambo ao qual pôs fogo, matando vários dos habitantes e aprisionando outros, entre os quais um sobrinho do rei Gangazuma, um irmão do Bangola, a mulher do Gangazona com dois dos seus filhos.

27(?).10.1924 — MUNDO NOVO. RS. Revolta tenentista. Os levantados, sob o mando de Luís Carlos Prestes, abriam caminho para o oeste paranaense onde os aguardavam os paulistas da coluna do gen. Isidoro Dias Lopes. Confrontados com o dispositivo governista do cel. Floduardo Montes, investiram o centro desta formação e abriram caminho lutando. Conseguiram tomar cavalhada.

21.10.1630 — MURIBECA. PE. Holandeses no NE. Conduzindo 170 soldados holandeses, o ten.-cel. Byma enfrenta e passa a perseguir a companhia de emboscadas do cap. Luís Barbalho, a partir da Muribeca, entre o Forte de Afogados e o Recife. Ao entardecer Byma foi por sua vez surpreendido pela tropa do maj. Pedro Correia da Gama, indo refugiar-se nas casas chamadas do Mingaia. Aproveitando-se da noite, Byma regressou ao forte, com menos 89 dos seus homens, as baixas do dia.

15.2.1635 — MURIBECA. PE. Holandeses no NE. Ocupando o engenho Muribeca, onde dispusera 170 homens, Luís Barbalho não pôde conter os 1.250 conduzidos ao ataque pelo cel. van Schkoppe. Fortemente perseguido pelos holandeses, recuou até um mato, perdendo, no engenho e na retirada, sete mortos, 10 feridos e um aprisionado.

3(?).11.1844 — MURICI. AL. Revolta dos Lisos. Reforços conduzidos desde o Recife pelo brig. Antônio Correa Seara permitiram aos governistas ou *cabeludos* assaltar e tomar Murici, a última posição importante do rebelado partido dos *Lisos* ou progressistas. Depois desse revés, o movimento armado perdeu expressão.

2.4.1925 — MUTUM. PR. Revolta tenentista. Revoltosos em retirada de Guaíra e Catanduvas na direção de Porto Mendes, de onde cruzariam para o norte paraguaio rumo de Mato Grosso, travaram combate de retardamento. Mutum era sítio nas proximidades de Santa Helena, sobre o Rio Paraná.

30.5.1623 — MUTURU. AM. Holandeses na Amazônia. Na confluência do Xingu, o cap. Luiz Aranha de Vasconcelos, em missão do reconhecimento no Rio Amazonas, atacou o Forte Muturu, chamado Orange pelos mercadores holandeses que o ergueram. Muturu foi ocupado ao cabo de duas horas de combate. Dias mais tarde Vasconcelos tomaria outro forte, o de Gurupá, e, com ajuda de Bento Manoel Parente, uma feitoria de ingleses.

N

19.10.1869 — NARANJAÍ. Paraguai. Guerra do Paraguai. Forçando a passagem pelo Paso de Naranjaí, o cel. João Nunes da Silva Álvares, futuro general e Barão de Itaqui, vanguarda do gen. Câmara, derrotou destacamento da divisão paraguaia do cel. Canhete, forte de 900 homens. Canhete levou sua Divisão para o Paso de Itapitanguá, pouco distante. Câmara reuniu-se a Álvares e ordenou o ataque, o qual terminou com o desbarato dos inimigos. Ficaram no campo 80 mortos e 195 prisioneiros, além de dois canhões e três bandeiras. Perdas brasileiras: quatro mortos e 27 feridos.

17.6.1623 — NASSAU. AM. Holandeses na Amazônia. A força de Bento Maciel Parente fora mandada percorrer e limpar de intrusos o vale do grande rio. Na véspera destruíra o fortim-entreposto de Muturu. Na jornada de 17.6 investiu e incendiou o fortim Nassau, localizado próximo à desembocadura do Rio Peri, vizinhanças de Pombal.

23.11.1935 — NATAL. RN. Intentona Comunista. Sargentos, cabos e soldados do 21º BC, adeptos do programa da Aliança Nacional Libertadora e do Partido Comunista, aproveitando a jornada de meio expediente do sábado, dando entrada no quartel a civis aderentes e apoderando-se de armamento e munição, proclamaram sua rebeldia contra o Estado. O comandante, cel. José Otaviano Pinto, procurou o quartel da Polícia e com o chefe desta, maj. Luís Júlio, cuidou de organizar a resistência. O governador Rafael Fernandes e auxiliares buscaram navio surto no porto ou avião comercial pousado no aeroporto ou a residência do consul honorário do Chile. O quartel da polícia, com 50 homens, resistiu durante 19 horas, rendendo-se por falta de munição, estando semidestruída a fachada do prédio. Os oficiais foram conduzidos para bordo de dois barcos de guerra mexicanos. Eliminada a única resistência, os levantados anunciaram estabelecido um governo comunista regido por Comitê Popular Revolucionário. Este decretou a gratuidade dos transportes, requisitou dinheiro dos bancos, distribuiu parte do numerário e adotou outras medidas enquanto parte da população saqueava depósitos militares, vestia fardas, impunha contribuições. Colunas saíram a ocupar e impor o regime às localidades de Ceará-Mirim, Baixa Verde, São José do Mipibu, Santa Cruz e Canguaretama. Uma dessas colunas foi emboscada e dizimada na Serra Caiada ante a primeira força mobilizada pela contra-revolução, sertanejos recrutados por Dinarte Mariz, chefe político da região do Seridó. Lutaram também em Panelas e Serra do Doutor, onde à derrota sucedeu a dispersão. Mas em Natal não houve luta. Ciente do fracasso da revolta no Recife e da aproximação de forças federais de AL e da PB, o Comitê Popular Revolucionário debandou. Segundo Glauco Carneiro, "os mortos da revolta não chegariam a vinte, inclusive quatro, durante a administração em Natal, do 'governo popular' ".

?.5(?).1537 — NAZARÉ. MA. Choques

com indígenas. O povoado, reunindo os sobreviventes da gente levada à região por Aires da Cunha, foi atacado e destruído pelos indígenas. Os que se salvaram, subindo para dois caravelões foram arrastados pelos ventos para as ilhas de Santo Domingo e Porto Rico onde foram despojados de todos os bens. A custo retornaram a Portugal. Aires da Cunha, sócio de João de Barros na capitania do Grão Pará, morreu no mar.

18.5.1635 — NAZARÉ/FORTE DO CABO. PE. Holandeses no NE. Os sitiantes holandeses executaram durante a noite golpe-de-mão sobre a trincheira d'água. Repelidos, com perdas, pelas patrulhas reforçadas ao mando dos capitães Paulo Nunes, Francisco de França e Pedro Teixeira.

2.6.1635 — NAZARÉ/FORTE DO CABO. PE. Holandeses. Desde o dia 18.5, atacado e cercado, tendo na defesa 700 homens (600 afirmou Schkoppe) e 24 canhões sob o srg-mor Pedro Correa da Gama, o forte rendeu-se, por ter esgotado os recursos. Mereceu do vencedor o honra das armas pela sua firme resistência.

13.11.1848 — NAZARÉ/FORTE DO CABO. PE. Insurreição Praieira. Os praieiros ocuparam a povoação quebrando a resistência dos 50 policiais do cap. Antônio de Albuquerque Maranhão. A 28 os governistas haveriam de recuperar a vila.

28.11.1848 — NAZARÉ/FORTE DO CABO. PE. Insurreição Praieira. Ocupada pelos liberais no dia 13, Nazaré foi atacada a 28 pelas 180 praças do ten.-cel. José Maria Ildefonso da Veiga Passos, que aproveitou o amanhecer. Os praieiros, sob o cap. Leandro César Paes Barreto, concentraram-se no coro da matriz e em casas vizinhas, sustentando combate por uma hora. Seguiram então a tática usual: cortina de atiradores protegendo a retirada do grosso da tropa. Os legais tomaram a vila, 39 prisioneiros e tiveram em suas fileiras um morto e cinco feridos.

5.1.1809 — NAZARÉ DAS FARINHAS. BA. Ataques a quilombos. Aproximadamente 300 quilombolas do Recôncavo invadiram a vila de Nazaré. Depois de escaramuças, depredações, agressões, retiraram-se para sítio vizinho, onde pretendiam fixar-se. A 7, tropa enviada de Salvador cercou e atacou os quilombolas, matando alguns e aprisionando 83 homens e 13 mulheres.

8.3.1942 — NEW YORK. E.U.A. Segunda Guerra Mundial. A 130 milhas do porto, na posição latitude 39°10' N, longitude 72°02' W, o submarino alemão *U-94*, sob ordens do CC Otto Ites esperou baixarem as baleeiras e torpedeou o mercante brasileiro Cairu, de 5.152 toneladas que aproava para Nova York.

1.11.1926 — NIOAQUE. MT. Coluna Prestes. Em terras da fazenda Viúva Martins, força do EN investiu a vanguarda da Coluna, cujo grosso aproveitou-se do combate e passou pela esquerda do dispositivo governamental.

31.7.1943 — NORDESTE. Segunda Guerra Mundial. Ao largo da costa, avião da Força Aérea Brasileira atacou e pôs no fundo o submarino alemão *U-199*, recolhendo 12 sobreviventes, inclusive o comandante.

21.6.1632 — NOSSA SENHORA DA VITÓRIA. PE. Holandeses no NE. Marchando pela madrugada desde o forte Waerdenburch, na Ponta da Asseca, os holandeses atacaram a estância Nossa Senhora da Vitória, junto ao Beberibe. A guarnição, sob Martim Soares, conseguiu manter a defesa até a chegada dos reforços enviados por Matias de Albuquerque, diante dos quais o atacante retirou-se.

?.?.1688 — NOSSA SENHORA DO DESTERRO DA ILHA DE SANTA CATARINA. SC. Corsários e piratas. Segundo Taunay, na *História das bandeiras paulistas,* foi no ano de 1688 que ataque corsário arrasou a vila fundada 26 anos antes por Francisco Dias Mello, trucidado na ocasião.

16.9.1801 — NOVA COIMBRA. MS. Intrusão espanhola. Inacabado e com apenas um canhão e 110 praças na guarnição, o Forte Nova Coimbra, tendo por comandante o ten.-cel. Ricardo Franco de Almeida Serra, foi atacado por forças de Lázaro de Ribera, governador do Paraguai. Tratava-se de 600 soldados conduzidos em 20 canoas e quatro sumacas, estas armadas com dois canhões cada. Ricardo Franco foi o primeiro a atirar. Três sumacas aproximaram-se e canhonearam o forte. Repelida a intimação para entrega de Nova Coimbra, o bombardeio e a fuzilaria continuaram até o dia 24, quando, esgotados seus recursos, os atacantes se retiraram. Em represália, a 1.1.1802, o fortim de San José, margem sul do Rio Apa, foi arrasado por luso-brasileiros.

10.12.1925 — NOVA IORQUE. MA. Coluna Prestes. Progredindo na direção de Floriano, PI, a vanguarda confiada ao destacamento Djalma Dutra estendeu-se ao longo do Rio Paraíba e alvejou longamente navio e soldados que compunham a retaguarda dos governamentais.

O

25.8.1924 — ÓBIDOS. PA. Revolta tenentista — Sedição do 26º BC. Após rápido combate defensivo, ameaçado por navios e hidroaviões, o forte rendeu-se aos governamentais comandados pelo cel. Mena Barreto. Elementos daquela unidade, juntamente com outros do 27º BC, de Manaus, sob a liderança do cap. João Carlos Dubois proclamaram-se rebelados. Aderiram as canhoneiras *Missões* e *Tefé* e o aviso *Ajuricaba.* Este e a *Missões* escoltaram o mercante *Bahia* com 400 soldados e quatro canhões, à tomada do forte de Óbidos, cujo comandante optou por assumir a causa da revolta. No dia 18.8 flotilha legalista tomou, sem luta, a *Tefé* e a 20 afundou o mercante *Jari* sendo a tripulação recolhida por outros barcos. A 25.8, depois de apenas alguma resistência, o forte voltou ao controle do governo.

?.9.1585 — OCEANO ATLÂNTICO. Piratas. O navio português *São João Baptista do Viana,* carregando açúcar e pau-brasil, foi atacado e tomado por barco pirata inglês. A carga, porém, era propriedade de negociantes ingleses, os quais, para burlar a vigilância espanhola, fretavam navios lusitanos para o comércio Brasil-Inglaterra. Sabe-se do evento por haver ele suscitado reclamação à Corte do Almirantado, em cujos documentos ficou constando.

?.3.1714 — OCEANO ATLÂNTICO — COSTA DE PORTUGUAL. Corsários e piratas. O cronista Damião de Froes Perim, no segundo tomo do *Theatro Heroino,* narra que três corsários argelinos, montando 132 canhões, atacaram a nau *Nossa Senhora do Carmo,* de 28 peças. Morto o artilheiro de um desses canhões, a arma passou a ser manobrada pela brasileira de

São Paulo, Rosa Maria de Siqueira. Quando os homens, desanimados, dispunham-se à rendição, ela os fez combater até a noite. No dia seguinte, espada a mão, Rosa Maria comandou a resistência a cinco abordagens corsárias. Os argelinos, afinal, à vista da foz do Tejo e desmoralizados pela dura resistência oposta pela nau, desistiram. No dia 22 o barco entrou em Lisboa, sendo Rosa Maria, 24 anos, aclamada heroína.

7.7.1823 — OCEANO ATLÂNTICO, Latitude 10°. Guerra da Independência. A fragata *Niterói,* ao mando de John Taylor, iniciou os apresamentos de um reide começado nas águas de Salvador, BA e terminado diante da foz do rio Tejo, Lisboa, em perseguição à esquadra portuguesa que retornava à sua metrópole. A façanha singular foi registrada em diário pelo imediato da Niterói, o CF Luiz Barroso Pereira. No dia 7, o barco ultrapassou a linha dos navios lusitanos, voltou, "passou a tiro de fuzil da vanguarda e correndo para a retaguarda sempre à distância de fogo despejou toda a banda de estibordo sobre o último navio, que depois se soube ser o *S. Gualter.* A 7.8, tomou um mercante; 26.8, o iate *Alegre;* 30, o iate *Correio de São Miguel;* a 2.9, o iate *Esperança,* o bergantium *União* e os patachos *Vigilante* e *Bom Sucesso;* a 8, a galera *Prazeres* e o iate *Alegria;* a 10, o iate *Providência* e a galera *Nova Amazona;* a 12, o iate *Paquete de Setúbal* já à vista do litoral português. No retorno, entre os Açores e as Rocas, os iates *Santo Antônio do Triunfo* e *Harmonia* e a escuna *Emília;* nas Canárias, o bergantim *São Manuel Augusto* e uma sumaca.

10.9.1823 — OCEANO ATLÂNTICO. Guerra da Independência, reide da fragata *Niterói.* Continuando a perseguição à esquadra portuguesa que deixara Salvador rumo a Lisboa, o barco de John Taylor aprisionou o iate *Providência* e a galera *Nova Amazona,* esta em viagem para o Brasil. A 2.9, a fragata apresara o iate *Esperança,* os patachos *Vigilante* e *Bom Sucesso* e o bergantim *União.*

22.7.1943 — OCEANO ATLÂNTICO. NE do Brasil. Segunda Guerra Mundial. O caça *Javari,* do CT Aristides Pereira Campos Filho, mesmo tendo sinalizado o indicativo correto e manobrando em área determinada, foi alvejado por avião norte-americano. O cb. Astrogildo Saldanha perdeu um braço e uma perna.

5.5.1944 — OCEANO ATLÂNTICO. Costa brasileira. Segunda Guerra Mundial. O caça *Jaguarão,* do comandante Osvaldo Macedo Cortes, por engano, foi alvejado por bomba lançada desde um dirigível *(blimp)* americano.

1.8.1836 — OEIRAS. PA. Cabanagem. Tomada pelos legais, a localidade viria a ser reocupada pelos insurgentes, 19 dias depois. Mas a 20.9 e de forma definitiva os governamentais instalaram-se em Oeiras.

19.9.1836 — OEIRAS. PA. Cabanagem. Ataque dos governistas à posição defendida por 800 dos melhores combatentes cabanos. Luta iniciada pelo brigue *Brasileiro,* cinco canhões, mando do ten. Carlos Rose. Por terra, avançou a tropa do tenente de artilharia Higino José Coelho. Resultado indeciso na jornada. No dia seguinte, 20.9, tendo se aproximado e aberto fogo o brigue *Cacique,* a luta recrudesceu, terminando com a vitória legalista. Caía, em Oeiras, o último ponto organizado e forte da Cabanagem.

23.12.1808 — OIAPOQUE-APROUAGE. Ocupação da Guiana Francesa. A força naval dirigida contra Caiena, navegando entre as embocaduras dos rios Oiapoque e Aprouage, combateu e apresou a escuna francesa *Petite Adèle,* de quatro canhões. Transportava 45 escravos africanos. O barco foi rebatizado *Invencível Menezes* e incorporado à esquadrilha.

16.1.1631 — OLARIA. PE. Holandeses no NE. Pedro Teixeira Franco e outros capitães desbarataram piquete holandês junto da Olaria, distante uma légua de Olinda.

22.5.1823 — OLARIA. BA. Guerra da Independência. Três canhoneiras da flotilha brasileira de Itaparica, sob João das Botas, defrontam sete barcos iguais, de bandeira portuguesa. A ação decorreu entre às 14 e 17 h. Os lusos retornaram ao seu porto, havendo perdido um dos barcos, de cinco canhões, abordado e ocupado pela canhoneira *25 de Junho*, tendo a bordo o chefe Botas. As outras canhoneiras: *Dona Januária*, cinco peças, de Felipe Álvares dos Santos; *Vila de São Francisco*, um rodízio, Fortunato Alves de Sousa. Por esse êxito, Lord Cochrane promoveu Botas a capitão-tenente e mandou distribuir 1.000 pesos fortes entre os tripulantes.

27.8.1840 — OLHO D'ÁGUA DA JUREMA. PI. Balaiada. O local era mantido com empenho pelos balaios, que o tinham como ponto de concentração e distribuição de gente e material. Por isso o governo determinou a sua tomada. Foi cumprir a ordem o cel. Salles. O assalto foi de tal ordem que nenhum balaio fugiu: os que não morreram foram aprisionados. Caiu também o depósito de armamento, bagagem, munição, alimentos.

?.4.1921 — OLHO D'ÁGUA DO CHICÃO. AL. Campanha contra o cangaço. A volante do sargento José Lucena atacou a fazenda Ulisses de Lima buscando prender membros da família Ferreira. Vítima principal, José Ferreira, pai de Virgulino o futuro Lampião.

27.10.1923 — OLHOS D'ÁGUA. RS. Revolta dos libertadores. O destacamento revoltoso sob o chefe Honório Lemes, em marcha para Ibicuí da Armada, foi acometido pela Brigada Oeste, governista. Forçando passagem sobre a ala do 6º de Provisórios, Honório caiu na linha de fogo de um pelotão de metralhadoras. Perdeu bastante gente, porém conseguiu cruzar o Ibicuí, internando-se no Uruguai.

8.5.1595 — OLINDA. PE. Corsários e piratas. O corsário inglês James Lancaster, que ocupara Recife saqueando a cidade, mandou atacar os resistentes de Olinda, fortificados no istmo. Seu imediato, Edmond Burke, dispôs-se a cumprir a ordem, à frente de 275 ingleses e franceses. Subcomandantes e chefes de colunas os franceses Venner e Jean Noyer. Os pernambucanos mantiveram-se na defesa, fazendo 35 mortos, dezenas de feridos e tomando prisioneiros entre os atacantes. Morreram o próprio Burke, Noyer e os capitães Cotton, John Baker e Rochet. À noite, informado do sucedido em Olinda, Lancaster embarcou o polpudo resultado do saque ao Recife e levantou âncoras com seus quatro barcos franceses e três ingleses.

16.2.1630 — OLINDA. PE. Holandeses no NE. Próximo da cidade, na margem direita do Rio Doce, combateram holandeses do cel. Diederick Waerdenburch e os comandados de Matias de Albuquerque. Os holandeses, dispondo de 2.948 soldados e de dois canhões. Matias, de 550 milicianos, 200 índios de Camarão e 100 cavaleiros. Os invasores, desembarcados na véspera em Pau Amarelo, progrediram pela manhã divididos em três corpos: vanguarda, 934 homens chefiados pelo ten.-cel. Celvan der Elst; centro, 1.049, sob o ten.-cel van Steyn Callenfels; retaguarda, sob o maj. Foulcke Houncques. Iniciado o ataque, lanchas holandesas subiram o rio para hostilizar e tentar desordenar a retaguarda dos defensores, o que conseguiram. As formações de voluntários milicianos confundiram-se e não opuseram a resistência esperada. Matias viu-se compelido à retirada para Olinda com os poucos homens que permaneceram ao seu lado. Os holandeses ocuparam o colégio dos jesuítas e dominaram a vila, tendo perdido entre 50 e 60 soldados, enquanto os vencidos da jornada sofreram 150 baixas, entre feridos e mortos. Morreram o cap. Salvador de Azevedo, que defendera o colégio, e André Temudo. Matias passou-se de Olinda para o Recife.

14.5.1630 — OLINDA. PE. Holandeses no NE. O bastão de comando do alm. Ita, abandonado no campo de combate, foi o principal troféu da jornada. O capitão de emboscadas João Mendes Flores surpreendeu em marcha a coluna com que o almirante se deslocava e provocou debandada e 32 mortos — confessados pelos holandeses.

20.11.1630 — OLINDA. PE. Holandeses no NE. Destacamento holandês a caminho de Olinda foi desbaratado pelas companhias de emboscadas dos capitães João de Amorim, Francisco Rebelo, Manoel Soares Robles e Antônio Pereira.

25.11.1631 — OLINDA. PE. Holandeses no NE. Com os reforços levados ao Arraial do Bom Jesus pelo Conde de Bagnuoli depois da batalha naval dos Abrolhos (12.9), os holandeses sentiram crescer a agressividade dos nativistas. Alteraram planos, concentrando seus meios de guerra no Recife, abandonando Olinda por recear ataques por terra e mar. Propuseram resgate em dinheiro pela cidade. Matias de Albuquerque recusou. Os flamengos retiraram quanto tivesse valor e pudesse ser transportado para o Recife e incendiaram Olinda. Segundo Pereira da Costa, à intimação holandesa para que pagasse e salvasse das chamas a cidade, Matias teria respondido: "Os pernambucanos, com armas na mão, não compram, conquistam. Sabem dar cargas de balas de mosquete e não de caixas de açúcar. Com inimigos a quem falta a fé são instáveis os contratos que firma o sangue e de nenhuma firmeza os que afiança a palavra. Queimai Olinda, se a não podeis guardar, que nós saberemos edificar outra melhor".

5.8.1646 — OLINDA. PE. Holandeses no NE. A fim de repelir iminente ataque de van Schkoppe, unem-se as companhias de João Soares de Albuquerque e de Brás Soares. Schkoppe, diante da resistência encontrada, tomou a frente do ataque e recebeu ferimento.

22.4.1648 — OLINDA. PE. Holandeses no NE. Henrique Dias supera a guarda holandesa e ocupa a vila.

20.12.1653 — OLINDA. PE. Holandeses no NE. Abrindo caminho a fogo de artilharia contra navios holandeses que saíram para hostilizá-la, abriga-se no porto a esquadra de 64 navios do gen. Pedro Jaques de Magalhães. Trazendo nove mercantes da frota anual da Companhia de Comércio do Brasil, reforçou substancialmente o dispositivo de cerco e ataque sobre o Recife holandês.

21.7.1821 — OLINDA. PE. Campanha da Junta de Goiana. Próximo da ponte que ligava Olinda ao Recife, combate de pequenas proporções porém significativo, pois as animosidades entre reinóis e nativistas culminavam em luta aberta. O governador Luís do Rego, alvo de um tiro, renunciou e retirou-se para Portugal. Gervásio Pires Ferreira foi eleito presidente da Junta Governativa Provisória, então formada, e era simpático ao príncipe regente no qual também os pernambucanos reconheciam nítido inclinar-se para posições contrárias às cortes de Lisboa.

22.9.1821 — OLINDA. PE. Campanha da Junta de Goiana. Tropa obediente à Junta, comandada pelo cel. José Pessoa de Melo, tiroteia durante quatro horas as trincheiras de Olinda sustentadas pelos soldados reinóis do cel. Caiola.

17.9.1824 — OLINDA. PE. Confederação do Equador. Ao amanhecer, recusada a rendição, o cel. Francisco de Lima e Silva ordenou ataque decisivo às posições dos últimos chefes pernambucanos da Confederação. Estes, recebendo notícias sobre o desastroso combate havido na véspera no Recife, opuseram alguma resistência, aproveitaram uma pausa e dispersaram sua gente.

24.11.1935 — OLINDA. PE. Intentona Comunista. Força policial conduzida pelo delegado Rômulo de Oliveira Leite atacou a guarda de revoltosos — 15 homens com metralhadora pesada e fuzil-metralhadora — postada na ponte Olinda-Recife. Dominando a ponte, retomou Olinda.

8.11.1926 — ONÇA. MT. Coluna Prestes. O córrego da Onça acompanha, durante largo trecho, a rodovia Santa Rita do Araguaia-Lageado. Do córrego à rodovia, tiroteio entre comboio governista e pelotão da vanguarda da Coluna ao mando de João Alberto. Os legais abandonaram automóvel, prontamente incendiado pelos revolucionários.

4.12.1632 — ORANGE. AL. Holandeses no NE. O Conde de Bagnuoli dispôs as primeiras barragens de artilharia sobre o forte. Deste saiu destacamento em sortida contra a bateria, que obtivera bons impactos. A companhia do cap. Fernando de la Riba Aguero, atenta, repeliu a sortida. A artilharia continuou a hostilizar Orange. O local onde os holandeses mantiveram o forte passou a chamar-se Marechal Deodoro.

24(?).9(?).1639 — OROBÓ. PE. Conflitos com indígenas. Os índios da Serra do Orobó e que ali resistiriam até meados de 1663 derrotaram a tropa enviada contra eles ao mando de Afonso Rodrigues Adorno. Mesmo este comandante encontrou morte na jornada.

7(?).12.1796 — OROBÓ/ANDARAÍ. BA. Combate a quilombos. Relatório das atividades do governo relativas ao ano de 1796 destaca que em dezembro o capitão-mor Severino Pereira, com tropa numerosa destruiu o antigo e temido reduto de Orobó, matando muitos quilombolas e aprisionando 13. Procedeu igualmente no vizinho quilombo Andaraí.

3.5.1826 — ORTIZ-MONTEVIDEO. Uruguai. Guerra da Cisplatina. A esquadra brasileira, fundeada junto do banco Ortiz, acusou a aproximação de navios argentinos. Estes viraram de bordo quando os barcos imperiais movimentaram-se ao seu encontro. Na perseguição, encalharam no banco Ortiz a fragata brasileira *Imperatriz*, do comando de James Norton, em razão de sua afoiteza no encalçar o inimigo e a capitânia contrária, a corveta *25 de Mayo*. Ambos os barcos, grandes, safaram-se. Sem resultados expressivos, os contendores voltaram a seus ancoradouros. A escuna *Dona Paula* foi o navio que mais tiros disparou e mais velejou.

18.4.1923 — OSÓRIO. RS. Revolta dos libertadores. Osório, antiga Conceição do Arroio, sofre ataque mas não se dobra aos "maragatos" dos chefes Luís Saraiva Gomes e Francisco Vaz Ferreira (Chico Marinho). Mais tarde, no decorrer da campanha, Chico Marinho voltaria à tentativa, repelido, com perda de três soldados, pelo cel. Reduzino Pacheco. Estes choques incluem-se na Campanha do Litoral, da guerra dos libertadores.

17.7.1923 — OSÓRIO. RS. Revolta dos libertadores. Nas proximidades de Osório, o caudilho revoltado, Francisco Vaz Ferreira, o Chico Marinho, teve sua tropa interceptada quando tentava mais uma incursão sobre a cidade. Não ultrapassou a defesa organizada pelo maj. Antônio Mariante. Os atacantes usavam parte das armas obtidas com o audacioso e feliz golpe de mão com o qual apresaram o navio *Montenegro*, no porto de Palmeiras.

9.7.1926 — OURICURI. PE. Coluna

Prestes. Voltando a percorrer território pernambucano, a Coluna lutou uma hora para dominar a guarnição e ocupar a cidade. Encontrou um morto, deixado pelos defensores.

26.5.1833 — OURO PRETO. MG. Levante restaurador. Os 6.000 milicianos convocados para São João del Rei pelo enviado regencial José Maria Pinto Peixoto desbarataram os restauradores que dois meses antes (22.3) haviam ocupado a capital da província levantando a bandeira da restauração no trono imperial de Pedro I. As vilas de Mariana e Caeté, sublevadas na mesma ocasião, renderam-se uma vez conhecido a retomada de Ouro Preto.

26.1.1643 — OUTEIRO DA CRUZ. MA. Holandeses no NO. Maranhenses e paraenses, liderados por Antônio Teixeira de Melo, emboscaram coluna de índios aliados dos holandeses. Esses indígenas realizavam reconhecimento ofensivo sob o mando de Jacob Evers, que morreu procurando garantir a retirada dos seus comandados. Souza Ferreira, em sua *História militar do Brasil*, refere o ano de 1644 para esse evento.

18.5.1635 — OUTEIRO DO BARBOSA. PE. Holandeses no NE. Em sortida sobre o outeiro, proximidades do Arraial do Bom Jesus, Henrique Dias derrota força de 120 holandeses e apodera-se daquela altura muito importante para a defesa do Arraial.

P

4.12.1816 — PABLO PAES-TAQUAREMBÓ. Uruguai. Guerra com Artigas. O arroio Pablo Paes é afluente do Rio Taquarembó. A vanguarda da ala direita do exército de Lecór marchava de Cerro Largo para Minas, ao mando do cel. Manoel Antônio Peçanha: um esquadrão português de cavalaria, uma companhia de rio-grandenses, alguns milicianos e guerrilheiros, somando 200 homens. No arroio, essa gente foi investida por 800 cavaleiros uruguaios comandados pelo cel. Fernando Otorgués. No primeiro ímpeto romperam a formação dos atacados, os quais se reagruparam e resistiram até o aparecimento do grosso da coluna. Para os orientais, a jornada foi de vitória e assim passaram a comemorar a data. As suas perdas não foram conhecidas. As luso-brasileiras: 23 mortos, sendo 13 brasileiros; 20 feridos, dos quais 13 brasileiros; 12 portugueses extraviados reincorporaram-se no dia seguinte.

17(?).1.1833 — PACAVIRA. CE. Cabanada. Os rebelados, conduzidos por Vicente Ferreira da Silva ocuparam o engenho Pacavira. Organizando-se defensivamente puderam repelir força alagoana enviada para desalojá-los. Foi esse o melhor êxito cabano nessa fase da guerra.

18.11.1848 — PAJEÚ DE FLORES. PE. Insurreição Praieira. Nogueira Paes, deputado provincial e chefe liberal, entrou na vila com 80 aderentes, recebendo a adesão dos policiais. O destacamento local da GN, sob o cel. Manoel Pereira da Silva, resistiu durante 36 horas, sem que os insurretos se animassem para assalto decisivo. No dia 20, legalistas chegaram e ainda puderam aprisionar Nogueira Paes e outros 28 praieiros.

13.7.1866 — PALMAR. Paraguai. Guerra do Paraguai. O escaler de ronda da canhoneira *Ipiranga* localizara, retirara e rebocava um torpedo disposto no canal do Rio Paraguai, diante da Ilha Palmar, próxima da estação de bloqueio da esquadra brasileira. O torpedo explodiu. Morreram o ten. Antônio Maria do Couto e sete praças.

2.9.1866 — PALMAR. Rio Paraguai. Guerra do Paraguai. Ao amanhecer, o couraçado *Tamandaré*, as bombardeiras *Forte de Coimbra* e *Pedro Afonso*, três chatas artilhadas e os navios de madeira *Araguaia, Beberibe, Belmonte, Greenhalg, Ivaí, Ipiranga, Araguari* e *Parnaíba* varreram a metralha a mata fronteira à ilha, limpando-a de paraguaios que pudessem dificultar o desembarque do exército. Às 9 h, o Barão de Porto Alegre foi o primeiro brasileiro a pisar em terra. Às 15, estava concluída a operação desembarque, nas proximidades, visando a neutralizar a fortificação de Curuzu.

17(?).1.1644 — PALMARES. AL/PE. Palmares período holandês. O substituto militar de Nassau, Henrique Hous, ordenara a organização de força de 300 brancos, 100 mamelucos e 700 índios, armados cada qual a seu modo, para destruir quilombos existentes no território sob controle flamengo. Comando entregue a Rodolfo Bareo, intérprete do Conselho da Companhia. Nada mais se conhece sobre a organização do primeiro avanço oficial contra Palmares. Tem-se por certo que a força não foi reunida em tal vulto. Em janeiro de 1644, Bareo partiu, confiado em informações transmitidas por Bartolomeu Lintz, flamengo mandado conviver com os quilombolas a fim de melhor esclarecer as autoridades. Relatórios dizem que os palmarinos (ou de outro quilombo atacado) defendiam-se protegidos por dupla tranqueira. Ainda assim perderam 100 mortos, 31 prisioneiros, dos quais sete índios, e algumas crianças. Os atacantes tiveram um morto e quatro feridos. A expedição seguinte, 1645, de Blaer-Reijmbach, deixou parte oficial pormenorizando suas andanças e positivando terem sido nulos os resultados.

?.?.1670 — PALMARES. AL. Palmares, período pernambucano. Da expedição organizada e conduzida pelo mestre-de-campo Zenóbio Acioly contra Palmares pouco é sabido. Restou apenas depoimento do soldado João de Montes, veterano da campanha do Açu contra indígenas. Relata haver a tropa chegado à ''Serra do Comonati'' onde ''Topou mocambo de negros e depois de muitos combates lhe ateou fogo, destruindo-o''.

?.?.1671 — PALMARES. AL. Período pernambucano. Poucos documentos restaram da expedição oficialmente organizada e confiada ao cap. André Rochas, logo substituído pelo mestre-de-campo Antônio Jácome Bezerra, experiente de investidas anteriores. Regressou com duzentos quilombolas aprisionados e a declaração de haver provocado a morte de muitos outros.

?.?.1672 — PALMARES. AL. Período pernambucano. O governador Fernão de Souza Coutinho incumbiu o mestre-de-campo Antônio Jácome Bezerra, que tentara a empresa no ano anterior, da tarefa de erradicar os quilombos da Serra de Palmares. Bezerra dividiu sua tropa em três colunas: a de seu comando direto, partindo de Porto Calvo; a dos capitães Antônio da Silva e Domingos Gonçalo, saindo da vila de Alagoas; a terceira, formada em Penedo do São Francisco. Estas duas, apenas chegadas à serra, foram atacadas, dizimadas e postas em fuga pelos quilombolas. A do Bezerra, porém, cumpriu a empreita: incendiou, feriu, matou, aprisionou. Mas, sem o apoio das duas outras, que fechariam o quilombo central como braços de pinça, voltou ao ponto de partida. As tropas dos capitães Silva e Gonçalo, com a sua debandada forneceram aos palmarinos copioso armamento que os habilitou a enfrentar os ataques seguintes.

?.4(?).1673 — PALMARES. AL. Período pernambucano. No princípio do ano, levas de palmarinos baixaram do refúgio serrano para queimar canaviais e engenhos, especialmente os do seu rancoroso inimigo, o alcaide-mor Cristóvão Lins. Em represália, por sua conta, Lins montou tropa e devastou a região, embora sua gente fosse surpreendida pelo bom uso que os quilombolas deram ao armamento abandonado pelas colunas derrotadas da expedição Jácome Bezerra do ano anterior. Dissensão e doenças impediram que Cristóvão Lins levase até o reduto central de Palmares a sua inicialmente bem-sucedida ofensiva.

22.12.1675 — PALMARES. AL. Período pernambucano. A expedição do srg-mor Manoel Lopes, 280 índios, mulatos e brancos, atinge Palmares. A "Relação das Guerras feitas aos Palmares de Pernambuco, no tempo do governo D. Pedro de Almeida", recolhida à Torre do Tombo, Lisboa, descreve: "... gde cidade de mais de 2.000 casas, fortificada de estacada de pau a pique, defendida por 3 forças e com soma gde de defensores...". Ao fim de duas horas e meia de combate, os atacantes incendiaram parte da povoação, provocando pânico e fuga entre os resistentes. "Deram sobre eles, mataram muitos, feriram não poucos e prenderam 70...", diz a "Relação". Durante a noite, na vizinhança, numerosos quilombolas reagruparam-se, voltaram ao quilombo, dispostos a continuar a luta no dia seguinte.

23.12.1675 — PALMARES. AL. Período pernambucano. Manoel Lopes, que na véspera investira e incendiara parte do quilombo, dispersando os defensores, deu-se conta de que muitos destes haviam se reagrupado durante a noite e ocupado posições na parte menos danificada no arraial. Atacou-os, provocando elevadas baixas e fuga dos palmarinos, que atendendo a plano estabelecido foram reunir-se 25 léguas distante.

22.1.1676 — PALMARES. AL. Período pernambucano. O contingente do srg-mor Manoel Lopes Galvão, 280 homens partindo de Porto Calvo a 23.9.1675, "deram numa populosa cidade de mais de 2.000 casas, bem guarnecidas e depois de mais de duas horas de renhida peleja" e puseram fogo a algumas casas. "O pavor de que se apossaram os negros obrigou-os à fuga, o que desastradamente fizeram". No dia seguinte foram alcançados e atacados, sofrendo muitas perdas. As notas são do cronista Pedro Paulino da Fonseca, a partir de documento da Torre do Tombo. Segundo Rocha Pombo, a maioria dos dados referentes a Palmares foram exagerados: "Para se ter as proporções da vitória de Galvão, basta ver que ao cabo de seis ou sete meses, foi ele obrigado a voltar, trazendo apenas 45 prisioneiros..."

23.1.1694 — PALMARES. AL. Período vicentino. Domingos Jorge Velho conduz o primeiro assalto ao reduto palmarino, sem obter vitória. Diz Taunay haverem sido movimentada 3.000 atacantes — soldados de linha, auxiliares e voluntários, dos quais 700 idos de São Paulo, com o chefe bandeirante. O mesmo Taunay retrata Palmares contornada por "redutos, redentes, fossos, guaritas e torneiras" em uma "extensão de 8.151 metros". "Aos aproches fortificavam fojos guarnecidos de estrepes". De 10.11 aos fins de janeiro, Jorge Velho bloqueou o quilombo, construindo estacada que envolvia a primeira. A 29 lançou o segundo ataque.

29.1.1694 — PALMARES. Período vicentino. Segundo assalto da tropa reunida pelo bandeirante Domingos Jorge Velho, somando aproximadamente 3.000 homens. Partindo da contra-estacada, o chefe do destacamento pernambucano, Bernardo Vieira de Melo, atingiu a cerca principal, porém não pôde superá-lo, recuando sob pressão dos sitiados. O mesmo fez a tropa alagoana sob Sebastião Dias, após verificar o número de mortos e feridos entre os seus.

6.2.1694 — PALMARES. Período vicentino. Depois dos ataques, repelidos, de 23 e 29 de janeiro, culminando longo assédio, ficou patente ao comando palmarino a proximidade do fim. Particularmente quando o artifício de Domingos Jorge Velho de levantar cerca oblíqua àquela defensiva mantida pelos sitiados, mostrou a que se destinava: facilitar a entrada dos atacantes e impelir os prováveis fugitivos para o despenhadeiro. Zumbi, aproveitando vão — três metros — inconcluso da cerca, fez passar para fora de Palmares o quanto pôde da sua gente, ao abrigo da noite. Alertados, os sitiantes investiram, matando, talvez, 200 palmarinos, vendo outros tantos cair no abismo e aprisionando 519. Zumbi salvou-se, duas vezes feridos, embora perseguido pessoalmente pelo chefe da tropa pernambucana, Bernardo Vieira de Melo. A 20 de novembro, dizem que traído por um dos seus, foi morto pelo grupo guiado por André Furtado de Mendonça. Sua cabeça, exposta ao público por ordem do governo de Pernambuco.

11.8.1867 — PALMARES. Paraguai. Guerra do Paraguai. Comboio brasileiro de abastecimento para as tropas avançadas, saído do Tuiuti sob escolta de 60 cavaleiros, foi atacado nos Palmares no Estero Rojas por 350 paraguaios. No primeiro ímpeto, os atacantes apoderaram-se do carretame e fizeram debandar parte da escolta. De Tuiuti, ainda próximo, acorreram três corpos de cavalaria e dois batalhões de infantaria. Os cavaleiros, ultrapassando os Palmares, cerraram os caminhos enquanto a infantaria atacou e retomou o carretame. Mais de 100 paraguaios morreram ou foram aprisionados. As perdas brasileiras: 27 mortos e feridos. O comando da operação coube ao cel. Antônio da Silva Paranhos.

19.11.1826 — PALMAS. ILHA GRANDE. SP. Guerra da Cisplatina. Ação de corsários. O brigue corsário argentino *Congreso* acostou-se à ilha e mandou para terra destacamento em busca de água e alimentos. Enfrentado pela força de vigilância do ten. José Fernandes da Silva, os corsários regressaram para bordo com muitos feridos e sem os recursos procurados.

17(?).9.1989 — PALMA SOLA. SC. Choques da reforma agrária. Cerca de 450 policiais chocaram-se com 2.500 famílias ocupantes da área cuja desapropriação reclamavam. Morre um dos ocupantes, estando feridos outros 72.

26.2.1841 — PALMEIRA. RS. Guerra dos farrapos. Os caudilhos José Gomes Portinho e João Feliciano chocaram-se em acirrado entrevero que deu a vitória ao farroupilha Portinho.

12.1.1923 — PALMEIRA. RS. Revolta dos libertadores. Iniciando a campanha na região norte do estado, o caudilho Leonel Rocha pôs cerco à cidade de Palmeira. A 15, acorreu o ten.-cel. Valzumiro Dutra, que liberou Palmeira ao assédio. Rocha voltou-se para Estância Velha, onde não colheu melhor resultado. Em junho voltaria a atacar Palmeira para conhecer nova derrota.

4.6.1923 — PALMEIRA. RS. Revolta dos libertadores. Leonel Rocha, com todo o seu efetivo, ataca a praça defendida pelo contingente da Brigada Militar ao mando do cel. Valzumiro Dutra. A luta ocupou várias horas. Quando a defesa estava prestes a capitular por falta de munição, os rebeldes, também completamente carentes dela, refluíram. Leonel desistiu dos combates com grandes efetivos, retornando à tática da guerrilha.

7.4.1923 — PALOMAS. RS. Revolta dos libertadores. A estação ferroviária de Palomas, proximidades do Passo da Cruz, junto da fronteira uruguaia, ocupada pelos libertadores sob Honório Lemes, foi atacada pelos governistas dos coronéis Pequeno Pedroso e Nepomuceno Saraiva, que alcançaram seu objetivo. Pedroso recebeu ferimento. Ambos os contendores sofreram perdas sensíveis, em homens e material.

20.4.1945 — PANARO. Itália. Segunda Guerra Mundial. Progredindo em terreno minado e sob bombardeio, a Força Expedicionária Brasileira apoderou-se das alturas dominantes da face leste do estratégico Monte Panaro.

6.5.1925 — PANCHITA. MT. Coluna Prestes. Reentrando no Brasil, procedentes do Paraná, via Paraguai, os integrantes da Coluna enfrentaram o 17º BC disposto a barrar esse ingresso. A força governamental terminou por retirar-se para o Rio Panuí, deixando aos tenentistas caminhões, armas, prisioneiros e 30 mortos no campo. No dia seguinte, novo combate, junto do Rio Panuí, com segundo recuo dos bernardistas.

15.11.1848 — PANELA. PE. Insurreição Praieira. No poço da Panela, vitória dos legalistas conduzidos pelo cap. Sebastião Antônio do Rego Barros sobre o contingente praieiro de João Inácio Ribeiro Roma.

26.1.1935 — PANELAS. RN. Intentona Comunista. Os contendores, comunistas e governistas, que se haviam combatido na véspera em Serra Caiada, chocam-se em Panelas. Caiu prisioneiro dos sertanejos de Dinarte Mariz o srg. Wanderley, comandante das Forças Revolucionárias Populares do governo comunista instalado na cidade de Natal no dia 23. Na segunda parte da jornada, os sertanejos se retiraram para a Serra do Doutor, onde, bem posicionados, rechaçam ataque dos revoltosos, os quais terminam o dia recuando, já em processo de debandada, deixando mortos e feridos.

4.10.1832 — PANELAS DO MIRANDA. PE. Cabanada. Coluna legalista ao mando do cap. Francisco Vaz de Pinho, atacou a posição-chave dos cabanos, os quais abandonam Panelas aterrorizados pela ação da artilharia. Entre os mortos, Manuel Colete, chefe revoltoso local. Derrota irreparável para o movimento cabano.

28.1.1927 — PANTANAL. MT. Coluna Prestes. Abrindo caminho para seu internamento na Bolívia, a Coluna travou o último combate de envergadura, em terrenos da fazenda Pantanal, margem esquerda do Rio Jauru. Adversários: policiais do estado e sertanejos recrutados pelo ''coronel'' político Franklin de Albuquerque. Um movimento de flanco, ao longo de picada aberta na mata pela tropa do cap. Agerson Dantas, que trabalhou com um dos braços em tipóia, fez recuar os situacionistas que deixaram 30 mortos e foram perseguidos por 10 quilômetros. A Coluna anotou em suas fileiras 10 mortos e feridos.

9.2.1826 — PANTANOSO. Uruguai. Guerra da Cisplatina. O chefe uruguaio Manuel Oribe impôs-se a limitado destacamento imperial. O episódio é considerado como tendo sido o maior feito militar dos orientais naquele ano pelos historiadores Schurmann Pacheco-Coolighan Sanguinetti, na sua *Historia del Uruguay*.

26(?).11. 1900 — PAPIRI. AC. Campanha do Acre. A lancha boliviana *Íris*, do maj. Eduardo Schuckraft, em incursão para obter alimentos, foi atacada por volta das 10 h por insurgentes ao mando do engenheiro Lins Caldas. O barco escapou, deixando prisioneiros em poder dos acreanos.

15.10.1709 — PARÁ. PA. Campanha contra espanhóis e índios cambebas. Padres jesuítas castelhanos procedentes de Quito haviam obtido amizade e aliança com as tribos cambebas do sertão ocidental do Pará e instalado centros de atração e fixação. Contra eles, tidos por intrusos pela administração portuguesa, foi enviado o srg-mor José Antunes da Fonseca. Flotilha de 21 canoas comandada pelo governador do MA, Cristóvão da Costa Freire, transportou os 130 homens recrutados pelo srg-mor. Antunes Fonseca atropelou os aldeados, queimou algumas cabanas, fez 15 prisioneiros, entre os quais o geral dos jesuítas, padre João Baptista Sena. Esses 15 foram permutados com prisioneiros portugueses, incluso um chefe indígena aliado, o cap. Inácio. A campanha do Fonseca e do Costa Freire ocupou os dias de 15 a 20.

21.8.1842 — PARACATU. MG. Revolta dos liberais. Ao fim de dois dias de tiroteios, avanços e recuos, os legalistas deixam a cidade, ocupada prontamente pelos liberais. Serviu de mediador, apontando a necessidade de evitar vítimas civis, o vigário padre Melo Franco.

14.2.1927 — PARACATU. MG. Coluna Prestes. Siqueira Campos, com seu destacamento reduzido a 80 homens, depois de bater-se em vasta extensão de MT e GO procurando reincorporar-se à Coluna e desconhecendo que esta já se internara na Bolívia, no dia 3, ocupa a cidade de Paracatu. Resistindo a ataques governistas perdeu vários homens, entre eles o seu ajudante de ordens, o Catorze, que faz enterrar às pressas, insistindo em não observar o uso de deixar insepultos os mortos. Evitando cerco, retirou-se para o sul. Fora destacado da Coluna a 25.10.1926 para dar proteção a emissários e a 20 soldados do cap. Emídio Miranda que Carlos Prestes mandava, via Paraguai, buscar contatos com o gen. Isidoro Dias Lopes. Deixando Paracatu, Siqueira ainda evoluiu e combateu, à procura da Coluna, até 24.3, dia em que se internou no Paraguai. Completara nove mil quilômetros de marchas e de lutas, compondo o que foi descrita como "a epopéia dentro da epopéia".

?.2(?).1527 — PARAGUAÇU/BAÍA DE TODOS OS SANTOS. BA. Combates das expedições guarda-costas. Cristóvão Jacques, com o título de Governador das Partes do Brasil, e no comando de uma nau e cinco caravelas, retornava de sua viagem guarda-costas ao sul do Brasil. Na altura da foz do Rio Paraguaçu, surpreendeu três galeões franceses carregando pau-brasil. Atacou-os. O combate durou todo o dia, concluído com o afundamento dos barcos contrabandistas e a tomada de 300 prisioneiros. Tratou-os "com grande selvageria, mandando enforcar uns, e fazendo matar outros por seus homens a pontapés, tiros e flechadas, após tê-los enterrado na areia da praia até o pescoço". "Tais barbaridades causaram sérios embaraços a D. João III, que teve de prestar contas a Francisco I, da França; e foram também o fim da carreira de Cristóvão Jacques", conforme se lê no *Dicionário de História do Brasil*, Melhoramentos.

28.9.1559 — PARAGUAÇU. BA. Guerra de Mem de Sá contra indígenas. À frente de 4.000 homens, sendo 300 brancos e os demais índios aliados, Mem de Sá apoderou-se do segundo e principal reduto tupiniquim. Com essa vitória e a destruição, pelo fogo, de 160 aldeias menores, eliminou a ameaça indígena sobre a cidade do Salvador e garantiu domínio português sobre vasta região baiana. A Guerra do Paraguaçu completou e aumentou o sucesso daquela de Ilhéus. A energia do Governador mais uma vez posta à prova. É dele o relato de que "foi necessário fazer uma estrada por onde a gente e os cavalos pudessem ir e a fiz em um dia e uma noite, sendo de três léguas do comprido, por brenhas e montes asperríssimos''. Vicente Dias testemunhou: ''levando cavalos todos os que na terra havia... andando de dia e noite por debaixo de arvoredos e de noite com fachos...'' Mem resume: ''E ante manhã dei na fortaleza e a entramos matando todos os que quiseram defender...'' Com a cavalaria perseguiu os fugitivos. Por 15 dias assolou a região, fazendo prisioneiros. Não confundir, com Simão de Vasconcellos, esta campanha com três penetrações menores que Mem ordenou ao loco-tenente Vasco Rodrigues de Caldas em 1558.

28.1.1823 — PARAGUAÇU. BA. Guerra da Independência. Procurando romper o bloqueio que nove pequenos barcos portugueses montaram na foz do Rio Paraguaçu, o 1º ten. João Francisco de Oliveira botas saiu para atacá-los. Levou para a tarefa as canhoneiras *Pedro I*, do seu comando; *Dona Januária*, do ten. Boisson, e *Dona Leopoldina*, do 2º ten. André Avelino Pereira. Chuva e neblina, interrompendo três horas de combate, deram cobertura à retirada dos portugueses.

27.5.1869 — PARAGUARI. Paraguai. Guerra do Paraguai. Estação final da estrada de ferro nacional e centro de oficinas, Paraguari estava defendida por 50 praças. Destes, morreram o capitão comandante e vários soldados quando atacados pela força brasileira do gen. Vasco Alves. Aprisionados 40 homens e tomados 31 vagões, prontos ou em montagem.

12.9.1575 — PARAÍBA. PB. Conflitos com indígenas. Morto Mem de Sá, o Brasil foi dividido em dois Estados: no Norte, de Ilhéus, inclusive, para o Norte, e o do Sul, de Porto Seguro na direção do Prata, confiado ao governo de Antônio de Salema. Luís de Brito e Almeida, responsável pelo Estado do Norte, tomou por tarefa essencial afastar mercadores franceses da Paraíba, guerreando seus aliados e fornecedores indígenas. Cometeu a tarefa a Fernão da Silva, apontando como alvo toda a região ao norte de Itamaracá. Entre 12 e 25 de setembro, Fernão e sua tropa foram duramente atacados pelos indígenas orientados por franceses e não puderam prosseguir, ficando cercados. Pedido de socorro enviado à Bahia resultou na expedição de 12 navios sob o mando de Bernardo Pimentel, sobrinho do Governador. Tempestades seguidas dispersaram essa frota e nenhum socorro chegou para os comandados de Fernão da Silva, terminando em fracasso a primeira tentativa portuguesa de conquista da PB.

?.?.1582 — PARAÍBA. PB. Contrabandistas. A guarda costeira com oito navios, cercou quatro barcos normandos empregados no comércio de pau-brasil e outros produtos fornecidos pelos indígenas da PB. Os contrabandistas franceses passaram para o melhor dos quatro navios as tripulações e a artilharia e atearam fogo nos outros três. O remanescente chegou à França e relatou o encontro que La Roncière incluiu em seu livro.

?.?.1583 — PARAÍBA. PB. Corsários e contrabandistas. A 20.8.1584, a Assembléia de Notáveis Comerciantes de Rouen, França, apresentou ao Presidente do Parlamento local queixa formal contra a guarda-costa no Brasil. Descrevia: no ano anterior, diante da costa da Paraíba, luso-espanhóis apresaram sete navios armados por aqueles notáveis. Em 1582, na mesma área, 18 navios haviam tido destino igual. A presença francesa era significativa na Paraíba. Entre 1571 e 1610 partiram somente de Le Havre, rumo ao Brasil, 168 navios, além daqueles zarpados de Rouen, Honfleur, La Rochelle e Dieppe.

18(?).4.1584 — PARAÍBA. PB. Corsários e contrabandistas. Manoel Teles Barreto, governador da Bahia, conduzindo infantes, cavaleiros e 3.000 índios e 10 navios espanhóis e portugueses de Flores de Valdés, fez atacar as instalações mantidas por entrelopos franceses. Os atacados dispunham de quatro barcos, trincheiras, artilharia, tropa de arcabuzeiros. Resistiram até que os capitães Rodrigo de Rado e Juan de Salas tomaram a nau capitânia, fulcro da defesa. Os franceses e aliados indígenas fugiram, subindo o rio. No lugar, antigo domínio dos potiguares, os vencedores fundaram a cidade de Filipéia, tendo um português por governador e um espanhol por chefe militar.

10.9.1633 — PARAÍBA. PB. Holandeses. Dias antes, em data não fixada, ocorrera na barra do Rio Paraíba combate entre barcos flamengos e o único navio artilhado à disposição de Souto-Maior. Batendo-se, ele conseguiu desembarcar os 70 soldados que transportava. No Arraial do Bom Jesus, onde chegaram no dia 10.9, a notícia do combate foi muito festejada.

27.10.1633 — PARAÍBA/FORMOSA. PB. Holandeses. Francisco de Vasoncelos comandava dois navios de combate e cinco caravelas de transporte que levavam o reforço de 600 homens para Matias de Albuquerque. Os holandeses enviaram contra essa esquadrilha os navios *Pegasus* e *Windt-Hondt* do cap. Smiendt. Os dois barcos portugueses, avariados, deram à terra, na foz do Rio Paraíba, para não irem a pique. As caravelas dispersaram. Vasconcelos foi socorrido por lanchões enviados do litoral e com eles tentou levar os reforços pelo rio Cunhau. No curso, foi novamente atacado e vencido por Smiendt.

28.2.1634 — PARAÍBA. PB. Holandeses. Levando a seu mando 21 navios e 1.500 homens de desembarque, o alm. Lichthardt executou manobra de ocupação da Paraíba. Aos desembarcados faltou o apoio dos navios pois o vento impediu Lichthardt de adentrar o rio. Cerca de 500 homens, sendo 200 índios, acometeram os holandeses que ao fim do combate, protegidos por quatro companhias voltaram aos barcos e à sua base.

14.1.1640 — PARAÍBA. PB. Holandeses no NE. Na altura da costa da PB, terceiro encontro entre a esquadra luso-espanhola do Conde da Torre e a holandesa, sob o alm. Jacob Huygens. Os flamengos tiveram a iniciativa e a mantiveram, porém o resultado foi indeciso: perderam o *Silvaeen*, de 34 canhões, e que batia o pavilhão do vice-almirante Aldericksżoon, enquanto os portugueses ficaram sem o navio *Chagas*, de 24 canhões e mando de Antônio da Cunha de Andrade.

25.4.1647 — PARAÍBA. PB. Holandeses. À vista da costa, combate naval com nítida vitória holandesa, ficando o chefe luso-brasileiro Francisco Barreto de Menezes prisioneiro do alm. Banckert. Conduzido ao Recife, evadiu-se em janeiro de 1648, indo juntar-se aos insurgentes.

?.4.1688 — PARAÍBA. PB. Guerra dos tapuias. A força de 300 homens comandada pelo cel. Antônio de Albuquerque Câmara foi envolvida e dizimada por uma centena de flecheiros tapuias, conforme os dados de Barbosa Mello.

?.6.1714 — PARAÍBA. CE. Rebelião de indígenas urbanizados. Evento conhecido graças à carta, de 15 do mês e ano, do jesuíta João Antônio Andreoni. Indígenas auxiliares da guarnição, revoltaram-se, matando o capitão e sua mulher (''que os tratava mal e não lhe pagava o soldo''). Tomando 300 armas de fogo e munição, puseram em fuga os soldados dos postos vizinhos e reacenderam a flama dos revoltados.

23.10.1832 — PARAÍBA. PB. Quartelada. Soldados da guarnição da Paraíba (depois João Pessoa) amotinam-se reclamando melhoria de soldo. Movimento prontamente sufocado.

?.4.1839 — PARAÍBA. PB. Motim político. O chefe partidário Antônio Borges da Fonseca promoveu levante político-popular a fim de impedir a entrega do governo provincial a Trajano Alípio de Holanda Chacon. Desejava substituí-lo pelo antigo revolucionário de 1824, Manoel Lobo de Miranda Henrique. No único encontro de alguma importância, os amotinados foram completamente batidos, fugindo para Santa Maria onde se dispersaram.

18.5.1925 — PARAÍSO. MT. Coluna Prestes. A vanguarda, nessa jornada confiada a Djalma Dutra, abriu caminho para o grosso da Coluna, dispersando pelotão da polícia de MG que guardava o entroncamento ferroviário e o acesso a Baus, onde se posicionara o QG do maj. Bertoldo Klinger, chefe governista da área.

19.9.1926 — PARAÍSO. GO. Coluna Prestes. Na fazenda Paraíso, na Chapada dos Veadeiros, pelas 11 h, o 1º batalhão da Força Pública de SP, progredindo desde Cavalcanti, atacou o flanco guarda esquerdo da Coluna, em marcha. Os atacados, sob o ten. Eufrides Beltrão, começavam a recuar quando receberam o apoio do 3º Destacamento, com o que foi conquistada a iniciativa da ação. Os governistas deixaram o campo levando feridos.

31.10.1839 — PARANAGUÁ. PR. Guerra dos farrapos. Corsários. Desafiando o forte da barra, o lanchão republicano *Seival* apresou a sumaca *Dona Elvira*. Segundo Lindolfo Collor, horas depois, a tripulação da sumaca retomou o controle do barco, aprisionou e expediu para Desterro o destacamento farroupilha mandado para bordo. O *Seival* navegava sob o comando do americano John Griggs.

?.6.1840 — PARANAGUÁ. AM. Cabanagem. A coluna repressora chefiada pelo maj. José Martins de Sousa, depois de violento combate, rompeu a defesa dos cabanos liderados pelo caudilho Lucas de Aguiar, obrigando-os à fuga.

1.7.1850 — PARANAGUÁ. PR. Incidentes do Bill Aberdeen. *Ver* ILHA DO MEL.

11.1.1894 — PARANAGUÁ. PR. Revolta da Armada — Revolta dos Federalistas. Cerca de 150 guardas-nacionais e civis antiflorianistas levantaram-se para dar apoio a navios revoltados evoluindo diante do porto. Um terço dos rebelados atacou o quartel local sob o cel. Eugênio Melo, sendo repelidos. Os governistas assumiram a iniciativa, perseguindo os revoltosos até a Costeira e obtendo a rendição de 64 guardas nacionais e de 42 civis.

17.1.1894 — PARANAGUÁ. PR. Revolta da Armada. Os navios *Esperança, Íris, República* e *Urano*, a serviço dos federalistas solidários com a armada revoltada, desembarcaram no porto Pedro II 500 soldados comandados pelo cel. Timótheo Paim e marinheiros, embarcados em Desterro (Florianópolis). Superando o fogo defensivo dos governistas chefiados pelo gen. Pego Júnior, avançaram até o centro de Paranaguá, aprisionaram o comandante da guarnição e dominaram a praça, criando condições para a proclamação de governo provisório antiflorianista.

13.2.1894 — PARANAGUÁ. PR. Revolta da Armada. As cidades de Paranaguá e Antonina foram atacadas por navios da esquadra revoltada. O bombardeio, parte do plano para reforçar a autoridade do governo rebelde instalado em Desterro (Florianópolis) e de preparar junção com os destacamentos federalistas que pelo interior progrediam na direção do estado de São Paulo.

30.10.1839 — PARANAGUÁ/MORRO DAS CONCHAS. PR. Guerra dos farrapos. Corsários. Soldados do forte e gente acorrida do porto atacaram e apresaram lancha farroupilha expedida dos barcos corsários chefiados por Garibaldi para fazer aguada. Os republicanos retornavam a Laguna, depois de incursão durante a qual subiram até Cananéia, SP.

?.8.1611 — PARANAMBU-GUAIRÁ. PR. Bandeiras. Alertado por Nicolau Barreto, que em 1602 levara bandeira no rumo do Peru procurando por minas de prata, em 1611 Pedro Vaz de Barros dirigiu-se ao Guairá visando o apresamento de indígenas. Ocupando Paranambu, prendeu 500 homens válidos. Porém, no retorno a São Paulo foi alcançado e combatido pela tropa espanhola de Antonio de Añasco, a qual retomou e libertou aqueles prisioneiros.

14.8.1888 — PARANAPANEMA. SP. Conflitos com indígenas. Na região do médio Rio Paranapanema, o sertanista Joaquim Bueno lidera ofensiva desencadeada por grupo de posseadores mineiros e paulistas sobre terras ditas devolutas. Na data, assaltou aldeamento principal dos índios identificados como guaianus pelo memorialista José Jacinto Ribeiro e fez matar 3.000 deles. O citado cronista registrou o evento em sua *Cronologia Paulista*, como "Horrorosa hecatombe".

15.1.1828 — PARATI. RJ. Guerra da Cisplatina. Ação de corsários. A corveta *Maria Isabel*, armada com 26 canhões e caronadas e tripulada por 150 marujos, comboiava 12 navios mercantes. À altura de Parati, surgiu o corsário argentino *Niger*, comandado, segundo o *British Packet* de Buenos Aires, nº 74, por John Holsted Coe. Dispunha de 10 peças e 130 corsários ingleses e norte-americanos. Às 21 h o *Niger* tentou abordar a *Maria Isabel*, sendo repelido. A corveta passou ao ataque, levando, entre os seus, dois mortos e nove feridos. A noite e o aguaceiro então caído salvaram o *Niger*. Meses depois, o ten. Newcombe, aprisionado, revelou que o combate diante de Parati significara danos no barco e entre os homens 11 mortos, sendo um oficial, 10 feridos graves e 10 leves.

22.2.1615 — PARAUPAVA. PA. Bandeiras. A tropa de André Fernandes, saída de São Paulo com 30 brancos e 30 tupis, conduzia para o sul, pelo rio Paraupava (Araguaia), cerca de 3.000 índios caatingas, prisioneiros. Na data, os cativos rebelaram-se, mataram 16 brancos e alguns tupis, dispersando-se.

3.10.1867 — PARÊ-CUÊ. Paraguai. Guerra do Paraguai. A este encontro os paraguaios chamam também combate de Isla-Tali, nome de capão de mato entre San Solano e Parê-Cuê. Ali, o cel. Fernandes Lima e seus 400 cavalarianos da 6ª Divisão foram atacados por 2.500 paraguaios. Iniciado o combate, acorreram o gen. Andrade Neves à frente de 1.000 soldados da 2ª Divisão, gen. José Luís Mena Barreto com outros 800 da 1ª Divisão e o remanescente da 6ª Barreto reuniu os reforços e comandou a carga que estava em pleno desenvolvimento quando chegou o 50º VP de Pernambuco, ao mando do ten.-cel. Albuquerque Belo, e participou da parte final do encontro, que durou 45 minutos, custou aos brasileiros 170 mortos e feridos e aos paraguaios 500 mortos, 200 prisioneiros e oito estandartes, conforme os números de Rio Branco nas *Efemérides*.

27.1.1849 — PASMADO. PE. Insurreição Praieira. O cap. Alexandre Gomes de Argolo Ferrão, à frente de 200 praças de linha e da GN, desaloja os liberais da posição que haviam fortificado no Pasmado, ao sul de Tapiçuma.

18.9.1923 — PASSARINHOS. RS. Revolta dos libertadores. O chefe rebelde Luís Gomes enfrenta, estando em marcha e nela continuando, contingente da Brigada Militar.

15.7.1868 — PASSO BENITEZ. Paraguai. Guerra do Paraguai. Sofrendo 11 mortos e feridos, o destacamento da GN do RS, sob o ten.-cel. José Fernandes de Sousa Docca, fez retrair a vanguarda paraguaia que montava guarda ao Passo Benitez e que deixou 40 mortos e feridos.

9.1.1925 — PASSO BORMANN. SC. Revolta tenentista. O "batalhão patriótico" formado na região ocupou o Passo e fortificou-se ali, decidido a impedir a progressão no rumo de Guarapuava, PR, da coluna tenentista revoltada no RS e que marchava para encontrar-se com os tenentistas de São Paulo. Estes, postados na região de Catanduvas-Santa Helena-Foz do Iguaçu, estavam sob pressão crescente de tropas governistas cujo mando superior pertencia ao gen. Cândido Rondon. Luís Carlos Prestes, que subia com os rio-grandenses, cogitava surgir à retaguarda de Rondon, aliviando o esforço governista sobre Catanduvas. Mas a resistência dos "patrióticos" de Passo Bormann e a subida, em seu encalço, de forças gaúchas, obrigaram-no a tomar a velha picada de Separação, cancelando o plano de fustigar a retaguarda bernardista.

22.11.1924 — PASSO CAÇÃO. RS. Revolta tenentista. Planejando atrair parte do dispositivo governista que seria mandado perseguir o grupamento conduzido por Luís Carlos Prestes rumo do sudoeste paranaense, tomaram armas, ainda uma vez, os veteranos federalistas Honório Lemes e Zeca Neto. Evoluem pela campanha, com pouca gente mal armada, sofrivelmente articulada. No Passo Cação, Lemes foi durante batido pela força legal do gen. Andrade Neves, tendo a sua tropa debandado, refugiando-se no Uruguai.

20.5.1866 — PASSO CIDRA. Paraguai. Guerra do Paraguai. O Passo, na disputada região de Estero Belaco, estava defendido pelos paraguaios do mando do ten.-cel. Avelino Cabral. Aproximando-se a força aliada do gen. Flores, foi expedido para ocupar o Passo o 2º BI do cte. Vanderlei Lins. Na data, ocorreu o assalto e a tomada das trincheiras, liberando a marcha aliada.

25.9.1924 — PASSO CONCEIÇÃO. RS. Revolta tenentista. O gen. Honório Lemes, veterano das pelejas federalistas, tentou levantar parte do seu estado em apoio aos liberais em armas. No Passo Conceição foi surpreendido, batido e aprisionado com todo o seu EM pela força recrutada e conduzida por Flores da Cunha.

20.12.1893 — PASSO DA CRUZ. RS. Revolta dos federalistas. O cap. Eleutério dos Santos foi expedido de Passo Fundo com 110 cavalarianos para desfazer o campo federalista mantido pelo ten.-cel. Veríssimo Veiga, no Passo da Cruz. Ataque repelido pela defesa de 250 maragatos sob o major João de Souza Ramos e do cap. Teodoro Inácio da Veiga. Os governistas perderam 25 homens entre os quais o cap. Francisco Brizola e, já na fase da retirada, o próprio Eleutério.

6.9.1923 — PASSO DA JULIANA. RS. Região Centro-Sul do estado. Revolta dos libertadores. O borgista maj. Júlio de Aragão Bozzano, comandando o Corpo de Provisórios de Santa Maria, alcançou a retaguarda da força libertadora do gen. Estácio Azambuja. Os "maragatos" preferiram marchar combatendo até Formigueiro (velha povoação de São Sepé), sendo ali mesmo acometidos pela força de Bozzano.

22.9.1923 — PASSO DA LENHEIRA. RS. Revolta dos libertadores. Em seguida ao combate de Carajazinho, quando rompera contato com a tropa perseguidora do mando de Flores da Cunha, o libertador gen. Honório Lemes cruzou o Rio Ibicuí no Passo da Lenheira. Do outro lado, a sua retaguarda, sob o cel. Teodoro de Meneses, lutou duramente contra o

2º Batalhão da Brigada Militar, do ten.-cel. Amadeu Massot. Poucas baixas para ambos os lados.

3.9.1932 — PASSO DA ROCHA/SOLEDADE. RS. Revolução Constitucionalista. Cândido Carneiro Júnior, general Candoca, encarregado por Flores da Cunha de organizar batalhão cívico para a guerra contra São Paulo constitucionalista, adere com sua tropa ao ideal revolucionário, instalando em Soledade um governo antiditadura. Abre hostilidades atacando os pró-Vargas reunidos no Passo da Rocha. Oito mortes dizem da fúria do combate. A data e as baixas constam da carta de Carneiro Júnior a Flores da Cunha dando as razões da sua atitude. Sérgio da Costa Franco, "Soledade na História". *Revista do Clube Piratininga*, nº 81, p. 61.

28.2.1895 — PASSO DAS PEDRAS/LAJEADO. RS. Revolta dos federalistas. Aparício Saraiva emboscou 600 homens nas pontas do Ibirapuitã e Passo das Pedras ou Lajeado, município de Santana. Com eles acometeu os 200 governistas que sob o cel. João César Sampaio iam de rumo a Porto Alegre. Os surpreendidos dispersaram-se, perdendo cerca de 50 mortos e 10 prisioneiros. Os vencedores, conforme a parte do Saraiva, um morto e três feridos. Encontro também chamado de Santana.

17.7.1867 — PASSO DE CANDELÁRIA. Paraguai. Guerra do Paraguai. O gen. Portinho realiza o reconhecimento da posição. A artilharia brasileira silencia canhões inimigos sob ordens do gen. Nuñez.

8.10.1819 — PASSO DE LA ARENA. Uruguai. Guerra com Artigas. Acampado junto do Passo, o chefe uruguaio Felipe Duarte reunira 400 soldados. Na jornada, foi surpreendido e atropelado pela força do cel. Marques de Sousa, o segundo desse nome, comandante da vanguarda do gen. Jorge de Avilez. Os orientais deixaram o campo perdendo 83 mortos, feridos e prisioneiros.

14.12.1839 — PASSO DE SANTA VITÓRIA. SC. Guerra dos farrapos — República Juliana. Nas vizinhanças do Passo, planalto catarinense, o destacamento rio-grandense do cel. Teixeira Nunes, dando apoio farroupilha à República Juliana, combate defensivamente mas não pôde impedir que contingente imperial fechasse o cerco e aumentasse a pressão sobre os republicanos.

26.1.1842 — PASSO DO CAMAQUÃ. RS. Guerra dos farrapos. Na ação também chamada do Passo do Mendonça ou Mendonça, Bento Gonçalves da Silva, primeiro chefe militar republicano, foi duramente batido pela tropa menos numerosa do ten.-cel. Francisco Pedro de Abreu.

19.10.1930 — PASSO DO CIPRIANO. SP. Revolução liberal nacional. Ação, entre outras, preparatória para a que seria a batalha de Itararé. Em seguida aos choques de Sengés e de Morungava, infantaria e cavalaria do Destacamento Flores da Cunha vadearam o Passo, sobre o Rio Itararé, divisa entre SP e PR. Elementos da Força Pública de SP, de guarda no Passo, reagiram, infligindo aos revolucionários, que refluíram, perdas entre as mais pesadas registradas em combate nessa campanha.

7.4.1923 — PASSO DO GUEDES. RS. Revolta dos libertadores. Força rebelde integrante do Destacamento Honório Lemes foi atacada, entre os passos do Guedes e da Cruz, pelos situacionistas do ten.-cel. Miguel da Cunha Sobrinho, que aproveitaram eficientemente o amanhecer para a surpresa. Os defensores da ponte do vau resistiram e mantiveram as posições durante a manhã. À tarde, duplicada em número, a coluna governista assaltou e tomou aquela posição.

26.10.1835 — PASSO DO RETIRO-ARROIO PELOTAS. RS. Guerra dos farrapos. O ten.-cel. João da Silva Tavares, prestigiado pelas vitórias obtidas em setembro no Arroio do Telho e no Serrito sobre contingentes farroupilhas, foi designado pelo presidente da província, Fernandes Braga, para gestionar junto do responsável uruguaio pela fronteira a suspensão de qualquer apoio então dado aos revoltados gaúchos. Notificados, os farrapos decidiram-se a interceptá-lo, cabendo a missão ao derrotado no Serrito, cap. Domingos Crescêncio de Carvalho. Este reuniu 500 dos melhores cavaleiros e atacou a coluna do cel. Silva Tavares no Passo do Retiro, sobre o Rio Pelotas. Obteve êxito tão completo que parte dos imperiais refugiaram-se além fronteira e o controle da linha internacional passou a pertencer aos republicanos.

17.12.1819 — PASSO DO ROSÁRIO. RS. Guerra com Artigas. Esquadrões artiguistas das cavalarias de Entre-Rios e Corrientes, províncias argentinas, invadiram o RS. Cumpriam o plano de reter longe do Uruguai expressivas forças luso-brasileiras e impunham o custo da guerra ao território rio-grandense. Contra eles foram enviados os destacamentos dos generais José de Abreu e Bento Correia da Câmara. Na data, bateram e repeliram tais esquadrões para seus lugares de origem.

20.2.1827 — PASSO DO ROSÁRIO. RS. Guerra da Cisplatina. Batalha chamada Ituzaingó pelos argentinos e uruguaios, cujo exército, forte de 9.000 soldados ao mando do gen. Alvear, retirava-se para a fronteira de São Gabriel, encalçado pelos 6.200 homens do Marquês de Barbacena. Junto ao Passo do Rosário, Rio Santa Maria, os generais decidiram-se pelo confronto. Às 6 h as forças estabeleceram contato visual, estando os invasores argentino-uruguaios estendidos em linha sobre as lombas do Passo, mostrando nos flancos as cavalarias de Laguna e Lavalleja. Os brasileiros apresentaram-se formados em linha dupla. Na primeira, a divisão de Sebastião Barreto, estando a divisão Calado na segunda. Descreve Gustavo Barroso (*História militar do Brasil*): "Como o engajamento da ação tivesse de ser feito pela divisão de retaguarda da coluna de marcha, foi esta forçada a percorrer grande extensão antes de tomar posição no seu setor de ataque. Assim, a primeira divisão levava o assalto à linha inimiga e a segunda quase não se deslocava, contribuindo esse dispositivo tático inicial do combate poderosamente para o nosso insucesso. Nosso flanco direito foi coberto pela brigada ligeira de Bento Gonçalves e os voluntários de Abreu" avançaram sobre a vanguarda argentina. A brigada de infantaria de Leitão Bandeira, embora pouco protegida pela artilharia de Madeira, fustiga o inimigo, ladeada pela segunda brigada de cavalaria dos dragões de Lunarejo e os lanceiros alemães do cel. Araújo Barreto. Alvear atirou contra a linha brasileira por três vezes os couraceiros de Buenos Aires, os "colorados" de Vilela e os lanceiros alemães do barão Heine, todos e todas as vezes repelidos em desordem. A cavalaria regular brasileira chega-se ao inimigo, desafogando a infantaria que pôde reformar suas linhas rijamente batidas pela metralha da artilharia de Iriarte. Alvear ordena a Brandsen que carregue, o que consegue depois de ríspida discussão sobre se a carga devia ser em linha ou por esquadrões. Brandsen obedece para ser recebido pela descarga cerrada da gente de Leitão Bandeira, com tiros a 25 metros. Brandsen repete a carga e morre diante das puas brasileiras. Após outra discussão com Alvear, vai à carga o cel. Paz, com o Regimento nº 2, mas também é obrigado a refluir, dizimado. Descem então para o ataque três corpos argentinos de caçadores a pé e a cavalaria uruguaia de Maldonado. Encontraram caminho mais fácil, pois o 39º de milícias, sob Isás Calderón, deixara o campo e Bento Gonçalves, comandando o setor, ficando apenas com o 21º, fora arrastado pelo ataque da divisão Lavalle, deixando descoberto o flanco da divisão Barreto. Quando, afinal, a segunda divisão avançou, Lavalleja atirou toda a sua cavalaria sobre os irregulares de Abreu encarregados de cobrir os movimentos da gente de Calado. Os voluntários de Abreu debandaram, levando no atropelo o 5º de cavalaria de linha e correndo, como rolo compressor, em direção da infantaria. Inúteis os esforços pessoais de Abreu no sentido de impor ordem à mole em retirada. Calado tomou então a extrema decisão: fez a sua tropa disparar a 15 metros contra os dispersos, fuzilando brasileiros e orientais que na perseguição haviam se mesclado àqueles. Abreu, Barão de Serro Largo, foi dos primeiros a morrer, vitimado por balas patrícias. A metralha da artilharia e a ação dos regimentos de cavalaria de da Silva fizeram refluir os uruguaios. Desafogada a frente, Barbacena ordenou a Calado que se reunisse a Barreto, mas a cavalaria argentina, metida entre as duas divisões, impediu a conjunção. Esquadrões inimigos circundaram os quadrados brasileiros, deitando fogo à macega e apoderando-se do comboio. Às 14 h, depois de seis de combate, Barbacena ordenou a retirada. J. Pandiá Calógeras (*Formação histórica do Brasil*) comentou: "A análise militar da campanha prova que foi (Barbacena) irrepreensível como organizador e estrategista. A batalha do Passo do Rosário, ou Ituzaingó, como lhe chamam autores platinos, revelou que não era um tático. Quando se deu o encontro dos adversários, a 20 de fevereiro de 1827, foi vencido Barbacena, em conseqüência de seus conhecimentos insuficientes da tropa e seu contato por demais distante com ela. De fato, não comandou o combate e não tirou da força o máximo que ela podia dar, atenta à coragem dos oficiais e soldados". No dispositivo platino figurava um hipotético Regimento de Libertadores do Rio Grande, composto por gaúchos, ao mando de Alexandre Luís de Queirós e Vasconcelos, segundo Aurélio Porto.

OS SUPRANACIONAIS SOLDADOS DA PAMPANIA

De algumas notícias de batalhas constam brasileiros lutando em favor do Uruguai e, em outras, uruguaios combatendo pelo Brasil. Explicação? Vamos ler Carlos Dante de Moraes, capítulos "Trinta e cinco e noventa e três" do livro *Figuras e ciclos da história rio-grandense*, Porto Alegre, Ed. Globo: "E não raro", diz um ilustre historiador, "de parte a parte, uruguaios e rio-grandenses se alistam contra as bandeiras juradas. Traidores? Não. Fanáticos, talvez. Perseguidores de um mundo novo que irá aos poucos se formando nos primeiros escombros do absolutismo". O primeiro brado pela independência uruguaia, o "Grito de Ascencio", quem o lança é um rio-grandense: Pedro Vieira, cognominado "Perico el Bailarin"... "Francisco Bicudo, Manuel Carneiro e Gabriel Ribeiro de Almeida, o conquistador das Missões, alistam-se nas fileiras de Artigas e nelas pelejam com bravura. Alguns anos depois, quando Rivera invade as Missões, dezenas de rio-grandenses a ele aderem. Alguns destes serão mais tarde próceres farroupilhas". Aurélio Porto, em "Influência do caudilhismo uruguaio no Rio Grande do Sul (Artigas-Lavalleja-Rivera)", *Revista do IHGRS*, 1929, elucida:

"A mais singular destas figuras é, porém, Alexandre Luís de Queirós e Vasconcelos, cognominado o "Quebra", cuja temeridade atingia as raias da loucura. Antimonarquista ferrenho, coloca-se abertamente ao lado dos platinos, tentando revoltar os soldados portugueses. Na batalha do Passo do Rosário, Alvear confia-lhe o comando de um imaginário "Regimento de Libertadores do Rio Grande". Era um fanático pela liberdade e a República e pregava, antecipando a revolução farroupilha, a separação do Rio Grande".

Além do entusiasmo pela república, esses homens alimentavam o ideal de uma cultura comum à área do pampa, talvez uma pátria cobrindo terras, então, de três nações: Argentina, Brasil, Uruguai. Seria a Pampania?!

À página 254 de *O Marquês de Tamandaré*, o almirante Henrique Boiteux narra que em Paysandu (dezembro, 1864-janeiro, 1865) entre os corpos dos lugares-tenentes de Leandro Gomes, Lucas Pires e coronel Rano, o do brasileiro pró-Uruguai, Tristão de Azambuja, autor da afirmativa: "Se soubesse qual a veia do meu corpo que nela corre o sangue brasileiro, a arrancaria com os dentes". O Barão do Rio Branco, nas *Efemérides Brasileiras*, no tocante à data de 1.9.1811 quando Bento Manuel Ribeiro toma Paysandu, escreveu: "A força oriental que a defendia, compunha-se de 180 homens, ao mando do capitão Francisco Bicudo natural de Porto Alegre. Esse caudilho foi morto. Em 1865, quando nossas tropas tomaram de novo Paysandu, morreu ali outro brasileiro, Azambuja, que também combatia os seus compatriotas." Atuante igualmente na mesma direção, foi o brasileiro coronel Leonardo de Oliveira que lutou ao lado de Artigas e no dia 31.12.1825 tomou para o chefe uruguaio as posições imperiais de Chuí e Santa Teresa. Falta um estudo sobre as motivações mais íntimas desses homens, de cuja coragem e pertinácia não se pode duvidar.

17.3.1836 — PASSO DO ROSÁRIO. RS. Guerra dos farrapos. O presidente da província reunira em Jaguari os destacamentos dos coronéis Medeiros e Silva Tavares e o de Bento Manuel Ribeiro. A esse conjunto de forças caberia recuperar para o governo a cidade e o porto do Rio Grande, essenciais à economia gaúcha e à condução da guerra. Bento Manuel houvera-se bem no preparo da junção, esquivando-se a movimento de Bento Gonçalves, tendente a evitá-la. Mas no Passo do Rosário foi defrontado por 800 farrapos sob ordens de José Afonso de Almeida Corte Real. Bento usou do expediente de enviar 60 guaranis armados à infantaria, realizar movimento de flanco, pelo mato. Depois, com seus excelentes 700 cavaleiros, atacou frontalmente. Os farroupilhas, desfeita a formação, deixaram 150 mortos e 180 prisioneiros, entre eles Corte Real. Porém, aproximação do principal exército farrapo, ao mando direto de Bento Gonçalves, levou Bento Manuel a desistir, por então, do avanço sobre a cidade do Rio Grande.

7.4.1836 — PASSO DOS NEGROS-RIO SÃO GONÇALO. RS. Guerra dos farrapos. Os farroupilhas Lima e Silva e Sousa Neto, ocupando Pelotas, esperavam surpreender os 117 comandados do cel. Albano de Oliveira, enviados para reforçar a guarnição governista vencida na véspera. Tiroteio imprevisto frustrou a emboscada. Albano refluiu para o Passo dos Negros, procurando a flotilha ali postada para sob a proteção da mesma cruzar o Rio São Gonçalo. Porém os barcos maiores haviam partido para Rio Grande e os pequenos não puderam atuar eficientemente porque granizados pela fuzilaria farroupilha. Os governistas, acossados contra o rio, resistiram até às 8 h da manhã do dia 8, quando aconteceu a debandada. Dos 117, apenas 30 homens conseguiram passar o rio, sendo contados 15 mortos em terra, número jamais sabido de afogados, e prisioneiros. Dos farrapos, cinco foram mortos e 10 feridos. Albano, prisioneiro também, conduzido a Porto Alegre, foi morto, a caminho, por dois homens da escolta.

2.6.1836 — PASSO DOS NEGROS-RIO SÃO GONÇALO. RS. Guerra dos farrapos. Desenvolvendo plano para a conquista da cidade do Rio Grande, os farrapos concentram na área de Pelotas, junto ao Passo dos Negros, forças dos chefes João Manuel de Lima e Silva, Antônio de Sousa Neto, Domingos Crescêncio de Carvalho e recrutados na colônia alemã de São Leopoldo pelo cap. Hermann von Salisch. A artilharia e a fuzilaria dos infantes dispostos pela margem do Rio São Gonçalo começaram, ao abrir do dia, fustigando os barcos imperiais posicionados no Passo. Eram: o vapor *Liberal*, do 2.º ten. Joaquim Raimundo Delamare, o iate *Oceano* e a canhoneira *São Pedro Duarte*. Esta, desmantelada, foi abordada e tomada enquanto os outros navios retiraram-se para a Lagoa. A parte oficial governista registrou quatro mortos e quatro feridos. O maj. Lima e Silva, ferido no rosto, registra no lado farrapo a morte de um soldado alemão e ferimentos em um tenente-coronel, dois alemães e no comandante de um dos três iates preparados para a travessia, a qual foi prontamente iniciada.

24.11.1840 — PASSO DO VIGÁRIO. RS. Guerra dos farrapos. No Passo, reuniram-se os republicanos expulsos de Viamão na véspera, em decorrência do ataque violento e de surpresa que lhes levara o ten.-cel. João Nepomuceno da Costa. Ali, sob ordens do próprio Bento Gonçalves, dispuseram-se a enfrentar os imperiais: 5.º BC do ten.-cel. Nepomuceno e 430 cavaleiros do ten.-cel. Francisco Pedro de Abreu. Os farroupilhas foram envolvidos e completamente batidos, sendo perseguidos até as Lombas do Amorim.

4.6.1893 — PASSO FUNDO. RS. Revolta dos federalistas. Quinhentos governistas conduzidos pelo cel. Gervásio Lucas Anes e pelo ten.-cel. Afonso, sofrendo três baixas recuperaram a cidade vencendo a resistência dos 200 combatentes da vanguarda federalista. A desarmonia entre os chefes, mais do que o vigor do inimigo, ocasionou a derrota dos maragatos que deixaram nove mortos e três feridos.

27.6.1894 — PASSO FUNDO. RS. Revolta dos federalistas. De volta do PR, os pouco mais de 1.600 combatentes de Gumercindo Saravia uniram-se aos do cel. Prestes Guimarães, elevando o efetivo principal federalista a 3.200 homens. Às 8 h romperam no campo as vanguardas da governista Divisão Norte, com 4.000 efetivos. Local: o sítio Pulador, na estância Antônio Mello, a duas léguas de Passo Fundo. O combate de cinco horas resultou ser o mais renhido e sangrento da revolução em território rio-grandense. Os federalistas, em linhas estendidas, convergiram fogos sobre o centro florianista comandado por Pinheiro Machado. Avanços e recuos e pesada derrota dos "maragatos" ou federalistas, cuja infantaria ficou sem munição e deixou o terreno protegida pela cavalaria de Timóteo Paim. Perderam mais de 100 mortos, 150 feridos e 300 prisioneiros. Os vencedores contaram entre os seus 60 mortos e 177 feridos incluso Firmino de Paula e o gen. Rodrigues Lima. Há quem denomine esse evento de Estância do Melo ou do Pulador.

26.12.1867 — PASSO POI. Paraguai. Guerra do Paraguai. O 3.º BVP, do ten.-cel. Apolônio Campelo, fazendo a avançada brasileira em direção a San Solano, foi surpreendido durante a noite pela tropa do paraguaio maj. Rivarola. O batalhão dispersou-se, perdendo 22 mortos e feridos e ocasionando seis baixas ao inimigo. Acorrendo, o gen. Andrade Neves alcançou a retaguarda de Rivarola, tiroteando-a e causando-lhe outras 11 baixas.

28.8.1868 — PASSO REAL DEL TEBICUARI. Paraguai. Guerra do Paraguai. O reduto preparado para dificultar a progressão dos brasileiros e posto sob ordens do cte. Gorgonio Rojas foi assaltado e tomado pelos soldados do brg. Andrade Neves. A vitória custou 22 mortos, sendo um deles o maj. Telles de Queirós e 117 feridos. Os paraguaios perderam 170 mortos e feridos, 93 prisioneiros, três canhões.

24.5.1840 — PASTOS BONS. RS. Guerra dos farrapos. Os republicanos que guarneciam a vila foram atacados e expelidos por esquadrão imperial comandado pelo ten.-cel. Diogo Lopes de Araújo Salles.

20(?).4.1869 — PATINHO-CUÊ/MANDUVIRÁ. Paraguai. Guerra do Paraguai. Destacamento brasileiro sob o cap. Fonseca Ramos, avançando ao longo do rio Manduvirá com a finalidade de impedir o refornecimento da coluna que acompanhava Solano Lopez, foi envolvido por três linhas de atiradores. Perdeu quatro homens, estando o capitão Ramos entre os feridos e retornou à base.

22.3.1930 — PATOS. PB. Revolta de Princesa. Partindo de Alagoa Nova, 60 policiais chefiados pelo ten. Nonato e pelo srg. Clementino Quelé tomaram Patos e, ali posicionados, resistiram durante oito horas ao contra-ataque de 70 pereiristas. Estes afirmaram haver provocado 20 baixas entre os policiais, tendo sofrido cinco.

24.3.1930 — PATOS. PB. Revolta de Princesa. A cidade, depois chamada Irerê, fora ocupada a 22 pelo destacamento policial da Coluna Oeste. Haviam sido tomados como reféns pelos policiais senhoras da família do cel. Pereira, o chefe principal de Princesa, cogitando marchar, elas à frente, sobre a capital da revolta. No dia 24, 150 princesenses cercaram Patos e ao fim de nove horas de fogo impuseram a retirada dos ocupantes comandados pelo ten. Raimundo Nonato, os quais sofreram nove mortos e 19 feridos, a metade do seu efetivo. Os dados são do então secretário de Estado, José Américo de Almeida.

27.5.1925 — PATRIMÔNIO DA UNIÃO. MT. Coluna Prestes. A vanguarda, que a 30.4 reentrara em território brasileiro pelo Porto Lindo, depois de percorrer solo paraguaio, foi enfrentada pelo "batalhão patriótico" organizado e comandado por Mário Gonçalves. A testa da Coluna aceitou combate e superou os oponentes. Na véspera, havia passado por força do EN em Panchita. Com esses dois sucessos possibilitou ao grosso da Coluna tranqüilo avanço sobre Ponta-Porã, abandonada pela tropa do cel. Péricles de Albuquerque. Ao encontro também é dado o nome de Rio Panuí.

15.2.1630 — PAU AMARELO. PE. Holandeses no NE. Ataque geral holandês. O gen. Loncq investiu sobre o Recife com duas divisões, totalizando 17 navios com 259 canhões, chamando para ali as atenções dos defensores enquanto outros 18 barcos grandes e pequenos, montando 423 peças, e mais 13 pinaças com 60 canhões acostaram à praia do Pau Amarelo, onde desembarcaram as tropas do cel. Diederick Waerdenburch. A entrada da barreta foi forçada pelos navios *Domburgh*, de Cornelius Loncq, com 22 peças, e pelo *Jonghe Mauritius*, de Jan Louwenzoon, com 18 canhões. Estava ali o único navio português capaz de combater. Dispunha de 10 canhões, comandado por Nuno de Melo e Albuquerque, sendo imediato o alf. Bento Ferraz. Tripulação: 60 marinheiros. O barco resistiu aos dois contrários durante seis horas e, ao ir a pique, literalmente arrombado, escolheu para fazê-lo o meio do canal com o que o obstruiu. Ao fim do dia, a divisão conduzida pelo alm. Melck Meydt colocou na praia do Pau Amarelo os 2.948 soldados e marinheiros e os dois canhões do cel. Waerdenburch. A esse tempo, diante do Recife, a força naval principal era contida pela artilharia do Forte de São Francisco da Barra, 16 peças de responsabilidade do cap. Manoel Pereira de Aguiar; do Forte de São Jorge, 24 peças, cap. Antônio de Lima; bateria de quatro canhões, no Recife, sob o srg.-mor Pedro Correia da Gama. Matias de Albuquerque dirigiu as operações ora no Forte de São Jorge, ora na bateria do Recife. Tentando desembarque de lanchas, também repelido, os navios holandeses retiraram-se para ao largo, ao anoitecer.

Frota holandesa no ataque a Pernambuco: 15.2.1630

Comandante naval — alm. Ita; das tropas de desembarque — gen. Loncq

Navios	**Canhões**
1ª divisão — Recife	
Leeuwinne	18
Swaart Leeuwe	24
Vergulde Valck	26
Eendracht van Dordrecht	20
Swaen	22
Tertholen	28
2ª divisão — Pau Amarelo	
Spaensh Fregat	10
Swart Ruyter	14
Vos	14
Eendracht van Derveer	14
Fortuyn	10
Brack	14
Voghel Phoenix	12
Eenhoorn	10
Ovijewaer	12
Meerminne van Zelandt	8
Kleyn Fortuyn	3
Na barreta	
Domburgh	22
Jonghe Mauritius	18

13.2.1849 — PAU AMARELO. PE. Insurreição Praieira. A três léguas de Goiana, os governamentais do ten.-cel. Feliciano Antônio Falcão atacaram. Porém os liberais praieiros sob Peixoto de Brito, bem situados e motivados, resistiram com vantagem. O ardil de fazer soldados sem farda penetrar as posições dos praieiros resultou no extermínio dos que o tentaram. Pela manhã, no entanto, estranhamente, os liberais abandonaram suas posições, dirigindo-se à Paraíba. Abandonaram em Pau Amarelo farto material e 13 mortos, além de 30 prisioneiros. Perdas legais: oito mortos e 31 feridos. O chefe praieiro João Inácio Ribeiro Roma veio a falecer de ferimentos recebidos nesse combate que durou 12 horas. Caída essa posição, várias outras tiveram que ser abandonadas pelos revoltosos.

14(?).1.1938 — PAU DE COLHER. BA. Extermínio de grupos messiânicos. O evento sucede e encerra os de Caldeirão e Rasgão ou Mata dos Cavalos, ambos ocorridos na Chapada do Araripe, CE, em novembro de 1936 e maio de 1937. Protagonistas dramáticos os aderentes à não regulamentada *Ordem dos Penitentes*, animada e conduzida pelo beato negro Zé Lourenço. Distinguido pelo padre Cícero Romão Batista, recebera deste, para cuidar, o sítio Caldeirão ou dos Caldeirões, vizinhança de Juazeiro, embora parte do município do Crato. Morto o padre, Lourenço prosseguira reunindo gente em comunidade muito particular. Somou 400 casas. Estas, a criação e a lavoura foram destruídas por incêndio, estando o arraial ocupado por força policial. Os moradores, mandados retornar a seus estados de origem. A quase totalidade seguiu Zé Lourenço na edificação de novo povoado, em Rasgão ou Mata dos Cavalos, na mesma Chapada. O beato perdera influência e mando, em favor do caudilho Severino Tavares, adepto da resistência armada. Quando a polícia chegou (10.5.1937), Severino atacou matou, e suscitou alarma nacional. O governo respondeu com força total, incluindo bombardeio aéreo. Nova dispersão. Os *penitentes* pacíficos seguiram Zé Lourenço e os combativos acompanharam Severino, pelo sertão da BA adentro. Situaram-se em Pau de Colher, comarca do Médio São Francisco. Novo líder, Quinzeiro, orientava parte dos beatos. O fantasma de Canudos ergueu-se e percorreu corredores governamentais. Em janeiro, 1938, dois batalhões do EN, uma companhia da polícia baiana e destacamento pernambucano cercaram Pau de Colher. Convidados à rendição, os penitentes decidiram lutar e morrer. Optatos Gueiros (*Lampião*) descreveu o resultado: "Contamos 117 cadáveres de homens combatentes, somente na área do reduto principal. Os campos ao redor estavam juncados de cadáveres, espalhados por toda parte. O proprietário da fazenda Ouricuri, que muito nos ajudou em víveres e na condução dos feridos, deu-se ao trabalho de contar os mortos, que foram em número superior a 400". "... depararam os nossos policiais com dantesco espetáculo de 112 cadáveres insepultos e grande número de mulheres e crianças famintas e indefesas..." "O arraial fora atacado por destacamento da polícia pernambucana sob o cap. Optato Gueiros. No dia seguinte chegaram policiais piauienses que fuzilaram alguns fugitivos do arraial encontrados em uma casa próxima". Ao contrário do propalado o bando dispunha de pouco armamento. Segundo o cel. Maurino Cezimbra Tavares, comandante do batalhão baiano "os fanáticos, na sua maioria armados de cacetes, medindo estes poucos menos de um metro, não deixando entretanto de possuir alguns fuzis, rifles e armas curtas, em quantidade bastante reduzida".

1.9.1811 — PAYSANDU. Uruguai. Campanha Pacificadora. Defendida por 180 homens ao mando do gaúcho de Porto Alegre, cap. Francisco Bicudo, morto no local, a praça foi ocupada de surpresa por 60 milicianos chefiados pelo furriel Bento Manoel Ribeiro e pelo ajudante Manoel de Carvalho. O historiador general Souza Docca data este sucesso em 30.8. Rio Branco preferiu 1.9.

15.5.1818 — PAYSANDU. Uruguai. Guerra com Artigas. Bento Manoel Ribeiro, que pela manhã desbaratara a força do cel. Gregório de Aguiar, em Perrucho berna, à tarde avançou na direção de Paysandu e destroçou o efetivo de 400 soldados que sob Francisco Tijara tentaram obstar a sua marcha.

7.9.1864 — PAYSANDU. Uruguai. Campanha contra Aguirre. Incidente entre as canhoneiras brasileiras *Jequitinhonha* e *Belmonte* e o vapor uruguaio *Villa del Salto*. Enquanto aquelas, fundeadas, comemoravam a data nacional brasileira, o vapor passou diante delas, com maruja nas enxárcias — descrição de Gustavo Barroso — gritando "morras" ao Império e disparando tiros de fuzil contra o pessoal. Não houve resposta ao fogo, pois a ação decorreu junto da costa argentina do rio. Mas a perseguição movida pelas canhoneiras levou-as até o porto de Paysandu, onde o pessoal do *Villa del Salto* o encalhou e incendiou. O desarme e a imobilização daquele vapor fora objeto de protocolo apresentado pelo governo imperial.

5.12.1864 — PAYSANDU. Uruguai. Campanha contra Aguirre. Ação ofensiva da esquadra e de forças terrestres brasileiras em apoio ao partido uruguaio liderado por Venâncio Flores. Este levou para o combate 600 gaúchos montados e a pé, seis canhões e 160 voluntários conduzidos por Bonifácio Machado. Um BI dos "blancos" sitiados saiu de Paysandu em sortida, repelindo com baioneta o ataque dos "colorados". Acorreram os imperiais de Guimarães Peixoto. Os "blancos" retornaram ao perímetro do cerco. As canhoneiras de Tamandaré abriram fogo de cobertura, facilitando o desembarque de tropas. A ofensiva geral — brasileiros e uruguaios — rompeu a linha defensiva, sendo as primeiras casas tomadas às 15 h. A tenaz resistência obrigou à disputa de cada metro de terreno até que a noite fez suspender o combate.

6.12.1864 — PAYSANDU. Uruguai. Campanha contra Aguirre. Defendida pelo cel. Leandro Gomes, que dispunha de 1.274 soldados e 15 canhões calibres 12 e 18, a praça estava sob ataque dos uruguaios do partido "blanco" de Venâncio Flores e de forças brasileiras intervindo no Uruguai contra o governo de Aguirre. Flores, com 800 infantes e sete canhões, cobriu o setor do Arroio Seco, reforçado desde o dia 4 por 200 brasileiros do 1º BI, 100 fuzileiros navais e 100 marinheiros, com três peças de campanha e uma estativa de foguetes, todos sob ordens do cap. Francisco Maria dos Guimarães Peixoto. O estancieiro rio-grandense José Bonifácio Machado incorporara a essa força 160 cavalarianos de seu comando. Desde o dia 3, navios brasileiros sob o alm. Tamandaré bloqueavam Paysandu. Eram o vapor *Recife*, as canhoneiras *Araguaia*, *Belmonte*, *Parnaíba* e *Ivaí*. Na jornada de 6, rompido o fogo pela madrugada, foi suspenso à tarde, quando os defensores dispunham apenas do recinto da praça. Extenuados e sem reservas, os atacantes não continuaram o difícil avanço. A luta ocuparia os dias seguintes.

7.12.1864 — PAYSANDU. Uruguai. Campanha contra Aguirre. Prosseguiram o cerco e os combates. As canhoneiras e as baterias montadas em terra bombardearam a praça. Tamandaré fez desembarcar três canhões (dois de 32 e um de 68), que foram montados na altura de Boa Vista onde dominaram a cidadela pela face norte. Essa operação, a principal da jornada, foi dificultada por violento tirotear dos sitiados e protegida pela fuzilaria de 100 infantes brasileiros do 1º BI.

8.12.1864 — PAYSANDU. Uruguai. Campanha contra Aguirre. Prossegue a luta iniciada a 6 pela posse da cidade. Ataque geral por terra, bombardeio pelos navios brasileiros e pelos canhões descidos dos barcos e montados no alto da Boa Vista. A defesa manteve-se, encorajada pela notícia da aproximação dos 2.000 homens do gen. Saa. De seu lado, os aliados uruguaios e brasileiros decidiram aguardar a chegada do exército do gen. Mena Barreto, em marcha. Houve trégua até 31, tendo Mena Barreto chegado a 29. Perdas dos aliados nos combates dos dias 6, 7 e 8; brasileiras, 12 mortos e 40 feridos; colorados ou venancistas uruguaios, 43 mortos e 50 feridos.

29.12.1864 — PAYSANDU. Uruguai. Campanha contra Aguirre. As atividades contra os defensores de Aguirre recolhidos à praça de Paysandú, iniciadas a 6, haviam sido interrompidas, praticamente, ao anoitecer de 8, constatada a necessidade de reforços para dominar a defesa, comandada pelo cel. Leandro Gomes e sustentada por 1.086 soldados '"blancos''. Até o dia 8, o cerco e o ataque eram conduzidos por 1.700 brasileiros (500 infantes e marinheiros e 1.200 cavaleiros) e pelos 800 ''colorados'' seguidores do gen. Venâncio Flores, líder dos oponentes a Aguirre. No dia 29 os sitiantes incorporaram 5.700 brasileiros (1.900 infantes, 3.600 cavalarianos da GN, 200 artilheiros), comandados pelo gen. João Propício Mena Barreto. Imediatamente foi preparado o assalto final a Paysandu.

31.12.1864 — PAYSANDU. Uruguai. Campanha contra Aguirre. Cercada e duramente atacada desde o dia 6, pelos ''colorados'' uruguaios de Venâncio Flores e por brasileiros, Paysandú assistiu, a 29, à chegada ostensiva dos 5.700 homens e 12 canhões do gen. João Propício Mena Barreto. No dia 31, depois de cinco horas de bombardeio pelos canhões brasileiros dos navios *Recife, Araguaia, Belmonte, Parnaíba* e *Ivaí* e da bateria assestada na Boa Vista, infantes e marujos passaram ao assalto. A resistência encontrada foi a mesma dos primeiros combates: feroz. Disputou-se, à arma branca, todo aposento de cada casa em batalha de cada metro de terreno até que a noite fez suspender o combate.

1.1.1865 — PAYSANDU. Uruguai. Campanha contra Aguirre. Prossegue o ataque de brasileiros sob o gen. João Propício Mena Barreto e de uruguaios do partido ''colorado'' do gen. Venâncio Flores contra a cidade defendida pelos ''blancos'' do cel. Leandro Gomes, leal ao presidente Aguirre. Ademais dos fogos dos cinco navios brasileiros alinhados diante de Paysandu, atacavam quase 7.500 homens, estando na defesa aproximadamente 2.500. Estes portaram-se tão bravamente que toda a luta do dia 1º resultou apenas na conquista de alguns quarteirões de casas. A disputa, quase toda corpo-a-corpo ou a curta distância, vinha de 31.12.1864 e deveria prolongar-se até 2.1.1865.

2.1.1865 — PAYSANDU. Uruguai. Campanha contra Aguirre. Às 8:20, ao fim de 52 horas de combate renhido, sem trégua e quase sempre corpo-a-corpo, os brasileiros do gen. Mena Barreto, os uruguaios ''colorados'' do gen. Venâncio Flores, os fuzileiros navais, os marinheiros e os artilheiros dos navios de Tamandaré completaram a ocupação da cidade, praça principal dos ''blancos'' partidários do presidente Aguirre. Paysandu fora defendida pelo cel. Leandro Gomes, que contara, no primeiro momento, com 1.086 homens e 35 canhões e rendeu-se com 700 deles, dos quais 90 oficiais. Contara 400 baixas. Os uruguaios de Flores, mortos ou feridos, subiram a 150. Baixas brasileiras: do Exército, 93 mortos, sendo cinco oficiais e 382 feridos, sendo 150 oficiais; da Marinha, 14 mortos, um deles oficial, 29 feridos. Prisioneiro: um, tambor, logo degolado, sendo a sua cabeça exposta na trincheira que defrontava seus camaradas.

14.5.1839 — PEDRA BONITA. PE. Sebastianismo. Em 1836, em Vila Bela, João Antônio dos Santos motivou o povo a segui-lo até a Pedra Bonita onde acolheriam o rei português Dom Sebastião em seu retorno triunfal. Um líder mais agressivo, João Pereira, assumiu a chefia e se fez coroar rei, com tratamento de "santidade" e beijos nos pés. Embebedados com o "vinho encantado", os fiéis praticavam excessos de brutalismo e sensualismo, chegando a pintar as colunas do templo com sangue humano para honrar dom Sebastião. Do dia 14 ao 16 foram mortos ritualmente 12 homens, 11 mulheres, 30 crianças, 14 cães. Estes, transformados em dragões constituiriam a guarda real. Um terceiro "rei" dessa turba, Pedro Antônio, no dia 17 fez imolar o antecessor, Ferreira. Policiais, chefiados por Manoel Pereira da Silva apresentaram-se para dispersar a multidão fanatizada. Ela resistiu, aos gritos de: — "Viva El-Rei dom Sebastião! Acudam-nos as tropas do reino!" Morreram, no confronto, o rei Pedro, o *frei* Simão e 17 fiéis. Outro choque, na vizinhança, ultimou a debandada sebastianista da Pedra Bonita.

25.5.1827 — PEDRAS ALTAS. RS. Guerra da Cisplatina. Ao terminar a descida da Serra do Erval e entrar na coxilha das Pedras Altas, coluna argentina de 891 soldados foi atacada pelos 400 milicianos do caudilho Bonifácio Isás Calderón, tendo na vanguarda o hábil guerrilheiro José Teodoro chefiando 40 praças do 39º. O próprio general argentino Alvear envolveu-se no tiroteio, sofrendo ferimento num dos joelhos, quando carregou, à frente de 100 lanceiros, os guerrilheiros de José Teodoro. Rio Branco assinala a vitória para os atacantes que prosseguiram hostilizando os argentinos até o anoitecer. Alvear, que batizou a ação com nome Combate del Yerbal, reclamou a vitória. Tasso Fragoso chama-a também Erval.

4.1.1837 — PEDRAS ALTAS. RS. Guerra dos farrapos. Pela madrugada, infiltrando-se habilmente, o então chefe imperial Bento Manoel Ribeiro atropelou e desmontou o acampamento farroupilha da força do gen. Neto. Os republicanos abandonaram o seu campo, indo reunir-se apenas na Candiota. Os vencedores tomaram algumas dezenas de prisioneiros e vários canhões.

?.9.1834 — PEDRAS BRANCAS. BA. Conflitos com indígenas. Protestando contra a espoliação de que eram vítimas, atormentados por brancos que lhes tomavam as terras, revoltaram-se os índios botocudos. Contidos, receberam a promessa, minimamente cumprida, de respeito aos seus direitos.

5.3.1634 — PEDRAS NEGRAS. PE. Holandeses no NE. O grupo de resistentes que na véspera rechaçara a primeira divisão da esquadra holandesa seguia, pelo litoral, o movimento da segunda divisão, a de Gisselingh, a fim de impedir o projetado desembarque. Nas Pedras Negras, sítio onde van Schkoppe decidira colocar sua tropa, os defensores receberam o reforço de 100 combatentes do Arraial, ao mando do espanhol cap. Fernando de la Riba Aguero. O desejo de lutar era tamanho que, usando todo tipo de arma individual, os nativistas foram esperar pelos invasores à altura de água pela cintura. Depois de combate desordenado mas feroz, no qual perderam mais de uma centena dos seus, os holandeses desistiram, retornando aos navios. Pelos números aceitos por Rio Branco, os defensores contaram em suas fileiras um morto e um ferido.

13.5.1836 — PEDREIRA-GUAMÁ. PA. Cabanagem. A bateria da Pedreira, junto ao Rio Guamá, defendida pelo bando do caudilho Eduardo Angelim, foi tomada pela tropa do CT Petra de Bitencourt.

5.6.1989 — PEDRO CANÁRIO. ES. Choques da reforma agrária. Invasores da Fazenda Ipuera enfrentaram o proprietário, José Machado Neto e alguns dos seus empregados. Morreu o dono da terra e seu acompanhante Sérgio Narciso da Silva.

?.4.1916 — PEGA. BA. Correrias dos coronéis. Principal encontro da "guerra" entre as "tropas" dos coronéis Militão Rodrigues Coelho, o atacante, e Horácio de Matos, que defendia o seu feudo de Brotas. A luta conheceu alternativas durante três dias e terminou com a vitória de Horácio, que em vigorosa contra-ofensiva foi ocupar Barra do Mendes, centro operacional do adversário.

6.4.1836 — PELOTAS. RS. Guerra dos farrapos. Conduzindo 160 homens, o maj. João Manoel de Lima e Silva investe a vila guarnecida por 70 regenciais ao mando do maj. Manuel Marques de Sousa, futuro Conde de Porto Alegre. A resistência se restringiu ao sobrado-quartel e terminou quando os atacantes introduziram mina nos alicerces e ameaçaram fazê-la explodir. João Manuel, reforçado por Antônio de Sousa Neto, preparou emboscada, dentro da vila, para a tropa governamental que o cel. Albano de Oliveira Bueno conduzia em marche-marche na tentativa de socorrer Marques de Sousa.

29.3.1842 — PELOTAS. RS. Guerra dos farrapos. Procópio Gomes de Melo, chefe imperial, derrotou os farroupilhas de Félix Vieira de modo tão completo que este figurou entre os prisioneiros.

31.5.1894 — PELOTAS. RS. Revolta dos federalistas. A força em retirada de Gumercindo Saraiva, reunida à do seu irmão Aparício, teve a sua retaguarda derrotada pela governista Divisão do Norte. No ferocíssimo combate os federalistas perderam toda a artilharia e, literalmente, a Brigada Fragoso, dispersada. Em sua parte, o chefe governista admite haver perdido 7 homens mortos e 10 feridos.

29.10.1923 — PELOTAS. RS. Revolução dos libertadores. A ocupação da cidade pelo general libertador José Antônio Neto, o Zeca Neto, não havendo sido excepcional feito de armas, resultou em um dos mais celebrados sucessos dos assisistas. Sabedor, em detalhes, dos movimentos dos defensores, atacou às duas horas da madrugada, momento em que os republicanos procediam à troca da guarda. A defesa, sob o mando superior do maj. Aldrovando de Andrade Leão, contava com uma ala do Corpo de Provisórios de Lucas Martins e a Guarda Municipal. Os libertadores levaram tudo de vencida, menos a guarnição governista recolhida à Sociedade Agrícola, cuja posição sequer foi empenhadamente disputada. Zeca Neto foi levado ao centro da cidade em meio a ruidoso cortejo, ladeado pelas mais lindas moças das famílias do partido libertador. Ouviu discursos, presidiu festas, porém entendeu bastar à causa libertadora o seu êxito de grande necessária repercussão. Nada fez para consolidar-se em Pelotas, onde permaneceu apenas quatro dias.

17.12.1926 — PELOTAS. RS. Revolta tenentista. O veterano e voluntarioso federalista "general" Zeca Neto mais uma vez invadiu o Rio Grande. Não podia desconhecer o insucesso da também invasora coluna de Leonel Rocha e Fidêncio de Melo. Mas cumpriu o planejado saindo a campo sem condições de obter resultados. Foi interceptado diante de Pelotas, obrigado ao combate e vencido. Seus homens debandaram na direção da Argentina.

4.9.1932 — PELOTAS. RS. Revolução Constitucionalista. Grupo rio-grandense solidário com os constitucionalistas de São Paulo, seguindo a convocação às armas da Frente Única, sai a campo sob a chefia do cel. Marcial Terra. Choca-se e obtêm vantagem sobre destacamento governamental.

11.8.1645 — PENEDO. AL. Holandeses no NE. Seguindo a liderança de Valentim da Rocha Pita, os habitantes de Penedo revoltaram-se contra o holandês dominador. O primeiro ato de guerra foi o desbarato de uma escolta e o ataque a destacamento de repressão àquele gesto, enviado pelo Forte Mauritius. Com a ajuda de contingente baiano ao mando de Nicolau Aranha Pacheco, começou o assédio ao forte, obtida a sua capitulação no dia 18.9.

24.10.1647 — PENEDO. AL. Holandeses no NE. Buscando aliviar o cerco sobre o Recife e atacar os sitiadores pela retaguarda, o comando holandês preparou plano que principiaria com a tomada de Penedo. O ten.-cel. Hinderson recebeu tal encargo e, para cumpri-lo, 10 navios e oito barcos pequenos ao mando do alm. Lichthardt. Penedo chegou a ser ocupada, mas dali os atacantes não passaram, fustigados e limitados a estreito perímetro, dentro do qual, a 30.11, faleceu Lichthardt, já há muito adoentado. Frustrou-se em Penedo o plano holandês.

7.8.1648 — PENEDO. AL. Holandeses no NE. Sitiando a vila, Cristóvão Lins enviou magote de seus homens para atacar o caravelão holandês de Jan Hoen que tentava levar mantimentos aos seus patrícios cercados. No mesmo dia foi apresada lancha dedicada ao mesmo propósito.

3.8.1867 — PENIMBU-ARROIO HONDO. Paraguai. Guerra do Paraguai. O arroio dividia o campo de combate. Légua antes, em Penimbu, principiou a ação entre os esquadrões de cavalaria do brg. Andrade Neves e do cte. paraguaio Rojas. A perseguição movida por Neves ao adversário derrotado atravessou o arroio para concluir-se em Posta-Chuchu.

5.1.1774 — PEQUIRI. RS. Invasão espanhola de Vertiz y Salcedo. Emboscado, com 21 guerrilheiros de seu mando, o cap. Miguel Pedroso Leite surpreendeu a coluna de 1.814 homens e quatro canhões que seguiam o governador de Buenos Aires, Juan Jose de Vertiz y Salcedo, em sua marcha sobre a vila do Rio Pardo. Depois de uma descarga os guerrilheiros retiraram-se para Tabatinga, vendo perdido apenas um cavalo, ferido. Os invasores, tendo um oficial morto, prosseguiram, celebrando como grande vitória a ocupação do posto de observação do Pequiri. Alguns autores fixam este evento no dia 8.

20.8.1932 — PERDIDO. MT. Revolução Constitucionalista. Avanço dos revolucionários sul-mato-grossenses na direção de Porto Murtinho, cuja conquista era reputada da maior importância pelo QG da revolução. A cidade seria a porta de comunicação dos constitucionalistas com o exterior, de vez que o porto de Santos permanecia rigorosamente bloqueado pela esquadra. Dificuldades de armamento e munição impediram o êxito dos revoltosos, o que repetia a situação do combate de Ipajim.

17.10.1801 — PERDIZ. RS. Conquista das Missões Orientais. O cap. Antônio Xavier de Azambuja, da Guarnição da Fronteira do Rio Grande, com 200 cavalarianos, marcha para Serro Largo. Nas proximidades do Passo da Perdiz, sobre o Rio Jaguarão, derrota partida de 160 espanhóis, causando-lhes 52 baixas e tomando 82 prisioneiros, dos quais 31 feridos.

7/8.3.1914 — PERDIZES/CARAGOATÁ. SC. Revolta do Contestado. O cel. Capitulino Gomes Freire Carneiro conduziu cerca de mil soldados contra o reduto principal dos rebelados. Artilharia, pela estrada real; cavalaria gaúcha, pelo norte; grosso da tropa, pelo oeste. Os artilheiros resultaram envolvidos por cortina de tiros dos sertanejos e, depois de seis horas de tirotear, retrocederam para o povoado de Perdizes. A cavalaria superou oponentes do bando de Benevenuto Bahiano que, porém, taticamente, refluiu para Caragoatá a tempo de compor a defesa ao ataque frontal disposto pelo cel. Carneiro, o qual desconhecia o volume da reserva dos sertanejos. Encurralada, a força governista lutou dentro da noite e da floresta, salva do massacre por um nevoeiro. Deixando 30 mortos e levando 50 feridos recuou em quase debandada, durante dois dias, até a estação ferroviária de Calmon. Foi este o maior êxito dos insubmissos. No entanto, deixaram Caragoatá para fixarem-se na Pedra Branca, margem esquerda do rio Timbozinho.

6.1.1820 — PEREIRA. Uruguai. Guerra com Artigas. Bento Gonçalves da Silva e Diogo Feliz Feijó, chefiando partidas de brasileiros, emboscaram no Passo do Pereira, sobre o Olimar Grande, os 300 comandados do cel. Gregório Aguiar. Perda dos vencidos e dispersados: 61, entre mortos e prisioneiros.

20.12.1848 — PEREIRA. PE. Insurreição Praieira. Nítida vitória da força legal que desaloja os praieiros do reduto do engenho do Pereira, região do Rio Formoso.

12.8.1869 — PERIBEBUÍ. Paraguai. Guerra do Paraguai. Sob o comando superior do Conde d'Eu, a posição foi assaltada pelos 1º e 2º C. Ex., respectivamente comandados por Osório e gen. Vitorino Monteiro. Atuou também a divisão argentina do gen. Luís Maria Campos e a Legião Paraguaia, de paraguaios antilopistas. A defesa tinha por comandante o ten.-cel. Caballero, morto na batalha com 700 dos seus comandados, enquanto mais de 300 outros resultaram feridos. Tomados pelos brasileiros 1.100 prisioneiros, 14 canhões, um morteiro e 14 bandeiras. Os argentinos apoderaram-se de quatro canhões. Perdas aliadas: dos brasileiros, 33 mortos, 405 feridos; da Legião Paraguaia, um morto. A mais lamentada perda brasileira: a do gen. João Manoel Mena Barreto.

?.11.1529 — PERNAMBUCO, feitoria de. Franceses no Brasil. Gente descida de galeão francês atacou e destruiu a feitoria. O feitor, Diogo Dias, aprisionado, foi resgatado quando a armada de Martim Afonso capturou o navio agressor rebatizando-o *Santa Maria do Cabo*. Evento narrado no *Diário de Navegação*, de Pero Lopes.

17.3.1532 — PERNAMBUCO/RIO IGARAÇU, PE. Corsários. Os franceses da nau *La Pèlerine* atacaram a feitoria portuguesa estabelecida em algum ponto da costa e que substituíram por fortim bem guarnecido. Este foi investido por Pero Lopes, já em torna-viagem. Dos franceses aprisionados, 21 foram executados pelos vitoriosos, sendo outros 30 levados para masmorras de Portugal. Os números são aqueles constantes de documentos franceses. A data é a mais provável, segundo os informes de Alexandre Marchand.

11.9.1827 — PERNAMBUCO. PE. Guerra da Cisplatina. Ação dos corsários. No mar de PE o navio corsário argentino *General Brandzen*, comandado por De Kay, apresa o brigue *Cacique*, de Jorge Manson.

25.6.1631 — PERREXIL. PE. Holandeses no NE. O reduto construído em Perrexil, no istmo de Olinda, ao qual deram nome de Jufrou de Bruyn, foi atacado e tomado pela companhia do cap. Luís Barbalho, mandado cumprir essa tarefa por Matias de Albuquerque. As obras foram arrasadas. Mas no dia 30, com força numerosa e superiormente armada, os holandeses regressaram ao Perrexil, afastaram os guardas e continuaram a construção do que viria a ser o Forte do Buraco.

15.5.1818 — PERUCHO BERNA-PAYSANDU. Uruguai. Guerra com Artigas. À testa de 560 cavaleiros, Bento Manoel Ribeiro derrota e aprisiona o artiguista cel. Gregório de Aguiar. No mesmo dia bateu Francisco Tijara diante de Paysandu.

9.2.1926 — PIANCÓ. PB. Coluna Prestes. O padre Aristides Ferreira da Cruz, chefiando 60 policiais e 100 civis, obstruiu o passo da Coluna pela cidade. Combateu-se das 8 às 15 h, de casa em casa, na cadeia que era de granito e na igreja, as duas melhores construções. Foi essa uma das mais obstinadas resistências encontradas pelos revolucionários. Perderam cinco homens mortos e oito feridos. Entre as baixas, as de dois capitães, dois tenentes, um sargento. Do lado contrário, morreram o padre Aristides e muitos dos seus. Na manhã de 10, a Coluna prosseguiu a marcha, deixando em Piancó, sob o cap. Augusto Ribeiro, pequeno destacamento com a missão de aguardar e fazer conexão com o destacamento João Alberto. Porém ainda no dia 10 esse pelotão do cap. Ribeiro foi expulso por numerosa força governista.

11.2.1926 — PIANCÓ. PB. Coluna Prestes. Piancó fora ocupada pela Coluna no dia 9, reocupada pelo governo a 10. No dia 11, procurando reunir-se ao grosso da sua tropa, depois de marcha sobre Patos e Pombal, aproximou-se o destacamento João Alberto. Enfrentado, tentou vencer a resistência governista. Sem o conseguir, foi envolvido e atacado pela retaguarda, rompeu o contato e moveu-se para o sul, penetrando a caatinga.

1.7.1818 — PICHINAGO. Uruguai. Guerra com Artigas. Resistindo a forças superiores, foi derrotado e morto o cap. Gaspar Pinto Bandeira. Assumindo o comando, o ten. Domingos Crescêncio organizou a retirada de Pichinago, entregando a praça ao vencedor artiguista, cel. Juan Ramos. Este viria a ser morto em combate, na guerra da Cisplatina, a 12.4.1828, lutando pelo Brasil.

16.1.1926 — PICOS. PI. Coluna Prestes. Ao fim de breve combate, o flanco direito da Coluna desalojou força governista e apoderou-se da localidade. Os vencedores estavam chefiados pelo cap. Mendes de Moraes. Porém, entre Picos e o grosso da Coluna, interpôs-se a tropa governista do chefe Almada, mandado impedir a junção dos tenentistas.

18.1.1926 — PICOS. PI. Coluna Prestes. Nas vizinhanças, violento confronto entre a coluna governista Almada e o grosso da Coluna que, com Cordeiro de Farias e Prestes, procurava reunir-se, em Picos, ao Destacamento Mendes de Moraes.

28.12.1914 — PIEDADE. PR. Campanha do Contestado. Reiniciando ofensiva contra os sertanejos, o cap. Tertuliano de Albuquerque Potiguara fez abrir 10 quilômetros de picada em mata espessa e surpreendeu o reduto dos insubmissos, batendo-os.

?.7.1918 — PILÃO ARCADO. BA. Correrias dos coronéis. O "coronel" Franklin de Albuquerque viu-se atacado pelos 200 cangaceiros de um rival, mas pôde rechaçar o assalto com seu exército particular. Exército tão numeroso que, segundo Wilson Lins *(O médio São Francisco),* convocado pelo governo, destacou 800 dos seus homens para ajudar a polícia a perseguir a Coluna Prestes onde esta atuasse. Esses mandados de Franklin de fato hão de encalçar a Coluna até a entrada na Bolívia.

20.9.1867 — PILAR. Paraguai. Guerra do Paraguai. Nas proximidades da vila del Pilar, margem direita do Rio Nhembucu, combate entre as forças do gen. Andrade Neves e as do cmte. paraguaio Gorgonio Rojas. Reforço enviado pelo adversário e chegado pelos vapores *25 de Mayo* e *Igurei,* rebocando chatas, foi impedido de atingir o campo de combate pela tropa de Rodrigues de Oliveira. Uma das chatas, carregada de soldados, foi aprisionada a laço por destacamento gaúcho da GN segundo refere Rio Branco. Solano Lopez perdeu em Pilar 100 mortos, 74 prisioneiros, 200 reses, dois canhões, dois estandartes e muito armamento. Perdas brasileiras: 31 mortos e feridos. Pela vitória de Pilar, Andrade Neves foi agraciado com o título de Barão do Triunfo. Alguns autores preferem para este combate o nome de Nhembucu.

28.11.1926 — PILÕES. GO. Coluna Prestes. Seguindo a linha telegráfica entre as cidades de Goiás e Cuiabá, a Coluna chega ao vau do Rio Pilões, a oito léguas de Registro do Araguaia. O 6º BC do EN contesta a passagem do destacamento Cordeiro, estando os oponentes em margens opostas do rio. Indecisa a luta e receando a aproximação de outras forças, o comando da Coluna decidiu pela tomada da iniciativa. O ten. Odilon Guimarães levou seu pelotão a cruzar o rio a montante e atacar a retaguarda governista. Esta se retirou, deixando quatro mortos entre eles um tenente. A Coluna perdeu, na jornada de Pilões, dois cabos e uma praça.

19.10.1832 — PIMENTEIRAS. PE. Cabanada. Forças alagoanas ocuparam o ponto forte cabano de Pimenteiras, privando os revoltosos de comunicações e recursos.

10.6.1906 — PINDAIVAL. MT. Revolta de Generoso Ponce. A posição, estância fortificada do cel. Henrique Paes, foi tomada à viva força pelos seguidores de Ponce, comandados pelo cap. Benedito Costa, que se apoderaram de armas e munições. Teriam recebido, em Pindaival tomada, mais de 200 adesões.

18.7.1923 — PINHAL. RS. Revolta dos libertadores. O cel. Demétrio Ramos, veterano maragato de 1893, invadiu o RS com aproximadamente 400 combatentes, gente de Vacaria sob Virgílio Rodrigues, Fabrício Vieira e outros. Ao seu encontrou acorreu o 4º Corpo da Brigada Militar, do gen. Paim, com cerca de 300 soldados. Em Pinhal (depois, Esmeralda), combateram duramente. Os revoltosos passam-se para SC, perdendo quatro mortos e vários feridos. Os governistas, cinco mortos e 12 feridos. Entre os mortos borgistas o cap. Jovino Santana.

26.7.1924 — PINHAL. SP. Revolta tenentista. Os 95 homens saídos de São Paulo a 19, sob o mando do ten. João Cabanas, para investir concentrações governistas na zona Mogiana, atacaram a tropa reunida pelo gen. Martins Pereira. Perdendo seis mortos e 10 feridos, os tenentistas provocaram no adversário 49 baixas das quais nove por morte. Fizeram 20 aprisionamentos e tomaram 1.200 fuzis, duas metralhadoras e copiosa munição. Estas armas seriam entregues, no ano seguinte, no oeste paranaense, aos seguidores de Luiz Carlos Prestes subidos do RS.

28.10.1839 — PINHEIRA. SC. Guerra dos farrapos. Protegido por navios imperiais, o ten.-cel. José Fernandes dos Santos desembarca para desarticular o dispositivo farroupilha preparado para desembarcar na ilha de Santa Catarina. O chefe republicano Joaquim Teixeira Nunes, derrotado, retirou-se.

4.5.1902 — PINHEIRINHO/ENCANTADO. RS. Movimentos messiânicos. No Pinheirinho, próximo da vila do Encantado, à margem do rio Taquari, reuniram-se homens e mulheres que se deram o qualificativo de *monges* e *monjas*. Embora a influência mística fosse exercida pela líder de nome Cananéia, a chefia ostensiva foi assumida pelo indivíduo conhecido por São João Maria. Autoridades, comerciantes e fazendeiros da região decidiram a expulsão dos *monges*, tendo nítidas as memórias do episódio dos *muckers*. Os delegados policiais de Encantado e de Roca Sales, respectivamente Guerino Luca e Napoleão Maiolli, chefiaram o ataque. Os *monges* reagiram, perderam dois mortos e número ignorado de feridos porém rechaçaram os atacantes, matando dois e ferindo três. Deixaram o local, concentrando-se na área do Muçum onde dias passados seriam massacrados e dispersados pela Brigada Militar estadual.

27.4.1894 — PINHEIRO TORTO. RS. Revolta dos federalistas. De volta do PR, Gumercindo Saraiva acampara a sua gente junto do arroio do Pinheiro Torto. Pela madrugada, escaramuçou com patrulhas governistas do cel. Salvador Pinheiro, que atraiu o grosso federalista para o ribeiro Pulador, onde estava emboscado o gen. Rodrigues Lima. No centro, a brigada do maj. Tupi Caldas; à direita, o cel. Santos Filho; à esquerda, o cel. Firmino de Paula. Depois de seis horas de combate, com batalhões inteiros empenhados em corpo-a-corpo, os federalistas recuaram, perseguidos por quase três quilômetros. Deixaram 100 mortos e 300 feridos. Mortos o cel. Ferreira Pinto e dois majores. Ferido o cel. Aparício Saraiva e muitos outros. Baixas situacionistas: 60 mortos e 177 feridos, entre estes o gen. Rodrigues Lima.

1.10.1868 — PIQUISIRI. Paraguai. Guerra do Paraguai. A linha fortificada do Piquisiri destinava-se a impedir o transitar de navios e recursos aliados pelo Rio Paraguai. Enquanto os couraçados bombardeavam as baterias de Angostura, o exército brasileiro montava reconhecimento sobre a linha. O gen. Osório investiu a direita da mesma, cuja defesa estava confiada ao cel. Hermosa. Os generais José Guimarães e Andrade Neves atuaram contra o centro, defendido pelo gen. Gonzalez. Outras colunas reconheceram a esquerda da posição, onde, porém, não houve luta. A tropa do gen. Guimarães foi a que mais se aprofundou, chegando a ocupar trincheira avançada. A jornada custou 166 baixas ao exército e quatro à marinha.

17.10.1868 — PIQUISIRI. Paraguai. Guerra do Paraguai. A posição foi reconhecida sob forte reação, pela tropa do cel. Fernando Machado de Sousa.

19.11.1868 — PIQUISIRI. Paraguai. Guerra do Paraguai. Caxias dirigiu pessoalmente reconhecimento agressivo sobre a linha fortificada.

31.5.1887 — PIRACICABA. SP. Revolta de escravos. Levantaram-se 130 dos escravos do Barão de Serra Negra. Desordens, repressão e marcha de vários deles na tentativa de alcançar o refúgio do Cubatão.

20 6.1893 — PIRAÍ. RS. Revolta dos federalistas. Próximo da fronteira com o Uruguai, dando cobertura à retirada do exército "maragato", Gumercindo Saraiva tiroteia defensivamente a tropa do cel. Mena Barreto, lançada em sua perseguição. Os federalistas cruzam o Piraí e emboscam o inimigo.

8.11.1822 — PIRAJÁ. BA. Guerra da Independência. Ao amanhecer, lanchões portugueses comboiados por duas canhoneiras conduziram 300 infantes de linha e 100 marinheiros para a costa de São Brás e Escada. Cruzando o Rio do Cobre, dirigiram-se para o Cabrito, enquanto segunda coluna, ordenada pelo ten.-cel. Vitorino José de Almeida Serrão, avançava pela Estrada das Boiadas, no rumo de Pirajá. Interceptada pelo contingente brasileiro de Menezes Dória, fez alto. Morreu durante esse breve encontro o patriota Pedro Jácome Ferreira, batendo-se à espada. A esse tempo, no Cabrito, os portugueses avançavam procurando romper a linha do cerco da cidade da Bahia e fazer debandar o jovem exército dos independentes. Estabeleceu-se luta corpo-a-corpo na área defendida pelos comandados de José de Barros Falcão. Sendo esta a posição principal do combate, contra ela foram desferidos três ataques pela força mais capaz dos lusitanos. Chefiava-a o cel. João de Gouveia Osório e estava constituída pelos batalhões 1º e 2º da Legião Constitucional Lusitana; 4º e 12º batalhões de infantaria e contingente de artilharia. A defesa contava com 1.300 combatentes: batalhão pernambucano do maj. Joaquim José da Silva, agregando os milicianos de Penedo; batalhão de milícias da cidade do Rio de Janeiro, sob o cap. Guilherme José Lisboa; a legião de caçadores, da BA, com o ten. Alexandre Gomes de Argolo Ferrão (que viria a ser general e Barão de Cajaíba); o corpo de Henriques (negros), com o maj. Manoel Gonçalves da Silva; meia companhia do 1º RI da BA, do alf. Francisco de Faria Dutra, e batalhão de artilharia do RJ. Costuma-se referir que no mais grave do combate, quando os portugueses estavam para romper a linha brasileira, um corneta recebeu ordem de tocar retirada, porém decidiu tocar "Cavalaria — avançar e degolar", o que teria provocado desordem e depois a fuga dos adversários. Fato é que os brasileiros mantiveram posições, enquanto os subordinados ao gen. Madeira retornaram, batidos, às suas bases. As perdas exatas, de ambos os lados, não foram determinadas. Segundo o gen. Labatut, as dos vencedores subiram a 200 mortos (ofício do dia 8), mas em outro documento (ofício do dia 9) afirma haverem sido de "200 feridos e grande quantidade de mortos". No jornal fluminense *O Espelho*, de 26.11, leu-se correspondência expedida da BA, narrando que os portugueses sofreram 375 mortos e feridos, entrando 221 para os hospitais. O cronista Acioly garante haver sido de 80 o número de baixas para ambos os lados. O jornal português da BA, *Idade d'Ouro*, noticiou para os reinóis 30 feridos e poucos mortos. O gen. Madeira referiu 64 mortos, feridos e extraviados. O *Diário do Governo*, de Lisboa, menciona 70 em total. Conseqüência principal do encontro: alevantamento do moral do exército do novo país e a certeza, para Madeira, de que não conseguiria alterar a situação por meios militares.

11.12.1822 — PIRAJÁ. BA. Guerra da Independência. O recém-formado exército brasileiro combatia os portugueses recolhidos ao perímetro defensivo da cidade da Bahia. Pirajá, um dos locais de confronto entre as forças. De surpresa, aguerrido magote de escravos atacou um dos acampamentos dos brasileiros. Acredita-se que tais negros hajam sido instruídos, motivados e armados pelo comando português. Refeitos, os brasileiros repeliram o ataque. O general comandante imperial, Pedro Labatut, ordenou o fuzilamento sumário de 50 dos atacantes aprisionados.

12.3.1828 — PIRAJÁ-ENGOMADEIRA. BA. Revolta de escravos. Bem articulada, uma revolta reuniu escravos de vários engenhos da área de Itapoã. Queimaram engenhos, instalações pesqueiras e dirigiram-se a Pirajá, incendiando canaviais e saqueando casas ao longo do caminho. A polícia de Pirajá foi encontrá-los no local chamado Engomadeira. Seriam aproximadamente 100 os revoltados que enfrentaram a força repressora e estavam por vencê-la, quando chegou reforço do 2º batalhão de linha para os policiais. Os escravos foram envolvidos e seu agrupamento desfeito. Ficaram na Engomadeira 20 deles, mortos, oito feridos e quatro prisioneiros. O nagô Joaquim, apontado como líder, foi punido com a aplicação de 150 açoites.

31.5.1555 — PIRAJÁ-SALVADOR. BA. Conflitos com indígenas. Um milhar de indígenas retomou no dia 30 o engenho Pirajá, de onde haviam sido desalojados no dia 26. Ergueram três tranqueiras defensivas. Álvaro da Costa por terra e os marujos desembarcados da nau *Esperança*, de Cristóvão de Oliveira, na jornada de 31 superam as defesas e apoderam-se definitivamente do engenho. Cristóvão foi o ferido mais notório.

15.5.1590 — PIRAPITINGUI. SP. Conflitos com indígenas. Nas proximidades da vila de São Paulo, choque entre patrulhas paulistanas e índios levantados. Segundo Taunay, os indígenas tiveram "muita gente morta e alguma prisioneira".

19.12.1628 — PIRAPÓ. RS. Choques missioneiros. Campanha do pajé Nheçu. Este líder combativo e prestigioso mobilizara indígenas não cristianizados para investir as reduções e matar os jesuítas. Sem estes, aquelas se extinguiriam. A 15.11, deram morte a dois padres na redução de Todos os Santos do Caaró; a 17, a um terceiro, em Assunção do Ijuí. No dia 29.11., foram rechaçados no ataque à Candelária do Ijuí, começando então a contra-ofensiva dos cristãos e de soldados coloniais. Esta fase da campanha culminou a 19.12, com a tomada e a destruição de Pirapó, a aldeia capital de Nheçu, às margens de afluente do Ijuí. Dentre os prisioneiros foram prontamente enforcados os 12 identificados como assassinos dos padres. Outra versão assegura que julgamento e execução ocorreram em Candelária. Do ataque final participaram 200 guerreiros enviados pelo potentado português Manuel Cabral Alboim estabelecido em Corrientes. Também, nove espingardeiros espanhóis.

8.7.1869 — PIRAPORARU. Paraguai. Guerra do Paraguai. O gen. Portinho desalojou a guarnição paraguaia de guarda no Passo de Piraporaru e cruzou o rio estabelecendo-se em ambas as margens para garantir a passagem do exército brasileiro.

14.2.1842 — PIRARÁ. AM. Ingleses na Amazônia. Junto do Forte de São Joaquim, norte do AM, divisa com a Guiana Inglesa. Força britânica de 40 homens e cinco canhões, sob o ten. Edward Hayter Bingham, desalojou o destacamento e moradores brasileiros, hasteando a sua bandeira.

22.4.1636 — PIRATIGI. AL. Holandeses no NE. Saído de Santa Luzia do Norte, o cte. Martim Ferreira encontra em marcha holandeses provenientes de Peripueira. Ataca-os e alcança vitória.

1.5.1819 — PIRATINI. RS. Guerra com Artigas. Na região das Missões, choque entre brasileiros do mando do ten.-cel. Arouche e uruguaios do cel. André Artigas, os quais deixaram o campo.

27.11.1843 — PIRATINI. RS. Guerra dos farrapos. Em um dos seus ataques de surpresa, Francisco Pedro de Abreu, Barão de Jacuí, irrompe na vila e aprisiona dois dos principais chefes farroupilhas: José Mariano de Matos e Joaquim Pedro Soares.

10.2.1895 — PIRATINI. RS. Revolta dos federalistas. Desprendido da força do gen. Guerreiro Vitória, o chefe Carolino Amaral conduziu 100 maragatos ao ataque de Piratini. Aprisionou e deu morte ao ten.-cel. João Paulo Botelho, alegando vingar crueldades. Recolheu material de guerra e, pressionado por destacamentos governistas procedentes de Pelotas e de Bagé, recuou para Santa Isabel.

20.4.1945 — PIRONDELLI. Itália. Segunda Guerra Mundial. As avançadas do 1º RI da Força Expedicionária Brasileira conquistaram a disputada linha geral Pirondelli-Cá del Sarto-Vericchia, norte italiano, e diante de resistência alemã.

12.6.1627 — PITANGA. BA. Holandeses na BA. Navios mercantes fundeados na foz do Rio Pitanga constituíam objetivo para a frota holandesa do alm. Pieter Pieterszoon Heyn. Um dos navios ancorados, o do cap. Francisco Padilha, com tripulação de 150 marinheiros, bateu-se tão bravamente que mereceu esta referência do relator da expedição flamenga: "esta gente defendeu-se intrepidamente, opondo tal resistência aos navios, que os nossos não ousavam abordá-los e, sem dúvida, teriam voltado às costas sem haverem feito coisa alguma, se o Almirante que, passando ao iate *Yos*, que se reunira a eles, não os impelisse quase à força contra os portugueses". Pereceram, na defesa do navio, Padilha e a maior parte da tripulação. A *História Naval Brasileira* situa a ação no dia 10 e no Rio Matuim, atual baía de Aratu. Heyn voltou ao mar com as presas: açúcar e barcos.

?.7(?).1751 — PITANGUI. MG. Ataques a quilombos. No território das vilas de Pitangui, Sabará e São João das Mortes, o sertanista Bartolomeu Bueno do Prado cumpriu ordem governamental de eliminar quilombos agressivos. Conforme apontamentos de Pedro Taques, "desempenhou tanto o conceito que se formava do seu valor e disciplina de guerra contra os índios e pretos fugidos que depois de organizar sua força e atacar os quilombos voltou em poucos meses apresentando 3.900 pares de orelhas de negros que destruiu..."

1.9.1838 — PITIM. RS. Guerra dos farrapos. Francisco Pedro de Abreu, chefe governista notorizado pela sua capacidade de surpreender e atacar os farroupilhas, viu-se atacado pela força de cavalaria de Amaral Ferrador. Ao fim de um dos mais ferozes combates da guerra, embora ferido, Abreu repeliu o ataque.

2.3.1897 — PITOMBAS. BA. Canudos. O ribeirão Pitombas corre nas proximidades de Angicos, caminho seguido pelas tropas enviadas contra Canudos, ao mando do cel. Antônio Moreira César. Fogo dos conselheiristas surpreendeu os soldados em marcha, ferindo um alferes e sete praças. A artilharia disparou contra as cristas das elevações circundantes e a infantaria carregou à baioneta. Mas o inimigo não foi encontrado. Retirara-se. A formação da tropa: 7º de infantaria do maj. Rafael Augusto da Cunha Matos; bateria do 2º RA, sob o cap. José Agostinho Salomão da Rocha; esquadrão do 9º de cavalaria, do cap. Pedreira Franco. A esse núcleo foram incorporados o 16º BI de São João del Rei (28 oficiais e 290 praças), conduzido pelo cel. Sousa Meneses; 140 praças do 33º, com o seu cap. Joaquim Quirino Vilarim; 9º BI do cel. Pedro Nunes Tamarindo e destacamento da polícia baiana. No total, 1.281 soldados, dotados de 15 milhões de cartuchos e 70 granadas de artilharia. Ultrapassando Pitombas, às 11:30 h a expedição defrontou Canudos. O cel. Moreira César não esperou; determinou ataque imediato.

25.1.1927 — PIUVA. MT. Coluna Prestes. Na fazeda Piuva, margem direita do Rio Cabaçal, a tropa governista do ten. Procópio tomou posição visando a impedir que a Coluna transitasse rumo da sua internação na Bolívia. O cap. Italo Landucci, comandando a vanguarda, investiu, afastou os adversários e abriu o caminho.

22.6.1921 — POÇO BRANCO/ESPÍRITO SANTO. PE. Campanha contra o cangaço. O srg. José Lucena de Albuquerque Maranhão, com 100 homens buscou cercar os 40 "cabras" dos bandos Ferreira (Lampião) e Porcinos. Lucena manifestaria repetidamente admiração pela tática guerrilheira empregada pelos cangaceiros sob ordens de Virgulino Ferreira, o Lampião. Este visava, com a armadilha do Poço Branco, vingar a morte do seu pai, ocorrida em abril e por ele atribuída a Lucena. Baixas: um cangaceiro e um soldado o qual, confundido com o sargento, foi alvejado 12 vezes.

?.11.1916 — POCONÉ. MT. Durante as lutas entre facções que disputavam o governo do estado, contingentes governistas impõem-se positivamente sobre grupos de opositores armados, nos arredores de Poconé. Logo mais, resultado idêntico nos encontros de Arica e Itaici.

26.5.1843 — PONCHE VERDE. RS. Guerra dos farrapos. Os republicanos Bento Gonçalves e Neto, comandando 2.800 combatentes, defrontaram os 1.425 imperiais chefiados por Bento Manuel Ribeiro e tomaram a iniciativa do ataque aproveitando a superioridade em cavalaria. Bento Manuel apresentou sua infantaria em sólidos quadrados que não se quebraram diante das cargas republicanas. Resultado indeciso com ambos os contendores proclamando haver levado a melhor.

7.6.1894 — PONCHE VERDE. RS. Revolta dos federalistas. Nas pontas do arroio Ponche Verde, nítida vitória do situacionista gen. Hipólito sobre os federalistas do cel. Marcelino Pina. Resultou desfeita como força militar a última tropa participante da segunda invasão revolucionária do RS.

28.8.1923 — PONCHE VERDE. RS. Revolta dos libertadores. A vanguarda dos revolucionários, chefiada por Batista Luzardo, bateu os destacamentos governistas de Miguel Cunha Sobrinho e Nepomuceno Saraiva, integrantes da Brigada Oeste. Dentre as 50 baixas governistas (20 mortos), a do poeta Alceu Wamosi. Sendo alferes-secretário, cabiam-lhe funções de retaguarda. Porém, ao ver delineada a derrota dos seus, atirou-se ao corpo-a-corpo, recebendo os ferimentos dos quais haveria de morrer.

26.9.1943 — PONTA AZEDA/MACEIÓ. AL. Segunda Guerra Mundial. Na posição latitude 10°03' S e longitude 35°50' O, o mercante *Itapagé*, 4.965 toneladas, do mando do cap. Antônio da Barra, levando 70 tripulantes e 36 passageiros, foi torpedeado a oito milhas do mar. Perderam-se 18 tripulantes e quatro passageiros. Torpedeante, o submarino *U-161*, do cap. Albrecht Achilles.

12.1.1640 — PONTA DAS PEDRAS-ITAMARACÁ. PE. Holandeses no NE. Primeira das batalhas seguidas entre as esquadras do capitão-general Conde da Torre e do alm. holandês Corneliszoon Loos. A luso-espanhola, saída da BA para levar reforços ao Recife, assim formada: *esquadra da Espanha:* seis galeões e seis urcas, somando 342 canhões, ao mando de D. Juan de la Vega Bazán, sendo segundo almirante Francisco Dias Pimenta; *esquadra de Portugal:* oito galeões e um patacho, 226 canhões, da qual era almirante Cosme do Couto Barbosa e general Rodrigo Lobo; *esquadra do Socorro das Ilhas:* 15 barcos totalizando 111 canhões, levando por almirante Antônio da Cunha de Andrade e por general Diogo Lobo; *frota do Rio de Janeiro ou dos açúcares:* 12 navios com 126 canhões. O Conde da Torre navegava com 48 navios de guerra ou armados em guerra, 805 canhões e 41 transportes e barcos desarmados: 13 caravelas, seis patachos vicentinos, nove barcos latinos da costa e 13 sem coberta. A bordo dos navios de guerra viajava o pequeno exécito do mestre-de-campo general Príncipe de Bagnuoli, formado por gente de Pernambuco, Bahia, Rio de Janeiro, São Paulo, Portugal e Nápoles, destinado a desembarque em PE. O Conde da Torre seguiu no barco do gen. Vega Bazán, estando ambos inamistados. Contra essa força, Maurício de Nassau enviou, à ordem de seu mais reputado almirante: 41 navios montando 473 canhões. Inferiorizada em bocas de fogo, a armada holandesa era superior no velame e na maneabilidade, sendo o seus barcos mais velozes. Ventos contrários fustigaram a frota luso-espanhola, obrigando vários navios a retornar à BA. Ao norte de Itamaracá, altura da Ponta das Pedras, as esquadras chocaram-se. A holandesa perdeu o alm. Loos, substituído pelo v.-alm. Jacob Huygens, e viu afundar o navio *Alkmaar*, de 26 peças. A navegação, em linhas paralelas prosseguiu rumo norte, com novos combates nos dias 13, 14 e 17.

?.5.1838 — PONTA DE CRISTOVAM PEREIRA/LAGOA DOS PATOS. RS.

Guerra dos Farrapos. Campanha de corsários. Primeira incursão da esquadrilha corsária farroupilha. Chefia de Garibaldi, no lanchão *Rio Pardo*. Seguiam-no, o lanchão *Independência*, comando do americano John Griggs. Pelo nono dia encontraram dois barcos. Um, a sumaca *Mineira*, transportando alimentos para Porto Alegre rendeu-se ao primeiro tiro. O outro, patacho *Novo Acordo*, bom veleiro, refugiou-se no porto de Rio Grande. A tradição do corso farroupilha nas águas internas fora iniciada com Tobias dos Santos, o "Menino diabo" e depois de Garibaldi, continuada por Robert Bisley no barco *Patriota*.

15.1.1828 — PONTA DE SANTIAGO. Argentina. Guerra da Cisplatina. Navios argentinos saindo para o oceano em início de operação de corso foram surpreendidos junto ao Banco dos Pescadores pelos brigues brasileiros *Caboclo* e *Maranhão* e inverteram rumo. A perseguição foi levada até a Ponta de Santiago, de onde os brigues imperiais não puderam passar devido a pouca água.

?.1.1709 — PONTA DO MORRO. MG. Guerra dos emboabas. Em retirada das minas e roças dos vales dos rios das Velhas e das Mortes depois dos combates de Sabará e Cachoeira do Campo, paulistas reúnem-se e tentam alcançar desforra. Sitiam os portugueses concentrados na Ponto do Morro sob a chefia de Ambrósio Caldeira Brant. Sem potencial de guerra os sitiantes se dispersaram à notícia da aproximação de mil emboabas liderados por Bento do Amaral Coutinho. Foi um grupo destes retirantes que Bento trucidou em seguida, próximo dali, no Capão da Traição. Ponto do Morro passou a ser São José del Rei e, depois, Tiradentes.

22.8.1645 — PONTAL DE NAZARÉ. Holandeses no NE. Nas proximidades da fortaleza do Pontal, grupos de assalto conduzidos pelo cap. Francisco Barreiros tomaram navio holandês do mando de Maten Thijszoon.

10.(?).10.1901 — PONTA PORÃ. MT. Levante emancipacionista de Jango Mascarenhas. Com alguns aderentes e grupo de mercenários recrutados na Argentina, Jango Mascarenhas invadiu o sul de MT na continuidade de campanha pela emancipação política da área. Logo em Ponta Porã foi enfrentado e batido pelo destacamento unionista do chefe Felipe de Brum. Jango dirigiu-se para a região de Nioaque, perseguido por Felipe. Dispersou seus homens e resistiu na fazenda de Taquaruçu, falecendo dos ferimentos ali recebidos.

12.5.1943 — PONTA SCHULPFONTEIN. África do Sul. Segunda Guerra Mundial. O mercante brasileiro *Piratini*, com destino à Baía de Saldanha, investido por submarino alemão, manobra para escapar e choca-se com escolhos.

6.10.1926 — PONTE DE PEDRA. GO. Coluna Prestes. O 1º Btl da Força Pública de São Paulo defendia a ponte estratégica no planalto goiano e não a cedeu ao ataque do Destacamento Dutra, vanguarda da Coluna. Esta foi obrigada a alterar o rumo da marcha, tomando a direção do Rio Corrente.

14.11.1844 — PORONGOS. RS. Guerra dos farrapos. Os 1.200 republicanos do mando de Neto e Silveira, respondendo ao comando do gen, Canabarro, acampavam nos serros de Porongos, entre as cabeceiras dos arroios Torrinhas e Grande. Durante a madrugada foram cercados, investidos e completamente batidos pelos 1.170 imperiais conduzidos pelo cel. Francisco Pedro de Abreu. Este, com apenas quatro feridos e contusos entre os seus, infligiu aos farroupilhas uma das duas maiores derrotas do decênio, provocando 110 baixas, aprisionando 333 homens, dos quais 35 oficiais, cinco estandartes, um canhão, quase todas as armas, bagagens, arquivos e mais de 1.000 cavalos. Tal resultado teria apressado o fim da guerra e mereceu de Caxias o comentário: "É sem dúvida a primeira vez que David Canabarro é surpreendido, o que até agora parecia impossível pela sua incansável vigilância".

25.11.1944 — PORRETA-TERME. Itália. Segunda Guerra Mundial. Primeiro de cinco dias de pesado bombardeio alemão com fogos de calibre 170 sobre o QG avançado da 1ª DIE da FEB. Muitas baixas.

9.12.1944 — PORRETA-TERME. Itália. Segunda Guerra Mundial. A aviação alemã bombardeia a retaguarda da Força Expedicionária Brasileira procurando retardar o seu avanço.

?.10.1825 — PORTALEGRE. RN. Índios aldeados revoltaram-se, premidos pela progressiva limitação de sua já pequena liberdade. Reprimidos, os mentores da revolta foram fuzilados no ato do aprisionamento.

15(?).5(?).1915 — PORTEIRAS. CE. Correrias dos "coronéis". Armados por "coronéis" do Cariri, 300 jagunços investiram contra a vila, impuseram a retirada dos policiais e dominaram a praça, em episódio ligado à disputa do domínio político regional.

13.4.1836 — PORTO ALEGRE. RS. Guerra dos farrapos. O ousado guerrilheiro José Inácio da Silva Ourives (Juca Ourives) executa atrevido golpe-de-mão visando a retomar a capital, ocupada pelos farroupilhas. À plena luz das 10 h, avançando cidade adentro, levou 30 dos seus mais resolutos seguidores até as proximidades do arsenal. A viva reação de fuzilaria e canhoneio frustrou o assalto, obrigando os atacantes ao recuo e a deixar oito prisioneiros, alguns feridos e quatro mortos.

30.6.1836 — PORTO ALEGRE. RS. Guerra dos farrapos. Bento Gonçalves considerou necessário ao prestígio da revolução retomar para os farrapos a capital que a 15.6 fora ocupada, em golpe audacioso, pelos defensores do poder central. Atacou por terra e pelo rio, sendo repelido depois de três horas de luta. Defesa comandada pelo maj. Marques de Sousa, principal fautor da volta da cidade ao domínio imperial.

20.7.1836 — PORTO ALEGRE. RS. Guerra dos farrapos. Pela segunda vez os farroupilhas foram repelidos no seu esforço por retomar a capital. O gen. Chagas Santos, no comando da defesa, saiu em perseguiçao aos farrapos que tentaram posicionar-se e resistir em Moinhos de Vento. Chagas superou as tranqueiras erguidas e atirou os revolucionários para mais longe de Porto Alegre.

15.5.1837 — PORTO ALEGRE. RS. Guerra dos farrapos. A defesa, a cargo de 1.000 soldados e 20 canhões, resistiu, na jornada e no dia 18, ao ataque de 2.000 farrapos lançados sobre ela por Antônio Neto, general-em-chefe da república desde 14.4.

29.1.1839 — PORTO ALEGRE. RS. Guerra dos farrapos. O batalhão do cel. Salustiano Jerônimo dos Reis foi destacado das forças do presidente da província para hostilizar e apressar a retirada dos farrapos que levantavam o cerco da capital. A jornada foi de tiroteio entre as duas forças.

24.6.1892 — PORTO ALEGRE. RS. Manifestação anticastilhista. O presidente estadual Barros Cassal, deposto por movimento militar policial simpático a Júlio de Castilho, subiu a bordo da canhoneira *Marajó*, comando de Cândido Lara. Dali emitiu ultimato exigindo a devolução do poder. Desatendido, no dia 24, fez com que a canhoneira e o barco *Cupy* se deslocassem ao longo da cidade, disparando contra ela 4.200 tiros de canhão e de canhão-revólver, revidados por fogo de artilharia e cargas de fuzilaria. Danos em barcos surtos no porto e em edifícios. Um morto e um ferido entre os militares e número não sabido entre os civis. A *Marajó*, danificada, seguiu para a cidade do Rio Grande, rendendo-se às canhoneiras ali postadas. Barros Cassal, desembarcado em Itapuã, tomara rumo ignorado.

3.10.1930 — PORTO ALEGRE. RS. Revolução liberal nacional. Com três violentos combates começa em Porto Alegre o movimento nacional revolucionário. A hora vespertina fora especialmente escolhida. Às 17:30, Oswaldo Aranha levou 50 homens ao assalto do QG do Exército. Seis morreram na entrada, cinco logo em seguida e 14 tombaram feridos. Os demais dominaram a guarnição chefiada pelo gen. Gil de Almeida, o qual defendeu-se com sua pistola. Simultaneamente, João Alberto Lins e Barros conduziu 60 aderentes ao ataque do Morro do Menino Deus, a mais importante guarnição federal na cidade, cujo arsenal guardava milhões de cartuchos. Ao ten. Setembrino Palma foi reservada a conquista do ponto mais perigoso — o quartel do esquadrão de cavalaria. Ali, o comandante, cap. Jaime de Argolo Ferrão, resistiu e morreu, arma na mão. Em outro local, quartel do 7º BC, a resistência dos governistas, sob o cap. Benedito Marques da Silva Acauam, prosseguiu até a madrugada de 4, apesar de sofrer duzentas deserções e sabotagem no armamento. Com a rendição do 7º, onde morreu lutando o ten. Athos Franco, a revolução dominou a capital, festejando notícias de sucessos em outras cidades e estados do país.

8.8.1990 — PORTO ALEGRE. RS. Choques da reforma agrária. Diante do Palácio do Governo, atritaram-se a polícia estadual e cerca de 600 sem-terra. Morto um soldado, degolado; 80 pessoas feridas.

8.8.1648 — PORTO AMBOIM. Angola, África. A armada luso-brasileira de Salvador Correia de Sá, que deixara o RJ a 12.5. para retomar Angola aos holandeses, velejando de Quicombo para Suto, detém-se em Porto Amboim. Põe em terra destacamento que ataca a aldeia local de aliados dos flamengos, os quais, no dia 1º havia assaltado chalupa do navio *Nossa Senhor da Conceição* e *Santo Antônio*, brutalizando a tripulação.

13.5.1635 — PORTO CALVO. AL. Holandeses no NE. João Fernandes Vieira e Henrique Dias dirigiram a resistência contra o primeiro ataque holandês conduzido pelo cel. Arciszewsky e auxiliares nativos chefiados por Domingos Calabar. A resistência, em meio a violentos combates, prolongou-se até 8.6, quando Porto Calvo foi dominada pelos atacantes.

12.7.1635 — PORTO CALVO. Outeiro de. AL. Holandeses no NE. Matias de Albuquerque, em marcha desde PE, embosca sua tropa no Outeiro. À tarde, destroça o destacamento holandês do mando do maj. Alexandre Picard, enviado para reconhecer a presença da tropa insurgente. A perseguição aos derrotados foi levada até o fortim exterior chamado Igreja Velha, onde são capturados seis canhões. O reduto do Varadouro e outros postos foram abandonados pelos holandeses em retirada para o recinto fortificado de Porto Calvo. Sem poder tomar a Igreja Nova, os insurgentes iniciam assédio a essa povoação, que se renderá no dia 19, entregando 420 homens. Estes, com seu chefe, Picard, foram embarcar na Bahia, rumo da Holanda. Calabar, que estava entre eles, excluído da capitulação, foi enforcado pelos vencedores, no dia 22.

4.3.1637 — PORTO CALVO. AL. Holandeses no NE. Ao sul da defesa principal de Porto Calvo, o conde Bagnuoli estabelecera outro reduto, defendido por 400 espanhóis e 200 napolitanos, ao mando de Miguel Gilberton. Ao fim de dura resistência, os quase 600 homens estavam feridos e doentes. Ao ocupar o reduto, Maurício de Nassau, informado da situação dos defensores, ordenou lhes fossem prestadas honras condizentes. Dali, Nassau prosseguiu em sua conquista até a margem do Rio São Francisco.

17.9.1645 — PORTO CALVO. AL. Holandeses no NE. Insurgentes conduzidos pelo alcaide-mor Cristóvão Lins e por seu tio Martim Falcão impuseram-se à guarnição holandesa, dominando a praça, assediada havia já 42 dias.

11(?).9.1833 — PORTO CALVO. AL. Cabanada. Contingente de rebelados, extremamente carecidos de aprovisionamento, levou desesperado assalto à vila. Repelido, sofreu perdas elevadas, das quais foi maior a do seu ânimo combativo.

8.5.1925 — PORTO CARLOS. MT. Coluna Prestes. No porto, margem direita do Rio Paraná, a vanguarda revolucionária, proveniente do território paraguaio, fez o primeiro alto. No comando, Cordeiro de Farias. Na jornada bateu-se contra força governista junto do porto. No dia 10, iniciava a marcha que viria a fazer História.

9.9.1924 — PORTO CINCO DE JULHO/PORTO SÃO JOÃO. PR/MT. Revolta tenentista. A Divisão Revolucionária saída de São Paulo e rechaçada em Três Lagoas, descia o rio Paraná, rumo de Guaíra. Força governamental de MT, movendo-se com celeridade dominou a barranca oeste do rio, entre os dois portos, varrendo a passagem com fuzilaria e metralhadoras. O barco que conduzia o 7º BI da Força Pública de SP, sob o maj. Arlindo de Oliveira, encalhou sob a cortina de tiros, batendo-se até exaurir a munição. Dele, renderam-se 220 homens, com farto material. Estas perdas, seguindo-se às de Três Lagoas, enfraqueceram em muito o poder combativo dos revoltados.

29.12.1924 — PORTO DAS BARCAS. RS. Revolta tenentista. Defendendo o porto, o chefe governista Aragão Bozzano tentou impedir o progresso rumo norte da tenentista Divisão Rio Grande, ao mando de Luís Carlos Prestes. Os revoltosos superaram a resistência e a 31 atravessaram a via férrea Santo Ângelo-Cruz Alta, rumando para o oeste paranaense em busca de junção com a Divisão São Paulo, do comando do gen. Isidoro Dias Lopes.

18.4.1736 — PORTO DAS VACAS. Uruguai. Colônia do Sacramento, terceira campanha. O alf. João Batista Ferreira saiu da Colônia, em sortida que visava obter provisões e munições. Levando dois bergantins e um lanchão, apoderou-se de armazém espanhol no Porto das Vacas e de dois navios ali fundeados. Incendiou um deles e com o outro retornou à Colônia.

12.10.1632 — PORTO DE PEDRAS. AL. Holandeses. A povoação foi surpreendida pelo assalto dos 600 homens que sob o mando geral do alm. Lichthard e guiados por Calabar incursionavam em campanha de devastação. Os atacantes apresaram barcos, incorporando alguns, afundando outros e apoderaram-se dos carregamentos e depósitos.

14.4.1817 — PORTO DE PEDRAS. AL. Revolta nativista. O capitão realista Manuel Duarte Coelho atacou a posição dos nativistas pernambucanos e alagoanos, dirigidos por José Mariano, designado governador civil e militar de AL. Os revoltados resistiram durante quatro horas. Um alarma falso ou ardil dos reinóis provocou o pânico e a debandada dos insurgentes. Vitória e tenaz perseguição por parte dos portugueses.

25.7.1824 — PORTO DE PEDRAS. PE. Confederação do Equador. A corveta *Maria da Glória*, do cte. Theodoro de Beaurepaire, apresa os dois barcos principais dos republicanos: uma escuna, do mando do piloto Joaquim da Silva Loureiro, e o brigue *Constituição ou Morte*, confiado ao maltês João Metrovich e tendo por imediato o português Guilherme Ratcliff. Os três foram enforcados no Rio de Janeiro, a 19.3.1825.

10.1.1865 — PORTO DO DOURADO. MT. Guerra do Paraguai. No rio São Lourenço (Cuiabá), diante da Serra do Amolar, o paraguaio ten. André Herreros levara os navios *Iporá* e *Rio Apá* ao porto do Dourado. No dia 6, havia combatido e abordado o brasileiro *Amambaí*, na foz do São Lourenço ou Morro do Caracará. A 5, tomara a escuna *Jacobina* que levava para Cuiabá civis e militares em retirada. A 10, no porto, transportava para seu capitânia a munição encontrada no depósito local quando ocorreu a explosão da pólvora. Morreram Herreros e 24 marujos guaranis.

25.10.1632 — PORTO DO FRANCÊS. NE. Holandeses. Ocupação de PE. Marujos e infantes sob Waerdenburch desembarcam, atacam e incendeiam dois engenhos situados entre três e quatro léguas no interior. Porto do Francês também chamado Pitimbu. A frafia Porto do Francês (e não dos Franceses) é de Rio Branco.

10.1.1633 — PORTO DO FRANCÊS. AL. Holandeses no NE. O navio que trazia da Ilha de Madeira o cap. Francisco de Bitencourt de Sá foi interceptado por barco holandês de maior porte e poder de fogo. O português, depois de bater-se longamente e sofrer sérias avarias, entrou no porto levando 25 mortos e feridos entre a tripulação.

15.6.1646 — PORTO DOS MARCOS. PE. Holandeses no NE. Ofensiva de André Vidal de Negreiros e Fernandes Vieira contra os dispositivos preparados pelos holandeses para impedir a passagem do exército insurgente para a Ilha de Itamaracá. Pela madrugada, dois barcos, levando cada qual 12 homens escolhidos, abordaram o iate *Spreew*, com guarnição de 30 marinheiros e montando quatro canhões. Um dos botes foi afundado mas o segundo colocou sua gente no tombadilho do iate, distinguindo-se no feroz combate ali travado o srg. Francisco Martins Cachadas. O iate foi tomado. No canal Itapeçuma, estrategicamente distanciadas, as caravelas *Lichthardt* e *Hamel*. À aproximação dos atacantes, foram incendiadas e abandonadas pelas tripulações. A primeira perdeu-se, porém a *Hamel* foi apresada. O quarto navio de vigilância, iate *Gul-de Rhee*, ancorado na ponta norte do canal, moveu-se para chegar à área de proteção do Forte de Orange. Assim, livre o caminho, o cap. Antônio Gonçalves Ticão passou-se para a ilha e no mesmo dia principiou a devastar os recursos que serviam aos holandeses.

31.7.1932 — PORTO ESPERANÇA. MT. Revolução Constitucionalista. Destacamento do Exército Nacional e grupos de civis constitucionalistas, investiram sobre a defesa mantida pelo 17º BC apoiado pela artilharia do monitor *Pernambuco* e da canhoneira *Oiapoque*. O combate compreendeu, pela primeira vez no estado, ação aérea: avião esportivo, pilotado por civil, atirou manualmente bombas de 12 kg, fabricadas em Utinga, SP, sobre o monitor, sem atingi-lo. A defesa se manteve.

1.8.1932 — PORTO ESPERANÇA. MT. Revolução Constitucionalista. Sitiada desde o fim de julho, a guarnição governamental assumiu a iniciativa e apoiada pelos navios *Pernambuco* e *Oiapoque* afastou para uma linha distendida a dois quilômetros do Rio Paraguai a força constitucionalista. Esta, dias passados, falta de munição e suprimentos, dispersou-se.

26.5.1555 — PORTO GRANDE. BA. Conflitos com indígenas. Ao meio-dia, o engenho Pirajá, de Antônio de Barros, no Porto Grande, mais tarde Praia Grande, a meia distância entre Pirajá e Salvador, foi ocupado por 50 índios que ali se fortificaram. À noite, Álvaro da Costa, filho do Governador Geral, levando 70 infantes e 6 cavaleiros, atacou os instrusos, enquanto por mar a nau *Esperança,* de Cristóvão de Oliveira, destruía as canoas empregadas para o transporte dos incursores. A maioria destes foi morta e o seu chefe aprisionado. Ao amanhecer de 27 o engenho estava recuperado.

?.4.1917 — PORTO GRANDE. Ilha de São Vicente, Arquipélago de Cabo Verde. Primeira Guerra Mundial. À saída do porto, submarino alemão pôs a pique o mercante brasileiro *Acari.*

27.4.1925 — PORTO MENDES. PR. Revolta tenentista. Coluna Costa-Prestes. Com 100 homens, o ten.-cel. João Cabanas, que para esta ação deixara o leito de doente, atacou a vanguarda governista expedida para fechar o cerco sobre a concentração tenentista intenta a cruzar o rio Paraná entrando em território paraguaio. Os legais recuaram, perdendo nove mortos e vários feridos, duas metralhadoras, 50.000 tiros. O resultado assegurou tranqüilidade à travessia do rio pela Divisão Revolucionária ou Coluna Costa-Prestes.

10.9.1932 — PORTO MURTINHO. MT. Revolução Constitucionalista. Segundo a *História Naval Brasileira*, editada pelo Serviço de Documentação Geral da Marinha, (5º volume, tomo II, páginas 138 a 140): "Na impossibilidade de ocupar Porto Esperança, os rebeldes dirigiram-se para Porto Murtinho. Para lá se deslocaram o *Pernambuco* e forças da cavalaria da polícia rio-grandense-do-sul. Estas, (...) engajaram as tropas do Exército e as trucidaram, matando e degolando mais de 300 homens". O grupamento constitucionalista, na maior parte elementos civis, dispersou-se.

29.7.1800 — PORTO SEGURO. BA. Corsários. À frente do porto, navios ingleses do comodoro Rowley Bultee deram combate à esquadrilha do pirata francês Landolphe, de regresso de incursão afortunada às águas do Rio de Janeiro. Os britânicos apresaram duas fragatas, uma delas a capitânia corsária. Os aprisionados foram entregues ao rigor do vice-rei Conde de Rezende, no RJ.

2.3.1943 — PORTO SEGURO. BA. Segunda Guerra Mundial. Ao sul de Salvador, na posição latitude 16°10' Sul, longitude 35°58' W, o mercante *Afonso Pena,* 3.540 tons, do mando do cap. Euclides de Almeida Brasílio, abandonara comboio, tornando-se alvo de submarino alemão, que o atingiu com um torpedo. Emergindo, o submersível destroçou a canhonaços a cabine telegráfica dando morte ao radiotelegrafista Pedro Mota Cabral que lançava seguidos SOS. Segundo Cláudio Moreira Bento teriam morrido 125 dos 242 ocupantes do navio.

14.8.1932 — PORTO TABOADO. SP. Revolução Constitucionalista. Força paulista conduzida pelo maj. Santino, procedente de Lussanvira, desalojou destacamento federal integrado por goianos e mato-grossenses, o qual foi posicionar-se na margem oposta do Rio Paraná. Cada lado contabilizou cinco baixas.

1.10.1645 — POTENGI. RN. Holandeses no NE. Capitulam diante dos indígenas pró-holandeses capitaneados por Jacob Rabi os 50 moradores que se haviam fortificado em uma casa do lugar. Foram todos mortos pelos índios.

29.10.1867 — POTRERO OBELLA. Paraguai. Guerra do Paraguai. A trincheira aberta no Potrero Obella, defendida contra o avanço brasileiro pelo batalhão do cap. Gonzalez, compunha-se de três ordens de fossos e parapeitos, vantajosamente construídos. Cortavam estreita picada em mato virgem, tendo os flancos apoiados em pântanos e cobertos por abatises. Os brasileiros apresentaram-se para o ataque. Comando geral do gen. João Manoel Mena Barreto. O assalto frontal foi conduzido pelo cel. Salustiano dos Reis, mais tarde general e Barão de Camaquã. Levava os batalhões de linha 2º e 7º e o 33º VP. Pelos lados, os 8º, 9º e 24º VP. A vitória foi alcançada com a morte de 85 destes soldados e ferimentos em 310. Os defensores perderam a posição e 87 mortos, entre os quais Gonzalez e 56 aprisionados. Rio Branco declarava errônea a denominação Potrero Ovelha, preferida por alguns cronistas.

21.8.1869 — POTRERO RECALDE. Paraguai. Guerra do Paraguai. Último combate da guerra em que atuaram os argentinos. O Potrero ficava junto do Arroyo Hondo, afluente do Manduvirá-Ihu, defendido por 400 soldados do maj. Olsursa y Hermosa. Os aliados avançaram contra eles ao mando do cel. Carlos Bethbezé de Oliveira Néri, ocuparam a posição, tomaram três canhões e carretama, ao preço de 26 mortos e feridos, entre eles o comandante da infantaria argentina, cel. Ayala, e do brasileiro comandante do 12º de cavalaria da GN, José Luís da Costa Júnior.

18.7.1866 — POTRERO SAUCE. Paraguai. Guerra do Paraguai. Depois dos combates de 16 nas trincheiras do Boquerón del Sauce, a defesa do Potrero Sauce foi substancialmente reforçada pelo exército paraguaio. Pela manhã de 18, alinharam-se diante daquela posição a divisão brasileira do gen. Vitorino Monteiro e a brigada argentina do cel. Cesário Dominguez. Inicialmente, dirigiram-se contra a trincheira de Carapá, logo dominada. Reforçadas e sob o comando do gen. Flores marcharam sobre as trincheiras do Potrero, que tinham o gen. Diaz na chefia da defesa. O gen. Vitorino, ferido, cedeu o posto ao gen. Guilherme de Sousa. Iniciada a ação, o gen. Emílio Mitre juntou-se a ela com alguns batalhões argentinos, aumentando a pressão do ataque ao tempo em que o gen. José Luís Mena Barreto abria fogo pelo lado do Potrero Pires. Mas, bem reforçados na véspera e na jornada, os paraguaios não se deixaram superar nas trincheiras do Potrero Sauce. Pesadas as perdas entre os aliados: 1.723 brasileiros mortos ou feridos; 688 argentinos, 250 uruguaios. Os batalhões de VP que mais perdas sofreram foram o 3º da BA, com 202 homens; o 7º de SP, 178 baixas.

22.7.1923 — PRAIA DA CIDREIRA. RS. Revolta dos libertadores. O insistente caudilho "maragato" Francisco Vaz Ferreira — o Chico Marinho — e o seu tenaz perseguidor maj. Antônio Mariante travam combate que termina com movimento para fora do campo iniciado pelos revoltados.

10.11.1926 — PRAIA RICA. MT. Coluna Prestes. Acampada no garimpo da Praia Rica, região do Garça, a Coluna foi surpreendida, pelas 11 h, por força policial e sertanejos armados. Passada a confusão originada pela surpresa, os revolucionários organizam contra-ataque, conduzido pelo Destacamento João Alberto. Os governistas recuaram, deixando três feridos, um fuzil-metralhadora e 13 animais. Baixas da Coluna: quatro feridos.

16(?).9.1927 — PRATA. MG. Revolta tenentista, Coluna Prestes. Glauco Carneiro recolheu à página 299 do primeiro volume da sua *História das revoluções brasileiras* depoimento escrito de Zigomar Afonso de Souza, que informa sobre curioso reflexo do movimento tenentista e da marcha da Coluna: "Quando, por ocasião da morte na cadeira elétrica da famosa dupla Sacco e Vanzetti (EUA), achava-se em Barretos, não sei se de passagem ou residindo, o major Filogônio de Carvalho. Pois bem: consumada a execução dos aludidos italianos, o major sublevou-se em Barretos, prendeu as autoridades, isolou a cidade da capital, libertou os presos e obrigou o vigário a celebrar missa campal em sufrágio da alma dos executados, detendo os policiais e, organizando uma tropa de emergência, com alguns veículos e dezenas de homens armados, marchou em direção a Minas, passando por Laranjeiras e dizendo a meu pai que pretendia se adentrar pelo sertão para se unir à Coluna Prestes. Atravessando o Rio Grande, penetrou na cidade de Frutal, onde saqueou a cidade, desta rumando para Prata, no Triângulo Mineiro. Mas a polícia paulista já estava no seu encalço, o mesmo fazendo o 4º Batalhão de Caçadores, sediado em Uberaba. Nas imediações de Prata, às margens do Rio São José, a tropa de Filogônio, já composta de mais de 100 homens, munida de fuzis e algumas metralhadoras, travou renhido combate com a polícia mineira. Acontece que, no calor da refrega, a tropa paulista, vinda na retaguarda de Filogônio, atacou-o também, pondo-o entre dois fogos. A coluna rebelde foi completamente dizimada, mas morreram dezenas de legalistas paulistas e mineiros. Filogônio, todavia, lançou-se a nadar pelo rio, conseguindo, assim, fugir''. Lourenço Moreira Lima, secretário e cronista da marcha da Coluna, informa em seu livro que Filogônio (Philogonio) fora destacado, em julho de 1926, em Rio Bonito, para ir a Assunção, Paraguai, combinar com o gen. Isidoro Dias Lopes a expedição de armas e munições para algum porto do NE ou da BA. Zigomar menciona o ano 1925 (''mais ou menos'') como tendo sido o do levante de Barretos, mas a execução dos anarquistas italianos, nos EUA, fato que detonou a revolta do Filogônio, tem data conhecida: 23.8.1927. Faz-se admissível que Filogônio retornasse da missão e desconhecesse que àquela altura, agosto de 1927, já a Coluna se dissolvera na Bolívia. Ou cogitaria de pôr em marcha uma outra, sob seu comando?

1.9.1932 — PRATA. SP. Revolução Constitucionalista. Os governistas 5º, 9º e 14º batalhões da Força Pública de Minas Gerais e magotes de combatentes irregulares, somando 2.000 homens, apoiados por artilharia, atacaram o 1º Batalhão Paulista da Milícia Civil, sob o cap. Romão Gomes. No segundo dia de combate entrou em ação a 1ª Cia. de Bombardas, arma criada em SP pela equipe do engenheiro naval Jacobino. O trem blindado compareceu mas não atuou. Os revolucionários, vitoriosos no combate defensivo, terminaram por ceder as suas posições quando ruiu a frente do Pinhal.

25.6.1842 — PRESÍDIO. MG. Revolução Liberal. A força governamental do cap. Francisco de Assis Ataíde, guarnecendo a povoação, foi atacada por grupo irregular de lutadores liberais. Repelidos, os atacantes deixaram 11 dos seus, mortos.

24.12.1900 — PUERTO ALONSO. AC. Campanha do Acre. A Expedição Floriano Peixoto, também chamada Expedição dos Poetas, chegou à central boliviana no Acre. Somando 132 homens e sob a orientação do Orlando Correa Lopes, rompeu fogo inconsistente, logo contestado em melhores condições, pelos defensores. Ao término de três horas de luta, levando dois mortos e deixando no local um canhão e uma metralhadora, os expedicionários retiraram-se na direção de Caquetá. No dia seguinte seriam atacados e quase massacrados por aventureiros cobiçosos das armas que os ''poetas'' ainda portavam. Salvou-os a chegada de um navio-gaiola cujo comandante interveio. Puerto Alonso passou a se chamar Porto Acre.

16.1.1903 — PUERTO ALONSO. AC. Campanha do Acre. O boliviano cel. Manuel Canseco dirigiu sortida contra os acreanos que desde outubro sitiavam a capital do Acre. Depois de cinco horas de combate, Canseco retorna à sua base, ferido e com dezenas de baixas entre a sua tropa. Perdas dos acreanos de Plácido de Castro: 50 mortos e feridos. A 24, Puerto Alonso rendeu-se. Mais tarde passou a ser Porto Acre.

Guarnição boliviana sitiada em Puerto Alonso

Batalhão Cochabamba
Ten.-cel. José Quintin Ruiz

Batalhão Número Três
Ten.-cel. Hermógenes Ibañez

Coluna "6 de Agosto"
Dr. Leocádio Trigo

(integrada por funcionários civis da Delegación Nacional, civis patriotas bolivianos e de outras nacionalidades)
dois oficiais e algumas praças que guarneciam o canhão e a metralhadora deixados pela "Expedição dos Poetas"

Baixas sofridas até 24.1.1903: 200 mortos, 200 feridos, 400 prisioneiros

Baixas dos sitiantes: 18 mortos, 45 feridos

(Fonte: *O espírito militar na questão acreana*, Castilhos Goycochea)

19.1.1903 — PUERTO ALONSO. AC. Campanha do Acre. Com os bordos protegidos por fardos de 15.000 quilos de borracha e os 25 melhores atiradores do exército acreano entrincheirados nos fardos, Plácido de Castro comanda a descida do navio *Independência* (ex-boliviano *Rio Afuá)*. O barco desafiou a posição fortificada e passou com a cobertura da fuzilaria de toda a linha do cerco a que Puerto Alonso estava submetida. A passagem do barco era indispensável para a obtenção de recursos financeiros e bélicos, a serem proporcionados com a venda segura da borracha.

18.4.1903 — PUERTO RICO. Confluência dos Rios Manuripe e Tahuamanu, fronteira Acre-Bolívia. Campanha do Acre. Patrulha acreana de 60 homens do cel. José Brandão chocou-se com a vanguarda do exército do gen. Juan Manuel Pando. O tiroteio, esparso, prosseguiu nas posições ocupadas pelos contendores até a madrugada de 27, quando chegou a notícia do convênio de paz assinado na capital boliviana em 21.3.

2.8.1828 — PUNTA CHAPARRO. Uruguai. Guerra da Cisplatina. Nas proximidades da Colônia do Sacramento, quatro pequenos barcos brasileiros, saídos da mesma sob o comando de Francisco Sardo, abordaram e apresaram o lugre de guerra argentino *Martín Garcia*.

7.12.1827 — PUNTA DE LARA. Argentina. Guerra da Cisplatina. Junto da Enseñada, proximidades de Buenos Aires, encalhara, na véspera, o brigue-barca corsário argentino *Congreso*, de 20 canhões. Confiado ao lendário aventureiro francês Cesar Fournier, apresara o barco brasileiro *Harmonia dos Anjos* e o conduzia a Buenos Aires. Perseguido pelos navios imperiais do bloqueio do estuário, encalhara. Ao amanhecer de 7, estava cercado pela canhoneira *Grenfell*, pelas escunas *Paula* e *Bela Maria* e três pequenas porém ágeis canhoneiras. Às 11 h, debaixo de canhoneio, o *Congreso* e o *Harmonia dos Anjos* foram abandonados e em seguida abordados por brasileiros que encontraram um médico cuidando de 35 feridos graves e 11 leves. Todos foram transferidos para os navios bloqueadores, onde o médico contou com a ajuda de colegas, enquanto os dois navios, verificada a impossibilidade de safá-los, acabaram incendiados.

16.6.1828 — PUNTA DE LARA. Argentina. Guerra da Cisplatina. O brigue corsário argentino *General Brandzen*, 17 canhões, ao mando de George C. Kay, tripulado por ingleses e norte-americanos, chegava a Buenos Aires, procedente dos Estados Unidos. Avistado pelo brigue *Niger*, ex-corsário apresado e incorporado à esquadra brasileira, com 11 canhões e o comando de Thomas Craig. O ribombo dos canhões dos brigues atraiu outros barcos imperiais: brigue-escuna *2 de Julho*, de William Mac Erwing; bombardeira *19 de Outubro*, de Augusto Leverger; escuna *União*, de Cecil Browing, às ordens do chefe-de-divisão James Norton, os quais cercaram o *General Brandzen*, que fora buscar a proteção da bateria de Punta de Lara, ali encalhando. Também encalhou o brasileiro *9 de Janeiro*, do cte. John William, chegado como reforço. Estabeleceu-se duelo entre os barcos e a bateria, enquanto ingleses e americanos abandonavam o seu brigue, logo ocupado por brasileiros. Norton foi com eles e teve um braço tão seriamente ferido que foi necessário amputá-lo. O *General Brandzen* e o *9 de Janeiro* acabaram incendiados pelos ocupantes. Perdas brasileiras na jornada, além do brigue: 32 mortos e quatro prisioneiros.

19.8.1827 — PUNTA DE LESTE-MALDONADO. Uruguai. Guerra da Cisplatina. Durante a madrugada, o reduto brasileiro defendido pelos 240 homens e 13 canhões do mando do ten.-cel. Salustiano Severino dos Reis foi atacado por 1.113 argentinos e uruguaios chefiados pelo gen. Lavalleja. Repelido, com perdas, o general justificou o insucesso em parte oficial da mesma data, arquivada na Biblioteca Nacional do Rio de Janeiro: "Este ha sido un pequeño contraste, que mui pronto lo pagarán con usura los enemigos".

9.11.1817 — PUNTA DE PIEDRAS. Argentina. Guerra com Artigas. O brigue português *Gaivota*, 20 canhões e 150 homens ao mando do CT João Batista Lourenço Silva, combateu o brigue corsário argentino *Atrevido del Sur*, 20 canhões, 240 marujos ingleses e norte-americanos sob o cap. John Handell. O *Gaivota*, armado em corveta, depois da independência passou a servir à marinha brasileira com o nome *Liberal*.

17.3.1823 — PUNTAS DE TOLEDO. Uruguai, então a brasileira Província Cisplatina. Guerra da Independência, Tropas do gen. Lecór, partidário da Independência, venceram destacamento português obediente ao governador lusitano de Montevideo, Álvaro de Macedo. Este encontro e o de Las Piedras (18.5) decidiram em favor do novo país — o Brasil, a guerra terrestre na Cisplatina.

Q

6.8.1826 — QUARAÍ. RS. Guerra da Cisplatina. Nas proximidades do Arroio Quaraí, o caudilho oriental José Lopez, ou Lopez Chico, que invadira o RS pelo Toro Paso com 300 entrerrianos, teve a sua marcha obstada pelo ten.-cel. José Antônio Martins. Vencido, Lopez Chico repassou o rio, o que somente conseguiu abrindo dificultoso caminho mediante sucessivas cargas contra a cavalaria de guarda no passo, ao comando do cap. Gabriel Gomes Lisboa.

25.10.1844 — QUARAÍ. RS. Guerra dos farrapos. Na costa do arroio Quaraí, o maj. Antônio Fernandes Lima, da GN rio-grandense, bateu o corpo de farroupilhas conduzido por Bernardino Pinto, arrebatando cerca de 2.000 cavalos.

27.9.1893 — QUARAÍ. RS. Revolta dos federalistas. Os 700 "maragatos" do cel. Rafael Cabeda, fazendo junção com os de Ulisses Reverbel, atacaram a cidade, guarnecida por 800 comandados do cel. Alencastro Carneiro da Fontoura. Este consignou-se prisioneiro quando os federalistas completaram a sua vitória ao custo de 33 mortos contra 150 dos governistas vencidos. Feridos, aproximadamente 130 para cada lado.

11.9.1923 — QUARAÍ. RS. Revolta dos libertadores. Honório Lemes comandou destacamento revoltoso em ação que começou em Quaraí desdobrando-se para o Quaraí-Mirim, e não lhe deu o desejado sucesso.

?.3.1795 — QUARITERÊ. MT. Ataques contra quilombos. O Quariterê, na região de São Vicente Ferrer, era a capital de quilombos resultantes, principalmente, da exaustão de veios auríferos e da concentração de índios, pretos e de brancos fugidos à justiça. Na ocasião, o mando, no Quariterê, era exercido por uma rainha, viúva do "zambi" falecido pouco antes. A força de defesa, 100 negros e 30 índios, comandada por José Cavalo. Acometidos pelo destacamento enviado pelo governador Melo e Cáceres, os quilombolas se dispersaram, deixando mortos e 53 prisioneiros, conduzidos a ferros para Vila Bela. Entre os presos, a rainha, enlouquecida. O relato figura em *Reino negro de Palmares,* de M. M. Freitas, citando carta de Júlio Costa, de Campo Grande, MS.

12.10.1930 — QUATIGUÁ. PR. Revolução liberal nacional. Em seu avanço para São Paulo e com o propósito de cortar comunicações ferroviárias, via Sorocabana, para o Mato Grosso, forças sulistas encontraram e nos dias 12 e 13 superaram destacamento governista da Força Pública paulista.

11.9.1923 — QUATRO IRMÃOS. RS. Revolta dos libertadores. A zona de Erechim, rica em gado vacum e cavalar e por isso cobiçada por ambos os contendores, atravessou outono e inverno sob controle do libertador Felipe Portinho, com seus 1.600 combatentes. Contra eles foram enviadas forças de várias brigadas. Portinho entendeu necessário deixar a área, já quase cercado. Atirou 1.000 dos seus contra os 275 homens do 1.º Corpo da Brigada Firmino de Paula, ao mando de Vítor Dumoncel, em Quatro Irmãos. Os atacados cederam o passo depois de luta encarniçada e recuando dez quilômetros sem deixar de combater. Os revoltosos atribuíram ao inimigo a perda de 78 mortos, 55 feridos e 8 prisioneiros, o que seria quase a metade do efetivo republicano. Os borgistas garantiram haver provocado 100 mortos e 30 feridos entre os assisistas. Evidente o exagero de ambas as partes. Felipe Portinho rumou para os Campos da Lagoa Vermelha, salvando-se da perseguição dos brigadianos destruindo as balsas dos rios Corneteiro e Ligeiro.

4.7.1818 — QUEGUAY-CHICO. Uruguai. Guerra com Artigas. Horas depois de haver suplantado e dispersado o contingente do próprio Artigas, Bento Manoel Ribeiro foi atacado por Frutuoso Rivera, que reunira 500 dos dispersos do combate anterior. Bento retira-se, fortemente perseguido.

4.7.1842 — QUELUZ. MG. Revolta dos liberais. Ocupada pelos revoltosos, Queluz foi investida pela coluna procedente de Ouro Preto sob Manoel Carlos de Gusmão. Mesmo contando com artilharia, os governistas retiraram-se depois de perder vários dos seus, mortos. A 15, voltariam a atacar, obtendo vitória. Queluz, mais tarde, passou a ser Conselheiro Lafaiete.

15.7.1842 — QUELUZ. MG. Revolta dos liberais. Os governistas chefiados por Manoel Carlos de Gusmão, repelidos no ataque do dia 4, voltaram ao assalto e, melhor organizados e empenhados, desalojaram os liberais. Estes, porém, haveriam de recuperar Queluz no dia 26.

26.7.1842 — QUELUZ. MG. Revolta dos liberais. Com 700 homens, o brigadeiro reformado Manoèl Alves de Toledo Ribas resistiu durante todo o dia ao ataque da principal força liberal, 1.300 combatentes conduzidos por Antônio Nunes Galvão. Aproveitando a superioridade numérica, os liberais cobraram a sua vitória maior na guerra civil. Fechando as saídas, colheram os governistas entre fogos quando aqueles abandonaram a praça, durante a noite. Os vencidos perderam 50 mortos e 200 prisioneiros. A dissensão entre os chefes liberais anulou os efeitos políticos e militares do sucesso.

19.12.1884 — QUELUZ. SP. Ataques contra quilombos. O quilombo próximo à divisa entre as províncias de SP e RJ, chefiado pelo "rei" Antônio, foi destruído pelo alf. Antônio Ramalho, que usou 20 praças na operação.

10.8.1932 — QUELUZ. SP. Revolução Constitucionalista. Os defensores do governo federal ocuparam a praça abandonada momentos antes pelos revoltados, que a deixaram perseguidos por cortinas de fogos de infantaria, artilharia e metralhamento aéreo.

19.6.1645 — QUICOMBO, Angola. África. Reconquista de Angola. Em abril, aportou a Quicombo, meio caminho entre Luanda e Benguela, a expedição brasileira saída em fevereiro, da Bahia. Parte dessa força, avançando por terra a fim de socorrer a sitiada Massangano, foi emboscada e liquidada por guerreiros jagas, aliados aos holandeses ocupantes de Angola. Os derrotados, menos quatro, "sepultados em nossos ventres", no dizer dos vencedores, isto é, devorados. Ação descrita pelo cronista da campanha, Antônio de Oliveira Cadornega, na *História Geral das guerras angolanas*, citado por Charles Boxer.

24.2.1827 — QUILMES. Argentina. Guerra da Cisplatina. Diante de Quilmes, a 30 quilômetros de Buenos Aires, enfrentaram-se as esquadras argentina e brasileira. Ao anoitecer, os portenhos retiraram-se por cima dos bancos, levando 7 mortos e 10 feridos. A escuna brasileira *Tous Dezembro,* fabricada na Índia para os ingleses, do comando de José Narciso Brun, carregada com pólvora e munição, incendiou-se, afundando. Apenas três marujos se salvaram. No fim de maio de 1984, temporais trouxeram esse barco à praia de Quilmes, permitindo o seu estudo.

15.7.1825 — QUINTA DO RICO-COLÔNIA DO SACRAMENTO. Uruguai. Guerra da Cisplatina. Na Quinta, vizinhança da Colônia do Sacramento, o cel. Vasco Antunes Maciel em sortida desbaratou força sitiante. Volta à Colônia com sua tropa ilesa.

21.8.1932 — QUITÉRIA-COXIM. MT. Revolução Constitucionalista. Forças do governo central enviadas de MG e MT atacaram e desfizeram a linha defensiva dos constitucionalistas entre o Quitéria e o Coxim. Os revoltosos refluíram para nova linha sobre o Rio Sucuriú.

R

16.10.1818 — RABON. Uruguai. Guerra com Artigas. O gen. João de Deus Mena Barreto, com 600 cavalarianos da vanguarda do gen. Curado, atacou a posição defensiva mantida pelos artiguistas na travessia do arroio Rabon. Estavam ali 650 soldados do cel. Frutuoso Rivera. No choque e na subseqüente perseguição, Rivera perdeu aproximadamente 100 soldados mortos, feridos e prisioneiros. Baixas da tropa de Barreto: 6 homens.

3.1.1925 — RAMADA. RS. Revolta tenentista. Marchando em direção ao PR, os 1.500 combatentes da Divisão RS chefiada por Luís Carlos Prestes iniciam as sete horas de combate, que iriam até às 16, contra governistas do mando do cel. Lúcio Esteves. Vitória reclamada por ambos os contendores. Porém os revoltosos alteraram o projeto de marcha, infletindo na direção de Campos Novos-SC, deixando em Ramada 50 dos seus, mortos. O mesmo número sofrido pelos legalistas, que também perderam parte do seu arquivo. Há quem prefira chamar de Rincão da Guarita ou da Guarita a este confronto.

12.8.1851 — RAMALHO. Argentina. Campanha de Pacificação do Uruguai. O vapor *Dom Afonso*, tendo a bordo o comandante-chefe, duela com a bateria argentina que defendia o passo na costa de Ramalho.

15.8.1897 — RANCHO DO VIGÁRIO. BA. Canudos. A Brigada Gerard, marchando para reforçar o ataque a Canudos, e que recebera a incorporação do 15º BI, foi alvo, na altura do Rancho do Vigário, de pesado e longo tirotear dos conselheiristas. Perde, mortos, dois alferes e alguns soldados e 91 dos 102 bois que conduzia.

10.5.1937 — RASGÃO-MATA DOS CAVALOS. CE. Extermínio de grupos messiânicos. Os *penitentes*, beatos expulsos pela polícia do sítio do Caldeirão em novembro de 1936, seguiram o beato Zé Lourenço, tido como sucessor do padre Cícero, e fixaram-se no local Rasgão ou Mata dos Cavalos, na mesma Chapada do Araripe. Porém, o sucedido no Caldeirão fizera com que a liderança pacífica, religiosa, de Zé Lourenço, passasse a ser suplantada pela de Severino Tavares, alagoano, partidário da resistência armada. Correu mesmo a versão de que Tavares planejaria atacar o Crato, armar-se ali e retomar o Caldeirão. A hipótese, verdadeira ou forjada, acionou a polícia. Na data, apresentou-se, com 10 praças, cap. José Bezerra, conhecido dos beatos por sua atividade na destruição do Caldeirão. O grupo de Severino Tavares tomou a iniciativa e atacou, à entrada do arraial. Morreram, diante da primeira casa, o cap. Bezerra, um seu filho, sargento e dois soldados. Ferido, outro filho do capitão. Os policiais remanescentes fugiram. Nas notícias da imprensa escrita e do rádio e nos gabinetes oficiais, a Chapada do Araripe avultou qual ameaça de novo Canudos. O poder federal reclamou do estadual a eliminação do arraial. O Ministro da Guerra, gen. Eurico Gaspar Dutra, autorizou o emprego de tropa federal e de aviões militares a serem empregados no bombardeio do aglomerado. A milícia estadual expediu sobre Rasgão o seu destacamento de Juazeiro e uma companhia da capital. Diante do ataque geral, os beatos se dispersaram. Talvez trinta famílias, as mais religiosas, seguiram Zé Lourenço no rumo de PE; outras, aproximadamente 100, as combativas, acompanharam Severino Tavares pelo sertão baiano até fixarem-se em Pau de Colher, onde, no janeiro seguinte, seriam massacradas.

?.?.1579 — RECIFE. PE. Corsários contrabandistas. No mar do Recife, a guarda costeira surpreendeu atacou, tomou e incendiou 11 navios franceses. Seis, procedentes de Dieppe, e cinco de Le Havre. Os intrusos que escaparam ilesos do combate foram asilar-se entre os indígenas seus aliados, ao longo do Rio São Lourenço. Os informes são de fonte francesa, La Roncière e Abbé Anthiaume.

9.4.1595 — RECIFE-OLINDA. PE. Corsários e contrabandistas. Pelo Calendário Juliano adotado por Hackluyt, o evento ocorreu a 29 de março. O corsário inglês James Lancaster aproximou-se com as naus *Consent, Salomon* e *Virgin* e outras quatro do seu associado, o pirata inglês Venner, que trazia também holandeses na tripulação. O Forte de São Jorge, frágil construção de taipa, foi logo tomado, enquanto a população fugiu para Olinda. As sete peças do Forte do Bom Jesus, no istmo, atiraram com pontaria tão baixa que atingiram apenas areia e um único atacante. Lancaster deixou guarnição no forte abandonado, fez sinal aos navios para que entrassem, assestou artilharia contra Olinda a fim de conter eventual ataque daquela direção e marchou sobre o Recife, então constante de aproximadamente cem casas, imediatamente saqueadas. Três dias depois chegaram cinco navios do francês Jean Noyer, reforçando os saqueadores que permaneceram mais de mês fazendo razia. Ao retirar-se levaram 11 navios carregados principalmente com açúcar e pau-brasil. No momento do embarque, a gente da terra atacou os últimos piratas, ao mando de Barkley, matando quase uma centena deles.

19.9.1604 — RECIFE. PE. Corsários. Paulus van Caarden retirara a sua frota corsária do Recôncavo Baiano no dia 28.8. Planejando incursionar sobre a área do Recife, enviou uma barca e um iate, com quinze marinheiros, para o reconhecimento da costa. O resultado, inclusive o rechaço daqueles barcos, aconselhou Caarden a desistir também do Recife, aproando para as Antilhas.

19.2.1630 — RECIFE. PE. Holandeses no NE. Esquadrilha de navios holandeses de pequeno porte tentou forçar a entrada do porto. Encontrou-a obstruída por embarcações carregadas com pedras e afundados propositadamente no canal. A artilharia dos barcos duelou com a dos fortes enquanto durou o reconhecimento. Os atacantes retiraram-se.

24.2.1630 — RECIFE. PE. Holandeses no NE. Matias de Albuquerque resistia desde o dia 9 aos ataques holandeses. Por terra, o gen. Waerdenburch; pelo mar, o alm. Lonck. O assalto do dia 24 se constituiu no maior esforço geral holandês. Enquanto os navios bombardeavam a Ilha Seca (junção do Capibaribe e do Beberibe), quartel-general de Matias; no istmo atacaram as tropas do ten.-cel. Elst e do maj. Honcks. Também estes ataques foram repelidos, no extremo da capacidade da defesa. A 2.3, a capitulação do forte de São Jorge e, a 3.3, a ocupação do forte de São Francisco permitiram aos holandeses a posse do Recife.

Expedição holandesa contra Pernambuco — 1630
Comandante-chefe: alm. Hendrick Corneliszoon Lonck
Navios: 65 (sendo 13 balandras)
Marujos: 3.000
Comandante do contingente de desembarque: gen. Diederick van Waerdenburch
Efetivo aproximado: 3.000 soldados

Reforço holandês de 1631
Comandante-chefe: alm. Adrian Janszoon Pater
Comando da esquadra: cap. de navios Marten Thijssen
Navios: 19 de guerra, alguns transportes
Comandante do contingente de desembarque: ten.-cel. Hartman Callenfels
Efetivo: 1.200 soldados

2.3.1630 — RECIFE. PE. Holandeses no NE. Lutando desde o dia 20.2 contra 600 atacantes em terra e os canhões dos navios que se aproximaram, o forte de São Jorge capitula. Já sem muralhas e artilharia, esta desmantelada, com apenas seis dos 37 defensores iniciais em condições de lutar. O comandante, Antônio de Lima, mereceu a consideração do vencedor.

3.11.1630 — RECIFE. PE. Holandeses no NE. Três jangadas, conduzindo homens da companhia do cap. Manoel Ribeiro Correa, durante a noite vão incendiar navio batavo fundeado próximo do forte de São Jorge. Holandeses acorridos em grande número conseguiram apagar o fogo, salvando o barco.

1.3.1634 — RECIFE. PE. Holandeses no NE. Em ousada manobra, à frente de 500 homens, o cap. Martim Soares Moreno cruza o Beberibe para destruir e incendiar depósitos holandeses no porto. Outro objetivo importante estrategicamente: fazer com que os holandeses se decidissem a reforçar as defesas do Recife, retirando tropas de outros pontos, que assim se tornariam vulneráveis aos ataques das companhias de emboscadas. Foi o que sucedeu com a chamada para a capital das guarnições flamengas que guardavam o cabo de Santo Agostinho.

Reforço holandês chegado em 1646

Diretores:
Presidente: Walter van Schoonenbarch
Conselheiros: Michel van Goch e Simon van Beaumont
Adjuntos: Henrick Haeox e Abraham Trouwels
Secretário: Hermite
Comandante-chefe da tropa: cel. Segismund van Schkoppe
Frota: 2.000 homens de desembarque

6.11.1647 — RECIFE. PE. Holandeses no NE. Um grupo dos sitiadores pela madrugada foi abordar e incendiar patacho holandês fundeado no Capibaribe. As instalações, iluminadas pelo incêndio, passaram a ser alvejadas pelas descargas inaugurais da bateria de Santo Antônio. Rio Branco afirma que o sucesso da abordagem sugeriu audácia maior. Dias depois, 100 homens passaram o rio e foram devastar o palácio onde residira Maurício de Nassau, dispersando duas companhias da guarda, matando um capitão e 24 praças e retornando sem haver sofrido uma só baixa.

23.1.1654 — RECIFE. PE. Holandeses no NE. Batidos desde o dia 15 pelos fogos do gen. Barreto de Menezes e tendo perdido alguns pontos fortes exteriores, os holandeses de Mauritstadt suspenderam o combate propondo conversações que prepararam a capitulação, ajustada um dia depois.

28.1.1654 — RECIFE. PE. Holandeses no NE. O mestre-de-campo general Francisco Barreto de Menezes entra no Recife, aceitando a capitulação dos holandeses. Na descrição de Francisco Adolfo de Varnhagen, *História Geral do Brasil:* ''*À tarde, achando-se todas as tropas em armas, se apresentou o general Barreto, com o seu estado-maior, todos a cavalo, sendo esperado às portas pelo tenente-general Segismundo e seus ajudantes, todos a pé. Apeou-se também o nosso general, para a cerimônia da recepção das chaves, que então teve lugar, ao som dos competentes disparos de artilharia e fuzilaria; quadro por certo digno de imortalizar para o futuro o pincel de algum artista brasileiro, como o da rendição de Breda, a Spinola, imortalizou a Velasquez. A pé prosseguiu Barreto pela cidade, levando à sua direita o general vencido, e tratando a este, ainda depois, com a generosidade e política que costumam os valentes. Junto à ponte, entrou, por cortesia, em casa do mesmo general holandês. Encaminhou-se logo ao Recife, sendo na própria ponte recebido pelo Conselho, em cujas casas passou a alojar-se*''.

3.11.1710 — RECIFE. PE. Guerra dos mascates. Tem início o conflito com o ataque de Pedro Ribeiro da Silva contra destacamento expedido para efetuar a sua prisão. O ato sugeriu outros em vários locais e a marcha dos olindenses sobre Recife, com a retirada dos governador Sebastião de Castro Caldas.

27.6.1711 — RECIFE. PE. Guerra dos mascates. Sitiados, os ''mascates'' recifenses promovem sortida contra os postos avançados olindenses. A vantagem inicial, fruto de surpresa, foi logo compensada pela atividade do cap. Carlos Ferreira, que conseguiu repelir a tentativa. Mantido o rigor do cerco.

21.9.1821 — RECIFE. PE. Campanha da Junta de Goiana. Toda a força à disposição da Junta, ordenada pelo cel. José Carmelo Pessoa de Melo, marcha sobre Recife. Depois de ocupar Olinda, Fornos de Cal e Afogados, defrontou a resistência oposta pelos soldados portugueses do cel. Caiola, destacado do exército de Luís do Rego Barreto. Vitoriosos, os homens da Junta foram fixar no povoado de Beberibe a sua capital provisória. Estabelecia-se o cerco do Recife, onde Barreto fora concentrar-se. No dia 1.10 Barreto obteria vitória e dispersão dos sitiantes.

?.5(?)1823 — RECIFE. PE. Revoltas de escravos — Levante do Pedroso. Movimento visando não apenas a liberdade dos escravos mas a assunção do poder pelos negros, escravos e ex-escravos e pelos mulatos, com a submissão dos brancos, portugueses e nativos. Pedro da Silva Pedroso, mulato, o seu líder. Durante dias, os levantados agitaram o Recife, cantando o refrão da sua motivação maior: ''Marinheiros e caiados/ Todos devem se acabar/ porque só pardos e pretos/ o país hão de habitar''. Aderiram, a quase totalidade do 1º e do 2º batalhões de linha e as companhias Monta Brecha, Bravos da Pátria e Intrépidos formadas por mestiços e negros. A repressão reuniu forças no Engenho do Cabo, de onde partiu, sob o mando de Pais de Barros, para dominar a revolta, o que conseguiu, com dureza e relativa facilidade.

28.8.1824 — RECIFE. PE. Confederação do Equador. Durante a noite, a escuna *Leopoldina*, obedecendo ao almirante Lorde Cochrane, bombardeou os fortes confederados do Recife. A manobra, de intimidação, não produziu o efeito esperado pelo almirante inglês a serviço do Império: o abandono daquelas posições pelos artilheiros republicanos.

11.9.1824 — RECIFE. PE. Confederação do Equador. Na jornada, decisiva para a Confederação, o gen. Francisco de Lima e Silva, comandante imperial, executou movimento de resultado categórico. Saindo do engenho Suaçuna, desviou-se das forças republicanas do cel. Barros Falcão de Lacerda, que se propusera interceptá-lo na ponte dos Carvalhos, sobre o Jaboatão. Continuando, no engenho Santana investiu e desalojou a extrema direita da linha defensiva dos confederados. Já em marcha direta sobre o Recife, acelerou a progressão e ocupou a ponte Motocolombó, o Forte das Cinco Pontas, o bairro de Santo Antônio e a ponte da Boa Vista, onde chegou às 16 h. Barros Falcão, voltando em marche-marche do Jaboatão, atacou os novos senhores de Motocolombó, sendo repelido e, assim, impossibilitado de socorrer o Recife republicano. Embora ainda dominando os fortes do Brum, do Buraco e do Picão, os confederados compreenderam estarem derrotados. Manoel Pais de Andrade, seu chefe principal, tomou a iniciativa de asilar-se a bordo da fragata inglesa *Tweed*.

13.9.1824 — RECIFE. PE. Confederação do Equador. As tropas imperiais do mando do gen. Francisco de Lima e Silva, que na véspera haviam ocupado parte da cidade, enfrentam a artilharia e toda a fuzilaria dos confederados. Estes dominavam ainda alguns fortes, contavam com os canhões do brigue *Independência*, de um segundo brigue e de uma galera. Na jornada, o alm. Cochrane enviou alguns dos seus navios para enfrentar a flotilha da Confederação. Entraram no combate a fragata *Ipiranga*, do chefe-de-divisão Jewett, e fragata do cte. Norton. Em terra, o choque mais violento ocorreu quando força republicana do cel. José de Barros Falcão de Lacerda pretendeu entrar na cidade. Rechaçada, retraiu para Olinda selando o destino militar da Confederação. O combate prosseguiu ainda no dia seguinte.

17.9.1824 — RECIFE. PE. Confederação do Equador. As últimas tropas fiéis à Confederação, concentradas à entrada da cidade, deixaram-se surpreender por 300 soldados e marinheiros conduzidos pelo CF James Norton. Desembarcando entre as baterias confederadas da ponte do Recife e da Alfândega, tomaram a primeira e a ponte, ao custo de 13 mortos e feridos. Com isso, praticamente, ganhavam o encontro final pois liberaram a ponte à passagem da tropa do gen. Lima e Silva, que foi dominar o Forte do Buraco e ocupar Olinda, operação concluída pelas 8 h da manhã. Norton rendera o Forte de Brum. Perdendo Olinda e o Recife, os republicanos dividiram-se em grupos que tomaram o interior, na direção geral do CE, onde ainda sustentariam pequenos combates.

9.9.1827 — RECIFE. PE. Guerra da Cisplatina — ação de corsários. Ao largo, o corsário argentino *General Brandzen*, 12 canhões e sete caronadas, do mando de George Kay, trava combate com o brigue brasileiro *Cacique*, do cap. Jorge Manson. Ambos os navios eram tripulados, em maioria, por mercenários europeus e norte-americanos. Quando o corsário abordou o *Cacique*, os aventureiros deste dispararam para o ar as suas armas e juntaram-se aos assaltantes. O comandante da abordagem, segundo Prado Maia, matou, pessoalmente, sete brasileiros que haviam recusado a se render.

15.9.1831 — RECIFE. PE. Setembrada. Durante a noite, sublevou-se o 14º BI, agitando a bandeira de reivindicações políticas radicais. Atacados por milicianos, populares, estudantes armados, além dos fogos e dos marinheiros do brigue-escuna *Félix*, os amotinados resistiram e mantiveram posições até o dia seguinte. A 16, mais preocupados com o saque de depósitos e casas comerciais, para o que dividiram-se em grupos, foram cercados e batidos. Informa Teixeira de Melo haverem perecido mais de 300 revoltosos. Outros 800, aprisionados, foram remetidos para Fernando de Noronha.

15.11.1831 — RECIFE. PE. Novembrada. Federalistas exaltados planejaram insurreição que se efetivou com a tomada da fortaleza de Cinco Pontas. Na chefia do movimento o cap. Antônio Afonso Viana e o ten. João Machado Magalhães. As adesões e a simpatia popular à revolta levaram o presidente da província, Francisco de Carvalho Pais de Andrade, a refugiar-se na fortaleza do Brum. Os levantados reivindicavam: exoneração e expulsão da província de funcionários absolutistas, expulsão de portugueses solteiros, exceto "artistas, fabris e capitalistas de 2 contos de réis para cima"; proibição de desembarque de lusitanos, desarmamento dos mesmos, ainda que militares. Frustrada uma tentativa de conciliação, Pais de Andrade e o comandante das armas, cel. Francisco Jacinto, reuniram forças e dominaram a rebelião, auxiliados pela divisão, indecisão e pouca iniciativa dos rebeldes que capitularam no dia 19.

14.4.1832 — RECIFE. PE. Abrilada. Revolta restauradora. Bem organizada, com ramificações pelo interior, o movimento restaurador irromperia em Vitória de Santo Antão, Bonito, Bezerros e Caruaru. E, também, na capital. Enquanto o ten.-cel. Domingos Lourenço Torres Galindo conflagraria o interior, no Recife a revolta teria o comando do ten.-cel. Francisco José Martins e do maj. José Gabriel de Moraes Meyer, ligados à reacionária Sociedade Coluna do Trono e do Altar. Tomaram o bairro do Recife e a fortaleza do Brum, mas daí não foram adiante. A autoridade provincial reuniu tropas, marinheiros da escuna *Rio da Prata*, estudantes de direito de Olinda e o concurso dos tenentes-coronéis José Joaquim Coelho, comandante-geral dos governamentais, Francisco Jacinto Pereira e José Francisco Vaz de Pinho Carapeba. Com três dias de combate, os legais dominaram a situação, retomando a fortaleza e o bairro do Recife. No interior, o resultado não foi melhor, embora o movimento houvesse principiado dominando Santo Antão.

16.4.1832 — RECIFE. PE. Abrilada. O mais violento e o decisivo dos três dias que conflagraram a cidade na sedição denominada Abrilada. A fraca oposição inicial ganhou vigor a 15, apoiada pelos marujos e canhões da escuna *Rio da Prata*, do comando do ten. Marques Lisboa, futuro Marquês de Tamandaré, e da barca *Pirajá*. Esta, colocada diante do Arsenal, e a escuna, face à Alfândega. A artilharia revoltosa, retirada dos fortes do Brum e do Buraco e assestada no convento da Madre de Deus, respondeu aos navios, os quais sofreram avarias e mortes em suas tripulações. A 16, atacados por mar e acossados por terra, os amotinados se renderam ao fim de vigoroso ataque desfechado sob o comando do cel. José Joaquim Coelho, futuro Barão da Vitória. Baixas dos insurretos: 70. Populares irritados pelos sucessivos movimentos de rebeldia, violência, saques, mortes massacraram rebeldes aprisionados.

16.1.1834 — RECIFE. PE. Carneiradas. Com uma séria de ataques desordenados porém favorecidos pelo fator surpresa, explodiu o primeiro dos motins político-populares denominados Carneiradas em razão de a chefia ser exercida pelos irmãos Francisco e Antônio Carneiro Machado Rios. A proposta era de regime popular de igualdades sociais. Reprimido, voltou às ruas exatamente um ano mais tarde. O terceiro, a 17.3.1835. A desorganização dos levantados e a reserva manifestada pelo burguesia pernambucana possibilitaram ao governo facilidade na supressão de tais levantes.

21.1.1835 — RECIFE. PE. Carneiradas. Os líderes populares Antônio e Francisco Carneiro Machado Rios, que a 16.1.1834 haviam sublevado alguma tropa e elementos populares, voltaram a fazê-lo, visando a deposição do presidente provincial Manuel de Carvalho Pais de Andrade. Forças governistas apoiadas pelos marinheiros desembarcados do briguebarca *São Cristóvão* e da escuna *Vitória* atacaram os "carneiristas", recuperando prontamente os bairros do Recife e de Santo Antônio. Retraindo para a Boa Vista, os insurgentes foram cercados e inteiramente batidos, na manhã seguinte.

17.3.1835 — RECIFE. PE. Partidários dos Rios (Francisco e Antônio Machado Rios), coronéis da G.N., em mais uma tentativa para depor o presidente provincial Manoel de Carvalho, levantaram-se, ocupando posições. Atacados, tirotearam e fugiram deixando sete prisioneiros. Reagrupados em Novo Mundo, proximidades de Goiana, marcharam sobre o Recife, escaramuçando e fugindo para as matas de Catucá.

2.2.1849 — RECIFE. PE. Insurreição Praieira. Último esforço militar da revolta. Havendo atraído a força governista para Água Preta, os praieiros do comando de Peixoto de Brito, divididos em duas colunas, investiram sobre seu verdadeiro alvo: Recife. Às 5 h atingiram a periferia da capital, levando seu efetivo máximo: 2.000 lutadores. Na defesa governista da cidade, 1.180 combatentes (750 da tropa regular, 430 fuzileiros navais e marinheiros). A coluna dos liberais, sob o cap. Pedro Ivo Veloso da Silveira, penetrou pelos Afogados, cruzou o bairro de Santo Antônio apontando para o palácio do governo. Essa aproximação foi dificultosamente contida por força mista da qual participavam marinheiros obedientes ao futuro Tamandaré, chegado na véspera com o primeiro navio a vapor da armada, o *Dom Afonso.* A segunda coluna praieira, a do cap. João Inácio Ribeiro Roma, não conseguiu ultrapassar Soledade, onde perdeu o líder e expoente do movimento revoltoso, Nunes Machado. Às 14 h, toda a tropa do brg. Machado, voltando em acelerado de Água Preta, meteu os praieiros entre dois fogos. Garcez Palha *(Efemérides navais)* descreveu o acontecido então: "Eram duas horas da tarde e eis que o general Coelho, de improviso, com a coluna do seu mando entra pela cidade, depois de fazer marchas forçadas e vem assim decidir a vitória, já muito adiantada, mas ainda não segura. Os rebeldes que não pereceram no combate, acutilados pela cavalaria que os perseguia, ou lançaram-se ao mar e ao rio, onde se afogaram, ou foram prisioneiros, ou se homiziaram em algumas casas, de onde foram depois, pela maior parte, tirados". Ocorreu, pois, massacre. Lutando o seu último combate de importância, os liberais da praia perderam 200 mortos e feridos e 300 prisioneiros. O governo contou entre seus defensores 20 mortos e 197 feridos. A partir de 2.2, a Insurreição Praieira não foi mais do que luta de guerrilheiros, nas matas.

28.11.1911 — RECIFE. PE. Conflito decorrente da política hermista das "salvações nacionais", ou seja, deposição de governo estaduais não conformes à sua orientação. Populares e seguidores de coronéis políticos, desde o dia 10, acometem e tiroteiam destacamentos da polícia que sustenta o presidente do estado. No dia 28, reforçados e bem armados, atacam os próprios quartéis da polícia ocupando o principal dentre eles, o do 1º Corpo de Polícia. Em seguida, o chefe do governo pernambucano, Estácio Coimbra, renuncia.

29.5.1922 — RECIFE, PE. Em seguida às eleições realizadas a 27, os dois partidos disputantes mostram insatisfação e agressividade, promovendo combates de rua. Os seguidores de Manoel Barbosa e Joaquim Pimenta atacam núcleos dos contrários e até quartel do Exército.

4.10.1930 — RECIFE. PE. Revolução liberal nacional. Aos 50 minutos do dia, o srg. Heli Cavalcanti Gomes Coutinho, instrutor do Tiro de Guerra 333, com 40 dos seus atiradores, atacou o quartel do 21º BC, com o que Pernambuco participava da revolução nacional. Os atacantes sofreram duas mortes e retiraram-se, indo ocupar e transformar em trincheira o quartel-paiol da Soledade. As adesões elevaram rapidamente o seu número, ao abrir do dia, para 600 combatentes. Puderam resistir, das 9 às 17 h, ao ataque do 21º BC, do 1º BC da Força Pública do Estado, do RC, do Corpo de Bombeiros e de civis armados. No dia 5 reforços conduzidos por Agildo Barata e em segundo escalão por Paulo Cordeiro chegaram da Paraíba revertendo a situação. Mas só no dia seguinte venceram a defesa final na Casa de Detenção. O presidente estadual deixara a cidade na véspera.

29.10.1931 — RECIFE. PE. Sublevação do 21º BC. O batalhão sublevado ocupou trechos de Olinda e de Recife, instalando seu QG no prédio da Secretaria de Segurança. A reação foi organizada e conduzida por Nelson de Mello, titular da Secretaria; Jurandir Mamede e Afonso de Albuquerque Lima, respectivamente comandante e subcomandante da Brigada Militar. Choques esparsos, prenunciando o encontro final para o dia seguinte.

30.10.1931 — RECIFE. PE. Sublevação do 21º BC. Os amotinados, desde a véspera ocupando partes de Olinda e do Recife, foram vigorosamente atacados pelos governistas que viam no 21º BC reflexos de contra-revolução e oposição aos princípios tenentistas e à revolução nacional do ano anterior. Comandam a repressão os tenentistas Afonso de Albuquerque Lima, Jurandir Mamede, Nelson de Mello. A chegada de reforços de Alagoas e da Paraíba deu esmagadora superioridade às forças da repressão. Ao fim do dia o levante fora liquidado, fazendo entre 70 e 100 mortos e feridos. O remanescente do 21º foi transferido para Natal-RN.

24.11.1935 — RECIFE. PE. Levante comunista, notorizado como Intentona Comunista. Os aliancistas e os comunistas recifenses, entrosados no plano que estabelecia a eclosão de levantes em diferentes pontos estratégicos do País, deram execução à parte que a eles incumbia. Elementos civis atacaram delegacias policiais, cadeias e repartições públicas em Olinda, Casa Amarela, Torre, apoderaram-se da ponte de ligação com o Recife. Na capital, pelas 9 h, os tenentes Lamartine Coutinho Correia de Oliveira e Roberto Alberto Bomilcar Besouchet e sargentos José Avelino de Carvalho, Waldemar Diniz Henriques, Antônio Alves Damasceno e Augusto José Bezerra sublevaram a 1ª Cia. do 29º BC, em Socorro, prendendo os oficiais. Dois deles, capitães Everardo de Barros e Vasconcelos e Frederico Mindelo Carneiro Monteiro, decididos a resistir, conseguiram reunir no Pavilhão do Comando os elementos fiéis. Sua obstinação, combatendo em dura situação das 9 h do domingo às 11 da segunda-feira, impediu que a tropa levantada deixasse o quartel marchando sobre a capital, distante dezoito quilômetros. A resistência permitiria às autoridades o deslocamento de forças, principalmente da polícia, para os pontos onde o avanço dos levantados pudesse ser barrado. Ainda na manhã do domingo na reserva do armamento do QG da 7ª Região Militar, o srg. Gregório Lourenço Bezerra assumia o comando da revolta, ocasião em que foram feridos o ten. Agnaldo e o sgto. José Alexandre Vieira e morto o ten. José Sampaio Xavier. A breve luta terminou com esmagamento da tentativa de revolta. Enquanto isso, do quartel de Socorro saiu destacamento comunista enviado para ocupar Jaboatão e outro para o estratégico Largo da Paz, sob o mando do cap. Otacílio Cavalcanti e do ten. Lamartine Coutinho Correia de Oliveira. Assestando metralhadora na torre da igreja, passaram a visar a Estrada dos Remédios e a Rua Imperial. Instalando-se igualmente no Colégio Maurício de Nassau, obtiveram comando de fogo sobre a área vizinha. Já então o Largo e adjacências eram assediados pelas forças repressivas, organizadas pelo Secretário de Segurança do Estado, cap. Malvino Reis Neto. O primeiro ataque aos ocupantes comunistas do Largo foi desfechado pela Brigada Militar sob o cap. Higino Belarmino, a qual, com dificuldade superou a ponte de Afogados, batida pelos fogos da igreja e do colégio. O cap. Malvino mobilizou todo pessoal disponível, aceitou voluntários civis, armou-se e montou forte esquema de cerco ao Largo da Paz. Em Olinda e no istmo a situação mudara. O delegado de polícia Rômulo de Oliveira Leite, com policiais civis, retomou a ponte ao piquete de 17 revolucionários armados com fuzis e fuzil-metralhadora. O cap. Malvino resistiu a um golpe-de-mão sobre o edifício da Secretaria de Segurança, provocando baixas entre os atacantes. Ao fim do domingo, os revoltados que haviam ocupado o Colégio Maurício de Nassau estavam confinados ali, sem poder deixá-lo, visado pela tropa que ocupara a vizinhança e a Estrada dos Remédios. Na segunda-feira, o 26º BC fechou o cerco e a artilharia começou a alvejar as posições ocupadas, mesmo a igreja. Depois de 28 horas de combate, os revoltados abandonaram posições, reuniram-se aos camaradas saídos do quartel de Socorro e tomaram o caminho do interior. No engenho Santana, Tigipió, alcançados pelo 20º BC, foram duramente batidos. O maj. Costa Neto e o ten. Manoel Neto levaram avante e por largo tempo a perseguição, até que não houvesse mais grupos de revoltados. Somente na frente do Recife, a chamada Intentona custara 720 vidas.

30.7.1943 — RECIFE. PE. Segunda Guerra Mundial. Ao largo. Procurando avizinhar-se de comboio aliado para atacá-lo, o submarino alemão *U-591*, conduzido pelo cap. Ziesmer foi surpreendido e afundado, sem possibilidade de fuga ou de combate, por avião norte-americano VB-127 com base em Natal e que patrulhava a rota do comboio.

2.4.1943 — RECIFES MANOEL LUÍS. MA. Segunda Guerra Mundial. O mercante *Goiásloide*, em marcha, varreu repetidamente com sua metralhadora, a torreta de submarino emergido para atacá-lo. O barco inimigo afastou-se.

9.6.1587 — RECÔNCAVO. BA. Corsários e contrabandistas. A urca pertencente a Duarte Osquer de Osquis, flamengo residente em Salvador e que a 21.4.1587 se incorporara à flotilha do inglês Robert Withrington, acostou-se para fazer aguada, sendo atacada e obrigada a voltar para a flotilha. Em setembro, 4, rumando para a Inglaterra, a urca incendiou-se, afundando com toda a tripulação.

25.7.1604 — RECÔNCAVO. BA. Corsários e contrabandistas. A esquadra do holandês Paulus van Caarden, que hostilizara Salvador entre os dias 20 e 23, localiza no Rio Maroim um navio holandês, de Roterdam, do mando do cap. Simon Tack (Simão Taques?), querenado. O próprio Paulus, em sua capitânia e mais um barco e uma chalupa, levando marinheiros e soldados foi superar a bateria defensiva, pilhar e incendiar o navio do seu patrício.

4.1.1809 — RECÔNCAVO-JAGUARIBE. BA. Revolta de escravos. Os aussás e nagôs revoltados desde 26.12.1808 tentaram progredir sobre o Recôncavo, em direção a Salvador. Na ponte sobre o Jaguaribe, a nove léguas da capital, receberam a adesão de grupo de escravos urbanos. Quase ao mesmo tempo, viram-se encurralados por destacamento policial. Ao amanhecer travam combate defensivo que termina com a debandada dos revoltados, os quais deixam 70 mortos e prisioneiros. O combate da ponte de Jaguaribe determinou o fim da revolta.

1.11.1924 — RECREIO. RS. Revolta tenentista. Dos mais ferozes combates da campanha no sul, teve desenvolvimento próprio embora episódio do plano de Siqueira Campos para a tomada de Itaqui. Os 70 homens do sublevado 2º RCI de São Borja, postaram-se no estratégico ponto de Recreio, comando de Aníbal Benevolo. Deveriam impedir a progressão de 500 governistas sobre Itaqui. Com três horas de combate, morto Benovolo sobre a sua metralhadora, os revoltados recuaram para a Estância do Padre de onde foram mais rapidamente desalojados. Diante desses maus resultados Siqueira Campos levantou o sítio de Itaqui.

5.4.1866 — REDENÇÃO. Paraguai. Guerra do Paraguai. A ocupação pelos aliados da ilha ou banco de Redenção, no Rio Paraguai, era imperativa para o combate ao Forte do Itapiru, obstáculo à passagem dos exércitos para o território guarani. À noite, 900 homens, com quatro canhões, oito morteiros e uma estativa de foguetes, ao mando do ten.-cel. Villagran Cabrita, desembarcaram na ilha. Na realidade, banco de areia passível de ser varrido, de ponta a ponta, pelos tiros do Itapiru. Mesmo no escuro, prepararam trincheiras em ângulo obtuso, vértice voltado para o forte. Ao clarear o dia, pela primeira vez a bandeira brasileira foi hasteada em solo do adversário. Iniciavam-se dois dias de duelos ininterruptos entre a artilharia levada à ilha e a de Itapiru. Perdas sensíveis entre os ocupantes de Redenção, a qual, durante a noite de 9 para 10, foi objeto de vigoroso ataque. A ilhota também era conhecida como Banco de Itapiru. Depois dos sucessos de 5 a 10.4.1866, passou a ser Ilha Cabrita.

10.4.1866 — REDENÇÃO. Paraguai. Guerra do Paraguai. A ilha ou banco, no Rio Paraguai, debaixo dos canhões de Itapiru estava ocupada desde a noite de 5 por brasileiros comandados pelo ten.-cel. Villagran Cabrita. Na madrugada, 1.266 paraguaios conduzidos por Leonardo Riveros e em duas ondas de assalto tentaram a expulsão dos imperiais. Outros pelotões estavam prontos para atingir a ilha, sob orientação superior do gen. Diaz. Mas não conseguiram deixar o ponto de partida porque as canhoneiras *Greenhalg* e *Henrique Martins* postaram-se entre o Itapiru e a ilha, varrendo margens e água à metralha, chegando a afundar canoas já em viagem. Na Redenção o combate foi inteiramente favorável aos brasileiros. Os paraguaios perderam 640 mortos, contados sobre o solo da ilha, sendo desconhecido o número dos que pereceram na água, durante o desembarque e a retirada. Tomaram os fossos, sendo repelidos nos parapeitos. Ao amanhecer, contra-ataque brasileiro, a baioneta, devolveu os atacantes ao rio, onde foram metralhados pelos navios. Perdas brasileiras: 155 mortos e feridos, segundo Rio Branco; 157, conforme Gustavo Barroso. Cabrita foi morto por bomba disparada do forte quando, a bordo de uma chata, assinava a parte da vitória. Seu nome foi dado à ilha.

Efetivos no combate da Ilha Redenção ou Banco de Itapiru
10.4.1866

Brasileiros
Comando: ten.-cel. Villagran Cabrita
Unidades: 7º batalhão VP, de São Paulo
14º de Guardas Nacionais do Município Neutro (Rio de Janeiro)
100 praças do Batalhão de Engenharia
1º BA (parte)
4 canhões
8 morteiros
1 estativa de foguetes
Total: 900 combatentes

Paraguaios
Comando:
Comando geral e plano: gen. Diaz
Comando na ilha: Leonardo Riveros
Unidades: 3º e 9º batalhão de cavalaria a pé
Total: 1.266 combatentes

30(?).1.1915 — REDUTO DA TRAIÇÃO. SC. Campanha do Contestado. A força sob o mando do cap. Tertuliano Potigura, que na véspera destruíra o Reduto Inácio de Lima e na manhã do dia 30 ocupara o Reduto do Tamanduá, dominou os quase cem defensores do Reduto da Traição, dos últimos núcleos da resistência dos jagunços.

1.1.1915 — REDUTO DE SÃO JOSÉ. SC. Campanha do Contestado. O local concentrava os fiéis e a "procissão da passagem", momento alto do seu ritual. Porém, o evento fora delatado por informante infiltrado. Em campo aberto, praticamente desarmada e em clima de exaltação mística, a multidão de membros da "Irmandade Santa" foi acometida pela cavalaria governamental. A dispersão resultou completa com dezenas de mortos e feridos. O acontecimento foi dos que mais abalaram o moral combativo dos levantados.

17.1.1915 — REDUTO DO JOSEFINO. SC. Campanha do Contestado. A Coluna Leste, da força do gen. Fernando Setembrino de Carvalho, sob o cel. Júlio César da Silva, investiu e ocupou o reduto comandado pelo cabecilha Josefino. Os levantados perderam nessa jornada, 80 mortos e feridos e 113 prisioneiros.

29(?).3.1915 — REDUTO INÁCIO DE LIMA. SC. Campanha do Contestado. O reduto, nas bordas do Vale do Rio Santa Maria, concentração final dos sertanejos, foi ocupado pela força ao mando do cap. Tertuliano Potiguara, depois de todo um dia de combate. Os vitoriosos entraram no recinto quando ali só havia cinzas e cadáveres.

2(?).9.1892 — REGISTRO/BARRA DE BAIXO. MT. Conflitos com indígenas. Cerca de 100 indígenas atacaram trabalhadores e militares que estendiam a linha telegráfica entre as cidades de Uberaba e Cuiabá. Vendo feridos dois companheiros, a escolta dispersou-se. Os atacantes destruíram o material encontrado explicando aos feridos ser a dano da tribo que se realizava aquele trabalho.

27.6.1842 — REGISTRO DE PARAIBUNA. MG. Revolta dos liberais. O cel. José Tomás Henrique transpõe de surpresa o Rio Paraíba para a margem esquerda e bate e desaloja grupo de insurgentes.

15.1.1654 — REGO. Recife. PE. Holandeses no NE. Atacado e ocupado por Fernandes Vieira, durante a ofensiva dos insurgentes pernambucanos contra posições principais dos holandeses. Na seqüência, a 19 seria tomado o Forte Altenar e a 21 o reduto Amélia, este por Vidal de Negreiros.

13.9.1932 — REISINHO MACEDO. RS. Revolução Constitucionalista. Batista Luzardo e Borges de Medeiros, levantados em apoio ao movimento constitucionalista eclodido em São Paulo, saem ao campo com civis de Caçapava liderados por João Vargas, Martim Cavalcanti e Fábio Garcia. No total, 210 cavaleiros. Em Reisinho Macedo, vizinhanças de Caçapava, atacam 120 homens da Brigada Efetiva, destacamento Figueira, e os dispersam, capturando barracas, arquivos e alimentos.

25.4.1823 — REPARTIÇÃO. MA. Guerra da Independência. A localidade, tendo aderido ao movimento pela independência e se organizado para a luta sob o ten. Fernando Mendes de Almeida, repele ataque de forças portuguesas.

9.12.1634 — RESTINGA-CABEDELO. PB. Holandeses no NE. Tendo a bateria da Restinga hostilizado duramente os sitiantes de Cabedelo, os holandeses decidiram-se a silenciá-la. O alm. Lichthardt partiu ao amanhecer, com sete patachos que rebocavam seis lanchões e alguns iates. Os navios: patachos *Sparwer*, 6 peças; *Spreeuw van Zeeland*, 8; *Vleer Muys*, 8; *Windt Hondt van Hoorn*, 6; *Goudt Vinck;* I; *Spreeuw van Amsterdan*, 10; *Schuppe*, 9, sendo este último barco de 120 ton. Mesmo contestado pelos canhões dos fortes de Cabedelo (21 peças, embora somente a metade voltada para o rio) e de Santo Antônio (24 canhões), e pelas seis bocas de fogo da própria Restinga, Lichthardt desembarcou 100 soldados na ilha, diante da bateria. A guarnição resistiu bravamente, ficando mortos ou feridos todos os seus 40 defensores e prisioneiro o seu comandante, Pedro Ferreira de Barros.

16.10.1835 — RETIRO. RS. Guerra dos farrapos. No passo do Retiro sobre o arroio Pelotas, o caudilho uruguaio Rafael Berdun, servindo à causa farroupilha na força de Antônio Neto, desbaratou e obrigou a cruzar a fronteira a tropa governista de Silva Tavares.

18.4.1867 — RETIRO. MT. Guerra do Paraguai — Retirada da Laguna. A coluna do cel. Carlos de Morais Camisão foi supreendida por destacamento da cavalaria paraguaia, dispersada por tiro de peça. Foi o primeiro disparo da que viria a ser a campanha da Retirada da Laguna.

2.6.1865 — RIACHUELO. Guerra do Paraguai. Bateria volante paraguaia, na barrança sobrestante ao Riachuelo, rompe fogo à uma hora da madrugada contra a canhoneira *Mearim*, vanguarda da esquadra brasileira. Além de avarias do massame, o navio teve um tripulante morto e dois feridos.

4.6.1865 — RIACHUELO-COLUNA.

Guerra do Paraguai. A bateria volante paraguaia, que durante a madrugada do dia 2 fustigara a canhoneira *Mearim*, às 21 h do dia 4 passou a disparar contra a canhoneira *Iguatemi*, do mando do ten. Justino de Macedo Coimbra. O barco recebeu 34 bombas e alvejou a bateria com 10 tiros. O sítio da bateria era chamado Coluna do Riachuelo.

11.6.1865 — RIACHUELO. 15 km ao sul de Corrientes, próximo da embocadura dos rios Paraná e Paraguai. Guerra do Paraguai. A esquadra brasileira comemorava a festa religiosa da Santíssima Trindade, preparando-se para assistir a missa. Navios: *Amazonas*, a capitânia, *Iguatemi*, *Parnaíba*, *Araguari*, *Mearim*, *Jequitinhonha*, *Beberibe*, *Belmonte* e *Ipiranga*, somando 59 canhões e tripulados por 2.287 homens. Pelas 9 h, a *Mearim*, da prontidão avançada, assinalou a descida da esquadra paraguaia: barcos *Tacuari*, *Paraguari*, *Igureí*, *Marquês de Olinda* (ex-brasileiro), *Jejuí*, *Salto Oriental*, *Pirabebê*, *Iporá*, montando 44 canhões (47, diz Gustavo Barroso) e conduzindo 2.500 homens. O chefe, CF Pedro Inácio Meza, contava também com 6 chatas com um canhão cada, mais 22 peças de grosso calibre nas margens, 2.000 infantes armados de fuzis. O alm. Barroso, comandante brasileiro, mandou içar na capitânia os sinais: "O Brasil espera que cada um cumpra o seu dever" e "Atacar e destruir o inimigo o mais perto que cada um puder". Navegando a 12 milhas por hora com a ajuda da correnteza, em linha de batalha, os barcos guaranis desfilaram diante dos imperiais despejando suas bordadas e indo acolher-se às barrancas do Riachuelo, sob a proteção dos canhões de Bruguez. A *Jequitinhonha*, mais próxima da linha adversária, foi mandada hostilizá-la de imediato. Atacada pela artilharia de terra, ela recebeu o apoio da *Parnaíba*. Um tiro brasileiro furou as caldeiras da *Jejuí*. Às 10:50 h, com a *Belmonte* na vanguarda, a esquadra partiu para buscar a inimiga nas barrancas, recebendo tiros das chatas, das peças em terra e dos 2.000 atiradores. A *Belmonte*, sofrendo fogo cruzado, entrou no canal com 37 rombos e incêndio a bordo, indo encalhar na Ilha Cabral. A *Jequitinhonha*, em manobra desafortunada, atravessou no meio do canal debaixo de intenso tiroteio, sendo abordada pelo *Tacuari*, o *Salto Oriental* e o *Marquês de Olinda*, mas logrando rechaçar a abordagem. A *Parnaíba*, desejando socorrer a *Jequitinhonha*, esbarrou em um banco e viu-se obrigada a manobrar as velas. Terminava essa manobra quando foi abordada pelo *Salto Oriental*, o *Tacuari* e o *Paraguari*. Escolheu a este como primeiro adversário, indo sobre ele, desarvorando-o e obrigando-o a encalhar na Ilha Palomera, onde foi abandonado. Entrementes, os outros dois navios abordantes e mais o *Marquês de Olinda* alcançaram colocar aproximadamente 500 homens nos tombadilhos, impondo à tripulação da *Parnaíba* uma luta desigual. Morrem o guarda-marinha Greenhalg, o marinheiro Marcílio Dias, os oficiais Pedro Afonso e Feliciano Maia. Em socorro do barco quase apresado, acorrem a *Amazonas*, a *Beberibe* e a *Mearim*. Juntas, repelem o assalto. Barroso manda subir o sinal "Sustentai o fogo que a vitória é nossa". E executa manobra decisiva para o sucesso da jornada: exigindo o máximo das máquinas do navio, usa-o como ariete para afundar o *Jejuí*, o *Marquês de Olinda* e o *Salto*, os quais, desistindo da abordagem à *Parnaíba*, procuravam abrigo debaixo das baterias. O comandante paraguaio, Meza, com um ombro ferido, ordena a retirada. Os quatro navios restantes subiram o rio perseguidos pela *Araguari*. Até o pôr-do-sol a artilharia da esquadra bateu, silenciando-os, os canhões das barrancas e as chatas. À última luz, foi dado à sepultura o marinheiro Marcílio Dias. "Lutando sozinho no convés, com uma única espada consegue sustar a abordagem por um rombo feito no casco. Até a tarde vai resistindo na luta corporal. É atacado, de uma vez por 4 inimigos, consegue matar dois. Um dos restantes, mata-o." Baixas brasileiras: 247, sendo 104 mortos. Paraguaias: 1.500, das quais mais de 700 mortos. Conseqüências da batalha: o isolamento do Paraguai, a sustação completa do avanço de Robles rumo do oceano, o domínio absoluto do rio pela esquadra brasileira.

Forças presentes na Batalha do Riachuelo — 11.6.1865

Navio	*Categoria*	*Comandante*	*Canhões*
		Brasileiras	
		Chefe-de-divisão Francisco Manuel Barroso da Silva	
		2ª divisão — Barroso	
Amazonas (capitânia)	Fragata	CF Teotônio Raimundo de Brito	6
Parnaíba	Corveta	CT Aurélio Gracindo Fernandes de Sá	7
Iguatemi	Canhoneira	Ten. Justino José de Macedo Coimbra	5
Araguari	Canhoneira	Ten. Antônio Luís von Hoonholtz	4
Mearim	Canhoneira	Ten. Elisiário José Barbosa	7
		3ª divisão — CM. José Secundino de Gomensoro	
Jequitinhonha (capitânia)	Corveta	CT Joaquim José Pinto	8
Beberibe	Corveta	CT. Joaquim Bonifácio de Santana	7
Belmonte	Corveta	Ten. Joaquim Francisco de Abreu	8
Ipiranga	Canhoneira	Ten. Álvaro Augusto de Carvalho	7
			59
		Homens: 2.287	
		Paraguaias	
		CF Pedro Inácio Meza	
Tacuari (capitânia)	Corveta	CF Martinez	8
Paraguari	Corveta	CF Alonzo	8
Igureí	Vapor	CF Cabral	7
Iporá	Vapor	CF Ortiz	4
Marquês de Olinda	Vapor	Ten. Robles	4
Jejuí	Vapor	Ten. Aniceto Lopez	2
Salto Oriental	Vapor	Ten. Alcaraz	4
Pirabebe	Vapor	Ten. Pereira	1
Rangel	Vapor rebocado por bombordo pela Paraguari, levando a missão de passar cabos de reboque nas cobertas dos navios brasileiros aprisionados, para a subida até Assunção.		
6 chatas	baterias flutuantes ao mando de tenentes, montando um canhão de 68 e rebocadas pelos navios, salvo o *Salto Oriental*		6
			44
		Homens: 2.500	
		Apoio em terra: 22 canhões em duas baterias à congreve — 2.000 atiradores	

12.6.1865 — RIACHUELO. Paraguai. Guerra do Paraguai. Duelo entre as baterias paraguaias dos barrancos e as canhoneiras *Mearim* e *Araguari*, mandadas recolher gente e encravar os canhões da corveta *Jequitinhonha*, encalhada durante a batalha de 11.6 em banco de areia. Missão cumprida, os barcos incorporam-se à esquadra, levando cinco mortos e oito feridos.

22.5.1840 — RIBEIRA. MA. Balaiada. Choque entre 1.000 insurgentes e 360 soldados legalistas do maj. Joaquim Pereira Chaves Gralhada que se impuseram ao inimigo.

21.7.1932 — RIBEIRA. SP. Revolução Constitucionalista. Na Capela da Ribeira, Vale do Paraíba, tropas federais formadas basicamente com fuzileiros navais atacam trincheiras paulistas. Os dois lados proclamaram-se vencedores.

5.1.1774 — RIBEIRA DO PIQUERI. RS. Invasão espanhola de Vertiz y Salcedo. Sobre a ribeira, no local também chamado Passo da Guarda Velha, região do Camaquã, Miguel Pedroso Leite estabelecera guarda avançada. Na jornada, foi acometida e tomada por elementos da vanguarda de Vertiz. Sem sofrer baixas, o destacamento da guarda recolheu-se à vila do Rio Pardo.

19.8.1842 — RIBEIRÃO. MG. Revolta dos liberais. Ribeirão era fazenda próxima de Baependi. A casa da sede, fortificada — "castelo forte" — registrou a parte oficial, acolhia os 350 liberais que a 12 haviam sido batidos e afastados da passagem sobre o Rio Baependi. Na jornada, a posição foi assaltada pelos 900 GN conduzidos pelo cel. Julião Florêncio Meier. Protegidos por fortes muros de pedra, os liberais resistiram até o dia 26, quando ofereceram rendição.

25.11.1841 — RINCÃO BONITO. RS. Guerra dos farrapos. No rincão, nascentes do Rio Piqueri, os tenentes-coronéis Francisco Pedro de Abreu e João Propício Mena Barreto, conduzindo 700 homens de infantaria e cavalaria, surpreenderam e bateram de forma completa os 400 farroupilhas mandados pelo cel. Agostinho de Melo. Perdas: dos vencidos, 120 mortos e feridos e 230 prisioneiros; dos imperiais, alguns feridos.

16.9.1816 — RINCÃO DA CRUZ-SÃO JOÃO. RS. Guerra com Artigas. Conhecida a galopada de Andrés Artigas — Andresito — com 1.000 correntinos e guaranis em direção de São Borja, o maj. Joaquim Ferreira Braga foi mandado em reconhecimento sobre o Rincão da Cruz, município de Itaqui. Vizinhando o local, no Campo das Missões, Andresito fez bom emprego de sua superioridade numérica e praticamente destroçou o corpo de 200 milicanos guaranis do maj. Braga.

17.1.1841 — RINCÃO DA CRUZ. RS. Guerra dos farrapos. Jacinto Guedes da Luz triunfa novamente (ver 21.11.1840) sobre a coluna governista do cel. José dos Santos Loureira, sendo este chefe aprisionado com 100 dos seus.

23.9.1825 — RINCÃO DAS GALINHAS. Uruguai. Guerra da Cisplatina. No dia 3, Rivera, destacado da força principal de Lavalleja, defrontara e fora derrotado por Bento Manuel Ribeiro nas pontas do arroio Aquila. Mas não desistira de cumprir as ordens de Lavalleja no sentido de hostilizar ao máximo José de Abreu, que ocupara Mercedes com 1.200 homens. Ocorreu-lhe dificultar os movimentos de Abreu tomando-lhe a cavalhada — mais de 6.000 animais — recolhida ao Rincão das Galinhas, península entre os rios Uruguai e Negro, não muito distante de Mercedes. Atravessou o Negro e caiu sobre a guarda de 50 homens. Vinte destes foram mortos ou apresados. Os demais subiram para bordo de barcos da esquadrilha do Rio Uruguai, cujos tiros contiveram à distância os assaltantes. Discute-se ainda o número de comandados por Rivera. Cronistas uruguaios diminuem esse efetivo: brasileiros aumentam-no. Rio Branco, à luz de documentos, fixou-os entre 200 e 250. A 24.9 teriam ação destacada.

24.9.1825 — RINCÃO DAS GALINHAS. Uruguai. Guerra da Cisplatina. Rivera, que na véspera atravessara o Rio Negro e tomara o Rincão, preparava-se para conduzir os 6.000 cavalos ali arrebanhados quando foi informado da aproximação de uma coluna de soldados brasileiros. Rivera não podia retirar-se, premido entre os navios da flotilha brasileira do Rio Uruguai e os cavalarianos que se aproximavam, em número que os espias calcularam acima de 400. Preferiu lutar, procurando tirar partido do fator surpresa. Disse, mais tarde: "Yo tenía la major confianza de que los enemigos debían ignorar el que nos hubiésemos introducido ya en el Rincón, y por conseguinte que se nos aproximaría como quien venía a encontrarse con sus amigos". Os brasileiros, acrescentou, "venían haciendo las marchas más extraordinarias y precipitadas que podía imaginarse". Tratava-se de dois regimentos incompletos de cavalaria miliciana, ambos formados por guaranis das Missões. O 24º, 190 homens sob o cel. José Luiz Mena Barreto, e o 25º, com 230, do cel. Jerônimo Gomes Jardim; ambos em desarmonia, tanto que Mena Barreto, mais moderno, não fora apresentar-se ao Jardim. Desde Paysandu marchavam pelo mesmo caminho, mas sem ligação nem qualquer acordo. O que explica o haver Rivera, com 150 ou 250 soldados, saído da sua tocaia, junto do arroio Pântano e atropelado e dispersado o 25º. Prosseguiu e pôde ainda surpreender, meia légua adiante, o 24º e seus 190 milicianos. O cel. Barreto e alguns oficiais resistiram e morreram. O cel. Jardim reuniu 300 dos dispersos e retirou-se para Arapeí. Perda brasileira na jornada: 120 mortos e prisioneiros, além da cavalhada. Mas o pior dos prejuízos foi a repercussão que o combate alcançou no Uruguai e na Argentina, onde ganhou a classificação de Batalla del Rincón. Em Schurmann Pacheco-Cooligan Sanguinetti lê-se que "esta batalla del Rincón es la primera derrota de importancia que sufren los brasileños en la lucha con los revolucionarios. Los imperiales perdieron su fuente de reserva caballar y debieron abandonar la ciudad de Mercedes donde tenían establecida su base de operaciones. Además la derrota entregó el contralor del río Uruguay a los orientales facilitándoles la comunicación con la costa argentina".

16.9.1923 — RINCÃO DE SANTANA. RS. Revolta dos libertadores. Durante a incursão missioneira do general libertador Honório Lemes, um dos seus comandantes, Batista Luzardo, atacou de surpresa a vanguarda de Flores da Cunha, a cargo do Corpo de Provisórios de Nepomuceno Saraiva, e o atirou em retirada até o Arroio Santa Bárbara. Os borgistas ou ximangos perderam quatro mortos, nove feridos, seis prisioneiros. Os libertadores ou *maragatos,* cinco mortos.

12.4.1843 — RINCÃO DO INFERNO. RS. Guerra dos farrapos. Vitória dos republicanos sobre força imperial de igual efetivo, comandada por João Pedro de Abreu.

3.6.1843 — RINCÃO DO JAGUARI. RS. Guerra dos farrapos. Ligeiro combate entre regenciais do mando de Chico Pedro e republicanos conduzidos por João Antônio da Silveira. Ambos os lados disseram-se vencedores.

20.8.1924 — RIO AMAZONAS. PA. Revolta tenentista na Amazônia. Os revoltados, de posse do forte de Óbidos expediram rio acima o navio mercante *Jari,* comandado pelo ten. Cunha Lemos, em missão de reconhecimento e coleta de suprimentos. Contra esse barco investiram os governistas *Mato Grosso* e *Sergipe* e o afundaram. Na véspera e nas proximidades, os dois torpedeiros governistas haviam apresado, sem luta, o *Tefé*, barco a serviço dos tenentistas.

27.9.1943 — RIO AMAZONAS, próximo da foz. Segunda Guerra Mundial. Na posição latitude 00°03' N, longitude 47°45' W, o submarino alemão *U-514*, do CT Hans Jürgen Auffermann, atacou comboio na rota Belém-Nova York. Às 20:10 h, o navio *Osório*, 2.730 tons., sob o cap. Almiro Galdino de Carvalho afundou por ação de torpedos, perdendo cinco dos seus 39 marujos. O *Lajes* (ex-alemão *Raunle)*, 5.587 tons. passou a circular na área e foi atingido às 21:45 h. Foi a pique, desparecendo três do seus 49 tripulantes.

13.5.1925 — RIO APA. MT. Coluna Costa/Prestes. O cel. Péricles de Albuquerque estende nas cabeceiras do Rio Apa formação governamental formada pelo RC de Ponta-Porã, bateria do 3º RI e civis armados ao comando de Mário Gonçalves, para impedir o início da marcha em território nacional da Coluna proveniente do Paraguai. Pouco antes do combate principiar, juntou-se ao cel. Péricles o maj. Bertoldo Klinger, com reforço que elevou para mil homens a força bernardista. Primeiro a enfrentá-la, na vanguarda da Coluna, o Destacamento João Alberto: 300 soldados, duas metralhadoras. Sucederam-se combates até o dia 15, quando, tendo sofrido 10 baixas, a Coluna rompeu a formação contrária e dirigiu-se para Dourados.

9.10.1926 — RIO BONITO. GO. Coluna Costa/Prestes. Soldados governistas e civis armados opõem resistência que termina por levar ao recuo a força do cap. Augusto Ribeiro, do Destacamento Siqueira, encarregado de ocupar a cidade. Às 2:30 h do dia 10, os legalistas tomaram a iniciativa e surpreenderam a guarda da retaguarda da Coluna, a oito léguas da cidade, provocando-lhe duas baixas. Às 5:40, contra-ataque levado a efeito por todo o Destacamento Dutra afastou os governistas, permitindo que a Coluna se deslocasse com alguma tranqüilidade.

22.11.1926 — RIO BONITO. GO. Coluna Costa/Prestes. A três léguas do povoado, a vanguarda da Coluna, chefiada pelo ten. Nicácio Costa, encontrou a rodovia dominada por um pelotão governista. A chegada de reforços para ambos os contendores acendeu vivo combate, que terminou com a retirada dos legalistas, deixando livre o trânsito pela estrada. Uma baixa fatal para cada lado.

15.11.1893 — RIO CANOAS/LAGES. SC. Revolta dos Federalistas. O 1º Corpo do Exército Libertador federalista avançava para SC. A republicana Divisão Rodrigues Lima acorreu ao rio Canoas buscando impedir a sua travessia. Imobilizada no passo por brigada de maragatos, não pôde evitar que o adversário cruzasse o Rio Canoas, em outros sítios.

?.7.1713 — RIO CHORÓ. CE. Revolta indígena. Repelidos no pretendido ataque à vila de Aquiraz, os revoltados dirigiram-se para a região do rio Choró onde foram cercados e combatidos, perdendo elevado número de aderentes. Divididos em bandos, adotaram a tática da guerrilha, operando até o meado de 1715, nos vales do Banabuiu e do Acaraú.

27.11.1926 — RIO CLARO. GO. Coluna Prestes. Sofrendo duas baixas durante o ataque, o Destacamento Cordeiro superou a resistência oposta pela guarnição comandada por Tibúrcio de Souza Moraes e ocupou Rio Claro, margem direita do rio do mesmo nome.

26.7.1736 — RIO DA PRATA. Colônia do Sacramento, terceira campanha. No estuário, combatem diante da costa uruguaia patacho espanhol despachado de La Coruña e o bergantim português do cte. Guilherme Kelly, o qual, no meio da luta recebeu o apoio de outro bergantim, proveniente da Colônia e comandado pelo alf. João Baptista Ferreira. Este abordou e tomou o patacho, ao qual põe fogo para que afunde, e fez prisioneiro o comandante CF Juan Antonio de la Colina.

25.6.1827 — RIO DA PRATA. Guerra da Cisplatina. Ação de corsários. No estuário do Prata, combatem a fragata brasileira *Príncipe Imperial* e o corsário argentino *General Brandzen,* do comando do inglês George C. Kay e tripulado por ingleses e norte-americanos. O corsário afastou-se.

10.9.1827 — RIO DO PRATA. Guerra da Cisplatina. Ação de corsários. A fragata *Dona Paula,* tendo a bordo o chefe-de-divisão Diogo Jorge de Brito, persegue e aprisiona o corsário argentino *Rápido,* do comando de José Maria Pinedo.

4.1.1828 — RIO DA PRATA. Guerra da Cisplatina. Ação de corsários. No estuário do Prata, a canhoneira *19 de Outubro,* que comboiava dois iates mercantes, foi surpreendida, atacada e apresada, juntamente com os iates, por lanchão corsário argentino.

23.3.1828 — RIO DA PRATA. Guerra da Cisplatina. Ação de corsários. Pela manhã, o brigue *Caboclo,* de James Inglis, tomou a dianteira dos barcos vigias da segunda divisão da esquadra e deu caça a corsário argentino que se defendia bravamente com fogo de artilharia. Aproximando-se, o brigue duelou com o corsário até que este — o *Niger*, do mando de John Holsted Coe —, se rendesse quase ao meio do dia.

19.9.1932 — RIO DAS ALMAS-BURI. SP. Revolução Constitucionalista. A infantaria do gen. Valdomiro Lima, avançando do sul, atacou durante os dias 17 e 18 as trincheiras constitucionalistas, defendidas, particularmente, com granadas de mão. A 19, reforçado o dispositivo atacante e com farto emprego de artilharia, ocorreu a tomada das trincheiras de Rio das Almas. Aprisionados 30 voluntários civis que decidiram nelas permanecer e lutar a arma branca a fim de permitir o recuo do grosso do seu batalhão.

2.11.1914 — RIO DAS ANTAS. CONTESTADO. SC. Campanha do Contestado. O caudilho jagunço Chico Alonso investiu a povoação habitada maiormente por alemães e poloneses. Buscava aprovisionamento de boca e munições. Trincheiras e abatizes imobilizaram os cavalarianos assaltantes. O combate durou três dias, terminando com a retirada dos caboclos, ficando no terreno 32 mortos e muitos feridos. Entre estes o Alonso, prontamente degolado pelos vencedores. O corpo, queimado. A retirada, sob ordens do novo cabecilha Adeodato Manoel Ramos, apelido Flagelo de Deus. O insucesso do Rio das Antas e o novo líder mudaram a tática jagunça da campanha, abolindo ataques e assédios.

27.9.1923 — RIO DAS CONTAS. RS-SC. Revolta dos libertadores. Depois de esquivar-se à tenaz perseguição do gen. Paim Filho, o libertador Felipe Portinho decidiu-se a enfrentá-lo no momento em que deixava o estado. Junto ao Rio das Contas, pasou para SC o gado e a impedimenta. Depois, distribuiu sua força segundo posições vantajosas do terreno e aguardou Paim. Este atacou mesmo sob fortíssimo aguaceiro. Por toda parte os homens lutavam dentro da enxurrada. Por fim, vendo-se ameaçado de envolvimento, pois a ala direita de Paim atingira o rio, Portinho passou para SC e acampou à vista do adversário. Perdas: borgistas, oito mortos, sendo dois oficiais e 27 feridos; dos *maragatos,* desconhecidas. Nessa perseguição houve luta, sempe em desfavor dos revoltados, em Quatro Irmãos, Lagoa Vermelha, Passo de Manoel Leão, Morro Agudo.

11(?).7.1714 — RIO DAS VELHAS. MG. Quilombos. Culminando quase três meses de escaramuças entre quilombolas, negros e indígenas e homens armados pelo governo, o quilombo foi assaltado e dominado. A maioria dos habitantes internou-se nos matos.

21.2.1560 — RIO DE JANEIRO. RJ. Intrusão francesa. No primeiro contato com os intrusos, Mem de Sá tomou-lhes um navio. Em carta de 16.6, relata à rainha Catarina d'Áustria: "Em chegando soube que estava uma nau pelo Rio dentro, do próprio Vilaganhão, que lhe mandei tomar pela galé *Esaura* que V.A. cá tem". Informa, ainda, que parte dos franceses fugiu para a terra enquanto 40 outros foram reforçar a guarnição do Forte Coligny. É no navio apresado que Mem despacha o sobrinho Estácio para levar à soberana a notícia da vitória final segundo os informes de Gabriel Soares e de frei Vicente do Salvador.

15.3.1560 — RIO DE JANEIRO. RJ. Intrusão francesa. França Antártica. Primeiro dia do bombardeio, pelos portugueses, baianos, vicentinos e indígenas, do Forte Coligny, Ilha de Villegaignon. Na defesa, aproximadamente 150 franceses e 100 índios — aceitando-se os números de Mem de Sá — e 800 índios, conforme os de Anchieta. As posições francesas eram batidas pelo fogo das naus, inclusive do bergantim vicentino e de algumas peças que Mem fizera instalar em elevação fronteira à ilha, Morro do Castelo. Mem de Sá tinha consigo, 120 portugueses e 140 indígenas, além de 18 soldados da armada, "moços — observou — que nunca viram pelejar". À rainha dona Catarina d'Áustria, escreveria: "combatemos por mar por todas as partes uma sexta-feira, quinze dias de março e naquele dia entramos a Ilha...". O bombardeio prosseguiu no dia seguinte, sem alcançar decisão.

17.3.1560 — RIO DE JANEIRO. RJ. Intrusão francesa. França Antártica. Portugueses, baianos, vicentinos e indígenas aliados, comandados por Mem de Sá e desembarcados na Ilha de Villegaignon a 15, durante a noite e depois de duas jornadas de bombardeio, dão assalto às fortificações. Na defesa, franceses e tamoios sob as ordens de Bois-le-Comte. Mem de Sá relatou à rainha Catarina d'Áustria, a cuja intervenção pessoal devia a frota de auxílio: "... pelejamos sem descansar de dia nem de noite, até que Nosso Senhor foi servido de a entrarmos com muita vitória e morte dos contrários e dos nossos poucos". "A obra foi do Senhor que não quis que se nesta terra se prantasse gente de tão maus zelos e pensamentos." A tradição credita ao índio Araribóia o ter decidido a sorte da peleja quando fez explodir o paiol de pólvora dos franceses, acompanhado na empreitada por Afonso Martins Diabo, pardo Manuel Coutinho e mais alguns. Penetrando o forte por local tido como inacessível, chegaram ao paiol. Franceses e tamoios fugiram para os matos e outras ilhas da baía, deixando 70 prisioneiros, aos quais, à tarde, somaram-se outros 40 de barco que se rendeu a Mem de Sá.

?.1.1565 — RIO DE JANEIRO. RJ. Intrusão francesa. As cartas de José de Anchieta, datadas de 8.2 e de 21.3, dão conta de que três barcos portugueses combateram e puseram em retirada grande nau francesa tripulada por 110 homens. O fato foi confirmado por Charles de La Roncière em sua *Histoire de la Marine Française*.

6.3.1565 — RIO DE JANEIRO. RJ. Conflitos com indígenas. Tamoios. Quatro canoas de tamoios abicam e preparam cilada junto à cerca erguida ao redor da vila. Atacam, tomam prisioneiros, fogem perseguidos por defensores de São Sebastião. De carta do padre Anchieta consta que os tamoios acabaram sendo obrigados a "saltar em terra e fugir pelos matos, deixando as canoas, arcos, flechas, espadas e quanto nelas tinham".

10.3.1565 — RIO DE JANEIRO. RJ. Intrusão francesa, conflitos com indígenas. Parte do plano concertado entre franceses e tamoios, uma nau fortemente armada entrou pela baía atraindo a esquadrilha de quatro barcos do capitão-mor. Nessa largada dos quatro barcos ia a quase totalidade da capacidade defensiva de São Sebastião do Rio de Janeiro, estando inacabada a cerca protetora da vila. Iniciado o combate naval, 48 canoas de tamoios saíram do esconderijo de uma ponta de terra e atacaram a cerca. O assalto dos indígenas pôde ser repelido enquanto a nau, circundada, entregou pólvora e artilharia em troca da permissão para deixar a baía. Quando o fez, os tamoios desfecharam segundo ataque à cerca, com 27 canoas, tendo sido rechaçados.

1.6.1565 — RIO DE JANEIRO. RJ. Intrusão francesa. O entrincheiramento e os baluartes inacabados da povoação fundada por Estácio de Sá entre os morros Cara de Cão e Pão de Açúcar repelem ataque de franceses. Estes tripulavam três naus partidas de Uruçumirim, com apoio de 130 canoas de guerra dos tamoios saídos de Cabo Frio e levando espadas, espingardas e bombardas cedidas pelos seus aliados europeus. Estácio levou sua capitânia ao ataque dos navios franceses e os obrigou à retirada depois de prolongado combate. Idos os franceses, recuaram também os tamoios.

15.10.1565 — RIO DE JANEIRO. RJ. Presença francesa, conflitos com indígenas. Junto à Ponta da Carioca (Morro da Viúva), combate entre tamoios tripulando 64 canoas e portugueses em 14 barcos saídos do acampamento de Estácio de Sá. Os indígenas retiraram-se depois de perderem quatro das canoas. Estácio passou ao ataque em terra, ocupando a aldeia de onde os atacantes haviam partido, matando muitos e fazendo 300 prisioneiros.

13.7.1566 — RIO DE JANEIRO. RJ. Conflitos com indígenas. O temido chefe dos tamoios de Cabo Frio, Guaixara, emboscou 180 igaras na ponta depois chamada do Calabouço e enviou uma outra para provocar os moradores de São Sebastião, atacando a canoa de Francisco Velho que ia cortar madeira para a construção da igreja do santo padroeiro. Estácio de Sá expediu contra a canoa solitária os quatro únicos barcos de que dispunha, os quais, aproximando-se da intrusa, foram envolvidos pela frota inteira dos tamoios. Estando a ponto de perecerem ocorreu o "milagre de São Sebastião", narrado pelo padre Simão de Vasconcelos na *Crônica...:* "o disparo de uma roqueira incendiou a pólvora acumulada na canoa capitânia dos tamoios, provocando entre eles tamanho pânico que todos fugiram." Durante anos, no dia do padroeiro, a Guanabara festejou o fato realizando combate simulado de canoas.

20.1.1567 — RIO DE JANEIRO. RJ. Mem de Sá, "cedendo aos apelos insistentes de Anchieta e vencido pela pertinácia heróica do sobrinho", viera afinal da Bahia, com três galeões recém-chegados de Lisboa ao mando de Cristóvão de Barros, dois outros navios que ao tempo cruzavam a costa e seis caravelões. Contando com numerosos índios do chefe Araribóia, atacou os franceses, há 17 anos instalados na área. Enquanto Estácio superava os entrincheiramentos tamoios de Uruçumirim (Flamengo) e Birauçu recebendo neste último a flechada no rosto de que viria a morrer (20.2), Mem atacava as posições francesas de Paranapacu (Governador) e Paranacuê. Dominada a Ilha de Villegaignon, investiu contra Santa Cruz, o último reduto dos intrusos, desbaratando-os de vez. A 16.6, descrevia a Ilha de Villegaignon: "Havia nela 74 franceses, ao tempo que cheguei e alguns escravos: depois entraram mais de quarenta dos da nau e outros que andavam em terra e havia muito mais de mil homens do gentio da terra, tudo gente escolhida e tão bons espingardeiros como os franceses, nós seríamos cento e vinte homens portugueses e quarenta dos do gentio, os mais desarmados e com pouca vontade de lutar''. A tomada de Uruçumirim, além de índios aliados, custou a vida de 11 brancos, entre eles o cap. Gaspar Barbosa.

?.3(?).1568 — RIO DE JANEIRO. RJ. França Antártica. Charles de La Roncière, em sua *Histoire de la Marine Française*, narra que ''quatro navios bem armados e equipados'', enviados por nobres franceses, chegando tarde para socorrer a França Antártica, tentaram reconstituí-la, promovendo desembarque e ataque de surpresa. Rechaçados, embarcaram e partiram, perseguidos pelos barcos portugueses até a altura de Cabo Frio.

11.5.1599 — RIO DE JANEIRO. RJ. Corsários. Na barra, junto ao Pão de Açúcar, gente da terra emboscou 70 holandeses baixados do navio *Eendracht*, da esquadra de Olivier van Noort. Deixando um ferido e um prisioneiro, o destacamento corsário recuou em desordem. O Forte Nossa Senhora da Guia — depois chamado de Santa Cruz —, único então na área, obrigou o navio a voltar para a linha da esquadra, fundeada à vista da barra desde o dia 5. Nos apontamentos de van Noort, que vinha tomar desforra da derrota sofrida semanas antes na Ilha do Príncipe, golfo da Guiné, diante da defesa lusitana, se pode ler que um dos primeiros tiros da bateria de terra arrancou a cabeça de um marinheiro e despedaçou cabos da enxárcia. O mês de maio para esse evento é citado por Azevedo Pondé, enquanto Rio Branco prefere fevereiro.

6.4.1661 — RIO DE JANEIRO. Revolta popular contra taxas, impostos e vexações. Desde 2.11.1660, o governador Salvador Correia de Sá teve limitada a sua autoridade pelo movimento popular chefiado por Jerônimo Barbalho e dirigido contra o que diziam os descontentes serem exageros de taxas, impostos e vexações com que Salvador ''aterroriza este extenuado povo''. No dia 6.4.1661 Salvador retomou a iniciativa e o poder apoiado pelo gen. Manuel Freire de Andrade que conduziu sua maruja de um lado enquanto o governador, escravos negros, índios auxiliares, familiares e servidores atacaram pelo outro. Impôs-se com alguma facilidade e terminou a jornada fazendo executar, diante do povo, o líder revoltoso Barbalho. Este movimento tem em Charler R. Boxer o seu estudioso.

17.8.1710 — RIO DE JANEIRO. RJ. Corsários. Apresentou-se a esquadra do corsário francês Jean François Duclerc. A fortaleza de Santa Cruz alvejou a balandra vanguardeira dos cinco navios de combate. Testada a defesa, Duclerc levou seus barcos para a Ilha Grande, traçando o projeto de ataque por terra e mar. Dia 18, seus 1.000 homens seriam desembarcados em Guaratiba.

Os navios e a força de desembarque de Duclerc: agosto, 1710
(Arquivo do Ministério da Marinha, Paris)

Navios	Canhões
L'Oriflamme	60
L'Atlante	44
La Diane	40
La Valeur	40
La Venus	20

Soldados de desembarque: 1.000.

19.9.1710 — RIO DE JANEIRO. RJ. Corsários. Desembarcado bem antes em Guaratiba, Jean François Duclerc investiu a cidade pelo caminho de Catumbi. Ocupou o Morro do Desterro e na Estrada do Mata Cavalo (depois Rua do Riachuelo), venceu as primeiras defesas, prosseguiu pela Ajuda (depois Serrador), Largo do Carmo (Praça 15 de Novembro), e, apesar de fustigado pelo fogo disparado do Morro do Castelo, desembocou na Rua Direita (depois, 1º de Março). Enfrentou, então, a verdadeira oposição que a cidade lhe fazia: os destacamentos dirigidos por Crispim da Cunha, frei Francisco de Menezes, a Companhia de Estudantes do cap. Gurgel do Amaral Coutinho. Os corsários mudaram a sua disposição, procurando ocupar o Convento do Carmo e a Casa dos Governadores. Impedidos dessa progressão, retiraram-se para armazém chamado Trapiche, do lado do mar, confiando no auxílio dos navios para recomeçar o ataque. Mas a chegada, para os defensores, de uma companhia montada e do grosso do regimento comandado pelo irmão do governador (enquanto este não se movia do Largo do Rosário) permitiu aos cariocas completarem o cerco do trapiche. Duclerc organizou resistência nesse ponto e fez seus homens baterem-se obstinadamente, provocando, mesmo, a morte do comandante do regimento do governador. À tarde, sem esperanças de receber auxílio e de inverter a situação, capitulou. Os sinos tangeram em sinal de júbilo. Ouvindo-os, os corsários do Morro do Desterro julgaram-nos chamado dos companheiros e desceram para o centro. No Largo da Carioca foram subitamente tiroteados, sofrendo baixas elevadas. Estas, para os franceses, somaram na jornada 400 mortos e feridos. Aprisionados, todos os que desembarcaram. A esquadra moveu-se afinal, no dia 21, mas nada mais pôde fazer. Perdas dos defensores: 50 mortos e 80 feridos. Oficiais franceses mortos, segundo Rio Branco: Patreville, De Rilly, d'Irrunberry, De Proissy, de Varaise, de Miraillete, de La Mesanchère. No total, onze. Duclerc, levado primeiramente a um convento, foi transferido para a casa do ten. Tomás Gomes, recebendo a cidade por menagem, saindo apenas com guarda à vista. Apesar do que, durante a noite de 18.3.1711, foi misteriosamente assassinado. Mortos entre os defensores: Mestre-de-Campo Gregório de Castro Morais, capitão de cavalaria Antônio da Silva, no ataque ao Trapiche, ajudante Gaspar Queirós, professor José de Faria; estudantes: Pedro da Costa, Francisco Telles, Antônio Moreira, Francisco Peleja, José Teixeira; pintor Manoel Gomes Torres, organista da Sé, Antônio Macedo, um caixeiro e vários operários. O cura da Sé registrou a morte de "15 ou 16 negros, uns que pelejaram, outros que quiseram ver cuidando que fosse festa".

11.9.1711 — RIO DE JANEIRO. RJ. Corsários. O francês Renée Duguay-Trouin aproveitou-se do nevoeiro e aproximou-se da barra que iria forçar pela manhã. Tinha consigo 17 navios franceses acrescidos de um inglês, apresado em viagem. Dispunha de 5.764 combatentes e 740 canhões. O cap. Courserac, conhecedor da baía, abriu o avanço. Trouin velejava no centro da formação. As fortalezas e baterias disputaram a passagem da barra provocando nos barcos 80 mortos e 220 feridos. Porém a explosão do paiol de pólvora pôs fora de ação a bateria de Villegaignon. Morreram, ali, os capitães Manoel Ferreira Estrela, João Pinto de Castro Morais, um capitão artilheiro e mais de 30 soldados. Seriamente feridos, 60 homens. A flotilha da defesa, chegada de Lisboa sob o mando de Gaspar da Costa de Ataíde, encontrava-se praticamente desguarnecida, com a maior parte do pessoal cavando trincheiras. Além da capitânia, cujo nome se ignora, a flotilha estava integrada pelos barcos *São Boaventura*, de Gillet du Bocage (avô do poeta), *Barroquinha*, de Amaro José de Mendonça, e *Prazeres*. Total de canhões: 130. Dois navios mercantes ingleses, com algumas peças cada, juntaram-se à defesa. Seis navios fundeados e carregados de açúcar foram incendiados por ordem de Ataíde, que entendeu não poder defendê-los. Outros barcos, largando amarras, foram encalhar na Ponta da Misericórdia. As baterias dos fortes e das trincheiras somavam 174 canhões, somente 14 de bronze. A guarnição, no relatório de Trouin, subia a 2.720 soldados, dos quais 620 destacados nos fortes e baterias, da barra ao porto. Os corsários entraram e foram dar fundo junto da Armação. A 13 ocuparam a Ilha das Cobras, onde armaram bateria. Nesta primeira jornada de combates teriam sofrido 300 baixas. A cidade viu-se obrigada a contar apenas com as armas de que dispunha. A notícia da esquadra de Duguay-Trouin chegara no dia 29.8 com um patacho inglês, não havendo portanto tempo para pedir e receber socorro de Portugal, conforme se acreditou houvesse acontecido.

A expedição de Renée Duguay-Trouin — setembro de 1711

A esquadra:

Navio	Categoria	Comandante	Homens	Peças
La Lys	fragata	Duguay-Trouin	672	74
Le Magnarine	fragata	De Courserac	658	74
Le Brillant	fragata	De Goyon	532	66
Le Glorieux	fragata	La Jaille	528	66
Achilles	fragata	De Beauve	545	66
Le Fidèle	fragata	De la Moinerie	488	66
Le Mars	fragata	La Cité Danican	541	56
L'Argonaute	fragata	De Bois La Motte	287	46
Le Chancelier	fragata	Durocher Danican	155	40
L'Aigle	fragata	De la Mar de Can	239	40
La Bellone	fragata	Kergnelin	228	38
L'Amazone	fragata	Le Chesnay	288	36
La Glorieuse	fragata	De la Perche	137	30
L'Astré	fragata	De Rogon	151	22
La Concorde	fragata	Le Pardal	94	20
La François	galeota		30	—
Le Patient	galeota		30	—

Contingente de desembarque: 3.600 homens, aproximadamente.

Forças regulares prontas no Rio de Janeiro em 1711 para a defesa contra Duguay-Trouin		
Unidade	**Comandante**	**Efetivo**
Terço Velho	Cel. Francisco X. C. Morais	300
Terço Novo	Cel. João de Paiva	290
Terço da Colônia	Maj. Domingos Henrique	300
Regimento da Nobreza	Cel. Manoel C. Vasques	550
Regimento de Ordenanças	Cel. Baltazar Cardoso	400
Regimento de Ordenanças	Cel. Crispim da Cunha	380
Companhia de Moedeiros		50
Tropa de Marinha		400
Cias. de Artilharia		100
		2.770

13.9.1711 — RIO DE JANEIRO. RJ. Corsários. Renée Duguay-Trouin, que na véspera entrara a barra, faz bombardear a cidade por alguns dos seus navios e, simulando desembarque em vários pontos, apodera-se das ilhas de Pina e das Cobras. Nesta, na fortaleza Margarida, instala dois morteiros e 18 canhões de calibre 14 para bater a cidade visando principalmente a espalhar o pânico entre a população.

14.9.1711 — RIO DE JANEIRO. RJ. Corsários. Duguay-Trouin, em operações de bombardeio contra a cidade desde o dia 12, realiza o desembarque principal. Sob a proteção dos canhões das fragatas *Amazone, Aigle, Astrée* e *Concorde*, que batem as posições defensivas do Saco do Alferes, descem 3.000 infantes e 500 marinheiros no Saco de São Diogo, diante ao do Alferes. Formou três colunas de marcha sobre o centro da cidade. À direita, a brigada Goyon; a do centro, sob seu comando pessoal; à esquerda, a brigada Courserac. Elas progrediram, ocupando, respectivamente, os morros do Livramento, da Conceição, de São Diogo. Tendo a cidade sujeita a seus tiros, o chefe corsário encerrou a jornada.

17.9.1711 — RIO DE JANEIRO. RJ. Corsários. Duelo de artilharia entre os franceses desembarcados a 14 e dominando alguns dos morros e o remanescente da defesa comandada por Castro Morais. Este só podia opor às 18 peças e morteiros franceses disparando da Ilha das Cobras, e aos 10 canhões e quatro morteiros do Morro do Pina as oito peças de São Bento, cinco de São Sebastião e uma de Santiago. Com essa superioridade de fogos e o domínio das alturas, Trouin podia esperar a melhor oportunidade para decidir a batalha pela cidade.

18.9.1711 — RIO DE JANEIRO. RJ. Corsários. A casa-forte, centro do combate travado na véspera no Morro do Livramento, voltou às mãos dos franceses. A retomada custou-lhes, segundo os escritos de Duguay-Trouin, 30 mortos e feridos. Os defensores, retirando-se às ordens de Manoel Gomes Barbosa, deixaram na casa dois mortos e levaram sete feridos. Durante a noite de 18 para 19, 1.500 homens instruídos por oficial normando servindo aos portugueses aproximaram-se do Morro de São Diogo, ocupado pela brigada

Courserac. Pela manhã, vivamente atacados pelos corsários, refluíram. O fracasso desta tentativa espalhou o pânico entre as forças de defesa e os populares.

20.9.1711 — RIO DE JANEIRO. RJ. Corsários. Aumentando a confusão provocada por violento temporal, a artilharia dos corsários, nos navios e nas baterias de terra, bombardeia a cidade, causando 20 mortes. Entre elas, a do srg-mor Martim Correa. Reuniram-se dois conselhos de guerra, tumultuados pelos partidos: o dos que exigiam a continuação da luta a todo custo e o dos que aconselhavam o abandono da cidade. Às 11 h, o governador ordenou a retirada geral para o Engenho Velho e Iguaçu. O povo começou a fuga, assim descrita por testemunha: "... e toda gente se foi metendo por esses caminhos e matos, onde se houvera de se individuar os desarranjos, fomes, mortes de crianças, desamparo de mulheres, e toda a qualidade de misérias (...) ajuntando-se a mais terrível noite de chuva e escuro (...) que pôs os caminhos de sorte que em algumas partes se passava com água pelos peitos..." (Rio Branco, *Efemérides).* No Engenho Velho, uma reunião de chefes tomou conhecimento das exigências de Duguay-Trouin: 610.000 cruzados, 200 bois e 100 caixas de açúcar.

Formação da importância paga a Renée Duguay-Trouin pelo resgate da cidade do Rio de Janeiro

Setembro, 1711

Casa da Moeda	110:077$600
Fazenda Real	67:697$344
Francisco Seixas da Fonseca	10:616$440
Francisco de Castro Morais	10:387$820
Cofre dos Órfãos	9:733$220
Lourenço Antunes Viana	6:784$320
Cofre de Ausentes	6:372$880
Braz Fernandes Rocha	6:062$080
Padres da Companhia de Jesus	4:866$000
Paulo Pinto	3:031$040
Cofre da Bula	3:484$660
Cristóvão Rodrigues	1:643$200
Prior de São Bento	1:575$680
Francisco Antônio da Rocha	1:366$980
Antônio Francisco Lustosa	859$600
Tomé Teixeira de Carvalho	785$600

23.9.1711 — RIO DE JANEIRO. RJ. Corsários. Bravo porém desastrado encontro da Companhia de Estudantes Fluminenses contra granadeiros da esquadra de Renée Duguay-Trouin. Chefiada por Bento Amaral Coutinho, a Companhia foi reconhecer as proximidades da fortaleza de São João. Junto da lagoa da Sentinela, confluência dos caminhos Mata Cavalos (depois Rua do Riachuelo) e de Capueraçu (depois Rua do Conde d'Eu), defrontou duas companhias de franceses. Foi ao ataque e obteve vantagem, porém o estrondo do combate atraiu outras duas companhias de corsários, e de De Brugnon e de Cheridan. Os corsários, em superioridade numérica, tomaram a ofensiva e destroçaram o destacamento de estudantes, os quais perderam até mesmo o comandante.

21.4.1821 — RIO DE JANEIRO. RJ. Evento conseqüente à revolução portuguesa do Porto que forçou o retorno do rei João VI e a eleição de brasileiros deputados à Constituinte. A intenção governamental de obter resultados harmonizados com seus interesses levou a excessos. São exemplo os acontecimentos de 21.4, em sessão eleitoral, assim descritos por testemunha: "A 6ª Companhia do Batalhão de Caçadores de Portugal, tendo à sua testa o major graduado Peixoto, apresentou-se na porta do edifício em linha de batalha, com 25 filas de frente e deu para dentro uma descarga de 50 tiros e logo dobrando filas entraram no salão e carregaram à baioneta calada os cidadãos desacautelados que se achavam dentro. O primeiro que caiu morto foi Miguel Feliciano de Sousa...". "Houve um caçador ferido e isso pelos seus mesmos camaradas. O desembargador José Clemente Pereira foi traspassado de baionetas e, depois de prostrado por terra na porta que deita para a Alfândega, tiveram os bárbaros soldados a vilania de o ferirem na cabeça." "Outras pessoas do povo foram indistintamente mortas e um número maior lançando-se ao mar com precipitação, encontrou nas ondas a morte que evitava."

31.1.1828 — RIO DE JANEIRO. RJ. Guerra da Cisplatina. Ação de corsários. Nove léguas ao mar da Ilha Rasa, o correio imperial escuna *Sete de Janeiro* foi apresado pelo corsário argentino *Niger*, do comando do norte-americano John Coe. Uma testemunha, José Joaquim Pena Peralva, deixou depoimento que J. E. Garcez Palha reproduziu em suas *Efemérides navais* (1891): "... tendo primeiro enviado ao vaso inimigo as balas que por sete vezes despegou a nossa única peça de 12, lançando ao mar as malas de cartas e ofícios que trazia (...) expor toda a gente a ser varrida do convés pelas metralhas das peças inimigas; o que sem dúvida aconteceria, se por mais cinco minutos conservassem içada a bandeira imperial (...) e nestas circunstâncias não houve remédio senão sucumbir..."

12.6.1828 — RIO DE JANEIRO. RJ. Motim de mercenários. Desde o dia 8, 2.000 mercenários, alemães e irlandeses, amotinados, cometeram tropelias pela cidade. Na jornada, o próprio imperador enviou contra eles o Conde do Rio Pardo comandando artilharia a pé, dois batalhões de caçadores, dois esquadrões de cavalaria e 200 policiais. Essa força cercou e atacou o quartel do 3º batalhão de mercenários, no Campo de Santana. Os vencidos foram recolhidos a bordo do pontão *Afonso*. Os caminhos de São Cristóvão e da Praia Vermelha foram cortados pela tropa, o que evitou a possível reunião do 2º batalhão e do 28º. Dos navios estrangeiros surtos na baía desembarcaram 600 marinheiros franceses e ingleses que não tomaram parte nos combates, montando guarda ao Arsenal de Guerra e ao palácio de São Cristóvão. Mas foi aos franceses que os europeus dos batalhões 2º e 28º preferiram render-se. Foram mortos 70 dos amotinados que mataram ou feriram 40 dos repressores.

14.7.1831 — RIO DE JANEIRO. RJ. Rebelião do 26º BC. A 12 de julho amotinara-se o batalhão, logo dominado pela energia do Ministro da Justiça, padre Diogo Feijó, que transferiu a unidade para a Bahia. A 14, a maior parte dos batalhões de linha e o corpo de polícia levantaram-se contra a autoridade regencial. Moreira Azevedo descreveu: "esta tropa (...) cometeu desatinos e crimes e espalhou a consternação e o terror... Cercado o quartel pela tropa resolveu o comandante das armas intimar aos não culpados que depusessem as armas e saíssem do quartel, sob pena de atacar e fazer fogo sobre os rebeldes (...) mas amotinou-se o povo e começou a seduzir os soldados e em breve (...) ecoaram os gritos: 'venha a polícia! desembarque o batalhão 26! soltem os presos! etc.'. Deixando o quartel veio o corpo de polícia unir-se ao povo e tropa na praça da Constituição". A 22 Feijó anunciou na Câmara o restabelecimento da ordem.

7.10.1831 — RIO DE JANEIRO. RJ. Motim na Ilha das Cobras. Durante a noite de 6 para 7 levantou-se o Batalhão de Artilharia de Marinha. O comandante, ten. Joaquim José Inácio, futuro Visc. de Inhaúma, conseguiu alarmar o Arsenal de Marinha. O oficial de dia, CT José Joaquim Faustino, agindo sem demora, reuniu guardas nacionais e 30 civis, com os quais deu o primeiro combate aos amotinados. Essa presteza no ataque frustrou o desenvolvimento do plano revoltoso. Ao amanhecer de 7 o batalhão estava cercado. Por terra, forças sob o mal. José Maria Pinto; por mar, os navios do chefe-de-divisão John Taylor, que abriram fogo. Seis canhões montados na adro da igreja de São Bento, diante do mosteiro dos beneditinos, também entraram em ação. Ao mesmo tempo, duas colunas somando 600 GN e o batalhão de oficiais-soldados atacaram, pela frente e pela retaguarda, encontrando oposição relativamente débil. Estavam sob o mando do cel. João Paulo de Santos Barreto, maj. Luís Alves de Lima e Silva, Manoel Antônio Airosa. Com a perda de um guarda municipal, tomaram a fortaleza, fazendo 200 prisioneiros.

3.4.1832 — RIO DE JANEIRO. RJ. Levantes restauradores. Tendo engrossado as fileiras dos seus aderentes iniciais com os presos que libertara em Villegaignon e Santa Cruz, o maj. Miguel Frias e Vasconcellos proclamou-se em rebelião. Em nome do partido exaltado propunha-se a depor a Regência, dissolver as câmaras e convocar a Constituinte. Mesmo sob tiros da esquadra desembarcou em Botafogo, atravessou o Catete, a Lapa, os Arcos, a Rua do Lavradio. No Campo da Honra (Campo de Santana) foi enfrentado pelo Corpo de Permanentes ao mando do maj. Luís Alves de Lima e Silva, futuro Duque de Caxias. Desembocando das ruas dos Ciganos e do Alecrim, os legalistas desbarataram os sediciosos causando-lhes 10 mortos e 60 feridos. O maj. Frias fugiu para os Estados Unidos.

17.4.1832 — RIO DE JANEIRO. RJ. Levantes restauradores. O partido restaurador, ou reacionário, ou "caramuru", passou à ação armada, decidido a depor o governo da Regência. Da Quinta da Boa Vista, aproximadamente 100 homens, seguindo hanoveriano que se dizia Barão de Bulow, avançaram pelo Aterrado em direção ao Campo de Santana dando vivas a Pedro I. No Rocio Pequeno foram atacados por 200 guardas municipais, o Corpo de Permanentes e esquadrão de cavalaria de Minas, sob o cap. Mascarenhas Peçanha. Os sublevados recuaram em desordem e além da ponte do Aterrado, já no caminho para São Cristóvão, encontraram-se cercados e debandados pela cavalaria e o batalhão de guardas do Sacramento conduzidos pelo ten.-cel. Saturnino de Sousa e Oliveira e pelo maj. Luís Alves de Lima e Silva. Peçanha, ferido no encontro, faleceu dias mais tarde.

11.12.1838 — RIO DE JANEIRO. RJ. Campanha contra quilombos. Nas matas de Santa Catarina, vizinhanças da cidade, tropas regulares atacaram e destruíram o quilombo do "rei" Manoel Congo. Defendido por 300 guerreiros negros, o quilombo rechaçara pouco antes um destacamento policial. O rei foi enforcado a 6.9.1839.

4.1.1880 — RIO DE JANEIRO. RJ. Motim do vintém. As desordens iniciadas no dia primeiro e continuadas a 2 e 3 terminaram durante a noite de 4, quando o cel. Enéias Galvês, depois general e Barão do Rio Apa, comandou a tomada da barricada erguida na Rua Uruguai.

18.12.1889 — RIO DE JANEIRO. RJ. Revoltas contra a República. Levantado contra o regime instalado no mês anterior, o 2º RA, estacionado em São Cristóvão, fortificou os acessos ao quartel e resistiu à tropa do Exército provocando e sofrendo morte e ferimento em número não divulgado de soldados. Apresentando-se como parlamentário, o major Frederico Solon Ribeiro obteve a rendição dos sediciosos. Dez dos 50 mais claramente implicados no preparo do golpe, foram condenados à morte, pena comutada pela de galés perpétuas. Os demais 40 receberam punições diversas.

19.1.1892 — RIO DE JANEIRO. RJ. Levante deodorista ou da fortaleza de Santa Cruz. O Forte do Pico, revoltado em conjunto com o de Santa Cruz, foi atacado pelos 7º e 10º batalhões de infantaria do comando, respectivamente, do gen. Antônio Enéas Gustavo Galvão e do ten.-cel. Carlos Olímpio Ferraz. Os revoltados respondiam com metralha, varrendo a encosta. O combate prolongou-se até às 19 h.

20.1.1892 — RIO DE JANEIRO. RJ. Revolta deodorista ou da fortaleza de Santa Cruz. Ao amanhecer a esquadra rompeu canhoneio contra a fortaleza. Em linha de flanco, atuaram os couraçados *Aquidaban, Riachuelo* e *Solimões* e o cruzador *Paraíba*, ao qual reuniu-se o *Orion*. O couraçado *Bahia* postou-se entre a fortaleza e o morro do Pão de Açúcar. Intermitentemente, o duelo prolongou-se até às 19 h. Em terra, um guia do 1º BA conduziu 90 soldados escolhidos entre os melhores do 7º e 10º BI ao que era considerado impossível: escalar o paredão do Pico. Chegaram ao topo e de supresa tomaram o forte, enquanto os batalhões progrediam pela encosta. Morreram 19 dos amotinados.

7.9.1893 — RIO DE JANEIRO. RJ. Revolta na Armada. Navios da esquadra, declarada na véspera em revolta contra o governo Floriano Peixoto, abriram fogo sobre a cidade da qual fogem 100.000 habitantes. A primeira vítima fatal vivia no Morro Madre de Deus: a anciã Ana Bernardes.

A Armada revoltada

De 6.11.1893 a 13.3.1894

Comando: Alm. Custódio José de Mello, até 30.11.1893; alm. Luís Felipe Saldanha da Gama, de 7.12.1893 a 13.3.1894; CMG Eliézer Tavares (interino), de 30.11 a 7.12.1893.

1ª divisão

Navio	Comandante
Tamandaré (cruzador-capitânia)	José Frutuoso Monteiro da Silva
Trajano	CT Emílio Carvalhaes Gomes
Liberdade	Ten. Luiz Timotheo P. Rosa
Guanabara (bateria flutuante)	Ten. José Antônio Coutinho, substituído pelo Asp. Cândido de Andrade Dortas

2ª divisão

Júpiter	Ten. Alberto Fontoura Andrade
Pereira da Silva (ex-Vênus)	CT Afonso A. Rodrigues de Vasconcelos
Mercúrio	Ten. Luiz Lemelle
Paraíba	Ten. José Libânio Lamenha Lins de Souza
Laguna	Ten. honorário Domingos S. Cardia

3ª divisão

Marte	Ten. João da Silva Retumba
Aimoré	Ten. Adolpho Vitor Paulino
Vitória	Ten. José Manoel Fontes

Navio Avulso

Alagoas	Ten. José Augusto Vinhaes

Rebocadores

Gil Brás	GM Augusto Carlos de Souza e Silva
Luci	GM Joaquim Ribeiro Sobrinho
Bittencourt	GM Trajano Galvão de Carvalho Bulhão
Guanabara	Asps. Damião Pinto da Silva, Haroldo da Ponte Ribeiro Schiller, Augusto César Burlamaqui, Guilherme de Azambuja Neves
Glória	Asps. Luiz Cirillo Fernandes Pinheiro, Pedro Cavalcante de Albuquerque, Manoel Caetano de Gouvea Coutinho, Américo José Cardoso
Vulcano	Asp. Ary Fontenelle, Priamo Telles
Standard	Asp. Bráulio Braga

Navios operando no sul do país

Aquidabã	couraçado
República	cruzador
Urano	cruzador auxiliar
Pallas	cruzador auxiliar
Meteoro	cruzador auxiliar
Esperança	cruzador auxiliar
Marcílio Dias	torpedeira

Navio bateria flutuante, na baía

Javari	couraçado-monitor

Fortalezas rebeladas no Rio de Janeiro

Villegaignon	1º cte.: Ten. Sílvio Pellico Belchior 2º cte.: Ten. Lionísio Lessa Bastos
Ilha das Cobras	1º cte.: CT João Veloso Oliveira 2º cte.: Ten. Antônio Júlio de Oliveira Sampaio

13.9.1893 — RIO DE JANEIRO. RJ. Revolta na Armada. Pelas 9 h, os principais navios revoltados romperam fogo contra as fortalezas leais ao governo de Floriano: Santa Cruz, São João, Laje, Gragoatá, Pico e baterias mascaradas pelo Morro de São João. Os duelos de artilharia entre fortalezas e barcos tornar-se-iam diários, tendo ganho destaque o travado entre a fortaleza de Santa Cruz e o cruzador *República*.

23.9.1893 — RIO DE JANEIRO. RJ. Revolta na Armada. O couraçado-monitor *Javari*, servindo à armada revoltada como bateria flutuante, duelando contra as fortalezas, foi a pique. As torres já quase mergulhadas e o navio disparava. Os chefes da revolta insistiram em atribuir o afundamento a defeito na válvula Kingston, que teria inundado o *Javari*. Negavam eficiência aos tiros das fortalezas florianistas.

25.9.1893 — RIO DE JANEIRO. RJ. Revolta na Armada. O alm. Jerônimo Francisco Gonçalves, chamado à ativa por Floriano Peixoto a fim de assumir o comando das forças navais fiéis ao governo, decide iniciar o seu comando com uma ação ofensiva. Tentou conquistar, por assalto, o forte de Villegaignon e a Ilha das Flores, repelido em ambos os ataques.

25.9.1893 — RIO DE JANEIRO. RJ. Revolta na Armada. Marujos revoltados, protegidos pelos canhões do couraçado *Aquidaban* atacaram as docas da Alfândega visando a capturar o rebocador *Audaz* que supunham estar sendo preparado para operar com torpedos. Tentativa frustrada.

5.10.1893 — RIO DE JANEIRO/GAMBOA. Revolta na Armada. Marinheiros tentaram apoderar-se do navio mercante *Barão de São Diogo*. Baterias da Gamboa e do Morro de São Bento deram proteção ao barco travando com os rebeldes o mais renhido duelo, até aquela altura do movimento.

12.10.1893 — RIO DE JANEIRO, Barra do RJ. Revolta na Armada. A fim de reforçar o Governo Nacional Provisório instalado pelos revoltosos em Florianópolis, foram mandados seguir para ali os cruzadores-auxiliares (ex-navios frigoríficos) *Uranus* e *Meteoro*. Este, na barra, dia 12, enfrentou as baterias da fortaleza de Santa Cruz, sofrendo graves danos e incêndio no paiol de munições. Contou 14 feridos e um morto. Comandante, 1º ten. Monteiro de Barros.

14.10.1893 — RIO DE JANEIRO. RJ. Revolta na Armada. Às 2 h, o ex-navio frigorífico e então cruzador auxiliar da armada em revolta, *Urano*, desafiou as fortalezas, saindo rumo sul. Holofotes o denunciaram às baterias que passaram a alvejá-lo. Até montar Cotunduba não foi atingido. Porém, ao mudar o rumo, bala de uma das fortalezas perfurou-lhe uma caldeira e o *Urano* parou. Até às 8 h foi batido pelos canhões de Santa Cruz, São João e Laje. Contou 75 baixas, 36 por morte. Dois dos mortos, civis. Conseguiu atingir a Ilha Grande.

3.11.1893 — RIO DE JANEIRO/ILHA DO GOVERNADOR. RJ. Revolta na Armada. Ponta do Matoso. Foi pelos ares o maior dos depósitos de pólvora dos revoltados. Numerosas mas não quantificadas mortes, inclusive a de marinheiros ingleses da canhoneira *Racer* que faziam aguada. Inquéritos, inclusive aquele procedido pelos britânicos, apontaram a explosão como ato de guerra realizado por elementos do governo.

30.11.1893 — RIO DE JANEIRO. RJ. Revolta na Armada. Às 23:45 h, o couraçado *Aquidabã*, batendo o pavilhão do alm. Custódio José de Melo e seguido de perto pelo mercante e então cruzador-auxiliar *Esperança*, forçou a barra. Alvejado por todas as fortalezas, recebeu o apoio dos canhões de Villegaignon. Aos 30 minutos de 1.12, lançou o sinal de passagem completada.

1.12.1893 — RIO DE JANEIRO. RJ. Revolta na Armada. Aos primeiros minutos, o couraçado *Aquidabã* e o cruzador auxiliar *Esperança* cruzaram a barra para levar reforço à revolta no sul do país. O couraçado revela-se às fortalezas e suporta o canhoneio das mesmas a fim de permitir a saída do outro barco, mais frágil. Mesmo assim o *Esperança* fez-se ao mar atingido por cinco tiros que provocaram incêndio e danificaram as máquinas. O *Aquidabã*, a cujo bordo ia o alm. Custódio José de Melo, também atingido, tomou o auxiliar a reboque e o levou à Ilha Grande.

9.12.1893 — RIO DE JANEIRO. RJ. Revolta na Armada. À noite, a artilharia dos revoltados, na Ilha de Villegaignon, e atiradores postados nos navios alvejaram a concentração de elementos governistas junto da Alfândega. Generalizou-se a troca de tiros. Os marinheiros acreditavam tratar-se de ataque florianista à Ilha das Cobras. Anunciaram dois feridos no barco *Liberdade* e calcularam serem 10 os mortos entre os adversários.

10.12.1893 — RIO DE JANEIRO. RJ. Revolta na Armada. A bateria governista do Morro de São João Batista atingiu concentradamente o cruzador *Tamandaré*. Explodiu o compartimento onde eram preparados os cartuchos de artilharia. O incêndio conseqüente provocou mortos e feridos. No dia 11, lavrando o fogo, outra explosão elevou o número de baixas.

10.12.1893 — RIO DE JANEIRO. RJ. Barra. Revolta na Armada. O ex-navio do Lloyd Brasileiro, *Paraíba*, que o governo anunciara ter vendido à Argentina, dirigiu-se para a barra. Tendo denunciado a venda como farsa e receando que o barco conduzisse munições para os florianistas do Sul, os revoltosos ordenaram aos seus navios *Trajano* e *Júpiter*, deter o *Paraíba*. A bordo deste, resultaram feridos passageiros de outras nacionalidades, circunstância geradora de dificuldades para os rebelados.

15.12.1893 — RIO DE JANEIRO. RJ. Revolta na Armada. Às margens do Rio Juquiá, Ilha do Governador, em dois morretes artilhados com dois canhões navais e defendidos por 20 marinheiros e 100 fuzileiros, o alm. Saldanha da Gama enfrentou o avanço governista dos 300 homens da coluna do gen. João B. da Silva Telles. A batalha pela posse da ilha tivera início a 13, quando os florianistas desceram no Galeão. Os navios *Marte, Júpiter, Liberdade* e *Pereira da Silva* apoiaram o combate e retiraram os marujos quando Saldanha decidiu pelo abandono da Escola de Aprendizes Marinheiros e da própria ilha. Um tiro de canhão naval fez desmontar do seu cavalo um oficial de alta patente, governista. O alm. Thompson, cronista minucioso da revolta, afirma tratar-se do gen. José Telles, falecido dias depois em conseqüência dos ferimentos então recebidos.

2.1.1894 — RIO DE JANEIRO. Ilha do Engenho. RJ. Revolta na Armada. Enquanto rebocadores da Armada metralhavam posições governistas, 75 marinheiros ao mando do guarda-marinha Cândido de Carvalho tentaram desembarque na Ilha do Engenho, cuja posse era desejada pelo comando naval. A enérgica resistência dos governistas durou três horas, provocando muitos mortos em ambos os lados.

12.1.1894 — RIO DE JANEIRO. RJ. Revolta na Armada. Desafiando o fogo das fortalezas em pleno dia, entrou a barra o couraçado revoltado *Aquidabã*. Vinha de SC ao mando do CF Alexandrino de Alencar.

24.1.1894 — RIO DE JANEIRO/ILHA DE BOM JESUS. RJ. Revolta na Armada. Buscando conquistar pontos de apoio em terra, o alm. Saldanha da Gama determinou a tomada da ilha. Mas só a pôde manter até o dia 26.

29.1.1894 — RIO DE JANEIRO. RJ. Revolta na Armada. Intervenção norte-americana. Manobrando cinco cruzadores (*Charleston, Newark, Detroit, San Francisco, New York*) o alm. Andrew Ellicot Kennedy Benhan, dominava de fato a baía da Guanabara, em claro desfavor para com os revoltosos. O *Detroit*, escoltando barcas de comércio defrontou o navio de madeira *Trajano* que, obediente à ordem de Saldanha da Gama, buscou obstar a atracação da barca *Ágata* enviando-lhe um tiro de fuzil. O *Detroit* disparou pequeno canhão à frente da proa do *Trajano*. Este revidou com tiro de pólvora seca. Segundo tiro do norte-americano acertou obras mortas da popa do barco brasileiro. A barca, atracou. Discute-se quantos os tiros e qual o propósito dos disparos. Tem-se como certo que a intervenção estrangeira contribuiu em muito para a vitória final do governo de Floriano.

16.1.1894 — RIO DE JANEIRO. RJ. Revolta na Armada. O alm. Saldanha da Gama, no comando da revolta, planejou a tomada da Ilha de Mocanguê Grande, limítrofe de Niterói. Às 3 h, o *Aquidabã*, o *Trajano* e o *Tamandaré* começaram a bombardeá-la. Pelo lado da praia, foi metralhada pelos rebocadores *Standard, Bittencourt, Luci* e *Guanabara*. Às 3:30 desembarcaram os marujos do comando do GM Pinna Júnior. Foram apresados pelos revoltados muitos oficiais e praças florianistas e material de guerra que incluiu dois canhões Krupp 7,5.

23.2.1894 — RIO DE JANEIRO. RJ. Revolta na Armada. O cruzador *Pereira da Cunha* (ex-*Vênus*), recebia carvão de barco atracado no costado a bombordo. Às 6 h passou a ser alvejado pela bateria governista do Porto da Madama. Uma bala Ce 32 perfurou o terceiro camarote de bombordo, depósito de pólvora, que explodiu, indo a pique o cruzador. Morreram o seu comandante, CT Afonso de Vasconcelos, e mais 20 suboficiais e praças.

13.3.1894 — RIO DE JANEIRO. RJ. Revolta na Armada. Às 12 h, obedecendo com rigor o disposto no ultimato de Floriano Peixoto, a fortaleza de Santa Cruz iniciou o bombardeio das posições dos revultados na Ilha de Villegaignon, disparando seu canhão de 400. Seguiram-na as fortalezas da Laje, do Pico, da Armação, enquanto a de Gragoatá visava as ilhas das Cobras e Enxadas. Sem resposta, o fogo cessou às 13:30 para recomeçar às 14, desta vez pelas peças das baterias dos morros de Guaratiba, do Castelo e da Viúva, dos canhões montados em Viúva Ramos, Icaraí, e de um canhão-revólver na Praia do Russell. A esquadra florianista recém-formada, chamada pejorativamente "Esquadra de Papelão" pelos revoltados, encontrava-se, desde o dia 10, na Praia Vermelha. Comandada pelo alm. Jerônimo Francisco Gonçalves, partia para o ataque aos navios de Saldanha da Gama quando foi divulgada a notícia de que as ilhas estavam desertas e Saldanha, com 493 camaradas, buscara asilo a bordo dos navios portugueses *Mindelo* e *Afonso de Albuquerque*. Terminara a Revolta na Armada na baía da Guanabara. O *Aquidabã* seria torpedeado a 17.6 no porto do Desterro (Florianópolis), SC.

A "ESQUADRA DE PAPELÃO". Em 1893, o melhor da armada ficou em poder dos revoltados. A energia de Floriano decidiu a criação de outra esquadra. Com empréstimo obtido no banco Rothschild recolheu o que houvesse disponível no mercado mundial, alcançou reunir barcos assim díspares e precários que os seus inimigos e mesmo alguns amigos tacharam esse conjunto de "Esquadra de Papelão". O historiador naval almirante Hélio Leôncio Martins assim a descre-

veu: *"Até mesmo uma torpedeira que operava semi-submersa, só com a torre de comando acima da superfície, disparando um canhão submarino — a* Piratinim — *que nunca passou de Salvador, onde afundou sem querer e definitivamente. Quanto às torpedeiras, obtiveram: uma de madeira, primitiva, a* Greenhalt, *duas Yarrow, de aço, de segunda mão, elementares,* Sabino Vieira *e* Tamborim, *e cinco alemães, bem melhores, novas, que chamaram* Silvado, Pedro Afonso, Pedro Ivo, Bento Gonçalves *e* Silva Jardim. *"Chegaram dois grandes paquetes,* Niterói *e* Andrada, *que armou com muita artilharia e constituiriam a "Linha de Batalha". "A esquadra de papelão" incorporou uma caça-torpedeira,* Gustavo de Sampaio *(498 toneladas) que foi a melhor aquisição feita pelos legalistas, ficando famosa ao torpedear, a 16 de abril de 1894, o* Aquidabã, *em Santa Catarina, aliás o segundo torpedeamento com êxito jamais realizado. A deficiente manobrabilidade das torpedeiras — e também a pouca experiência de nosso pessoal em conduzir suas máquinas e operá-las — foi fazendo vítimas. As* Piratinim, Greenhalt *e* Bento Gonçalves *nem chegaram a sair do nordeste. A* Silva Jardim, que vinha a reboque, abalroou no mar com a Gustavo de Sampaio *e foi a pique, quanto já navegavam para o sul. As que sobraram, e mais as* Marcílio Dias, Iguatemi *e* Araguari, *adquiridas em 1892, que estavam com a esquadra revoltosa, formaram, com a volta da paz, o Comando das Torpedeiras que existiu até 1910".*

14.11.1904 — RIO DE JANEIRO. RJ. Arruaças contra a vacina obrigatória. A animosidade popular face a obrigatoriedade da vacina contra a febre amarela e os meios empregados para efetivá-la foi habilmente aproveitada por políticos da oposição, os quais lograram alcançar apoio militar. O líder civil Lauro Sodré, e o gen. Silvestre Travassos abriram a marcha de 300 alunos da Escola Militar em pronunciamento contra o governo. Na Rua da Passagem, esquina com a Rua General Polidoro, pelas 22:30 h, os manifestantes defrontaram a força governamental comandada pelo gen. Carlos Piragibe. Partiu deste a voz de fogo. Houve resposta. Várias descargas no escuro e retirada dos governistas. Mas os alunos voltaram à Escola, levando oito feridos e dois mortos. O general Travassos, ferido, morreria mais tarde em razão desse combate. O choque leva também o nome de Combate da Passagem.

22.11.1910 — RIO DE JANEIRO. RJ. Revolta da chibata ou dos marinheiros. Reclamando novo código disciplinar na armada, melhor relacionamento e principalmente a abolição do castigo da chibata, revoltaram-se tripulantes dos navios *Minas Gerais, São Paulo, Deodoro* e *Bahia.* Chefes: João Cândido Felisberto, praça da 4ª Cia. do Corpo de Marinheiros Nacionais; os cabos Gregório Nascimento e André Avelino; Ricardo Freitas e Francisco Dias Martins. A bordo do couraçado *Minas Gerais,* o comandante, CMG João Batista das Neves, espada desembainhada, lutou por bem 10 minutos contra vários revoltados que manejavam machadinhas. Morreu, praticamente retalhado. Morreu também, lutando pelo seu navio, o 2º ten. Mota e Silva. Na água, o CT Mário Lahmeyer. No couraçado *São Paulo,* o CT Américo Salles de Carvalho, único a oferecer resistência, pereceu, enquanto os demais oficiais deixavam o navio. No cruzador *Bahia,* opuseram-se e morreram o ten. Mário Alves de Souza e vários marinheiros. De posse dos quatro maiores barcos da armada, os revoltados impuseram ao governo do mal. Hermes da Fonseca a abolição da chibata e anistia. Satisfeitos, entregaram em boa ordem os navios que haviam retirado da baía, a fim de poupá-los a combate contra flotilha suicida de oficiais dispostos a recuperar ou afundar os couraçados e o cruzador.

25.11.1910 — RIO DE JANEIRO. RJ. Baía da Guanabara. Revolta da chibata. Os destróieres *Barroso* e *Timbiras*, tripulados por oficiais decididos a lançar ataques imobilizadores contra os grandes navios em poder dos marujos rebeldes, moveram-se contra aqueles barcos. Tal como na véspera, foram enfrentados pelo couraçado *São Paulo*, o qual, em seguida, bombardeou, em represália, instalações militares na Ilha das Cobras.

9.12.1910 — RIO DE JANEIRO. Motim no navio *Rio Grande do Sul*. Depois de alguns dias de muita tensão a bordo, oficiais e maruja em clima de recíproca desconfiança, as luzes se apagaram às 23 h. Como se fora um sinal para ação planejada. O CT Francisco Xavier Carneiro da Cunha foi mandado, da câmara de comando, verificar de que se tratava. No escuro, foi apunhalado por amotinados e morreu ao ser transportado para terra. Logo depois os marinheiros Manoel Antônio e Belmiro Libânio informaram ao comandante do barco que a guarnição se revoltara ao saber que "o navio seria atacado por uma força de terra, com a aquiescência dos oficiais". Reconheciam tratar-se de boato e acatariam ordens. O comandante mandou formar e advertiu: não toleraria outros atos de indisciplina. Horas depois, ainda na Baía da Guanabara, ocorreria a revolta do Batalhão Naval. Questiona-se a possibilidade de orquestração entre os dois acontecimentos.

9.12.1910 — RIO DE JANEIRO. RJ. Revolta do Batalhão Naval. Na Ilha das Cobras, com efetivo de 600 homens, revoltou-se o Batalhão. Contra ele, entraram em fila na baía os couraçados *Minas Gerais* e *São Paulo* e os cruzadores *Bahia* e *Deodoro*. Corpo de infantaria conduzido pelo cel. Manoel Carneiro atravessou o mar e atacou por desembarque. Segundo o jornal *Diário de Notícias*, sobreviveram 60 dos 600 rebelados. As forças da repressão perderam 20 homens mortos e tiveram outros 60 feridos. Entre a população civil, houve nove mortos e 132 feridos. Contra os revoltados do Batalhão, servindo nos navios, atuaram com perfeita decisão os marinheiros que no mês anterior, 22.11, haviam feito a revolta da chibata. O *Diário de Notícias* escreveu: "A ilha é um montão de ruínas, sepultando centenas de cadáveres. Dos 600 soldados que constituíam o Batalhão Naval, restam sessenta vencidos pelo desespero".

18.11.1918 — RIO DE JANEIRO. RJ. Levante de anarquistas. Tecelões, metalúrgicos e trabalhadores na construção civil concentram-se no Campo de São Cristóvão. Dali partiram para cumprir um plano de ocupação do senado, da câmara, de arsenais e do palácio presidencial. Objetivo: implantação do regime anarquista no Rio de Janeiro. A caminho, detiveram-se para atacar a delegacia do 10º distrito policial, ferindo, com bombas, o delegado e quatro praças. A delegacia resistiu como pôde e conseguiu pedir socorro. Surgiu destacamento de infantaria dando cobertura à carga de esquadrão de cavalaria que dispersou os manifestantes. Reforços do EN e da força policial completaram a dispersão e iniciaram a prisão de dezenas de anarquistas.

5.7.1922 — RIO DE JANEIRO. RJ. Revolta nos fortes do Vigia e de Copacabana, na Vila Militar, na Escola Militar. A sempre aumentada inquietação sócio-política que envolvia civis e militares e se corporificava em protestos oposicionistas e na concretização do ideário tenentista abriu o ciclo de revoltas, golpes-de-mão e movimentos de violência que haveriam de caracterizar o decênio. À 1:20, três tiros de 190 mm contra a Ilha de Cotunduba e outro, sobre o Quartel do 3º RI, revelaram a postura revoltada do Forte de Copacabana, onde foram ter os revoltados no Forte do Vigia. Durante a jornada, duelo de artilharia com outras fortalezas, principalmente a de Santa Cruz. Os canhões dos revoltados visaram o QG do Exército, o Corpo de Bombeiros, o Batalhão Naval, o Arsenal de Marinha. Dezenas de civis morreram em suas residências, atingidas pelas bombas. Os soldados do governo concentraram-se no Túnel então chamado Túnel Novo. À tarde, foi recusada trégua. Na *Escola Militar*, pela madrugada do mesmo dia, os oficiais instrutores Odílio Denys, Juarez Távora, Tristão Alencar Araripe, Newton Cavalcanti, Falconiére da Cunha, Gustavo Cordeiro de Farias, Canrobert Pereira da Costa e outros, bem como os tenentes Stênio Caio de Albuquerque Lima e Henrique Ricardo Hall, retiraram munições da fábrica de cartuchos e, em coluna, desceram para a Vila Militar, seguindo plano elaborado pelo mar. Hermes da Fonseca para chegar ao Palácio do Catete e depor o presidente Epitácio Pessoa. Atacados por tropas de engenharia, responderam e retiraram-se para Gericinó, proximidades da vila, esperando a adesão da mesma. Quando ela manifestou lealdade ao governo, os levantados dirigiram-se para o Realengo, onde acabaram sendo presos. Baixas: um aluno e dois soldados feridos gravemente. Aproximadamente à mesma hora em que o Forte de Copacabana disparava o tiro que abria no País o ciclo de revoltas tenentistas, a *Vila Militar* agitara-se com a tentativa de levante do 1º RI. O 2º ten. Frederico Cristiano Buys e os sargentos Valdomiro Barbosa e Galdino Hardmann armaram os soldados. Saindo a inspecionar o que ocorria, foi morto por descarga dos levantados o cap. José Barbosa Monteiro, enquanto por ordem do srg. Valdomiro um pelotão disparava rajadas para dentro do cassino dos oficiais. Mas o comandante do regimento, cel. Nestor Sezefredo Passos, foi ao encontro do ten. Buys e o prendeu, frustrando o movimento revoltoso na Vila Militar. Mas o forte estava pronto para continuar a luta no dia seguinte.

6.7.1922 — RIO DE JANEIRO. RJ. Forte de Copacabana. Revoltado na véspera, pela madrugada de 7 recebeu do ministro da Guerra intimação à rendição. Recusada, franqueou-se a saída para os prisioneiros e os que o desejassem. Dos 301 presentes, 272 saíram. Os 29 persistentes organizaram a resistência. Às 8:30 h, os couraçados *São Paulo* e *Minas Gerais* e o contratorpedeiro *Paraná*, postados diante da Ilha de Cotunduba, começaram a bombardear o forte. Bordada dos canhões 305 mm do *São Paulo* abriu rombo de 10 m no paredão. Dois hidroaviões navais lançaram bombas sobre a posição rebelada no momento em que ela recebia comissão de parlamentares. O comandante rebelde, cap. Euclides Hermes, indo parlamentar com o Ministro, foi preso. Assumiu a liderança Siqueira Campos, que propôs e viu aceita a decisão de avanço suicida daquele punhado de homens sobre o palácio do governo. A bandeira nacional foi dividida em 29 pedaços, um para cada combatente. Às 15 h, saíram pela Avenida Atlântica, em desafio aos governamentais. Estes — Exército, Brigada Policial, Marinha e Batalhão de Guardas do Catete — concentraram-se na Praça Serzedelo Correa, de onde o primeiro pelotão, conduzido pelo ten. João Segadas Viana, desceu pela Rua Barroso em direção à Avenida. Os rebelados pararam no hotel Londres para tomar água e Newton Prado pôde agradecer galantemente à moça que lha dera, dizendo: "Deus te dê um lindo noivo, minha filha!" Mas no hotel, deixaram-se ficar alguns dos 29. Siqueira Campos voltou para tentar reconduzi-los. E foi durante essa sua segunda aproximação do hotel que Zenóbio Couto, fotógrafo da revista *O Malho*, fez a foto-documentário clássica dos "18 do Forte". Nela aparecem 17 militares e um civil, o engenheiro Otávio Correia, que se incorporara ao grupo, pedindo um fuzil. Recebera o de Newton

Prado, o qual passara a empunhar pistola. O pelotão governista do ten. Segadas Viana, surgindo da Rua Barroso, tomou posição na embocadura da mesma rua na Avenida e seu comandante interpelou o grupo revolucionário. Sucederam-se quatro ou cinco frases e Siqueira Campos abriu fogo. Com a pronta resposta caiu o primeiro dos 18, o soldado Pedro Ferreira de Melo, atingido nas costas. Seus companheiros saltaram para a areia da praia, protegendo-se com o paredão e revidando aos tiros governistas. Já não eram senão 10: os tenentes Antônio de Siqueira Campos, Eduardo Gomes, Mário Tamarindo Carpenter e Newton Prado; o civil Otávio Correia, sargentos José Pinto de Oliveira e Artur Pereira da Silva, os soldados Manoel Ananias dos Santos, único dos 18 a não receber ferimentos, e dois outros. Caem o civil e o ten. Carpenter. Os demais avançam ao longo do paredão, talvez o espaço correspondente a uma quadra. Terminada a munição, todos mortos ou feridos, exceção de Ananias que cruzara a avenida sob tiros e subira o morro. A tropa legalista carregou a baioneta. Coube ao sargento policial Lindolfo Garcia Godinho transpassar com a sua arma o fígado de Siqueira, sendo abatido pelo último tiro de que este dispunha. Dos governistas, 33 soldados estavam mortos ou feridos. Eduardo Gomes, Carpenter, Siqueira e Prado foram levados a hospital, onde Prado morreria horas depois. Os demais viriam a ser presença constante nos movimentos tenentistas e revolucionários seguintes.

4.11.1924 — RIO DE JANEIRO. RJ. Ciclo das revoltas tenentistas — Levante do couraçado *São Paulo*. Esse navio e o torpedeiro *Goiás* centralizaram a revolta liderada pelos tenentes Hercolino Cascardo, Augusto do Amaral Peixoto Júnior, Valdemar Araújo Mota, Arnaldo Pinheiro de Andrade e outros. Sem receber as adesões prometidas, os barcos tentaram deixar a baía, levando a reboque dois hidroplanos. Tiros das fortalezas afundaram os aviões e compeliram o *Goiás* à rendição. O *São Paulo* forçou a barra, dirigindo-se a Montevidéu, Uruguai, onde passou à responsabilidade da representação brasileira.

21.5.1925 — RIO DE JANEIRO. RJ. Ciclo das revoltas tenentistas — assalto ao Quartel do III RI. Os tenentes Jansen de Mello, Delso Mendes, Heitor Pedroso e vários civis tentaram golpe-de-mão contra o quartel. Ultrapassando o corpo da guarda, avançavam sobre o Parque de Armas quando foram interceptados e alvejados pelo piquete do mando do cap. Aquino Corrêa. Este resultou ferido e morto o ten. Jansen. Os assaltantes recuaram. John W. F. Dulles inclui entre os invasores os capitães Leopoldo Neri da Fonseca e Carlos da Costa Leite, este recém-escapo ao campo de prisioneiros da Ilha das Flores.

27.11.1935 — RIO DE JANEIRO. RJ. Levante comunista ou Intentona Comunista. Apesar de conhecido o rápido esmagamento pelo governo dos levantes comunistas de Natal-RN e do Recife, o comando nacional da revolução insistiu em levar avante o plano traçado para a capital federal. O movimento seria efetivado principalmente por elementos e células atuantes na *Vila Militar* — 2º RI e Batalhão de Transmissões; na *Escola de Aviação* e no 3º RI. Focos menores, destinados a desviar tropas e atenções governamentais, seriam ativados no QG do Ministério da Guerra, no Centro de Preparação de Oficiais da Reserva-CPOR e no Grupo de Obuses de São Cristóvão. Os militares destas unidades comprometidos com o PC entrariam em ação na fase dos combates de rua. Em todos estes locais secundários as tentativas de levante resultaram frustradas. Na tarde de 26, mensageiro do Comitê Revolucionário levou aos comunistas mobilizados no 3º RI, quartel da Praia Vermelha, bilhete no qual Luís Carlos Prestes ordenava: "O 3º Regimento Popular Revolucionário deverá levantar-se às 2 da madrugada de 27 de novembro e a partir das 3 horas, deslocar tropas para as proximidades do Arsenal de Marinha e do Palácio do Catete, devendo outras impedir a ação da Polícia Estadual e do Batalhão de Polícia Militar da Rua São Clemente". Naquele Regimento, sob a liderança do cap. Agildo Barata, estavam prontos para agir os capitães Álvaro Francisco de Souza e José Leite Brasil, os tenentes David de Medeiros Filho, Tomás Meireles Filho, Antônio Bento Monteiro Tourinho, Francisco Antônio Leivas Otero, Joaquim Silveira dos Santos, José Guttman, Mário de Souza e Raul Pedroso, os sargentos Vicente Augusto de Oliveira e Vitor Aires da Cruz. Durante o combate, outros tenentes levariam adesão ao levante. Na hora aprazada, o pelotão Leivas Otero, que por coincidência ou artimanha dos conspiradores fora posto de prontidão no pátio, junto ao edifício do 3º Batalhão, deu o sinal disparando rajadas de metralhadora. Logo, os revoltados atacaram as companhias de metralhadoras do 1º (cap. José Alexínio Bitencourt) e do 2º (cap. Álvaro Braga) batalhões. Ambas reagiram e essa reação, de certo modo, estrangulou no nascedouro o levante do Regimento. Fazendo uso de toda a sua capacidade combativa, as companhias de metralhadoras impediram a movimentação dos levantados, com o que o segundo item do bilhete-ordem de Prestes ("... a partir de 3 horas, deslocar tropas..") não pôde ser cumprido. Além disso, o tiroteio atraiu a atenção dos moradores e informantes dos morros, os quais deram alarme às autoridades. Apesar disso, no dizer de Agildo Barata, "em cada uma das companhias, os nossos companheiros aprisionaram os comandantes e os oficiais subalternos, imobilizaram os sargentos e assumiram o comando da tropa". O ten. Armando Pereira, legalista, defendendo o seu comando, alvejou e matou o levantado cap. Tomás Meireles Filho, enquanto no 3º Batalhão o maj. Misael Mendonça foi abatido por rajada de metralha disparada por revoltosos. Exceção das duas companhias de metralhadoras e da cúpula central onde se recolhera o comandante do Regimento, cel. José Fernando Afonso Ferreira e vários oficiais, o quartel estava sob controle dos comunistas, que o entregaram a uma Junta de Comando: Agildo Barata, Álvaro de Souza e José Leite Brasil. A fim de angariar aderentes entre a tropa, foi explicado que a revolta fora desfechada "devido à proibição de engajamento dos praças e à redução dos efetivos do Exército". Entrementes, na *Escola da Aviação,* Campo dos Afonsos, os capitães Agliberto Vieira de Azevedo e Sócrates Gonçalves da Silva, tenentes Benedito de Carvalho, Ivan Ramos Ribeiro, Dinarco Reis, Carlos Brunswick França, José Gay da Cunha e asp. Walter Benjamim da Silva, graduados e praças, principalmente do Curso de Sargentos Aviadores, sublevaram a unidade. Ali, tal como no 3º RI, por coincidência ou cálculo, a guarda do portão estava entregue ao srg. Álvaro Belda, comprometido com a revolta. Esta rompeu pouco depois das 3 h, ao gritos "Viva a revolução!", envolvendo, de início, os grupos de combate dos tenentes Osvaldo Braga Ribeiro Mendes e Benedito Lopes Bragança, morrendo este com tiro na cabeça. O comandante da Escola, ten.-cel. Ivo Borges, e alguns oficiais, alvejados pelos soldados do srg. Belda, refugiaram-se no posto de comando da primeira brigada de infantaria. Os tenentes Carvalho, Ribeiro, Dinarco, Gay, França e o aspirante Walter sublevaram a Companhia de Alunos e a guarda do portão principal, ações em que morreram os legalistas cap. Armando de Souza e Melo e ten. Danilo Paladini. Mas não puderam chegar aos aviões recolhidos aos hangares nem ao depósito de combustível, devido à defesa que para os mesmos preparou e comandou o ten.-cel.

Eduardo Gomes, ferido em uma das mãos nesse ligeiro combate. As resistências internas e a pronta chegada de tropa do Regimento Andrade Neves venceram os revoltados da Escola, já alvejada por artilharia do Grupamento Escola, embora dando tempo a que muitos dos comprometidos e chefes deixassem o local. A esse tempo, a luta continuava no *Quartel do 3.º RI*. Quando, por fim, o primeiro grupo saiu à rua, foi imediatamente tiroteado por tropa legalista já disposta ao redor da área. Estavam ali o Batalhão de Guardas, o 2.º BC, as guarnições dos fortes do Vigia e de São João e o 1.º Grupo de Obuses 155 mm. No mar, diante do Quartel, dois navios-aviso apontavam suas armas contra o RI. O combate prosseguiu, com pesado bombardeio legalista. A cúpula ruiu, o comandante cel. Ferreira, braço partido, e seus oficiais entregaram-se, elevando para 39 o número de presos reunidos pelos rebeldes no cassino. Às 12 h, sem qualquer adesão, desesperançados do apoio dos aviões que teriam sido tomados pelos camaradas da Escola de Aviação, os revoltados do 3.º RI ergueram bandeira branca. Haviam morrido, além dos oficiais mencionados, 19 soldados, feridos 167. Conseqüências dos levantes comunistas de Natal, Recife e Rio de Janeiro: três emendas à Constituição: estado de guerra, cassação de patentes de oficiais da ativa, da reserva e mesmo de reformados; demissão sumária de funcionários; processo e condenação de parlamentares. O governo Vargas enrijecia seu trato com os políticos e os ideólogos.

11.5.1938 — RIO DE JANEIRO, RJ. Revolta integralista. Escreveu Glauco Carneiro: "Muito embora tenha passado à História com o nome de 'integralista', o movimento revolucionário de 11 de maio de 1938 originou-se de uma ampla conspiração de liberais", "aclamado chefe o gen. José Maria Castro Júnior, contando com o cel. Euclides Figueiredo e muitos oficiais da marinha. Os paulistas 'salistas' (simpatizantes de Armando de Salles Oliveira) prometeram as armas, os gaúchos, com Flores da Cunha, cem mil cruzeiros enviados de Montevidéu, Belmiro Valverde, delegado de Plínio Salgado, pôs à disposição a milícia integralista. A ação policial retirou dos preparativos Otávio Mangabeira e Euclides Figueiredo. Os militares engajados no plano quiseram pressa. O tenente naval Arnoldo Hasselman Fairbarn assumiu a responsabilidade do ataque ao Ministério da Marinha; Severo Fournier, ex-ajudante de ordens de Figueiredo em 1932 e assegurando ser antiintegralista, anticomunista e antigetulista, a do assalto ao Palácio Guanabara. Não chegando o armamento prometido pelos "salistas", na véspera do golpe, Bernardino de Aragão Bozzano comprou em Niterói o que pôde encontrar. Era imperioso o levante no dia 11 de maio, porquanto a guarda de fuzileiros navais do Guanabara estaria sob comando de oficial integralista, o que somente se repetiria um mês depois, tempo suficiente para que a polícia de Felinto Müller desmontasse a conspiração. No último momento, alguns gaúchos reclamaram para si o ataque ao Guanabara. Fournier não cedeu. Mas no instante da partida, os comprometidos militares não compareceram — registrou Fournier em seu diário. Teve que atuar com a reserva, os milicianos integralistas. Destes, 26 foram presos portando revólveres e dinamite, o que alertou a polícia, tendo Felinto Müller determinado prontidão, providência que impediu a tomada da Central, onde a guarda também estava sob comando de oficial comprometido com o golpe. Euclides Figueiredo e Otávio Mangabeira, que comandariam um dos ataques, fugiram do hospital para serem logo presos por um piquete de cavalaria. Na madrugada, a ação foi desfechada. *Na marinha* não houve o prometido desembarque de numeroso contingente integralista dos navios, encarregados de dominar a orla e levar para bordo do cruzador *Bahia* o prisioneiro presidente Getúlio Vargas. O ten. Arnoldo Hasselman Fairbarn cumpriu sua parte, mesmo tendo recebido apenas 30 das centenas de homens que lhe haviam assegurado. Foi dominando os postos de guarda do edifício do Ministério da Marinha e com os fuzis assim obtidos armando os seus seguidores até que um dos guardas o alvejou, atingindo a espinha e inutilizando-o. Já o grupo controlava o prédio, tiroteando a guarda com o que produziram ferimentos em dois fuzileiros. O novo comandante dos revoltosos, srg. Waldemar Cavalcanti, guarneceu as metralhadoras do terraço, impedindo, com fogo cruzado, o avanço dos fuzileiros expedidos da Ilha das Cobras. Canhões de 75 mm dispararam contra o Ministério sem desalojar os ocupantes. Ao raiar do dia, verificada a inutilidade da resistência, renderam-se. Oficiais e ex-oficiais do cruzador *Bahia* dominaram esse navio, movendo-o à espera de que o mesmo sucedesse em outros. Conhecido o fracasso da revolta, renderam-se. O mesmo sucedeu na Estação Central Rádio. *No Palácio Guanabara,* Severo Fournier e os milicianos integralistas, contando com a cumplicidade de alguns dos guardas, dominaram o jardim mas não puderam entrar no prédio, obstinadamente defendido por quatro policiais civis e pela família Vargas. Embora o socorro demorasse além do plausível, os atacantes perderam-se e dispersaram-se. Nove deles, aprisionados, teriam sido fuzilados no local. O gen. Dutra, ministro da Guerra, foi o primeiro a chegar, com alguns soldados do Forte do Leme, às duas horas da manhã. A pena de 10 anos de prisão gravou os chefes que tomaram armas, Nascimento, Fournier, Valverde. Cumpriram sete. Euclides, condenado a quatro anos e à perda da patente.

3.7.1943 — RIO DE JANEIRO. RJ. Segunda Guerra Mundial. Operando ao sul do Rio de Janeiro, o submarino alemão *U-199,* do CT Hans Werner Kraus, dá combate e derruba avião PBM3-Mariner, norte-americano, perecendo toda a tripulação. A 27 do mês, o barco torpedearia o navio inglês *Henzada* para, a 31, ser por sua vez posto a pique por aviões da F.A.B.

31.7.1943 — RIO DE JANEIRO. RJ. Segunda Guerra Mundial. Ao largo. Ao amanhecer, avião Mariner norte-americano localizou e combateu o submarino alemão *U-199,* do mando do CT Hans Werner Kraus. Uma bomba provocou avarias no submergível. Dois aviões brasileiros assumiram o ataque, tendo um metralhado o convés dificultando a defesa, enquanto o segundo lançava bombas que em três minutos afundaram o barco. Salvaram-se 12 tripulantes. Foi esse o primeiro submarino tipo XXI-D1, de 1.200 toneladas a ser posto a pique.

30.10.1943 — RIO DE JANEIRO. RJ. Segunda Guerra Mundial. Ao largo, avião Catalina tripulado por brasileiros, decolado da base do Galeão, localizou e deu combate a submarino que reagiu. O avião sofreu avarias, teve feridos os tripulantes sargentos Halley Passos e Humberto Mirabelli e retornou à base com apenas um motor funcionando.

11.1.1955 — RIO DE JANEIRO. RJ. A saída do cruzador *Tamandaré.* Impedido pelo Congresso de exercer a Presidência da República mas considerando-se legalmente no cargo do qual conjura e coação política tentavam afastá-lo, o presidente Carlos Luz embarcou no cruzador *Tamandaré.* "Visávamos — declarou — ao porto de Santos. As informações de que dispúnhamos eram as de que os fortes dali e as forças de terra permaneciam fiéis ao Governo Constitucional." Acompanharam-no elementos civis e militares do seu governo: Prado Kelly, Marcondes Ferraz, Munhoz da Rocha, José Monteiro de Castro, José Canavarro Pereira, Carlos Lacerda, Sílvio Monteiro Moutinho, Jurandir Bizarria Mamede, Doorgal Borges, Jaime Portela de Melo, Dickson Melges Grael, Júlio de Sá Bierrenbach, Salvador Mandim, Heitor de Caracas Linhares e Nelson Cibulares. O navio tinha a bordo o comandante-chefe da esquadra, v.-alm. Carlos Penna Botto, e zarpou sob o mando do CMG Sílvio Heck. Tendo partido em situação de emergência, utilizava apenas duas das caldeiras, desenvolvendo velocidade reduzida. Fora do porto foi alvejado durante 22 minutos pelas fortalezas, principalmente pelo Forte de Copacabana. Escreveu o alm. Penna Botto na Ordem do Dia nº 0009-55: "Eu poderia, é claro, responder aos tiros das fortalezas empregando o grande volume de fogo de que dispunha, o que provavelmente as silenciaria em poucos minutos. Mas seria muito perigoso para uma determinada área de Copacabana, densamente habitada...", "... prosseguimos até fora do alcance dos canhões que inocuamente nos alvejavam; e sem um arranhão ganhamos o alto-mar". Sem obter apoio militar e político em São Paulo e no sul, Carlos Luz ordenou o regresso do *Tamandaré* ao Rio de Janeiro, o que foi cumprido no dia 13.

1.4.1964 — RIO DE JANEIRO. RJ. Revolução de 31 de Março. Tendo o Forte de Copacabana manifestado adesão ao movimento revolucionário que depunha o presidente da República, João Goulart, o comando legalista do QG da Artilharia de Costa planejou ataque ao Forte. Um grupo de oficiais da Escola de Comando e Estado Maior e da Escola Superior de Guerra, liderados pelo cel. César Montagna de Souza, desembarcando de automóveis e investindo de várias direções, dominou o QG com rajadas de metralhadora e tiros de revólver. Feridos: um oficial invasor, por um golpe de baioneta no peito, um sargento do QG, por um tiro em uma das pernas. *Contra o EMFA* — Estado Maior das Forças Armadas (Palácio Monroe) e o *Clube Militar*, foram levados ataques de partidários do presidente deposto, os quais, repelidos, deixaram três mortos e dez feridos. *Na Faculdade Nacional de Direito*, um menor foi morto e oito adultos feridos entre manifestantes esquerdistas pró-Goulart.

2.9.1971 — RIO DE JANEIRO. RJ. Guerrilhas urbanas. Grupo ativista filiado à ALN — Aliança Libertadora Nacional, atacou a Casa de Saúde "Dr. Eiras". Opondo-se, morreram três guardas: Gadêncio Jaime Dolce, Sivânio Amâncio dos Santos, Demerval Ferreira dos Santos.

16.2.1630 — RIO DOCE. PE. Holandeses no NE. Tentando deter o avanço dos 3.000 holandeses do gen. Waerdenburch, descidos da frota do alm. Lonck, o srg-mor Pedro Correa da Câmara ocupara a margem sul do Rio Doce, entre a praia do Pau Amarelo e Olinda. Waerdenburch, que na véspera dispersara na praia as forças do capitão-mor interino, avançou com três colunas lançadas em movimento envolvente. Tinha o apoio de flotilha de lanchas operando ao longo da costa. Com pouco tempo de fogo por mar e terra, expeliu o Correa da Câmara e abriu caminho para Olinda.

16.10.1630 — RIO DOCE. PE. Holandeses no PE. O destacamento do cap. Simão de Figueiredo repele ataque holandês.

11.9.1824 — RIO DO PEIXE. CE. Confederação do Equador. Tropas legalistas impuseram severa derrota aos partidários cearenses da Confederação. Este encontro e o de Missão Velha fizeram desmanchar o poderio militar dos republicanos na província do CE.

7.2.1633 — RIO FORMOSO. PE. Holandeses no NE. Defendido por 20 homens, o reduto do Rio Formoso foi atacado por 500 holandeses conduzidos por Laurens van Rembach, tendo por guia Domingos Calabar. Tomado o reduto e encontrando mortos 18 dos 20 defensores, o chefe vitorioso ordenou honras à bravura dos vencidos e enviou para tratamento no Recife o comandante ferido, Pedro de Albuquerque. Este, uma vez curado, foi levado às Antilhas Holandesas. O sucesso do reduto do Rio Formoso custou aos vencedores 80 baixas.

24.10. 1636 — RIO FORMOSO. PE. Holandeses no NE. O cap. Martim Soares Moreno derrota corpo de holandeses surpreendido em marcha.

12.1.1637 — RIO FORMOSO. PE. Holandeses no NE. O ajudante José Castanho, à frente de 130 homens, embosca e faz dispersar destacamento holandês.

29.5.1767 — RIO GRANDE. RS. Reconquista do RS aos espanhóis. José de Custódio de Sá e Faria, sem consultar ao vice-rei, decide atacar as posições ocupadas pelos espanhóis desde a invasão de Cevallos (12.5.1763). O golpe foi chefiado pelo cel. José Marcelino de Figueiredo e realizado por 520 homens em dois saveiros, duas lanchas e 30 canoas, partidos do Forte de São Caetano. A chuva retardou o avanço envolvente dos 200 dragões do cel. José Casimiro Roncali, e os espanhóis, prevenidos, conseguiram repelir o ataque. Marcelino tomou compensação, ocupando, 5.6, a vila de São José do Norte.

Efetivo reunido para reconquista do território rio-grandense ocupado por espanhóis

Constituiu-se no maior contingente de tropas regulares até então mobilizadas no Brasil.

Comando geral: Ten.-gen. Henrique Böhn

Portugueses:	
Regimento de Moura	679
Regimento de Bragança	661
Regimento de Entremoz	627
Brasileiros:	
1º Regimento do Rio de Janeiro	791
Aventureiros de Laguna e do Rio Grande	554
Infantaria de São Paulo	813
Legião de São Paulo (cavalaria, infantaria, artilharia)	1.012
Artilharia do Rio de Janeiro e cavalaria auxiliar	615
Dragões do Rio Grande	380
Legionários do Rio Grande	585
Total	6.717

(E. F. de Souza Docca — *História do Rio Grande do Sul)*

6.4.1773 — RIO GRANDE. RS. Reconquista do RS aos espanhóis. Duelo de artilharia entre os fortes portugueses da margem esquerda e os espanhóis na oposta.

13.4.1775 — RIO GRANDE. RS. Reconquista do RS aos espanhóis. As baterias portuguesas da margem esquerda da barra do Rio Grande hostilizaram, porém não conseguiram impedir, a entrada da flotilha do cte. Xavier Morales, mandada para reforçar as posições espanholas na margem oposta da barra. Mas os barcos, imobilizados, seriam destruídos no combate terra e mar de 1.4.1776.

19.2.1776 — RIO GRANDE. RS. Reconquista do RS aos espanhóis. O Marquês do Lavradio, no Rio de Janeiro, ordenou ao irlandês a serviço de Portugal, CMG Robert Mac-Douall, atacasse com sua flotilha e retomasse a vila do Rio Grande. Com duas fragatas, duas corvetas, três sumacas, um bergantim e uma chalupa; montando 109 canhões, guarnecidos por 600 marinheiros e levando 170 fuzileiros, Mac-Douall defrontou a defesa espanhola dos fortes, das baterias e da flotilha de Francisco Xavier Morales. De saída, a garra da âncora de uma das fragatas inutilizou para a ação uma das corvetas e avariou a própria fragata. A sumaca *Bom Jesus* encalhou nos baixios. Pelas 15 h, em fila, sob o fogo dos fortes da Trindade e de Santa Bárbara ou do Mosquito e da bateria da Conceição, a esquadrilha portuguesa forçou caminho e sofreu baixas e avarias que forçaram a sua retirada. Perdeu um oficial e 14 marinheiros, mortos; 30 oficiais, marinheiros e fuzileiros, feridos. Os espanhóis: 15 mortos e 23 feridos. Na manhã de 30, Mac-Douall retirou-se para Santa Catarina, deixando os navios sob o mando de Jorge Hard-Castle.

Forças em confronto na vila do Rio Grande, RS, 19.2.1776

Portuguesas:

Cte.: CMG Robert Mac-Douall		*Canhões*
Fragatas:	*Nossa Senhora da Glória*	20
	Nossa Senhora da Graça	22
Corvetas:	*Nossa Senhora da Vitória*	14
	Nossa Senhora da Penha	8
Sumacas:	*Nossa Senhora do Monte*	10
	Nossa Senhora de Belém	10
	Bom Jesus	10
Bergantim:	*Bom Sucesso*	8
Chalupa:		7
		109

Tripulação: 600 marinheiros — 170 fuzileiros

Espanholas:

Cte. naval: Francisco Xavier Morales

Corveta: *Dolores*

Bergantim: *La Pastoriza*

São Tiago

Setias: *São Francisco*

Misericórdia

Mais os canhões dos fortes e da bateria

(Jônatas da Costa Rego Monteiro, cel. — *Dominação espanhola no Rio Grande do Sul 1763-1777,* Parte I).

1.4.1776 — RIO GRANDE. RS. Reconquista do RS aos espanhóis. As forças portuguesas do gen. Henrique Böhm, na margem esquerda do canal de acesso a Rio Grande, começam, pela madrugada, a bater as posições espanholas da margem oposta. O Forte de Santa Bárbara, ou do Mosquito, foi tomado de assalto pelo maj. Soares Coimbra; o Forte da Trindade, junto da Ponte da Mangueira, pelo maj. Carneiro de Figueiredo. A divisão naval de Jorge Hard-Castle atacou a esquadrilha espanhola de Francisco Xavier Morales e apoiou o ataque aos fortes. Durante a manhã os espanhóis abandonaram os fortes do Ladino e da Mangueira; às 16 h deixaram o do Triunfo e às 20 incendiaram e abandonaram o da Barra. Da força naval, três barcos naufragaram, dois foram incendiados e três escaparam. Durante a madrugada do dia 2, os portugueses ocuparam a vila, recolhendo 129 canhões e 56 pedreiros, apresando 13 barcos artilhados e 98 lanchas armadas. Dos navios inimigos naufragados puderam retirar boa parte da artilharia. Completava-se a reconquista do território rio-grandense perdido em 1763.

9.1.1833 — RIO GRANDE. RS. Companha contra quilombos. O jornal *O Observador* noticia, na data, assalto policial a quilombo instalado na vizinha Ilha dos Marinheiros. Durante a ação morrera o "rei" do quilombo, Lucas. Frustração, para os atacantes, o pequeno número de prisioneiros: seis homens e quatro mulheres.

8.7.1893 — RIO GRANDE. RS. Revolta dos federalistas. O alm. Eduardo Wandenkolk, ministro da Marinha do mar. Deodoro e signatário do manifesto dos 13 oficiais generais contra Floriano, desligara-se da armada e fora viver em Buenos Aires. Entusiasmado com a revolta dos federalistas, inimigos comuns do marechal presidente Floriano, desfechou espetacular golpe-de-mão, apoderando-se do navio *Júpiter*, carregado com armas destinadas ao governo do estado do RS. Dirigiu-o para o porto do Rio Grande, tomado com a ajuda da tropa federalista do cel. Laurentino Pinto. Mas os republicanos investiram e colocaram fortes contingentes entre Rio Grande e Gumercindo Saraiva, impedindo a junção projetada. Wandenkolk levou o *Júpiter* para Canavieiras, onde o abandonou. Logo mais foi detido pelo cruzador *Republica*, enviado para combater o *Júpiter*. Mesmo sem esse reforço material Gumercindo partiu para cumprir o mirífico plano de atingir o Rio de Janeiro.

13.7.1893 — RIO GRANDE. RS. Revolta dos federalistas. A canhoneira *Cananéia*, expedida para combater os revoltosos cruzador auxiliar *Júpiter* e mercante *Itália*, não os encontra. Mas persegue, alveja e aprisiona a lancha *Helena*, transportadora de armas para os revoltosos.

7.4.1894 — RIO GRANDE. RS. Revolta na Armada — Revolta dos federalistas. Gumercindo Saraiva e o alm. Custódio de Melo decidiram ocupar a cidade, mantendo ativa a revolta federalista. Embarcaram 635 homens do gen. Laurentino Pinto e 1.300 do gen. Salgado, nos navios *Íris*, *Urano*, *Meteoro*, *Esperança* e *República*. Mal chegados, dirigiram ataque desorganizado, facilmente repelido pela guarnição legalista reforçada pelo socorro prontamente levado por ferrovia pelo cel. Carlos Telles. A gente do gen. Laurentino extraviou-se e a cidade recusou a rendição. Anunciada a aproximação da esquadra florianista, no dia 11 o alm. Custódio obrigou o gen. Salgado a reembarcar e foi deixar seus aliados federalistas em Castilhos, Uruguai. A 21, ele próprio entrava em Buenos Aires dando por finda a participação do 2º Corpo do Exército revolucionário.

22.1.1915 — RIO GRANDE. RS. Motim militar. Primeiro de vários motins em unidades militares reivindicando melhores soldos e direitos políticos. No 16º Grupo de Artilharia, 50 praças lutaram dentro do quartel, tentaram ganhar a rua mas terminaram presos. O governo considerou o movimento como "simples ato de indisciplina", porém mandou pagar os soldos atrasados.

6.4.1772 — RIO GRANDE DE SÃO PEDRO. RS. Defrontando-se na barra do rio, espanhóis e portugueses hostilizaram-se. A goleta espanhola *Santa Matilde,* do cap. Manuel de Pando, atacou duas sumacas portuguesas que faziam carregamento de víveres e foram defendidas por bateria em terra. Uma das sumacas logrou escapar. A segunda, avariada pelo canhoneio, foi levada a encalhar.

?.5.1536 — RIO GRANDE DO NORTE. RN. Conflitos com indígenas e franceses. A frota de Aires da Cunha, associado de João de Barros na capitânia do Grão Pará, tocou o litoral para refazer-se de carências e avarias. Seus 10 navios conduziam 900 homens, dos quais 112 cavaleiros. Uma dezena desses pereceu em combate contra potiguares que, aliados dos franceses, opuseram-se ao desembarque português. Aires da Cunha reembarcou tomando o rumo do Maranhão. (Ver: 5.1537 — Nazaré.)

13.4.1894 — RIO IAPÓ-CASTRO. PR. Revolta dos federalistas. De retorno ao Rio Grande, desistindo de avançar sobre SP e RJ, os federalistas de Juca Tigre combateram em retardamento, na entrada da cidade de Castro. Por duas horas a passagem do Rio Iapó lhes foi disputada pelo batalhão nº 3 de Campinas — SP e por companhia do 1º BC da Força Pública paulista. Na mesma data os governamentais retomaram Paranaguá.

17.3.1532 — RIO IGARAÇU. PE. Piratas. Os franceses da nau *La Pèlerine,* desembarcando 120 homens e boa artilharia, sob o cap. Jean Duperret, atacaram a feitoria portuguesa, defendida por seis brancos e alguns índios. Vencendo, no segundo assalto, melhoraram bastante o fortim dando-lhe por guarnição 70 homens ao mando do Senhor de La Motte. A nau, carregada com pau brasil, algodão e macacos, tudo isso no valor de 62.300 cruzados, será aprisionada por flotilha guarda-costas portuguesa já na altura de Málaga e levada para Lisboa.

1.9.1531 — RIO IGUAÇU. PR. Conflitos com indígenas. A data é a da partida de Cananéia-SP dos 80 homens destacados da frota de Martim Afonso de Sousa, sob comando de Pero Lobo e tendo por guia Francisco de Chaves. Este, espanhol transviado em SC da armada de Dias de Solis, encontrando-se com Martim Afonso em São Vicente, referiu a extraordinária cópia de riquezas em ouro e prata existentes no sertão do oeste — certamente, o Peru. Comprometia-se a voltar, dentro de seis meses, com metais preciosos suficientes para ocupar 400 escravos de transporte. Nas cabeceiras do Rio Iguaçu, toda a expedição foi liquidada pelos índios carijós. Há cronistas que insistem em ter o Chaves regressado ao litoral. O único ou um dos poucos que tal conseguiram.

10.10.1866 — RIO JAVARI. Algum ponto da fronteira entre o Brasil (Acre) e o Peru. Massacrada a subcomissão brasileiro-peruana de limites chefiada pelo CT João Soares Pinto e por dom Manuel Rováud y Paz Soldan. A Comissão explorava o curso do Javari procurando localizar a sua nascente principal.

?.7(?).1718 — RIO MOTUCA/CUIABÁ. MT. Choques com indígenas. A bandeira de Pascoal Moreira Cabral transpôs o rio Motuca, além do Coxipó-mirim, região de Cuiabá. Formavam-na, 55 brancos e talvez 150 auxiliares indígenas e escravos negros. Atacou o aldeamento principal dos aripoconés, sendo rechaçada depois de perder cinco homens, mortos, e 14 feridos.

Recuando, para sua felicidade, os bandeirantes posicionaram-se no arraial do Coxipó onde em seguida descobriram as riquíssimas minas de ouro cuiabanas.

8.4.1812 — RIO NEGRO. Uruguai. Campanha Pacificadora. O gen. Oliveira Álvares, com tropa da Legião de São Paulo, destacado do exército de Diogo de Souza, saiu de Maldonado rumo de Montevidéu. Encontrou o passo sobre o Rio Negro bloqueado pelos contingentes uruguaios de Germano Machario e Rubio Marques. Ao fim de combate breve mas violento, o rio foi transporto e a marcha continuada. Foram tomados 300 prisioneiros e contados, entre os adversários, sete feridos e 10 mortos.

30.10.1826 — RIO NEGRO. Uruguai. Guerra da Cisplatina. O CF Jacinto Roque de Sena Pereira subia o rio Uruguai com a terceira divisão da esquadra brasileira do Prata. Levava o encargo de vigiar o rio evitando a travessia de soldados e de material argentino para auxílio dos levantados uruguaios. O argentino alm. Brown foi-lhe ao encalço, com 15 barcos atingindo a foz do Rio Negro, onde Sena Pereira havia fundeado. Trocaram tiros na véspera, no Jaguari e Brown enviou o cap. Coe para intimar à rendição. Não voltando o parlamentário, Brown atacou, mas ao fim de uma hora de duelo de artilharias compreendeu que ali não alcançaria vitória. Mas tinha *engarrafada* a divisão imperial. Retirou-se para a ilha de Martín Garcia, abandonada pelos brasileiros, e esperou. A 9.2.1827, quando Pereira voltava ao estuário, em frente ao Juncal e às ilhas Duas Irmãs, Brown o enfrentou e destruiu, na mais pesada e desastrosa batalha naval da guerra, para os brasileiros.

27.2.1827 — RIO NEGRO. Argentina. Guerra da Cisplatina. A expedição naval enviada para destruir a base dos corsários no Salado, Patagônia, enfrentou o forte que defendia a barra do Rio Negro. A escuna *Constança*, do 2º ten. Marques Lisboa, o brigue-escuna *Escudeiro* e as corvetas *Itaparica* e *Duquesa de Goiás* destruíram o forte, batendo-o com seus canhões. Porém a *Duquesa de Goiás* bateu em um banco e afundou. O corsário argentino *Chacabuco*, aproximando-se, tentou abordar a *Constança*, que o repeliu e em seguida foi salvar 280 dos 318 marinheiros da corveta naufragada.

27.11.1893 — RIO NEGRO. RS. Revolta dos federalistas, combate chamado também do Quebrachinho. Depois de repelidas no ataque a Bagé, as forças federalistas de Silva Tavares, somando 3.000 combatentes, envolvem em Rio Negro, 24 quilômetros de Bagé, os 1.200 homens do mar. Isidoro Fernandes de Oliveira. Unidades governistas: o 2º BI e a Brigada patriótica do cel. Pedroso. A Divisão Santana, dos *maragatos*, atacou pela frente e pelo flanco direito; a Divisão Marcelino Pina e a tropa de José Bonifácio, pelo flanco esquerdo e pela retaguarda. Apesar da firme resistência personificada principalmente pelos coronéis Manoel Pedroso e Utalis Lupi, a força republicana, sem recursos, rendeu-se no dia 28. Foi então cumprido um dos mais terríveis dos rituais de '93: a degola. Carlos Reverbel tratou do assunto em seu livro *Maragatos e pica-paus:* "Foi grande o número de baixas entre os republicanos, mas o número de prisioneiros foi muito maior. E foi com estes que 'se deu a desgraça"... "E não tardaria a entrar em cena o negro Adão, chairando uma faca prateada... Travou-se então este pequeno diálogo, repetido durante muitos anos pelos homens rudes daqueles pagos: — Adão, quanto vale a vida de um valente de bem? / — Valente, sim. De bem.. não sei. A vida de um vale muito, a tua não vale nada. Está no fio da minha faca, não há dinheiro que pague. / — Pois então degola, negro filho da puta/. Conta ainda a tradição oral que o coronel Manoel Pedroso, pronunciadas essas breves palavras, firmou-se no galho de pequena árvore e ergueu a cabeça para facilitar o trabalho do degolador. Assim o negro Adão entrou para a história de 93 e ficou famoso. Melhor, ficou famigerado...''

''Há muito desencontro sobre o número dos degolados de Rio Negro, uns para mais, outros para menos. É certo, entretanto, que não baixaram de 300, talvez um pouco mais, o que representa cerca de terça parte dos prisioneiros, aproximadamente em número de mil.'' Rio Negro ensejaria a vingança igualmente atroz do Capão do Boi Preto (5.4.1894). Rio Negro passou a chamar-se Hulha Negra.

4.7.1943 — RIO PARÁ. PA. Segunda Guerra Mundial. Navegando de Trinidad para Belém, o *Pelotasloide*, do comando do cap. Joni Pereira Máximo foi torpedeado pelo submarino alemão *U-590*, mandado pelo ten. Werner Kruer. Cinco marujos morreram ficando outros cinco feridos. Permanecendo na área, no dia 9 o submergível foi posto ao fundo pelas bombas de um avião Catalina.

15.6.1730 — RIO PARAGUAI. MT. Campanha contra os paiaguás. A três dias de viagem de Cuiabá, a grande monção do ouvidor Antônio Alves Lanhas Peixoto, levando mais de 400 brancos, pretos e índios, foi emboscada em um sangradouro por aproximadamente 800 paiaguás tripulantes de 90 canoas de guerra. O combate entre as duas flotilhas durou das 9 às 14 h, perecendo conforme os números de J. J. Machado D'Oliveira, 400 canoeiros e a totalidade da monção menos 17 pessoas. O próprio Lanhas Peixoto foi uma das vítimas. Nas canoas da monção eram conduzidas 50 arrobas (cerca de 880 quilos) de ouro a ser quintado em SP. Os paiaguás venderam-nas praticamente por nada a mercadores paraguaios e estes em Assunção e Buenos Aires por tal modo que o comércio do metal resultou algo abalado. O sucedido com a monção Lanhas Peixoto e o destino do outro alicerçaram a decisão do governo português de mover guerra de extermínio contra os índios paiaguás ou canoeiros.

22(?).11.1934 — RIO PARAGUAI. Época da Guerra do Chaco, entre a Bolívia e o Paraguai. O mercante *Paraguai*, do Lloyd Brasileiro, em navegação, foi alvejado por avião boliviano. Danos materiais no barco. O incidente exauriu-se na esfera diplomática, embora esquadrilha de aviões de combate tenha sido deslocada do Rio de Janeiro para Ladário.

28.3.1640 — RIO PARAÍBA/ENGENHO NOSSA SENHORA DO ROSÁRIO. AL. Holandeses. Marcha de Luís Barbalho. Tropa flamenga desembarcada no Porto do Francês tentou cortar a trajetória da gente de Barbalho rumo ao Rio São Francisco. O cap. Mansveldt conduziu contra os retirantes, segundo Barleus, 700 europeus e 200 índios. Repelido com perdas elevadas, foi obrigado a esperar a noite para completar a retirada.

5.3.1826 — RIO PARANÁ. Uruguai. Guerra da Cisplatina. Entre as cidades de Paraná e Santa Fé, no Rio Uruguai, o cel. Joaquim Antônio Alencastro e 58 oficiais, dois cadetes e 58 soldados, aprisionados pelos uruguaios ao final do combate de Sarandi, cinco meses antes, revoltam-se a bordo do navio que os transportava. Subjugando a escolta, obrigam a tripulação a descer o rio, passando impunemente diante das defesas de São Lourenço e Rosário. Terminaram a aventura acolhendo-se aos barcos da flotilha brasileira estacionada na foz do rio.

23.3.1886 — RIO PARANÁ. Paraguai. Guerra do Paraguai. Comemorando o Juramento da Constituição do Império, o alm. Tamandaré reuniu em sua capitânia os comandantes aliados. Durante o almoço, uma chata paraguaia alvejou várias vezes o navio, disparando com o seu rodízio. O couraçado *Tamandaré*, a canhoneira *Henrique Martins* e o navio-aviso *Lindóia* responderam aproximando-se da chata até onde lhes permitia o calado. Abandonada, estava por ser abordada por marinheiros do couraçado, quando surgiram na barranca aproximadamente 800 fuzileiros inimigos. As lanchas voltaram aos barcos e a chata foi afundada a canhonaços.

21.9.1835 — RIO PARDO. RS. Guerra dos farrapos. Com ataque vigoroso começa o assédio de 17 dias conduzido pelos farrapos do cel. Sarmento Mena. A defesa, vitoriosa apesar de contar com forças bem menores, a cargo dos capitães José Ferreira de Azevedo e José Joaquim de Andrade Neves.

10.1.1837 — RIO PARDO. RS. Guerra dos farrapos. Nas proximidades da vila o farroupilha Agostinho Melo surpreendeu e dispersou os 250 soldados às ordens do maj. José Joaquim de Andrade Neves, mais tarde general e Barão do Triunfo.

30.4.1838 — RIO PARDO. RS. Guerra dos farrapos. Frustrada a tentativa dos imperiais de separar e bater sucessivamente os grupos farroupilhas que hostilizavam Porto Alegre, o mar. Antônio Elzeário de Miranda e Brito, presidente da província, retornou à capital. Em Rio Pardo, deixou o mar. Sebastião Barreto. Na madrugada de 30, Antônio Neto, impetuoso chefe farroupilha, investiu e destroçou de forma completa os governistas. Por esse evento, Elzeário, Barreto e Calderon foram a conselho de guerra.

25.11.1838 — RIO PARDO. RS. Guerra dos farrapos. Em movimento conjunto, o brg. Felipe Neri de Oliveira e o maj. Francisco Pedro de Abreu, que chegara de Porto Alegre com sua coluna de cavalaria, expulsaram da vila os farrapos do ten.-cel. Antônio Joaquim de Ornelas, tomando-lhe quatro canhões, farto material bélico e libertando 90 prisioneiros feitos no combate de 30.4. Poucos dias depois Abreu foi promovido a tenente-coronel.

13.1.1943 — RIO PARNAÍBA. MA/PI. Foz do rio. Segunda Guerra Mundial. Depois de período de repouso na Alemanha, retorna à área o submarino *U-507*, do comando do CC Harro Schacht. Barco e comandante festejados na marinha germânica por haverem afundado cinco navios mercantes brasileiros em brevíssimo intervalo. Localizado ao chegar, foi atacado por aviões Catalina norte-americanos, sendo posto a pique, sem sobreviventes, na posição Latitude 20°30' S e Longitude 39°52' W.

7(?).3.1576 — RIO REAL. SE. Guerra de Aperipê. Garcia d'Ávila, chegado à região a 28.2 com ordens do governador Luís de Brito e Almeida, ataca os gentios reunidos pelos caciques Surubi e Aperipê. O primeiro morre no combate, o segundo foge. A campanha visava a impedir o comércio e a aliança guerreira entre os indígenas e contrabandistas franceses.

23.12.1589 — RIO REAL. SE. Campanha de conquista do SE. Ao norte do Rio Real, o governador Cristóvão de Barros, com 300 brancos, seis canhões de bronze, dois falcões e uma peça de colher, rompeu o cerco no qual o cacique Mbaepeba cerrara os remanescentes dos 150 homens com que Álvaro Rodrigues e Rodrigo Martins tentavam a conquista do SE. A chegada do reforço conduzido por Cristóvão evitou o massacre iminente dos cercados. Baixas: seis mortos portugueses e 600 indígenas. Mbaepeba levou sua gente para além Vaza-Barris, onde em janeiro seria atacado pelo governador.

?.?.1595 — RIO REAL. SE. Corsários e contrabandistas. Franceses da nau *Le Volant*, do cap. Poidemil, estando à procura de pau-brasil, desembarcam para recolher água e víveres nas proximidades da foz do Rio Real. Foram emboscados e combatidos por indígenas e portugueses comandados por Diogo de Quadros. Os prisioneiros, levados a Salvador, onde 18 acabaram enforcados. Um segundo navio, *Le Saige*, do cap. Elisee Gouribaut de la Tramblase, com 74 homens, entregou-se ao governador da BA, Francisco de Sousa, o qual os reteve presos por largo tempo, devolvendo-os, por fim, à França.

2.8.1640 — RIO REAL. BA-SE. Holandeses no NE. O mestre-de-campo Luís Barbalho Bezerra fez atacar um entrincheiramento holandês erguido no estratégico local. Este combate é referido em documento recolhido à Biblioteca Nacional de Madri, o qual afirma haver durado três horas e terminado com a vitória dos atacantes. Entre os prisioneiros o mestre-de-campo flamengo van den Branden.

10.9.1640 — RIO REAL. SE. Holandeses no NE. Atacando às 6 h o mestre-de-campo Luís Barbalho Bezerra apodera-se às 13 do forte holandês local. Conforme documento existente na Biblioteca Nacional de Madri (Sección de MS. H., 23 fls. 600-601), foi encontro particularmente sangrento, pois os vencedores teriam pago o sucesso com 80 mortos e 200 feridos enquanto os derrotados teriam somado 800 baixas. Rio Branco vê exagero nesta cifra, a menos que a guarnição flamenga haja sido toda executada, o que é improvável. Os papéis holandeses não aludem a perdas, mas registram que Barbalho empregou 1.200 soldados e contou com os melhores capitães, entre eles Martim Soares Moreno, Camarão, Vidal de Negreiros, João Lopes Barbalho, João de Magalhães, Francisco de Moura.

15.8.1942 — RIO REAL. SE. Ao sul da foz. Segunda Guerra Mundial. O submarino alemão *U-507* ao mando do cap. Harro Schacht, torpedeou a afundou o mercante *Baependi* (ex-alemão *Tijuca*), 4.801 tons, do cap. João Soares da Silva. A bordo, 73 marujos, 233 passageiros soldados do 7º Grupo de Artilharia de Dorso. Salvaram-se 18 tripulantes e 18 passageiros. Na área, seguia para Maceió o barco *Araraquara*, 4.871 tons, do cap. Augusto Teixeira dos Santos, com 74 tripulantes e 68 passageiros. Atingido por dois torpedos do *U-507* afundou em cinco minutos provocando 131 mortes, inclusive a do comandante Santos.

16.8.1942 — RIO REAL. BA. Segunda Guerra Mundial. O submarino alemão *U-507*, sob o cap. Harro Schacht, que durante a noite afundara os navios *Baependi* e *Araraquara*, às 4:05 horas torpedeou o *Aníbal Benevolo*, do cap. Henrique Jacques Mascarenhas da Silveira. Dos 71 tripulantes e 83 passageiros, salvaram-se quatro, nadando até a praia. Em pouco mais de 24 horas perderam-se na foz do Rio Real, três navios e 557 vidas. Em toda a campanha da FEB e da FAB na Itália, os brasileiros mortos foram 454.

?.?.1525 — RIO SÃO FRANCISCO. BA. Contrabandistas. O navio em que Rodrigo de Acuña, da frota de Jofre de Loaysa, regressava do Estreito de Magalhães e carregara com pau-brasil obtido na Bahia foi atacado e apresado por franceses na altura da foz do rio.

?.1.1720 — RIO SÃO JOÃO/PITANGUI. MG. Conexão com a guerra dos emboabas. O ouvidor Bernardo de Gusmão, cumprindo ordens de dom Pedro de Almeida, levou uma Companhia de dragões, outra de paisanos e centenas de negros armados contra a insubmissa vila "paulista" de Nossa Senhora da Piedade do Pitangui. O ouvidor-mor Domingos do Prado, taubateano, alvo principal da incursão, ofereceu resistência na passagem do rio, à frente de alguns brancos e dezenas de índios carijós. Estes contaram vários feridos entre os seus. Perdendo um dos dragões, morto, e quatro ou cinco feridos, o ouvidor superou a defesa mas não logrou prender Domingos do Prado. Porém, Pitangui foi dominada.

25.6.1542 — RIO TAPAJÓS. AM. Conflitos com indígenas. A expedição de Francisco de Orellana, descendo o rio, foi atacada por 200 canoas dos índios tapajós. Em cada uma, de 20 a 30 guerreiros, adornados com plumas e combatendo ao som de trombetas, apitos, tambores.

2.1.1870 — RIO VERDE. Paraguai. Guerra do Paraguai. Os paraguaios haviam defendido o Rio Verde, tributário indireto do Rio Jejuí, com uma ordem de trincheiras. Na data, o cel. João Nunes da Silva Tavares conduziu vitorioso ataque às mesmas, liberando o caminho para o avanço do exército brasileiro.

15/25.7.1932 — RIO VERDE. MT. Revolução Constitucionalista. Primeiro choque, na frente norte do estado, entre civis armados pró e contra a proclamação do estado de Maracaju ou Mato Grosso do Sul e seu alinhamento com os revolucionários de São Paulo. Seguiram-se os encontros da Fazenda Três Lagoas, do qual saiu ferido gravemente o comandante dos sulistas, cap. Manoel Teixeira de Matos; Capão, onde o cap. Zeferino Rolim venceu os ditatoriais sob Zeca Barbosa, e Rio Iguatemi, terminado com a vitória dos constitucionalistas de Valêncio Brum sobre os getulistas de Gerônimo Belmonte. Em meados de agosto, os situacionistas retiraram-se para a margem direita do Rio Iguatemi onde permaneceram até o final da campanha.

12.12. 1900 — RIOZINHO. AC. Campanha do Acre. O Batalhão Independência, tropa de elite do exército boliviano, ao mando do cel. Ismael Montes, foi surpreendido e atacado por 120 seringueiros acreanos chefiados pelo ''coronel'' Antônio de Souza Braga. O combate prolongou-se das 8 às 18 h, com mortes para ambos os lados mas nenhum resultado prático. Os bolivianos ficaram senhores do campo, regressando os seringueiros para o seringal do seu comandante.

15.3.1903 — RIVERA, URUGUAI. Revolta dos federalistas. Reflexo do movimento. Em 1896 apareceu em Livramento o jornal-panfleto *O Maragato*, dirigido por Rafael Cabeda e Rodolfo Costa. Por razões de segurança foi transferido para a uruguaia Rivera. Na sua beligerância radical contra o Partido Republicano e seus líderes, editou seis fascículos extremamente violentos. Em março, os diretores receberam a informação de que o jornal seria atacado por republicanos e soldados à paisana chamados ao Cati. (Cati, localidade vizinha a Livramento, porém no município de Quaraí e sede do famoso corpo de Provisórios ao mando do cel. João Francisco.) Resolveram resistir, armando o pessoal da casa e recebendo a adesão de maragatos homiziados em Rivera. Ao todo, 18 homens. Combateram enquanto houve munição. Rafael e Rodolfo escaparam, porém dois dos defensores (um deles o tipógrafo e administrador Pedro Caranta, ferido) foram degolados pelos vitoriosos. Os demais lutadores, aprisionados. No mesmo ano e cidade foi atacado e destruído, sem mortes, o jornal *O Canabarro*. Quanto ao *O Maragato*, ressurgiu em Taquarembó, sempre dirigido por Cabeda e Costa.

28.10.1640 — ROÇAS VELHAS. ES. Holandeses no ES. Os 600 comandados do alm. Jean Delchi e do cel. Koen, lotando 11 barcos, sobem o rio e por diferentes pontos atacam a Vila de Roças Velhas. A defesa dispunha de apenas 30 armas de fogo, 200 arcos e da população armada com chuços e piques. Mas, perdendo três homens, rechaçou o assalto e causou elevadas baixas entre os invasores que desejavam, principalmente, víveres. Roças Velhas veio a chamar-se Porto dos Padres.

5.7.1819 — ROCHA. Uruguai. Guerra com Artigas. O cel. José Maria de Almeida atacou de surpresa o acampamento do comandante uruguaio Leonardo Oliveira, aprisionado 41 oficiais e soldados e o frade José de Azevedo, secretário de Artigas. Tomou, também, um estandarte.

24.11.1924 — ROCINHA. SP. Revolta tenentista. Atacando pela retaguarda, força governamental surpreende destacamento revoltoso que se havia apoderado de Rocinha e que, embora tiroteando, cedeu o domínio da localidade.

9.7.1842 — ROCINHA DA NEGRA. MG. Revolta Liberal. Sucesso militar dos revoltosos que resistiram vitoriosamente a ataque governista.

22.3.1868 — ROJAS. Paraguai. Guerra do Paraguai. O gen. Argolo, depois Visconde de Itaparica, ocupa as linhas fortificadas de Rojas, obrigando os inimigos que a defendiam a se concentrarem em Humaitá.

12.10.1826 — RONDEAU-MONTEVIDEO. Guerra da Cisplatina. O maj. Guilherme José Lisboa, guarnecendo o reduto Rondeau, posição de vanguarda da periferia de Montevideo, sai ao campo para desemboscar e bater força inimiga.

15.7.1827 — ROSÁRIO. Uruguai. Guerra da Cisplatina. No arroio do Rosário, proximidades da Colônia do Sacramento, fundeavam pequeno corsário uruguaio e duas presas tomadas a brasileiros. O cel. Vasco Antunes Maciel, guarnecendo a Colônia, notabilizado por audazes sortidas contra os sitiantes, apoderou-se dos três barcos e levou-os para a Colônia.

20(?).4.1869 — ROSÁRIO. Paraguai. Guerra do Paraguai. O piquete guarani defensor da vila do Rosário, margem esquerda do Rio Paraguai, a 37 léguas de Assunção, foi desfeito pela tropa brasileira do ten.-cel. Justiniano da Rocha, que impôs ao adversário seis baixas fatais, tomou um prisioneiro e 160 reses.

30.3.1892 — ROSÁRIO. MT. República Transatlântica de MT. Aproximadamente 300 contra-revolucionários reunidos pelo alferes Pedro Ponde cercaram, junto da vila, as 64 praças enviadas sobre ela pelos militares revoltados. Perdendo um morto e alguns feridos, os atacantes provocaram elevadas baixas entre os "republicanos", aprisionando-os. Com o sucesso obtido logo depois em Bela Vista, os contras tiveram moral e forças para avançar rumo a Cuiabá.

27.10.1894 — ROSÁRIO. RS. Revolta dos federalistas. Dando início à terceira invasão federalista, o cel. Bento Xavier, da coluna do gen. Carlos Piragibe, que transpusera a fronteira no dia 9, atacou Rosário mas foi repelido. Este resultado induziu Piragibe a abandonar a luta, regressando ao Uruguai.

25.6.1897 — ROSÁRIO. BA. Canudos. A fazenda Rosário, próxima de Juetê, servia como ponto de parada no caminho para Canudos. Os sertanejos comandados pelo caudilho Pajeú tirotearam abundantemente os flancos e depois todo o 9º BI, vanguarda da coluna do gen. Artur Oscar. Despareceram, subitamente, deixando ferido um combatente de entre 12 e 14 anos. A coluna era forte de 1.933 soldados, e o tiroteio, segundo Euclides, teria tido o propósito de provocar avanço irrefletido, cansativo, da tropa.

23.4.1827 — RUFINO-CAMAQUÃ CHICO. RS. Guerra da Cisplatina. Em Bagé, onde chegara a 18, o general-em-chefe argentino, Alvear, resolveu atacar a concentração do gen. Barreto, que lhe constava estar na área do Camaquã Chico, com avançadas até Santa Tecla. Mandou contra ele o corpo uruguaio de Lavalleja e as divisões argentinas de Paz e Mancilla, somando 3.000 cavaleiros. Ao amanhecer, dentro de forte neblina, 50 descobridores brasileiros atacaram a vanguarda inimiga, perdendo cinco mortos e oito feridos, porém alertando o grosso da tropa de Barreto. Este, conhecendo a superioridade do atacante, retirou-se pelo rincão do Camaquã Chico, cujo terreno não permitiria fosse flanqueado. Para os brasileiros, o incidente tem o nome de Guerrilha do Rufino; para os argentinos é o Combate de Camaquã, celebrado como sonora vitória.

S

15(?).12.1708 — SABARÁ. MG. Guerra dos emboabas. Primeiro choque de proporções. Estando alguns paulistas entrincheirados no arraial de Sabará, o chefe maior dos emboabas, Manuel Nunes Viana, decidiu desalojá-los. Ocupou posições dominantes das quais fez incendiar as casas mais próximas. A seguir, entre o fogo e a fumaça, mandou avançar mamelucos e índios manejando arcos e arma branca. Esmagou os defensores. Sabará foi ocupada pelos portugueses, que dali puderam limpar de paulistas a região, principalmente lavras e minas.

12.8.1842 — SABARÁ. MG. Revolta Liberal. Às duas da madrugada, depois de tentar sem grandes possibilidades manter a defesa da praça, destacamento legalista abandona Sabará aos liberais revoltados. A guarnição governamental era integrada por GN de Sabará (cel. Manoel Antônio Pacheco), do Serro (Francisco Antônio Branco) e de Caeté (João da Mota Teixeira).

1.9.1822 — SABOEIRO-SALVADOR. BA. Guerra da Independência. Duzentos negros escravos, treinados por oficiais portugueses, foram lançados contra as linhas brasileiras. Rechaçados, sofreram perdas. Ataque igual seria desfechado por outros duzentos africanos no dia 19, dessa vez destroçados pela cavalaria dos baianos.

20.12.1926 — SAGRADO CORAÇÃO-TACHOS. MT. Coluna Prestes. Durante 13 horas de combate, o destacamento João Alberto, fazendo a vanguarda, foi detido na Colônia Sagrado Coração ou dos Tachos, pela polícia estadual e sertanejos, comandados pelo ten. Ribeirinho. Este ordenou o recuo para Sangradouro. A Coluna prosseguiu sua marcha. Nas perdas do dia, incluiu um major, morto.

12.11.1924 — SAICÃ. RS. Revolta tenentista. O contingente heterogêneo conduzido por Juarez Távora e Honório Lemes, vencido em Guaçu-Boi no dia 9, volta-se contra a Coudelaria de Seival, sob o cap. Pires Coelho. Ela cai no dia 14, depois de vencido o reforço levado desde Rosário.

10.6.1827 — SALADO. Argentina. Guerra da Cisplatina. Na costa atlântica argentina, o corsário *Hijo de Julio* foi atacado e capturado pela fragata brasileira *Isabel*, do comando de Beaurepaire.

18.8.1827 — SALADO. Argentina. Guerra da Cisplatina. Aprisionados (9.3.1827) em Vila del Carmen ou Carmen de Patagones durante a ação de comando movida contra os navios corsários argentinos ali reunidos, 93 marinheiros brasileiros estavam sendo transferidos para outra prisão, a bordo do brigue *Ana*. Faziam escolta ao brigue as corvetas *Ituzaingó* e *Chacabuco*. O líder dos prisioneiros, Joaquim Marques Lisboa, futuro

Tamandaré, auxiliado por José Ignácio, mais tarde Visconde de Inhaúma, conduziu seus companheiros à rebelião e à tomada do brigue. A escolta não se apercebeu da mudança e a navegação prosseguiu normalmente até o instante em que Lisboa alterou o rumo do *Ana*, aproando para Montevideo, onde chegou apesar da perseguição das corvetas.

16.11.1827 — SALADO. Argentina. Patagônia. Guerra da Cisplatina. Primeiro dia do combate motivado pela decisão do comando naval brasileiro de recuperar ou eliminar os barcos ex-brasileiros: brigue *Ururao* e galera *Santista*, apresados por corsários argentinos no dia 26.10. Na base do Rio Salado estavam sendo preparados para operações de corso em águas brasileiras. A missão de comando foi confiada ao CMG João Carlos Pedro Pritz, que recebeu, além da fragata *Imperatriz*, do seu comando, os brigues *Caboclo*, de James Inglis, e *Pirajá*, de Batista de Souza; escunas *Bela Maria*, de Parker; *Grenfell*, de Neri, e *Paula*, de Thomas Read; e canhoneira *Vitória da Colônia*, de C. L. Desuz. Às 14 h, a conhoneira e as escunas abriram fogo contra o *Ururao*, a *Santista* e uma sumaca, estando os três barcos sob a proteção da bateria erguida na foz do Salado. Os três navios e a bateria opuseram-se à ação brasileira. Às 17 h, o ten. Diogo Inácio Tavares conduziu lancha e dois escaleres à abordagem da galera. O inimigo, porém, incendiou-a e à sumaca, retirando-se para terra. O combate prosseguiria no dia seguinte.

17.11.1827 — SALADO. Argentina. Patagônia. Guerra da Cisplatina. Segundo dia do combate. Ao amanhecer as escunas *Bela Maria*, *Grenfell* e *Paula* e a canhoneira *Vitória da Colônia* colocaram-se à distância de tiro de metralha do brigue ex-brasileiro *Ururao*, que os argentinos preparavam para a atividade de corsário. A tripulação do brigue e a bateria do Salado responderam ao fogo. Pelas 9 h, quando lanchas brasileiras dirigiam-se à abordagem, o *Ururao* foi dado às chamas, retirando-se a sua gente para terra. Cumprida a missão — retomar ou destruir o *Ururao* e a galera *Santista* —, os brasileiros decidiram ampliar sua tarefa: destruir o corsário argentino *Presidente*, encalhado próximo da bateria. Mas como a situação do encalhado não permitisse aproximação razoável, os barcos imperiais suspenderam a ação pelas 10 h.

22.4.1828 — SALADO. Argentina. Patagônia. Guerra da Cisplatina. A fragata *Príncipe Imperial*, comando do ten. Carlos Rose, aprisionou o corsário argentino *Honor*, barco ex-brasileiro posto sob ordens do corsário Wildblood para operações de corso.

24.5.1828 — SALADO. Argentina. Guerra da Cisplatina. O brigue corsário argentino *Felix*, de 11 canhões, fugindo à perseguição do brasileiro *Niger*, comando de Thomas Craig, defronta-se com o *Caboclo*, do cte. James Inglis, que o aborda e apresa. Na armada brasileira conservou o nome: *Felix*. O brigue *Niger* era também ex-corsário, apresado em abril.

30.8.1828 — SALADO. Argentina. Guerra da Cisplatina. Os barcos neutros *Huzzar* e *Lord Elton* procuraram romper o bloqueio imposto pela esquadra brasileira. Uma canhoneira argentina, mais o corsário *Empresa* e as baterias do porto tentaram abrir a canhonaços a linha do assédio. Ao encontro dos quatro barcos desafiantes saíram o brigue *Caboclo*, o brigue-escuna *Dois de Julho* e a bombardeira *19 de Outubro*. Percebendo inutilizado o seu plano de forçamento, os dois navios de bandeira neutra mudaram de rumo, encalhando sob a proteção das baterias do Salado. Mesmo ali foram atacados e incendiados pelos imperiais, enquanto o *Empresa* regressava a seu ancoradouro.

O fim da Guerra da Cisplatina

"Artigo 1º — Sua Majestade o Imperador do Brasil declara a Província de Montevidéu, chamada hoje Cisplatina, separada do território do Império do Brasil, para que possa constituir-se em Estado livre e independente de toda e qualquer Nação, debaixo da forma de Governo que julgar mais conveniente a seus interesses, necessidades e recursos.

Artigo 2º — O Governo da República das Províncias Unidas do Rio da Prata concorda em declarar, pela sua parte, a Independência da Província de Montevidéu, chamada hoje Cisplatina, e que se constitua em Estado livre e independente, na forma declarada no artigo antecedente.

Artigo 3º — Ambas as Altas Partes Contratantes obrigam-se a defender a independência, a integridade da Província de Montevidéu, pelo tempo, e pelo modo que se ajustar no Tratado definitivo de Paz".

(Da Convenção preliminar de paz, celebrada no RJ em 27.8.1829.)

18.6.1840 — SALGADO. RS. Guerra dos farrapos. Acampado na Estância Salgado, vizinhanças do Arroio Velhaco, o general farroupilha Antônio de Sousa Neto deixou-se surpreender pelo chefe imperial Francisco Pedro de Abreu. Os republicanos perderam vários soldados e um dos seus melhores oficiais — o cel. Afonso José de Almeida Corte-Real. Neto tornou-se objeto de caçoada dos inimigos, por haver deixado no campo até o seu poncho.

23.9.1630 — SALINAS. PE. Holandeses no NE. No campo à margem direita do Rio Beberibe, chamado campo das Salinas, Matias de Albuquerque enfrenta destacamento holandês que deixa a área depois de várias horas de combate.

15.12.1650 — SALINAS. PE. Holandeses no NE. Junto do Rio Beberibe, lugar conhecido por Salinas, as companhias de emboscadas dos capitães Antônio Ferreira Machado e Apolinário Gomes Barreto derrotam destacamento holandês surpreendido em marcha. Afoito na perseguição, o cap. Barreto morreu às mãos dos perseguidos.

11.7.1630 — SALINAS-SANTO AMARO. PE. Holandeses no NE. Na busca de madeira com que construir o forte a que chamariam Buyne, os holandeses cruzaram o Rio Beberibe saindo nas salinas, lugar antes denominado Santo Amaro. O morador Francisco do Rego, presenciando a travessia, deu o alarme. Acorreram companhias de emboscadas. O combate então travado, chegando reforços para ambos os lados, durou três horas e terminou com os flamengos voltando para a sua margem do Beberibe.

14.10.1630 — SALINAS-SANTO AMARO. PE. Holandeses no NE. Pelotão holandês de reconhecimento aproxima-se do reduto de Salinas, região de Santo Amaro. Sai ao seu encontro e o repele o destacamento do capitão de emboscadas Manoel Ribeiro.

15.1.1654 — SALINAS OU SOUTPANNE. PE. Holandeses no NE. Nas proximidades do Recife, os flamengos mantinham fortim de quatro canhões, chamado das Salinas ou de Soutpanne, ou do Rego. Estando sob o comando de Hugo van Meyer, foi atacado por Barreto de Menezes. Do Recife, um terço de infantaria holandesa foi expedido para socorrer o fortim. Porém Fernandes Vieira tomara posição adequada para impedir a chegada desse reforço, e depois de fazê-lo regressar ao Recife foi auxiliar Barreto. Durante a noite, não dando trégua ao inimigo, Vieira foi substituído por Vidal de Negreiros. Pela manhãzinha, o forte se rendeu, indo os insurgentes, prontamente, atacar o Forte Altenar.

23.8.1840 — SALOBRO. MA. Cabanagem. Desalojados no dia 20 de suas fortes trincheiras de Detrás-da-Serra, 1.500 cabanos fortificaram-se no lugar chamado Salobro, vizinhança de Pastos Bons. Foi atacá-los o ten.-cel. Diogo Lopes da Araújo Sales, vencedor do primeiro combate. Os cabanos resistiram obstinadamente durante a jornada e a noite. Pela manhã de 24 Salobro estava abandonada, a não ser pelos 300 cabanos mortos, feridos ou aprisionados. Essa vitória custou aos legalistas 50 baixas.

Belém, depois da ida dos cabanos

Os soldados do maj. Francisco Luís de Sousa e os marujos do CF Frederico Mariath que ocuparam a cidade depois da partida do grosso dos cabanos encontraram-na assim, na descrição de Raiol:

"... despovoada apresentava por toda parte um aspecto sombrio e contristador. Os rebeldes se tinham descuidado inteiramente da limpeza pública. As ervas e arbustos invadiam as ruas, as praças e as estradas. As valas nem mais davam esgoto às águas; entulhadas de areia e lodo, formavam verdadeiros tremedais em vários pontos. Reconheceu-se então o grande estrago causado pela artilharia dos navios de guerra durante os nove dias de fogo no mês de agosto. As casas estavam abertas e em estado de ruínas, com raras exceções; umas quase demolidas, outras detelhadas e esburacadas ameaçavam desabar; não tendo muitas nem portas, nem janelas; os facciosos as haviam arrancado para servir-lhes de combustível nos diferentes misteres da vida, durante os oitos meses e dezenove dias que estiveram senhores da Capital".

26.10.1914 — SALSEIRO. SC. Campanha do Contestado. Transpondo o Rio Canoinhas, a Coluna Móvel de combate aos sertanejos do Contestado foi atacar o reduto do Salseiro e a Colônia Vieira. A atividade dos sertanejos obrigou a força avançada a recuar da Colônia para o Salseiro, onde sofreu dois assaltos. A agressividade dos contrários e a estação de chuvas impuseram a volta das forças para Canoinhas.

11.2.1893 — SALSINHO. RS. Revolta dos federalistas. Primeiro encontro armado da revolta. Gumercindo Saraiva, que a 2.2 invadira o RS pela fronteira do Aceguá à frente de 400 combatentes, fizera junção com os 2.000 capitaneados pelo gen. João Nunes da Silva Tavares, o Joca Tavares. Resultado indefinido, com os dois lados reclamando o sucesso. O cel. Mena Barreto comandava os republicanos.

12.6.1840 — SALSO. RS. Guerra dos farrapos. No Salso, vizinhança de São Gabriel, o cel. Manoel dos Santos Loureiro derrota os farroupilhas conduzidos por Filinto de Oliveira, que morreu na ação com três dos seus comandados.

30.11.1864 — SALTO. Uruguai. Campanha contra Aguirre. Em ajuda às forças de Venâncio Flores (apoiado pelo Brasil), que desde o dia 25 operam contra as defesas da cidade, as canhoneiras *Mearim* e *Itajaí* bombardeiam os pontos fortes do Salto. A cidade capitulou, tendo o comandante, Palomeque, se apresentado envolto na bandeira do seu país.

31.7.1865 — SALTO. Uruguai. Guerra do Paraguai. Acima da cidade do Salto, próxima da fronteira Brasil-Uruguai, entrou em ação a flotilha improvisada pelo ten. Floriano Vieira Peixoto. Atuando veloz e supreendentemente, afundou várias canoas paraguaias, interrompendo as comunicações entre as colunas invasoras de Estigarribia e do maj. Duarte. Êxitos repetidos nos dias seguintes, especialmente a 1 e 2 de agosto.

2.8.1932 — SALTO/QUELUZ. SP. Revolução Constitucionalista. Na região de Queluz, Vale do Paraíba. Contendo, desde 31.7, vigoroso ataque de forças combinadas federais, a linha de defesa constitucionalista cede em toda a sua extensão. Defendida pela Milícia Cívica de Santos, grupos do 8º BCR e companhia de civis voluntários, a posição foi entregue com um morto.

1.10.1932 — SALTO/ANGATUBA. SP. Revolução Constitucionalista. Último combate na frente sul e talvez da campanha. O setor Campininha, defendido pelo Batalhão Tenório de Brito, compreendia trincheiras ao mando dos tenentes Feijó e Franciscato, do EN, e do tenente de voluntários Ângelo Martin. Às 8 horas, com 70 tiros, a artilharia federal deu cobertura à travessia do Paranapanema pela infantaria do cel. Jurandir Mamede. Resistência, durante a manhã, com armas leves e contra-ataques. Ambos os lados tinham notícias do próximo armistício. Às 14:30 horas, cessou o combate, estando as duas primeiras trincheiras ocupadas pelos atacantes. Parte destes, sob proteção artilheira, retornou à margem sul do rio enquanto os constitucionalistas recuavam para Angatuba onde, confirmado o fim das hostilidades, dissolveram as suas formações.

28.9.1932 — SALTO GRANDE. SP. Revolução Constitucionalista. Destacamento paulista do Batalhão Ibrahim Nobre foi emboscado por elementos avançados do exército governamental. Os surpreendidos recuaram, sofrendo sérias perdas. Último choque na área Avaré-Santa Cruz do Rio Pardo. Dos últimos, também, da revolução.

13.3.1531 — SALVADOR-BAHIA DE TODOS OS SANTOS. Guerras indígenas. O relato consta do *Diário da navegação* de Pero Lopes de Souza. A data, fixada pelo próprio navegador, estaria errada segundo Varnhagen. "Estando nessa bahia no meio do rio pelejaram cinquenta almadias de uma banda, e cinquenta de outra; que cada almadia traz sessenta homens, todas pavezadas de pavezes pintados como os nossos: as cinquenta almadias da banda de que estavamos surtos foram vencedoras; e trouxeram muitos dos outros cativos, e os mataram com grandes cerimônias, presos por cordas, e depois de mortos os assavam e comiam."

21.4.1587 — SALVADOR. BA. Corsários e contrabandistas. A flotilha inglesa armada pelo Duque de Cumberland, sob o comando de Robert Withrington: navios *Red Dragon, Clifford, Roe* e *Dorothie*, vencem fraca resistência dos locais e seus homens vão saquear o Recôncavo. Viram-se reforçados e habilmente informados e conduzidos pela urca do flamengo Duarte Osquer de Osquis, residente na praça. O governador Cristóvão de Barros e o bispo Antônio Barreiros preparam cinco barcos de transporte de cana, com uma peça de artilharia e arcabuzeiros, para enfrentar ingleses e holandeses em Caipé, Itaparica e Camamu, onde oito ingleses foram mortos. No último dia da sua estada, 1.5, os corsários apresaram navio carregado com açúcar, o qual, inadvertidamente, se achegara ao porto, proveniente de PE.

23.12 1599 — SALVADOR. BA. Corsários e contrabandistas. Sete naus holandesas do mando de Hartman e Broer forçaram a entrada da barra, apoderaramse do forte e dos navios surtos. Intimaram a rendição da cidade e, sem resposta favorável ao fim de quatro dias, atacaram engenhos, incendiando o maior deles, propriedade de Bernardino Pimentel de Almeida. Enfrentados por 400 homens comandados por Álvaro de Carvalho, tiveram mortos e feridos em suas fileiras. No Recôncavo, queimaram o engenho de Duarte Osquer de Osquis, mas foram atacados por gente de André Fernandes e Álvaro Rodrigues, sofrendo em curta campanha 50 baixas. Deixaram a área depois de 55 dias de saques e outras violências.

20. 7.1604 — SALVADOR. BA. Corsários e piratas. Paulus van Caarden, pirata holandês, formou diante da cidade os sete navios do seu comando, armados com 142 canhões. A defesa, a cargo do governador Diogo Botelho, fora avisada com boa antecedência do ataque, por meio de carta pessoal do rei. A nau almirante de van Caaarden era um assombro dos mares. Chamava-se *Hollandschen Thuyn — Jardim da Holanda,* devido aos canteiros de flores e ervas de que estava dotada. Montava 44 canhões e obedecia às ordens do cap. Joachim Hendricks Schwartzhund, o temido Cão Negro. Depois de longo canhoneio, apresamento de açúcar, destruição de engenhos, sem passar a barra do Rio Paraguaçu, a frota de Caarden velejou para o norte. A nau *Jardim da Holanda* voltou a atacar, em 1630, em PE.

Composição da esquadra de Paulus van Caarden que atacou a Bahia em julho de 1604

Navios Nome holandês	Nome português	Canhões
Hollandtschen Thuyn	*Jardim da Holanda*	44
Witte Valck	*Falcão Branco*	24
Samson	*Sansão*	24
Bull van Horn	*Touro de Horn*	14
Goudefink	*Tentilhão Dourado*	6
Valcklinj	*Falcãozinho*	6
mais um navio inglês		
		118

9.5.1624 — SALVADOR. BA. Holandeses. A cidade da Bahia, 1.400 casas, 12.000 habitantes, foi atacada pela esquadra holandesa da Companhia Privilegiada das Índias Ocidentais: 26 navios somando 509 canhões, 1.600 marinheiros, 1.700 soldados de desembarque. Comando geral do alm. Jacob Willikens, sendo imediato Pieter Pieterszoon Heyn e chefe da tropa o cel. Johan van Dorth. A defesa contava 80 soldados da tropa regular, 1.000 colonos e aproximadamente 500 escravos armados. Repelida a intimação à rendição, Willikens, possuidor de informações precisas sobre a região, utilizou 16 dos barcos para fixar a defesa e atrair as reservas. Manobrando outros cinco navios, desembarcou 200 marinheiros e 1.200 infantes, comandados pelo cel. Albert Schoutten, no pontal de Santo Antônio. Ali, 180 infantes dos capitães Gonzalo Bezerra e Ruy Carvalho e uma companhia de índios comandados por Afonso Rodrigues, da Cachoeira, deveriam enfrentar os invasores. Abandonaram o pontal sem oferecer senão simulacro de resistência. Quando da restauração, aqueles capitães foram presos e postos em tormentos. Os holandeses avançaram sem obstáculos até a Porta de São Bento, onde brava resistência, o anoitecer e a fadiga os detiveram. No porto, 15 navios portugueses carregados com açúcar foram incendiados pelas tripulações. Ardendo durante a noite ofereceram aos invasores excelentes referências. O ousado corsário Pieter Heyn, com algumas barcaças e 280 marinheiros, escalou, assaltou e tomou o forte novo, o do Mar, a cargo do cap. Lourenço de Brito Correia. O povo e a quase totalidade da guarnição aban-

Composição da expedição holandesa que atacou a Bahia em 9.5.1624
(De Netscher, *Les Hollandais au Brésil,* p. 34)

Comandante-chefe: Alm. Jacob Willikens

	Navio		Ton	Canhões		Marujos	Soldados
Da Companhia	*Hollandia*	*Holanda*	300	6	22	118	100
	Zeelandia	*Zelândia*	300	12	24	113	100
	Geldria	*Gueldria*	300	12	24	113	100
	Utrecht	*Utrecht*	250	2	18	89	100
	Eentracht	*União*	250	20	colubrinas	40	50
	S. Cristofel	*S. Cristóvão*	250	16	colubrinas	40	50
	Nassau	*Nassau*	190	16	colubrinas	40	50
	Hope	*Esperança*	200	16	colubrinas	40	50
	4 Heyms-kinderem	*4 Filhos de Aymon*	180	16	colubrinas	40	50
	Overljissel	*Overljissel*	200	16	colubrinas	40	50
Alugados	*Hoan*	*Galo*	150	18	colubrinas	40	50
	Tiger	*Tigre*	350	6	20	100	150
	Guldezzepart	*Cavalo Marinho de Ouro*	300	18	colubrinas	50	125
	Post-Part	*Cavalo de Posta*	60	8	colubrinas	40	25
	Neptunen	*Netuno*	230	6	22	87	100
	Orangienboom	*Orangnienboom*	200	2	16	43	50
	Zeejaejen	*Caçador do Mar*	70	10	colubrinas	52	50
	Hast Windt	*Galgo*	65	10	colubrinas	42	50
	Samson	*Sansão*	300	4	30	100	109
	Leewe	*Leão*	300	18	colubrinas	42	50
	Orangienboom	*Orangnienboom*	250	14	colubrinas	42	50
	Groningue	*Groningue*	300	8	16	95	150
	Sterne	*Estrela*	300	20	colubrinas	40	50
	S. Marten	*S. Martinho*	300	20	colubrinas	40	50
	Vos	*Raposa*	220	12	colubrinas	35	50

Imediato: V.-alm. Pieter Pieterszoon Heyn
Comandante de desembarque: Cel. Johan van Dorth
Força de desembarque: 1.700 soldados

donaram a cidade. A tropa foi concentrar-se no Arraial do Rio Vermelho, uma légua para o interior, sob ordens do bispo D. Marcos Teixeira, o qual encarnou o espírito da resistência. No dia 10, sem maior oposição, os holandeses apossaram-se de quanto desejaram, encontrando dificuldade apenas no Colégio dos Jesuítas e no palácio do governador. Diogo de Mendonça considerou "indigno fugir e defendeu-se com verdadeiro frenesi". Foi aprisionado, na companhia de alguns familiares e servidores, e remetido para a Holanda. O cel. Johan van Dorth assumiu o governo da Bahia, da qual os invasores seriam expulsos um ano depois. Iniciou-se o saque. Johan Aldenburg escreveu que os soldados "mediam prata e ouro nos chapéus cheios". Navios carregados com a pilhagem partiram para a Europa.

17.5.1624 — SALVADOR. BA. Holandeses na BA. Nas proximidades do Forte de Montesserat, o cap. Francisco Padilha, das forças da resistência lideradas pelo bispo Marcos Teixeira, emboscado entre a cidade e o forte, surpreendeu holandeses. Estes, desde o dia 10, governavam a cidade. Padilha travou luta corporal com o chefe invasor, o gen. Johan van Dorth, e terminou por degolá-lo. O cel. Albert Schoutten, conquistador do Forte de Santo Antônio da Barra, assumiu o comando holandês.

24.8.1624 — SALVADOR. BA. Holandeses na BA. Emboscados junto do Convento do Carmo, os capitães Manoel Gonçalves e Luís Pereira de Aguiar destroçaram companhia de holandeses.

3.9.1624 — SALVADOR. BA. Holandeses na BA. Destacamento holandês foi dispersado pela gente chefiada por Francisco Padilha, Antônio de Moraes, Francisco Brandão e Antônio Machado. O bispo Marcos Teixeira, comandante das forças nativas, conferiu àqueles capitães a honraria de Cavaleiros.

30.3.1625 — SALVADOR. BA. Holandeses na BA. Superando fraca oposição, a esquadra de D. Fradique de Toledo Osório desembarcou o reforço de 200 soldados espanhóis, 1.500 portugueses e 500 napolitanos. Com tal contingente foi completado o cerco da cidade e os ocupantes holandeses entenderam estar vencidos.

Composição da esquadra de D. Fradique de Toledo Osório, Marquês de Villafranca, entrada na Bahia de Todos os Santos a 29.3.1625

(*Do* Compendio Historial de la jornada del Brasil y sucesos della, por *D. Juan de Valencia y Guzman)*

Armada de Portugal: *22 navios, 4.348 homens de guerra e mar, 384 peças de artilharia, 24.820 balas de pedra, 1.136 quintais de pólvora, 352 quintais de chumbo e 310 quintais de corda.*

Armada espanhola do Mar Oceano: *11 navios, 2.516 homens de mar e guerra, 269 peças de artilharia, 14.173 balas de pedra, 1.473 quintais de pólvora, 312 quintais de chumbo, 279 quintais de corda.*

Armada espanhola do Estreito de Gibraltar: *5 navios, 1.490 homens de mar e guerra, 158 peças de artilharia, 9.970 balas de pedra, 860 quintais de pólvora, 124 quintais de chumbo, 136 quintais de corda.*

Esquadra espanhola de Vizcaya: *4 navios de guerra, 1.181 homens de mar e guerra, 108 peças de artilharia, 7.400 balas, 680 quintais de pólvora, 143 de chumbo, 100 de corda.*

Esquadra espanhola das Cuatro Villas: *6 navios de guerra, 1.845 homens de mar e guerra, 154 peças de artilharia, 10.000 balas, 820 quintais de pólvora, 172 de chumbo, 194 de corda.*

Esquadra espanhola de Nápoles: *4 navios de guerra, 1.583 soldados, 114 peças,*

10.800 balas, 775 quintais de pólvora, 206 de chumbo, 338 de corda.

Totais: 52 navios de guerra, 18 de transporte, 12.566 homens de mar e guerra, 1.185 peças de artilharia, 77.163 balas, 5.745 quintais de pólvora, 1.309 quintais de chumbo, 1.357 quintais de corda. Alimentos embarcados em Cadiz: 39.535 quintais de bolacha, 4.500 pipas de vinho de Jerez e Málaga de 27 arrobas cada pipa, 3.278 quintais de toucinho de Flandres, 1.200 quintais de queijo de Cerdenha, 1.300 q de grão-de-bico, 2.500 de bacalhau, 300 pipas de vinagre forte, 16.000 arrobas de azeite de Sevilha em 32.000 botijas de barro, 16.000 pipas para água, 6.000 arcos de ferro, 2.000 q de farinha, 360 carneiros vivos, 2.720 galinhas, 1.000 perus, 200 q de uvas passas, 112 de amêndoas, 130 de ameixas pretas, 30 de açúcar, 800 de bolachas brancas, 25 de conservas diversas, 3.200 colchões e enxergões, 6.000 lençóis, 4.000 almofadas, 2.000 mantas.
Em Lisboa: 6.500 q de bolacha, 2.500 pipas de vinho de Lamego, 2.000 q de toucinho, 480 de queijo, 1.000 de arroz, 840 de grão-de-bico, 1.500 de bacalhau, 150 pipas de vinagre, 12.000 arrobas de azeite, 4.000 pipas para água 800 q de trigo.
Armamento em Cadiz e Lisboa: 1.500 lanças, 2.000 arcabuzes, 1.700 mosquetes, 850 quintais de balas de chumbo, 17.900 tábuas para reparações e serviços do campo, 950 viguetas, 3.800 peças de ferramentas, 360 estacas de pau, 1.800 mangos para ferramentas, 14.000 capachos de esparto, 300 escadas de 8 passos cada, 8.000 mochilas para levar comida, 1.200 fachões de cera, 820 machados, 3.870 pás de ferro, 2.879 enxadas, 1.649 enxadões, 320 picaretas, 96 martelos, 86 cunhos de ferro, 8 chapas de ferro de oito arrobas cada, 30 palanquetas de ferro, 2.000 palanquetas de madeira, 6.230 hastes de reposto, 311 cunhos de madeira para ajustar a artilharia, 5 guindastes para cavalgar e descavalgar a artilharia, eixos de ferros, polias, pregos, 8 canhões batedores novos e 20.000 balas para os mesmos. Passageiros: 20 ministros de audiência e julgado, 68 sacerdotes, médicos, cirurgiões, enfermeiros e boticários em número de 52, além dos cirurgiões de cada navio.
Comando geral: D. Fradique de Toledo Osório, Marquês de Vilanueva de Valdueza; comando português no mar, D. Francisco de Almeida; comando português em terra, D. Manuel de Meneses; comando espanhol, D. Juan Fajardo de Guevara; comando do terço ou regimento de Nápoles, Marquês de Torrecuso; segundo comandante, srg-mor Giovanni Vincenzo di Sanfelice, Conde Bagnuoli. A expedição, também chamada Jornada dos Vassalos, foi organizada pelo próprio rei Felipe IV com assistência do Ministro, Conde-Duque de Olivares.

Portugueses... espanhóis e napolitanos

Nos relatos de combates contra os holandeses ocupantes do Norte-Nordeste, são freqüentes as referências à presença de combatentes espanhóis e napolitanos ao lado dos portugueses. Explica-se: em agosto de 1580 o rei espanhol Felipe II foi proclamado rei de Portugal. Os dois países, Espanha e Portugual, formavam monarquia dualista, em pé de igualdade. Onde houvesse um comandante espanhol haveria um português. Mas sendo o Brasil possessão portuguesa, passava a ser espanhola e como tal alvo dos inimigos da Espanha, principalmente Inglaterra e Holanda. Daí ingleses e holandeses atacarem cidades e navios no Brasil. Para combatê-los a Espanha enviava suas forças, mais as de Portugal, mais algumas de Nápoles região da Itália também sob seu controle. Por isso tivemos os Rojas y Borja, Bagnuoli, Almiron, Ettore la Calce combatendo os holandeses ao lado dos portugueses. Até fevereiro de 1641, quando chegou a notícia de que a 1.12.1640 Portugal aclamara seu rei, D. João IV, e em tudo se desligara do governo espanhol.

2.4.1625 — SALVADOR. BA. Holandeses. Na véspera, a grande armada (52 navios, 12.566 homens, 1.185 canhões) da Jornada dos Vassalos, sob dom Fradique de Toledo Osório, fizera desembarque e ocupara pontos estratégicos para o cerco da praça dominada pelos holandeses. Estes, no dia 2, saíram em sortida, com fulcro no mosteiro de São Bento, causando 195 baixas aos sitiadores desprevenidos. Recolheram-se, no entanto, sem intentar qualquer outra manobra ofensiva, até a rendição que concretizaram a 30.4.

5.4.1625 — SALVADOR. BA. Holandeses na BA. As forças de Fradique de Toledo Osório começaram o bombardeio das trincheiras holandesas. Em terra, as baterias do cerco estavam em São Bento. Por mar, nos 52 navios da esquadra. À noite os holandeses tentaram incendiar os barcos próximos, enviando brulotes contra eles. O duelo entre as fortalezas prosseguiria até o dia 30, quando os flamengos capitularam.

6.4.1625 — SALVADOR. BA. Holandeses na BA. A grande expedição de D. Fradique de Toledo Osório, Marquês de Vilanueva de Valdueza, a famosa Jornada dos Vassalos, completou o bloqueio e iniciou duros combates de artilharia e mosquetaria contra os holandeses ocupantes da cidade e em número de 2.800. Destes, 1.600 eram soldados pagos pela Companhia Privilegiada das Índias Ocidentais; 600, mercenários, e 500, escravos armados. Eram combatidos: por terra, por 1.400 luso-espanhóis; por mar, pelos 52 navios da esquadra de Fradique. Frei Vicente do Salvador, testemunha ocular, escreveu: "Durante vinte e três dias não se passou um quarto de hora, de dia e de noite, sem que se ouvisse estrondo de bombardas, esmerilhões e mosquetes, de parte a parte". A 30, os invasores renderam-se.

26.5.1625 — SALVADOR. BA. Holandeses na BA. Surge na barra a esquadra do alm. Boudwyn Hendrikszoon, enviado para reforçar os holandeses que a 9.5 do ano anterior haviam conquistado a Bahia. Mas observando as bandeiras sobre os fortes o almirante deu-se conta de que seus patrícios haviam sido expulsos. Fez roda e contramarcha. Os navios portugueses, espanhóis e napolitanos que se encontravam à vela no porto saíram em perseguição ao inimigo atacando os mais atrasados. Protegidos pela noite os holandeses foram ter ao Morro de São Paulo, e dali, mais tarde, à PB.

3.3.1627 — SALVADOR. BA. Holandeses. O alm. Pieter Pieterszoon Heyn, que em 1625 fora o segundo comandante da frota da Companhia das Índias invasora da Bahia, retornou com força adequada. Ousadamente, Heyn colocou o seu barco entre os dois principais navios portugueses. Em meia hora de fogo, afundou um e fez render-se o segundo. Perdendo três embarcações e cerca de 100 homens, apresou 22 navios, 2.700 caixas de açúcar, couros, tabaco, algodão, prata e a carga de escravos de um traficante. A data de 3 é da *História Naval Brasileira*. Sousa Ferreira situa o evento no dia 8.

Socorro enviado ao Brasil, contra holandeses em 1631

Comandante-chefe: D. Antônio de Oquendo

	Navios		Tripulação (homens)	Canhões
	São Tiago	galeão	400	58
	Santo Antônio de Pádua	galeão	260	26
	Boaventura	galeão	170	22
	N. Senhora do Bom Socorro	galeão	200	22
	Navio		**Tripulação**	**Canhões**
Da Espanha	*N. Senhora da Conceição*	galeão	200	24
Da Espanha	*N. Senhora Anunciada*	galeão	180	22
Da Espanha	*São Carlos*	galeão	170	20
Da Espanha	*São Brás*	galeão	160	20
Da Espanha	*São Francisco*	galeão	160	20
Da Espanha	*São Pedro*	galeão	150	20
Da Espanha	*São Bartolomeu*	galeão	140	18
Da Espanha	*São Martinho*	galeão	160	20
Da Espanha	*São Pedro*	patacho	90	6
De Portugal	*Leão Dourado*	patacho	90	6
De Portugal	*São Jorge*	galeão	100	22
De Portugal	*São João Batista*	galeão	100	22
De Portugal	*São Tiago*	galeão	100	22
De Portugal	*N. Senhora dos Prazeres* (Gd)	galeão	90	22
De Portugal	*N. Senhora dos Prazeres* (Pq)	galeão	90	20

Soldados		
De Portugal	aproximadamente	1.000
Da Espanha	aproximadamente	800
De Nápoles	aproximadamente	200

7.9.1634 — SALVADOR. BA. Holandeses na BA. Preparando invasão, os flamengos tentavam impedir a entrada de quaisquer navios na Baía de Todos os Santos. Com quatro barcos fizeram três assaltos contra o transporte do comerciante marselhês M. Tortel, lotado com azeitonas e presuntos e protegido pelos canhões do *Saint Michel*. Segundo as crônicas, "até presunto o Tortel colocou na metralha das suas peças", para alcançar o porto onde foi festejadíssimo pelos produtos e pela vitória sobre os holandeses.

16.4.1638 — SALVADOR. BA. Holandeses na BA. Começa na praia de Itacaranha o desembarque de forças invasoras dos 30 navios da frota de Johan van der Mast, sob a chefia superior do conde Maurício de Nassau. O governador-geral Pedro da Silva entrega a Bagnuoli o comando da defesa da cidade. Nassau conduzia 3.400 soldados regulares e 1.000 índios.

17.4.1638 — SALVADOR. BA. Holandeses na BA. Nassau levou ao ataque da cidade 30 navios sob o alm. Johan van der Mast, com 3.400 soldados e 1.000 índios. Fundeando em Itapagipe a 16, no dia 17 mandou o cap. Carlos Toulon fazer a vanguarda com 300 homens. Começou por vencer pequena resistência de companhias de observação que Bagnuoli colocara diante de Itapagipe, enquanto organizava os redutos principais da defesa em Santo Antônio (onde mais tarde foi erguido o forte com tal nome) e na elevação a leste (sítio, depois, da fortaleza do Barbalho).

Reforço de 1635 para a Bahia, contra holandeses

Comandante-chefe: Mestre-de-campo gen. D. Luiz de Rojas y Borja

Da Espanha:
Comandante: Mestre-de-campo D. Lopo Hozes y Cordoba
Efetivo: 800 soldados

De Portugal:
Comandante: D. Pedro da Silva
Efetivo: 700 soldados

De Nápoles:
Efetivo: 200 soldados

21.4.1638 — SALVADOR. BA. Holandeses. Ataque de Nassau. Primeira das duas fortes tentativas (a segunda em 18.5.) para romper a defesa da cidade. A melhor tropa flamenga foi lançada contra a trincheira de Santo Antônio, ainda incompleta. No primero ímpeto os assaltantes chegaram a superar as linhas avançadas, mas a reação e o perigo de envolvimento aconselharam o recuo, deixando 300 mortos, 200 feridos e 30 prisioneiros. No relato à Companhia das Índias, Nassau deixou de referir este insucesso.

18.5. 1638 — SALVADOR. BA. Holandeses na BA. Durante a noite, que era de luar, Nassau, que tentava a conquista da Bahia, ordenou ataque à trincheira de Santo Antônio, comandada pessoalmente por Bagnuoli e guarnecida por tropas pernambucanas. A fim de distrair a defesa, o alm. Jan Mast levou tropas que lotavam dez barcaças para o local Água de Gabriel Soares, no outro lado da cidade. Fizeram-no recuar, quatro companhias mandadas pelos capitães Cadena de Vilhasanti e Correa da Gama, além do canhoneio dos fortes de São Diogo, Santa Maria e Santo Antônio. Com a peleja travada, o Mestre-de-Campo Luiz Barbalho deixou o reduto da direita, onde estava destacado e levou forte ataque à retaguarda do inimigo. Este recuou, em confusão, tendo fora de ação, segundo os dados de Nassau, 335 homens, dos quais 104 mortos. Entre os 231 feridos, os coronéis Eichtbrecht, Boward e Hollinger, o engenheiro Berchen e mais 50 oficiais, a exemplo do maj. Hinderson. As fontes luso-espanholas atribuem ao adversário 1.200 baixas, sendo 700 as dos mortos. Aceitam ter perdido 60 mortos e mais de 100 feridos, dos quais 16 oficiais.

A baixa mais lamentada: a do capitão de emboscadas Sebastião do Couto, ferido, falecido dias depois. Com esse insucesso e o de 21.4, Nassau refez planos e a 19 ordenou a retirada.

28.9.1648 — SALVADOR. BA. Holandeses. Com seis navios, o alm. De With investe o galeão *São Bartolomeu* e a nau *Nossa Senhora do Rosário*, mandados pelo frei Pedro Carneiro, da Ordem de Malta. Bateram-se do meio-dia ao anoitecer. O galeão foi apresado porém a nau, por iniciativa do frei que lançou fogo ao paiol, voou pelos ares com seus entre 250 a 300 homens, levando ao fundo o batavo *Utrecht* e danificando o *Huuys van Nassau* que teve de ser abandonado. (A carcaça foi ter a Itaparica onde os luso-brasileiros a refizeram, batizando-a *Fortuna*.) Entre mortos e prisioneiros, os insurgentes perderam cerca de 300 homens. Os holandeses, talvez 70 do *Utrecht*, 26 do barco abandonado e 26 náufragos, aprisionados na praia. O capitão do *São Bartolomeu*, também morto no combate, Francisco Brandão. O evento se tornou conhecido graças ao relato que dele fez o cel. Segismund van Schkoppe aos seus superiores na Holanda. A data é a constante da *História Naval Brasileira*.

26.10.1648 — SALVADOR. BA. Bloqueio holandês. O barco fura-bloqueio inglês *Concórdia*, com 28 canhões e 54 marujos, levando suprimentos diversos, aportou para a cidade sitiada. Abordado por iates dos capitães Cramer e Van Loemen, foi apresado depois de luta feroz que chegou ao corpo a corpo. Essa presa teve importância maior por haver influenciado, mais tarde, o romper da guerra entre a Inglaterra e a Holanda.

7.4.1649 — SALVADOR/MORRO DE SÃO PAULO. BA. Holandeses na BA. Navio conduzindo voluntários pernambucanos para a luta contra os invasores, foi interceptado na altura do Morro por um barco flamengo de maior tonelagem e grande poder de fogo. Mesmo avariado, a embarcação com os reforços chegou ao destino.

17.10.1711 — SALVADOR. BA. Motins do Maneta. Primeiro dos dois choques importantes (o segundo, no dia 2.12) entre os levantados e a força policial. Os sublevados, gente da classe média, pequenos comerciantes, empresários modestos. Ataque popular à casa tida por desafiadoramente opulenta do contratador de sal — monopólio do Estado — Manuel Dias Figueiredo e à de Manuel Gomes Lisboa. A primeira, destruída e incendiada. À frente dos amotinados atuou o Juiz do Povo apelidado Maneta, o qual deu nome ao movimento cuja principal bandeira era a suavização dos gravames fiscais. Repressão imediata e severa, culminando com a supressão do cargo de Juiz do Povo.

2.12.1711 — SALVADOR. BA. Motins do Maneta. Segunda e última jornada de combate. O primeiro acontecera, com maior gravidade, no dia 17.10, sob a liderança do Juiz do Povo apelidado Maneta, o qual deu nome ao movimento.

10.2.1821 — SALVADOR. BA. Revolta Constitucionalista. Em apoio ao sistema de governo implantado em Portugal a partir da revolução do Porto, articularam-se liberais e nativistas baianos. No Forte de São Pedro, prendem o comandante da artilharia, Pires Borralho, e libertam prisioneiros. Pela manhã, com proclamação difundida e sob o mando do brasileiro Manuel Pedro de Freitas Guimarães, o Corpo de Artilharia segue em direção ao palácio do governo. Marcharam com eles também os coronéis Francisco José Pereira e Francisco de Paula Oliveira. O governador percorre as unidades que não se rebelaram, põe-nas sob ordens de Felisberto Caldeira Brant Pontes e remete-as à Piedade para a retomada do Forte de São Pedro. Brant Pontes arenga aos rebeldes que preferem romper fogo. Debandam os governistas, Pontes retira-se a cavalo, recupera-se, tenta atacar os rebeldes reunidos na Praça. Mas sente que lhe falta respaldo de toda a sociedade soteropolitana. E da maior parte das autoridades. Recebe informações sobre o avolumar-se das adesões aos constitucionais. Desiste de combatê-los. Em clima de festa, na Câmara, autoridades e povo aclamam a Constituição. O Conde da Palma, recusando-se a chefiar o novo governo, parte para o RJ a bordo a fragata inglesa *Icarus*.

18.2.1822 — SALVADOR. BA. Motins de Manoel Pedro. Marinheiros e soldados portugueses cercam e ocupam o Forte de São Pedro e o aquartelamento da Mouraria, pontos de concentração de elementos militares simpáticos à independência do Brasil.

19.2.1822 — SALVADOR. BA. Motins de Manoel Pedro. Movimento pró-independência. Pelas 6:30 h, as avançadas do brg. Freitas Guimarães, entrando na Praça da Piedade, chocaram-se com o 12º batalhão português comandado pelo ten.-cel. Francisco José. Os lusos se impuseram, obrigando os partidários da independência a buscar abrigo no forte de São Pedro, deixando cinco canhões na praça. Horas mais tarde, no Largo da Pólvora, outro atrito, com forças mais numerosas e novo sucesso dos reinóis, que contaram 40 mortos em suas fileiras, enquanto foram mais de 60 os nativistas a perder a vida. Depois deste encontro os soldados fiéis a Portugal deram-se aos excessos, que culminaram com a invasão do convento da Lapa, em cuja porta foi morta a baioneta a abadessa sóror Joana Angélica. Mas Acioli, referido por Rio Branco, registra haver se distinguido em tais brutalidades "o esquadrão de cavalaria, pela maior parte composto de brasileiros, e a maruja, armada de ordem do General Madeira".

29.12.1822 — SALVADOR. BA. Guerra da Independência. Sabedores de que os portugueses sitiados, com muita solenidade, jurariam nesse dia a Constituição elaborada nas Cortes de Lisboa, os brasileiros lançam ataque geral às posições defensivas lusitanas. Os dois lados batem-se furiosamente, sendo sustentadas as posições reinóis. No setor da Conceição, o ataque foi comandado pelo gen. Labatut e sobre as trincheiras de Itapoã pelo cel. Felisberto Gomes Caldeira.

Forças da Guerra da Independência

"Já é tempo de desfazer-se a suposição redondamente errada de que a nossa independência foi o resultado tão-só de combinação política entre pai e filho, conchavados por interesses de coroados.

"A luta pela Independência, durou (na Bahia), de 25 de Junho de 1822 a 2 de Julho de 1823 e nela se empenharam, de lado a lado, 18 brigadas, mais de 30 batalhões, 97 navios com 934 peças de artilharia e 20.809 homens das três armas, fora dezenas de recontros e combates, 4 batalhas campais e sérios combates no mar, em todos se assistindo valor dos guerreiros da libertação do Brasil.

"As tropas imperiais insurretas chegaram a 12.000 homens. Dentre estes poucos eram de linha; a maioria era constituída de mansos trabalhadores do sertão, mar e sertão. Os Periquitos, Os Encouraçados do Pedrão, os Pitangas, os Libertos, os Henrique Dias, os Belona, os Mavortes, os Montabrechas, os Pernambucanos, os Cavaleiros da Torre e do Pirajá, a Legião da Bahia..."

(Bernardino de Sousa, citado à p. 24 de O Marquês de Tamandaré, *do alm. Henrique Boiteux.)*

18.7.1822 — SALVADOR. BA. Guerra da Indpendência. Joaquim Pires, futuro visconde de Pirajá, cumpriu a primeira missão de fustigamento das posições portuguesas, atacando pelo lado norte. Dispôs de 800 homens de dois batalhões da Torre, na maioria índios, apoiados pelos cavalarianos de Pedro Ribeiro.

3.5.1823 — SALVADOR. BA. Guerra da Independência. A linha de combate que cercava a cidade da Bahia inflamou-se com tiroteio de horas de duração. Os dois contendores procediam a reconhecimento das posições inimigas.

4.5.1823 — SALVADOR. BA. Guerra da Independência. Desde 29.4 estava presente no mar da Bahia a recém-formada esquadra brasileira, com 242 canhões sob o comando do alm. lorde Thomas Alexander Cochrane: nau *Pedro I;* fragata *Ipiranga;* corvetas *Liberal* e *Maria da Glória;* brigue *Guarani;* brigue-escuna *Real Pedro.* Na jornada, recebeu a fragata *Niterói.* Ao amanhecer, foi defrontá-la a força naval portuguesa do chefe-de-divisão João Felix Pereira de Campos; nau *D. João VI;* fragatas *Pérola* e *Constituição;* corveta *Dez de Fevereiro, Restauração* e *Regeneração;* charruas *Activa, Princesa Real* e *Calipso;* lugre *São Gualter;* brigue *Audaz;* escuna *Príncipe do Brasil* e sumaca *Conceição de Oliveira,* somando 396 canhões. As esquadras navegaram, tomando posição até às 16 h, quando o fogo foi aberto em toda a linha. Prontamente registraram-se motins de marinheiros portugueses em quase todos os barcos de bandeira brasileira. Somente a *Niterói,* a *Ipiranga* e a *Maria da Glória* combateram sem tal embaraço. A *Pedro I* fez desarvorar a charrua *Princesa Real,* mas logo teve que concentrar sua atenção no debelar a sublevação de elementos lusos servindo no paiol. Às 19 h, debaixo de tormenta, a esquadra portuguesa voltou ao porto e a brasileira à sua base no Morro de São Paulo. Perdas: brasileiras, 13 feridos; portuguesas, dois mortos, 40 feridos.

3.6.1823 — SALVADOR. BA. Guerra da Independência. O exército brasileiro, sob o comando de José Joaquim de Lima e Silva, montou reconhecimento agressivo sobre as linhas da defesa lusitana. Esta, a última das ações da guerra na Bahia, custou aos brasileiros 29 baixas, entre mortos e feridos.

25.10.1824 — SALVADOR. BA. Motim militar. O governador das armas, Felisberto Gomes Caldeira, ordenou a prisão, por insubordinado, do comandante do Batalhão dos Periquitos. Uma companhia daquela unidade invadiu o quartel e matou Caldeira com 13 tiros. Dominado o motim, quatro dos matadores do governador das armas foram executados, os demais fugiram. O Batalhão foi transferido para MT.

10.4.1830 — SALVADOR. BA. Revolta de escravos. Vinte deles assaltaram casa de comércio, apoderando-se principalmente de armas. Com elas, dominaram o vizinho mercado de escravos, onde recrutaram 80 aderentes e trucidaram 18 que recusaram participação. Sentindo-se fortes, atacaram posto policial, matando uma sentinela. Mas o posto resistiu até a chegada de reforço, o qual colocou as revoltados entre duas linhas de atiradores. Envolvidos, debandaram, perseguidos pelos soldados e por multidão enfurecida. Cinqüenta, alcançados, foram linchados. Vários outros, quase. Os chefes, Francisco e Nicolau, condenados a receber 400 açoites, 50 por vez.

27.10.1832 — SALVADOR. BA. Sublevação do 10º BC. Tendo à frente o comandante, sublevou-se a unidade. O 9º BC e guardas municipais deram apoio ao presidente provincial Barros Paim no debelar a revolta. O comandante do 9º, ten.-cel. Antônio Correia Seara, foi pessoalmente ao Campo Grande de São Pedro desarmar amotinados. Mesmo recebido com descargas, aprisionou os desordeiros, entre eles oficiais. O batalhão amotinado foi embarcado, sem armas, na fragata *Defensora* e dissolvido por ato do governo regencial.

A esquadra da Independência

Os navios, quase todos, antes portugueses. O melhor, capitânia, nau Pedro Primeiro *fora* Martim Afonso de Freitas, *na frota lisboeta; a fragata* Niterói, *ex*-Sucesso; *a* Piranga, *ex*-União; *o* Paraguaçu, *ex*-Carolina. *As corvetas* Maria da Glória *e* Liberal *e a escuna* Leopoldina, *tornadas brasileiras conservaram o nome lusitano. Não tinham essa procedência o brigue* Diligente *que fora propriedade de David Jewett e brigue* Guarani, *chamado* Nightingale *quando propriedade inglesa.*

Estrangeiros, em grande número, os oficiais. Ingleses: Cochrane, Jewett, Greenfel, Taylor, Clewley, Sheperd, Boss, Parker, Hoolete, irlandês; Bloem, alemão; Sabra e Brontonelle, franceses. A marinhagem, integrada por ingleses, portugueses, nacionais libertos e escravos. (Relação de Odilon Nogueira de Matos, Notícia Bibliográfica e Histórica, *nº 129, março 1988, PUCC.)*

26.4.1833 — SALVADOR. BA. Revolta dos guanais ou do Forte do Mar. O forte, que viria a ser o de São Marcelo, aceitou a doutrinação do cap. Bernardo Miguel Guanais Mineiro e de Carmo Sucupira, recolhidos presos àquela unidade depois de promoverem revolta no interior da província. Clamavam por reformas sociais e a instituição do sistema federal de governo. No primeiro dia do levante do forte, não chegaram as adesões prometidas e o governo provincial iniciou o ataque por mar e por terra, depois de terem os *guanais* alvejado posições legais na cidade. O forte e os revoltados içaram bandeira "tendo uma lista azul entre duas brancas" verticais, símbolo da federação republicana votando o fim da monarquia.

27.4.1833 — SALVADOR. BA. Revolta dos guanais — episódio do Forte do Mar. Levantados na véspera, tendo iniciado o combate ao disparar contra a cidade, os *guanais* e os soldados do forte foram submetidos aos ataques de forças governamentais. Nenhuma das adesões esperadas foi ter ao forte. Diante dele posicionou-se a corveta *Regeneração* e no Largo da Sé e na Intendência da Marinha foram montadas baterias. O duelo entre forte, baterias e navio durou a tarde e a noite. Pela manhã de 28, faltos de recursos, com suas posições fortemente atingidas, os revoltados renderam-se.

24.1.1835 — SALVADOR. BA. Revolta de escravos. Última grande revolta de escravos urbanos. Sob a liderança dos altivos e organizados nagôs, os revoltados travam rápidos mas violentos choques com a polícia e civis, no Largo do Teatro, diante da cadeia pública, na vizinhança do Forte de São Pedro, na Mouraria, na Barroquinha, na Ajuda, na Baixa do Sapateiro. Mas foi em Água dos Meninos que ocorreu o confronto principal, tendo os escravos tomado a iniciativa do ataque sobre o dispositivo da repressão. Na madrugada, dispersão e reagrupamento dos revoltados que voltariam à ofensiva no dia seguinte.

25.1.1835 — SALVADOR. BA. Revolta de escravos. A multidão de escravos em revolta desde a véspera assaltou, com desespero e desorganização, o quartel de cavalaria de Água dos Meninos. O chefe de polícia de Salvador, Francisco Gonçalves Martins, dirigiu o contra-ataque da infantaria, o fogo partido das janelas do Forte de São Pedro e o avanço da coluna de marinheiros desembarcados da fragata *Baiana*. Em seguida, ordenou carga de cavalaria. Os levantados refluíram, deixando 40 mortos, contra dois da força governista que teve também três feridos. Ignorado o número de escravos mortos por afogamento durante a precipitação da fuga.

8.11.1837 — SALVADOR. BA. Sabinada. O brigue *Três de Maio,* fiel à Regência e que se dirigia do porto para a barra onde desde o dia 6 fora ter o presidente da província, travou duelo com os fortes do Mar e da Gamboa, dominados pelos revoltosos.

4.2.1838 — SALVADOR. BA. Sabinada. Diante do Forte de Santo Antônio, proximidades da barra, a barca dinamarquesa *Zebra,* violando o bloqueio, fundeou sob a proteção do forte e de duas escunas da flotilha revoltosa. O brigue *Três de Maio,* fiel à Regência, tentou abordar a barca, sendo repelido pela fuzilaria dos "sabinos", que a haviam ocupado. Em socorro do brigue chegaram as corvetas *Sete de Abril* e *Sete de Setembro.* Para apoiar os revoltosos, três canhoneiras. O combate então aberto entre esses barcos prolongou-se até a tarde, quando os regenciais, temendo que a maré os levasse para o alcance dos canhões dos fortes, retiraram-se para a linha do bloqueio. Os "sabinos" comemoraram vivamente o que proclamaram ser importante vitória naval.

4.3.1838 — SALVADOR-HUMILDES. BA. Sabinada. A jornada, na qual a revolta jogou um tudo-ou-nada e perdeu, teve dois campos de combate. Asfixiada pelo cerco, a Sabinada decidiu-se a tentar o máximo: tomar Feira de Santana, atrás das linhas governamentais, e instalar ali centro de operações e de fornecimento. Higino Pires Gomes preparou tropa especial para a marcha, em campo inimigo. Pedro Ferreira de Oliveira combateu no mar, com esquadrilha de lanchas para abrir caminho. Diante do Forte da Gamboa, o brigue-escuna imperial *Espadarte,* principal elemento de vigia, afundou escaleres sabinos, feriu cinco e tomou 18 prisioneiros. Mas Pires Gomes passou e precipitou-se com sua gente pelo Recôncavo, ultrapassando São Francisco e Santo Amaro. Em Humildes, foi interceptado, envolvido, derrotado. Deixou no campo quase 100 do seus, mortos e feridos. Estava selada a sorte da Sabinada.

13.3.1838 — SALVADOR. BA. Sabinada. Começo da "Batalha dos Três Dias", que pôs fim à Sabinada. O Exército Restaurador, em três colunas, e as guarnições dos navios que bloqueavam a baía, acometeram Salvador por todos os lados. Artilharia e fuzilaria rebelde rechaçaram desembarque diante do Forte de Monserrate. A luta generalizou-se.

14.3.1838 — SALVADOR. BA. Sabinada. Continua a "Batalha dos Três Dias", iniciada na véspera. A força de desembarque, ao mando do ten. Galhardo, repelida no dia anterior diante do Forte de Monserrate, assalta e ocupa o Forte da Jequitaia. Logo mais, rendeu-se o Forte da Lagartixa, atacado por terra e mar. O brigue *Constança,* do comando do CT Joaquim José Inácio, futuro Visconde de Inhaúma, empenhou em duelo os fortes da Gamboa, do Mar e de Santo Antônio. O Exército Restaurador, conduzido por João Crisóstomo Calado, progrediu em diversos pontos rumo ao centro da cidade, encontrando viva resistência.

15.3.1838 — SALVADOR. BA. Sabinada. Término da "Batalha dos Três Dias", com a tomada da cidade, à noite, pelo Exército Restaurador do mar. João Crisóstomo Calado. Os pontos fortificados pelos rebeldes foram disputados um a um. O Forte de Monserrate, ocupado às 16 h mediante ataque envolvente e por mar e terra. O de São Pedro, fustigado todo o dia pela artilharia governamental, rendeu-se ao anoitecer, entregando-se, ali, o comandante-chefe dos "sabinos", Sérgio José Veloso, 80 oficiais, 600 soldados. Encerrava-se a Sabinada.

7.10.1864 — SALVADOR. BA. Guerra da secessão americana. O navio confederado *Florida* fundeou sob proteção da corveta brasileira *Dona Januária.* Estando a sua tripulação em terra, o barco foi atacado pelo também americano, porém nortista, cruzador *Wachusset* que ignorou a ordem de parada emitida pela corveta. Depois de breve combate entre os dois americanos, o *Wachusset* tomou o *Florida* a reboque e deixou o porto. Reclamação diplomática brasileira resultou em ordem judicial para que o navio assim apresado fosse devolvido ao porto de Salvador. Para não cumprir essa determinação, os responsáveis pela viagem fizeram abalroar e afundar a embarcação ainda em águas americanas.

18.11.1904 — SALVADOR. BA. Arruaças da vacina obrigatória. O alf. Teodomiro Ramos de Queirós, movido por estrito sentimento de veneração à escola que freqüentara — a Escola Militar do RJ — sabendo-a revoltada, decidiu sublevar a sua unidade. Matou, arengou, comandou, depredou, combateu, morreu em arras daquela fidelidade. Às 2 h, revólver empunhado, impôs aos comandados adesão a "um movimento militar em honra da briosa mocidade da Escola Militar do Brasil". Mandou tocar reunir, ameaçou os relutantes, enfrentou em luta corporal e matou com dois tiros o comandante do batalhão, maj. Inocêncio Fabrício de Matos, fez arrombar a Arrecadação, de onde retirou armas e munições. Às 5 h, com bandeira e música, tirou o 9º BC do quartel, dirigindo-se para o do 5º BA, cuja adesão pleiteou. Rechaçado conduziu os que ainda o seguiam para o centro da cidade, sendo combatido pela tropa do cel. Sotero de Menezes. Morreu combatendo.

10.1.1912 — SALVADOR. BA. Conseqüência da implantação de Política de Salvação Nacional do Mar. Hermes da Fonseca. Cumprindo ordens da presidência da República, o gen. Sotero de Menezes manda os fortes do Barbalho e de São Marcelo alvejaram certos pontos da cidade. Visava a dispersar a concentração da força policial reforçada por 3.000 sertanejos, à disposição do presidente estadual, Aurélio Vianna. Atingidos pelo canhoneio também o palácio do Governo, a Intendência, o Teatro São José, a biblioteca pública, residências da Rua do Chile. Combates isolados ocorreram até o dia 24 entre soldados do Exército e policiais. Vianna deixou o governo, sob a pressão dos canhões, refugiando-se no consulado francês.

22.8.1932 — SALVADOR. BA. Revolução Constitucionalista. Estudantes da Faculdade de Medicina, às 9,30 h, declararam a sua escola solidária com o estado de São Paulo na revolta constitucionalista. Explicaram em manifesto: "A hora da Bahia soou. Era impossível que por mais tempo permanecesse muçulmanamente vencido o nosso estado. São Paulo fez o primeiro 7 de setembro. Reproduziu-o agora. A mocidade acadêmica dirige o segundo 2 de Julho de nossa História. Às armas baianos! A Bahia, de pé, pelo Brasil". Ataque policial redundou em vários feridos entre os estudantes e na morte de um popular. Um policial foi aprisionado e logo libertado num gesto que os captores pretendiam que demonstrasse a vocação democrática dos levantados. À tarde, rendição dos estudantes ao governo estadual. (Nelson Carneiro, *"XX de Agosto" o Movimento Constitucionalista na Bahia*. Cia. Edit. Nacional, São Paulo, 1933.)

?.?.1746 — SAMAMBAIA-ARAXÁ. MG. Ataques a quilombos. O quilombo do Ambrósio, entre Samambaia e Araxá, reunindo negros e índios, fizera-se conhecido a partir de 1670. Investido algumas vezes por elementos da polícia, foi decisivamente atacado em 1746 pelo capitão-de-mato Antônio João Oliveira. Morto o chefe Ambrósio, o quilombo foi destruído.

27(?).1.1756 — SAN AGUSTIN. RS/Uruguai. Guerra guaranítica. Episódio da campanha de guerrilha empreendida por Sepé Tiaraju entre o final de janeiro e 7 de fevereiro, com o fito de retardar o avanço do exército luso-espanhol contra os Sete Povos das Missões. Emboscando os aliados provocou a morte de 23 blandengues correntinos e santafecinos. Tiaraju colheria outro sucesso em Mbatobi (3.2) para ser derrotado e morto em Vacacai ou Guacacay, a 7.2.

22.4.1945 — SAN BENEDETTO. Itália. Segunda Guerra Mundial. No vale do Rio Pó. Em 44 missões, utilizando 16 aviões que conduziam, cada qual, duas bombas de 500 libras, a Força Aérea Brasileira atacou os dispositivos dos alemães em retirada pelo norte italiano. Representando apenas 0,5% da força aérea aliada na área, no cômputo geral dos danos infligidos ao inimigo foram creditados ao I GC da FAB 79% dos cortes dos sistemas ferroviário e rodoviário, 43% nos depósitos de munições e 13% nos veículos motorizados. A ação mereceu do comando do 35º Grupo de Caça americano indicação para "Citação do Congresso", por haver contribuído decisivamente para a ampliação e consolidação das cabeças-de-ponte, destruindo mais objetivos do que todas as demais forças em atividades nesse dia, durante o qual predominaram péssimas condições atmosféricas.

14(?).10.1827 — SAN BLÁS. Argentina. Guerra da Cisplatina. O Barão do Rio da Prata, chefe brasileiro nas águas do sul, foi informado de que os adversários armavam, na baía de San Blás, Patagônia, navios corsários para incursões pela costa brasileira. Determinou operação anfíbia para destruir tais navios e o respectivo estaleiro. Em fins de setembro partiram a corveta *Maceió* e os brigues *Caboclo* e *Independência*. Por imperícia, ou erro propositai dos práticos, a corveta e o *Independência* encalharam e batidos pelo mar e as pedras naufragaram na entrada da baía de San Blás. Afogaram-se 40 marinheiros. Outros 83, entre eles o CF Guilherme Eyre, comandante da expedição, nadando para terra, foram aprisionados. O barco *Caboclo*, sob James Inglis, recolheu alguns dos náufragos e retornou à base.

31.3.1818 — SAN CARLOS. Argentina. Missões além-Uruguai. Guerra com Artigas. O gen. Chagas Santos dá início ao ataque, apoderando-se do centro da povoação. Os artiguistas, comandados pelo correntino ten.-cel. Serápio Rodriguez, refugiaram-se na igreja, no colégio e atrás dos muros da quinta. Durante a noite, Manoel José de Melo leva 20 soldados à aventura bem-sucedida de incendiar a igreja. Os dias seguintes foram de combates ferozes ao redor da vila.

2.4.1818 — SAN CARLOS. Argentina. Missões além-Uruguai. Guerra com Artigas. O caudilho entrerriano Aranda aproxima-se com 300 combatentes para socorrer a Serápio Rodriguez, que desde o dia 31.3 defendia-se do ataque do gen. Chagas Santos. Contra Aranda foi expedida a força do ten.-cel. Joaquim Ferreira Braga. Aranda teve o seu contingente dispersado e morreu no combate. A sorte de São Carlos estava selada. Rodriguez rendeu-se no dia seguinte.

3.4.1818 — SAN CARLOS. Argentina. Missões além-Uruguai. Guerra com Artigas. No quarto dia do cerco e de combates dentro da vila, o gen. Chagas Santos ordenou assalto final às posições defendidas pelos soldados do ten.-cel. Serápio Rodriguez. Tomada a igreja, renderam-se os artiguistas, seu comandante à frente. Chagas mandou incendiar a vila.

22.11.1816 — SAN FERNANDO. Uruguai. Guerra com Artigas. Enquanto por terra aproximava-se o exército do gen. Carlos Frederico Lecor em sua marcha Maldonado-Montevidéo, os marinheiros da fragata *Fênix* e dos brigues *Falcão* e *Gaivota* desceram à terra, tomando de assalto a povoação de San Fernando. Vencida a força defensiva, abria-se caminho para o exército luso-brasileiro.

17.1.1817 — SAN FERNANDO. Argentina. Misiones, margem direita do Rio

Uruguai. Guerra com Artigas. O cap. Elias de Oliveira, cumprindo ordens do gen. Chagas Santos, atravessa o rio e desbarata a guarnição de 200 cavaleiros com que Artigas contava garantir o conrole daquela passagem.

15.10.1817 — SAN FERNANDO. Uruguai. Guerra com Artigas. Defendido pelos 45 milicianos do furriel Antônio José Jardim, o posto missioneiro de San Fernando foi atacado por correntinos artiguistas que o tomaram, encontrando mortos 35 dos defensores.

Recrutamento forçado para as guerras do Sul

Informe do cronista de SP, Machado D'Oliveira: "Começou o recrutamento em massa na capital em 1808 e no dia em que a Igreja consagra festejos ao Corpo de Deus, festividade essa em que como se sabe, há sempre grande concorrência de povo. Houve formatura de tropa na praça do Palácio, para onde aflui quase inteira a população da cidade, ao terminar-se a solenidade do dia, correram subitamente de vários pontos do exterior da praça corpos da tropa armada tomando logo as bocas das ruas que vão ter à praça, e postas sentinelas nas entradas das casas do seu recinto para que nenhuma evasão houvesse, foi apreendido indistintamente o povo que era ali assistente, e levado tumultuariamente ao quartel dentro de um grande círculo de soldados; e ali passou o dia e pernoitou amontoado, sem abrigo e provimento. E o governador, que das janelas do palácio presenciava este grande atentado com o desdém da superioridade brutal, regozijava-se dos bons efeitos daquela obra traçada pelas mãos da iniqüidade. No dia seguinte, e com exclusão dos que por sua idade, estado ou profissão não deviam comportar o serviço militar, o povo tomado na praça do palácio foi inscrito no alistamento dos recrutas da legião e posto imediatamente em uniforme e na aprendizagem das armas". O governador a que se refere a notícia era o capitão-general França Horta, da capitania de SP.

29.1.1840 — SANGA DA BANANEIRA. RS. Guerra dos farrapos. À frente de formações da GN, os tenentes-coronéis Andrade Neves, futuro Barão do Triunfo, e Francisco Pedro de Abreu, mais tarde Barão de Jacuí, desbaratam contingente farroupilha. Encontro notorizado pelos duelos a espada sustentados pelo farrapo Manduca Carvalho.

15.2.1827 — SANGA FUNDA-PASSO DO UMBU. RS. Guerra da Cisplatina. Cumprindo ordens do Marquês de Barbacena, Bento Manoel Ribeiro dirigiu-se ao Passo do Umbu, no Ibicuí, a fim de observar os movimentos do exército argentino. Levava 858 milicianos de cavalaria e viu-se surpreendido, à retaguarda, pelo gen. argentino Julio Mancilla, com 1.190 soldados, lanceiros de Zufriatégui e couraceiros de Medina. Ribeiro acelerou a marcha, deixando para cobri-la os três esquadrões do maj. Gabriel Gomes Lisboa, que no local chamado Sanga Funda fez meia-volta e atacou a arma branca a vanguarda de Mancilla. Tendo-a dispersado, foi alcançar Bento Manoel na travessia, margem direita do passo. Mancilla foi impedido de cruzar o Ibicuí pela linha de atiradores brasileiros. Em sua parte oficial lê-se que perdeu na Sanga 10 homens mortos e 12 feridos. O boletim de Alvear registrou os dois encontros como vitória tão grande que mereceu nome em rua de Buenos Aires. Os brasileiros tiveram 10 mortos, sendo um alferes e 11 feridos.

23.12.1926 — SANGRADOURO. MT. Coluna Prestes. Desalojando tropa da polícia estadual, a vanguarda da Coluna apodera-se da colônia Sangradouro, sofrendo as baixas de dois feridos, o ten. Nicácio Costa e um soldado. Os governistas foram posicionar-se a 4 km dali, no Capim Branco.

10.11.1869 — SANGUINA-CUÊ. Paraguai. Guerra do Paraguai. Fazendo a vanguarda do gen. Câmara, o maj. Francisco Antônio Martins conduziu o 21º corpo de cavalaria da GN ao ataque e destruição do destacamento do comandante paraguaio Cañete.

13.6.1819 — SAN ISIDRO. Uruguai. Guerra com Artigas. A retaguarda da força correntina em retirada de San Nicolao, que o Conde da Figueira ocupara na véspera, foi alcançada e destroçada pela tropa do maj. José Maria da Gama, que veio a ser general e Barão de Saican. Os vencidos perderam 54 soldados e um canhão.

29.10.1869 — SAN ISIDRO DE CURUGUATI. Paraguai. Guerra do Paraguai. O cel. Fidélis Paes da Silva desbaratou no Curuguati o contingente paraguaio do cap. Rios. Continuando seu avanço foi obter o mesmo resultado contra a formação do maj. Francisco Adoma, no local Abagiba. Os dois encontros custaram aos vencidos 257 baixas, entre mortos, feridos e prisioneiros.

17.12.1868 — SANJA-BLANCA ou SANJA-FERNANDES. Paraguai. Guerra do Paraguai. Entre Villeta e Lomas Valentinas, o cel. Vasco Alves, depois brg. e Barão de Santana do Livramento, pela madrugada comandou quatro corpos de cavalaria da GN contra o 45º RC paraguaio. Foi ao ataque apenas com os corpos números 13º e 18º, deixando os outros na reserva. De surpresa, carregou e venceu, provocando 140 mortos entre os inimigos e tomando 54 prisioneiros, entre os quais cinco oficiais. Vasco registrou entre os seus apenas quatro feridos, um deles oficial.

1.1.1802 — SAN JOSE. Paraguai. Intrusão espanhola em MS. Em represália ao ataque feito por espanhóis, no setembro anterior, contra o Forte de Nova Coimbra, o tenente de dragões Francisco Rodrigues do Prado, saindo do presídio de Miranda com 54 soldados e muitos índios auxiliares, tomou e arrasou o fortim de San Jose, margem sul do Rio Apa. No combate, com vários de seus homens, morreu o comandante Juan Caballero. O Prado planejara atacar também San Carlos, no que foi impedido pela deserção de 300 dos seus auxiliares guaranis.

26.5.1818 — SAN JUAN. Uruguai. Guerra com Artigas. Junto ao arroio San Juan combateram as formações do artiguista cel. Encarnación, um dos mortos na ação, e do gen. Sebastião Pinto de Araújo Correia. Para a vitória contribuiu particularmente o corpo de gaúchos conduzido pelo cap. Pinto Bandeira.

22.11.1801 — SAN LUCAS. Argentina. Missões de além Rio Uruguai. Conquista das Missões Orientais. O cap. Manoel dos Santos Pedroso, operando com a gente do maj. Joaquim Félix da Fonseca na conquista do território missioneiro entregue à Espanha pelo Tratado de Santo Ildefonso, atravessou o Rio Uruguai. À noite, com 80 "aventureiros", caiu de surpresa sobre o acampamento espanhol a oeste do Passo de San Lucas e expulsou os 130 soldados ali reunidos. Estes, reforçados por 300 comandados do paraguaio Spinola, contra-atacaram no dia 24. Santos Pedroso, que recebera por sua vez o apoio da partida de Borges do Couto, suportou o assalto e manteve o domínio do passo.

14.8.1851 — SAN NICOLAS. Argentina. Campanha contra Rosas. As baterias rosistas de San Nicolas duelam com navios brasileiros do comando de Grenfell, os quais cumprem a sua missão.

?.2.1676 — SAN PEDRO DE TERECAÑI. Paraguai. Bandeiras. O bandeirante Pedroso Xavier comandou a tomada dessa redução. No dia seguinte fez o mesmo com as de San Francisco de Ibira, Paraiara e Candelária, depois do que reorganizou sua bandeira e se atirou sobre o objetivo mais cobiçado — Villa Rica del Espiritu Santo, ocupada no dia 14.

22.5.1869 — SAN PEDRO/JEJUY. Paraguai. Guerra do Paraguai. Episódio da incursão da cavalaria do gen. José Correa da Câmara aos centros de abastecimento do adversário. A reduzida força paraguaia resistiu tenazmente ao ataque, morrendo um tenente e cinco soldados enquanto 16 outros, incluso um tenente, foram aprisionados. Baixas brasileiras: um morto e um tenente e dois sargentos feridos.

6.9.1867 — SAN SOLANO. Paraguai. Guerra do Paraguai. O cap. Chananeco e seus 57 GN, apoiados em um banhado, resistiram ao grosso do 21º RC paraguaio do ten.-cel. Blas Montiel, o qual recém chegara àquele teatro de operações proveniente da Campanha do Apa chamada Retirada da Laguna pelos brasileiros. Talvez esse desconhecimento das condições do terreno tenha influído no deixar-se surpreender pelos 700 comandados do gen. José Luís Mena Barreto e do cel. Fernandes Lima. Destroçado e perseguido, Montiel perdeu 160 dos seus, mortos e prisioneiros. Baixas brasileiras: nove, entre mortos e feridos. O cap. Chananeco foi promovido a major, em razão do feito de San Solano.

8.2.1635 — SANTA ANA. PE. Holandeses no NE. Combate violento embora envolvendo contingentes limitados, no curso da campanha dos holandeses Arciszewsky e van Schkoppe para fechar o cerco sobre o Arraial do Bom Jesus. Vitória dos flamengos.

29.7.1819 — SANTANA. RS. Guerra com Artigas. O guerrilheiro artiguista Jose Lopez ou Lopez-Chico entrara pelo RS com formação de cavalaria correntina e a missão de inquietar, fazer presas, destruir, atraindo e mantendo ocupadas tropas luso-brasileiras. Perseguido, esquivava-se até ser alcançado nos serros de Sant'Ana pelo destacamento de Bento Gonçalves da Silva, igualmente hábil na tática guerrilheira. Perdendo 10 mortos e feridos, Bento destroça o conjunto inimigo que teve 83 baixas entre mortos e prisioneiros.

19.8.1843 — SANTA ANA DO URUGUAI. RS. Guerra dos farrapos. O contingente imperial do cap. Hipólito Gil perdeu o dia para uma partida farroupilha. Santa Ana veio a chamar-se Uruguaiana.

1.1.1763 — SANTA BÁRBARA. RS. Invasão espanhola, Cevallos. Trincheira dos invasores, defendida por 500 soldados correntinos e índios e sete canhões, obedientes ao ten.-cel. Antonio Catani, foi tomada de assalto por 230 dragões riograndenses e "aventureiros" de São Paulo, do comando do cap. Francisco Pinto Bandeira. Rio Branco afirmou haver sido o cap. Miguel Pedroso Leite, comandante dos "aventureiros", o herói da jornada.

2.1.1774 — SANTA BÁRBARA. RS. Invasão espanhola do RS, Vertiz y Salcedo. O caudilho Rafael Pinto Bandeira, com 120 cavaleiros, tentava dificultar a progressão dos 600 espanhóis do mando de Antônio Gomez, saído das Missões para cruzar o RS. Tratava-se de movimento envolvente, nos planos da invasão conduzida por D. Juan Jose Vertiz y Salcedo. Pinto Bandeira, hábil na tática de guerrilhas, surpreendeu o acampamento de Gomez, desfazendo-o. Aprisionou o comandante, um capitão, um tenente, um alferes e 80 soldados; 1.200 cavalos, 300 muares, 100 bois, muita munição e o arquivo do qual constava o plano completo da invasão, que Salcedo enviara a Gomez. Quando o inimigo começou a debandar, o Bandeira colocou-se, braços abertos, diante dos seus, para que não houvesse mais feridos e mortos. Os vencidos, salvos, agradeceram-lhe com uma salva de palmas. (*História Naval Brasileira*, 2º volume, tomo II, página 194.) Desarmou e dispensou 400 índios missioneiros. Rio Branco e outros registraram este combate com o nome de Butucaraí e no dia 3. A data de 2 figura à página 268 da *História do Exército Brasileiro*.

5.6.1837 — SANTA BÁRBARA. RS. Guerra dos farrapos. Bento Manuel Ribeiro, então farroupilha, surpreendeu e destroçou a força imperial do gen. Sebastião Barreto.

11.(?).7.1842 — SANTA BÁRBARA. MG. Revolta liberal. Depois de feroz resistência cai em poder dos rebelados. A 21 voltaria ao poder dos governistas.

25.12.1926 — SANTA BÁRBARA. RS. Levante tenentista. Na serra, o Destacamento Lúcio Esteves derrotou os revoltosos de forma tão completa que os remanescentes tenentistas asilaram-se no Uruguai, manobrando por Três Vendas e cruzando a fronteira no dia 5 de janeiro.

9.12.1631 — SANTA CATARINA. PB. Holandeses no NE. A guarnição do Forte de Santa Catarina, liderada por João de Matos Cardoso, repeliu ataques lançados nos dias 9 e 12 pelos holandeses e índios do ten.-cel. Callenfels. A eliminação do forte impunha-se aos holandeses pela ameaça que o mesmo apresentava para a segurança da sua extensa dominação. No final da jornada de 12, o atacante desistiu e retirou-se.

10.12.1634 — SANTA CATARINA. PB. Holandeses no NE. O cel. Segismund van Schkoppe, tendo a 5 ocupado o Forte de São Bento e no seguinte posto cerco ao de Santa Catarina, ocupou-o no dia 10.

18.8.1736 — SANTA CATARINA. No mar. Campanhas da Colônia do Sacramento. A esquadra do cel. Luís de Abreu Prego desloca-se rumo da Colônia. Duas fragatas espanholas (*Hermione*, cap. José Araña e *San Esteban*, cap. Jorge Echeverria), também conduzindo reforços para os sitiantes, aproximam-se, em vigilância. Vai contra elas a nau *Nossa Senhora da Conceição*, cap. João Pereira dos Santos. Combatendo todo o dia, a nau mantém as fragatas à distância. Insistindo, elas seriam enfrentadas também nos dias 20 (Barra do Rio Grande) e 26 (Maldonado).

20.2.1777 — SANTA CATARINA. SC. Invasão espanhola. Praticamente sem esforços, Pedro Cevallos ocupou a Ilha de Santa Catarina. A área encontrava-se bem fortificada e guarnecida, porém fraquejou em conseqüência dos desentendimentos entre o governador Antônio Goma Farjão e o comandante das armas, gen. Antônio Carlos Furtado de Mendonça. Deixando a ilha, os defensores justificaram-se com a possibilidade de apresentar melhor postura no continente. Mas ali foram batidos com a mesma facilidade. Cevallos deixou forte contingente na ilha e a 22.3 partiu para atacar o RS.

Composição da expedição de Pedro Cevallos contra Santa Catarina e Rio Grande do Sul

1777

6 naus	montando	360	canhões
5 fragatas	montando	200	canhões
4 corvetas	montando	80	canhões
3 palhabotes	montando	9	canhões
1 chavequim	montando	1	canhão
	total	650	canhões

96 barcos de transporte		
Tripulação:	homens	3.973
Oficiais:		600
Praças de desembarque:		8.783

20.4.1777 — SANTA CATARINA. SC. Invasão espanhola de Cevallos. As naus portuguesas *Prazeres*, de 62 canhões, e *Santo Antônio*, de 64, esta tendo a bordo Mac-Douall, comandante da frota do sul, aprisionam a nau espanhola *San Agustín*, de 70 peças.

28.11.1826 — SANTA CATARINA. SC. Guerra da Cisplatina. A flotilha que levava ao RS o imperador Pedro I, composta da nau *Dom Pedro I*, da fragata *Isabel*, corveta *Duquesa de Goiás*, escuna *Primeiro de Dezembro*, sob o mando do almirante Conde Souzel, começa o seu quarto dia de viagem, no mar de SC, dentro de forte neblina. Ao abrir o dia, percebe que entre os navios velejava o corsário argentino *Chacabuco*, estando à vista outro corsário, *Sarandi*. Descoberto e visado, o *Chacabuco* escapou, perseguido, até o fim do dia, mas sem sucesso, pela *Isabel*.

28.3.1827 — SANTA CATARINA. SC. Guerra da Cisplatina. No golfo, elementos brasileiros, tripulando barcos rápidos, assaltam, tomam e incendiam o navio corsário argentino *Margarida*.

11.12.1838 — SANTA CATARINA. RJ. Ataques a quilombos. Tropa regular foi mandada extirpar o quilombo do "rei" Manuel Congo. Levava a recomendação de liquidar os quilombolas, vingando a derrota imposta por eles a destacamento da GN. Ordem cumprida, o "rei", aprisionado, foi enforcado a 6.9.1839. Os chefes de grupos quilombolas, Miguel Crioulo, Justiniano Benguela, Antônio Magro e Pedro Dias, condenados a 600 açoites cada.

2.11.1839 — SANTA CATARINA. SC. Guerra dos farrapos. Ao noroeste da Ilha, o patacho *Andorinha*, do CT Francisco Romano da Silva, foi ao ataque do maior comboio naval montado pelos farroupilhas. Sob Garibaldi, voltava de operação de corso às costas da província de São Paulo. Composto pela escuna *Rio Pardo*, o palhabote *Seival*, cada um dotado de canhão de 9. A reboque, os barcos apresados: patachos *Elvira* e *Bizzaria* e um iate. O *Elvira* e o iate foram retomados pelo *Andorinha*, que ainda perseguiu os farrapos até o anoitecer. No dia seguinte, em Imbituba, os republicanos aceitaram combate.

26.8.1942 — SANTA CATARINA. SC. Segunda Guerra Mundial. A 50 milhas da costa, o avião Vultee V-11, da Base Aérea de Porto Alegre, atacou submarino alemão. Desde o dia 22 o Brasil estava em guerra com as potências do Eixo (Alemanha, Itália, Japão).

19.7.1943 — SANTA CATARINA. SC. Segunda Guerra Mundial. Ao largo, operava o submarino alemão *U-513* do festejado capitão Fritz Guggenberger, respeitado por haver sido o afundador do navio inglês *Ark Royal* em 1941. Na área desde junho, torpedeara três barcos aliados. Uma longa transmissão rádio para o seu comando na Alemanha permitiu fosse localizado pela marcação radiogoniométrica. Atacado por aviões Mariner, o *U-513* recebeu duas bombas que o puseram a pique salvando-se o capitão e 19 marujos.

28.5.1895 — SANTA CLARA. RS. Revolta dos federalistas. Os vanguardeiros maragatos de Zeca Ferreira, com 150 homens ao mando do cap. Antônio Ribeiro dos Santos, vasculhavam a zona de colonização alemã de Santa Clara. Os colonos, sobressaltados pelas requisições sumárias, haviam se organizado defensivamente, sob a liderança de José Diehl. A resistência surpreendeu os federalistas que se retiraram perdendo sete mortos e 35 feridos, cavalos e material de guerra. A defesa de Santa Clara animou as colônias e levou o governo estadual ao plano de armá-las e encorajá-las a resistir. Com o que resultaram bastante debilitados a despensa e o arsenal dos federalistas.

1.5.1632 — SANTA CRUZ. PE. Holandeses. Voltando do saque realizado em Igaraçu, a tropa do cel. Waerdenburch foi atacada e sofreu elevadas perdas, no canal de Santa Cruz, pela força luso-espanhola ao mando de Fernando de la Riba Aguero.

11.8.1796 — SANTA CRUZ. BA. Corsários. Aproximou-se de Porto Seguro a frota corsária integrada pelos navios *La Chevrette,* corveta ao mando de Rivière, e brigues *L'Espoir* e *L'Epervier.* Mandou à terra 120 marinheiros, em missão de exploradores. Foram emboscados e obrigados a refluir, em desordem, para os escaleres. O grupo que os repeliu constava de 17 homens reunidos pelo Capitão de Ordenanças dos Pardos de Porto Seguro, Antônio Mariano Borges. O fato vem narrado nos *Souvenirs d'un amiral,* tomo I, de Pierre Jurien de la Gravière, que na ocasião comandava o *L'Epervier.* Nas *Memórias históricas da Bahia,* Acioli refere que Mariano Borges recebeu, pela proeza o Hábito de Cristo e promoção a major.

19.5.1801 — SANTA CRUZ. BA. Corsários. Na costa norte da BA, a corveta portuguesa *Andorinha,* montando 24 caronadas, mando de Inácio da Costa Quintela, travou combate desigual com a fragata francesa *La Chiffone,* 44 canhões, do cte. Guyeisse. Depois de seis horas de duelo de artilharia, foi abordada. Quintela desceu ao paiol e ameaçando fazer explodir a pólvora, obteve o afastamento dos atacantes. Quase desmantelada, porém livre, a *Andorinha* chegou ao porto da Bahia, segundo Rio Branco. Para Hélio Vianna foi tomada saqueada, incendiada.

10.2.1894 — SANTA CRUZ. RS. Revolta dos federalistas. Fazendo junção de suas partidas, os chefes federalistas Pedro Jungblut e Zeca Ferreira impuseram-se à pequena guarnição, ocupando Santa Cruz. Em seguida seriam atacados e desalojados pela coluna governista do cel. José Bonifácio Machado, proveniente do Rio Pardo.

25.8.1902 — SANTA CRUZ. AC. Campanha do Acre. Insurgentes acreanos comandados pelo seringueiro "coronel" José Galdino derrotaram a partida boliviana do cap. Gonçalo Moreno.

18.6.1653 — SANTA ISABEL. BA. Holandeses na BA. O cap. Francisco Barreiros encontrou a morte conduzindo a sua gente ao ataque final, em operação vitoriosa contra formação de holandeses.

8.11.1995 — SANTA ISABEL DO IVAÍ. PR. Choques da reforma agrária. Na fazenda Saudade, atrito entre grupo de Sem-Terra ocupantes da área e policiais militares enviados para desalojá-los. Feridos: 17 invasores e 6 policiais.

3.1.1817 — SANTA LUÇIA. Guerra com Artigas. O gen. Bernardo da Silveira Pinto defende vitoriosamente o passo da Calera de Santa Lúcia contra contingente artiguista comandado por Frutuoso Rivera.

11.4.1826 — SANTA LUCIA. Rio da Prata. Guerra da Cisplatina. A escuna *Dona Paula,* do mando de Antônio Leocádio de Oliveira, repele ataque de brigue argentino.

20.8.1842 — SANTA LUZIA. MG. Revolta dos liberais. A praça forte dos liberais mineiros, defendida por 3.300 homens e uma peça, tendo no comando Antônio Nunes Galvão, Francisco José de Alvarenga e Mello e Joaquim de Lemos, foi atacada pelos legalistas conduzidos pelo Barão de Caxias. A defesa incluía a povoação e várias trincheiras, dominando os caminhos para Sabará e Lapa, incluindo no recinto a Ponte Grande sobre o Rio das Velhas. Caxias levava dois batalhões de linha, dois da GN do RJ, quatro da GN de MG, dois esquadrões de cavalaria da GN, dois canhões. No total, pouco mais de 2.000 soldados. Dividiu-os em três colunas, tomando a chefia daquela central, 800 combatentes. Avançou pela estrada de Sabará, empurrando grupos de liberais desde o córrego do Tamanduá. A coluna da esquerda, 460 integrantes, investiu a Ponte Grande. A da direita, 800 homens sob o cel. GN José Joaquim de Lima e Silva, Conde Tocantins, ocupou Santa Luzia, entrando pela estrada da Lapa, decidindo com esse irrompimento pelo flanco-retaguarda a sorte da batalha e, por extensão, da revolta em Minas. As trincheiras dos revoltados haviam sido planejadas pelo engenheiro Wisner von Morgenstern, o qual, liberado pouco depois, iria ao Paraguai prestar serviços a Solano Lopez, vindo a constituir-se prisioneiro de Caxias pela segunda vez, em Lomas Valentinas. Em Santa Luzia, os liberais perderam 60 mortos, 100 feridos, 300 prisioneiros, inclusos 10 chefes. Os legalistas: 72 mortos e feridos.

28.7.1925 — SANTA LUZIA. GO. Coluna Prestes. Nas cercanias da cidade, a Coluna enviou a sua vanguarda, destacamento João Alberto, para tomar de assalto a ponte sobre o Rio Descoberto, custodiada por contingente da polícia estadual. Realizada a operação, a Coluna transitou pela ponte rumo norte.

20.10.1633 — SANTA LUZIA DA ALAGOA DO NORTE. AL. Holandeses no NE. Segundo Rio Branco, na jornada, 600 holandeses do alm. Lichthardt tentaram incendiar a vila depois de haverem queimado a de Nossa Senhora da Conceição da Alagoa do Sul. Davam andamento à campanha de destruição do que pudesse servir aos nativistas. Foram repelidos pela gente convocada pelo cap. Antônio Lopes Filgueiras, que morreu defendendo a sua vila. O combate durou todo o dia, terminado com a retirada dos flamengos, que tinham por guia a Domingos Fernandes Calabar.

11.11.1613 — SANTA MARIA-GUAXINDUBA. MA. França Equinocial. Os franceses do Senhor de La Ravardière, que no dia 2.11 haviam procedido ao levantamento da área de Guaxinduba, interessando-se particularmente pelos navios, atacaram-nos a 11, sob o comando dos capitães Du Prats e Claude de Razilly. Sem sofrer perda, tomaram a caravela que era o barco principal da frota de Jerônimo de Albuquerque, um caravelão e um batel, além de prisioneiros. Estes, interrogados, prestaram as informações com que la Ravardière esboçou o plano de ataque a ser desenvolvido contra o fortim Santa Maria, ainda não de todo terminado. Quando ultimou o artilhamento dos barcos apresados e reuniu 1.500 índios auxiliares, o chefe dos franceses partiu para o combate que decidiria a sorte da França Equinocial: Guaxinduba.

20.6.1818 — SANTA MARIA. Uruguai. Guerra com Artigas. Comandando 14 milicianos, o furriel Antônio Pinto da Silva entrincheirou-se em casa junto do Passo de Santa Maria, onde, durante oito horas, resistiu ao ataque de 132 correntinos artiguistas. Estes sofrem 81 baixas entre mortos e feridos e retiram-se à aproximação da força do gen. Chagas Santos.

14.12.1819 — SANTA MARIA. RS. Guerra com Artigas. Destacado para guardar Santa Maria, proximidades do Passo do Rosário, o destacamento de José de Abreu foi tão duramente atacado no Ibirapuitã-Chico que no primeiro dia de combate perdeu 100 homens. Voltou ao Passo do Rosário, junto de Santana, onde resistiu. Artigas renovou ataques nos dias 17 e 27, sem melhores resultados. Abreu manteve-se até 21.1.1820, quando o Conde da Figueira, vindo em seu auxílio, esmagou os atacantes na jornada de Tacuarembó Chico.

20.4.1839 — SANTA MARIA. RS. Guerra dos farrapos. O farroupilha Portinho derrota partida imperial sob Simãozinho. A 23, no mesmo local e com idêntico resultado, outro choque entre essas forças.

28.8.1840 — SANTA MARIA. PI. Balaiada. Na fazenda Santa Maria, no Gilboez, o maj. José da Sousa Martins triunfou depois de encarniçado combate sobre a obstinada resistência dos balaios.

8.2.1915 — SANTA MARIA. Contestado. Campanha do Contestado. O último e maior dos redutos dos sertanejos. A Coluna Sul, do cel. Francisco Raul d'Estillac Leal, dividida em dois grupos, avançou movendo infantaria e metralhadoras. Emboscados, os resistentes lutaram durante todo o dia. A Coluna sofreu 70 baixas, não atingiu seu objetivo e retirou-se. Em Santa Maria a jornada foi festejada como de grande vitória.

30.3.1915 — SANTA MARIA. Contestado. Campanha do Contestado. A governista Coluna Sul ocupara o mês derrubando a mata de Santa Maria, abrindo clareira para servir de base ao ataque decisivo contra os insubmissos do Contestado. No dia 30, depois de preparação artilheira e de fogo de metralhadoras, o cte. Estillac Leal ordenou o avanço da infantaria. A difícil progressão pelo desfiladeiro e o nutrido e bem dirigido fogo dos sertanejos frustraram a ofensiva.

2.4.1915 — SANTA MARIA. Contestado. Por ser aquele dia a Sexta-Feira Santa, o comando da Coluna Sul não programara o ataque diário ao reduto sertanejo. Pelo meio-dia, ouvindo-se tiroteio forte direção nordeste, correu ordem de assalto, o qual foi repelido pelos sertanejos sem maior dificuldade.

3.4.1915 — SANTA MARIA. Contestado. Decidido a pôr fim à Campanha, o cap. Tertuliano Potiguara, comandante da Coluna Móvel, atacou o principal reduto dos sertanejos. Conseguiu penetrar na posição, foi envolvido pelos defensores, perdeu muita gente. Sob ameaça de massacre, apelou para o contingente Estillac Leal. Este avançou, fez junção com a tropa sitiada e, todos, passaram à ofensiva, superando a defesa. Os insubmissos fugiram, deixando 70 mortos e feridos graves. Terminava a Campanha do Contestado, que custara 13 expedições, a morte de 20 oficiais e 300 soldados. Calcula-se que os sertanejos mortos hajam somado 3.000.

12.4.1923 — SANTA MARIA. RS. Revolta dos libertadores. No Passo de Santa Maria, choque entre a vanguarda da Brigada Oeste governista com partida de libertadores liderados por Acácio Mena. Este, ferido em uma das mãos, promoveu a retirada quando se deu conta da aproximação de reforços para o inimigo.

3.11.1923 — SANTA MARIA. RS. Revolta dos libertadores. Desde o dia 7 vigorava o armistício. Mas o veterano libertador cel. Clarestino Silva, com apenas 100 homens mas confiado nas promessas de apoio dos correligionários da própria cidade, atacou o Quartel da Brigada Militar, guarnecido por 30 praças do Corpo Provisório da cidade. Perdendo 10 homens mortos e 20 feridos, Clarestino recua para o Passo de Alemoa.

14.11.1924 — SANTA MARIA. RS. Revolta tenentista. O 5º RAM levantou-se, seguindo os irmãos Etchegoyen, que cumpriam esquema de atrair para a região forças federais, aliviando a pressão exercida pelas mesmas sobre a Brigada Sul em marcha rumo do PR. Depois de enfrentar contingente da Brigada policial, deixam a cidade superando o assédio de grupos governamentais comandados por Osvaldo Aranha. Tomaram a direção de SC. Os tenentes Yguatemy Moreira e Heitor Vale sublevaram o 7º RI, prontamente combatido pelo 1º RC-BM.

14.7.1932 — SANTA MARIA. MT. Revolução Constitucionalista. O 2º Esquadrão do 10º RCI, que se deslocava para SP em apoio à Revolução, faz alto na localidade de Santa Maria, região de Três Lagoas. Getulistas, liderados por cabos e um sargento, amotinaram-se e dispararam metralhadora sobre a tropa em descanso. Pelo menos dois feridos graves. O ten. Jardim, comandante, dominou o levante e o Esquadrão prosseguiu a marcha.

8.6.1843 — SANTA MARIA CHICO. RS. Guerra dos farrapos. Dia de glória para o caudilho farroupilha Manduca Carvalho. Sendo a sua força surpreendida em faina de carnear pelos 230 cavaleiros de Francisco Pedro de Abreu, dispersou-se. Manduca fez seu piquete de escolta montar em pêlo e travar luta a arma branca, terminando por empurrar os atacantes para uma cerca de pedras junto da qual o combate continuou até o anoitecer, chegando para os republicanos reforços chefiados por João Antônio da Silva. Abreu recebeu na cabeça dois ferimentos por espada e um de lança na mão direita. Os farroupilhas anotaram 100 baixas e ferimentos em chefes distintos como Onofre, Portinho, Canto. Rio Branco dá para os imperiais o efetivo de 160 GN e de 600, no fim do combate, para os republicanos.

15.5.1923 — SANTA MARIA CHICO. RS. Revolta dos libertadores. O chefe insurreto Estácio Xavier de Azambuja, que procurava se reunir às forças de Honório Lemes estacionadas no Caverá, foi envolvido e batido pelos governistas do cel. Claudino Nunes Pereria e civis de Flores da Cunha. Os libertadores, segundo os números de Flores, perderam centenas de homens, 2.000 cavalos, carretas e mantimentos. Entre os mortos, Adão Latorre, octogenário, carregando a fama de "o grande degolador de 1893". Foi dos que não arredaram pé do campo, lutando até morrer.

29.8.1925 — SANTA MARIA DE TAGUATINGA. GO. Coluna Prestes. Destacamento da polícia goiana, entrincheirado na vila, resistiu todo esse dia ao ataque do flanco-guarda direito da Coluna em sua segunda invasão do estado. Siqueira Campos no comando dos atacantes.

11.2.1813 — SANTA MARIA DO ARAGUAIA. GO. Magotes de índios xerentes, xavantes e carajás atacaram o posto comandado pelo ten. Francisco Xavier de Barros. Com 12 soldados e alguns civis, o posto repeliu quatro assaltos. Durante a noite, embora com três ferimentos, o tenente liderou os moradores que permaneciam no local, 38 homens, mulheres e crianças na retirada para São João das Duas Barras. A quase totalidade dos retirantes pereceu durante o trajeto.

21.9.1816 — SANTA MARIA DO IBICUÍ. RS. Guerra com Artigas. Segunda fase da jornada de combate entre as tropas de Francisco Pedro de Abreu e de Pantaleón Sotelo, ambas se deslocando em razão da ofensiva de Andresito Artigas contra São Borja. No primeiro combate, também chamado Ipeju ou Japeju, passo sobre o Rio Uruguai, Abreu, emboscado na margem, abriu fogo sobre a força de Sotelo, quando a metade dos homens estava na água, o que provocou baixas elevadas. Sotelo fora tentar a passagem em Santa Maria, foz do Ibicuí, onde dispusera da cobertura da flotilha de Justo Yegros: duas escunas-canhoneiras e várias lanchas. Abreu, que seguira o movimento de Sotelo, acompanhando-o na outra margem, frustrou também a segunda tentativa. Com as duas vitórias do dia praticamente salvou São Borja.

3.3.1945 — SANTA MARIA VILLIANA-RONCALE. Itália. Segunda Guerra Mundial. No curso da Operação Encore, enquanto o Batalhão Ramagem, do 2º RI, progredia sobre Cá del Fabro, a partir das 11 h o Batalhão Silvino, 2º/6º RI, lançou-se contra a posição alemã de Rocca Pitigliana. A 7ª Cia. encontrou resistência particularmente tenaz em Santa Maria Villiana e Roncale. Ocupou e perdeu tais posições, avançou de novo e terminou a jornada solidamente senhora das mesmas.

22.9.1816 — SANTANA. Uruguai. Guerra com Artigas. O cap. Alexandre Luís de Queiroz, chefiando 330 cavaleiros destacados da força do gen. Curado, derrotou coluna de 200 uruguaios. Pouco depois viu-se forçado a deixar o campo, pressionado por reforço de 800 adversários. Bento Manuel Ribeiro emboscou seu destacamento e tiroteou os inimigos recém-chegados, aliviando a retirada do cap. Queiroz. A jornada foi celebrada como vitória pelos orientais.

18.1.1827 — SANTANA. Argentina. Ilha de Martín Garcia. Guerra da Cisplatina. O CF Frederico Mariath, enviado pelo alm. Pinto Guedes para dar proteção à fraca Terceira Divisão, do mando de Jacinto Roque de Sena Pereira, a Esquadrilha do Rio Uruguai, fundeou ao largo do banco de Santana, proximidades da ilha. Dispunha da *Maceió* e da escuna *Dois de Dezembro*. Durante a madrugada foi atacado por 15 embarcações mandadas pelo alm. Brown. Ao fim de hora de fogo, os atacantes voltaram para Martín Garcia "em desordem e na maior precipitação", afirma Rio Branco. Às 7 h Mariath recebeu o reforço de seis barcos que o ajudaram, às 10, a repelir novo ataque. O jornal de Buenos Aires, *Mensagero*, do dia 20, publicou relato de oficial participante: "quedo nuestro general muy pagado, pues ha conocido que el que la mandaba es un bueno oficial. / A las siete volvimos a la carga y lo hiciemos com mas rabia que antes; pero, amigo, eran lo infierno las dos lineas. El enemigo sostuvo un fuego de ala a ala interminable; esto duró como hora y media y nos retiramos". O navio, isolado, a que se referiu o depoente era a *Maceió*, do comando de Mariath.

8.10.1844 — SANTANA. RS. Guerra dos farrapos. O comandante imperial Hipólito Cardoso impôs-se à força republicana do caudilho Bernardino Pinto.

20.2.1893 — SANTANA. RS. Revolta dos federalistas. O mar. Isidoro Fernandes comandava 800 homens na defesa de Santana atacada e severamente assediada pelos revoltosos. A defesa, vitoriosa, haveria de se prolongar até 20.3, quando o cerco foi levantado pelo anúncio da próxima chegada da tropa de socorro levada pelo gen. Teles.

4.9.1923 — SANTANA. RS. Região das Missões. Revolta dos libertadores. Saindo do campo de batalha de Ponche Verde, onde se vitoriara na véspera, Honório Lemes faz sua vanguarda combater contra um corpo da força borgista que teve ferido o próprio comandante, maj. Leônidas Barros. Honório seguiu para Quaraí, que ocupou vencendo fraca resistência.

3.10.1930 — SANTANA. RS. Revolução liberal nacional. A revolta no quartel do 7º RCI provoca tiroteio com o resultado de um civil morto e cinco feridos, sendo dois, oficiais. O 5º GAC fez cinco disparos de canhão contra o quartel do regimento revoltado.

19.6.1893 — SANTANA DO LIVRAMENTO. RS. Revolta dos federalistas. Cerca de 400 combatentes governistas investiram a cidade guarnecida por entre 80 e 100 federalistas comandados por Rafael Cabeda. Ao fim de renhido combate os atacantes desalojaram os maragatos.

22.3.1837 — SANTARÉM. PA. Cabanagem. O ten. Felipe José Pereira Leal, comandando as posições avançadas da vila, foi surpreendido por vigoroso ataque cabano. Contando com apenas 20 praças, estava para ser derrotado quando acorreram reforços desembarcados à pressa de navios fundeados diante da vila. Lutando até o fim da sua munição, os cabanos se retiraram. Do seu empenho em superar a defesa deram testemunho os corpos dos 248 mortos que deixaram. Os dados são de Garcez Palha nas *Efemérides navais*.

21.2.1956 — SANTARÉM. PA. Levante de Jacareacanga. Dois aviões Catalina, da Força Aérea Brasileira, sobrevoaram a base ocupada pelos oficiais revoltados, maj. Haroldo Coimbra Veloso e cap. José Chaves Lameirão. Um dos aviões, o PA-106514, dotado de metralhadora na bolha, disparou contra as instalações. Os dois oficiais responderam com armas leves. Não houve feridos. No dia seguinte os dois líderes do levante abandonaram Santarém, ocupada 48 horas depois por destacamento governista. Santarém fora sede da rebelião durante 10 dias, enquanto em PE, BA e CE oficiais da FAB eram presos por se negarem a atacar os de Jacareacanga-Santarém.

11.9.1839 — SANTA RITA. MA. Balaiada. Os rebeldes perdem Santa Rita para a tropa do maj. Manoel Clementino de Souza Martins. A artilharia dos balaios, duas peças, foi tomada pelos governistas.

12.3.1893 — SANTA RITA DO PASSA QUATRO. SP. Revoltas contra a república. Motivando o povo a juntar-se aos monarquistas locais a fim de impedir o embarque de jovens convocados por Floriano Peixoto para lutar no RS e no RJ, o chefe Quincas Ribeiro ocupou a estação ferroviária. Ali enfrentou o dispositivo policial da cidade e os republicanos mais ardorosos. Entre os republicanos, duas baixas fatais. Os monarquistas retiraram-se para o Cerrado de São Simão.

31.10.1824 — SANTA ROSA. CE. Confederação do Equador. Reunindo seus contingentes, o maj. João Nepomuceno Quixabeira e o cap. Manuel Antônio de Amorim derrotaram de forma total concentração de republicanos no povoado de Santa Rosa, margem do Rio Jaguaribe. Morreu o principal dirigente confederado, Tristão de Alencar Araripe, o qual, antes de o CE aderir à causa republicana, assinava-se Pereira, adotando o nome indígena Araripe para solenizar aquela adesão.

26.12.1843 — SANTA ROSA. RS. Guerra dos farrapos. Forças imperiais chefiadas pelo cel. Demétrio Ribeiro e pelo maj. Antônio Fernandes Lima acometeram e dispersaram a coluna republicana de João Antonic e Onofre Pires. Dos 500 farrapos entrados em combate, ficaram 80 mortos, 100 feridos e 55 prisioneiros.

18.11.1902 — SANTA ROSA. Bolívia. Campanha do Acre. Plácido de Castro, operando no território boliviano do Rio Abunã, derrotou os defensores de Santa Rosa comandados pelo ten. Julio Galoso. A vitória lhe permitiu avançar sobre Costa Rica, em operação planejada para desbaratar centros de concentração das milícias recrutadas por Nicolas Suarez.

1.6.1923 — SANTA ROSA DO CAVERÁ. RS. Revolta dos libertadores. Honório Lemes — o Leão do Caverá — atacou a coluna borgista do cel. honorário Flores da Cunha, constituída por esquadrão dos Fronteiros da República (policiais de Uruguaiana), dois do 4º Corpo de Provisórios e uma ala do Corpo Auxiliar. Acabavam de subir, em condições difíceis, a Serra do Caverá. Desbaratados pelo inopinado ataque de Lemes, levaram 15 dias para se concentrarem em Livramento e Quaraí, partindo, em seguida, na perseguição de Honório. Ao fim do combate de Santa Rosa, Lemes promoveu a coronel, no campo, Maurício de Abreu, descendente do legendário Barão de Serro Largo.

23.12.1637 — SANTA TERESA. RS. Bandeiras. Local: as nascentes do Jacuí, município de Cruz Alta. A bandeira paulista de Francisco Bueno, com 130 mamelucos e centenas de tupis, venceu a resistência e apoderou-se da redução de Santa Teresa, que abrigava 4.000 guaranis. Na apreciação de Taunay, tratava-se de povoação "magnífica". Este resultado abriu caminho para a conquista das reduções de São Carlos, Caapi, Apóstoles de Caasapaguaçu e Candelária. Sousa Docca fixa o evento em 20.12 e Ellis Junior em 15.5.

4.9.1811 — SANTA TEREZA. Uruguai. Campanha Pacificadora. O Forte de Santa Tereza, junto ao Arroio Chuí, foi ocupado pela tropa do gen. Manoel Marques de Souza (o primeiro do nome), que fez perseguir até Castillos e Rocha os soldados que o defendiam.

12.8.1816 — SANTA TEREZA. Uruguai. Guerra com Artigas. Na vanguarda do exército do gen. Carlos Frederico Lecor, o maj. Manoel Marques de Souza (o segundo desse nome) ocupa a posição, abrindo a fronteira.

31.12.1825 — SANTA TEREZA. Guerra de Artigas. Fortim junto do Arroio Chuí. O brasileiro militando entre os uruguaios, cel. Leonardo de Oliveira, surpreendeu a guarda sob o alf. Joaquim de Oliveira e ocupou o histórico fortim. Em seguida foi desalojar o destacamento do Chuí, chefiado pelo maj. Inácio José da Silva Cabral. Perdas brasileiras: 9 mortos, 68 prisioneiros, entre os quais o maj. Cabral.

14.12.1839 — SANTA VITÓRIA. RS. Guerra dos farrapos. O destacamento farroupilha do cel. Joaquim Teixeira Nunes dispersou contingente imperial do brg. Francisco Xavier da Cunha, o qual pereceu, afogado no Rio Pelotas, em plena retirada. Os combatentes entraram em confronto com efetivos iguais: 400 homens. Entre os republicanos, Garibaldi, capitão de cavalaria.

10.8.1630 — SANTIAGO. PE. Holandeses no NE. A jornada, decorrida no sítio Buraco de Santiago, margem direita do Rio Beberibe, teve dois momentos distintos. No primeiro, com grande força de ataque, os holandeses ocuparam a trincheira em construção pela gente de Luís Barbalho. No segundo, acudiu a tropa de Matias de Albuquerque e retomou a posição, fazendo continuar os obras.

18.1.1894 — SANTIAGO DO BOQUEIRÃO. RS. Revolta dos federalistas. Na quarta invasão do estado, o maragato cel. Dinarte Dorneles dispersou piquete de 30 governistas dos tenentes-coronéis Fausto Machado e Paulino Pinto de Andrade e os perseguiu até a serra de São Xavier. Dorneles deu ao encontro o nome do local: Povinho.

17.7.1923 — SANTIAGO DO BOQUEIRÃO. RS. Região das Missões. Revolta dos libertadores. O libertador cap. Mário Garcia investiu tentando conquistar o local, mas foi repelido pela defesa organizada por Lucas de Oliveira, intendente.

2.2.1531 — SANTO AGOSTINHO. PE. Corsários e contrabandistas. Tendo a bordo Pero Lopes de Sousa, a nau *Rosa* combate navio francês surpreendido contrabandeando pau-brasil. Pero Lopes recebe a ajuda de Martim Afonso, que chega providencialmente com o *São Miguel*, o galeão *São Vicente* e nau tomada pouco antes a franceses. Cercado, o barco rendeu-se, tendo seis dos seus tripulantes feridos.

30.10.1628 — SANTO AGOSTINHO. PE. Corsários e piratas. Ao largo do cabo de Santo Agostinho, frota portuguesa carregada principalmente com açúcar, pau-brasil e tabaco foi atacada pelo almirante holandês Dirch Symonszoon van Uytgeest. Ao fim de combate prolongado, o atacante capturou dois dos navios e outros tantos no dia seguinte.

13.2.1632 — SANTO AGOSTINHO. PE. Holandeses no NE. Os holandeses, rechaçados em três ataques, preparavam-se para o assalto final contra a posição, junto do cabo de Santo Agostinho, defendida pelos exaustos 60 homens de Bento Manoel Parente e os 100 de Francisco Gomes de Melo. Na jornada, a linha do cerco flamengo foi rompida pelo terço de soldados napolitanos do mando de Vincenzo de Sanfelice, futuro príncipe de Bagnuoli, reforço que afastou o perigo da queda do reduto.

4.3.1637 — SANTO AGOSTINHO. PE. Holandeses no NE. Defendido por 300 soldados e 50 moradores, tendo por chefe o srg-mor Pedro Correia da Gama e sendo João Paes de Melo o chefe dos civis, o reduto do cabo foi atacado pela esquadra holandesa do alm. Lichthardt. Apesar do fogo dos atiradores e da bateria de terra, os atacantes atingiram o ancoradouro, com a perda de um patacho, encalhado. A salvo dos tiros da bateria, o almirante abriu canhoneio contra a povoação, logrando fazer com que a deixassem os seus defensores, os quais incendiaram os depósitos de açúcar, principal objetivo da investida. Os holandeses puderam, no entanto, apoderar-se de 15 navios pequenos carregados com pau-brasil e 1.300 caixas de açúcar. Fortificados no Cabo, passaram a dificultar grandemente a navegação luso-brasileira e o aprovisionamento e a comunicação em terra.

3.9.1646 — SANTO AGOSTINHO. PE. Holandeses no NE. Junto ao cabo, o cap. Francisco Barreiros apoderou-se por abordagem de navio holandês que penetrara o porto.

4.8.1532 — SANTO ALEIXO. Corsários e contrabandistas. Junto da Ilha de Santo Aleixo, Pero Lopes de Sousa atacou e apresou barco francês, repetindo a operação, horas mais tade, quando tomou navio que conduzia munição para o fortim erguido por gente do *La Pelèrine*, que em dezembro de 1530 destruíra feitoria portuguesa na foz do Rio Igaraçu, PE.

20.7.1711 — SANTO AMARINHO-RECIFE. PE. Guerra dos mascates. Continua o sítio do Recife pelos olindenses. Os cercados tentam sortida atacando o presídio de Santo Amarinho, sendo repelidos. Morre, entre outros, o comandante da posição, Manuel Nunes.

9.8.1711 — SANTO AMARINHO-RECIFE. PE. Guerra dos mascates. Os sitiados no Recife executam a quarta sortida contra os sitiantes olindenses. Com ataques secundários em vários pontos, investiram sobre Santo Amarinho, mas foram repelidos pela tropa ao mando do srg-mor Antônio Moreira do Nascimento.

28.1.1631 — SANTO AMARO. PE. Holandeses no NE. Em Santo Amaro, periferia de Olinda, primeiro de quatro dias de continuadas escaramuças com que os holandeses saídos da cidade procuravam desforra para o revés sofrido no dia 16.

?.7.1836 — SANTO AMARO. SE. Conflitos entre liberais e conservadores. Ocorreu série de ataques e contra-ataques entre as facções, tendo por origem a divulgação de resultados eleitorais que os libeais consideraram fraudados. Os 50 eleitores de Lagarto teriam surgido nas listas de votação como sendo todos conservadores e em número de 3.627. Os liberais se amotinaram, a repressão dos conservadores ocupou a vila fazendo fuzilar os três indivíduos tidos por rebeldes e que se deixaram ficar na localidade. Seguiu-se represália liberal com várias mortes, entre elas a do lugar-tenente do chefe principal dos conservadores.

19.11.1838 — SANTO AMARO. RS. Guerra dos farrapos. O maj. Francisco Pedro de Abreu desembarcou de surpresa em Santo Amaro sobre o Jacuí e triunfou completamente sobre o grupo farroupilha que montava guarda aos prisioneiros tomados no Rio Pardo a 30.4. Abreu veio a ser Barão de Jacuí.

19.10.1887 — SANTO AMARO. SP. Revolta de escravos. A leva de escravos fugidos de Capivari e Monte Mor e de localidades atravessadas pelo magote na sua rota para o Cubatão, foi interceptada no entorno de Santo Amaro, junto a São Paulo, pela cavalaria da polícia. O jornal *A Província de São Paulo*, no dia 20, noticiou: "Houve renhido conflito, morrendo soldado e um escravo. Como as carabinas dos soldados negassem fogo quase todas, por estarem imprestáveis as munições, fizeram carga de espada; fugiram então os escravos tomando a direção de Santos". Crê-se ter sido esta marcha a inspirar a Vicente de Carvalho o poema "Fugindo ao cativeiro".

?.5.1814 — SANTO AMARO DO IPITANGA. BA. Revolta de escravos. Depois de sangrento combate em que as perdas dos revoltados subiram a quase duas dezenas, extingue-se pela força uma revolta de escravos.

12.2.1816 — SANTO AMARO — SÃO FRANCISCO DO CONDE. BA. Revolta de escravos. Durante quatro dias, magotes de escravos revoltados mataram, queimaram casas e engenhos como os de Couraçu, Guaibé e outros, inquietando a zona açucareira entre Santo Amaro e São Francisco do Conde. No dia 12 foram enfrentados e dispersados por milicianos e escravos armados e conduzidos pelo senhor de engenho coronel de milícias Jerônimo Fiuza Barreto. Este passou a ser festejado como o "Salvador do Recôncavo". Segundo Verger, o choque decisivo ocorreu em Quibacã.

23/26.2.1996 — SANTO ANDRÉ/CAMPINÁPOLIS. MT. Choques com indígenas. Madeireiros intrusos na reserva xavante de Santo André no dia 23 entraram em conflito com guerreiros dessa aldeia e das de Santa Luzia e Nova Luzia. Feridos um invasor e um índio; morto, um madeireiro. A 26, os xavantes invadiram a cidade de Campinápolis, dando morte a dois familiares daqueles antagonistas.

16(?).3.1894 — SANTO ÂNGELO. RS. Revolta dos federalistas. Perdidos quatro homens, o maragato cel. Ubaldino Machado conduziu 400 combatentes a nítido triunfo sobre força governamental de igual efetivo. Os vencidos deixaram no campo 40 mortos e feridos.

24.5.1630 — SANTO ANTÔNIO. PE. Holandeses no NE. Matias de Albuquerque ordenara a Antônio Ribeiro de Lacerda ataque ao forte holandês de Santo Antônio, o que foi executado pelas colunas de Luís Barbalho e Antônio de Proença. A defesa flamenga portou-se bem a ponto de resultarem mortos ou feridos todos os seus oficiais. Entre os feridos, o ten.-cel. van der Elst e o engenheiro Commersteyn. Dos insurgentes a perda principal foi a de Ribeiro de Lacerda, falecido dias depois em razão dos ferimentos recebidos na ação. Justificando a derrota, o chefe holandês Waerdenburch oficiou aos superiores declarando haver combatido contra inimigo "valoroso e ágil".

14.8.1630 — SANTO ANTÔNIO. PE. Holandeses no NE. Desejando impedir aos holandeses a construção do forte ao qual chamariam Frederick Hendrick ou Vijkoek (Cinco Pontas), Matias de Albuquerque decidiu atacá-los. Camarão tentou sem sucesso dispersar os construtores. A obra prosseguiu sob forte proteção armada.

3.1.1631 — SANTO ANTÔNIO. PE. Holandeses no NE. Na ilha, duas companhias de holandeses foram emboscadas pela força do cap. Francisco Monteiro Bezerra. Sofreram pesadas perdas e recuaram.

29.8.1631 — SANTO ANTÔNIO. PB. Holandeses no NE. Com ataque noturno, o cap. Martim Soares Moreno ocupou reduto holandês fortificado.

26.2.1634 — SANTO ANTÔNIO. PB. Holandeses no NE. A avançada das tropas holandesas desembarcadas por van Schkoppe tentou estabelecer cabeça de praia superando a trincheira levantada e defendida pela força do cap. Lourenço de Brito Correia. No dia seguinte, nova tentativa, com igual resultado negativo. Os desembarcados aproveitaram a noite para retornar a seus navios.

23.12.1634 — SANTO ANTÔNIO. PB. Holandeses no NE. Obtendo a rendição do forte os holandeses confirmaram seu domínio sobre a PB.

3.9.1838 — SANTO ANTÔNIO. MA. Balaiada. Debandaram os 300 balaios que guarneciam o porto de Santo Antônio diante do ataque da tropa governista do maj. Clementino de Sousa Martins.

11(?).12.1879 — SANTO ANTÔNIO/ BREJO DA CRUZ. PB. Cangaço. Ataque ao refúgio do bando de Jesuíno Brilhante (Jesuíno Alves de Melo Calado), senhor da simpatia pública porquanto na terrível seca dos "dois setes" (1877) assaltara comboios do governo, distribuindo entre o povo os alimentos assim obtidos. Ganhara fama de valente quando, 1874, assaltara a cidade de Pombal, PE, para libertar seu irmão recolhido à cadeia. Atacara também a cidade de Martins. Jesuíno morreu no combate de Santo Antônio. Desde então seu bando perdeu unidade e eficiência.

6.1.1837 — SANTO ANTÔNIO DO CAMAQUÃ. RS. Guerra dos farrapos. O farroupilha Agostinho Melo, derrotado no dia 4 no Passo do Mendonça por Bento Manuel Ribeiro, que então combatia pelo império, na jornada triunfa sobre a partida do ten.-cel. Antônio Manoel de Araújo.

5(?).1.1915 — SANTO ANTÔNIO — TIMBOZINHO. SC. Campanha do Contestado. Os dois redutos dos sertanejos insubmissos foram atacados e ocupados, com grande mortandade entre os defensores. Atacante, a Coluna Móvel do cap. Tertuliano Potiguara, da expedição do gen. Setembrino de Carvalho.

7.1.1619 — SANTO CRISTO-PRESÉPIO. PA. Conflito com indígenas na conquista da Amazônia. Em estado de rebelião desde os começos de 1617, os indígenas locais haviam sido contidos ao terem destruídas duas de suas aldeias principais, as de Caju e Mortiguera. Em janeiro de 1619, fortalecidos em número por uma coligação de tribos do vale, assustados com as incursões escravagistas de portugueses, atacaram a sede da conquista lusitana: o Forte de Santo Cristo e a vila de Presépio, comandados pelo cap. Baltasar Rodrigues de Melo. Numerosos e aguerridos, entravam pela defesa do forte quando, dentro do perímetro, foi morto seu chefe maior, o cacique Guiamiaba ("Cabelo de velha"). Descontrolados, os indígenas recuaram, perdendo muitíssimos dos seus. A campanha foi concluída, logo em seguida, pelas sortidas que os capitães Jerônimo Fragoso de Albuquerque e Bento Maciel Parente levaram aos grandes aldeamentos de Iguape e Guamá. O morticínio e a escravização resultantes aplacaram toda veleidade de vingança porventura alimentada pelas tribos do vale.

13.6.1819 — SANTO CRISTO. Uruguai. Guerra com Artigas. Partida às ordens do ten. Fabiano Pinto alcançou e derrotou a força do ten.-cel. Vicente Tapirapé, dos mais audazes oficiais de Artigas e que morreu combatendo.

15.6.1965 — SANTO DOMINGO. República de S. D. Operação FAIBRÁS. Na jornada, o primeiro dos três violentos tiroteios desencadeados sobre a tropa brasileira integrada na Força Internamericana de Paz. A ela incumbira custodiar a área central da cidade, ao redor do Palácio Nacional. Os brasileiros mantiveram-se nas posições, sem disparar. Outros tiroteios de especial intensidade: 16.6 e 19.8. A FAIBRÁS atuava mantendo separados os contendores da guerra civil travada naquela ilha.

13.6.1819 — SANTO ISIDRO. Guerra com Artigas. No passo sobre o Rio Uruguai, a retaguarda dos artiguistas em retirada de São Nicolau foi destroçada pelo ataque da tropa do maj. José Maria da Gama Lobo d'Eça.

11(?).3.1817 — SAN TOMÉ. Argentina. Guerra com Artigas. O comandante Chagas Santos, enviado para destruir as bases de sustentação artiguista, investiu a povoação de San Tomé à frente de 300 milicianos guaranis. Matou 150 homens, queimou a vila e fez afogar 3.000 bois no rio.

24.1.1583 — SANTOS. SP. Piratas. Andrés Higino, capitão da esquadra que Valdez levara ao sul do continente, retornando para combater piratas atuantes ao longo da costa, entrou a barra com três naus ou galeões: *Almirante, Concepción, Begonia.* No porto, ameaçando a vila, encontrou dois galeões e duas pinaças ao mando do aventureiro inglês Edward Fenton. Ao final do severo confronto, os ingleses, que dispunham de melhor artilharia de longo alcance, esgueiraram-se para o mar depois de afundar o *Begonia* do mando do cap. Rodrigo de Rada e tendo perdido entre seis a oito marujos mortos e 20 feridos. Fenton viria a ser capitão na força inglesa destruidora da espanhola Invencível Armada, em 1588. Os nomes dos barcos de Andrés Higino, anotados por P. Nuñez Arca.

25.12.1591 — SANTOS. SP. Piratas. Estando a população reunida na igreja para a missa de Natal, piratas da esquadra inglesa de Thomas Cavendish cercaram o templo, prenderam ali o povo, incendiaram navios no porto, saquearam comércio e moradias. Pela manhã chegou o próprio Cavendish, passando a dirigir a ocupação que durou quase dois meses, encerrada quando nada mais de proveitoso existia na vila e arredores. Antes de partir fez incendiar os engenhos vizinhos. Seguiu para o sul, enfrentou tempestades, regressou e tentou outro ataque contra Santos. Repelido, buscou compensar-se, com o mesmo mau resultado, no Espírito Santo. Rumou para a Inglaterra, morrendo em viagem. Sua frota no ataque de 1591: navio *Roebuck*, do cap. Cocke; *Desire*, do cap. John Davies; *Blacke Pinasse; Leicester*, cap. Cavendish; *Daintie*.

?.?.1592 — SANTOS. SP. Piratas. O pirata inglês Thomas Cavendish, de regresso do Estreito de Magalhães, fundeou sua capitânia, navio *Leicester*, diante de Santos, onde fizera magnífico butim no início do ano. Enviou lanchas à terra em busca de víveres. Em um barco apresado levou para bordo vários carregamentos. Os moradores, reagindo, emboscaram os marujos desembarcados, matando-os todos, menos um. Cavendish fez descer 80 homens de combate que tirotearam os defensores e pilharam casas mais próximas e mais atraentes. Fez-se de velas, planejando saquear o Espírito Santo.

25.1.1615 — SANTOS. SP. Piratas. Na barra do Casqueiro, destacamento baixado dos navios de Joris van Spilbergen, que na véspera saqueara engenhos da baixada, foi vivamente atacado por moradores armados e se retira para bordo. Os barcos permanecem na área procedendo a outros desembarques, sendo o principal o do dia 31.

31.1.1615 — SANTOS. SP. Piratas. Os moradores, reunidos e armados, atacam na Ponta Grossa grupos de saqueadores de engenhos descidos dos navios de Joris van Spilbergen, repetindo o que haviam feito no dia 25. Na jornada de 31, mataram quatro e feriram três piratas. A 2.2, Jovis veleja para o sul.

29.6.1821 — SANTOS. SP. Revolta do 1º BC. Antigas mágoas disseminadas entre os praças do Regimento de Caçadores da Província recrudesceram com a demora na aplicação do decreto de 22.5, equiparador dos soldos para militares portugueses e brasileiros. No 2º BC, da capital, a revolta latente foi abortada pela energia do comadante. Em Santos, o 1º BC foi à rua, arrombou a cadeia e a casa do trem de guerra, libertando presos e arrecadando munições e armas, inclusive canhões. Com um destes alvejou brigue de guerra surto no porto, tiroteou marujos e policiais provocando mortes entre os civis, devassou casas e repartições, deteve autoridades, seqüestrou pessoas de posses compelidas a entregar contribuição em dinheiro para ser dividida entre os soldados que reclamavam da exigüidade e do atraso dos soldos. Os reclamos da população apressaram a descida para Santos do 2º BC, o qual, na manhã do dia 6.7, atacou o desarticulado primeiro batalhão. No comando dos atacantes os coronéis Lázaro José Gonçalves e Daniel Pedro Müller. Afirmou Sérgio B. de Holanda que "tão impiedoso vai ser o castigo desses rebeldes, que a crueldade dos algozes fará depressa com que se esqueça a iniqüidade dos delinqüentes". Os mais notórios entre os líderes da revolta os soldados Joaquim Rodrigues e José Lontra e o civil José Furquim, foram enforcados a bordo do brigue *Boa Fé*. Um deles, o Chaguinhas, levado a São Paulo, foi supliciado em condições que deram origem a piedoso lendário acerca de um duro rebelde executado em odor de martírio.

20.9.1893 — SANTOS. SP. Revolta da Armada. O cruzador *República*, do CMG Frederico Lorena, ataca o porto. Foi alvejado pelo Forte Augusto e por baterias em terra. No forte, o presidente da província, Bernardino de Campos, assistiu e animou a defesa. Não descobrindo nos morros circunjacentes os esperados sinais de apoio dos antiflorianistas locais, o barco rumou para o sul ao encontro dos aliados federalistas. Lorena iria proclamar instalada em Desterro (Florianópolis) a capital da nova república, assumindo a presidência.

12.7.1932 — SANTOS. SP. Revolução Constitucionalista. Às 13 horas o forte de Itaipu, que aderira à revolta, disparou sobre o CT *Mato Grosso*, desde a véspera postado no canal de São Sebastião para dar início ao bloqueio do porto de Santos. Na data, hidroavião governista pilotado pelo ten. Brasil e avião constitucionalista travaram sobre Santos o primeiro duelo aéreo da campanha. Ambos, ilesos.

23.7.1932 — SANTOS. SP. Revolução Constitucionalista. Esquadrilha de aviões governamentais bombardeou o Forte de Itaipu. Consta haver sido este ataque a provocar o suicídio de Santos Dumont, ocorrido nessa noite, em Guarujá, pouco distante do forte. Teria chegado ao gesto extremo, levado pelo desgosto de ver o invento que destinara a aproximar os homens, provocando a morte entre irmãos.

24.9.1932 — SANTOS. SP. Revolução Constitucionalista. Três aviões paulistas atacaram a esquadra federal bloqueadora. Tentavam abrir caminho para a entrada do navio mercante *Ruth*, com carregamento de armas americanas. O avião testa, um Curtiss, com nome Kavure-Y, mergulhou sobre o cruzador *Rio Grande do Sul*, sendo abatido pelo fogo antiaéreo de bordo. Morreram, no mar, o ten. José Ângelo Gomes Ribeiro e o metralhador Mário Machado de Bitencourt.

10.10.1930 — SÃO BENTO. SC. Revolução liberal nacional. Em marcha do RS para SP e RJ, a coluna revolucionária do cap. Milton Loyola defronta a numerosa tropa governamental do mando superior do gen. Nepomuceno Costa e recua para o entroncamento ferroviário.

21.9.1816 — SÃO BORJA. RS. Guerra com Artigas. No quadro da invasão do RS, começo do assédio imposto por 2.000 soldados correntinos e guaranis do cel. Andresito Artigas, o qual dispunha de dois canhões. Os sitiados, sob o mando do gen. Francisco das Chagas Santos, somavam 230 homens apoiados por 10 peças. Do contingente, 130 eram milicianos gaúchos e guaranis e 90 infantes da Ilha de SC.

28.9.1816 — SÃO BORJA. RS. Guerra com Artigas. O gen. Chagas Santos repele violento ataque da infantaria e da cavalaria dos guaranis e correntinos do comando de Andrés Artigas.

3.10.1816 — SÃO BORJA. RS. Guerra com Artigas. Segundo combate no local. Destacado no Ibirapuitã das forças do gen. Curado para socorrer o gen. Chagas Santos sitiado na vila desde 21.9, o ten.-cel. José de Abreu bate a divisão uruguaia do cel. Andrés Artigas. No dia 28.9 Andresito desfechara ataque geral contra as trincheiras borjenses, sendo repelido com grandes perdas. Depois de abrir caminho vencendo o inimigo na foz do Ibicuí e em Ituparaí, Abreu apresentou-se na manhã de 3, diante de São Borja. Levava 693 rio-grandenses e paulistas das três armas e dois canhões. Andrés Artigas, que ainda dispunha de 2.000 correntinos e guaranis, foi totalmente batido e levantou o cerco, deixando 470 mortos e prisioneiros, os dois canhões, 2.000 cavalos e bagagem.

12.6.1841 — SÃO BORJA. RS. Guerra dos farrapos. No passo de São Borja sobre o Rio Santa Maria, o brg. Antonio Corrrea Seará dispersou força republicana que surpreendeu em marcha.

22.6.1841 — SÃO BORJA. RS. Guerra dos farrapos. No passo sobre o Rio Santa Maria, choque de pequena monta e resultado duvidoso envolvendo os farroupilhas e destacamento imperial do gen. João Paulo dos Santos Barreto.

10.6.1865 — SÃO BORJA. RS. Guerra do Paraguai. Partindo de Formigueira, na Argentina, a vanguarda do exército paraguaio de invasão conseguiu, na segunda tentativa, atravessar o Rio Uruguai em vários pontos ao redor do Passo de São Borja. A guarda brasileira, recalcada, recebeu ajuda do 22º Corpo Provisório de Cavalaria, do ten.-cel. Tristão de Araújo Nóbrega, chegado à meia-rédea desde o Passo de Santa Luzia. Sendo 400 contra milhares, bateram-se durante quatro horas, recuando quatro quilômetros. Às 13 h, culminando um marche-marche de duas léguas, entrou em ação o 1º VP conduzido pelo cel. João de Deus Mena Barreto. Essa tropa encontrou o invasor penetrando na cidade, embocadura da Rua São João (depois Rua General Marques). Floriano Peixoto, futuro Presidente da República, tomou a frente de 200 infantes e atacou a baioneta os 1.400 adversários da coluna do cap. Diogo Alvarenga. Mesmo em larga superioridade numérica, o atacante saiu da cidade indo acampar junto do rio. No dia 12 entrará na São Borja abandonada.

19.1.1894 — SÃO BORJA. RS. Revolta dos federalistas. Vitorioso na véspera em Santiago do Boqueirão, o maragato cel. Dinarte Dorneles enfrentou entre 250 a 300 governistas ao mando do cel. Manoel Lopes Loureiro. Este saíra de Porto Alegre para onde regressou depois deste combate que conheceu alternativas e no qual perdeu 10 homens e algum material de guerra. As baixas federalistas, em igual número.

?.12.1823 — SÃO CAETANO DE ODIVELAS. PA. Agitações pré-cabanagem na AM. A animosidade entre nativistas e classes populares e elementos lusitanos e do governo e do comércio foi exacerbada depois da Independência. Entendiam os brasileiros que, mesmo independente, o Brasil amazônico continuava jungido aos interesses portugueses. Temia-se sinceramente que a Amazônia voltasse a ser colônia. Inúteis os esforços do bispo D. Romualdo, que lançara pastoral pedindo paz. Os nativistas de São Caetano de Odivelas impuseram-se à vila, praticando política discriminatória contra os lusitanos. De Vigia partiu força governamental mas inspirada e aprovisionada por elementos lusitanos. Alguns pequenos choques provocaram vítimas, porém não alteraram significativamente a situação.

?.3.1637 — SÃO CARLOS DE CAAPI-APÓSTOLES DE CAAZAPAGUAÇU. RS. Bandeiras. As reduções jesuíticas daqueles nomes, na então província do Tape, região do Rio Taquari, foram tomadas e arrasadas pela bandeira de apresamento capitaneada por Francisco Bueno, que morreu no ataque a Apostoles. A bandeira levava 100 mamelucos e aproximadamente 300 tupis.

25.12.1636 — SÃO CRISTÓVÃO. RS. Bandeiras. A redução situava-se às margens do Rio Pardo, proximidade de Santa Cruz. Depois de haver conquistado a redução Jesus-Maria (3.12), os 120 mamelucos e os 1.000 tupis da bandeira de Antônio Raposo Tavares investiram contra São Cristóvão. Caída a noite, depois de cinco horas de combate, os jesuítas e os aldeados retiraram-se para o alto Jacuí, de onde emigrariam para a mesopotâmia argentina.

5.11.1637 — SÃO CRISTÓVÃO. SE. Holandeses no NE. Camarão e Henrique Dias iniciam no dia 5 e ultimam no dia 15 a campanha de retardamento oposta aos 3.000 holandeses do cel. Segismundo van Schkoppe, o qual dava cumprimento ao plano de Nassau da conquista da região, concluída por aquele coronel no dia 17.

24.5.1827 — SÃO DIOGO. RS. Guerra da Cisplatina. O ten.-cel. Bento Gonçalves da Silva interceptou e fez debandar partida adversária em trânsito para o Uruguai, tomando-lhe a cavalhada.

23.1.1926 — SÃO DOMINGOS. CE. Coluna Prestes. A defensiva governamental resiste ao ataque dos comandados do ten. Flores, vanguarda do Destacamento Dutra. A Coluna viu-se obrigada a abrir outro caminho.

17(?).3.1585 — SÃO FELIPE. PB. Campanha de incorporação da Paraíba. Em sua primeira expedição de socorro ao Forte de São Felipe, Martim Leitão atacou e em dois combates desbaratou os aproximadamente 10.000 potiguares que assediavam São Felipe ao mando do cacique Piragibe (o braço de peixe). Restabelecido o forte, Martim reentrou em Olinda a 6.4. Mal deixara a região, voltaram os potiguares a ocupar o forte que fora abandonado pelo cte. Francisco de Castrejon. Retornou Martim Leitão em segunda investida, apoiado por índios tupiniquins pacificados e chefiados por João Tavares. Os potiguares foram esmagado em breve campanha efetivada no mês de julho.

16.11.1840 — SÃO FELIPE. RS. Guerra dos farrapos. O farroupilha gen. Antônio Neto predomina sobre destacamento imperial do mando do cel. Jerônimo Jacinto Pereira. Perdas dos vencidos: 100 mortes, 150 prisioneiros, cerca de 500 cavalos.

5.12.1925 — SÃO FÉLIX. GO. Coluna Costa-Prestes. O Destacamento Dutra superou a modesta oposição de força governista que se retirou permitindo à Coluna ocupar a cidade.

?.3.1833 — SÃO FÉLIX-CACHOEIRA. BA. Revolta dos guanais. No bojo da crise federalista que provocara e provocaria alguns movimentos armados, bando de populares atacou, sob a chefia de um tenente, o quartel de guardas Permanentes Municipais. Estes, passada a surpresa, reagiram, rechaçaram e perseguiram os atacantes.

27.9.1923 — SÃO FRANCISCO. RS. Revolta tenentista. Em sua excursão pela região das Missões, o cel. Hortêncio Rodrigues, vanguardeiro do exército libertador de Honório Lemes, cruza o Rio Ibicuí e ataca a cidade, defendida pela polícia municipal e civis armados. O intendente, Carlos de Oliveira Gomes, reuniu correligionários e amigos e resistiu ao ponto de morrer lutando, com 28 dos companheiros.

19.2.1925 — SÃO FRANCISCO. PR. Revolta tenentista. A 5 quilômetros de Clevelândia, a tenentista Coluna Sul, marchando na direção de Santa Helena-Foz do Iguaçu, chocou-se com força governamental do gen. Firmino Paim. Os revoltosos tentaram manobra envolvente sobre o flanco norte dos legalistas. A operação fracassou, impondo aos tenentistas o recuo até a encruzilhada Barracão-Clevelândia, onde chegou no dia 24 depois de abrir caminho com duros combates, principalmente em Jardim ou Treme-Treme e em Conceição. Há quem chame de Pato Bravo o combate de São Francisco.

4.1.1996 — SÃO FRANCISCO/BAÍA DA TRAIÇÃO. PB. Cerca de quinhentos índios potiguares, armados com espingardas, foices, facões e facas invadiram a aldeia incendiando dez casas e anunciando o propósito de matar 69 integrantes do grupo indígena dos Paca. Vingariam a morte de um potiguara.

21.10.1526 — SÃO FRANCISCO DO NORTE. BA. Corsários e contrabandistas. Na barra do Rio São Francisco, os capitães de duas naus francesas acertaram acordo com o espanhol Rodrigo de Acuña, da nau *San Gabriel*, para carregarem pau-brasil. Posto em carena o barco espanhol, os franceses romperam o armistício e atacaram a *San Gabriel*, aprisionando o Acuña. A tripulação castelhana retirou o navio da carena e, lutando, saiu para o mar. Meses depois, os dois franceses foram apresados por Cristóvão Jacques em sua expedição guarda-costa.

22.2.1631 — SÃO FRANCISCO XAVIER. PR. Bandeiras. Na região do Guaíra, bandeirantes paulistas tomaram a redução fazendo presa de índios.

28.10.1841 — SÃO GABRIEL. RS. Guerra dos farrapos. Francisco Pedro de Abreu surpreendeu a defesa farroupilha aprisionando toda a guarnição da vila e apoderando-se do material de guerra que o chefe uruguaio Frutuoso Rivera enviara para reforço do arsenal republicano.

11.4.1843 — SÃO GABRIEL. RS. Guerra dos farrapos. O farroupilha gen. João Antônio da Silveira investiu sobre a vila guarnecida pelo cel. Jacinto Pinto de Araújo Correia, arrebanhando fartas boiada e cavalhada. Caxias, que assumira o comando no RS no dia 11.1, decidiu que o golpe era severo demais em valor e prestígio, para ficar sem resposta. Partindo de São Gabriel, acometeu os republicanos, recuperando, no dia 19, toda aquela presa.

14.2.1894 — SÃO GABRIEL. RS. Revolta dos federalistas. O cel. João Sampaio desaloja da cidade o chefe *maragato* Marcelino Pina.

19.9.1923 — SÃO GABRIEL. RS. Revolta dos libertadores. Contrariando ordens do cel. Clarestino Silva, o major libertador Arnaldo Mello decidiu atacar São

Gabriel, sendo repelido pela Guarda Republicana da cidade.

14.11.1926 — SÃO GABRIEL. RS. Levante tenentista. Sargentos motivaram seus comandandos para levante nessa praça e na de Bagé. Nesta, foram rapidamente dominados ao custo da morte do tenente Álvaro Cruz Marques. Em São Gabriel, pressionados por civis e policiais, os sublevados partiram em direção a Caçapava.

13.8.1981 — SÃO GERALDO DO ARAGUAIA. Choques da reforma agrária. Grupo de posseiros, movido pelo receio de expulsão da área ocupada, atacaram o posto do GETAT (Grupo Executivo das Terras do Araguaia). Do confronto resultaram um morto e três feridos.

11.7.1836 — SÃO GONÇALO. RS. Guerra dos farrapos. Margem esquerda do Rio São Gonçalo. O cúter *Guarani* e as canhoneiras *3* e *4*, imperiais, forçaram o passo, batendo-se contra a bateria farroupilha local. Do outro lado do passo foram reunir-se ao vapor *Liberal* e às canhoneiras, *1*, *2* e *5*. Esses barcos, do meio-dia ao escurecer, sob as ordens de Grenfell, bateram a posição dos farrapos que, contudo, as conservaram.

7.9.1822 — SÃO JOÃO-SALVADOR. BA. Guerra da Independência. No engenho São João, proximidades de Salvador, tropas brasileiras acorridas à pressa de Pirajá repeliram desembarque de portugueses saídos da capital.

22.8.1932 — SÃO JOÃO. RS. Revolução Constitucionalista. Povoado, no município de São Sepé. O grupo gaúcho levantado em armas pela causa da Constituição, sob a chefia de Batista Luzardo, foi acometido por destacamento governista. Baixas em ambos os lados, sendo de três entre os levantados, que se dispersaram para posterior reagrupamento. Tragicamente, os três mortos eram irmãos, naturais de Santa Maria: Horácio, Carlos e Esmeraldino da Rosa.

10.9.1932 — SÃO JOÃO. RS. Revolução Constitucionalista. Entre São Gabriel e Santa Maria. Aproximadamente 80 revolucionários gaúchos de São Sepé, Santa Maria e Cachoeira, em marcha para junção com a coluna principal dos constitucionalistas, depois de pequenos combates em Ilo Bica e Passo das Carretas, foram atacados por 140 governistas do mando do cap. Abelardo Rubim. Luta terminada ao anoitecer, ficando os revoltados em poder de cavalos, armas e cinco prisioneiros. Mortos, 6 dos revolucionários e 3 dos legalistas. Ferido principal, o cap. Rubim.

23.9.1822 — SÃO JOÃO DE MANGUINHOS. BA. Guerra da Independência. Ilha de Itaparica. O fogo de uma peça de artilharia e dos atiradores da guarnição repeliu o ataque de 14 canhoneiras portuguesas, uma das quais ficou desarvorada.

15.1.1895 — SÃO JOÃO DE MONTENEGRO. RS. Revolta dos federalistas. Esquadrão revoltoso, integrante da tropa da terceira invasão do RS e que ocupara a vila no dia 12, lutando para mantê-la, na jornada retira-se sob pressão e ataque de destacamento legalista.

2.2.1895 — SÃO JOÃO DO CAMAQUÃ. RS. Revolta dos federalistas. Terceira invasão. A coluna federalista do gen. Guerreiro Vitória, cerca de 1.000 combatentes, atacou e obrigou à retirada os 250 defensores da localidade. Cada contendor perdeu dois soldados. Entre os maragatos, o cap. Antônio Ruivo.

8.8.1801 — SÃO JOÃO MIRIM. RS. Conquista das Missões Orientais. Iniciando a campanha da conquista da região em poder dos espanhóis desde o Tratado de Santo Ildefonso, os "aventureiros" de José Borges do Canto e do furriel Gabriel Ribeiro de Almeida atacaram pela madrugada o acampamento castelhano. O combate custou aos surpreendidos 14 mortos e dezenas de feridos. Aos vitoriosos, um ferido. Ficou prisioneiro o chefe espanhol, Jose Manoel de las Cañas. A notícia do sucesso fez com que no dia 9 mais de 300 indígenas se apresentassem para incorporar-se à campanha, concluída vitoriosamente com as tomadas de São Miguel das Missões e de Camaquã.

12.9.1816 — SÃO JOÃO VELHO. RS. Guerra com Artigas. Pela estância de São João Velho, município de Itaqui, as forças de Andrés Artigas invadem o RS. Na estância, o fur Atanásio Lopes, chefe do posto de vigilância, foi cercado, lutando até a morte juntamente com seus 13 milicianos.

15.12.1636 — SÃO JOAQUIM. RS. Bandeiras. Em rápida campanha, enfrentando 1.600 espanhóis e guaranis. Antônio Raposo Tavares fez ocupar a redução de São Joaquim por destacamento de sua bandeira, obtendo largas presas humanas. Toda a fulmínea campanha foi desenvolvida entre os dias 15 e 20.

19.11.1893 — SÃO JOAQUIM. SC. Revolta dos federalistas. Progredindo pelo território catarinense rumo do PR, a força de Gumercindo Saraiva teve a marcha barrada durante dias pela obstinação da governista Divisão do Norte, de Pinheiro Machado. Saraiva terminou por romper contato e alcançar a linha Curitibanos-Blumenau, tomando a direção de Itajaí.

17.12.1926 — SÃO JOAQUIM. SC. Revolta tenentista. A força sob Leonel Rocha, que invadira SC pela fronteira argentina, tendo enfrentado o destacamento governista do cel. Eliziário Paim, não pudera tomar Campos Novos, seu primeiro objetivo. Voltou-se para São Joaquim, onde foi desbaratada com sensíveis perdas em homens e material. Numerosos prisioneiros foram conduzidos para Florianópolis. Leonel e os remanescentes do seu grupo retornaram à Argentina, dando por finda a invasão. Na resistência a essa coluna federalista atuaram as polícias de SC, do PR e o 2º BP de SP.

1926 — RIO GRANDE DO SUL — PROCLAMAÇÃO DE ISIDORO

Riograndenses!
O grito de angústia, que o povo brasileiro apenas pode esboçar sob o tacão brutal da tirania que o oprime, não podia morrer por isso no seio generoso da terra clássica dos lutadores da liberdade.
Na vasta esteira ondulada das coxilhas, onde tantas pugnas memoráveis se têm travado pelos ideais superiores da democracia, armaram-se hoje os primeiros cavaleiros andantes da cruzada patriótica, cuja bandeira se desfraldou a 5 de julho no coração generoso de São Paulo, e com certeza, é animado por este sopro vivificante, que parte irresistível da terra legendária dos pampas, que a nação inteira há de arrojar-se à luta que a libertará da tirania e a salvará dos vilipêndios!
Às armas e avante!
(aa) Isidoro Dias Lopes, Honório Lemes, João Francisco, Zeca Netto, Olyntho Mesquita, Felipe Portinho, Bernardo Padilha, Leonel Rocha, Miguel Costa.

21.11.1840 — SÃO JOSÉ. RS. Guerra dos farrapos. Na estância São José, município de São Borja, a coluna republicana de Jacinto Guedes da Luz derrotou a brigada imperial do cel. José dos Santos Loureiro.

27.7.1926 — SÃO JOSÉ. PI. Coluna Prestes. A guarnição resistiu à pretensão da guarda avançada da Coluna, mantendo a vila, da qual os revolucionários passaram ao largo.

13.7.1932 — SÃO JOSÉ DO BARREIRO. SP. Revolução Constitucionalista. Nas proximidades, pela manhã, esquadrão do governista 1º RCD, precedido por patrulhas reforçadas, avançando em reconhecimento pela estrada Rio-SP, chocou-se com a força revolucionária do cap. Freitas Borges: três pelotões de infantaria e uma formação de metralhadoras. Disparados ali os primeiros tiros da campanha. As posições foram mantidas por ambos os lados.

5.6.1767 — SÃO JOSÉ DO NORTE. RS. Reconquista de parte do RS aos espanhóis. Julgado necessário o domínio do canal de acesso ao porto do Rio Grande com vista a ulterior campanha de reconquista, o cel. José Marcelino de Figueiredo tentou apoderar-se da vila, defendida por 200 espanhóis dispondo de artilharia. Infantes conduzidos em saveiros e colunas avançando sob proteção de cavalaria tirotearam a defesa castelhana durante o dia inteiro. À noite, os defensores abandonaram a margem norte, recolhendo-se à vila do Rio Grande, verdadeiro objetivo de Marcelino. Este personagem é conhecido também, na história do RS, como cel. Manoel Jorge de Sepúlveda. Nas *Efemérides*, de Rio Branco, este acontecimento está datado de 31.5. Em Souza Docca, de 1.6. Na *História do Exército Brasileiro, 5.6.*

16.7.1840 — SÃO JOSÉ DO NORTE. RS. Guerra dos farrapos. A república farroupilha buscava uma saída para o oceano. Bento Gonçalves encarregou-se da tentativa, conduzindo 1.200 farrapos ao ataque de São José do Norte, defendida pelos 599 GN do cel. Antonio Soares de Paiva. Já superada a segunda linha da resistência, chegaram, por terra e mar, reforços imperiais enviados da cidade de Rio Grande. Desta segunda fase da batalha por São José do Norte participou o lanchão *Torres*, CT Gama Rosa. Depois de nove horas de um dos mais ferozes combates da guerra, a defesa predominou, retirando-se os republicanos que ali perderam 181 mortos, 150 feridos e deixaram 18 prisioneiros. Os vencedores tiveram 72 mortos, 87 feridos, entre os quais Soares de Paiva, e 84 prisioneiros. Quatro dias depois Paiva enviou ao acampamento de Bento Gonçalves os remédios necessários ao atendimento aos feridos farroupilhas.

10.7.1893 — SÃO JOSÉ DO NORTE. RS. Oposição a Floriano Peixoto. Episódio do navio *Júpiter*. Enquanto este barco, tendo a bordo o alm. Wandenkolk esperava a prometida chegada dos federalistas de Gumercindo Saraiva para fechar o cerco à cidade do Rio Grande, o maragato cel. Pires Pinto tomou o navio mercante *Itália* e posicionou-o entre aquela cidade e a de São José. No desvantajoso duelo com baterias de terra, o *Itália* sofreu avarias, teve mortos e feridos entre a sua gente. Quando o *Júpiter* ganhou o mar, em retirada, o *Itália* não pôde acompanhá-lo na marcha sendo apresado por nave de guerra uruguaia.

28.4.1823 — SÃO JOSÉ DOS MATÕES. MA. Guerra da Independência. O comandante das armas do PI, João José da Cunha Fidié, enviou tropas para dominar a cidade que se manifestara pela independência. A defesa prevaleceu sobre o esforço português para dominá-la.

19.3.1849 — SÃO JOSÉ DOS QUEIMADOS-SERRA. ES. Revolta de escravos. Mais de 130 escravos revoltados invadiram a igreja construída por frei Gregório José Maria de Bene, gritando "Viva a liberdade. Queremos carta de alforria". Dirigindo-se aos engenhos vizinhos, obrigaram os feitores e proprietários a emitir a carta de alforria para todos os seus escravos e a armá-los. Quando somavam mais de 300, foram enfrentados e batidos facilmente pela tropa miliciana do alf. Varela, na ladeira de João dos Santos. Debandados, foram caçados pelo mato. Dos 78 presos, cinco foram condenados à morte, um dos quais suicidou-se, dois fugiram e Chico Prego e João foram enforcados. Frei Gregório, acusado de haver simpatizado com a revolta, foi retirado da província e mandado atuar no Alto Amazonas, onde ganhou distinção e louvores no atendimento aos índios.

?.1.1836 — SÃO LEOPOLDO. RS. Guerra dos farrapos. O mar. Gaspar Francisco Mena Barreto e o cel. João do Canto e Melo, conduzindo ataque governamental contra a praça ocupada pelos farroupilhas, viram-se abandonados pelos seus comandados que confraternizaram com os atacados chefiados pelo cap. Hermamm von Salisch.

6.1.1865 — SÃO LOURENÇO. MT. Guerra do Paraguai. A canhoneira *Amambaí*, tripulada por 34 homens, depois de desembarcar em Sará a gente que retirara do Forte de Coimbra e de Corumbá, rebocava uma escuna atrasada quando foi atacada pelos vapores paraguaios *Iporá*, de quatro peças, e *Rio Apa*, de três. Dispondo de apenas dois rodízios, um deles estourado ao décimo terceiro tiro, a *Amambaí* resultou alcançada e abalroada pelo veloz *Iporá*. O choque atirou-a contra a margem, nas proximidades do morro do Caracará, dando morte a alguns dos homens, enquanto outros, saltando para terra, salvaram-se do aprisionamento. Entre as vítimas fatais, o comandante José Israel Alves Guimarães. O evento leva também o nome do Morro do Caracará.

8(?).6.1906 — SÃO LOURENÇO. MT. Revolta de Generoso Ponce contra o governo estadual do cel. Antônio Paes de Barros. A lancha *Aricá* e duas chatas, conduzindo revoltosos para Cuiabá, travaram duelo com o navio-aviso da marinha *Antônio João*, comandado pelo gen. Luís Salgado, o veterano de revolta federalista. O navio disparou sua artilharia, a lancha e as chatas empregaram fuzis e metralhadoras. Uma das chatas, atingida, foi apresada. Os demais barcos, sob o ten. Clementino Paraná, veterano também da guerra civil de 1893-1894, mas tendo participado da defesa da Lapa, subiram o rio, chegando a destino.

2.12.1926 — SÃO LOURENÇO. MT. Coluna Prestes. No Rio São Lourenço, vizinhanças de Cuiabá, tiroteio entre barco da marinha e 60 homens da Coluna que ocupavam duas lanchas sob o comando de Siqueira Campos.

17.2.1635 — SÃO LOURENÇO DA MATA. PE. Holandeses no NE. O holandês cel. Arciszewksy conseguiu desalojar a força defensiva do cap. Afonso de Albuquerque, a qual perdeu quatro homens mortos e sete feridos entre os 70 entrados no combate.

23.4.1636 — SÃO LOURENÇO DA MATA. PE. Holandeses no NE. Choque entre os 1.200 flamengos de Jacob Stachower e os 450 nativos de Francisco Rabelo, que se viu forçado a procurar abrigo em Porto Calvo.

31.10.1615 — SÃO LUÍS. MA. França Equinocial. Cumprindo ordens de Alexandre de Moura, Jerônimo de Albuquerque pôs assédio e abriu hostilidades contra as instalações francesas da ilha de São Luís.

24.11.1641 — SÃO LUÍS. MA. Holandeses no NO. Apresentando-se sem arvorar bandeira, a esquadra holandesa de Lichthardt, com 19 navios, troca alguns tiros com os fortes, mas termina por receber boa acolhida por parte do governador Bento Maciel Parente. Ocupando a cidade e o forte os holandeses deram por rompida a convenção pactuada com Bento, prenderam-no e o remeteram para Goiana, onde viria a morrer. A guarnição de São Luís, 130 homens, foi enviada para um presídio holandês nas Antilhas. Permaneceram como senhores do MA até 28.2.1644, quando os expulsou sublevação popular liderada por Antônio Muniz Barreto e Antônio Teixeira de Melo.

Expedição holandesa ao Maranhão em 1641

Direção suprema: Conselheiro Pieter Jansen Bas

Esquadra: Comandante Alm. Lichthardt

13 navios de guerra

3 bergantins

3 barcos pequenos

Contingente de desembarque:

Comandante: Cel. Kain

Efetivo: 1.000 homens aprox.

Reforço enviado por Nassau:

Comandante: Cel. Hinderson

7 navios

300 brancos

200 índios aliados

Ajuda portuguesa remetida pelo Pará ao Maranhão

Comandantes: Capitães Pedro da Costa Favela, Bento Rodrigues de Oliveira, Aires de Souza.

53 canoas

113 soldados

700 índios aliados.

30.8.1642 — SÃO LUÍS. MA. Holandeses no NO. Insurgentes chefiados por Antônio Muniz Barreto atacaram de surpresa os holandeses tomando-lhes o Forte do Calvário, quase na foz do Rio Itapicuru. Começava a campanha de expulsão do intruso.

1.10.1642 — SÃO LUÍS. MA. Holandeses no NO. O chefe insurgente Antônio Muniz Barreto, que na véspera levara seus seguidores a surpreender e tomar o Forte de Calvário, quase na foz do Rio Itapicuru, passa-se para a ilha de São Luís. Derrota os 200 holandeses que foram enfrentá-lo junto ao Rio Cotim e vai pôr cerco à sede do domínio flamengo.

16.1.1643 — SÃO LUÍS. MA. Holandeses no NO. Os sitiados holandeses realizaram sortida, sob a chefia do cel. Hinderson, que em sete barcas conduziu 300 soldados e 200 índios. Nesse dia levou ao ataque 420 europeus e 160 índios. Expugnaram o posto da casa-forte de Antônio Vaz, defendido por voluntários do PA, mas foram repelidos no Carmo pelos maranhenses, retornando às posições de partida, tendo sofrido 100 baixas, 30 delas fatais. Entre os mortos brasileiros, o capmor Antônio Muniz Barreto, sucedido no comando geral do cerco por Antônio Teixeira de Melo.

14.6.1823 — SÃO LUÍS. MA. Guerra da Independência. Na província, somente em São Luís, Guimarães e Alcântara havia obediência à Junta de governo e fidelidade a Portugal. Na madrugada, soldados da guarnição, acompanhando os tenentes Francisco Antônio da Costa Barradas e José dos Reis, manifestaram-se pela Independência, foram ao ataque da tropa leal aos portugueses, sendo repelidos. No porto desceu numerosa tropa lusitana saída da BA. Seu número e armamento dissuadiram os nativistas de outras tentativas.

14.9.1823 — SÃO LUÍS. MA. Guerra da Independência. O ten.-cel. José Félix Pereira de Burgos, comandante das armas e fiel a Portugal, foi com 100 soldados enfrentar os seguidores do presidente da câmara de São Luís, cap-mor Rodrigo Luís Salgado de Sá Moscoso, que se proclamara pela independência do Brasil. Poucos tiros, alguns feridos, todos os reinóis aprisionados.

17.10.1823 — SÃO LUÍS. MA. Guerra da Independência. O povo, parte das milícias e marinheiros sob o chefe John Pascoe Grenfell e a autoridade de Henrique de Mattos, da Junta Provisória, venceram e desarmaram os três regimentos de linha, a cavalaria e a artilharia portugueses, rebelados no dia 15 contra a Junta que reconhecera a Independência. A 16 acontecera saque na cidade, assassínios indiscriminados e fuga da população.

23.4.1828 — SÃO LUÍS. RS. Guerra da Cisplatina. Na barra da Lagoa Mirim, o 2.º ten. Sousa Junqueira levou três canhoneiras ao ataque de esquadrilha argentina de canhoneiras e um lanchão. Em combate de três horas, apresou o *Lavalleja*, barco-chefe, com seus 15 tripulantes, e obrigou os demais barcos a se refugiarem na barra do Arroio São Luís, onde foram incendiados pelas tripulações. Ficou prisioneiro o chefe dos argentinos, CT Calisto Silva.

19.6.1832 — SÃO LUÍS. MA. Setembrada — repercussão. Àquela altura de 1832, o governo provincial ainda não cumprira o pacto celebrado com os líderes da "Setembrada" eclodida em 13.12.1831: medidas, todas elas, contra os portugueses. A prisão de oficiais ligados àquele movimento precipitou a revolta de 19.6.1832, chefiada por José Cândido, Francisco Magno de Abranches e Egídio Launé. Combatidos por Feliciano Antônio Falcão e seus 80 granadeiros de Caxias, marinheiros e artilheiros, os rebeldes foram contidos e os chefes fugiram. Um popular, Antônio João Damasceno, tomou o comando dos remanescentes e iniciou prodigioso périplo de marchas e combates, sempre perseguido e combatendo; indo e vindo em sucessivos ataques à Capital. Até que, em Boqueirão, cercado, padeceu severa derrota e ferimentos que o levaram à morte.

27.12.1924 — SÃO LUÍS. RS. Revolta tenentista. À frente de 1.500 revoltados, o cap. Luís Carlos Prestes esquiva-se ao cerco de forças situacionistas e ruma para o oeste paranaense em busca de junção com a coluna paulista do mando do gen. Isidoro Dias Lopes.

8.10.1930 — SÃO LUÍS. MA. Revolução liberal nacional. Tiroteio, sem baixas fatais entre legalistas e revolucionários, os quais, na manhã seguinte, se apoderaram do palácio e constituíram Junta Governativa. Com apenas esse contraste de pouca monta a revolução tomava conta do estado.

18.8.1837 — SÃO LUÍS DAS MISSÕES. RS. Guerra dos farrapos. O republicano gen. João Manuel de Lima e Silva organizava militar e civilmente a região das Missões que, em rápida campanha, incorporara à república. Com pequena escolta entrou em São Luís, onde foi emboscado, ferido e aprisionado pelo grupo guerrilheiro pró-império, chefiado pelo cabo Roque Faustino. A três léguas do local da emboscada, entre São Luís e São Borja, o general foi assassinado. O cabo Roque, aprisionado no combate do Espinilho (31.10), resultou fuzilado no mesmo local, por ordem do gen. Davi Canabarro.

20.11.1893 — SÃO LUÍS DAS MISSÕES. RS. Revolta dos federalistas. Os revoltosos comandados pelo cel. Prestes Guimarães e por Dinarte Dorneles, marchando de São Borja para São Luís, encontraram e sobrepujaram coluna governista de 200 homens sob os coronéis Frutuoso e Cosme Pinheiro Machado.

4(?).9.1970 — SÃO LUÍS DO CURU. CE. Guerrilhas políticas. Militares e policiais tirotearam, perseguiram e prenderam cinco guerrilheiros do Movimento 1848 (dissidência da Aliança Libertadora Nacional), cearense, de oposição ao governo militar do país. A 29.8. haviam ocupado a cidade de São Benedito, executado o comerciante José Armando Rodrigues, anunciando fazê-lo como exemplo de justiça a ser aplicada contra os "exploradores do povo". Na chefia do Movimento: Uilan Montenegro Medeiros, Waldemar Rodrigues de Meneses, Antônio Bicalho Lana.

3.8.1924 — SÃO MANOEL. SP. Revolta dos tenentes ou de Isidoro. A 2 quilômetros da cidade, autoridades e políticos fizeram descarrilar o último trem que conduzia revolucionários do gen. Isidoro, de Bauru para o entroncamento da ferrovia Sorocabana em Rubião Júnior. Os 113 ocupantes do trem, entrincheiraram-se nos vagões tombados e resistiram ao ataque de forças de infantaria e cavalaria do cel. Alfredo Malan, prontamente reforçadas por contingentes da polícia de MG. Revoltosos: 14 mortos, muitos feridos, 67 aprisionados. Governistas: dois mortos e nove feridos.

7.1.1835 — SÃO MARTINHO. MA. Cabanagem. O maj. Pedro Paulo de Moraes Rego desaloja e bate os insurgentes cabanos apoderando-se da feitoria de São Martinho.

28.6.1894 — SÃO MARTINHO. RS. Revolta dos federalistas. Força destacada da coluna federalista do cel. Dinarte Dorneles, posicionada em Carovi, venceu pequena resistência e ocupou São Martinho, apoderando-se de boa quantidade de material de guerra.

31.10.1776 — SÃO MARTINHO DO MONTE GRANDE. RS. Reconquista de parte do RS aos espanhóis. A Trincheira de Cima da Serra de São Martinho era chave para o domínio das bacias dos Rios Ibicuí e Jacuí. Rafael Pinto Bandeira — então sargento-mor, primeiro brasileiro a atingir o generalato — foi mandado conquistá-la. Recebeu 205 soldados, alguns oficiais. Admitindo não poder dominar a trincheira por ataque frontal, ordenou ao srg. João Rodrigues de Aguiar e aos seus soldados abrir picada de duas léguas e meia, para cair de surpresa sobre o inimigo. Operação realizada na madrugada de 31, com sucesso. Os espanhóis tirotearam ainda por 15 minutos, rendendo-se o ten. Paulo Bastana, um cabo, 18 dragões e 21 índios. Outros 100 índios ganharam o mato. Tasso Fragoso (*A batalha do Passo do Rosário*) afirma terem sido entre 400 e 450 os comandados de Pinto Bandeira.

17.9.1822 — SÃO MATEUS. BA. Revolta de escravos. Segundo o relatório policial, na região de São Mateus "pretos forros e pardos se levantaram contra brancos e pardos". Por esse trecho do informe, a revolta mobilizou ex-escravos. Movimento logo sufocado. Entre os prisioneiros, os dois candidatos a rei da nova nação a surgir com a vitória da rebelião: Luís Benguela, o rei provável e Claudino de Jesus.

12.8.1832 — SÃO MATEUS. CE. Insurreição restauradora do Crato. Nas vizinhanças da vila, o maj. Francisco Fernandes Vieira derrota partida dos restauradores comandados por Pinto Madeira.

17.8.1648 — SÃO MIGUEL. Angola. África. Reconquista de Angola aos holandeses. Salvador de Sá e Benevides e seus 900 soldados que no dia 15 haviam ocupado o forte e a povoação de Santo Antônio, atacaram São Miguel, centro da ocupação holandesa de Angola. Salvador teve o seu ataque rechaçado ao alto custo de 323 baixas (163 mortos, 160 feridos).

Os defensores contaram três mortos e oito feridos, porém perderam vários canhões, explodidos pelos muitos tiros disparados. Mantidas as posições, os brasileiros preparavam-se para novo assalto, no dia seguinte, quando os holandeses propuseram capitulação. No dia 21 entregaram-se 1.100 europeus (holandeses, alemães, franceses) e alguns pretos. Dois navios mandados a Benguela com a notícia da rendição obtiveram pacificamente o retorno daquele reino ao domínio português representado por Sá e Benevides.

17.1.1678 — SÃO MIGUEL. PE. Quilombos-Palmares. O srg-mor do Arraial do Bom Jesus enviou 25 homens ao mando dos cabecilhas João Coelho e Manoel de Sampaio, para bater os quilombolas que inquietavam a região. Na jornada, ocorreu o primeiro confronto, sendo o segundo e decisivo no dia 15.2.

15.2.1678 — SÃO MIGUEL. PE. Quilombos-Palmares. Os chefes de tropa João Coelho e Manoel Sampaio, enviados pelo srg-mor do Arraial do Bom Jesus para eliminar os quilombolas atuantes na região, acometem pela segunda vez o grupo chefiado pelo Gangazona e praticamente o destroçam. O primeiro choque ocorrera a 17.1.

20.1.1828 — SÃO MIGUEL. Estuário do Rio da Prata. Guerra da Cisplatina. Navios brasileiros da força do bloqueio do Prata avistam, atacam e incendeiam dois lanchões, corsários argentinos, aprisionando as tripulações.

20.4.1832 — SÃO MIGUEL. CE. Insurreição restauradora do Crato. Os legalistas, tendo a chefiá-los Francisco Fernandes Vieira, apoderaram-se da vila, um dos baluartes dos restauradores.

4.2.1926 — SÃO MIGUEL. RN. Coluna Prestes. Depois de subir a Ladeira dos Miuns, na Serra do Pereiro, o destacamento João Alberto investiu sobre a vila mantida por 100 "patriotas". A cavalaria da Coluna, comandada por Ary Freire, carregou pela retaguarda, fazendo debandar os defensores.

10.8.1801 — SÃO MIGUEL DAS MISSÕES. RS. Conquista das Missões Orientais "Aventureiros" ao mando de Ribeiro de Almeida e Borges do Canto, animados por êxitos anteriores, exageraram a audácia e atacaram São Miguel. Tratava-se da sede administrativa das Missões. Seus 42 brancos e 400 indígenas foram repelidos pela defesa espanhola que dispunha de 10 canhões. Reforçados por 1.000 guaranis, os atacantes puseram cerco à aldeia, obtendo a capitulação dos defensores depois de três dias. À frente dos que capitularam o ten.-cel. Francisco Rodrigues ou Rodrigo, que abandona a área com seus canhões e 300 soldados. A conquista pôde estender-se até o Ibicuí. Diz Rio Branco (*Efemérides*) que aos vencidos foi permitido levar 10 canhões mas foram defrontados pelo chefe guerrilheiro Manuel dos Santos Pedroso, que os aprisionou, alegando não reconhecer a capitulação por ser Borges do Canto desertor dos Dragões. Porém, logo, o governador da capitania mandou cumprir o acordo, pondo em liberdade o coronel e seus soldados.

12(?).9.1824 — SÃO MIGUEL DOS CAMPOS. AL. Confederação do Equador. Confederados alagoanos liderados pelo cap. Manoel Vieira Dantas iniciaram marcha destinada à conquista da capital. Em São Miguel foram enfrentados e vencidos pela tropa governista de Oliveira Bello, que reunira força de linha, milícias e índios. Este combate e os de Palmeira dos Índios e de Anadia aniquilaram nas Alagoas o ideal republicano da Confederação.

7(?).1.1638 — SÃO NICOLAU. RS. Bandeiras. Tendo conquistado as reduções de Santa Teresa, Todos os Santos, São Carlos e Candelária, o bandeirante paulista Francisco Bueno atacou, na jornada, a de São Nicolau. O vigor da defesa provocou dos atacantes campanha de arrasamento dos recursos das cercanias. Bueno fez torna viagem e de seu lado os jesuítas de São Nicolau levaram seus neófitos para o território da província argentina de Corrientes.

9.5.1819 — SÃO NICOLAU. RS. Guerra com Artigas. O brg. Chagas Santos tentou recuperar a cidade ainda ocupada pelos uruguaios na última invasão artiguista do RS. O ataque foi repelido com severas perdas, sendo particularmente sentida a do ten.-cel. Diogo Arouche de Morais Lara, autor de *Memória da Campanha de 1816*.

24.3.1839 — SÃO NICOLAU. RS. Guerra dos farrapos. Partida imperial em trânsito debanda vitimada pelo ataque do esquadrão farroupilha do comandante Manoel Coelho de Sousa.

9.7.1562 — SÃO PAULO. SP. Conflitos com indígenas — Confederação dos Tamoios. Informado da aproximação dos tamoios, o cacique Tibiriçá recolheu a gente de três aldeias que, a seguir, incendiou. Demorando cinco dias para atacar, os tamoios deram tempo à defesa. O padre Simão de Vasconcelos descreve a jornada: ''Eis que ao romper da alva do dia oitavo da Visitação da Virgem Senhora Nossa, dão os inimigos de improviso sobre a Vila de Piratininga, com tão grande estrondo de gritos, assobios e bater de pés e arcos, segundo seu costume, que parecia que o mundo se vinha abaixo e se arruinavam os montes vizinhos. Todos pintados, empenados, jactanciosos, prometendo-se a vitória deixando nas costas canalha de velhas carregadas de panelas, e assados em que diziam haviam de cozer as carnes dos cativos, conforme a lei de seus costumes bárbaros. Porém traçou diferentemente o céu, porque os nossos saíram a recebê-los com bandeiras da Igreja de Deus, pela qual pugnavam. Era para ver neste conflito pelejar a frechadas, irmãos contra irmãos; sobrinhos contra tios, primos contra primos e filhos contra pais. Foram vários os sucessos de guerra, até que, por fim, cansados e desbaratados, se retiraram os contrários, com perda de mortos e feridos, sem que morresse um só de nossa parte de muitos que ficam frechados''.

10.7.1562 — SÃO PAULO. SP. Conflitos com indígenas. A vila, fundada havia oito anos, estava sitiada por guaianás, tupis e carijós revoltados sob o comando de Jagoanharo e Arary. Saíram em sortida contra eles João Ramalho, Tibiriçá e Brás Cubas, conduzindo arcabuzeiros portugueses e índios cristianizados. Os sitiantes foram repelidos com grandes perdas. Mas voltariam ao ataque no dia 11. Tibiriçá era irmão de Arary.

11.7.1562 — SÃO PAULO. SP. Conflitos com indígenas. Tamoios, tupis e carijós, confederados, investiram, ao amanhecer, contra as tranqueiras paulistanas estabelecidas ao redor do Colégio jesuítico, sítio do atual Pátio do Colégio. Ataque rechaçado sucedendo-se perseguição dos assaltantes.

5.7.1924 — SÃO PAULO. SP. Revolta de São Paulo, ou dos Tenentes ou do General Isidoro. Os ''tenentes'' de 1922 iniciam a mais conseqüente das suas revoltas. Chefe: o gen. Isidoro Dias Lopes. Segundo comandante: maj. Miguel Costa, da Força Pública do Estado. Pela madrugada revoltaram-se 900 soldados do Exército (4º BC de Santana; 4º RI de Quitaúna e RA também de Quitaúna) e 600 da cavalaria da Força Pública. O 4º BC havia sido dominado, com audácia, pelo cap. Joaquim Távora e ten. Eduardo Gomes. O comandante da FP, aprisionado em sua residência. Seguiram-se as ocupações de quartéis da tropa estadual no bairro da Luz. O cap. Índio do Brasil e o ten. Castro Afilhado agiram no 4º batalhão, os tenentes Eduardo Gomes e João Batista Nitrini, no 1º; o cap. Joaquim Távora e os tenentes Arlindo de Oliveira e Asdrúbal Gwyer, no Corpo Escola. O RC foi sublevado pelo maj. Miguel Costa auxiliado pelo ten. Otaviano Gonçalves da Silveira. Às 7 h, o ataque levado ao palácio do governo não supera a resistência de 27 guardas comandados pelo maj. Marcílio Franco. Os defensores tomaram duas metralhadoras dos revoltados que se retiraram para o Quartel da Luz. À tarde e à noite outros ataques ao palácio foram repelidos, apesar de levados com substancial superioridade numérica e em formação cerrada. Na Luz, combates de extrema rudeza, quando o comandante da 2ª Região Militar, gen. Abílio de Noronha, dirigiu a retomada do Corpo Escola e do quartel do 4º BC. Os revoltosos reagiram dominando outra vez a Escola. Mas no quartel, a resistência, sob ordens do cap. Pedro de Moraes Pinto e do ten. Antônio Pietscher, viria a tornar-se lendária. Mantida, embora sob duras condições até o dia 9, fez comprometer a vitória militar da revolta por exigir a concentração de tropas destinadas a emprego em favor da expansão do movimento. Ainda na manhã de 5, bateria rebelde instalada no Campo de Marte, sob os tenentes Eduardo Gomes, Felinto Müller, Henrique Ricardo Hall e Orlando Leite Ribeiro, começava a alvejar o palácio dos Campos Elísios, sede do governo. Esse bombardeio, que atingiu edifícios próximos, prosseguiu até o dia 10, quando se soube que na véspera o presidente, Carlos de Campos, abandonara a cidade, indo ao encontro de força federal. Esta, concentrava-se em Guaiauna, para estabelecer o cerco da capital já então sob controle dos revoltados. Com o presidente retirou-se o cap. Vitorino Luís Fabiano, que até o dia 9 sustentara a defesa do QG da 2ª RM. Nos dias seguintes prosseguiram os violentos tiroteios em vários bairros.

6.7.1924 — SÃO PAULO. SP. Monumento do Ipiranga. Revolta tenentista. Ocupado pelos revoltosos tornou-se o objetivo do avanço de marinheiros do couraçado *Minas Gerais* desembarcados em Santos. Os 470 marujos e fuzileiros, com uma bateria de canhões 75 mm, às ordens do CF Anatocles da Silva Ferreira, com apoio de artilheiros de Itaipu que operavam bateria Krupp 75, atacaram a área do monumento, recebidos por nutrida e ajustada cortina de tiros. Perdendo 30 homens o destacamento naval foi reunir-se ao exército governista no bairro do Ipiranga e em progressão para o centro da cidade. Outros 833 navais e 14 canhões conduzidos pelo CC Clodoveu Celestino Gomes ocuparam a linha ferroviária entre o Ipiranga e a Luz, silenciando fogo inimigo provindo da Cervejaria Antártica, no bairro da Mooca.

8.7.1924 — SÃO PAULO. SP. Revolta de São Paulo ou dos Tenentes ou do General Isidoro. Continuaram os combates iniciados a 5 em alguns bairros e nas ruas entrincheiradas. Um obus rebelde atingiu o Palácio da Justiça ferindo ou matando cerca de 50 marinheiros do destacamento subido de Santos. Calculava-se em 300.000 o número de pessoas que haviam abandonado a cidade. Saques e incêndios por toda parte, principalmente no setor do mercado atacadista e nas fábricas e armazéns da Mooca, Brás, Belém, Pari. À noite, a artilharia governista, postada na Vila Matilde, lançou 50 tiros sobre locais esparsos da capital, matando civis e provocando incêndios. Na Rua Conselheiro Belisário, três crianças foram mortas. Nas ruas e praças, agudizou-se a luta entre trincheiras. Tropas estaduais e batalhões políticos (''patrióticos'') do interior de SP completaram o fechamento do cerco.

12.7.1924 — SÃO PAULO. SP. Revolta de São Paulo ou dos Tenentes ou do General Isidoro. Canhões Saint Chamond, governistas, de Guaiauna, disparavam contra o centro a cidade, atingindo a Praça da República, o Viaduto Santa Ifigênia, os largos de São Bento e Paissandu e o Teatro Olímpia, na Avenida Rangel Pestana. Elevado o número de mortos entre os civis. Estas perdas da população, no total dos dias de bombardeio, foram: 503 mortos, 4.864 feridos. Prosseguiram os furiosos combates entre barricadas, edifícios e trincheiras ocupados pelos contendores.

14.7.1924 — SÃO PAULO. SP. Revolta de São Paulo ou dos Tenentes ou do General Isidoro. Buscando romper o impasse militar da cidade dividida e o crescente confinamento dos revoltosos, o ten. Joaquim Távora, sem qualquer cobertura, atacou o quartel do 5º BC da FP na Praça da Sé. Ferido, morreu a 18 no Hospital da Força. A cidade estava quase deserta e as tropas governamentais penetrando por vários pontos. As adesões aos tenentes foram mínimas. Os chefes não procuraram entendimentos com o proletariado e aceitaram os serviços de centenas de estrangeiros veteranos da Primeira Guerra Mundial, especialmente de ex-súditos dos Impérios Centrais.

17.7.1924 — SÃO PAULO. SP. Revolta de São Paulo ou dos Tenentes ou do General Isidoro. Os governo federal proclamou seu propósito de arrasar a cidade, se preciso fosse, para dominar os rebeldes tenentistas. Estes demonstraram decisão de resistir. Na jornada — pela primeira vez na história militar do Brasil — entrou em atividade uma divisão de carros de assalto sob a chefia do gen. Eduardo Sócrates. Função: destruir barricadas dos revoltosos, abrindo as principais vias de acesso ao centro da cidade.

21.7.1924 — SÃO PAULO. SP. Revolta de São Paulo ou dos Tenentes ou do General Isidoro. Largo do Cambuci. Os elementos governamentais do gen. Arlindo e estaduais do cel. Pedro Dias de Campos, somando efetivo elevado, progrediram, embora dificultosamente, para o centro da cidade. No Largo do Cambuci travou-se o combate mais feroz da jornada devido à resistência desesperada do ten. Ari Fonseca Cruz. Na manhã de 23 ele disporia de apenas 12 soldados válidos e quatro feridos. Às 14:30 o próprio tenente recebeu um tiro. A pressão dos governistas aumentava em todo o perímetro do cerco.

23.7.1924 — SÃO PAULO. SP. Revolta de São Paulo ou dos Tenentes ou do General Isidoro. Os revoltosos sentem o aumentar da pressão governamental e a animosidade popular diante dos sofrimentos causados pelo bombardeio, os combates, os saques, a carência de gêneros. Caem sobre a cidade, por hora, até 140 granadas da artilharia federal. Às 22 h, mortos ou feridos os últimos soldados que lutavam desde o dia 21 sob o ten. Ari Fonseca Cruz na trincheira do Largo do Cambuci, a brigada do gen. Arlindo e a força estadual do cel. Pedro Dias de Campos abrem caminho para o centro. O Ministro da Guerra, gen. Setembrino de Carvalho, anunciou que a cidade seria arrasada se os revoltosos não se rendessem. Eles decidem não a rendição mas a retirada, por via ferroviária, rumo de MT, onde cogitavam uma república conforme os ideais tenentistas.

31.5.1925 — SÃO PAULO. SP. Golpe-de-mão tenentista. Primeiro de uma série de golpes planejados para diversas cidades, visando a manter nos grandes centros tropas que poderiam pressionar as colunas revolucionárias em operação no oeste do PR e a chamar a atenção da opinião pública. Foi tentada a ocupação do quartel do 1º RC da Força Pública do Estado. Estabelecido tiroteio, morrem duas sentinelas. Assalto repelido.

28.4.1931 — SÃO PAULO. SP. Sublevação militar. Antecipando a revolução do ano seguinte, sublevam-se o 6º BI do Cambuci e o Corpo Escola da Força Pública do Estado. Opunham-se aos rumos tomados pelo governo estadual imposto por Vargas. O movimento extinguiu-se no mesmo dia, com a prisão de 300 dos manifestantes.

20.8.1968 — SÃO PAULO. SP. Guerrilhas urbanas. Ex-militares do Exército e da Polícia Militar do Estado, atacaram a guarda de uma unidade policial, visando a tomada de armas. Na defesa do posto, morreu o soldado Antonio Carlos Jessery.

15.8.1648 — SÃO PAULO DE LOANDA. Angola. África. Reconquista de Angola aos holandeses. Saído do RJ a 12.5, com 900 combatentes, o gen. Salvador Correa de Sá e Benevides desembarca nas proximidades e marcha contra o Forte de Santo Antônio, ocupado pelos holandeses. Toma a posição militar e a cidade, passando a perseguir o inimigo. Cumpria ordens do rei de Portugal que cometera aos brasileiros do RJ a tarefa de reconquistar suas possessões africanas tomadas pelos flamengos. Com a artilharia apresada no forte e as quatro peças levadas do Brasil, Benevides começou a bater a fortaleza do Morro de São Miguel, onde os batavos haviam se concentrado. Narra C. Boxer que a praça teve o nome mudado para o de Nossa Senhora da Assunção, em cujo dia, festa e oitava foi a empresa da retomada iniciada, ganha e concluída.

12.4.1823 — SÃO PEDRO. MA. Guerra da Independência. Em terras da fazenda São Pedro, partida de brasileiros entusiastas da independência investe contra esquadrão português que marchava para reunir-se à concentração de reinóis. Os lusitanos tiveram 12 mortos, três feridos, quatro prisioneiros e perderam para os atacantes o gado que tangiam.

14.3.1843 — SÃO PEDRO. RS. Guerra dos farrapos. Carregando com seus 500 cavaleiros, o chefe imperial cel. Jerônimo Jacinto Pereira debanda a partida de 300 farroupilhas de José Gomes Portinho.

25.7.1924 — SÃO ROQUE. SP. Revolta de São Paulo ou dos Tenentes ou do General Isidoro. A governista Coluna Sul, ao mando do gen. João Álvares Azevedo Costa, reunindo forças do EN, da Brigada Militar do RS e da polícia do PR, sofre ataque do destacamento revoltoso que guarda a estrada de acesso à cidade de São Paulo. A 27 os situacionistas superam a resistência, ocupam São Roque e vão tirotear em São João, nas vizinhanças, com os tenentistas que refluem para a capital.

2.8.1932 — SÃO ROQUE. SP. Revolução Constitucionalista. Ao arrepio do Convênio de Guaxupé que recomendava a paulistas e mineiros o respeito às divisas estaduais, forças do Governo Varga atacam São Roque e em seguida Fartura, Recreio e Eleutério, em território paulista. Diante da resistência oposta, somente a 26 ocuparam Eleutério, cuja queda impôs o abandono das demais localidades e o recuo da linha defensiva para o Rio do Peixe.

10.8.1932 — SÃO ROQUE-CRUZEIRO. SP. Revolução Constitucionalista. No Vale do Paraíba, proximidades de Cruzeiro. As forças do governo Vargas, pressionando fortemente desde a véspera, desalojam os revolucionários de São Roque para nova posições em Pinheiro.

20.11.1826 — SÃO SEBASTIÃO. SP. Guerra da Cisplatina, ação de corsários. A bateria do Rabo Azedo e o Forte da Vila Bela, na Ilha de São Sebastião, impedem a passagem entre a ilha e o continente dos corsários argentinos escuna *Sarandi* e corveta *Chacabuco*, ao mando pessoal do alm. Brown. Com avarias e a perda de tripulantes mortos e feridos, os barcos retrocederam, recebendo então os tiros dos três canhões da bateria de Sepetiba. A bateria do Rabo Azedo, três peças, era comandada pelo capitão miliciano João Correia Alves Mazagão, e o forte tinha suas sete bocas de fogo orientadas pelo ten.-cel. Lopo da Cunha d'Eça e Costa. Segundo Schurmann Pacheco-Coolighan

Sanguinetti, Brown retornou dessa campanha de corso levando para Buenos Aires 14 barcos brasileiros apresados.

11(?).5.1827 — SÃO SEBASTIÃO. SP. Guerra da Cisplatina. Corsários. No canal, o bergantim *Pujante* foi atacado e apresado, saqueado e incendiado por navio corsário argentino.

8.7.1827 — SÃO SEBASTIÃO. SP. Guerra da Cisplatina, ação de corsários. Pequeno destacamento e civis armados conduzidos pelo tenente artilheiro Antônio de Almeida emboscam e dizimam destacamento descido de navio corsário argentino. Os marujos reembarcaram em desordem, deixando 10 mortos, todos americanos ou ingleses. Por desforço, os corsários foram incendiar casas de fazendas em outra parte da ilha de São Sebastião.

29.4.1893 — SÃO SEBASTIÃO. RS. Revolta dos federalistas. Na coxilha de São Sebastião, próxima de Ponche Verde, o governista maj. Francisco da Costa Silveira e seus 30 soldados foram surpreendidos por maragatos ao mando de Aparício Saraiva, Estácio Azambuja e Torquato Severo. Recuaram, perdendo 20 homens, inclusive o comandante. Os maragatos não registraram baixas.

5.10.1893 — SÃO SEBASTIÃO. SP. Revolta na Armada. Os rebelados cruzadores auxiliares *Íris* e *Palas* e a torpedeira *Marcílio Dias* atingiram a cidade com 50 granadas, visando a impedir a sua retomada pelos governistas depois de sete dias em poder dos marinheiros sublevados.

17.10.1912 — SÃO SEBASTIÃO. RN. Campanha contra o cangaço. Elementos do bando de Antônio Silvino, assaltaram o povoado de São Sebastião, a sete léguas de Mossoró, invadindo moradias.

17(?).5.1772 — SÃO TOMÉ. MA. Revolta de escravos. Depois de dias de ataques infrutíferos contra a vila decididamente defendida por militares e civis, os escravos revoltados e seus auxiliares índios, já sem recursos e contando mortos e feridos, optaram pela dispersão.

21.11.1827 — SÃO TOMÉ. RJ. Guerra da Cisplatina, ação de corsários. Em operação de corso ao longo da costa do RJ, encalha no banco de São Tomé o barco *Oriental Argentino*. Levava como tripulantes forçados brasileiros aprisionados na frustrada expedição a Carmen de Patagones. Estes aproveitaram-se da proximidade da costa e da crítica situação do navio. Revoltaram-se, dominaram o veleiro e reincorporaram-se à marinha nacional, segundo o alm. Prado Maia.

?.?.1534 — SÃO VICENTE. SP. Guerra de Iguape. Espanhóis chefiados por Ruy Garcia de Moschera, construtores da vila de I-Caa-Para, na Ilha Comprida, haviam apresado nau de corsários franceses que os fora combater. Bem armados, puderam emboscar e desbaratar 80 portugueses e índios enviados para os expulsar. Sabendo que São Vicente ficara desguarnecida, usaram a nau francesa e os barcos abandonados pelos lusos derrotados e foram saquear a vila. As fontes são espanholas ou argentinas e não fixam a data nem detalhes do acontecimento.

?.1.1565 — SÃO VICENTE. SP. Conflitos com indígenas. Aproveitando-se da ausência da maior parte dos homens válidos, incorporados à expedição vicentina de socorro ao RJ ameaçado por franceses, frota de tamoios devastou os arredores da vila. Reunidos, os colonos deram-lhes combate durante a segunda metade do mês, recuperando quatro mulheres tomadas como prisioneiras.

17(?).7.1851 — SÃO VICENTE. SP. Incidentes do Bill Aberdeen. Ao largo do porto, na direção do RJ, de onde procedia com mantimentos, o barco *Piratinin* foi perseguido e abordado pelo navio de guerra inglês *Sharshooter*, acompanhado pelo mercante armado *Crescent*. Jair Dessaune reportou o fato, em jornal: "... o *Piratinin* não pôde opor resistência. A tripulação e as mercadorias foram passadas para bordo do *Crescent*. Em seguida o *Piratinin* foi incendiado ...".

14.10.1930 — SAPÉ-ESTREITO. SC. Revolução liberal nacional. Torpedeiros governamentais bombardeiam concentração de revolucionários no Estreito. A ação, de fracos resutlados, foi repetida dias seguidos.

25.7.1874 — SAPIRANGA. RS. Insubmissão dos *mucker*. Na região de Hamburgo Velho, localidade de Sapiranga, 60 civis armados e obedecendo a João Daniel Kolling, Nicolau Schmidt e Jacob Diefenthaeler, com autorização do cel. César Augusto, comandante das tropas de repressão, atacaram o reduto dos insubmissos. Menos de 30 deles puderam aproximar-se. Depois de algum tiroteio os atacantes desistiram da missão, retirando-se com quatro mortos e seis feridos.

2.8.1874 — SAPIRANGA. RS. Insubmissão dos *mucker*. O reduto foi atacado por 109 soldados e cinco civis armados, guiados por um ex-"santarrão". No comando, o cap. Clementino Santiago Dantas, o qual recebeu ferimento assim como 13 dos militares e três dos civis. Os 17 *mucker* defensores do reduto, morreram. Quatro, mulheres. Entre elas, a líder dos insubmissos Jacobina Maurer. Último choque do conflito.

7(?).5.1869 — SAPUCAÍ. Paraguai. Guerra do Paraguai. A coluna do gen. João Manoel Mena Barreto, enviada para recolher famílias desalojadas, enfrentou oposição do inimigo no desfiladeiro do Sapucaí. Atacou e tomou as trincheiras, nas quais segundo Taunay (*Cartas da campanha*), "ficaram mais de 200 cadáveres" dos adversários. Mena Barreto retornou com 3.000 pessoas, 31 prisioneiros e duas bandeiras. A tarefa de encontrar e amparar civis dispersos ou confinados continuou a ser cumprida por 180 dos seus homens, confiados ao cel. Bento Martins. Tendo perdido três soldados em repetidos encontros, esta força regressou à base, em Pirayú, apenas no final de junho.

8.6.1869 — SAPUCAÍ. Paraguai. Guerra do Paraguai. As trincheiras paraguaias confiadas aos comandados do ten.-cel. Bernal, guardando o desfiladeiro do Sapucaí, foram assaltadas e ocupadas pela força chefiada pelo gen. João Manuel Mena Barreto.

5.8.1869 — SAPUCAÍ. Paraguai. Guerra do Paraguai. Combatem os brasileiros Francisco Lourenço de Araújo, com tropa da GN da BA e paraguaios que defendiam a posição e da qual foram afastados, perdendo dois canhões.

12.10.1825 — SARANDI. Uruguai. Guerra da Cisplatina. Vencedor em Aquila (4.9), Bento Manoel teve conhecimento de que Lavalleja, com o maior e melhor contingente de uruguaios, estava em Durazno. Batê-lo antes que se juntasse a Rivera, naquele momento além rio Uruguai, seria quase ganhar a guerra. O comandante-chefe Lecór aceitou o plano e deu a Bento Manoel o reforço de 400 homens muito díspares em qualidade militar. A caminho, Bento Manoel recebeu mais 354 milicianos. Osório, um dos participantes da jornada, fixou o efetivo brasileiro em 1.200 combatentes. Rio Branco, à luz de documentos, em 1.411. Ao amanhecer de 12.10, a coluna encontrou Lavalleja, mas já então e contra as previsões dos imperiais, incorporando o contingente de Rivera, o que lhe dava o total de 2.200 a 2.400 cavaleiros. Foi na Orqueta de Sarandi, cabeceiras do arroio Sarandi, afluente do arroio de Castro pela margem esquerda. Lavalleja ordenou "Carabina a la espalda y sable en la mano". Osório narrou que a tropa brasileira, desconsiderando o valor do adversário sobre o qual se acostumara a triunfar, mudou de cavalos e sem maiores cuidados avançou em colunas de meios esquadrões. Os contrários desenvolveram em linha e carregaram, lançando pelos flancos escalões envolventes, sendo as alas brasileiras, principalmente a direita, rechaçadas. "... só escapamos, combatendo braço a braço, nove praças e eu, que nos reunimos ao comandante da ação, e, combatendo em retirada, repassamos o arroio Sarandi, em cujo passo nos sustentamos por duas horas, até que se nos reuniu Bento Gonçalves, Calderón e Felipe Néri com alguma gente". Rio Branco descreveu assim: "Bento Manuel, orgulhoso com as passadas vitórias, mudou de cavalos, e lançou-se à carga com 1.411 homens, todos de cavalaria (S. Leopoldo enganou-se, dizendo que tínhamos infantaria). Os esquadrões de linha, comandados pelo coronel Alencastro, romperam o centro do inimigo (coronel Manuel Oribe) e dispersaram a sua reserva (coronel Leonardo de Oliveira), mas a nossa direita (coronel Bento Gonçalves) foi rechaçada pelo general Rivera e a esquerda, atacada também de frente e flanco por forças superiores, ficou derrotada. No passo do Sarandi, Bento Manuel sustentou-se duas horas, até que se lhe reuniram Bento Gonçalves e muitos dos dispersos, e com 550 homens fizeram esses dois chefes a sua retirada... Ao todo ficaram prisioneiros 575 homens (entre eles 25 oficiais e 133 homens feridos); e como em diferentes direções se puderam salvar 730 homens, segue-se que as nossas mortes não deviam ter chegado a 200 (segundo parte oficial de Lavalleja foram 572). Os orientais tiveram 35 mortos e 90 feridos". Conseqüências de Sarandi: seguindo-se muito de perto ao Rincão das Galinhas (esta derrota a 23.9), Sarandi elevou ao mais alto grau o ânimo dos uruguaios enquanto abalou o moral do soldado brasileiro, especialmente o dos guaranis das Missões, elemento básico dos regimentos milicianos; serviu de base para a explosão antibrasileira dos argentinos, sendo que multidão entusiasmada e raivosa atacou a casa do cônsul Falcão, destruindo o escudo imperial. Ainda mais grave, positivou que os brasileiros podiam ser vencidos, encorajando o Congresso de Buenos Aires que imediatamente, a 25 (13 dias apenas depois de Sarandi e 32 após o Rincão das Galinhas), ousou o desafio maior: proclamou o território do Uruguai — uma província do império —, incorporado à Argentina. Estrategicamente, Sarandi provocou a imobilização brasileira no litoral, entregando ao inimigo o domínio do interior, pois com a retirada dos dois Bentos para Santana do Livramento, Abreu não pôde se manter em Mercedes, retraindo para território do RS. Somente Montevideo e Colônia estavam sob controle efetivo imperial, cabendo à esquadra manter o estuário e as comunicações.

1.3.1894 — SARANDI. RS. Revolta dos federalistas. Depois do sucesso de Ibirapuitã, na manhã desse dia, o gen. Hipólito Pinto Ribeiro conduziu a Divisão Oeste em perseguição de mais de cinco léguas sobre os vencidos. Alcançou e devastou as formações federalistas dos chefes Cabeda, Ulysses e David Martins quando elas tentavam cruzar o arroio Sarandi. A parte do gen. Ribeiro menciona para o adversário 400 baixas e a perda de todo o sistema de transporte, do arquivo e de três mil cavalos. Aceita para os seus, 20 baixas, sendo quatro as mortais.

4.2.1923 — SARANDI. RS. Revolta dos libertadores. Chocam-se os revoltosos ao mando do gen. Mena Barreto e os situacionistas de Honório Linhares, que perece ao término da ação.

3.9.1866 — SAUCE. Paraguai. Guerra do Paraguai. Enquanto o 2º CEX, conduzido pelo gen. Barão de Porto Alegre, atacava e ocupava Curuzu, forças brasileiras saídas do acampamento de Tuiuti montavam reconhecimento das posições inimigas do Sauce e Chichi, perdendo 11 homens face à resistência dos paraguaios.

24.10.1930 — SAUÍPE. BA. Revolta nacional liberal. Local ao norte de Alagoinha. A vanguarda tenentista, ao mando de Juracy Magalhães, avançando sobre a cidade do Salvador, foi enfrentada pela força policial estadual. A meio do combate chegou a notícia da deposição do presidente Washington Luís.

21.9.1645 — SCHKOPPE-CONCEIÇÃO DE ITAMARACÁ. PE. Holandeses no NE. Fernandes Vieira e Vidal de Negreiros, desembarcados na véspera com 800 combatentes, atacaram e ocuparam a trincheira holandesa que defendia a vila. A guarnição, quase toda de índios, fortificou-se no alto do morro, ao redor e dentro da igreja. Assim postados, resistiram os índios a todos os ataques desfechados contra eles nesse e nos dois dias seguintes. A 23 chegou reforço holandês expedido do forte de Orange e ao mando do conselheiro Bullestraeten. Durante a noite de 23 para 24, Vieira e Negreiros abandonaram Itamaracá, contando entre os seus 70 feridos e 67 mortos, entre os quais Camarão e o mestre-de-campo Hoogstraeten, holandês combatendo pelos resistentes brasileiros.

18.8.1711 — SEBIRÓ. PE. Guerra dos mascates. Os sitiados do Recife, guiados por Sebastião Pinheiro Camarão, triunfam sobre os olindenses chefiados pelo mestre-de-campo Cristóvão de Mendonça Arraes, no lugar Sebiró, engenho Jenipapo, proximidades do Recife. Arraes e parte de sua tropa caem prisioneiros.

2.6.1827 — SEGO. Uruguai. Guerra da Cisplatina. O cel. Bento Gonçalves derrota destacamento de coluna argentina ao mando do gen. Lavalle, em terras da estância do Sego.

10.9.1836 — SEIVAL. RS. Guerra dos farrapos. Visando a desafogar a pressão dos farroupilhas sobre a cidade e porto do Rio Grande, o ten.-cel. João da Silva Tavares leva 560 combatentes contra a retaguarda dos assediantes. No Seival, proximidades do Rio Candiota, essa coluna foi interceptada por 430 farrapos de Antônio Souza Neto e completamente batida. Aproveitando-se da vitória e da situação política na província, no dia seguinte, no mesmo campo do Seival, Sousa Neto proclamou a província separada do Império, tornando-se a República Rio-Grandense.

27.11.1926 — SEIVAL. RS. Revolta tenentista. O contingente levantado no dia 25 em Santa Maria pelos tenentes Nelson e Alcides Etchegoyen deixa aquela cidade rumando para Caçapava do Sul. Interceptado pelos governistas de Osvaldo Aranha, trava áspero combate no Seival. Aranha recebeu ferimento no calcanhar.

8.6.1912 — SENA MADUREIRA. AC. Movimento autonomista do Alto Purus. A 7.5, em protesto contra o então Prefeito regional e o alegado descaso do governo federal, autonomistas proclamaram instalado o Estado Livre do Acre, embrião de futura Acreânia. Chefes, os "coronéis" Childerico Fernandes, José de Alencar Matos, Raimundo Freire. Armaram 350 homens para enfrentar forças a serem enviadas contra o novo Estado. A 8.6, estas apresentaram-se, federais e estaduais. E venceram, dispersando os autonomistas, depois de seis horas de combate, 10 mortes entre os levantados, incêndios, assassinatos vingativos.

11.10.1930 — SENGÉS. PR. Revolução liberal nacional. Na estação ferroviária, os revolucionários organizavam avanço sobre a vizinha Itararé, cidade paulista onde o governo Washington Luís preparava a resistência militar à revolução. Dois aviões da Força Pública de SP, ao mando do cap. João Negrão, até então empregados para reconhecimento, intentam bombardeio sobre a concentração dos revoltados. Lançando manualmente granadas de infantaria, provocaram algum pânico e obtiveram retardamento da progressão sobre Itararé.

14.10.1930 — SENGÉS. PR. Revolução liberal nacional. A tropa legalista posicionada em Itararé à ordem do cel. Paes de Andrade decide hostilizar Sengés, onde se concentraram os revolucionários subidos do sul, tendo à frente o gen. Miguel Costa. Ocorreu ação frontal da força do cap. Heliodoro Tenório, com uma desbordante do cap. Mário Rodrigues Alves. Sengés resistiu, obrigando os governistas ao recuo para a fazenda Morungava, ponto intermédio entre as duas cidades que concentravam tropas. O propósito era dar tempo a que Itararé fosse tranformada em fortaleza capaz de dominar a revolução. Sobre as possibilidades de a cidade resistir ou cair ainda são travadas polêmicas animadas.

Forças prontas para a Batalha de Itararé
(a que não aconteceu e mesmo assim entrou para a História)

Governistas:
Comandante: Cel. Paes de Andrade, da Força Pública de São Paulo
1.600 soldados do EN
3.000 soldados da FPESP
1.000 civis armados
4 canhões Krupp

Revolucionários:
Comandante: Cel. Miguel Costa, da Força Pública de São Paulo
7.800 homens
18 canhões Krupp (mais modernos e de maior alcance
que os do adversário)

19(?).10.1901 — SEPECUÊ/PONTA PORÃ. MT. Campanhas pró-emancipação do sul de MT. Os chefes unionistas Felipe de Brum, Matias Ferreira e Fermeano Rodrigues juntam forças e batem decisivamente os partidários da separação conduzidos por João Ferreira Mascarenhas, o "coronel Jango". O líder vencido dissolveu sua tropa e recolheu-se à Fazenda Taquaruçu onde, no dia 23, seria cercado e mortalmente ferido.

9.5.1912 — SEPECUÊ/PONTA PORÃ. MT. Motim do capitão Azambuja pró-emancipação política do sul de MT. O autonomista Azambuja, à frente de parte do 17º BC de Ponta Porã, planejara reunir-se à tropa maior, de Bento Xavier que entre a sua fazenda no Paraguai e os campos sul-mato-grossenses guerrilhava desde 1907 pelo ideal da autonomia. Avançando lentamente, Azambuja acampou em Sepecuê, a seis quilômetros de Ponta Porã. Foi surpreendido e morto por força unionista. Seus comandados debandaram.

4.11.1904 — SERINGAL MINAS GERAIS-NUEVO IQUITOS. AC. Incidente na fronteira peruana. Nos navios-gaiola *Moa* e *Contreiras*, 50 soldados do 15º BI do cel. Alcides Cipriano dos Santos subiram o Rio Amonea para impugnar a presença de destacamento peruano que dava cobertura a cobradores de impostos fixados na área como se fosse ela peruana. Abicaram na povoação de Nuevo Iquitos, formada pelos intrusos, fronteira ao seringal Minas Gerais, de Luís Melo. Apresentou-se, cobrando taxas, o ten. Severo Ramirez, pelo que foi detido com as praças que o acompanharam pela tripulação do *Contreiras*. O cel. José Suarez, comandante peruano em Nuevo Iquitos, ordenou fogo de fuzilaria, obrigando o gaiola a recuar, navegando sob tiros pelo Rio Tejo até o seringal de Bonifácio da Costa. Os brasileiros passaram à convocação de seringueiros e militares para um ataque no dia seguinte.

5.11.1904 — SERINGAL MINAS GERAIS-NUEVO IQUITOS. AC. Incidente na fronteira peruana. Nuevo Iquitos foi o nome dado por soldados e exatores fiscais peruanos às instalações que estabeleceram em território acreano, região dos rios Amonea e Tejo, fronteiro ao seringal Minas Gerais. Depois do tiroteio da véspera, aos 50 soldados do 15º BI juntaram-se 100 seringueiros armados e alguns ex-cadetes da Escola Militar de Fortaleza. Enfrentariam aproximadamente 80 peruanos dispondo de fuzis e metralhadora, ao mando do cel. José Suarez. Os brasileiros dividiram-se: o grupo de atuação no seringal, mando do cap. Francisco Ávila e Silva; o da retaguarda de Nuevo Iquitos, liderança do ex-cadete Oseas Cardoso; o da barranca do Juruá, com o ten. Mateus. Avançaram simultaneamente. Os peruanos resistiram algum tempo e renderam-se, podendo seguir para o Departamento de Loreto, com seus mortos e feridos. Entre os brasileiros, um morto e um ferido.

25.11.1935 — SERRA CAIADA. RN. Intentona comunista. Sertanejos armados pelo líder político Dinarte Mariz, avançando na direção de Natal, defrontaram grupos de revoltosos que abandonavam a capital, onde por quatro dias haviam mantido governo comunista. Estes debandam deixando mortos, feridos, prisioneiros e material de guerra.

3.11.1936 — SERRA DA ONÇA. BA. Intentona comunista — repercussão. Os levantados da célula comunista atuante no posto indígena Catarina Paraguaçu, como repercussão das revoltas do ano anterior em Natal e no Recife, haviam sido batidos no próprio posto e no sítio denominado Casa da Farinha, no dia 27. A 3.11, ofereceram a última e débil resistência, depois do que se dispersaram rumando para MG.

16.3.1844 — SERRA DA PALMA. RS. Guerra dos farrapos. Na serra, município de Jaguarão, os 220 soldados imperiais ao mando de Francisco Pedro de Abreu foram superados pelos 336 farroupilhas do cel. Antônio Manoel do Amaral.

3.3.1991 — SERRA DA TRAÍRA. Colômbia. Incidente fronteiriço. Nas proximidades do Igarapé do Castanho, onde a 22.2 fora atacado o posto de fronteira do exército brasileiro, ocorreu choque entre soldados deste posto e guerrilheiros provavelmente da FARC — Forças Armadas Revolucionárias Colombianas. Morreram sete guerrilheiros. O incidente exauriu-se na esfera diplomática. (Ver Igarapé do Castanho.)

22.8.1894 — SERRA DE CAXAMBU. RS. Revolta dos federalistas. Nas vizinhanças de Soledade, ala da governista Divisão do Norte, perseguindo os bandos em que se dispersara o exército federalista após a morte de Gumercindo Saraiva, emboscou e destruiu o grupo que se dirigia para aquela cidade. Elevadas as baixas entre os vencidos.

2.4.1833 — SERRA DO CAFUNDÓ. PE. Cabanada. Armados superiormente depois da feliz incursão a Porto Calvo, os cabanos atacaram os legalistas, vencendo o combate. Ferido, morre quando transportado para o Recife o chefe governista, cap. Carapeba.

6(?).7.1847 — SERRA DO COUTO. RS. Ataque a quilombos. Documento recolhido ao Arquivo Histórico do Estado registra o assalto de expedição policial a um quilombo da serra, provocando entre os defensores duas mortes e fazendo seis prisioneiros. Os demais quilombolas fugiram.

15.11.1924 — SERRA DOS MEDEIROS. PR. Revolta tenentista. Primeiro dos 40 dias de combate na Serra, envolvendo também a posição de Catanduvas, chave de defesa tenentista conduzida pela Coluna São Paulo à espera da Coluna Sul, que abria caminho desde o RS. Dirigindo ataque localizado, o maj. Nelson de Melo deparou o que supunha pequena força governista. Porém os situacionistas, sob o gen. Paes Leme, haviam recebido o reforço do 13º RI de Ponta Grossa. O ataque dos tenentistas transformou-se em penosa retirada comprometida pelo abundante fogo de metralhadoras dos atacados. Os revoltosos recuaram para Belarmino, onde instalaram-se defensivamente. No dia 24 poderiam rechaçar três pesados ataques governistas.

Dispositivo dos revolucionários tenentistas de Foz do Iguaçu à foz do Paranapanema

Novembro, 1924

Efetivo total: 3.000 homens

1ª Brigada: Gen. Bernardo de Araújo Padilha
Área: de Guaíra a Porto Mendes

2ª Brigada: Gen. João Francisco
Área: Santa Helena, Foz do Iguaçu, Catanduvas

3ª Brigada: Gen. Miguel Costa
Área: margem esquerda do Rio Paraná, do Rio Ivaí à foz do Rio Paranapanema

Armamento principal:
armas automáticas: 40 — canhões: 20
munição: 6.000.000 de tiros
reserva: 2.000 fuzis

(Lourenço Moreira Lima, *A Coluna Prestes*)

1.7.1840 — SERRA GRANDE. CE. Cabanagem. Os levantados obtêm um dos seus melhores sucessos, atacando e dominando a vila.

12.7.1840 — SERRA GRANDE. CE. Cabanagem. À notícia da ocupação da vila pelos cabanos, o governo expediu contra os mesmos o cap. Portela. No dia 12, surpreendendo e investindo ferozmente, os governistas aniquilaram o bando insurgente e recuperaram Serra Grande.

22.4.1926 — SERRA NOVA. MG. Coluna Prestes. A uma légua do povoado da Serra Nova, sertanejos recrutados pelos "coronéis" baianos Horácio de Matos e Volney e que desde o seu estado vinham em perseguição à Coluna atacaram a retaguarda da mesma, posta sob o mando do cap. Benício dos Santos Os revolucionários esforçaram-se por romper o contato e prosseguir na sua marcha.

23.6.1893 — SERRILHADA. RS. Revolta dos federalistas. Nas proximidades da fronteira, os governistas do cel. Mena Barreto e os federalistas de Gumercindo Saraiva lutaram porfiadamente, querendo o Saraiva proteger a passagem do exército maragato para o Uruguai e o Barreto desejando impedi-la.

16.2.1895 — SERRILHADA. RS. Revolta dos federalistas. Segundo combate desse nome. Choque entre maragatos do mando do gen. Guerreiro Vitória e governista do cel. Carlos Teles. A vanguarda federalista, cerca de 200 homens, atraiu 300 contrários até a ilha de São Luís, onde estavam emboscados 300 lanceiros. Os surpreendidos foram dispersados, sofrendo 40 baixas. Muitos, cruzaram a fronteira.

27.9.1835 — SERRITO-JAGUARÃO. RS. Guerra dos farrapos. O ten.-cel. João da Silva Tavares, vencedor no combate do Telho, dia 22.9, chefiando 180 seguidores, surpreende a concentração farroupilha do cap. Domingos Crescêncio de Carvalho. Dos atacados, parte atira-se ao rio, outros seguem seu capitão, entrincheirando-se no prédio do teatro, o mais propício para resistir. Mas houve acordo e os farrapos deixaram a cidade, entregando armas e apetrechos. Domingos voltaria à luta e a 16.10, no Passo do Retiro, alcançara desforra, desbaratando a tropa de Silva Tavares.

20.9.1932 — SERRO ALEGRE. RS. Revolução Constitucionalista. Combate com que terminou a expressão militar da revolução no RS. 670 governistas (400 do 13º Corpo Auxiliar, de São Gabriel; 150, do 15º Corpo, de Dom Pedrito, sob o maj. Leopoldino Dutra; 120 do 1º Batalhão da Brigada Militar, sob o cap. Figueiras) surpreenderam a força revolucionária que churrasqueva na estância do Serro Alegre. Os constitucionalistas era comandados pelo cap. Martim Cavalcanti diante da estância; pelo cel. Armando Borges, nos fundos da mesma; pelo cel. Claudino Fagundes da Rosa, no flanco direito; pelo cel. Coriolano de Castro, na mangueira de pedra. Várias horas de fogo nutrido resultaram em 23 governistas mortos e 39 feridos e em três revoltosos mortos e seis feridos, além de 45 prisioneiros, entre os quais o Estado-Maior constitucionalista gaúcho. Um deles, Borges de Medeiros.

27.8.1893 — SERRO DO OURO. RS. Revolta de federalistas. Duro combate entre governistas e força de Gumercindo Saraiva que contava com o ten. Isidoro Dias Lopes no comando de um pelotão. Os levantados venceram com a perda de 10 mortos e 35 feridos. O vencido teve 127 baixas fatais e 170 por ferimentos.

30.10.1801 — SERRO LARGO. Uruguai. O cel. Marques de Sousa, o primeiro desse nome, desde a véspera esperando resposta à intimação para que o forte capitulasse, abre fogo durante 30 minutos com seus quatro canhões e as espingardas dos 800 comandados. A guarnição castelhana, 590 soldados com quatro canhões, sob o cap. Jose Bolanos, rendeu-se. Conseqüência: o abandono pelos espanhóis das posições fronteiriças de Santa Tecla, Batovi e Tacuarembó. Dos poucos choques da campanha de 1801.

22.2.1925 — SERROTE PRETO. AL. Campanha contra o cangaço. Com 75 policiais, o ten. Chico Oliveira investiu a sede da Fazenda Serrote Preto. Do interior da casa, Lampião (Virgulino Ferreira) comandou o fogo dos seus 20 "cabras". Investindo a entrada morreram o tenente, o cabo e 14 praças, tendo os demais debandado. A vitória aumentou em muito o respeito e o medo por Lampião.

1.12.1926 — SERTÃOZINHO. MT. Coluna Prestes. Na fazenda Sertãozinho, proximidades do garimpo Caiapó, a guarda avançada do 2º Destacamento da Coluna choca-se e supera força governista formada por contingente do 5º BC e civis armados.

5.3.1870 — SETE CERROS. MT. Guerra do Paraguai. Último choque do conflito. O destacamento do major Vasco Maria de Azevedo investiu e dispersou o contingente paraguaio dos coronéis Gabriel Sosa e Juan B. Delvalle. Estes haviam deixado a coluna chefiada por Solano Lopez e buscavam estrada própria para escapar à perseguição do exército brasileiro. A 25.2, por carta, esses oficiais e o coronel José Romero haviam rompido com Lopez e se afastado da guerra, garantindo porém que não se passariam para os aliados. O Visconde de Taunay (*Cartas da Campanha*) grafando Delvalls e Souza, dá a este evento o nome de Chiriguelo. Acyr Vaz Guimarães (*O genocídio paraguaio*, datiloscrito em 1995) localiza o acontecido no Amambaí.

8.5.1970 — SETE BARRAS. Ver ELDORADO PAULISTA.

23.11.1840 — SETEMBRINA, ver Viamão.

3.6.1842 — SILVEIRAS. SP. Revolta dos liberais. O líder conservador e delegado policial Manoel José da Silveira, encerrado desde a véspera na casa paroquial e ajudado por 80 homens, resistia ao ataque de 400 liberais sob Anacleto Ferreira Pinto. Rendeu-se, ao meio-dia de 3, sob garantia de vida. Na porta, foi morto e teve o corpo arrastado por cavaleiros por ruas e estrada. Tal selvageria provocou outras cometidas pelos conservadores afinal vitoriosos.

12.7.1842 — SILVEIRAS. SP. Revolta dos liberais. Tropa governista saída de São Paulo ao mando do cel. Manoel Antônio da Silva enfrentou a trincheira guarnecida por 500 liberais chefiados por Anacleto Ferreira Pinto, a dois quilômetros da vila. O mais duro e mortífero combate da campanha na província. Durou das 11 às 15 h, quando os situacionistas ocuparam morro que lhes permitiu contornar a posição fortificada dos liberais. Estes debandaram, deixando 40 mortos e feridos. A vitória custou nove mortos e 13 feridos à tropa de Manoel da Silva, acusado, em seguida, de como prêmio aos seus comandados haver permitido que durante duas horas saqueassem as residências dos chefes liberais de Silveiras.

3.9.1932 — SILVEIRAS. SP. Revolução Constitucionalista. Ofensiva limitada dos revoltados desaloja parte do 19º BC legalista. Imediato contra-ataque elimina a vantagem inicial dos paulistas. Inicia-se a pressão dos federais sobre Silveiras, que seria ocupada no dia 12 depois de abandonada pelos defensores.

5.1.1637 — SIRINHAÉM. PE. Holandeses no NE. Expedido pelo Conde de Bagnuoli para descobrir os movimentos dos holandess, o cap. Manoel Viegas foi emboscado por estes, teve sua companhia dispersada, foi aprisionado e fuzilado por ordem pessoal do cel. Segismund van Schkoppe.

6.8.1645 — SIRINHAÉM. PE. Holandeses no NE. Atacada e cercada desde o dia 2 pelas forças do cap. Paulo da Cunha Souto Maior, assistido por Vidal de Negreiros, a Vila Formosa capitula. Teve sua defesa comandada por Samuel Lamberg e Cosme de Moucheron.

8(?).11.1677 — SIRINHAÉM. PE. Ataques a quilombos-Palmares. A nove léguas da vila, os capitães Estêvão Gonçalves e Manoel da Silva Cardoso, da tropa do preador Fernão Carrilho, atacaram o mucambo provocando elevado número de mortos entre os moradores. Prisioneiros, 56, entre os quais o Gangamuiza — mestre-de-campo dos palmarinos. No meio dos mortos, os capitães Gaspar, da guarda do rei, João Tapuia e Ambrósio. O rei Gangazuma fugiu durante o combate, para o mucambo do Amaro, deixando em poder do atacante sua espada e uma pistola dourada, símbolos da sua autoridade.

17.4.1930 — SÍTIO. PB. Revolta de Princesa. Guarnecida por 250 princesenses chefiados pelo guerrilheiro Antônio Zeferino, Sítio, estrategicamente situada a apenas 16 quilômetros de Princesa, foi atacada pela força policial conduzida pelo cap. João Costa. Depois de 36 horas de fogo os policiais superam a primeira linha de defesa, sendo contidos na segunda, a duzentos metros da anterior.

18.4.1930 — SÍTIO. PB. Revolta de Princesa. Atacada e praticamente dominada pela força policial, Sítio é de grande importância estratégica por encontrar-se vizinha da própria Princesa. Foram mandados para retomá-la os cabecilhas Manoel Joca, João Paulino e Abílio Pereira Lima. Sofrendo 22 baixas e lutando durante 23 horas, recuperaram a posição anunciando haver encontrado 30 policiais mortos e sabido de outros 20 feridos. Entusiasmados com esse resultado, os caudilhos foram lançar-se temerariamente sobre Tavares, onde sofreram pesadíssimas perdas em homens e material.

13.2.1840 — SOBRADINHO. MA. Balaiada. Na fazenda Sobradinho, vizinhança de Pastos Bons, à frente de 500 GN e de voluntários do PI, os capitães Piauilino e Ribeiro Soares atacaram as trincheiras dos balaios. Para tomá-las, tiveram que combater duramente desde as 11 h até o entardecer. Entre os 120 feridos o cap. Piauilino. Houve também 46 mortos.

14.2.1840 — SOBRADINHO. MA. Balaiada. Os balaios, desalojados na véspera da fazenda Sobradinho, reagruparam-se e mesmo tendo 80 baixas mortais levaram vários assaltos às trincheiras ocupadas por GN e voluntários do PI. A defesa, que terminou a jornada mantendo a conquista do dia anterior, contou 19 dos seus, mortos e 27 feridos. Entre os mortos o cap. Bento José Moreira e três alferes.

14.12.1840 — SOBRAL. CE. Levante de Sobral ou de Torres-Jacarandá. Durante a noite, militares e civis armados, da facção política liderada pelos influentes Torres e Jacarandá, atacaram a residência do presidente da província, padre senador José Martiniano de Alencar. A guarda repeliu o assalto, matando dois e ferindo cinco atacantes. Estranhamente, foi abandonado no local o plano completo para o estender-se do levante a toda a província, achado que tornou possível abortar o movimento.

22.4.1925 — SORORÓ. PR. Revolta tenentista. Entre Guaíra e Porto Britânia, Sororó era posição-chave da defesa de Guaíra em poder dos legais, estando sob o comando do cel. Diógenes Tourinho. Os revoltosos conduzidos por Siqueira Campos tentaram, em quatro dias de combate, retomar Guaíra a fim de passarem para o MT, porquanto fizera-se insuportável a pressão governista vinda do leste. Rechaçados, voltaram a Porto Mendes. Começava a estruturar-se o plano de chegar a MT cruzando território paraguaio.

27.7.1924 — SOUSA, PB. Campanha contra o cangaço. O chefe de bando Chico Pereira (Francisco Pereira Dantas), desejando vingar-se do juiz local, reuniu capangas do cel. José Pereira e do grupo de Lampião, este representado pelos seus irmãos Antônio e Livino. Os 84 cangaceiros venceram a resistência dos policiais do ten. Salgado e dominaram a cidade. Humilharam o juiz, despido e arrastado pelas ruas, poupado à morte por rogos de populares.

4.10.1930 — SOUSA. PB. Revolução liberal nacional. O 23º BC, de Fortaleza, mas estacionado em Sousa, teve a maior parte do seu efetivo levantado em favor dos revoltosos. Depois de noite inteira de resistência, na companhia de apenas ordenanças e guardas, o comandante, ten.-cel. Pedro Ângelo ficou sozinho e fazendo frente a todo o batalhão. Opôs sua pistola contra dezenas de armas, incluso metralhadoras. Às 7 horas, pistola na mão saiu para o pátio, enfrentando os revoltosos, que o mataram.

23.9.1868 — SURUBIÍ. Paraguai. Guerra do Paraguai. Dois destacamentos de paraguaios chefiados pelo cel. Montiel e pelo ten.-cel. Roa investiram a posição brasileira posta ao mando do gen. Andrade Neves. O setor estava dividido entre o cel. Pedra com a 2ª DI; cel. Fernando Machado, com uma brigada da 2ª, cel. Niederauer à frente de uma DC. Ao todo, três batalhões de linha, três de VP e quatro corpos de cavalaria da GN. O ataque foi repelido ao custo de 89 mortos, 203 feridos e dois prisioneiros. O adversário sofreu 128 baixas entre mortos e feridos. Perdeu também 11 prisioneiros e um estandarte.

23.6.1900 — SURRÃO. PB. Campanha contra o cangaço. A localidade foi atacada pelo bando de Antônio Silvino que perdeu pelo menos um dos seus principais componentes, sem conseguir o objetivo principal: recolher recursos.

16.11.1989 — SURUCUCU. RO. Choques com indígenas. Na reserva desse nome, choque entre guerreiros ianomamis e garimpeiros invasores da área entregue pela Justiça aos selvícolas, apenas um mês antes. Morreram cinco índios, havendo entre eles número não quantificado de feridos.

T

24.6.1645 — TABATINGA. PE. Holandeses no NE. No engenho Tabatinga, proximidades de Ipojuca, os capitães Amador de Araújo e Domingos Fernandes emboscaram destacamento holandês confiado a Wenzel Smit, para operação de reconhecimento. Fora destacado da tropa do cel. Hendrick Hauss, que vinha de ocupar Ipojuca. Para muitos, o primeiro choque da insurreição. Os atacados debandaram. A data é a de Rio Branco. A *História Naval Brasileira* fixa o evento no dia 22.

20.5.1840 — TABATINGA. MA. Balaiada. As trincheiras mantidas pelos balaios no local Tabatinga, cortando a estrada de Preguiças, foram tomadas de assalto pelos soldados do maj. Luiz José Pereira. Rio Branco escreveu haver sido essa tropa comandada pelo maj. Pedro Paulo de Moraes Rego, o vencedor da ação ocorrida em Ladeira, na mesma data, e que as *Efemérides* registram como operação defensiva.

14.1.1774 — TABATINGAÍ. RS. Invasão espanhola do RS — Vertiz y Salcedo. Ante a invasão, o cap. José Carneiro da Fontoura foi designado Comandante do Campo Ulterior do Rio Pardo. Com 200 dragões e os guerrilheiros de Rafael Pinto Bandeira, Cipriano Cardoso e Miguel Pedroso Leite, foi enfrentar a vanguarda de Salcedo no Passo do Tabatingaí, diante da coxilha em seguida chamada do Ataque. O invasor investiu com o dobro do efetivo de Fontoura. O centro da formação assaltada fingiu debandar atraindo os atacantes para o pantanal, onde a maioria se perdeu e muitos se afogaram. Os outros capitães atacaram pelo flanco e a retaguarda, impondo a esse primeiro destacamento invasor a suspensão do avanço.

25.3.1840 — TABATINGAÍ. RS. Guerra dos farrapos. O chefe imperial João Propício Mena Barreto dominou força farroupilha de 250 homens. Levou para Porto Alegre, aprisionado, o comandante republicano Onofre Pires.

1.10.1925 — TABOCA. GO. Coluna Prestes. Supondo atacar o grosso da Coluna, tiroteiam entre si — conforme os apontamentos de Lourenço Moreira Lima — durante a madrugada e até às 8 h o 1º BP da Força Pública de SP e sertanejos armados enviados desde a BA pelo "coronel" Horácio de Matos. Dezenas de baixas entre os policiais e os jagunços.

19.1.1897 — TABULEIRINHO. BA. Canudos. Combate também chamado da Lagoa do Cipó, a três quilômetros de Canudos. A artilharia da Expedição Febrônio de Brito bombardeia o arraial, atingindo o oitão da igreja. Os canudenses atacam, às centenas, chegando a tomar um dos canhões prontamente recuperado mediante contra-ataque conduzido pelo major comandante da artilharia. Repelida a onda assaltante, prossegue o tiroteio até às 11 h. Baixas: mais de 300 sertanejos e quatro soldados mortos e mais de 30 feridos. Apesar dessa vitória e da proximidade do objetivo final, o comando decidiu a retirada, pois disporia de apenas 20 tiros de canhão, reduzida munição de guerra e nenhuma de boca. Já em marcha de retraimento, no mesmo dia a tropa foi atacada no planalto de Bendegó-de-Baixo. J. da Costa Palmeira registra as perdas: 400 conselheiristas mortos, alguns deles incinerados pelos inimigos; 62 soldados, mortos. Febrônio foi submetido a Conselho de Guerra, arquivado à vista do insucesso da Expedição Moreira César.

19.10.1632 — TACARUNA. PE. Holandeses no NE. Tendo adotado também a tática das companhias de emboscadas, os holandeses surpreendem em Tacaruna, proximidades do Recife, a companhia do cap. Estêvão de Távora, o qual recebeu ferimento.

2.11.1867 — TAJI. Paraguai. Guerra do Paraguai. O reduto Taji garantia as comunicações fluviais do exército paraguaio entre Assunção e Humaitá. A fim de interrompê-las, o gen. João Manoel Mena Barreto foi mandado ocupar o Taji, que contava com guarnição de 1.500 soldados, o comando de Villamayor e o apoio dos navios *25 de Mayo*, seis canhões; *Igureí*, cinco; *Olimpo*, quatro; uma chata com uma peça. Barreto dispôs artilharia na barranca para afundar o *Olimpo* e a chata, incendiar o *25 de Mayo* e fazer o *Igureí* rodar rio abaixo com uma roda quebrada. Então, atacou e tomou o Taji, impondo ao inimigo 900 baixas, a perda de 16 canhões (sendo 15 nos navios) e de seis bandeiras.

2.3.1863 — TAJI. Paraguai. Guerra do Paraguai. Diante do Taji, fundeados, os couraçados brasileiros. Pela madrugada, canoas inimigas, amarradas duas a duas, cobertas com ramagem e guarnecidas por 50 soldados cada, abordaram os navios. Os assaltantes, armados com facões, machadinhas e espadas de abordagem. Os couraçados: na linha avançada o *Lima Barros* e o *Cabral;* à popa destes, o *Silvado* e o *Herval;* abaixo, na boca do Rio do Ouro, como repetidor de sinais, o *Mariz e Barros;* no Porto Elisiário, o *Brasil* — tendo a bordo o almirante-chefe, e o *Colombo*. O escaler de ronda abordou um dos falsos camalotes e deu o alarma. A descoberta alterou o plano de ataque dos guaranis e levou confusão às canoas, das quais apenas 14 puderam achegar-se ao *Lima Barros* e oito ao *Cabral*, fazendo subir gente que se apoderou do toldo dos barcos ferindo o comandante da segunda divisão e o do *Lima Barros*. O combate prosseguiu até o clarear, quando o *Brasil*, o *Herval*, o *Mariz e Barros* e o *Silvado* aproximaram-se, metralhando os atacantes que desistiram, perdendo 400 homens e 14 canoas. Baixas brasileiras: 8 mortos e 21 feridos.

9.7.1868 — TAJI. Paraguai. Guerra do Paraguai. Canoas paraguaias levando 250 homens especialmente treinados, disfarçadas em camalotes, partiram do Rio Vermelho, costearam a Ilha Monterita e tentaram abordar o couraçado *Barroso*, do comando de Silveira da Mota, e o monitor *Rio Grande*. Toda a expedição foi exterminada sem chegar a causar grandes danos aos navios, que tiveram alguns homens feridos e o CT Antônio Joaquim, comandante do *Rio Grande*, desaparecido. O reduto do Taji atuou na fase final do combate, metralhando as canoas em retirada.

9.9.1645 — TAMANDARÉ. PE. Holandeses no NE. Enfrentaram-se as esquadras do cap-mor Jerônimo Serrão de Paiva, que fora àquele porto desembarcar (28.7) tropas baianas e a do alm. Lichthardt. A portuguesa: sete navios maiores e patachos armados, três caravelas e quatro barcaças, com apoio de duas baterias de terra. A holandesa: seis navios, uma charrua, dois iates e barcaças. Serão resultou ferido e aprisionado com toda a guarnição da sua capitânia. Três outros barcos foram levados como presa, ao Recife; dois outros, por muito maltratados ao fim do combate, incendiados pelos vencedores; dois, encalhados e destruídos pelos canhões de terra. Somente o maior escapou levando à BA a notícia do desastre. Os navios de Lichthardt: naus *Uytrecht, Ter Veer, Zeeland, Overyssel, Zouterland* e *Rhee;* charrua *Leyden;* iates *Eenhorn* e *Spreeuw* e várias barcaças.

8.6.1824 — TAMANDARÉ. PE. Confederação do Equador. Destacamento governamental conduzido pelo brigue *Bahia* desembarcou levando intento de ocupar o porto e a vila. A defesa, sob o maj. Manoel Marques Lisboa, predomina, tomando muita munição e víveres dos atacantes. A 2.9, segunda expedição, mandada pelo brg. Lima e Silva, ocuparia a localidade.

2.9.1824 — TAMANDARÉ. PE. Confederação do Equador. Importante porto de apoio à confederação, Tamandaré fora objeto de expedição governamental no dia 8.6, repelida com muito proveito pelos confederados comandados pelo maj. Marques Lisboa — o Marques Pitanga. A 2.9 o comando de outro assalto coube ao brg. Lima e Silva com amplos recursos levados da Barra Grande. Marques Lisboa, dispondo a defesa, foi dos primeiros a morrer. Tamandaré foi tomada aos revoltados. Anos mais tarde, ao ser titulado barão, outro Marques Lisboa escolheu o nome Tamandaré — Barão de Tamandaré em evocação e homenagem ao defensor do porto e da Confederação. E Pedro II não objetou, embora a Confederação tivesse sido expressamente republicana.

22.6.1842 — TAMANDUÁ. MG. Revolta dos liberais. Seiscentos revoltosos seguidores do chefe José Jorge da Silva, progredindo desde Lavras, atacaram destacamento legalista do Tamanduá. Vitória reclamada pelos dois bandos que haviam trocado os primeiros tiros da campanha na província, ambos tendo deixado o campo.

25.7.1926 — TANQUE NOVO. PI. Coluna Prestes. No sítio do Tanque Novo, fazenda Baus, região de Recreio, a retaguarda da Coluna, destacamento Cordeiro, lutou durante parte da madrugada para manter força governista longe do grosso da tropa revolucionária, enquanto esta transitava pela fazenda.

?.7.1639 — TAPE. RS. Bandeiras. Magotes de índios tapes, dirigidos por jesuítas espanhóis, surpreenderam e exterminaram a bandeira de apresamento de Domingos Cordeiro.

15.5.1836 — TAPERUÇU. PA. Cabanagem. No engenho Taperuçu, margem do Rio Capim, o ten. Francisco Paula Osório continuava sua campanha de limpeza da região, tomando o engenho ocupado pelos cabanos.

5.9.1658 — TAPURICÊ. BA. Conflitos com indígenas. A data não é a do combate mas a do seu registro. O local servia de base e depósito à bandeira do paulista Domingos Barbosa Calheiros, em campanha oficial contra os índios paiaiás. Estes atacaram, mataram e devoraram a guarnição deixada em Tapuricê. Em seguida, dispersaram o grosso da bandeira, 200 mamelucos e centenas de índios. Em 1651 o Calheiros perdera outra bandeira, nos Pinhais de Santa Teresa, extremo sul brasileiro.

1.3.1870 — TAQUARAS. Paraguai. Guerra do Paraguai. O reduto artilhado de Taquaras vedava o caminho para Cerro-Corá. Ao amanhecer, foi atacado pelos brasileios. Um ala do 9º BI, comandado por Floriano Peixoto e 100 clavineiros do ten.-cel. Marins ocuparam o reduto. As duas peças que o guarneciam foram tomadas a arma branca a fim de que os tiros não alertassem o grupo acampado pouca à frente e no qual supunha-se estivesse Solano Lopez.

22.1.1820 — TAQUAREMBÓ. RS. Guerra com Artigas. Depois dos ataques dos dias 14, 17 e 27.12.1819 contra o gen. Abreu, posicionado em Santa Maria, Artigas passara o comando do seu exército ao lugar-tenente Latorre e se retirara. A 22.1, o Conde de Figueira levou seus 1.200 comandados contra Latorre, que se movia, deixando o RS. A cavalaria do conde, 1.000 homens, englobava gente de Alegrete, esquadrão de dragões e guerrilheiros. Os 200 infantes pertenciam ao regimento de SC. Latorre conduzia os praticamente últimos 2.500 soldados artiguistas. Eram uruguaios, correntinos, entrerrianos e guaranis. Dispunha de quatro canhões, contra dois dos luso-brasileiros. Estes aguardavam que 1.000 artiguistas houvessem cruzado o rio e então os metralharam. A cavalaria de Abreu e de Câmara foram à carga, culminando o desbarato do inimigo. Este deixou no campo 500 combatentes, entre eles o cel. Pantaléon Sotelo e outros quatro oficiais, 505 prisioneiros, 6.000 cavalos e os quatro canhões.

7.3.1840 — TAQUARI. RS. Guerra dos farrapos. Partida farroupilha de 50 homens liderados por Tomás Pereira foi surpreendida e destroçada por 200 imperiais conduzidos pelo especialista em emboscadas e surpresas, Francisco Pedro de Abreu, futuro Barão de Jacuí.

3.5.1840 — TAQUARI. RS. Guerra dos farrapos. Das maiores batalhas do decênio. Bateram-se 4.500 imperiais sob o gen. Manoel Jorge Rodrigues e 3.400 republicanos de Bento Gonçalves da Silva. Ambos os chefes proclamaram-se vencedores, porém os farroupilhas viram-se obrigados a deixar o campo embora sem nenhuma perseguição dos contrários. Perdas: dos imperiais, 53 mortos, 125 feridos e quatro prisioneiros; dos republicanos, 35 mortos, 114 feridos e oito prisioneiros. Rodrigues recebeu o título de Barão de Taquari.

28.11.1914 — TAQUARITINGA. PE. Campanha contra o cangaço. Antônio Silvino de Moraes, o chefe cangaceiro perseguido em quatro estados nordestinos, teve sua presença assinalada na região. Volante policial sob o srg. José Alvino Correia de Toledo, ex-comerciante que se fizera polical para tomar vingança do cangaceiro, dirigiu-se para Taquaritinga. Mas foi o grupo do alf. Theophanes Torres que cercou e tiroteou Silvino e quatro companheiros. Ferido, o chefe cangaceiro propôs entregar-se. Foi condenado a 30 anos de prisão, tendo cumprido 28.

23.10.1901 — TAQUARUÇU-NIOAQUE. MT. Levante pró-emancipação do sul de MT. O cel. GN João Ferreira Mascarenhas (Jango), segundo vice-presidente do estado, organizou "exército libertador" de 300 a 400 aderentes e declarou criado o estado de Mato Grosso do Sul, tendo Nioaque por capital. Preparava-se para exercer os poderes de chefe desse poder quando foi alcançado, batido e morto por forças estaduais chefiadas por Bento Xavier e Felipe Brun. A morte do comandante dissolveu o "exército" e adiou por mais de meio século a criação do MS.

28.12.1913 — TAQUARUÇU. SC. Campanha do Contestado. Em seguida à morte do "monge" José Maria, o aventureiro Eusébio Ferreira dos Santos proclamou-se seu sucessor. Preparou o reduto do Taquaruçu para a defesa. O 5º e o 6º RI enviaram três colunas contra o reduto de Eusébio. Porém, uma delas não se moveu; a segunda retrocedeu, e a do cap. Adalberto de Menezes, avançando, foi duramente tiroteada pelos sertanejos emboscados. Recuou. O insucesso dos ataques planejados para 28 e 29 contra o Taquaruçu contribuiu em muito para elevar o prestígio de Eusébio entre o povo simples da região.

8.2.1914 — TAQUARUÇU. SC. Campanha do Contestado. O reduto dos seguidores de Eusébio Ferreira dos Santos sucumbiu ao ataque levado pelo 54º BC, por força da polícia catarinense, esquadrão de cavalaria, duas seções de metralhadoras e uma de artilharia, uma companhia do 4º RI e uma do 6º Total: 750 combatentes sob o ten.-cel. Aleluia Pires. Canhões e metralhadoras varreram o reduto disparando a 600 metros, durante boa parte do dia 8. Durante a noite para 9, os sertanejos abandonaram Taquaruçu, onde deixaram dezenas de mortos e dirigiram-se para Caragoatá. Os soldados entraram no reduto, pela manhã do dia 9, queimaram o que restava dele e retiraram-se para Espinilho. Em Caragoatá, epidemia de tifo abriria entre os resistentes do Contestado mais claros do que, até então, as armas do governo.

8.9.1647 — TARÉ. MT. Bandeiras. A defesa da redução de Nossa Senhora da Fé do Taré, conduzida por caciques instruídos pelos jesuítas espanhóis, caiu ante o ataque de bandeirantes paulistas. Índios e padres remanescentes buscaram a região do Rio Apa, fundando a redução de Mboimboi, por sua vez destruída a 1.11.1648 pela bandeira de Antônio Pereira de Azevedo.

21.10.1867 — TATIJIBÁ. Paraguai. Guerra do Paraguai. Quatro destacamentos de cavalaria dos 1º e 3º Corpos armaram emboscada entre o Arroio Hondo e San Solano, com o propósito de surpreender força paraguaia que diariamente deixava Humaitá a fim de hostilizar posições brasileiras. O gen. Bernardino Caballero, com 1.700 cavaleiros, surgiu à 1:20 hora da manhã. Caxias ordenou avançar, cabendo a operação ao gen. Vitorino Monteiro. Com 1.500 soldados fixou o adversário, que logo foi atacado pelo flanco por 1.007 combatentes da divisão Andrade Neves. Os lopistas retiraram-se à pressa para as trincheiras de Humaitá depois de perder 583 mortos e 178 prisioneiros, muitos dos quais feridos. Baixas brasileiras: 123 mortos e feridos. A divisão nº 1 do gen. João Manoel Mena Barreto e nº 6 do cel. Fernandes Lima chegaram a tempo de tomar parte na perseguição.

28.3.1930 — TAVARES. PB. Revolta de Princesa. Defendida por 90 princesenses, Tavares interpunha-se ao avanço dos 300 policiais do cap. João Costa, que depois de haver ocupado Imaculada e Água Branca pretendia atingir a capital rebelada. Depois de 6 horas de combate os governistas prevaleceram, mas ficaram isolados e submetidos a cerco apertado. Pelos dados de Princesa, Tavares lhe custou seis baixas e 50 aos legalistas. Contra-ataques desfechados durante a noite de 30 foram repelidos. O assédio prosseguiu. A 5, 8 e 28.4, colunas de abastecimento e reforço conseguiram penosamente atravessar as linhas rebeldes e levar alimento e munição aos policiais que, assim, puderam manter Tavares.

29.3.1930 — TAVARES. PB. Revolta de Princesa. José Pereira, com 300 seguidores, cercou a vila ocupada na véspera pelo cap. João Costa e 300 policiais. Pedido de reforço, emitido via rádio, levou a Tavares 150 legalistas do ten. Arrua e 400 sertanejos mobilizados pelo chefe político Joaquim Saldanha. Muitos desses jagunços passaram-se para o inimigo quando 19 princesenses, a dois quilômetros de Tavares, tocaiaram a coluna, impedindo seu avanço. Seguiu-se o reforço de 350 praças do cap. Irineu Rangel, que, depois de combater das 11 h até o anoitecer, rompeu o cerco dirigido por Manuel Lopes, Zeca Ferreira e João Paulino. Na mesma jornada, no sítio do Gavião, José Pereira enfrentava outra coluna policial, destruindo-lhe um caminhão e tomando a munição. O cerco de Tavares e a resistência dos policiais seriam mantidos por 18 dias.

19.4.1930 — TAVARES. PB. Revolta de Princesa. Sitiada durante semanas, Tavares resistia sob o comando do cap. João Costa. Na jornada, quase 600 revoltosos chefiados por Manuel Carlos e José Rosas lançaram o mais violento assalto frontal sobre a posição que o governo decidira manter a qualquer custo e Princesa queria tomar a todo preço. O prestígio de ambos os lados era jogado naquela localidade. Atacando a peito descoberto, as vagas de sertanejos eram fulminadas pelos policiais bem postados. A praça estava para cair sob o número de atacantes quando chegou importante reforço governista mudando a sorte do combate e manteve Tavares para o governo de João Pessoa.

31.8.1866 — TEBICUARI. Paraguai. Guerra do Paraguai. Seguindo determinação do Barão da Passagem, os monitores da esquadra brasileira bombardearam pesadamente as trincheiras do Tebicuari.

21.2.1868 — TEBICUARI. Paraguai. Guerra do Paraguai. A montante da foz do Tebicuari, a divisão do chefe Alvim — navios *Barroso*, *Bahia* e *Rio Grande*, com guarnições reforçadas e 100 homens do exército — subia o rio em reconhecimento que a levaria até Assunção. No Tebicuari, o vapor *Pirabebé* vigiava os depósitos com que Lopez supria Humaitá e Timbó. O bombardeio pelos navios de Alvim incendiou os armazéns e fez partir o vapor. Abandonado, ficou o patacho *Angelico*, antes rebocado pelo *Pirabebé*, e que foi queimado pelos brasileiros. Mais acima, na ponta de Tacambé, destruíram bateria de artilharia e, já em Assunção, alvejaram o arsenal e o palácio de Lopez. A divisão retornou à base com apenas quatro praças feridas pela fuzilaria disparada do interior da mata que margeava o Tebicuari.

9.3.1868 — TEBICUARI. Paraguai. Guerra do Paraguai. O Barão da Passagem bloqueara, na véspera, a foz do Tebicuari, com os navios *Bahia, Barroso, Pará* e *Rio Grande*. Pela madrugada fez desembarcar no Chaco um contingente de soldados com a missão de destruir armazéns militares ali existentes. Também se apoderaram de 17 chalanas carregadas.

28.2.1930 — TEIXEIRA. PB. Revolta de Princesa. Os policiais capitães João Costa e Ascendino Feitosa saem de Teixeira em seu projetado avanço sobre Princesa, à frente de 150 praças, sendo logo enfrentados por 100 revoltados. Duas horas de fogo terminam com a volta dos legalistas a Teixeira, conduzindo cinco feridos. Os princesenses cercaram a cidade por dois dias, retirando-se a seguir.

24.4.1646 — TEJUCOPAPO. PE. Holandeses no NE. Sitiados no Recife, os holandeses estavam à míngua de alimentos. Forçados a obtê-los fora da cidade, organizaram expedição que principia com ardil tático: atraíram os defensores da área para Igaraçu e dirigiram-se a São Lourenço do Tejucopapo. Um jovem, Mateus Fernandes, reuniu 30 voluntários e emboscou os incursores, causando-lhes perdas e detendo-os enquanto era chamado o grosso da força nativista. Os flamengos investiram o fortim, abrigo de mulheres, velhos e crianças, pois todos os homens válidos estavam em Igaraçu. A machadadas, abriram brecha na paliçada. Entrando, defrontaram as mulheres armadas com porretes, foice e água fervente com pimenta-malagueta. Atacados à retaguarda pelos 30 de Mateus e ante a aproximação da gente chamada a Igaraçu, recuaram, embarcaram e retornaram ao Recife, vazias as canastras de víveres.

30.9.1902 — TELHEIRO. AC. Campanha do Acre. O boliviano ten.-cel. Hermógenes Ibañez atacou de surpresa o acampamento insurgente chefiado pelo agrimensor André Arcoverde, major do exército acreano. Resultado indeciso, celebrado pelos andinos como importante vitória.

23.7.1932 — TERERÉ. MT. Revolução Constitucionalista. A revoltosa Coluna de Bronze avançando de Bela Vista para Porto Murtinho, acampou em Tereré. À noite, foi cercada e atacada por irregulares ditatoriais. Reagiu e repeliu o ataque usando, alça zero, seu canhão 75.

28.12.1925 — TERESINA. PI. Coluna Prestes. Reunindo 3.000 soldados, policiais e civis armados, o maj. Basílio Taborda organizou a resistência da capital do Piauí contra a Coluna. Na jornada e nos dois dias seguintes, a Coluna tentou vencer a defesa, que se manteve. Os revolucionários levantaram o cerco, dirigindo-se para a vila de Natal, 25 léguas distante. A Coluna deixou em Teresina três mortos e 10 feridos.

3.1.1898 — TERRA DOS BASTOS/CAÍ. RS. Insubmissão dos *muckers*, reflexos. Os santarrões, favorecidos pela anistia de 1883 e absolvidos em júri popular, deixaram a região de Ferrabrás, indo residir ou na Colônia Nova Petrópolis sob hostilidade dos vizinhos ou na Terra dos Bastos, margem do Arroio Forqueta, município do Caí. Na data, em número não sabido, trucidados por multidão que injustamente os acusava da morte de uma senhora na verdade assassinada pelo marido.

22.8.1636 — TERRA NOVA. PE. Holandeses no NE. No reduto da Terra Nova, margem esquerda do Tracunhaém, 300 índios de Camarão, 100 pretos de Henrique Dias e brancos dos capitães Antônio de Sousa e Antônio Nunes Bezerra repeliram seguidos ataques da tropa holandesa, muito superior em número e ao mando de Artschau Arciszewsky. Na tarde de 22, os flamengos recuaram para São Lourenço da Mata. Rio Branco acompanha Barleus e Marcgrav na fixação da data e do local do combate. Laet *(Iaerlikj Verhael)* e Montanus *(America)* situam o campo do encontro junto a São Lourenço. Duarte de Albuquerque, nas *Memórias diárias*, menciona os dias 23 e 24.

21.10.1893 — TEUTÔNIA. RS. Revolta dos federalistas. Na região colonial do estado, os *maragatos* reunidos por Pedro Jungblut e outros chefes, reforçados por 400 guerrilheiros de José Antônio de Souza, autoproclamado "general Palmeira", ocuparam Teutônia, desalojando a reduzida guarnição, parte da tropa do cel. Lautert.

11.9.1645 — TIBAGI. PE. Holandeses no NE. O destacamento de Antônio Cavalcanti foi mandado operar pelo norte de PE depois da vitória do Monte das Tabocas. Surpreendeu e bateu completamente o grupo de holandeses saído de Cabedelo à ordem de Paulo de Linge.

29.6.1646 — TIGIPIÓ. PE. Holandeses no NE. Na barra do Tigipió, o capitão de emboscadas Francisco Lopes Estrela atacou duas lanchas holandesas. Apresou uma, a segunda se afastou. Soube-se depois que nesta viajava o comandante flamengo da fortaleza dos Afogados.

3.5.1652 — TIGIPIÓ. PE. Holandeses no NE. Com pequeno destacamento, o srg-mor Antônio Dias Cardoso emboscou e destroçou coluna de holandeses.

26.11.1935 — TIGIPIÓ. PE. Intentona Comunista. Remanescentes do contingente comunista que combatera no Largo da Paz, no Recife, reúnem-se aos que abandonaram a Vila Militar e dirigem-se ao interior do estado. Em Tigipió foram alcançados e destroçados por uma parte do 20º BC. Este combate, que encerrava a feição militar do levante, contribuiu bastante para as mais de 700 mortes referidas para o movimento em PE. Combate também chamado do Engenho Santana.

17.7.1893 — TIJUCAS. SC. Manifestação florianista. O oposicionista estadual Hercílio Luz, que a 14 ocupara a Intendência, rechaçou o avanço de força policial destinada a desalojá-lo. Em seguida, autonomeou-se presidente do estado. A 31 partiu para conquistar a capital estadual, Desterro (Florianópolis).

12.1.1894 — TIJUCAS. SC. Revolta dos federalistas. Na sua arremetida para o norte, Gumercindo Saravia se vê diante da resistência de Tijucas, comandada pelo cel. Ismael Lago reforçado pelo cel. Pimentel, que dispõe de 750 combatentes. Estavam ali os 100 voluntários da Lapa, ala do batalhão de franco-atiradores do ten.-cel. José Bevilácqua. A 12 Gumercindo ataca com todo o seu dispostivo, porém a defesa prevalece. O assédio foi estabelecido no aguardo de reforços que se aproximavam com o gen. Laurentino Pinto, Jacques, Ouriques e Aparício Saraiva. Combate conhecido também como dos Ambrósios.

16.1.1894 — TIJUCAS. SC. Revolta dos federalistas. O mais violento dos combates de cerco dos *maragatos* — entre 11 e 19. Na jornada atuaram todos os efetivos de ambos os lados, destacando-se entre os governistas os 100 GN da Lapa ao mando do cap. Rezende Marcondes. No comando dos atacantes, Gumercindo Saraiva; chefiando a defesa, o cel. Pimentel.

19.1.1894 — TIJUCAS. SC. Revolta dos federalistas. Sem sucesso nos ataques desfechados nos dias 12 e 16, Gumercindo Saraiva incorpora os reforços aportados pelo gen. Laurentino Pinto, pelos chefes Jacques Ouriques e Aparício Saraiva. Depois de severo bombardeio, fez avançar toda a sua força e venceu a resistência do cel. Adriano Pimentel, tomando a posição que lhe abre o caminho para a cidade da Lapa. Renderam-se 750 soldados governistas. Baixas, nos dias do cerco e de combates; 17 mortos e 41 feridos florianistas; 45 mortos federalistas.

24.8.1894 — TIMBAÚBA. RS. Revolta dos federalistas. Em seguida à morte de Gumercindo Saraiva, o exército maragato esfacelou-se. O grupo chefiado pelo cel. Felipe Nery Portinho foi duramente acometido pelos governistas no largo de Timbaúba. Tendo perdido 10 homens, em desânimo, asilou-se em território argentino.

21.7.1868 — TIMBÓ. Paraguai. No Timbó, a defesa paraguaia fixara baterias que poderiam bater com eficiência largo trecho no rio. Na jornada, foram desafiadas pelos navios: couraçados *Bahia* e *Silvado* e monitores *Alagoas* e *Piauí*, do mando do chefe Delfim Carlos de Carvalho. Bombardearam Estabelecimiento e foram fundear diante do reduto do Taji.

16.8.1868 — TIMBÓ. Paraguai. Guerra do Paraguai. O alm. Visconde de Inhaúma forçou e venceu as baterias do Timbó dirigindo os couraçados *Brasil, Cabral* e *Tamandaré.*

16.5.1914 — TIMBÓ. SC. Campanha do Contestado. Os 1.500 soldados da expedição do gen. Carlos Frederico de Mesquita, rumando para Santo Antônio, foram emboscados no vale do Timbó. O QG da coluna, alvo dos atacantes, foi salvo por carga a baioneta dada por ala do 7º RI, que também ocupou a localidade do Timbó matando 10 dos emboscados. Já de partida para Tamanduá, a tropa viu-se envolvida e tão fortemente tiroteada que recuou na direção de União da Vitória. Ali, surpreendentemente, recebeu ordem de dispersão. Também se dá a este encontro o nome de Tamanduá.

1.5.1868 — TIMBÓ-CHICO. Paraguai. Guerra do Paragaui. O 25º VP, levado pelo maj. Corte-Real, operando na margem esquerda do Rio Paraguai, desaloja os defensores da passagem.

27.3.1926 — TIRIRICA DO AÇURUÁ ou TIRIRICA DOS BODES. BA. Coluna Prestes. A marcha da Coluna enfrentou numeroso grupamento de civis armados tendo à frente o chefe político local Manoel Quirino, parente e seguidor do "coronel" Horácio de Matos. Depois de hora de tiroteio cerrado, a Coluna abriu caminho encontrando os corpos de seis adversários.

25/26.7.1942 — TOBAGO. Segunda Guerra Mundial. Ao largo da ilha, no Mar das Antilhas, o barco mercante brasileiro *Tamandaré,* com rumo para Trinidad, sob o cap. José Martins de Oliveira, alveja com seu canhão um submarino já avariado. O corsário evadiu-se na escuridão. Horas mais tarde, já na madrugada do dia 26, o *Tamandaré* foi vitimado pelos torpedos de outro submergível, o *U-66* e afundou levando quatro dos tripulantes.

28.7.1942 — TOBAGO. Antilhas. Segunda Guerra Mundial. Na posição Latitude 12°30' N e Longitude 55°50' W, o mercante brasileiro *Piave,* 2.547 tons, desarmado, sob o cap. Renato Ferreira da Silva, foi torpedeado pelo submarino alemão *U-155* conduzido pelo CT Adolf Cornelius Piening, o qual, horas antes, entre Trinidad e Tobago afundara o *Barbacena.* O submarino socorreu os náufragos fornecendo-lhes rum, água e pão. Foi este o último afundamento sendo o Brasil um país neutro. Morreu, por acidente na baleeira o cap. Ferreira da Silva.

?.7.1527 — TODOS OS SANTOS. BA. Corsários e contrabandistas. Quatro barcos franceses, bretões e normandos, carregavam pau-brasil na baía, quando foram atacados pela flotilha guarda-costa de Cristóvão Jacques, quatro caravelas. A 6.9.1528, o rei da França descrevia o combate para o rei de Portugal, exigindo indenização para as fortes perdas sofridas pelos seus súditos. Apenas o nome de um navio é conhecido — *Saint Pol de Lenon* — por ter sido apresado e conduzido, com prisioneiros, para PE. O quarto navio usado pelos contrabandistas de pau-brasil era caravela portuguesa apresada quando se dirigia à Guiné, e cuja tripulação foi exterminada pelos captores.

15.11.1628 — TODOS OS SANTOS DO CAARÓ. RS. Choques missioneiros. Tendo o cacique Nheçu, inimigo dos padres jesuítas e adverso à difusão do cristianismo, pregado a morte daqueles religiosos, os seus guerreiros pagãos assaltaram a redução de Todos os Santos, no Caaró, dando morte aos padres Roque Gonzales e Afonso Rodrigues. Seguiriam para Assunção do Ijui, onde, a 17, martirizariam o padre Juan del Castillo. Prosseguindo a campanha de extermínio dos jesuítas iriam no dia 29 atacar e serem repelidos em Candelária do Ijuí.

5.5.1817 — TOLEDO. Uruguai. Guerra com Artigas. O gen. Bernardo da Silva defende-se com sucesso de ataque da cavalaria do artiguista gen. Frutuoso Rivera. Para os uruguaios, importante vitória.

22(?).10.1901 — TOMBADOR-DIAMANTINO. MT. No decurso de cruentas lutas entre correntes políticas levadas à guerra civil, o presidente estadual, Antônio Pedro Alves de Barros, entrega o comando da Divisão Patriótica (corpo de combatentes irregulares), ao cel. Antônio Paes de Barros — o Totó Paes. A Divisão avança para o norte, contra agrupamentos armados oposicionistas. Derrota-os em Tombador, faz degolar (4.11) os 17 prisioneiros principais junto da Baía do Garcez e ocupa Diamantino, depredando e incendiando a maior parte das casas.

17.12.1851 — TONELERO. Barranca de Acevedo, entre Ramalho e Obligado, margem direita do Rio Paraná, província de Buenos Aires, Argentina. Às 12:12 h, a esquadra brasileiro, sob o chefe-de-esquadra Pascoe Grenfell, realizou a passagem do exército mobilizado contra Rosas, conduzindo-o de Colônia (Uruguai) para a ponta do Diamante, rio acima. Os chefes coligados contra Rosas: Mitre, Sarmiento e Paunero viajavam a bordo do vapor *Dom Afonso*. Nas barrancas, a artilharia do rosista gen. Julio Mancilla, o qual, mais tarde, declarou a Sarmiento haver disparado 450 bombas contra os navios. O comboio sofreu leves avarias, quatro mortos e cinco feridos, provocando, com seus canhões, oito mortos e dezenove feridos, entre o pessoal da bateria, aceitos os números de Mancilla. Este descreveu assim o combate: "Honra e glória aos valentes e leais federais do exército do meu comando, que hoje, nas barrancas de Acevedo, às minhas imediatas ordens, disputaram com admirável denodo o passo do nosso majestoso Grão Paraná a 4 vapores, 2 corvetas e brigue do nosso vil e cobarde inimigo, o Governo Brasileiro, amo do louco traidor selvagem unitário Urquiza. Doze minutos depois do meio-dia apresentaram-se os ditos infames navios à frente de 16 peças, guarnecidas por 2 batalhões, 1 esquadrão de artilharia e outro de carabineiros do regimento nº 6, que, com aquela serenidade tão freqüente nos decididos federais, disputaram por 52 minutos em renhido combate a passagem da esquadra referida, que montava 50 peças de grosso calibre, sustentada por fogo de infantaria entrincheirada em suas altas bordas..." No dia 19, o exército aliado estava reunido no ponto escolhido — Diamante. Primeira tropa a desembarcar, a brigada de infantaria do cel. Pereira Pinto.

Os navios da Passagem de Tonelero	
17.12.1851	
Comandante: Chefe-de-esquadra John Pascoe Grenfell	
Vapores	**Comandante**
Dom Afonso (cap.)	CF Jesuíno Lamego Costa
Pedro II	CT Joaquim Raimundo de Lamare
Recife	CT Antônio Francisco da Paixão
Dom Pedro	Ten. Vitório José Barbosa de Lomba
Veleiros:	
corvetas	
Dona Francisca	CMG Guilherme Parker
União	CT Francisco Vieira da Rocha
brigue	
Caliope	Ten. Francisco Cordeiro Torres e Alvim
Armamento	
20 canhões — 38 caronadas — 2 obuses	

6.8.1826 — TORO-PASSO. Uruguai. Guerra da Cisplatina. A cavalaria entrerriana com que, pela manhã, o chefe uruguaio Jose Lopez invadira o RS, volta à tarde, vadeando o Toro-Passo depois de haver sido derrotada no Quaraí pela cavalaria do cel. José Antônio Martins. No Toro-Passo foi acometida por várias cargas do esquadrão do cap. Gabriel Gomes Lisboa, atravessando o rio debaixo de fuzilaria e sofrendo perdas.

26.7.1865 — TORO-PASSO. Sobre o Rio Uruguai, Guerra do Paraguai. Primeiro dia de luta de artilharia entre baterias paraguaias mandadas assestar na jornada por Estigarribia e a flotilha organizada por Floriano Peixoto. Compunham-na o vapor *Uruguai,* armado com um canhão giratório calibre 9 e um total de 100 tiros disponíveis; lanchões *Garibaldi* e *São João,* cada qual montando um rodízio de 6. Tripulação: 30 praças do 4º BI da GN e 30 clavineiros do Corpo nº 7 de cavalaria da GN. O combate entre barcos e baterias haveria de se estender ao dia 31.7 e de 1 a 9.9. O futuro Presidente da República comandava pessoalmente as operações.

22.11.1944 — TORRE DI NERONE. Itália. Segunda Guerra Mundial. Na região de Bologna, o I/RI, da Força Expedicionária Brasileira, repele ataques parciais desferidos por alemães contra a posição, importante para o desenvolvimento da campanha.

28(?).6.1629 — TORREGO. AM. Ingleses n› AM. Os europeus, principalmente holandeses e ingleses, chamavam Taurege àquele local, margem esquerda do Amazonas, foz do rio conhecido por Toheré. Fortim e estabelecimento comercial holandês foram arrasados ali em 1625 por Pedro Teixeira. Em 1628; o irlandês James Purcell trouxera 120 colonos e recursos para instalar-se e reconstruir fortim e armazéns. Para expulsá-lo foi enviado Pedro da Costa Favela, dispondo de 40 soldados e 800 auxiliares índios. Começou por eliminar pontos de intercâmbio e apoio dos ingleses. pois atacou Taurege ou Torrego, mas não podendo tomá-lo e não tendo recursos para manter o assédio voltou para Gurupá em busca de reforços. Em outubro, tomaria a posição inglesa.

24.10.1629 — TORREGO. AM. Ingleses na AM. Pedro Teixeira e Pedro Favela voltam de Gurupá com recursos em homens e material para enfrentar os intrusos, aos quais dão assalto no dia 24. O comandante inglês James Purcell tentou duas sortidas, foi rechaçado em ambas, desistiu de aguardar o socorro esperado da Inglaterra e rendeu-se com 80 patrícios e dezenas de índios. Sabedor de que o Torrego esperava ajuda inglesa para aqueles dias. Pedro Teixeira desceu o rio com extremo cuidado. A 26 encontraria o comboio inglês e o destruiria, em Mariocaí.

9.4.1836 — TORRES. RS. Guerra dos farrapos. À noite, o cap. Francisco Pinto Bandeira surpreende a guarnição farroupilha, aprisionando-a com todo armamento e munição.

12.2.1640 — TOUROS. RN. Holandeses. Marcha de Luís Barbalho. Ainda na região do Cabo dos Touros, marchando para o sul, a vanguarda da coluna de Luís Barbalho é enfrentada por 50 holandeses e 500 tapuias, estes ao mando de Joris Garstman. Na derrota completa, o próprio Joris caiu prisioneiro. Os retirantes continuaram a marcha, imprimindo-lhe maior velocidade.

14.5.1836 — TRAFARIA. PA. Cabanagem. Na região do Rio Capim, a expedição do ten. Francisco de Paula Osório desalojou os cabanos que ocupavam Trafaria.

14(?).7.1591 — TRAIÇÃO. PB. Campanha contra franceses e indígenas. O governador Feliciano Coelho de Carvalho e os reforços de Itamaracá chefiados por Pero Lopes Lobo iniciaram a expedição de socorro à PB atacando concentração de franceses e indígenas potiguares seus aliados. O combate, vitorioso para os portugueses, ocorreu em área que, em conflito posterior, receberia o nome de Traição.

1.8.1625 — TRAIÇÃO. PB. Holandeses no NE, repercussão e conseqüências. Quando os holandeses capitularam na região e a deixaram, nada fizeram para salvar os seus aliados indígenas que os haviam servido até ali e somavam aproximadamente 600. Foram exterminados por Francisco Coelho de Carvalho com gente da PB e de PE e por Antônio de Albuquerque de Melo com tropa do RN, perfazendo sete companhias de emboscadas e 300 índios auxiliares. O local ganhou com o acontecimento o nome de Baía da Traição, ou porque o trucidamento daqueles indígenas traísse um pacto, ou porque os holandeses houvessem faltado para com os seus aliados.

18.1.1640 — TRAIÇÃO. PB. Holandeses no NE. Documentos holandeses informam que Charles de Toulon emboscou 1.000 homens, europeus e indígenas, aguardando o anunciado desembarque de gente da frota do Conde da Torre. A descida ocorreu com homens ao mando de Henrique Dias e Francisco de Souza, imediatamente cercados e batidos pelos emboscados. O próprio Henrique Dias recebeu ferimentos.

6.11.1894 — TRAÍRAS. RS. Revolta dos federalistas. Destacamento formado pelo 2º batalhão da brigada militar e contingente do I/RI da reserva, somando 230 combatentes, ao mando do cel. Cipriano da Costa Ferreira, foi atacado, estando em marcha, por 600 cavalarianos do federalista Zeca Tavares. Os legalistas formaram quadrado e combatendo recuaram três quilômetros até uma estância. O longo tiroteio então principiado teve fim quando da aproximação de numeroso destacamento governista. Desconhecidas as baixas dos federalistas que se retiraram. Dos governamentais subiram a 104, sendo 48 por morte.

22.7.1926 — TRANQUEIRAS. PI. Coluna Prestes. Pelas 16 h, na fazenda Tranqueiras, a Coluna começava a vadear o Rio Gurguéia na direção de Venda do Jenipapo, quando a retaguarda, do mando de Cordeiro de Farias, foi atacada por tropa da polícia e cangaceiros. Ultimada a travessia, a Coluna preparou emboscada para os perseguidores, na qual estes caíram por volta das 23 h, iniciando combate especialmente violento ,e sofrendo muitas baixas.

15.5.1817 — TRAPICHE DE IPOJUCA. PE. Revolta nativista de PE. Pelo meio da tarde, o gen. Cogominho de Lacerda, entestando forças da BA e de AL, enfrentou os republicanos de PE liderados pelo cap-mor Francisco de Paula Cavalcanti de Albuquerque, posicionados no engenho Trapiche de Ipojuca. Os nativistas esperaram pela noite, retirando-se em desordem, abandonando a artilharia, a bagagem e os feridos e contusos. Com tal resultado, a revolta pode ser considerada esmagada.

10.9.1893 — TRAVESSÃO/LAGEADO. RS. Revolta dos federalistas. A concentração de revoltosos recrutados nas colônias alemãs e italianas pelos cabecilhas maragatos Altenhoffen, Pedro Huber, Manoel Batista, Junglut, Antônio da Trindade Filho foi acometida e dispersada pela tropa governista do coronel Santos Filho mediante o avanço envolvente de três colunas sobre o sítio de Travessão, região de Lageado. No dia 11, na embocadura do Arroio Sampaio, Picada dos Moinhos, o combate que encerrou esta fase da guerra federalista.

28.5.1823 — TRÊS BARRAS. MA. Guerra da Independência. Nas proximidades da Cachoeira das Três Barras, o líder nativista José Dias de Matos venceu a oposição sustentada pelo major português Francisco de Paula Ribeiro. Manchou a vitória ao dar morte ao vencido, que se rendera.

17.8.1924 — TRÊS LAGOAS. MT. Revolução tenentista. Visando a instalar um Estado Livre de Mato Grosso, os revoltosos saídos de São Paulo em julho, decidiram ocupar Três Lagoas. O major Juarez Távora foi sobre ela com seu batalhão reforçado por 570 aderentes alemães e italianos. Sem obter surpresa, os atacantes superaram duas linhas defensivas, desbarataram a vanguarda inimiga, porém foram envolvidos por rajadas de metralhadoras e por incêndio proposital da macega. Um terço dos tenentistas ficou no campo: quase 350 homens, entre mortos, feridos, prisioneiros. Foi este o mais sanguinolento encontro da campanha, até 1927. Os tenentistas retornaram ao Porto Epitácio (por eles chamado Porto Joaquim Távora) e desceram o rio Paraná na direção de Guaíra.

8.12.1633 — TRÊS REIS MAGOS. RN. Holandeses no NE. Dispondo de nove canhões de bronze e de 22 de ferro e ao mando do cap. Pedro Mendes, o Forte do Três Reis Magos, proximidades de Natal, opôs-se ao trânsito de esquadrilha de navios menores do alm. Lichthardt, que forçava a barra do rio Potengi. Saída do Recife a 5, a frota desembarcara na Ponta Negra, ao sul do rio, 870 homens ao mando do ten.-cel. Byma e do cap. Matis van Ceulen. Na outra margem, corpo de marujos reunidos aos homens de Byma avançaram contra o forte. Recusando-se este à rendição, os holandeses começaram a montar baterias com que arrasá-lo.

12.12.1633 — TRÊS REIS MAGOS. RN. Holandeses no NE. Atacado desde o dia 5 pela esquadrilha do alm. Licthardt e pelo lado de terra por quatro companhias de mosqueteiros e quatro de fuzileiros chefiadas pelo ten.-cel. Byma e orientadas por Domingos Calabar, o forte foi dominado, capitulando. A artilharia flamenga abrira brecha que a reduzida guarnição não pudera defender. Os holandeses reconstruíram o forte, terminando-o em 1637, com o nome novo de Kastel Ceulen. Em 1654 seria reconsquitado pelos portugueses e brasileiros.

30.4.1818 — TRÊS REIS MAGOS. RN. Revolta nativista. André de Albuquerque Maranhão, coronel comandante da Divisão Sul da Capitania do RN, um mês antes aderira à revolução nativista eclodida em PE, assumindo o governo republicano do RN. Vencido o movimento em PE e derrotado ele próprio, à frente de 500 aderentes, por forças leais à coroa portuguesa, ferido à espada na ilharga, foi abandonado e deixado para morrer no forte. Seus auxiliares e aclamadores de 30 dias antes saíram à rua dando morras ao coronel, vivas ao rei e agitando bandeiras lusitanas.

25.9.1924 — TRÊS RIOS. PR. Revolta tenentista. Avançando sobre Guaíra, a vanguarda tenentista afasta da estratégica posição de Três Rios a força governista de Valêncio Brum, da tropa de Dilermando de Assis.

1.5.1942 — TRINIDAD. Mar das Antilhas. Segunda Guerra Mundial. Na posição 10°11' latitude N, 57°16' longitude O, o mercante *Paranaíba* (ex-alemão *Alrich*), de 6.692 tons., afundou, torpedeado pelo submarino germânico *U-162*, ao mando do CT Jurgen Wattenberg. O ataque ocorreu à vista da ilha de Trinidad. Pereceram sete dos 72 tripulantes do barco que também foi canhoneado.

26.7.1942 — TRINIDAD. Mar das Antilhas. Segunda Guerra Mundial. Próximo da ilha, o submarino alemão *U-66*, do CT Friedrich Markworth, às 2:10 horas, torpedeou o mercante brasileiro *Tamandaré* do mando do capitão José Martins de Oliveira. O navio afundou em quatro minutos levando quatro dos 48 tripulantes.

22.11.1942 — TRINIDAD. No mar ao longo da ilha. Segunda Guerra Mundial. O barco *Apaloide* (ex-dinamarquês *Nevada*, incorporado à frota brasileira quando da entrada do país na guerra), viajava de Belém do Pará para Nova York. Na posição 13°28' latitude N e 54°40' longitude O, foi atingido por torpedo disparado pelo alemão *U-163* do CC Kurt Edward Engelmann. O mercante, do mando do cap. José dos Santos Silva, perdeu cinco dos 57 tripulantes.

28.7.1942 — TRINIDAD/TOBAGO. Mar das Antilhas. Segunda Guerra Mundial. O submarino germânico *U-155*, do CT Adolf Cornelius Piening, na posição 12°50' latitude N, 56°30' longitude O, torpedeia o mercante *Barbacena* (antigo alemão *Gudrun*), ao mando do cap. Aécio Teixeira da Cunha. Pereceram três marujos e três artilheiros do canhão de bordo.

Segunda Guerra Mundial:
Submarinos inimigos destruídos em águas brasileiras

Barco	Data	Local
U-164	4.1.1943	Ao largo de Fortaleza
U-507	13.1.1943	Foz do Parnaíba
Archimede	15.4.1943	Altura do Atol das Rocas
U-128	17.5.1943	Litoral de Alagoas
U-590	9.7.1943	No Amapá
U-513	19.7.1943	Litoral de Santa Catarina

U-662	21.7.1943	No Amapá
U-598	23.7.1943	No Cabo São Roque
U-591	30.7.1943	Ao largo do Recife
U-199	31.7.1943	Diante do Rio de Janeiro
U-161	27.9.1943	A leste de Salvador (não confirmado)
U-604	4.8.1943	Norte da Ilha da Trindade (autodestruiu-se)

No total, 12 barcos. No mesmo ano, na costa leste dos E.U.A., foram cinco; na Terra Nova, quatro; nas Antilhas, cinco; nas Guianas, dois. Números, se comparados, que mostram a importância bélica do litoral brasileiro.

15.8.1837 — TRIUNFO. RS. Guerra dos farrapos. Com 700 seguidores, o general-em-chefe republicano, Antônio de Sousa Neto, atacou a posição confiada às 325 praças do maj. Gabriel Gomes Lisboa. A defesa imperial portou-se tão bem que ao ocupar finalmente Triunfo, encontrando morto o maj. Lisboa, os vencedores deram-lhe sepultura com honras de general farroupilha. Nas *Efemérides*, Rio Branco anota que, intimado: "Rende-te, coronel valente!", Gomes Lisboa respondeu: "Um coronel brasileiro não entrega sua espada a rebeldes!". E lutou até morrer.

?.5.1556 — TUBARÃO. BA. Confitos com indígenas. Índios hostis atacaram e provocaram muitas mortes, inclusive de mulheres, entre a gente que da aldeia do cacique Tubarão (Iperu) trabalhava na extração de sal para o governador da vizinha cidade da Bahia. O cacique Tubarão alcançou e destroçou os incursores. Tudo conforme carta do jesuíta irmão Antônio Blasquez.

22.7.1839 — TUBARÃO. SC. Guerra dos farrapos / República Juliana. A vila foi tomada de assalto por republicanos catarinenses mobilizados na região de Lages pelo cel. Serafim Muniz de Moura. A ação abria caminho e apoiava a marcha de Canabarro sobre Laguna, onde proclamaria a República Juliana.

3.3.1894 — TUBARÃO/LAGUNA. SC. Revolta dos federalistas. O *maragato* gen. Salgado, estacionado entre Tubarão e Laguna, tomou 200 cavalarianos e foi socorrer a força do cel. Inácio Cortez que regressava do RS onde fora recolher cavalhada para o exército federalista. Voltava acossado pelos governistas do cel. Salvador Pinheiro, tendo combatido para abrir caminho, a 13.2. em Vacaria, a 15.2. em São Joaquim e a 28.2. em Lages. Nos dias 1 a 3 de março, Salvador fechou o cerco empregando dois mil homens. Salgado superou a ameaça de aniquilamento, ao preço de 4 mortos e 15 feridos.

24.5.1625 — TUCUJUS. AM. Ingleses na AM. Perseguindo os ingleses expulsos do fortim Maniutuba (23.5), Pedro Teixeira desembarca na Ilha de Tucujus. Os britânicos haviam erguido três fortins, obedientes a Pursell. Tomou os dois primeiros sem encontrar resistência, porquanto ingleses e holandeses haviam se concentrado no terceiro. O ataque foi desferido pela coluna de 28 mateiros do cap. Pedro da Costa Favela. No combate morreram os dois chefes dos intrusos: Pursell e Oudaen, este, comandante foragido de Maniutuba. O responsável pelo terceiro fortim rendeu-se. Em 1631, feitoria fortificada da mesma nacionalidade seria instalada no local e posteriormente tomada e arrasada pelo cap. Jacome Raimundo de Noronha.

1.3.1631 — TUCUJUS. AM. Ingleses na AM. O cap. Jacome Raimundo de Noronha apodera-se do Forte Felipe, erguido e defendido por invasores ingleses. Em 24.5.1625, outro fortim-feitoria da mesma nacionalidade fora tomado e destruído por Pedro Teixeira e capitão Pedro da Costa Favela.

31.7.1867 — TUIU-CUÊ. Paraguai. Guerra do Paraguai. Ao acampamento aliado de Tuiu-Cuê chegou o informe de que duas colunas inimigas de cavalaria e infantaria aproximavam-se. Movendo-se entre os laranjais de Guaiaivi, ao mando dos comandantes Rolón e Media, tinham evidente propósito ofensivo. O gen. Osório ordenou ataque, principiado pela artilharia e cortina de atiradores. Os generais Andrade Neves e Luís Mena Barreto investiram os flancos dos atacantes, que passaram à retirada, deixando, no final da peleja, 102 mortos e prisioneiros, três estativas de foguetes, muitas armas e cavalos. O rápido combate e a vitória custaram aos brasileiros 31 mortos e feridos.

24.5.1866 — TUIUTI. Paraguai. Guerra do Paraguai. Primeira das batalhas desse nome, travada entre o Sauce, os esteros Bellaco e Rojas. A posição aliada, mais ofensiva do que defensiva, estava mantida por 32.200 homens. Destes, 21.000 brasileiros sob Osório; 10.000 argentinos às ordens de Mitre e 1.200 uruguaios comandados por Flores. No dispositivo dos orientais figuravam também soldados brasileiros e argentinos. O centro e a esquerda da linha, defendidos por imperiais e uruguaios. Decidido a romper essa formação e obter vitória que poderia ser decisiva para a guerra, Solano Lopez expediu contra o centro aliado 18.000 dos 24.000 levados a Tuiuti. Avançaram em três colunas, dirigidos pelo gen. Barrios, o cel. Diaz e o ten.-cel. Marcó. Contra os argentinos da ala esquerda enviou 6.300 comandados por Resquín. Suportando o ataque, as divisões brasileiras de infantaria dos generais Argolo, Sampaio, Guilherme de Sousa e Vitorino Monteiro; a artilharia do gen. Malet; as duas divisões de cavalaria do gen. José Luiz Mena Barreto e do cel. Tristão Pinto, e a brigada ligeira de voluntários de cavalaria do gen. Neto. Atacando pelo meio-dia, os paraguaios planejavam investir contra os flancos e o centro, com as alas flanqueadas encarregadas de fecharem tenazes para impedir a fuga eventual dos aliados. A artilharia-revólver brasileira, disparando metralha no último momento, rareou as fileiras assaltantes, atirando-as para a esquerda onde esbarraram na Divisão Encouraçada do gen. Sampaio, então mortalmente ferido. Estando a ação indecisa naquele setor, acorreu Osório com as reservas e desmanchou o ataque ao centro da formação. Durante esse tempo, argentinos e brasileiros, nas alas, haviam conseguido manter-se e passavam a recalcar o atacante. Pelas 16:30 h batido, retirou-se o exército paraguaio, deixando no campo de Tuiuti 6.000 mortos, 7.000 feridos, recolhidos a hospitais brasileiros, e 370 prisioneiros. Os aliados contaram perdas: 3.913 mortos e feridos. Desse total, 3.011 eram brasileiros, 606 argentinos, 296 uruguaios. Morreu, quando transportado para Buenos Aires, o gen. Antônio Sampaio. Também pereceram os capitães Rocha Galvão, do 3º VP da BA, e Inocêncio Cavalcanti de Albuquerque, do 55º de PE, além de 60 outros oficiais. Feridos levemente os generais Osório e Guilherme de Sousa. Os imperiais apresaram quatro canhões, duas bandeiras e um estandarte; os buenairenses, três estandartes; os orientais, uma bandeira. A segunda batalha de Tuiuti, em 3.11.1867.

14.6.1866 — TUIUTI. Paraguai. Guerra do Paraguai. A artilharia paraguaia, dirigida pelo gen. Bruguez, encetou, pelas 11 h, nutrido bombardeio sobre o centro e a esquerda do acampamento aliado. Mais de 30 canhões, durante horas, dispararam além de 3.000 bombas, causando 72 mortes entre os brasileiros e 31 entre os uruguaios.

7.9.1866 — TUIUTI. Paraguai. Guerra do Paraguai. O acampamento da divisão brasileira do gen. Argolo foi pesadamente visado pela artilharia paraguaia. Respondendo, canhões imperiais estabelecem longo duelo.

12.7.1867 — TUIUTI. Paraguai. Guerra do Paraguai. Nas proximidades do acampamento de Tuiuti, visado por disparadas dos paraguaios, aerostato do exército brasileiro fez a sua mais alta ascensão: 35 metros. No balão, oficial do Estado-Maior pôde observar que o terreno ao lado do Rio Paraná prestava-se às operações em planejamento. A 24.6 ocorrera a primeira ascensão, experimental. A bordo, um guia paraguaio e um engenheiro polonês.

Antes da batalha... rezar

O gen. Dionísio Cerqueira, na obra Reminiscências da Campanha do Paraguai, *dá notícias da religiosidade oficial das tropas empenhadas:*
"Na vigília do dia 23 de maio de 1866, antes da histórica batalha de Tuiuti, ao toque de recolher, às oito horas da noite, todos os corpos formaram. Depois da chamada, os sargentos puxaram as companhias para a frente da bandeira, e rezou-se o terço. Alguns praças, os melhores cantores, entoaram com voz vibrante, sonora e cheia de sentimento, a velha canção do soldado brasileiro: 'Oh Virgem da Conceição, Maria Imaculada, vós sois a advogada dos pecadores, e a todos encheis de graça com vossa feliz grandeza. Vós sois dos céus, princesa, e do Espírito Santo, Esposa. Santa Maria, mãe de Deus, rogai por nós. Tende misericórdia, Senhora. Tende misericórdia de nós. Maria mãe da graça, mãe de misericórdia, livrai-nos do inimigo. Recebei-nos na hora da nossa morte. Amém'."
"No alto da coxilha do Potreiro Pires, construiu-se, por ordem superior, uma capelinha coberta de colmo e paredes de taipa de sede. Todos os domingos ia à Missa a divisão inteira. Era digno de ver o grandioso espetáculo daquela infantaria, formada em colunas contíguas, ajoelhar no campo, de cabeça descoberta, as armas em adoração e batendo no peito, quando o sacerdote levantava a Hóstia e todas as cornetas tocavam marcha batida e todas as músicas do Hino Nacional e todas as bandeiras se abatiam até o chão. A ordem da divisão era para a Missa às nove horas. As brigadas formavam às oito, os batalhões às sete e as companhias às seis ou antes. Para aquela soldadesca não deixava de ser fatigante essa formatura, a pé firme, tanto tempo. Entretanto, iam a ela satisfeitos".
À página 40, volume I, do Projeto Brasilidade, *Instituto Cultural GBOEX, Porto Alegre, 1990 lê-se: "As músicas de quarenta batalhões acompanhavam, expressivas, aquela grande prece ao luar, rezada tão longe dos lares".*

3.11.1867 — TUIUTI. Paraguai. Guerra do Paraguai. Segunda batalha desse local e nome. (A primeira, em 24.5.1866.) O sistema de trincheiras de Tuiuti, Potreiro Pires e Passo da Pátria estava guarnecido pelo segundo corpo do exército brasileiro, mando do Visconde de Porto Alegre. No Passo, 500 homens; nas avançadas e trincheiras da esquerda e do centro, 2.600; no fortim da extrema direita o 4º BA do maj. Cunha Matos. Os 700 argentinos ao mando do cel. Baez cuidavam de redutos à direita. Havia 1.600 soldados do cel. Antônio da Silva Paranhos escoltando comboio de munições em marcha para Tuiu-Cuê. Os apontamentos deixados por Resquín dizem que o gen. Barrios investiu com 9.000 soldados as posições defendidas no momento por menos de 2.700

aliados. Os primeiros tiros, às 4:45 h, com os atacantes ocupando os três redutos defendidos pelos argentinos, dispersados; aprisionando quase todo o 4º BA brasileiro e convergindo para o reduto central. Foi quando o Visconde de Porto Alegre ultimou a organização da resistência, já sabendo que na extrema esquerda o ten.-cel. VP Albuquerque Maranhão conseguira resistir e mantinha sua posição. O cel. Paranhos, atendendo ao fragor da batalha, fez refluir a sua coluna-escolta, indo reforçar o centro que também recebeu ajuda procedente do Passo da Pátria. Diz Rio Branco que parte do efetivo paraguaio dispersou-se no incendiar e saquear o abarracamento do comércio. Tal circunstância e os reforços permitiram a Porto Alegre passar ao contra-ataque, saindo do reduto central e buscando o adversário ao longo de toda a linha de fogo. O inimigo já iniciava a retirada, quando foi acometido por 1.300 cavaleiros imperiais chegados do Tuiu-Cuê e logo mais por 400 outros, argentinos, tendo no comando o gen. Hornos. Terminava a batalha que tivera quatro horas de luta áspera. Ela custou aos atacantes paraguaios 4.000 baixas: 2.227 mortos e 155 prisioneiros. Aos aliados: 259 mortos brasileiros e 35 argentinos; 1.165 feridos brasileiros e 151 argentinos, num total de 2.045 baixas, 1.818 imperiais. Na sua retirada os guaranis levaram um canhão e uma bandeira tomada aos brasileiros e 12 canhões e três estandartes, aos argentinos, material encontrado nos redutos que dominaram na primeira fase da batalha.

13.7.1932 — TÚNEL/CRUZEIRO. SP. Revolução Constitucionalista. No túnel da Estrada de Ferro Central do Brasil, proximidades da cidade de Cruzeiro, revolucionários investiram com o 2º BC da Força Pública, duas companhias de voluntários e uma de metralhadoras. Atacada, a tropa procedente de MG e que ocupara o túnel e ameaçava Cruzeiro. Ao meio-dia os constitucionalistas dominaram o túnel.

14.7.1932 — TÚNEL. SP. Revolução Constitucionalista. Primeiro de quatro dias de violentos combates pela posse daquela posição-chave, sobre a estrada de ferro e o Vale do Paraíba. Do lado paulista lutavam as terceira e quarta companhias de batalhões de caçadores substituindo o 2º Btl/VRI.

25.7.1932 — TÚNEL. SP Revolução Constitucionalista. Perdendo um tenente, o dispositivo revolucionário suportou bem ataque situacionista, das 10:30 às 13 h. O Túnel foi a posição mais disputada e mais estável da campanha.

3.8.1932 — TÚNEL. SP. Revolução Constitucionalista. A maior parte da noite de 3 para 4 decorreu sob ataque do exército federal. As posições foram mantidas pelos paulistas.

3.12.1924 — TUPANCIRETÃ. RS. Revolta tenentista. Repelidos em Itaqui e São Borja, os revoltosos do mando de Honório Lemes atacaram Tupanciretã. Lutaram das 5 às 16 h quando, reconhecendo ser-lhes impossível dobrar a defesa, retiraram-se para São Luís.

30.5.1869 — TUPIUM. Paraguai. Guerra do Paraguai. Campanha da Cordilheira. Na várzea do Tupium, bacia do Araguaí-guaçu, chocaram-se 500 brasileiros da brigada do Visconde de Pelotas e paraguaios do cel. Manoel Galeano. O combate foi ultimado com assalto à arma branca. A vitória custou aos imperiais 126 mortos e feridos. Seus adversários padeceram 500 baixas além de 300 prisioneiros. Entre estes, meninos de 10 a 15 anos, enviados ao Rio de Janeiro para serem instruídos sob os cuidados do capelão cônego Augusto Andrada e Silva.

26.6.1837 — TURI. PA. Cabanagem. Em Turi, proximidades do Rio Acari, grupo insurgente debandou, combatendo, pressionado pela força do tenente naval Felipe José Pereira Leal e pelo ajudante Ivo Veloso da Silveira. O ten. Felipe recebeu ferimento.

?.8.1824 — TURIAÇU-BRAGANÇA. PA. Cabanagem. Revoltados depuseram o comando militar, praticaram violências contra os brancos de Turiaçu e se apoderaram de Bragança, sede do município. Mataram o chefe local, Ferreira Barreto, repetiram violências de toda espécie. Receberam adesão gradativa de índios e de escravos. O presidente provincial José de Araújo Róso enviou sobre Bragança-Turiaçu força repressora que impôs o retorno à ordem. Ocorreram dezenas de mortes durante o domínio dos revoltados.

30.6.1836 — TURI MIRIM. PA. Cabanagem. Os cabanos liderados pelo caudilho Angelim derrotaram a força governista do ten.-cel. Joaquim José Luís de Souza.

22.1.1839 — TUTÓIA. MA. Balaiada. Conhecido em São Luís o acontecido na vila de Manga (13.12.1838): quando o caudilho Raimundo Gomes atacara a cadeia, recebera a adesão dos policiais e libertara presos, foram enviados contra ele e seguidores destacamentos organizados em Itapicuru-Mirim e em Munim. Mas Raimundo evoluíra, com seu já numeroso bando, para atacar Tutóia, onde foi repelido pela defesa comandada pelo cap. Alexandrino de Andrade. Sem experiência de combate, os balaios deixaram-se bater, entraram no PI, de onde foram escorraçados, reingressando no MA para continuar sua guerra.

U

21.11.1896 — UAUÁ. BA. Canudos. Uauá, na região de Juazeiro, dista 114 quilômetros de Canudos. Ao amanhecer, verdadeira procissão enviada pela Conselheiro aproximou-se do povoado de Uauá em marcha para Juazeiro, onde vai recolher material de construção. Diz Euclides: "... não tinham... aparências guerreiras. Guiavam-nas símbolos de paz: a bandeira do Divino e, ladeando-a... grande cruz de madeira". Junto à vila, 108 praças do 9º BI, sob o ten. Manoel da Silva Pires Ferreira, enviadas para obstar a entrada dos canudenses em Juazeiro. Ferreira afirmou em sua parte tratar-se de 3.000 jagunços enquanto Euclides fixa seu número em 1.000. A guarda, assustada, sem ordens, disparou contra os peregrinos. Generalizou-se o tiroteio. Lendo-se Euclides: "conjuntos à roda dos símbolos sacrossantos, começaram de ser fuzilados em massa". Durante as quatro horas de fogo, 150 sertanejos perderam a vida, além de muitíssimos outros feridos. Da tropa que refluiu para Juazeiro, tendo incendiado a vila, 10 mortos, 16 feridos, um endoidecido, o médico. Começou assim, em Uauá, a guerra de Canudos.

11.1.1608 — UBAJARA. CE. Conflitos com indígenas. Da aldeia do cacique Juripariguaçu, grupo de catecúmenos acompanhava os jesuítas Francisco Pinto e Luís Figueira. Junto ao lugar Ubajara, foram acometidos por índios tocarijus, morrendo no ataque dois indígenas e o padre Francisco. Pouco depois, Juripariguaçu conduziu seus guerreiros em campanha vingativa da qual resultou "espantosa carnificina entre os tocarijus", no dizer de Cruz Filho. O pe. Figueira seria devorado pelos aruanãs da Ilha Joanes ou Maranhão, em 1638 ou 1643.

17.1.1894 — UMBU. RS. Revolta dos federalistas. A brigada governista do cel. José Gabriel, evoluindo desde Santa Cruz no encalço dos federalistas, foi emboscada por 1.200 deles, sofrendo completa e sangrenta derrota. Os postos e a quantidade dos oficiais mortos dão idéia da gravidade da derrota. Enre os mais de 100 mortos, o cel. José Davi, os tenentes-coronéis Tatin, Francisco Bier, Procópio Gomes, Ferido, o cel. Gervásio Anes. Os vencedores apossaram-se de copioso material de guerra, carretas, víveres e munições. Pouco depois, próximo do Umbu, em Valinho, o cel. Santos Filho vingou a derrota de 21.1, impondo-se de forma aplastante sobre a força federalista de Veríssimo da Veiga, que desde então passou a inexistir em termos militares.

9.2.1894 — UMBU, ver Valinhos.

27.6.1897 — UMBURANAS. BA. Canudos. A expedição do gen. Artur Oscar sofreu durante horas o fogo dos sertanejos, postados principalmente no Morro de Umburanas. Inicialmente pelos flancos e depois sobre a frente principal, onde estavam os batalhões 25.º e 27.º. Este avançou e recalcou os emboscados até Angicos. Pelas 14 h o fogo esparso tornou-se cerrado e exigiu a participação da artilharia e da cavalaria, a fim de abrir caminho. Ao anoitecer, os batalhões citados e o 16.º, progredindo sob tiros, apoderaram-se da crista do morro. A testa da coluna, enquanto isso, seguiu para o Alto da Favela.

Repressão aos errantes.

*Repressão, em vez de persuasão. Regra do governo. Em tempos de imobilidade e conformidade, os vagantes, os desarraigados, incomodavam, por anti-sociais. Vinha dos primeiros dias coloniais a disposição para suspeitar e logo para combater os estranhos. O texto "Relembrando o Cariri Antigo", do gen. Pinheiro Monteiro (*Itaytera, *Crato, 1962, ano VIII, n.º VIII, páginas 46 e 47) exemplifica esses conflitos, quase sempre ultimados com violência e perda de vidas. "Ciganos (reportando-se a eventos ocorridos entre 1819/1820): "... recebe o Cariri a visita inesperada e indesejada dum bando de ciganos. Estes nômades errantes assaltam a zona rural. Invadem cidades. Levam, de roldão, pelo Crato e circunvizinhanças, o terror, o medo, a desconfiança, a ameaça e a desolação. A esse melindroso estado de cousas se opôs, corajosamente, o ouvidor Antônio Rodrigues de Carvalho (...) Castiga e reprime uns; envia à ilha São Tomé outros que deviam ser degredados. Tão salutares medidas trouxeram a paz e o sossego..." Índios: "nos assombra e aturde outra calamidade... a invasão dos silvícolas em 1833. Vagueiam pelas estradas. Agridem viajores. Praticam, sem escrúpulos, o roubo. Ateiam fogo às matas e pastagens. Prendem vaqueiros e caçadores. Aplicam-lhes suplícios sem conta. Com fereza inominável lançam estas pobres vítimas ainda com vida, nas chamas crepitantes de fogueiras inquisitoriais. Aos saltos e gritos entremeados de danças, se banqueteiam. Munidos de flechas, arcos, tacapes e borés, bebericam em derredor dos destroços sanguinolentos dos que contra eles lutaram". De se lembrar os porquês geradores de situações e eventos como os de Rasgão-Mata dos Cavalos, Pau de Colher, Casa Nova, sem referir Canudos. Carlos Wagner (*Zero Hora, *P. Alegre, 6.5.1990) descreve as origens dos "monges do Pinheirinho": "... por todas as estradas gaúchas, perambulava um grande contingente de pessoas sem destino. Essas pessoas sem destino eram ex-combatentes da Revolução de 1893. E também ex-ocupantes* *das terras devolutas do Governo, expulsas quando as autoridades colonizaram essas glebas com colonos europeus. Havia também um bom número de "bugres" que tinham deixado suas aldeias e andavam de um lado para o outro. O grosso desse contingente todo era de caboclos. Foi dessa população que saíram muitas das quadrilhas de bandidos que povoaram as estradas gaúchas no início deste século. Também foi dessa população que saiu a maioria dos que subiram o Rio Taquari de barco e juntaram-se ao monge São João Maria e ficaram conhecidos como os Monges do Pinheirinho".*

28.6.1897 — UMBURANAS. BA. Canudos. Reunidas as colunas dos generais Artur Oscar e Savaget, foi mandado regressar a Umburanas, com a 5ª brigada, o cel. Serra Martins. Ali, os canudenses cercavam o comboio de munições protegido apenas pelo 5º batalhão de polícia. A marcha do comboio e da brigada, até reunirem-se ao grosso da expedição, decorreu debaixo de fogo dos sertanejos, que provocaram 14 baixas entre os praças da brigada e 45 entre os policiais. Metade do comboio ficou pelo caminho, o que passou às mãos dos conselheiristas 450.000 cartuchos.

23.4.1636 — UNA. PE. Holandeses no NE. Nas proximidades, os capitães Manoel Dias de Andrade e Felipe Camarão rechaçaram ataque de destacamento holandês da tropa do cel. van Schkoppe.

25.11.1848 — UNA. PE. Insurreição Praieira. Destacamento da GN mandado pelo cel. José Antônio Pessoa Melo atacou e tomou a posição mantida pelos praieiros. No dia seguinte, no vizinho engenho da Cachoeira, novo choque com derrota dos insurretos.

28.11.1848 — UNA. PE. Insurreição Praieira. No mesmo dia, em dois engenhos das cercanias de Una, os insurretos liberais padeceram derrotas marcantes. Na Cachoeira, João Lins de Barros Wanderley dispersou uma das mais robustas colunas praieiras, com 400 homens. No engenho Cocal, a vitória coube aos situacionistas do cap. Francisco Cavalcanti de Albuquerque.

7.9.1914 — UNIÃO DA VITÓRIA. PR. Campanha do Contestado. Força de 60 combatentes, ao mando do cap. Matos Costa, acorreu em defesa da cidade, ameaçada por gente do "monge" mobilizador dos sertanejos. Na chefia da incursão os caudilhos Dente de Ouro e Generoso. Lutando contra aproximadamente 600 sertanejos, pereceram todos os 60 soldados.

15.3.1893 — UPACARAÍ. RS. Revolta dos federalistas. Nos banhados de Upacaraí, vizinhanças de Dom Pedrito, destacamento da vanguarda do gen. legalista João Telles, sob o cel. Francisco Portugal, com 1.200 soldados, alcançou e tiroteou a retaguarda do contingente federalista de Joca Tavares, conduzida por Gumercindo Saraiva.

9.12.1843 — UPAMOROTI. RS. Guerra dos farrapos. Os destacamentos imperial e republicano que haviam combatido na véspera em Vacaguá, respectivamente sob Vasco Guedes e Urbano Barbosa, defrontam-se, com o mesmo resultado: vitória dos farroupilhas.

4.5.1893 — UPAMOROTI. RS. Revolta dos federalistas. Junto ao arroio Upamoroti, região de Dom Pedrito, forças pica-pau do gen. João Telles atacaram a retaguarda, em movimento, da tropa maragata do chefe Joca Tavares. Repetida, quase, a ação de Upacaraí, 15.3.

12.5.1893 — UPAMOROTI. RS. Revolta dos federalistas. Aproveitando-se da vitória alcançada no Inhanduí (3.5), a governista Divisão do Norte, com os generais Hipólito Ribeiro, Rodrigues Lima e a colaboração do político Pinheiro Machado pressionam os *maragatos* em retirada para a fronteira uruguaia. Cercados pelos destacamentos João Telles e Xavier da Câmara, os federalistas bateram-se com denodo, destacando-se Gumercindo, Reverbel, Inácio Cortez, Vasco Alves e Timóteo Paim. Entre os governistas, Gonçalves, Francisco Portugal, Correia da Câmara. À noite, os líderes revoltosos decidiram-se pelo cruzamento da fronteira. Do outro lado da linha, no dia 6, dissolveram suas forças, salvo Gumercindo, que com 1.100 seguidores resolveu permanecer na campanha, batalhando durante o inverno. Internou-se pelo interior rio-grandense, direção de Caçapava do Sul, enfrentando Pinheiro Machado em Piraí e Serrilhada. Combate chamado também de Restinga.

15.12.1646 — URAMBU. BA. Holandeses na BA. O posto de vigilância do Urambu, margem direita do Rio São Francisco, incomodava os holandeses que decidiram-se a eliminá-lo. De Penedo, o cel. Hinderson enviou para tal missão 500 soldados encabeçados pelo cap. Samuel Lambert. Francisco Rabelo, comandante de Urambu, antecipou-se, emboscando o Lambert e fulminando a coluna holandesa da qual salvaram-se apenas 30 homens. Os demais, inclusive Samuel e cinco capitães, mortos ou prisioneiros.

17.12.1826 — URUBU-CAJAZEIRA. BA. Ataque a quilombos. A ação começou no dia 16, quando magotes de quilombolas assaltaram casas de moradia e de comércio em Cajazeira, apoderando-se de víveres e armas. Ao fim do dia recolheram-se ao Urubu, região do Cabula. A 17, capitães-de-mato penetraram a área. Três, um deles negro forro, o capitão José Correa e Antonio Neves foram mortos e mutilados. Outros três salvaram-se fugindo. Retornaram apoiados por 12 soldados e 25 milicianos comandados pelo cel. Francisco da Costa Branco e Antonio Baltazar da Silveira, respectivamente. No quilombo, a força de combate masculina somava aproximadamente 50 elementos, secundados por mulheres guerreiras lideradas pela Zeferina e manejando facas, facões, espadas, lanças, navalhas, lazarinas, espingardas. O grito de guerra dos quilombolas: "mora branco — viva negro". Sob ataque, morreram três homens e uma das mulheres. Os demais escaparam pelo mato.

7.12.1925 — URUÇUÍ. PI. Coluna Prestes. Combates nos dias 7 e 8 entre os legalistas do ten.-cel. Gayoso, 1.500 praças, e o destacamento Dutra, da Coluna que pôde, na tarde do segundo dia de luta, ocupar a vila. O episódio leva também o nome de Benedito Leite.

31.7.1926 — URUÇUÍ. PI. Coluna Prestes. O pelotão do ten. Nelson, destacado do grosso da Coluna para destruir as instalações telegráficas da vila de Uruçuí, foi atacado, à entrada da mesma por jagunços a mando do "coronel" Volney. Retirou-se, perdendo cinco homens — cifra alta nas estatísticas da Coluna.

21.8.1925 — URUCUIA. MG. Coluna Prestes. Na foz do Rio Urucuia, vizinhança de São Romão, um vapor e duas chatas conduzindo batalhão da polícia baiana, retornando do PR onde integrara a Divisão Rondon no combate aos revoltosos tenentistas, foram atacados pela Coluna, exatamente o adversário que haviam enfrentado no oeste paranaense. Duas metralhadoras pesadas do Destacamento João Alberto varreram o comboio fluvial, provocando baixas entre os policiais. O vapor foi de encontro à costa. Já parte da tropa policial hasteara bandeira branca quando o coronel comandante organizou e dirigiu contra-ataque que obrigou os revolucionários a se retirarem, estando uma das metralhadoras fora de ação.

3.10.1645 — URUGUAÇU. Potengi. RN. Holandeses no NE. O posto Uruguaçu estava situado na foz do rio desse nome. Holandeses entregaram aos índios seus aliados os moradores que se haviam rendido a Jacob Rabi no dia 1.10, no povoado de Fernando Mendes, no Potengi. Também prisioneiros recolhidos havia tempo no forte Kastel Ceulen (Três Reis Magos). Lopo Curado Garro deixou descrição do massacre dirigido pelo cacique Paraupaba, e que teve requintes de selvageria. Registrou gestos como o de Manoel Álvares Ilha e Antônio Fernandes, que havendo ocultado pequenas facas lançaram-se contra os massacradores, matando para morrer depressa.

28.9.1827 — URUGUAI. Guerra da Cisplatina, ação de corsários. No litoral atlântico uruguaio, o corsário argentino *Patagones*, do comando de George Lewis Love, atacou e apresou o transporte brasileiro *Pojuca*, pilotado por José Lourenço da Silva. A operação mal terminara quando sobrevém o brigue *Imperial Pedro*, do comandante Joaquim Leal Ferreira, que vai sobre o *Patagones*, toma-o e recupera o *Pojuca*.

29.2.1828 — URUGUAI. Guerra da Cisplatina. No litoral atlântico uruguaio combatem, das 7 às 12 h, o brigue brasileiro *Bonfim*, do 2º ten. Justino Venâncio da Fonseca, e uma escuna corsária argentina. Terminada a munição, o brigue foi abordado e saqueado.

31.7.1865 — URUGUAIANA. RS. Guerra do Paraguai. Nas proximidades, o rebocador *Uruguai* e dois lanchões armados em guerra ao mando do ten. Floriano Peixoto encarregaram-se de suprir a falta de navios. Puseram toda sorte de dificuldades nas comunicações e nos transportes das forças paraguaias de invasão do RS. Na jornada de 31.7 afundaram várias chalanas e canoas de aprovisionamento. Novos sucessos seriam registrados por essa flotilha nos dias 1, 2, 5, e 9.8.

5.8.1865 — URUGUAIANA. RS. Guerra do Paraguai. Em seu avanço de invasão do RS, o cel. Estigarribia entrou na cidade praticamente sem ser molestado pelos destacamentos de cobertura de Canabarro e do ten.-cel. João Frederico Caldwell. Mas os comandados do ten.-cel. Bento Martins, futuro Barão de Ijuí, disputaram-lhe o terreno metro a metro até dentro do povoado. Alguns desses defensores, aprisionados pelo invasor, foram degolados junto ao muro do cemitério, segundo as anotações de Gustavo Barroso.

9.8.1865 — URUGUAIANA. RS. Guerra do Paraguai. O vapor *Uruguai*, sob o comando do futuro Presidente da República, 1º ten. Floriano Peixoto, atacou flotilha paraguaia de transporte, afundando canoas das grandes. Desde meados de julho o vapor e dois lanchões hostilizavam as comunicações entre as colunas invasoras do cel. Estigarribia e do maj. Pedro Duarte.

30.3.1923 — URUGUAIANA. RS. Revolta dos libertadores. O Corpo de Provisórios "Fronteiros da República" (policiais de Uruguaiana), dirigido pelo intendente local, José Antônio Flores da Cunha, destroçou o pelotão vanguardeiro da força de 2.000 combatentes do gen. Honório Lemes. Meses antes, na certeza de que haveria guerra política, Flores adquirira em Buenos Aires 400 carabinas modernas, as quais lhe asseguraram sensível superioridade de armamento sobre o adversário.

3.4.1923 — URUGUAIANA. RS. Revolta dos libertadores. Revoltosos obedientes a Honório Lemes puseram sítio à cidade. A defesa estava entregue a 400 homens (civis, 40 praças do 2º RC da Brigada Militar e os Fronteiros da República). No fim da jornada de 3, o perímetro da defesa estava circunscrito ao centro da cidade e sob a chefia direta do intendente Flores da Cunha. Os combates prosseguiram nos dias 4 e 5, retirando-se os libertadores durante a noite de 5 para 6. Para Glauco Carneiro, o assédio ocorreu de 4 a 6.

2.5.1817 — UTINGA. PE. Revolta nativista. No engenho Utinga, proximidades do Recife, choque de resultado impreciso entre milicianos e voluntários reinóis chefiados pelo capitão de milícias Barroso e republicanos conduzidos por Francisco de Paula Cavalcanti de Albuquerque.

5.1.1849 — UTINGA. PE. Insurreição Praieira. Os insurretos que dominavam o engenho, proximidades do Recife, perdem-no para a força legalista do cel. João Guilherme Bruce.

V

7.2.1756 — VACACAÍ. RS. Guerra guaranítica. Nos princípios da guerra, 1.600 portugueses, dez canhões, ordenados por Gomes Freire, e 1.900 espanhóis, nove canhões, chefiados por José Andonaegui, do qual era imediato o governador de Montevidéu, José Joaquim Viana, chegam ao arroio Vacacaí, também chamado Guacacaí. Do lado oposto, em observação, os guaranis do cacique Sepe Tiaraju. Viana cruzou intempestivamente o Vacacaí com 800 soldados e ao escurecer atacou e dispersou os missioneiros. Tiaraju caiu com o seu cavalo e foi morto por um tiro de pistola disparada pelo próprio governador Viana. Seu corpo terá sido queimado com pólvora, segundo o padre Tadeu Henis. Ou decepado, conforme se lê no *Diário*, de Gomes Freire. A destruição dos guaranis missioneiros seria completada três dias mais tarde, em Caiboaté.

13.2.1827 — VACACAÍ. RS. Guerra da Cisplatina. Junto ao arroio, choque entre o esquadrão do ten. Marcelino Ferraz do Amaral, 70 milicianos e força argentina de 100 soldados que deixa no local 20 e dois oficiais mortos. Em meio à perseguição, Marcelino e sua gente foram surpreendidos pela chegada de 700 cavaleiros do cel. Lavalle. Fazendo volta-cara, o tenente recua para junto do seu chefe, maj. Gabriel Gomes Lisboa, o qual, com 200 cavaleiros, continua a retirada, seguido por Lavalle. Quando os brasileiros se incorporam a Bento Manoel Ribeiro e este, com efetivo ponderável, prepara-se para combater, Lavalle retrocede. Na Argentina, a jornada de Vacacaí foi aclamada como grande vitória.

13.5.1843 — VACACAÍ. RS. Guerra dos farrapos. A coluna do cel. Francisco de Arruda Câmara, atacada pelos 700 farroupilhas do gen. João Antônio da Silveira, não se deixa derrotar e continua a marcha.

8.12.1843 — VACACAÍ. RS. Guerra dos farrapos. Urbano Barbosa, com seu esquadrão farroupilha, acometeu e destroçou o destacamento de cavalaria imperial do cap. Vasco Guedes. Mandado por Caxias em tarefa de reconhecimento, Guedes aceitou a luta na proporção de 1 x 5.

31.10.1837 — VACARIA. RS. Guerra dos farrapos. Cândido Alano derrota os 130 comandados do caudilho farroupilha Lara, o qual, entre muitos dos seus, ficou prisioneiro dos imperiais.

25.6.1923 — VACARIA. RS. Revolta dos libertadores. Episódio da Campanha do Noroeste. O veterano guerrilheiro de 1893, cel. Demétrio Ramos, invadiu a cidade, bateu-se com o corpo defensor ao mando do cel. Fermino Paim. Cinco mortos para os governistas, oito para os libertadores, que deixaram o campo de luta.

21.7.1932 — VACARIA. RS. Revolução Constitucionalista. Pequeno choque de forças do governo contra grupo de constitucionalistas em armas. Vitória dos situacionistas.

15.9.1944 — VADA-OSPEDALETO. Itália. Segunda Guerra Mundial. Entre 19 e 22 h, o Grupamento Tático formado pelo 6º RI, I GO e o Esquadrão de Reconhecimento, elementos de tropa e serviços divisionários, tomaram contato com os defensores alemães da região de Vecchiano-Massaciucalli-Filetole. A progressão decorreu debaixo de fogo de artilharia e de armas automáticas alemãs. Constituiu-se no batismo de guerra para a Força Expedicionária Brasileira.

22.8.1932 — VALE DO PARAÍBA. SP. Revolução Constitucionalista. À altura do Túnel da EFCB, primeiro combate aéreo em céus do Brasil. Embora com armas precárias, duelaram dois aviões dos revoltosos paulistas (um WACO e um Potez-T OE) e dois governistas (WACO-CSO e Nieuport-Delage). Os quatro retornaram às bases.

14.1.1926 — VALENÇA. PE. Coluna Prestes. Força policial chefiada pelo cel. João Nunes venceu resistência do destacamento Siqueira Campos, que ocupava a praça e que se retira.

3.4.1818 — VALENTIN. Uruguai. Guerra com Artigas. O ten. Oliveiro José Ortiz triunfa sobre a força artiguista de Juan Antonio Lavalleja, sendo que este figurou entre os prisioneiros.

22.1.1894 — VALINHO. RS. Revolta dos federalistas. Em Valinho, próximo do Umbu, região de Passo Fundo. Repetindo a tática que a 17, na mesma área, lhe valera a sonora vitória do Umbu, o federalista Veríssimo da Veiga emboscou a força do cel. Santos Filho. Este, porém, contra-ataca e impõe-se tão decisivamente que o destacamento Veríssimo, pelas perdas sofridas, não mais atuou como força organizada, durante o resto da campanha.

9.2.1894 — VALINHO/UMBU, RS. Revolta dos federalistas. O governista cel. Santos Filho, com 1.100 combatentes investiu o campo do federalista Veríssimo Veiga. Apesar da carga desesperada, conduzida por este à frente de duzentos lanceiros, a derrota dos surpreendidos foi tão aplastante que esta força não mais atuou organizadamente no conflito. Ela aceitou haver perdido 30 homens mortos e 25 feridos, enquanto no relatório dos vencedores as baixas entre os derrotados subiram a quatrocentos. Os governamentais teriam pago o sucesso com 34 mortos e 15 feridos.

25.5.1823 — VARGEM GRANDE. PI. Guerra da Independência. Vitória do grupo nativista capitaneado por João Binda contra o pequeno destacamento português local.

15.7.1633 — VÁRZEA. PE. Holandeses no NE. A força do cap. Cloppenburg foi superada em combate pela do cap. Francisco Rebelo, lutando pelo engenho da Várzea. Combate no qual Henrique Dias recebeu o seu primeiro ferimento.

3.3.1926 — VÁRZEA DA EMA. BA. Coluna Prestes. O cap. Benício dos Santos, vanguardeiro da Coluna, entrando confiadamente na vila, foi emboscado e fortemente tiroteado. Reagindo, venceu o magote de adversários e ocupou a vila.

15.1.1590 — VAZA-BARRIS. BA. Conflitos com indígenas. Os índios do cacique Mbaepeba, derrotados no encontro do Rio Real (23.12.1589), continuando a campanha, ergueram três tranqueiras defensivas na sua concentração junto ao Rio Vaza-

Barris. Cristóvão de Barros, o vencedor no Rio Real, seguiu-os e em 15.1 pôs cerco a uma das tranqueiras. Os ocupantes das outras duas abandonaram-nas para um contra-ataque. Resultaram completamente vencidos depois de duríssima luta na qual perderam 1.600 mortos e 4.000 prisioneiros. Rio Branco datou a ação a 1.1.1590 e chamou-a Potiipeba.

10.6.1840 — VEADOS. MA. Balaiada. Magote de insurgente, perseguido pela escolta do maj. José Felipe de Miranda, foi alcançado e destroçado. Foram batidos igualmente em Pastos Bons, Mirador, Passagem Franca, Formiga, Boa Vista, São José dos Matões, Mandacaru, Cajueiro, Pindoba, Alagoas do Carneiro, Maravilha, Nazaré, Ribeiro, Guanaré Grande. E saíram-se bem em Areias, Buriti-Cortado, Bacaba, Barro Vermelho, Lagoa, Morcego, Anajá.

3.11.1837 — VELEDA. RS. Guerra dos farrapos. Militando entre os imperiais, Bento Manoel Ribeiro ganhou nitidamente o combate travado com os farroupilhas de Antônio Sousa Neto. Os vencidos refluíram para a Candiota, onde seriam igualmente batidos no dia seguinte.

18.9.1893 — VENÂNCIO AIRES. RS. Revolta dos federalistas. Pedro Jungblut, caudilho maragato da região colonial, superou pequena resistência, ocupou a vila, recolheu farto armamento e 10.000 tiros. Animado por esse fácil êxito, vai repeti-lo em Estrela.

7.6.1842 — VENDA GRANDE. SP. Revolta dos liberais. Os 300 liberais reunidos pelo cap. Boaventura Soares do Amaral e Joaquim Viana, tranqüilamente acantonados no lugar Venda Grande, proximidades de Campinas, foram surpreendidos por 150 governistas. Pequena a resistência possível dos revoltosos, que sequer tiveram tempo para organizar-se. A maioria deles debandou aos primeiros tiros. Os legalistas perderam um capitão, duas praças e alguns feridos leves. Os vencidos, 17 mortos e 15 prisioneiros. Consta que a maior parte dessas mortes ocorreu durante a noite seguinte ao choque, no prédio vizinho, onde os prisioneiros foram trancafiados e tiveram mais a ver com rivalidades locais do que com a razão da guerra civil.

3.5.1818 — VERA. Uruguai. Guerra com Artigas. A escuna *Oriental*, do comando de Sena Pereira, forçou o Passo Vera fortemente artilhado.

19.6.1840 — VEREDA. MA. Balaiada. No local chamado Vereda, entre os rios Iguará e Monim, o ten. Antônio de Sampaio impôs derrota contundente ao bando do caudilho balaio Raimundo Gomes.

18.8.1926 — VEREDA DO AREIAL. BA. Coluna Prestes. À margem esquerda do Rio Sapão, noroeste do estado, combate de retardamento. O cap. Odilon Guimarães empenhou seu batalhão contra numerosa força governista, dando tempo para que o grosso da Coluna se distanciasse.

30.1.1838 — VIAMÃO. RS. Guerra dos farrapos. A retaguarda de tropa farroupilha, retirando-se de posições ao redor de Porto Alegre, foi tiroteada durante a maior parte do dia por cortina de atiradores dirigida pessoalmente pelo presidente da província que, em seguida, foi ocupar a capital.

23.11.1840 — VIAMÃO. RS. Guerra dos farrapos. Atacando de supresa, o ten.-cel. João Nepomuceno da Silva penetrou na vila e expeliu os farrapos de forma tão rápida e completa que estes somente foram reunir-se à altura do Passo do Vigário. Ali, no dia seguinte, tendo no comando Bento Gonçalves, padeceriam outra derrota diante do mesmo Nepomuceno e de Francisco Pedro de Abreu. Em Viamão (Setembrina) morreu espada à mão, Luigi Rossetti, carbonário, cronista da guerra farroupilha, redador-chefe de *O Povo*, o jornal republicano, íntimo de Garibaldi.

16.9.1841 — VIAMÃO. RS. Guerra dos farrapos. Confronto entre destacamentos do chefe republicano José Luís Correa da Câmara e imperial do cel. Manuel Marques de Sousa, com nítido triunfo deste.

22.7.1835 — VIGIA. PA. Cabanagem. O ex-sargento de guardas municipais, Portilho, então dos mais notórios chefes cabanos, assumiu o comando de 800 revoltados, atacou, tomou e saqueou a vila, com largo morticínio entre os habitantes. A defesa, guardas naciònais e voluntários civis, portara-se bem, superada pelo número dos atacantes. Morreu, batendo-se, o comandante da mesma, ten.-cel. Raimundo Antônio de Souza Álvares e um major, três capitães, um alferes e mais de 70 praças da GN.

10.2.1836 — VIGIA. PA. Cabanagem. Em poder dos cabanos desde julho do ano anterior, a vila foi retomada por tropas governamentais. O CF Bartolomeu Hayden comandou a operação, tendo feito transportar pelas escunas *Bela Maria* e *Rio da Prata*, barco *Jaguarari* e lanchões armados, 230 praças do 2.º BC de PE, 40 do BA de Marinha e 60 voluntários. Os cabanos resistiram hábil e decididamente, mas foram desalojados deixando 8 mortos, 14 prisioneiros, seis canhões e um barco prontamente armado em guerra.

15.5.1895 — VILA AMAPÁ. AP. Franceses no Amapá. Quebrando cinqüenta anos de discussão e expectativa quanto à posse definitiva da área, e contrariando o disposto no artigo 107 do Tratado de Viena (1815), o capitão francês Launier, apresentou-se com força de desembarque transportada pela canhoneira *Bengali*. Com 20 homens tentou capturar o comandante brasileiro na região, Francisco Xavier da Veiga Cabral, o Cabralzinho. Este resistiu, matou o Launier, um tenente e um sargento acorridos em defesa do capitão. Brasileiros postados nas casas e na mata circundante romperam fogo respondido pelos franceses, reforçados por 50 soldados ao mando do ten. Jean Destoup. Sofrendo 38 mortos e 22 feridos, os defensores acolheram-se à floresta, deixando a vila para o saque. Os incursores destruíram o mastro e a bandeira brasileira, recolheram seis mortos e 22 feridos, dois prisioneiros e retiraram-se. A 27.12.1897, Brasil e França aceitaram levar a disputa territorial à arbitragem internacional. Este foro reconheceu a validade da pretensão brasileira.

3.11.1840 — VILA DO TRIUNFO. RS. Guerra dos farrapos. A partida farroupilha do mando de Joaquim Pedro Soares ocupou a vila, tiroteou uma canhoneira imperial fundeada mas, ao anoitecer, retornou às posições republicanas no Caí.

17(?).4(?).1775 — VILA MARIA/CÁCERES. MS. Conflito com indígenas. A povoação, que veio a ser Cáceres, então chamada Vila Maria, foi atacada por flotilha de 20 canoas dos guaicurus. Destruição de casas e mortes entre os habitantes.

8.9.1558 — VILA NOVA. ES. Conflitos com indígenas. Diogo de Moura, escapo ao insucesso de Cricaré (22.5) e conduzindo o resto de suas forças, dispersou por completo os magotes de índios que assediavam a vila.

25.4.1777 — VILA NOVA. SC. Invasão espanhola. Armando bem-sucedida emboscada, o cap. Cipriano Cardoso de Barros Leme destroçou destacamento espanhol desembarcado para servir como ponta-de-lança da invasão. Mas a Ilha de SC viria a ser conquistada por Vertiz y Salcedo com impressionante facilidade.

22.10.1834 — VILA NOVA. PA. Cabanagem. Na região do Acará, foram dados, na jornada, os primeiros tiros da Cabanagem. O destacamento do maj. José M. Nabuco de Araújo, enviado para dissolver agrupamentos hostis reunidos na fazenda Malcher, acampou em terreno daquela propriedade. Política, social e economicamente, os ânimos estavam tão raivosa e profundamente divididos que toda palavra teria som de agravo. Os manifestantes cabanos, trabalhados por motivações políticas regionais, porém mobilizados voluntariamente em favor de reformas sociais, entenderam ameaçadora a presença da força. Atacaram-na, matando o maj. Araújo e três praças. As demais fugiram. O gesto, terrivelmente conseqüente, tivera seu impulso fornecido por três dos futuros principais líderes cabanos Antônio Vinagre e os irmãos Eduardo e Geraldo Nogueira, mais conhecidos pela alcunha de Angelim.

31.8.1932 — VILA QUEIMADA. SP. Revolução Constitucionalista. No Vale do Paraíba. Ao cabo de três semanas de ofensiva com emprego de artilharia, aviação e infantaria, as forças do Governo Provisório desalojaram os paulistas da Vila Queimada, até então defendida pelo Batalhão Paes Leme. Em conseqüência, a queda de toda a frente norte constitucionalista.

26.10.1637 — VILA VELHA. CE. Holandeses no NO. A guarnição do fortim da Vila Velha, proximidades de Fortaleza, 20 homens no total, sucumbiu toda, resistindo aos holandeses do maj. Joris Hendrick Huss apoiado por índios do cacique Algodão. Ao fortim deram o nome de São Sebastião.

2.11.1640 — VILA VELHA. ES. Holandeses no ES. Instalados na vila desde o dia 30.10, os holandeses foram atacados pelos homens reunidos à ordem do capmor João Dias Guedes e dos capitães Adão Velho e Gaspar Saraiva. Não podendo manter a conquista, os invasores retiraram-se para seus navios e, no dia 8, deixaram definitivamente o ES.

30.10.1640 — VILA VELHA DO ESPÍRITO SANTO. ES. Holandeses no ES. O holandês cel. Koen, repelido na tentativa do dia 23 sobre a vila da Vitória, volta-se contra a Vila Velha do Espírito Santo. Depois de breve resistência, os encarregados da defesa, capitães Adão Velho e Gaspar Saraiva, abandonam a posição entregando a vila ao invasor, ao qual voltariam a atacar, com sucesso, em 2.11.

9.3.1827 — VILLA DEL CARMEN ou CARMEN DE PATAGONES. Argentina. Patagônia. Guerra da Cisplatina. O comando brasileiro no Prata decidira uma expedição para destruir a base de armação e operação de corsários, situada na Villa del Carmen. Foram aprestados os navios: corvetas *Duquesa de Goiás* e *Itaparica;* brigue-escuna *Escudeira* e escuna *Constança.* Chefe: o CF James Sheperd. Tudo andou mal desde o início. No canal do Rio Negro, naufragou a capitânia, *Duquesa de Goiás.* Alertados, os corsários e a guarnição da vila prepararam emboscada. Parecendo-lhe estarem abandonadas as instalações e a vila, Sheperd ordenou o desembarque, deixando os navios praticamente desguarnecidos. Os argentinos e os mercenários dos navios de corso dividiram-se: parte atacou os navios e parte cercou e investiu os desembarcados, já dentro do povoado. Dos primeiros a morrer, James Sheperd. Todos os seus comandados, entre os quais o futuro Tamandaré, aprisionados. A empreitada foi assim ajuizada por Prado Maia: "Desastre total, portanto, e um dos nossos maiores reveses da campanha". Vários dos prisioneiros brasileiros, no mês de agosto, foram embarcados no brigue *Ana* e, sob escolta de dois navios, transferidos de prisão. Em meio a viagem, liderados por Marques Lisboa, tomaram o governo do brigue, navegaram largo tempo ao lado da escolta e entraram em Montevidéo, reincorporando-se à esquadra brasileira.

22.8.1825 — VILLA MERCEDES. Uruguai. Guerra da Cisplatina. A reduzida guarnição brasileira do ten.-cel. Francisco de Paula Avelar Cabrita, apoiada pela canhoneira *Dom Sebastião*, do ten. Cipriano José Pires, resistiu ao ataque desfechado às 23:30 h pelos 500 soldados do gen. Frutuoso Rivera. Os atacantes puderam ocupar apenas uma casa fora da vila que servia como enfermaria. Encontraram ali, acamados, quatro oficiais, um cadete, quatro soldados.

14.2.1676 — VILLA RICA DEL ESPIRITU SANTO. Paraguai. Bandeiras. A vila fora erguida, com sólidas condições defensivas, à margem do Jejuí, com o desígnio de reunir povos salvos à destruição das reduções do Guairá pelas bandeiras paulistas de apresamento. A 14.2.1675 partiu de São Paulo verdadeiro exército, tendo-a, exatamente, como objetivo. No comando, Francisco Pedroso Xavier. Depois de vencer as reduções de San Pedro de Terecañi, San Francisco de Ibirapariara, Candelária, Maracaju e Santo André, aprisionado milhares de indígenas, atacou Villa Rica. Ali, capturou acima de 4.000 guaranis e pôs-se imediatamente de regresso, enviando os prisioneiros à frente para transpor a cordilheira de Maracaju, enquanto a expressão militar da bandeira escaramuçava, em campanha guerrilheira, a força espanhola enviada de Assunção para combatê-la.

18.2.1942 — VIRGÍNIA. E.U.A. Segunda Guerra Mundial. Na posição Latitude 36°56' N, Longitude 37°30' W, o submarino alemão *U-432*, do CT Heinz-Otto Schultzer (que no dia 16, nas proximidades, torpedeara o navio *Buarque*), afundou, a tiros de canhão, o mercante *Olinda*, de 4.086 toneladas. Aguardara que os 46 marujos brasileiros se afastassem nas baleeiras.

25.4.1836 — VISEU. PA. Cabanagem. A escuna *Dona Francisca* chega a Viseu, sobre o Rio Gurupi, e desembarca contingente capaz de expelir os cabanos e dominar a posição.

4.8.1923 — VISTA ALEGRE. RS. Região das Missões. Junto ao arroio Cati, estância Vista Alegre. Revolta dos libertadores. Combateram, Honório Lemes, general libertador incursionando pela região, e seu perseguidor, Flores da Cunha. Os libertadores, derrotados, contaram seis mortos e 16 feridos. Os republicanos, dois mortos e nove feridos. Os republicanos, dois mortos e nove feridos. Honório Lemes atravessou o Ibicuí indo acampar em Curral de Pedra. Flores da Cunha manteve sua Brigada vigilante entre Rosário e Guará. No que escreveu sobre a guerra, Flores atribuiu 100 baixas ao adversário. Arroio é estância da região de Livramento.

23.5.1535 — VITÓRIA. ES. Conflitos com indígenas. O donatário da capitania, Vasco Fernandes Coutinho, teve o seu desembarque impedido por bandos de goitacazes que ocupavam hostilmente a enseada de Santa Maria e o morro da Penha. Fez aproximar-se de terra a caravela *Glória* para, com seus dois pequenos canhões, provocar ferimentos, pânico e debandada entre os indígenas. Com tudo isso, desembarcou em paz sua gente e seu carregamento.

27.10.1640 — VITÓRIA. ES. Holandeses no ES. Sabendo estarem no porto dois navios portugueses carregados com açúcar, o cel. Koen envia dois patachos e quatro lanchas com o encargo de apresá-los. Todo o fogo das duas baterias da defesa não foi suficiente para impedir o sucesso da missão. Animado, Koen tentou no dia imediato a conquista da vila, sendo repelido, com perdas.

28.10.1640 — VITÓRIA. ES. Holandeses no ES. Vitorioso na véspera, quando fizera apresar navios carregados com açúcar fundeados no porto de Vitória, o cel. Koen dispôs a tomada da vila. Lançou ao ataque 400 soldados europeus apoiados por cinco canhões. A defesa, sob o capmor João Dias Guedes, contava com 30 espingardeiros, duas companhias de índios e populares armados com chuços e piques. E duas peças de pequeno calibre. Koen foi repelido em todos os pontos onde tentou desembarque, perdeu 60 homens mortos e 89 feridos. Entre os mortos, o cap. Wolf e entre os feridos o maj. Hendrick van Haus, que viria a ser derrotado nas Tabocas e morto nos Guararapes; e os capitães Tack e Bebetz. Em sua parte, Koen relatou: "Quase todos os oficiais foram mortos ou feridos; os soldados fugiram vergonhamente duas vezes". Na defesa salientaram-se o cap. Domingos Cardoso e o voluntário Antônio do Couto Almeida, depois capitão-mor da praça. Koen vingar-se-ia no dia 30, ocupando a Vila Velha do Espírito Santo.

21.9.1831 — VITÓRIA. ES. Motim do BC nº 12. Estando em organização, a unidade recebeu soldados transferidos do RJ, muitos por motivos disciplinares. Estes e os já incorporados, sem razão que os justificasse, passaram a difundir o pânico depondo o comandante e praticando tropelias pela cidade. Exemplo da indisciplina comum ao período.

15/16.8.1932 — VITORINO CARMILO. SP. Revolução Constitucionalista. Também chamada "segunda batalha de Buri", foi a maior travada no setor sul. No livro *Palmo a palmo,* do cap. Alves Bastos, lê-se que "correspondentes da imprensa acreditados junto ao EM do General Valdomiro chegaram a classificá-la como 'a maior batalha da América do Sul' ". Tomaram parte 6.000 soldados do Governo Provisório de Getúlio Vargas, sob o gen. Valdomiro de Lima (núcleo: 8º RI de Passo Fundo, 13º BC de Ponta Grossa, 16º BC de SC), e tropas norte-nordestinas; contra a defesa paulista mandada pelo cel. Christiano Klingelhoefer e que reunira todo o disponível humano e material naquela frente: 1.030 homens. Segundo Honório de Sylos (*Itararé! Itararé!*): o 6º BCR, 300 combatentes; 2º/RI 9 de Julho, 250; 9º BCR, 200; 1º BCR, 100; 7º BC, 100; Esquadrão de Cavalaria Jardim, 80. Nenhuma artilharia. Às 6:30 h do dia 15, 32 canhões governamentais lançaram 1.200 tiros, em fogo de barragem. Às 6:50, a infantaria avançou, sob apoio aéreo, em esforço envolvente. O áspero combate generalizou-se, sendo que pelas 4 h foram ocupadas as primeiras trincheiras constitucionalistas, algumas recuperadas ao anoitecer mediante desesperado contra-ataque. No dia 16, o combate acendeu-se ao amanhecer e prosseguiu durante todo o dia. Entardecendo, carga a baioneta de gaúchos e catarinenses rompeu a frente do 6º BCR, comprometendo todo o sistema defensivo. Klingelhoefer viu-se compelido a ordenar a retirada para Ligiana.

14.11.1926 — VOADEIRA. MT. Coluna Prestes. No sítio Voadeira, margem direita do córrego Estrela, norte de MT, sertanejos recrutados e mantidos desde a BA pelo "coronel" Franklin de Albuquerque, realizaram forte incursão noturna sobre o acampamento da retaguarda da Coluna. O combate então estabelecido foi comandado, do lado dos revolucionários, pelo ten. Hermínio.

18.9.1902 — VOLTA DA EMPRESA. AC. Campanha do Acre. Informado da aproximação de 180 soldados do exército nacional boliviano, Plácido de Castro planejou emboscá-los em clareira à margem do Rio Acre. Seu propósito foi levado aos andinos que, assim, puderam surpreendê-lo. Os acreanos sofreram o maior revés da campanha: dos 63 homens levados à clareira, morreram 22, 10 ficaram feridos, seis extraviados.

5.10.1902 — VOLTA DA EMPRESA. AC. Campanha do Acre. Com todo o efetivo do Exército do estado do Acre, Plácido de Castro pôs cerco à guarnição que representava o governo boliviano e o The Bolivian Syndicate of New York City, ao qual o Acre fora arrendado e contra quem, principalmente, era dirigida a rebelião. Os combates em Volta da Empresa continuariam até o dia 15, quando a praça se rendeu, entregue pelo comadante cel. Rosendo Rojas. Pela primeira vez na América do Sul, haviam sido empregadas cercas de arame farpado num conjunto defensivo.

26.10.1868 — VUELTA DE ANGOSTURA. Paraguai. Guerra do Paraguai. O ten.-cel. Deodoro da Fonseca, comandando ala do 24º VP, e o ten.-cel. Tibúrcio de Sousa, com ala do 16º de linha, cercaram e derrotaram batalhão paraguaio emboscado na mata do lado do Chaco, o qual perdeu 28 homens entre mortos e prisioneiros. Baixas brasileiras: 25 mortos e feridos.

14.5.1818 — VUELTA DE SAN JOSE. Argentina. Guerra com Artigas. Durante a noite, Bento Manoel Ribeiro atravessou o Rio Uruguai penetrando a província argentina de Entrerrios. Levando 560 milicianos gaúchos e paulistas, cumpriu a missão de destruir baterias de artilharia que, ao longo do rio, dificultavam a navegação brasileira.

W

3.2.1631 — WAERDENBURCH. PE. Holandeses no NE. Desejando reforçar as defesas do Recife, os ocupantes haviam construído o Forte de Waerdenburch que, mais tarde, viria a ser chamado das Três Pontas. Apenas terminado de edificar, foi atacado pelas companhias de Matias de Albuquerque, expedidas desde o Arraial do Bom Jesus. Tratava-se de ataque de inquietação, apenas, visto não disporem os nativistas, àquela altura, de meios com que tomar a posição. Ao forte fora dado o nome do conquistador de Olinda e do Recife: Diederick van Waerdenburch.

X

24.12.1972 — XAMBIOÁ. GO. Guerrilhas do Araguaia. Próximo à cidade de Xambioá, na direção de Marabá, margem esquerda do Rio Araguaia às 12 h, sob chuva fina, guerrilheiros do Partido Comunista do Brasil emboscaram patrulha do Exército: três soldados e dois guias. Os atacados impuseram a superioridade do treinamento e das armas. Desconhecidas, se existentes, as perdas entre os militares. Dos guerrilheiros: mortos, o chefe do grupo, Maurício Grabois, seu genro Gilberto Olímpio Maria, Paulo Henrique Milhomens e Guilherme Lund. Último choque da guerrilha na região do Araguaia, ocorrendo em seguida a dispersão dos remanescentes, aproximadamente 30 elementos.

Y

17.8.1865 — YATAÍ. Argentina. Guerra do Paraguai. O paraguaio maj. Pedro Duarte conduzia aproximadamente 3.000 soldados em direção do Uruguai, atravessando o território argentino de Corrientes. Dava apoio ao exército invasor principal, de Estigarribia, já atuando no sul do Brasil. Em Yataí, Duarte defrontou o Exército Aliado de Vanguarda: 2.440 uruguaios, com oito canhões; 4.500 argentinos, com 24 canhões e o gen. Paunero; e 1.450 brasileiros. Estes, os dois batalhões 5º e 7º de linha e o 3º VP, todos compondo a brigada do ten.-cel. José Rodrigues Coelho Kelly. Enquadrado na infantaria uruguaia, o brasileiro 16º VP do cel. Fidélis Paes da Silva. No total: 8.390 praças e 32 canhões, aliados. Os uruguaios, comandados pelo cel. Pallejo, iniciaram o combate, pelas 10 h. Vencendo tenaz resistência, recalcaram as avançadas paraguaias para o seu acampamento. Ao mesmo tempo, argentinos e brasileiros desenvolveram manobra de flanco, impelindo os invasores na direção dos arroios Despedida e Yataí, já tomados pelos barcos brasileiros da esquadrilha do ten. Floriano Peixoto. As cavalarias uruguaia e argentina, esta formada por esquadrões correntinos, cortaram o caminho terrestre da retirada. Os paraguaios bateram-se com denodo nos alagados junto aos arroios, até às 14:30 h. Mas o resultado lhes foi completamente desastroso. Perderam 1.700 mortos e 300 feridos. Duarte rendeu-se com 1.200 oficiais e praças. Perdas aliadas: uruguaias, 51 mortos e 117 feridos; argentinas, 13 mortos e 297 feridos. Conseqüências principais: destruição da ameaça lopista sobre o Prata e a costa atlântica; marcha dos aliados sobre Uruguaiana, fechando o cerco contra Estigarribia.

Z

16.10.1816 — ZAPALLAR. Uruguai. Guerra com Artigas. O cap. Manoel Joaquim de Carvalho, com 112 milicianos de cavalaria, derrotou o uruguaio ten. Bonifácio Isás Calderon, que alinhava 124 homens. Nas campanhas seguintes, Calderón estaria combatendo pelo Brasil.

20/21.4.1945 — ZOCCA. Itália. Segunda Guerra Mundial. Margem direita do

Rio Panaro, proximidades de Vignola. Quase ao terminar da Batalha dos Apeninos, a 1ª CIE foi incumbida de limpar a região, até Vignola. Em Zocca, entroncamento rodoviário, os alemães opuseram resistência inusitada naquela fase da guerra. Combateram decididamente durante todo o dia 20. Ao amanhecer de 21, os brasileiros. apoiados por companhia de blindados americanos, avançaram mesmo sob fogo de automáticas e de tiros esporádicos de artilharia. Lutando algumas horas tomaram Zocca aos alemães.

BIBLIOGRAFIA

A

Abreu, Capistrano — *Capítulos de história colonial*, Rio de Janeiro, Ministério da Educação e Cultura, 1991.

Abreu de Lima. *Sinopse dos fatos mais notáveis da História do Brasil.* Recife, Prefeitura do Recife, 1983.

Acevedo Diaz. *Épocas militares en los paises del Plata.* 2ª ed. Montevideo, Arca Editorial, 1973.

Afinal nº 99, São Paulo, 22.07.1986: O novo mundo dos nossos ex-guerrilheiros.

Affonso, Ruy — *História política e administrativa da cidade do Salvador.* Salvador, Tip Beneditina, 1949.

Alberdi, Juan Bautista — *História de la guerra del Paraguay.* Buenos Aires, Ediciones de la Patria Grande, 1926.

Aldenburgk, Johan Gregor. *Relação da conquista e perda da cidade do Salvador pelos holandeses em 1624-1625.* São Paulo, Brasiliensia Documenta, Coleção Edgar de Barros Falcão. vol. I.

Almanach Literário de São Paulo para o ano de 1877. Uma paulista ilustre: Rosa Maria de Siqueira. São Paulo, 1877, pg. 15-16.

Almeida, Adhemar Rivermar de, cel. — *Montese — marco glorioso de uma trajetória.* Rio de Janeiro, Bibl. do Exército, 1985.

Almeida, Aluísio de. *A Revolução Liberal de 1842.* Rio de Janeiro, 1944.

________. *Vida quotidiana da capitania de São Paulo (1722-1822).* São Paulo, Ed. Pannartz, 1975.

Almeida, Antônio Paulo de — Memória histórica de São Sebastião. *Revista de História*, São Paulo, nº 5, 1959.

Almeida, Benedicto Pires de — *A Revolução de 1932* — Frente Sul. Tietê, 1970.

Almeida, Washington Perry de. *A ação da marinha imperial na guerra dos farrapos.* Rio de Janeiro, 1935.

Amaral, Antônio Barreto do — *Dicionário da História de São Paulo.* Governo do Estado de São Paulo, 1980.

Amaral, Braz do — *Ação da Bahia na obra da Independência.* Salvador, Imprensa Oficial do Estado da Bahia, 1923.

________. *A Sabinada.* Salvador, Tip Bahiana, 1909.

________. *História da Bahia do Império à República.* Salvador 1923.

Anais do Primeiro Congresso de História da Revolução de 1894. Curitiba. Edição do Governo do Estado do Paraná, 1944.

Anchieta, José de, pe. — *De Gestis Mendis de Saa. Comentários e notas do pe. Armando Cardoso,* SJ. 3ª ed., São Paulo, 1970.

Andrade, Adauto Fernandes de — *Lampejos de História,* São Paulo, 1979.

Andrade, Manuel Correa de — *A guerra dos cabanos.* Rio, Ed. Conquista, 1965.

Andrade Brandão, Wilson de — *História da Independência no Piauí.* Teresina, s/d.

A Província de São Paulo, 20.10.1887.

Aquino, Flávio — 50 anos depois, a misteriosa morte de Santos Dumont, in *Manchete,* nº 1.580, 31.07, 1982, pg. 47.

Araripe, Tristão de Alencar, gen. — *Expedições militares contra Canudos.* Rio de Janeiro, Editora Bib. do Exército, 1985.

________. *Ataque e tomada do Rio Janeiro pelos franceses em 1711.* Revista do IGHB, nº 47.

Arca, P. Nuñez — *Ação da Espanha filipina no Brasil e na América: 1580-1640.* São Paulo., 1957.

Armitage, John — *História do Brasil.* São Paulo, Martins Editora, 1972.

Assis, Dilermando de, maj. — *Vitória ou derrota? Memórias da campanha contra São Paulo no setor sul, em 1932.* Rio de Janeiro, Calvino Filho, 1936.

Assis Brasil, gen. — *Batalha de Caiboaté.* PA, Livraria Gross, 1935.

Assunção, Herculano Teixeira de — *A campanha do Contestado.* (As operações da Coluna Sul) BH, Imprensa Oficial do Estado de Minas Gerais, 1917-1918.

Azevedo Marques — *Apontamentos históricos.* 2ª ed. São Paulo, 1954.

Azevedo, Pedro Cordolino de — *História Militar,* Rio de Janeiro, 1050.

B

Baccarat, Samuel — *Capacetes de aço.* São Paulo, Gráfica Revista dos Tribunais, 1932.

Baffa, Ayrton — Xambioá — guerrilha do Araguaia. *O Estado de S. Paulo,* pág. 26, 10.10.1982.

Baldrich, J. Amadeu, ten.-cel. *História de la Guerra del Brasil,* Buenos Aires, Imprenta La Harlem, 1905.

Barata, Agildo — *Vida de um revolucionário. Memórias.* Rio de Janeiro, Ed. Melso., 1962.

Barreto, Dantas — *Expedição a Mato Grosso. A revolução de 1906.* Rio de Janeiro, Laemmert & Cia., 1907.

Barros, Eudes — Repercussão na Paraíba da Revolução Praieira. *Revista do IGHBB*, vol. 19.

Barros, Guilherme de A. — *A resistência do Túnel.* São Paulo, Editora Piratininga, 1933.

Barros, João Alberto Lins e — *Memórias de um revolucionário — 1ª parte — A Marcha da Coluna.* Rio de Janeiro, Ed. Civilização Brasileira, 1953.

Barroso, Abeilhard — A expedição de Silva Paes ao Rio Grande do Sul *in História Naval Brasileira*, vol. 2º.

Barroso, Gustavo — *História Militar do Brasil.* São Paulo. Cia. Editora Nacional, 1939.

________. *A Guerra de Artigas.* São Paulo, Cia. Ed. Nacional, 1930

________. *A Guerra do Vidéo.* São Paulo. Cia. Ed. Nacional, 1930

________. *A Guerra do Lopez.* São Paulo. Cia. Ed. Nacional, 1930

________. *A Guerra do Flores.* Rio de Janeiro, Ed. Getúlio Costa, 1939

________. *A Guerra do Rosas.* Rio de Janeiro, Ed. Getúlio Costa, 1939.

Basbaum, Leôncio — *História Sincera da República — de 1889 a 1930.* São Paulo, Editora LB, 1962.

Bastos, Abguar — *História da política revolucionária do Brasil.* Rio de Janeiro, Ed. Conquista, 1969.

Bastos, Justino Alves, cap. — *Palmo a Palmo.* São Paulo, 1934.

________. *Encontro com o tempo.* PA, Ed. O Globo, 1965.

Bento, Cláudio Moreira, cel. — O Brasil na 2ª Guerra Mundial: os mortos no mar. São Paulo, *D. O. Leitura* nº dezembro 1991.

________. Campo de concentração no Brasil: um episódio da Segunda Guerra Mundial. São Paulo, *D. O. Leitura*, junho 1991.

________. A movimentada históira da PM de São Paulo. São Paulo, *D. O. Leitura*, julho 1990.

Berlinck, Eudoro — *Apontamentos para a história militar do Duque de Caxias.* Rio de Janeiro, Ed. Briguiet & Cia., 1934.

Berredo, Bernardo Pereira de — *Anais históricos do Estado do Maranhão.* 2ª ed. Tip Maranhense, 1849.

Bley, M. Alceu — O cerco da Lapa. *Diário do Povo*, Curitiba, 1969.

Boech, E. T. — *Quadros alternados — a rebelião dos mercenários.* São Paulo, Garraux, 1929.

Boiteux, Lucas Alexandre, alm. — *A marinha imperial e outros ensaios.* Rio de Janeiro, Imp. Naval, 1943.

________. *A tática nas campanhas navais nacionais.* São Paulo, 1930.

________. *A marinha imperial na revolução farroupilha.* Rio de Janeiro, 1935.

________. *Marinha imperial versus cabanagem.* Rio de Janeiro, 1943.

________. *A conquista de Caiena.* Rio de Janeiro, 1939.

________. *O Marquês de Tamandaré.* Rio de Janeiro. 1943.

Boletim do Arquivo do Estado de São Paulo, São Paulo, 1953, vol. 12.

Bonavides, Paulo Vieira — *R. A. Amaral — Textos políticos da História do Brasil.* Imp. Universidade Federal do CE. s/d.

Bormann, José Bernardino — *História da Guerra do Paraguai.* Curitiba, 1897.

Boxer, Charles — *Salvador de Sá e a luta pelo Brasil e Angola: 1602-1686.* São Paulo, Cia. Edit. Nacional, 1973.

Braga, Robério. *Floriano Peixoto em Manaus.* Fundação Lourenço Braga, Manaus, 1995, pág. 6.

Braga, Theodoro — *História do Pará.* São Paulo, Companhia Melhoramentos de São Paulo, s/d.

Branco, Adaucto Castelo Branco. *Catanduva.* São Paulo, Gráfica Irmãos Ferraz, 1927.

Brasil, Gerson — *Garibaldi e Anita, guerrilheiros do liberalismo.* São Paulo, J. Bushatsky Editor, 1971.

Bravo, M. Pinto — *Curso de História naval — 1ª parte: História da marinha militar.* 6ª ed. Rio de Janeiro.

Brayner, Floriano de Lima, mar. — *A verdade sobre a FEB.* Rio de Janeiro. Ed. Civilização Brasileira, 1968.

Burges, Francisco, pe. — *Memorial (Chiquitos-Jacuí).* Arquivo de Sevilha.

C

Cabanas, João, ten. — *A Coluna da Morte.* Rio de Janeiro, Almeida & Torres, 1928.

Cabral, Castilho — *Batalhões patrióticos na revolução de 1924.* São Paulo, Livrarias Liberdade, 1927.

Cabral, Oswaldo R. — *João Maria — Interpretação da Campanha do Contestado,* São Paulo, Nacional, 1960.

Cahú, Sílvio de Mello, maj. — *A revolução nativista pernambucana de 1817.* Rio de Janeiro, Bib do Exército Edit., 1951.

Caillet-Bois, Teodoro — *História naval argentina.* Buenos Aires, 1948.

Calazans, José — Canudos não euclidiano. *In Canudos — subsídios para a sua reavaliação histórica. Rio de Janeiro, Fundação Casa de Rui Barbosa, 1986.*
Calógeras, Pandiá — Formação histórica do Brasil. São Paulo, Nacional, 1938.
Calmon, Pedro — *História do Brasil.* 2ª ed. Rio de Janeiro, José Olympio Edit., vol. I.
Camargo, Ayres de — *Patriotas paulistas na coluna sul.* São Paulo, Livraria Liberdade, 1925.
Camargo, Paulo Florêncio da Silveira, mons. — A estabilidade colonizadora do Brasil. *RAMSP*, nº CLXXVII, 1969.
Campestrini, Hildebrando — Acyr Vaz Guimarães — *História do Mato Grosso do Sul.* Campo Grande, Edição Tribunal de Justiça do MS, 1991.
Campos, João da Silva — *Lendas brasileiras.* Rio de Janeiro, Tecnoprint Editora, s/d.
Campos, Pedro Dias de, ten.-cel. — O espírito militar paulista, *Revista do IHGSP, I-III.*
________. *A revolta de Seis de Setembro.* A ação de São Paulo. Paris, Tip. Aillaud, 1913
________. A Força Pública do Estado de São Paulo, *Revista do IHG São Paulo*, III.
Cardoso, José Romero Araújo — *João Pessoa, PB. Carta a HD*, de 28.5.1994 sobre os eventos de Olho d'Água do Chicão e Poço Branco/Espírito Santo.
Carneiro, David. *O Paraná e a Revolução Federalista.* São Paulo, Atena, 1944.
________. *História da Guerra Cisplatina.* São Paulo, Nacional, 1940.
________. *A História do incidente Cormoran.* Curitiba. 1950.
Carneiro, Edison — *A insurreição praieira.* Rio de Janeiro, Conquista, 1960.
________. *O quilombo dos Palmares.* São Paulo, Brasiliense, 1947.
Carneiro, Glauco — *História das revoluções brasileiras.* Rio de Janeiro, Ed. O Cruzeiro, 1965.
________. *O revolucionário Siqueira Campos.* Rio de Janeiro, Record, 1966.
________. *Render-se é uma indignidade.* Curitiba, 1969.
Carneiro, Mário Tibúrcio Gomes. *Sucessos militares de julho de 1922.* Rio de Janeiro, 1933.
Carneiro, Nelson — *"XX de Agosto"! O movimento constitucionalista na Bahia.* São Paulo, Cia. Edit. Nacional, 1933.
Carone, Edgar — *Revoluções no Brasil Contemporâneo.* São Paulo, Col. Buriti.
________. *A República Velha*, São Paulo, Difel, 1978.

Carrazoni, André — *Depoimentos (da ideologia à ação revolucionária).* Rio de Janeiro, Jornal do Comércio, 1932.

Carvalho, Estêvão Leitão de, cel. — *Na Revolução de 30.* Rio de Janeiro, Schmidt Editora, 1933.

Carvalho, Euclides de Castro — *Revolução de 1924.* RS. Ed. de E. Carvalho Prata, 1924.

Carvalho Franco, Francisco de Assis — *Dicionário de bandeirantes e sertanistas do Brasil.* São Paulo, Comissão do IV Centenário da Cidade de São Paulo, 1954.

Carvalho, Trajano Augusto de, alm. — *Nossa Marinha: seus feitos e glórias: 1822-1940.* Rio de Janeiro, Spalla Editora-Fundação Emílio Odebrecht.

Cascudo, Luís da Câmara — *A geografia do Brasil Holandês,* Rio de Janeiro, J. Olympio Editora.

________. *Dicionário do Folclore Brasileiro.* São Paulo, Melhoramentos-MEC-INL, 1979.

Castelar, Heleno Soares, gen. — A FEB na Itália. Rio de Janeiro, *RDN* n.º 641, 1972.

Castellanos, Alfredo R. — *Vida de Artigas.* Montevideo. Medina Edit., 1954.

Castro, Eugênio de. — *Diário da Navegação (1530-1532) de Pero Lopes de Sousa.* Rio de Janeiro, 1927.

Caxias, Marquês de — Resposta ao questionário do IHGB. *In Revista do IHGRS,* PA, 1.º e 2.º semestres, 1927.

Cerqueira, Dionísio, gen. *Reminiscência da campanha do Paraguai.* 4.ª ed., Rio de Janeiro, Biblioteca do Exército.

Chagas, Américo. *O chefe Horácio de Matos.* São Paulo, Bisordi, 1961.

Chaves, Júlio César — *El Presidente Lopez.* Buenos Aires, Editorial Ayacucho, 1955.

Chevalier, Carlos, ten. — *Os 18 do Forte.* Rio de Janeiro, F. Barreto & Cia. Ed., 1930.

Chiavenato, Júlio José — *Genocídio americano: a guerra do Paraguai.* 2.ª ed., São Paulo, Brasiliense, 1979.

________. *O negro no Brasil.* São Paulo, Brasiliense, 1980.

Cidade de Botucatu, n.º 358, 7. 8.1924.

Cidade, F. de Paula, cap. — *O soldado de 1827.* Rio de Janeiro, Imprensa Militar, 1927.

Coelho, Duarte de Albuquerque — *Memórias diárias da guerra do Brasil — 1630-1638.* Sec. Int. Estado de PE, 1944.

Collor, Lindolfo — *Garibaldi e a guerra dos farrapos.* Rio de Janeiro, 1938.

Cordeiro, José Pedro Leite — *A invasão holandesa e os paulistas. AQCHN.*

Correa, Henrique da Rocha — A revolta da Estação *in O Santaritense*, S.R.P. Quatro, 22.5.1993.

Correa, S. Faria — *Serro Alegre.* São Paulo, 1933.

Correia, Viriato — *A Balaiada.* São Paulo, s/d.

________. *Velho Baú (A Confederação do Equador).* São Paulo, Nacional, 1927.

Correia Filho, V. — *As raias de Mato Grosso.* Vol. III: Fronteira meridional. São Paulo, 1925.

Correio da Manhã — A insurreição anarquista, Rio de Janeiro, 19.11.1918.

Correio Paulistano — 19.10.1887.

Costa, Craveiro — *História das Alagoas,* São Paulo, CMSão Paulo, s/d.

Costa, Cyro — Eurico de Góes — *Sob a metralha.* São Paulo, Cia. Gráfica Monteiro Lobato, 1924.

Costa, F. A. Pereira da — *Cronologia da História do Estado de Santa Catarina,* Rio de Janeiro, 1974.

Costa, Gutemberg — *Cangaceiro Antônio Silvino e sua presença no Rio Grande do Norte.* Mossoró, 1996.

Costa, Octavio, gen. — O capitão na FEB. *Revista Militar Brasileira,* nº 1, vol. 119, pg. 74, 1982.

________. *Trinta anos depois da volta.* Rio de Janeiro, AGGS-Expressão e Cultura. 1975.

Cruz, Alcides — Vida de Raphael Pinto Bandeira. *RHGRS,* 1914, nº 19.

Cruz, Ernesto — *Nos bastidores da cabanagem.* Belém, 1942.

Cruz, Filho — *História do Ceará.* São Paulo, Melhoramentos, s/d.

Cruzes Paulistas MCMXXXII. Edição da Campanha Pró-Mausoléu ao Soldado Paulista de 32. São Paulo, Revista dos Tribunais, 1936.

Cunha, Euclides da — *Os sertões.* 26ª ed. Rio de Janeiro, Francisco Alves.

________. *Diário de uma expedição: Canudos.* Rio de Janeiro, J. Olympio Editora, 1939.

Cunha, Flores da — *A Campanha de 1923.* Rio de Janeiro, Liv. Zélio Valverde, 1943.

Curso de Bandeirologia. Depto. Est. de Informações, Est. São Paulo, 1946.

D

D'Alburquerque, Tenório. *O imperialismo britânico no Brasil.* Rio de Janeiro, Edit. Labor, 1941.

Davidoff, Carlos. *Bandeirismo, verso e reverso.* São Paulo, Brasiliense, 1982.

Derengoski, Paulo Ramos. *O desmoronamento do mundo jagunço.* Florianópolis, Fundo Catarinense de Cultura, 1986.

Deiró, Eunário. História da Campanha do Sul em 1827. *Revista do IHGGB*, t. XLIX.

Diário da Manhã. Levante do 31º BC, Recife, 3.11.1935.

Diário de São Paulo. Edição especial: A FEB na Itália. 9.7.1969.

D'Oliveira, J. J. Machado. *Quadro histórico da província de São Paulo.* São Paulo, Secretaria de Estado da Cultura, 1978.

Donald, Pierson — *Brancos e negros no Brasil*, São Paulo, 1945.

Donato, Hernâni. *A Revolução de 32.* São Paulo, Círculo do Livro, 1982.

Dores, Manuel Moreira da Paixão e, frei. *Diário da Armada da Independência.* Salvador, Livr. Progresso, 1957.

Dória, Carlos Alberto. *O cangaço.* São Paulo, Brasiliense, 1982.

Dória, Palmério, *et alii. A guerrilha do Araguaia.* São Paulo, Editora Alfa-Omega, 1978.

Dornas Filho, João. *A escravidão no Brasil*, Rio de Janeiro, 1939.

Drumond, José Augusto. *A Coluna Prestes: rebeldes errantes.* São Paulo, Brasiliense, 1985.

Duarte, Paulo. *Palmares pelo avesso.* São Paulo, Inst. Progresso Editorial, 1947.

Duarte, Paulo de Queiroz, gen. *Os Voluntários da Pátria na Guerra do Paraguai.* Rio de Janeiro, Bib. do Exército, 1984.

Dulles, John W. F. *Anarquistas e comunistas no Brasil.* 2ª ed. Rio de Janeiro, Nova Fronteira, 1977.

Dunshee de Abrantes. *A revolta da esquadra e a revolução sul-riograndense,* Rio de Janeiro, 1914.

________. *A Setembrada.* Rio de Janeiro, 1926.

Duque, Gonzaga. *Revoluções brasileiras.* Rio de Janeiro, Laemmert & Cia, 1905.

Duarte, Raimundo. *Um movimento messiânico no interior da Bahia.* Revista de Antropologia, São Paulo, 1963.

E

Egas, Eugênio. *Diogo Antônio Feijó.* São Paulo, Tip. Levi, 1912.

Ellis Júnior, Alfredo. *Raposo Tavares e sua época.* Rio de Janeiro, J. Olympio Edit. 1944.

________. *Meio século de bandeirismo.* São Paulo, Nacional, 1948.

Enciclopédia Abril, vol. 8.

Enciclopédia Rio-grandense. Canoas, Ed. Regional, 1956 1º vol.

Ennes, Ernesto. *As guerras nos Palmares.* São Paulo, 1938.

Escobar, Wenceslau. *Apontamentos para a história da Revolução Rio-grandense de 1893*. Bsb, Edit. Univ. de Bsb. 1983.

Escossia, Lauro da. *Movimento comunista de 1935*. Coleção Mossoroense, n.º 1087, série "B", 1991.

Estado Maior do Exército. *História do Exército Brasileiro*. Rio de Janeiro. 1972.

F

Facó, Rui. *Cangaceiros e fanáticos*. Juazeiro e o Padre Cícero. Rio de Janeiro, Ed. Civilização Brasileira, 1963.

Falcão, Oscar Barros, mar. *A revolução de 5 de julho de 1924: a componente militar*. S/ind.

Faria, Otávio Augusto. *Dicionário Geográfico, Histórico e Estatístico do Rio Grande do Sul*. PA, Liv. do Globo, 1914.

Ferraz, Arrison de Souza, cel. Cinqüentenário da revolução de 5 de Julho de 1925. *Notícia Bibliográfica e Histórica da PUCC*, n.º 60.

Ferraz, José Ben-Hur de Escobar. A revolução federalista. *Enciclopédia Rio-grandense*, Canoas, Ed. Regional, 1965, 1.º vol.

Ferreira, Aurélio Alves de Sousa. *História Militar do Brasil*. Rio de Janeiro, Imprensa Militar, 1945.

Ferreira Filho, Arthur. *Revolução de 1923*. PA, Imprensa Oficial 1972.

________. A revolução federalista. *Enciclopédia Rio-grandense*, Canoas. Edit. Regional, 1965, 1.º vol.

Ferreira, Manoel Rodrigues. *Expedição aos Martírios*. São Paulo, Divisão Arquivo Histórico. Prefeitura Municipal, s/d.

Ferreira, Tito Lívio. *A Maçonaria na Independência*. São Paulo, s/d.

Feruz, Marc. *A Marinha por Marc Feruz: 1880-1910*. Rio de Janeiro, Editora Index-Verolme, 1986.

Figueiredo, Euclydes, cel. *Contribuição para a história da Revolução Constitucionalista de 1932*. 2.ª ed., São Paulo, Martins, 1954.

Figueiredo, Lima. *Grandes Soldados do Brasil*. Rio de Janeiro, J. Olympio, 1950.

Fleiuss, Max. A batalha do Passo do Rosário. *Revista IHGB*, n.º 161.

Flores, Hilda Agnes Hüber. Santa Clara na Revolução Federalista de 1893. *Notícia Bibliográfica e Histórica da PUCC*, n.º 108.

Flores, Moacyr. Jesuítas X Bandeirantes: as Missões. *Revista Diálogo Médico*, n.º 7, São Paulo, 1987.

________. *Modelo político dos farrapos*. 2.ª ed. PA, Mercado Aberto. 1982.

Folha da Tarde. Epopéia: 18 do Forte, São Paulo, 5.7.1982.

Folha de S. Paulo, 28.1.1938.

Fortes, Heitor Borges, gen. *Velhos Regimentos*. Rio de Janeiro, Biblioteca do Exército, 1964.

Fragoso, A. Tasso, gen. *A batalha do Passo do Rosário*, 2ª ed. Rio de Janeiro, Biblioteca do Exército, 1951.

________. *História da Guerra entre a Tríplice Aliança e o Paraguai*. Rio de Janeiro, Imprensa Militar, 5 vols., 1934.

Franco, Afonso Arinos de Melo. *Um soldado do Reino e do Império (Vida do Marechal Calado)*. Rio de Janeiro, Biblioteca Militar, 1941.

Franco, Sérgio da Costa. Soledade na História — O bombardeio de Porto Alegre. Jornal *Zero Hora*, PA, 20.6.1992.

Franco, Virgílio A. de Melo. *Outubro, 1930*. 4ª ed. Rio de Janeiro, Schmidt. Ed., 1931.

Freire, Felisbelo. *História de Sergipe*, Rio de Janeiro, 1891.

Freire, José Justiniano, cap. *A Odisséia do 12º Regimento*. Rio de Janeiro, O Oficina do ECFE, 1933.

Freitas, Décio. *Cabanos, os guerrilheiros do imperador*. 2ª ed. Rio de Janeiro, Edições Graal, 1982.

Freitas, Mário Martins de. *Reino negro de Palmares*. Rio de Janeiro, Biblioteca do Exército, 1954.

G

Gabriel, Oswaldo. R. *História de Santa Catarina*. 2ª ed.

Galvão, Flávio. A FAB na Itália. Jornal *O Estado de S. Paulo*, 24.10.1982.

Gama, Aníbal. *A marinha de guerra na pacificação interna do Brasil*. Rio de Janeiro, 1923.

Genta, Edgardo Ubaldo, gen. *Artigas, el heroe de la Platania*. Buenos Aires, Ed. Inter-Americana, 1945.

Gomes, Flávio dos Santos. *Histórias de quilombolas*. RJ. Arquivo Nacional. 1995.

Gonçalves, José, cap. Os combates de 30 e 31 de outubro de 1944, no livro *Depoimento de oficiais da reserva sobre a F.E.B.*, 2ª ed., São Paulo, 1949.

Goycochea, Castilhos. *O espírito militar na questão acreana*. 3ª ed., Rio de Janeiro, 1973.

Guedes, Max Justo. As guerras holandesas no mar. *História Naval Brasileira*. Ministério da Marinha, Rio de Janeiro, 1993, 2º vol., tomo II.

Guimarães, Acyr. *Seiscentas léguas a pé*. Campo Grande, Edit. Tribunal de Justiça do MS, 1988.

________. *O genocídio paraguaio*. Datiloscrito em outubro de 1995.

H

História da Colonização Portuguesa do Brasil. Porto, Portugal, Lit. Nacional, 1924.

História de Santa Catarina. 2ª ed. Florianópolis, ed. Governo do Estado de SC.

História do Exército Brasileiro. Estado Maior do Exército. Rio de Janeiro, 1972.

História Naval Brasileira. Serviço de Documentação Geral da Marinha. Rio de Janeiro, 1975.

Holanda, Sérgio Buarque de, Pedro Moacyr Campos *et alii. História geral da civilização brasileira,* Rio de Janeiro-São Paulo, Difel, 1978.

________. *Raízes do Brasil,* 14ª ed., Rio de Janeiro, J. Olympio Editora, 1981.

________. *O extremo oeste.* São Paulo, Brasiliense/Secretaria de Cultura, 1986.

________. *Visão do Paraíso.* São Paulo, Cia. Ed. Nacional/Secretaria de Cultura, 1977.

I

IBGE — Instituto Brasileiro de Geografia e Estatística. Monografias municipais n.ºs 526 e 527.

Inojosa, Joaquim. *República de Princesa.* Rio de Janeiro, Civilização Brasileira, 1980.

Instituto Histórico e Geográfico de São Paulo. *Efemérides Paulistas.* Revistas n.ºs LXIII e LXIV.

Instituto Histórico Guarujá-Bertioga. *Encantos, lendas, mitos e curiosidades das cidades históricas paulistas: Vale do Ribeira,* 1982.

J

Jesualdo, *Artigas — del vasallaje a la revolución.* Montevideo, Editorial Claridad, 1940.

Jobim, Rubens Mario. *Vento leste nos campos gerais — o cerco da Lapa.* Rio de Janeiro, s/ind.

Jornal do Brasil. Insurreição anarquista. Rio de Janeiro, 20.11.1918.

K

Klingelhoefel, Christiano, cel. *Diário da campanha.* São Paulo, 1941.

Klinger, gen. *Narrativas autobiográficas.* Vol. III: Tempo quente de Major: 1923-1927. Rio de Janeiro, Ed. O Cruzeiro, 1948; Vol IV: 380 léguas de Campanha, Rio de Janeiro, Ed. O Cruzeiro, 1949.

Krebs, Carlos Galvão. *Arte e folclore dos Sete Povos.* Anais do III Simpósio Nacional Missioneiro. Santa Rosa, RS, 1979.

L

Landucci, Ítalo. *Cenas e episódios da Coluna Prestes.* São Paulo, Brasiliense, 1947.

Lavenère-Wanderley, Nelson Freire, ten. brig. *A aeronáutica militar brasileira.* Rio de Janeiro, s/ind.

________. *A Força Aérea Brasileira na II Guerra Mundial.* Conferência no Palácio Monroe (Senado Federal), Rio de Janeiro.

Lavrador, José. *Heróis de Noventa e Três.* Rio de Janeiro, Alba Edit, s/ind.

Lazzaroto, Danilo. *Primeiras reduções no Rio Grande do Sul, em A Experiência reducional: os guaranis.* I Simpósio Nacional de Estudos Missioneiros, Santa Rosa, RS, 1975.

Leite, Aureliano. *História de São Paulo,* São Paulo, Liv. Martins, 1944.

Leite, Mário Renault e Novelli Jr. *O dever da verdade: Marechal Eurico Gaspar Dutra.* Rio de Janeiro, Ed. Nova Fronteira, 1983.

Leite, Serafim, s.j. *História da Campanhia de Jesus no Brasil.* Rio de Janeiro, Imprensa Nacional, 1943.

Lemos, Zélia Andrade. *Guerras camponesas — o Contestado.* Carta ao jornal O Estado de S. Paulo, 4.3.1986, 2ª página.

Lemos Brito. *Solano Lopes e a guerra do Paraguai.* Rio de Janeiro, 1927.

Lessa, Barbosa. *República das Carretas.* PA, Tchê Edit., 1985.

Lessa, Vicente do Rego Themudo. *A epopéia republicana de 1817.* São Paulo, Irmãos Ferraz Ed., 1925.

Levay, Emeric. José Preisz, um herói esquecido de 32. *D. O. Leitura, São Paulo, agosto 1992.*

Letras em Marcha, nº 253, set/outubro 1995.

Levy, Herbert V. *A Coluna Invicta — a Revolução de 1932.* São Paulo, Liv. Martins Edit., 1968.

Lima, Cláudio de Araújo. *Plácido de Castro.* São Paulo, Nacional, 1952.

Lima, Lourenço Moreira. *A Coluna Prestes — marchas e combates.* São Paulo, Brasiliense, 1945.

Lima, Oliveira. *O movimento da independência.* 5ª ed. São Paulo, Melhoramentos, 1972.
Lobato Filho, gen. *A última noite da Escola Militar da Praia Vermelha.* Rio de Janeiro, Bib. do Exército Editora, 1992.
Lobo, Eulália Maria Lahmeyer. *Caminho de Chiquitos às missões guaranis de 1680 a 1718.* RHUSP, 1960.
Lobo, José de Figueiredo. *Conseqüências da tragédia do 22º BC na Paraíba.* Salvador, Emp. Gráf. Salvador, 1950.
Lopes, José Antônio Dias. *A cidade de Dom Pedrito.* PA, Globo, 1972.
Loureiro, Antônio. Rebeliões, *in A grande crise*, Manaus, Edi. T. Loureiro, 1994.
Lourenço Filho, M. Bergstrom. *Juazeiro do Padre Cícero.* São Paulo, Melhoramentos, s/d.
Lugon, C. *A república comunista-cristã dos guaranis.* Rio de Janeiro, Paz e Terra. 1968.
Luna, Carlos Correa. *Campanha del Brasil.* Buenos Aires, 1931.
Luna, Luís. *O negro na luta contra a escravidão.* Rio de Janeiro, Cátedra, 1976.
________. *Resistência do índio à dominação do Brasil,* Rio de Janeiro, Leitura, 1968.
Luz, Sérgio Porto da. Presença naval inglesa no Brasil no Século XIX. *Revista do Clube Naval*, nº 268, 1986.

M

Macedo, Nertan. *Capitão Virgolino Ferreira Lampião.* Rio de Janeiro, 1962.
Machado, Christiana Mata. *As táticas de guerra dos cangaceiros.*
Machado, Paulo Coelho. *A Rua Velho.* Campo Grande, 1990.
Madre de Deus, Gaspar da, frei. *Memórias para a História da Capitania de São Vicente.* São Paulo, Weiszflog Irmãos, 1920.
Maestri Filho, Mário José. *O escravo gaúcho.* São Paulo, Brasiliense, 1984.
________. *Os senhores do litoral.* PA. Edit. UFRGS, 1994.
Maffei, Eduardo. *A revolução dos escravos no Maranhão.* São Paulo, D.O.L. 7(79) 1988.
Magalhães, Basílio de. *Expansão geográfica do Brasil colonial.* São Paulo, Nacional, 1935.
Malheiro, Agostinho M. P. *A escravidão no Brasil.* São Paulo, Cultura 1944.
Malvés, Luís, cap. *História da Força Pública de São Paulo.*
Manlio Cancogni, Ivan Boris. *Solano Lopez, o Napoleão do Prata.* Rio de Janeiro, Civilização Brasileira, 1975.

Mário Márcio. *Anatomia de uma tragédia — a hecatombe de Garanhuns.* Recife, Arquivo Público do Estado, 1992.

Marques, Heliodoro T. da Rocha, cel. *Depoimento sobre Sengés, Morungava, Passo do Cipriano.*

Martins, Demosthenes. *Campo Grande,* 1972.

Martins, Hélio Leôncio, alm. *Conferência no IHGB,* 1989.

Mascarenhas de Moraes. *A FEB pelo seu comandante.* São Paulo, IPÊ.

Matos, Odilon Nogueira de. *Algumas considerações sobre a revolução Praieira.* RHUSP, 1950.

Medeiros, João. *Meu depoimento (A revolução comunista).* Natal, Imprensa Oficial, 1937.

Medici, Fernando Penteado. *Trem blindado.* São Paulo, Liv. Acadêmica, 1933.

Meira Mattos, Carlos; gen. O FAIBRÁS. *Mensário de Cultura Militar,* 209.

Meira, Sílvio. Fronteiras Setentrionais — 3 séculos de lutas no Amapá. *in Noticiário do Exército* n.º 8.430, São Paulo, 1939.

Meireles, Mário M. *História da Independência no Maranhão.* Rio de Janeiro, Artenova, 1972.

Meireles, Teotônio. *A marinha de guerra brasileira em Paissandu e durante a campanha do Paraguai.* Rio de Janeiro, 1876.

Mello, Alexandre e Nilva C. *A guerra da Independência nos mares da Bahia.* São Paulo, 1973.

________. *Paulistas nas lutas coloniais do Nordeste.* São Paulo., 1986.

Mello, J. Soares de. *Emboabas.* São Paulo, São Paulo Editora, 1929.

Melo, Silveira de. *História do Forte de Coimbra.* Cap. XXI, pág. 110, 2.º vol.

Melo, Urbano S. Pessoa de. *Apreciação da revolta Praieira.* São Paulo, Nacional, 1938.

Mendonça, Lauro Furtado de, CMG. *Afundamentos de navios brasileiros na Segunda Guerra Mundial.* RCN, 265, pg. 17 artigo: Dois navios, dois mistérios.

________. Uma base brasileira em Angola. *Revista Nomar,* n.º 214, 1972.

________. O combate da Moela. *A Tribuna,* Santos, 18.6.1973.

Ministério da Marinha. *Relíquias Navais Brasileiras.* Rio de Janeiro, 1983.

Mir, Luís. *A revolução impossível.* São Paulo, Editora Best Seller, 1994.

Mirales, José de. *História militar do Brasil desde o ano de mil quinhentos quarenta e nove, em que teve princípio a fundação da Cidade de São Salvador — Bahia de Todos os Santos até o de 1762.* Rio de Janeiro, Tipografia Leuzinguer, 1900.

Moniz Bandeira, Clovis Mello, e Andrade, A. T. *O ano vermelho: a revolução russa e seus reflexos no Brasil.* Rio de Janeiro, Civilização Brasileira.

Monteiro, Hamilton de Mattos. *Nordeste insurgente — 1850-1890.* São Paulo, Brasiliense, 1981.
Monteiro, Jonathas do Rego, cel. *Dominação espanhola no Rio Grande: 1763-1777.*
________. *A Colônia do Sacramento: 1680-1777.* PA, Globo, 1937.
Montenegro, Abelardo. *História do cangaceirismo no Ceará.* Fortaleza, 1955.
________. *História do fanatismo no Ceará.* Fortaleza, 1959.
Moraes, Dante de. *Trinta e cinco e Noventa e três — Figuras e ciclos da história rio-grandense.* PA, Globo.
Morais, Denis / Viana, Francisco. *Prestes: lutas e autocrítica.* Rio de Janeiro, Vozes, 1982.
Morais, Fernando. *Olga.* São Paulo, Alfa-Omega, 1985.
Morel, Edmar. *Dragão do mar — o jangadeiro da abolição,* Rio de Janeiro, 1949.
________. *A revolta da chibata,* 2ª edição, Rio de Janeiro, 1963.
Moura, Clovis. *Os quilombos e a rebelião negra.* São Paulo, Brasiliense, 1985.
________. *Rebeliões na senzala.* São Paulo, Ed. Zumbi, 1959.
Moura, Gentil de. As bandeiras paulistas. *RIHGSP,* 19.
Moya, Salvador de. *Paulistas no Triângulo Mineiro,* São Paulo, Gráfica Bentivegna, 1936.
Muricy, José Cândido da Silva, gen. *A revolução de 1893 nos estados do Paraná e Santa Catarina (Memórias),* Rio de Janeiro, Bibl. Militar, vols. XCIX e C, 1946.

N

Negrão, Francisco. *Efemérides Paranaenses,* Ctba, Editora Círculos de Estudos Bandeirantes, 1949-1954.
Neves, Abdias. *A guerra do Fidié.* Rio de Janeiro, Artenova, 1974.
Neves, Reinaldo dos Santos. *Prefácio* (nota sobre Queimados) de "Benedita Torreão da Sangria Desatada"), Rio de Janeiro, Civilização Brasileira/UFES, 1983.
Nogueira, Ataliba. *Antônio Conselheiro e Canudos.* São Paulo, Nacional, 1974.
Nogueira, Paulo. Execução de Pinto Madeira. *RIHGB,* nº 50.
Nogueira Filho, Paulo. *A guerra cívica de 1932.* São Paulo, 1958.
Noronha, Abílio de, gen. *Narrando a verdade.* São Paulo, Ed. Rocha, 1924.
Novo Dicionário de História do Brasil. São Paulo, Melhoramentos, 1970.

O

O Estado de S. Paulo. Movimentos subersivos. 24.6.1925.
________. A FEB na Itália. 10.9.1968.
________. Há um século. 4.9.1992.
________. edições dos dias 7, 9, 10, 12, 14, 20, 27 de agosto e 8.11. e 13 de setembro de 1916.
Oliveira, Franklin de. *Revolução e contra-revolução no Brasil*. Rio de Janeiro, Civilização Brasileira, 1962.
________. *O sucesso de Cachoeira das Três Barras, Guerra da Independência*. Revista Senhor, nº 135, 1982.
Oliveira, Nelson Tabajara de. *1924 — a revolução de Isidoro*. São Paulo, Nacional, 1956.
Oliveira Torres, João Camillo de. *Estratificação social no Brasil*. São Paulo, Difel, 1965.
Orico, Oswaldo. *A luta pela independência das Américas*. Rio de Janeiro, Ed. Atelier de Arte, 1973.
Osório, Fernando. *História do General Osório*. Rio de Janeiro, Teuzinger & Filhos, 1894.
Osório, Manoel. *A guerra de São Paulo*. 2ª ed., São Paulo, Ed. Americana, 1932.
Ouro Preto, Visconde de. *A marinha de guerra*. Rio de Janeiro, 1894.

P

Pagano, Sebastião. *O Conde dos Arcos e a revolução de 1817*. São Paulo, Nacional, 1938.
Palermo, Miguel. *Nioaque — evolução política e revolução do Mato Grosso*. Campo Grande, Tribunal de Justiça, 1992.
Palha, J. E. Garcez. *Efemérides navais*. Rio de Janeiro, Bib. Nacional, 1923.
Palmeira, J. da Costa. *A campanha do Conselheiro*. Rio de Janeiro, Calvino Filho, 1934.
Paniago, Maria do Carmo Tafuri. *Os voluntários de 32*.
Passarinho, Jarbas. Discurso, na *Revista do Clube Piratininga*, nº 78, página 44, São Paulo, 1974.
Paula, E. Simões de. A marinha imperial e a unidade nacional, *RHUSP*, nº 66, 1966.
Paula, Jorge Augusto de. *Fão*. 2ª ed. PA, 1972.
Patrício, Antônio. *Diário da Campanha*. Manuscrito em 1992.
Peregrino, Umberto. História da nossa marinha. Rio de Janeiro, Revista *Guanabara em Revista*, nº 8, 1967.

Petry, Leopoldo. *O episódio do Ferrabrás: os muckers.* São Leopoldo, Ed. Rotermund, 1957.
Pierson, Donald. *Brancos e pretos na Bahia.* São Paulo, 1945.
Pimentel, Joaquim Silvério. *Episódios militares,* Rio de Janeiro, Imprensa Nacinal, 1938.
Pinheiro, José Feliciano Fernandes, *Visconde São Leopoldo.* Anais da Província de São Pedro, 3ª ed., Rio de Janeiro. INL, 1946.
Pinheiro Monteiro, gen. dr. Relembrando o Cariri Antigo. Na revista *Itaytera*, nº VIII, ano VIII, Crato, 1962.
Pinto, Sebastião A. *Botucatuenses no setor sul — 1932.* Botucatu, 1957.
Pita, S. Rocha — *História da América Portuguesa.* Rio de Janeiro, 1878.
Pomer, Leon. *Os conflitos da Bacia do Prata.* São Paulo, Brasiliense, 1979.
Ponce Leal, Joaquim. *O conflito campo-cidade no Brasil.* 2ª ed. BH. Ed. Itatiaia.
________. *Os homens e as armas.* Rio de Janeiro, Ed. Cátedra, 1980.
Pondé, Francisco de Paula e Azevedo, gen. *A defesa militar do porto e da cidade do Rio de Janeiro em quatro séculos.* Rio de Janeiro, Imp. do Exército, 1967.
Porto, Aurélio. *História das Missões Orientais do Uruguai.* Rio de Janeiro, 1943.
________. *Influência do caudilhismo uruguaio no Rio Grande do Sul.* RIHGRS, nº 317, 1929.
________. *Notas em Processo dos Farrapos.* Rio de Janeiro, Arquivo Nacional, vol. I, 1933.
Prado Júnior, Caio. *Evolução Histórica do Brasil e outros estudos.* 5ª ed. São Paulo. Brasiliense.
Prado, Eduardo. *A ilusão americana.* 2ª ed. São Paulo, Brasiliense, 1958.
Prado, J. F. Almeida. *A conquista da Paraíba,* São Paulo, Nacional.
Prado, Paulo. *Província & Nação.* Rio de Janeiro, J. Olympio, 1972.
Prado Maia, alm. *Através da história naval brasileira.* São Paulo, Nacional, 1936.
________. *A marinha de guerra na Colônia e no Império.* Rio de Janeiro, J. Olympio, 1965.
________. *Lutas e entrechoques bélicos na Baía do Rio de Janeiro.* Rio de Janeiro, 1961.

Q

Queiroz, Augusto de Souza. *O Batalhão 14 de Julho. Revolução Constitucionalista de 32.* São Paulo, Gráfica Sangirardi, 1982.
Quell, H. Sanchez. *La diplomacia paraguaya de Mayo a Cerro-Corá.* Buenos Aires, Editorial Kraft, 1957.

Quevedo, Júlio R. A guerra guaranítica: a rebelião colonial nas Missões. Revista *Estudos ibero-americanos*, PUCRS, vol. XX, nº 2, 1994.

Quintas, Amaro. *Brasil Monárquico.* Livro II, História Geral da Civilização Brasileira.

R

Ramos, Plínio de Abreu. *Os partidos paulistas e o Estado Novo.* O levante de 11.5.1938. Petrópolis, Vozes, 1980.

Rau, Wolfgang Ludwig. *Cronologia de Giuseppe e Anita Garibaldi: 1807-1882.* Ed. Cons. Cultura de SC. 1982.

________. *Perfil de uma heroína brasileira.* Florianópolis, 1975.

Rego, Melo, gen. *Rebelião Praieira.* Rio de Janeiro, Imprensa Nacional, 1899.

Reis, Artur César Ferreira. *Síntese de história do Pará.* Belém. 1942.

________. *Paulistas na Amazônia.* RIHGB, 175.

________. *Brasil Monárquico,* Livro II.

Reis, João José. *Rebelião escrava no Brasil: a história do levante dos malês* — 1835. São Paulo, Brasiliense, 1986.

________. *Relíquias navais brasileiras.* Rio de Janeiro, Ministério da Marinha, 1983.

Reverbel, Carlos. Borges de Medeiros em 1932. PA, *Correio do Povo,* 19.3.1978. Combate de São João.

________. *Maragatos e Pica-paus — guerra civil e degola no Rio Grande.* PA, Ed. LPM, 1985.

Ribeiro, Edson, cap. *O cerco da Lapa,* Rio de Janeiro, RDF, 611.

Ribeiro, Joaquim. *Capítulos inéditos da História do Brasil.* Rio de Janeiro, Organização Simões, 1954.

Ribeiro, José Jacinto. *Cronologia Paulista.*

Rio Branco, Barão do. *Efemérides brasileiras.* Rio de Janeiro, Ministério das Relações Exteriores, 1946.

________. A guerra da Cisplatina. Artigos em *A Nação*, Rio de Janeiro, fevereiro 1894.

Robbe, J. Alberto. A fábula da invasão do Guairá. *Boletim do Depto. Arquivo do Estado de São Paulo*, vol. 12, 1953.

Rodrigo Otávio. A Balaiada. *RIHGB*, 65.

Rodrigues, Edith Porchat. *Informações históricas sobre São Paulo no século de sua fundação.* São Paulo, Martins, 1956.

Rodrigues, Inês C. Lopes. *A revolta de Princesa.* João Pessoa, 1978.

Rodrigues, Lysias. *Gaviões de penacho — a luta aérea na guerra paulista de 1932.* São Paulo, Tip Rossolillo, 1934.

Roquete Pinto, E. *Ensaios brasileiros.* São Paulo, Nacional.

Rosa, Pedro Angelo da. *Resenha Histórica de Mato Grosso*. Campo Grande, 1962. Livraria Rui Barbosa.

S

Sá, José de. Do bombardeio da Bahia e seus efeitos. Em *Diário da Bahia*, Salvador, 1918.
Saldanha, Athamaril. *História e estórias da revolução de 1932 em Mato Grosso do Sul*. Campo Grande, 1988.
Saldanha da Gama, Arthur Oscar, alm. *Brasileiros no sinistro Triângulo das Bermudas*. Rio de Janeiro, Bibl. do Exército, 1985.
________. *A Marinha do Brasil na Segunda Guerra Mundial*. Rio de Janeiro, Capemi Editora, 1982.
Salvador, José Gonçalves. *Os magnatas do tráfico negreiro*. São Paulo, Pioneira, 1981.
Salvador, Vicente, frei. *História do Brasil: 1500-1627*. São Paulo, Melhoramentos, 1965.
Sanmartin, Olyntho. *Bento Manoel Ribeiro*. PA, Tip. do Centro, 1935.
Santos, Francisco Davino. *A Coluna Miguel Costa e não Coluna Prestes*. São Paulo, Edicon, 1994.
Santos, I. H. Assumpção. *Uma linhagem sul-rio-grandense: os Antunes Maciel*. Rio de Janeiro, 1957.
Santos, José Maria dos. *Bernardino de Campos e o Partido Republicano Paulista*, Rio de Janeiro, J. Olympio Edit., 1960.
Santos, Nabor Nogueira, ten. *Jornal O Estado de S. Paulo*. Depoimento.
Schroeder, Celso. *A Campanha do Uruguai em 1811-1812*. PA, Liv. Globo, 1935.
Schupp, Ambrósio, pss. *Os muckers*. PA, Ed. Salbach & Meyer, 1935.
Schurmann Pacheco & Cooligan Sanguinetti. *História del Uruguai*. Montevideo, Ediciones Palacio del Libro, 1956.
Seidler, Carlos. *Histórias das guerras e revoluções do Brasil de 1825-1835*. Tradução de Alfredo de Carvalho, São Paulo, 1939.
Sepp, S. J. Antônio, pe. *Viagem às missões jesuíticas e trabalhos apostólicos*. São Paulo, Martins.
Serpa, Benício, cel. *A Verdun paulista: a defesa de 4º BC da Força Pública*. São Paulo, Gráf. Biblos, 1962.
Serra, Ulysses. *Camalotes e guavirais*. Campo Grande, Tribunal de Justiça, 1988.
Sevcenko, Nicolau. *A revolta da vacina*. São Paulo, Brasiliense, 1985.
Silva, Augusto C. de Sousa. *O almirante Saldanha e a Revolta da Armada*. Rio de Janeiro, J. Olympio E., 1936.

Silva, Cyro. *Floriano Peixoto.* São Paulo, Edaglit, 1963.
Silva, Duarte, dom. *O clero e a Independência.* São Paulo, Paulinas, 1972.
Silva, Ernani Ayrosa da. *Memórias de um soldado.* Rio de Janeiro, Bibl. do Exército Editora, 1985.
Silva, Hélio. *História do Brasil.* São Paulo, Melhoramentos, 1975.
________. *A Grande Marcha,* Rio de Janeiro, 1971.
Silva, José de Melo e. *Canaã do Oeste.* Campo Grande, Tribunal de Justiça, 1989.
Silva, José Luiz Rodrigues da. *Recordações da Campanha do Paraguai.* São Paulo, Melhoramentos, 1924.
Silva, Luís Manuel de Lima e, mar. *Anais do Exército Brasileiro sobre a guerra com a República das Províncias Unidas do Rio da Prata de 1825 e 1828.* RIHGRS, 1927.
Silva, Marcos A. da. *Contra a chibata: marinheiros brasileiros em 1910.* São Paulo, Brasiliense, 1982.
Silva, Maria Beatriz Nizza da. *A repercussão da Revolução de 1820 no Brasil.* Coimbra, Universidade de Coimbra, 1979.
Silva, Teotônio Meireles da. *História Naval Brasileira,* Rio de Janeiro, s/d.
Silveira, A. Balthazar. *A esquadra nas lutas da Independência.* RIGHB, tomo dedicado ao 1º Congresso de História Nacional.
Soares, Henrique Duque-Estrada de Macedo, ten. *A guerra de Canudos.* Rio de Janeiro, Ed. Bibl. do Exército, 1959.
Sousa, L. A. da Silva e, pe. *Memória sobre a Capitania de Goiás.* RIHGB, XII.
Sousa, Pedro Lopes de. *Diário da navegação.* Notas de P. Brasil Bandecchi. São Paulo, Ed. Parma, 1979.
Southey, Robert. *História do Brasil.* São Paulo, 1965.
Souza Docca, Emílio Fernandes de, gen. *História do Rio Grande do Sul.* Rio de Janeiro, Organização Simões, 1954.
Souza, Gabriel Soares de. *Tratado Descritivo do Brasil em 1587.* São Paulo, Nacional, 1938.
Souza Júnior, Antônio de. *Caminhos históricos da invasão.* Rio de Janeiro, Freitas Bastos, 1950.
Souza, T. O. Marcondes de. *O descobrimento do Brasil.* São Paulo, Nacional, 1946.
Spalding, Walter. *Farrapos,* PA, Sulina.
________. *A revolução farroupilha,* 2ª ed. São Paulo, Nacional, 1980.
Studardt Filho, Carlos. *Páginas de história e pré-história.* Fortaleza, Instituto do Ceará, 1966.
Studart, Guilherme. *Datas e fatos para a história do Ceará.* Fortaleza, Tip. Studart, 1896.
Sylos, Honório de. *Itararé! Itararé!* Rio de Janeiro, J. Olympio Ed., 1933.

T

Taborda, Brazílio, gen. *Alguns episódios da Revolução Constitucionalista de São Paulo em uma carta aberta do dr. Aureliano Leite*. Rio de Janeiro, Imprensa do Exército, 1970.

Talavera, Natalício. *La guerra del Paraguay*. Buenos Aires/Assunción, Ediciones Nizza, 1958.

Taques, Pedro. *Documentos interessantes para a história de São Paulo*.

________. *Nobiliarquia Paulistana*.

________. *O quilombo do Rio das Mortes* na Antologia do Negro Brasileiro, PA, 1950.

Tau Golin. *Sepe Tiaraju — entre a história e o mito*. Anais do VI Simpósio Nacional de Estudos Missioneiros. Santa Rosa, RS, 1985.

Taunay, Affonso d'Escragnolle. *História Geral das Bandeiras Paulistas*. São Paulo, Melhoramentos, 1953.

________. *Índios! Ouro! Pedras!* São Paulo, Melhoramentos, s/d.

________. *São Paulo nos primeiros anos: 1554-1600*. Tours, França, E. Arrault, 1920.

________. *São Paulo no século XVI*. Tours, França, E. Arrault, 1921.

Taunay, Visconde de. *A retirada da Laguna*. São Paulo, Melhoramentos, 1957.

________. *Em Mato Grosso invadido*. São Paulo, Melhoramentos, s/d.

________. *Cartas da campanha*. São Paulo, Melhoramentos, 1921.

Tavares, Francisco Muniz. *História da Revolução de Pernambuco em 1817*. Recife, Tip. Industrial, 1917.

Teixeira de Melo, J. A. *Efemérides nacionais*. Rio de Janeiro, 1881.

Teles, José Mendonça — O primeiro jornal do Brasil Central, São Paulo, *D. O. Leitura*, dezembro, 1991. (As rusgas de Cuiabá).

Theo Filho. *A grande aventura de John Taylor*. Rio de Janeiro, Civilização Brasileira, 1934.

Thomas, Henry e Lee, Dana. *Vida de estadistas americanos*. PA, Globo.

Thompson, Arthur, alm. *Guerra civil do Brasil de 1893-1895*. Rio de Janeiro, Ed. Ravaro, 1934.

Thompson, George. *Guerra do Paraguai*. Rio de Janeiro, Conquista, 1968.

Tinoco, Godofredo Nascentes. *Tempo bom... no setor leste*. Rio de Janeiro, Ed. Jacinto R. dos Santos, 1931.

Tocantins, Leandro. *Formação histórica do Acre*. Rio, Conquista, s/d.

Torres, Wanderley. *Lampião e o cangaço*. São Paulo, Edicon, 1994.

Torrezão, Othon de Noronha. *Humaitá*. Rio de Janeiro, 1938.

Tota, Aurélio Pedro. *Contestado, a guerra do novo mundo*. São Paulo, Brasiliense, 1984.

U

Uzeda, Olívio Gondim de. *Crônicas de guerra: a revolução de 1930.* Rio de Janeiro, Biblioteca do Exército, 1952.

V

Varela, Alfredo. *Rio Grande do Sul.* PA, Liv. Universal, 1897.

Varnhagen, F. *História das lutas com os holandeses no Brasil desde 1624 a 1645.* Salvador, Progresso, 1955.

Vasconcellos, Diogo de. *História antiga das Minas Gerais.* Bahia, 1904.

Vasconcelos, Genserico de. *História militar do Brasil: a campanha de 1851-1852.* Rio de Janeiro, Bedeschi, 1941.

Vasconcelos, Simão de. *Crônica da Companhia de Jesus no Estado do Brasil.*

_________. *Vida de José de Anchieta.* Vol. I.

Veja (revista). *A tomada do QG da Artilharia de Costa do Rio de Janeiro em 31.3.1964.* São Paulo. 20.3.1985.

Verger, Pierre. *Fluxo refluxo.* São Paulo, Ed. Corrupio, 1987.

Veríssimo, Ignácio José. *Rosas.* Rio de Janeiro, Imprensa Nacional, 1948.

Viana Filho, Luís. *A Sabinada.* Rio de Janeiro, J. Olympio Editora, 1946.

Vianna, Hélio. *História do Brasil.* São Paulo, Melhoramentos, 1970.

_________. *A economia mineira no século XVIII.* Primeiro Seminário de Estudos Mineiros da Univ. de MG, BH, 1957.

Vicente, João, srg. *Revolução de 5 de Julho,* Rio de Janeiro, 1924.

Vidal, Ademar. *1930: História da revolução na Paraíba.* São Paulo, Nacional, 1933.

Vieira, Antonio, pe. *Por Brasil e Portugal.* São Paulo, Nacional, 1938.

Vilar, Frederico, alm. *As revoluções que eu vi.* Rio de Janeiro, Biblioteca do Exército, 1951.

Villalba, Epaminondas. *Revolta da Armada de 6 de setembro de 1893.* Rio de Janeiro, Laemmert & Cia., 1897.

Viotti, Hélio Abranches, pe. *Anchieta, o Apóstolo do Brasil,* São Paulo, 1966.

W

Waack, William. *As duas faces da glória — a FEB vista pelos seus aliados e inimigos.* Rio de Janeiro, Nova Fronteira, 1985.

Wachowicz, Ruy. *Sudoeste: ocupação e colonização.* Curitiba, Editora Literatura Técnica, 1985.

Wagner, Carlos. Os monges do Pinheirinho, no jornal *Zero Hora*, PA, 6.5.1990.

Werneck Sodré, Nelson. *História Militar do Brasil.* 3ª ed. Rio de Janeiro, Civilização Brasileira, 1979.

Westphalen, Cecília Maria. *História do Paraná.* Curitiba, 1969.

Wiederspahn, Henrique Oscar, ten. cel. *A Campanha de Ituzaingó.* Rio de Janeiro, Bibl. do Exército, 1961.

________. *O general farroupilha João Manuel de Lima e Silva.* PA, Sulina, 1984.

________. *Bento Gonçalves e as guerras de Artigas.* PA, 1979.

Z

Zenha, Edmundo. *Mamelucos.* São Paulo, 1970.

NAS LIVRARIAS